MUSTAFA YILDIRIM

"Project Democracy"

SİVİL ÖRÜMCEĞİN AĞINDA

30. Basım

"Tokat gibi bir kitap!"
Attilâ İlhan

Ulus Dağı Yayınları
Ankara
2017

"Project Democracy"
Sivil Örümceğin Ağında
30. Basım

Yayın hakları © 2016 Mustafa Yıldırım ve Ulus Dağı Yayınları
Kitaptan kaynak gösterilmeden alıntı yapılamaz; yazarının ve yayınevinin izni olmadan kitabın adının, tümü ya da bir bölümü başka yayınların adı olarak kullanılamaz; kitabın tamamı ya da bölümlerinden herhangi biri, elektronik ortamda, internette ve başkaca bir yöntemle izin alınmadan yayınlanamaz, çoğaltılamaz, dağıtılamaz.

Kapak Tasarım-Grafik Düzenleme: Ümit Öğmel - Ülkü Ovat
Kapak, Grafik, Film Hazırlık: Repro – Karizma, Ankara
Baskı: Başak Matbaacılık ve Tanıtım Hiz. Ltd. Şti. Ankara

ISBN 978-975-6047-18-7

Ankara, 2016

UDY
Ulus Dağı Yayınları Ltd. Şti.

Yazışma: P.K 78 Çankaya – Ankara / Türkiye
90 312 4180873
udyay8 @ gmail. com

*Olayları erdemin süzgecinden geçiren
gerçek aydınlara,
haberleriyle ezber bozan
gerçek gazetecilere,
karanlığı yakacak olanlara...
ve
İnsanlığın güzel geleceği için çalışmanın,
bireysel mutluluğun kaynağı olduğu bilinciyle
katkıda bulunmayı sürdüren,
yarı yolda bırakmayı akıllarından bile geçirmeyen, yurdumuzda ve uzak ülkelerdeki dostlara...*

Gün olur, onların adlarını da yazabilecek denli özgür ve güvenli bir ortama kavuşuruz

Mustafa Yıldırım

Denizli ili, Çal İlçesi, Selcen Köyü'nde doğdu. Denizli Lisesi'ni ve ODTÜ Elektrik Mühendisliği Bölümü'nü bitirdi.
Çeşitli kurumlarda, kuruluşlarda, meslek odasında, demokratik kitle örgütlerinde, uzman, araştırma mühendisi ve yönetici olarak çalıştı.
Elektrik enerjisi üretim, programlama ve yönetim sorunları üzerine raporlar, makaleler yazdı. Ulusal bağımsızlık savaşı üstüne öyküleri yayımlandı. Güncel gelişmelerle ilgili makaleleri, desteklediği Anadolu gazetelerinde, dergilerde yayınlanıyor.

Tarihsel Belge Romanları:
Ulus Dağı'na Düşen Ateş [2002 - Samim Kocagöz Edebiyat Ödülü]
58 Gün -Mustafa Kemal ile Filistin'den Anayurdun Dağlarına

Araştırmaları:
Zifiri Karanlıkta- 1 İçten Çürüme - Cellad'ın Gecesi
Zifiri Karanlıkta-2 Demokrasi Tuzağı-Cellad'ın Zaferi
Ortağın Çocukları - Anglo-Amerikan Sivil Paşalar Darbesi.
Meczup Yaratmak – Said-i Kürdi-Nursi ve Yanıltma Ustaları
Project democracy - Sivil Örümceğin Ağında
Azerbaycan'da Proje Demokratiya
The General
Savaşmadan Yenilmek

Şiirleri:
O Eski Şarkı
Yürekler Kör

Çevirilerine katıldığı ve yayınını yönettiği kitaplar:
Yağmuru Kimse Durduramaz - W. Cheng - K. Moorhouse
Kaplanlar Körfezi - Pedro Rosa Mendes
Komplo ve Teori - Bizi Kim Aldatıyor? - Robin Ramsay

Yayınını yönettiği kitaplar:
Washington'da Akrobasi - Yılmaz Polat
Kıbrıs - Barış İçin Oradaydılar - Yılmaz Polat
CIA'nın Muteber Adamı - - Yılmaz Polat
CIA Pençesinde Açılım - Yılmaz Polat
Akasyalı Sokaklar - Işık Kansu
Küresel Tuzak Ilımlı İslam - Bahadır Selim Dilek

İçindekiler

27. Basım İçin	1
Kısaltmalar	3
Uyumayanlar da varmış	9
Şifre Çözücü: Project Democracy Açık ve Özel Bir Mekanizma	**15**
Güdümlü 'Katılımcı Demokrasi' İhracatı	19
Yeltsin "Sukin sin!" dediğinde	29
Demokratik Kitle Hareketi "Project Democracy" İçinde Eritildi	44
Yabancının Parasıyla Adem-i Merkeziyetçilik	49
Club Monakus'tan Orta Asya'ya Atılan "Ağ"	63
NED ve WESTMINSTER'dan Mozaik Anayasasına Derin Katkı	70
WEB - Örümcek Ağı'nda Liberal Atılım	80
ABD Hazinesi ve Deutsche Stiftung Desteği	99
ABD Başkanı'ndan "Büyük Görev" ve "Büyük Teşvik"	116
Rabıtat üs-Stiftung ve Anayasa Dersi	122
IRI, ARI, Soros Gençliği Örgütlüyor	136
'Siyasal Etik' Dedikleri Yeni Değerler	192
ARI Sosyal Diyagramı	203
Quantum'un Soros'u Sınır Tanımayan Açık Toplumcular	204
SOROS Sosyal Diyagramı	236
George Soros Şebekesiyle 'Reform için kriz' – 'Kriz için reform'	237
Amerika'da CFR - Türkiye'de TESEV	242
Moskova'da NED Bürosu Doğu Avrupa'ya Ölüm Öpücüğü	268
TESEV Sosyal Diyagramı	273
ABD Demokrat Parti Örgütü NDI	274
Eski Operatörlerin Örgütü IRI	288
CIA ve Akademik Dünyada Elemanlaştırma	307

CFR- Perde Arkasındaki Devlet	323
ABD'nin Lozan Antlaşması Raporu Ölümüne Suskunluk	331
Demokrasiye CIA Katkısına Örnek Venezuela'da Darbe	342
Nikaragua'da 'Project Democracy' Kanlı- Kansız Bir Operasyon Örneği	354

Project Democracy içinde Uluslararası Din Hürriyeti Senaryosu — 361

Washington Dünya Dinleri Merkezi	363
Din Hürriyeti Senaryosunun Yasalaşması	365
Şikago ve Georgetown'da İslami Demokrasi Ödülü	373
Petrol Ziftine Bulanmış Din Hürriyeti	377
Lozan'dan 78 Yıl Sonra Müslüman Azınlık Hakları	384
Amerika'da Cihat Türkiye'de Harekât	389
Din - Türban - İmam Hatip ABD'den Sorulur	395
The Muslim Friend In İstanbul	408
Arapların Kalbine Seslenirken Türkiye'de Seri Cinayetler	417
Eyaletli Devlet Senaryosu Azınlık Örgütlenmeleri	430
Moon'un 'Birleştirici Kilisesi'	438
True Star ABD'deki Gerçek Yıldız	456
Merve ve Hillary Dini - Ruhani Liderler Toplantısında	468
Asıl rapor 1990'da yazılmıştı	475
Şimdilik bitirirken...	483
Sonsöz Yerine Tarihsel Muhtıra - Lanet	495

Ekler — 499

Kaynakça	538
Dizin	547
TESEV Kurucular – Yöneticiler Listesi	579
Yankılar - Eleştiriler	581

YENİ BASIM İÇİN

ABD parti örgütlerinin, **Quantum** şirketi [Temsilcisi **George Soros**] bankerlerinin, Alman, İngiliz, Fransız, Hollanda, Belçika, İran siyasal partilerinin, İsrail bağlantılı vakıfların ve uluslararası şirketlerin kurduğu örgütlerden oluşan ve istihbarat örgütlerince desteklenen şebekenin çabalarıyla birçok ülkede kitleler eylemlere sürüklendiler. Ülke bütçelerini aşan paralarla kışkırtılan eylemlerle tarihsel köklere dayanan kurumlar parçalandı; çok partili, ama güdümlü siyasal ortam oluşturuldu. Ülkelerin doğal kaynakları, sanayileri, para piyasaları, bankerlerin-kartellerin eline geçti. **NATO Genişletme Projesi** uyarınca ülkelerde, bu arada Türkiye'de de, Brüksel ve Washington'dan yönetilen gençlik örgütleri kuruldu. Uzay savaşları teknolojisiyle donanan yeni üslerle bağımsızlık isteyenlere karşı saldırı üsleri oluşturuldu. Ülkelerde din perdesi arkasına gizlenmiş baskıcı-gerici şebekeler, güvenlik ve yargı kurumlarını tümüyle yabancılara teslim ettiler.

Ülkemizde azınlık milliyetçiliği örgütlenmesi ve İran Şia yayılmacılığı, örümcek ağıyla bütünleşti. **TESEV, ARI** gibi ana örgütlerin güdümünde *"yerel yönetimlere özerklik"* başlığı altında başlatılan çalışmalarla federasyon alt yapısı tamamlandı. Yabancı devletlerin elçiliklerinde, yayılma örgütlerinde yıllarca çalışanlar meclise girdiler, hatta bakan oldular.

Ulusalcı muhalefet ya ezildi ya da ele geçirildi; tek merkezden yönetilen medya oluşturuldu. **TSK**, yeniden yapılanma programıyla, eğitiminden birlik düzenine dek değiştirildi; "Dünyada Barış" ilkesinden uzaklaşıldı; ABD-AB'nin tasarladığı yeni kolonicilik ideolojisiyle donatıldı ve sömürgeciliğin destek gücüne dönüştürüldü.

"Örümcek Ağı" örgütleri, yerli işbirlikçileriyle birlikte seçtikleri *"umut veren lider adaylarını"* ABD'ye gönderdiler. Bazı üniversitelerde Amerikan ajanlarının odaklandığı merkezler açıldı. Bu merkezler gençleri, Amerika'da bile "gerici" olarak nitelenen örgütlerle ilişkilendirdiler; ABD Dışişleri'nin **Genç Siyasi Lider** programlarıyla Amerika'ya taşıdılar. Gazeteciler aynı kanallarla etkili kişilerle ilişkilendirildiler. Koloniciliği destekleyecek yeni yetme yazarlar, ABD'de kurslardan geçirilerek piyasaya sürüldü.*

Güdümlü "sivil-asker" şebekesinin yıllardır yabancılarla birlikte hazırladığı Anayasa tasarıları, Cumhuriyet devletinin temellerini yıkacak biçimde yasalaştırıldı. Ulusal birliği parçalayacak; halkı çatışmaya sürükleyecek yeni yapılanmalarla paralel yönetimler oluşturuldu. ABD ajanlarının amaçladıkları gibi, "toplumsal algılama dizgesi" yeniden üretildi.

"Uluslararası Din Hürriyeti" operasyonuyla güçlendirilen 'cemaat' örgütleri, azınlık milliyetçisi liberal teslimiyetçiler, İran İslam inkılabı merkezinden silah-para alan **Kudüs Kuvvetleri** ve **Hizbullah** örgütleri aynı cephede buluştular. Kürt milliyetçiliğini güçlendiren sivil şebekenin katkılarıyla "açılım-barış" denilerek yurt birliği parçalanmaya başlandı. Bu girişimin alt yapısını kuran sivil şebekenin önde gelenleri "akil adam" komisyonlarına seçilerek egemen devleti parçalama kararlarını benimsetmeye çalıştılar.

Kitabı on iki yıldır etkisizleştirmeye çabalayanlar, bildik yöntemlere başvurdular. Akiller arasına giren taraflı gazeteci *"Mustafa Yıldırım'ın, istihbarat raporlarıyla sivil toplumu fişlediği, Sivil Örümceğin Ağında kitabı"* diye yazdı.*** Araştırmanın bir istihbarat raporunun kitaplaştırılmış biçimi olduğu izleniminin yaratılması, yıkım operatörlerinin de amaçlarına uygundur. Bu tür kişiler, bazen gereğinden çok bölümler aktardığım açık-resmi örgüt raporlarını, yabancı yayınları görmezden geliyor; sözde sivilleri ve iktidar sahiplerini kışkırtmaya çalışıyorlar. Oysa operasyonun tarihsel geçmişi ve temel yapısı ele alınmış; ana örgütler çözümlenmiş; başka ülkelerden operasyon örnekleri verilmiş; tüm adlar açık raporlardan, yayınlanmış biyografilerden alınmıştır.

Örümcek ağını destekleyen **CIA, MOSSAD, MI6, BND, EYP, SAVAMA, VEVAK, Kudüs Kuvvetleri** gibi örgütlerin içerdeki şebekeleri ortaya çıkarılmadıkça, "danışman" kılıklı ajanlar devletten, partilerden temizlenmedikçe, kökten yıkım engellenemez.

Görev zordur; sınırsız özveri ister. Örneğin ressam **Mark Lombardi** [1951-2000] tablolarında, Bush ailesi, **Harken Energy** firması, Suudlar, Usame Bin Ladin ile birçok güç odağının para ilişkilerini, CIA'dan James Bath'ın Suudi bağlantılarını, biyolojik ve kimyasal silah, nükleer teknoloji kanallarını sergiledi. FBI elemanları sergiyi bastı. Müze tabloların götürülmesine izin vermedi; ama Lombardi, kısa süre sonra atölyesinde boynundan asılı bulundu. Venezuela'da büyük oy farkıyla iktidara gelen **Hugo Chavez Frias** yönetimine ve parlamentoya karşı 2002'de sivil-asker darbesi düzenlendi. ABD'den para aldığı kanıtlanan subaylarla **NED** ağının "sivil toplum örgütleri" ve işadamları parlamentoya el koydular. Halk parlamentoyu kuşattı; darbeci subaylar CIA yardımıyla Miami'ye kaçtılar. Savcı **Danilo Anderson** [1966-2004], polis-asker-savcı-yargıç-sivil, 400'e yakın kişi hakkında casusluktan, darbecilikten, cinayetten dava dosyası hazırladı. Silahlı suikast girişiminden kurtulan Anderson, on beş gün sonra taşıtına C4 patlayıcı yerleştirilerek öldürüldü.

Kitabın yeni baskısını da, önceki basımlar gibi, sanatçı **Mark Lombardi**'ye ve ilkeli, bağımsız, dürüst savcılık uğrunda ölen **Danilo Anderson**'a; İran'da yargısız-savunmasız canlarına kıyılan sanatçılara-yazarlara-ozanlara; gerçeklerin ardında koşarken öldürülen gazetecilere, bilim insanlarına ve hukukçulara adıyor, karanlığı yakma uğraşımda desteklerini esirgemeyenlere bir kez daha teşekkür ediyorum. *1 Ocak 2017*
Mustafa Yıldırım

---

* **TSK**, akademisyenler, edebiyatçılar, gazeteciler, gençler üzerindeki operasyonun ayrıntıları; Türkiye'de çalışan **CIA** elemanları listesi için bu kitabın devamı olan *Ortağın Çocukları* kitabından yararlanılabilir. 2007-2009 arasında **NED**'den para alan ve 2010 ön-programına alınan sivil(!) örgütlerin görevleri listesine de aynı kitapta yer verildi.
** **Yıldıray Oğur**, *"Ergenokon'un özoğulları"*, Taraf, 28 Mart 2009.
*** Kitap, 1999'da yazıldığında **TESEV**'in o yıllardaki etkili kişilerinden söz edilmişti. Sözü edilmeyenlerin birçoğu sonraki yıllarda, **Kemal Kılıçdaroğlu** gibi, önemli konumlara yükseldiler. Bu nedenle **TESEV**'in kurucularının listesi, 23 ve sonraki basımlara (s. 579-580) eklendi.
**** Azerbaycan'ın Kasım 2005 seçimlerinden önce yazılan *Azerbaycan'da Proje Demokratiya* kitabı Bakû'de yayınlanamayınca özeti "Sivil örümceğin Ağında"da yayınlanabilmişti. Azerbaycan kitabı, 2006'da Türkiye'de yayınlandı. Eksik bilgilendirmeye yol açmamak için Sivil Örümceğin Ağında'nın Azerbaycan bölümü yeni basımlarda çıkarıldı. Ayrıca **Uğur Mumcu**'yla ilgili son bölüm, cinayet suçluları yakalanmadan önce yazılmıştı. Türk aydınlarına, güvenlik görevlilerine, diplomatlara kıyan **İran al Kudüs Kuvvetleri**'nin Türkiye'deki cinayetleri ve İslamcı saldırının 100 yılı *Zifiri Karanlıkta 1-2* kitabında yayınlandı.

Kısaltmalar

AA-FLI	Asian-American Free Labor Institute
AALC	African American Free Labor Institute
ACAS	Afghanistan Council of The Asia Society
ACCJ	Asociacion Civil Consorcio Justica
ACHR	Action Center for Human Rights
ACILS	American Center International Labor Solidarity
ACPJ	Asociation Civil Primero Justica
ACRFA	Advisory Committee on Religious Freedom Abroad
ACYPL	American Council on Young Political Leaders
ADL	Anti Defamation League of B'nai B'rith
AEI	American Enterprise Institute
AFA	American Friends of Afghanistan
AFC	American Family Coalition (Moon)
AFL-CIO	American Federation of Labor Congress Industrial Org.
AFT	American Federation of Teachers
AGL	Anadolu Genç Liderleri Derneği (Bahçeşehir Ünv.)
AI	Amnesty International
AIC	Afghanistan Information Center
AIFLD	American Institute Free Labor Development
AIPAC	American Israel Public Affairs Committee
AIS	American Information System
AİHM	Avrupa İnsan Hakları Mahkemesi
AJC	American Jewish Committee
AKIN	American Kurdish Information Network
AMC	American Muslim Council
VISTA	Volunteers in Service to America (AmeriCorps)
ANSAV	Anadolu Stratejik Araştırmalar Vakfı
APCV	Agrupacion Pro-Calidad de Vida
APF	American Political Foundation
APREF	A. Philip Randolph Educational Foundation
APRI	A. Philip Randolph Institute
ARC	Afghanistan Relief Committee
ARDE	Alianza Revolucionaria Democratica
ARI	ARI Derneği
ASAM	Avrasya Stratejik Araştırmalar Merkezi
ASC	American Security Council
ATE	Açık Toplum Enstitüsü (OSI İstanbul Şb.)
ATFA	American Turkish Friends Association (F. Gülen)
AWPC	American Western Policy Center
BND	Bundesnachrichtendienst (Alman Dış İstihbarat Servisi)
BNL	Banca Nazionale del Lavoro
BCCI	Bank of Credit and Commerce International
B'nai B'rith	Ahit'in Çocukları
CA	Council of Americas
CANF	Cuban American National Foundation

CAIR	Council on American Islam Relations
CAUSA	Confederation of the Associations for the Unification of the Societies of the Americas (Moon-Unification Church)
CBI	Compangnie de Banque et d'Investissement
CC	Conservative Caucus
CCF	Congress for Cultural Freedom
CDATS	Center for Democracy Third Sector
CDM	Coalition for Democratic Majority
CDRSEE	Center for Democracy and Reconciliation in Southeast Europe
CEDICE	Center for Dissemination of Economic Information
CERA	Center for Energy Research Associates
CFA	Committee for Free Afghan
CfD	Center for Democracy
CFR	Council on Foreign Relations
CFW	Committee for the Free World
CIA	Central Intelligence Agency
CIAS	Council for Inter American Security
CIO	Congress Industrial Organizations
CIPE	Center International Private Enterprise
CMCU	Center Muslim Christian Understanding
CNP	Center for National Policy
CNPC	Commission on National Political Conventions
COMECON	Council for Mutual Economic Assistance
CPD	Committee on Present Danger
CPI	Center for Public Integrity
CPP	Center for Responsive Politics
CPP BB	Center for Public Policy of B'nai B'rith
CPWR	Council for a Parliament of the World's Religions
CSAP	Centro al Servicio de la Accion Popular
CSID	Center for the Study Islam and Democracy
CSIS	Center for Strategic and International Studies
CSSD	Center for Studies in Security and Diplomacy
CTV	Confederación de Trabajadores de Venezuela
CWF	Council for World Freedom
DCA	Democratic Coordinating Alliance (Nikaragua)
DCF	Democratic Century Fund
DİD	Demokratik İlkeler Derneği
DNC	Democratic National Committee
DSTG	Demokrasi için Sivil Toplum Girişimi (Platformu)
EATSCO	Egyptian American Transport and Services Corp.)
ECF	European Cultural Foundation
EHRF	European Human Rights Foundation
ETIE	East Turkistan Union in Europe
EYP	Ethniki Ypiresia Pliroforion.(Ulusal İstihbarat Örgütü - Yunan)
FARC	Fuerzas Armadas Revolucionarias de Colombia
FDN	Fuerza Democrática Nicaragüense
FIEM	Fondo de Inversión Para la Estabilización Macroeconómica
FMG	Fundacion Momento de la Gente (Venezuela)
FMS	Foreign Military Sales (Credit)
FNLA	Frente Nacional de Libertaçao de Angola

FOIA	Freedom of Information Act
FPA	Fundacion Pensamiento y Accion (Venezuela)
FPJ	Fundacion Par Juvenil - Venezuela
FSK	Federalnaya Sluzhba Kontrrazvedki
FTUI	Free Trade Union Institute
FWF	Forum World Features
GAO	General Account Office
GMD	Genç Müteşebbisler Derneği
GYİAD	Genç Yönetici ve İşadamları Derneği
HAMAS	Harakat al-Muqawamat al-Islamiyya
HSS	Hanns Seidel Stiftung
HUD	Housing and Urban Development
IANT	Islamic Association of North Texas (Şeyh Y. Ziya Kavakçı)
IAP	Islamic Association for Palestine
IASPS	Int. Advance Strategic and Political Studies
ICCARD	Int. Central American Recovery and Development
ICEPS	International Center for Economic Policy Studies
ICHRDD	Int. Center for Human Rights and Democratic Development
ICIJ	International Consortium of Investigative Journalists (CPI'de)
ICP	Islamic Committee of Palestine
ICRD	International Center for Religion and Diplomacy
ICRP	International Conflict Resolution Program
ICNA	Islamic Community of North America
IDU	International Democrat Union
IEA	Institute for Educational Affairs
IEDSS	Institute for European Defense and Strategic Studies
IFDS	The International Forum for Democratic Studies
IFES	International Foundation Electoral Systems
IFLRY	International Foundation of Liberal and Radical Youth
IHD	İnsan Hakları Derneği
IIFWP	Interreligious and Int. Federation for World Peace (Moon)
IMET	International Military Education and Training
INAF	International Affairs (Research Center-KKTC)
IOR	Institute Opere di Religione
IPRI	International Peace Research Institute
IRFC	International Religious Freedom Committee
IRI	International Republican Institute
İSAM	İslami Araştırmalar Merkezi
ISARE	Initiative for Social Action and Renewal in Eurasia
ISC	Institute for the Study of Conflict
ISCNA	Islamic Shura Council of North America
ISF	International Science Foundation
ISIM	Int. Institute for the Study of Islam in the Modern World
ISNA	Islamic Society of North America
İTO	İstanbul Ticaret Odası
ITT	International Telephone Telegraph Co.
IYF	International Youth Foundation
JFL	Jewish Friendship League
JINSA	Jewish Institute for National Security Affairs

JO	Jihad Organization (Yemen)
KADAV	Kadınlarla Dayanışma Vakfı
KA-DER	Kadın Adayları Destekleme ve Eğitme Derneği
KA-MER	Kadın Merkezi (Diyarbakır-Adıyaman...)
KAS	Konrad Adenauer Stiftung (Vakfı- KAV)
KAGİDER	Kadın Girişimciler Derneği
K-CIA	Korean CIA
KEDV	Kadın Emeğini Değerlendirme Vakfı
KİHP	Kadının İnsan Hakları Projesi
KİP	Kürdistan İslam Partisi
LCIAS	Leadership Council for Inter-American Summitry
LID	League for Industrial Democracy
LCPS	Lebanese Center Public Studies
LYMEC	Liberal Youth Movement of the European Community
MBB	Marmara Belediyeler Birliği
MCC	Muslim Community Center (Londra)
MEF	Middle East Forum
MEMRI	Middle East Media Research Institute
MEQ	Middle East Quarterly
MFI	Minaret Freedom Institute
MPAC	Muslim Public Affairs Council
MSA	Muslim Students Association
MUMİKOM	Muğla Milletvekillerini İzleme Komitesi
MUSİAD	Mustakil Sanayici ve İşadamları Derneği
MWL	Muslim Women's League
NAIT	North American Islamic Trust
NCJW	National Council Jewish Women and Hadassah
NCPAC	National Conservative Public Action Committee
NDCP	National Drug Control Program
NDI	National Democracy Institute (ABD Demokrat Parti)
NDRI	Network of Democracy Research Institutes
NED	National Endowment for Democracy
NFF	Nicaraguan Freedom Fund
NDU	National Defense Unv.,
NIS	Newly Independent States
NJC	National Jewish Coalition
NSAB	National Security Education Board
NSC	National Security Committee
NSI	National Security Intelligence
NSIC	National Strategy Information Center
NSPG	National Security Planning Group
OAFNA	Oscar Arias Foundation of North America
OAS	Organization of American States
OECD	Organization for Economic Co-operation and Development
OEF	Overseas Education Fund International
OHRI	Organization for Human Rights in Iraq
OIA	Organization Istanbulian Armenians
OPIC	Overseas Private Investment Partners
OSCE	Organization Security and Cooperation in Europe

OSI	Open Society Institute (George Soros)
OSS	Office for Strategic Services (ABD Ordusu)
PAC	Public Action Committee
PACMC	President's Advisory Committee Mediation Conciliation
PFIAB	President's Foreign Intelligence Advisory Board
PI	Pueblo Institute
PİK	Partiya İslamiya Kurdistan (KİP)
PPI	Progressive Policy Institute
PRODEL	el Programa para el Desarrollo Legislativo
PRODEMCA	Friends of the Democracy Center in Central America
PSYO	Phsyco War Operation
PWPA	Professors World Peace Academy (Moon)
RACRJ	Religious Action Center of Reform Judaism
RAND	RAND Corporation
RFE	Radio Free Europe (CIA)
RIIA	Royal Institute of International Affairs (İngiltere)
RJC	Republican Jewish Committee
RL	Radio Liberty (CIA)
RSF	Reporters Sans Frontiéres
RYS	Religious Youth Service (Moon)
SATO	South Atlantic Treaty Organization
SAV	Stratejik Araştırmalar Vakfı
SEV	Sağlık ve Eğitim Vakfı
SD/USA	Social Democrat (Party) / USA
SEIU	Service Employees International Union
SOAS	School of Oriental and African Studies
SoCal	Standard Oil Company of California
SODEV	Sosyal Demokrasi Vakfı
Soros F	Soros Foundation
SPK	Sermaye Piyasası Kurulu
SPLA	Sudanese People's Liberation Army
SRP	Suriye Reform Partisi
SUM	Sisters United for Merve
TABA	Turkish American Business Association
TAP Vakfı	Türkiye Aile Planlama Vakfı
TBB	Türk Belediyeler Birliği
TDB	Trade Development Bank
TDV	Türk Demokrasi Vakfı
TEGV	Türkiye Eğitim Gönüllüleri Vakfı
TEMA	Türkiye Erozyonla Mücadele (Vakfı)
TEMAV	Türkiye Ekonomik ve Mali Araştırma Vakfı
TESAR	Toplum Ekonomi Siyaset Araştırma Merkezi (Bilgi Ünv.),
TESAV	Türkiye Ekonomik ve Sosyal Araştırmalar Vakfı
TESEV	Türkiye Ekonomik ve Sosyal Etüdler Vakfı
TESK	Türkiye Esnaf ve Sanaatkarla Konfederasyonu
TGV	Türkiye Gazeteciler Vakfı
TOBB	Türkiye Odalar Borsalar Birliği
TOSAM	Türkiye Sosyal Sorunları Araştırma Merkezi
TOG	Toplum Gönüllüleri Vakfı

TOSAV	Türkiye Sosyal Sorunları Araştırma Vakfı
TÜDAV	Türk Deniz Araştırmaları Vakfı
TÜMİKOM	Türkiye Milletvekillerini İzleme Komitesi
TÜSES	Türkiye Sosyal Ekonomik Siyasal Araştırmalar Vakfı
TÜSİAD	Türkiye Sanayici ve İşadamları Derneği
UASR	United Association for Studies and Research
UC	Unification Church (Moon)
UCK	Ushtria Clirimtare e Koseves
UDN	Union Democratica Nicaraguense
UNA	Union for National Action - Filipinler
UNITA	Union National for the Total Independence of Angola
UNPO	Unrepresented Nations and Peoples Organization
USIA	United States Information Agency
USIP	United States Institute for Peace
VISTA	Volunteers in Service to America
VIU	Virginia International University
WACL	World Anti-Communist League
WAMY	World Assembly of Muslim Youth
WCSF	World Culture and Sports Festival (Moon)
WFD	Westminster Foundation for Democracy
WFWP	Women Federation for World Peace (Moon)
WINEP	Washington Institute for Near East Policy
WLUML	Women Living Under Muslim Law (Türkiye-KİHP)
WMD	World Movement for Democracy
WPI	World Peace Institute (Moon)
WTC	World Trade Center
WTO	World Trade Organization
WUFA	The Writers Union of Free Afghanistan
WWIC	Woodrow Wilson International Center
WWW	Win With The Woman
YDK	Yekitiya Dindarên Kürdistan
YWAM	Youth With A Mission
Araş.	Araştırma(lar)
Ass.	Association
D.	Derneği
Enst.	Enstitüsü
Fdn.	Foundation
Fed.	Federation
Gen.	General
Inf.	Information
Inst.	Institute
İst.	İstanbul
Org.	Organization
St.	Studies
Str.	Stratejik (Strategic)
V.	Vakfı
Venez.	Venezuela
YK	Yönetim Kurulu

Sözün önü:

Uyumayanlar da varmış

Amerikalı Albay, kapıdan çıkarken bir an durdu ve görüşmeyi acı sözlerle noktaladı:

"ABD ile Türkiye arasında Ortak Savunma İşbirliği anlaşmasına göre yapılan yardım, hibe, satış ya da herhangi bir nedenle size devredilen, bilgi, proje ya da malzemenin sahibi, yalnız ve her zaman Amerika'dır, benim devletimdir."

Amerikalı albay, yüzümüze bile bakmadan, sıradan bir şeyden söz eder gibi sürdürdü:

"Bunlar size, 'Ortak Savunma (anlaşması)'nın gereği olarak devrediliyor. Dikkat ederseniz bunların statüsü Kongre Yasasının 1/4 ve 3'üncü maddelerine göre saptanır. Buna göre de, Türkiye zilyet durumdadır. Bu nedenle yasanızdaki... bütçeye kaydedilir' hükmü uygulanamaz. Unutmayın ki, Başkan ya da Kongre istediği an yardımı durdurduğu gibi o madde ya da bilgiyi geri isteyebilir."

Bu olayı, 1969 başlarında Milli Savunma Bakanlığı Hukuk Müşavirliği odasında yaşamıştık. O günlerde daha önce imzalanmış ABD -T.C. ikili anlaşmalarının, tek metinde toplanması çalışmalarını da sürdürüyorduk. ABD Askeri Yardım Kurulu Başkanlığı'ndan gelen bir kurulla yaptığım, iki evreli görüşme sonunda; olmasaydı yok olacağımıza ve bizi koruduğuna, inandırıldığımız Amerikan yardımının ne menem bir şey olduğunu, bir kez daha öğrenmiştim. Amerikalı Albay elinde ABD Kongresi yasasıyla geri gelerek, "Alın okuyun öğrenin!" derken, kendimize "Biz, bu yasal gerçeği neden öğrenemedik?" diye sormayı bile düşünememiştik.

ABD'nin Boş Bidonları

1969 yılı sonlarında, Dışişleri Bakanlığı'nda yapılan aylık "Ortak Savunma ve İşbirliği Koordinasyon Kurulu" toplantısında Milli Savunma Bakanlığı adına bulunuyordum. Toplantılar, ev sahibi bakanlık müsteşarının başkanlığında yapılırdı. Ev sahibi bakanlığın müsteşarı Sayın Şükrü Elekdağ şunları söylüyordu:

"...'Yardım' adıyla ya da ortak savunma için parası ödenerek alınan mallar, (her türlü silah, araç gereç vb.) her şey amacına uygun olarak değerlendirilecektir. Bu bağlamda da bu mallar o amaç dışında bir başka amaçla, örneğin Türkiye'nin kendi ulusal çıkarları için kullanılamaz; çünkü bunlar 'Ortak Savunma İşbirliği' için gönderilmektedir." [1]

---

[1] Sonradan Washington Büyükelçisi olarak ünlenen Şükrü Elekdağ, Samanyolu TV ve CHP yönetiminde yer aldı ve 2002 seçimlerinde CHP milletvekili oldu.

Önemsiz bir malzeme için, bu üslupla konuşulmasını anlayamamıştım. Türk Genelkurmayı her yıl sözde yardım ya da FMS kredileriyle alınacak malların listesini hazırlardı. Bu liste, US-AID görevlileriyle tartışılır ve üzerinde anlaşılan mallar 'yardım' adı altında istenirdi. Ama bu kez işimiz, satın alınan malların ambalajı olan boş bidonların, ihtiyacı olan kurumlara devredilmesini görüşmekti.

Biz, Genelkurmay Başkanlığı ve Milli Savunma Bakanlığı olarak, bidonları içlerindeki malzemeyle birlikte satın aldığımızı ve onları kullanmanın da hakkımız olduğunu savunuyorduk. Amerikalılar ise bidonların da yardım statüsünde sayıldıklarını; bu nedenle, ABD'nin onayı alınmadan kullanılamayacağını ileri sürüyorlardı.

Dışişleri Bakanlığı Müsteşarı Sayın Şükrü Elekdağ söz aldığında, bizi, yani Türkiye'nin tarafını destekleyeceğini düşünerek sevindim. Sayın Elekdağ, ayrıca benim kentimin yetiştirdiği ve övündüğümüz bir seçkin kişiydi, ama Sayın Elekdağ, Amerikalıların tezini yukarıda aktardığım sözlerle savunarak bizi şaşırttı. Ama biz, boş bidonları bile kullanırken ABD'nin iznini almak zorunda olduğumuzu anlamıştık.

Bizi haksız çıkaran 'Ortak Savunma İşbirliği Anlaşması (OSİA)' idi. Bu olayı ele alarak parasını ödediğimiz silah araç ve gereçleri 'Ortak Savunma' alanından ayırabilmeyi umuyor; küçük bir delik arıyorduk. Oysa Amerika bu formülle, parası verilen savunma araçlarının da Türkiye Cumhuriyeti'nin çıkarları için kullanılamayacağını savunuyordu.

O günlerin Türkiye'si ne şimdiki Türkiye'ye, ne de Mustafa Kemal Atatürk Cumhuriyeti'nin Türkiye'sine benziyordu. Görüyorduk ki, Türkiye 1960'ların sonunda kimi kurumlarınca itildiği karanlıkta, ABD'nin dümen suyunda çırpınmaktadır. 1950'lerin başlarında ABD'den süttozu gelmişti. Kutuların üstündeki resimde iki el kuvvetlice tokalaşıyordu; yenlerine ABD ve T.C. bayrağı resmedilmişti. Bu kutular, yurdun en ulaşılmaz köylerine, mezralarına dek götürülmüştü. ABD yurdumuzun çocuklarına süttozu yardımında bulunuyor ya da yurdumuz ABD'nin süttozuna muhtaç olarak gösteriliyordu.

Süttozu bebeklere ulaştırılıyor, çocukların beynine de o tokalaşan iki elin resmi kazınıyordu. O bebekler, daha sonra bu yurdu yöneteceklerdi. 1940'ların sonlarına doğru başlatılan propagandayla, ancak Amerika'nın yardımlarıyla ayakta durabildiğimize inandırılmanın ayıbını anlatabilmek için yazdım bunu. Bir gerçeği teslim etmeliyiz ki, Amerika genel olarak yaptığını ve yapacağını gizlemez. Tıpkı yardım doktrinine esas olan kongre yasasının şu bölümünde olduğu gibi:

"Mademki Türk ve Yunan hükümetleri, ulusal bütünlüklerinin ve özgür uluslar olarak varlıklarını sürdürebilmek için gerekli mali ve diğer yardımları istemişlerdir... Mademki bu ulusların, ulusal bütünlükleri ve varlıkları Birleşik Devletlerin ve bütün hürriyet sever halkların güvenliği bakımından önemli olup şu sırada yardımın alınmasına bağlıdır."

Biz bu sözlerin, ulusal kimliğimize saldırı olduğunu düşünemedik. "Ulusal bağımsızlık savaşı vermiş bir ülkenin çocukları, böyle bir aşağılanmayı nasıl kabul edebilir?" diye sormaz mısınız? Bununla kalmıyordu aşağılanmak. Birinci madde de şöyledir:

"ABD Kongresinin Senatosu ve Temsilciler Meclisi tarafından kanunlaştırılmıştır ki,(...) Cumhurbaşkanı Birleşik Devletler çıkarlarına uygun mütalaa ettiği zamanda, Yunanistan ve Türkiye'ye bu hükümetlerin talebi üzerine ve kendisinin tayin edeceği kayıt ve şartlarla yardımda bulunabilecektir" [2]

Bir tek bu madde bile, "yardım" denilerek, nasıl bir tuzağa düşürüldüğümüzün kanıtı değil midir? , Türk hükümeti 'yardım' almak için her keresinde, "Bana yardım et, ihtiyacım var" diyecek; halkın o engin bilincinden akıp gelen deyişiyle, 'el açacak!'

İhtilal oyunu içinde usta işi oyun!

ABD İkinci Dünya Savaşı sonrası, bizim gibi korumaya aldığı ülkeleri kendi ilkelerinden soyutlama politikasını bilinçle uygulamış olup, ulusal iradeleri baskı altında tutmaktadır. Önce o ülkelerin askerlerini eğitmiş, onlara ülke yönetimini üstlenecek politik yetenek kazandırmıştır. Bir ABD belgesi bunu şöyle anlatır:

"Birleşik Devletler'deki ve yabancı ülkelerdeki askeri okullarımızda ve eğitim merkezlerimizde seçme subaylar ve önemli mevkilerde bulunacak uzmanları eğitmemiz askeri yardım yatırımlarımızdan sağlanan faydaların her halde en önemlisidir. Bu öğrenciler dönüşlerinde eğitici olmak üzere kendi ülkeleri tarafından özel olarak seçilmişlerdir. Bunlar gerekli bilgilerle teçhiz edilmişlerdir. Bu bilgileri kendi bilgilerine aktaracak olan geleceğin liderleridirler. Amerikalıların ne yapmak istediklerini ve nasıl düşündüklerini gayet iyi bilen kimselerin, liderlik mevkilerinde bulunmalarının ne kadar önemli olduğunu belirtmeye ayrıca gerek duymuyorum. Böyle kimselerden dostlar edinmenin değeri ölçülemeyecek kadar fazladır." [3]

1968 yılında, MSB Hukuk Müşavirliği görevim gereği bağlı bulunduğum MSB Müsteşarı Org. Faruk Gürler bana şunları söylemişti: "Dikkatli olacaksın, toplantılar beş kişiden fazla olmamalı üç kişi idealdir. Üç kişiden biri görevli olabilir. El yazısı kullanılmayacak, kendi daktilonla bu konularda hiçbir şey yazmayacaksın."

Bu ilişkiden de yüreklenmiş; "Paşam" demiştim, "içinde bulunduğumuz koşullar karşısında tepkisiz duramıyorum. Ayrıca Atatürk'ün Cumhuriyetin ve bağımsızlığımızın korunması emrini de düşündükçe, çözüm

---

[2] M. Emin Değer, Oltadaki Balık Türkiye, "Yunanistan ve Türkiye'ye Yardım Sağlamak İçin Kanun," s.349.
[3] Harry Magdoff, Emperyalizm Çağı, s.155

aramaya başladım, ama ben genç bir subay olarak yanılabilirim; yanlışlarım ve doğrularım konusunda lütfen beni uyarın."

Paşa, yüzüme baktı ve içtenlik dolu bir sesle *"Yanlış yapmıyorsun, doğru yoldasın"* dedi. "Ohh!" dediğimi anımsıyorum; rahatlamıştım. Orgeneral Gürler, Kara Kuvvetleri subaylarının bağlılık duyduğu bir komutandı. Hava Kuvvetleri Komutanı Org. Muhsin Batur da havacıların güvenini kazanmıştı. Silahlı Kuvvetler, '27 Mayıs'a bağlı olanlar' ve "Bu anayasayla ülke yönetilmez" diyenler olarak iki kampa ayrılmış; gençlerin vuruşmalarının ülkede yarattığı kargaşayı önlemek ve 27 Mayıs hareketinin eksik bıraktığı reformları tamamlamak düşüncesiyle örgütlenmişti. En azından ben ve benim tanıdıklarımın davası bu idi. Komutanların zaman zaman verdiği görevler de, benim görüşlerimi doğruluyordu, ama Paşa'nın verdiği güvencenin beni kurtarmayacağını anladığımda iş işten geçmişti. Bir uyarıyı neden değerlendirmediğimi hâlâ sorar dururum.

Beş kişilik grubumuz; 27 Mayısçılardan Tabii Senatör Ekrem Acuner, Milli Birlik Komitesi üyesi Numan Esin ve aynı zamanda CHP milletvekili olan Orhan Kabibay, CHP Milletvekili Fakih Özfakih ve benden oluşuyordu. Ekrem Acuner, Faruk Gürler ile özel bir görüşme istedi. Haziranın o sıcak gecesinde, evimde saat 22'de başlayan görüşme, saat 2'ye dek sürdü. Paşa gittikten sonra, Ekrem Acuner öfkeliydi; "Adama bak yahu! Bana, 'Biz bu hareketi Süleyman Bey'e karşı mı yapacağız?' diye sordu" diyerek, Paşa'ya güvenilemeyeceğini anlatmaya çalıştı.

İhtilâle bir adım kala

Bütçe yılbaşının "1 Mart" olması nedeniyle, harekât tarihi bütçenin kabulünden sonra saptanacaktı. Bütçe, gününde kabul edilmişti. Mart ayının ilk haftası hareketli geçti. *"Hemen harekete geçelim!"* dayatması üzerine, harekât emrinin alınması için, 9 Mart, saat 18.30 da KKK Org. F. Gürler, HKK Org. M. Batur ve DKK Oramiral Kemal Kayacan'ın hazır olacağı bir toplantı çağrısı yapıldı. Kimi generallerin de katılımıyla, harekâtın o gece başlatılması için toplanıldı. O arada Hava Kuvvetleri'nin, Harekât Dairesi Başkanı tarafından alarma geçirildiğini öğrendik. Artık, generaller dışındaki kadro harekât emri bekliyordu.

9 Mart 1971 akşamı, Hava Kuvvetleri Komutanlığı'nda yapılan toplantı, bir karar almadan dağıldı. 23.30 sıralarında, 28. Tümen'den bir subay, telefonla aradı ve *"Seni hemen görmem gerek"* diyerek evime geldi. Heyecanlıydı; *"Bu gece Faruk Paşa'yı tutuklayacaklar. Çünkü (28.) Tümen komutanı bizleri topladı, 'Komünist ihtilal çıkacakmış' dedi. Olağanüstü alarm verildi; bu haberi Paşa'ya iletin"* dedi ve gitti.

Dördümüz buluştuk; birliklerin bulunduğu yörelere gittik. Nöbet yerlerinde ikişer asker vardı. Bu alarm belli ki, bize karşı verilmişti.

Emir subayı, Gürler Paşa ile ilişkimi biliyordu. Saat 01.35'te Emir Subayı'nı uyarıp, alarm olayını Paşa'ya bildirmesini söyledik.

Subay, Paşa'ya durumu telefonda anlattı. Paşa karşılık olarak, *"Hiç merak etmeyin alarmı ben verdim. Haydi, sen de, oradakiler de gidip uyuyun"* demişti. Oyuna geldiğimizi o anda anladım. Hele Paşanın bunları gülerek söylediğini işittiğimde, dünyam başıma yıkılmış gibiydi. Liderimiz ortak hareketimizi durduracak önlemleri almıştı. Önceden söylenenleri çözümlemeyi düşünseydik, o anın şaşkınlığına düşmezdik. Biz, komutanların bizleri, ne anlamda olursa olsun, böyle kötü bir deneyden geçireceğini düşünemeyecek kadar onlara güveniyorduk.

Oysa ihtilal oyunundan bir yıl önce "Nasıl bir sistem kurulacak? Bir taslak hazırlayarak bildirin" denilmişti. 'Devrim Anayasası Taslağı' dediğimiz belgeyi hazırlamıştık. Faruk Paşa, taslağı okuyunca, sakin bir sesle şöyle demişti: "Söyledikleri kadar solda değilmişsiniz!"

'Dickson Raporu'nun hedeflerinden birinin kapsamında tasfiye edilmek üzere gözetlenmiş; amaçlarımızı onlara kendimiz iletmiş ve yönlendirilmiştik. Demek ki, örgütlenmemiz, onların denetimi altındaymış. Uğur Mumcu'nun "Devrim Tarihi Okutuluyor mu?" başlıklı ve Kemalizmi savunan yazısında, "komünist devrimi savunduğu" savıyla 12 Mart Sıkıyönetim Mahkemesi'nde yargılanması, çarpıcı bir örnek olacaktı.

'Dickson Raporu' uygulamaya konulmuş ve bir ihtilal(!) oyununa getirilmiştik. Suçumuz, Türk devriminin bize emanet ettiği Cumhuriyeti ve bağımsızlığı korumak olmalıydı. Bunun Amerika'nın sözlüğündeki anlamı 'komünizmle içlidışlı' olmaktır. Biz, ihtilal girişimcileri, Atatürk'ün yaşadığı dönemde birer delikanlıydık. Bağımsızlık onuru ve gururu içimize işlemişti. Bu sorunları bilinçle inceleme ve çözme eğilimimizin yanlış değerlendirileceğini, hele kendi emirleriyle girişimlerde bulunduğumuzu bilen komutanların oyununa getirilip, tasfiye edileceğimizi düşünmemiştik! Bu kararı kimler vermişti? Bu sorunun gerçek yanıtını sonraki yıllarda öğrenecektik. Bizi, Amerikan eğitimi görmüş, bir başka deyimle 'indoktrine' edilmiş olanlar oyuna getirmişti. Yani onların gerektiğinde, "Amerikalıların ne yapmak istediklerini ve nasıl düşündüklerini çok iyi bilen kimseler" tarafından oyuna getirildiklerini öğrendiğimizde iş işten geçmişti.[4]

---

[4] Dickson Raporu, 1965'te ABD Ankara Büyükelçiliğinde Savunma Ataşesi Alb. Ronald D. Dickson'ın adıyla anılan ve bir Türk tarafından hazırlanmış belgedir. 1965 seçimlerinde AP'nin hükümet kurmayı üstlenmesinin ardından verildiği anlaşılıyor. 29 Aralık 1965 tarihli bu rapor, 7 Temmuz 1966'da, Tabii Senatör Haydar Tunçkanat tarafından Senato'nda açıklandı. 'Rapor' sonradan inkâr edildiyse de olayların gelişimi ve ABD'li Albay'ın statüsü, rapor olayından sonra görevden ayrılması yalanlanmanın geçersizliğini gösteriyor. Raporun şu paragrafı, 12 Mart öncesi ve sonrası uygulamalarının bu rapora uygun olarak gerçekleştirildiğini gösteriyor: "*Buna bağlı, bazı hükümet tedbirlerinin hazırlanmasına ve uygulamasına paralel olarak, rejime sadık olmayan subaylardan en tehlikelileri bir program dâhilinde tasfiye edilmek üzere tespit edilmektedir. Şimdiye kadar olan değişikliklere karşı gösterilen reaksiyon, muhalefetin zayıflığının tezahürü olarak değerlendirilmektedir.*"

Yalnızca on yıl sonra oyuna gelmenin boyutunu ABD başkanının ağzından bir kez daha öğrenecektik. 12 Eylül darbe gecesi, bir opera gösterisini izlemekte olan Başkan Jimmy Carter'a "Bizimkiler idareyi ele aldılar" haberi verilince, nasıl sevindiğini duyduğumuzda; Washington'un olayların neresinde yer aldığını daha iyi anlayacaktık. ABD'nin 12 Mart öncesi ve sonrasındaki gelişmeleri içerden izlemesi, bize çok şey öğretmiştir. ABD, müttefik ülkelerde, her hareketin, o ülkede çıkarlarına dokunacak her yapılanmanın içinde yer almaktaydı. 27 Mayıs'ta ABD vardır; 12 Mart ve 12 Eylül'de de vardır. Dünyayı ele geçirmeyi ideal edinmiş bir devlet yönetiminin böyle yapması, kendi ahlak anlayışına uymaktadır.

27 Mayıs öncesinde, 12 Mart ve 12 Eylül darbelerinde bu yöntemin uygulandığı ve darbelerin CIA kokartlı olduğu açığa çıkmıştı. Sovyetlerin yıkımıyla, demokratik ideallerin öne çıkması, askerin devlet yönetimindeki etkinliğinin kırılması gerekiyordu. Ama Amerika demokrasiyi de kendi amaçları için kullanmalıydı. Bu kez oyunu 'açıklık' örtüsü altında uygulayacaktı. Bizim gibi ülkelerde demokrasinin geliştirilmesi (!) için ABD yardımı gerekiyordu.

Bu yeni yardımı anlatan bu kitabın her sayfası bize indirilmiş şamar gibidir. Rahmetli anam, biz uyurken uyanır, "Allah'a dua edenlerin yüzü suyu hürmetine aç kalmıyoruz" der ve gece yarısı kalkar, ibadetini yapar, dokuma tezgâhında bez dokurdu.

Bugün de uyumayanlar var ve onlar bizim nasıl bir tuzağa düşürüldüğümüzün resmini çekmiş, dersem, resim değil, ama öyle bir çalışma ki fazla zorlamaya gerek kalmadan, canlı bir fotoğrafa bakar gibi gerçeği görebiliyorsunuz.

İşte Yıldırım uyumamış ve bize gerçeği göstermek için çalışmış. Bu kitabı okumak, içine düştüğümüz tuzağı görmemizi sağlayacak. Belki o zaman kendimizi sorgulamaya başlayabiliriz. Azıcık ulusal onurumuz kalmışsa ve gerçekleri okumayı biliyorsak; ders almayı biliyorsak, oltanın ucundan kurtaramadığımız balığın, bu kez bir ağda çırpınışını seyrettirmek isteyenlere ders vermenin gününü geciktirmemeliyiz. *

Ankara, 3 Ekim 2002, Cuma
M. Emin Değer

İhtilal oyununun işkenceli davaları için bkz. Talat Turhan'ın kitabı "Bomba Davası."
* O günlerde bizler, 18-21 yaşlarında öğrencilerdik. Oyun perdesinin önüne sürülmüştük ve senaryonun tümünü görmemiz olanaksızdı, perdenin arkasını bilemiyorduk. İhtilal oyunlarının ayrıntısı tarihin karanlığına ve dayanaksız tartışmalara bırakılamazdı. Perdeyi araladığı ve yaşadığı olayları yazdığı için, MSB eski Hukuk Müşaviri, Emekli Hâkim Alb. M. Emin Değer'e çok teşekkür ederim. M. Yıldırım

Şifre Çözücü: "Project Democracy"
Açık ve Özel Bir Mekanizma

> *"Amerika Birleşik Devletleri'nin dış ülkelerdeki açık eylemleri, örtülü (gizli) operasyonlarla desteklenmelidir."* Truman National Security Directive (NSD 10/2)

2000 yılında, Türkiye'ye konuk olarak gelen Çek Devlet Başkanı Vaclav Havel'in, "Bu küreselleşme işi iyi olmadı, bir yerlerde hata yaptım; ekonomistleri dinledim" anlamına gelen sözleri üstünde duran olmadı. Vaclav Havel, Türkiye'de yaşayanların bu işin ayırdında olmamasından emin olsa gerek, eksik bilgilendirme yapıyordu. Oysa Aralık 1989'da, Vaclav Havel başkanlık koltuğuna yeni oturduğunda ülkesi, Slovakya ve Çek Cumhuriyeti olarak ikiye bölünmemişti. Havel, karşısında oturmakta olan Amerikan örgütü yöneticilerinden ivedi bir istekte bulunmuştu:

"Tavsiyelere ihtiyacımız var, burada, şimdi ve ivedilikle... Hükümetinizden değil, seçim yasaları işini bilen profesyonellerden tavsiyelere ihtiyacımız var. Pazartesiye dek Prag'a birini getirebilirseniz, şahane olacak."[5]

Demokrasi ve özgürlük kahramanı olarak tanınan Vaclav Havel sanki yabancı bir devletin yerel valisiymişçesine merkezden istekte bulunuyordu. Bu derin bilirliğin altındaki eski yıllar operasyonunun izlerini, daha sonra göreceğiz.

Amerikalı NED (National Endowment for Democracy) operatörleri anayasa ve seçim yasaları hazırladılar ve ilk seçimlerin ardından Havel'in ülkesi ikiye bölündü. Zamanın NED Başkanı Carl Gershman, ABD Açık Diplomasi Danışma Komisyonu'nun Ocak 1990 toplantısında, Havel ile birlikte becerilen "katılımcı demokrasi" operasyonlarını *"Çekoslovakya seçim sürecine derinden katıldık!"* diyerek açıkladı.[6]

Vaclav Havel, Anıtkabir ziyareti sırasında *"Şeref duydum"* demişti. Göreve gelir gelmez, yabancı bir devletin örgütünden uzmanlar getirmelerini isterken ve seçim süreci aynı yabancılarca 'derinden' etkilenip ülkesi ikiye bölünürken de 'şeref duymuş' ve varılan sonucu, "şahane" olarak nitelemiş miydi?

Bunu bilemeyiz; ama 1989'daki isteğine bakılırsa, 'project democracy' ile onun iktidara gelişi arasındaki ilişkiyi çok iyi kavradığı kesin.

---

[5] NDI Approach to Democratic Development *ndi.org* 2000
[6] Sean Gervasi, "A Full Court Press: The Destabilization of the Soviet Union" CAQ, No:35 (Fall 1990), s.26

Bu ilişkinin sonunda 1991 yılı geldi ve Vaclav Havel, Kongre üyesi Dante Fascell'in elinden *"National Endowment for Democracy-1991"* ödülünü aldı. Bölünmüş bir ülkenin bir parçasının devlet başkanı olan Vaclav Havel'e verilen bu ödülün gerekçesindeki kısa açıklama operasyonun bütünlüğünü gösteriyordu: *"Havel, 1989'da Orta Avrupa'yı değiştiren demokratik devrimin asıl entelektüeli ve siyasal lideriydi."*[7]

Açık ve özel mekanizma

Amerika'dan işleme konulan "demokrasi projesi" operasyonunun dibindeki düşünce şudur:

Başka ülkelerin içişlerine, siyasal ortamına, Birleşik Devletler'in resmi organlarınca, örneğin merkezi haber alma örgütü CIA ile doğrudan karışılması sakıncalıdır. "Anti-komünizm" ve "hürriyet-demokrasi cephesi" adı altında, hem ABD içinde hem de dış ülkelerde, yönlendirme, örgütleme, dolaylı yönetme, kamplara bölme ve çatıştırma uygulamaları için dünyaya yayılan örgütlerin etkinlikleri, ileri sürüldüğü oranda "hür" ve tüm dünyaya ilân edildiği oranda "temiz" olmadığından, işlerin karışması elbette kaçınılmazdı. Ayrıca bu işlerin parasal kaynaklarının altından CIA'nın ve CIA bağlantılı şirketlerin, kirli işler bankerlerinin ortaya çıkması devleti zora sokmaktaydı.

Örtülü operasyondan açık operasyona geçişin ilk ciddi adımları 1967'de atılmıştı. CIA'nın dış ülkelerde çok-kültürlülüğü pekiştirmek için Amerikan üniversitelerinde yoğun bir çalışma başlatmasıyla birlikte kurulan CCF (Congress for Cultural Freedom), CIA'nın oluşturduğu yayın ve konferans örtüsü altında ülkelerde bağlantılar ağı kurmaktaydı.[8] Söz konusu örtü, CIA tarafından yönlendirilen Amerikan akademik dünyasında, yarı gizli araştırmalar ve raporlarla dokunmaktaydı.

Bu durum, ABD üniversitelerinde rahatsızlığa yol açınca, 1967'de soruşturma başlatıldı.[9] Soruşturmanın sonunda, bu gibi politik amaçlı operasyonlarda CIA bağlantısının işleri zorlaştırdığı düşünüldü. Tüm dünyada yürütülecek operasyonun finansmanı için özel kuruluşların devreye sokulması programlandı. Aslında bu özel kuruluşlar, 1947'lerden beri Harvard, MIT ve Columbia üniversitelerinde çok özel projeler için para kaynağını yaratmaktaydılar. Ortalıkta görünenler, CIA elemanları ya da devlet memurları değil,

---

[7] 1998'in öteki ödülünü de, "Contra" ve "project democracy" operasyonu sonunda Nikaragua devlet başkanlığına getirilen Violeta Chamorro aldı. NED Annual Report 1998, s.77.

[8] Kültürel Özgürlük Kongresi) örgütü,

[9] Akademik dünyadaki CIA bağlantıları Rampart Magazine tarafından açıklanınca, Başkan Ford, 1967'de Nicholas Katzenbach (Ford Foundation eski yöneticisi), John Gardner (OSS eski elemanı, Carnegie eski başkanı, 1955-1965), Richard Helms (CIA Yönetmen)'den oluşan bir komisyon oluşturdu. Komisyon *"açık-özel bir mekanizma"* kurulmasını önerdi.

Ford Vakfı, Carnegie Vakfı ve Rockefeller Vakfı vb. çokuluslu şirketlerin örgütleriydi. İlk geçiş aşamasından sonra, 1980 başlarında yeni bir evreye girildi. Yeni tür operasyona duyulan gereksinimin nedenleri şöyle özetlenebilir:

Gizli kapaklı yöntemle, ülkelerin iç dünyasını denetleme ve yönlendirme işlerinin, yarı gizli ve belirli kuruluşlarla ilişkili olarak yürütülmesi, operasyonun etkisini sınırlandırır… İşin içine kitlelerin katılması olanaksızlaşır… Yarı gizli ilişkilerin açığa çıkması, bağımsızlığına ve onuruna düşkün ülke halkının ABD aleyhine dönmesine yol açabilir… Eski yöntemlerle, gizli ilişkilerle bilgi toplamak, medyaya ve öteki kurumlara, partilere, sağcı-solcu örgütlere gizli yönlendiriciler, kışkırtıcılar yerleştirmek, hem riskli hem de pahalıdır.

ABD çıkarlarına, ikircimsiz hizmet edecek yabancı hükümetlerin iktidarda tutulmaları, büyük bir parasal harcama gerektirmektedir. Ayrıca halk kitlesinin desteğini alamayan bu yönetimleri siyaseten ayakta tutmak olanaksızlaşmaktadır. ABD çıkarlarına ne denli bağlı olursa olsun, bir yabancı hükümete, sonsuz güven duymak sakıncalıdır. Önünde sonunda bu yabancı hükümet, bir başka dünya gücünün kendisini destekleyeceği kanısına kapılabilir; ya da denge içinde çok yönlü bir siyaset güderek bağımsız davranma düşüncesine kapılabilir ve ABD'ye bağlı kalması gerektiğini unutabilirdi. Bunun yanında, yazılı anlaşmalar, değişecek olan yasalar da yeterli güvence değildir. Çünkü ülkelerdeki sistem artık geri döndürülemeyecek biçimde değiştirilmelidir. Kim yönetirse yönetsin, ekonomik ve siyasal düzen değişmemelidir. En iyi çare siyasal olarak iyice zayıflatılmış devletler ve çok etnili toplumlar…

Devlet merkezlerinin egemenlik araçları ellerinden alınarak halk kitlelerinin merkeze olan güveni ve bağlılıkları zayıflatılmalıydı. Ulusal yönetimler, kısa devre edilerek, dünya egemenlerinin oluşturacağı NGO, vakıf, enstitü gibi örgütler aracılığıyla, kitlelerle doğrudan ilişkiye geçmek, daha ekonomik ve daha kalıcı bir yöntemdir.

Ülkelerde devlet ile halkın arasında adı sivil(!), kendileri dışarıdaki devletin güdümünde bir dernekler, vakıflar, meslek kuruluşlar ağı kurulmalıydı. Böylece egemenler adına uzaktan yönetilebilecek bir aygıt geliştirilecekti.

ABD iç siyasetindeki önemli bir boyut da harcanacak paranın en azından kitabına uydurulmasıydı. ABD'nin işine gelmeyen yönetimleri devirmek için gereken paranın sağlanmasında, ABD kongresinin onayını almak zorunludur. Ancak, dünyaya yasallık dersi veren ABD yönetimleri kendi yasalarına uymuyorlardı. 1970'lerde Temsilciler Meclisi'nden Otis Pike ve Senatör Frank Church başkanlığındaki komisyonların soruşturması sonucunda CIA'nın içerde ve dışarıda komplo gerçekleştirmesi kısıtlandığından operasyonlar için para ancak yasadışı yollardan elde edilebilmiştir.[10]

---

[10] Dış ülkelerin içişlerine karışılması tümüyle yasaklanmadı, ama suikastler yasaklandı. Başkan Gerald Ford, Otis Pike raporunu sansürlediyse de Philip Agee kendisi-

Nikaragua *contra*'ları işinde olduğu gibi, şeyhlere, zengin sultanlara, kara paracılara, *contra*'ların ve CIA'nın kokain trafiğini yönetmesine muhtaç kalınmıştır.[11]

Örtülü ilişkilerle dolap çevirmek, soğuk savaş döneminde, komünizm tehdidi gösterilerek, uluslararası yasallık içinde kabul edilebilirdi. Ne ki, 'Doğu Blok'unun çözüleceği öngörüsü gerçekleştikçe, anti-komünizm dürtüsü giderek zayıflayacak ve örtülü işlerin yasallığı da buna koşut olarak sorgulanacaktı.

Oysa ulus devletler, dünya egemenliğinin önündeki en büyük engeldi. Çünkü ulus devletler kendi topraklarının kullanımına ve ekonomik ortamına dışardan yapılacak girişimleri, dış siyasetlerinin doğrudan yönetilmesini engelleyebilirlerdi. Daha da kötüsü, yandaş yönetimlerin yerini her an daha bağımsızlıkçı yönetimler alabilirdi.

Ulusal egemenliklerinden ödün vermeye yanaşmayan bu tür devletlerin sınırlarının eleğe döndürülmesi işi, örtülü, kirli işlerle becerilemez ve ilgili ülke insanlarının onayı alınmadan gerçekleştirilemezdi. Bu nedenlerle, 'hür dünya' işlerinden, insan hakları ve din hürriyeti bekçiliğine evirilen operasyon ile ABD'nin uygun göreceği türden demokrasiler kurulmalıydı.

Operasyonun adı, "Project democracy" olarak Ronald Reagan tarafından kondu. Demokrasi ihracını konu edinen bu incelemenin amacı, 1980'lerin başından beri 92 ülkede uygulanan ve yeni mandacıların, sömürgecilerin işbirliğiyle örülen WEB'de, yani 'örümcek ağı' içinde çırpınmakta olan Türkiye'de olan bitene az da olsa ışık tutmak; toplumsal-siyasal yaşamın yabancılar tarafından ele geçirilişini bir parça olsun sergilemektir. Söz konusu örümcek ağının ilmiklerinde, şu ya da bu niyetle yer almış olanlar bu ağı örenlerin kimliğinden de, amaçlarının tümünden de bilgili olmayabilirler. "Sivil" etiketi takınan, "saydamlığı" olmazsa olmaz ilke olarak savunan örgütler, yabancı ilişkilerini, özellikle "bağış" adı altında aldıkları parasal desteği çevrelerine topladıkları kişilerden ve toplumdan saklamaktadırlar.

Bu tür destekler almak için uğraşanların, özellikle Türkiye-Kafkasya-Ortadoğu ve Türkiye-Kafkasya-Orta Asya'da "güvenlik" oluşturma ve "demokrasi" kurma örtüsü altında yeni sömürgeler elde etmek isteyen Batılı devletlerin ve kartellerin aracısı olan örgütlerle ve şirketlerle kurdukları ilişkilere dikkat çekmek gerekiyordu.

---

ne iletilen asıl raporu yayınladı. *P. Agee, On The Run, s.143.*

[11] Orta Amerika ve Karaibler'de CIA ajanlarından, 'Contra' şeflerinden, devlet görevlilerinden oluşan şebekenin uyuşturucu kaçakçılığı belgelenmiş ve soruşturma raporlarıyla kanıtlanmıştır. (*Central Intelligence Agency, Allegations of Connections Between CIA and the Contras Trafficking to the United States, 96-0143-IG Volume II*; CIA Müfettişi General Frederick Hitz Raporu'ndan Robert Parry, *Consortium News, Oct.15, 1998; consortium-news.com*) CIA ile ilişkili Global Air pilotları, giderken silah götürdüklerini, gelirken de kokain taşıdıklarını açıklamışlardır. *Joel Bainerman, The Crimes of A President, s.280.*

Güdümlü 'Katılımcı Demokrasi' İhracatı

> *"Avrupa'da yerleşik olan ve çoğu Birleşik Devletler tarafından parayla beslenen hükümet dışı örgütler (NGO'lar) de, doğrudan ya da dolaylı olarak, bu operasyonlarda yer alıyorlar."*
> Ralph McGehee, CIA (e)

Bir zamanlar diktatörleri iktidara taşımak için her türlü kanlı ve örtülü operasyonu gerçekleştiren, her tür örgütlenmeyi 'komünist örgütlenmesi' olarak niteleyen bir devletin yönetimi, birdenbire demokrasinin gerçek sahibi oluverdi. Gerek kendi elemanlarını ve gerekse yandaş yönetimlerin elemanlarını Gestapo istihbaratçılarınca tasarlanmış eğitimlerden geçiren, işkence yöntemlerini öğreten aynı devlet, birdenbire işkencenin düşmanı, insan haklarının yılmaz bekçisi, dünya dinlerinin ve kutsal inançların koruyucusu, eğitim özgürlüğünün biricik güdümleyicisi, kitle örgütlerinin - para kanalı oluşturmak dâhil - her bakımdan kollayıcısı oluvermişti.

Söz konusu devlet ve ortakları, hükümet darbelerine ortam hazırlayarak, kendi elleriyle yönetime getirmiş oldukları tiranları alaşağı etme ya da bağımsızlık ve bütünlük duygusunu yitirmemiş toplumların devletlerini Batı'nın her türden ekonomik-askersel girişimine açmak için "demokrasi projesi" üretiyordu.[12]

Dönem, kan dökücü diktatörlerin, uzaktan kumandalı yönetim düzeni olarak simgeleşen 'Filipin Demokrasisi' yerine, Washington, Londra, Berlin, Paris, Amsterdam, Brüksel, Kopenhag, Stockholm merkezli bir operasyonla 'güdümlü sivil demokrasi' rejimlerinin yerli yerine oturtulması dönemiydi. Böylelikle egemenler, demokrasiye geçiş sürecini de örgütleme olanağına kavuşuyorlardı. Artık geçerli olan, diktatörlerin açık egemenliği yerine, akılları liberal enternasyonale yatmış siyasal partilerin ve ikna edilmiş seçkinlerin demokratik(!) egemenliklerini pekiştirme yöntemiydi.

Hesap her ne denli, "demokratik" götürme idiyse de, huylu huyundan caymaz, dedirtecek girişimler de eksik edilmiyordu. Örneğin Peru'da seçimle gelmiş devlet başkanı, para piyasaları cambazı Soros'un da milyon dolar katkısıyla başlayan iç karışıklığın ardından geliştirilen ince bir komployla uzaklaştırıldı. OPEC ülkelerinin karar merkezi sayılan

---

[12] 1980'li yıllarda birden bire yeni bir sosyalist program ortaya atılmıştı Moskova'dan. Sosyalist devrimin güçleri o yıllara dek İşçi Sınıfı ve Köylüler, Ulusal Kurtuluş Hareketleri ve Barış Güçleri olarak sıralanırken, Kitle örgütleri, şimdiki adıyla NGO'lar da işin içine katılıvermişti. Bu, 'Project Democracy' etkinliğine en iyi örnekti belki de...

Venezuela'nın seçimle ve büyük oy desteğiyle iktidara gelmiş olan yönetimini, Nisan 2002 ortalarında, ayaklandırılmış sivil(!) bir grubun yarattığı kargaşa ortamında, 18 kişinin ölümünden hemen sonra, işadamları, sendika ağaları ve 100'er bin dolar aldıkları sonradan ortaya çıkan iki subay komutasındaki bir bölüm askerin de katıldığı, açık bir silahlı darbeyle devirmeye çalıştılar. Bu örneklere daha sonra değineceğiz. Şimdilik 'sivil' sıfatlı örgütlerin alınan paraları 'proje desteği' olarak niteledikleri işbirliğinin tarihsel öyküsünü özetleyelim.

Örtülüden yarı açık operasyona geçiş ve WEB[13]

"1967 Katzenbach Komisyonu"nun önerileriyle başlatılan, vakıf ya da enstitü örtüleri altına yerleştirilmiş olan yeni operasyon, öncelikle sosyalist sistemin içerden çökertilmesinde denendi. İlgili ülkelerde Amerikan yanlısı örgütler oluşturmak amacıyla, daha açık ve daha güvenli bir yöntem geliştirildi.

İlk amaç, sosyalist düzenin yıkılmasının yanı sıra, yeniden kurulacak dünya düzeninde, öncelikle Doğu Avrupa'nın çözülmesini sağlama almak oldu. Ayrıca, blok dışı kalan ülkelerde bağımsız, başına buyruk yönetimlerin oluşmasını engellemek, kısacası güdümlü demokrasiye geçişi güvence altında tutmak amaçlandı. Yeni yöntemin yaşama geçirilmesiyle, üçüncü dünya ülkelerinin Doğu Avrupa ülkeleriyle bütünleşmelerinin; eşitliğe ve karşılıklı yarar ilkesine dayalı, bölgesel işbirliklerini geliştirmelerinin önüne geçilmeliydi.

Geçiş dönemi, Batı için olmadık seçenekler yaratabilme olasılığını içinde barındırdığından beklenmedik sonuçlara yol açabilirdi. Ülkeler, karşılıklı yarara dayalı yeni ilişkiler sonunda, dünya kaynaklarının, 'uluslararası denetim' adı altında, Batı kartellerinin ellerine geçmesinin önünü tıkayabilirlerdi. ABD ve Batı Avrupa işte buna dayanamazdı. Antikomünist dönemde ele geçirdiği güderek yönetme yetisini bir anda yitirilebilirdi. Bu durumda, ABD ve Batı Avrupa ipleri eline almalı, gelişmeleri yönlendirmeli ve yeni döneme uygun, görünürde devletten ve devletin açık-gizli kurumlarından bağımsız, bir parasal kaynak ve yönetim merkezi oluşturulmalıydı.

1983 sonlarında ABD Kongresi'nin onayıyla NED (National Endowment for Democracy), yani Ulusal Demokrasi Fonu kuruldu. CIA emeklisi Ralph Mcgehee, bu kuruluşun işlevini, deneyimli istihbaratçı söylemiyle şöyle yorumluyor:

"CIA'nın ülkelerin karıştırılması operasyonlarında kullanılan birçok işlevinin NED'e transfer edilmesiyle, Demokrasi için Ulusal Fon'un kullanımına gidildi. CIA'nın örtülü eylemlerine ek olarak, Uluslararası Kalkınma Ajansı (AID) ve Birleşik Devletler İstihbarat Ajansı

---

[13] WEB: Örümcek ağı, İngilizce-Türkçe Redhouse Sözlüğü, 1998, s.1121

(USIA) da 'demokrasi yayma' operasyonlarında yer almaktadırlar. Avrupa'da yerleşik ve çoğu Birleşik Devletler tarafından parayla beslenen hükümet dışı örgütler (NGO'lar) de doğrudan ya da dolaylı olarak, bu operasyonlarda yer alıyorlar. Bu tür örgütler ve ajanslar aşağı yukarı açıktaysalar da CIA, hükümetleri destekleme ve yıkma gibi birincil rolünü elinde bulundurmaktadır."[14]

Para kaynağı, doğrudan ABD hazinesi, yani devlettir. NED ise paranın kasasıdır. Ayrıca vakıflar ile 'konsey' ya da 'enstitü' ya da 'merkez' adıyla örgütlenmiş olan seçkinler kulüpleri, AID ve hatta Amerikan sendikaları, şirketler, işadamları para havuzuna katılmaktadırlar. Batı Avrupalı siyasal vakıflar ve dernekler de ortak bütçeye sonradan katıldılar. Amaçları gizlenemeyecek denli açıktır. Doğu Avrupa'yı, Afrika'yı, Asya'yı, Ortadoğu'yu, Okyanus devletlerini birlikte yeniden sömürgeleştirmek; doğal kaynakları çok uluslu şirketler aracılığıyla yağmalamak.

Yeni tür örgütlenme, 1980'lerde her ne denli COMECON ülkelerini hedef aldıysa da ABD için önemli amaç, öncelikle Amerika kıtasında, ABD egemenliğine sıkıntı verecek bağımsız tavırlı devlet yönetimlerinin oluşumuna engel olmaktı. 1970'lerin sonlarında diktatörler sıkıntıya düşmeye başlamıştı.

Amerika'ya bağlı demokrasilere geçiş sağlanamıyordu. Bunun en tipik örneği Nikaragua'da yaşanmıştı. Orta Amerika'da ABD mihverinden uzak görünen, kötü bir örnek olmuştu Nikaragua. Diktatörlük yıkılmış ve halk demokrasisi kurulmuştu. İşte buna katlanılamazdı! CIA'nın yanı sıra NED örgütleri de işe karıştı ve operasyon birkaç yılda tamamlandı. Çoğulcu demokrasi adı altında, ABD çıkarlarına uygun yeni bir düzen kurulması, yarı açık demokrasi operasyonunun ilk ve en önemli örneği oldu.

Temsilciler Meclisi'nin 13 Temmuz 1993 birleşiminde, NED'in bütçesinin kısıtlanmaması için konuşan Mr. Fred Gilman, yeni tür örgütlenmenin yararını, *"Bağımsız bir örgüt olarak NED, hükümetin (devletin) girme olanağı bulamayacağı yerlere ulaşabilir"* diye açıklıyor ve adam adama ilişkilerin önemini vurgulamaktan da geri kalmıyordu. Fred Gilman, *July 13, 1993* tarihli The New York Times gazetesini gösterdi ve A. M. Rosenthal'ın yazısını temsilcilere okudu.[15]

Yazıda, NED bütçesi kısıtlanırsa, bundan *"Amerika'nın zarar göreceği"* belirtiliyor ve işin *'küresel'* boyutu şu ilginç sözlerle açıklanıyordu:

---

[14] Ralph McGehee, 25 yıl CIA'da çalıştı. Vietnam, Laos ve Hindiçin'de görev yaptı. Emekli olduktan sonra, "Deadly deceit; my 25 years in the cia" kitabını yayınladı. CIA ile ilgili veri tabanı çalışması yaparak "internet" te ve disketlerde yayınladı. Güvenlik elemanlarının tacizinden kurtulamadı. Durumunu, bir dilekçeyle ABD Başkanı'na da bildirdi. 2000 yılından sonra CIA ile ilgili yayını durdurdu. Metin, onun *"www.ciabase.org"* yayınının durdurulmasından kısa bir süre önce alındı.

[15] loc.gov/cgi-bin/query/D?r103:17: / temp/~r1034MaTdX::

"Tehlike altındaki demokrat insanlardan mektuplar geliyor; askeri cunta yönetiminden acı çeken Burmalılardan, Kürtlerden, Karaibliler ve Afrikalılardan, Iraklı yazarlardan, Sırp demokratlarından, Litvanya eski başkanından, sürgündeki Çinliden... Hepsi de NED'in kendileri için ne demek olduğunu belirtmekte ve NED'in korunması için yalvarmaktalar."[16]

'Küresel yalvarış' diye nitelenen bu isteği karşılamak için devlet kurumlarının ve görevlilerinin giremedikleri yerlere girme olanağını sağlayan NED çevresinde oluşturulan örgütlerin çabalarıyla, yabancı ülkelerde yapılandırılacak olan demokrasi(!) bağlantılarının, ABD resmi yönetiminden bağımsız görünmesi temel ilkeydi.

Bu ilişkinin insansal ve parasal yanı, demokrasi ihraç edilecek bir ülkede siyasal eğilimlere uygun olarak, partiden partiye, demokrasiyi geliştirme(!) ilişkileri temelinde ve çoğunlukla NGO'dan 'sivil' olana, masum yardım, 'ortak proje desteği' ve çok kültürlülüğe deneyim katkısı olarak biçimlenmeliydi Ayrıca, ilgili ülkenin iş dünyasıyla kurulacak örgütlenmeler ve dolaylı dolaysız bireysel ilişkiler, uluslararası ticaretin yoğunlaşmasına, ilgili ülkenin modern(!) işadamı örgütlenmesine de denk düşmeliydi.

Proje yaratıcısı büyük ülke, dışalım ve dışsatımını en katı kurallarla yönetip, kendi ekonomisini koruyucu önlemleri çekincesiz uygularken, 'projenin' uygulanacağı ülkelerin merkezden denetleme ve yönlendirme kurumları yok edilmeliydi. Böylece işin arkası kendiliğinden gelecek ve etnik kışkırtmaya elverişli bölgeler, projecilerin ve onları yönlendiren yatırımcıların, para piyasası oyuncularının, petrol kartellerinin ekonomik egemenliğine açılacaktı.

Alman vakıfları modeline uygun örgütler

"Resmiyet dışı" gibi görünmekle birlikte, siyasal amaçlı örgütlenmeyi sağlayacak model fazla aranmadı. Bu işi yıllardır yürüten Alman partileri, kendilerine bağlı vakıf görüntüsü altında siyasal aygıtlar oluşturmuşlardı. Vakıfların dış ülkelerde yürüttükleri etkinliklere biraz özenle bakan da kültürel etkinlik görünümünde yürütülen işlere "beşinci kol" muamelesi yapan da yoktu. Üstelik Batı Almanya'da sayısız büro ve 3000 memuruyla çalışan CIA da "hürriyet ve demokrasi" işlerinde çalışan Alman örgütlerini iyi tanıyordu. NED tasarımcılarından Charles Taylor Manatt, 1983'te Cumhuriyetçi Parti dergisinde Alman vakıf örgütlenmesinden yararlanma nedenini şu sözlerle açıklıyordu:

> *"Düşüncelerimiz ve önerilerimiz birçok insana yabancı gelmeyecektir. Aslında Federal Almanya Cumhuriyeti'nin vakıflaşmasını ve*

---

[16] *The New York Times column of July 13, 1993; Ioc.gov/cgi-bin/D?r103:17: ./temp/*
* Stiftung: vakıf.

üçüncü dünya ülkelerindeki etkinliklerini modellerden biri olarak aldık. Ve bu bakımdan yalnız değiliz. En azından yarım düzine ülke, son dönemde, politik partilere bağlı ve vakıf olarak finanse edilen bu kurumlaşmayı benimsemişlerdir."[17]

Manatt'ın sözleri yeterince açıktır. Amaç, o zamanlar Doğu Avrupa'da yeraltı örgütlenmesiyle, üçüncü dünya ülkelerindeyse -şimdiki durumda tüm dünyadaki- yasal görünümlü örgütlenmeyle ipleri ele geçirmektir. Model olarak alınan yapılanmaysa, 'vakıf' adı altında yabancı ülkelere dalmayı başaran Almanların vakıf örgütçülüğüdür. Modele karar verilince, gerisi çabuk geldi.

Öncelikle APF (American Political Foundation)'ye, US-AID, USIA ve bazı şirket kasalarından 400 bin dolar verilerek bir yapılabilirlik raporu hazırlatıldı. Arkasından yasa tasarısı hazırlandı ve 1983 sonlarında NED kuruldu. Hemen ardından NED'e bağlı çekirdek örgütler oluşturuldu: Yabancı ülke insanlarına ve partilerine ortadan ve sağdan yaklaşmak üzere ABD'nin Cumhuriyetçi Partisi tarafından IRI (Uluslararası Cumhuriyetçi Enstitüsü) örgütü, soldan yaklaşmak üzere Amerikan Demokrat Partisi tarafından NDI (Ulusal Demokrasi Enstitüsü) örgütü oluşturuldu. İş dünyasıyla ilişki kurmak üzere, Amerikan ticaret odasınca CIPE (Uluslararası Özel Girişimciler Merkezi) örgütü kuruldu.[18]

Yabancı ülkelerde, ulusal bağımsızlıkçı sendikal hareketleri zayıflatmak ve yeni tür bağımlı sendikalar kurmak ya da var olanları yönlendirmek üzere eski anti-komünist sendikacılığın merkezi AFL-CIO yeniden işbaşı yaptı. 1977'de devreye sokulmuş olan FTUI (Free Trade Union Institute) ve NED eşgüdüm içinde çalışmaya başladı.[19] 1995 yılında, AFL-CIO'nun dört kuruluşu kapatıldı. NED, AFL-CIO ve AID tarafından, ACILS (American Center for International Labor Solidarity)[20] adında yeni bir merkez kuruldu. Bu merkez Amerikan devlet kurumlarıyla birlikte çalışmaya başladı.[21] Dört çekirdek örgüte, 1980'li yıllarda Doğu Avrupa ülkelerinde, SSCB başkenti Moskova'da, her türlü seçim işinde, vakıf örgütlenmelerinde, etnik yapıya denk düşen özel ticaret odaları

---

[17] "A Republican Journal of Thought and Opinion: Commonsens The Democracy Program and the National Endowment for Democracy," a publication of the Republican National Committee December 1983 edition, Volume 6, Number 1, pages 85-121.
[18] *GAO/NSIAD-86-185 The National Endowment for Democracy, p.23-24*
[19] GAO a.g.r. p.22.
[20] Uluslararası İşçi Dayanışması Amerikan Merkezi)
[21] AFL-CIO, NED operasyonlarını desteklemektedir. (*James Ciment and Immanuel Ness, "NED and The Empire's New Clothes", CAQ, Spring Summer 1999 -67, p.66*) AFL, Doğu Avrupa ülkelerinde rejim değişikliklerinin hemen ardından özelleştirmeye karşı çıkan sendikaların karşısında yeni sendikalar örgütlemeye girişti. George Soros bu girişimlere parasal destek sağladı. (*Heather Cottin, "George Soros, Imperial Wizard" CAQ, Fall 2002, 74, p.3*)

oluşturulmasında; siyasal eğitim, parti içi eğitim, seçmen yönlendirme eğitimi, anayasa yapımcılığı, yerel yönetimlerde özelleştirme ve NGO örgütlenmelerinde, genel seçim denetleme girişimlerinde rastlanıyor. Örgütlenme modeli Polonya'da gerçekleştirilen Dayanışma Sendikası operasyonunda kazanılan deneyimle daha da geliştirildi.

1980'li yılların operasyonlarıyla güçlenen ve 1990'dan sonra Doğu Avrupa'dan Asya'ya ve Afrika'dan Ortadoğu'ya doğru genişleyen Amerika'ya bağlı demokrasiler kurma işinin merkezinde yeni özel birimler oluşturulmaya başlandı. 1994'te tüm bilgileri toplayarak değerlendirmek üzere kurulan IFDS (The International Forum for Democratic Studies), dış ülkelerde tasarlanan 'proje' başvurularının ve sonuçlarının da değerlendirildiği bir organ oldu.

Bu merkez, aynı zamanda, kendisine yakın yeni kişi ve kurumları ilişkilendirmek üzere konferanslar düzenlemeye başladı. Yakın yıllardan verilecek iki örnek bu konferansların öneminin anlaşılmasına yardımcı olabilir.

1999'da Seul'de başlatılan 6 konferanstan ikisi daha ilginçti. 13.6.2000'de, IFDS ve WWICS (Woodrow Wilson International Center for Scholars) tarafından düzenlenen özel yuvarlak masa toplantısının konusu daha da özeldi: "*İran'da demokratikleşme.*" [22]

IFDS'nin 22-23 Eylül 2000'de, Princeton Üniversitesi'nin 'Center for International Studies' in desteğiyle gerçekleştirdiği konferansın konusu, federalizmin ve adem-i merkeziyetçiliğin (otonominin-yerinden yönetimin) yararlarıydı. Bu konferansa, Nijerya, Hindistan, Meksika, Rusya, Güney Afrika, Endonezya ve Türkiye'den delegeler katıldı. Eski deyimle 'muhtariyet' yani özerklik konuşulduğuna göre, bu ülkelerde federasyonlaşma mı pişiriliyordu? Bu konferansta NED-FORUM'un konuk öğretim elemanı Doğu Ergil'in "Türk demokrasisi ve Kürt sorunu" bildirgesini sunmasının işe bir başka boyut kattığına kuşku yok.[23/24]

NED-Forum'un bir 'Araştırma Konseyi' bulunuyor. 2000 yılında konseyde bulunan kişilerin listesi verilmiştir. Listede birçok üniversiteden elemanlar yer alıyor. Ne ki, bunların en önemlisi, Amerikan Federal Yönetiminin, hiçbir hukuk kuralına dayanmadan ve uluslararası karara gerek görmeden, dünyanın her köşesine silahlı müdahalesine gerekçe yaratan '*medeniyetler arası çatışma*' kuramının imza sahibi Samuel P. Huntington'dur. Huntington, Harvard Üniversitesi Uluslararası İlişkiler Merkezi'ni yönetirken, CIA elemanı olarak çalışmış ve gizlice yürüttüğü danışmanlığı sırasında hazırladığı belgeler CIA'nın denetiminden sonra yayımlanmıştır.[25]

---

[22] Journal of Democracy, October 2000.
[23] NED Annual Report 2000, The Visiting Fellows, s.68
[24] NED a.g.r, s. 64-66.
[25] Chen Mills, C.I.A. Off Campus, s.32.

Aynı konseyde, CIPE Türkiye Bürosu'nda 2. Direktör (Yönetmen) olarak gösterilen ve Türk Demokrasi Vakfı kurucularından Ergun Özbudun da yerini almaktaydı.[26] Prof. E. Özbudun aynı zamanda, NED'in yayın organı 'Journal of Democracy' dergisinin yayın kurulunda da yer alıyordu. NED'in Program Bölümü'nü Barbara Haig yönetiyor.[27] Bu bölümün 'Ortadoğu ve Kuzey Afrika Programı' asistanlığını, 1999'dan sonra T.C. uyruklu Filiz Esen üstlenmiştir. NED'in örgütleme ve şebekeleştirme yeteneğine tipik bir örnek verelim:

1999'da NED'in temel örgütü WMD (Dünya Demokrasi Hareketi) içinde kurulan NDRI (Network of Democracy Research Institutes - Demokrasi Araştırma Enstitüsü Şebekesi) operasyon ortaklarından yeni yöneticileri atölye çalışması adı altında bir araya getirip eğitmektedir.

24 Eylül 2004'te başlayıp bir hafta süren çalışmalara Gana, Mısır, Moğolistan, Rusya, Sırbistan, Karadağ, Güney Afrika ve Türkiye'den şebeke ortağı örgütlerin temsilcileri katıldı. TESEV'den Ayşe Yırcalı'nın katıldığı eğitim işleri ve şebekeleşme, NED raporunda ilginç satırlarla yer alıyor:

"Katılımcılar, Washington'un önde gelen ve etkili siyasal araştırma kuruluşlarıyla buluştular. Bunların arasında AEI (American Enterprise Institute), The Brooking Institute, The Heritage Foundation, Georgetown Üniversitesi CDATS (Center for Democracy, Third Sector) ve USIP bulunmaktaydı."

Amerikan tutucularının, büyük şirketlerin ve devlet görevlilerinin buluştuğu merkezler olarak nitelenen bu örgütlerle birlikteliğin, katılımcılara ne gibi bir katkısı olduğunu yine NED'in yayınından aktaralım:

"Katılımcılar, konferans örgütleyicileriyle, yayın yönetmenleriyle, yayıncılarla, veritabanı yöneticileriyle, web sitesi ustalarıyla, para toplama uzmanlarıyla, iletişimcilerle ve medya ilişkileri uzmanlarıyla buluşmuş ve onlardan çok şey öğrenmişlerdir."

NDRI 'kalkınmakta' olan ülkelerdeki 52 örgütle birlikte çalışmaktadır. Bu çalışmaların salt düşünce geliştirme, teknik bilgi alışverişi olduğunu düşünmek iyimserlik olur. Bunun böyle olmadığını, asıl amacın, 'gelişmekte' olan ülkelerin iç siyasetini etkileyecek yöntemlerin öğretilmesi olduğunu, Güney Afrika'dan katılan Annie Chikwanha'nın şu sözleri apaçık ortaya koymaktadır:

"Atölye çalışmasına geldim, çünkü politikacılarla konuşmanın ve onları bağlamanın yeni yollarını öğrenmek istiyordum... Politikacılarla konuşarak ve onları lobileştirerek siyasal kararları etkileme yeteneğini kazanacağımızı ummaktayım."[28]

---

[26] NED a.g.r, s.72-73
[27] ABD eski savunma bakanı Haig'in eşi. Bazı DGM davalarını yerinde izledi.
[28] Bu tür etkilemenin ne gibi sonuçlar doğurduğunu ya da ülkelerin iç siyasetini ABD ve Batı Avrupa güdümüne nasıl soktuğunu kitabın ilerleyen bölümlerinde göreceğiz.

Görülecektir ki; saf demokrasi işinin içinde iyi niyetli(!) şirketlerin yanı sıra, para piyasası oyuncuları da yer almaktadır. NED raporlarına katkıda bulunanlar arasında, para piyasalarının ünlü oyuncusu George Soros'un örgütlediği 'Open Society Institute (Açık Toplum Enstitüsü)'ne, Lockheed Martin Corporation gibi, jet uçakları satımındaki yolsuzlukları, rüşvetçiliği mahkemelerde onaylanmış bir şirkete, Mart 2002'de İsrail'in Filistin'e saldırısından sonra, Amerika'daki Yahudilerin mitinginde onlarla birlikte olduğunu ilan eden Savunma Bakan Yardımcısı Paul Wolfowitz'e ve CSIS (Stratejik ve Uluslararası Araştırmalar Merkezi)'ten Zeyno Baran'a, *"2000 yılındaki cömert destekleri"* nedeniyle teşekkür edilmektedir. Ülkemizi temsil eden bu önemli kişilere kısa değinişten sonra, demokrasi ihracatının yasallaşma yılı olan 1982'ye dönebiliriz.[29/30]

ABD Başkanı Reagan 1982'de yönetime gelir gelmez, kendisine doğrudan bağlı bir çekirdek kadro oluşturdu. Bu kadro eliyle biçimlendirilen yeni demokrasi modeli, iki temel düşünceye dayanıyordu: Ülkelerinin bağımsızlığı için örgütlenen her siyasal hareket komünisttir ve ülke bağımsızlığı için savaşan, silahlı olsun olmasın her oluşum teröristtir. Onlara göre bağımsızlık örgütleri nerede olursa olsun terörist olmakla kalmaz, aynı zamanda kesinlikle KGB tarafından kurulmuştur.

Reagan'ın kadrosuna göre, diktayla yönetilen ülkelerde yapılan toplu kıyımlar, baskı ve zulümler, "terörizm" olarak adlandırılamaz. Çünkü bu dikta yönetimleri, komünizme karşı savaşmaktadırlar. Bu ilginç teoriye, ABD'deki kimi siyaset yazarlarınca 'Reagan Demokrasisi' adı verildi. Oysa Reagan yaklaşımı, onların gösterdiği denli basit ve hafife alınacak türden değildi. Aslında Reagan Demokrasisi yalnızca sert antikomünist savaşım döneminden 'Yeni Dünya Düzeni'ne geçiş evresiydi.

Temel amaç; NATO - Varşova Paktı çekişmesinin, NATO lehine çözülmesi ve ardından oluşacak yeni devletlerarası düzeni, uydu siyasetçi

---

Ancak sabırsız okuyucular şimdiden TOSAV, ARI ve TESEV bölümlerine bakabilirler.

[29] NED, a.g.r, s.85

[30] Türkiye'nin üst düzey yetkililerinin CSIS ziyaretlerini örgütlediği bilinen Zeyno Baran, daha önce Dünya Bankası'nda Kemal Derviş'in yanında stajyer olarak çalışmaktaydı. CSIS'te Gürcistan, Kafkasya-Türkiye Enerji Bölümü'nde görev yaptıktan sonra, Ocak 2003'te Nixon Center 'da "International Security and Energy (Uluslararası Güvenlik ve Enerji)" bölümünün başına getirildi. Bu bölüm genel olarak "bölgesel anlaşmazlıklar, İslami militanlar, ABD-Rusya ilişkileri, terörizme karşı savaş, örgütlü suç ve yolsuzluk, Kafkasya ve Hazar Bölgesinde ABD ile işbirliği konularında" ve özel olarak Türkiye iş çevresi (özel-resmi) ile ABD işbirliğini geliştirme görevini üstlenmiştir. Zeyno Baran uzun yıllar Yunanistan'da yaşadı. 2001'de Türk-Yunan çalışma grubuna girdi. Stanford Ekonomi'de eğitim gören Baran," The compatibility of İslam and democracy (İslam ve Demokrasi Uyumluluğu)" adlı çalışmasıyla 1996'da Firestone ödülünü aldı.(*www.csis.org*) ve *Yılmaz Polat, Alo Washington, s. 42-; www. nixoncenter.org 1 Mart 2003*

ve uydu askerlerle ya da elemanları güderek uzaktan yönlendirmek yerine, ülke halklarının da canı gönülden onayıyla yerinden ve doğrudan yönetmekti. Uzun dönemli amaçlara yönelik etkinliklerin kalıcı olması için, yeni kuşaklardan bu işin önemli bir ayağı olan örgütlü akademisyenler tabanı oluşturmaktır. Yıllardır, özellikle dünyanın doğusundan ve güneyinden Amerika'ya çekilen genç insanlara yaptırılan akademik çalışmalarda, onların kendi öz ülkelerinin etnik oluşumu, dinsel ve mezhepsel bileşimi, ekonomik ve siyasal yapılanması ayrıntılarıyla işleniyordu.

Bu gençlerin bir bölümü, Amerika'da yerleşip öz ülkelerine yönelik grup çalışmalarını sürdürürken, geri kalanları da öz yurtlarındaki üniversitelerde genç kuşağın eğitimini üstleniyor ve onları kendilerine benzetiyorlardı. Avrupa'nın doğusundan Asya'da okyanus kıyılarına, Hindiçin'den Afrika'nın okyanus kıyılarına, Orta Amerika'dan Antarktika'ya uzanan anakaralarda, şubelerle, vakıf, NGO, parti bağlarıyla, devlet yöneticileri ve ticaret-sanayi odaları ilişkileriyle, yayın dünyası dostluklarıyla yürütülen operasyona, 1982'de Ronald Reagan tarafından *'project democracy'* adı verildi.

James Petras, operasyonun arkasındaki gücün -Türkiye'de her nedense "sivil" olarak adlandırılıyor- başka bir boyutunu ortaya koyarken, *'neo-liberal'* sınıfların, uygulanmakta olan siyaset sonucu, toplumda kutuplaşma yarattığını; bu durumun toplumsal çatışmaları kışkırttığını, taban örgütlenmesi sonucu birbiriyle zıtlaşacak sınıflar arasında bir tür tampon örgütlenme yarattıklarını belirtiyor ve ekliyor:

"Bu örgütler neo-liberal kaynaklara bağımlıdır ve sosyopolitik hareketlerle yerel önderleri ve eylemci çevreleri ele geçirmek üzere rekabet etmektedirler. Bu örgütler, 1990'lara dek 'nongovernmental' olarak adlandırılmakta ve sayıları binleri bulmakta; dünya ölçeğinde dört milyar dolara yakın para almaktadırlar."[31]

Saf demokrasi işleri her zaman bilimsellikle sürmez. 2004 yılında NED'in Irak işlerine ayırdığı ve ABD Dışişleri Bakanlığı'ndan aldığı resmi para 30 milyon dolardır.[32] Irak'ın etnik, mezhepsel parçalanışına bu doların katkısı, kuşkusuz salt Irak içindeki örgütlenmeyle sınırlı olamaz. Irak'ta kan dökerek sürdürülen işgale demokratik(!) katkının elemanları arasında Türkleri de bulmak olanaklıdır. Sonraki bölümlerde bu katkının ünlülerinden bazılarını tanıyacağız.

---

[31] James Petras, "Imperialism and NGO's in Latin America" *Monthly Review, Dec. 1997.*

[32] ABD'nin Irak'ın yeniden yapılanma tasarımı için ayırdığı bütçe 87 milyon dolardır. NED, 2004 bütçesinde Ortadoğu ve Kuzey Afrika'da 15 ülkenin örgütlerine, 114 'proje' için toplamın % 16'sı, 24 Afrika ülkesinde 154 projeye % 18, Güney Amerika ve Karaibler'de 11 ülkede 76 projeye % 14, Asya'da 12 ülkede 115 projeye % 23, Orta ve Doğu Avrupa'da 10 ülkede 67 projeye % 10 ve Avrasya'da 11 ülkede 230 projeye % 19 oranında para bağışlamıştır.

Kuşkusuz para her şeyi çözmeye yetmez ve açıktan yapılanla da yetinilemez. Örtülü ya da yarı örtülü etkinlikler aynı anda sürdürülmekte ve resmi ile 'sivil' görünümlü araçlar birlikte kullanılmaktadır. Kuşkusuz bu işler, aynı zamanda yüksek beceri, örgütleme ve bilgi toplama deneyimi ister. Ayrıca, ABD'de devlet yönetiminden bağımsız olarak uluslararası ilişki kurulamayacağından, dolaylı ya da dolaysız olarak devletle bağlantı sağlamak gerekir. Bu nedenle, NED, IRI, NDI ve CIPE'nin yönetim kademelerinde, çeşitli istihbarat kurumlarından ve CIA'dan ayrılan 'uzmanlar' ile ABD savunma ve dışişlerinden emekli üst düzey memurlar görev aldı. Bunlara kartellerde uzun yıllar görev yapanlar, Afganistan, Orta ve Güney Amerika ülkelerine yönelik operasyonları doğrudan yönetmiş ve Doğu Avrupa ile Sovyetler Birliği'nde ince işler kotarmış olan ünlüler de katıldı.

ABD'nin ünlü yöneticilerinden, CIA eski direktörü William Colby, "project democracy" adı altında sürdürülen bu operasyonu, *"CIA'nın örtülü olarak yaptıklarını açıktan yapıyoruz"* diyerek, özlü bir biçimde ve açık yüreklilikle ilan ediyordu.[33]

---

[33] David Ignatius, "Innocence Abroad" *The Washington Post*, Sept. 22 1991

Yeltsin "Sukin sin!" dediğinde[34]

> *"Bu zafere yaptığınız katkıyı bilmekte ve takdir etmekteyiz."* Boris Yeltsin, 23 Ağustos 1991, Moskova.

Türkiye'de 19 Şubat 2001'de başlatılan ulusal ekonomik ortamın çökertilmesi işleminin sonucunda, bir dizi yasayla tarımsal üretime darbe vurulurken, iyice yoksullaştırılan köylülere *"üreticiyi doğrudan destekleme"* adı altında dönüm başına onar milyon lira (8-9 $) ödenmesine karar verilmiş ve bu iş için Dünya Bankası'ndan 600 milyon $ alınmıştı.

Bir yıl sonra, Şubat 2002'de Dünya Bankası memurlarından Robert Lyn Türkiye'ye geldi ve öncelikle T.C. İçişleri Bakanlığı, TESEV ve Boğaziçi Üniversitesi ekiplerince gerçekleştirilen Türkiye'de rüşvet araştırması sonuçlarının açıklandığı toplantıya katıldı. T.C. Devletinin memurlarının kaçta kaçının rüşvet aldığının açıklandığı bu toplantıyı Cumhurbaşkanı bir konuşmayla açmış ve rüşvetin kötü bir şey olduğunu söyledikten sonra "sivil toplum" örgütlerinin işlevlerinin ne denli önemli bir şey olduğunu belirtmişti.

Kendi devletinin memurlarını, yabancıların parasıyla yapılan kamuoyu araştırması sonuçlarına dayanarak rüşvetçilikle suçlayacak denli şeffaflık, ilkel ya da gelişmiş devletlerde rastlanır bir durum değildir. Türkiye memurlarının ahlakının düzeyini belirlemeye çalışanlar, yerli ya da yabancı, çokuluslu şirketlerin rüşvetle kararları kendi lehlerine çevirerek için ahlaksızlığın tetikleyicisi olduklarını görmezden geliyor. Her nedense rüşvet ve yolsuzluk araştırması hep devlet kurumlarına yönelikti. Kısacası Türkiye Cumhuriyeti'nde ahlaksızlık derecesini de saptayan bu toplantının ardından Mr. Lyn, Antalya'ya gitti.

Lyn, Amerikan parasıyla Türklerin yolsuzluklarının araştırılmasından o denli etkilenmiş olmalıydı ki T.C. devletinin çiftçilere dönüm başına 8-9 dolar verip vermediğini denetlemek üzere, devletin ve ilgili kurumların defterlerini gözden geçirdi. Gerçi, tarihte alacaklarını ödettirmek üzere büro açan "Düyun-u Umumiye" komisyonları kurulmuştu; ama devletin defterlerinin doğrudan ve açıktan denetlenmesi ilk olmalıydı.

İş bununla da kalmadı. Lyn, durumu bir kez de yerinde görmek üzere, köylere gitti. Bir köye değeri 150 doları geçmeyen faks makinesi hediye etti. Köylüler onu alkışladı. Köylüler, devletten bir yakınmaları olursa, örneğin paraları gecikiyorsa, Dünya Bankası'na faks çekebilirlerdi. Kendi köyüne bir faks makinesi alamayan devletin ve köylülerin yapacağı

---

[34] Sukin sin : O… çocuğu

fazla bir şey de yoktu. Bu işlerin 'project democracy' ile bir ilişkisi olamaz demeden önce, Moskova'da bir sivil(!) örgüte hediye edilen faks makinesinin dünya tarihine geçecek katkısını anımsamak gerekiyor.

Fakslı devrim ve CIA şefinin 'glasnos' saptaması

1999'da, İstanbul'da düzenlenen AGİT toplantısında, William Jefferson Clinton, Yeltsin'e döndü ve *"Başkan Yeltsin, siz Moskova'da tankın üstündeyken hapse girseydiniz sizin özgürlüğünüz için de ayağa kalkardık"* dedi. ABD Başkanı, Yeltsin'e iktidara gelmesinde kendi paylarının bulunduğunu anımsatıyordu. Hem de tüm dünyaya canlı yayımlanan bir ortamda. Ortalık gerilmişti. Birden ayağa kalkan Yeltsin, önündeki belgeleri hışımla çantasına tıkıştırırken, yüksek sesle *"**Sukin sin**!"* diye söylendi ve kapıyı çarparak, çıkıp gitti.[35]

Daha sonra, onun ağzından çıkan bu sözün, "O... çocuğu" gibi özgün bir sövgü olduğu yazıldı.[36]

William Jefferson Clinton, demokrasi operasyonunun 1980'li yıllardaki Moskova ayağını anımsatıyordu.[37] Mihail Gorbaçov'un sonradan kendisine ABD'de ödül aldıracak olan 'glasnos' eyleminden sonra, can çekişmekte olan sosyalizmin sonu gelmişti.

KGB ve ordunun yönettiği bir darbe girişiminden çok, tek perdelik oyuna benzer bir girişim başlamıştı ki, 19 Ağustos 1991'de Moskova'dan gönderilen ve ABD Başkanı'na verilmesi istenen ivedi faks iletisindeki satırlar durumu özetliyordu:

"Mr. Bush, bu ülkede olanlarla ilgili bir açıklama yaptı mı? Yaptıysa, tüm iletişim araçlarını kullanarak, bu açıklamayı ülke (Rusya) halkına duyurun. Rus hükümetinin halka seslenebileceği bir yol bulunmaktadır. Radyo istasyonlarının tümü denetim altındadır. Ekte (Boris Yeltsin'in) orduya yapılan bildirimi bulunmaktadır. Bunu USIA'ya iletin. Tüm ülkeye yayınlayın. Belki 'Voice of America' (ile)! Bunu yapın! İvedi olarak!"[38]

İstanbul'daki AGİT toplantısına katılan devlet başkanları arasında, Clinton'un Yeltsin'e ne demek istediğini iyi bilenler olabilirdi; ama bu sözlerin anlamını en derinden duyumsayan kuşkusuz Boris Yeltsin'in kendisi olmuştur. Yeltsin biraz diklenseydi, Clinton cebinden ikinci bir faks iletisi daha çıkarabilir ve yüksek sesle okuyabilirdi. NED'in mimarı Allen Weinstein'a gönderilmiş olan bu faks iletisinde, serbest ve demokratik seçim yapılmaksızın bir oldubittiyle iktidara gelen Yeltsin'in, kendisine iktidar yolunu açanlara teşekkürü yer alıyordu:

---

[35] "Yeltsin çarpıldı" Milliyet, 19-11-1999
[36] "Sukin sin" Hürriyet, 19 Kasım 1999.
[37] David Ignatius, a.g.y
[38] David Ignatius, a.g.y.

"Allen Weinstein
President, Center for Democracy
Washington DC, U.S.A
Demokrasi güçlerinin zaferi ve 19 Ağustos 1991 darbesinin başarısızlığıyla bağlantılı olarak göndermiş olduğunuz içten kutlamanız için size teşekkür ederim.
Bu zafere yaptığınız katkıyı bilmekte ve takdir etmekteyiz.
B. Yeltsin
23 Ağustos 1991, Moskova"[39]

Mihail Gorbaçov'a karşı yapıldığı ileri sürülen darbenin ilk gününde ABD'ye ne yapılması gerektiğini soran bir faks iletisi gönderilmiş ve bunu alan Prof. Allen Weinstein, ABD Başkanı'nı harekete geçirmişti. Faks iletisinin bildik bir kişiye gönderilmesi elbette gereklidir. Weinstein, yıllar önce Moskova'da 'Helsinki Sonuç Senedi' ışığında, 'Vatandaşlar Komiteleri'nin kurulmasına öncülük etmişti. Yeltsin'in ardındaki örgütlü güç, işte bu komitelerdi. On binlerce insan bir anda, hem de KGB' ye ve Kızıl Ordu'ya karşın meydanlara dökülüvermiş ve Boris Yeltsin de tankın üstüne çıkıvermişti.

Clinton'un derin demokrasi yumuşaklığını yansıtan sözlerine, Boris Yeltsin'in söverek karşılık vermesinin başkaca bir özel nedeni var mıydı bilemiyoruz; ama Yeltsin'in teşekkürlerini alan ve Moskova'da örümcek ağı kurulmasında büyük emeği geçen Allen Weinstein'ı ve onunla ilişkili kişileri biraz daha yakından tanımak gerekiyor. Sonraki sayfalarda ya da eklerde kimlikleri sergilenecek olan bazı örgütlerin kısaltılmış adlarına şimdilik fazlaca takılmadan okumakta yarar.

Allen Weinstein, Boston Üniversitesi Smith College ve Georgetown Üniversitesi'nde tarih profesörlüğü yaptı. 1981-1983 arasında CIA ve CSIS ilişkili Washington Quarterly yayınının yönetmeni ve APF (Amerikan Politika Vakfı)'nin yönetim kurulu üyesiydi. APF, US-AID'den aldığı 300.000 dolar karşılığında NED'in ve ona bağlı CfD (demokrasi Merkezi)'nin tasarımlarını gerçekleştirdi; 1983-1984 arasında NED'in başkanlığını yaptı.

APF'de Weinstein'ın üç yardımcısı vardı: William Brock, Charles T. Manatt ve Frank Fahrenkopf. Daha sonraları bu üçlü de NED'in yönetim kurulunda yer aldılar. APF yöneticisi, FTU (Hür Sendikalar) Başkanı Lane Kirkland NED yönetiminde yer aldı. FTUI, NED'in çekirdek finansörleri arasındadır.

Weinstein, yarı özel, ama devletten para alan USIP (Birleşik devletler Barış Enstitüsü)'deki yönetim kurulu üyeliğinin yanı sıra birçok örgütte yöneticilik üstlenmişti. OAF (Oscar Arias Foundation)'de direktör,

---

[39] Sean Gervasi, "Western Intervention in the U.S.S.R." *caib, Number 39 (Winter 1991-1992),* s.4

1950'de kurulmuş olan anti-komünist soğuk savaş grubu CDM (Demokratik Çoğunluk Koalisyonu)'de yönetim kurulu üyesi; Nikaragua *contra* lideri Arturo Cruz'u finanse eden grupta yer alan NSI (National Security Intelligence - Ulusal Strateji İstihbarat)'de yönetmen; Washington Quarterly'nin 1981-1983 dönemi yöneticisiydi.

Weinstein, Orta ve Güney Amerika ülkelerinde, Filipinler'de demokrasi operasyonuna yönetici olarak katılmıştı. Ne ki, adını en çok duyurduğu operasyon, daha 1980'lerde Helsinki İnsan Hakları Sözleşmesi'nin uygulanma aşamasında, Sovyet karşıtlarının yer aldığı Helsinki Vatandaşlar Komitesi (Helsinki Accords on Human Rights)'ni örgütlemesiydi. Weinstein, Sovyet karşıtlarıyla ilişki kurabilecek konferanslar düzenledi; karşıtların ABD'ye gelmelerini kolaylaştırırken, muhalefette yer almayanların Amerika'ya girişlerinin engellenmesini sağladı.

1980'lerin ortalarında 10.000-110.000 dolar arasında değişen bağışlarla işe başladılar. Amerikalılara göre küçük, Sovyet yurttaşlarına göre olağanüstü büyük paralarla basılan yayınlar, videobantları, içerden ve dışardan Rusya'ya yönelik eylemler gerçekleştirildi. O günlerde örgütlenen kadrolar, daha sonraları Doğu Avrupa'da 1989 protesto eylemlerini örgütleyip yönettiler.

1990'a gelindiğinde kapılar ardına dek açılmış ve FTUI, bağımsız sendikaları örgütlemeye başlamıştı. Önderler yetiştirildi; yeni kurulan sendikalara bilgisayarlar, faks makineleri bağışlandı. ABD'li uzmanlarca örgütlenen Bağımsız Maden ve Metal İşçileri Sendikası'nın üye sayısı 2,2 milyonu buldu. Bu işçiler greve giderek köklü reformlar istemeye başladı.

Freedom Channel (Özgürlük Kanalı) televizyonu ve radyosu yayına geçti. Yeni kurulacak olan medyayı yönetecek elemanlar yetiştirildi. Globe Independent Press Syndicat (Küre Bağımsız Basın Sendikası) tüm Rusya haber kaynaklarını dünyaya bağlayacak olan "Özgürlük Bağlantısı Bilgisayar Şebekesi"ni kurdu. Sovyetler Birliğinde kişiler, kurumlar ve örgütler veri bankalarına kaydedildi.

Bu arada NDI ve IRI de boş durmadı. Anglo-Amerikan liberalizminin ideolojisini yayacak örgütlenmeler oluşturmaya başladılar. Anglo-Amerikan liberalizmine tapınan, ülkesinin tüm kaynaklarını ve olanaklarını ABD'ye ve AB'ye açacak olan "sivil" örgütler yaratıldı. İş o kerteye vardırıldı ki 1993 seçimlerinde NED'e bağlı elemanlar ve onların yetiştirdiği Rus işbirlikçileri, liberallerin kazanması için seçim çalışmalarını doğrudan ve birlikte yönettiler. NED, bu işler için devletin resmi propaganda aygıtı USIA kaynaklarından 1990-94 arasında 8,8 milyon dolar harcadı.

İnsan hakları örgütçülerine, sivil eğitim işlerine, medya projelerine 64 ayrı paket olarak 10-100 bin dolar ödendi. Amerikan Ticaret Odası'nın örgütü CIPE, sivil kuruluşlara 572.000 dolar verdi.

1990-1994 arasında resmi denetim kurumu GAO raporlarına yansıyan bilgiye göre; Demokratik Çoğulculuk Girişimi, Eurasia Foundation, Karşılıklı Eğitim adlı örgütler 57,214 milyon dolar, ABD Savunma Bakanlığı IMET (International Military Education and Training - Uluslararası Askeri Eğitim ve Yetiştirme) örgütü 1,095 milyon dolar kullandı. USIA ve NED kaynaklarından, NDI aracılığıyla 535 bin dolar, IRI ile 537 bin dolar, FTUI kanalıyla 5,298 milyon dolar, tekil ödemeler için 2,465 milyon dolar ve toplam 67,224 milyon dolar harcandı.[40//41]

Bu arada dünya metal borsasını ellerinde tutan kirli tüccarlar ve para piyasaları 'vur-kaç' operatörü George Soros da Rusya'ya dalmıştı. Her şey serbest olmuş ve asıl kazanması gerekenler, çok büyük sermayeyle içeri dalmışlardı.

Weinstein'ın başlattığı operasyon büyük bir başarıyla sonuçlanmıştı. Yeltsin, Ağustos 1991'de tankların üstüne çıkarak halkı direnişe çağırmadan hemen önce, karşıtlardan faks mesajı alan kişi de Allen Weinstein idi. Eşi Diane Weinstein ise o sıralar, başkan yardımcılarından Dan Quayle'in hukuk danışmanlığını yapmaktaydı.

CIA emeklisi Ralph McGehee'nin Rusya Federal Karşı İstihbarat Servisi raporlarından aktardığı şu bölüm, NED operasyonlarında CIA desteğinin yanı sıra, üniversitelerin de, ne denli büyük bir öneme sahip olduğunu da gösteriyor:

"ABD, özel servisler (CIA) ve bilim merkezleri (ve NGO'lar) aracılığıyla, Rusya'da stratejik konumları ele geçirerek ve politik ve ekonomik süreçlerdeki gelişmeyi yönlendirerek ülke yaşamının tüm alanlarının derinliklerine iniyor."

Derinliklerin boyutları da şaşırtıcıdır. ABD'nin öncelikle NATO üyesi ülke ordularının subaylarını Amerika'ya götürüp eğitmesi bilinen ve kanıksanan bir şeydir. Ne var ki, Kızılordu subaylarını da IMET kapsamında hem de 'demokrasi' başlığı altında ABD'de eğitmesi operasyonun en tipik uygulamasıdır. GAO raporunda bu uygulama, *"program aynı zamanda ordu üstünde sivil denetimin geliştirilmesi"* olarak açıklanmaktadır. Bu işler için 1992'de 153; 1994'te 471 bin dolar harcanmış ve Rus ordusundan 18 orta ve üst düzey subay, Dışişleri Bakanlığı'ndan 19 memur, ABD'de eğitilmiştir. ABD elçiliği bu işlerin 10 ile 20 yıl içinde amacına ulaşacağını ve eğitilen subayların gelecek vaat edenler arasından seçildiğini vurgulamaktadır.[42]

---

[40] GAO / NSIAD-96-40 Promoting Democracy Progress Report on U.S. Democratic Development Assistance to Russia.
[41] GAO/NSIAD-96-40, Appendix I, p.19.
[42] GAO / NSIAD-96-40, p.52-3. Bu tipik uygulama Türkiye'de de 50-60 yıldır gerçekleştirilmekle birlikte, "demokrasi" ve "sivil" toplum örgütü işlerine uygun eğitimler de hemen hemen aynı dönemlerde başlatılmıştır. ABD'deki "sivil" görünümlü kuruluşlara, eğitim amacıyla subaylar ve güvenlik görevlileri gönderilmiştir.

Darbenin "küresel" yüzü

Toplumla devlet arasına giren yeni örgütlenmelerden beklenen, devlet egemenliğine paralel bir egemenlik kurulmasıdır. Dünyanın hiçbir ülkesinde, hiçbir devlet bunu kabul edemez. Çünkü paralel egemenlik demek, o ülkede yeni bir güç odağı oluşturarak, yeni ve etkili bir ortak yaratmak ve erki, anayasal sorumluluk taşımayanlara devretmek anlamına gelir.

Yurttaşlar bu iki başlılık arasında sıkışıp kalır. Hukuksal eşitliğin yerini, paraleldeki örgütün sunacağı ayrıcalıklar alır. Yeni egemenlik merkezinin güdümüne girenler, devletin egemenlik alanından ayrılırlar. Bu ayrılış, ilk bakışta "özgürlük" olarak algılanırsa da, yurttaşlar arasındaki geleneksel ve yasal ilişkileri parçalar; giderek bir tür cemaat, dernek, vakıf derebeylikleri oluşur.

'Derebeylik' deyince ille de şatolarda oturan, köylüleri köleleştiren eski zaman beyleri akla gelmemeli. Bu paralel devleti bir dinsel öbeğin şeyhi, dedesi, babası da kurabilir. Büyük boyutlu bir şirkete sahip bir aile, kendi içinde cemaatleşmiş sivil(!) bir örgüt ya da bir mafya ailesinden birkaç kişi de kurabilir. Zaten demokrasinin ve Cumhuriyetin erdemi de bu tür olasılıkları ortadan kaldırmasında, yurttaşları kökenine, toplumsal konumuna bakmaksızın eşit kılmasındadır.

Bir ülkede, devlete paralel egemenlik odağı kurulması sakıncalı olduğuna göre, herhangi bir devletin, bir başka devletin egemen topraklarında paralel bir egemenlik ağı kurmasının kabul edilmesi, o devletin kendisini yadsıması anlamını taşır.

"Buna izin verilmeli midir?" sorusunun ilk yanıtı elbette "Kesinlikle hayır!" olacaktır. Çünkü uluslararası alanda egemenlik, hem devletlerarası hukuk ve hem de Birleşmiş Milletler gibi uluslararası uzlaşıya dayalı kurumların hukukuna yaslanır. Bunun dışındaki her girişim, devletleri yıkmaya ya da uzaktan yönetmeye yöneliktir. Kâğıt üstünde bugüne dek böyle işlemiştir bu kural.

Ne ki, son elli yıldır, ülkelerin içişlerine, bağlaşıklık anlaşmalarıyla yön veren egemen devlet yönetimi, kendisine rakip gördüğü sosyalist düzenler yıkılmaya yüz tutunca; artık kimliği ve yapısı ne olursa olsun devletlerin egemenlik alanı içinde, göstere göstere paralel egemenlikler yaratmakta bir sakınca görmemektedir.

Bu tutum, halkın şu ya da bu demokratik ve bağımsız örgütlenmesiyle ya da demokratik örgütlere verilen uluslararası destekle karıştırılmamalı. Yabancı devletin, bir ülkenin içinde örgütler kurmasının; eski örgütleri, sendikaları, odaları yönlendirmesinin, onlardan raporlar almasının; bu raporlara göre o ülkeye yön vermesinin bir tek anlamı olabilir: Ülkede varılan devlete paralel, merkezi dışarıda bir yönetim oluşturmak. Bunun tek sonucu da operasyon nesnesi olan devletin egemenliğinin örtülü olarak yok edilmesidir.

Ulus devlet adım adım yıkılır

Paralel yönetimin oluşturulma süreci, uygulamada ülkeden ülkeye küçük değişiklikler gösterse de ana program değişmiyor. İçine sızılan devletin bürokratlarının da yardımıyla, yaygın bir medya ve entelektüel yedek güç operasyonuyla, Amerikalıların *"manufacturing public perception"* dedikleri 'kamuoyunun algılama dizgesini üretme' sürecinde, aşamalar bir bir geçiliyor; ülke insanları, aslında kendilerine benimsetilmiş olan düşünceleri ya da eylem planlarını, kendi kurumlarının ve beyinlerinin ürünüymüş gibi algılayıp eyleme geçiyorlar.

Beyin temizleme, beyne yeni algılama düzeneği yerleştirme, örgütleme, kimlik oluşturma ve eyleme geçirme süreci 22 adımda gerçekleştiriliyor:

1) Kamuoyu oluşturucuları devşirilir: Bizdeki adlandırmayla aydınlar, yazarlar, bilim adamları, içerde ve dışarıda, masrafları karşılanarak, konferanslara çekilir. Bu kişilerle doğrudan ilişkiye girilerek ülkeleri hakkında bilgi alınır ve düşünce-örgütlenme özgürlüğü başlığı altında yeniden yapılanma düşüncesi benimsetilir.

2) Yeni örgütler kurulur: Alt örgütler yoksa hemen 'Helsinki Nihai Senedi' kapsamında Helsinki Yurttaşlar ve Ortak Zemin merkezleri örgütlenir ve koşullar olgunlaştıkça, uzaktan yönlendirilebilecek bir ilişkiler ağı altında insan hakları dernekleri ve benzeri örgütler kurulur.

3) Yeni propaganda aygıtları kurulur: Radyo, gazete, dergi, televizyon, video yayınları devreye sokulur; bilimsel ve magazinsel içerikli, insan hakları ilkeleri üstüne sürdürülen yayınlar yoğunlaştırılır; kışkırtmalarla insan hakları ihlalleri yaratılarak süreç hızlandırılır.

4) Gazeteciler devşirilir: Casuslar yerine (gazete, radyo, tv, dergi) muhabirleri aracılığıyla yerinden bilgi elde etmek için, içerde ve dışarıda gazeteci eğitim programları düzenlenir.

5) Akademisyenler devşirilir: Bilimsel ve toplumsal konferanslar çoğaltılır; yeni ilişkilerle yerel vakıf ve "think tank" dernekleri kurulur.

6) İşadamları ve işçiler örgütlenir: İşadamları dernekleri, sendikalar kurulur; var olanların içine bilim danışmanlarıyla sızılır; siyasal partilere eğitim programlarıyla, particilik dersleriyle yaklaşılır ve kadrolar yönlendirilir; gençlik "düşünce özgürlüğü" ve "siyasal katılımcılık" propagandasıyla örgütlenir.

7) Açık istihbarat ağı kurulur: Gizli ve yarı gizli istihbarat çalışmaları: Medya muhabir ağıyla açık ve yaygın istihbarat toplanır; olanaklıysa Amerikan televizyonlarının yerli şubeleriyle yayına geçilir; eksik ve yanlış bilgilendirmeyle kitleler yönlendirilir; eğitim seminerleri, konferanslar, geziler düzenlenerek yerel medya ile kalıcı bağlar oluşturulur.

8) Etnik ayrılıklar derinleştirilir: Etnik ayrılıkları güçlendirmek için kültür anımsatma programlarına başlanır; yerel toplantılardan uluslararası toplantılara adam taşınır; ulusal ve bölgesel tarihin bütünleştirici özel-

likleri önemsizleştirilerek, yerel tarih, yerel kültür araştırması adı altında en eskiye özlem yaratılır.

9) Kitleler yanlış ve eksik bilgilendirmeyle yönlendirilir: Kitlelerin akıl denetimlerini ele geçirmek için, yoğun propaganda ve yanlış bilgilendirmeyle tarihsel devlet kurumları ve etnik sürtüşmeleri önleyen geleneksel kurumlar yıpratılır; toplumsal kimliği karıştırmak için tarihsel ve toplumsal gelişim gerçekleri değiştirilir, çarpıtılır ve yeni kimlikli topluluklar yaratılır.

10) Güvensizlik ve çaresizlik yaygınlaştırılır: Yolsuzluk kampanyaları, 'yerinden yönetim' istemleri yükseltilerek devlet egemenliği zayıflatılır; yolsuzluk olayları abartılarak topluma aşağılık duygusu yerleştirilir, halk çaresizliğe itilerek kuraldışı yaşama alışkanlığı yerleştirilir.

11) Ekonomik yaşam ele geçirilir: Borç ekonomisinde dalgalanmalar yaratılır; para piyasaları dışardan gelen uluslararası vur-kaç tefecilerine sonuna dek açılır ve varlıklar ucuza kapatılır.

12) Merkez devlete karşı güvensizlik yaratılır: Kritik dönemlerde ekonomik bunalım yaratılmasıyla umutsuzluğa düşürülen yerel sanayicilerle ve üreticilerle konferans, sempozyum adı altında doğrudan ilişkiye geçilir, devlet merkezine karşı güvensizlik aşılanır.

13) İşadamları devşirilir: Yerel işadamı örgütleri ve ilişki büroları kurulur; başına buyruk, devlet denetiminden giderek uzaklaşan 'serbest ekonomi' ve 'serbest pazar' düzeni kabul ettirilir.

14) Ulusal sanayi yıkılır: Ulusal ekonominin çökertilmesi için, ulusal sanayileşme ve enerji kaynakları programları dağıtılır. Çevreci örgütler, toplum ile devlet arasında çatışmayı da içerecek biçimde desteklenir ve ulusal madencilik, doğal yakıt üretim kaynakları işletmeciliği ulusal egemenlik alanının dışına çıkarılır.

15) Ordular ulusal savunma kimliğinden koparılır: Ulusal yapıların korunmasına yönelik müdahaleleri önlemek için güvenlik güçleri, geleneksel eğitim ilkelerinden uzaklaştırılır. Profesyonelleştirilerek devlet egemenliğine sahip çıkmaya çalışan ordular geriletilir. Subaylar ve polisler yarı-askersel eğitim için yabancıların sözde düşünce örgütlerine gönderilir. Kışkırtmalara başvurularak ordu yönetimleri günlük siyasete çekilir; ordu içinde politik tartışmalar başlatılır, ordu ile halk arasında cepheleşme yaratılır; bağımsızlık isteyebilecek ordu unsurları, güdümlü ihtilâl komitelerine çekilerek, cezalandırılır ya da inceden planlanmış 'terfi' oyunlarıyla etkisizleştirilir ve ordudan uzaklaştırılır.

16) İnanmış liderler yetiştirilir: Liderlik programlarıyla, yeni dünya düzenine tapınan ultra-liberal önderler üretilir, yeni partiler kurulur, eski örgütlere yeni liderler yerleştirilir; parti programları, rejimle hesaplaşmaya yönelik, kışkırtma programlarına dönüştürülür.

17) Ulusal bunalımlar yaratılır: Ülkede sık sık ekonomik dalgalanmalar yaratılarak bunalım araları azaltılır; ulusal devlet merkezinin elindeki

en önemli güç olan para kaynakları, bankalar, devlet şirketleri kapatılır, yabancı şirket egemenliğine geçirilir.

18) Ulusal üretim birimleri ele geçirilir: Yaratılan ekonomik bunalımlar sonucunda, ağır sanayi, enerji ve iletişim kurumları 'özelleştirme' adı altında yabancılara yok pahasına devredilir; bağımsızlığı pekiştirecek büyük projeler önlenir.

19) Belediye hizmetlerinin yabancılara devredilir: Yerel yönetimi güçlendirme projesiyle toplumsal hizmetler, 'kârlılık' esasına oturan şirketlere devredilir; su ve elektrik işletmeleri gibi kentsel kurumların yabancılara verilmesi için düşünsel altyapı oluşturulur.

20) Silahlı güç zayıflatılır: Ekonomik bunalımı bahane ederek, toprak bütünlüğünü koruma aracı olan ulusal ordunun, silah donanımlarında, komuta kontrol ve iletişim sistemlerinde yenilenme alımları kısıtlanarak zayıflatılır ve ulusal sınırlar gevşetilir.

21) Devlet yönetimi kargaşayla ele geçirilir: Seçim darbesiyle egemen devlet ele geçirilir. Merkezde direniş olursa, yaygın ve sürekli kitle gösterileri düzenlenir; sürecin hızlandırılması için halkı ikna edici etnik çatışmalar yaratılır; ölümle sonuçlanan kışkırtmalarla etnik ya da mezhepsel kimlikler kemikleştirilir.

22) Kültürel kaynaşma yıkılır "Çok kültürlülük" propagandasıyla toplumsal ortak kültürün temelleri yıkılır; din kültürünün parçalanmasıyla geleneksel akış kesilir. Ulusal dayanışmayı pekiştirici etkisinin yok edilmesi için din-kültür ortamı, *medeniyetler arası diyalog* programıyla, Batı'nın dinsel kurumlarının güdümünde eritilir: Din siyasetçileriyle azınlık din kurumları bağdaşıklığı kurularak ulusal egemenliğin karşısında dinsel ortak cephe oluşturulur.

Kimlikleme ve ayrıştırma

Yasalarının ve anayasaların çok etnikli, federatif bir yapı oluşturacak biçimde yeniden düzenlenmesi; operasyonun zaman zaman küçük ya da büyük, kanlı ya da kansız olaylarla sınanmasıyla programın düzeltilmesi asıldır. Sınamak için eski tür 'kirli işler' uygulanır.

Aşamalar geçilirken, ülke dışında da paralel süreç yürütülür. Çok kültürlülük propagandasıyla etnik ayrıştırma ve çatıştırma sürecinin güçlendirilmesi için, insan hakları raporları giderek etnik azınlık hakları raporlarına dönüştürülür. Avrupa ve Amerika'da etnik ve dinsel ayrılıkçı diaspora'ya destek verilir. Küllenmiş çatışmalar yeniden ateşlenir. Özgüveni sarsılan halkın, yabancı kültürüne, yabancı düzenine özenme eğilimleri kışkırtılır.[43]

---

[43] Diaspora: Sürgünden sonra Yahudilerin dünyanın her tarafına yayılması; İncil'de Kudüs'ün dışında bulunan Yahudi Hıristiyanlar. Redhouse, İngilizce-Türkçe Sözlüğü, 27. Baskı, SEV A.Ş. 1998, s.260

Yaygın bir barış atağı görüntüsü altında, tarihsel gerçekler unutturulup; ülkeyi var eden tarih tersine döndürülür. Bölgesel çatışmalar kullanılarak ırk ayrımcılığı geliştirilir, tehdit değerlendirmelerini şaşırtmak için komşular arasındaki ayrılıkları derinleştiren operasyonlar düzenlenir.

Yıllardır barış içinde yaşayan toplumlar, akıl almaz bir hızla önce ayrışır, sonra da çatışır. Sonuç, ekonomisi yabancıların eline geçmiş, zayıflamış merkezi egemenliğiyle dış politikada bağımsız karar verebilme yetkinliğini yitirmiş, yabancıların dayattığı kararlara mahkûm olmuş bir devlet ve tarihsel-kültürel kimliğini yitirmiş Batı'nın alt dereceli bir hizmetkârına dönüşmüş bir halk topluluğu...

Geçiş döneminde yükselen kanlı çatışmalarla, gelecekte barış ve dayanışma içinde yaşama istekleri köreltilmiş; yabancı devletin güdümündeki sözde "sivil" örgütlerin, seçkin derebeylerin yönetiminde bir devlet egemenliği altındaki bir ülkeyken bir coğrafya bölgesine dönüşüvermek! Geriye kalacak olan; Batı kartellerinin eline geçmiş enerji kaynakları, her türden iç korunması kaldırılarak açık pazara dönüşmüş ve güvenliği Batı'nın ordularına terk edilmiş yeni tür bir kolonidir.

"Think tank" denilen "gizli ve güvenli oda"nın kökü

Her ülkede olduğu gibi, şirketler için asıl amaç, devlet politikalarına ve kararlarına yön vermektir. Yön verilecek olan devlet yönetimi ve yasama organları olunca, yönlendirici elemanların geçmişi ve niteliği de önem kazanıyor. Bu elemanların büyük çoğunluğu, devlet deneyimine sahip eski ve yeni görevlilerden seçiliyor. İkinci eleman kaynağıysa, yine devlet organlarıyla içli dışlı olmuş akademisyenleri barındıran üniversitelerdir.

ABD, bu türden kaynaklar bakımından oldukça zengindir. Dış ülkelerde izlenecek ABD çıkarlarına uygun ayarlama işlerine denk düşen araştırma, inceleme, değerlendirme çalışmalarını gerçekleştirecek olan dernek, vakıf, enstitü adı altında kurulan, eski memurları, akademisyenleri, şirketlerin seçkin yöneticilerini bir araya getiren örgütlenmeler "think tank" adı altında toplanıyorlar:

Türkiye'ye 'düşünce topluluğu' çevirisiyle dışardan alınan ya da daha öykünmeci sivillerce, yabancıya tapınmaya vardırdıkları için yaygın olarak kullandıkları "think tank" II. Dünya Savaşından kalma askersel bir oluşumdur. ABD ordusunda, planların ve stratejilerin değerlendirildiği güvenliği sağlanmış, gizli ve özel odaya 'think tank' denilmiştir. Bu ad, ordu dışında ilk kez, 1950'lerde, askersel sanayi yapılarıyla bağlantılı olan, özel şirket görünümlü "RAND Corporation"a verilmiştir.[44]/[45]

---

[44] Eski Başbakan Ecevit, sivil(!) örgütlenmeyi, "think tank" demek yerine, Amerikalıların 'governance' sözcüğünden çevirerek "yönetişim" olarak adlandırmış ve özgünleştirmişti.
[45] James A.Smith, The Idea Brokers", s. xiii-xiv

ABD'de akademik görünüşlü 'Institute' ile ideolojik görünüşlü Heritage Foundation gibi tutucuların örgütlediği vakıflar ile CFR, Carnegie Endowment, Woodrow Wilson Center gibi, dış siyaseti tepeden yönlendirici seçkinler kulüplerinin yanı sıra, devlet tarafından kurulmuş CSIS gibi raporcu şirketler, IRFC gibi doğrudan Dışişleri Bakanlığı'na bağlı bürolar, Middle East Forum, Washington Institute for Near East Policy, Freedom House, CMCU ve USIP gibi yarı resmi merkezler de *think tank*: olarak niteleniyorlar.[46/47/48]

Hatta bunlara, Unification Church (Birleştirme Kilisesi), PWPA (Profesörler Dünya Barış Akademisi) ve RYS (Dindar gençlik Hizmetleri) gibi Sun Myung Moon'un tarikat örgütleriyle, ISNA (Kuzey Amerika İslam topluluğu), CAIR (Amerikan İslam İlişkileri Konseyi), Minaret Özgürlük Enstitüsü gibi, İslam dünyasını yönlendirerek ABD'nin ekonomik egemenliğine uygun politikaları destekleyecek ve toplum üstünde baskı kuracak olan dinsel örgütler de katılıyor.

ABD'de bu tanıma uyan, binden fazla 'think tank' örgütü bulunuyor. Bu örgütler, emekli dışişleri ve istihbarat elemanları, Amerika'ya yerleşmiş Üçüncü Dünya elemanları, operasyonlarda deneyimli CIA eski istasyon şefleri ve akademisyenler için önemli bir ekmek kapısıdır.

'Think tank' örgütlerinin en önemli yararı, ABD yönetimini sorumluluktan kurtarmalarıdır. ABD resmi organlarının başka ülkelerde araştırma ve incelemeler yapması, o ülkelerce şimdilerde pek kullanılmayan eski deyimle casusluk etkinliği olarak değerlendirilebilir ve devletlerarası anlaşmazlıklara neden olabilir. Teslim edilen raporlar, ABD resmi belgeleri olarak ele alınıp, casusluk suçlamalarına yol açabilir.

İnsanlık yararına çalışır görünen vakıfların, derneklerin hazırladıkları 'entelektüel' ürün görünümlü proje raporları, ABD ya da Avrupa devletlerinin yönetimlerini bağlamayacaktır. Üstelik "think tank" örgütlerinin masrafları da ilgili şirket ve vakıflarca karşılanırsa, devlet bütçelerine fasıllar eklemek, ABD Kongresi'nden onay almak gibi güçlükler de kolayca aşılmış olacaktır. Daha da önemlisi, dış ülkelerin akademisyenlerine, eski diplomatlarına hazırlatılacak raporlara kaynak aktarılırken akademik bir görünüm verilmekle kalmayıp, işbirlikçi ya da kökü dışarıda gibi rahatsız edici ulusal suçlamalara, karalamalara karşı bir korunma örtüsü de sağlanmış olacaktır.

Bunların dışında, belki de en önemli yarar şudur: Bir yabancı devletin kurumuyla ilişki kurmaktan çekinen kişiler "think tank" denilen kuruluşlara rahatça girip çıkabilecek, "think tank" denilen kuruluş da çok sayıda kişiyle daha kolay bağlantı oluşturabilecek ve hatta kitlelere ulaşabilecektir.

---

[46] CMCU: Center Muslim Christian Understanding Georgetown University.
[47] Bkz. Bölüm CFR
[48] IRFC: International Religious Freedom Committee

Yabancı partilerle bağlantılı örgütler

Siyasal partilerin yabancı ülkelerin siyasal partileriyle görüş alışverişinde bulunmaları, konferanslar düzenlemeleri olağan karşılanabilir. Ne ki, yabancı bir siyasal partinin bir ülkeye gelip bir yerel partiyi desteklemesi, belediye seçimlerini yönlendirmek üzere etkinliklerde bulunması egemenlik alanına saldırı olarak değerlendirilebilir. İşin içine enstitü ve vakıf kılıklı örgütler girerse, yakınlaşmalar 'think tank' (güvenli oda) ile siyasal parti arasında kurulan bir tür derin düşünce ilişkisine dönüşecek; düşünce alışverişi ya da bilimsel yardım ya da teknik destek ve her ne olarak nitelenirse nitelensin, kitabına uygun olacaktır.

Bu örgütlerin kendi anavatanlarında (ABD-Batı Avrupa) siyasal çalışma yapmaları yasaktır. Örneğin Türkiye'de demokrasiye büyük katkı(!) koymak üzere, dışardan parayla ya da eleman masrafları karşılanarak desteklenmiş olan bir sivil örgütün kalkıp Amerika'ya gitmesi ve orada Amerikan demokrasisine katkıda bulunması kesinlikle yasaktır.

Örneğin, Türkiye'deki İnsan Hakları Derneği, Helsinki Yurttaşlar Derneği, 11 Eylül 2001'deki ikiz kule saldırısından sonra güvenlik gerekçesiyle uygulanan yasakların demokrasi ve insan haklarına aykırılığını anlatmak için ABD'de yayın yapamaz, az katılımlı bilimsel konferans da düzenleyemez. Bu yasak, yalnızca "think tank" denilenler için değil, tüm yabancı ülke yurttaşları için geçerlidir:

"NED yardımlarında izin verilmeyen durumlar: Birleşik Devletler kitlelerini, herhangi bir parti politikası ya da (politika) uygulanması, ya da (senatör-temsilci) adayı hakkında eğitim, yetiştirme ya da bilgilendirmeyle ilgili masraflar."[49]

Operatörler ve özellikle Türkiye'deki ortakları, üçüncü ülkelerde iç siyaseti doğrudan yönlendiren bu örgütlerin, parti bağları bulunmadığını sıkça belirtmektedirler. Oysa NED öncülüğünde oluşturulan ve Amerika-Avrupa ağını işleten örgütleri yan yana getiren WMD örgütünün *Demokrasiye Yardımcı Vakıflar Şebekesi* tanıtım sayfalarında, bu 'sivil' örgütlerin, siyasal parti bağları açıkça belirtilmektedir.[50] Aynı sayfalarda sayılan örgütlerden birkaçına bakmak yeterlidir:

*"IRI, Cumhuriyetçi Parti'ye bağlıdır ve Birleşik Devletler Hükümeti'nden (*NED ve AID kanalıyla*) katkılar alır.*

---

[49] NED Annual Report 2001.
[50] NED tarafından kurulan WMD yıllık konferanslar adı altında bağlantılarını bir araya getirir. Toplantılar, ABD Dışişleri, şirketler ve onların uzantısı örgütlerce desteklenir. Örneğin 2003 Sao Paola toplantısının destekçileri arasında, German Marshall Fund, Guardian Industries Corp.(US), Gulbenkian Fdn. (Portekiz), Inter-American Development Bank, USAID, Westminster Fdn. (İngiltere) bulunuyordu. Sao Paola toplantısına Türkiye'den Murat Belge (Helsinki Vatandaşlık Cemiyeti Başkanı), Özdem Sanberk (TESEV Direktörü), Doğu Ergil (TOSAM Başkanı) katılmıştır. wmd.org/second_assembly/support.html

NDI, Uluslararası İşler için Ulusal Demokrasi Enstitüsü, Demokrat Parti'ye bağlı bağımsız bir örgüttür.
Friedrich Ebert Stiftung: Alman Sosyal demokrat Partisi'ne bağlı bir politik parti vakfıdır.
Heinrich Böll (Stiftung) Foundation: Alman Yeşiller Partisi ile birliktedir.
Hanns Seidel Stiftung: (Alman*) Hıristiyan Demokratik Birlik Partisi'ne bağlı bir politik parti vakfıdır.*
Konrad Adenauer Stiftung: Hıristiyan Demokrat hareketiyle ilişkilidir.
Olaf Palme Uluslararası Merkezi: İsveç Sosyal demokrat Parti Sendikalar Konfederasyonu ve Kooperatifler Birliği tarafından kurulmuştur.
Fondation Jean Jaures: Fransız Sosyalist Parti'ye bağlıdır.
*Alfred Mozer Foundation: 1990'ların başında, Hollanda İşçi Partisi (*PvdA*), Orta ve Doğu Avrupa ülkelerinde 'kontaklar sağlamak ve kurmak' amacıyla bir vakıf kurmuştur."*[51]

Bu alıntıda görülen *"bağlı"* ama *"bağımsız bir örgüttür"* gibi, Amerikan türü yazı sürçmelerini bir yana bırakırsak, siyasal partilere bağlı olduğu açıklanan bu örgütlerin ve onlarla kendi yayınlarındaki anlatımla *'işbirliği'* yapanların, siyasal partilerin organı olmadıklarını ileri sürmelerinin, karşılarındakileri saf yerine koymalarından başkaca bir anlamı yoktur.

Bu saflığa kendilerini kaptırmış çevreler ve kişiler, bu örgütlerin salt siyasal parti bağlarının da ötesinde, dışişleri ve istihbarat deneyimine sahip memur ve operatörlerce yönetildiklerini, etkinlik raporlarının tümünün dışişleri bakanlıklarına, ABD kongresine sunulduğunu görebilirlerse, bağımsız ve bilimsel ortaklıklarının değerini daha da iyi anlayabilirler.

ABD Dışişleri ile 'sivil' eşgüdüm

Yabancı ülkelerdeki 'sivil' örgüt ve 'demokrasiyi geliştirme' diye nitelenen işlerin, ABD Dışişleri'nin bilgisi dışında yürütülmesini beklemek, saflık olur. Daha sonra Uluslararası Din Hürriyeti bölümünde göreceğimiz gibi, ABD'nin dünya eylemleriyle ilgili tüm girişimlerinin, ilişkili yasalarının, ABD ulusal güvenliğine ve ABD ulusal çıkarlarına uygunluğu değişmez bir kuraldır.

Bu öylesine bağlayıcı bir hükümdür ki, ABD onca serbest piyasacılığına karşın, gerek görürse ulusal güvenliğine aykırılık ilan ederek ticari kısıtlamalar koyabilir ve askeri müdahalelerde bulunabilir. Bu durumda, NED'in *'proje'* denilen etkinliklerinin, Dışişleri Bakanlığı ve yabancı ülkelerdeki ABD misyonları ve istihbarat kurumuyla birlikte yürütülmesi

---

[51] *wmd.org/asstfound /asst_profiles.html*, 22.10.2001

kaçınılmazdır. NED yasasında bu eşgüdümle ilgili açık bir hüküm yoksa da NED raporları uygulamanın niteliğini belirliyor:

"*Hem Washington'da, hem de sahada (*Türkiye gibi ülkelerde diye okuyun*) belirli bir eşgüdüm gerçekleştirilmiştir. En büyük eşgüdüm de, sonuncusunu* (saha eşgüdümü)*, (yani) bağış yapılan işçi örgütlenmesiyle eşgüdümü kapsamaktadır... çünkü işçi (örgütlenmesi) yerinde yapılanmayı ve ABD elçilikleriyle uzun dönemli ilişkiler gerektirmektedir.*[52] *NED ile (ABD) Dışişleri Bakanlığı, şu konularda anlaşmışlardır:*

(1) NED herhangi bir "project" işine girişip para vermeden önce ABD Dışişleri'ne bilgi verecektir.

(2) NED yönetim Kurulu'nun onayına sunulan tüm 'project' önerilerinin bir kopyası, ABD Dışişleri Bakanlığı Siyasal İşler Yardımcılığı'na verilecektir."[53]

Türkiye'deki 'Sayıştay' benzeri, ABD denetim organı GAO (Genel Hesap Bürosu)'nun raporuna göre; yabancı ülkelerdeki, örneğin Türkiye'deki, bir kurum ya da kuruluş, yani vakıf ya da enstitü adı verilen dernek, yani genel adıyla bir örgüt, "Ben ülkemde, şu proje işini, örneğin 'İslam ve demokrasi' ya da 'kimlik sorunu' ya da 'yerel yönetimlerin güçlendirilmesi, otonomlaştırılması' gibi projelerle ilgili 'workshop (atölye)' çalışmaları yapacağım.[*] Bu iş ya da işleri bitirince bir rapor, bir kitap, radyo yayını, televizyon belgeseli, hatta bir roman hazırlayıp, size (IRI, NDI, CIPE, ACILS'e) sunacağım; şu tür bir ekiple çalışacağım ve paraları şöyle harcayacağım; bu işler için, sizden şu denli dolar/sterlin/mark/euro istiyorum" diyerek, başvuru özet raporu hazırladığında, bu ön rapor bir yabancı devletin Dışişleri Bakanlığı'na, hem de siyasal işler bölümüne, verilmektedir. Gerisi artık, NED ile ABD Dışişleri Siyasal Bölümü arasındaki eşgüdümün öngöreceği 'ferasete' kalmış oluyor.[54]

Bir kurgu yapılırsa, yerli sivilin, para karşılığında, T.C. Devletinin güvenlik kurumları dâhil, ilgili makamlarına rapor hazırladıkları görülse

---

[52] "Statement of Joan M. McCabe, US General Accounting Office Before The Committee on Foreign Affairs Subcommittee on International Operations, House of Representatives on The National Endowment For Democracy's Administration Of Its Grants Program" , *United States General Accounting Office Washington, D.C. 20548, For Release On Delivery, Wednesday, May 14, 1986, 129867, s.9.*
[53] McCabe, a.d.g.r, s.9
[*] Workshop: Atölye
[54] Bir ilçede "Büyük İşgal Projesi ve Project Democracy" başlığıyla yaptığım bir konuşma sonunda, bir mülkiye müfettişi, bir sivil(!) örgütü denetlediklerini; ama onların dışarıya rapor verdiklerine rastlamadıklarını ileri sürmüştü. Devlet adına denetleme yapan bu kişiye ABD Dışişleri'ni denetleme yetkisi olup olmadığını sormaya gerek yoktu; çünkü o, *"sivil örgütler iyi işler yapıyorlar"* diyor ve yabancı devletten para alınmasını olumluyordu. (M.Y)

'sivil' denildiğinde devletle ilişiksiz olmayı anlayanlar, kendilerine hâlâ 'sivil' diyebilirler miydi? Ne yazık ki, bu soruyu "Elbette hayır!" diye yanıtlamak olanaksız.

Para verilmeden önce, ABD Dışişleri'ne ön rapor sunulmasının öteki yüzünde, ABD Dışişleri'nin ya da; Başkan, Dışişleri, Milli Savunma bakanları ile Genel Kurmay Başkanı, CIA, FBI direktörlerinden oluşan NSC (Ulusal Güvenlik Komitesi)'nin isteği doğrultusunda, *project* hazırlanması olasılığı bulunmaktadır.

Demokratik Kitle Hareketi
"Project Democracy" İçinde Eritildi

> *"Haiti'de seçimlerde gözlemcilik yaptık ve nerede gözlemcilik yaptıysak orada bizim adaylarımız kazandı."* General Smadley Butler, U.S Marine Corps.

Türkiye'de, üç beş yıl öncesine dek siyasal konumlanmalara uygun olarak örgütler, partiler, yazarlar, çizerler arasında keskin görüş ayrılıkları oluşurdu. Örneğin, laik devlet düzenini değiştirmek isteyenlerle, cumhuriyeti savunanlar arasında siyasal uçurum bulunurdu. 'Sağcı' geçinenle 'solcu' geçinen arasında görüş ayrılıklarıysa siyasal yaşamın bir kuralı ve itici gücüydü.

Oysa şimdi öyle olmuyor. Dinsel hukuk esaslarının uygulanmasını isteyenlerle istemeyenler bir araya geliyorlar ve Türkiye Cumhuriyeti'nin kuruluş ilkelerinin değiştirilmesini birlikte öneriyorlar. Bu dayanışmalarını da 'özgürlüklerin ve demokrasinin genişletilmesi' için eylem ortaklığına, çok kültürlülük esasına dayalı siyasal yapılanma gereğine oturtuyorlar ve halka bunu "hoşgörü" olarak yansıtıyorlar.

Cumhuriyetin kurumlarına karşı her kışkırtmadan sonra siyasal partilerin tümü susuyor, temel ilkelerin ve kurumların savunulması, orduya kalıyor. Ordu politize ediliyor, iç siyasal kavgaların içine çekiliyor. Ülkede kutuplar sayıca artırılırken, inanç ve köken ayrılıkları öne çıkarılıyor ve çatışmalar keskinleştiriliyor. Bu durumdan yarar umanlar, Türkiye'nin bir avuç militarist güç tarafından yönetildiğini yayıyorlar. Özellikle yurtdışında iş, askersel yönetim tanımını da aşıyor ve 'laik cunta' deniliyor.

İç gelişmelere, tarihsel yaraların yeniden deşilmesiyle yoğunlaştırılan etnik kışkırtmalar, ekonomik şantajlar, din hürriyeti eylemler, Amerika ya da Avrupa'nın şu ya da bu üniversitesinde Türkiye'nin bütünlüğüne, temel yasallığına saldıran toplantılar, konferanslar Avrupa'dan Türkiye'ye parlamenter akınları, yabancıların yerel yönetimlerle devletin bilgisi dışında gerçekleştirdikleri kapalı toplantılar, ülkenin enerji kaynaklarının kullanımına karşı, tarihsel kalıt ya da çevre adına, abartılı uluslararası kampanyalar, ulusal kurtuluşun simgesi olan anma günlerini, silikleştirme adımları eşlik ediyor. Böylelikle olası uluslararası müdahalenin cephesi kuruluyor.

Kutuplaşma bazen sert bazen yumuşak kışkırtmalarla olgunlaştırılıyor. Girişimlerin en kısa tanımı: Türkiye Cumhuriyeti'nin temel yasallığıyla kimin derdi varsa, başta ABD olmak üzere Batı dünyası, ona sahip çıkıyor ve konuları resmi raporlarla uluslararası belgelere taşıyorlar.

Gelişmelere koşut olarak ülke içinde de, sağcı solcuyla, dinci sözde aydınla, şeyhler demokratlarla kol kola giriyorlar. Çok yakın geçmişte aynı siyasal görüşleri paylaşanlar yan yana gelemezken, şimdi tümü bir anda cephe oluşturabiliyorlar. Onlarca örgüt devletin kurumsallığına karşı ortak belgelere bir çırpıda imza atabiliyorlar. Kendilerine 'liberal' diyen profesörler bir gecede Amerika'ya uçuyorlar ve 'cihad' örgütlerinin destekçisi Amerikan Müslümanlarının panellerinde, yuvarlak masa toplantılarında, deneyimli istihbarat uzmanlarıyla buluşuyorlar.

Cumhuriyeti kurmakla övünen siyasal hareketin başkanı bir anda Hıristiyan tarikatların yan kuruluşlarının toplantılarına katılıyor. Aynı görüşü paylaşan yöneticiler, 'vakıf' adını taşıyan yabancı parti uzantılarını Türkiye Cumhuriyeti'nin Büyük Millet Meclisi'ne taşıyorlar ve 'siyasal ahlak' dersleri verdiriyorlar. Ulusal bağımsızlığın mirasçısı meclisin anayasayla ilgili çalışmalarına yabancılar karışıyor ve bunu açıklamaktan da çekinmiyorlar.

Aynı yabancılar, yerel yönetim çalışmaları adı altında bir dizi toplantı yapıyor ve birbirine muhalif partilerden seçilmiş belediye başkanları, devlet merkezinden bağımsızlaşma ve özerklik elde etme istemiyle hareket etmeye çağrılıyorlar.

Bu denli kısa bir sürede, bu denli yüksek payda ortaklığını sağlayan nedir? Yanıt kısa ve açık: ABD'nin NED adlı fonundan beslenen, IRI, NDI, CIPE ve Batı Avrupa örgütleriyle örülen ağın içinde biçimlenen ithal demokrasi yapılanması. Tasarım merkezi aynı olunca, yörüngeler de o merkezin çevresinde oluşuyor; sağı solla, dinciyi laiklik savunucusuyla buluşturuyor. Siyasal farklılıklar eritilirken, etnik ayrılıklar, bazen 'çok kültürlülük' bazen da 'inançlara saygı' temelinde öne çıkartılıyor. Bir başlangıç örneği olarak 'IRI Projesi'

ABD Cumhuriyetçi Parti'nin örgütü IRI'nin 1998'de başlatılan Türkiye etkinlikleri, yerel yönetimleri, siyasal partileri ve bağımsız 'sivil' örgütleri kapsıyor. Örneğin, IRI'nin önemli Türkiye projelerinden biri örgütün raporunda şöyle tanıtılıyor:

"Politik Parti Eğitimi ve Yerel Yönetimin Geliştirilmesi (Güçlendirilmesi). Yeni Proje Dönemi: Mart 1998-Mart 1999. Parasal kaynak: (ABD) Demokrasi için Ulusal Fon (NED)"

Partilerle ilgili proje adı verilen bu işin başını TESEV çekiyor. TESEV, TESAV, ANSAV temsilcileri, TBMM ile ilişkiye geçiyor ve partiler yasa tasarısına uzanacak yolun ilk adımları, 'parti içi demokrasi' çalışmasıyla başlıyordu. İşadamlarından, işadamlarının vakıflarında görevli profesörlerden, eski bakanlardan oluşan bir uyum komisyonu kuruluyor; başkanlığına da Hasan Korkmazcan getiriliyordu. *'Uyum Komisyonu'* adı verilen bu oluşuma partilerin hepsi katılmıştı:

"Atilla Sav, Metin Emiroğlu, milletvekillerinden Ercan Karakaş ve Gökhan Çapoğlu, eski Sanayi Bakanı Tarhan Erdem, TBMM eski

Başkanı Ferruh Bozbeyli, Adalet Eski Bakanı İsmail Hakkı Birler, DTP'den Sinan Ülgen, TESEV Genel Direktörü Mehmet Kabasakal, TESAV Yönetim Kurulu Başkanı Erol Tuncer, akademisyenlerden Ersin Kalaycıoğlu, Ali Çarkoğlu, Aydın Uğur, Nihal İncioğlu, Ömer Faruk Gençkaya ile Michael Dolley ve Jean Lui Ballans katıldı."[55]

Bir başka uygulamaysa, uyumun ne denli yayılabileceğine çarpıcı bir örnek oluşturuyor. IRI'nin 1998 raporunda, *"En önemli etkinlik Türk sivil örgütleriyle birlikte gerçekleştirilmiştir. Bu kuruluşlardan biriyle başlatılan ve halen süren çalışma Türkiye'nin yerel yönetim yasalarının değiştirilmesidir"* deniliyor.

İşin özü şudur: Amerikalılar gelmişler ve Türkiye'nin belediye yasalarını değiştirmek üzere yerli sivillerle 'workshop' kurmuşlar, yıllardır çalışıyorlar. Bu arada Türkler ne yapıyor? Onların büyük çoğunluğu Türklerin kaç yüzyıldır, bilmem kaç devlet kurup büyük anakaraları yönetmiş olmasıyla övünüyor, son imparatorluğun kuruluşunu olağandışı törenlerle kutluyor ve hatta Washington'da mehter eşliğinde yürüyorlar. Geri kalanı da, çağdaş bir devlet kurduk; yetmiş beşinci yılı aştık diye marşlar söylüyorlar.

Öte yandan, Amerikalı atölye uzmanları gelmişler, bu öğünen Türklerin ülkesinde, raporlarında belirttikleri gibi; "Yönetim yetkesini merkezden uzaklaştırmak amacıyla belediyelere otonomi kazandırmak" için, yasa tasarısı hazırlıyorlar. Bu işin içerdeki gerekçesine bakarsak, "Belediyelere yardım demek, demokrasiyi güçlendirmek demektir" diye bir yanıt hazırdır. Ne ki, "Belediyeleri güçlendirmek' ABD'nin Cumhuriyetçi Partisi'ni neden ilgilendirir ve ABD neden bu işler için para ve eleman verir? Amerika'da gettolar temizlendi, toplumsal uçurumlar kapatıldı mı?" diye soran yoktur. Sorulmasa da, Amerikan Cumhuriyetçi Partisi'nin örgütü IRI'nin raporlarındaki yanıtı açıktır:

"IRI'nin rehberliğinde yerel yönetimler -Ankara'daki merkezi hükümet- şimdi kendi yollarında yürümek üzere daha fazla otoriteye sahiptirler."

Yerel yönetimlerin ABD'nin siyasal partisinin öncülüğünde yürüdüğünü belirten aynı raporda, bir başka kuruluşla birlikte Türk siyasal partiler yasasında değişiklik tasarısı hazırlandığı açıklanıyor. İş bununla da kalmıyor, bu hazırlıkların partilerle yakın ilişkiler kurularak sürdürüldüğü, partilerin içinde 'reformcu eylemciler' yetiştirildiği belirtiliyor. Üstelik bu ülkeye öyle bir demokrasi eğitimi verildiği belirtiliyor ki, "laiklik dışı partilerin ve etnik tabanlı partilerin temsil edilmeleri"nin sağlanacağı özenle vurgulanıyor. IRI'nin 2000 yılı programına Türkiye gençliğinin

---

[55] Zehra Güngör, "'Demokrasi siyasi partiden başlasın' - İşadamları, akademisyenler ve gazetecilerden oluşan TESEV, TBMM uyum komisyonunun da katılmasıyla birlikte siyasi partiler yasasında yapılacak değişiklikler için öneriler getirdi..." *Milliyet*, 8 Nisan 1998.

ve kadın örgütlerinin desteklenmesi projesi de alınmış. Yeni dünya düzenini kavramış, moda deyimiyle, "vizyon sahibi" ve proje yapmasını bilen genç kadrolar yetiştirilecektir. IRI raporlarındaki şu sözler, hiçbir kuşkuya yer vermeden seçim özgürlüğümüzün temellerinin nasıl bellendiğini gösteriyor:

"IRI Türkiye'de, 18 Nisan 1999 seçimleri öncesinde seçmen örgütlenmesi ve yerel seçim kampanyalarının örgütlenmesi ve kampanya gerçekleştirilmesi konularında yüzlerce parti eylemcisini eğitmiştir."

Bu kısa bakış bile, IRI'nin Türkiye'yi hiç boş bırakmadığını gösteriyor. CHP Genel Başkanı'nın Tansu Çiller'e koalisyon koşulu olarak dayattığı Aralık 1995 erken seçiminden önce de sıkı çalışmışlar. Kamuoyu yoklamalarını ve değerlendirmelerini Strateji Mori ve Anadolu Stratejik Araştırmalar Vakfı ile birlikte yürütmüşler.

1995'te gerçekleştirilen yoklamaların biri gerçekten ilginç sonuçlar vermiş. Tam yedi yıl önce Amerikalılar saptamışlar ki, Türkiye seçmenlerinin büyük çoğunluğu Recep Tayyip Erdoğan'ı desteklemektedir. Bu değerlendirmeden yedi yıl sonra, 2002 yılında sonuç alınması, daha da ilginç. İş bununla da kalmamış; IRI, raporda belirtilen çalışmaların ışığında, ANAP'ın aday belirleme işlerine "temel" çalışmalar yaparak yardımcı olmuş.[56]

Seçim ön tahminlerinin seçmenler üstündeki yönlendirici etkisi düşünülünce, işin nereye vardığı kestirilebilir.[57] Niyetleri ne denli iyi(!) olursa olsun, yabancıların güdümünde çalışmalarla gerçekleşen hür ve demokratik seçimlerin ulusallığının derecesi ve sandıktan çıkanın hangi halk iradesi olduğu da ayrı bir sorun.[58]

Hedef: Merkezi devletin egemenliğini gevşetmek; iç dayanışmanın önünü tıkamak; halkın birbiri içinde eriyerek, kopmaz bir bütünlük oluşturması sürecini şaşırtmaktı.

Böylece Türkiye'yi düşük ya da kimi zaman yüksek yoğunlukta çatışmalara sürüklenmiş; etnik öbeklerden, şeyh, şıh, dede, baba, reis, parti şefi, seçkin diplomat ve işadamı örgütlerinin, Avrupa'da yetiştirilmiş "smart boys" yani "parlak çocuklar"ın, kurucularından başkasını temsil etmeyen bir bölüm "sivil" toplum örgütleri şeflerinin egemenliği altında sindirilmiş mensuplardan, meczuplardan oluşan; ne kendine, ne de bölgesine yararı olan insanlar topluluğunu barındıran bir ülke konumuna indirgemek...

---

[56] Konu basının satırlarına düşünce, zamanın parti yöneticileri bunu "teknik yardım" olarak nitelemişlerdir.
[57] Diğer ülkelerde NED'in seçim çalışmalarını dolarlarla beslediği bilinmektedir. Örneğin Çekoslovakya'da Havel'in propagandasına 400 bin dolar, Nikaragua'da kilise örgütlerine, muhalif medya örgütlenmesine 11 Milyon dolar harcanmıştır.
[58] Bu toplantı ve toplantıya parasal destek için geniş bilgi: Aydınlık, 2 Aralık 1995, 30 Mart 1997, 6 Nisan 1997

Egemenliği harita kâğıdı üstündeki kesik çizgilerle sınırlı, ABD ve Batı Avrupa küresine uydurulmuş olan bu devleti, bölgesel ve kıtasal çıkarlar uğruna bir askeri ve ticari üs, ateş hatlarına sürülecek özel kuvvet kaynağı olarak tutmak istiyorlardı. Toplumun tarihten kalma bağımsızlık ve onur simgesi özelliklerini silikleştirerek güdülebilir bir topluluğa dönüştürmek amacındaydılar.

Yabancının Parasıyla
Adem-i Merkeziyetçilik

> *"Derneklerin yurtdışından yardım alması ise İçişleri Bakanı'nın iznine bağlı. Ancak yedi yıldır yapılan uygulamalarda, bu konuda herhangi bir art niyete rastlanmamıştır."*
> Abdülkadir Aksu, T.C. İçişleri Bakanı[59]

Bir zamanlar Milli Güvenlik Danışmanı olarak, Latin Amerika'ya demokrasi ihraç eden Henry Kissinger, Şili'de gerçekleştirdikleri kanlı darbenin gerekçesini, 27 Haziran 1970'te şöyle savunuyordu:

"Bir ülkenin kendi halkının sorumsuzluğu yüzünden komünist olmasını öyle kenarda durup seyredecek değiliz."

Altı çizili bölümün yerine başkaca seçenekler konulabilir. Örneğin, aynı satırlar "Bir ülkenin kendi halkının sorumsuzluğu yüzünden Kemalist çizgi izlemesini / bağımsızlık yolunda ilerlemesini, öyle kenarda durup seyredecek değiliz" olarak da okunabilir ve Reagan'ın 14 Ocak 1983'te 77 Sayılı Milli Güvenlik Direktifi'nde yer alan şu sözleri anımsanabilir:

> *"Açık diplomasi, ABD hükümetinin ulusal güvenlik hedeflerine destek yaratmak üzere oluşturduğu eylemleri kapsar."*

Bu eylemlerin neler olduğunu Orta ve Güney Amerika operasyonlarında yer almış olan ve daha sonra CIA'dan ayrılarak tüm ajanları ve operasyonların iç yüzünü açıklayan Philip Agee, "Operasyonlarımızın U.S merkezli çokuluslu şirketler için yararlı işletme koşullarını nasıl hazırladığını göstermeye çalışacağım" diye başlıyor ve sıralıyor:

> *"Bu koşullar, siyasal egemenlik ile birlikte, bizim temel amacımızı oluşturuyordu. Liberal demokrasi ve çoğulculuk denen şey sonuçta bu amaçlarımız için bir araçtı. 'Özgür seçimler' demek gerçekte bizim desteklediğimiz adaylara gizliden para ödeyerek müdahale etmemiz demektir. 'Hür sendikalar' demek, bizim kendimize bağlı sendikalar kurma hürriyetimiz demekti. 'Basın özgürlüğü' demek bizim hazırladığımız materyalleri kendisi yazmış gibi yayınlayan gazetecilere ödeme yapma özgürlüğümüz demekti. Seçilmiş bir hükümet ABD'nin ekonomik ve siyasal çıkarlarını tehdit etmeye başlarsa görevden uzaklaştırılmalıydı. 'Sosyal ve ekonomik adalet' halkla ilişkilerde hoş kavramlardı, hepsi o kadar."*[60]

---

[59] CNN Türk, 26 Ekim 2004.
[60] Philip Agee, On The Run, s.76.

CIA İstasyonlarında görev yapmış olan Philip Agee'nin açıkladığı operasyonların yeni dönemde de sürmediğini söylemek olanaksızdır. Kişi ve örgütlerin gizliden kullanımına eklenen demokrasi operasyonunda artık gizlilik yok. Örgütlerden çok, kitleleri elde etmeye yönelik çalışılıyor. Bu sürecin Türkiye açısından en önemli adımı güvenliği sağlayan kurumun yıkıma uğratılmasıdır. NED'in dolarlarıyla ve euro ile beslenen yar-açık operasyon karşısında tek engel olarak görülen ve Türkiye Cumhuriyeti'ne sahip çıkan ulusal ordu ile halkın arasını her geçen gün biraz daha açacak, kutuplaşmayı geliştirecek "pis" senaryoların yeni düzenleriyle karşılaşılacaktır. Bu öngörüye kuşku ile bakacak olanlara, son birkaç yılın olaylarını, iç politikadaki kişisel sürtüşme haberlerinden arındırarak sırasıyla anımsamaları ve özellikle bazı siyasal parti başkanlarının keskin dönüşlerinin kaynağını anlamak için onların okyanus ötesi ilişkilerine bakmaları önerilir.

Emekli CIA görevlisi, bir dönem ABD'nin Kıbrıs arabulucusu, şimdilerde NDI Avrasya sorumlusu Charles Nelson Ledsky, Cumhuriyet gazetesine tam sayfa konuk olduğunda, birçok derin açıklamanın yanı sıra, Türkiye işlerinden söz ederken yerli 'sivil' örgütlerle ilişkilerini açıkça belirtiyordu:

"Farklı zamanlarda farklı projelerle ilgili çeşitli kuruluşlarla çalışıyoruz. İstanbul'da TESEV, TÜSES, TÜSİAD, Ankara'da Ka-Der, Türk Parlamenterler Birliği, TESAV, Türk Demokrasi Vakfı... Bazı meclis komisyonlarıyla faaliyetlerimiz oldu, özellikle Anayasa Komisyonuyla ciddi temaslarımız oldu. İlki Muğla'da MUMİKOM adıyla başlayan Parlamento İzleme Komiteleri'yle çalıştık."

"Birlikte çalıştık" sözünün ayrıntılarına girmeden önce biraz gerilere gitmek gerekiyor. 1997 başlarında, Refah Partisi'ne yöneltilen en önemli suçlamalardan birisi, partinin yabancılardan para yardımı aldığı savıydı. Libya bağlantılı İslam'a Çağrı Cemiyeti'nin, Refah Partisi'nin gizli kasası olarak nitelenen Beşir Darçın'a 7 Nisan 1989 tarihli çekle 500.000 ABD doları verdiği ileri sürülüyor ve bu çekin fotokopisi gazetelerde yayımlanıyordu.

Bu konu, rakip partilerce TBMM'de gündeme getirilmişti. Türkiye'nin onurlu insanları da yabancılardan para alınarak siyaset yapılmasını kınamıştı. O zamanlar, siyasal örgütlerin ve kuruluşların yabancılardan para almalarını içlerine sindiremeyen insanlar da vardı. Yine anımsanacaktır ki soğuk savaş döneminde, muhalefete yakıştırılan en yaygın ve en ciddi niteleme de "kökü dışarıda" olmaktı. Soğuk savaş operasyonunun aktörleri, siyasal hareketlerin dışardan aldıklarını düşündükleri bir kuruşun kanıtı peşinde koşarlardı.

Yabancı bir devletten siyasal etkinlikler için, hangi iyi ya da kötü niyetle olursa olsun, para yardımı almak, hangi ülkede olursa olsun hoş karşılanamazdı. Örneğin, ABD'de Watergate ve Koregate (Sun Myung

Moon-Tongsun Park - KoreCIA) soruşturmasından sonra, ABD kongre üyelerinin yabancılardan yardım almaları sorgulanmaya başlanmıştı.

Ne var ki paranın devletten değil de vakıflardan, cemiyetlerden, şimdiki adlarıyla hükümet dışı kuruluşlardan alınmış olması suç sayılmıyor. Türkiye'de icat edilen nitelemeyle, resmi para suç oluyor; gayri resmi para ise, yardım ya da proje desteği oluyor. NGO'dan alırsanız insani, devletten alırsanız "derin" para oluyor. Yabancı vakıflardan, derneklerden alırsanız, demokrasinin, hürriyetin ve kültür mirasının korunması" için alınmış oluyor; buna karşılık, RABITA'dan ya da İslam'a çağrı Cemiyeti'nden alırsanız 'irtica' ve 'dışa bağımlılık' ya da 'kökü dışarıda' oluyor.

Bir başka devletin egemenliği altındaki topraklarda, o devletin rejimini, sistemini değiştirmek üzere etkinlik gösterenlere yabancı bir devletin resmi kuruluşundan para akıtılmasının değerini anlamak için, bu paranın hangi niyetle verildiğine bakmak gerekmez. Operasyona, 'demokrasi kurulması', 'sosyal araştırma' ya da 'think tank' çalışması demekle, alınan para aklanamaz.

Glob-elleşme "etiği" [61]

"Sivil" yetkililerin yan yana gelip atölyeler kurdukları toplantıya dönmek gerekiyor ve yabancılarla maddi, manevi ilişkiler konusunda sivil yaklaşımı görmek için söz konusu toplantıyı eşgüdümleyen Türkiye Eğitim ve Toplumsal Tarih Vakfı'nın Genel Sekreteri, ulus devletlerin ortadan kalktığını ileri sürüp, içinde bulunulan –ülkede değil- "coğrafyada" STK egemenliğinde, hür ve demokrat bir dünya düzeni kurulmasını "ütopya" olarak sunarken, geleceğe dönük ön savunma yapmayı da unutmuyordu:

"Devlet - STK ilişkileri, TC Devleti ile bu ülkede kurulu STK ilişkileri biçiminde gelişmiyor... devletle ilişkilerimizde gösterdiğimiz titizliği bu tür yabancı devletlerle ilişkilerimizde de göstermemize ihtiyaç vardır diye düşünüyorum."

ABD'deki İsrail destekçisi örgütlerle, NDI'nin elemanlarıyla ve Soros'un adamlarıyla yoğun ilişkiler içinde olan ARI Derneğinin profesyoneli Murat Şahin ise STK eşgüdümcüsünün sözlerine karşı çıkıyor; "Orhan Bey'in bu uluslararası ilişkilerde dikkat edilmesi gereken noktalar konusundaki ikazına ben cevap vermek istiyorum" diye başlıyor; tarihsel ve bir o denli de önemli bir açıklamada bulunuyordu.

"Herhangi bir STK olarak yurtiçindeki bir STK ile nasıl ilişkiye girebiliyorsam, yurtdışındaki ile de aynı ilişkiye girebilmem lazım. Hatta aynı konudaki kuruluşa daha yakın olabilirim."

ARI Derneğinin "profesyonel" yöneticisi, yerli ile yabancı arasındaki tek ayırt edici özelliğin yalnızca adres ayrılığı olduğunu, *"Pek tabii aynı*

---

[61] 'Globelleşme' deyişi, Dr. Sedat Özkol'a aittir.

coğrafyayı paylaşmanın getirdiği bir ortaklığımız var Türkiye'deki STK' lerle, ama yurtdışıyla da rahatça ilişkide olabilirim. Orada kim kime daha çok direktif verebiliyor konusu yok" sözleriyle vurguluyordu. ARI Derneği yayınında 'profesyonel' olarak tanıtılan sözcüye göre; ortak işlerde yabancının tercih bile edilebilir olduğunu ileri sürdükten sonra, konuyu parasal ilişkilere getiriyor ve diyordu ki:

"...yurtdışındaki fonlardan biz yararlanacağız, buradan oraya fon çıkarmayacağız gibi bir alışkanlığımız var, belki de STK'lerle ilgili olarak Türkiye'de yeterince fon oluşamadığı için. Ama zaten, atölye çalışmasında da vurgulamaya çalıştık, hem uluslararası fonlardan faydalanmak, hem fon yaratılmasına katkıda bulunmak diye. Biz Türkiye'deki STK'ler olarak hep hangi fondan nasıl faydalanırız gözüyle bakmak istiyoruz, bu fonlara az da olsa katkılarımızı da düşünmemizin zamanı geldi bence. O zaman iki tarafın da daha dengeli olduğu bir ilişkiye daha sağlıklı girebileceğiz diye düşünüyorum."

Bu tür açıklamaları "Yerli siviller, para desteği alacak yabancı sivil(!) arıyorlar" diye değerlendirenler çıkabilir. Bu sözlere bakılırsa yerlilerin yeterli paraya sahip olmadıkları gibi bir görüntü çıkıyor. "Ulus devletlerin toplumsal, ekonomik sınırlarının eritildiği ve ABD ve öteki Batı devletlerinin tek egemen olarak dünyayı kucakladığı 'ütopya' ya erişebilmek için çıkılan yolda, bugüne dek hep dışarıdaki fondan beslenilmiş olunuyor, bu böyle gitmez" mi denilmek isteniyor?

Yoksa "Sivil atölyeler kurulması gereken tek 'coğrafya' sizinki değil, başka 'coğrafyalar' da var" denmek mi isteniyor? Yoksa NED ve benzeri fonlara katkıda bulunmanın zamanı gelip geçmekte midir? Bu açıklamalardan, ABD'nin "sivilleri" ile Orta Asya işlerini değerlendirebilmek için biraz da siz ödeyeceksiniz anlamı mı çıkıyor? Bu tür olumsuz soruları, söz konusu açıklamaları yapanların iyi niyetleri çerçevesinde algılayıp, şimdilik geçelim.

Rockefeller'in dolarıyla 'geniş kafalılık'

ARI yayınlarında "profesyonel" olarak tanıtılan görevli, belki de, önemli bir gerçeği ortaya koymaktaydı. Onun sözlerinden şu anlam çıkarılabilir: Bugüne dek para hep dışardan geldiğinden, yabancı (Batılı) örgütlerin lehine bir durum var, yani denge yok denmek isteniyor olabilir. Bu açıklamalar için düşünce ayrımlarını gösteren kanıtlardır denilip geçilebilir, ama "Tarih" genel sekreteri buna izin vermiyor:

"...başka devletlerle veya o devletler adına faaliyet gösteren kuruluşlarla ilişkide gardımızı indirirsek, duyarlılığımızı, dikkatimizi bırakırsak yarın kamuoyu önünde -ben bundan çok korkarım- 'STK aslında yabancıların kullandığı bir alettir' diye birkaç örnek ortaya konur, bu kötü örnekler dar kafalılığın, yabancı düşmanlığının aracı haline getirilebilir."

Yanıt işte bu denli kısa ve özlüdür. Buraya dek yazılanlar, biraz akla uygun geldiyse ve dolarlı proje işleri biraz şaşkınlık yarattıysa, hatta biraz da öfke oluşturduysa, günaha da ortak oldunuz demektir. "Günah" nitelemesi az gelir. Genel sekreterin yorumuyla "dar kafalılığın, yabancı düşmanlığının" tipik örneğini sergilemiş olacaksınız.

Ne ki bu açıklamaları izleyen aylarda, atölye çalışmalarını içeren bir kitabın iç kapağına "Heinrich Böll Vakfı'nın katkılarıyla yayınlanmıştır" diye yazılacağı hesap edilmemiş olmalı. Hatta bu işler, 'Zeugma'yı kurtarmak' diye başladıktan sonra, ne denli baraj varsa o denli çetin bir tarih kurtarma projesine girişip, "barajlara evet ama tarihsel mirası da koruyalım" diye sürdürülen ve sonunda nerede olursa olsun tüm 'barajlara hayır' kampanyası gibi, belki de hiç istenmeyen sonuçlara yol açılmıştır. Kurtarma kampanyasına adanan kitabın ilk sayfalarında *"Rockefeller Vakfı'nın katkılarıyla yayınlanmıştır*" diye yazılmış.

Bu özgün sivil yaklaşım için, 'workshop' ilişkilerinde hiçbir ek açıklamaya gerek yoktur. Görüldüğü üzere, "katkılarıyla" denilip geçilmektedir. Petrol kartellerinin sahibi Rockefeller'in Türkiye'nin barajlarıyla neyi alıp veremediği ve enerji üretilecek bu barajların 'tarihsel mirasa' ve o olmazsa börtü böceğe, o olmazsa herhangi bir doğal canlı ya da cansıza, binlerce kilometrekarelik bir alanda küçük bir oran tutan bir ortamda vereceği zararı sergileyecek çalışmalara para bastırmasının nedenini anlamak o denli zor olmasa gerek. Anlaşılması asıl zor olan; doğaya ve tarihe bu denli tutkun olan yerli 'sivil' eylemcinin kitap yayınlamak için, dışardan para ya da onların sıkça kullandıkları deyişle 'proje desteği' almaya gereksinmesidir. Türkiye'yi oltadaki balık olarak gören ve "*Oltadaki balığın yeme ihtiyacı yoktur*" diyen Rockefeller sülalesinin kurduğu sivil örgütün yardımlar listesinde şu satırlar yer alıyor:

"Economic and Social History Foundation of Turkey
Istanbul, Turkey- November 17, 2000 / $ 150.100
Toward the costs of the 'Local History Initiatives' and museum projects. Program: Creativity & Culture Benefit Regions: Turkey"

Sivil yöneticinin de açıklıkla belirttiği gibi, şimdi "geri kafalının biri" durduk yerde, şu sorularla ortalığı bulandırabilir: Başka devletlerle ilişkiye girmek, hep öyle doğrudan doğruya olmayabilir; o başka devletleri ve dünyayı yönlendiren, kaynaklarını emen şirketlerle dolaylı da olsa kurulan ilişkilerde indirilme olasılığı bulunan 'gard' hangisidir?[62]

"Bir ülkenin enerjisiz bırakılması kimlerin işine geliyor?" gibi sorularla tartışmalara kapı açılabilir. "Komşularda, örneğin Ermenistan'da,

---

[62]İngilizce bilen okurlar bağışlasınlar: Yabancıdan aktarılan bu sözcükler, önümüzdeki uzun yıllarda dilimizden kopar ve sözler anlaşılmaz diye not ediyorum: Gard: Boksörün belden yukarısını elleri ve kollarıyla koruma yöntemi. Guard: Bekçilik etme, bekçi.

köhnemiş nükleer santrallar insanlığın ortak tarihsel mirasına ve yalnız vadilerdeki 'nebatata' değil, insanoğlunun kendisine de zarar vermez mi?" gibi sorular eklenmesinin yolu da açılmış olmaz mı?

'Katkılarıyla' denilip geçilmesi, soru üstüne soru çıkarabiliyor. Yeri gelmişken belirtmek gerekir ki kendi çıkarları için yüzlerce yıldır insan yaşamını hiçe sayan, daha yakın geçmişte salt petrol-gaz çıkarları için komplolar kurmaktan, kan dökmekten geri kalmamış olan bir yönetimin ve o yönetimi güdüleyen kartellerin çevre korumacısı olduklarına bilerek ya da bilmeyerek inanmak, inananları ilgilendirir, deyip geçemeyiz. Çünkü bu tür girişimlerin dünya egemeni olmanın önemli bir aracı olduğunu unutmak, yeni sömürgeciliğin ve çağdaş sömürgeciliğin arkasına halk desteği yığmak anlamına gelebilir.

'Çevrecilik' ya da 'tarihsel mirasçılık' imajının en usta oyuncusu Clinton'lar olmuştu ve Türkiye'ye geldiklerinde bu imajdan bolca yararlanmışlardı. Bu işler salt geziyle kalsa iyi, ama ABD yönetimi ipin ucunu asla bırakmaz. Şimdi, çevre ve uygarlık koruyucusu Mimar Sayın Oktay Ekinci'nin, o Türkiye gezisindeki Clinton imajı tazeleme günlerinden, çok değil yalnızca iki yıl sonra, "Hillary, Neredesin?.." başlığını atarak yazdıklarına bakalım:

"18 Kasım 1999'da antik sahneye kurulan kürsüde bir konuşma yapan Hillary'nin söyledikleri ise yerli ve yabancı medyadan dünyaya özetle şöyle duyurulmuştu: 'ABD, insanlığın ortak mirasına sahip çıkıyor... Bayan Clinton, tarihsel zenginliklerin dünya değeri olduğunu vurgulayarak, korunmalarının da uluslararası görevleri olduğunu belirtti.'

Ben de aynı konuşmadaki özellikle 'Anadolu ve Mezopotamya' için söylediklerine dikkat çekmiş, çarpıcı sözleri arasındaki şu vurgulamasının ise "Ortadoğu'da barışın da güvencesi" olması gerektiğini yazmıştım: 'Amerika'dan binlerce yıl önce yazı yazmasını bilenlerin yaşadığı bu topraklardaki tarihten, insanlığın öğreneceği çok şey var.'[63]

Mimar Oktay Ekinci, yazısının sonraki satırlarında, ABD'nin çevre alanıyla ilgisinin ne denli içten olduğunu düşündürecek açıklamalarda bulunuyordu.

"13 Ocak 2000'de, Tepebaşı'ndaki binada, ABD'nin aynı konudaki uzmanlarıyla "uydu" iletişiminde kurulmuş bir 'ekranı' kullanıp "birbirimizi görerek" karşılıklı konuştuk... (..) her söz aldıklarında, hep şu tür bir girişle başlıyorlardı: 'Bayan Clinton, çok önemli bir hareketin öncüsü oldu... ABD, insanlığa karşı bir görevi daha yapmaya hazırlanıyor ve buna, Türkiye gibi dünya tarihinin merkezi olan bir ülkede başlanması çok anlamlı...

---

[63] *Cumhuriyet, 20 Ocak 2000*

ABD silahlı güçleri, önceki First Lady'lerinin "bizden binlerce yıl önce yazıyı kullananların ülkesi" dediği Mezopotamya'yı, üstelik 'insanlık adına koruma' sözünü verdiği Anadolu topraklarını da çiğneyerek bir kez daha "tahrip etmeye" hazırlanıyor... Acaba, ABD elçiliği, bu kısa mesajımı da aynı şekilde Washington'a iletir mi: "Hillary, neredesin; gel Aspendos'ta bir konuşma daha yap..."' [64]

Tarih vakfınca barajlara karşı başlatılan kampanya içinde de, şöyle ya da böyle ve iyi niyetle yer almış olan birçok kişi gibi, korumacılık konusunda içtenliğinden kuşku duyulmayacak olan Mimar Sayın Ekinci, 2003 başında bile iyi niyetini yitirmeden, Clinton'dan tarihsel kalıtın kurtarılması için yardım istiyor.

Oysa Hillary Rodham Clinton, kartellerin, vakıfların verdikleri milyon dolarlık destekle artık senatör olmuş ve hemen teşekkür etmek üzere İsrail'e koşmuştu. Hillary, İsrail'de yeni bir ABD'li 'imajı' oluştururken İsrail tankları da Filistin'i yerle bir etmekte, soykırıma varan katliamlara girişmekte, İnsanlığın binlerce yıllık canlı ve cansız tarihini yok etmekteydi. Aslına bakarsanız, çevreyi ve tarihsel mirası korumasından medet umulan Clinton'lar döneminde de o Mezopotamya haftada en az bir ya da iki kez, İncirlik'ten ve Katar'dan kalkan uçaklar tarafından bombalanmaktaydı. Clinton ya da Bush! Politika aynı; ABD yönetimi elli yıldır izinden gittiği bir projeyi yaşama geçiriyor ve Ortadoğu'yu işgale başlıyordu.

"Çevre" ve "tarih mirası"nın anlamı, eylemlere parasal yardımda bulunanların çıkarına göre değişmektedir. Bağdat'ta kütüphanelerin yakılmasıyla kül olan miras petrol kartellerini pek ilgilendirmezken Türkiye'deki birkaç bin kilometrekarelik bir alandaki bitki ve böceklerin baraj suyu altında kalması ilgilendiriyor; barajlarda birikecek su ile yeşerecek olan geniş bölgelerdeki yeni bitkiler ve yaşam alanında doğacak yeni böcekler ve öteki hayvanlar çok ilgilendirmiyordu. Güneydoğu Anadolu'da, Kuzeydoğu Anadolu'da ya da Mezopotamya'da olunca "çevre" ve "tarihsel miras" olacak, Filistin'de olunca kim bilir ne olacak.

Bu ilginç örnekten sonra konumuza dönersek, Tarih Vakfı Sekreterinin de belirttiği gibi, "başka devletler adına faaliyet gösteren kuruluşlarla ilişkide gardımızı(n) indirilmesinin" nereye varacağı belli olmamaktadır. Hem de bir kitap yayını uğruna. Adı 'vakıf', simgesi "STK" olan 'sivil' örgütün gardının indirilmesiyle Genel Sekreter'in, haklı olarak, "korktuğu başına" gelmiştir. Nedenini, başka devletler adına etkinlikte bulunan kuruluşlarla ilgili bir iki örnekle anlayacağız; "*STK aslında yabancıların kullandığı bir alet*" midir, değil midir?

---

[64]Oktay Ekinci, Çed Köşesi, "Hillary, Neredesin?.." *Cumhuriyet*, 15 Ocak 2003, s.17. Koyultmalar tarafımızca yapıldı. (y.n.)

Amerikan Hazinesinden NGO'lara sivil para

Eskiden diktatörleri destekleyen ABD ve Batı Avrupa, parayı "Hürriyet" ve "Demokrasi" diyerek aklıyordu. Şimdiyse hem "demokrasi" diyor hem de "insan hakları - inanç özgürlüğü" diyor. Demekle kalmıyor, kendi eliyle iktidara getirmiş olduğu diktatörleri, iktidardan indirmek üzere 'demokratikleşmenin önündeki engellerin kaldırılması' ya da 'demokrasiye geçiş görevi' diyerek ulusal orduların kimliğinin yok edilmesi; bağımsız devlet egemenliğini koruma kararlılığının kırılması ve devlet merkezlerinin zayıflatılması yoluna gidiyor. Bu işlem için NGO'dan NGO' ya, vakıftan vakfa yatırım yapıyor.

NED'in resmi olarak yıllık ödemeleri, 37 milyon dolar. 2001 sonuna dek, Amerikan resmi kaynağı NED'den Türkiye 'sivil' hareketine, 4,7 milyon dolar, George Soros'un örgütünden 1,073 milyon dolar ve NED kanalıyla İngiliz WFD (Westminster Demokrasi Vakfı)'den 6 250 sterlinlik demokrasi yatırımı yapılmış.

ABD'nin yarı resmi örgütü NED'den IRI, NDI ve CIPE'ye ve onlardan 'workshop' işlerine aktarılan yatırımlara, NED'in raporlarından bakmak biraz aydınlatıcı olabilir. Bunun gizlisi saklısı yok. Türkiye'deki 'sivil' örgütlerin ve örgütçülerin pek azı, 'saydamlık' ilkelerine bağlı kalarak 'proje' kaynaklarını açıkça belirtmektedirler. Örgütlerin çoğu, bu ilişkileri ve yatırımları açıklamıyor. Oysa NED, ABD'de Kongre denetiminde oluşturulmuş resmi bir para fonudur; bütçesi ve çalışmaları ABD Dışişleri ile ABD Başkanı'nın onayından geçtikten sonra ABD Kongresi'ne sunulur.

Harcamalar resmidir; "governmental"dir, yani devlete bağlıdır. ABD dışındaki ülkelerde yapılan bazı ödemelerde, parayı alanların adları ve alma amaçları raporlara geçirilir. Bu durumda, hem para hem hesaplara para ölçüsüyle geçirilen eleman desteği alıp hem de bunu saklamanın fazlaca bir yararı yoktur. Açık ilişkinin başlangıcı 1988'e gitmektedir.

NED, Türkiye'deki FORUM adlı dergiye 50.000 dolar veriyor. FORUM iki yıl sonra CIA eski elemanlarının, yerli liberallerin, Asya'dan, Rusya'dan temsilcilerin de katıldığı Bodrum toplantısını gerçekleştiriyor. Sonrasında, tek ilmikle başlanarak ve ilmiklere ilmikler eklenerek örümcek ağı örülüyor.

Kimin hangi iş için ne kadar dolarlı ve sterlinli işbirliği parası aldığını eksiksiz olarak eklerde bulabilirsiniz. NED'in resmi raporlarından aldığımız dolarlı proje düğümlerini ve Avrupa'nın eurolu ilmiklerini özetlersek, yıldan yıla örülen ağı da görebiliriz:

1988

Eski dostlar, Amerikan senatosunda ifade verenlerin yer aldığı Ankara'nın Forum Corp. ve Yeni Forum Dergisine 50.000 dolar verilerek başlanıyor.

1990
Anahtar, Türkiye'nin Amerikalı Dostları Vakfı ile çevriliyor ve Aydın Yalçın'ın Forum'u ile kapı açılıyor. Bodrum'dan geçilecek ve Doğu'ya ilk ilmikler atılacaktır. 50.000 dolar.

1991
Bodrum'da, Club Monakus'ta açılan kapıdan Kafkasya'ya, Asya'ya ve İslam ülkelerine girilerek, ilmiklere ilmikler eklenecektir. NED, Forum ve Türk Demokrasi Vakfı (TDV) ile yoğun bir çalışma içine giriyor. 156.000 dolar.

1992
İkinci 50.000 dolarla iş yürürken, 57.000 dolarlık projeyle Asya Türk Cumhuriyetlerine uzanılıyor; serbest pazar ekonomisinin yayılmasına başlanıyor: 107.000 dolar.

1993
IRI çalışmayı sürdürüyor, ama yerliler her nedense raporlara yazılmıyor. Siyasal partilerle ilişkiye geçiliyor; atölye çalışmaları başlıyor. 48.817 dolar.

1994
IRI ve Gökhan Çapoğlu ve Trabzon Valisi tarafından yeni kurulan Stratejik Araştırmalar Vakfı (SAV) ortak çalışmaya başlıyorlar: 71.583 dolarlık çalışmayla 'Yerel hükümetler' dedikleri belediyelerin yarı bağımsızlaşmasına uzanan yola giriliyor. 71.583 dolar.

1995
IRI ve SAV'ın çalışmaları yoğunlaşırken, devreye yurtdışında örgütlü Müslüman kadın işleri giriyor ve Türkiye'den yeni bir ilişki olarak TESEV zincire ekleniyor; belediye örgütlerine, il meclislerine uzanılıyor. Amerika'dan gelen Kemal Köprülü, ARI Hareketi Derneği'ni kuruyor. 309.744 dolar.

1996
IRI ile TESEV ortak çalışmasının yanı sıra belediyelerle doğrudan projeye geçiliyor; Türk Belediyeler Birliği (TBB) ile çalışılıyor. Bu arada siyasal partiler arasında eşgüdüm komisyonu kuruluyor. 442.697 dolar.

1997
Bağışlar doğrudan yapılmaya başlanırken, Müslüman kadın işleri, Kürt-Türk eğitimi, Anadolu çalışmaları... NDI devreye girerek TBMM'ye uzanıyor. Liberaller, piyasa ekonomisine karşı oluşabilecek tepkiyi azaltmak için Müslümanlıkla pazar ekonomisinin bağdaştığını öğretecek toplantılar düzenliyor; Helsinki Yurttaşlar Derneği üyeleri çoğalsın, teknik gücü artsın ve sivilleri toparlasın diye yardım alıyor. AB Türkiye'ye giriyor ve "demokratik ilkelerin ve hakların güçlendirilmesi için sivil eğitim"e yatırım yapıyor. 671.055 $ ve 2.974.640 euro.

1998

NDI meclisteki yasama işlerini sürdürürken Müslüman Hukuku Altında Yaşayan Kadınlar yöresel liderler yetiştirecek sivil temsilcileri eğitiyor, Kürt-Türk çalışmalarına İngiliz sterlini değiyor ve TOSAV içerdeki danışmanlarıyla yurtdışında toplantılar düzenliyor. ABD Cumhuriyetçi Partisi'ne bağlı IRI örgütü ile TESEV ve Türk Belediyeler Birliği (TBB) 450.000 dolarlık proje yürütüyor, Liberal Düşünce Topluluğu Derneği CIPE'den aldığı parasal destekle reform yasaları çalışıyor ve milletvekillerine yemek düzenliyor. AB büyük projelere geçiyor: 757.545 dolar ve 6.250 £

1999

Amerikan işadamları örgütü CIPE, liberallerle işin içinde. Amerikan Demokrat Partisine bağlı NDI, adı verilmeyen meclis üyeleriyle, TBMM'de ahlak ilkelerini belirliyor. Murat Belge'nin kurduğu Helsinki Yurttaşlar Derneği, yıllık ödentisiyle etkinliklerini sürdürürken, IRI, adını vermediği yerli sivil ile gençlik örgütlenmesine başlıyor. AB ise belediyelerle proje üstünden ilişkiye geçiyor. Amerikan işadamları örgütünün parasıyla TESEV ve İçişleri Bakanlığı devlet memurları hakkında yolsuzluk raporları hazırlıyor: 651.214 dolar.

2000

Sıra Türklerin yolsuzluklarını kanıtlamaya gelmiştir. Yolsuzluk işleri için Amerikan işadamlarının örgütü CIPE para kanalı oluyor. TOSAV, TOSAM adıyla çalışmaya başlıyor; yerel örgüt liderleri yetiştirmeye yöneliyor. Helsinki Yurttaşlar Derneği (HYD), Mersin, İstanbul ve Van'da "network" yani şebeke kurmayı üstleniyor. NDI, adını vermediği yerli sivillerle birlikte milletvekillerini ve "saygın" olarak niteledikleri akademisyenleri dar toplantılara alıp, "ahlak" ilkelerini öğretiyor! Avrupa Birliği, Türkiye'de özgürlüklere parasal yatırım yapıyor. 646.922 dolar.

2001

Kürt-Türk uzlaşma işine ABD'nin işadamları örgütü karışıyor. HYD "fiks" payı olan 37.000 doları alıyor.

ARI Hareketi (Derneği)'nin adı ilk kez NED raporlarına geçiyor. IRI-ARI-TESEV yeni atölye işlerine soyunurken, IRI'nin dolar desteğiyle ARI Derneği'ne bağlı 'GençNet' işe başlıyor; amaç gençliği eşgüdümsel bilgiyle donatmak, ilişki kurmak.

NDI siyasal partileri, milletvekillerini, 'sivil' grupları yan yana getirerek, ahlak ve devlet reformu işlerine katkıda bulunmayı sürdürüyor. NED bu yıl bütçesinden toplam 686.634 dolar aktarıyor. T.C. Hükümeti, 19 günde 19 yasa çıkararak yasama rekoru kırıyor. ABD'nin dışardan gönderdiği Kemal Derviş bu durumu "Kriz içinde reform yapıyoruz" diye açıklıyor. 1.749.634 dolar.

2002
Helsinkiciler yıllık ödentiyi alıyor; IRI, kadınlara yatırım yapıyor. NDI 'reform' adı altında yasa değişikliklerini destekliyor. 621.317 dolar. ve 160.840 Gulden.

2003
Sendikalara sızıyorlar, KA-DER adlı kadın derneğini destekliyorlar; 600 sivil lideri eğitiyorlar; IRI ve ARI'nın kurduğu GençNet'e parasal destek veriliyor ve Helsinkiciler her yılki ödentiye kavuşuyorlar. Folklorcular aracılığıyla düşünce özgürlüğü işine girişiliyor. 1.520.614 dolar.

Quantum temsilcisi George Soros'un İstanbul bebek'te açtığı şube, Bilgi ve Sabancı Üniversitelerini, TESEV'i, TÜSES'i, Uçan Süpürge'yi destekliyor; Tarihin yeniden üretilerek tarih kitaplarının değiştirilmesi için Tarih Vakfı'nı destekliyor.[65]

2004
Gençlik örgütlenmesi yükseltiliyor ve önder olabilecek gençleri seçmek için çalışmalar yaygınlaştırılıyor. Özellikle Güneydoğu Anadolu gençliğinden liberal önderler çıkarmak için çabalanılıyor. TESEV Amerikan işadamları merkez örgütü ile devletin temel yaslarında reform için çalışmalarını sürdürüyor. ARI Derneğinin kurduğu GençNet için 330.000. milletvekillerinin izlenmesi için 300.000 dolar... Ekonomistlere el atılıyor ve genç iş adamlarından öncüler çıkarmak için atağa geçiliyor. Helsinki Yurttaşlar Derneği'ne yıllık bedel ödeniyor. 1.104.614 dolar.

Açık Toplum Bebek Şubesi, TESEV'i, Bilgi, Boğaziçi ve Sabancı üniversitelerini, Güneydoğu Anadolu çalışmalarını, Diyarbakır Barosu'nu vb. desteklemeyi sürdürüyor.

2005
Sendikalar giriliyor ve Tekstil sendikalarının elemanları eğitiliyor. Liberal Düşünceciler genç önderlerin seçimi için destek alıyor. Çevre Gönüllüleri Vakfı da gençliğe eğiliyor. Anayasa değişikliği propagandası için kitaplar ve CD'ler yayınlanıyor. Helsinki Yurttaşlar Derneği her zamanki yıllık ödentiyi bu kez artırarak alıyor; dernekler yasasının değişmesi için çalışıyor. 1.531.911 dolar.

Açık Toplum Şubesi, KA-DER'e, üniversitelere, Türk eğitiminin değiştirilmesine yardım ediyor.

2006
Sivil örgüt temsilcilerinin eğitimine ağırlık veriliyor. 2007 seçimleri için partilere el atılıyor ve Cumhuriyetçi Parti örgütü IRI yerlilerle yoğun çalışma içine giriyor. Amerikan Demokrat Parti örgütü NDI, TBMM 'de Demokrasi Komitesi ile çalışmasına 350.000 dolar ayırıyor. TBMM'den

---

[65] Quantum temsilcisi George Soros'un Açık Toplum şubesinin Türkiye destek listesinin tümü için Eklere bakınız.

parti temsilcileri Amerika'ya taşınıyor. Belediye elemanları eğitiliyor. Uçan süpürge yıllık desteğini alıyor. 1.910.974 dolar.

Açık Toplum Şubesi, aynı üniversiteleri, vakıfları, dernekleri, Uçan Süpürge Ltd. Şirketi'ni parayla destekliyor; Dev Maden-Sen'in çalışmalarına katkıda bulunuyor.

NDI ile TDV, NED Parasıyla TBMM'de Komite Kuruyor

Listelerde adı verilmeyenlerle işbirliği boyutunun bir bölümünü yerli sivil hareketin önde gelenlerinin etkinliklerine değinilen sayfalarda göreceğiz. Bazı para alıcıların açıklanmamasının gerekçesini de LED'İ denetlemekle yükümlü GAO (ABD Sayıştayı)'nun raporlarında bulacağız. Ne ki, NDI'nin bölge sorumlusu, CIA elemanı, Kıbrıs eski arabulucusu Charles Nelson Ledsky'nin açıklaması şimdilik yeterli bilgi içermektedir:

"Farklı zamanlarda farklı projelerle ilgili çeşitli kuruluşlarla çalışıyoruz. İstanbul'da TESEV, TÜSES, TÜSİAD, Ankara'da KA-DER, Türk Parlamenterler Birliği, TESAV, Türk Demokrasi Vakfı, Bazı meclis komisyonlarıyla faaliyetlerimiz oldu, özellikle Anayasa Komisyonuyla ciddi temaslarımız oldu. İlki Muğla'da MUMİKOM adıyla başlayan Parlamento İzleme Komiteleri ile çalıştık."

Charles Nelson Ledsky'nin açıklaması olağanüstü saydamdır. Ne ki ahlâk ilkeleri toplantılarını yabancılarla yaptıklarını halka bildirmeyenlerin ve bu tür girişimlere ve özellikle yabancılar eliyle gençlik örgütlenmesi yapılmasına ses etmeyen görevlilerin, herhalde bir gerekçeleri vardır. Bu tutumu sorgulamaya gerek yok; çünkü devletin en üst makamlarında bulunanların etkinliklere katılımıyla yapılanlar meşrulaştırılmıştır.

CIA eski memuru Ledsky'nin açıklamasının en ilginç yanı TBMM komisyonları ile yürütülen çalışmalardır. Bu durumu yadırgamamak gerekiyor; çünkü yabancıların istediği reformlar yapılıyorsa, elbette o yabancılarla birlikte çalışılacaktır.

Bu çalışmalara 2004-2005'te eklenen boyut ise bazen ne denli aşırılığa kaçıldığını da gösteriyor. TBMM Demokrasi Komitesi Başkanı AKP Çorum Milletvekili Agâh Kafkas imzalı yazıdan okuyalım:

"TBMM sivil toplum örgütleriyle olan işbirliğini daha da ilerletmek amacıyla geçtiğimiz Aralık ayından itibaren Türk Demokrasi Vakfı ve merkezi Washington DC'de olan National Democracy Institute (NDI) ile ortak bir çalışma yürütmektedir."[66]

---

[66] Agâh Kafkas, Kafkasya asıllı yurttaşlarımızı Diaspora olarak niteleyen ve çifte pasaport isteyen Ankara Kafder toplantısında Kafkas derneklerinin bir konfederasyon çatısı altında toplanmasını önermişti. "Türk Demokrasi Vakfı Başkanı ve Demokrasi Komitesi üyesi Zekeriya Akçam, 'Atatürk de Wilson ilkelerine sahip çıkarak ülkeyi kurtardı' dedi. Akçam'ın konuşmasının bu bölümünde yine salon karıştı. ADD Başkanı Lütfü Kırayoğlu, Atatürk'e hakaret edildiğini ileri sürerken salonun bir bölümünden alkış aldı, bir bölümü ise tepki gösterdi." (*Bursa Hâkimiyet, 29 Temmuz 2005, s.8*) Kafkas dernekleri girişimleri için geniş bilgi: kafder.org.tr

ABD'nin bir partisine bağlı örgüt ile meclisimizin milletvekilleri (TBMM'nin manevi şahsiyeti değil) iç içe çalışıyorlar. Buna "Karşılıklı öğrenecek çok şey vardır" da denilebilir; ancak, iş öyle karşılıklı deney alışverişine benzemiyor:

"Bu çalışma çevresinde kurulan ve milletvekillerinin katılımıyla oluşturulan Demokrasi Komitesi, sivil bir girişim olarak çalışmalarına devam etmektedir... çalışmalar süresince TBMM komisyonlarının işleyişi, milletvekili-seçmen ilişkileri ve TBMM personelinin işlevi konuları üzerinde çalışılacaktır."

"Milletvekilleri de sivil(!) ise, resmi olan kim oluyor?" demeden önce bir an düşünürsek; T.C. kurulduğundan bu yana var olan TBMM, hatta ondan önce de yaklaşık 30 yıl çalışmış olan Meclis-i Mebusan deneyleri çok yetersizmiş! Meclis personelinin neyi nasıl yapacağını anlamak için Alman vakıflarıyla, Amerikan işadamları kuruluşlarıyla, Amerikan partilerinin operasyon deneyimine sahip elemanlarınca yönetilmekte olan örgütleriyle işbirliği yapanlarla birlikte çalışmak gerekiyormuş. İş bununla kalmıyor. TDV - NDI - TBMM ortak çalışması Anadolu'ya da yayılacaktır. Tipik bir örnek olduğu için anılan yazıdan okuyoruz:

"Çalışmalarını sadece Ankara ile sınırlamak istemeyen Demokrasi Komitesi, yaz döneminde de Antalya, Bursa, Van, Şanlıurfa, Trabzon ve İzmir'de toplantılar düzenleyecek."[67]

TBMM'de, AKP'den yedi, CHP'den iki ve ANAP'tan bir milletvekilinin katılımıyla Mart 2003'te kurulan komitenin ilk işi, NDI'nin konuğu olarak ABD'ye gitmek oldu. Orada CSIS'te bir toplantıya katılan komite üyeleri, daha sonra ABD Dışişleri Bakan Yardımcısı Wolfowitz'in konuğu oldular. Üyeler arasında bulunan ARI Derneği kurucularından ve CHP milletvekili Zeynep Damla Gürel'in uluslararası deneyimi de düşünüldüğünde, bu demokratik girişimin TDV-NDI-TBMM-USA ilişkilerinden pek kazançlı çıkacağına kuşku yok.[68]

Bu örneği gördükten sonra; özetini verip eklerde sunduğumuz dolarlı atölye çalışmaları listesine; şirket vakıflarının, *'think tank'* olarak nitelendirilen kuruluşların etkinliklerine bakmak gerekiyor.

Avrupalıların psikolojik propaganda eylemleri, 'Kürt sorunu'yla ilgili kitap yazımı, belgesel film hazırlanması gibi etkinliklere destek vermele-

---

[67] Türkiye Büyük Millet Meclis Demokrasi Komitesi başlıklı, 20 Temmuz 2005 tarihli ve "Atatürkçü Düşünce Derneği Başkanı- Bursa, Türkiye" adresine gönderilmiş olan yazı. Yurtiçine gönderilen mektubun adresinde "Türkiye" diye yazılması, basit bir hata olabilir!

[68] CSIS toplantısına şu milletvekilleri katıldı: Faruk Çelik (AKP Grup Başkan Vekili), Agah Kafkas (AKP, Çorum), Zeynep Damla Gürel (CHP, İstanbul), Muzaffer Remzi Kurtulmuşoğlu (CHP, Ankara), Nevzat Doğan (AKP, Kocaeli), Nimet Çubukçu (AKP, İstanbul), Orhan Erdem (AKP, Konya), Selami Yiğit (CHP, Kars.) *Dünya Online, 17.03.2005*

rinin yanı sıra, medya ünlülerinin uzak ülkelerde ağırlanarak seminerlerde toplanmalarını, Alman vakıflarının çevre ve yerel medya seminerlerini, 'Alevilik araştırmaları' gibi fasıllarını bu kitaba almamış olmamızın fazlaca bir önemi kalmıyor. Kıbrıs'ta, "Biz ne Türküz ne de Rumuz" diye gösteri yapan, ya da Çeşme'de bir toplantıda yan yana getirilip "Bize 'Kuzey Kıbrıslı' ya da 'Güney Kıbrıslı' demeyin" diye açıklama yaptırılan gençlere şaşan yöneticiler, bu gençlerin AMIDEAST tarafından eğitildiğini görmezden gelmektedirler.

AMIDEAST, 51 yıl önce, ABD'nin Ortadoğu ve Afrika'daki çıkarlarını korumak üzere kurulmuştur. Ayrıca, USIP toplumlararası sözde barış için verdiği doları, Fulbright Foundation, Carnegie Endowment vb. örgütlerin aktardığı parayla gençlere yapılan yatırımları da görememişlerdir. Tarih Genel Sekreteri Orhan Silier'in "STK aslında yabancıların kullandığı bir alettir' diye birkaç örnek ortaya konur, bu kötü örnekler dar kafalılığın, yabancı düşmanlığının aracı haline getirilebilir" dedikten sonra, yabancılarla işbirliğini açıklayacak olanlara yakıştırdığı şu dar kafalılığın da üstüne çıkan, yepyeni bir yaklaşımı aktarmalıyız. TDV Başkanı Akarcalı, "Türkiye'de uluslararası alanda sivil toplum temaslarına nasıl bakılıyor?" sorusunu yanıtlarken eski bir yöntemle karalıyordu:

"Bu arada, Türkiye ihbarcı cenneti olduğu için bazı ihbarcılar da bu mekanizmayı körüklüyorlar. İşleri güçleri Türkiye'nin uluslararası ilişkilerini sabote etmek, baltalamak, yarım yamalak bilgiyle ortaya çıkmak. Basının da bu bilgisi olmayan çığırtkan cahillere yer vermesi, bir süre için bunların öne çıkmasına imkân veriyor."

Şimdi durup dururken, sormak gerekiyor: Tarih Vakfı yöneticisinin belirttiği gibi "*dar kafalılık*" etmenin de ötesinde, "*ihbarcı*" olmak, hatta "cahiller" arasına katılarak, bu tür projelerin listesini vermek, Türkiye Cumhuriyeti'nin uluslararası ilişkilerine mi, yoksa bazı 'sivil' ve NGO'lar arası ilişkilere mi zarar verir? Bu soru yetersiz kalıyor; çünkü döneminde bakanlık görevi de üstlenmiş olan Genel Başkan'ın açıklamasında sınır genişletiliyor:

"İşte bu, kim ne derse desin, bir devlet faşizmidir. Halkına güvenmeyip kapalı kapılar arkasında halkını küçümseyerek, insanını küçümseyerek kendi kendine koyduğu ne idüğü belirsiz kurallarla ülkeyi yönettiğini sanma yanlışlığıdır."

Siviller arasındaki alışverişler, dolarlı "işbirlikler" halkı küçümsemek olmuyor. Burası anlaşılabilir; ama *"ne idüğü belirsiz kurallar"*ın hangi kurallar olduğu ilerleyen bölümlerde görülecek. Para alınan NED'in koşulları da anlaşılacak. 'Siyasal etik' ya da 'açık toplum' ya da 'şeffaflık' diyenlerin kendi yurttaşlarını "ihbarcı" durumuna düşürmenin nedeni de o zaman anlaşılacaktır. Bilgiyi topluma iletmek "ihbar" değil, olsa olsa bilgilendirmedir. El parasıyla raporlar düzmek, yabancı devlet kuruluşuna iletmek; Alman vakfından daha çok para almak için "Bülent Akarcalı" imzalı mektup yazıldığı da bir başka gerçektir.

Club Monakus'tan
Orta Asya'ya Atılan Ağ

> *"Amerika'nın huzur ve güvenliğine karşı çalışanlara karşı çalışmak bizim işimizdir: Ulusların, örgütlerin, hatta bireylerin en çok saklamak istedikleri sırlarını ele geçirmek; onların plânlarını ve niyetlerini deşerek ortaya çıkarmak." CIA Yönetmeni George J. Tenet, Los Angeles, 7 Kasım 2000.*

1980'li yıllarda başarıyla yürütülen 'project democracy' operasyonu, Nikaragua'dan sonra ilk sonuçlarını Doğu Avrupa ülkelerinde vermeye başladı. Moskova'da da işler alttan alta yürütüldü. Daha sonraları Mihail Gorbaçov'a ABD'de ödül kazandıracak olan büyük atılımla ilerleyen 'proje' Sovyetler Birliği'ni dağıttı.

NED'in operasyonunda NIS (Newly Independent States /Yeni Bağımsızlaşmış Ülkeler) başlığı altında, Doğu Avrupa projeleri uygulanırken, Orta Asya ülkelerinde de operasyon başlatıldı. Avrasya başlığı altında toplanan bu ülkeler iştah kabartıcıdır; çünkü petrol ve gaz kaynakları zengindir. Üstelik Batı'nın, Ortadoğu ve Afrika petrol kaynaklarını denetlemek için çektiği sıkıntı düşünülürse, yepyeni bir seçenektir bu ülkeler.

Bu ülkeler yalnızca petrol, gaz, değerli maden kaynaklarıyla değil, aynı zamanda uçsuz bucaksız alanlarda yetiştirilen sanayi hammaddesi olan tarım ürünleriyle de iştah kabartmaktadırlar. Yüzyılların tüketim özlemlerinin körüklenmesiyle kışkırtılabilecek pazarlar Batı'nın ekonomik geleceğini belirleyecek denli büyüktür.

Bağımsızlıklarını pekiştirme yolunda ilerleyen bu ülkelerin enerji kaynaklarını daha işin başında denetim altına almak ve yönetimlerine egemen olabilmek gerekirdi. Bu nedenle, bu ülkelerin başına buyruk hareket etmelerine, birbirleriyle dayanışma içine girerek, yeni bir dünya gücü olmalarına izin verilemezdi. Orta Asya ülkelerinin birbirleriyle dayanışma içine girme olasılıkları oldukça yüksektir; çünkü bu ülkelerde Türkler çoğunluktadır ve devlet yönetimini ele almaya başlamışlardır. Asya'nın Türkleri, yarım yüzyıldan daha uzun bir süre Batı dünyası içinde bulunmuş olan Türkiye Türkleriyle bir araya gelebilirler, güçlerini ve deneylerini birleştirebilirlerdi.

Türkiye-Kafkasya-Hazar-Asya ilişkileri, ne denli zayıf da olsa, bu tür gelişmelere açık bırakmak akıllı bir tutum olamazdı ve Türkiye Türkleriyle Asya Türkleri arasında bir ilişki kurulması elbette kaçınılmazdı. Bu ilişki salt kültürel ortaklıklardan değil, binlerce yıllık tarihsel geçmiş ve akrabalık ilişkilerinden güç alacaktı. Bu kaçınılmaz ilişkileri, ABD ve Batı Avrupa'nın kendi çıkarlarına ve ulusal güvenliklerine göre yönlendirme olanağını elde bulundurmak istemeleri de olağandır.

Amerikalılarla Asya Türkleri arasında tarihsel herhangi bir ilişki bulunmadığından, ABD'nin Orta Asya ülkelerine dalması ve yönlendirmesi oldukça güç görünmekteydi. Bu nedenle özenli bir ilişki kurulmalıydı. Kapılar açılıp ilk giriş sağlandıktan sonra, gerisi nasıl olsa getirilir ve eğitim için, din hürriyeti için, ifade özgürlüğü için, demokrasi kurmak için gidilebilirdi. Gerekli olan köprüyü ABD'nin sadık bir müttefiki kurabilirdi.

Soğuk savaş döneminde hayli iş yapmış olan Aydınlar Ocağı'nın etkin kurucularından Prof. Aydın Yalçın "Yeni Forum Dergisi"nin başyazarı idi ve 16-19 Eylül 1991'de Bodrum Yalıkavak'ta "Club Monakus" adlı tatil sitesinde, Amerikan İstihbaratçılarının ve uzmanlarının, Türk Dünyası temsilcilerinin, Türkiye entelektüellerinin, Türkiye medyacılarının, CIA destekli Hürriyet Radyosu (Radio Liberty)'ndan Amerikalı ve Türk yöneticilerin, daha sonradan liberal dernekler kuracak olanların katıldığı geniş, bazılarına göre bilimsel olan dört günlük bir toplantı düzenledi.

ABD'liler, NED'in katkılarıyla gerçekleştirilen toplantıya, büyük önem verdiklerini hem kurumsal anlamda hem de deneyim birikimi anlamında özgün delegasyonuyla gösterdiler. Tanınmış kişilerin başında, 1980 öncesinde CIA İstanbul İstasyon Şefi olarak görev yapan Paul Bernard Henze ve CIA Ortadoğu-Uzakdoğu uzmanı Graham Edmund Fuller geliyordu. Henze ve Fuller, toplantıya RAND şirketi adına katılıyorlardı.

Henze'nin danışmanlığını yapmakta olduğu SOTA (Türkistan ve Azerbaycan Araştırma Merkezi – Haarlem - Hollanda) tarafından Konya'da yayınlanmış olan *"Türkiye ve Atatürk'ün Mirası"* kitabında yer alan kendi satırlarından onun Türkiye sevgisini okuyalım:

> *"Türkiye'nin Atatürk ve Özal kalitesinde yeni bir lidere ihtiyacı var.*
> *Böyle birinin ortaya çıkmasının çok uzun sürmeyeceğini umuyorum... Türkiye'ye, Türklerin izlediği yolu takip ederek geldim. Türkçe öğrenmeye başlamadan önce Moğol dilini çalıştım. Ama Orta Asya'yı ziyaret mümkün değildi. 1950'lerin renkli Türkiye'si dünyaya açılıyordu. Bu ülkeyi 40 yıldır hem sık sık ziyaret ediyor, hem de zaman zaman orada yaşıyorum.*
> *Gitmediğim köşesi kalmadı. İki çok kritik dönemde Ankara'daki ABD Büyükelçiliğinde görev yaptım: Menderes döneminin sonunda ve 70'li yılların ortalarındaki o sorunlu dönemde. Hükümetteki son görevim 1977-1980 yıllarında Türkiye'den sorumlu Milli Güvenlik Konseyi kıdemli üyesiydim. O zamandan beri, bir Wilson Fellow'u ve*

RAND'ın Washington ofisinde çalışan daimi danışmanı olarak, Türkiye'yi yılda üç dört kez ziyaret ederim. Tanıdığım binlerce sade Türk vatandaşı şöyle dursun, son yirmi yılda Türkiye'nin politik, askeri, entelektüel ve iş çevreleri ile de tanışma şansını elde ettim." [69]

CIA'dan ayrıldıktan sonra RAND kadrosunda danışman olarak görünen Henze, NED için demokrasi projeleri geliştiriyordu. NED raporlarına göre Henze'nin uzmanlık alanında "Afrika, Asya, Orta ve Doğu Avrupa, Yeni Bağımsız Devletler, Ortadoğu" bulunmaktaydı.

P. B. Henze'nin çok özel uzmanlık alanına giren ülkeler arasındaysa, Habeşistan, Eritre, Sudan, Somali, Kenya, Özbekistan, Kırgızistan, Çin, Rusya, Gürcistan, Azerbaycan, Mısır, İsrail ve Türkiye bulunmaktaydı. Henze, bu çalışmaların amacını *"Özellikle yakın dostum Zbigniew Brzezinski'ye 1980 sonbaharında (12 Eylül darbe dönemi öncesi ve sonrası olmalı) doruğa çıkan, kritik yıllar boyunca, bana Türkiye konusunda deneyim ve bilgimi ABD milli güvenlik sürecine aktarabilme fırsatını tanıdığı için teşekkür ederim"* diyerek dışa vuruyor.[70]

Eski ustalar işbaşında

CIA'nın en ünlü yöneticilerinden George Tanham toplantıya, RAND'ın İkinci Başkanı sıfatıyla katıldı. Tanham, 1965'te Vietnam'da, daha sonra Bankog'da CIA İstasyon Şefi olarak bulunmuştu.

1978'de İngiltere'de CIA şirketlerinden Kern House Enterprises Holding'e bağlı ISC (Londra Çatışma İnceleme Enstitüsü)'deki görevinin ardından aynı kuruluşun Amerika'daki merkezi US Institute for the Study of Conflict başkanlığına atanmıştı. Sonraları RAND'ın başkan yardımcılığına getirildi. Washington merkezine yerleşerek, yanlış bilgilendirme ve yönlendirme aygıtı Terrorism and Conflict Journal dergisini yayınlamaya başladı.

Yeni Forum, aslında George Tanham ekibine pek de yabancı değildi. Derginin sayfalarında, komplo teorisi uzmanları olan gazeteciler, yazarlar sık sık yer almıştır. ISC hesabına iş gören, en ünlü yanlış bilgilendirme ve yönlendirme ustası Robert Moss'un teorileri de Yeni Forum'da yerini bulmuştu. CIA ve NED uzantıları da oradaydı: Operasyonun merkez

---

[69] Paul B. Henze, Türkiye ve Atatürk'ün Mirası, s.6. Bu kitabın SOTA tarafından İngilizce olarak yayınlanan özgün baskısının adı "Turkey and Atatürk's Legacy / Türkiye ve Atatürk'ün yasallığı" dır.

[70] Henze "son 15 yıl boyunca birçok birey ve kuruluştan destek" aldığını belirttikten sonra "birkaçını(n)" adını da veriyor: "Woodrow Wilson Center, California ve Washington'daki RAND ofislerinde çalışan sayısız mesai arkadaşı, Albert ve Roberta Wholstetter ve araştırma kuruluşları, Smith-Richardson Foundation, ABD Barış Enstitüsü (USIP), Milli Demokrasi Vakfı (NED), Carnegie Vakfı... Washington Türk Etüdleri Enstitüsü (Turkish Studies Inst.)'nün eski direktörü Heath Lowry ve Türkiye'den sayılamayacak kadar çok mesai arkadaşı, dost ve kuruluş." Paul B. Henze, Türkiye ve Atatürk'ün Mirası, s.8.

kuruluşu NED'in elemanlarından Nadia M. Diuk[71], NDI'den Matthew Chanoff... Radio Liberty Münih elemanlarından Yasin Aslan ve Timur Kocaoğlu. Liberty'nin İstanbul şubesinden, şimdilerde UNPO (BM'de Temsil Edilmeyen Milletler Cemiyeti) Genel Sekreteri ve ETIE (Avrupa'da Doğu Türkistan Birliği) Başkanı Erkin Alptekin. Türkistan Araştırma Enstitüsü (Köln)'nden Baymirza Hayıt.[72]

Katılımcılar arasında, sonraki yıllarda kendilerini "Liberal Enternasyonalin bir parçası" olarak tanımlayacak ve Liberal Düşünce Topluluğu Derneği'ni kuracak olan Prof. Atilla Yayla, Prof. Mustafa Erdoğan ve Prof. Osman Okyar gibi bilim insanları da bulunuyordu.[73] Toplantının masraflarını karşılayanlar ise Aydın Yalçın'ın satırlarına yansıyordu:

"Bu vesileyle Bodrum-Yalıkavak'ta yaptığımız sempozyumu, mali yardımlarıyla destekleyen, Amerika 'Milli Demokrasi Vakfı' ile Türkiye Vakıflar Bankası ve Türkiye İş Bankası'na özellikle teşekkürlerimizi sunarız." [74/75]

ABD'li uzmanlar Türklere, Asya'daki çıkarların Amerikan çıkarlarıyla örtüştüğünü benimseterek, daha sonradan Türkiye Cumhurbaşkanının "Adriyatik'ten Çin'e" sözüyle tarihe geçen, eski bir oyunun Amerikan türünü hediye etmişlerdir. I. ve II. Dünya savaşlarında Almanya da bunu yapmıştı. Sonuç biliniyor... Amerikalılar iki yönlü oynamayı bilirler. 'Club Monakus''ta öyle oldu. Graham Fuller açıklıktan yanaydı:

"Amerika'nın Avrasya kıtasında meydana gelen bu değişmeler karşısında belirli bir politikası bulunmadığı... bağımsızlığını ilan eden Baltık Cumhuriyetleri gibi, öteki cumhuriyetler arasında bağımsızlıklarını ilan edenleri tanımaya hazır olmadığı..."[76]

Bu yalanı yutmak kolaydı. O yıllarda ABD'nin yalnızca Moskova'da değil, 92 ülkede eşzamanlı yürüttüğü "project democracy" operasyonunun gerçek yüzünü Paul Henze tek tümceyle açıklıyordu:

"Rusya'nın demokrasi, Liberalizm, hürriyet ve bağımsızlık yolundaki yeni adımlarına hem Türkiye hem de Amerika yardımcı olmalıdır."[77]

Türkiye, toplantının amacına uygun olarak yardım etti. Yardım öylesine yoğun oldu ki, Türk ülkelerinde NED kaynaklarından dolar alan birçok örgüt kuruluverdi. Örümcek ağı, yeni ilmiklerle genişletildi. Club Monakus toplantısından, çok değil, yalnızca 10 yıl sonra, Afganistan işgali döneminde, Orta Asya ülkelerinde, Amerikalıların askeri üsler elde

---

[71] Diuk, sonraları Sun Myung Moon'un satın aldığı Washington Times'da çalıştı.
[72] Türkiye Modeli ve Türk Kökenli Cumhuriyetlerle Eski Sovyet Halkları, s.355-6
[73] Liberal Düşünce, Cilt I, Say.1, Kış 1996.
[74] Türkiye Modeli ve Türk Kökenli Cumhuriyetlerle Eski Sovyet Halkları, s.7
[75] Türkiye İş Bankası, Atatürk tarafından kurulmuştur. Bankanın yönetiminde CHP temsilcileri de bulunur.
[76] Yeni Forum, Ekim 1991, s.14
[77] Yeni Forum, Ekim 1991, s.16

etmesine yaradı. Irak işgali derken, Azerbaycan, Gürcistan, Türkmenistan, Kırgızistan, Özbekistan, Kazakistan da içten içe yapılandırıldı.

Paul Henze'nin Türkiye'ye düşkünlüğü gibi yönlendirici konuları ve gelişmeleri, ABD yönetiminden bağımsızlaştırıp kişiselleştirici yayın yapan araçların, göstermekten ölesiye çekindikleri bir ilişkiyi belirtmek gerekiyor:

Paul Henze, kısa adı SOTA olan, Türkistan ve Azerbaycan Araştırma Merkezi (Hollanda)'nin danışmanıdır. Türkçülüğü ve milliyetçiliği elden bırakmayan merkez, Paul Bernard Henze'nin Turkey and Atatürk's Legacy (Türkiye ve Atatürk'ün Mirası) adını taşıyan kitabını 1998'de yayınlamıştır. Kitabın çevirisi 2003'te Konya'da basılmıştır. Türkçe baskıdan yapacağımız şu alıntı Azerbaycan, Türkistan ve Türkiye kampanyasının amacını hiçbir yoruma gerek kalmadan ortaya koyacaktır.[78]

"Ülkenin toparlanması devresi olan Cumhuriyet'in ilk yıllarında tam bir merkeziyetçi idare biçimi günümüz gereksinimlerini karşılayamaz durumdadır."

Elbette Türkiye, ABD denli büyük bir kıtadır ve merkezden yönetilemez. Bu durumda hemen bölümlere ayırmak gerekir.

Bölünmenin esasını Henze'den okuyalım:

"Bölgelerin (kendi) *kendilerini yönetimde* (özerklikte) *daha çok sorumluluk almaları yönünde çok az şey yapılmıştır. Türklerin, çağdaş dünyada siyasal yönden en başarılı ve gelişmiş ülkelerin federasyon düzeniyle yönetilenler olduğunu düşünmeye başlamaları gerekir."*

Öyle örnekler veriyor ki Paul Bernard Henze, bu model Türkiye'deki etnik kışkırtmalara uysa da uymasa da Avrupa'ya benzemeye can atan sivillere satılacaktır.

Henze açıkça söylüyor:

"Son yıllarda, İngiltere ve Fransa gibi yoğun merkeziyetçi ülkelerde bile, bölgesel (yönetim) yetki sorumluluk düşüncesi güçlenmektedir. Ancak Federal düzen, siyasal görüş alışverişin ve rekabetin merkezde toplanmasını önleyebilir.

Her şeyin merkezi hükümetin otoritesi altında toplanmasını engelleyecek olan federal düzen yöresel (bölgesel) önderliği destekler ve siyasal, toplumsal, ekonomik sorunların çözümünde deneyim kazanılmasını sağlar. Yine bu düzen içinde etnik ve ayrılıkçı öbeklerin uzlaştırılmaları olanağı da yaratılır.

Türkiye Cumhuriyeti'nde bu türlü değişimleri oluşturabilecek düzenlemeler, Türk aydınlarının ve siyasetçilerinin gündemlerinin başında yer almalıdır. Belki bu tür temel bir düzenlemenin yapılabilmesi için 20. yüzyılın sonunda Türkiye'nin içine sürüklendiği bunalımın biraz daha (da) kötüleşmesi gerekecektir."

---

[78] Henze, Paul B., Turkey And Atatürk's Legacy.

Türkiye üstünden demokrasi ihracı

Uğur Mumcu, ilmiğin bir ucunu 1989'da yakalamıştı. Yeni Forum'da, CIA Türkiye istasyon Şefi Paul Henze'nin de yazı yazdığını belirten Uğur Mumcu, derginin aldığı paranın ilk taksidini açıklayıvermişti:

"National Endowment For Democracy-Ulusal Demokrasi Vakfı adlı kuruluşun 1988 yılı raporunun 18. sayfasında 'American Friends of Turkey Foundation / Türkiye'nin Amerikalı Dostları Vakfı'nın Ankara'da "Yeni Forum" adlı dergiye 50 bin dolar para yardımı yaptığı yazılıyor. Aynı raporun 19. sayfasında da yine 'Yeni Forum Dergisi' ne, aynı vakfın 11.766 dolar gönderdiği açıklanıyor."

Uğur Mumcu'nun yazdığı bu satırları okuyunca, Türk Demokrasi Vakfı Başkanı'nın "ihbarcı", Tarih vakıfçısının "dar kafalı" nitelemeleri, Liberallerin Uğur Mumcu'ya "zehir hafiye" demeleri akla gelmekle birlikte, Onun öldürülmesinden sonra bu ilmikleri çekiştirmeyi akıl eden bir iki yurtsever çıksaydı, başımıza bunca iş gelir miydi, diye sorulsa yeridir. Böyle yapılsaydı, 1993 yılında, Uğur Mumcu'nun öldürülmesinden tam bir ay sonra, William Jefferson Clinton tarafından Kongre'ye sunulan NED 1991-1992 Mali Yıl Raporu'nun 81. sayfasında şu satırlar görülebilirdi. Yazılı gerçekleri ve belgeleri bile 'uydurma' olarak niteleyenler bulunduğundan onların anlayacağı dilden ve özgün satırlarından alıyoruz:

"TURKEY
American Turkish Foundation -- to enable the FORUM Corporation of Ankara, Turkey to continue its efforts to strengthen the understanding and practice of democracy in Turkey, and to expose other parts of the Islamic world to the Turkish democratic experience through publication and distribution of the journal Yeni Forum, a series of lectures and seminars, and a paperback book publishing program-50,000 dollars"

ABD başkanının onayından geçmiş olan rapordaki özgün açıklamaya göre; NED, Amerikan Türk Vakfı (American Turkish Foundation) aracılığıyla, Ankara'daki FORUM şirketine, Türkiye'de demokrasi anlayışını geliştirmek, öteki İslam dünyası ülkelerine Türkiye'deki deneyimi yayın yoluyla iletmek için, Yeni Forum dergisinin dağıtımını yapmak; bir dizi kurs ve seminer düzenlemek; bir kitap yayınlamak üzere 50.000 dolar vermiş.[79] Aydın Yalçın'ın Yeni Forum'da parayla ilgili açıklaması, liberal kökün derinliklerine ışık tutar türdendi:

"Yeni Forum'un Türkiye'de totaliter rejimlere karşı ve demokrasinin yerleşmesiyle ilgili mücadeleye 35 yıldır sürdürdüğü katkıları desteklemek amacı güden bu yardımın, gizli kapaklı hiçbir yanı yoktur."

---

[79] American Turkish Foundation'ın mütevellisi ve 1980 öncesi CIA İstanbul İstasyon Şefi Paul B. Henze'dir. *Graham E. Fuller and Ian O. Lesser with Paul B. Henze and J.F. Brown, Turkey's New Geopolitics From the Balkans to Western China*, s.187.

Amerika'dan alınca gizli kapaklı olması gerekmiyordu. Hem darbelerden sonra kurulan yönetimlerin de totaliterlikle hiçbir ilgisi yoktur. Maksat demokrasi olsun! Demokratik ve küresel yardımcının Türk cumhuriyetlerine uzatılan eli, "Forum" ile sınırlı kalmadı. Küresel eğitim etkinliklerinin yanı sıra, Türkiye siyasetinin deneyimlilerince kurulan ve yönetilen Türk Demokrasi Vakfı'na da gereken destek verildi:

"Turkish Democracy Foundation -to hold an international symposium in Turkey on 'Constitution- Making as an instrument of Democratic Transition' for representative from the republic of the former Soviet Union -- $ 40,000"

TDV'nin görevi, eski Sovyet cumhuriyetlerinin temsilcileri için, demokrasiye geçiş aracı olarak anayasa hazırlanması üstüne bir 'bilgi şöleni' düzenlemek olarak belirlenmiş. NED, bu iş için 40.000 dolar vermiş. Vakfın son Genel Başkanı'nın deyişiyle "ihbarcılık" yapmamak ve "Türkiye'nin demokratları, kardeş ülkelere anayasa yapmayı öğretme yetkisini nereden almışlar ya da işi büyütüp, kardeş ülkelere anayasa öğretmek üzere yabancı bir devletin parasal desteğine ne gerek vardı, diye önyargılı tavır almamalı mı?" diye sormamak gerekiyor. Ne ki yıl 1988 olduğuna göre, liderleri 8 yıldır, partileriyse 5 yıldır, 12 Eylül rejiminin iktidar ortaklığını yürütmüş olanların, herhalde demokratik anayasa eğitimi verme hakları vardır diye de düşünenler olabilir.

Asya'ya uzanan ellerin bağlı olduğu kola egemen olan beynin, Türkiyeli dostlarıyla Asya'ya birlikte ilerleyişini kavramak için, NED yönetim kurulu başkanlarından Winston Lord'un sözlerine başvurmak gerekiyor:

"Hibe programımız, dünyanın tüm bölgelerine ulaşarak, demokrasinin değerlerinin ve kurumlarının hızla büyümesi, kök salması ve yasallık ve bağlılık kazanması gerektiği ilkesine dayanmaktadır."

Yeni Forum, soğuk savaş döneminin sonuna doğru "project democracy" operasyonunun Türkiye'den Orta Asya'ya uzanan ipekli yolda iyi bir başlangıç yapılmasına olanak sağlamıştır. Bu tür büyük toplantıları, önemli katılımcılarla kotarmak kolay olmadığı gibi, pahalıdır da. Bu işin için yapılan yardım, NED'in veri tabanında yıllık 50.000 dolar olarak gösteriliyor; ama bu miktar ancak yayın yapmaya yeterdi. 22 Şubat 1987 tarihli Yeni Gündem'de Yeni Forum'a Türkiye'nin Amerikalı Dostları aracılığıyla 100.000 dolar verildiği belirtiliyor.

NED'in örümcek ağı (WEB) etkinliklerini sürdüren İngiliz ve Batı Avrupalı örgütler de boş durmadılar. Bu örgütlerin en etkilisi olan İngiliz "Westminster Foundation" adlı vakfın Azerbaycan'da sürdürdüğü işlere kısaca bakmak aydınlatıcı olacaktır.

NED ve WESTMINSTER'dan
Mozaik Anayasasına Derin Katkı

> *"Ulusal programla birlikte, Cumhuriyetin lafzıyla ayakta duran nice saltanat yerle yeksan olacaktır."* Mesut Yılmaz, Başbakan Yardımcısı.[80]

PSYO (Phsyco-war operation / Psikolojik savaş) saldırısı altında belleklerini saydam, bilinçlerini duru tutabilmeyi başaranlar anımsayacaklardır ki zamanın Cumhurbaşkanı Özal, Bakû'den Türkiye'ye uçarken, eski muhalif yeni dostlarıyla tavla oynamayı bırakıp, Uğur Mumcu'nun öldürülmesi ile ilgili soruya *"Siz de bunu şey yaptınız"* deyivermişti.

Aynı günlerde Özal, *"Kürt realitesinin tanınması"*na ilişkin bir söz daha etmişti: "Federasyon tartışılabilir." Ve daha sonra göreceğimiz gibi, aynı yıl federasyon tartışılmaya başlanmıştı. Hem de İstanbul'da ve dinci-Nurcu-savaşçı-demokrat Kürtlerin, İnsan Hakları yöneticisinin, liberal kuramcıların ve Cumhurbaşkanlığı danışmanının katılımıyla.

Kim ne derse desin, Özalizm, "project democracy"yi kavramıştı ve gerçekten çağ atlatıcı bir yol tutturmuştu. Özal, ABD bilgisinin derinliğinden olsa gerek, her işte olduğu gibi uzağı yakın etmiş ve demokrasinin Türkiye'de vakıflar aracılığıyla örgütlenebileceğini görmüş ve vakıflar yasasında yapılan küçük değişikliklerle 'sivil' örgütlenmenin önünü açmıştır.

Ülkenin gözü, dinsel yönetim idealistlerinin, tarikatların kurdukları vakıflar üstündeyken, "project democracy" operasyonunun belkemiğini oluşturan ve Özalizmin öngördüğü tezleri yaşama geçiren vakıflar da gecikmeksizin kurulmuştur. Kurulmakla kalmamış, bir tür federasyon anayasası bile hazırlanmıştır. Bu tür girişimlerin NED'den bağımsız olması elbette düşünülemezdi:

> *"NED'den ve Westminster Foundation for Democracy'den Toplumsal sorunlar araştırma vakfı TOSAV'a 1997 ve 1998'de Türk-Kürt sorunlarını çözüm çalışmaları ve yeni anayasa, demokrasi eğitimi, radyo yayınları için 92.000 ABD doları ve 6250 İngiliz sterlini."*[81]

Bu belgede parasal destekçi olarak adı geçen WFD'nin Azerbaycan demokrasisine ne denli büyük katkıda bulunduğunu bir önceki bölümde

---

[80] ANAP Grup Toplantısı, 20 Mart 2001
[81] WFD, 6250 Pound ödemenin gerekçesinde şöyle diyor: "TOSAV'ın sivil gelişme ve demokratik değerler ve süreçler üstüne on beş günde bir radyo programları hazırlayıp yayınlamasını kısmen desteklemek için..." www.wfd.org

yeterince görmüştük. İngilizlerin Kürt sorununa(!) ilgi göstermelerinin nedenine girmeye gerek yok. Önemli olan bu desteğin Türkiye'ye sağlayacağı yarardır. TOSAV kurucuları "tek kökene indirgenen ulus kavramının ve merkezi devlet yapısının sorunların temel kaynağı" olduğunu saptıyorlar ve kendilerini Türk ve Kürt kökenli yurttaşlar olarak tanımlıyorlar. Örgüt, tarafsız mekân olarak adlandırdıkları Fransa, İsviçre ve Belçika'da toplanıldığını özenle belirtiyor.

Görüşmeleri "uluslararası uzmanların gözetimi altında profesyonelce yürütüyorlar." Bu uzmanlar, "Oslo Barış Araştırmaları Enstitüsü (Norveç) ve Avrupa Ortak Zemin Merkezi (Belçika) yardımlarıyla" devreye sokuluyorlar. Kuruluş toplantılarının masraflarının bir bölümü de aynı örgütler tarafından karşılanıyor. Vakıf, radyolarla yayın çalışmaları yapıyor.

Her durumda "kimlik"

"Projeler" olarak adlandırılan ve 'Demokrasi Kültürü' başlığı altında toplanan radyo yayınları arasında "Demokrasi-kimlik-ahlaklı yönetim" gibi NED projelerinin yanı sıra, "Gönüllü Örgütler (resmi olmayan örgütler) ve Demokrasinin Sivil Toplum Düzeyinde İnşası" ile "Demokrasi ve azınlıkların korunması" yer alıyor. TOSAV, Radyo İmaj ve Radyo Ekin'de "demokrasi diye diye" programlarını yayınladı.

TOSAV'ın Kurucular Kurulu Başkanlığı'nı NED'in konuğu olarak ABD'de görev yapmış olan Doğu Ergil yürütüyordu. Kurucular arasında, M. Behlül Yavuz (Bşk. Yrd.), S. Haşim Haşimi (Sayman, ANAP, eski FP mv), Feride Çilalıoğlu, Koray Düzgören, Eyüp Çilalıoğlu, Şeyhmus Diken, Yahya Munis, Ömer Çetin yer alıyor.

Danışma Kurulu: Çetin Altan, Mehmet Altan, Tarık Ziya Ekinci, Ayşe Önal, Etyen Mahcupyan, Halil Sarıaslan, Hüsamettin Kavi, Osman Kavala, İshak Alaton, Celal Göle, Mehmet Ali Kılıçbay, Baskın Oran, Cüneyt Karagülle, Niyazi Öktem, Mustafa Tınaz Titiz, Rengim Gökmen, Burhan Şenatalar, Müjde Ar, Bülent Tanör, Ali Bayramoğlu.[82/83/84]

---

[82] Niyazi Öktem'in Diyanet İşleri Başkanlığı adına katıldığı, 19-20 Aralık 2001 Brüksel-"Allah'ın Uluslararası Barışı" toplantısında Fener Rum Patriği "Ekümenik" ilan edilmiştir. Bu toplantıyı İsmail Cem İpekçi de desteklemiştir. Niyazi Öktem,"Herkes patriğin ekümenliğini (dünya Ortodokslarının ruhani liderliğini) kabul etti. Siz niye karşı çıkıyorsunuz?" dedi. *"Diyanet İşleri Başkanı M.N. Yılmaz sorularımızı yanıtladı" Aydınlık, 6 Ocak 2002, Sayı:755-5* ve *"İP Genel Başkanı Doğu Perinçek'in Cumhurbaşkanı'na dilekçesi" Aydınlık, 2 Şubat 2002, Sayı: 759.*
[83] Bülent Tanör ve Burhan Şenatalar, TESEV "workshop" çalışmalarında da yer alıyorlar. Şenatalar, ayrıca TÜSES Başkanı'dır. Şenatalar, Mart 2001'de Cumhurbaşkanı tarafından Yüksek Öğrenim Kurulu (YÖK) üyeliğine atandı.
[84] TOSAV yayınında adı danışmanlar listesinde geçen Prof. Dr. Elif Dağlı, kitabın 3. basımı çıktıktan sonra, noter aracılığıyla yayınevine bir iletí gönderdi: TOSAV'a katılmadığını, 25 Ekim 1999'da Doğu Ergil'e noter aracılığıyla bir yazı göndererek

Yabancı danışmanlar: Dan Smith (Oslo Barış Enst. Mdr.), David Phillips (Avrupa Ortak Zemin), Jak Shalom (Paris Üniversitesi), Jean F. Freymond, John J. Maresca, John Marks, Joseph Montville, John Roper, Adam Daniel Rotfeld, Barnett R. Rubin, William L. Ury, Muhammed Yunus, Mario Zucconi.

TOSAV'ın yabancı uzman danışmanları ise oldukça önemli kişiler. Bunların arasında en değerlisi, CSIS'te yönetmenlik yapan J. V. Montville'dir. Montville, Ortadoğu ve Kuzey Afrika'da 23 yıl diplomat olarak bulunmuş; ABD Dışişleri Bakanlığı'nda Yakın Doğu Şefliği ve "Küresel Sorunlar Konuları Direktörlüğü" yapmıştır. Harvard çıkışlı J. V. Montville'in uzmanlık alanı, Doğu Avrupa, Baltıklar, Ortadoğu, Güney Afrika, Kuzey İrlanda, Kanada ve Güney Amerika'da 'çatışma çözümü' dür. Bu konularda yine CSIS görevlisi Vamık Volkan ile birlikte bir de kitap yayınlamıştır.[85]

Ury, Roper, Rubin, Maresca, Dış İlişkiler Konseyi (CFR) üyesidirler. Eski istihbaratçılardan Marks ve Roper aynı zamanda dış ülkelerde görev deneyimine sahiptirler. Ancak Lord John Roper'ın özel bir yeri vardır. Roper İngiltere'nin dünya egemenliğini pekiştirmek ve kalıcı kılmak üzere kurulmuş olan RIIA (Royal Institute of International Affairs) başkanlığını yapmıştır. İşçi Partisi milletvekiliyken daha sonra Lordlar Kamarasında Sosyal Demokratların başına geçmiştir. 'Trilateral' üyesi de olan Roper, daha sonra, Birmingham Üniversitesi'ndeki CSSD (Güvenlik ve Diplomasi İncelemeleri Merkezi)'de danışma kurulu üyesi olmuştur.[86]

Danışmanlardan David Phillips, Türkiye ilişkilerinde etkin kişidir. Phillips, Columbia Üniversitesi'nde ICRP (Uluslararası Anlaşmazlıklara Çözüm Programı) direktörü ve Oslo'da yerleşik IPRI (Uluslararası Barış Araştırma Enstitüsü) üyesi ve proje yönetmenidir. CFR adına Güney Balkanlar CPA direktörlüğü de yapan Phillips, CSIS'te bölüm yöneticisidir. Phillips, İsrail destekçisi örgütlerden WINEP (Washington Yakın Doğu Siyaset Enst.), ACHR (İnsan Hakları Eylem Merkezi), AI (Uluslararası Af Örgütü) ve OHRI (Irak İnsan Hakları Örgütü) yönetim kurullarında çalıştı. "Prospects for Peace and Democracy in Iraqi Kurdistan" Türkçesiyle "Irak Kürdistan'ında Barış ve Demokrasi Umutları" adını taşıyan bir makalesi, CHRF Reporter Titled (1993)'da yayınlanmıştır. Phillips, ABD eski Dışişleri istihbarat görevlisi H. J. Barkey ve yine CIA eski istasyon şeflerinden Graham Fuller ve Kendal Nezan ile birlikte Washington Kurdish Institute'ün Nisan 2000 panellerine de katılmıştır.[87]

---

vakfın "çalışmalarından affını" istediğini ve yazının bir kopyasını da Vakıflar Genel Müdürlüğü'ne ilettiğini bildirdi. Bu açıklaması için kendisine teşekkür ederim. M.Y. Celal Göle, Ankara Üniversitesi Siyasal Bilgiler Fakültesi dekanıdır.
[85] CSIS: Center for Strategic International Studies. Kuruluş ve kuruluşta görevli Türkiye ilişkililer için Bk. Ek 2.
[86] Sklar, Holly, Trilateralism, s.119.
[87] Kürt Parlamentosu Başkanı, Paris Kürt Enstitüsü Direktörü.

David Phillips, 2001 yılı başlarında TESEV ve Ermenilerden oluşan bir uzlaşma komisyonu örgütledi. Türkiye Dışişleri'nin "bilgisi içinde" yapıldığı belirtilen komisyon çalışmalarına Doç. David Hovhannissian da katıldı. Hovhannissian daha önce de OIA (Amerika'daki İstanbullu Ermeniler Örgütü) tarafından İstanbul'a getirilmişti. Hovhannissian, halen dünyayı dolaşarak, Ermenistan devleti adına soykırım tezini yayan ve Türkiye karşıtı propagandayı yöneten en etkin kişidir.

"Bu denli çok ünlüyü kim yan yana getirmiş olabilir ya da çok sayıda yerli ve yabancı ünlü, "Türk-Kürt" sorunu çevresinde nasıl olup da buluşabilmişler?" diye soranlar olabilir. Herhalde ABD ile bilimsel ilişkileri yüksek olanlar başarmıştır bunu. Bu işin, öteki sivil(!) yerlilerin dışardan para alarak geliştirdikleri projelerden ayrılan özelliği, yerli sivil(!) aydınlarla Amerikalı ve Avrupalı girişimcileri aynı anda buluşturmasıdır.

TOSAV kurucu başkanı Doğu Ergil, 22 Kasım 1996 tarihinde, New York'ta, CFR'nin yuvarlak masalarından birinde ve Richard W. Murphy ve Hasib J. Sabbah'ın yönettiği toplantıda, "State of Affairs and Affairs of State in Turkey" bildirisini sunmuştur.[88/89]

Bu tür yuvarlak masalarda, basına kapalı olarak yapılan konuşmaların metinleri, ABD'nin bilgilenme özgürlüğü yasasına karşın yayınlanmıyor. Bu nedenle; New York seçkinlerince ve "sivil" toplum akademisyenlerince "Türkiye'de devlet işleri" üstüne, yapılan değerli yorumlarla ilgili 'derin' masa bilgisine ulaşılamıyor. TOSAV'dan sonra kurulan TOSAM ise Amerikan şirketleri ve işadamlarının etkinlik örgütü CIPE'nin Küresel Ortaklar" listesinde *Türkiye: Toplumsal Sorunları Araştırma Merkezi*" satırıyla yerini aldı.[90]

Olmayan ulusun olmaması gereken ulus devleti

TOSAV'ın barışçı bir girişim kimliği var. Türkiye'nin bölünmesinden yana değiller. Tek istedikleri etnik kimliklere haklar verilmesi. Onlara göre ayrılık hareketlerinin nedeni, devletin kuruluş ilkelerindeki yanlışlıkta yatıyor. *"Osmanlı, bir ulus-devlet değildi. Kozmopolit bir siyasal örgütlenmeydi"* diyen TOSAV, *'Türkiye'nin Demokratikleşmesi ve Kürt Sorununun Çözümü İçin Yeni Bir Anayasal Düzen Teklifi'* başlıklı bildiride daha kuruluşun başında temel bir yanlışlık olduğunu ileri sürüyor:

---

[88] Richard W. Murphy: Chatham House Fdn. (Başkan), Middle East Institute (YK.Bşk), American University Beirut (mütevelli), İngiltere John Adams Memorial (Fulbright Komisyonunun finansmanıyla eğitmen-1989), ABD Yakındoğu ve Güney Afrika İşleri'nden sorumlu Bakan Yardımcısı, Reagan dönemi 1983-1989), Suudi Arabistan (B. elçi, 1981-1983), Suriye (B.elçi, 1974-1978), Moritanya (B.elçi, 1971-1974)
[89] Council on Foreign Relations, *cfr.org / public/resource.cgi?meet!684*
[90] CIPE Global Partners: Results & Accomplishments, cipe.org, 30.03.04

"Türkiye Cumhuriyeti ise bir ulus-devlet olarak kuruldu, ama olmayan ulusu (siyasal birliği) yaratmak işlevini, Cumhuriyet öncesinde de var olan devlet üstlendi. Bu nedenle, Türkiye Cumhuriyeti, devletin şekillendirdiği ve şekillendirmeyi sürdürdüğü bir ulus olgusu üzerine inşa edildi."

Utangaç bir tavırla *"bir ulus"* denmesini anlamak olanaksız; ama mevcut Türkiye Cumhuriyeti devletinin varlığının 'es' geçildiğini anlamak çok kolay. Bu geçişleri, 'barış' ve 'kültürel haklar' gibi kavramlarla olabildiğince örtmek en kestirme yol olsa gerek. NED'den destek alarak ileri sürülenlerin, NED'in öteki projelerinden ve Graham Fuller'in RAND teorilerinden pek de farkı yok. Daha da ilginci, 'tepeden oluşturulan ulus' nitelemesinin, Alman CDU (Hıristiyan Demokrat Partisi)'nun uzantısı Alman vakfı şefinin *"Atatürk'ün emriyle kurulmuş yapay ulus"* nitelemesiyle çakışmasıdır. TOSAV'ın *'Yeni Anayasa'* belgelerinde bunu görmek olanaklı. Yeni sözleşmenin alt maddelerinde şöyle açıklanıyor:

"1.b. Resmi uygulamalar, bugüne değin Kürtlük ve diğer kültürel özellikleri yok sayan bir duyarsızlığı yansıtmıştır."

Burada "duyarsızlık" olarak kibarlaştırılan nitelemenin aslının "ırkçılık" olduğunu anlamak için derinleşmeye gerek yok. Bu durum, hemen bir sonraki maddede görülüyor:

"1.c. Resmi ideoloji, yani uluslaşma sürecinin ana değer sistemi olan milliyetçilik, çoğulcu değil, indirgemeci olmuştur. Sadece Türklük eksenine oturtulmuştur."

TOSAV ayrılıkçı olmadığını ilan ediyor, ama "sistemsel tıkanıklığın" nedenini, "Cumhuriyetle başlayan uluslaşma ve kendi kaderini tayin sürecinin, devletin vesayetinden çıkarılarak halka mal edilememesi" olarak saptamaktan da geri kalmıyor. "Şimdi ne demek, 'kendi kaderini tayin süreci'nin halka verilmesi? Geleceğini tayin hakkı, aslında ayrılma hakkının tanınması değil mi?" gibi soruların yanıtı, daha alt maddelerde somutlaşıyor:

"Türkiye'de Kürtlerin varlığı, yani 'Kürt realitesi' ne yazık ki, kan döküldükten sonra fark edilmiştir. Bu da bir aşamadır."

Böylece kan dökülmesinin yararlılığı da ortaya dökülmüş oluyor. "Kürt realitesi"nin tanınması ile kan dökülmesi arasındaki ilişki, toplumsal bir öbek yaratmak ya da "kimlik" oluşturmak için uygulanan en önemli taktiklerden biridir. Bu yaklaşım, karşı tarafı sertliğe yöneltmek amacıyla terörün dozunun artırılması yönteminin bir türü olarak da anlaşılabilir.

Her ilden iki temsilcili meclis

NED'den beslenen örgütlerin dilinden, ülke bütünlüğünü koruma sözü eksik olmuyor. Ama ayrılığın ilk aşaması olacak "federatif" yapının yollarını açmaktan da çekinmiyorlar. Bu yollar, yoğun olarak kullanılan "temsil hakkı"na ve "kendini ifade" hakkına dayandırılıyor.

İlk toplantılarını ABD ve Avrupalıların desteğiyle gerçekleştiren TOSAV'ın öngördüğü, yeni devlet düzeni anayasasının "5.a" maddesinde "Kürtlerin, ülkenin resmi dili olan Türkçenin yanında, kendi dillerini ve geleneksel değerlerini genç kuşaklara aktaracak girişimlerini tanımak, bu girişimleri desteklemek" denirken, girişimlerin insancıl bir temele dayandırıldığı görülüyor.

Son yıllarda yaygın olarak kullanılan "girişim" sözcüğü son derece yararlı bir sözcüktür. Her türlü yoruma açık olan bu 'girişim' okul açmayı, o okullarda şu ya da bu dilde eğitim ve öğrenim yapılmasını da kapsayabilir. Kapsamıyorsa, daha somut bir tanım yapılması gerekirken, böylesine yoruma açık bir sözcük kullanılmasının nedenini anlamak kolay değil. İnsanların kalbine seslenen bu tür sözlerin hedefini gösteren bir başka somut kurguya 9. maddede rastlıyoruz.

TOSAV, siyasal yapılanma kurgusunu, "TBMM çatısı altında, partili milletvekillerinden oluşan Temsilciler Meclisi yanında, bir iller Meclisi oluşturmak" olarak belirliyor. Denilebilir ki zaten TBMM'de iller temsil ediliyor, ikinci bir danışma meclisine gerek yoktur. TOSAV'ın isteğine göre var; çünkü TBMM'de iller, nüfuslarına oranlı olarak temsil ediliyorlar. Oysa etnik temsil, eşitlik üstüne kurulmalı ki bir güç oluştursun, diye de düşünülmüş olabilir.

TOSAV'ın yurtdışında gerçekleştirdiği toplantılarda uluslararası uzmanların deneyimleriyle oluşturulan "yeni anayasa"nın aynı maddesinin alt satırlarında bu durum iyice aydınlanıyor:

"İller Meclisi'ne, illerin büyüklüğüne bakılmaksızın her ilden, o ilde saygı duyulan ve partili olma gereği bulunmayan, temsil yeteneği yüksek iki temsilcinin seçilmesini sağlamak."

Seksen bir ili, etnik nüfus yoğunluğuna göre ayırarak şimdiden federatif temsilciler meclisi kurulmuş olacaktır. Ne ki, bu ince görüş pek de yeni değil. Ağustos 1920'de Sevr kentinde bağıtlanan ve Osmanlı Padişahının atamış olduğu görevlilerin onayıyla yürürlüğe giren paylaşım anlaşmasının "ekalliyetlerin himayesi" maddesinde, *Türk Hükümeti, ekalliyetlerin parlamentoda temsili nisbisini (oranını) temin eden bir intihap (seçim) kanun projesinin iki sene zarfında (içinde) Düveli Müttefikaya arz edecektir*" kararına uymaktadır. Bu durumda, Avrupa'ya taşınıp toplantılar düzenlemenin, ince ince çalışma yapmanın ve üstelik Amerikalı danışmanlar tutmanın gereği anlaşılamıyor.[91]

Sevr'deki maddenin, illerin nüfus oranına bakılmadan temsilciler seçilmesinin, etnik ayrım temelinde seçim önermekle bir ilgisi olamaz, denilebilir. Aynı istekler, hem Sevr anlaşmasıyla birlikte, hem de ABD Kongresi'nce hazırlatılan "Lozan Antlaşması'nda Din Hürriyeti" raporunda açıkça belirtilen "Türkiye'de Müslüman azınlıkların tanınması"

---

[91] İsmet İnönü, Lozan Antlaşması II, s.99.

isteğiyle ya da aynı konuda ABD delegelerinin Pekin ve Varşova konferanslarında, "Türkiye'de Müslüman azınlıkların hakları çiğneniyor" yollu açıklamalarıyla yana yana getirilince, başkaca bir yoruma gerek kalmayacaktır. AB'nin Kopenhag kıstasları kapsamındaki ana dilde eğitim de eklenirse durum iyice anlaşılacaktır. "Uzlaşma" ve "Demokratik Anayasa" adı altında ortaya konan örtülü federasyon istemini, gerçeğin kan dökülünce tanınmasıyla, Lozan Antlaşması'nın 41. maddesini yan yana getirince isteklerin hedefinin Sevr anlaşmasına dayanmasının yanında, Lozan Antlaşması'nın ilgili maddelerinin değiştirilmesi istekleriyle örtüştüğü görülecektir.

Lozan'ın 41. maddesinde "ekalliyetin" eğitim haklarına ilişkin satırları okuyalım:

"Genel eğitim konusunda Türkiye Hükümeti Müslüman olmayan uyruğun önemli yoğunlukta oturduğu kentlerde ve ilçelerde, bu Türk uyruğun çocuklarının ilköğretimde kendi dilleriyle öğrenim görmelerini sağlayacak tüm koşulları kolaylaştıracak ve yardımcı olacaktır."[92]

NED'e bağlı IRI'nin, NDI'nin siyasal temsil projeleri, Henze'nin tezleri böylece anayasal temelini bulmuş oluyor. Şimdi iş, demokratikleşmek için, merkezden uzaklaşmak için, yerel yönetimler oluşturmaya yönelik IRI-NDI atölye çalışmalarına kalmıştır. TOSAV bu atölyelerin hedefini, bir kez daha vurguluyor:

"Yerel-yöresel düzeyde kararları alabilecek ve ulusal merkezle uyumlu çalışacak, seçilmiş konseyler oluşturmak."

Dikkat edilirse salt 'yerel' denmiyor, bir de 'yöresel' ekleniyor. Nedir yöresel? Yörenin sınırları nereye dayanır? 'Konsey' denince eyalet meclisi mi oluyor? Temsilciler, kongreye seçilen senatörler midir?

Bu tür sorular, aşırı kuşkuculuğun sonucu değildir. Graham Edmund Fuller'in "kimlik" panellerinde anlattıklarıyla İstanbul'da Kürt Sorunu Konferansı'nda söylenenlerle ve Kasım 2002 hükümetinin "eyalet sistemi" planlarıyla birlikte değerlendirildiğinde, gerçeğin sorgulandığı görülecektir. Yabancıların ve özellikle ABD Dışişleri deneyimli danışmanların yardımıyla yapılan toplantılar sonucunda hazırlanan anayasa taslakları, kâğıt üstünde kalmaz elbette. Kalmayacağını görebilmek için seçilmiş, kısa bir kronoloji yeterlidir:

1992 yılında, Yaşar Kemal, 'demokratikleşme' için ABD'deki Turgut Özal'a bir mektup yazdı. Bu mektupta federasyondan söz edildiği ve Uğur Mumcu'nun bir engel oluşturduğunun belirtildiği ileri sürüldü. Sonraları Kürt Parlamentosu kurucusu olan HADEP yöneticisi Yaşar Kaya, "Uğur Mumcu olayı, Kürt dinamiği içinde çözülecektir" diye açıkladı. Bir iki ay geçmeden, Uğur Mumcu öldürüldü. Turgut Özal, "Federasyon da tartışılabilir" dedi.

---

[92] İsmet İnönü, a.g.k

İstanbul'da, Mayıs 1993'te Kürt Nurcularının desteklediği bir yayın tarafından konferans düzenlendi. Konferansa ERNK'nin Kürt İslam Hareketi yöneticisi Abdurrahman Dürre katıldı ve *"Kürtler birleşmiştir. Hizbullahıyla, Aposuyla, Iraklısıyla birleşmiştir"* diyerek 'proje'yi somutlaştırdı.

Sonraki yıllarda Hizbullah ile aralarında bazı Diyarbakırlı ileri gelenlerin arabuluculuk yaptığını belirten Yaşar Kaya, birleşmenin altyapısını özgün bir biçimde açıklayacaktı. Aynı konferansta, Recep Tayyip Erdoğan'ın ve Refah Partisi'nin siyasal danışmanları "Eyalet sistemi" önerdi. Bu eyaletlerin Halep'ten başlayıp Güneydoğu'yu kapsayacağını ileri sürdüler.

Yıllar geçti. "Osmanlı türü eyalet düşünüyoruz" diyen Recep Tayyip Erdoğan bir parti kurdu. Parti TBMM'de çoğunluğu elde etti. Kasım 2002'de hükümet kuruldu. PKK ile savaşılan dönemde Turgut Özal'ın İçişleri Bakanlığını da yapmış olan Abdülkadir Aksu, AKP'nin İçişleri Bakanı oldu ve şu açıklamayı yaptı:

"Olursa her ilde bir yönetici olacak, o da seçimle gelecek. Şu andaki gibi atanmış vali ve seçilmiş belediye başkanı birlikte olmayacak. Bu konuda partide Araştırma Geliştirme Bölümü çalışıyor. (...) En iddialı projelerimizden biri de her il ve ilçede bir nevi 'yerel parlamento' olarak adlandırılabilecek çalışma sistemi kurmak."[93]

Burada dikkati çeken nokta, yalnızca federatif yapılanma isteğinde birleşme değil; Bakan Abdülkadir Aksu'nun açıklamasında yer alan "(AKP) Araştırma Geliştirme Bölümü" sözüdür.

Her şey, "project democracy" programına uygun olarak hazırlanmış, hatta 'AB'ne uyum' adı altında gerekli yasal değişiklikler de yapılmaya başlanmışken, sanki yeni yeni düşünülüyormuş gibi bir izlenim verilmeye çalışılmasıdır. Türkiye Cumhuriyeti, devlet olarak doğduktan sonra, tarihsel kimliğine ve bütünlüğüne uygun olarak oluşturulan idari yapılanmayı değiştirmenin ilanından başka bir şey değildir bu açıklamalar.

Masum isteklerin ve projelerin sınırı yok

'Yerinden yönetim' adı altında, devletin egemenliğine koşut yeni egemenlik odakları olarak "yerel meclisler" ve şimdi de merkezi ekonomik otorite ile yani gelirin merkezden ulusa dağıtımını öngören ulusal devletin ekonomik ilkesiyle oynamak gerekiyor. Öyle ya, yöresel konseyler böyle güçlenecektir.

---

[93] "Başbakan Recep Tayyip Erdoğan, Kanal D'de yayınlanan 'Teke Tek' programında başkanlık sistemini övüp, bunun bürokrasiyi ortadan kaldıracağını savundu. Fatih Altaylı "Bunun uygulanabilmesi için eyalet sisteminin olması gerekmiyor mu?" diye sordu. Recep Tayip Erdoğan yanıtladı: "Eh, tabii o zaman ona uygun bir yapılanma da olmalı. Altı kaval üstü şişhane olmaz" oldu. *Yeni Çağ, 11 Aralık 2004*

Yerli yabancı uzmanların ortak çalışmalarıyla yaratılan "Yeni Anayasa" taslağından okuyalım:
"Bölgenin doğal kaynaklarını yerinde işleyebilecek sanayi oluşturmak... Bölge ekonomisi için son derece önemli olan hayvancılık ve yan sanayilerini, ülke ve Ortadoğu bölgesi bağlamında planlamak ve örgütlemek."
Kim istemez ki ülkenin bir bölgesinde sanayi kurulmasını. İstenen düzenin tüm özelliklerine, ısrarla "coğrafya" deyip geçtikleri Türkiye üstünde, yöresel konseyler, Türkiye Büyük Millet Meclisi'nin yanında kurulacak olan bir tür "milletler meclisi" ile birlikte bakmak gerekiyor. Sonuç olarak, TOSAV ya da benzerlerinin değerlendirmelerinde ortak iki yaklaşım var:
1. Türkiye'de toplumsal barış hiç mümkün değildir; çünkü devletin kuruluşunda yanlışlık var. Ulus yoktur; ulus yoksa ulusal devlet de olmaz. Öyleyse çatışma vardır!
2. Çatışmanın kaynağında emperyalizmin oyunu yoktur, çatışmanın kaynağında petrol-gaz çıkarları yoktur.
Amerika'dan olgunlaştırılan "uygarlıklar arasında sürekli çatışma" tezinden yola çıkılınca varılan sonuçlardır bunlar. Bu senaryolarda ulusal ya da değil, toplumların ortak yanlarını öne çıkarmak yoktur. Kimlik yaratmak, ayrılıkları öne çıkarmak en temel ilkedir. İşte bu nedenledir ki barış, kardeşlik ve insan hakları sözleriyle süslense de emperyalizmin açıktan ya da alttan alta desteğiyle, petrol-gaz tekellerinin parasıyla kurulan örgütlerin kılavuzluğunda varılabilecek yer, olsa olsa örtülü işgale yardım, vurgunlara doğrudan ya da dolaylı olarak destek konumu olabilir.
AB'ye bağımlılaşma uğruna çıkartılan yasalarla umutlananları bu, daha açık konuşmaya yöneltti. Destek konumunu belirlemek için TOSAV kurucusu, iki kez NED'e uzun dönemli konuk olan Prof. Dr. Doğu Ergil'in *"Bırakın Kuzey Irak kendi kendini yönetsin"* başlığı altında yayınlanan, yorum gerektirmeyecek denli açık, görüşlerini okumak yeterli olacaktır:
"Orası kendini yönetirse PKK gibi bir örgütü içinde barındırmaz; çürük diş gibi çeker onu. Irak'taki parçaların birbirine eklenmesi gerekir. Dünyayı algılamakta zorluk çekiyoruz. Dünyaya çok dar bir pencereden bakıyoruz. O da güvenlik. Güvenlik, tehdit etmeyen ilişkiler kurmaktır. Bir ülkenin gücü kapladığı alanla değil, etkilediği alanla ölçülür. Türkiye'yi koruyacağız diye Kuzey Irak'ı baskı altına almaya çalışıyoruz. Bu insanları kazanıp ortağımız yapmalıyız.
Ne ortağı derseniz?
Türkiye'nin Ortadoğu'daki politikalarının ortağı, ekonomik ortağı derim... Bırakın Kuzey Irak kendi kendini yönetsin. Orası kendini yönetirse PKK gibi bir örgütü içinde barındırmaz; çürük diş gibi çeker

onu. Irak'taki parçaların birbirine eklenmesi gerekir. Federasyondan başka bir çözüm söz konusu değil. Etnik federasyon olmasın ama coğrafi bir federasyon veya etnik-coğrafi karışımlı bir federasyon olabilir.

Böylece her bölge içinde diğer azınlıklar da kendilerini güvence altında hissederler. Bir arada yaşamayı öğrenirler. Türkiye bundan da korkuyor, acaba Türkiye de öyle olur mu diye düşünüyor?

Ve işte üniter devlet yapısı altında, Ankara'nın kendi ülkesine yabancı ve verimsiz bir yönetimi var şu ana kadar. Yerel yönetim yasasını bile çıkarmak sorun oldu. Eğer siz bu ülkeyi yönetemiyorsanız, bırakın insanlar kendi kendilerini yönetsinler. Bu kadar yoksul ve cahilsek bırakın başka bir sistemi deneyelim. Üniter devletçiliğin ve merkeziyetçiliğin neticesinde, Türkiye çok geri bırakıldı.

Güvenlik adına yapılan şeyler Kürtlerin ayrımcılığını doğurdu, radikal İslam'ı doğurdu. Hükümetle bürokrasinin, halkının bir bölümüyle diğerinin arası açılmışsa ve bunlar güvenlik adına yapılmışsa ne demeli?

Türkiye bunlardan yararlanabilir. Kuzey Irak Kürtlerinden fevkalade yararlanabilir. Adamlar bir ara gelip Türk Lirası'nı kullanalım dediler. Ama biz korkudan hayır dedik."[94/*]

---

[94] Star Gazete, 29 Kasım 2003
* Doğu Ergil, ikinci kez (Ekim 2005-Şubat 2006) NED eğitimine gitti ve *Türkiye'de Demokrasi ve Yurttaşlık: Gençlik Eğitimin ve Kamuoyu Görüşünün Değerlendirilmesi* adlı elkitabını hazırladı. Yurttaşların laiklik ve dinsel siyasetr yaklaşımları üstüne bir monografi de yazdı. *NED International Program Fellowship Program,* ned.org/forum/past.html

WEB - Örümcek Ağı'nda Liberal Atılım

> *"TÜSİAD'ın New York'a getirdiği raporlardan çok etkilendim. TÜSİAD, Türkiye'deki gelişmelerle ilgili tavırlarını çok net biçimde ortaya koyuyordu. Hatta 'Milli Güvenlik Kurulu'nu anayasadan çıkarmamız gerekir. Milli Güvenlik Kurulu'nun görevi sadece savunma konularıyla sınırlı kalmalıdır' görüşündeydiler." John Brademas, Yunan asıllı senatör (e), NED eski Başkanı (1993-2001)[95]*

Demokrasi adına gerçekleştirilen sızıntıyı daha yakından görebilmek için, Türkiye'de son 20 yılda örülen örümcek ağının bir bölümüne yine Amerika'dan bakmak gerekiyor. Ülkemizde kurulan yarı sivil ağdan çekeceğimiz ilmiğin ucunda, projenin hemen hemen tümüne kuramsal destek sağlayan bir etkinlik var.

Bu etkinlik güçlendikçe, Türkiye'ye yeni genç liderler yetiştirecek. Onları ABD'de ve Türkiye'de eğitecek. Şu köhnemiş (!) siyasal yapılanmanın çökmesiyle ve IMF'nin kredi koşulu olarak öne sürdürdüğü siyasal değişim yasalarının resmileştirilmesiyle, siyasal boşluk doğacağı hesabıyla yeşerecek yeni partilere, genç kadrolar, yepyeni liderler yetiştirecekler. Tasarım aşağı yukarı budur.

Cem Boyner'in Yeni Demokrasi Hareketi girişiminden sonra gelişen bu tür oluşumlar, NED kaynaklarından ve AB'den destek alıyor. Yasal konumu "dernek" olan bu oluşumlar, "think tank" ten tercüme adlarıyla, kendilerini "düşünce topluluğu" olarak sunuyorlar.

Liberal atılım, "İslâm ve piyasa ekonomisini bağdaştıracak" propagandayla işe başlıyor. NED dosyasındaki proje özetine göre, 'Liberal Enternasyonal'in Türkiye'deki şubeye verdiği görev çok açık:

"NED'den CIPE'ye, CIPE'den Liberal Düşünce Topluluğu (LDT)'na, 1997 yılında, İş ve Ekonomi; Medya ve Yayın, Politik Çalışmalar için 61.710 ABD doları. Proje özeti: ALT (LDT'nin İngilizcesi: Association for Liberal Thinking) bu program çerçevesinde İslâm ve demokrasinin bağdaşabilirliğini gösterecektir. ALT, uluslararası

---

[95] Brademas eski ABD Kongre üyesidir. (*Cumhuriyet, 15 Nisan 2001*) Brademas, 1974 Kıbrıs Harekâtının ardından, Türkiye'ye ambargo uygulanmasını sağlayan lobinin başını çekmiştir. Brademas, Kemal Derviş'in ardından, TESEV tarafından İstanbul'a getirilmiş ve Boğaziçi Üniversitesi'nde konuşma yapması sağlanmıştır. Brademas, Türkler ne yaparsa yapsın Kıbrıs'ın AB'ye katılacağını, Kıbrıs'taki Türk askeri gücünün geri çekilmesini, adaya NATO'nun yerleşmesini savunmuştur. Brademas, Şubat 2001'e dek NED yönetim kurulu başkanıydı.

alanda ün yapmış uzmanların, bildirilerini, siyasetçilerden, iş dünyası liderlerinden, sivil liderlerden, bürokratlardan ve medyadan oluşan bir topluluğa sunabilmeleri için, İstanbul'da bir sempozyum düzenleyecektir. ALT, daha geniş topluluklara ulaşmak üzere, 6 büyük kentte paneller düzenleyecek ve sempozyum belgelerini, geniş olarak dağıtılacak bir kitapta toplayacaktır. ALT, bu program boyunca, yalnızca konuyla ilgili entelektüel tartışmalarla sınırlı kalmayacak, (aynı zamanda serbest) pazarı esas alan iyi bir ekonomik düzen (ve) Pazar ekonomisi kaynaklı bir reform etkinliğini de başlatacaktır."

Liberallerin Amerikan ticaret odasınca dış ülkelerde örgütlenmek için kurulmuş olan CIPE'ye sundukları proje ne denli yararlı sonuçlar vermiş olmalı ki aynı Amerikan örgütü, 1999 yılında liberallere 49.779 dolarlık yeni bir kaynak daha sağlıyor. Bu kez amaç, Türkiye Büyük Millet Meclisi üyelerine ulaşmaktır. Proje özetinden okuyalım:

"(Amaç) ALT'nin ekonomik reform yasa önerisini değerlendirmesi ve bir dizi akşam ve öğlen yemekleri ile meclis üyeleriyle piyasa ekonomisi reformlarını savunanların birbirlerini etkileyebilecekleri toplantılar düzenlemesini sağlamak."

Yabancı devlet örgütlerinin parasıyla düzenlenen yemeklerde reform görüşen meclis üyelerine ne demeli? Bu vekillere, Türk ulusunun vergilerinden oluşan bütçeden verilen maaşlar, ele güne muhtaç olunmasın, temsilcilerimiz iyi görünümlü, özgüvenli bir yaşam tuttursunlar diye veriliyordu. Temsilcilerimiz, bir yasa tasarısıyla ilgili önerileri görüşme ortamı bulmak üzere, illaki, faturası Amerikan işadamlarının örgütünce ödenecek yemeklere muhtaç olamazlardı.

Liberal, özgür, küresel, sınırsız ve sorumsuz çağın gereği yerine gelsin diyedir tüm bu işler. Milletvekillerimiz durumun aslını bilselerdi, kesinlikle bu yemeklere katılmazlar; bu tür toplantılarda yabancıların desteğini bilselerdi, en azından yemek bedellerini kendileri öderlerdi.

İslâm ile liberalizmi bağdaştırmak

Türkiye'nin toprak bütünlüğü ve ulusal egemenliğinin korunmasına yardım etmek üzere olağanüstü bir koalisyon hazırlanmış bulunuyor. İşin aslına bakılırsa, NED'in ağında herkese, her zaman yer vardır. "Bu kadar zahmet neden?" sorusunun yanıtını ve *'küresel'* dedikleri dünya egemenliğine bağlı, stratejik çıkarların ipuçlarını, proje gerekçelerinde görmek olanaklı.

Liberal Düşünce Topluluğu Derneği'ne NED'den kaynak aktaran CIPE, liberallerin projesini, *"İslam'ın (serbest) pazar ekonomisiyle uyuşabileceği düşüncesini yaymak ve ekonomik reformların propagandasını gerçekleştirmek için sempozyumlar ve milletvekillerinin katılacağı yemekli toplantılar örgütlemek"* diye açıklıyordu. "Küresel Ortaklar" listesine *"Association for Liberal Thinking–ALT"* satırını ekleyen Amerikan şirketlerinin dış ülkelerde etkinlik örgütü CIPE, aşağı yukarı şunu demek istiyor: "Türkiye'de Müslümanlar var, şimdi 'liberal' olarak bu insanları, kendi dinlerinin benim pazar düzenimle uyumlu olduğuna inandırmak üzere toplantılar düzenle, parası benden!"[96]

Bu çabanın altında yatan düşünceyi, yaşam örnekleriyle kavramak olasıdır. LDT Derneği'nin kurucusu Profesör Atilla Yayla, işin ucunu sert bir ataklığa dek götürüyor ve Seattle'da yapılan WTO (World Trade Organization / Dünya Ticaret Örgütü) toplantısını protesto edenlere çok kızıyor. Prof. Atilla Yayla, LDT'nin 21 Nisan 2000 tarihli yayınında yer alan *"Globalleşme Düşmanlığından İntihara"* başlığını taşıyan yazısında, ülkesinin öncelikle yazarlarını "derinlemesine analiz kabiliyetinden ölümüne yoksun" olmakla karaladıktan sonra, protesto gösterilerinin "globalleşmeyi" durduramayacağını anlatıyor ve protestocuların örgütlerini bir güzel benzetiyor.

Atilla Yayla'ya göre; sendikalar "işgücünün serbest hareketinin önlenmesini ve böylece üyelerinin yüksek gelirli işlerinin rekabetten korunmasını isteyen" örgütlerdir; sermaye alabildiğine serbest hareket ederken, işgücü serbest hareket edemez, çünkü işgücünü tutsak eden, hareketini önleyen sendikalardır.

Öyleyse serbest pazar ekonomisinde sendikaya gerek yok. Görüldüğü gibi, liberaller, ultra liberaller, yeni liberaller, işverenler, seçkinler, ama sendikalara gerek yok...

Türkiye'de sivil toplumculuk yapan bir liberal bilim insanının sendika karşıtlığını bu kerteye vardırmasını anlamak zor. Üstelik NED'in hürriyet ilkelerine de uymuyor bu tutum. Liberal profesöre göre; *"globalleşmeye karşı"* durmak o denli günah ki *"karşı ittifak"* içinde gördüğü kim varsa, hor görüyor:

"...insan cinsini doğa(daki) herhangi bir böcekten daha değersiz bir tür olarak gören ve bazen insanda Lenin, Stalin ve Hitler'in yüksek bir ideal uğruna yaptığını sözüm ona doğa için yapmaya hazır olduğu duygusunu uyandıran çevreciler, radikal feministler, Marksizmin müminleri, üçüncü dünyacılar ve diğerleri..."

"Bunlar hangi ilke ve hangi amaç etrafında bir araya gelebilirler?" diye sorup alay ediyor. *"Bunlara yakışan birlikte olmak mıdır, birbirlerinin gözünü oymak mıdır?"* sözüyle liberallikten bilimsel örnekler sunuyor. Ayrıntılarıyla göreceğimiz gibi, liberallerin anavatanı olan İngiltere'deki sendika ve en hafif toplumsal proje düşmanlığının örgütsel bağlantıları, İngiltere'den Amerika'ya uzanır. Liberalin bunları bilmemesi küçük olasılıktır. NED dolarıyla kendi ülkesinde yasal düzenlemelere girişen topluluğun kurucusu, *'globalizm'*e karşı duranları, *"tahripçilik"* ile suçluyor ve *"Bu şey* (eylemin hedefi) *aslında, özel mülkiyettir, serbest girişimdir, hür ticarettir, yaratıcılık, çalışkanlık ve keşiftir... Bunu yok*

---

[96] CIPE Global Partners: Results & Accomplishments, *cipe.org 30.03.2004*

etmeyi herhalde başaramayacaklardır. Başarsalar bile kendi kendilerini de yok etmiş olacaklardır" diyerek kehanette bulunmayı da unutmuyor:

'Resmi' ideolojinin temel dayanakları çökmeli

NED'in girişimleri küreselleşmenin yılmaz savunucularını da yaratıyor. Liberal düşünceliler, 20 Nisan 1995 tarihli açıklamalarında, TESEV'in vazgeçilmez katkıcısı, Ağa Han bursiyeri ve Kemal Derviş'in yakın dostu Nilüfer Göle'nin bilimsel bulgularına yaslandıklarını belirtirlerken, asıl amacın rengini de gösteriyorlar:[97]

> *"1990'lı yıllarda, sivil paşaların, liberalizmi doğrudan bir düşman olarak sunma çabaları(,) ikna edici durmuyor. O nedenle, liberalleri Kürtçülükle veya şeriatçılıkla suçlayarak(!) (eskiden komünist derlerdi) durumu kurtarmaya çalışıyorlar."*

Yabancı örgütün dolarlı desteğini almaktan çekinmemiş olan liberaller, eskiden *"anti-komünizm"* söylemi altına sığınıp, demokrasi isteyenlerin üstüne saldıranların, Güney Amerika, Filipinler, Afrika ve dünyanın dört bir yanında, diktatörlükleri 'global' olarak destekleyenlerin kimliklerine de bir baksalar iyi olurdu. Çünkü dolarlı projelerde, eski operatörlerin parmak izlerini görmek olanaklıdır. Ne ki, bunun için, görebilme niyetine sahip olmak ve bilime gerçekten bağlı kalmak gerekiyor. Liberal sözlerin altındaki gerçek niyeti, onların satırlarından okuyalım:

> *"Ama hayat sürüyor. Piyasa ekonomisi, sivil asker bürokrasisinin ve müttefiklerinin bütün çabalarına rağmen yaygınlaşıyor. Dünya ekonomisi Türkiye'yi rekabetçi piyasa modeline itekliyor. Son yıllarda, resmi ideolojinin temel dayanaklarından biri olan KİT sistemi de çökme noktasına geldi."*

Liberaller, neredeyse ekmeğini yedikleri, kendilerini bugünlere getiren ülkenin sistemi çöktü diye, bayram edecekler. Liberaller, Nisan 1995'te ufukta görülen REFAH-YOL hükümetini selâmlarken de, aynı bayram havasını yaşıyorlar; gelişmeyi alkışlıyorlardı:

---

[97] Nilüfer Göle, CHP eski milletvekili Turgut Göle'nin kızı ve Özallı yılların ünlü bakanlarından Ali Bozer'in yeğenidir. Ankara Kolejinde, ODTÜ (1970-1974)'de, Ağa Han bursuyla Ecoles des Hautes Etudes Suinces Sociales (1976-1985)'de okudu. İlk eşi Fransızdı. Boşandıktan sonra 1987 yılında Kemal Derviş'in yakın arkadaşı, liberallerden, zamanın Bilgi Üniversitesi rektörü, Liberal Düşünce Topluluğu danışmanlarından Asaf Savaş Akat ile evlendi. Boğaziçi Üniversitesi'nde öğretim üyeliği yaptıktan sonra 2000 yılında Paris'e döndü, Hindiçin toplumsal araştırmalarına başladı. Nilüfer Göle Akat, TOSAV danışmanlarından Prof. Celal Göle'nin kardeşidir. Kemal Derviş 2001 yılında Türkiye'ye bakan oldu; bazı geceler Akatların evinde kendisi için hazır tutulan odada konuk oldu. *C.A.Kalyoncu, Saklı Hayatlar, Zaman Kitap, s.228-231* ve *Sefa Kaplan, Kemal Derviş- Bir "Kurtarıcı" Öyküsü, Bölüm: Prof. Asaf Savaş Akat- Bilgi Üniversitesi, "Kemal 'Gelmem' Diyebilecek Bir İnsan Değil," s.110-117.*

"Çok partili sisteme geçiş ve Demokrat Parti geleneği, Kemalist çekirdeğin bütün aksine çabalarına rağmen İslamcı hareketin demokratik yarış içinde yer almasına olanak verdi. İki taraf da "şeriat geliyor" çığlıkları atsa da önce parlamento ve koalisyonlar, şimdi yerel idareler, İslamcı muhalefetin entegrasyonunu (bütünleşmesini) kolaylaştırdı."

"28 Şubat" derslerinden adem-i merkeziyet tezine

Liberaller, geri kalan kuruluşlardan ayrı durmak için örgütlenen ve *"Müslüman kesim"* olarak tanınanları da liberalleştirmeye kararlıdırlar. LDT derneği kurucusu ve Liberal Düşünce Dergisi editörü Mustafa Erdoğan, hem yazıyor hem de Mazlumder'de konuşuyor ve MGK'nin 28 Şubat kararlarına *"irtica"* hareketi diyordu:

"28 Şubat 1997 Türkiye toplumunun Cumhuriyet döneminde maruz kaldığı en ciddi siyasal irtica hareketlerinden birinin adıdır. Bu hareket 27 Mayıs darbesinden bile daha zararlı ve sinsice tertip edilmiş bir "irticai kalkışma" hareketidir. Gerçi, 27 Mayıs'ın insani maliyetinin çok daha korkunç olduğunda şüphe yoktur; nitekim kadim "siyaseten katl" geleneği ihya edilerek, seçilmiş başbakan ve iki bakan idam edilmiştir. Mamafih, 28 Şubat en azından ilk sonuçları bakımından kanlı bir hareket olmasa da, siyasal ve toplumsal etkileri bakımından ondan hem daha kapsamlı hem daha kalıcı olmuştur."[98]

"Liberalin 28 Şubat değerlendirmesi, kendisini ilgilendirir" deyip geçmek gerekir. Ne ki, onun 28 Şubat'ta karar alanları nitelerken madde madde yaptığı değerlendirmeler, Türk hukuk dünyasına büyük bir katkı sağlayabilecek niteliktedir:

"(1) 28 Şubat'ın failleri siyasette meşruluğun kaynağının halk olduğunu reddetmişlerdir: Onlara göre, meşruluğun kaynağı halkın iradesi değil resmi ideoloji, hatta onun karikatürize edilmiş biçimci bir türüdür... Onun için 28 Şubatçılar halkın iradesinin kamu siyasetinin temel ilkelerini belirlemesini kabullenemeyen "hazımsızlar" veya cüretkârlar taifesi olarak da nitelenebilirler... (2) 28 Şubatçılar hukuk tanımazdırlar... 28 Şubat bu bakımdan 12 Eylül rejimiyle bile yarışabilecek bir durumdadır... (3) 28 Şubat zihniyeti insan haklarına düşmandır. ...Bu zihniyet, gayet doğal olarak, devlet eliyle insan haklarına karşı bir saldırı kampanyası başlatılmasına, başta din ve vicdan, ifade ve örgütlenme özgürlükleri olmak üzere temel hakların fütursuzca çiğnenmesine yol açmıştır."

Sonraki yıllarda NED kursu için Washington'A gidecek olan LDT Derneği kurucusu Prof. Mustafa Erdoğan liberal cepheyi genişletmeye kararlı görünüyor ve ekliyor:

---

[98] Mustafa Erdoğan, "28 Şubat İrticai Bir Kalkışmadır" LDT, Mart 2001

"Başlıca, Kürt kimliğini ve İslami hassasiyetleri resmi düşman olarak ilan etmiş ve buna göre icraat yapmış, yaptırmışlardır. Kimi yurttaşların kendilerini ana dillerinde ifade etmelerini, örgütlenmelerini ve siyasal faaliyet yapmalarını yasaklamış; kimi yurttaşların da hayatlarını kendi inanışlarına ve hayat tarzı tercihlerine göre tanzim etme ve yaşama "doğal hakları"nı tanımamışlardır."

Varılan bu sonuç daha fazla yorum gerektirmez; ama "liberal saldırı" bilim dilinden uzaklaşmakta ve söylemin düzeyini değiştirmektedir.

"İlim ve irfandan yoksunlar"

Dinsel düzen peşinde koşanların, bu işleri nasıl düzenleyecekleri, eylemlerinden ve sonuçlardan bellidir; ama yabancı desteğiyle liberalleşmenin ve her *"think tank"* in savunuculuğuna soyunmanın gerekçelerini anlamlandıracak birkaç madde daha var:

"(5) 28 Şubatçılar toplumu militarize etmek istemişlerdir.
(6) 28 Şubat bilim karşıtı, dogmatik bir harekettir.
(7) 28 Şubat kalkışması tipik bir "cahil cesareti" örneğidir. 28 Şubatçılar insan, toplum ve dünya hakkında cahil olduklarını fark edemeyecek kadar 'ilim ve irfan'dan yoksundular."

Prof. Erdoğan, İnsan Hakları'na dinsel rejim penceresinden bakan Mazlumder'in toplantısında, İnsan Hakları hareketinin yükselmesini bir başka liberal noktadan vurguluyor:

"28 Şubat kafası bütün bu nedenlerle Türkiye'nin 'anayasal demokratik' bir devlet, özerk bir sivil toplum ve özgür ve yaratıcı birey (olma) yolundaki bir buçuk asırlık yürüyüşünü tersine çevirme saplantısı ile malul bir kafadır. Bundan dolayı, 28 Şubat Türkiye toplumunun uygarlaşma ve çağdaşlaşma mücadelesine çok büyük zarar vermiştir." [99]

Türkiye Gazeteciler Yazarlar Vakfı (TGV)'nın[100] düzenlediği ünlü Abant toplantılarında da zamanın Yargıtay 4. Ceza Dairesi Başkanı ile birlikte "laikliğe çerçeve" çizmiş olan liberal hukukçu, NED-IRI çerçevesinde Türkiye'de amaçlananı da açıkça belirterek, "project democracy" operasyonunu anlamamıza yardımcı oluyor:

"Devlet seçkinlerimizin, başta milliyetçilik, egemenlik, 'içişlerine karışmama' ve kültürel türdeşlik anlayışlarına dayanan politikaları olmak üzere eski moda yöntemlere gitgide daha fazla sarılması bunun tipik bir göstergesidir. Öyle görünüyor ki Türkiye'nin bu konudaki tek şansı, küreselleşmenin zorunluluk ve gereklerine kendini adapte etme hususunda sivil toplumun devletten daha bilinçli, istekli ve yetenekli görünmesidir." [101]

---

[99] Mazlumder'in 4 Haziran 2000 tarihindeki kongresinde yapılan konuşma metni.
[100] TGV'nin onursal başkanı Fethullah Gülen'dir.
[101] Mustafa Erdoğan, "Küreselleşme"ye Dair, LDD 31.5.2000

Bu sözlerin anlamı açıktır. Egemenlik, ulusçuluk ve ortak kültür eskimiştir; sınırların kaldırılması gerekir, içişleri yoktur; bu işlere başkaları karışır, diyor ve devleti bir yana bırakın demeye getiriyor.

"Sivil toplum" yeni egemenlerle iç içe geçmeye dünden razı görünüyor. "Sivil" olan gerçekten "küreselleşmeye" ve öz ülkesinin sınırlarını sonuna dek açmaya, güvenliğini emanet etmeye niyetli görünmektedir.

Bir buçuk asırlık liberal yürüyüş

Türkiye'de ulusal birliğe ve ulusal güvenliğe yönelen tehdidi "irtica" düzeyine indirgemek, liberalden daha liberalci olanları küçümsemek olur. Kendilerini 'liberal' olarak tanıtan CIPE'nin ortakları, *"Kemalist çekirdekli"* diye adlandırdıkları Türkiye Cumhuriyeti'nin sonunu ilan ederken, dinci hareketin ağ içindeki yerini belirten açıklamaları çok daha çarpıcıdır:

> *"Sivil toplum, özel mülkiyet ve piyasa ekonomisi güçlendikçe, Kürt ve İslamcı hareketler taleplerini daha fazla seslendirdikçe, resmi ideoloji ve destekleri zayıflıyor. Totaliter düşünce yapısı çöküyor. Bu durumda, doğallıkla liberal demokratların düşünsel etkinliği de artmaya başlıyor."*

Bu tümceleri tersinden okumakta yarar var. Resmi ideolojinin zayıflatılması gerekiyor; "Sivil toplum" örgütlenmesi güçlenmeli; devlet zayıflatılmalı, yani özelleştirilmeli, piyasalar açılmalı; Kürt milliyetçilik hareketinin ve İslamcıların istemlerini yükseltmeli. Totaliter düşünce yapısının ne olduğu söylenmiyor; ama bu istemlerin sahipleri düşünüldüğünde; yapının T.C. temelleri olduğu kolaylıkla anlaşılabiliyor.

Bu sözler bize, Amerikan Milli Güvenlik Konseyi'ne, Amerikan ordusuna hizmet veren RAND'ın raporunu anımsatıyor. Hani şu Boğaziçi'nin ve Georgetown Üniversitesi'nin şu ünlü profesörü Sabri Sayarı'nın hazırladığı ileri sürülen ve RAND şirketince yayınlanan "Türkiye-Din" raporunu.[102]

O raporda, Kürt hareketinin İslamlaşmasıyla gücünün artacağı öngörülüyordu. PKK, bu öngörünün hemen ardından İslâmcı kanadını oluşturmuştu. Abdullah Öcalan Mesihleşirken, PKK-Hizbullah çatışması da başlamıştı. Turgut Özal'ın "federasyon tartışılmalı" demesinin ardından İstanbul'da toplanan ERNK İslâm kolu ve diğer İslamcı Kürtler, ılımlı ve barışsever olarak sunulan Nurcu Kürt hareketinin yayın organının düzenlediği bir konferansta, federasyon isteğini, enine boyuna tartışmışlardı. Liberallerin "şeriatçı akım" demeleri çok şaşırtıcı olmamalı. Onların ABD'deki bilimsel etkinlikleri öngörülerin kaynağını da göstermektedir.

---

[102] RAND Şirketi, eski CIA uzmanlarının yönetiminde 1100 personel ve 300 konuk görevli, danışman, öğrenci ve subay ile çalışıyor. RAND, ASAM (Avrasya Vakfı-Avrasya Stratejik Araştırma Merkezi) ile ortak çalışıyor. RAND'ın ayrıca RGS (The Rand Graduate School) adında bir okulu bulunmaktadır. TESEV yönetim kurulu üyelerinden ve Bilgi Üniversitesi öğreticilerinden de RGS'de doktora yapanlar olmuştur.

Atilla Yayla, HAMAS'çılarca kurulan UASR örgütünün yuvarlak masa toplantısındaydı:[103]

"Mayıs 25 (1997)'te, Dr. Ahmad, Hacettepe Üniversitesi ve Liberal Düşünce Derneği'nden Dr. Atilla Yayla ile birlikte bir yuvarlak masa toplantısını yönetti. Dr'lar Yayla ve Ahmad ve katılımcı İslamcı entelektüeller ve eylemciler (activists) Türkiye'deki İslamcı hareketin geleceğini tartıştılar."

Yuvarlak masalar çevresinde, Liberal-İslamcı katılımıyla gerçekleşen Türkiye'deki İslamcı hareketin geleceği üzerine yapılan konuşmaları ve tartışmaları bilemiyoruz. Bir gün liberal bir tarzda açıklanırsa, Türkiye'nin böylesi bilimsel görüşmelerden yararlanacağına kuşku yok.

UASR (United Association for Studies and Research), etkili bir kuruluştur. RAND'ın CIA kökenli araştırmacılarından ve Irak'ta Şiilik, Türkiye'de Nurculuk ve kimlik dosyaları hazırlayan eski CIA istasyon şeflerinden Graham Edmund Fuller de aynı örgütün yuvarlak masa toplantısında bulunmuştur.[104]

Liberal "network" içinde yapılacak olan gezintide "ulusal" görüşlerin savunulamayacağı kesindir. Liberal ağın merkezi Atlas Foundation, ağ içindeki örgütlerin işlevini *"ABD'deki 'think tank' (örgütleri), etnik azınlıklara pazar kaynaklı düşünceleri satarken daha sofistike olmak durumundadırlar. Bu 2. Annual (Yıllık) Atlas Liberty Forumu'nun belirgin temasıydı"* diyerek açıklamaktadır.

10-11 Nisan 1996'da, Philadelphia'da toplanan 'Forum'da bir konuşma yaptığı anlaşılan Washington merkezli CSID (Center for the Study Islam and Democracy) müdürü Radwan Masmoudi, "sözde modern İslam devletlerindeki yolsuzluk ve baskıdan" söz etmiş; onun ardından söz alan LDT Derneği kurucusu Atilla Yayla da kendi ülkesindeki

---

[103] UASR: HAMAS'ın etkinleri tarafından ABD'de kuruldu. Başkanı Ahmed Yusuf, 1997'de IAP (Islamic Association for Palestine / Filistin İslam Cemiyeti) konferansında Merve Kavakçı ile birlikte konuşmuştu. CMCU ile UASR, Nisan 2000'de ortak konferans düzenlediler. Konferansa, yılın altı ayını İstanbul'da, geri kalanını Endonezya, Malezya, Almanya ve ABD'de Türkiye rejimi aleyhine konuşarak geçiren Alman eski Büyük Elçisi Wilfred Murad Hoffman, Hakan Yavuz da katılmış ve Merve (Kavakçı) Yıldırım, Türkiye'yi yeren bir konuşma yapmıştı. Ahmed Yusuf, Türkiye hakkında pek de iyi şeyler düşünmemektedir. UASR yayın organı Media Monitors Network'deki yazılarında Ermeni katliamından söz eder.("Countering the Current Crisis: A Strategy for Muslim Integration" 23 Şubat 2003.) Aynı yayın organında Türkiye, "saldırgan seküler" devlet olarak yazılır.*(İkbal Sıddıki, "Iraqis seek Islam, independence; US offers Turkey-style 'democracy'" MMN, 5 Mayıs 2003)*
[104] Graham Edmund Fuller (1937-): İstanbul CIA İstasyonu (1964-67), Cidde siyasi görevli (1968-71), Sana (Yemen)'da Müşavir (1971-73), Merkezde, CIA Direktörü William Casey'in asistanı, Milli İstihbarat Başkan yardımcısı (1973-75), Kabil (Afganistan)'da siyasi görevli (1975-78), Hong Kong'da Genel Konsolos (1978-1979), Freedom House ve RAND'da Ortadoğu şefidir. Fuller, Türkiye'de 3 yıl kaldı ve Türkçe bilmektedir.

durumu açıklığa kavuşturmuş. Atlas'ın yayınında Yayla'nın açıklaması şöyle yer alıyor:

"Atilla Yayla (Association for Liberal Thinking) bu düşünceyi yineledi ve Batılıların, kısa süreli yararlı ittifaklar yapan, birçok klasik liberal değerlere genel olarak saygı gösterilmeyen Türkiye gibi ülkelerle ilgili hayale kapılmamaları gerektiğini ekledi."[105]

Kendi ülkesi üstüne uzaklarda bu tür ince görüşler ileri sürmenin elbette bir sakıncası yok. Ülkelerin iç koşullarının liberalliğe çizdiği sınırları bir çırpıda unutup, başka bir ülkede, o ülkenin içişlerini ilgilendirmeyen bir biçimde, Türkiye'deki liberallik üstüne toplantı yapmak kolay olmalı. Oysa Liberte'nin sınırı, Fuller'in ülkesinin *"National Security"* alanıyla çiziliyor. Yuvarlak masalarda belki de liberalliğin önündeki sınırların kalkması gibi konular görüşülmüştür deyip, geçelim.

Liberal ünlüler ve yunuslar

Dünya liberal hareketinin Türkiye yansıması birleştirici bir işleve sahiptir. Yukarıdaki liberal bildirinin hemen sonunda, kurucular şöyle tanıtılıyor:

"Kurucu başkan Kâzım Berzeg, bireyi devlete karşı korumakta ihtisaslaşmış bir avukat. Şu andaki başkan Hacettepe Üniversitesi öğretim üyesi Doç. Dr. Mustafa Erdoğan ise (Avusturyalı) Hayek hayranı bir Anayasa Hukukçusu. Derneğin üyeleri arasında Osman Okyar, Atilla Yayla, Güneri Akalın, Levent Korkut gibi her yaştan liberal akademisyenler var."

Osman Okyar'ı hemen anımsadınız. 12 Mart darbesinden sonra arkadaşlarını Sıkıyönetim mahkemelerine tanıtan kişi. Hani şu, 12 Eylül 1980 darbesinin öncesinde Türkiye'de CIA istasyon şefi olarak bulunan Paul Henze'yi sayfalarına konuk eden ve Henze'nin buyurduğu gibi darbeyi savunan Forum dergisi adına ve Milli Güvenlik Konseyi talimatıyla Aydın Yalçın'la birlikte ABD kongre binasına dek gidip, Amerikan terör komisyonunda, yanlış bilgilendirme uzmanı Henze'nin tezlerini savunan Osman Okyar. Aslına bakılırsa, Okyar eski çizgisini sürdürmektedir; çünkü liberalliğin ve 'liberte'nin sonu yoktur.[106] Senaryonun tümünü bilmeyerek, ağın içinde yer almaktan kıvanç duyan gençleri örgütlemek de liberalliğin doğal sonucudur. Liberal Parti'nin gençlik örgütü kendilerini *"genç yunuslar"* olarak niteliyor ve yurtdışı işbirliğinden duydukları sevinci ilginç satırlarla belirtiyor:

"Birçok yabancı kuruluşla bağlantı içindeyiz. IRI, IFLRY (Uluslararası Liberal ve Radikal Gençlik Uluslararası Vakfı), *Friedrich Naumann*

---

[105] "Think Tank Outreach to U.S. Hispanics and Muslims," atlasusa.org
[106] "Amerikan Senatosunda Terörizm Araştırması" *Yeni Forum, 15 Temmuz 1981* / Uğur Mumcu, "Haketmediler mi?" *Yeni Ortam, 30 Aralık 1974*; Uğur Mumcu, Suçlular ve Güçlüler, s.207

Vakfı, LYMEC bunlardan bazıları. Birçok üyemiz partimizi ve ülkemizi temsil etmek üzere bu kuruluşların düzenlediği seminerlere katılmak üzere yurtdışına çıkıyor."

Yurtdışına çıkmanın büyük meziyet olduğunu düşünmek, kendilerini temsil etme "liberty"sine sahip olmak, ayrı bir liberalliktir; ama anlaşılmayan nokta, liberallerin Türkiye'yi temsil etme özgürlüğüne sahip olup olmadıkları ve temsil yetkisini kimden ve nereden aldıklarıdır. Olsa olsa kendilerini temsil ediyorlardır, denilip geçilebilir; ama onları destekleyen çevreleri de temsil torbasına katmakta yarar var.

Yerli liberaller, IRI aracılığıyla muhafazakâr Cumhuriyetçilerden hangi liberalliği öğreniyor olabilir? Liberaller kendi ülkelerinin düzeninin yıkılmasından o denli mutlu oluyor olamazlar; çünkü gerçek liberalin, petrol-gaz egemenlerinin, Ortadoğu'da, Kafkasya'da ve Asya'da yaşayan bireylerin "liberte"sine el koymasına da karşı çıkması, liberal özgürlükçülüğün gereği olmalıydı.

Liberal, Sevr'i açıkça inkâr ediyor

Her ne kadar bu liberallik, gaz ve petrol kuyularını görmezden gelse de hoş karşılanmalıdır. ABD Dışişleri Bakanlığı'na göre çağımız, hem 'dinler çağı' ve hem de 'medeniyetler arası savaş çağı'dır. Çağımız, 'dinler arası diyalog çağı'dır da.

'Militarist cunta' tarafından yönetildiği ileri sürülen Türkiye'de, devletin kuruluş senedi olan Lozan Antlaşması, ABD Kongresinin raporlarıyla birlikte tartışmaya açıldığına göre, bunların bir önemi olamaz.

Liberallerin hukukçusu Kâzım Berzeg, 'resmi tarihin' büyük yanılgısına dikkat çekerek, ulusumuzun sabır sınırlarıyla, liberalliğin sınırlarını sınıyor. LDD'nin Kış 2001 sayısında *"Sevr'in yaratıcısı Batılılar değil, İttihat Terakki Cuntası'dır"* başlıklı yazısında tarihi doğrultuyor.

Berzeg, İngilizlerin önerisini geri çeviren, Almanların yanında savaşa giren Osmanlı'nın o zamanki yönetimini, Sevr'in yaratıcısı sayıyor.[107]

Liberalin savına göre, savaşa girilmeseydi ya da İngilizlerin istekleri kabul edilseydi, Osmanlı savaşı yitirmezdi. Fransa'nın Sevr kentinde,

---

[107] Liberal Düşünce dergisini Liberte A.Ş çıkarıyor. Künyeye göre: Sahibi Liberte A.Ş adına Özlem Çağlar. Yazı İşleri Müdürü: Haluk Kürşad Kopuzlu. Yayın Kurulu: Güneri Akalın, Sait Akman, Zühtü Arslan, Kürşat Aydoğan, Kâzım Berzeg, Vahit Bıçak, Ömer Çaha, Fuat Erdal, İrfan Erdoğan, Ramazan Gözen, Enver Alper Güvel, Eser Karakaş, Lütfullah Karaman, Levent Korkut, Fuat Oğuz, Hüseyin Özgür, Ahmet Fazıl Özsoylu, Reyhan Sunay, Metin Toprak, Nuri Yurdusev, Melih Yürüyen, Attila Yayla, Norman Stone. Danışma Kurulu: Imad-Ad Dean Ahmad, Asaf Savaş Akat, Yıldıray Arsan, Ahmet Aslan, Mehmet Aydın, Osman Okyar, Ali Karaosmanoğlu, Norman P. Barry, Gary Becker, Hardy Bouillon, James M. Buchanan, Victoria Curzon-Price, Richard Epstein, Anthony Flew, Ronald Hamowy, R. Max Hartwell, Leonard Liggio, Angelo Petrone, Ralph Racio, Charles K. Rowley, Pacal Salin, Vural Fuat Savaş. Yayın Yeri: Maltepe-Ankara, Baskı: Siyasal Yayınevi.

Türkiye haritasının başına oturan İngiltere, İtalya, Fransa ve Almanya, ABD, Anadolu'yu paylaşıp tokalaşmazlardı.

Avukat görüşüyle tarih, "seydiler" ve "saydılar" ile yorumlanıyor. Kimi olayları tersyüz etmek bazılarını kandırmaya yeter de tarihin gerçeklerini tümüyle silme tekniği henüz bulunabilmiş değildir.

Bunca liberal ortaklığı beceren bu derneğin kitaplığındaki 'resmi' ya da yarı resmi ya da sivil herhangi bir tarih kitabı açılsa, Anadolu paylaşım haritasının daha 1915'te çizildiğini, Yunanlıların savaşa Anadolu vaadiyle girdiğini okuyabilirlerdi.[108]

Berzeg, Vahdettin'in emrindeki heyetin de onayladığı paylaşım kararı, parlamentolarca onaylanmadı, diyerek "Sevr anlaşması yürürlüğe girmemişti ki!" diyor.

Böylelikle işin ucunu günümüze bağlayacak. Bölünmeye engel olmak isteyenleri, "Sevr hastalığı"na tutulmakla suçlayacak; mozaik liberalliğini böyle uydurarak "Sevr uygulanmadığına göre, Yeni Sevr'den korkmak gereksiz" demeye getiriyor. Bu tezleri ortaya atarken, özen gerekiyor. Sevr Anlaşması, yabancı asker çizmeleriyle; Vahidettin ve İngilizlerin desteklediği Abhaz Ançok Ahmet Paşa komutasındaki Kuvayı İnzibatiye'nin Sakarya'dan, Bursa'ya, Balıkesir'e, Biga'ya kadar akıttığı halk kanıyla; Pontus'un İç Anadolu'ya yürümesiyle; Yozgat'ta Çapanoğulları'nın ulusal yönetimi yıkmaya girişmesiyle; Ermenilerin Kars'a, Ardahan'a uzanmasıyla; azınlıkların oluşturduğu askeri birliklerin katılımıyla güçlenen Yunan ordusunun yakıp yıkmasıyla; Fransızların Ermenilerle birlikte gerçekleştirdikleri katliam ve soygunlarla; İzmir'deki Küçük Asya Çerkez Cemiyeti konferansıyla ve Rum, Ermeni, Çerkez 'Özerk Anadolu Devleti' projesiyle çizilmiştir.[109]

Liberal, daha açık yazsa ve de hangi kimliğiyle düşündüğünü açıklasa olumlu karşılanabilirdi. Yerli liberal düşüncenin proje destekli yayınlarında 'danışman' olarak adı geçen ve NED'in "uluslararası uzman" dediği birkaç kılavuzu tanımak gerekiyor.[110]

---

[108] Alexander Anastasius Pallis, Yunanlıların Anadolu Macerası (1915-1920), s.24

[109] Şark-ı Karîb Çerkesleri Temin-i Hukuk Cemiyeti Yunan İşgal Komutanlığının koruyuculuğu altında, İzmir'de yurdun çeşitli yerlerinden gelen temsilcilerin katılımıyla bir kongre toplamış; "Çerkes Milletînîn Düvel-İ Muazzama ve Âlem-i İnsânîyyet Ve Medenîyete Umûmî Beyânnâmesî" başlığıyla bir sonuç bildirisini Türkçe, Fransızca ve Rumca olarak yayınlamıştır. Bildirinin başında, "..bilhassa Yunan Hükûmet-i fehimesine Çerkeslerin iltica eylediğini beyânla metâlib-i milliyesinin is'afını rica eyler," denilmiş; Yunan Kralı'na telgraf çekilerek cemiyet yönetiminde bir Yunanlı temsilcinin bulundurulması istenmiştir.

[110] *"Son 10 yıl boyunca, dünya kamuoyunda en etkili çalışmayı yapmamız gerektiği halde, 1993'te Ankara'da Uluslararası Helsinki Yurttaşlar Meclisi Toplantısı'na Av. Kazım Berzeg'in katılımı ve 1996'da İstanbul Habitat II Forumu'na Şamil Vakfı'nın öncülüğünde yine İstanbul derneklerinin katkılarıyla katılımı gerçekleşmiş, bunlar dışında bir etkinliğimiz olmamıştır."* Ekrem Atbakan, "AGİT (OSCE) İstanbul Top-

Liberal Enternasyonal

Adı 'liberal' kendisi muhafazakâr hareketin dünya odağında, İngiltere'de Mont Pelerin Society (MPS) ile ona bağlı olarak ABD'de kurulan Atlas Foundation (Atlas Vakfı) ve IFP (Uluslararası Özgürlük Projesi) adlı örgütler görülüyor.

MPS, dünyaya dağılmış 500'e yakın seçkinden oluşan üyeleriyle ilginç bir örgüte benzemektedir. 'Serbest Pazar' ekonomisine tapınan bir tarikat benzeri MPS, Avusturyalı Friedrich Hayek tarafından 1947'de, İsviçre'nin Mont Pelerin kenti yakınlarında yapılan bir toplantıyla kuruldu. MPS, kuralsız finansal düzen, sonsuz özelleştirme ve serbest ticaret politikalarını tasarımladı. Kurucuların kökleri, Avusturya Macaristan İmparatorluğu kurucusu Habsburg Hanedanı ve 16. yüzyıldan başlayarak imparatorluğun istihbarat ve posta hizmetlerini gören 'Thurn und Taxis' gibi, Avrupa'nın eski ailelerine dayanır. Bu hanedanın üyeleri, 1920 ve 1930'larda Hitler'i desteklemişlerdir.

MPS, "muhafazakâr devrim" çağrısıyla, ulus devletlerin ortadan kaldırılmasını ve 1920-1930'larda Avrupalı faşist hareketlerin isteklerini karakterize eden, çağdaş görünümlü feodalizme dönüş amacını güden bir düşünceye dayanır. Her ne denli 'liberal' bir söylem tuttursa da sonunda ulusal devletlerin yıkılmasını amaçladığından, dünyayı sermayedarların diledikleri gibi sahiplendikleri eski feodal mülklere çevirmektir niyetleri.

Bu düşüncenin dünyaya bilim adı altında ihraç edildiği merkez London School of Ecomics (LSE)'tir. Okulun en ünlü öğrencisi para piyasalarının 'vur-kaç' işlemlerini temsil eden ve ulusal piyasaları içerden yıkan George Soros'tur. Soros, ulusal devletlerin zararlı olduğunu, dünyaya düzen verecek bir yeni imparatorluk kurulmasını savunur; hanedanların, Büyük İsrail destekçilerinin, Hollanda Antilleri'nde posta kutusundan ibaret Quantum'un parasını işletir.

MPS'nin ideologları, Friedrich Hayek, Ernard De Mandeville (Hell Fire Clubs of Walpoles England) ve 'monetarist' politikanın mucidi Milton Friedman'dir. 1970'lerde dünya turuna çıkan MPS kurucuları, birçok ülkede kendilerine bağlı "think tank" kulüpleri örgütlediler.

Kartellere tapınan örgütün hedefleri kısa başlıklarla şunlardır: Finansal serbestlik, yol, su gibi altyapı yatırımlarının kısıtlanması, sosyal hizmet ve sağlık yardımlarının kaldırılması; kırsal sanayide ve tarım üretimindeki korumaların sıfırlanması; merkezi adil ücretlendirme sisteminin tümüyle bozulması; kamu işletmelerinin özelleştirilmesi; devlet varlıkları yok edilerek devletin küçültmesi; ulaştırma ve iletişimde mikroekonomik reformlar; sendikaların etkisizleştirilmesi; enerji kurumlarının parçalanarak denetim ve yönetimin çokuluslu şirketlere verilmesi...

MPS, ABD'de muhafazakârlara bağlanmıştır. En koyu muhafazakâr

---

lantıları'nın Değerlendirilmesi," 24.11.1999, *marje.net/dernek/agit-koor.html*

örgüt olan ve ""project democracy" operasyonunun babası Reagan'ın büyük destekçisi 'Heritage Foundation'ın Başkanı Edwin J. Feulner, MPS'de hem ikinci başkan hem de mütevelli heyeti üyesidir. Türkiye'de "liberal" denince "özgürlük" ve "ilericilik" anlayan solcu sivil elemanlar, Heritage'in geçmişindeki Nazi ilişkilerine bir baksalar, liberalliğin eski hanedanlıkların çağcıl araçlarla donatılmış finans-kartel işi olduğunu göreceklerdir.

MPS, 1970'lerde İngiliz muhafazakârlarının esin kaynağı olarak yeryüzüne çıkmış ve İngiliz Demir Leydi Margaret Thatcher'in en büyük destekçisi olmuştu. Özelleştirmeye tapınan örgütün ABD'deki kuramcısı Newton L. Gingrich'in politikaları da "Newtizm" adını aldı. Sözde liberaller, sonsuz ticari özgürlük, sonsuz özelleştirmeden yana tutumlarını, özelleştirmelerden yararlanan şirketlerin danışmanlığını yapmaya dek götürdüler. "Think tank" örgütleri partilerin ideologlarıyla ve bürokratik ağıyla devletleri yönlendirmeyi başardılar.

MPS kurucularından İngiliz zengini Sir Antony Fisher, 1955'te Londra'da IEA (Ekonomik İşler Enstitüsü) merkezini kurdu. IEA'nın ilk elemanı olarak direktörlüğe Ralph Harris getirildi ve Mont Pelerin Society ağını kurmaya başladı.

1977'de ABD'ye giden Antony Fisher, sonsuz liberallik ve sonsuz özelleştirme ve sosyal devlet ilkesinin kaldırılması gerektiği üstüne kurulu görüşleri, daha sistemli ve dünya boyutunda etkin bir biçimde yaymak üzere örgüt kurmaya başladı. 1978'de William Casey ile Manhattan'da ICEPS'yi kurdu. 500.000 dolarla işe başlayan örgüt giderek, büyüdü. 'Project Democracy' yılları başladığında öteki birçok örgütte olduğu gibi bu örgütün adındaki "Center / merkez" sözcüğü kaldırıldı ve yeni adı, "Manhattan Institute for Policy Research" oldu. Antony Fisher, aynı yıl (1981) 'Atlas Foundation'ı kurdu. Ortağı William Casey de CIA direktörlüğüne getirilmişti. [111/112/113]

Fisher ödülleri ve 'havsalanın alamayacağı' işler

MPS'nin ABD'deki merkezi Atlas Vakfı, 42 şubesiyle tüm dünyada örgütlüdür. Atlas merkezinden Türkiye'ye gelen Prof. Atilla Yayla, Ankara'da, LDT Derneği'ni kurdu. Gazi Üniversitesi'ne *Interdisciplinary Course on Freedom* dersi koydurdu.

Bu başarı, Atlas'ın yan örgütü *International Freedom Project ve Temple Foundation* tarafından ödüllendirildi. Yayla, *Islam, Civil Society and Market Economy 2000* kitabıyla da 5.000 dolarlık 'Antony Fisher Ödülü'ne uygun bulundu.

---

[111] James A. Smith, s.288.
[112] "A 2000 year chronology of liberty."
[113] Harold Wilson, "*MI5 and the Rise of Thatcher: Covert Operations in British Politics,*" *Lobster 1986, iss. 11, appendix: ISC, FNF, IRD*

Doğum yeri Avrupa olan MPS'nin en güçlü proje merkezi şimdi artık ABD'dedir. Bu 'proje' Avrupa ile ABD arasında bir rekabet bulunduğu sanısına kapılanları şaşırtacak bir koşutlukla yürür. Bu koşutluk içinde, Avrupa Birliği, Türkiye'yi liberalleştirmeye kararlıdır. Liberallerin kendi yayınlarından AB'nin açıklamasını okuyalım:

"Liberal Düşünce Topluluğu'nun Avrupa Komisyonu ile proje kontratı 8 Eylül 2000 yılında imzalanarak yürürlüğe girmiştir. Projenin toplam bütçesi 509.172 Euro'dur, bu miktarın 458.225 euro'sunu Avrupa Komisyonu karşılamaktadır ve projenin süresi 30 aydır."

Gazeteci Emin Çölaşan, Liberallerin AB'den para aldığını yazınca Liberaller ilginç, ama sert bir tepki göstermişlerdi. Liberallere haksızlık yapılmaması için yanıtlarını satır atlamadan olduğu gibi okuyalım:

"Liberal Düşünce Topluluğu'nun E. Çölaşan'ın Amerika'dan bir vakıf dediği CIPE ile yürüttüğü iki proje 1998-2000 yılları arasında tamamlanmıştır. Bu projelerin ilkinde İslam, Sivil Toplum ve Piyasa ekonomisi hakkında çok başarılı bir uluslararası sempozyum yapılmış, 10 panel düzenlenmiş ve sempozyum bildirileri İngilizce ve Türkçe yayınlanan iki kitapta toplanmıştır. İkincisindeyse milletvekillerine teknik ve bilgi desteği sağlanmıştır. Halen devam eden Avrupa Birliği ile ortak proje ise ifade özgürlüğü üzerinedir. E. Çölaşan Avrupa Birliği'nden nefret ettiği ve proje halen devam ettiği için biraz daha fazla bilgi verilebilir.

Bu proje için LDT 10 Ağustos 2000 tarihinde İçişleri Bakanlığına resmi başvuruda bulunmuş ve projeye Dışişleri, Adalet ve İnsan Haklarından Sorumlu Devlet Bakanlığının onayı ile 19 Ocak 2001'de (yani 5 ay alan bir süreçten sonra) izin verilmiştir.

Bu projenin başladığı, 1 Şubat 2001'de Liberal Düşünce Topluluğu merkezinde düzenlenen ve Avrupa Komisyonu büyükelçisi Sayın Karen Fogg'un da katıldığı bir basın toplantısıyla kamuya açıklanmıştır. Bu toplantıda projenin ana faaliyet kalemleri ve Avrupa Birliği'nin sağlayacağı maddi katkı da basına bildirilmiştir. Basın toplantısında Türk medya organları yanında BBC, Reuters gibi uluslararası medya kuruluşları temsilcileri de hazır bulunmuştur. Ayrıca proje Liberal Düşünce Topluluğu'nun web sayfasında da ilan edilmiştir. E. Çölaşan'ın açık ve aleni bilgileri bir sırmış gibi yazması, tek bildiği şey olan karalama sanatının temel taktiğidir.

Liberal Düşünce Topluluğu'nun Avrupa Birliği ile yürüttüğü projenin toplam bütçesi 509.172 eurodur. Avrupa Birliği bu bütçenin 456.770 Euro'luk kısmını karşılayacak, geri kalanını Liberal Düşünce Topluluğu kendisi (daha ziyade "in-kind contribution" olarak) harcayacaktır.

Sağa sola hafiyelik havası basan E. Çölaşan'ın yanlış rakam (590 bin Euro) vermesi, gazeteciliği gibi hafiyeliğinin seviyesi hakkında da iyi fikir vermektedir...

Liberal Düşünce Topluluğu Avrupa Birliği ile ifade özgürlüğü üzerine yürüttüğü projesi çerçevesinde bir uluslararası, iki ulusal sempozyum, on altı panel düzenlemekte; ifade özgürlüğüyle ilgili beş temel eseri Türkçeye aktarmakta; Avrupa İnsan Hakları Mahkemesi, Türk Anayasa Mahkemesi, Yargıtay ve Amerikan Anayasa Mahkemesi'nin ifade özgürlüğüyle ilgili kararlarını derlemekte; bütün hukuk sistemini ifade özgürlüğü açısından gözden geçirip reformlarla ilgili bir yol haritası geliştirmektedir. Ayrıca, ifade özgürlüğüyle ilgili bir yazı yarışması düzenlemekte, bir kamuoyu araştırması yapmaktadır. Şüphesiz, bir yoğun entelektüel faaliyet zinciri E. Çölaşan'ın havsalasına sığacak bir şey değildir.(...) Prof. Dr. Atilla Yayla, Liberal Düşünce Topluluğu Yönetim Kurulu Başkanı, 26 Aralık 2000."

Liberallerden hoşgörülü olmaları beklenir; ama Uğur Mumcu'ya "zehir hafiye" diyecek denli liberal olanlarda, böyle bir niyet sezilmiyor.[114]

"Liberal" düşünceliler, Çölaşan'ı, CIPE'ye "vakıf" dedi, diye neredeyse cezalandıracak bir söylem tutturmuş. Bu durumda yeni bir soru oluşuyor: CIPE vakıf değilse, nedir? Amerikan işadamlarının, çokuluslu şirket vakıflarından ve özellikle ABD hazinesine bağlı NED kaynaklarından, projelere kanal oluşturan bir örgüttür CIPE. Bu durumda, Türkiye'deki TÜSİAD bile onlardan daha 'sivil' ve daha 'liberal' kalır.

Liberal dernekçilerin alaycı ve kızgın tutumu bir yana bırakılırsa, yanıttaki tanı son derece doğrudur: Bu ilişkileri anlamak için 'havsala' yetmez. Tıpkı gerçekleşmediği kanısına kapılıp, Sevr paylaşım anlaşmasının yok sayılmasına havsalanın yetmeyeceği gibi. Türkiye'de her gün "egemenliğimize dokundurtmayız" dense de dokunulmaya dünden razı olanlar az değildir. Liberaller, ilişkinin kapsamını şöyle açıklıyorlar:

"Bu proje, Türkiye'de ifade özgürlüğü ile ilgili yasal ve sosyal durumu saptayıp bu konuda ilerleme kaydedilebilmesi için öneriler ve politikalar üretmeye yönelik aktiviteler gerçekleştirecektir. Bunlar arasında: bir uluslararası bilgi şöleni, iki ulusal konferans, on altı bölgesel panel, ifade özgürlüğüyle ilgili kitap yayınları, Türk hukuk sistemini diğer hukuk sistemleriyle ve AİHM'nin ifade özgürlüğüyle ilgili kararları ile karşılaştıran 4 ciltlik başvuru kaynağı hazırlanması, insan hakları ve ifade özgürlüğü konusuna ilgiyi artırmak ve yaygınlaştırmak için yapılacak ulusal bir ödüllü yazı yarışması, bütün Türk hukuk sisteminin ifade özgürlüğü açısından gözden geçirilmesi ve reformlarla ilgili bilimsel bir rehber ortaya çıkarılması ve kapsamlı bir kamuoyu araştırması yapılması" vardır. Ayrıca Sayın Çölaşan'ın yazısında belirttiğinin aksine, bu projenin içeriğinin Liberal Düşünce Topluluğu'nun web sitesiyle bir ilgisi yoktur."[115]

---

[114] Liberallerin sitesinde Necip Hablemitoğlu'na "Hapıyemişoğlu" gibi yakışıksız nitelemeler vardı. Açılan dava sonucunda dernek tazminata mahkûm oldu..
[115] AB Türkiye Temsilcisi Luigi Narbone'un açıklaması, *27.12.2001, liberal-dt.org.tr*

'Havsala' gerçekten zorlanmalı; Türkiye'de egemenlik haklarının yok edilmesi bir yana bırakılmalı; toplumsal barışı tehdit eden, etnik kışkırtma odaklarının hangi Avrupa ülkelerinde yerleştiği anımsanmalıdır. O Avrupa ülkelerindeki devlet düzenini korumaya yönelik, ceza yasaları da anımsanmalıdır. Böyle yapılırsa görülecektir ki, yüz binlerce, milyonlarca euro'luk ve gerçekten liberal projelere asıl gereksinimi olanlar, Batı Avrupa ülkeleridir.

Katoliklerden yardım ve Amerika'da batarya şarjı

Liberallerin Avrupa ilişkileri bununla ya da Alman vakıflarıyla sınırlı kalmıyor. Ocak 2001'de Hollanda'daki CORDAID (Catholic Organization for Relief and Development)'den 10.000 dolar tutarında nakdi yardım" istemişler. Bir yıl sonra aynı örgütten 160.840 Hollanda guldeni alarak "Demokrasi Okulu" projesi için çalışmışlar.[116]

MPS'den ABD'ye uzanan proje yolunda, NED kaynaklarının ve ABD Cumhuriyetçi Parti'nin uzantısı IRI'nin projelerinin boşa gitmediği görülüyor; çünkü liberal hareket gençleri profesörlerin çabalarıyla kazanmaktadır. Atlas yayınında yer alan bir söyleşide, dernekte çok genç ve dinamik kişilerin yer aldığının görüldüğü belirtilerek yöneltilen soru üzerine, Prof. Atilla Yayla yanıtlıyor:

"Evet, gerçekten. Yeni kişileri, tipik olarak (kendi) öğrencilerimin arasından örgütleyen kişi genellikle ben oluyorum. Öğrencilerime saygı duyuyorum.(...)Bir yeni ve umut verici yeteneğe rastladığımda inanılmaz mutlu oluyorum. Ben yalnızca liberal idealleri paylaşanları işe alıyorum. Yeni katılanların yalnızca bir bölümünü LDT'de tutabiliyorum. Geri kalanlar kendi hayatlarına atılırlar, fakat yıllar sonra ortaya çıkarlar ve LDT'nin katı bir destekçisi olurlar."

Atlas örgütü de gençliğe yardımını esirgemiyor; şebeke kurulma eğitimi veriyor; gençleri ya da öğretim elemanlarını CATO Institute gibi muhafazakârlığın merkezlerine yönlendiriyor. Atlas yayındaki açıklama yorum gerektirmeyecek denli açıktır:

"Atlas yaklaşık 20 yıldır, yeni entelektüel girişimcileri think-tank yöneticiliği ve serbest toplum ilkeleri hakkında yetiştirmek amacıyla konuk bursu vermektedir. Konuk bursiyerler, Atlas elemanlarıyla birlikte yakın bir çalışma içinde bulunarak; öteki think-tank'lerin yetiştirme ve veya siyasal programlarına katılarak think-tank şebekesi hakkında görüş kazanırlar ve kendi ilgilerini geliştirmek ve kendi ülkelerinde gerçekleştirecekleri uygulama programları hazırlamak üzere geniş zaman bulurlar. Atlas 12 ülkeden 100 bursiyeri konuk etti.

---

[116] Ankara Emniyet Müdürlüğü'nün dernek yönetim kurulu üyesi Özlem Çağlar'a imza karşılığında ilettiği tebligat yazısına göre, bu paraların alınması, İçişleri Bakanlığı'nca uygun görülmüştür.

Bu konukların birçoğu şimdi (birer) kuruluş lideridir ya da Atlas misyonunun ilerletilmesine yardımcı olan akademisyenlerdir.

Atlas'a başvuranların tümü ABD vizesini kendileri (almaktan) sorumludurlar ve seçildiklerinde, bursiyerliğe (kursiyerliğe) başlamadan önce sağlık sigortası belgelerini ve fotoğraflı kimliklerini ibraz etmek zorundadırlar. Atlas araştırma bursu vermez; araştırma yapmak üzere başvuranlar Human Studies (ve) Cato Enstitüsü'ne ya da Serbest Pazar şebekesine yönlendirilirler."

"Atlas'a gidecek olanları kim yönlendiriyor?" sorusunun yanıtını Liberal Düşünce Topluluğu Derneği kurucusu Atilla Yayla veriyor:

"Benim Atlas görevdeşliğim (bursiyerliğim / kursiyerliğim/ yoldaşlığım) bir derin ödüllendirici deneyimdi ve benim Türkiye'de liberty ideallerini geliştiren tek "think tank" olan Liberal Düşünce Derneği'ni başlatmama doğrudan katkısı oldu.

O zamandan beri Atlas'ta büyük düşüncelerden ve uygulama bilgisinden yararlanacaklarını bilerek, birçok öğrenciye ve arkadaşa Atlas bursiyeri ya da konuğu olmalarında referans verdim."

Üniversitede çalışan bir bilim adamının yeni görevleri arasında, kendisinin kurduğu derneğe öğrencilerini çekmek için çaba göstermesi, liberalliğin gereğidir, denebilir. "liberal enternasyonalin ayrılmaz bir parçası" olununca işin sınırı değişiyor; Atilla Yayla'nın bir Atlas toplantısındaki konuşması ayrılmazlığın ölçüsünü koyuyor:

"Dürüst olmak gerekirse, Atlas toplantılarının her birinden yararlandığım kadar bir başka uluslararası toplantıdan yararlanmıyorum. Nedenlerine gelince: Tüm katılımcılar aynı geçmişe (temele) sahipler, temel değerleri ve amaçları paylaşıyorlar. Bu nedenle, insan, Atlas toplantılarında (kendisini) evinde hissediyor. Her biri dünyanın bir yanından gelen sevgili dostlarım daha hür bir dünya için savaşıyorlar... (Başka) bir söze gerek yok, onların yüzlerini görmek beni donatıyor ve yeni çabalarım için benim 'bataryalarımı' tazeliyor."

Deneyimli yabancı elemanlar

Liberte A.Ş'nin "Liberte" dergisinin yayın ve danışma kurullarında Batı'nın liberal muhafazakâr yıldızlarından birkaçına bakarsak, kökün derinliği hakkında bir fikir sahibi olunabilir:

Norman Stone: Oxford Üniversitesi'nden muhafazakâr olarak tanınan tarihçi. Harvard Üniversitesi'nde verdiği casusluk konferansı, Stone'un ifadesiyle, "Amerikan istihbaratı tarafından düzenlenmiş" ve ABD Savunma Bakanlığı'nca finanse edilmiştir. Stone, Bilkent Üniversitesi'nde eğitmenlik görevini sürdürmektedir.[117]

---

[117] John Trumpbour, *Harvard in Service to the National Security State*, CAQ, 1991, 38, s.12-16

Gary S. Becker ve Richard Max Hartwell: Hoover Institution öğretim üyelerinden.[118] Becker ve Hartwell aynı zamanda, Reagan destekçisi AEI de akademik danışmanlık yapmışlardır.[119]

Anthony Flew: İngiltere muhafazakârlarının Western Goals (Batı Hedefleri / kuruluşu 1985) adlı örgütünün destekçisidir. İngiliz muhafazakârlarının örgütü ve aynı zamanda ırkçı Rodezya yönetimini destekleyen Monday Club'ın ikinci başkanlığını yapmıştır.[120]

James M. Buchanan: AEI görevlilerindendir. 1984-1986 arasında MPS başkanlığını görevini üstlenmişti.

Richard Epstein: Şikago Üniversitesi, 'Yahudi' lobisindendir.

Imad ad-Dean Ahmad: Minaret Freedom Institute (Minare Özgürlük) örgütünün kurucu başkanıdır. "Minaret" örgütü, kuruluş amacını liberallerin gereksinmesine uygun olarak şöyle belirtiyor: "İslâm ülkelerinde serbest pazar ekonomisini yaygınlaştırmak." Pakistanlıların kurmuş olduğu Minaret adlı örgüt, Georgetown Üniversitesi'nde yerleşik, CMCU (Hıristiyan Müslüman Anlayış Merkezi) ile Türkiye'nin İslamcı muhalefetini destekleyecek toplantılar düzenlemektedir.[121 / 122]

LDT'nin uluslararası ilişkilerine bakılırsa, muhafazakâr yabancılar ve ABD Cumhuriyetçi Partisi, İngiliz Thatcheristler, Katolik örgütleri, Türkiye'de düzeni değiştirme kararlılığındalar. Liberalleşmenin bir kanadı, Mont Pelerin Society ve Atlas Foundation merkezli Özalizme, öteki kanadı da Georgetown Üniversitesi'nin modern misyonerlik odağı CMCU'nun özgün işlerine uzanıyor. 'İslâmi Demokrasi' ve dinlerarası ya da etnikler arası 'diyalog' toplantılarında olgunlaştırılan liderlerden ve

---

[118] Hoover Institution (Stanford Ünv.) yarı-özerk olarak, 1919'da Herbert Hoover (sonradan ABD Başkanı) tarafından kuruldu. Başkan Gerald Ford'a "solcu" diyecek denli tutucu olan W. Glenn Campbell, 30 yıl başkanlığını yapmıştır. 120 milyon dolarlık bir kaynağa sahiptir. Yıllık bütçesi 15 Milyon dolar; 140 öğretim üyesi, 40 120 araştırmacıya sahiptir.

[119] AEI (American Enterprise Institute for Public Policy Research): ABD'de Cumhuriyetçi Parti'nin muhafazakâr politikalarını destekledi. Dış operasyonlarda -örneğin Nikaragua- Contra- etkin görev aldı. Bk. Ek 16.

[120] Western Goals (1979') Irangate olayında para kanalıydı. WG'nin ilişkileri Moon tarikatından, CIA'ya uzanmaktadır.

[121] CMCU'nun maaşlısı Avis Asiye Allman, her yıl Topkapı müzesinde çalışıyor; 'Müslüm friends' dedikleriyle buluşuyor. Minaret'in desteklediği çalışmasıyla ilgili olarak Temmuz 1999'da yapılan CMCU konferansında, 28 Şubat 1997 kararlarıyla İslâmcılara saldırıldığını, RP'nin ve dini okulların kapatıldığını anlatıyor. 'Özgürlük kahramanı' dediği Merve Kavakçı'yı övüyor; karşıt kampanyayı destekliyordu.

[122] CIA akademi İlişkileri eski koordinatörü Arthur Hulnick, 'Campus Watch' ile görüştü. Okul yönetimlerine eleman yerleştirdiklerini belirtti. Campus Watch, okullardan 10'unu açıkladı: Boston Unv. (Arthur Hulnick), Miami Unv. (Michael Kline), G. Washington Unv. (Laurie Kurtzweg, Stanley S. Bedlington), Jacksonville Unv. (David Matthews), Texas Unv. Austin (James McInnis), Rochester Inst. of Technology (Robert Merisko), Georgetown (Noel Firth, Harold Bean). *A. Chen Mills, s.30.*

uluslararası "workshop" projelerinde yetişmiş kadrolardan oluşan yeni siyasal partilerin doğumuna az kalmıştır. Bu ilkelere sahip bir ya da iki siyasal partinin oluşturulması, "project democracy" uygulamasının en ciddi aşaması olacaktır. Tarihsel çizgide oluşmuş partilerin ve liderlerinin tasfiyesine yönelik medya propagandasının ve ARI, LDT, TÜSİAD vb. örgütlerin çıkışları bunu açıkça gösteriyor.

Bu arada belirtmeliyiz ki İngilizlerin başını çektiği uluslararası liberal hareketin tanımıyla 'liberal enternasyonal'e bağlı olanlarla, liberalleşmeden yurdumuzda özgürlüklerin genişleyeceğini anlayanlar arasında bir ayrım vardır. 'Liberal' olmaktan özgür olmayı anlayan, iyi niyetli liberaller, ulusal devletlerin yıkılması ve sınırların kaldırılmasıyla yayılmacıların dünya piyasalarını ele geçirmesine yardımcı olanları iyi tanımalıdırlar. Yıkıcılığı bilmeyerek destekleyenlerin durumu yeniden değerlendirmelerinde; kartellerle bağlantılarda ve yabancı devletin hazinesinden beslenen örgütlerle ilişkilerde daha özenli olmalarında yarar var. Ayrıca, devlet gücünü ele geçirenlerin üreticileri ezmelerinin engellenmesinde liberallere de gereksinim var.[123]

---

[123] Alman vakıflarıyla akçalı ilişkiler için geniş bilgi: Ergün Poyraz, AKPapanın Temel İçgüdüsü.

ABD Hazinesi
ve
Deutsche Stiftung Desteği

> *"Örtülü operasyonlara dönmeye gerek yok. Örtülü operasyonla uygulanmış birçok program (artık şimdi) oldukça açık biçimde ve sonuç olarak, itirazsız gerçekleştirilmektedir."*
> William Colby, CIA Direktörü

CIA yöneticisi William Colby, örtülü işleri şimdi açıktan yapıyoruz; yasalara uyduruyoruz; ajan yerine yandaşlar örgütlüyoruz; örtülü, yani gizliden gizliye yaptıklarımızı demokratik ve liberal bir ortamda açık açık yapıyoruz, demeye getiriyor. CIA işlerinin örtüsünün altında neler olduğunu anlatmaya gerek yoktur. Ortalıkta kirlenmiş operasyonların raporları dolaşıp duruyor. Elbette gerçek bilginin peşinde koşanlar için bu böyle. Seminerlerde gözleri boyananlara pek uygun gelmeyecek bilgilerdir bunlar. Colby'nin sözleri bizi bağlamaz, diyeceklere bir bilgi daha sunmak gerekiyor. Colby'nin eşi NED'in yöneticileri arasındadır.[124]

"Açık ve özel bir mekanizma" kurumu NED'in dolarlarının Türkiye'nin iç politikasına katkısı, liberal militanlarla sınırlı olamaz. Bu konuda ciddi bir örnek daha eklenmeli ki NED dolarının liberal ya da solcu ayırmadığı görülsün.

IRI raporuna göre; 1995 yılında Stratejik Araştırmalar Vakfı ve Strateji Mori Ltd. ile işbirliği yapan Amerikalılar, Türkiye'de seçime yönelik çalışmalar yapıyorlar. Türk seçmenlerinin görüşlerini, partiler hakkındaki düşüncelerini, yerel yönetim hizmetlerine ilişkin değerlendirmelerini ve Türk demokrasisi hakkında genel değerlendirmeyi saptıyorlar. Özetle, Amerikalı geliyor; içerdeki ortağıyla genel seçim ortamını önceden biçimlendiriyor.

İşin ucu şeffaflığa(!) dayanınca söylenecek bir şey bulamayanlara anımsatalım: CHP'ye yeni genel başkan olan Deniz Baykal'ın hükümeti bozmasının ardından, yine Deniz Baykal'ın yeni hükümete girme koşulu olarak erken genel seçimi dayatması üzerine, Aralık 1995'te seçim kararı alındı. IRI ve SAV, karardan yedi ay önce, 27-28 Nisan 1995'te Ankara'da, Sheraton Oteli'nde, *"Demokrasi ve Kimlik"* toplantısı düzenlemişlerdi.[125]

---

[124] "Political Action – In the Open, William Colby" *The Washington Post, 14 March 1982*
[125] SAV (Stratejik Araştırmalar Vakfı; Ankara-1993)'ın 1995'te üye sayısı 30, çalı-

CIA istasyon şeflerinden ve RAND uzmanı Graham Edmund Fuller konuşmacıydı. NED raporlarına göre projenin özeti aynen şöyle:
*"Grantor: National Endowment for Democracy (NED)
Grantee(s): Strategic Research Foundation (SAV)
Subgrantee(s): --
Country(ies): TURKEY Region(s): Middle East
Subject(s): Public Policy Period: 1995
Amount: $20.000
Publication(s): -- Program Summary: The Strategic Research Foundation received NED support to bring together different segments of Turkish society in a two-day conference to discuss the issue of democracy and identity, as a first step to promoting democratic solutions to Turkey's most explosive problem."*

Bilgilerin belgeye dayanmadığını ileri sürenler için özgün metnini, çeviri yapmadan, olduğu gibi aktardığımız, 20.000 dolarlık ve iki günlük projenin özetine göre; Stratejik Araştırmalar Vakfı, NED'in desteğini alarak, Türk toplumunun değişik kesimlerini, demokrasi ve kimlik konularını tartışmak üzere toplamış ve bu iş, Türkiye'nin "patlamaya en hazır" sorununa demokratik çözüm bulmak için ilk adımı atmıştır.

İşin içinde Graham Edmund Fuller olunca, projenin kimliği de bellidir, kimlik çözümü de! Fuller, Türkiye Cumhuriyeti'nin kuruluş ilkelerinin yanlışlığını, bu ilkelerin Türkiye'nin gelişmesini önlediğini, Atatürk'ün modasının geçtiğini, yönlendirici, usta söylemiyle bir güzel anlatmıştı.[126]

Bir toplantıya "bilimsel" demekle "bilimsel" oluyorsa; tarihteki birçok benzeri toplantı da "bilimsel" olamaz mıydı? Örneğin 1919 yılında Türkiye'nin kimlik sorunlarını, topraklarıyla birlikte çözmek üzere toplanan 'Paris Konferansı' da 'bilimsel toplantı' olmuş oluyor. O konferanslara, paylaşımcı konferans diyerek karşı çıkıp, savaşa tutuşanlar herhalde 'bölünme sendromu'na kapılmışlardı.

şan eleman sayısı 24 idi. Kurucuları ve yöneticileri: Gökhan Çapoğlu, Selim Yaşar (1996'da Bşk.), İsmet Gürbüz Civelek (o zaman Trabzon Valisi), Kazım Yalçınoğlu, Vefa Erarslan, Osman Tan, Cengiz Erol.

[126] Graham Fuller, CIA eski İstasyon Şefi Henze'nin katkısıyla 1993'te RAND adına yayınlanan kitapta, geleceğimizi okumuştur. Bu işlerde deneyi ve payı olanların öngörüleri kesinliğe yakındır ve Türkiye'nin ABD ve İsrail çıkarları doğrultusunda 'cihanda sulh' ilkesinden kopartılması için gerekenleri bildirmektedir: *"Türkiye, o zaman, gelecek on yılda Ortadoğu siyasetine kuşkusuz daha bir özen gösterecektir. Bu değişiklik, birçok etmene bağlıdır: Ekonomik gereksinim, AT (sonra AB)'den dışlanmasının ardından yeni etki alanı seçeneklerine duyulan gereksinim, Kafkasya ve Orta Asya cumhuriyetleriyle yeni bağlar kurma fırsatları ve İran körfezinde kargaşanın yükselmesi ve Atatürkçü yalıtılmışlıktan giderek uzaklaşmak..."* Graham E. Fuller and Ian O. Lesser with Paul B. Henze and J.F. Brown, Turkey's New Geopolitics From the Balkans to Western China, s.91

Türkiye'de "kimlik" sorunlarını "bilimsel" kılıfla tartışmak üzere illaki eski istihbaratçılar mı gerekiyordu? Kötü niyetlinin biri kalkıp, üstelik yabancıdan 20.000 dolar da alınmış dedikten sonra bu işi, mütareke dönemlerindeki "ilmi" toplantılara ve "muhipler" cemiyetlerinin işlerine benzetmeye kalkarsa ne denebilir?

Bu sorunun yanıtını çağdaş "project democracy"nin 1917-1923 dönemi kitaplarına bırakalım ve söz konusu "demokrasi" ve "kimlik" toplantısının bazı aktörlerini anımsayalım.

Georgetown Üniversitesi'nde Türk Araştırmaları Bölümü'nü kurmuş olan Prof. Sabri Sayarı bu toplantıya katılıyor. Hotel Sheraton' un salonunda bir başka yetkin kişi daha bulunmaktadır: George S. Harris, Türkiye'yi yakından tanıyan bir istihbarat uzmanıdır. Gençliğinde Türkiye'de bulunmuş olmasının yanında, Harris'i böylesine önemli bir toplantıya getiren neden, onun bölgesel uzmanlık alanıyla da yakından ilişkilidir. Harris, ABD İstihbarat ve Araştırma Bürosunda Yakındoğu ve Güney Asya Analiz Bürosu'nun da direktörüdür.[127/128]

Harris, 1995 baharında yaptığı açıklamayla, sonraki yıllarda Türkiye'nin gündemine oturacak olan başlıkları belirler:

"Başkanlık sistemi Türkiye için yararlı olacaktır. (...) Artık Sovyetler Birliği yok. Amerika'nın dünyadaki çıkarlarında değişiklikler oldu. Bu çerçevede pek çok ülke gibi İsrail de önemini yitirdi. (...) Kuzey Irak bir süre daha özel bölge olarak kalacak. 5-10 yıl içinde daha demokratik hale gelecektir."

Ünlüler, o denli ileri görüşlüdürler ki Türkiye'nin yakın geleceği üstüne ne dedilerse gerçekleşmiştir. İslam ve Demokrasi buluşmasından tutun da Irak'ın parçalanmış topraklarında yeşeren ABD güdümlü demokrasi ortamında PKK kampları ve Kuzey Irak'ta güdülebilir bir devlet kurma adımlarına dek her şey isteğe uygundur. Ancak ustaların bazen öngörülerinin ne denli tersine işlediği de görülür.

Eski istihbaratçı, *"İsrail de önemini yitirdi"* demişti; ama 2001'den 2002'ye sarkan büyük bir saldırıyla Filistinlilerin elinde kalan son toprakları da işgal ederek kıyıma başlayan İsrail, dünyanın kaderini belirleyecek olan ABD'nin Ortadoğu müdahalesinin yollarını açmaya başladı.

Harris'in bu tür sözlerine 'yanlışa yöneltme' ya da 'yanlış bilgilendirme' demek, "project democracy" işini küçümsemek olur. Onların bu

---

[127] George S. Harris (1931-): Türk tarihini araştırdı (1954-1955, Ankara Dil Tarih Fak.), Hava Kuvvetleri istihbaratında, Ankara'da *"Operasyonel Agent"* (1957-1962), Avustralya'da siyasi görevli (1963-1965)... Heritage Fdn.' da; 1984 "Türk-Amerikan İlişkileri Kapsamında Ortadoğu" konferansı editörlüğünü yaptı. Türkiye ile ilgili kitapları: *Türk Siyasetinde Ordunun Rolü, Türkiye'de Komünizmin Kökleri, Sorunlu Müttefik, Krizlerle Mücadele Eden Türkiye.* (Doğan Uyar, "Türk solu, diğerlerinden daha ulusalcı" söyleşi, *Aydınlık*, 27.5. 1995. Ayrıca Bkz. Julius Mader, *Who is Who in CIA*, s.222)

[128] Ann L. Brownson, Federal Staff Directory 1992, s.603

tür yanıltma ve yönlendirme politikalarına Türkiye'den büyük bir iç destek de örgütlenmiştir.

Başarının ne kadarının "project democracy" ye, ne kadarının dolarlı operasyona ortak olanlara, ne kadarının da para piyasası vurgunculara bağlı olduğunu ölçmek şimdilik olanaksız.

SAV Başkanı, Aralık 1995 erken seçimine iki ay kala, DSP'ye kayıt yaptırdıktan sonra, DSP adına TBMM Bütçe Plan Komisyonu üyeliğine seçiliyor. Bir politikacı için en önemli basamak olan TBMM parti grup sözcülüğü görevini üstleniyor.

Kader midir, nedir? Sonraki yıllarda Ecevit Başbakan olacak ve ABD'ye muhtaç kalınca, Amerika'dan Kemal Derviş adlı Dünya Bankası memurunu getirip ekonomik durumu düzeltmek ve daha önemlisi, ABD'den destek sağlamak üzere, hükümetin sanki büyük ortağıymış gibi bakanlık koltuğuna oturtacaktır.[129]

Eski başbakanlardan Tansu Çiller de, kendisinin geldiği yeri unutacak ve *"Aralarında adam yok muydu da dışardan adam getirdiler?"* diye acı acı soracaktır.

Bülent Ecevit bu hallere düşeceğini bilse, Türk partilerinin demokratikleştirilme projelerinin yetkin bilimcilerini "disiplin" gerekçesiyle partiden uzaklaştırır mıydı?

Sorunun yanıtı, Ecevit'in 2001 baharında ABD Başkanı George Bush Jr.'a gece yarıları telefon ederek para yardımı istemesinde; Türk kamuoyunun önüne çıkıp, ince ince anlatma konumlarına düşmesinde bulunacaktır. Siyasal kader bazen acımasız olaylar hazırlıyor.

IRI ile ortak iş görmenin sonu

24-27 Nisan 1995'te Fuller'in katılımıyla düzenlenen "Demokrasi ve Kimlik" konferansının ve IRI'nin dolarlarıyla gerçekleştirilen yoklamaların ve Aralık 1995 genel seçiminin ardından SAV'dan açıklamalar gelir. Gökhan Çapoğlu, Cengiz Erol (Prof. ODTÜ) ve İsmet Gürbüz Civelek (Trabzon valisi) tarafından kurulmuş olan SAV'ın kurucu başkanı

---

[129] Kemal Derviş'in yardımcısı Oya Ünlü Kızıl da Dünya Bankası'nda çalıştı. Kemal Derviş'ten altı ay önce Türkiye'ye geldi. Zamanın Devlet Bakanı Fikret Ünlü'nün kızıdır. TED ve ODTÜ'den sonra, Erdal İnönü'nün yazdığı referans mektubuyla ve Milli Eğitim Bakanlığı bursu ile Georgetown Üniversitesi'ne gitmiş; ama burs karşılığı olan zorunlu hizmete dönmemiş, bursun bedelini aylık 450 milyon TL taksitlerle Fikret Ünlü ödemektedir. ABD'de bir yıl sonra Kemal Derviş tarafından Dünya Bankası'na alınmış, Ortadoğu-Kuzey Afrika Bölümünde 3 yıl 'portföy yöneticiliği' yapmış; Kemal Derviş Mart 2001'de T.C. Devlet Bakanı olunca *"takımın değişmez üyesi"* olarak başdanışmanlığa başlamış; içerde ve dışarıda tüm toplantılarda Kemal Derviş'e eşlik etmiştir. *Muharrem Sarıkaya, "Derviş'in sağ kolu İngiltere yolcusu" Hürriyet*, 6 Mart 2001; *Radikal*, 6 Mart 2001; *Hürriyet Pazar* 1 Nisan 2001; *"Cinnah Fısıltıları" Hürriyet*, 12.08.2002 ve CNN 32. Gün, treasury.gov.tr/ duyuru / basin/ dervis_32gun-2_ 20020314.htm .

vakıftan ayrılır. İşadamı Selim Yaşar başkanlığındaki yeni SAV yönetimi, IRI'yi çağırdıklarını belirterek şu açıklamada bulunurlar:

"*IRI temsilcileri Türkiye'ye geldi. Onlara ilkelerimizi bildirdik. Türkiye'nin çıkarını her şeyin üstünde tuttuğumuzu anlattık. Bunun üzerine IRI bizimle olan ilişkisini kesti.*"

Bu yorum, gerçeği ne denli yansıtıyor, kişisel kırgınlıkların payı var mıdır? Bu ayrı bir konudur; ama eski başkanın Aydınlık dergisine yansıyan yanıtı daha da ilginçtir:

"*Graham Edmund Fuller'in davet edileceği konferans hem Genel Kurul'da alınmış bir kararı, hem de Yönetim Kurulu kararında İ.Gürbüz Civelek'in de imzası vardır, Cengiz Erol'un da... Ömer Tarkan... Süleyman Demirel onu Basın Yayın Genel Müdürü yaptı. Sonra Cumhurbaşkanlığı danışmanı, ondan sonra YDH'de Genel Koordinatör oldu... Onlara vakfın gelir kaynaklarını sorar mısınız? (...) Sizin yazdıklarınız doğrudur. IRI'nin NED'den kaynak aldığı, NED de ABD kongresinden alır... Ama Avrupa Birliği'nden de kaynak alırsınız. Siz de alırsınız dernek veya vakıf kurarsanız. IHD de alır... Avrupa Birliği'nden alınan kaynağın da ardında hükümet vardı. Marmara Belediyeler Birliği de kaynak aldı. TDV (Türk Demokrasi Vakfı) de almıştır. İstanbul'daki TESEV de almıştır IRI'den. Herkes kaynak alır. Bu işlerin çalışması "Think Tank"lerin çalışması, siz proje sunarsınız...*"

Eski başkan, IRI ile SAV'ın ilişkilerinin kesilmesi konusunda da ilginç bir açıklama yaparak, "*IRI onların kaynağını kesti. IRI istemedi. Onlar uzatmak istediler*" diyor ve ekliyor:

"*Trabzon Valisi Civelek bu işin içinde olduğu ve genel sayman olarak bütün ödemeleri onun yaptığı... Ömer Tarkan, sizin kurduğunuz partiyi kim destekliyor?*"

Bu son sorunun üstünde ne denli durulsa azdır. Yeni Demokrasi Hareketi ile II. Cumhuriyetçiler, marjinalleri, hatta Altan kardeşleri, Kemal Derviş'i çevresine toplayan Cem Boyner'in partisi midir kastedilen? Anımsanacaktır; bu hareket, medyanın hemen hemen tümünün gözdesi olup çıkmıştı. Bu harekette anlaşılmayan, SAV eski Başkanı'nın sözünü etmiş olduğu para kaynağıyla YDH ilişkisidir.

Oysa Cem Boyner, piyasada tanınmış bir işadamıdır. Üstelik hareketi destekleyenler arasında ünlü kişiler, Dünya Bankası'ndan Kemal Derviş gibi değerler de vardır. Bu durumda, hareketin dışardan parasal destek almış olma olasılığı kabul edilir gibi değil. Ülkeyi kurtarmaya soyunan, çoğunlukla paralı insanların desteğini alan, deneyimli devlet elemanlarını kadrosu içinde bulunduran hareketin, dışarıyla, hem de yabancı örgütlerle, paralı ilişkiler kurup kurmadığı ancak NED kaynaklarınca bilinebilir. Bu savın gerçekliğine inanmak, Türkiye demokrasisinin iyice dışa bağlandığı 'Sendromu'na yol açar ki bu büyük bir tehlikeye de işaret eder.

Bunu uzak bir olasılık ve söylenenleri abartı olarak değerlendirebiliriz.

Şimdi yeniden 1995 sonuna dönüp, "IRI-SAV-Strateji Mori ortak çalışmasının ardından yapılan seçimlerde, erken seçim kararı aldırmış olan CHP ne yapıyor?" diye sorabiliriz. Yanıt kısadır: CHP, büyük umutlarla girdiği seçimde yeniliyor, milletvekili sayısı yarı yarıya düşmüştür.

IRI'nin seçim yoklaması ve adı verilmeyen örgüt

Tarihinde ilk kez, rejimine zıt bir yapılanmayı, imparatorluk topraklarır üzerinde hüküm sürmüş olan Osmanlı devlet düzenine geri dönmeyi savunan; hatta bununla bile yetinmeyerek dinsel esaslarla devlet yönetileceğine inanan siyasal hareket, ABD'den destek aldığı ve laikliğin, çağdaş kadın görünümüyle, dinsel inançların savunucusu olarak öne çıkan Tansu Çiller ile işi bağlayıp hükümet oldu.

Üç yıl sonra Washington'da hükümetin Başbakanı Necmettin Erbakan'a *"Türkiye'ye İslami demokrasiyi tattırdığı"* için onur ödülü verilecektir. Kısa adı ISNA (Kuzey Amerika İslam Cemiyeti) olan örgütün toplantısına ABD Başkan yardımcısı Al Gore da kutlama mesajı yollayacaktır. Türkiye, ISNA yöneticilerinden Yusuf Ziya Kavakçı ve Merve Kavakçı sayesinde, ancak 1999 seçimlerinden sonra bu örgütü tanıyacaktır. Çiller de 1999 seçim döneminde başörtüsü dağıtıp, *"İnancınızın kefili benim! Ben!"* diyerek oy isteyecektir.

Liberal Düşünce Topluluğu Derneği'nin "Kemalist çekirdekli" rejimin yıkılması için, Nisan 1995'te öngördüğü araçların en önemli gücü, İslami hareketin yükselişinin meyvesi alınmış oluyordu. Sabri Sayarı'nın hazırladığı söylenen RAND 1990 raporu da böyle öngörüyordu; İslami hareket yükselecek. İslami hareket ABD'ye zarar vermez. Kürt hareketi İslami hareketle birleşirse güçlenecektir.[130]

IRI'nin 1995 Türkiye çalışmalarının arkasından bunlar oluyordu. DSP'den uzaklaştırılan Bülent Tanla ise, CHP yönetimine girdi. 1998 sonuna doğru CHP'nin oylarının yükseldiğine inanıldı ve hükümeti dışardan destekleyen CHP, desteğini çekince Türkiye, bir kez daha erken seçime sürüklendi. Cumhuriyet devletini kuran Cumhuriyet Halk Fırkası'nın devamı olan CHP meclise bir tek üye bile sokamadı.

Bu aşamada SAV'a bağış yapılmasının gerekçesinin IRI'nin proje tanıtım özetinden bir kez daha okuyalım:

"Bu program dâhilinde, 1994 yılında kurulmuş olan, kâr amacı gütmeyen, Ankara'da yerleşik hükümet dışı bir örgüt olan ve Türkiye'nin önde gelen partilerden bağımsız düşünce topluluğu (özelliğini taşıyan) Stratejik Araştırmalar Vakfı'na doğrudan parasal yardım

---

[130] *"Savunma Müsteşarlığı için Sabri Sayarı'ya hazırlattırıldığı anlaşılıyor-Fehmi Koru",* Amerikan Gizli Belgelerinde Türkiye'de İslamcı Akımlar, "The Prospects for Islamic Fundamentalism in Turkey - RAND Corp. 1989"dan Tercüme: Yılmaz Polat, Takdim: Fehmi Koru, Beyan Yayınları, İstanbul, Ağustos 1990, Takdim, s.11

yapılacaktır. IRI, SAV ve İstanbul'da yerleşik bir başka yerel ortağıyla birlikte bir dizi kamuoyu araştırması yapacaktır."

"Bir başka yerel örgüt"ün kimliğinin bildirilmemesiyle yine şeffaflığa aykırı hareket eden IRI, araştırmanın amaçlarını da iyi bir söylemle ortaya koyuyor:

"Bu araştırmalar ekonomik ve siyasal reformların, dinsel yaklaşımların ve 1994 sonbaharında Türkiye'deki Politik Tıkanıklığın Giderilmesi ile ilgili raporda belirtilenler dâhil, çok çeşitli diğer konuları ölçecektir. Yoklama projesi her üç ayda bir yoklamayı ve yoklama örgütlerine teknik yardımı kapsayacaktır. Yoklamaların sonuçları iç ve dış basına, hükümet dışı örgütlere ve Türk politik partilerine verilecektir."

Amerikan muhafazakârlarının örgütü IRI, bu iş için Stratejik Araştırmalar Vakfı'na "doğrudan" 170,173 $ destek sağlandığını belirtiyor.[131] Amerikalı ustaların, sonuçlarını alınca herkese bilgi vereceğiz dedikleri kamu yoklamalarının amacı olan "Türkiye'de Politik Tıkanıklığın Giderilmesi" işini başardıkları kesin. Bunun için yukarıda özetlediğimiz erken seçim ortamını, seçimin aktörlerini; seçimler sonucunda Türkiye'nin içine sürüklendiği din tartışmalarıyla iç içe geçmiş siyasal düzensizlik ve bunalım dönemlerini anımsamak yeter de artar.

NED'in çekirdek örgütleri, partilerle doğrudan ilişki kuruyor ve türlü atölye çalışmalarına başlıyorlar. NED operasyonunu, 1996'ya dek, vakıf, dernek, belediyeler vesaire ilişkileriyle sürdürürken, sonraki yıllarda yeni bir aşamaya yükseldiği görülüyor. Bu dönemde partilerle doğrudan ilişkiye geçiliyor, yasa tasarıları hazırlanıyor, parti içi eğitimler örgütleniyor. Güdümlü demokrasi ihracı ve güdümlü din hürriyeti ihracı, dış destekle ile iç içe geçiyor.[132]

Türk halkı olanı biteni ayrımsayamadığından, seçimlere girerken, laiklik konusunda ABD'den medet umuyordu. Oysa uygulamanın sahibi zaten Amerika idi. Türkiye, solculuk-laiklik yanlısı diye seçiyordu; ama seçilenler ABD'nin tutucu partisinin uzantısı örgütle çalışıyorlardı. Türkiye, "kurtuluş İslâm'dadır" dendiği için oy veriyor; ama lider İslâm ülkelerinin petrolüne göz diken, o ülkeleri işgal eden ülkeye gidip ödül alıyordu. Türkiye "Seçim olalı ne geçti ki şimdi niçin seçime gidiyoruz?" diye soruyor; ama işin içinden çıkamıyordu. Türkiye'de ne sağcı sağcıya, ne solcu solcuya, ne milliyetçi milliyetçiye, ne dinci dinciye, ne Kemalist Kemalist'e ve ne de Atatürkçü Atatürkçüye benzer olmuştu. Çok masum yoklamaların sonuçları buydu.

Liberal dümeni tutan NED ve ortakları, vakıf-dernek-kişi ilişkilerinden bir üst ilişkiye geçtiler; partilerle doğrudan çalışmaya başladılar.

---

[131] NED Annual Report 1995.
[132] "çekirdek örgüt" NED raporlarındaki "core organizations" adlandırmasının çevirisi olarak olduğu gibi alınmıştır.

NED'in Türkiye operasyon dönemi, 1995 erken seçim sonrasında yeni bir evreye girdi.[133] SAV'ın eski başkanı da DSP'den milletvekili oldu ve 1995'te Anadolu Stratejik Araştırmalar Vakfı (ANSAV)'nı kurdu.[134] NED elemanları, YDH deneyiminden ders çıkarmış olmalarından mı, yoksa uzun dönemli senaryo uygulama ustalıklarından mı, bilinmez, Türkiye'nin tüm partilerini eğitmeye karar verdiler. Onların deyimiyle, bu girişime bir kanal* bulmak gerekirdi. Devreye IRI girdi ve ANSAV'ın çalışmalarına, 1996 yılında 12 aylık proje için 189.604,00 dolar tahsis etti. Bu yeni proje NED raporunda şöylece tanıtılıyordu:

"Uluslararası Cumhuriyet Enstitüsü (IRI) Türkiye'nin önde gelen partilerinin güçlü bir örgütlenme kurup, politik iletişim ve ilişki kurma yöntemlerini geliştirerek ve parti örgütlerine kadınların katılımını artırarak demokratik temsilde daha iyi bir kanal oluşturmalarına yardımcı olmak üzere, Fon (NED)'un desteğini almıştır."

Zaten bütün sorun da buradadır. Türkiye'de partiler yeni kurulmuştur. Ne geçmişleri vardır ne de tarihsel ve siyasal kültürleri. NED olmasa ne yaparlardı bilinmez; ama NED olunca ne yapacakları projede yazılıyor:

"IRI, belli başlı partilerin, politik iletişim ve ilişki kurma stratejileri, yerel parti örgütlerinin geliştirilmesi ve kadınların önderlik eğitimleri konularında bir dizi eğitim atölyesi oluşturacaktır. Partilere doğrudan yardım yapılmasına ek olarak IRI, Ankara'da yerleşik parti dışı bir kamu kuruluşu olan ve daha demokratik bir örgütlenmeye yönlendirecek partiler yasası reformlarını araştırmak üzere Türk politik parti yöneticilerini bir araya getiren atölye çalışmalarını yürüten Anadolu Stratejik Araştırmalar Vakfı'nı desteklemek üzere 20.000,00 US dolar destek bağışı sağlayacaktır."

ANSAV'ın ve benzerlerinin önemi de buradadır. ANSAV parti yöneticilerini bir araya getirecek, atölyeler oluşturacak; IRI de onlarla ayrı ayrı atölyeler kuracaktır. Atölyelerde Amerikan işi partiler yasası çalışılacaktır. ANSAV'ın amacı "Türkiye'deki politik partilerin yapılarını değiştirmeye özendirmek ve partiler arası eşgüdümü geliştirmektir."

ANSAV, milletvekillerini bu kez NDI ile buluşturuyor. 10-11 Nisan 1997 arasında Çapoğlu başkanlığındaki vekiller, Amerikalılarla atölyede çalışmaya başlıyorlar ve Türklerin yüzlerce yıldır kurdukları devletlerde

---

[133] Bülent Ecevit, DSP grup toplantısında kesin ihraç istemiyle disipline verilen Bülent Tanla, Gökhan Çapoğlu ve Bekir Yurdagül olayını açıkladı: "*En üzücü durum disiplin işlemi uygulamaya mecbur kalmaktır. Refahyol'dan kurtulmak için somut çözüm teklifleri ile mücadele verirken, kendi içinde kavgalı bir parti görüntüsü vermeyi göze alamazdık.*"

[134] ANSAV'ın 1995'teki üye sayısı, 22. Yönetim: Gökhan Çapoğlu (Bşk.), Ali Saatçi, Bülent Çorapçı, Gülnur Muradoğlu, Ömer Faruk Gençkaya, Bahri Yılmaz, Metin Ger, Lale Tomruk.

* Amerika'da sözlük anlamı 'boru' olan 'conduit' sözcüğü değer aktarımına aracı olan kuruluş ve kişiler için kullanılmaktadır

ve son 120 yıldır sürdürdükleri millet meclisi çalışmalarında bir türlü öğrenemedikleri ahlakı yeni vekillere ve partilere öğretmek üzere Amerikan yardımıyla "siyasal ahlâk kuralları" yasası hazırlamaya başlıyorlar ve "Açıklık, Dürüstlük, Liderlik" tanımlarını belirleyen TBMM üyesi vekiller, beş ilke üstünde uzlaşıyorlar:

"1) Milletvekilliğiyle bağdaşmayan işler tanımının yeniden yapılarak, ilgili mevzuatın buna uygun olarak değiştirilmesi,

2) Milletvekillerinin gelir ve servet beyannamelerinin açıklık ilkesine uygun olarak kaynaklarıyla birlikte kamuoyuna düzenli olarak açıklanması,

3) Milletvekillerinin yasama görevlerinin daha etkin bir şekilde yapmaları yönünde, TBMM Genel Kurulu'na ve komisyonlarına devamlarını sağlayacak önlemlerin alınması,

4) Dokunulmazlığın yasadışı ve siyasal ahlakdışı eylem ve işlemler için bir zırh olarak kullanılmasının önlenmesi ve dokunulmazlığın yasama sorumsuzluğuyla sınırlandırılması,

5) Milletvekillerinin seçim harcamalarının ve bunların kaynaklarının denetlenmesi."[135]

'Açıklık' ve 'dürüstlük' öğrenmek için, Amerikalılarla toplanacaklarına herhangi bir köye gitseler ve kahvehanede halka sorsalardı, işi daha kolay ve yeterince açıklıkla öğrenebilirlerdi bu vekiller. Üstelik o denli dolar harcamaya da gerek kalmazdı. İyi de şu ilkelere ne demeli? Milletin vekilleri, Amerikan dolarıyla çalışan bir atölyenin demesiyle, zaten yapmaları gereken işleri ve uymaları gereken asgari ahlak kurallarını ilke edinsek mi, edinmesek mi, diye sorar olmuşlar.

Bir büyük sorun daha var: Amerikalılar ne de olsa yabancı sayılırlar. Ahlak yasası hazırlayıcıları ilkeleri eksik anlamış olabilirler. Ahlak yasası ithalcileri şu maddeyi de pekâlâ koyabilirlerdi:

"Yabancı devletlerin kuruluşlarından para alarak, düzenlenecek ahlak kurslarına katılmak da yabancı parasıyla desteklenen çalışmalarla yönlendirilmek de Türk milletvekilliğiyle bağdaşmayan işler tanımına girer... Milletvekillerinin seçim harcamalarının ve bunların kaynaklarının denetlenmesinin yanı sıra, seçimlerden önce el parasıyla seçim yoklaması yapmak, seçimlere yabancı elinin dolaylı ya da dolaysız olarak girmesine yol açan tutumlar takınmak, yabancı ülkelerin emekli istihbaratçılarının, dışişleri memurlarının, seçim ve seçmen dersi ile ilgili harcamalarının ve kaynaklarının da denetlenmesi..."

IRI ve ANSAV'ın, NED'in parasıyla gerçekleştirecekleri projenin özeti, *"IRI, 3 atölyeyi doğrudan destekleyecektir"* diye bitiyordu. Bu durumda, NDI-ANSAV ve milletvekilleri, belki de sözleşerek, "Vekillerin

---

[135] "Siyasetçi Ahlak Yasası" öneriliyor, *Milliyet, 29.04.1997*

seçim harcamalarının ve kaynaklarının denetlenmesi, dost ve müttefik ülkenin katkıları gibi ayrıntıları kapsamaz" demişlerdir.

Amerikalılar hesapları şişiriyor mu?

ANSAV Genel Başkanı, "IRI'nin parti örgütlenmesi ve kadın örgütlenmesi gibi konularda çalışması için ANSAV'a 189.604 dolar verdiği iddiası kesinlikle doğru değildir. Eğer IRI ve NDI ABD'deki ofis ve eleman harcamalarını katarak üst kuruluşları olan NED'e farklı rakam ve bilgi ilettilerse, bu bizi ilgilendiren bir konu olmadığı gibi haberimiz de yoktur"[136] diyor ve para işine şu açıklamayı getiriyor:

"ANSAV iki proje konusunda IRI ile ortak çalışma yapmıştır. Birinci proje, IRI'nin Strateji-Mori şirketine yaptırdığı 'Kentte Yaşayanların Tutum ve Öncelikleri Araştırması' başlıklı kamuoyu araştırmasının 1996 yılı başında yayınlanmasıdır. Bu kamuoyu araştırmasının yayınlanması için IRI 10.000 dolar parasal destekte bulunmuştur. İkinci proje ise Türkiye'nin en önemli konularından biri olarak gördüğümüz 'Parti İçi Demokrasi' konusunda uluslararası katılımlı bir konferans düzenlemek ve bu konferansın konuşmalarını yayınlamaktır. 1996 yılında başlayan bu proje 1997 Nisan'ında sonuçlanmıştır. Bu proje için IRI 20.000 dolar, Friedrich Ebert Vakfı ise 420 milyon TL katkıda bulunmuştur. 1997 yılında NDI ile ortaklaşa düzenlediğimiz uluslararası 'Siyasal Etik' konferansının konuşmalarının yayınlanması için 5.000 dolar destek sağlamıştır."[137]

Vakıf Başkanı, açıkça diyor ki, 189.604 dolar değil 35.000 Dolar ve 420 Milyon lira aldık.[138] Geri kalanı Amerikalılara sormak gerek. Bu durumda paranın miktarı dışında bir sorun yok gibi görünüyor. Yabancı kuruluşun Türkiye'de kamuoyu yoklaması yapması bir yana bırakılırsa yabancıların kitapları kendi olanaklarıyla yayınlamak yerine ANSAV ile öteki yerli "sivil" örgütleri seçmelerinin nedenleri derin ve ciddi açıklamalar gerektirir.

Aslında, bu tür kuşkular da birer ayrıntıdır; çünkü soruların, Amerikanca bin bir türlü yanıtı bulunabilir. Ne ki asıl sorun, NED'in durumudur.

NED "Democracy Projects Database – Long Report"un ANSAV ile ilgili bölümünde aynen şöyle yazıyor:

"Grantor: National Endowment for Democracy (NED)
Grantee(s): International Republican Institute (IRI)

---

[136] Gökhan Çapoğlu, "Açıklama: Şifre Çözücü "Project Democracy" Yanlış Bilgi ve Önyargılara Dayanan Bir Değerlendirme" *Müdafaai Hukuk, Yıl:3, Sayı:38, Ekim 2001, s.62, st.2*
[137] Gökhan Çapoğlu, a.g.y, s.62
[138] 14 Haziran 1996 kurlarıyla 420 milyon TL= 8.076 DM; 16 Haziran 1997 kurlarına göre 420 milyon TL= 5.121 DM

Subgrantee(s):Anatolian Strategic Research Foundation (ASFR)
Country(ies): Turkey Region(s): Middle East
Subject(s): Women; Political Parties (kadınlar; siyasal partiler)
Period: 1996 Amount: $ 189.604, Period: 12 months"

ANSAV'ın NDI'den aldığı 5.000 dolar bu paranın içinde olmasa gerek; çünkü "*Bağış alan: IRI*" deniliyor. Başkanının açıklamasına göre, ANSAV, IRI'den 20.000 ve 10.000 dolardan toplam 30.000 dolar almış. 189.604 eksi 30.000, eder 159.604 dolar. ANSAV başkanı, bu 159.604 dolarlık fark için IRI'nin Amerika'daki "*ofis harcamaları*" olabilir, diyor. Bu durumda paranın tümüne yakın bölümü, projeyle ilgili genel gider olmuş oluyor. Her neyse, ABD başkanının resmi onayını almış olan NED raporunda, IRI kanalıyla ANSAV'a 189.604 dolarlık destek verildiği belirtiliyor.

ANSAV Başkanı haklıysa, NED ya da IRI hesapları şişiriyor olmalı. Bu durum bizi değil, "*siyasal etik*" projelerini, bizim yerli "subgrantee (Bağış alanın bağış alanı)" örgütlerle yaşama geçiren Amerikan örgütlerinin bütçelerini denetleyen GAO (Amerikan sayıştayı) ile bu bütçeleri onaylayan ABD Kongresi'ni ilgilendirir.

Şu ya da bu durum, yerli "subgrantee"nin NED-IRI'den para aldığı gerçeğini değiştirmez. "Parti içi demokrasi" ya da "kadınların siyasete katılımı" ya da "siyasal ahlak" atölye işleri, politik örgütlenme çalışması olmuyor da acaba ne oluyor? Bütün bunların ötesinde, Amerikalıların raporlarda yanlışlık yapmaları söz konusu olamaz; çünkü onlar, "siyasal etik" ilkelerine sadıktırlar. 159.604 dolar, atölye işlerini yürütenlere 'nakdi' olarak değil, 'ayni' olarak ve de 'eleman' olarak bağışlanmış da olabilir.

Böylesi bir yalın durumda, can alıcı sorun kimin kimi bulduğudur. NED ve IRI'mi sivili buldu, yoksa sivil mi IRI ve NED'i buldu? Bu işlerin bütçesini kim hesaplıyor? Örneğimizdeki IRI mi 'grantee' olarak hesap yapıyor, yoksa ANSAV mı "subgrantee" olarak bütçe oluşturuyor?

Daha açıkçası, yabancılar Türkiye'ye dek gelip: Sizin biraz parti içi demokrasi ve siyasal ahlak öğrenmeniz gerekiyor; biz bu işi hesapladık, kitapladık, gelin sizi "sub" yani "alt" yapalım mı, diyorlar; yoksa Türkiye sivilleri onları buluyor ve "Bizim hem şuna, hem de buna gereksinimimiz var, verin parayı" mı, diyorlar?

Bu sorular, "yeni dünya düzeni"ne uymaz belki; ama yurdun insanı olmaya uyar. Bu yurdun insanlarını değil de hem o yurdun, hem bu yurdun insanı olmak arasında ve içerdeki sol partilerle Amerika'daki muhafazakâr partiler arasında dolanıp durmanın yararlarını atlayıp, ANSAV Başkanı'nın açıklamalarını okuyalım:

"*Yabancı kişi ve kuruluşların kendi ülke çıkarları için çalıştığı doğrudur; ama her zaman üstün oldukları doğru olmadığı gibi, yerli kişi ve kuruluşların, hepsi olmasa da büyük çoğunluğunun, ülke çıkarları için çalıştığını kabul etmek gerekir. (...) Kişisel olarak birçok alanda yabancıları kendi paramızla davet edecek kadar değerli olduklarını düşünmediğim gibi, harcayacak kaynaklarımızın varlığı da söz konusu değildir."*[139]

Yabancılar, her zaman üstün ve o denli değerli değillerse, onlar adına kamuoyu yoklaması niçin yapılır? Onlarla "parti içi demokrasi" ve "siyasal ahlak" konferansları ve hatta "siyasal partiler yasası reformu" taslaklarıyla ilgili "işbirliği" yapılmasının siyasal bir anlamı yoksa nesi vardır? Yoksa şu yabancıların ne denli 'değersiz' olduklarını göstermek için mi bu atölyecilikler?

Her yerde RAND

ANSAV Genel Başkanı'nın açıklamalarından, "siyasal ahlak" toplantısının Abant'ta yapıldığını ve bu toplantıya Hudson Institute'ten William Huber Hudnut adlı bir 'uzmanın' katıldığını öğreniyoruz. Ayrıca Genel Başkan'ın, bu eski belediyeci Hudnut'a ABD'nin tutumundan yakındığını; Türkiye üstüne insan hakları raporları düzenlemeye haklarının bulunmadığı eleştirisini ilettiğini öğreniyoruz.

Hudnut, ABD'ye dönünce, Kongre'nin Dışişleri Alt Komitesi Başkanı Senatör Richard Green Lugar'a bir mektup yazarak, Türklerin bu yakınmasını bildirdiğini de öğreniyoruz. Genel Başkan, 'siyasal ahlak' gibi, konferansların ne iyi işlere yaradığını gösterirken, devletin "milyonlarca dolar vererek yapamayacağını" gerçekleştirdiklerini belirtiyor.[140]

Doğrusu, bir senatöre bir mektup yazdırmak zor iştir. Hem sonra, Hudnut'ın Lugar'a yolladığı "July 22, 1994" tarihli mektuptan sonra ABD'nin tavrı değişmiş ve insan hakları ve din hürriyeti raporları Türkiye'nin lehine yazılır olmuş mudur? Bunu ancak ortaklık eden bilebilir. Aynı zamanda NED yönetim kurulu üyesi olan ve Venezuela'da asker-sivil darbesini destekleyen Richard Lugar'ı sonraya bırakarak, yerli *"subgrantee"*lerin ne gibi kuruluşlarla "işbirliği" ya da proje "ortaklığı" yaptıklarına bir örnek olması bakımından Abant konferansçısı Hudnut mektubunu Hudson Institute'ün resmi kâğıdına yazmış; mektubun bir kopyasını 'Herman Kahn Center' adlı kuruluşa iletmiş. Bu merkezi kısaca tanıyalım:

Hudson Institute, 1962 yılında, New York banliyölerinden *Croton on*

---

[139] Gökhan Çapoğlu, a.g.y, s.64
[140] Lugar, 1990'da Irak işgal lobisinin başını çekti; senato seçimlerinde kendisine para veren tarım şirketi Eli Lilly Co. (1876'da Albay Eli Lilly tarafından kuruldu)'ye özellikle Güney Amerika ilişkilerinde aracılık etti. Bu şirket, 'insulin' ve 'prozac' hapının en büyük satıcısıdır. (*Charles Lewis, The Buying of The President, s.164, 166-167.*) Lugar, Ağustos 2003'de ABD Senato heyeti başkanı olarak Ankara'ya geldi ve üst derecede kabul gördü. Genel Kurmay Başkanı ile görüştü.

*Hudson'*da, Herman Kahn tarafından kuruldu. Kahn daha öğrenciyken RAND'ın fizik bölümünde işe başlamış; nükleer yakıtlı uçaklar, nükleer strateji ve sivil savunma alanında çalışmıştı. 1961 yılında RAND'dan ayrılan Kahn, 1962'de RAND benzeri "Hudson Institute" merkezini kurdu. Savunma Bakanlığı'na, Sivil Savunma Bürosu'na, başkaca devlet kuruluşlarına ve özel şirketlere hizmet vermeye başladı. 1970'e gelindiğinde uzman sayısı 40'a, danışman ve araştırmacı sayısı 100'e ulaşmıştı. Çalışma alanı da genişlemişti; füze savunma sistemleri, nükleer strateji, Vietnam savaş stratejisi vb.[141]

Devletin küçülmesi, devletin sosyal işlevinin azaltılması politikalarına destek bir çalışma yürütmesinin yanında hemen hemen her Amerikan "Institute" ünde olduğu gibi Amerikan dış politikasını yönlendirmek üzere bir "Milli Güvenlik Çalışmaları" bölümüne sahiptir. Bölümün başında Emekli Tuğ. William Odom görevlendirilmiştir. Odom, Afganistan mücahitlerini desteklemek üzere kurulmuş olan ARC'nin yönetiminde, Reagan politikalarını desteklemek üzere oluşturulan "Center for Democracy" adlı örgütte yer almıştır.

Hudson Institute, ulusal güvenlikle ilgili sempozyumlar düzenler. Çalışmalara katılanlardan birini Türkiye yakından tanıyor: RAND'dan Paul Bernard Henze. 1980 öncesindeki karışık dönemlerde kanlara bulanmış çatışma kenti İstanbul'da CIA İstasyon Şefliği yapmıştı. Abdi İpekçi'yle öldürülmesinden kısa süre önce görüşmüş; Ağca'nın Papa suikastından sonra yanlış bilgilendirme yayınlarını yönetmişti. Henze, 1990'da Türkiye'ye geldi ve NED'in finanse ettiği *Türkî Cumhuriyetler*'e birlikte girme toplantısına katıldı. Henze'nin, Hudson Institute'e yararı olmuştur kuşkusuz; çünkü bu kuruluşun en önemli çalışma bölümü, Orta Avrupa ve Asya'dır. Aslında 'Avrasya çalışma grubu' olmayan Amerikan kuruluşu yok gibidir.

Amerika'da "muhafazakâr çekirdek" denilen örgütlerden biri olan Hudson Institute'e bir yılda 9,3 milyon dolar verilmişti. Ne ki, yerli "sivil" toplum vakıfların, Türkiye'nin idari yapısını oluşturan kurumların, yerel işlerin özelleştirilmesi, yani herkese açılması için başvurmaktan çekinmedikleri bu kuruluşun hesapları GAO [General Account Office - denetleme kurumu, sayıştay] tarafından uygun bulunmamıştı. Bunun üzerine Hudson Institute'ün devletten aldığı işler azalmaya başlamıştı. Ayrıcalıklı sözleşme imzalama olanakları kaldırılınca birbiri ardı sıra gelen parasal bunalımlarla örgüt, borç batağına saplandı.

Kahn'ın 1983'te ölümünden sonra Lilly Endowment çevresindeki Indianapolisli işadamlarının ve vakıfların ortak girişimiyle desteklenmeye başlanan Hudson Institute, devlete bağlı Deniz Analiz Merkezi'nin yönetimini kapsayan, 21 milyon dolarlık bir iş aldı.

---

[141] James A. Smith, Idea Broakers, s. 154-155

Hudson Institute'ün şimdiki merkezi Indianapolis'de; şubeleri ise Washington DC, Kanada ve Belçika'dadır. Bu muhafazakâr örgüt, devletin eğitimden, finanstan el çekmesini savunuyor. Ron Unz, Chester Finn gibi tutucuların görüşlerine göre çalışıyor. Lamar Alexander'ın başkanlığını yürüttüğü Civic Renewal, National Commission on Philanthropy'yi parasal olarak desteklerken, Education Excellence Network (Mükemmeliyet Eğitim Şebekesi)'ün eşgüdümünü yürütür.[142]

Bütün bunların yanında dikkat çekici bir nokta daha bulunuyor. NED tasarımcılarına göre Alman Sosyal Demokrat Partinin uzantısı olan Friedrich Ebert Vakfı'nın Türkiye'deki bir vakfa, TL ile katkıda bulunması, isterseniz *"bağış"* istemezseniz *"ortak çalışma payı"* ve her ne derseniz deyin, Almanların TL'ye güvenleri şaşırtıcı.

Her şeye karşın, eski SAV kurucusu, sonradan kurduğu ANSAV'ın başkanı olan kişinin "tacizlerle" karşılaşınca "yabancılarla ortak iş" yapmaktan caydıklarını açıklaması, "tacizler" gerekçesi bir yana bırakılırsa, son derece olumlu bir gelişmedir ve sağduyunun egemen olacağı umudunu içinde taşımaktadır.[143]

Bu nedenle Vakıf Başkanı'nın ülkeye yararlı bir açıklamada bulunduğu söylenebilir. Aynı sağduyunun, senaryonun tümü ve dış ilintileri görüldükçe, öteki "sivil" örgütlerde de er ya da geç egemen olacağını ummaktan başka çıkar yol yok. Bu arada belirtmeliyiz ki bu tür 'sivil' sıfatlı vakıf ya da dernekler, ilişki kurdukları yabancıların nitelikleri ve ilişkileri üstüne iyice bilgilenme yolunu seçselerdi, işlerin bir ucunun yabancı devletin dışişleri ya da başkaca bir resmi kurumuyla bağlantılı olabileceğini görebilirlerdi.

Doksan yıllık proje: Adem-i Merkeziyetçilik

Yabancıların parasıyla işleyen demokrasi atölyeleri kurulurken, Türkiye Erbakan'ın elinden -ISNA'nın Eylül 1998'de belirttiği gibi- *"Islamic democracy'*yi tatmaktadır." Türkiye'de irticaydı, devrim yasalarıydı derken, atölye çalışmalarıyla yeni bir demokratik ortam örülmeye başlanmıştı. Atölyelerde 1998'e dek süren imalat sürecini, atölyelerin asıl sahibi IRI'nin proje sunuş bölümünden okuyalım:

"Politik Parti Eğitimi ve Belediye(lerin) Gelişmesi: Mart 1998-Mart 1999 / Para kaynağı: NED

1993 yılında başlatılan IRI'nin Türkiye programı, Türk demokrasisinin türlü kurumları, yerel yönetimler, politik partiler ve bağımsız sivil örgütler gibi anahtar kurumların güçlendirilmesine yardım edecek yolları aramıştır. ...En başarılı programların çoğu, 1998'den önce Türk sivil örgütleriyle yakın işbirliği içinde gerçekleştirildi. IRI ile birlikte çalışmalarını sürdüren bir Türk kuruluşu, Türkiye'nin yerel

---
[142] *mediatransparency.org/stories/faithbased.htm*
[143] Gökhan Çapoğlu, M. Hukuk, a.g.y

yönetim yasalarında değişiklik yapılmasını amaçlayan bir milli destek programının örgütlenmesinde yer almıştır. Projenin ana hedefi, yerel yöneticilere, daha büyük mali özerklik olanağı verecek araçları sağlayarak, yönetim erkini merkezden uzaklaştırmak."

O zamanlar Belediye Başkanı olan Recep Tayyip Erdoğan, Gaziantep'te "Refah Partili Belediye Reisleri Koordinasyon Toplantısı" sırasında Gaziantep Belediye Başkanı Celal Doğan'a gitmiş ve bir çağrıda bulunmuştu:

"Halka iyi hizmet vermek gerekiyor; ancak, merkezi idare nedeniyle bu oldukça zor. Sayın Başkanım, siz önder olun, RP, CHP, ANAP, MHP ve DYP'li belediye başkanları olarak hep birlikte, yerel iktidar için, arabalarımıza atlayarak Ankara'ya gidelim."[144]

Amaç halka hizmet için, şu ya da bu düzenlemenin yapılması mı; yoksa "hizmet" gösterisiyle, bilerek ya da bilmeyerek, "yerel iktidarların" kuruluş hazırlığı mı? Kuşkunun nedeni yeterince açık: Her boydan ve soydan siyasal düşünceye sahip olan siyasal partilerin başkanları, aralarındaki derin ayrılıkları bir yana itmişler ve "yerel iktidar" amacında buluşuyorlar. Kent hizmetlerinden sorumlu olan ve T.C. yasalarına göre seçilerek göreve getirilmiş bulunan belediye başkanları, "merkezi idare"yi ayak bağı olarak görüyor ve bulundukları yerlerde "iktidar" olmaya girişiyorlar. Recep Tayyip Erdoğan'ın "yerel iktidar" merakını pekiştiren şu tarihsel açıklama, emelini dışa vuruyor:

"Bu durumda belki Osmanlı eyaletler sistemi benzeri bir şey yapılabilir. Eyaletler içinde bir sistem olabilir diyorum... Türkiye'nin yarınında artık 'Kemalizm'e' veya başkaca herhangi bir resmi ideolojiye yer yoktur. Kemalizm'in yeniden kendini üretmesi söz konusu değildir... .Aradan 70 yıl geçti. Artık, militarist ve sivil bürokrasi 'devleti biz kurduk, korumak kollamak görevi de bizimdir' diyemez; çünkü insanlar böyle bir devleti istemiyor. En önemlisi de bu düşüncelerini açıkça dile getiriyorlar."[145]

Uçları yan yana getirecek olan atölyecileri biraz daha yakından tanıyabilmek için Amerikan partisinin örgütü IRI'nin siyasal partilere yönelik çalışmalarına yakından bakmayı gerektiriyor. IRI, Amerika'dan gelip Türk siyasal partilerine biçim vermenin bir başka örneğini çok daha ilgi çekici bir biçimde açıklıyor:

"IRI'nin desteklediği bir başka Türk örgütü, Türk politik partilerinin kuruluş ve yönetmelikleriyle ilgili ek yasa tasarısının meclis tarafından kabul edilmesine yönelik uzun dönemli bir proje geliştirmektedir. Bu projenin amacı, partileri daha geniş katılıma, örneğin gençlik ve kadınlara, açmak ve partilerin işleyişini şeffaflaştırmaktır."

---

[144] "Başkan'dan Ankara'ya sefer çağrısı" *Hürriyet*, 23-11-1997
[145] Röportaj: "Recep Tayyip Erdoğan: Demokrasi amaç değil araçtır," Metin Sever-Can Dizdar, 2. Cumhuriyet Tartışmaları, s.422.

Amerikalılar bazı örgütleri saklı tutuyor mu?

Bu satırlardaki "Bir başka Türk örgütü" nün adının gizlenmesi "project democracy" ilkelerine de bilgi toplumu saydamlığına da uymuyor. Örtülü operasyon alışkanlığından kalma bir tutum olmalı.

'Şeffaflık' diye başlayıp, demokrasinin bulandırılmış sularında yüzenlerin "İçeriğine bakmak gerek" diyeceklerin sayısı az değil. Onlara dönüp, "Şu IRI'ciler bize kendi ülkelerinin üst yönetiminin ve seçkinler kulüplerinin toplantılarını ve yuvarlak masa buluşmalarında konuşulanları açıklasalar" dense de tutumlarında bir değişme olmayabilir. Onlar "demokrasi bir şeffaflık rejimi söylemimizdeki 'şeffaflık' bu denlisini kaldırmıyor" derlerse, o zaman yeni sorulara da hazır olmalılar. Buna olanak yok, denmemeli. Açık rejimlerde gizemli işlere yer olmadığına inanmaktayız. Açıklamaya çalışalım, yanlışımız varsa düzeltilmesi güvencesiyle ve özgün belgelerle yola çıkmanın aydınlatıcılığıyla... Hem de hiç ara vermeden, IRI'nin 1998 sonrasında Türk siyasal yaşamına karışma operasyonunun yeni evresiyle ilgili açıklamasına dönelim:

"IRI'nin en yeni programı, merkezden uzaklaştırmayı kabul ettirme ve milli (yerel) politik partiler yasasında reform yapılması çabalarını sürdürürken, Türk politik partileriyle doğrudan çalışmaya daha büyük bir öncelik verdi."

IRI açıkça diyor ki: Sivil örgütleri aracı yaparak epeyce yol aldık, şimdi sıra partilerle doğrudan çalışmaya geldi. Açık işlem başarıyla sürmektedir. Türkiye'nin sağcılarıyla solcuları, aynı davaya inanmışlardır artık. Halk, Türk siyasal yaşamına tepki duymanın da ötesinde, partilerden ve seçilmişlerden nefret etmeye başlamıştır. Şimdi sıra, tarihsel geçmişten akıp gelen siyasal örgütlenmenin önünü kesip, geçmişle bağlarını koparmaya gelmiştir. IRI'nin proje tanıtımı, parti içi muhalefet ilişkisini açıkça belirtiyor:

"IRI, partilerin bizzat içinde demokratikleşmeyi geliştirmek isteyen, reformcu eylemcileri beslemeye çalışıyor."

Bu noktada durmalı ve partilerde, Türkiye'yi her yönüyle güvenli bir geleceğe hazırlayacak plan ve programlar oluşturulacağı yerde, yıllardır parti içi demokrasi tartışmaları yapıldığına; bu çatışmaların sonunda da partilerin içinde, yandaşlarını da bezdirecek, politik katılımdan giderek uzaklaştıracak denli çok sayıda 'hizbin' ortaya çıkışını da anımsamalı.

IRI, şeffaflıkta yarar görüyor ve partilerin içinde, *"reformcu"* dediği kişileri desteklediğini söylüyor. Bununla da kalmıyor partilileri eğittiğini açıklıyor:

"IRI, 18 Nisan 1999 seçimlerinden önce, partilerin yerel örgütlerinden yüzlerce kişiyi, seçmen örgütlenmesi ve yerel kampanya tasarımı ve uygulanması alanında eğitti."

IRI'nin siyasal partiler projesine en önemli katkı, TESEV'den geliyor. TESEV'de Mehmet Kabasakal, Tarhan Erdem, Ali Çarkoğlu, Ömer

Faruk Gençkaya eşgüdümünde başlatılıyor: Projenin adı: "Siyasal Partiler Kanununda Parti içi Demokrasiyi Geliştirmeye Yönelik Düzenlemeler. Türkiye'de Temsil Adaleti: İllerin TBMM'de Sandalye Paylaşımında Gelişmeler. Siyasetin Finansmanı ve Şeffaflık. Parti Örgütünde Çalışan Üyeler." Bu iş için IRI'nin NED'den bağış aldığı; TESEV ve TBB'nin de "alt bağış alıcı" olduğu görülüyor. Proje tutarıysa 450.000 dolar olarak belirtilmiş.

Proje kapsamında, tabana yayılma yolu tutuluyor. Ayrıca 'yerel yönetimler' ile 'yerel işadamları' ve 'yerel gençlik' örgütlenmesinde de görüleceği gibi, dalga dipten yakalanacaktır. Tepeden inme kurulduğu ileri sürülen Cumhuriyet, demokrasiye bir güzel uydurulacaktır. Projenin bu çizgisinden olmak üzere, 10 Aralık 1998'de Gaziantep'te, 17 Aralık 1998'de Konya'da, 12 Ocak 1999'da Mersin'de, 28 Ocak 1999'da Bursa'da toplantılar düzenlenir. İllerin konumları göz önüne alındığında işin rastlantıya bırakılmadığı görülüyor.

TESEV "faaliyet" raporunda "Ek projenin kaynağı(nı), IRI (nin) sağladı(ğı)" bilgisini yanı sıra IRI'nin niçin ve ABD hazinesinden aldığı parayı hangi amaçla TESEV'e verdiği bilinse ve bu bilgiye IRI'nin devlet deneyimli yöneticilerinin geçmişleri de eklenseydi, bu kaynak kabul edilir miydi, sorusu da eklense; yanıt bulmak yine de zor. Böyle bir açıklama yapılsaydı, belki de her biri işgali yaşamış bu kentlerin insanları, durup dururken el parasıyla yapılan siyasete tepki göstermeden bu durumu benimsemeyebilirlerdi. Ayrıca IRI'ye parayı veren NED olduğunu, NED başkanının Türkiye'ye ambargo koyduran bir Yunanlı olduğunu da bilebilselerdi, durum belki değişebilirdi.

ABD Başkanı'ndan
"Büyük Görev" ve "Büyük Teşvik"

> *"ABD Başkanı Bill Clinton, AGİT zirvesinin ilk gününde programının yoğunluğuna rağmen Türkiye'den altı sivil toplum örgütünün liderleriyle bir araya geldi ve '15 dakika' olarak öngörülen toplantıda yarım saat kaldı. (...) Başkanın dinlediği konular Kürt meselesinden çevre sağlığına kadar uzanırken verdiği asıl mesaj 'Sivil toplumun etkinliği çok önemli. Demokrasinin ilerlemesi için size büyük görev düşüyor' oldu."* [146]

Yasemin Çongar, Milliyet'teki haberinde ABD Başkanının lütuflarını vurgulayarak, kendi yorumuna uygun gördüğü başlığı yazarken Türkiye'de yıllarca izlenen bir diziyi anımsattığını düşünmüş müydü, bilinmez: "Göreviniz Büyük" başlığı kimileri için bir bildirim niteliğindeydi. Tehlikeli bir geleceği mi gösteriyordu; gündeme taşınmak istenen stratejik ortaklığın onuru muydu? Öyleyse, onurlardan onur beğenenlerin eylemlerine biraz daha yakından bakmalıyız:

Türkiye, Amerika ilintili "görev" denildiğinde, televizyonda yıllarca izlenmiş olan "görevimiz tehlike" dizisini anımsamalıydı. Ne yazık ki yeni tür siviller 1947-1980 arasında aslı oynanan "görevimiz tehlike" dizisini çabucak unutmuşlardı. Bu nedenledir ki Çongar'ın yorumladığı toplantıya, Mazlumder'den Yılmaz Ensaroğlu, İnsan Hakları Vakfı'ndan Sezgin Tanrıkulu, TEMA'dan Ümit Yaşar Gürses, AKUT'tan Nasuh Mahruki, KA-DER'den Zülâl Kılıç ve ARI derneğinden Kemal Köprülü katılmış. Haber-yoruma göre, William Jefferson Clinton ile 15 dakika yerine, 30 dakika görüşebilmişler. Ayaküstü toplantının son on dakikasında Dışişleri Bakanı Madeleine Korbel Albright da hazır bulunmuş.

30 dakikadan son 10 dakikayı çıkarırsak geriye kalır 20 dakika; sivil örgüt başına düşer üç küsur dakika. Küsuratlar, "Goodmorning Mister President! How are you Sir? Glad to meet you, my dear NGO's! Are you okey?" gibi sözlerle harcanmış olsun; geriye kalır sivil örgüt başına üçer dakika. Amerikan bar muhabbeti usulünde ayaküzeri yapılan bir görüşmede, ülkeleri hakkında bilgi sunmak için sivil örgüt başına üçer dakika!

Türklerin kendisiyle üçer dakika görüşmekten onur duymalarına William Jefferson Clinton bile şaşırmıştır; çünkü Clinton, daha birkaç gün

---
[146] Yasemin Çongar, "Göreviniz Büyük" *Milliyet, 19 Kasım 1999.*

önce, TBMM kürsüsünden, "Yasaları çıkaracağınızdan eminim" demişti. Daha da ilginci, Clinton, fıldır fıldır dönen boncuk mavi gözleriyle Türkiye Cumhuriyeti'nin milletvekillerinin kara gözlerine baka baka, "Eski Cumhurbaşkanınız Turgut Özal'ın vizyonu, Cumhurbaşkanı Süleyman Demirel ve Başbakan Ecevit'in devam eden liderliği ve Türk insanının dinamizmi sayesinde Türkiye, bölgesel büyümenin motoru haline gelmiştir" diyerek övgülerini sunduktan sonra, şunları da eklemişti:

"İyi veya kötü, o zamanların olayları, Osmanlı İmparatorluğunun dağılması ve yeni Türkiye'nin yükselmesiyle, bu yüzyılın tüm tarihini şekillendirdi. O imparatorluğun yıkıntılarından, Bulgaristan'dan Arnavutluk'a, İsrail'e, Arabistan'a ve Türkiye'nin kendisine kadar yeni uluslar ve yeni ümitler doğdu; ancak, eski düşmanlıkların kaybolması zor oluyor. Sınırların değiştirilmesi ve gerçekleşmeyen iddiaların karışımından bir asır süren çelişkiler oluştu; bunlar, Balkan Savaşı ve Birinci Dünya Savaşıyla başladı, Ortadoğu ve eski Yugoslavya'da bugünkü çelişkilere kadar uzadı."

Clinton, böyle demişti demesine de Büyük Başkan'ı heyecanla dinlemekte olan vekiller, başkanın 'sınırların değiştirilmesi' demekle nereye işaret ettiğini, *"Süren çelişkiler"* diyerek de nereden alıp nereye koyduğunu akıllarına getiremezler miydi? Korumakta titizlik gösterdikleri 'manevi' kişiliklerini göz önüne alabilirler ve Türkiye Cumhurbaşkanının korumalarının bile silahla giremedikleri meclise CIA elemanlarının silahla girmelerine engel olabilirler; yukardan konuşan Clinton'u, nezaket sınırlarını aşan bir coşkuyla uzun uzun alkışlamayabilirlerdi. İş bununla kalmamış; vekillerin bazıları, canhıraş meclis kapısına koşmuşlar; 'oval office-sex' skandalı mağduru ABD Başkanı'nı yolcumalak için kalabalık arasında itişip kakışmamışlardı. Hatta koşuşturanların içlerinde eski Bakanlar bile vardı. Amerikan Başkanı gibi, büyük bir kişiyle aynı canlı video karesine, dahası televizyon tüpüne girmekten daha önemli ne olabilirdi?

"Kareye giren kazanır" gibi bir şey! Milletin vekilleri, 1964'te Türkiye'yi tehdit edip İsmet Paşa'yı bile pes ettiren, mektupçu ABD Başkanı Johnson ile fotoğraf karesine girmenin siyasal yararlarını unutmamış da olabilirler! İçlerinden, "Kareye girenin bahtı açılıyor; başbakan bile oluyor" diye geçirmişlerdir kuşkusuz.[147]

Koh'un sofrasından daha öteye

Bu büyük sevgi gösterisinden aldığı güvenle NGO sivillerini otelde ayaküstü ağırlayan William Jefferson Clinton, AGİT toplantısında, Yeltsin'e " Seni biz iktidara getirdik, öyle böbürlenip durma!" diye bağırmak

---

[147] Zamanında, Adalet Partisi kongresi öncesi dağıtılmış olan "Johnson-Demirel" fotoğrafının Süleyman Demirel'e yaradığı yazılıp çizilmişti. Demirel, kongre sonunda AP Genel Başkanı ve Başbakan Yardımcısı; kısa süre sonra da Başbakan olmuştu.

gibisinden önemli işleri olduğundan, ayağına dek gelmiş olan "sivilleri" oracıkta Türkiye'yi yol edinen Harold Hongju Koh'a bırakıverdi. ABD Uluslararası Din Hürriyeti - İnsan Hakları Bürosu'ndan sorumlu Harold Hongju Koh, Hotel Conrad'da sofraya oturan "sivil" yönetici ve temsilcilerin akıllarına, daha iki ay önce Türkiye aleyhinde yazılmış 'Din Hürriyeti' raporunun ayrıntılarını, 'İnsan Hakları' Raporunda şeriat isteyenlere sahip çıkılmış olmasının nedenlerini, Türkiye topraklarından bir bölümünü ayırmak isteyenlere sahip çıkılmış olmasının stratejik inceliklerini sormak gelmemişti.

Bunu doğal karşılamak gerekir. Çünkü "siviller" ABD'nin büyük yöneticileriyle aynı sofrada olmaktan mutlu görünüyor; yabancı devlet adamına yurtlarıyla ilgili önemli sorunları iletiyorlardı. O zamanlar Milliyet'te çalışan Zeynep Oral'ın yazdığınca, Clinton'un ağzından dökülen *"İşleviniz çok önemli"* sözünü içlerine sindirmiş, "işlevi(n)" ve "büyük görevi(n)" ne olduğunu iyice kavramışlar mıydı? Bu sorunun yanıtı, izleyen olaylarda görülecekti...[148]

Ayaküstü ve sofra oturumlu toplantının ardından en önde gelen sivil örgüt ARI Derneği Başkanı Kemal Köprülü, uygun sözlerle görüşmeleri özetliyordu:

"Clinton özellikle deprem sonrasında sivil toplumun gösterdiği etkinliği takdir etti. Bu toplantı sadece katılan 6 kişinin değil Türkiye'deki bütün sivil toplum girişimlerinin desteklenmesi anlamındaydı ve bize büyük bir teşvikti."[149]

ARI Başkanı Kemal Köprülü, bir gerçeği dillendiriyordu: Depremde yalnızca kurtarma çalışmaları yapılmamış; devlet yönetimini beceriksizlikle, yetersizlikle suçlayan ilk kampanyaların ardından konu, her olayda olduğu gibi, önce T.C.'nin köhnemişliğine, sonra da rejim karalamasına, Cumhuriyet'in inkârına uzanmış; kimin başardığı bilinmeyen olağanüstü bir örgütlenmeyle yüzden fazla örgüt, devleti kınayan bir bildiriyi gazetelerde tam sayfa ilânlarla dünyaya duyurmuştu. Neredeyse bildiriye imza atmayan örgüt yok gibiydi.[150]

Ne ki Koh ile yemekte buluşmayı küçümseyenler de vardı. İKKDVKK (İstanbul Kafkas Kültür Dernek ve Vakıfları Koordinasyon Kurulu) adına yazan Ekrem Atbakan, önemli olanın resmi buluşma olduğunu belirliyordu:

"Heyetimiz, akredite delege sayısı ve gayretleriyle toplantıların en göze çarpan NGO' su olmuştur. ABD Başkanı Clinton ile çok önceden planı ve belirlemeleri yapılan 6 Türk NGO' su (Türkiye'nin iç meseleleri ile ilgili) görüşmüş, ABD'nin insan haklarından sorumlu Dışişleri

---

[148] Zeynep Oral, "İşleviniz çok önemli" *Milliyet, 19 Kasım 1999.*
[149] Yasemin Çongar, a.g.y
[150] Kamuoyuna, *Cumhuriyet, 1 Eylül 1999*

Bakan Yardımcısı Koh ile yemekli randevu ile bir araya gelmişlerdir. Ancak toplantılar sırasında, randevu alarak Bakan yardımcısı Koh ile görüşebilen tek NGO, heyetimiz olmuştur."[151]

İstanbul AGİT öncesindeki olaylar Türkiye'nin kaderini değiştirecek niteliktedir. Bu gelişmeleri bir solukta anımsamakta yarar var:

ABD Dışişleri Bakan Yardımcısı Koh'un Güneydoğu Anadolu gezisi ve sarsıcı açıklamaları, Kuzeybatı Marmara bölgesinde deprem felaketi, 9 Eylül'de ABD Din Hürriyeti raporunun açıklanması, Harold Hongju Koh'un yanı sıra Cumhurbaşkanı ve Başbakanın Merve Kavakçı'nın ifadesini almaya çalışan Cumhuriyet Savcısı'nı kınamaları, Koh'un Türkiye'deki yasama çalışmalarını doğrudan yönlendirmeye dönük açıklamaları... Bir soluk daha alıp o iki ayı anımsamayı sürdürelim.

Prof. Ahmet Taner Kışlalı'nın öldürülmesi, ABD'li ve İngiliz siyasetçilerden Ankara ve İstanbul'da siyasal ahlak-demokrasi dersleri alınması, Clinton'a, Lozan Antlaşması'nın değiştirilmesine yönelik Kongre raporunu hazırlayan Carol Migdalowitz tarafından Türkiye raporu sunulması. Bu olayların "project democracy" ağını nasıl güçlendirdiği sırası gelince görülecektir.

Olayların içinde doğal felaketin sivil harekete katkısıysa gelecekte araştırmalara konu olacak niteliktedir. Deprem çalışmaları öylesine sivilleşmişti ki orduya güvenilip güvenilmediğini soruşturan yabancılara, din örgütlerinin kışkırtıcı etkinlikleri eşlik etmişti. Ordu birlikleri, maden işçileri en yoğun kurtarma çalışmalarını sürdürürken, medya yayınlarında yer alamamışlar, halkın kurumlarına güvenin sarsılması için propaganda geliştirilmişti. Generaller, televizyon kameralarını kendi çalışmalarına çağırıyorlar, ama gelen giden olmuyordu. Bir komutanın "tutup kollarından getirin" diye emir verdiği de nice sonra duyulmuştu.

İşte o depremden iki hafta önce Türkiye'ye gelen Koh, Güneydoğu Anadolu'ya gitmiş, basına kapalı ev görüşmeleri, belediye toplantıları yapmış; yöre halkının özgürlüklerine sahip çıkmıştı. Bu arada, Türkiye'deki laiklik rejimini de eleştirmiş, sıkmabaş eylemcilerine destek çıkmıştı. ABD'nin Türkiye'ye ilişkin Din Hürriyeti Raporu, deprem günlerinde, Koh'un gezisinden bir ay sonra 9 Eylül 1999'da yayımlanmıştı.

ABD Dışişleri Bakanlığı'nca düzenlenen raporda, Recep Tayyip Erdoğan'a, Necmettin Erbakan'a, Refah Partisi'ne, türban eylemcilerine Malatya'da cuma namazı sonrası göstericilerine, imam hatip okullarına sahip çıkılmıştı.

Koh'un gezisi yararlı olmuştu. Depremle karışık psikolojik savaş propagandasını, Başbakan Bülent Ecevit ve Cumhurbaşkanı Süleyman Demirel'in Merve Kavakçı'ya ivedilikle sahip çıkmaları izledi.

---

[151] Ekrem Atbakan, "AGİT (OSCE) İstanbul Toplantıları'nın Değerlendirilmesi," *24.11.1999, marje.net/dernek/agit-koor.html*

Hemen sonra Savcı Nuh Mete Yüksel hakkında soruşturma açıldı. Prof. Ahmet Taner Kışlalı işte o arada öldürüldü.[152]

Hukukçu, (e) Hâkim Albay M. Emin Değer'in, Nelson Rockefeller'in ABD Başkanı'na yazdığı mektubundan aktardığı gibi, *"Türkiye oltaya yakalanmış balıktır ve yeme gereksinmesi yoktur"* denebilir mi? Belki eskiden öyleydi. Türkiye olta iğnesinde uzun yıllar çırpındıktan sonra şimdilerde karaya fırlatılmış, oradan yakalandığı derin WEB'in yani örümcek ağının içinde zar zor soluklanarak yaşam kavgası verirken, üstüne çullanan her türlü sürüngenin ve olta zamanlarında gövdesinin en küçük hücrelerine dek yerleşmiş bakterilerin saldırısıyla baş etmeye çalışıyordu.[153/154]

İşte Türkiye'nin böylesine çırpındığı günlerde William Jefferson Clinton, mavi gülüşlü sevecen tavrıyla yüreklere su serpmiş ve Bülent Ecevit'e "Arkanızdayız" demişti.

Denilecektir ki 1947 –1980 arasında imzalanmış olan Türkiye-ABD ortak güvenlik anlaşmaları geride kalmıştır. Artık yabancı devlet adamları uzaktan değil, yakın markajdaydılar. Arabanın direksiyonunu sürücünün arkasından öne uzanan güçlü eller tutuyordu, ama sürücü yine de arabayı kendisinin sürdüğünü sanıyordu. Böyle bir durumda da adamın yanında değil ancak arkasında olunabilir. Bu da bir görüş; ama dostluk etiğine uymayan bir sapma da sayılmaz mı?

Bu gerçeği anlayanlar, geriye değil ileriye bakmayı biliyorlardı. Bu açıdan, Kemal Köprülü belki de çok haklıydı! ABD "sivillere büyük teşvik" vermekteydi; çünkü "Göreviniz çok büyük" diyen William Jefferson Clinton, "project democracy" yardımının başarısını sağlama almak istiyordu.

Institute ve Alman Vakfının aklıyla

Son yirmi yıldır yarı açık ilişkilerle Amerikan devletinin resmi kasasından beslenen "sivil" proje, ilk kez bir ülkenin meclisinin içine doğrudan ve açıktan girebilecek denli büyük bir destek bulmuştu. Depremden bile yararlanmayı biliyorlardı.

---

[152] ABD'nin Ocak 2000'de açıklanan insan hakları raporuna *"Gazeteci A. Taner Kışlalı'nın öldürülmesinden sonra dindarlara baskı arttı"* denilerek geçilmişti.
[153] M. Emin Değer, Oltadaki Balık Türkiye, s.16.
[154]Türkiye Cumhuriyeti'ni kuran parti, aradan on yıl geçmesine ve küçük Amerika düşünün sonuçlarını görmesine karşın, atılan oltayı öylesine sindirmişti ki 1958'de TBMM'de şöyle savunuyordu: *"Türkiye muhtemel komünist tehlikesine karşı Başkan Truman'ın belirttiği gibi, askeri kudreti ile Batılı devletlerin en sağlam ve en yakın desteği olması bakımından gerek milli müdafaası ve gerekse milli ekonomisinin kalkınma zarureti ile en fazla yardıma muhtaç bir memlekettir. Türkiye'de sarf olunacak bir tek dolar, en aşağı Amerika'da sarf olunacak bir Amerikan doları kadar hürriyet mücadelesinin şerefle tahakkukuna çalışan Batı bloğuna fayda sağlayacağını A.B.D' ye ikna edici şekilde anlatmak icap eder."* (Ekonomik Kalkınma, s.74.)

Yeni Demokrasi Hareketi ile başlayan II. Cumhuriyet girişimi ilerliyordu. "Siviller" biraz daha gayretli olmalıydı. Bu gereksinimi en iyi anlatan da Zeynep Oral oldu. Clinton ile yerli sivilleri konu eden Zeynep Oral, 19 Kasım 1999 tarihli Milliyet'te, haber-yorum başlığına, Clinton'un "Yapacak daha çok iş var" sözünü koyuyordu.

Türkiye Cumhurbaşkanı Mustafa Kemal'in bağımsızlık savaşı ve cumhuriyetin kuruluş tarihini belgeleriyle anlattığı konuşmasının sonunda gençliğe seslenirken; kalelerin ele geçirilmesini, tersanelere girilmesini, olabilecek en kötü durumun ilk aşamaları olarak nitelemesini andırırcasına gelişen olaylar, neredeyse kapitülasyon dönemlerini ve işgal günlerini aratacak özellikle boy atmakta. Bu değerlendirmeyi kabul etmeyip de "Hayır değil!" diyebileceklere, bir örnekle yardımcı olalım.

NED'in çekirdek örgütlerinden NDI'nin yetkilisi Charles Nelson Ledsky'nin *"TBMM Anayasa Komisyonu ile de çalışmalarımız oldu"* demesi, yeterli bir yanıttır aslında.

Ledsky'nin açıklamasına karşılık, Türkiye'den herhangi bir tepki duyulmadı. Tepkinin kötü olması da gerekmezdi. Birileri, işin iyi yanını, "Vallahi, görüldüğü gibi, kendimiz anayasa tasarısı hazırlamayı bilmediğimize karar verdik. Demokrasinin ve hürriyetin beşiği ABD'ye, ezelden beri güvendiğimizden, işin ustalarını çağırıp anayasayı birlikte değiştirelim. Şunun şurasında müttefikiz ne de olsa, dedik" de diyebilirdi.

Yabancılar kendilerine aşırı güvendiğinden mi, yoksa arkasında durduğu insanlara şeffaflık göstermek istediğinden bilinmez; onca dolar harcadıkları projeyi açıklamakta bir yanlışlık bulsalardı, durumu öğrenemeyecektik. Ledsky'nin "birlikte çalışmak" dediği, öyle rakı-viski-çay ile karışık, ilginç istihbarat anılarıyla ya da 12 Eylül 1980 öncesinin "Our boys" işlerinin itiraflarıyla bezenmiş bir söyleşi olması gerek. Ledsky, açıkça söylemese de, Amerikan fonlarının desteklediği sivil(!) toplum örgütlerinin ve vakıfların, büyük "organizasyonlarla" Türkiye cumhuriyeti anayasasının değişimine koydukları demokratik(!) katkı da unutulmamalıdır.

Dernekler ve vakıflar, IRI ve NDI'nin açtığı yolda, NED destekçisi Alman örgütlerini yanlarına alıp başkente ve TBMM'ye taşıdılar.[155]

---

[155] Darbe üstüne yazılanlarda, çoğunlukla "Our boys" denince darbeciler çağrıştırılmaktadır. Bize göre başkan "our boys" derken kendi ülkesinde kullanıldığı gibi, kendi operatörlerinin başarısından duyduğu mutluluğu belirtmek üzere *"our boys (bizim çocuklar) başardı"* demiştir. Bu gerçek elbette "our boys" ile "bizim adamların" doğrudan işbirliği yaptıklarını göstermez; çünkü "our boys" operasyon için ortam hazırlar, yönlendirir, açık deliller bırakacak türden ve doğrudan ilişkiye girmez; ara yönlendiriciler kullanabilir.

Rabıtat üs-Stiftung
ve
Anayasa Dersi

"Rabıta Örgütü'nün Türkçe karşılığı 'Dünya İslam Birliği' İngilizcesi 'Muslim World League' Arapçasının Türkçe okunuşu da şöyle: Rabutat al-Alam al-İslam" Uğur Mumcu, 19.3.1987 [156]

DGM savcısı, Alman vakıfları hakkında soruşturma başlattıktan kısa süre sonra, İstanbul'daki üniversitelerden birinde Alman vakıflarını desteklemek üzere yapılan salon toplantısında mahkeme gününde, sivil hareketi desteklemek üzere Ankara DGM'nin önünde yığınsal gösteri yapılması önerilir. Bu arada DGM savcısı bir 'video' kaydı ile 'seks' görüntüleri içinde gösterilir. Savcı DGM'deki görevinden alınır. Ne ki işin böyle olacağı önceden belli olmuştur. Zamanın Adalet Bakanı Aysel Çelikel, yabancı devletin Türkiye'de şubeler açmasının yasallığını tartışmayı bir yana bırakmış; T.C. savcısını sıkıştırmayı seçmiştir:

"Ben dosyayı görmedim. Türkiye'nin uluslararası ilişkilerini de ilgilendiren böyle hassas bir davanın sağlam delillerle, sağlam hukuki zeminde açılması gerekirdi. Umarım bu sağlanmıştır. Bende bakan olmadan önce Alman vakıflarına ilişkin böyle bir bilgi yoktu. Umarım savcı iddiasını sağlam delillere dayandırmıştır." [157]

Adalet Bakanı görmediği dosya üstünde yorum yapmaktan kaçınmayınca, Alman Büyükelçisi de işin ardını bırakmamıştır. Türkiye'de "WEB" ilmiklerinde etkinlik gösteren örgütlerini korumaya kararlıdır. Büyükelçi Adalet Bakanının açıklamasından gerekli gücü almıştır. Açık savunmaya geçer ve aylar önce bir TV programında gerekeni yapamamanın hıncını alırcasına içerden sıkıştırır:

"Alman vakıfları, dünyada 100'e yakın ülkede faaliyet göstermektedir. Ancak sadece Türkiye'de böyle bir suçlamayla karşılaştılar."

Artık sıra T.C. Başbakanı Bülent Ecevit'e kalmıştır. O, bu konularda deneyimlidir:[158] Türkiye'nin ABD ile arasının açılmaması için gerekeni yaparak aynı savcıya karşı Merve Kavakçı'yı korumuş; Adalet Bakanınca savcı hakkında birkaç kez soruşturma açılmasına göz yummuş;

---

[156] Uğur Mumcu, Rabıta, s.329
[157] "Çelikel tedirgin oldu" Radikal, 26.10.2002.
[158] " 'Casusluk davası' Almanya'yı şaşırttı" Radikal, 26.10.2002.

Fethullah Gülen davalarında da "yargıya müdahale edilmez" ilkesini bir yana bırakmaktan kaçınmamıştı. Başbakanın bu işleri "demokrasi" ve "açık toplum" ilkelerine inancı doğrultusunda yaptığı büyük bir olasılıktır. Alman vakıflarını korumak için de aynını yapar ve T.C. Başbakanı olarak, Alman Büyükelçisi Rudolf Schmidt'in açıklamalarından bir gün sonra, basın açıklamasında elçinin sözlerini yineler:

"Sürmekte olan dava hakkında konuşmak olmaz. ...Almanya'nın sabırlı olmasını, Türk adaletine güvenmesini dilerim. ...Söz konusu Alman vakıfları, ülkemizde olduğu gibi dünyada 100 kadar ülkede de çalışmalarını sürdürmektedir. Bildiğimiz kadarıyla benzer şikâyetlere hiçbir ülkede rastlanmamıştır."[159]

Başbakanın "bildiği kadarıyla" kendi ülkesinin mahkemelerine müdahalede bulunan yabancı ülke temsilcisinin sözlerini yineleme hakkı kendisine ait olmakla birlikte, yönettiği devletin organlarına gerekli emirleri verip araştırma yaptırması daha iyi olabilirdi. Ne ki o, bu görevi yerine getirmeyi bir yana bırakmış ve 'yabancı en demokrattır' anlayışını kanıtlamak için gerekeni yapmayı seçmiştir.

Bu öykünün arkası pek iyi olmamıştır: Bergama Ovacık'ta altın madeni işletilmesine karşı oluşturulan hareketin ardında Alman vakıflarının varlığını anlatan kitabın yazarı Necip Hablemitoğlu bir akşam, evinin önünde son derece deneyimli olduğu anlaşılan bir tetikçi tarafından başına sıkılan iki kurşunla öldürüldü.

Başta Cumhurbaşkanı olmak üzere, devlet yetkilileri üzüntülerini bildirdiler. Necip Hablemitoğlu'nun Atatatürkçü ve laiklik savunucusu olduğunu belirten görevliler, onun Alman vakıfları ve benzeri yabancı kuruluşların Türkiye'de kitleleri içerden yönlendirmek üzere örgütler yarattıklarını sergilediğinden söz etmemişlerdir.

Birkaç yıl öncesinde yapılan bir toplantının sonrasında yaşananlar bu tür açıklamaların yapılmasına engel olmuş olabilir. Yargıyı geleceğe bırakarak, geçmişin bilimsel konferanslarında T.C.'nin önüne sürülen büyük ufku görelim: ANAP ile ilişkili kişilerin kurduğu Türk Demokrasi Vakfı mı başı çekti; yoksa ABD'de yetişen, ARI'ların genç ve yetenekli liderleri mi, bilinmez! Yetenekli Özalistler, Alman Hıristiyan Demokrat Parti bağlantılı Konrad Adenauer Vakfı (KAS)'nı Ankara'ya getirdiler.[160]

Stiftung ve NED'in Forum Konseyi'nden Türk üyeler, Anayasa konusu hakkında bir güzel konferans düzenlediler. Açış konuşmasını Cumhurbaşkanı Ahmet Necdet Sezer yaptı. KAS'ın Türkiye temsilcisi Dr. Wulf Schönbohm, vakıflarının yasallığını değerli konuklara bağlıyordu:

---

[159] "Almanlara sabır diledi" Hürriyet, 27 Ekim 2002; "Ecevit'ten Alman vakıflarına övgü" Radikal 26.10.2002.
[160] Alman siyasal partileri, dış ülkelere yönelik çalışmalarını yönlendirebilmek üzere kendilerine bağlı vakıflar örgütlediler. Konrad Adenauer Vakfı, 1984'te Ankara'da bir şube açtı. Şubenin Yöneticileri: Max George Meier ve Lars Peter Schmidt idi.

"Yeni seçilen Türkiye Cumhuriyeti Cumhurbaşkanı Ahmet Necdet Sezer, Türkiye Cumhuriyeti Adalet Bakanı Hikmet Sami Türk ve Türkiye Büyük Millet Meclisi Başkanı Yıldırım Akbulut'un kongrenin açılışı ile ilgili olarak Türkiye Büyük Millet Meclisindeki siyasal bir takdim konuşması yapmaları konunun önemini vurgulamış ve etkinliği düzenleyenleri ve katılanları onore etmiştir."[161]

"Digital" Rejim veAlman'dan "Atatürk'e dur" dersi

TDV ve ARI Derneği ile Konrad Adenauer Vakfı'nın ortaklaşa kotardıkları anayasa konferansında konuşan ARI Derneği Genel Koordinatörü (Başkanı) Kemal Köprülü, ülke kaderini etkileyecek böyle bir toplantıda konuya; genel hukuk ya da anayasa ilkelerinden ya da tarihsel ve toplumsal gelişme sürecinden değil de Clinton'un ilan ettiği "digital devrim"in Microsoft penceresinden bakıyordu.

Petrol-gaz enerji kaynakları egemenliğinden bağımsız görmemeyi, ya da görüp de söylememeyi ilke edinenlerin yaptığı gibi, küreselleşme denilen şey Köprülü için, Türkiye anayasasının da temeli olmalıydı: *"Bilgi toplumuna geçişte 'dijital devrim' sürecinde, düşünce ve ifade özgürlüğü sınırsız olmalı, bireyin egemen olacağı yeni çağda hakları genişletilmelidir."*

Köprülü'ye göre dünyaya bireyler egemen olacaktı. Oysa TBMM duvarlarında *"Egemenlik kayıtsız koşulsuz bireyindir"* diye yazmıyordu. ARI Derneği Başkanı, bir-iki yüzyıldır Londra'dan pişirilip dünyaya sürülen, "birey egemenliği"ni yeni bir şeymiş gibi sunuyordu. Egemen olacak olanlar, herhangi bir insan birey mi, Amerikan bireyler mi, yoksa Rockefeller gibi, petro-bireyler mi, ya da imparatorlukların bankeri Rothschild'ların adamları gibi, para piyasaları cambazı bireyler mi?

Köprülü, *"siyasal aktörlerin hukuka, ahlaka ve etik değerlere saygısı ve bağlılığı esastır"* derken, kendisini siyasal aktörlerden saymıyor olmalıydı. Demek ki şu "ahlak" ve "etik" sanırsınız ki hareketçiler ve 'stiftungen' tarafından icat edilmiştir. 'Ahlak" gibi şeyler, pek doğaldır ki

---

Katılımcılar: Ertuğrul Yalçınbayır (Anayasa Kom. Bşk., ANAP mv, Abdullah Gül hükümeti Devlet Bakanı, Başbakan Yrd.), Bülent Akarcalı (TDV Başkanı, ANAP mv), Nejat Arseven (Anayasa Reform Kom. 2. Bşk.; ANAP mv, İnsan Haklarından sorumlu Devlet Bakanı; Vakıflar Yasası değişikliğinin mimarı), Prof. Dr. Ahmet Mumcu (Başkent Ünv. Öğr. Üyesi, TBMM Bilim-Kültür Danışmanı), Prof. Dr. Kay Hailbronner (Konstans Ünv.), Prof. Dr. Füsun Arsava (Ankara SBF Dekan Yrd.), Prof. Dr. Ergun Özbudun (Bilkent Ünv. TBMM Hukuk Danışmanı, ANAP MYK üyesi–2001, NED Enternasyonal Forum Konseyi üyesi, NED Journal of Democracy Yayın K. üyesi), Sami Selçuk (Yargıtay Başkanı), Prof. Dr. Zafer Gören (YÖK üyesi), Prof. Dr. Karoly Bard (Budapeşte Ünv.) *Türkiye'de Anayasa Reformu Prensipler ve Sonuçlar, Konrad Adenauer Stiftung (KAS) yayını.*
[161] ibid, s. 5.

bağış alıcı etikçileri ilgilendirmemektedir. Onları ilgilendiren, olsa olsa ülkelerine bağış alıcılık önermektir! ARI Derneği Başkanı Köprülü, Türkiye Cumhuriyeti Devleti yetkililerinin gözlerine bakarak açıklıyordu:

"Türkiye 21. yüzyılda liderliği, bölge ülkelerine değerler ihracını gerçekleştirerek yakalayacaktır."[162]

Bunca "ahlak" ve bunca "etik" dersine muhtaç gördükleri Türkiye, durup dururken değer ihracatçısı olacaktı. Değerler de aynen şöyle:

"Bu değerler özetle; hukuk devleti, piyasa ekonomisi, demokrasi, dünya kurumları ve normlarıyla bütünleşmeyi kapsamaktadır. Bölgede tüm ülkeler arasında bu değerlerin yerleşmesini sağlayabilecek tek ülke Türkiye'dir."

Şimdi bir çeviri yapsak ve "Batı dünyasının ekonomik düzeniyle bütünleşmiş ve yine Batı dünyasının kurumsal hizmetine girmiş bir Türkiye, Ortadoğu'daki Batı egemenliğinin kurulmasına, bölgenin piyasa olmasına yardımcı olacak ve dahi bekçilik yapacak tek ülkedir!" desek yeridir.

Amerikan *"Public Relations"* üslubuyla yaratılan göz boyama tekniğinden temizlendiğinde önerilen işte budur. Fakat projenin bir amacı vardır ve Türkiye anayasası öyle bir değişmelidir ki Türkiye durup dururken o bağımsızlık ilkesini ihraca kalkmasın! ARI Derneği Başkanı bu isteği şöyle açıklıyordu:

"Türkiye sadece rejimiyle değil, anayasasında yer vereceği bu değerler itibariyle de bölge ülkelerine örnek olmalıdır."

Öneri açık: Anayasaya "Türkiye'nin ekonomik temel ilkesi, piyasa ekonomisidir ve dünya ile bütünleşmek esastır" gibi bir madde konulması öneriliyor. Bu durumda işin içinden çıkmak olanaksız. Türkiye, varoluş ilkelerini ihraç etse, tam bağımsızlık ilkesini ihraç etmiş olacak. O zaman hareketin eşgüdümcüsünün buyurduğu bütünleşme, ABD - İsrail - Türkiye bütünleşmesi başta olmak üzere, parçalanmaya dönüşecek.

Öyleyse eşgüdümcü gibi, "günümüz dünyasında demokrasi dahi, dijital ortama taşınmaktadır" demek ve toplumsal katılımcılığı Amerikan "software" dünyasına indirgemek gerekiyor. Sonra da "Anayasalar yeni bir taşeron rejimi mi yaratmalı?" diye sormalı. Bu sorunun yanıtını, ARI'ların etkinliklerine bırakıp, devletin yöneticilerinin şöyle ya da böyle katkı koyduğu toplantının önemli ortaklarından Alman "Stiftung" etkinliklerini görelim.

Almanların Hıristiyan Demokrat Partisi'nin uzantısı olan 'stiftung'u temsil eden Türkiye şubesi sorumlusu Dr. Wulf Schönbohm[163] "project

---

[162] Türkiye'de Anayasa Reformu Prensipler ve Sonuçlar, KAS, s.29
[163] Dr. Wulf Schönbohm, CDU'da ve Konrad Adenauer Stiftung'da yönetici olarak çalıştı. 1997'den bu yana Türkiye'de K.A.V. Temsilcisi olarak görev yapmaktadır. Alman "Stiftung"ların etkinlikleri ve "sivil" ilişkileri için bk. *Necip Hablemitoğlu, Alman Vakıfları ve Bergama*, s.11-50. ; Wulf Schönbohm, *"Alman-Türk Dostluğunu*

democracy" operasyonun ana hedefi olan, her türden partinin kurulmasına açık bir anayasal düzenlemeyi öngörüyor ve *"Örneğin Alman Anayasası, Weimar Cumhuriyeti ve Nazi döneminde edinilen siyasal tecrübeler ile şekillenmiştir. Türkiye'nin 1982 Anayasası, Eylül 1980 olayları ile şekillenmiştir"* diyordu.[164]

Bu benzetme hiç de fena kaçmamış doğrusu. 1982 Anayasasını oluşturan koşulları; o koşulları oluşturan kanlı olayları ve darbeyi anımsıyor muydu bu Schönbohm? Ayrıca, darbeyi kimlerin desteklediğini de anımsıyor muydu?

Bu soruları ona soran olmayacaktı elbette! Alman Demokratlarının temsilcisi Wulf Schönbohm, Türkiye'ye demokrasiyi ve anayasayı öğretmeye kararlıydı. *"Örneğin"* diyor ve ekliyor:

"Bugün Alman Anayasası yeniden yazılacak olsa, partilerin yasaklanması imkânı muhtemelen yasa içerisinde öngörülmezdi, zira demokrasimiz 1949 yılına kıyasla bu yönteme ihtiyaç duymayacak şekilde sağlamlaşmıştır."

Bu sözlerden ne anlıyoruz? İlginç bir kurnazlıkla, kendi anayasalarının parti kapatma kararı alabileceğini mi anlatmak istiyor Schönbohm? Yabancılarla Türkiye anayasasını tartışmaya bunca hevesli olan yerli katılımcıların aklı fikri başka yerde olduğundan olsa gerek, Almanya'da "etnik" grupların özerklik, bağımsızlık isteklerini programlarına alan ya da dinsel hukuka dayalı yeni bir devlet oluşturma peşinde koşan siyasal partilerin kurulup kurulamayacağını sormamışlardı.

Böyle yapsalardı, yabancı eline merakla kurulan dünya yıkılır mıydı? Yoksa Alman konuklarına ve dostlarına ayıp mı olurdu?

Schönbohm, onların kendisini sıkıntıya sokmayacak denli konuksever olduğunu bilerek şöyle diyor:

"Zira bir partinin yasaklanmasının, bir ülkenin demokratik hayatına ağır bir müdahaleyi teşkil ettiğini ve bu nedenle parti yasağının diğer batılı demokrasilerde bulunmadığını unutmamamız gerekir."

Stiftung temsilcisi Schönbohm açıkça, Türkiye'de şu parti kurulabilir ve bu partinin kapatılması iyi değildir, diyebilirdi; ama demiyor. Bu tür açıklamaları, Türkiye'ye anayasa ilkeleri önerdikleri böylesine önemli bir günde, önemli konukların önünde açıklamak uygun düşmezdi!

Türkiye'de yıllarca etnik ayrıştırma ve dinsel azınlık yaratma işini, Alevi kimliği altında T.C. yurttaşlarını devletle çelişkisi bulunan topluluk konumuna indirgemenin her çeşit manevrasının, Almanya'da hazırlanmış olduğunu unutmak olanaksız. Almanya'da yasaklı bir hareketin, değil pankartını ya da bayrağını, o oluşumun simgesi renkleri üstünde bulundurmak bile yasaktır. Almanya'da şu ya da bu eyaletin ayrılması için savaşan bir örgütü beğenen sözler etmek, ayrılmayı çağrıştıracak

---

Güçlendirme" Cumhuriyet, 23.7.1999.
[164]KAS, a.g.k, s.5

herhangi bir şey söylemek bile ceza konusudur. Türkiye sivilleriyse yabancıya salonları açıp, ulusa ders verdirtmeyi bir başka sivil iş olarak görmektedirler.

"Kemalist Milliyetçilik"in Almanca yorumu

Oysa aynı Wulf Schönbohm, vakfın Almanya'da düzenlenen Ağustos 1998 sergisinde, Türkiye'ye yol gösteriyor ve tıpkı ABD resmi Din Hürriyeti raporlarında vurgulandığı gibi, Türkiye demokrasisinin önündeki engeli açıklıkla saptıyordu. Ona göre, Türkiye Cumhuriyeti, kuruluşundan günümüze İslamın inanç esaslarını ve dinsel duyguların ifadesini ezmekteydi. Dr. Wulf'un bu düşüncelerini TBMM'deki toplantıda, bu açıklıkta duymak elbette olanaklı değildi.

Türkiye anayasasının değiştirilmesi konferansına katılan T.C. yöneticileri, Christian Rumpf'un konferans değerlendirmelerine katılılar mı bilinmez. Rumpf, 'ulusal egemenliği' bireyin egemenliğine dönüştüren anayasa toplantısına yüksek düzeyde katılımın önemini şöyle belirtiyor:

"Adalet Bakanı'nın yanı sıra, Cumhurbaşkanı'nın da vakit ayırıp ilk yarım gün katılmaları, kongrenin organizasyonunun siyasal iktidar tarafından ne derece önemsendiğinin göstergesidir"[165]

Alman, konferanstan o denli mutludur ki Mustafa Kemal ile bağların koparılmasını isteyebilmekte ve bu bağın, Avrupa Birliği'ne girişin önündeki en önemli engel olduğunu ileri sürüyor. Yetinmiyor; kendi kendine "Kemalist milliyetçiliği" deyip, bu ilkenin, "çağın gerisinde" kaldığını da söylüyor:

"Konuşmalarda ve tartışmalarda buna karşılık devlet ideolojisine değinilmemiştir... Buna karşın Kemalist prensiplerin ideolojiden koparılması talep edilmelidir. Burada kesinlikle Cumhuriyetin kurucusu Mustafa Kemal Atatürk'ün liyakatlarını temelde sorgulamak söz konusu olmamakla beraber, kendisini ve o zamanki partisinin temel düşüncelerini bugünkü Avrupa'nın entegrasyon gelişmeleriyle bağdaştırmak zorunludur... özellikle Kemalist milliyetçiliğin çağın gereksinimlerine aykırı olan yorumu, AB'ye entegrasyonun beraberinde getirdiği, milliyetçi strüktürlerin bir kısmının tasfiyesine çelişki arzetmektedir."

Dr. Rumpf'un, katılımcıların açıkça söyleyemediklerini yazıvermesi, asıl amacı dışa vurmaktadır. Ne var ki Alman avukat da işin altını göstermemektedir. Atatürk'e saygımız ve hayranlığımız sonsuz; ama kendisinin çağı geçmiştir, demeye getiriyor. "Kemalist milliyetçiliğin" hangi yorumunun *çağın gereksinimlerine aykırı"* olduğunu açıkça belirtmiyor. İçerdekiler, Batı'nın söylem bulanıklığına 'diplomatik nezaket' deyip geçiyorlar. Anayasa reformu toplantısının amacı, Rumpf'un *"AB'ye entegrasyonun"* gereği olarak *"milliyetçi strüktürlerin (kurumların) bir*

---

[165] KAS, a.g.k, s. 129-143

kısmının tasfiyesi" olarak değerlendirmesinden daha açık anlatılamazdı. Çok düşünülerek kurulduğu belli olan tümcenin anlamı aslında kısa ve yalın: AB ile bütünleşmenin yolu *"Kemalist milliyetçiliğin"* tasfiyesinden geçer. Anayasa da işte bu nedenle değiştirilmelidir.

'Açık toplum' yolunda böylesine karışık, örtülü sözlere yer olamamalıydı. Belki de saydamlığın zamanı daha gelmemişti. Alman vakfı elemanlarının da inandırmaya çalıştıkları "saydam demokrasi" safsatasının altında sonsuz özgür demokratik ortamda, sonsuz özgür siyasal örgütlenme yatmaktadır. Rumpf'a kulak verelim:

"Bir 'laikleştirme tartışması' Türkiye'de 150 yıldan fazla bir zamandır yapılmaktadır. Atatürk'le birlikte bu "laiklik" tartışması dönüşmüştür ve burada sadece din ve devleti birbirinden ayırmaktan fazlası söz konusudur."

IRI ve TDV'nin ortağımız dedikleri Almanlar, "Siyasal parti kurma özgürlüğü" derken, dinsel ve etnik temele dayalı partileri kolluyorlar ve dil konusunda gerçeği açıkça tersyüz ediyorlar. Bu *"fazlası"* denen şeyin ne olduğunu fazlaca düşünmek yersiz. Bu *"fazlası"* denen şey, sonraki bölümlerde göreceğimiz gibi, Almanya'nın, Türkiye'de ulusal bütünleşme sürecinin *'dinsel kimlik'* projesiyle, *'etnik kimlik'* oluşturma operasyonunun *"üssü"* olduğu gerçeğine uymaktadır. Rumpf, bu durumu utangaçça açıklıyor:

"Daha 1982 Anayasası'nda ve sonra da Özal hükümeti sırasında İslami harekete imtiyazlar tanıma yönünde yumuşamalar görüldüğü dikkate alınırsa, Kemalist lâiklik prensibi de bir Avrupa lâikliği anlamındaki rasyonel açılıma engel oluşturmamalıdır."

İşte bu açıklama, Fazilet Partisi'nin ABD Uluslararası Din Hürriyeti yetkilileriyle görüştükten sonra, "Biz de lâiklik isteriz; ama Amerika'daki gibi" türünden sözlerine, "Lâiklik isteriz; ama Avrupa'daki gibi" türünden eklentiler yapmalarını yeterince açıklıyor. Rumpf, daha sonra, "azınlık hakları" konusunda konuşmacılardan Zafer Gören'in sözlerine destek verirken de açık sözlü davranmıyor:

"Gören, Kopenhag kriterlerinin 'azınlık haklarının' değil azınlıkların korunmasının garantisini istediği hususuyla önemli bir konuya değinmiştir... Türk Anayasa Teorisi açısından da azınlıkların korunması, azınlık statüsüne bağlanan haklarının sağlanması sorunudur. Bu doktrine göre (,) Kürtçenin anadil olarak öğrenilip öğretilmesi gerektiği hususu ya siyasal takdire ya da eşitlik prensibinin yorumuna bağlıdır. Schönbohm tarafından birkaç kez altı çizilerek dile getirilen Kürtçe yayın yapan televizyonlar hakkında sorun buna göre sadece kanuni platformda tanımlanan düşünce özgürlüğünün çerçevesi ve sınırını ilgilendiren bir sorundur."

Toplantıyı düzenleyen dernekçilerin ve vakıfçıların, Rumpf'un bu sözleri karşısında sustukları kesin. Lozan anlaşmasındaki *"azınlıklar"* tanımının "*Müslüman azınlıklar*" tanımına evirilmesine kalkıp da itiraz etmediler. Dr. Rumpf'a "Biz bilimsel bir hukuk konferansı düzenlediğimizi sanıyorduk. Oysa siz, Lozan Antlaşmasındaki tanımıyla, Türkiye'de azınlık haklarının garantisi olmadığını öğretmeye çalışıyorsunuz. Bu bilimsel bir çalışma değil, olsa olsa siyasal 'manipülasyon' yani kurcalayıp, yönlendirmedir. Bunları konuşacağınız yer Berlin ya da Brüksel olabilir; ama Türkiye Cumhuriyeti'nin egemenlik alanı olamaz!" da demediler. Kürt annelerin çocuklarına kendi dilini öğretmesinin önünde bir engel bulunmadığını da belirtmediler.

Bunları sormayacaklardı; çünkü onlar Rumpf'tan, Türkiye'de ordunun kışlasına itilmesi gerektiğini açıkça belirten NDI (National Democracy Institute) ile işbirliği yapmayı çağın gereği saymaktadırlar. Haksız da sayılmazlar; Rumpf, ordu konusunda şunları söylüyor:

"*Ordunun Türk anayasa düzeni içerisindeki rolü, sıkça Türkiye'nin gizli iktidarı olarak görülen Milli Güvenlik Kurulu'yla bağlantılı olarak dile getirilmiştir... Gerçekten bugüne kadar Milli Güvenlik Kurulu'nun tüm tavsiyelerinin yerine getirildiğini ve 28 Şubat 1997 tarihli köktenciliğe karşı mücadele hususundaki 'tavsiyelerinin' çok ağır gerçekleştirilmesinin de o zamanki Erbakan hükümetinin sonu olduğu görülmüştür.*"[166]

Yabancıların bu girişimleri, ulusal güvenliğe karışmadır, diyecekler olabilir. Anımsamalıdır ki ülkelerin başkentlerine dışarıdan gelip yerleşenlerin ulusal savunma kurumlarını açıktan eleştirme özgürlüğü, ABD'de ve Batı Avrupa'da Kopenhag kıstasları kapsamında değil, ulusal güvenlik kapsamında değerlendirilir.

"Adam kazanmak": Bir çeviri hatası mı?

"Konferanslar ne işe yarar?" diye sormanın gereği yok. Konferanslar "*democracy promotion*" adı altında yeni dostluklar kurmaya yarar. Tıpkı Konrad Adenauer Vakfı'nın açıkladığı gibi:

"*Partnerimiz TDV sayesinde, Ankara'daki Alman Büyükelçiliği ile birlikte organize edilen 'Almanya'nın Birleşmesinin 10. Yılı' konulu etkinlikte olduğu gibi geçen yıl düzenlediğimiz etkinlikler için konuşmacı olarak önemli siyasetçiler kazanılmıştır. Bahsi geçen bu etkinlik için, Almanya birleşmesini Türk bakış açısından inceleyen Başbakan yardımcısı Mesut Yılmaz kazanılabilmiştir.*"[167]

Hemen belirtelim ki eski başbakanın "kazanıldığını" söylemek, kendini üstün gören bir yabancının sözcük sürçmesi olabilir. Türk politikacı da bunu böyle kabul etmiş olamaz. Kuşkusuz yazılanlara karşı bir tepki göstermiş ya da yabancının saçma yakıştırmalarına değer vermemiştir.

---

[166] a.g.r
[167] *Konrad Adenauer Vakfının Türkiye'deki Faaliyetleri, 2. Uluslararası kongreler, Konrad Vakfı, Yıl 2000.* Ayrıca aynı belgeden Hablemitoğlu, Necip, a.g.k. s.29.

NED'in, *"demokrasi promosyonu"* adını verdiği çalışmayı parayla destekleyenler arasında bulunan bu Alman vakfının, yerli "işbirlik"* kapsamında Türkiye'ye taşınmasında, düşünce özgürlüğü yönünden hiçbir sakınca yoktur; çünkü Türkiye, her yabancının kendi emellerine uygun gri propagandayı sarıp sarmalayıp iyice cilalayarak rahatça sunabildiği bir 'açık toplum' ülkesi olmuştur.

Wulf, Reichstag üyesi Claudia Roth gibilerinin T.C.'nin Başkenti'nin göbeğinde, Kızılay'da megafon elde eylem çağrısı yapmasının ardından sınır dışı edilmemiş olmasını dikkate almıştır kuşkusuz. Wulf, Roth'un İstanbul'da bir büro açtığına da bakarak, dergilerde yazdıklarına boş verip, rahatça TBMM'ye gelmiş ve T.C. Cumhurbaşkanı'ndan Anayasa dersi almıştır. Bu işleri yapmak Türklerin dışında her Avrupalının hakkı olduğuna göre, söylenecek fazla bir şey yok. Ne de olsa Türkiye, dünyanın en saydam, en geçirgen ve de en demokratik ülkesidir.

Türk ulusunun da Almanların dergilerinde neler yazdıklarını bilme hakkı vardır. Onlarla "işbirlik" yapan demokrasi vakıfçılarının da bu kişiyi tanıtırken, hiç olmazsa birkaç satırla, kimliklerini ve Almanya'da yaptıklarını, en azından toplantıya katılan devlet görevlilerine iletme sorumlulukları olmalıydı. Almanlarla Anayasanın değiştirilmesi konferansı düzenleyenlerden TDV Başkanı Bülent Akarcalı'nın imzasıyla Konrad Adenauer Vakfı'na gönderilen 17.2.2000 tarihli yazı işbirliğinin derinliğini sergiliyor:

"Sayın Wulf,
Anayasa kongresinin 20.000 DM'lık bir faturası elinizde bulunmaktadır. Bu fatura Türk Demokrasi Vakfı tarafından karşılanacağına dair bir ibareyle vakfımıza iletilmiş bulunmaktadır. Arkadaşlarımız bizim bütçenin negatif olduğunu ve şu anda bütçede hiç para bulunmadığına işaret ettiler. Üstelik Türkiye Projesi için üç aylık bir ödeme ertelenmiş bulunmaktadır."

Yazının sonu, Rabıta üs-Stiftung içindeki para-demokrasi bağının ruhsal boyutunu ortaya koyuyor:

"Devlet Başkanı ve Parlamento Başkanı açılışımıza davet edildi ve ben kongreyi yöneten kişi olarak görevimizi yerine getirdiğimiz kanaatindeyim"[168]

Bu yazının bulunduğu yapıtta yer alan 10.05.2001 tarihli KAS yazısı 'rabıtayı' kanıksatacak türdendir:

"Sayın Akarcalı, bugün öğrendiğim üzere Almanya'da bulunan merkezimizin önerimi dikkate alarak, Türk Demokrasi Vakfı 2001 bütçesinin 25.000 DM artırılmasını uygun bulmuştur, bu na şahsen çok sevindim. Yakında bu değişikliği içeren yeni partner sözleşmesi size gönderilecektir. Sizden ayrıca Türk Demokrasi Vakfı olarak

---

* TDV, yabancılarla ilişkilerini "İşbirlikler" başlığıyla yayınlamıştır.
[168] Ergün Poyraz, AKPapa'nın Temel İçgüdüsü, s.317.

yaz dönemine kadar ve ikinci dönem içinde anlamlı toplantılar yapılmasını sağlamanızı rica etmek isterim."

Rabıta üs-Stiftung mektubundaki ruhsal boyut, parayı verenle alan arasındaki derece ayrımını da sergileyecek niteliktedir. Söz konusu 'rica' satırının hemen sonrasını okuyalım:

"...çünkü Nisan hesabından görüleceği üzere Türk Demokrasi Vakfı eğitim etkinliklerine sadece 6.000 DM harcanmasına rağmen(,) maaş ve işletme gideri olarak toplam 7.000 DM harcamada bulunmuştur. Bu oran (fark) ise hiç kabul edilebilir bir oran (fark) değildir.
Saygılarımla,
Dr. Wulf Schönbohm"[169]

TDV Başkanının *"Türkiye ihbarcılar cennetidir"* diyerek rabıtaları sergileyenleri kınadığı anımsanırsa, saydamlıkla gizlilik, onurla teslimiyet arasındaki sınırın karıştığı görülebilir. Söz konusu olan, vakıf elemanlarının evlerinde kahve söyleşisi değil, Türkiye'nin başkentinde anayasa görüşmesidir. Türkiye'ye demokrasi taşıma savındaki yabancıların açık niyetlerini görmemek olanaksızdır.

Türkiye ve Türk ulusu yapaydır

Demokrasi, özgürlük ve bilgilenme hakkı için, ARI, KAS (Konrad Adenauer Vakfı)[170] ve TDV'nin toplantısına katılanlar, KAS'ın Alman devlet kurumlarıyla ilişkilerine aldırmamış olabilirler; ama onlardan, Türkiye'ye yönelik gri propagandanın Doğu-Batı Enstitüsü'nde oluşturulduğu bilgisine değer vermeleri beklenirdi.

Konrad Adenauer'un Türkiye danışmanı eski asker Udo Steinbach, Doğu-Batı Enstitüsü'nde müdürlük yapmaktadır ve Alman devletine sadık bir görevlidir. Almanya'nın Paris Büyükelçiliği'nde askeri ateşe olarak da bulunmuştur. Steinbach'ın 15 Eylül 1998'de, saat 18.00 ile 21.00

---

[169] ibid. s.316-317. Aynı kitapta Stiftung ve TDV arasındaki yıllık 350.000 DM tutarındaki ilişki, para akış tablosuyla gösterilmekte ve yazışmalar da birçok gerçeği açıklamaktadır.

[170] Alman CDU'nun uzantısı Konrad Adenauer Vakfı'nın Türkiye şubesi 1984'te açıldı. Bu vakfın yerel yönetimlerin güçlendirilmesi projelerine ilgisi yüksektir. Alman sosyal demokratlarının partisi SPD'ye bağlı Friedrich Ebert Vakfı 1988'de İstanbul'da şube açtı. Öncelikle CHP'lilerle birlikte çalıştı. FES, CHP gençlerine kurs düzenledi. CHP üst yönetiminin uçak paralarını karşılayarak Almanya'ya konferanslara çağırdı. Alman FDP'nin liberal vakfı Friedrich Naumann Stiftung ise 1991'de İstanbul'a yerleşti. Liberallerle, ARI-TDV gibi yerli "siviller" ile ortak çalışmalar yürütüyor. Alman Yeşiller Partisi'nin örgütü Heinrich Böll Stiftung da 1995/96'da İstanbul'da çalışmaya başladı. Robert Bosch Stiftung ise, 2000 yılında yerleşti İstanbul'a... Bu vakıfların tümü, Alman devletinin Politik Eğitim Fonu'ndan para almaktadır. Alman Dışişleri'nin yayınlarında, ülkelerin iç siyasetlerine göze batmadan, karışmanın uygulanabilir yöntemleri verilmekte ve "diyalog programları ile yapıcı bir rol oynayacakları" açıklanmaktadır." (*Tamer Bacınoğlu, "Türkiye'de Alman Vakıflarının Marifetleri, Cumhuriyet, 6.7.1999.*)

arasında, Katolik Kilisesi örgütünün Lingen-Holthausen'deki Ludwig-Windthorst-Haus'da, "Die Bedeutung des Islams für Europa" başlıklı sözlü bildirisi, yabancı kuruluşlarla işbirliği yapanların yukarıda sözü edilen toplantısına rastlantı sonucu katılan bazı yurttaşları ilgilendirebilirdi. Bu sorumlular, Steinbach'ın söylediklerini unutmamalılar:

"Türkiye yapaydır. Gerçekte var olan Türkiye, bir adamın, önemli bir adamın, tarihsel öneme (sahip) bir adamın dikte ettirmesiyle yaratılmış bir yapay oluşumdur. Bunu (yapan kişinin) adı Mustafa Kemal Atatürk'tür. Bu adam, tek (başına) bir devlet yaratmıştır. Türkiye'nin bugünkü sorunu, işte budur. Bu adam (Mustafa Kemal), yapay olan bir devlet yaratmıştır. Bugün, Türk cumhuriyetinin temeli olarak, Kemalizm'in iki unsuru, laiklik, dinin ve siyasetin (birbirinden) ayrılması ve Türk ulusalcılığı, gerçekle bağdaşmamaktır."

Aradan yıllar geçti, Almanlar haklı çıktı; çünkü onların savları "Azınlık Hukuku" bildirilerinde açıktan savunulmakla kalmadı, aydınların hemen hemen tümü, bu tür açıklamalara destek verdi. ABD Kongresinin 'Lozan Raporu"ndaki görüşlerle Steinbach'ın görüşleri örtüşüyordu:

"Türk devleti yeniden yapılanmaya zorlandı. Mustafa Kemal Atatürk, İslam'ı bir kalemde silebilirdi (silebileceğini düşündü). Yirmi yılın sonunda (Kemalizm'in) ikilisi öldü. Böylece bu olay hallolmuştu; ama bu (Kemalizm) hiçbir şeyi değiştiremedi. Çünkü Anadolu, bin yıl içinde İslamileşmişti. Bu bir şey değiştirmedi; çünkü Türkiye, Kemalistlerin büyük Osmanlı geçmişinin bir devamıydı. Ve öteki, iyi ve güzel Türk milliyetçiliği, Ermenileri kovdu, öldürdü ve katletti. Yunanlıları mübadele etti. Fakat birçok halk grubu (etni) ve kültürler (Anadolu'da) kaldı. Örneğin Kürtler, her nasılsa yok edilemediler."[171]

Stiftung elemanına göre her şey çok açıktır. Türkiye'de ulus yapaydır. Zorlamayla bir devlet kurulmuştur. Bu konuda denebilir ki yabancıların bu tür düşüncelerinin varlığı bilinmektedir. Türk-Kürt uzlaşmasını savunanlar da dolaylı olarak T.C.'nin yapaylığını ileri sürüyorlardı. CIPE'nin Ankara bürosunda 2. Direktör olan, TDV kurucusu Ergun Özbudun'un derlediği belgede, bu sava şu açıklamayla katılınmaktadır:

"Olan şey, Mustafa Kemal'in var olmayan farazi (varsayımsal) bir varlığı, Türk Milleti'ni, ayağa kaldırarak ona hayat vermesiydi. O'nun girişmiş olduğu projenin gerçek boyutlarını bize veren ve düşüncesinin ütopyacı niteliğini ortaya çıkaran, olmayan bir şey için sanki varmış gibi çalışması ve onu var etme yolundaki kabiliyetidir."[172]

---

[171] "Die Bedeutung des Islams für Europa" Akademieabaden am 15. September 1998 von 18.00-21.00 Uhr im Ludwig-Windthorst-Haus in Lingen-Holthausen (Abschrift des Vortragsmitschnitts-.kath.de / akademie /Iwh /archiv/politik/stein-bach.htm; ayrıca aynı kaynaktan Tamer Bacınoğlu, "Türkiye'de Alman Vakıflarının Marifetleri" *Cumhuriyet* , 6.7.1999.

[172] Ali Kazancıgil ve Ergun Özbudun'un makalelerinin Fahri Unan tarafından yapılan

Türkiye Cumhuriyeti devletinin "yapay bir ulus" yani gerçekte olmayan bir ulusa dayandığı savıyla yola çıkanlar, Türkiye'yi olabildiğince gruplaştırmaya çalışırlarken, ipin ucunu iyice kaçırmışlardır.

Alman vakıflarında, "Alevi-Sünni-Kemalist-Kürt-Türk" kimlik çatışmalarına uzanan tezler üretilmektedir. Almanya'da Türkiye'ye yönelik girişimin bir parçası olarak ve *"Türkiye Kürtlerinin etnik uyanışında, Almanya üs görevi görmüştür"* diyerek onayladıktan sonra, *"Türkiye'de 90'lı yıllarda yükselişe geçen Alevi rönesansının merkezi Almanya olmuştur"* açıklamaları, "project democracy" ağının Batı Avrupa'dan atılmakta olan ilmiğini açıklıyor.[173/174/175]

Udo Steinbach'ın ve Alman siyasal partileriyle ilişkili olmaları doğal olan 'stiftung' örgütlerinin, Türkiye'de devlet ile toplum arasında uçurum oluşturmak üzere "Alevilik dini" yaratılmasıyla ortaya çıkarılacak yeni bir ayrılmadan mutlu olmaları olağandır. Amerika'dan tetiklenip, Avrupa Birliği enstitülerinde kuramlaştırılan, insan haklarını azınlık haklarına eviren şifre çözücülerin, "Devlet-Alevilik" ve "Kemalizm-Dindarlar" çatışması örtüsü altında çokuluslu devlet kışkırtması peşinde olmaları da olağandır. Bu örgütlerin devlet ve karteller tarafından desteklenmeleri ve işin AB boyutunu derinleştirmesiyse daha da olağandır.[176]

Özelleştirme propagandasına dış destek

1999'da yapılan Stiftung ortaklı anayasa konferansını onurlandıran devlet büyükleri, bu katılımlarıyla, söz konusu ayrıştırıcı politikaları oluşturan *stiftung* etkinliklerini ulusun gözünde meşrulaştırmışlardır. Bunun adına 'demokratik işbirliği' ya da 'saydamlık' deniliyor olabilir.

çevirisinden aktaran *Şerif Mardin, Türkiye'de Din ve Siyaset,* s.65.
[173] Ayşe Yıldırım, "Almanca Alevilik dersi talebi önce kiliselerden geldi" *Aydınlık, 30 Temmuz 2000, s.13*
[174] Almanya'dan Türkiye'ye uzanan Alevi örgütlenmesi ve Almanya'nın çabaları için geniş bilgi: *Mehmet Demiray, Understanding The Alevi Revival: A Transnational Perspective, MS Tezi, The Department of Political Science and Public Administration, Bilkent Unv. Feb. 2004.*
[175] 'Alevilik' inancına sahip olanları, Avrupa kültürü içinde, ayrı bir topluluk olarak değerlendirmek ve bu yöntemle Türkleri bölme anlayışı çok yeni değildir. 'Alevi' inancının Hıristiyan inancına yakın olduğu, Protestan kiliselerinin kapılarının, baskı altındaki gruplara her zaman açık olduğu düşüncesi, Almanya'dan yayılmaktadır. 'Alevi' inançlıların arasında Anadolu Rumları bulunduğu düşüncesiyse, Yunanistan kaynaklıdır. Karamanlıların Rum olduğu üstüne bilgi yayılması da bir başka sivil(!) derinliktir. Ayrıca bkz.: Mustafa Balbay, "Alevilerin sağlam duruşu" *Cumh. 6-5-2002*
[176] Bu konu ve Batı'nın İslama ve inanç özgürlüğüne sahip çıkma taktiklerinin altındaki ırkçı-dağıtıcı yaklaşımın özü için bkz. *Tamer Bacınoğlu, "Der Fall Türkei in der deutschen Publizistik. Ein Feinbild besonderer art"* ya da İngilizce çeviri: *"The making of Turkish Bogeyman, A unique Case of Mispresentation in German Journalism"* Graphis Yayınları, İst. 1998 ve *Tamer Bacınoğlu, Modern Alman Oryantalizmi-Alman Yayıncılığının Türkiye Tablosu, ASAM yayınları, Ankara, 2001*

Benzeri etkinlikler, Amerika'da ya da Almanya'da, bırakınız konferansı, küçük bir toplantı düzeyinde gerçekleştirilse ne olur? Bir şey olamaz; çünkü bu örgütlerin kendi ülkelerinde siyasal çalışma yapmaları yasaktır. Bunu anlamak için yasa karıştırmaya gerek yok. *'Stiftung'* ya da *'Foundation'* adlı örgütlerin etkinlik raporlarına bakmak yeterlidir.

Bu tür incelemeyi ciddiye alacak bilim oltası peşinde koşanların, oralara dek uzanıp, kimin etnik azınlık, kimin çoğunluk olduğuna ve devletin egemenliğini güvence altına alan ceza yasalarına bir bakmalıdırlar.

Demokrasi ve azınlık hakları pazarlayıcısı vakıflarla, 'think tank' denenlerle "işbirlik" yapan Türk Demokrasi Vakfı'nın 1991 yılında, CIPE adlı Amerikan işadamları örgütü aracılığıyla NED fonundan sağlanan 80.000 dolar destekli projesini, NED raporundan aktaralım:[177/178]

"Yardımı alan: Turkish Democracy Foundation (TDV)- Konu: İş ve Ekonomi – Program Özeti: Türk Demokrasi Vakfı'nın Türkiye'de özelleştirme ile ilgili 18 aylık programının desteklenmesi."

Aynı raporda, Türk Demokrasi Vakfı'na ek olarak verilen 26.100 doların proje gerekçesi daha da açık: "İki kitabın ve dört aylık bültenin dört sayısının yayımını desteklemek."

Biraz hesap yapmaya değer: 80.000 artı 26.100, eder 106.100 dolar. ANAP'ı destekleyen, hali vakti yerinde yurttaşlar dururken, yabancılardan, daha doğrusu yabancı devletin kasasından bu denli küçük bir destek alınması, anlaşılır gibi değil.[179] Vakıf, ortak işlerin masraflarını Amerikan kuruluşlarından yalnızca başlangıçta almış ve işler rayına oturunca kendi kaynaklarına dönmüş de olabilirdi; ama öyle olmamış: ABD'nin siyasal örgütü IRI, vakıfla kurduğu "işbirlik" işlerine Anavatan Partisi'ni de katmış. IRI'nin 2000 yılı etkinlik raporunda aynen şöyle deniliyor:

"IRI, Türkiye'nin Anavatan Partisi'ne, ilk kez yapmakta olduğu, Nisan 1999 seçimleri için aday belirleme işlerinin esasını oluşturan çalışmalarda yardımcı oldu."

Turgut Özal gibi çağ atlatıcı bir önderin ardılları, seçimlerde aday belirleme işini pek çağdaş bulmamış ya da önderlerini aşma inancını içlerinde o denli büyütmüş olmalılar ki yabancı devletin siyasal örgütünden

---

[177] "işbirlik" nitelemesi, TDV'nin etkinliklerini tanıttığı Web-sitesindeki "İşbirlikler" başlığından aynen alınmıştır. (M.Y)

[178] TDV, 1987 yılında Ankara'da kuruldu. "Yönetim Kurulu: Ergun Özbudun (CIPE-Ankara, temsilcisi, NED Journal of Democracy Yayın Kurulu üyesi), Bülent Akarcalı (Bşk.), Nurten Tahta, Mehmet Cavit Kavak, Cem Kozlu, Işın Çelebi, Üstün Ergüder (Boun, TESEV), Mehmet N. Gök, Erdal Türkan. 1995'te üye sayısı: 65. 1994 yılı bütçesi: 15.000.000 TL. Dış ülkelerde temas kuruluşları: Konrad Adenauer Foundation, Project on Education on Democracy" *Non-Govermental Organizations Guide*, s.80, st.2.

[179] ANAP destekçisi işadamların istenseydi, bu para elbette bulunabilirdi. Bir yanda 'papatyalar'dan günümüze uzanan "zengini seven" anlayış, bir yanda da, hepsi hepsi yüz-altı-bin-yüz ABD doları!

"Acaba ne etsek de, milletvekili adaylarını doğru dürüst seçsek? En iyisi bu işi Amerikalılara soralım" diye yardım almayı düşünmüş olabilirler.

Bu aşamada, aynanın öteki yüzünde görüneni yansıtmak gerekiyor. Yabancının emellerine hizmet eden askeri darbeler sonrasında, bir ülkenin yurttaşları, siyasal örgütleri, aydınları budandıkça varılacak nokta, siyasal yaşamın boşluğu kaldırmayacağı kuralına uygun olarak, yabancılar tarafından doldurulur. Onlarla işbirliği yapanların da katkısıyla tarihsel birikim, hem siyasal hem de kültürel yönden yıkılır. Bu yıkım, yukarıda örneklerini gördüğümüz türden uluslararası dayanışmalarla daha da etkin oluyor.[180]

---

[180] Rabıtat üs-Stiftung işlerinin, hükümetlerin, medyanın, desteğine karşın adalet karşısında düştükleri durumu özetleyelim: *Bergama Altın Dosyası* kitabı nedeniyle Konrad Adenauer Vakfı'nın açtığı dava 8 Ekim 2002'de, Friedrich Ebert Vakfı'nın açtığı dava 1 Mayıs 2003'te, Heinrich Böll Vakfı'nın açtığı dava, 4 Aralık 2003'te Necip Hablemitoğlu lehinde sonuçlandı. Liberal Düşünce Topluluğu Derneği'ne karşı Necip Hablemitoğlu varisleri tarafından *"hapıyutmuşoğlu"* gibi hakaret yayınları nedeniyle açılan davada Liberal Düşünce Topluluğu Derneği suçlu bulundu.

IRI, ARI, SOROS
Gençliği Örgütlüyor

"Senaryonun bütününü görmeden içinde olma oğlum."[181]

12 Mayıs 2001 İstanbul Princess Hotel'deki konuşmacı, T.C.'nin devlet düzeninin iflasını salondaki gençlere şu sözlerle bildiriyordu:
"Siz gençler Ankara'yı tamamen unutun. Bu sistem iflas etti... Ankara'dakilerin sizden korkmalarının bir sebebi de eğer siz meydanlarda yürürseniz, hükümet üç günde düşer. İşçi ve memur haklarını satın alıyor; ama sizin istediğiniz geleceğiniz... Eğitim ve münazara enstitüsü kurmak istiyoruz. Bu iki enstitümüzün hedefi artık üniversiteler değil, liseler olacaktır."[182]

Böyle diyordu, ARI Hareketi (Derneği)'nin Başkanı Kemal Köprülü. Türkiye'nin meclisteki siyasal partileri neredeyse emir üzerine yasa değiştirirken, ARI Başkanı, gençleri eyleme çağırıyordu. 500 genç, Amerikan Cumhuriyetçi Parti'nin uzantısı "project democracy"nin dört ana örgütünden bir olan IRI tarafından tasarımlanan liderlik projesi kapsamında, iki yıl süren çalışmanın sonunda, Akşam Gazetesi'nin de desteğiyle, Princess Hotel'de toplanmışlardı. Toplantıya katılanlardan ÇYDD Başkanı Türkan Saylan da konuşma yapmıştı.

1999 yılında, İngiliz Mori Ltd.'in Türkiye kanadı Strateji Mori Ltd. (İstanbul) tarafından 18 ilde gerçekleştirilen gençlik araştırmasıyla başlayan çalışmalar, daha sonra ARI Derneği yöneticilerinin çeşitli illerdeki örgütlenme çabalarıyla ve gençlik toplantılarıyla sürdürülmüş. ARI dernekçilerinin açıklamalarından, II. Cumhuriyetçi Yeni Demokrasi Hareketi'nin ardından yepyeni liderler önderliğinde bir siyasal hareket oluşturulduğu anlaşılıyor. Amerika'dan İsrail'e, Berlin'den Selanik'e dış ilişkileri ve devlet üst yöneticilerinden, medyaya iç desteği denk getirilmiş bir hareket.

"Toplum yararına" çalışan derneklerin ya da Vakıflar Genel Müdürlüğü'nce denetlenen vakıfların, gençleri eyleme çağırmaları pek görülmüş şey değil; ancak bir siyasal hareket yapabilir bunu. Oysa ARI Derneği başkanının, düşürülmesini istediği hükümetin liderleri ve bakanları, daha iki yıl önce bu derneği kutlayan iletiler yollamışlardı.

---

[181] 1965-1971 arasında ODTÜ'de öğrenci olaylarını yaşamış mühendis babanın basına yansıyan mektubundan.
[182] ARI Derneği Başkanı Kemal Köprülü'nün, 12 Mayıs 2001, Maslak Princess Oteli, IRI-ARI- Akşam Gençlik Kongresi, İstanbul, konuşmasından.

Eylem çağrısı, elbette özgürlükler, demokrasi ve şeffaflık kapsamındadır. Ulusal onur ve gurur sahibi işadamlarının, çiftçilerin, öğretmenlerin, mühendislerin, gençlerin, yaşlıların, bağımsızlığı savunan her kesimden insanın görüşlerine yer vermeyen yayın ortamı, şeffaflığı bir yana bırakıp tek yanlı olarak ve ARI türünden örgütlerin dış bağlantıları üstüne hiçbir bilgi vermeden, onların sesine de, görüntüsüne de çokça yer ayırmakla önemli bir katkıda bulunmaktadır.

Bir derneğin üç yıl içinde nerelerden nerelere geldiğini görmek için, 'project democracy' ağının sıkı örülmüş bir bölümüne bakmadan önce, geçmişin unutulup giden, cumhuriyeti değiştirme girişimi anımsanmalı.

ANAP ve YDH çevresinde Arılar

Cem Boyner ile Kemal Derviş'in Yeni Demokrasi Hareketi, sönüp gitmişti. Onun yerini alacak bir başka hareket hem Türkiye'de hem de Avrupa'da ve Amerika'da kurduğu ilişkilerle neredeyse Türkiye Cumhuriyeti'nin dışişleri görevini üstlenmiş; genç liderler kampanyasıyla devletin geleceğini de güvenceye almıştır.

Bu hareket, 1994'te oluşturuldu, 1997'de ARI Grubu (Derneği)[183] ve 1999'da ARI Hareketi (Derneği) olarak ortaya çıktı. Uzunca bir süre ANAP içinde etkinlik göstermişlerdi; 1999 başlarında her nedense ANAP yönetimiyle araları açıldı.[184]

ARI'lar, bu ayrılıştan sonra, Türkiye'nin 1990'a dek çok iyi yönetildiğini; ama daha sonraki yıllarda ehliyetsiz ellere kaldığını ileri sürerek ANAP yönetimiyle aralarına sınır koymaya başladılar. Onların yolu Özalizm yoluydu. Yeni çıkışlarını IRI ve Almanya'dan FNS (Friedrich Naumann Stiftung)'nin parası ve örgütleme desteğiyle düzenledikleri İstanbul Konferansı ile taçlandırdılar.

Yayın dünyasının pompaladığı yeni bir görevle, Cem Boyner'in liderliğinde oluşturulan Yeni Demokrasi Hareketi (YDH; yaygın adıyla II. Cumhuriyetçi hareket) ile özdeşleştirildiler. Yeni çıkışlarını 27 Temmuz 1999'da Özalvari bir "imajla" gösterdiler. Grubun (derneğin) kurucuları arasında adı geçmeyen; ama derneğin kendi anlatımıyla, "Hareket"e geçinceye dek ARI'ların tüm etkinliklerinde başı çeken Kemal Köprülü,

---

[183] ARI Kurucuları: Ahmet Özkara (İşadamı, Mersin), Haluk Hami Önen (İşadamı, İstanbul), Hayrullah Zafer Aral (İşadamı, İstanbul), İbrahim Taşkan (Avukat Üsküdar), Mahmut Reha Akın (Mühendis, Bursa), Mehmet Dursun Şafak (İstanbul), Mustafa Alagöz (İşadamı, Konya Postası Gazetesi Sahibi, Konya Inter Genç Holding Y.K. Bşk., 1983 ANAP Merkez İlçe Başkanı, Konya Genç İşadamları Derneği Bşk.), Veysel Celal Beysel (Kimya Müh., Bursa), Mehmet Zeki Kaba (İşadamı, Eskişehir), Emre Ergun (İşletmeci, İstanbul) Murat Bekdik, Şerif Kaynar (Bşk. V.), Günseli Tarhan (Bşk. V.), Dr. Can Fuat Gürlesel (Genel Sekr.), Zeynep Damla Gürel (Sayman), Emre Ergun, Ayşen Laçinel, Mehmet Şafak, Müge Telatar. Denetleme Kurulu: Işık Boğ, Nilgün Kıdeyş, Cüneyt Kurtbay, Haluk Hami Önen, Alp Halil Yörük

[184] *Murat Sabuncu. "Dipten gelen Özal hareketi- Arı" Milliyet, 28 Temmuz 1999*

evinde büyük bir 'davet' verdi. Katılanlar arasında, ANAP'lı bakanlar, CHP temsilcileri, iş ve yayın dünyasının seçkinleri bulundu. Akit gazetesinden Abdurrahman Dilipak da davetteydi.

Yeni demokrasi hoşgörüsüne uygun bu toplantıyı, Kemal Köprülü, "Özal döneminin tüm eğilimlerini birleştiren" bir atmosfer olarak tanımlamıştı. ARI örgütleyicisi, hemen hemen hiç kimseyi dışarıda bırakmamıştı. Türkiye tarihinde rastlamayacak bir olaydır yaşanan. Bir derneğin bu denli ünlüyü yan yana getirebilmesi, azımsanacak bir başarı olamaz.[185]

Yayın ortamının "promotiv" yani yüceltici etkinliğiyle ARI'lar güçlenmeye başladılar. Onları övmeyen, konuk etmeyen köşe yazıcısına az rastlanır. Halka ve demokratik kitle örgütlerine değer vermeyen devlet görevlilerini, ARI'cıların toplantılarında, kokteyllerinde görmemek olanaksızdır. ARI'cıların dış bağlantılarına bakılırsa, içerdeki 'promosyon'un hafif kaldığı görülür. Nedenini anlayabilmek için, ARI'cıların sınır ötesi ilişkilerine, etkinliklerine göz atmak gerekiyor.

ARI'cılar, 1-8 Kasım 1997'de ABD'ye uçtular ve Renaissance Foundation'a konuk oldular. Vakıf onları ABD senatörleriyle, kongre üyeleriyle, IMF, Hazine Bakanlığı, 'loby' grupları ve NGO'larla görüştürdü.

Bu ilk geziden sonra Amerika Birleşik Devletleri, ARI'lar için komşu kapısı oldu. 23-27 Şubat 1998: ARI'cılar, Amerikan Türk Cemiyetleri Topluluğu'nun konuğu oldular. Arayı soğutmadan, 30-31 Mart 1998 arasında Kuzey Yunanistan Endüstri Federasyonu ve Amerikan-Yunan Odası tarafından düzenlenen "Balkanlar" konulu '5. Selanik Forumu'na uçtular. Hemen ardından İsrail'i destekleyen en büyük örgüt AIPAC (Amerikan İsrail Halk İşleri Komitesi)'nin çağrısıyla yeniden ABD'ye

---

[185] ARI'nın davetine katılan ünlülerden bazıları: Rahmi Koç, Mustafa Koç, Ali Koç, Ahmet Özal, Besim Tibuk (Liberal Demokrat Parti Genel Başkanı), Ahmet Vefik Alp (Mimar, MHP İstanbul Belediye Başkan Adayı), Ali Talip Özdemir (ANAP eski milletvekili, eski bakanlardan, İstanbul Belediye Başkan Adayı), Bedrettin Dalan (ANAP eski yöneticilerinden, İstanbul eski Belediye Başkanı), Burhan Karaçam (Yapı Kredi Bankası eski G. Müd.), Bülent Akarcalı (ANAP Milletvekili, TDV Genel Başkanı), Can Kıraç (Koç Holding eski koordinatörü, İşadamı), Celal Bayar (Eski Cumhurbaşkanı Celal Bayar'ın torunu), Cem Boyner (Altınyıldız sahibi, Yeni Demokrasi Hareketi kurucu genel başkanı, İşadamı), Cem Duna (ANAP eski yöneticilerinden, THY Eski Genel Müd. Emekli Büyükelçi), Cemal Kutay ("Atatürk Araştırmacısı, Profesör;" (Milliyet, Cemal Kutay'a profesör ve Atatürkçü unvanı vermiş.), Enver Ören (İHLAS Holding sahibi, Işıkçılar Tarikatının kurucusu Hilmi Işık'ın damadı), Mücahit Ören (İşadamı), Hüsamettin Kavi (İSO Başkanı), İlhan Kesici (ANAP'lı eski milletvekili, Demirellerin damadı), İlhan Kılıç (Org. Hava Kuvvetleri Komutanı), Lütfullah Kayalar (ANAP'lı milletvekili, eski bakan), Osman Birsen (İMKB Başkanı), Rüştü Saraçoğlu (TCMB eski başkanı), Semahat Arsel (Koç grubu), Sezen Cumhur Önal, Şule Bucak (CHP Üyesi), Yavuz Canevi (Eski hazine Müsteşarı, Eski TCMB Başkan yardımcısı), Yaşar Okuyan (ANAP milletvekili, Çalışma Bakanı) ve Abdurrahman Dilipak (Akit Yazarı)

uçtular ve örgütün konferansına katıldılar.[186] ARI'lar, artık dünyada Türkiye'yi temsile başlamışlardı: Ürdün ve İsrail'de New Atlantic Initiative (Yeni Atlantik Girişimi)'nin düzenlediği toplantıya katıldılar. Bu arada, AIPAC ile ilgili kısa bilgi, ARI'cıların hangi güçlü örgütlerle ilişki kurduğuna iyi bir örnek olacaktır.[187]

İsrail destekçisi örgütlerle birlikte

AIPAC, 1951'de kurulmuştur. Bütçesi 30 milyon dolardır. 55.000 üyesi bulunan örgüt, ABD ile İsrail Devleti ilişkilerini düzenler. İki yüz üniversitede stajyer öğrenci programı uygular. Bu stajlarla, 1979 ile 1996 arasında 18.000 öğrenci "yasama süreci, dış politika, siyasal işler, grass roots (örgütleme) ve siyasal liderlik konularında eğitim" görmüştür. Öğrencilerin arasından seçilenler, ABD yönetim kademelerinde çalışmaya başlarlar. Bu gerçeği görebilmek için özellikle, ABD Dışişleri istihbarat ve siyasal bürolarındaki kadrolara bakmak yeterlidir.[188]

AIPAC, ABD-İsrail ticaret ilişkilerinin İsrail lehine değiştirilmesinde, ortak askeri programların gerçekleştirilmesinde önemli bir etkiye sahiptir. AIPAC, askeri yardımlarda da çok etkindir. Örneğin, 1986'da ABD Dışişleri Bakanı Shultz'un AIPAC'a bizzat yazıyla başvurarak, İsrail'e yollanacak silahlar ve yardım paketleri konusunda görüş istemesi örgütün gücünü gösteriyor. İsrail'e yapılan yardımlar, 1985'ten sonra AIPAC sayesinde, karşılıksız hale gelmiştir.[189]

İsrail destekçisi örgütlerin en tepesinde yer alan ADL of B'nai B'rith (Ahit'in Çocukları)'in ABD'deki örgütsel gücünün boyutu, özellikle

---

[186] ABD'de İsrail destekçisi AIPAC'ın yanı sıra şu örgütler etkilidir: AJC (American Jewish Committee), A.J. Congress (American Jewish Congress), JINSA, Washington Institute for Near East (WINEP), B'nai B'rith Anti-Defamation League (ADL), Institute for Jewish Policy Planning and Research, Jewish National Fund, Jewish Study Center, Jewish War Veterans, National Council of Jewish Women and Hadassah, International Association of Jewish Lawyers and Jurists. AIPAC destekçisi Religious Action Center of Reform Judaism Yönetmeni Haham David Saperstein, William Clinton tarafından, 22 Haziran 1999'da Uluslararası Din Hürriyeti Komisyonu başkanlığına atandı. AJC ise T.C Başbakanı Recep Tayyip Erdoğan'a Ocak 2004 Amerika gezisi sırasında "Profiles in Courage (Cesaret Karakteri)" ödülü verdi.
[187] Bu örgüt NATO'nun genişleme planlarına entelektüel güç sağlamak üzere, Freedom House bünyesinde kurulmuştur.
[188] Tayyar Arı, Amerika'da Siyasal Yapı Lobiler ve Dış Politika, s.247-251
[189] ABD'nin İsrail'e desteği, son 50 yılda günde 15 milyon doları bulmaktadır. Bunun %60'ı ABD'nin silah şirketlerine gitmektedir. 1997-2002 arasında Lockheed Martin şirketinin aldığı 5 milyar dolardır: 2,5 milyarı 50 tane F-16 için, 2 milyarı yedek parça, alçak irtifa ve kızılötesi gece görüş hedef sistemleri ve çoklu roket fırlatma rampaları için ödendi. Boeing İsrail'e Apache helikopterleri, United Technologies Blackhawk helikopteri, Raytheon şirketi patriot füzeleri, Northrop Grumman radar, Exxon/Mobil jet yakıtı satmaktadır. *Jordan Green, 'Arming the Occupation…1995-present,' Institute for Southern Studies, April 4, 2002" den CAQ, Number 74, Fall 2002, s.13.*

Araplar, İsrail politikalarına muhalefet eden Yahudiler, İsrail'in çıkarlarına aykırı davranan politikacılar hakkında planlı programlı istihbarat dosyalaması ve bu istihbaratı FBI gibi iç güvenlik örgütlerine iletmesi, MOSSAD hizmeti vb. etkinliklerle derinleşmektedir. 1993 yılında polisin ADL'nin San Fransisco ve Los Angeles bürolarında yaptığı aramalarda, 950 siyasal grup ve 12.000 birey hakkında dosyalama yapıldığı saptanmıştır.[190] İlişkilerin Güney Afrika ırkçılarına dek uzandığı görülmüştür.

ADL görevlisi ve aynı zamanda FBI muhbiri olan ve Güney Afrika yönetimine de çalışan Roy Bullock'a, bir zamanlar ADL bölge yöneticiliği yapmış olan Beverly Hills avukatlarından Bruce Hochman aracılığıyla 25 yıl ödeme yapıldığı ortaya çıkarılmıştı. San Fransisco polislerinden Tom Gerard'ın imha edilmesi gereken bini aşkın dosyayı Bullock'a ilettiği saptandı.[191]

Türkiye Cumhuriyeti devlet görevlilerince kimi zaman "lobi" kuruluşu olarak ya da "Ermeni Soykırım" yasa tasarısını engellediği savıyla en üst düzeyde kabul gören örgütün, casusluk etkinliği de göz önüne alınırsa sivil toplumcuların ne denli hoş güçlere sahip olabileceği de ortaya çıkacaktır.[192]

AIPAC ve öteki İsrail destekçisi örgütler, ADL örgütünün etkinlikleri de dikkate alınırsa, ABD kongre üyeleri üstünde önemli bir baskı oluşturabilme gücünü ele geçirdiler. Bu örgütler, Arap ülkelerine hoşgörüyle bakan kongre üyelerinin seçimlerini bile etkilerler, İsrail aleyhinde davranan parti üyelerini toplumdan yalıtırlar.

Yahudi örgütleri, 1989-1990'da senatörlere, Temsilciler Meclisi üyelerine 7,6 milyon dolar, 1985-1990 arasında Senato Dış İlişkiler Komitesi üyelerine 1,2 milyon dolar; aynı dönemde Temsilciler Meclisi Dış İlişkiler Komitesi üyelerine 1,2 milyon dolar bağışta bulunmuşlardır. Ayrıca, Dış Operasyonlar Alt Komitesi'nin 13 üyesine 1 milyon dolar bağışlanmıştır.[193]

ARI'lar, bu örgütlerle ilişki kurarken, kendi açıklamalarında sıkça belirttikleri biçimde, *"bilgiye dayalı politika"* yürütme amaçlarına uygunluk görmüş olabilirler.

Daha başka ne gibi yararlar görüldüğünün şeffaflıkla açıklanacağını ummaktan başka çare yoktur diyerek ARI uçuşlarına dönebiliriz.

---

[190] Rachelle Marshall, "Spy Case Update: The Anti-Defamation League Fights Back" *Washington Report on Middle East Affairs, July/August 20, 1993.*
[191] Dan Evans, "Spy-guy Bullock wove web of intrigue" *The Examiner, 04/01/2002.*
[192] AKP kurucularının ilginç ilişkileri için bkz. Ergün Poyraz, Patlak Ampul, 129-131.
[193] Edward Roeder, "Pro-Israel Groups Know Money Talks in Congress" The Washington Times, Sept. 18, 1991,s. A-7'den aktaran Tayyar Arı, a.g.k., s. 250

Üç günde on dokuz toplantı

Bir zamanlar, Prof. Dr. Necmettin Erbakan, "ABD gezisi verimli geçmiştir, dört günde 36 toplantı yaptık" demişti. Eski başbakanın hızına şimdilik erişen yok ama yaklaşan var. ARI'ları izleyelim:

ARI'cılar, ABD'yi fethettikten sonra, yerinde eğitime katıldılar. 1999 yılı başında, İsrail Dışişleri Bakanlığı'ndan alınan çağrıyla, 5 Ocak 1999 ile 8 Şubat 1999 arasında MASHAV (İsrail Dışişleri Bakanlığı Uluslararası İşbirliği Merkezi)'nin düzenlediği "Hükümet Dışı Örgütler (NGO)'in Yönetimi ve Demokrasi Eğitimi" kursuna, üyeleri Mehmet Dönmez'i yolladılar. Bu kursa, Doğu Avrupa, Balkanlar, Ortadoğu ve Afrika'dan 22 kişi daha katılmıştı.

ARI'lar programlarında "Bilgiye dayalı dünya siyaseti" sözüyle süsledikleri amaçlarına uygun ve saydam davranıyorlardı. Türkiye 1999'da bir kez daha erken seçime giderken, ARI dernekçileri yerel partilere hiç benzemeyen bir yöntemle işe giriştiler. Seçime doğru ilişkileri uluslararası boyutlara yükselttiler ve çağı yakaladılar.

ARI Derneği, 13 Şubat 1999'da Liberal Demokrat Parti, Toplum Ekonomi Enstitüsü, Amerika'dan IRI ve Almanya'dan Friedrich Naumann Stiftung (FNS) ile yan yana geldiler ve seçim ortamında önemli bir konuyu, "Kampanya Stratejileri"ni görüştüler. Bu kampanyaya, 'yardım kampanyası' diyenler de olabilir. Aslında konu seçim kampanyası stratejisidir. Amerikan Cumhuriyetçi Partisi ile Alman ultra-liberal örgütüyle seçim kampanyası üstüne bilimsel değerlendirme yapmak az şey değildir kuşkusuz.

Bu toplantının ardından oluşturulan ARI Derneği, ABD'ye gitti. ACYPL ile yapılan anlaşma gereği incelemelerde bulundu. Kampanya stratejilerinin görüşülmesinden sonra bir değişim yaşandı ve ARI grupluktan "Hareket"e dönüştü.

'Hareket'te her zaman bereket vardır; ama bereket için de hareket gereklidir. ARI Hareketi Derneği yöneticileri de bu hesaba uyup, soluğu yeniden Amerika'da aldılar. Kendi nitelemeleriyle, "3 gün içerisinde 19 toplantı" yaptılar. Bu hızlı toplantılar, Merve Kavakçı'nın meclise yürüyüşü kargaşasında gözlerden kaçtı. Merve Kavakçı'nın, İran'da değil de Amerika'da yetişmiş olmasının yarattığı şaşkınlık ve az biraz tepki ortamında, ARI Derneği'nin gözlerden uzakta kalması yararlı olmuştur denebilir. 4 Mayıs 1999 ile 8 Mayıs 1999 arasında ARI'cıların Amerika eylemleriyle ülkeye katkıları oldu:

ABD'nin Demokrat Partisi'ne ve İngiltere'nin İşçi Partisi'ne danışmanlık yapan PPI[194] ile Amerika çalışmalarına başlayan ARI'cılar, Cumhuriyetçi Parti yan kuruluşu, aşırı tutucu Heritage Fdn., CATO Institute[195]

---

[194] PPI: Progressive Policy Institute / İleri Politika Enstitüsü
[195] CATO Institute, ABD'nin en büyük rafinericilerinden Koch ailesi tarafından ku-

ve WINEP ile buluştular. [196/] ARI'cılar bu toplantılarda, *"ABD'nin önde gelen 'kanaat önderleri' ile Türkiye'deki seçim(in) sonuçlarını analiz ettiklerini"* açıklıyorlar. Türkiye seçimlerinin analizlerinin ABD'deki örgütlerle yapılma gerekçesi belirtilmiyor. ARI'cılar Türkiye'yi biçimlendirmeye kararlılar: Amerikalı *"kanaat önderleri"* herhalde, Türkiye'de olan biteni arı gibi çalışkan genç liderlerden öğrenebilmekten mutludurlar.

ARI'cılar, Amerikan örgütleriyle "Güneydoğu Sorunu'nu, Türkiye-ABD ilişkilerini" ve "NATO'nun Kosova'ya müdahalesini" de ele almışlar. İlginç olan derneğin Amerikalılarla 'Kürt Sorunu'nu görüşmesidir.

ARI'cılar, zamanın ABD Başkan Yardımcısı Al Gore'un danışmanı Maurice Daniel'le buluştular. Daniel, onları, ABD seçim çalışmaları açılışına çağırarak bir ARI'nın ABD seçim kampanyaları boyunca stajyer olarak yanlarında bulunmasını önerdi. Bu öneriyi ne yaptıklarını ARI yayınlarında göremiyoruz. Türkiye'deki 'Kürt hareketi' sempatizanı Edward Kennedy ile akşam yemeğinde *"ARI Hareketi ve Türkiye'deki siyasal portre"*yi konuştular. ARI'cıların arkalarındaki destek var oldukça Türkiye politikacılarının fazlaca yerel kalacaklar.

Türkiye'deki politikacılar, bu denli geniş konularda görüşmeler yapamıyorlar. Oysa Türkiye'yi dünya yeni düzenine uydurmaya kararlı olan ARI'cılar, yakın geleceğin liderleri olduklarını kanıtlayacak engin ufuklara sahiptirler. Ufuk enginliği, IASPS (İleri Stratejiler ve Siyasal İncelemeler Enstitüsü)'den Paul Michael Wihbey ile *"Bakû-Ceyhan boru hattı ve Ortadoğu politikaları"* üzerine görüşme yaptıracak denli *'Hazar Havzası'* boyutludur.

---

ruldu. Koch ailesi, özellikle yerlilerin bölgelerindeki petrol toplama işinde ölçmelerde eksik gösteren sayaçlar kullanmakla suçlandılar. Kansas Wichita'da yerleşik Charles G. Koch, 1946'da ABD'nin ultra-sağcı örgütü John Birch Society'i kurmuştu. ABD Cumhuriyetçi Parti'yi büyük paralarla destekleyen ve 21 milyon dolarla kurdukları CATO ile entelektüel bir ortam yaratarak devleti yönlendirmeyi başaran Koch'lar yolsuzluk ve dolandırıcılıktan soruşturuldularsa da, Cumhuriyetçiler Clinton'un yolsuzlukları ve Monica Lewiensky soruşturması karşılığında Koch soruşturmasının rafa kaldırılmasını sağladılar. Koch'lar aynı zamanda, 30 milyon dolar harcayarak Council for a Sound Economy örgütünü kurdular ve "think tank" örgütlerine milyonlarca dolar yatırdılar. CATO ve öteki örgütlerle ABD'nin 'Margaret Thatcher' olarak bilinen ultra-liberal Newt Gingrich'in "Contract for America" programını oluşturdular. 1994 seçimlerinde Gingrich'in seçilmesi için çalıştılar. *Greg Palast, The Best Democracy Money Can Buy, s.149-151*
[196] WINEP: Washington Institute for Near East Policy (W. Yakındoğu Politika Enstitüsü) Amerikan Yahudilerinin İsrail ve ABD dayanışmasını geliştirmek, Ortadoğu operasyonlarına politik destek sağlamak, Ortadoğu ülkelerinde ABD-İsrail güvenlik stratejilerine, çıkarlarına uygun politikaları benimsetmek üzere 1985'te kuruldu. Enstitüde Türkiye'nin yakından tanıdığı Dışişleri eski istihbarat bürosu görevlisi Alan Makowsky direktörlük yapmaktadır. WINEP, başta Turgut Özal olmak üzere birçok Türkiye ünlüsünü konuk etmiştir.

ARI'cılar, ABD'de Türk Dışişlerine katkıyı olanca güçleriyle artırmaya çabalamaktadırlar. *"Musevi lobisinin önde gelen kuruluşları olan ve Ortadoğu Politikaları'nda Türkiye'ye verdikleri büyük destekle tanınan"* diye niteledikleri AIPAC, JINSA, ADL-B'nai B'rith örgütleriyle toplandılar; büyük övünçle tanıttıkları bu Yahudi örgütleriyle, *"Türkiye'nin İsrail ve ABD ile oluşturduğu güç birliği üzerine"* konuştular.

İşte bu son toplantıda sözü edilen, Musevilerin Ortadoğu'da Türkiye'ye verdiği *"büyük desteğin"* ve *"ABD, Türkiye ve İsrail arasındaki güç birliği"*nin içeriğini merak etmemek olanaksız. Hele bu kuruluşları yöneten Musevilerin, ABD'nin askeri kurumlarından deneyimlilerden ve dışişleri istihbarat görevlilerinden oluştuğu düşünülürse... Yeri gelmişken Yahudi örgütlerinin en önemlilerinden JINSA (Milli Güvenlik İşleri Yahudi Enstitüsü)'yı da biraz tanıyalım.

JINSA: ABD ordusuyla İsrail arasındaki köprü

JINSA, 1973'teki Arap-İsrail (Yomkipur) savaşından sonra Washington'da kuruldu. 17.000 destekçisi bulunan JINSA, "Amerikanın savunma ve dışişleri birimlerinin İsrail'in Akdeniz ve Ortadoğu'daki demokratik çıkarlarını korumaktaki önemini bildirmek" gibi bir görev üstlendiğini açıklamaktadır. Açıklamanın dolaylı söylemini bir yana bırakırsak JINSA, İsrail'in Akdeniz ve Ortadoğu'da ABD çıkarlarının bir ileri karakolu olduğunun unutulmaması için ABD askeri ve diplomatik kurumlarında etkinlik gösterdiğini belirtmektedir.

JINSA'nın danışma kurulundaki kişilerin kimliği bile bu işin, sıradan bir düşünce yayma işini aştığını göstermektedir. Danışmanlar arasında, ABD Hava Kuvvetleri'nden 8, Deniz Kuvvetlerinden 6, Deniz Piyadelerinden 3, Kara Kuvvetlerinden 7 emekli general bulunmaktadır. Askerlerin yanı sıra ABD Dışişleri'nin eski operatörlerinden "karanlıklar prensi" sanına layık Richard Perle, Reagan'ın saldırgan politikalarının mimarlarından ve IRI kurucularından Jeane J. Kirkpatrick ile eski istihbaratçılar yer almaktadır. Bu danışmanlara bakıldığında JINSA'nın İsrail'in ABD'deki savunma ve dışişleri merkezi olduğu söylense yeridir.

JINSA, Amerika federal hükümetinde bazen çoğunluğu sağlamakta, bazen de çoğunluğa yakın İsrail yanlısı Musevi kökenli bakan, bakan yardımcısı ve müsteşarla yakın ilişkide bulunabilmektedir. Örneğin, 2001 yılında Savunma Bakan yardımcılığı görevine getirilen Paul Wolfowitz, İsrail ordusunun 2002'de Filistin'e girerek yıkım işine başlamasının ardından İsrail aleyhinde esen havayı dağıtmak üzere Capitol Hill'e yürüyen Amerikan Yahudilerine karşı yaptığı konuşmada "Başkan ve biz sizinle beraberiz" diyecek denli açık davranabilmiştir. Türkiye, Wolfowitz'i yakından tanımaktadır.

Wolfowitz, 2001 yılında İsrail destekçisi WINEP'te yapılan Özal'ı anma toplantısında Kemal Derviş'le yakın arkadaşlıklarını ve Derviş'in *"iyi bir memur olduğunu"* ilan etmişti. Wolfowitz, T.C. devletinin Irak'a müdahalede ABD'ye yardımcı olması için yoğun çaba göstermiş ve hatta Koçların evinde Kemal Derviş, Mehmet Ali Bayar gibi yeni siyasal yıldızların katıldığı özel yemeklerde bulunmuştu. JINSA, onun bu hizmetlerinden mutlu olmalı ki onu "JINSA 2002 Jackson Ödülü" törenine onur konuğu olarak çağırmıştır.

'Amerika'daki İsrail' denebilecek olan JINSA, Security Affairs, National Security Quarterly, Viewpoints ve Arap yayınlarının çözümlemesini yapan Middle East Media Survey gibi dergi ve gazeteleri yayınlamanın yanı sıra, The Gottesman Lecture Series monografilerini de çıkarmaktadır. JINSA her yıl, emekli ABD subaylarını İsrail'e götürür; Amerikan Deniz Akademisinden, West Point Harp Akademisi'nden ve Hava Kuvvetleri'nden öğrenciler ve subaylar için İsrail'de eğitim programı düzenler ve tüm masrafları karşılar.

JINSA, Amerikan Genelkurmayı görevlileriyle Yahudi liderlerinin karşılıklı değişim programını gerçekleştirir, Milli Harb Akademilerinde ve önde gelen Milli Güvenlik topluluklarında dersler ve konferanslar düzenler. Bu örgüt, çok yüksek sayıda güvenlik uzmanına, savunma bakanlığına, devlet yönetimine, ABD Kongresi'ne, medyaya ve JINSA üyelerine 'istihbarat değerlendirme' yardımı sunar. JINSA, temel olarak ABD-İsrail güvenlik konularında işbirliğinin her iki ülke yararına olduğunu kanıtlayacak bir program uygular: İsrail-Türkiye arasındaki savunma sanayi işbirliği anlaşması (1999) sonrasında, JINSA ile Türkiye arasındaki ilişkiler de yoğunlaştı. Genelkurmay II. Başkanı, Nisan 2000'de, Washington'da, JINSA yönetim kurulu üyeleriyle ve JINSA üyesi emekli ABD generalleriyle bir toplantı yaptı.

JINSA danışmanları arasında bir ünlü dikkat çekicidir: James Woolsey. Eski CIA başkanı (1993-95) Woolsey, aynı zamanda Kuzey Irak Kürtlerinin içinde bulunduğu ABD güdümlü Irak muhalefet örgütünün danışmanlığını yapan Shea Gardner adlı şirkette görevlidir.[197/198]

ARI'cıların Türkiye-Ortadoğu ilişkilerini ve güvenliğini ilgilendiren duyarlı konuları içeren görüşmelerden ne ölçüde yararlandıkları, sonraki yıllarda NATO desteğinde düzenledikleri güvenlik toplarında görülecektir.

---

[197] Michele Steinberg, "Can the Brzezinski-Wolfowitz Cabal's War Game Be Stopped?" *EIR, Dec. 7, 2001.*
[198] 11 Eylül 2001 ikiz kule saldırısından sonra Woolsey, bu olayda Irak yönetiminin parmağı bulunduğuna dair kanıtlar aramakla görevlendirilmiş ve medyatik yanlış bilgilendirme ve yönlendirme işine başlamıştır.
ABD'nin Kuzey Irak Kürtleriyle ilişkisi kuşkusuz yeni değildir. Şah döneminde İran ile işbirliği yapan CIA, Kuzey Irak dağlarında Kürt isyanını başlatmıştı. Irak 1975 yılında bu isyan ile uğraşırken Basra körfezine çıkış bölgesi olan Şat al-Arab, İran'ın eline geçmiştir. CIA, Kürt isyanı için 16 milyon dolar harcamıştı. *Ami Chen Mills,* a.g.k. s. 15 ve Philip Agee, *"The Gulf Crisis and the Cold War", a letter to CAIB, Jan. 1991, s.3.*

Yeni demokratik(!) düzende, politika oluşturma görevi sivil(!) toplum örgütlerine verilmiştir. T.C. devletinin en üst düzey yöneticilerinin bile umudu bu dış bağlantılı örgütlerdedir. ABD'de sivil görünümlü örgütlerin çoğunda, her ne kadar devlete bağlı CIA'dan ve ordudan emeklilerle ABD Milli Güvenlik Danışmanları görevliyse de bu durumun 'yeni değerler'e uygun olduğu kabul edilmektedir. Bugüne bugün ABD, dünyayı demokratlaştırma ve buna direnen ulus devletleri ehlileştirme görevini üstlenmiştir. Bu nedenle ABD'nin 'derin devlet' deneyiminin sivil örgütlere aktarılması olağandır.

Sivil örgüt ARI Derneği öylesine saydam davranıyor ki raporlarında ABD'ye gidişlerinin önemini, "Arı'nın 'hareket'e geçişinden sonraki ilk Amerika seyahati olması ve 99 Genel Seçimlerinin hemen ardından düzenlenmesi, Washington ziyaretinin en önemli iki özelliğini oluşturuyordu" diyerek belirtiyorlardı.

Oysa aynı ARI dernekçileri, daha önce de Amerika'ya gitmişlerdi. Neden bu denli önemli oluyordu şu Amerika'ya, bir kez daha gitmek? Bir yandan 1999 seçimleriyle Türkiye'de Din Hürriyeti senaryosunun bir test niteliğine dönüştürüldüğü bir dönemde yapılmasının yanı sıra, ARI'cıların "grup" olmaktan çıkıp "hareket"e geçmeleriyle ilişkili olabilir bu önemseme. Belki de bu önem, ilişki kurulan kişi ya da kurumlarla ilgilidir. ARI'cıların açıklamalarına bakalım:

"Bu bağlamda her toplantının ana teması, Arı Hareketi'nin yeni yapısı, Hareket oluş nedenleri, hedefleri ve bağlantılı olarak seçim sonuçlarının analizi şeklinde gelişti. Türkiye'de yaymak ve yerleştirmek istedikleri, 'bilgiye dayalı dünya siyaseti yapma' anlayışını anlatan Arı Hareketi üyeleri, yeni siyasal anlayış çerçevesinde Türkiye'de yaşanan siyasal tıkanıklığı giderme konusunda ürettikleri çözüm önerileri hakkında bilgi verdiler."

ARI dernekçilerinin yaklaşımı, son derece doğru görünüyor. Türkiye'de siyasal tıkanıklık olduğunu 2000 yılından önce saptıyorlar. Bir örgütün kendisini "project democracy" yapımcılarına beğendirmesinin yeterli desteği almakta ne denli önemli olduğu da bir başka gerçek!

ARI'cıların yönetici çoğunluğu her ne kadar Türkiye'den çıkmış görünüyorlarsa da asıl kadrolarının Türkiye'den değil, uzak ülkeden çıkacağının bilincindedirler. Tıpkı Türkiye'den 'hicret' eden Nurcu önderlerin bildikleri gibi. Kendilerine *"genç bir hareket"* ya da *'geleceğin liderleri'* demeleri yanıltmasın; ARI'cılar da her hareketin bilebildiği gibi, yönlendirilecek kuşağa yöneliyor.

"Açık Toplum Enstitüsü" ve gençlik örgütü

Yöneliş Türk gençliğinin örgütlenme ve siyasal katılım deneyimi olmamasından mı, yoksa 'glob-elleşme' hattında ve "project democracy" operasyonunda başı çekecek etkin bir güç olarak yetiştirilmesinden mi kaynaklanıyor, sorusunun yanıtını IRI'den öğrenelim:

"Ana hedeflerinden biri Türkiye nüfusunun en büyük oranını oluşturan gençliğin Türk siyasetine ve ülke sorunlarına sahip çıkması olan ve bu doğrultuda bünyesindeki Genç Arı kanalı ile gençlere yönelik siyaset üretme çalışmalarını sürdüren Arı Hareketi, Amerika'da, üniversite gençliğinin ortak bir iletişim ağında birleşerek, gerek ABD bünyesindeki çeşitli lobi kuruluşu, vakıf ve siyasilerin yanında görev alıp lobicilik konusunda Türkiye'ye yeni bir soluk getireceklerine, gerekse ülkelerine dönüp Türk siyasetinde söz sahibi olarak Türkiye'nin 21. Yüzyıl siyasetine yepyeni bir boyut kazandıracaklarına inanmaktadır."

İlginç olan, ABD'ye okumaya giden Türk gençlerinin Amerika'da hangi siyasilerin yanında yer almaları gerektiğini de açıklamalarıdır; ancak 'lobici' Türk gençleri IRI'nin mi, yoksa NDI'nin mi; yoksa her ikisinin yanında mı çalışacakları belli edilmiyor. TÜSİAD bile bu gerçeği kavramış; 2002 yılında Türk gençlerinin ABD senatörlerinin yanında staj görmesi için burs vereceğini ilan etmiştir.

ARI'cılar işlerini biliyorlar ve Georgetown Üniversitesi'nde toplanıyorlar. 'Georgetown' denince, orada durmakta yarar var: RAND raportörü, eski CIA'cı Graham Edmund Fuller'in yakın dostu Sabri Sayarı, *"Turkish Studies"* merkezini burada kurmuştu.[199] Ayrıca, tüm doğu ülkelerinin, bu arada elbette Türkiye'nin, devlet-din ilişkisini çatışma boyutunda inceleyen, yönlendiren John Lee Esposito'nun kurmuş olduğu CMCU da oradaydı.

Georgetown'da Esposito'nun düzenlediği konferanslarda Merve Kavakçı'yı, T.C. rejimi karşıtı Alman diplomatı Wilfred Murad Hoffman'ı, Nurcuları konuk ettiğini ve Nisan 2001'de de Fethullah Gülen için özel ve özgün bir konferansta CIA'nın deneyimli ustalarının yanı sıra Fransa'dan ve Amerika'dan Nurculuk uzmanlarını bir araya topladığını anımsayalım. Yine aynı merkezde Merve (Kavakçı) Yıldırım da bir konuşma yapmış; Erbakan için *"O bizim başkumandanımızdır"* demiş ve Necmettin Erbakan özenle tanıtılmıştır. Bu konuya sonraki bölümlerde özel bir önem vererek döneceğiz.

Georgetown'da gençleri toplayan ARI'cılar amaçlarını şu sözlerle açıklıyorlardı:

"Bu nedenle ABD'deki Türk öğrencilerin lobi gücüne büyük önem veren Arı, her ziyaretinde buradaki öğrenciler ile toplantı yaparak görüş alışverişinde bulunmaya ve geleceğe yönelik projeler üzerinde konuşmaya özen göstermektedir."[200]

---

[199] Kurucular ve yöneticiler için bkz. Ekler.
[200] Ana babalar, bin bir güçlüğe göğüs gererek çocuklarını yabancı ülkeye eğitime değil de, Amerikan tipi göz boyama siyasetçiliğine soyunsunlar diye göndermemişler; onların 'lobi' adı altında bir başka devletin siyasetçileriyle içli dışlı olmalarını düşünmemişlerdi. Böyle düşünmüş olan bir, iki ana baba zaten kendileri bu işlerin

ABD - İsrail çıkarlarına ve Irak işgaline uyum

Bu gelişmelere bakıldıktan sonra, vatan-ulus önceliğini savunan eski takıntılar ne denli yersiz görünüyor. ARI'cılar bu yersizliği göstermek istercesine, gezilerini sürdürdüler; olumlu sonuçlar da aldılar. WINEP'in uzmanı Alan Makowsky'yi, 8 Haziran 1999'da, sıcağı sıcağına İstanbul'da konuk ettiler.[201]

Alan Makowsky, uzun yıllar ABD Dışişleri Bakanlığı İstihbarat ve Araştırma Bürosu'nda, Güney Avrupa Yakındoğu şefi olarak çalışmış, Körfez savaşı sırasında ABD ordusuna siyasal danışmanlık yapmıştı. Daha sonra WINEP'te Türkiye masasının başına getirilen Makowsky, Türkiye ile ilgili konularda olağanüstü çalıştı. Türkiye'den başbakanların, bakanların, WINEP'te konuşmalarını sağladı. Böylesine becerikli bir uzman olan Makowsky, ARI'ların "kanaat önderleri" dedikleri sınıfa giren cinstendi. Makowsky'den, bir bilimci tavrıyla, Türkiye-Ortadoğu, Türkiye-ABD ilişkilerini inceleyip, makaleler yazması beklenemezdi. Onun işi, görevlisi olduğu devletin ya da devletlerin çıkarlarına uygun işler yapmaktı. Makowsky ile gerçekleştirilen ön görüşmenin ardından, ARI'ların ilk büyük konferansı İstanbul'da, The Marmara Oteli'nde başladı. "Doğu Akdeniz'de Güvenlik ve İşbirliği Konferansı"nı BESA (Begin Sedat Stratejik Araştırmalar Merkezi) ve Almanya'dan FNS (Friedrich Naumann Stiftung) ile birlikte düzenlediler.

ARI'nın hareketi böylece, yetkililer katında tam bir kabul gördü. Başbakan Ecevit, Başbakan Yardımcısı Devlet Bahçeli, Milli Savunma Bakanı Sabahattin Çakmakoğlu, Dışişleri Bakanı İsmail Cem İpekçi, İçişleri Bakanı Sadettin Tantan, Devlet Bakanı Şükrü Sina Gürel birer telgraf yolladılar. ABD ve İsrail elçileri de katılarak konuştular. Masrafları, IRI, FNS ve Cerrahoğlu şirketi karşılamıştı.[202]

---

içindedirler. Kısaca; ailelerinin gözbebeği gençler işi gücü bırakacaklar; "Amerikan-İsrail-Türkiye" güç birliği için çalışacaklar.
[201] WINEP (Washington Institute for Near East Policy): İsrail'in ve ABD'nin Ortadoğu girişimlerine siyasal ve düşünsel taban oluşturmak üzere kuruldu. T.C. yöneticileri bu örgüte sıkça konuk olur. WINEP elemanları İstanbul'da ARI ve TESEV konuğu olurlar. Her yıl Özal'ı ve onun Ortadoğu "aktif" politikasını anarlar. Alan Makowsky, Ortadoğu işgalinde ABD'ye danışmanlık yapmıştır. İstanbullu Musevi, istihbarat görevlisi, Kürt destekçisi Henri Barkey (Fuller ile Öcalan için İtalya yollarına düşmüştü) de etkindir. Henri Barkey siyasal yaşamımızın değişen dinci siyasetçilerini, liberallerini evinde ağırlamış; Hakan Yavuz'u, Şerif Mardin'i, Sabancı Ünv.'den Ahmet Evin'i, RAND'dan Sabri Sayarı'yı ABD Deniz (Kuv.) Kulübünde buluşturmuştu. WINEP Türkiye Bölümü'nün başına 2003 yılında Soner Çağaptay, yardımcılıklarına Ayca Arıyörük, Düden Yeğenoğlu, Nuray Nazlı İnal ve danışmanlığa Mark Parris getirildi. WINEP'te eğitime alb. Haluk Sahar, Alb. Selahattin İbaş, Yzb. Orhan Babaoğlu, Alb. Bertan Nogaylaroğlu, emniyetten Emrullah Uslu, Duygu Sezer ve Ersel Aydınlı (Bilkent Ünv.) katıldı.
[202] Zehra Güngör, *Milliyet, 15 Haziran 1999*

Ev sahibi ARI'nın eşgüdümcüsü Kemal Köprülü, "Batı ile, özellikle Amerika Birleşik Devletleri ile, bağlantılı istikrar sağlayıcı faktörler olarak Türkiye ve İsrail'in bölgedeki rolü gerçekten büyük önem taşımaktadır" diyerek, ABD'nin belirleyici önderliğini ve Ortadoğu'da Türkiye'ye düşen rolü vurguladı.

Kemal Köprülü, "Bu konferansı düzenlemekteki temel amacımız; bölgedeki sorunların irdelenmesini sağlamak ve dünyadaki siyasal şekillenmelere Türkiye adına katkıda bulunmak olacaktır" diyerek ARI Derneği'nin Türk dış politikasındaki etkisini de ortaya koydu. WINEP'ten Alan Makowsky konuşmasında, Özal'ı derin bir saygıyla andı.

İster 'Demokrat' ister 'Cumhuriyetçi' her ABD'li görevlinin teslim ettiği gibi, Makowsky'e göre de Türkiye'nin dış politikasında etkinlik, Özal ile başlamıştır. Körfez Savaşının ABD ordu danışmanı istihbaratçı Makowsky, Türkiye'yi komşularına, özellikle Irak'a karşı kışkırttı. Makowsky'ye göre Türkiye, her zaman ve her daim ABD ve İsrail'in yandaşı olmalıdır; çünkü Türkiye'nin kimi komşularında kitle imha silahları vardır ve bunlar Türkiye için tehdittir.[203]

Doğal olarak "İsrail'deki kitle imha silahlarının ve Ortadoğu'nun en büyük, en modern araçlarla donatılmış İsrail ordusunun durumu nedir?" diye soran olmayacaktır.

Vakıf, Institute, Think Tank ve Hareket eliyle yürütülen konferans buluşmalarının gizi işte buradadır: Yabancılar gelecektir; ABD Milli Güvenlik Komitesi'nin onayından geçirilmiş tehdit değerlendirilmesine dayalı yönlendirmeyle Türkiye'yi kendi çıkarları doğrultusunda eyleme çağıracaklardır. Tıpkı, Özallı yıllarda olduğu gibi.

Konferansta kimse, "Türkiye'nin komşuları, Türkiye'yi nasıl tehdit ediyorlar? Bu 'aktiflik' dediğiniz hangi petrol işine bağlanıyor?" diye sormadı. Böyle soruların gereği de yoktur. Sonra bir başkası kalkar ve "Irak, ABD'yi tehdit etmiş miydi?" diye sorar ve belki de bir başka acı soru daha yöneltirdi: "Irak'ın silahlanmasında kimin payı var?"

Böyle bir soru sorulamayacaktır; çünkü sağduyulu yaklaşımlar sergileyecek olanların, ABD-AB-İsrail güdümlü toplantılara çağrıldıkları görülmemiştir.

---

[203] Özal'ın Amerikan örgütleri ile ilişkileri iyidir. Osman Cengiz Çandar, ABD'de iş bulabilmek için Özal'a başvurduğunu açıklar: "Özal'dan bir telefon gelir: "Yüzümü kızartarak sizden bir talepte bulunmak istiyorum. Amerika'da çok prestijli durumdasınız. "Hamil-i kart yakînimdir" gibi bir araştırma veya 'think thank' kuruluşuna tavsiye mektubu yazarsanız onun açamayacağı kapı yoktur' dedim. O da 'Ben sana benimle çalışmanı önerecektim' dedi." Fakat Çandar, Özal danışmanlığından aldığı para ile geçinemediğinden bir süre sonra basına tekrar dönmek ister." *Cemal A. Kalyoncu "Kodadı Osman Öğretmen" Aksiyon 2 Aralık 2000, Sayı: 313*

ABD-İsrail Güvenliği ve Richard Perle

Bu konferansın "project democracy" operasyonuyla doğrudan ilişkisini anlayabilmek için düzenleyicilerden Alman FNS'nin Türkiye temsilcisi Dr. Wilhelm Hummen'e kulak vermek gerekiyor. Temsilci öncelikle, 'Stiftung'un 16 ülkede etkinlik gösterdiğini belirtti. Onun derdi, Ortadoğu'dan çok, Türkiye'ye demokrasiyi öğretmek; ardından da, Türkiye'ye demokrasiyi yerleştirmektir. Bunu sağlayacak olan da liberallerdir: *"Bireycilik ve politik tolerans..."*

Stiftung sözcüsü Hummen, her ne olursa olsun Türklere liberalliği ve demokrasiyi öğretmeye kararlıdır:

"Seminerler ve çeşitli çalışmalarla Türkiye'de liberal düşünceyi tanıtmayı ve yerleştirmeyi amaçlıyoruz. Türkiye'de özellikle Liberal Demokrat Parti, Arı Hareketi ve genç girişimcilerle ortak çalışmalar yapıyoruz. Amacımız, Türkiye'de etkin bir sivil toplum örgütü yaratabilmek; çünkü sivil toplum bütün seçenekler içerisinde en iyisidir."

Türkiye'ye demokrasiyi yerleştirme görevi, Türklerin becerebileceği bir iş sayılmıyor olmalıydı ki yabancı geliyor; *"sivil toplum örgütü eğitimi"* adı altında "atölye" çalışmalarıyla, *"etkin bir sivil toplum örgütü yaratmayı"* hedeflediğini açıkça ve övünçle söylüyor. NED de bu çalışmaların parasal kaynağı da oluyor.

NED'den beslenen IRI'lerin açtığı alanda, *"kanaat önderleri"*'nin belirlediği yönde; İsrail kurslarının eğiticiliğinde Türklere gerekenler öğretilecektir. Alman temsilci hızını alamıyor; *"Bu noktada; gerek Friedrich Naumann Vakfı, gerekse Arı Hareketi, Türkiye'deki liberal düşüncenin köşe taşları olacaktır"* diyerek operasyonun aktörlerini de yerli yerine oturtuyor.

ARI ve İsrail destekçisi örgütlerin konferansında, oturum başkanlığını Alarko Holding Yönetim Kurulu Başkanı İshak Alaton'un yaptığı "Doğu Akdeniz'de Bölgesel Güvenlik" paneli daha da ilginçti. Panelin "Stratejik Konular" başlığı bölümünde konuşan AEI (Amerika Girişimciler Enstitüsü)'dan eski operatör Richard Perle, ABD, İsrail ve Türkiye ilişkilerine değindi.[204]

---

[204] Richard Perle'nin özel bağlantıları: Soros'un adamlarından Paul Reichmann, önceleri Olympia-York noteridir. Macaristan doğumlu bir Musevi'dir. Soros'un gayrimenkul fonu, Quantum Realty'nin ortağı ve aynı zamanda İngiliz-Kanada yayın grubu "Hollinger" şirketinin yönetim kurulu üyesidir. Henry Kissinger ve İngiltere Dışişleri eski Bakanı Lord Carrington da Hollinger'ın yönetim kurulundadır. Lord Carrington, Kissinger Associates (New York)'in dedir. Hollinger, Kanada'da London Daily Telegraph ile İsrail'de yayınlanan Jerusalem Post gazetelerinin sahibidir. Bu gazeteler, İsrail'in bölgesel egemenlik politikalarını destekler. Hollinger'in bir başka ünlü yöneticisi de Richard Perle'dir. Deneyimli istihbaratçı Perle, 2001 yılında, Pentagon'da Savunma Politikası Yönetimi (Defence Policy Board)'nde görevlendirilmiş ve Irak devletine silahlı saldırıyı onaylatma propagandasını yönetmektedir.

"Doğu Akdeniz'de güvenlik konusunda Türkiye-İsrail ve ABD'nin önceliğinden söz edildiği zaman, her üç ülkede de hükümetler demokrasi ile yönetiliyor ve yöneticiler halk tarafından seçiliyor. Her üç ülkede de hukuk egemendir. Her üç ülkede serbest piyasa ekonomisi uygulanıyor. Bu üç ülkenin demokratik toplumları savaş çıkarmaz ve şiddet yanlısı değildir. Türkiye, İsrail ve ABD, terörizmden etkilenen ülkeler olarak ortak çalışacak; harekete geçilmesi gereken yerlerde birbirlerine destek vereceklerdir."

"Karanlıklar prensi" sanına uygun yönlendirmede bulunan Richard Perle, 2002 Eylülünde bu üstün öngörüsünü öyle bir kerteye ulaştıracaktır ki Irak'ta 11 Eylül 2001 saldırısını gerçekleştirenlerin Irak devlet başkanı ile görüştüğünü kanıtlamak için çırpınıp duracaktır. Bu işlerin öncesini anımsayalım ki "sivil panel" adı altında yapılan propagandanın geçmişi az da olsun aydınlansın:

Richard Perle'nin İsrail desteği yalnızca ARI'cıların paneline özgü bir "düşünce" ya da "beyin fırtınası"ndan ibaret olamazdı. Perle'nin İstanbul'a dek gelerek, ABD-İsrail-Türkiye koalisyonu lehinde ikna edici konuşma yapması da rastlantı olamaz kuşkusuz. Çünkü ustalar, işi rastgele, salt "think" ve "tank" olsun diye ele almazlar.

Richard Perle, ARI'cılara konuk olmadan 3 yıl önce, 8 Temmuz 1996'da İsrail Başbakanı Benjamin Netenyahu'ya, yeni bir politika öneren yazılı bir belge sunmuştu. Bu belgeye göre İsrail, barışa gitmeli, ama karşılığında toprak almalı, böylece Gazze'nin tümüne el koymalı ve daha sonra Saddam Hüseyin rejimini yıkmalıydı. Bu amaca ulaşmak için Suriye, Lübnan, Arabistan ve İran'da düzensizlik yaratmalıydı.

EIR'e göre, bu belge, Washington, DC'de, IASPS (İleri Stratejik ve Siyasal Araştırmalar) tarafından hazırlanmıştı: A Clean Break: A New Strategy for Securing The Realm (Temiz Bir Ara: Egemenlik Alanının Güvencesi için Yeni Bir Strateji) adını taşıyan belgeyi, Perle ile birlikte, şimdilerde Savunma Bakan Yardımcısı olan Douglas Feith'in silah denetim görüşmecisi John R. Bolton ve Hudson Institute Ortadoğu Siyaseti yöneticisi Meyrav Wurmser imzaladı.[205]

Anımsanacaktır, ARI, ABD'de 3 günde 19 toplantı yaparken IASPS ile Bakû-Ceyhan Boru Hattını ve Hazar Havzasını görüşmüştü. Anlaşılıyor ki, "Doğu Akdeniz Güvenliği" salt Lübnan ve İsrail ile sınırlı değildir; güvenliğin ucu Hazar'a dek uzanıyor. İsrail'e barış karşılığında topraklara el koymasını öneren Richard Perle'ye dönelim: Perle, Hudson Institute'ün mütevelli heyeti üyesidir. AEI'de, Reagan dönemi memurlarından Michael Ledeen ve Jeane J. Kirkpatrick ile birlikte çalışmaktadır. AEI Middle East Studies bölümü başkanı, David Wurmser'dir.[206]

---

[205] "This Pollard Affair Never Ended!" EIR, Vol. 1, No: 27
[206] James A. Smith, The Idea Brokers, s.272.

AEI'de, Richard Perle ve David Wurmser'in yardımcısı Michael Rubin'dir. Rubin, aynı zamanda İsrail destekçisi WINEP'te çalışmaktadır. AEI'den Laurie Mylorie de, bu ağ içinde ABD'nin Ortadoğu müdahalesine ortam hazırlayacak kitap yazmış ve hatta 1993'te WTC (Dünya Ticaret Merkezi)'ye yapılan bombalı saldırının arkasında Irak'ın bulunduğunu kanıtlamaya çalışmıştır.[207] D. Wurmser'in "Tyranny's Ally: America's Failure to Defeat Saddam Hussein" kitabının önsözünü Richard Perle yazmıştı. [208/209]

David Wurmser'in eşi Meyrav Wurmser ise, anti-Arap yayınlarıyla ünlü MEMRI (Middle East Media Research Institute)'yi İsrail Askeri İstihbaratı'nın eski elemanlarından Albay Yigal Carmon ile birlikte kurmuştur.[210]

Bayan Wurmser, aynı zamanda MEF (Middle East Forum)'de çalışmaktadır. Laurie Mylorie de MEF'de çalışır. MEF'in tanıtım sayfasında da maça olarak "Amerika'nın Ortadoğu çıkarlarını korumak" denilmektedir. Bu arada, MEF' in New York yönetim kurulunda, 'Murat Köprülü' adına rastlıyoruz.

Bu ilginç ve ilginç olduğu denli sivil(!) girişimlerin ve ilişkilerin, Ortadoğu'da ve Türkiye'de yol gösterici gücünü sonraya bırakalım ve ARI'ların 1999 paneline dönelim. Panelde söz alan BESA (Begin Sadat Stratejik Araştırmalar Merkezi)'dan Barry Rubin şu noktalara dikkat çekti:

"Rusya ve ABD'nin bölgedeki rolünü iyi görmek lazım. Türkiye İsrail yakınlaşmasının yanı sıra Amerika'nın barışa desteği de son derece önemli, ABD, Irak konusunda kredibilite kaybetmiştir. ABD-Suriye ilişkilerinde, Amerika'nın yumuşak metodu hiçbir sonuç vermemiştir. Bu konuda Türkiye'nin izlediği politika çok daha etkili olmuştur. Bölge için şu fırsatlar vardır: Radikal ülkelerin çoğu zayıf, soğuk savaş bitti ve Türkiye son 70 yılda inanılmaz bir değişim ve ilerleme gösterirken Arap ülkeleri tüm zenginliklerine karşın oldukları yerde kaldı. Belki bundan bir ders alınmıştır."

---

[207] Laurie Mylroie'nın kitabı: "Saddam Hussein's Unfinished War Against America"
[208] Brian Whitaker, "US think tanks give lessons in foreign policy", *Guardian Unlimited World Dispatch, Monday August 19, 2002.*
[209] Perle Irak'a açılan savaşın mimarlarındandı. İşgalden sonra biraz geri çekildi ama ABD tarafından atanan Irak Yönetim Konseyi üyesi Ahmet Çelebi ile ilişkilerini sürdürdü. Perle Türkiye ile ilişkilerini bozmadı. 30 Eylül 2003 akşamı Ankara'da bir yemek düzenlendi. Katılımcılar: Richard Perle, Oktay Vural, Işın Çelebi, Mehmet Emin Karamehmet, İlhan Kesici, Hikmet Çetin, Recep Tayyip Erdoğan'ın danışmanı Cüneyt Zapsu. (*Hürriyet, Cinnah Fısıltıları, 3.10.2003.*) Gazete haberinde yer alamayan bir katılımcı daha vardı: ANAP eski milletvekili, eski Bakan Halil Şıvgın.
[210] Brian Whitaker, "Selective Memri" *Guardian Unlimited World Dispatch, Monday August 12, 2002.* MEMRI'de bazı Türkler de çalışmaktadır.

İsrail'in önemli ideologlarından Rubin'e bir şey anlatmaya gerek yoktur. Onun yerli sivil aracılığıyla sağlanan olanakla ilettiği şudur: ABD sertleşmelidir ve bu Ortadoğu işlerini bir çırpıda bitirmelidir. Çünkü bölge ülkelerinin insanları, para pul bolluğuna karşın bir türlü adam olmayacak denli beceriksiz, akılsızdırlar.

Sözlerdeki cilayı sıyırıp atarsak, Batı'nın üstün insanlarından bir ders daha almak kaçınılmaz görülüyor. Anti-Arap ve dahası, Anti-Doğuculuk ruhuna işlemiş olan Rubin'e, İngilizlerin bölgeye asker çıkarmalarını, ABD ve Batı desteğinde tarihsel akışı hiçe sayıp İsrail üsdevletini kurmalarını, bu gelişmelere direnen ulusalcı Mısır yönetimini dize getirmek üzere, Mısır'ı bombalamalarını, CIA - İngiliz istihbaratının "dirty work (kirli işler)" operasyonuyla, demokratik seçimle iktidara gelmiş olan İran yönetimini devirerek, ulusalcı gelişmelerin önünü kesmesini; bölge ülkelerini esaret altına alıp Arap prensleriyle en küçük demokratik oluşumu engellemesini kim sorgulayabilirdi? Dahası, İsrail ve Amerika'nın koruyucu kanatları altında yetiştirilen HAMAS'ın bağımsız, laik Filistin devletinin kuruluş sürecindeki işlevini sorgulayan da yoktu.

Böyle bir sorgulama olanağı yaratmak, 'düşünce özgürlüğü' şampiyonlarına uymamaktadır. Onlara uyan, sözde bilimsel toplantılarda, medya kampanyalarıyla Türkiye'yi yönetenleri yönlendirmek! Bu işler için gerekli uyumlu yorumları içerden de almak. Bu uyumu iyi sergileyecek olan Ankara Üniversitesi Siyasal Bilimler Fakültesi Öğretim Üyesi Prof. Dr. Hasan Köni, Akdeniz jeopolitiği ve imparatorlukların etkilerini anlattığı konuşmasında şunları söyledi:

"Doğu Akdeniz'de güvenlik, Karadeniz, Ege ve Doğu Akdeniz'deki güvenlikle ilgili ise, Türkiye çok önemli bir konumda, Ortadoğu ile Batı dünyası arasında ayrıca bir enerji köprüsü. Ayrıca laik rejimi ile İslami köktendinciliğe (karşı) dinamik bir alternatif oluyor. Rusya, Türkiye'yi dengeliyorsa, Türkiye de Rusya'yı dengeliyor. Kafkas ve Orta Asya ülkeleri ile olan ilişkiler ve problemlerde Rusya'nın etkisini hissetmek mümkün. Barış sürecinin gelişmesi bölgedeki ekonomik gelişme ve stabilite (dengeli kararlılık) açısından çok önemli. Körfez Savaşı ile Türkiye yalnız olarak değil, aynı zamanda terörizmin yayılması konularında büyük zarar gördü. Körfez savaşından, Türkiye'nin tek kazancı, İsrail ile yakınlaşma ve işbirliğinin ilerlemesi oldu."

Bu tür konferanslarda Türk Dışişlerinde ve önemli davalarda uzmanlaşmış bilim adamlarına yer yoktur; ama ne denli ünlü ABD-İsrail yanlısı yönlendirme uzmanı varsa, hemen hepsi İstanbul'dadır. Doğu Akdeniz dendi mi, elbette bir Yunanlı katılımı önkoşuldur. Bu arada ARI'ların etkinlik raporlarında adından söz edilmemektedir. ARI'ların hareketlerine bir ara vererek Yunanlısı John Sitilides ve Yunanlılarla gerçekleştirilen sivil ilişkilere değinmek gerekiyor.

Türkiye'de Amerikalı, Amerika'da Helen: John Sitilides

ARI konferansına katılan John Sitilides, atalarının Samsunlu ve Bursalı olduklarını belirterek Kemal Köprülü'ye ve Washington'dan arkadaşım dediği ARI Derneği Washington temsilcisi Dr. Ali Günertem'e teşekkür etti. Sitilides'i tanımadan söylediklerini okumanın fazlaca bir değeri olmayacaktır.

Sitilides, AWPC (American Western Policy Center) adlı kuruluşun ve siyasal aracılık şirketi "Sitilides Group" un yöneticisidir. Türkiye medyası, Sitilides'in lobiciliğinden söz etmez. AWPC, ABD'nin güneydoğu Avrupa'daki stratejik çıkarlarıyla, Yunanistan'ın çıkarlarını uyumlulaştırmak için çaba gösterir.

Sitilides, ARI'ların, Amerikalılar ve Almanlarla düzenlediği toplantıda, eylemlerini her ne denli, ABD-Yunanistan - Türkiye'nin ortak çıkarlarına ve NATO'nun genişlemesine uygun götürdüklerinden ve Türkiye-Yunanistan arasında barışın iki taraflı çabalar gerektirdiğinden söz etse de; Türkiye'nin Yunanistan'ı taciz ettiğini kapalı olarak ileri sürse de; somut bir kanıt ya da destekleyici küçük bir örnek vermekten kaçınır.

Yunan lobicilerini Türkiye'ye getirmekten mutluluk duyan yerli siviller, kafalarındaki 'stratejik çıkarları' istedikleri tarafa uydurma özgürlüğüne sahiptirler; ama saydamlık çağında Sitilides gibilerin, Türkiye'de Amerikalı; Amerika'daysa Yunanlı gibi davrandıklarının bilinme özgürlüğü de olmalıdır. İkiyüzlülüğü topluma iletmeyenleri bir yana bırakıp 10 Haziran 1999 konferans gününden yalnızca birkaç ay geriye, 10 Mart 1999'a gidelim: Yunanistan, yıllardır PKK'yı silah sağlamaktan tutun, Atina'da büro olanağı sağlamaya, militan kamplarına eğitmen subay göndermeye dek her anlamda desteklemiştir. Hatta Zülfü Livaneli'nin dostu Mikis Theodorakis bakanlığı sırasında yaptığı yardımları, Abdullah Öcalanlı Atina günlerinde açıklamıştır.

Türkiye, bu desteğin ne NATO müttefikliğine, ne de komşuluğa sığmadığını bazen açık ve bazen de yarım ağızla, ciddi bir çıkış göstermeden seslendirmiştir. Gümrük birliğine balıklama dalma hünerini gösteren, AB üyeliği için ulusal özü yok sayan, her tür bağlayıcı sözü vermekten çekinmeyen Cumhuriyet hükümetlerinden daha fazlası da beklenemezdi. Ne ki, yaşam acımasızdı. Abdullah Öcalan'ın Atina'da sığınma beklediği öğrenilince, Cumhuriyet hükümeti birden kıpırdandı. Halkın çıkışı olmasa, bu denli sert yaparlar mıydı bilinmez; ama bir süre ciddi davranıldı ve Abdullah Öcalan istendi. Bu durum, yeni bir olanak sunuyordu: Yıllardır, Batı'nın ve ABD'nin koruyucu kanatları altında Türkiye'ye karşı her türden örtülü saldırıyı desteklemiş, yeri geldiğinde Türkiye'yi AB'deki veto haklarıyla köşelerde süründürmüş olan Yunanistan yönetimlerinin maskeleri düşmüştü. Avrupalı insanlar, gerçeği az da olsa görür gibi olmuşlardı. Ne ki, Öcalan yakalanıp Türkiye'ye getirilince, Cumhuriyet hükümetinin sesi kısa sürede sönüp gitti.

Tek ses kalmıştı geride. Atina'dan dünya 'entellerini' Türkiye'yi kınamaya ve Öcalan'ın haklarını savunmaya çağıran, eski bakanlardan, müzisyen Mikis Theodorakis'in elektronik ağa taşınan sesi. Ve elbette ABD'deki Yunanlıların da çorbada tuzları olacaktı.

Abdullah Öcalanlı Atina günlerinde, Amerika'da, ABD Başkanı William Jefferson Clinton'a çok imzalı bir mektup yazılarak; *"Türkiye yönetiminin Yunanistan'ı (haksız yere) şiddetle suçladığı ve silahlı bir çatışma ortamı oluşturduğu"* anlatılıyordu. Ayrıca, *"Türkiye'nin Kıbrıs'ı işgal ederek uluslararası hukuku ve anlaşmaları ihlal ettiği"* de ekleniyordu.

Bu mektup işini örgütleyenler, Yunan hükümetinin PKK'yı desteklemediğini, Türkiye'nin aslında Ege'de kışkırtıcı eylemlerde bulunduğunu ileri sürüyorlardı. Mektupçuların yalanları bununla da kalmıyor, Türkiye'nin *"Öcalan konusunu kullanarak, Yunanistan'ı yasadışı ilan ettiğini"* belirtiyor; ABD başkanından isteklerde bulunuyorlardı:

"Sizden (Başkandan) Türkiye'nin önde gelen politikacılarının açıklamalarını acilen ve şiddetle kınamanızı istiyoruz... Her şeyden önce, Türkiye'nin Yunanistan'a karşı sürdürdüğü iftira kampanyasının kabul edilemez olduğunu ve hemen durdurulması gerektiğini kamuoyuna açıkça bildirmenizi istiyoruz."

Mektup bununla da kalmıyor, Türkiye'nin "Kürt yoğun güneydoğu bölgesinde askersel harekâtı sürdürdüğünü" ve "dünyada insan hakları ihlalinde en önde geldiğini" de ilan etmekten çekinmiyorlardı.

İmzaya açılan mektubun altında, Yunan asıllı ABD resmi görevlilerinin, şeriflerin, avukatların, işadamlarının, dekanların, sayısız vakıf ve dernek yöneticisinin, senatörlerin imzası bulunuyordu. Bu imzalardan biri de AWPC (Amerikan Batı Politika Merkezi) adına, ARI'ların konuğu olan ve Pontuslu torunu olduğunu açıklayan John Sitilides tarafından atılmıştı. [211]Sözde sivil hareketin Türkiye'ye getirmek için yarıştığı bu Yunan asıllı adamların örgütü AWPC'yi, INAF'ın 5 Mart 2002 tarihli haber yorumuyla yakından tanıyalım:

"AWPC'nin faaliyet alanı, Yugoslavya-Yunanistan-Türkiye ve Güney Kıbrıs'tır. Seçilen ülkelerin adları asıl amacın ne olduğunu açık bir şekilde ortaya koyuyor. CIA, ABD Dışişleri ve Pentagon ile yakın bağlantıları bulunduğu görünümünü vermeye çalışan bu araştırma merkezinin söz konusu kuruluşlar tarafından zaman zaman kullanıldığı da söyleniyor.

AWPC'nin geçmişine bir göz atacak olursak, ilginç bir tablo ortaya çıkıyor 21 Nisan 1967 darbesi süresince geçen yedi yıllık zaman içinde, Yunanistan'da ABD düşmanlığı had dereceye ulaşmıştı.

---

[211] The National Committee on U.S.-Greece Relations (7700 College Town Drive Sacramento, California 95826) March 10, 1999, ABD Başkanı Clinton'a ortak imzalı mektup.

Bu düşmanlığın artması ve Makarios'un Sovyet filosuna Ada'da üs vermeye kalkışması üzerine hazırlanan bir senaryo ile Ada'da gerçekleştirilen darbe sonucu Türkiye garantörlük hakkını kullanarak 20 Temmuz 1974'te, Kıbrıs'a müdahalede bulunmuş, böylece eski politikacıların Yunanistan'a dönmelerine zemin hazırlanmıştı. Ancak demokrasinin geri gelmesiyle birlikte Yunanistan'da, ABD düşmanlığı tekrar su yüzüne çıkmıştı. Yunan halkı her zaman olduğu gibi ABD'ye karşı düşmanlığını daha da arttırarak sürdürmeye devam ediyordu.

Bu arada John (Yanis) Sitilides adı, Yunan basınında sıkça yer almaya başladı. Sitilides Yunan gazetelerine, ABD'nin Türkiye'ye karşı Yunanistan'ın tarafını tuttuğu şeklinde bilgiler aktarıyordu. ABD Başkanının masasından çalınmış gizli bilgiler olarak basında yer alan bu haberler, ABD'nin Kıbrıs konusunda Ankara'ya baskı yaptığı şeklindeydi.

AWPC'nin 1998'de Washington'da kurulduğu belirtiliyorsa da, Sacramento ve California'daki eski faaliyetlerinden hiç bahsedilmiyor.

John Sitilides 1975'ten günümüze kadar sık sık Atina'ya gitmiş, orada ABD elçiliği ile ilişkileri bulunan bazı gazeteci ve yönetime karşı kızgın, seçim kazanamamış politikacılar aracılığıyla bir grup emekli subayla bağlantı kurmuş çeşitli yollardan onları Amerika'ya davet etmişti. Seçilenler cuntacı oldukları gerekçesiyle ordudan atılmış; Karamanlis ve Papandreu yönetimine kızgın, erken emekli edilmiş yüksek rütbeli subaylardı.

Sık sık ABD'ye davet edilen bu emekli subaylara, Yunanistan'da iş de sağlanmış ve onlara çeşitli yollardan para aktarılmıştı. AWPC'nin başında bulunan yöneticilerin isim listesine bakıldığında ortaya çıkan tablo çok şey anlatıyor.

Bu araştırma merkezinin başkanı olan John (Yanis) Sitilides, Amerikalı Senatörlere danışmanlık etmiş, ABD'deki Yunan lobisinin en güçlü adamıdır."

Görülüyor ki işler hiç de sanıldığı gibi demokrasicilik oyunuyla sınırlı değil. Türkiye'den gidenlerin önemli bir bölümü ABD örgütlerine yardımcı olurken anayurtlarını aşağılamaktan çekinmez ve ABD'nin uluslararası siyasal çıkarlarına yardımcı olmak üzere yeni gelen gençleri de örgütlemeyi sürdürürken Hellas kökenliler işin boyutunu anayurtlarının çıkarlarıyla sınırlamaktan geri kalmıyorlar. Bu ilişkiler bazen askerlere ve öteki devlet elemanlarına dek uzanıyor:

"AWPC'nin beyni Yunan kökenli Kurmay Albay Stephen (Stefanos) R. Norton, CIA ve ABD Askeri İstihbaratında görev yaptığı yıllarda, ABD'nin Yunanistan oyununda önemli rol almıştır. Hatta bağlı olduğu birimlerden aldığı Türkiye'nin milli güvenliğiyle ilgili çok gizli bilgileri, Yunanlılara aktarmıştır. Ankara, Atina ve Lefkoşa'da Askeri Ataşe olarak görev yapmış olduğu da özgeçmişinde yer alıyor. Albay

Stefanos Norton adı Yunanistan'ın 1980'de NATO'ya dönmesinde de ön plana çıkmıştı."

INAF'ın saptamaları oldukça ilginç. Amerika'daki Helen girişiminin bir ucu doğrudan Türkiye'ye yöneliyor:

"AWPC ekibinin yaklaşık % 90'ı; Yunan kökenli Amerikalı ve Kıbrıslı Rum'dur. AWPC 1998'den beri ABD ve Yunanistan'da seminer, konferans ve benzeri toplantılar düzenler... AWPC şu günlerde bazı Türk gazete ve gazetecilerini aracı kullanarak bir grup yüksek rütbeden emekli olmuş "Türk subayını ABD'ye davet etti."

INAF, "Türkiye'nin iç ve dış problemlerle karşı karşıya bulunduğu şu sıralarda" diyor ve "çalışmaları tartışmalı bir örgüt tarafından yapılan bu davetin doğal" sayılıp sayılmayacağını sorguluyor. Biz de, bu bilgiyi konu dışında tutuyor, değerlendirmeyi okuyucuya bırakıyoruz. INAF, Sitilides'in yönettiği AWPC'nin "Türkiye'yi ilgilendirebilecek diğer faaliyetlerini" de şöyle sıralıyor:

"1. Türkiye aleyhine ABD ve dünyada kamuoyu oluşturmak,
2 ABD'nin askeri ve diplomatik kanadını Yunan propagandası çerçevesi içinde eğitmek ve enforme etmek (bilgilendirmek),
3. ABD'deki Yunan lobisini desteklemek,
4. Dışişleri, Pentagon ve önemli bakanlıklara Yunan kökenli Amerikalıları sızdırmak."

INAF, savlarını destekleyecek somut bilgiyi de şu satırlarla iletiyor:

"Beyaz Sarayın Personel Şefi ve Dışişleri Bakanının özel kalem müdürü Yunan olup AWPC üyesidir. Zirvede bulunan bir devlet adamının özel kalem müdürünün aktarabileceği bilgiler hiçbir zaman önemsiz olamaz. 1975'ten sonra günümüze kadar ABD'nin Ankara elçiliğinde diplomat ve sivil memur olarak görev yapan Yunan kökenli görevlilerin sayısı hiç de küçümsenecek kadar değil. Bu rakam 1980'lerin başında bir dönem içinde 11 kişiye kadar yükselmişti.(...)AWPC'nin düzenlediği toplantılara Fazilet Partisi'nden ve HADEP'ten politikacıları davet etmesi de ilginç bir rastlantı olarak kabul edilemez. AWPC'nin toplantılarına davet ettiği emekli subayları tek tek yönetime kırgınlar arasından seçmesinin de başka bir anlamı olsa gerek..."

INAF apaçık gerçeği, Sitilides'in yönettiği AWPC ile ilgili bir gözlemle sergiliyor: "Ve işin bir diğer ilginç yanı, AWPC'nin internet dosyasında Washington'daki Yunan Elçiliği'nin yanı sıra CIA, Pentagon ve Kürt Kültür Merkezi'nin bağlantılarının yer almasıdır."[212]

---

[212] *http://sl.wus0.com/quclk.go?rd=http://www.inaf.gen.tr/turkish/newsbul/20001105. htm&res=2&crid=316c562c7bdec8a2&pos=1&mr=10&qu=Stilides*ve */sl.wus0.com /quclk.go?rd*
http://www.inaf.gen.tr/turkish/newsbul/20010111.htm&res=2&crid=316c562c7bdec 8a 2&pos=2&mr=10&qu=Stilides

Livaneli, Pamuk, Altan vb: "70 yıldır kanayan yara..."

Sitilides'in işleri yıllar içinde iyice gelişti. Kıbrıs'ta KKTC.'nin egemenliğinin sarsılmasına çalışıldığı günlerde AWPC Atina'da bir toplantı düzenledi. "Ege, Kıbrıs, Irak, NATO stratejik konuları"nın konuşulduğu bu toplantıya, Türk ve Yunan emekli generalleri katıldı. Konferanslar, Hellenic Leadership Institute (Helen Liderliği Enst.), Hellenic Chamber of Commerce (Helen Ticaret Odası), Türkiye ve İsrail büyükelçilikleri, ABD Savunma Bakanlığı ve ABD Genelkurmayınca birlikte örgütlendi.

John Sitilides'in konferansla ilgili basın açıklamasında bir başka Türkiye katılımcısı *"Ankara'da yerleşik ASAM'ın aktif desteği"* denilerek tanıtıldı. Sitilides, 2000 yılında Washington'da düzenledikleri Doğu Akdeniz'in Güvenliği konferansının, AWPC ve ASAM ortaklığında bölgeye kaydırılarak (2002'de) Ankara'da yapılacağını; AWPC'nin tarafları Yunanistan ve Türkiye'de gerçekleştirilecek yuvarlak masa toplantılarında buluşturacağını; Washington'da raporlar hazırlayacağını da açıklayarak kararlılığını gösterdi.[213]

ARI-IRI-FNS-BESA örgütlerinin toplantısı, depremden önce yapılmıştı. Deprem acıları sömürülerek Yunanistan'ın Türkiye'ye karşı yıllarca sürdürdüğü yıkım eylemleri örtbas edilmemişti. Ve henüz Zülfü Livaneli, DİSK, MİSK, TÜRKİŞ yine deprem kardeşliği havası içinde Türkiye'yi açıkça *"düşman"* olarak niteleyen ve Abdullah Öcalan'a yardım kampanyasını sürdürmekte olan Mikis Theodorakis'i Türkiye'ye çağırmamışlardı.[214]

Aynı günlerde, Zülfü Livaneli, Yaşar Kemal, Orhan Pamuk, Ahmet Altan, Günter Grass, Günter Walraff, Nadine Gordimer, Harold Pinter, Jose Saramago, Arthur Miller, Elie Wiesel, Jack Lang, Ingmar Bergman ve Costa Gavras yan yana oturup, *"Hepimizi derin üzüntüye boğan deprem felaketinin yaralarını sararken, 70 yıldan fazla bir süredir kanayan toplumsal yarayı da sarın"* diyerek ortak açıklama yapmamış; cumhuriyetin ilk yıllarını da dert edinerek kafaları bulandırmamışlardı[215/216/217]

---

[213] Press Releases For Immediate Release October 23, 2003, Contact John Sitilides.
[214] Zülfü Livaneli(oğlu), bu girişimlerin ardından 2002 yılında CHP milletvekili olarak meclise girdi; Genel Başkanlığa aday adayı oldu...
[215] "Demokrasi konusunda ciddi adım atılmalı" *Cumhuriyet, 12 Ekim 1999.*
[216] Deprem günlerinde Yunanistan'da kiliselerde, parlamenterlerin de katıldığı "9 Eylül: Küçük Asya'nın Türkler tarafından işgali" yasları tutulmaya devam edilmişti.
[217] İsveç'te bir "Kürt Nobeli" kurulmasına girişilmiş ve Yaşar Kemal de Vedat Günyol'u başkanlığa önermişti. Vedat Günyol, Yaşar Kemal'e yazdığı ve *mhukuk.kolayweb. com/gun-mektup.htm*'de "Belge / Mektup Vedat Günyol'dan Yaşar Kemal'e" başlığıyla yayınlanan ve *"Ey Koca Yaşar Kemal"* diye başlayan mektupta şunları yazıyor: " *Sen beni, ne yalan söyleyeyim uzağında da olsa değerlendirip durdun. Bu yakınlık anamın Kürt kökenli, oluşundan kaynaklanıyordu. Stockholm'de, paralı pullu, Kürt aydınlarının Nobel'e koşut bir Kürt Nobel'i kurmakta oldukları, bu kurula seni başkan seçmeleri karşısında, o başkanlığa asıl benim layık olduğumu*

ARI'nın konferansına dönecek olursak: ABD'de yazılan ve açıktan Türkiye düşmanlığı sergileyen dilekçenin altındaki Sitilides imzasını görmezden gelmeleri şaşırtıcı değildir; amaç, ulusal çıkarlara ve egemenlik haklarına sahip çıkarak bölgesel barışı ve dayanışmayı güçlendirmek değildir. İşin aslı şudur: 'Uluslararası konferans' adı altında ABD-İsrail ve AB eksenli, Ortadoğu'da yayılma politikasını Türkiye'ye benimsetmek, Yunan yayılmacılığına uygarlık soslu yedek güç oluşturmak...

Bu arada, hazır fırsat yakalanmışken, iş bilmez Türklere, Alman liberal demokrasisini öğretmek; demokrasi projesi kapsamında Amerikan siyasal örgüt uzantılarını, İsrail yandaşlarını, Alman vakıf örgütlerini, yarı-resmi yabancı sivilleri, yerli sivil örgütlerle, siyasetçilerle, akademisyenlerle kaynaştırmak.

Kaynaştırma operasyonunda TESEV'e ve ARI'cılara büyük görevler düşüyor. Bu yöntem yeni ya da yerlilerce bulunmuş değildir. İleride de göreceğimiz gibi dışardan kopyadır: ABD'de ne örgütlenmişse karşılığında Türkçe adla, İstanbul'dan başlayarak tüm Türkiye'de aynısı örgütlenmektedir.

Alman Eyaletlerinden Güneydoğu'ya

ARI'lar Amerika'dan sonra Almanya'yı da fethetmeye karar verirler; yeni eylemde "Arı Hareketi Genel Koordinatörü Kemal Köprülü başkanlığındaki delegasyonda, Can Fuat Gürlesel, Elif Kırımlı, Murat Şahin, Zeynep Damla Gürel ve Pınar Eczacıbaşı" yer alır; Bonn, Köln, Dortmund, Hamburg ve Berlin gezilir.

ARI ve Demokratik İlkeler Derneği (DİD), 2000 yazında, Güçlü Türkiye Projesi adıyla bir çalışma başlattı. Görüntü, "çeşitli kişi ve STK'ler olarak Doğu ve Güneydoğu Anadolu bölgemizin sorunlarına çözüm üretmek için" oluşturulan bir ekip çalışması. Yeni projenin ortaklarından DİD'in başkanı, Emekli General Ergin Yurttaş'tır. Ekip çalışmasını GAP Kalkınma İdaresi de destekledi. Projeye "Gönül Köprüsü" adı veriliyor.

Ekibin el atmadığı konu yok: Sağlık, Eğitim, kültür, sanat, üretimi artırma gibi... Sözcü International Hospital Başhekimi Melih Bulut, Aydınlık Dergisi'nden Aytunç Erkin ile yaptığı söyleşide, önce parayı kendi olanaklarıyla sağlayacaklarını belirtiyor ve Avrupa'dan para aradıklarını; ARI Derneği'nin ABD ile ilişkili ve siyasal görevi olduğunu belirtiyor:

"Bütün sivil toplum örgütlerinin siyasal misyonu var; ama bu projede bunlar gündeme gelmiyor... Ergin Yurttaş Paşa var ve bana sorarsa-

---

ileri sürerek, beni çok onurlandırdığını unutmuyorum. O öneri bereket gerçekleşmedi. Ben böylesi bir onuru kabullenemezdim. Çünkü benim siyasal Kürtlükle hiçbir ilişkim olamazdı." Y. Kemal, üç yıl sonra, Lozan Antlaşması sonucu nüfus değişimine değinirken, *"Yunanlılar bize, senin gibi birkaç kişi dışında, bize sadece okuryazar olmayan köylüleri gönderdiler. Bizim Rumlar Osmanlı'nın en okumuş insanlarıydı"* diye yazmıştı. *Hürriyet, 22.9.2002, s.16.*

nız bu işin lideri. Posta gazetesinden Ömer Tarkan var... Ben geziden döndüm. Paşalar bölgeyi bize gezdirdi; 'İnsanlar sefalet içinde, fakir insanlar. Sivil toplum bir şey yapmalı' dedi. Biz de sivil toplum örgütleriyle görüştük ve bugünkü proje ortaya çıktı."

1990 Bodrum toplantısını anımsayalım: CIA'nın Avrupa örgütleri ve eski uzmanları Forum dergisinin düzenlemesi, İş bankasının desteğiyle Bodrum'da, Türk seçkinleri, Orta Asya Türk Cumhuriyetleri'nden, Rusya'dan, Ermenistan'dan, Azerbaycan'dan yüze yakın kişiyi toplantıda yana yana getirmişti.

Türkiye'ye Asya kapılarını açmasını, kurtuluşun oralarda olduğunu öğütleyen eski CIA'cıların, 12 Eylül 1980 öncesi, İstanbul İstasyon Şefi Henze ile yine CIA eski Uzakdoğu şefi Graham Fuller ve arkadaşları, Türkiye'ye maymuncuk rolü vermişlerdi. On yıl içinde Henze ve arkadaşlarının işi başardıkları görülüyor. 1990'ların ilk yarısında yavaş yavaş sızdıkları Asya'ya Türklerin aracılığı ve "project democracy" ile girmekte gecikmediler. Onların ardından da IRI ve NDI Asya'ya daldı. Bağımsızlığını yeni elde etmiş olan ve kendine gelmeye çalışan bu ülkelerde, yeni rejim oluşumunun dümenine oturma çalışmaları başlatılmıştı. Aralarındaki paylaşımdan mı nedendir, İngilizler de boş durmamış ve NED operasyonu kapsamında ellerini Asya'ya uzatıvermişlerdi. Bazı yerlere, örneğin Kafkasya ülkelerine önce İngilizler giriyor, ardından Amerikalılar geliyordu.

ABD-İsrail eksenli bölgesel işbirliğine Türkiye'yi bulaştırmayı, bu bulaşıklığı gençlere benimsetmeyi iş edinenler boş duracak değillerdi:

"ARI Hareketi'nin uluslararası ilişkiler çalışmaları kapsamında bir süredir diyalog halinde bulunduğu kuruluşlardan NDI (Ulusal Demokrasi Enstitüsü)'nin üst düzey yetkilileri, Arı üyeleri ve konuklarımızla 30 Mart tarihinde ARI ofisinde gerçekleştirilen bir toplantıda bir araya geldiler."

Eski Ankara Büyükelçisi Abramowitz'in toplantıya katılması, Amerikalıların ortakları ARI'ya ne denli değer verdiğini gösteriyordu:

"ABD'nin eski Türkiye Büyükelçisi ve ABD Ulusal Demokrasi Vakfı (NED) Mütevelli Heyeti üyesi Morton Abramowitz ile ABD'nin eski Kıbrıs Özel Temsilcisi ve NDI'nin Avrasya Bölgesi'nde 8 ülkede yürütülmekte olan programlarının sorumlusu Nelson Ledsky, NDI'nin Türkiye'deki programları üzerinde görüş alışverişinde bulundular ve uluslararası ilişkiler çerçevesinde kendilerine yöneltilen soruları cevaplandırdılar"

IRI, ARI ve Sosyal demokrat TESAV Kızılcahamam'da

19 Şubat 2001'de, görünürde Devlet Bakanı ve Başbakan yardımcısı Hüsamettin Özkan'ın Cumhurbaşkanı'na sertçe söz atmasıyla ve Başbakan ile Cumhurbaşkanı arasında MGK içi sert tartışmayla başlamış olan

para piyasaları bunalımını çözmek üzere, Dünya Bankası memurlarından Kemal Derviş'in hükümete dışardan bakan olarak sokulmasını izleyen günlerde, NED'in ve ABD'nin önde gelenleri, Türkiye'ye düşmüştü. Hatta aralarında, ulus paralarının vurucusu, kıyı bankerlerinin, hanedanların para operatörü, George Soros'un adamları bile vardı.

Bir yandan TESEV, bir yandan TÜSİAD, öte yandan IMF aracılığıyla Türkiye Cumhuriyeti'ne on beş günde on beş yasa çıkarması talimatı verdiği günlerdeydik. ARI'lar da koroya katılmıştı. Hep bir ağızdan "Siyasette yeniden yapılanma olmazsa batacağız" türünden ayarlı medya propagandası başlatılmıştı.

O günlerde ne beklenirdi? Örneğin CHP yandaşı sosyal demokratlardan birdenbire bağımsızlık ilkesini anımsamaları; içişlerimize her ne olursa olsun böylesine pervasızca karışılmasına karşı çıkmaları beklenirdi. CHP'li olmayan yurttaşlar bile böylesi bir beklentiyi içlerinde yaşatmışlar; umut etmişlerdi. Oysa sular başka ülkelerdeki, başka köprülerin altından akıyor; Radikal gazetesinin köşelerinden birinde Sosyal demokrat olarak bilinen, hatta birkaç kez CHP genel Başkanlığı'na da aday olmuş olan Parti Meclisi üyesi Erol Tuncer, aynen şunları yazıverdi:

"Yaşadığımız bunalımların kökeninde siyasal sorunların var olduğu, o nedenle öncelikle siyasal yapılanmamızın yenilenmesi gerektiği konusunda geniş bir fikir birliği oluşmakta. Bu, yalnızca iç kamuoyuna özgü bir fikir birliği değil. Dış dünyanın da -AB ve ABD'den uluslararası finans çevrelerine kadar uzanan geniş bir çerçevede- aynı görüşü paylaşmakta olduğu görülüyor."[218]

CHP'lileri şaşırtıcı bir açıklama; çünkü onların çoğu, TESAV'ın, Amerikan Demokrat Partisi'nin uzantısı NDI ile ortak çalışmalar yaptığı bilgisine sahip değiller ve her şeyin, yöneticilerin üstün araştırma yeteneğiyle geliştiğine inandırılmış da olabilirler.

1999 Kasım'ında, TBMM'de Amerikalıların getirdiği yabancı uzmanlardan "siyasal ahlak" dersi alındığını bilmeyen parti üyeleri, CHP'de hiç bitmeyen, "parti içi demokrasi" projesinin kaynağına bulabilseler; TESAV'ın, 8-9 Temmuz 2000'de, Kızılcahamam'da TESAV-NDI işbirliğiyle *"21 Yüzyıl için Türkiye'nin Gündemi"* toplantısı düzenlediğini de gözden kaçırmazlardı.[219]

---

[218] Erol Tuncer, "Kurtuluş reçetesi" *Radikal 14 Nisan 2001.*
[219] 5 Kasım 1999'da NDI Ankara Bürosu direktörü Thomas Barry, İngiliz kamarasından Dale Campbell-Savours, ABD'nin en büyük hukuk şirketlerinden Kilpatrick Stockton'un ortağı, eski kongre üyesi, Elmas Kralı Cecile Rhodes S&B bursiyerlerinden Elliot Levitas, Türk Parlamenterler Birliği Başkanı Zeki Çeliker, Prof. Dr. Hıfzı Doğan, Prof. Dr. Ömer Faruk Gençkaya ve TESAV Başkanı Erol Tuncer'in katıldığı bu toplantı Ankara'da yapıldı ve yabancılar "siyasal ahlak" konusunda gereken dersi vermiş oldular. İki gün sonra, İMİK (İstanbul Milletvekili İzleme Komitesi)'nin katkılarıyla, "demokrasi" dersi olarak İstanbul'da sürdürüldü. Bu toplantıya da CHP eski milletvekili Algan Hacaloğlu da katıldı. *"Yabancı Parlamenter-*

Kızılcahamam toplantısında, ARI Derneği Başkanı Kemal Köprülü, TESAV Başkanı Erol Tuncer, Baran Tuncer, Bilgi Üniversitesi Rektörü İlter Turan, TESEV'den Özdem Sanberk, Anayasacı ve CIPE Türkiye ikinci direktörü, TDV kurucusu Ergun Özbudun, TESEV-TÜSES yöneticisi Burhan Şenatalar ve adı açıklanmayan başkaları vardı.

İlişkilerde süreklilik

TESAV-NDI-ARI işbirliğiyle gerçekleştirilen toplantılar, 2001 yılında da sürmüştür. Ankara'da 8 Aralık 2001'de yapılan toplantı, "sivil" hareketi temsil eder niteliktedir. 'Transperancy International'ın Türkiye kanadının yayınından okuyalım:

"Toplumsal, Ekonomik, Siyasal Araştırmalar Vakfı (TESAV) ile merkezi ABD'de bulunan National Democratic Institute (NDI) 2000 yılı başından bu yana '21. Yüzyıl İçin Türkiye'nin Gündemi' konulu seri toplantılar düzenlemektedir.
Toplantıya TBMM üyeleri, bilim adamları ve sivil toplum kuruluşlarından davet edilen 34 kişi katılmakta ve gündemi oluşturan konularda bağlı oldukları kurumun görüşlerini anlatmaktadırlar... Bu toplantılarda bugüne kadar Derneğimizi Dernek Başkanı Erciş Kurtuluş ve Prof. Dr. Baran Tuncer temsil edegelmiştir.
Bundan önce yapılan toplantılarda, Saydam Toplum, Yolsuzluk ve Rüşvetle Mücadele, Kamu Yönetimi, Siyasal Partiler, Sivil Toplum Kuruluşları, Medya, Bilgi Edinme, Bilgiye Ulaşma Hakkı tartışılmış; bu seferki toplantının konusu ise 'Yargı Bağımsızlığı' olmuştur. Toplantıda Barolar Birliği eski Başkanı Atilla Sav, Yargıtay Genel Sekreteri Dr. Uğur İbrahim Hakkıoğlu ve Prof. Dr. Eralp Özgen bildiri sunmuşlar, diğer katılımcılar ise görüşlerini ve önerilerini belirtmişlerdir."

Türkiye'de devlet düzeninin çöktüğünü, ahlak bulunmadığını örtülü olarak yansıtan ve kitlelere açık olmadığı belli olan bu toplantıya katılanları yine aynı kaynakta buluyoruz. "*21. Yüzyıl İçin Türkiye'nin Gündemi Çalışma Grubu*" başlığı altında verilen liste, 'WEB' in Türkiye'de kimleri yan yana getirdiğini göstermesi bakımından ilginçtir.[220]

---

lerden siyasal ahlak dersi" *Zaman*, 6 Kasım 1999; "Tek çare demokrasi" *Radikal* 7 Kasım 1999; "Siyasal etik," tpb.org.tr /etkinlik 1999.htm.
[220] "Erol Tuncer (TESAV Başkanı), Peter Van Praagh (NDI eski Baku Temsilcisi, sonra Ankara'da görevli)[220], Zeynep Erdim (NDI-Ankara), Baran Tuncer (Toplumsal Saydamlık H. Derneği), Prof. Dr. Ahmet Şahinöz (Hacettepe Ünv.), Dr. Cahit Tutum (Balıkesir Millet Vekili, TODAİE eski Öğr.Üyesi), Özdem Sanberk (TESEV Genel Koordinatörü), Kemal Köprülü (ARI Grubu –Derneği- Genel Koordinatörü), Haluk Önen ve Haluk Özsarı (ARI), Soli Özel (TÜSİAD Danışmanı), Prof. Dr. Burhan Şenatalar (Bilgi Ünv., TESEV Danışmanı, YÖK üyesi), Dr. Atilla Karaosmanoğlu

Türkiye'ye giydirilecek 21. Yüzyıl giysisinin konuşulduğuna kuşku duyulmayacak olan Ankara'ya 90 km uzaklıkta, Soğuksu ormanlarının serinliğinde gerçekleştirilen bu toplantılardaki örgüt ve kişiler sıralamasını istediğiniz gibi şaşırtabilirsiniz.

ARI'ların raporuna göre, "21. yüzyıla girerken, ülkemizin ihtiyaç duyduğu yapısal dönüşümler için, alınması gerekli stratejik kararların oluşmasına ve yapılacak reformların gerçekleşmesine katkıda bulunabilmek amacıyla" bir gece, iki gün toplanılmıştı. Toplantının ikincisi aynı kuruluşların ve kişilerin katılımıyla Ekim 2000'de İstanbul'da gerçekleştirildi.

ARI'ların uluslararası dernekçiliği

Kendilerine, "Ulusalcı" ya da "Atatürkçü" diyenler, arada bir toplanıp, "ulusal güçler birleşmelidir" ya da "bağımsızlığımızı savunacak bir örgüt, bir parti oluşturalım" ya da "laikliğimiz elden gidiyor" derlerken, ARI'cılar toplantı ardına toplantı gerçekleştirmişlerdi. Türkiye'yi yerel devlet yöneticilerinin meşruiyet katma destekleriyle örgütlediler. Belirtmek gerekir ki örgüt her zaman adı konulmuş, yasal dernek kimliğine kavuşmuş bir yapı olmayabiliyor. Belirli bir amaç uğruna aralıklı da olsa toplantılar düzenleme alışkanlığı olan kişi ya da kurumlar, adı konulmamış, tüzüğü bilinmeyen bir örgüt gibi hareket edebilmektedirler.

Onların arkasındaki rüzgâr kimde olsa, bu sonucu alır mıydı? Bizce hayır! Küresel kraliyet döneminde, ABD ve Avrupa örgütlerinden destek almadan bir yerden bir yere gidemezsiniz. Bu rüzgâr yakalandı mı ulusalcıların bin bir engelle, parasal sıkıntılar içinde gerçekleştirdikleri toplantıları desteklemeyen devlet büyükleri, arkanızdan eksik olmazlar.

(Dünya Bankası eski Başkan Yardımcısı, eski Bakan), Prof. Dr. İlter Turan (Bilgi Ünv. Rektör), Hakan Toksöz (Milletvekillerini İzleme Komitesi- MİKOM Koordinatörü, MUMİKOM kurucusu), Zeynep Göğüş (Gazeteci), Ahmet İyimaya (Amasya Milletvekili DYP), Prof. Dr. Oya Araslı (Ankara Ünv. Hukuk Fak., CHP yöneticisi), Cemil Çiçek (Ankara Milletvekili Bağımsız- 2002 AKP Milletvekili, Bakan), Prof. Dr. Ziya Aktaş (İstanbul mv- DSP, Enerji eski Bakanı), M. Ali Şahin (İstanbul mv - AKP), Emre Kocaoğlu (İstanbul mv -ANAP), Birkan Erdal (ANAP eski mv, TCDD ve TEK eski Genel Müdürü, Doğan Medya Grubu eski Genel Koordinatörü), Atilla Sav (CHP Hatay eski mv, Türkiye Barolar Birliği eski Başkanı), Erciş Kurtuluş (Toplumsal Saydamlık Hareketi Derneği Başkanı), Bahri Zengin (İstanbul mv- SP, eski Bakan-MSP), Ali Arabacı (Bursa mv- DSP), Emre Gönensay (Dışişleri (e) Bakanı – DYP), Gökhan Çapoğlu (DSP Ankara mv- Bilkent Ünv. Öğr. Üyesi, SAV ve ANSAV kurucusu, DEPAR Başkanı), Dr. Uğur İbrahim Hakkıoğlu (Yargıtay Genel Sekreteri), Dr. Nejat Erder (ODTÜ eski Öğretim Üyesi), Prof. Dr. Ayşe Ayata (ODTÜ Öğr. Üyesi, CHP eski danışmanı), Yrd. Doç. Dr. Ö. Faruk Gençkaya (TESEV Danışmanı, Bilkent Ünv. Öğretim Üyesi), Şevket Bülent Yahnici (MHP İstanbul mv ve Genel Başkan Yardımcısı) " (Ayraç içi bilgilerin bir bölümü tarafımızca eklendi. MY)

ARI'ların *"faaliyet"* dedikleri çalışmalarını ve uçuş hızlarını duyumsayabilmek için 2000 yılını örnek alarak alt alta sıralayalım ve taşları ABD'de döşenmiş olan *"young leadership (genç liderlik)"* yolunun nerelerden geçtiğini görelim:

17 Ocak 2000: ARI - Helsinki Yurttaşlar Derneği - Friedrich Ebert Vakfı - Alman Araştırma Enstitüsü - Cem Duna (eski Büyükelçi) ile "Avrupa Birliği üyelik süreci."

18 Ocak: ARI "ofisinde" Alman Araştırma Enstitüsü temsilcisi Heinz Kramer ile görüşme.

19 Ocak: Diğer "Sivil Toplum Örgütleri" ile birlikte A.B Türkiye masası şefi Eric Van Der Bilden, Oskar Benedict, Patrick Simonet, Catherina Mahnan ile örgütlerin çalışmaları ve siyaset görüşüldü.

20 Ocak: Amerikan East West Institute Başkanı John Edwin Mroz ile İstanbul'da kurulacak Avrasya ile ilgili enstitü projesi görüşüldü. *"ARI Hareketi enstitüleşme çalışmalarının uluslararası bazdaki ilk adımı olacak bu enstitünün, Avrasya Bölgesi'nin stratejik ve jeopolitik önemi doğrultusunda, yerel ve yabancı öğretim üyelerinin ortak çalışmalar gerçekleştireceği bir kuruluş olması amaçlanıyor."* [221/222]

21 Ocak: Zonguldak Ereğlisi ARI örgütünün girişimiyle "Batı Karadeniz Kalkınma Enstitüsü Derneği" kuruldu.(...) global (küresel) değerlere sahip olunması amacına yönelik çalışmalar yapacak.

24 Ocak: American Water Works Company (Amerikan Su İşleri Şirketi) Başkanı Marilyn Ware Lewis Türkiye'ye geldi. *"ARI Hareketi'nin 1997 yılından bu yana Türkiye'deki su kaynaklarının üretimi, geliştirilmesi, kullanılması ve bölgesel anlamda, özellikle Ortadoğu'ya yönelik kullanımı konusundaki proje, çalışma ve görüşleri ile 'Su Borsası' projesi Marilyn Ware'e aktarıldı; işbirliklerini geliştirme kararı alındı."* Ware, Cumhurbaşkanı ve DSİ ile görüşmeler yaptı.

"Water works (su işleri)" üstünde biraz duralım: Marilyn Ware Lewis, Amerikan su kartelinin kurucusu John Ware'in torunudur. Ware,

---

[221] Institute for East West Studies: 1981'de John Edwin Mroz ve Ira D. Wallach tarafından "Institute for East West Security Studies /Güvenlik Çalışmaları" adıyla kuruldu. NATO ve Varşova Paktı askeri yöneticileriyle gayri resmi ilişkiler kurdu. Mroz'a göre 40 ülkede 4000 kişiyle ilişki içindeler. Doğu bloğu, özellikle Moskova'da ilişkiler geliştirerek "project democracy" işlerine önemli katkılarda bulundular. Örgütün bütçesi, 4,5 milyon dolardır. Para desteğini, önemli bölümünü, Ford, MacArthur, Rockefeller Brothers vakıflarından ve Pew Charitable Trust'tan alıyor. (*James A. Smith, a.g.k, s.292-3; David Ignatius, a.g.y*) Merkezi New York'ta olan örgütün şubeleri: Varşova irtibat Bürosu, Prag European Studies Center, Budapeşte Banking and Finance Assistance Center. Örgüt Mart 2002'de İstanbul'da T.C. Dışişleri Bakanı İsmail Cem İpekçi'nin başkanlık ettiği toplantıda, İstanbul'da bir büro açacaklarını ve Kafkasya ile Asya'yı oradan yönlendireceklerini açıkladı.

[222] Barbara Mroz: Federal "Accounting and Financial Management Performance and Accountability Branch Chief (Dir 383)

aynı zamanda Reagan Demokrasisine destek olarak kurulmuş olan AEI'nin yönetim kurulunda da görevlidir. Daha önce de belirtildiği gibi, Amerikan muhafazakârlarının büyük bölümü, CIA eski direktörü George Bush ve İngiliz ultra-liberal hareketin önde gelenleri, güvenlik danışmanları, Richard Perle gibi, CPD (Committee on Present Danger) propagandisti eski Savunma Bakan Yardımcısı da AEI'de çalışmışlardır.[223]

AEI, ABD'nin Doğu Akdeniz ve Ortadoğu'ya yayılma politikalarını destekleme çalışmaları yapmaktadır. AEI'ye bağlı The New Atlantic Initiative örgütü Türkiye'de de kongreler düzenledi. 13 Mayıs 1998'de yapılan İstanbul kongresini destekleyenler arasında, USIA (US İstihbarat Ajansı), T.C. Dışişleri Bakanlığı, şirketler, örgütler bulunuyordu.[224]

Örümcek Ağı kurulumuna tipik bir örnek oluşturan ARI etkinliklerini kaldığımız yerden okumayı sürdürelim:

29 Ocak: ABD IRI örgütü, Strateji Mori Ltd. ve ARI işbirliğiyle yürütülen gençlik projesi kapsamında Ereğli, Samsun ve Konya toplantıları yapıldı. Konya Kalkınma Enstitüsü Derneği kurulmasına yönelik olarak

---

[223] Amerikan ve Avrupa şirketlerinin önümüzdeki on-onbeş yıl içinde su kaynaklarının %65-70'ini ele geçirmeleri öngörülmektedir. Şirketler bu işi Dünya Bankası ile birlikte yürütmektedir. Su işletmecisinin Türkiye'nin siyasal arenasında dolaşan hareketçilerle ne ilişkisi var, dememek gerekiyor. Açık toplumlaşan her ülkede başta enerji, maden ve su işletmeleri yabancının eline geçmektedir. (*WaterIndustry Database,publicintegrity. org/ dtaweb / list.asp?L1=10&L20&L3=0&L4= 0&L5=0*) İzmit, Bursa, Antalya gibi kentlerin su işletmeleri yabancının eline geçmiştir. Bir örnek olarak, Güney Amerika ülkelerinden Bolivya'da da su işletmesi ABD'li şirketlerin eline geçmişti. Şirketlerin sermaye getirerek işletmeleri yenileyeceği propagandasıyla başlatılan bu devrin sonunda görüldü ki, şirketler Bolivya'ya sermaye transferi yapmamışlardı. İşletmeyi sürdürebilmek için de birdenbire suya %30 zam yaptılar. Bolivya'da halk ayaklandı ve güvenlik güçleriyle yer yer çatışmalar oldu.
Türkiye'de belediyelere yerleştirilen özerkleşme ve özelleştirme inancıyla kentlerin su işletmeleri Batı kartellerinin eline geçiyor. Örneğin İngiliz- Alman (RWE AG) şirketi Thames Water İzmit Su İşletmesini ele geçirdi. Thames, 46 ülkede 51 milyon müşteriye sahip. İzmit Su İşletmesi ise dünyada özelleştirilen en büyük işletme olarak görülmekte ve 2020 yılına dek müşteri sayısının 600.000'den 1.600.000'e ulaşacağı sanılmaktadır.
Thames'in örgütsel ilişkileri: Water Partnership Council, Water Aid, Business Partners for Development: Water and Sanitation Cluster, World Panel on Water Infrastructure Financing, International Water Association. Dünya Bankası ile sıkı ilişkiler sonucunda banka ülkede ya da kentte kredi koşulu olarak işletmelerin özelleştirilmesini dayatıyor ve şirket arkadan geliyor. Bu arada işin içine bankerler ve para oyuncuları da karışmış oluyor.
[224]"ABB, Amway, Borusan Otomotiv (Importer of BMW AG), Carthage Foundation, Julie Finley, ENIF spA, Foundation for Development of Democracy in the Turkish World, German Marshall Fund of the United States, Howard Energy, International Research and Exchanges Board (IREX), Ronald S. Lauder, Lockheed Martin Corporation, Multilateral Funding International – Nina (Joukowsky Köprülü) ve Murat Köprülü, Mr. and Mrs. Daniel Oliver, Pfizer Inc., Profilo Holding AŞ, Türk Ekonomi Bankası, Turkish-American Association."

'Konya ve Orta Anadolu Bölgesi'nin Kalkınması ve Demokratikleşme Paneli' düzenlendi. Panele katılım genişti: Turhan Bilge (DSP Gen. Bşk. Yrd.), Mehmet Ali Yavuz (DYP Gen. Bşk. Yrd.), Remzi Çetin (FP mv), Ali Geleş (MHP mv), Kamil Cura (Selçuk Ünv.), Hüseyin Üzülmez (Konya Ticaret Odası Bşk.)

6-9 Şubat: Macaristan'da George Soros tarafından kurulan Open Society Institute adlı örgütün Budapeşte şubesi Central European University ile görüşüldü. Budapeşte görüşmelerinin arkasından Macaristan iktidar partisi FIDESZ yöneticileriyle de görüşüldü. [225] ARI'lar, Macaristan'ın iktidar partisi yetkilileriyle Haziran 2001'de İstanbul'da görüşmeyi kararlaştırdı. Onlara eşlik eden Soros'un yakın adamı Anthony Richter, daha sonra Türkiye'ye gelerek sivil(!) toplum örgütleriyle ilişkiye geçti. ARI derneğiyse yeni ilişkiler geliştirmeyi sürdürdü:

23-27 Şubat: ACYPL (Amerikan Genç Siyasal Önderler Konseyi) ile Amerika'da kurulan ilişkinin ardından "ARI Hareketi, ACYPL'nin de Türkiye partneri (ortağı) oldu. ARI temsilcileri ACYPL örgütünün yıllık kongresinde NATO'nun Genişle(til)me Stratejisi ve AB Dış İlişkiler Politikası" toplantısına katıldı.

5-8 Mart: Dünya Bankası Kahire'de, Kuzey Afrika ve Ortadoğu'ya yönelik olarak, ARI raporuna göre *"hayati önem taşıyan stratejisini"* benimsetmek üzere bir konferans düzenledi: Kemal Köprülü de, yedi atölye çalışmasının yapıldığı toplantıda yerini aldı. *"Forum esnasında ARI Hareketi, bugüne değin, ABD ve Avrupa ülkeleri ile kurulan temasların ardından, Tunus, Mısır, Lübnan, Fas ve Ürdün gibi ülkelerin temsilcileri ve bu ülkelerde faaliyet gösteren başlıca sivil toplum örgütleri ve siyasetçiler ile de diyalog kurma imkânı buldu."*

9-12 Mart: Kemal Köprülü ve Mesut Hakkı Çaşın, ARI'ları temsilen Antalya'daki *"21.Yüzyılda NATO: Meydan Okumalar ve Fırsatlar"* konferansına katıldılar. Hakkı Çaşın, "NATO Güvenlik Stratejilerinin Dönüşümü ve İttifakların Yeni Rolü" nü anlattı.

27-31 Mart: Kemal Köprülü, Amerika'ya uçarak Türk-Amerikan İş Konseyi toplantılarına katıldı. Köprülü ayrıca, IRI'nin düzenlediği Washington Üniversitesi'nde Türk öğrencilere bir konuşma yaptı.

30 Mart: Kemal Köprülü IRI toplantısındayken, NDI örgütü de, İstanbul'da ARI'lara konuk oldu. Rapora göre:

"ABD'nin eski Türkiye Büyükelçisi ve ABD Ulusal Demokrasi Vakfı (NED) Mütevelli Heyeti üyesi (Century Foundation yöneticisi) Morton (Isaac) Abramowitz ile ABD'nin eski Kıbrıs Özel Temsilcisi ve NDI'ın Avrasya Bölgesi'ndeki 8 ülkede yürütülmekte olan programın

---

[225] Open Society Institute (OSI): Özellikle Doğu Avrupa ve eski Sovyet ülkelerinde "project democracy" operasyonunun para kanalları olarak örgütlenmiş ve örtü olarak eğitim, yardım, özgür medya girişimlerini kullandığı bilinmektedir. Örgüt Balkan ve Orta Asya ülkelerinde hayli iş başarmıştır.

sorumlusu (eski CIA elemanı) Charles Nelson Ledsky, NDI'ın Türkiye'deki programları üzerinde görüş alışverişinde bulundular."[226]

6 -9 Nisan: George Soros'un OSI (Açık Toplum Enstitüsü) örgütü yöneticileri, Genç ARI yöneticileriyle İstanbul'da toplandılar. Eğitim konularını ve OSI'nin okullarda kurmayı amaçladığı 'Münazara Kulüpleri' işini görüştükten sonra, ARI dernekçileri Budapeşte'de OSI'nin düzenlediği *"Eğitimde Kalite"* kongresine katıldılar. Onların yanı sıra, T.C. Milli Eğitim Bakanı Metin Bostancıoğlu ve Bakanlık Müsteşarı Bener Cordan da OSI kongresine katıldı.

ARI dernekçileri bu arada, yurtiçi örgütlenmelerini sürdürdüler: 9 Nisan'da IRI ve Strateji Mori Ltd işbirliğinde yürütülen gençlik projesi kapsamında Gaziantep'te üniversite öğrencileriyle ve siyasal partilerin gençlik kolları temsilcileriyle toplandılar.

ABD'de, Ortadoğu (İsrail, Ürdün, Mısır), Batı Avrupa (Almanya, Belçika), Orta Avrupa (Macaristan), Güney Avrupa (Yunanistan) ilişkilerine Doğu Avrupa'yı eklediler.

10-11 Nisan: FES'in Kiev'de düzenlediği 'Karadeniz Bölgesi Güvenlik Politikaları ve İşbirliği' toplantısına ARI'lardan Nedim Narlı katılarak "Ukrayna ve Türkiye'nin Karadeniz Bölgesi'ndeki Jeopolitik İlgileri" bildirisini sundu.

16-18 Nisan: ARI temsilcileri İsrail ve Ürdün'e gittiler. İsrail'de, Begin-Sedat Stratejik İncelemeler Merkezi ile *"Türkiye-İsrail İlişkileri ve Dış Politikaları, Ortadoğu Barış Süreci, Güvenlik, Bölge Ülkeleri Arasındaki İlişkiler"* konusunda bir yuvarlak masa toplantısı yaptılar. Türkiye, bu yuvarlak masa değerlendirmelerinden yoksun kalmıştır. Ayrıca Israel Democracy Institute, Peres Barış Merkezi, Telaviv Üniversitesi Moshe Dayan Orta Asya ve Afrika Araştırma Merkezi ile görüştüler.[227]

---

[226] Eski istihbaratçı ve NED yöneticisi Morton Isaac Abramowitz ve öteki adamları kısa bir süre sonra Ankara'ya geçecekler ve yeni Cumhurbaşkanı seçim ortamında, Süleyman Demirel'in görev süresinin uzatılması oylamasından bir gece önce, MHP Grup Başkan Vekili Şevket Bülent Yahnici'nin yemeğine katılacaklardı. Yemeğe katılanlar: Dışişleri Bakanı İ.Cem İpekçi, Uluç Gürkan (DSP), Üstün Dinçmen (ANAP) Kamuran İnan (ANAP), Birkan Erdal (ANAP), Oktay Vural (MHP, sonra Ulaştırma Bakanı), Charles Nelson Ledsky (CIA eski elemanı, NDI Bölge Sorumlusu) ve 16 kişi. Bu arada, Yahudi lobisinin cumhurbaşkanlığı seçimine yardımcı olduğu haberi de çıktı. Haberleri yalanlayan bir açıklamaya rastlanmadı. *As Sabeel, 5 Nisan 2000*'den aktaran *Aydınlık, 9. 4 . 2000.*

[227] "The Moshe Dayan Center for Middle Eastern and African Studies" Türkiye'li uzmanlarla ilişkiye önem veriyordu. Türkiye'yi, Türkiye ve Amerika'yı sevenlerden dinliyorlar. 1999 baharında konuk edilen kişiler ve sundukları bildiriler: Ömer Kürkçüoğlu (Ankara Ünv.- Türkiye'nin Ortadoğu politikaları, Türk-Arap bağları, Suriye ve Irak'la su sorunları - 2 Şubat 1999); Sabri Sayarı (eski RAND uzmanı, Georgetown Unv. Turkish Studies Müdürü, Azer-Amerikan Ticaret Odası Mütevellisi, Boğaziçi Ünv. 10 Mayıs 1999: Türkiye'nin politik seçkinlerce yönetilmesi; gelecek parlamento ve anayasa reformlarına bağlı); İlber Ortaylı (Ankara Ünv.); Nur

19 Nisan: Ürdün Genç Girişimciler Derneği'nin kuruluş yıldönümü toplantısına onur konukları olarak katıldıktan sonra, Ürdün Ticaret Bakan Vekili Samir Emeish ve Amman Belediyesi Başkan Yardımcısı Majid Nimri ile görüştüler. Ayrıca, Ürdün Kraliyet Ailesi'nden Prens Raad Bin Zeid, ARI üyelerini kaldıkları otelde ziyaret etti ve "*iki ülke arasındaki ekonomik ve sosyal yakınlaşma konusunda görüş alışverişinde bulunuldu.*"[228]

23 Nisan'da IRI ve Strateji Mori Ltd. ile ARI'nın gençlik projesinin Akdeniz toplantısı Antalya'da yapıldı. ARI'cılar bir hafta sonra, 30 Nisan'da, Washington'a gittiler ve "*2000 Seçimi: ABD ve Dünya Açısından Sonuçları*" toplantısını düzenlediler. 8 Mayıs 2000'de, Amerika'da çok daha ilginç bir konferansa katıldılar. Rapora göre "*JINSA ve US* (National) *War College* (Milli Harb Okulu) *ile birlikte*" Washington'da "*Doğal Kaynaklar ve Milli Güvenlik Politikaları*" konferansı düzenlediler. ASAM'dan Necdet Pamir de bildiri sundu.[229] ARI raporuna göre;

"*Ortadoğu, Orta Asya ve Uzakdoğu gibi petrolün yoğun olduğu bölgelerdeki politik-ekonomik durum ve bu bölgelerdeki ülkelerin ABD ile ilişkilerinin irdelendiği konferans yüksek bir katılımla gerçekleşti ve olumlu tepkiler aldı.*"

Vergin (Marmara Ünv.- "Askerler Osmanlı imparatorluğunda ve Cumhuriyet kuruluşunda rol oynamışlardır. Bu durum geçmişin devamlılığını gösterir."); Ayşe Ayata (ODTÜ, siyasi partileri ve liderleri); İlter Turan (Bilgi Ünv.-TESEV; Ordunun siyasi rolü); Binnaz Toprak (Boğaziçi Ünv.-TESEV. Siyasi İslamla uzlaşma gerekliliği); Ahmet İçduygu (Bilkent Ünv. Türkiye azınlıklarındaki değişmeler, Kürt sorununun ulusal kimlik sorununu doğurması); Yılmaz Esmer (Boğaziçi Ünv. Türkiye'de açık ve hoşgörülü eğitimin yaratılması gerekliliği); Yakup Kepenek (ODTÜ- Türk ekonomisinde yeniden yapılanma ve enflasyonun sürekliliği); Korel Göymen (ODTÜ-Türkiye'de göç sorunları.) ODTÜ İdari Bilimler dekanı Ahmet Acar ve Moshe Dayan Center Direktörü Martin Kramer tarafından örgütlenen özel oturum: Gündüz Aktan (TESEV Direktörü, (e) Londra Büyükelçisi - Türk dışişleri ve dışişlerinde profesyonelleşme.) *Dayan Center News- tau.ac.il / dayancenter/turk sonturkey.html*

[228] ABD Ortadoğu ülkelerinin ekonomilerini İsrail'le bütünleştirmeye çalışmaktadır. Belirli oranda İsrail'in kullanılmasını koşul olarak kabul ettirip ABD'ye gümrüksüz ihracat olanağı tanımaktadır. Bu örgütlenmeye öncelikle Ürdün katılmıştır. Ülke ekonomilerine katkısı tartışmalı bu sanayilerde Uzakdoğu'nun ucuz işgücü kullanılmaktadır. QIZ (Qualified Industrial Zones) adı verilen özel bölgelerden birinin de İskenderun çevresinde kurulmasına çalışılmaktadır. T.C. Devleti bu iş için gerekli anlaşmaları yapmıştır. ABD'de onay bekleyen anlaşma, Türkiye'den tekstil ihracatına olanak tanımazken, ülke tarımını İsrail koşuluna bağlayacak olan ve ulusal gıda sanayisine darbe vuracak, tarımı İsrail tohumculuğuna iyiden iyiye bağımlılaştıracaktır.

[229] 2000 Seçimi: ABD seçimleridir. Bu seçim demokrasi ihracatçısı ABD'nin kiliselerden çıkan sandıklar ve aylarca süren birkaç oy farkı nedeniyle yeniden oy sayımları, mahkemelerle sürüp gitmiş ve seçim ancak adaylardan Al Gore (Clinton'un eski yardımcısı)'un pes etmesiyle sonuçlanmıştı. Eski CIA Direktörü ve ABD eski Başkanı George Bush'dan sonra oğul George Walker Bush Jr. Yerine geçti.

WEB 'Türk Duvarı'nı yıkıyor

Çok kısa sürede IRI desteğiyle sürdürülen gençlik örgütlenmesinin en önemli aşamasına gelinmişti. 12-14 Mayıs: IRI ile iki yıldır sürdürülen gençlik örgütlenmesi çerçevesinde, İstanbul'da toplantı düzenlendi:

"International Republican Institute - Uluslararası Cumhuriyetçiler Enstitüsü işbirliği ile düzenlenen 'Katıl ve Geleceğini Yarat' başlıklı konferansa, Anadolu'nun her köşesinden 300 genç katıldı."

Toplantı sırasında, Serdar Bilgili, Nur Akgerman, Kemal Köprülü ve Ali Koç'un konuşmacı olduğu bir de panel yapıldı. İki gün sonra 'Medya Etiği - Medya - Okur ve Siyaset İlişkileri' gündemiyle Cumhuriyet Gazetesi yazarı Oral Çalışlar ve Nevval Sevindi'yi konuk ettiler.

11-17 Mayıs: International Development Conference (Uluslararası Gelişim Konferansı) adlı örgütün yıllık toplantısı İstanbul'da gerçekleştirildi; 45 ülkeden 70 örgüt temsilcisi katıldı. ARI da yerini aldı ve delegelere bir yemek verdi.

22 Mayıs: "Demokratik Sol Parti Aydın Milletvekili Sayın Ertuğrul Kumcuoğlu, ARI üyeleri ile bir araya gelerek, güncel siyasal gelişmeler hakkında tecrübe ve değerlendirmelerini" anlattı.

23 Mayıs: "GYİAD Başkanı Ali Midillili, Finansal Forum Gazetesi yazarı Vecdi Tamer, ORSA Halkla İlişkiler Genel Yönetmeni Salim Kadıbeşegil ve Milliyet Gazetesi Genel Yayın Koordinatörü Umur Talu, Medya, İş Dünyası ve Halkla İlişkiler üzerine konuşmacı oldular."

25 Mayıs: "Başbakan Bülent Ecevit'in daveti ile hükümet nezdinde görüşmeler yapmak üzere ülkemize konuk olan Macaristan Başbakanı Viktor Orban, 25 Mayıs tarihinde ARI Hareketi Derneği Genel Koordinatörü Kemal Köprülü ile bir araya geldi. Karşılıklı görüş alışverişi şeklinde geçen toplantı özellikle gençlik çalışmaları hakkında yoğunlaştı."[230]

26-28 Mayıs: Alman Koerber Vakfı'nın düzenlediği *"Vatandaş, Devlet, Partiler, Türkiye ve Almanya'da Sivil Toplumun Gelecekteki Durumu* konulu *sempozyuma"* katıldılar: "6. Türk - Alman Sempozyumuna ARI Hareketi Genel Koordinatörü Kemal Köprülü iştirak etti... Sempozyumda; Türkiye'de ve Almanya'da siyaset ve siyasal kurumlar nasıl kavranmaktadır; Ülkelerimizin siyasal hayatlarında büyük toplumsal örgütlenmeler; Siyasal faaliyetler ve devletin tavrını belirleyen değerler; STÖ'leri siyasal sistemin hata ve eksiklerini ne ölçüde değerlendirebilir; Türkiye ve Almanya'da sivil toplum örgütlerinin geleceğe yönelik şans ve olanakları nelerdir konuları irdelendi."

Haziran-Ağustos 2000 aylarında ARI'ların gösterdikleri başarıya, Türkiye dernekler tarihinde bir başka örgütün ulaştığını söylemek olanaksız. Haziran 2000'e dek bilgilenme ve ilişki geliştirme temelinde sürdürülen çabaların sonuçlarını aldılar:

---

[230] Nezdinde: yanında

2-3 Haziran: "ARI, Doğa ile Barış Derneği, Helsinki Yurttaşlar Derneği, Tarih Vakfı, Türkiye Çocuklara Yeniden Özgürlük Vakfı, Yeşil Adımlar Çevre Eğitim Derneği, 21.Yüzyıl Eğitim ve Kültür Vakfı, Yönetim Danışmanları Derneği, Beyaz Nokta Vakfı, YÖRET Vakfı ve 118 E Lions Yönetim Çevresi" örgütleri ortak sempozyumu yapıldı. Konu "Avrupa Birliği Yolunda Türkiye'de Sivil Toplum - Devlet İlişkileri" idi. Sempozyumda STK'lere, devlet ve yerel yönetimler desteği, STK'lerin işlevine ilişkin "atölye çalışmaları" gerçekleştirildi.[231]

4 Haziran: Wall Street Journal Avrupa Direktörü Fred Kemp ile görüşülerek *faaliyetler hakkında bilgi* verildi. Fred Kemp, görüşmeden ne denli etkilendiğini *"Türk Duvarının Yıkılışı"* başlıklı yazısında gösterdi.[232]

8-9 Haziran: ARI Hareketi, FNS ve EWI (East West Institute-Doğu Batı Enst.) ile birlikte "21.Yüzyılda Güvenli Bir Avrasya Konferansı"nı düzenledi. Hedefleri, Orta Asya'nın petrol ve gaz kaynaklarıydı: *"Avrasya'nın jeostratejik önemi, bölgedeki petrol ve doğalgaz projelerindeki yapılanmalar, işbirliği fırsatları, Avrasya'da sürdürülebilir gelişmede uluslararası toplumun rolü."*[233]

Can Fuat Gürlesel ve Kerem Alkin, "Türkiye'nin Avrasya Koridorunda 10 Stratejik Faktör" bildirisini; Çevik Bir de "Güvenlik üretim programı"nı sundu.[234/235]

---

[231] Avrupa Birliği Devlet ve STK'ler.
[232] *Wall Street Journal, 14 Haziran 2000*
[233] Konuşmacılar: John Edwin Mroz (EWI Başkanı), İlhan Kılıç (Hv. K. eski Komutanı), Çevik Bir (Genel Kurmay II. Başkanı, I. Ordu K.), John Wolf (ABD Hazar Havzası Danışmanı), Vafa Gulizade (Haydar Aliyev'in Danışmanı; Hazar Politikaları Vakfı Temsilcisi), Alexander Rondelli (Dış Politika Araştırma ve Analiz Merkezi Direktörü), George Zarubin (Avrasya Vakfı Güney Kafkasya Programı Direktörü), Yossef Bodansky (CSIS Direktörü), Mark Parris (ABD Büyükelçisi), Mehmet Ali Bayar (Cumhurbaşkanı Danışmanı), Yurdakul Yiğitgüden (Enerji ve Tabii Kaynaklar Bakanlığı Müsteşarı), Fiona Hill (Avrasya Vakfı Başkanı), Can Paker (TESEV Başkanı, TÜSİAD ve Sabancı Holding Y.K.), Alb. Michael Hickok (ABD Hv. Harp Okulu; Türk ve Orta Asya Araştırmaları), Gerard J. Libaridian (IREX Fdn. Ermenistan ve Kafkasya uzmanı.) Kerem Alkin ise, Sun Myung Moon'un PWPA örgütünün Türkiye Şubesi Başkanı Erdoğan Alkin'in oğludur.
[234] Avrasya'ya açılan kanal işlevini üstlenen yerli sivilleri medya ve devlet yöneticileri destekledi. Somut uygulamalara iyi bir örnek olan bildiriye göre; *"Türkiye AB üyesi olmuş! İsrail, Romanya, Bulgaristan, Makedonya, Macaristan, Çek ve Slovakya, Estonya, Litvanya, Polonya ve Slovenya ile serbest ticaret (açık pazar) anlaşmaları yapılacak; enerji kaynakları Erzurum'dan dağıtılacak. İstanbul-Londra-HongKong arasında altın borsası kurulacak; İzmir, Mersin, Çorlu, Trabzon, Urfa, Gaziantep, serbest ticari bölge olacak."* (*Aydınlık/11 Haziran 2000*) En dikkat çekici olan da önerilerin hep "project democracy" alanlarını kapsamasıydı. Türkiye'nin Ortadoğu'daki komşularını, İsrail dışında (örneğin İran, Irak'ı) görmezden gelmeleri, projenin kaynağını da gösteriyor.
[235] "Çevik Bir' in programı da, CSIS programlarına uyuyordu. Ekonomik program girecek, ekonomi ve ticari diplomasi oluşturulacak. Daha sonra, pazar iktisadı ve

10 Haziran: 128 STK'nin hazırladığı *"Yeni Bir Anayasa İçin Çağrı"* bildirisini tanıtmak için geziye çıktılar:

"Bursa'ya giden Demokrasi İçin Sivil Toplum Girişimi Yürütme Kurulu üyeleri, Tayyare Kültür Merkezi'nde 100 kadar yerel sivil toplum örgütünün temsilcileriyle bir araya gelerek" anayasayı tartıştılar. *Toplantıya TBMM Anayasa Komisyonu Başkanı Ertuğrul Yalçınbayır (FP Milletvekili[236]) ve Bursa Barosu Başkanı Çetin Göz ile partilerin il başkanları..."*

16 Haziran: TAI'nin içindeki Yönetim Geliştirme Derneği'nin Ankara tesislerinde toplantı düzenlendi.

Kemal Köprülü, Can Fuat Gürlesel ve Haluk Önen birlikte katıldılar ve *"Türkiye'de Gençlik, Değişim, Kalkınma Enstitülerinin Önemi ve İşlevi"* başlıklı bildirilerini sunarak örgütlerinin amacını ve çalışmalarını tanıttılar. [237]

17-30 Haziran: ACYPL'nin 9 temsilcisi Türkiye'ye geldi. ARI'lar ileride Amerikan Cumhuriyetçi Parti'de etkin olması beklenen ACYPL'lileri İstanbul, Ankara ve Karadeniz Bölgesi'nde gezdirdiler. Amerikalılar, İMKB, KA-DER, TEGV, GYİAD, İSO, İTO, TEMA, Tarih Vakfı, LDP, Bilgi Üniversitesi yetkilileri ve Artvin, Trabzon, Rize yerel yöneticileriyle görüşerek Ankara'ya geldiler ve *"öncelikle Anıtkabir'i ziyaret"* ettikten sonra Dışişleri Bakanlığı'nda kendilerine *"brifing"* verildi. Amerikalılar kendi büyükelçiliklerinde de toplantı yaptıktan sonra, GAP İdaresiyle, Özelleştirme İdaresiyle ve TBMM'de siyasal partilerle görüştüler.

24 Haziran: ARI'ların "Batı Karadeniz Kalkınma Enstitüsü Derneği" Erdemir Tesisleri'nde bir toplantı yaptı. "Zonguldak Havzası Projesi" eylem planı görüşüldü. Eğitimciler ve yerel yöneticiler de katıldı.

25-27 Haziran: Freedom House ve Stefan Batory Foundation ortaklığıyla Polonya'da düzenlenen "I. Dünya Demokrasi Forumu"na, Türkiye'den Kemal Köprülü katıldı. Öteki katılımcılar: Madeleine Albright, Kofi Annan, George Soros. Konular: Ulusal Egemenlik ve İnsani Müdahale, Küreselleşme ve Demokrasi, İnsan Hakları ve Uluslararası İlişkiler, Kapalı Toplumların Değişimi, Ulusal ve Uluslararası Vakıf ve Enstitülerin Demokratik Değişime Desteği, Sınırlı Demokrasiden Tam Demokrasiye Geçiş. [238]

---

demokrasi ihraç edilerek, bölgesel ekonomik gelişme ve zenginliğe ulaşılacak, dünya ile bütünleşilecek (küresel ağ) ve kalıcı güvenlik sağlanacak." (Aydınlık,11.6.2000)

[236] 18 Kasım 2002'de AKP Abdullah Gül hükümetinde Başbakan Yardımcısı.

[237] TAI (Turkish Aerospace Industry - TUSAŞ Türk Havacılık ve Uzay Sanayi)'nin ortakları Türk Silahlı Kuvvetleri'ni Güçlendirme Vakfı, Savunma Sanayii Müsteşarlığı ve THK'dır.

[238] Stefan Batory Fdn.: George Soros'un Jaruzelsky döneminde Polonya'da ilişkiler geliştirmek için kurdu. Özellikle 1989-90 şok terapi operasyonunda Soros'un Harvard'dan getirdiği ve Maliye Bakanı'na danışman yaptığı Prof. Jeffrey Sachs'ın

29-30 Haziran: ARI-Konrad Adenauer Vakfı- Türk Demokrasi Vakfı işbirliğiyle *"Türkiye'de Anayasa Reformu - Prensipler ve Sonuçlar"* konferansı, Cumhurbaşkanı A. Necdet Sezer, Meclis Başkanı ve Adalet Bakanı'nın katılımıyla gerçekleştirildi.[239]

2 Temmuz: *"ARI, TÜDAV, TEMA, Çekül Vakfı, Doğa ile Barış Derneği, Kasev, ADD, Karadeniz Eğitim ve Kültür Vakfı, ÇYDD, Rotary ve Lions Kulüpleri, Beşiktaş, Şişli, Kadıköy ve Bakırköy Belediyeleri'nden temsilciler teknelerle İstanbul Boğazı'nda denize açılarak, deniz kazaları ile ilgili mizansenler oluşturdular."*

3 Temmuz: ARI'lar TESEV tarafından İstanbul'da, "21.Yüzyılda Barışı Tehdit Eden Faktörler" konferansına katıldılar. TESEV'in getirdiği Güney Afrika eski Devlet Başkanı Frederik Willem de Klerk, çatışmaların önlenmesi, uzlaşma ve anayasa konularını anlattı. Aynı gün, "ABD, Avrupa İşlerinden Sorumlu Dışişleri Bakan Vekili James Dobbins, ARI üyeleri ile bir araya geldi."[240]

11 Temmuz: Konrad Adenauer Stiftung'un getirdiği Hıristiyan Demokrat Parti milletvekilleri Axel Fischer, Norbert Röttgen, Eckart von Klaeden ile ARI merkezinde toplandılar. KAS'ın Gençlik Örgütü sorumlusu Ursula Heinen de toplantıdaydı.

25 Temmuz: "Türkiye Küresel İşbirliği Forumu" kuruldu. Kurucular arasında üniversite ve iş dünyasından kişiler bulunuyordu. Forumun "yabancı devlet adamlarının, iş dünyası, medya ve akademik kuruluş temsilcileri ve düşünürlerin görüşlerini açıklayıp tartışabilecekleri tarafsız ve çoğulcu bir hükümetler arası platform olması hedefleniyor."

28 Temmuz: ARI Tekirdağ Koordinatörü Nihat Cumalı ve yönetimiyle toplantı yapıldı. TÜGİAD Başkanı ile görüşüldü. Kanal T ve Kanal 59 televizyonlarında tanıtım yapıldı.

29-30 Temmuz: ARI'lar gençlerin örgütlenmesini görüştüler. *"Arama Konferansı"* adını verdikleri toplantılarda, *"ARI'nın gençlik vizyonu, gençlikten beklentileri; Genç ARI'nın yapılanması, idari yapı, örgütlenme ve üyelik; önümüzdeki yıllarda yapılacak Genç ARI faaliyetleri"*ni görüştüler.

31 Temmuz: ARI'lar ABD'de kendileriyle işbirliği yapan IRI'nin üst bağlantısı Cumhuriyetçi Parti'nin Genel Kurulu'na, katılan ARI Washington temsilcisi Ali Günertem, "çeşitli kişi ve kurumlarla görüşmeler de gerçekleştirdi."[241]

---

operasyonunu "resmi olarak destekledi." G. Soros, bu toplantılar sırasında, Peru muhalif lideri A. Toledo'ya 1 milyon dolar verdi

[239] Stiftung: Konferansı "Partnerimiz TDV ve Arı Hareketi ile birlikte" düzenledik. K. A. Vakfının Türkiye'deki Faaliyetleri, 2. Uluslararası kongreler, Konrad Vakfı, 2000.

[240] James Dobbins: ABD Dışişleri Bakanı'nın Deyton Barış Anlaşması özel danışmanı. Yugoslavya iç savaşının ardından taraflar Deyton'da bir araya getirilmişti.

[241] ARI Washington Temsilcisi Dr. Ali Günertem, DP'li bakan Sahir Erozan'ın yeğe-

3 Ağustos: Gönül Köprüsü Güneydoğu Projesi başlatıldı: Bizim Ülke Derneği, ÇEKÜL Vakfı, Dayanışma Derneği, Demokratik Cumhuriyet Programı, Sivil Toplum Kuruluşları Birliği, Demokratik İlkeler Derneği, Genç Müteşebbisler Derneği, Güçlü Türkiye Projesi, İnsan Kaynağını Geliştirme Vakfı, DEMOS, KA-DER, TAP Vakfı ve TEMA Vakfı, GAP İdaresi'nden Fatma Uz ve İbrahim Tuğrul. [242]

5-6 Ağustos: Erzincan valisi ile görüştükten sonra, "yerel yöneticiler, Sanayi ve Ticaret Odası üyeleri, sivil toplum kuruluşları, öğretim üyeleri ve siyasal parti temsilcileri ile bir araya geldi." Kemal Köprülü, "Türkiye'de Siyaset ve Gençlik" hakkında konuştu.

13-17 Ağustos: Kemal Köprülü, NDI'nin Uluslararası Liderler Forumu'na katıldı. Konular: "2000 yılı başkanlık seçimi ve (seçimle ilgili) kampanyalar, küreselleşme ve ticaret, politik partilere duyulan güven krizi." Köprülü sonra, "Gençlik 2000 Kongresi"ne katıldı. Köprülü ayrıca Kasım 2000 seçimlerinden önce gerçekleştirilecek Demokrat Parti Kongresi'ne de çağrıldı. [243]

9 Eylül: ARI, YK üyeleri, sivil toplum örgütlerin, iş adamları ve akademisyenlerin katılımıyla, Hilton Oteli'nde düzenlenen konferansta, "*misyonlarını, amaçlarını ve faaliyetlerini*" anlattılar. ARI'lar "Avrupa Birliği Alt Komite üyeleriyle ve AB Komisyonu Türkiye Masası Şefi Alain Servantie ile bir araya geldi." Servantie'nin "özellikle sivil toplum organizasyonları ve enstitüleşme çalışmalarına ilgi" gösterdiğini saptadılar. Servantie ile Türkiye'deki "*siyasi gelişmeleri, AB üye adaylığı ve uyum*" konularını görüştüler.

16 Eylül: ARI'lar, Anadolu örgütlenmesinde, "enstitüleşmesinde" bir adım daha attılar. Batı Karadeniz Kalkınma Enstitüsü Derneği[244], KAS ile

---

nidir. Günertem'in yardımcısı Yola Habif, İstanbulludur; İsrail'de 2 yıl kalmış ve daha sonra JINSA'da Türkiye Bölümünün başına geçmiştir. ARI Washington yönetimi: Ali Günertem, Yola Habif, Günay Evinch, David Saltzman, Selda Çelikhan, Nil Şişmanyazıcı, Yavuz Arık, Aydın Tuncer. ARI Washington, T.C'nin ABD-İsrail siyasetine ortak olması gerektiğini anlatan konferanslar düzenledi. 30 Ekim 2001 'de konular: "Terörizme Karşı Yeni Savaşta Türkiye'nin Yükselen Rolü ve Amerika Türkiye'den Yararlanmalı (Steve Rosen, AIPAC direktörü ve Antony Blinken, Ulusal Güvenlik Komitesi eski üyesi ve CSIS elemanı.)

[242] Demokratik Cumhuriyet Programı: 2001-2002 yılında Erdal İnönü başta olmak üzere, İsmail Cem İpekçi-Hüsamettin Özkan-Kemal Derviş'in oluşturduğu Yeni Türkiye Partisi'nin danışmanlığını yapan Tarhan Erdem ve arkadaşlarınca hazırlanmıştı.

[243] Ekim 2000'de Türkiye'de yolsuzluk araştırmasına koşut olarak başlayan operasyonların ve 2001 yılı para bunalımıyla TBMM'ye dayatılan yasa değişiklikleriyle birlikte, ARI'lar mevcut siyasi partileri kötüleme kampanyasının başını çekenler arasında yer alacaktır.

[244] ARI'nın 'web-site'sinde yayınlanan raporlarında, *Batı Karadeniz Kalkınma Enstitüsü* ya da *Çukurova Kalkınma Enstitüsü* denilirken daha sonra "..*Enstitüsü Derneği*" denmeye başlandı. ABD ve Avrupa'da akademik çalışma görüntüsü vermek üzere kurulan örgütlere "Institute" den gelmektedir. Bu enstitülerin ülkemizde "... Enstitü-

birlikte "Bölgesel Kalkınma" toplantısı düzenlediler. "Sivil Toplumun Rolü, Bölgesel Kalkınmada Uluslararası İşbirliklerinin Önemi, Türkiye'de Yerel Fonların Kullanımı" konuları görüşüldü. Konuşmacılar: Prof. Mithat Melen, K. Ereğli Belediye Başkanı Halil Posbıyık, TEMA Genel Sekreteri Ümit Yaşar Gürses, DPT uzmanı Necati Doğru, GAP İdaresi Sosyal Projeler Koordinatörü İbrahim Tuğrul, Birleşmiş Milletler Temsilcisi Yeşim Oruç, AGİT Temsilcisi Özgür Kıratlı.

21-28 Eylül: ARI yöneticileri Hande Güner, Murat Şahin ve Kemal Köprülü Almanya'ya gittiler ve önce Türk-Alman Vakfı'nın "Türkiye-AB İlişkileri Üzerine Genel Bir Değerlendirme ve Gelecek Perspektifleri" toplantısına katıldılar. Daha sonra KAS'ın "Helsinki'den Sonra Almanya ile Türkiye Arasındaki İlişkiler İçin Gelecek Perspektifleri" konulu konferansına katıldılar. Kemal Köprülü, "Avrupa Opsiyonu; Türkiye'de Hükümete Bağlı Olmayan Örgütlerden (NGO) Beklentiler" atölyesinde konuştu.

"Türkiye'nin içyüzü" ve Washington Şubesi

"Bilgiye dayalı politika" anlayışı geliştirmek isterseniz bilgiye ulaşır, bilgiyi yorumlarsınız. Değerlendirmelerinizi genişletmek için bilgi kaynağınızı çeşitlendirirsiniz. İnsanlık yararına sonuçlar elde etmek istiyorsanız, eksik bilgilendirmeden, yanlış bilgilendirmeden kaçınırsınız. Öncelikle yaşamakta olduğunuz ülkenin öz kaynaklarına yaslanırsınız. Dış bilgileri ülkenizin çıkarları açısından değerlendirirsiniz. Bilgileri ülkenizin, bölgenizin ve insanlığın ortak çıkarlarına koşut yorumlayacak ülke aydınlarına başvurursunuz. Ülke insanınızın başka ülkelerin çıkarları doğrultusunda yönlendirilmemesine özen gösterirsiniz. Bu özeni gösterebilmek için yabancı para kaynaklarından bağımsızlığı ilke edinirsiniz. ARI'cılar da böyle yaptılar. Ocak 1999'da Türkiye'yi bilgilendirmek için, dört ayda bir "Insight Turkey" adlı dergiyi yayınladılar. Kemal Köprülü'nün sunuş yazısıyla başlayan ilk sayıda Cumhurbaşkanı Süleyman Demirel'in özel demecine yer verildi. Dergi, 2001 yılına *"yeni tasarımlarla"* girdi.[245]

Dergi yayın ve danışma kurulunda "yer alan değerli isimler" ARI'ların hizmetine yakışıyordu: Eski Büyükelçisi, NED, YK üyesi Morton Isaac Abramowitz; CIA elemanı, NDI Ortadoğu ve Asya sorumlusu Charles Nelson Ledsky; WINEP elemanı, eski Dışişleri memuru Allan Makowsky, East West Institute Başkanı, Rusya operasyonunun kahramanı John Edwin Mroz, David Barchard, David P. Steinmann.

---

sü" adı verilen okullarla ve öteki eğitim kurumlarıyla bir benzerliği yoktur. ARI'cılara eğitim kurumlarının kurulmasının bir yasal dayanağı olduğunu ve izin gerektirdiğini anımsatılmış olabilir.

[245] "Insight Turkey'nin 2001 Ocak-Mart sayısı çıktı." *Ari-tr.org/BULTEN/bulten18-5.htm*

Steinmann, 'William Rosenwald Family Organization'ın yöneticiliğini 25 yıl yaptı. American Securities, L.P bankası ile borsa şirketi Ametek Inc. yönetmenliği, N.Y. City Savcı Yardımcılığı, Kriminal Bölümü Şefliği gibi görevlerde bulunan Steinmann, şimdilerde JINSA Danışma Kurulu Başkanıdır.

Yayın kurulunun yerlileri arasında birçok "think tank" örgütünde ve "project democracy" alanlarında karşılaştığımız ünlüler yer alıyordu: İbrahim Betil, Ali İhsan Bağış, Ersin Kalaycıoğlu, Tahir Özgü, Özdem Sanberk, Can Paker, Nilüfer Narlı, İlber Ortaylı, İlter Turan ve Kemal Kirişçi.

Dergiye katkıda bulunanlar:

CATO Institute'ten Stanley Kober, CSIS'ten David Mckeeby ile John Geis, Heritage Foundation'dan "kıdemli uzman" Ariel Cohen, Türkiye'nin NATO temsilcisi Onur Öymen, DSP Milletvekili Ertuğrul Kumcuoğlu, ARI yöneticisi Ümit Kumcuoğlu, ARI Brüksel temsilcisi Hakan Hanlı, Paul Michael Wihbey ve ABD'deki Yahudi kuruluşu ADL of B'nai B'rith (Kısaca ADL)'in "Onursal Başkan Yardımcısı" Joel Sprayregen, NATO Genel Sekreteri Lord George Robertson.[246/247]

Danışmanların kimliğine bakıldığında akla şu soru geliyor: ARI, Amerikan-İsrail ilişkilerinin kilit kuruluşlarının Türkiye'deki yansıması mıdır? Bu tür "komplo" kokan sorulardan kaçınalım ve ARI derneğinin *"bilgiye dayalı politika"* ilkesinin uygulanmasından başka bir şey olmadığını kabul edelim; çünkü bilgiyi almadan politika yapmak *"yeni değerler"* çağına uymaz. Bilgiyi yerinden almak ve ilişkileri asıl merkezde geliştirmek isteyen ARI Derneği ABD'de bir büro açtı.

Kemal Köprülü, Georgetown Üniversitesi'ndeki konuşmasında Türk öğrencilerin örgütleneceğini ilan etmişti. Türkiye boş bırakılamazdı. Amerikan Cumhuriyetçi Partisi'nin örgütü zaten gençlerimizi örgütlemeye, partilerimize yeni liderler yetiştirmeye kararlı olduğunu dolarlı projeler kapsamına almıştı. 1999 yılı içinde, IRI tarafından başlatılan proje 18 ilde sürdürüldü; "Samsun, Konya, Antalya, Gaziantep, Ankara, Eskişehir, Erzincan, Adana, İzmir, Edirne, Bursa, Sakarya, Kütahya, Malatya, İsparta, Muğla ve Adana'yı kapsayan toplantılar düzenlendi."

---

[246] Ümit Kumcuoğlu, JP Morgan Chase'de çalışmaktadır.
[247] ARI'nın yeni yayını Turkish Policy Quarterly danışmanları, "network"ün tüm noktalarına bağlanır türdendi: Morton Abramowitz, İshak Alaton, Ali Çarkoğlu, Beril Dedeoğlu, Emre Gönensay, Kemal Kirişçi, Şule Kut, Charles Nelson Ledsky, Alan Makowsky, Philip Mansel, Soli Özel, Daniel Pipes, Dani Rodrik, Özdem Sanberk, David Steinmann, Mark Parris, Jeffrey Gedmin (RFE Başkanı), David Barchard, Alexandre Adler, İlter Turan, İbrahim Betil, İlber Ortaylı, Stephanos Yerasimos, Alexander Rondelli (Gürcistan Uluslararası Stratejik Araştırmalar Vakfı Başkanı), Gerard Libaridian (Ermeni tarihçi-Michigan Unv.).

"Bu sistem iflas etti"

Öncelikle Strateji-Mori Ltd. ile bir araştırma gerçekleştirildi. Bu araştırma sonucunda peteklerden genç arılar üretildi. Genç ARI hareketinin başarısıyla 43 il, 56 üniversiteden 500 genç, 12-13 Mayıs 2001 tarihinde İstanbul'da, Maslak Princess Oteli'nde toplanarak, "2'nci katıl ve geleceğini yarat" adı verilen kongrede IRI-ARI Hareketinin eylem çağrılarını dinlediler.

Ayrıca 25 sivil toplum kuruluşunun katılımı ile "Sivil Toplum Fuarı" düzenlendi. ARI Koordinatörü, gençlere en önemli çağrıyı yapıyordu:

"Siz gençler Ankara'yı tamamen unutun. Bu sistem iflas etti."

'Sistem' sözcüğünün altına gizlediği Türkiye Cumhuriyeti rejiminin tükenişini de şu sözlerle ilan ediyordu:

"Sizler bu sistemle ilgilenip ne zamanınızı, ne de çabanızı tüketin. Çünkü onlar, çok zor durumda olan insanlar. Onların en korktukları unsur siz gençlersiniz"

IRI-ARI işbirliğiyle örgütledikleri gençleri daha etkin olmaya çağırdı. Dernek Başkanı, "İşçi ve memur eylemlerinin hükümet için bir şey ifade" etmediğini söyledi ve asıl eylemci gücün gençlerde olduğunu açıklayarak, onları hükümeti devirecek eyleme çağırdı:

"Ankara'dakilerin sizden korkmalarının bir sebebi de, eğer siz meydanlarda yürürseniz hükümet üç günde düşer. İşçi ve memur haklarını satın alıyor. Ama sizin istediğiniz geleceğiniz..."

ARI derneği kurucusunun salt demokrasi(!) ve saydamlık peşinde olmadığı aynı zamanda kitle eylemleri örgütlemeye çabaladığı anlaşılıyor. Bu kitle eylemciliği de aslında "project"in bir parçasıdır. Bunu örnek ülke konularında göreceğiz.

Kemal Köprülü'nün hükümeti düşürme çağrısı yapmasına dek geçen süreçte, IRI'nin Türk gençliğine hizmetinin ve parasal katkısının küçümsenmesi olanaksız. NED'in 1999 yılı raporunda Türkiye gençliğine verilen değer şöyle yazılmış:

"International Republican Institute (IRI), $278.669

Türkiye'nin büyük gençlik nüfusu ile ilgili araştırma yaparak sivil ve siyasal parti gençliği örgütlenmesini sağlamak. Ankara, İstanbul ve İzmir'de düzenlenecek konferanslarda yapılacak tartışmaların ve analizlerin temelini oluşturmak üzere rapor haline getirilecek; Türk gençliğinin siyasete girme ve yurttaşlık hak ve sorumluluk bilinçlerinin yükseltilmesi için açık çağrılar yapılacaktır."

Onlara göre Türk gençliği ne siyasetten anlamaktadır ve ne de yurttaşlık bilincinden haberdardır. Öyleyse ABD'nin IRI'sine muhtaç olan Türk gençliğine daha fazla yatırım yapılmalı ve onun hükümet düşürme çağrılarına ilgi gösterecek denli sorumluluk üstlenmesi sağlanmalıydı. NED'in 2000 yılı raporu gerekliliğini açıkça gösteriyor:

*"International Republican Institute
$235.747
Gençliği bütünleşme teknikleri konusunda eğitmek ve onların Türk sivil ve siyasal konularına katılımını desteklemek. Gönüllü Türk ünlüleri, Türkiye gençlik NGO'larının birleşmesine yardımcı olacak olan "Web site" yaratılması dâhil, IRI'nin çabaları içinde bulunacaklardır. IRI aynı zamanda yolsuzluğun toplumsal bedelini aydınlatacak yolsuzluk karşıtı konferansın ortak örgütleyicisi olacaktır."*

Özellikle 1960'lı yılların başlarında ilk gençliklerini yaşayanlar, The Voice of America adlı radyo yayınını anımsarlar. VOA'da "rock müzik" listelerinde yer alan şarkılar yayınlanırdı. Müzik arasında da, haberler ve yorumlar verilirdi. Özellikle İngilizce eğitim yapan okullarda okuyan öğrenciler, bu haber-yorumlarla İngilizce talim etmeye çalışırlarken, ABD'nin soğuk savaş propagandasına esir olurlardı. VOA'ya kulak veren "sivil" gazeteciler de, yorumlara uygun yazmayı iş edinirlerdi.

Yıllar sonra kim derdi ki, Amerika'nın Sesi Radyosu (VOA) bize bazı gerçekleri iletecek. Türkiye'deki yerli sesler susarken. VOA'nın Washington muhabiri Yonca Poyraz Doğan'ın 30 Mart 2000 tarihli raporundan birkaç satır okuyalım:

"Türkiye ve Birleşik Devletler'deki gruplar uzun dönemde Türkiye siyasetinde önemli sonuçlar verecek bir proje üstünde çalışmaktadırlar. Her ikisi de, NGO olan iki grup, Türkiye'nin genç halkının daha çoğunun oy vermesini sağlamaya çalışmaktadırlar."

Birleşik Devletlerdeki grupların kimler olduğu belirtilmeden *"Her ikisi de NGO olan iki grup"* denilip geçiliyor. Türkiye'de gençliğin siyasetten uzak olduğunu ileri sürenler, Amerikalılar ve onların ortaklarıyla sınırlı değildir. Alman örgütleri de gerekeni yapmışlar. KAS'ın 2000 yılı raporu, Almanların bu işi ne denli ciddiye aldığını belirtiyor:

"Gençlerin teşvik edilmesi, özellikle de gençlerin siyasal fikir oluşturma sürecine katılımı, Türkiye'de yoğun olarak ihmal edilen bir sahadır."

Almanlar, Doğu'da ve Güneydoğu'da başladıkları işi Batı'da bitirmişler. Gerisini, *"Konrad Vakfı Yıl 2000, K. A. Vakfının Türkiye'deki Faaliyetleri"* raporundan okuyalım:

"KAV bu nedenle geçen yıl toplam üç gençlik konferansı (9.4.2000'de Gaziantep, 17.5.2000'de Mardin, 19-21.5.2000'de Van) ve 23-25.11.2000 tarihleri arasında Kuşadası'nda gençlik günleri konulu forum düzenlemiştir. Özellikle 'Türkiye'nin geleceği, geleceğin Türkiye'sini konuşuyor' çalışma konusu altında düzenlenen Van'daki etkinlik katılanlar için bir tartışma forumu sunmuştur. Foruma katılan 140 kişi 4 çalışma grubuna ayrılmış ve muhtelif konuların ele alınması ile görevlendirilmiş olup, sonuçları bir komünikede toplanmıştır."

Almanların ve Amerikalıların Van'a dek giderek, gençliği toplamasına olanak sağlayan yerli destekçilerine, bu olaylara izin veren devlet yöneticilerine diyecek yok, ama KAS'ın raporu çok açık:

> *"İstikrarlı bir demokrasi ve serbest sosyal piyasa ekonomisi için mücadele eden Türk Demokrasi Vakfı (TDV) ile birlikte hukuk devleti ve demokratik düzenin geliştirilmesine ve sağlamlaştırılmasına katkıda bulunuyoruz. Öz sorumluluk ile angaje olmuş vatandaşlar ve hükümet dışı örgütlerden oluşan çoğulcu anlayışlı bir sivil toplumun teşkil edilmesine özel ilgi gösterilmektedir"*

Almanlara göre, yapay(!) ulusun devletin siyasetten anlamayan gençliği, dışarıda yetişmiş, yaşları otuzun üstünde olan yeni gençlerin yardımıyla, yabancıların yeni ortağı olmalıdır.

Amerikan gençliği siyasete yakın mı?

Aklı başında olanlar diyeceklerdir ki, Türkiye'de seçime katılma oranı % 80'in üstünde ve hatta % 90'a yaklaştığı da olmaktadır. Örneğin 1999 seçimlerinde genel katılım oranı % 87, iller düzeyinde en düşük katılım % 79,4 (Diyarbakır), en yüksek katılım 94,5 (Burdur) olmuştur.

Bilindiği gibi, tüm halkla ilişkiler kampanyalarına, yüzlerce televizyon kanalının çekici yayınına, milyarlarca dolar bağışa karşın ABD'de seçime katılma oranı % 60'ın çok üstüne çıkmamakta, hatta giderek düşmektedir. Örneğin, büyük çekişmeler yaşanmasına karşın, ABD'nde Aralık 2001 seçimlerinde, nüfusa göre seçmen kayıt oranı % 76; bu kayıtlı seçmenlerin katılım oranıysa % 67 olmuştur. Yani seçmen nüfusuna göre seçime katılım % 51'dir. [248/249]

Amerikalının gençliğe merakı, yalnız Türkiye'de değil, birçok ülkede giderek artmıştır. Onlara politika öğretmeye kararlıdır ABD. Rapordan okuyalım:

> *"65 milyonluk nüfusun yarısından fazlası, 25 yaşın altında ve yönetici politikacılar, 75'inin üstünde. Uzmanlara göre Türkiye'de genç halk siyaset sisteminde daha çok temsil edilmelidirler."*

Buradaki "sistem" sözcüğü önemlidir; çünkü Amerikalı örgütçü uzmanlara göre, onlarca yıldır siyasetle uğraşan, ülkenin kaderine olumlu ya da olumsuz etkilerde bulunan Türkiye gençliği sanal olmalı. Dernekler, odalar, kitle örgütleri, sanki demokratik yaşamın bir parçası değiller. Türkiye'de siyaseti örgütlü olarak etkileyen gençlik ve hatta siyasal fırkalardaki gençlik, her halde, ABD'dekilerden daha yüksek oranla seçime katılmaktadır. Siyasal etkileriyse Amerikalılara göre daha yüksektir.

---

[248] YSK Milletvekili Genel Seçim Sonuçlarını Açıkladı (26.4.1999)" belgenet.com
[249] "Voter registration and turnout 2000" Federal Election Commission, *fec. gov/ pages/ 2000turnout/ reg&to00.htm.*

Öyleyse asıl amaç ne olabilir? Amerikalıların ve sivil ortaklarının aradığı gençlik, hangi gençliktir? Herhalde açık topluma ve ulusal sınırları kaldırılmış açık pazara inanan gençlik olmalı.

Türkiye'de gençliği örgütleyecek olan IRI örgütü bu ihaleyi kazanmış görünüyor. Öteki partinin ki, başka işlere bakıp, parti gençliği üstünde çalışmaktadır.

IRI'nin Türkiye gençliği projesini yöneten elemanı Kristen McSwain, Türkiye'den gençlerle toplantılar yapmış ve onların görüşlerini almış.[250] McSwain, VOA'ya *"ARI Hareketi öncelikle bir araştırma şirketi kiraladı ve yoklama başlattı"* diye açıklıyor. Neyi yokladıklarına gelince, McSwain "gençliğin demografik yapısını, sorunlarını ve beklentilerini" anlamaya çalıştıklarını; bunun ardından, çeşitli kentlerde gençliğe nasıl eylemli olabileceklerini öğretmek üzere konferanslar düzenlendiğini belirtiyor.

Şimdi "demografik yapı" araştırmasının ne anlama geldiğini belirtmeye gerek yok. NED raporunda, tüm "şeffaflık etiği"ne karşın projenin yerli ortağı belirtilmiyordu. VOA (Voice of America) yayınında bu durum açıklığa kavuşuyor:

"ARI Hareketi 1994'te iyi eğitilmiş bir grup Türk genci tarafından kuruldu. IRI'nin yardımıyla Türk grubu büyükçe bir programı gerçekleştirmek üzere ihtiyacı olan fonu elde etti. Hareketin genç grup eşgüdümcüsü Damla Gürel, son zamanlardaki konferansın büyük bir heyecan yarattığını belirtti."

Beş yıldızlı otelde konferansı yöneten; sonradan CHP Kontenjan Milletvekili olacak olan Zeynep Damla Gürel bu durumu, Amerika'nın Sesi Radyosu'na şöyle anlatmış:

"Günün sonunda, hep aynı soruyu soruyorlardı. Şimdi ne yapmalıyız? Size nasıl yardımcı olabiliriz? İlginç olan yanı, biz konuşmadık, onların konuşmasına izin verdik. Biz, sizin ülke üstüne verilecek kararlardan bir parçası olmanızı teşvik etmek üzere buradayız."

---

[250] Kristen McSwain, Kongrenin "Yahudi Grubu"nda yer alan Cumhuriyetçi Senatör (1994-1998) John D. Fox'un asistanlığını yapmıştı. John D Fox, Senatonun "Commission on Security and Cooperation in Europe (OSCE)" yaygın kullanılan adıyla "Helsinki Komitesi üyesiydi. Bu komite, Lozan Anlaşmasında Müslüman Azınlıklar ve Hıristiyan haklarına yönelik değişikler öngören raporu, Kongre Kütüphanesi Grubuna (sıradan kitaplık işi yapmaz; Kongre'ye özel raporlar hazırlar. Kemal Derviş'in Türkiye'ye birlikte geldiği Bayan Catherine de bu grupta çalışmaktaydı) hazırlatmıştı. John D Fox, ABD'nin Uluslararası Din Hürriyeti projesini desteklemiş ve haklarında olumsuz raporlar yazılacak ilkelere karşı ekonomik yaptırımlar uygulanmasını savunmuştu. (*"The Status of Religious Liberty for Minority Faiths in Europe and the OSCE" Commission on Security and Cooperation in Europe, Friday, December 5,1997*) CFR üyesi de olan John D Fox, Pennsylvania seçimleri için %91'i şirketlerden olmak üzere 2 milyon dolara yakın bağış almıştır. (*opensecrets.org/1996os /index/HZPA13052-htm*)

Türk gençliğini hangi kararların parçası yaptıkları ve bu yetkiyi nereden aldıkları açıktır. Oysa gençler, ARI'nın yalnızca bir dernek olduğunu; parasal desteğin yabancı devletten geldiğini; yabancı partilerin desteğini, 90 ülkede örgütlenme gerçekleştiren IRI yöneticilerinin operasyon deneyimlerini bilebilseler, Genç ARI'nın dediği gibi *"hep aynı soruyu"* değil de daha ciddi ayrıntıları sorabilirlerdi. Ne yapılacağını Zeynep Damla Gürel açıklamış:

"Bir araya gelebilmenizin ve kurumlaşmanın çeşitli yöntemleri var. Yalnızca yan yana gelin ve bir şey geliştirmeye çalışın."

Zeynep Damla Gürel, örgütlenin diyor; ama son hedefi açıklamıyor. Gerekçeyi, IRI'nin Washington'daki merkezine giden ve *"ABD'den daha çok sayıda NGO'nun Türkiye'deki gençlik projelerini desteklemeye çağırmış"* olan Kemal Köprülü vermiş:

"Bizim insan haklarının yanı sıra ele almamız gereken birçok alan var. Gençliğe yatırım yapma ihtiyacındayız. Karşılıklı değişim programları gerçekleştirmeye ihtiyaç var. Bu, IRI ile yaptığımız şeydir. Türkiye'de buna benzer birçok örnek olmalı."

ARI Derneği başkanının The Voice of America'ya söylediklerine göre gerekçe çok açık:

"Bu Türk toplumuna yardımcı olacak ve giderek Türkiye'de gerçekleştirmeye çalıştığımız siyasal transformasyona yardımcı olacaktır."

Böylece işin gerçeği sonunda açıklanmış oldu: *"Siyasal transformasyon."* Bu "transformasyon" sözcüğünü Turgut Özal'ın ağzından öğrenmişti Türkiye. Daha sonra bakılmıştı ki, *"federasyon tartışılmalı"* sözüyle işin ucu rahatsız edici boyutlara gidiyor. Aynı günlerde Turgut Özal, *"Türkiye'ye çağ atlatıyoruz"* diyerek işi, sokak politikası diline indirgemişti.

ABD'deki örgütleri Türk gençliğine yatırım yapmaya çağıran anlayışın hedefi de "transformation" bu olmalı. Amerikanın Sesi'nden duyulan da bunu gösteriyor: "Köprülü Türkiye için dedi ki, genç insanlara yatırım yapmak, siyasal istikrara ve toplumsal dönüşüme yaslanacak bir demokrasiyi gerçekleştirmenin en iyi yoludur."[251]

Hedef: Türkiye'nin Türklerini tasfiye mi?

NED'in yıllık raporundaki satırlardan ve VOA'ya yapılan açıklamalardan sonra herhangi bir yoruma gerek yok. IRI'nin Türkiye yöneticisi Kristen McSwain'in açılış konuşmasını yaptığı 11-13 Mayıs 2001 arasında, İstanbul Princess Hotel'de gerçekleştirilen "Katıl ve Geleceğini Yarat" gençlik konferansında konuşan ARI'ların lideri, IRI ile gerçekleştirdikleri gençliğe yatırım "project"inin yeni aşamasını açıklamıştı.

---

[251] The Voice of America, "Turkish Youths And Politics By Yonca Poyraz Doğan, *Washington, 3.30.2000 Background report, Number=5-46053.*

Sırada liseli gençlik ve "yeni cephe"nin kurulması vardı. ARI'cıların lideri, Amerikan projesinin hedefini açıkça belirtmekten de geri kalmıyordu:

"Derviş'in belirttiği ekonomik değil, siyasal bir tespitti. Subjektif hukuk devleti anlayışı olan Yılmaz, Ecevit ve Demirel anlayışının geçersiz olduğunu sizler biliyorsunuz. Artık objektif hukuk devleti anlayışının zamanı geldi... Sizlere güvenerek, eski unsurların tasfiyesi için çalışmalarımıza başlıyoruz."

IRI-ARI kongresinin en önemli yanı, Kemal Köprülü'nün *"Eğitim ve münazara enstitüsü kurmak istiyoruz. Bu iki enstitümüzün hedefi artık üniversiteler değil, liseler olacaktır"* diyerek, liseli gençliğin örgütlenmesine karar verildiğini ilân etmesiydi.

"Münazara" sözcüğü de nereden çıktı da enstitü ya da örgüt adı oldu, denebilir. "Atölye" çalışması nasıl Amerikanca "workshop"tan çıktıysa, yine George Soros'un örgütünün kullandığı Amerikanca "debate" sözcüğünün karşılığı da sözlükten öylece çıkmıştır. "Institute" dediniz mi, işe akademik bir hava verirsiniz; "atölye" dediniz mi, örgüt içi komisyon çalışmanız "global" bir görünüm alır.

"Münazara" dediniz mi, olsa olsa, Amerika'dan kopya bir garip Osmanlıca çeviri olur; ama konu bambaşkadır: George Soros'un, Doğu Avrupa ve Asya ülkelerindeki girişimlerini süsleyen OSI elemanları, İstanbul'da ARI'cılarla görüşürken "münazara kulüpleri" kurmak istediklerini açıklamışlardı. Üniversite ve lise gençliği için "kulüp" sözcüğü uygun görülmemiş olmalı ki, "münazara enstitüsü" kurmaya karar verilmişti. Bu ad, bir ilişkiyi yansıtıyor. Tıpkı, örgütlerinin gerçek adı "Arı Düşünce ve Toplumsal Gelişim Derneği" iken, kendilerine "ARI Hareketi" dedikleri gibi.

Daha eylemli ve daha kapsamlı bir siyasal kavgaya girişeceklerini, *"cephe"* kurduklarını açıklayarak belirtiyorlardı. Cephenin adı da konmuştu: "Yeni Anlayışın Cephesi."

Cem Boyner ve Mehmet-Ahmet Altan kardeşlerin "Yeni Demokrasi Hareketi" eskilerde kalmıştı. Liseliler Derneği ya da Akıncı Gençlik, Ülkücü Gençlik, Devrimci Gençlik, Milli Gençlik benzeri adları kullanmıyorlar. Bölgesel örgütlenmelerde, Karadeniz Derneği, Çukurova Cemiyeti, Aydın Havzası Bürosu demiyorlar; Osmanlıca karıştırıp *"münazara enstitüsü"* diyerek Amerikan Türkçesini çözmeye çalışıyorlar. İşin somut olduğu görüntüsünü vermek istercesine "kalkınma enstitüsü" deyip geçiyorlar; sondaki "derneği" sözcüğünü atıyorlar.

Ne ki siyaset, Amerika'da görülen eğitimle sınırlı kalınca, gözlere sürülen boya çabuk dökülüyor: Adımda 'enstitü' de olsa, 'düşünce topluluğu' da olsa iş gelip geleneksel siyasal kavramlara dayanıyor ve 'cephe' oluyor. Eylemin adı da yine siyasal tavırlara denk düşüyor; "hükümet düşürmek" oluyor; "sistem iflas etti" oluyor.

Amerikan National War College (Ulusal Harp Okulu), İsrail destekçisi Amerikan kuruluşları, Alman vakıfları toplantılarında ya da İsrail kurslarında yenilip içilen ilgilendirmese de, şu iflas eden sistemin hangi sistem olduğu bizi ilgilendiriyor.

ARI'cıların "Atatürk" adını da kullanarak parlatmaya çalıştıkları yeni sistem, gençleri hükümet düşürmeye çağırırken, eylemli ve kararlı görünüyor; bir yandan Kemal Derviş operasyonuna; bir yandan TÜSİAD'ın Brademas'a rapor sunup MGK'nın kaldırılmasını istemesine uyuyor. Can Paker'in *"Amerika'nın yerine ben olsam, partiler yasası çıkmadan (Türkiye'ye) parayı vermem"* demesine denk düşüyor.

Anadolu'dan İstanbul'a taşınan 500 Türk genci, IRI'nin ne olup olmadığını biliyor muydu? Onlara NED'in içyüzü anlatılmış mıydı? Operatörlerin, üniversite dünyasında kurulan CIA ağında ne denli deneyimli insanlar oldukları ya da demokrasi hareketi örtüsü altında hangi şirketlerin parasının gezdirildiği anlatılmış olabilir miydi?

Bu denli ayrıntılı bilgiden sonra 500 genç, kararlılıkla ARI'da buluşmaya geliyorsa fazla söze gerek yok. .[252]

Ne ki bu gençlere de hak vermek gerekiyor. Ülkenin en yetkili ve en yüksek görevlileri, bu yarı-resmi yabancı sivillerin etkinliklerini kutlayarak yasallaştırıyorlarsa; bir başka ülkenin siyasal partisi gençleri açıktan örgütlüyorsa ve devletin kurumları bu örgütlenmeyi kolaylaştırıyorsa her olay dönüştürmenin bir adımını yansıtır.

Dönüştürme yalnızca gençlere değil tüm halka yöneliktir. Demokrasi ve özgürlük ihracı altında her zaman devlet ciddiyeti vardır. CIA Direktörü George J. Tenet, 7 Kasım 2001'de Los Angeles'ta ABD Milli İstihbaratının görevini tartışmasız bir açıklıkla dile getirmişti:

"Amerika'nın huzur ve güvenliğine karşı çalışanlara karşı çalışmak bizim işimizdir" diye başlayan Tenet, *"Ulusların, örgütlerin, hatta bireylerin en çok saklamak istedikleri sırlarını ele geçirmek. Onların plânlarını ve niyetlerini deşerek ortaya çıkarmak."*

ABD'nin en önemli güvenlik biriminin başı, çekinmeden "ülkelerin sırlarını alırız, hatta kişilerin sırlarının, niyetlerinin bile peşine düşeriz" demeye getiriyor. Tenet "Planları, sırları, niyetleri nasıl öğrenecek?" diye sormak gereksiz. NED'in ilk başkanı Weinstein'ın buyurduğu gibi kendi ayaklarıyla gelenlerden, kendileriyle dosyaları verenlerden... Dahası konferanstı, görüşmeydi derken kurulan ilişkilerden, arkadaşlık, dostluk söyleşilerinden...

---

[252] IRI-ARI gençlik toplantısını Akşam Gazetesi desteklemiştir. Toplantıya Çağdaş Yaşamı Destekleme Derneği Başkanı Prof. Türkan Saylan ve Eğitim Gönüllüleri Vakfı Başkanı Burhan Karaçam da katılarak birer konuşma yaptılar.

Türkiye'de yıkılacak olan "Berlin duvarı"

Devletin birçok çalışanını, uzmanını seferber ederek hazırlattığı raporları IMF, NATO yetkililerine teslim edenlerden; ABD yönetimine bağlı ve ABD ulusal güvenliği kaydıyla çalışan vakıflarda ve enstitülerde konferans veren; kurslara gönderilen T.C. memurlarından, subaylardan; "düşünce fırtınası"na tutulan gazetecilerden öğrenebilirler.

1994'te 7 ARI adayını bir araya getirerek dernek kurmuş olan Kemal Köprülü, bir yaşındayken götürüldüğü ABD'de 19 yıl kalmış. Babası Ertuğrul Köprülü, 1966 yılında T.C. Washington Büyükelçiliği Basın Ataşesi olarak göreve başlamış, sonraki yıllarda Türkiye'ye geri çağrılınca işinden ayrılmış ve Amerika'nın Sesi Radyosu'nda yorumcu olarak çalışmaya başlamış. Kemal Köprülü eğitimini Richmond'da tamamlamış ve 1984'te Türkiye'ye dönerek Citibank'ta, kendi açıklamasıyla *"Executive Trainee"* olarak işbaşı yapmış ve hızla yükselerek 1988'de müdür olmuş. 1988'den 1996'ya dek, o zamanlar Çukurova Grubu'na ait olan İnterbank'ın Genel Müdür yardımcılığı konumundaymış. Bu arada ARI Derneği'ni örgütlemiş.[253] 1996'da Interbank'ın Cavit Çağlar tarafından satın alınmasından sonra, bankacılık işinden ayrılmış, bir danışmanlık şirketi kurmuş ve "ARI Hareketi"nin başına geçmiş. ARI'cılar ANAP içinde yer almışlar. Neredeyse, ANAP'ın "gençlik kolu" gibi görülüyorlarmış. Ne olduysa olmuş, ARI'cılar 1999'da bağımsız uçuşa geçmişler ve yeni bir siyasal hareket olmuşlar. Daha da önemlisi II. Cumhuriyet projesinin unutulmaz örgütlenmesini anımsatacak ve kendilerine *"Türkiye'nin de ikinci bir YDH'sı var"* dedirtecek denli ünlenmişler. Kemal Köprülü'nün dediği gibi, *"80 küsur üniversitenin gençleriyle işbirliği yapan, onları koordine eden bir hareket haline"* gelmişler.

Gelmişken yapacakları şey, elbette yeniden yapılanmadır. Önceleri, Özal'dan sonrasını bir hiç olarak gören ARI'lar, şimdilerde "son yirmi

---

[253] Anne Tuna Köprülü uzun yıllar İlnur Çevik'in gazetesi Turkish Daily News için Washington muhabirliği yapmış; ABD'nin politikacıları ve Akev ile yakın ilişkiler kurmuştur. Sonraki yıllarda, babası Lemi Aksoy'un yerine Monako Fahri Konsolosu olmuş; Prens Rainer III'ten "Chevalier de St. Charles" nişanı almıştır. Oğullarının da Monako Prensliği ile yakın ilişkileri bulunduğunu belirtmektedir. Murat Köprülü, London School of Economics ve Columbia'da ekonomi ve işletme okudu. Dünya Bankası'nda stajını Kemal Derviş ile birlikte yaptı ve Özal ile birlikte çalıştı. New York'ta, yıllık cirosu 2,5 milyar dolar olan Multilateral Funding International (MFI) finans şirketini kurdu. American Turkish Society başkanlığı yaptı. //207.201.138.3/best/arsiv /monako_ konsolusu.htm; Aslı Aydıntaşbaş, *"ABD'li bir sadrazam"* Radikal, 11-09-1999 ve Nurşen Demiröz, *Beyaz Sarayda Bir Türk Gazeteci*, Star, 15 Nisan 2003, s.8
Murat Köprülü, amacını *"Amerika'nın Ortadoğu'daki yaşamsal çıkarlarını korumak"* olarak açıklayan ve *"Amerika'nın İsrail ve Türkiye ile işbirliğini"* savunan Middle East Forum'un New York yönetim kurulunda yer aldı. (*"Derviş'in Yaması Tutmaz"* Akşam Online, 22.11.2001)

yılı unutun" diyorlar. Böyle diyorlarsa da yine eksik bilgilendiriyorlar. Onlar Türkiye'nin 2001 öncesini bir hiç olarak değilse bile, duvarları yıkılacak köhnemiş bir rejim olarak görüyorlar. Kemal Köprülü bu görüşü özetliyor:

> *"Türkiye şu anda tarihi bir dönemeç yaşıyor. Bu dönem ileride tarih kitaplarına geçtiğinde Türkiye tarihi için önemli bir dönem olarak anılacak. 1923 kadar değilse bile yeni bir Türkiye çıkıyor ortaya. Bir eksenden başka bir eksene geçiyoruz. Bu eksenin değerleri demin saydığım o değerlerdir. Yeni değerlere koşuyoruz."*

Köprülü ülkenin iflasını ilan ederken, çöküş nedenini de *"Türkiye'nin bir numaralı problemi aslında terör ve enflasyon değil, idari etik ve yolsuzluklardır"* diyerek hedefe devleti alıyor. Aslında, "reconstruction", yani 'yeniden yapılandırma' denilen rejim değiştirme işini, bundan daha özlü anlatan bir açıklama yoktur. Köprülü'nün açıklamasını Amerikan dilinden çevirirsek, "Türkiye'nin bölünme diye bir sorunu yoktur; enflasyon falan Özalizmin ya da asla ve asla terörün sonucu değildir. Olsa da önemli değil! Türkiye'nin Ortadoğu'da ABD operasyonundan dolayı bir kaybı yoktur. Türkiye'de idareciler ahlaktan yoksundur. Her yerde yolsuzluk vardır." "İdari etik" diyerek devlet yönelişini bulandıran Kemal Köprülü'ye göre yıkılacak olan şey, duvarın öte yanına yakındır:

> *"Doğu Avrupa'nın, Berlin Duvarı yıkılırken ve onun sonrasında yaşadığı iç sancıları, biz şimdi yaşıyoruz."*

Berlin Duvarının yıkılmasıyla yerle bir olan neyse, Türkiye'de de yıkılacak olan o mudur? Fazlaca düşünmeden, bu noktada duralım. İstanbul'a konuk olan Wall Street Journal'dan Fred Kemp'in ARI'cıları yere göğe uçuramayan yazısının başlığının "Türk duvarı yıkılıyor" olduğunu anımsayalım. Kemal Köprülü herhalde bunu demek istememiştir. Onun dediğine bakalım:

> *"(Doğu Avrupalılar) 1989'da komünist eksenine hayır dediler ve önlerine bir seçenek kondu. Siz nereye geçeceksiniz dediler Doğu Avrupa'ya. Onlar da üç beş yıl içinde seçimlerini yapıp eskiyi geride bıraktılar. Biz de bir eksenden başka bir eksene geçiyoruz ve sancı çekeceğiz."*

İşin aslı burada: Başka eksene geçmek! Eksenden eksene gezen Kemal Köprülü *"Ama Türkiye'de hiçbir şey eskisi gibi olmayacak artık. Her şey değişecek ve olaylara bu anlayışla yaklaşmamız lazım"* diyerek kestirip atıyor. Eksencinin örneği Doğu Avrupa'ysa, karşısındaki ayna "Project Democracy" operasyonunu gösteriyor. Orta Avrupa ve Balkan insanlarının, eski CIA elemanlarının, eski diktatorya kurucularının ve borsa oyuncularının yönlendirmeleri ve gözetimleri altında, "open society" yani *"açık toplum"* oluvermelerini; birdenbire geçmiş kimliklerini, geçmiş dinlerini, geçmiş ırklarını anımsayarak birbirlerine kıydılar.

Köprülü doğru söylüyor. Batı'nın "*idare etik*"i gelip "Doğu Avrupa"yı değiştirmiştir. Doğu Avrupa ülkeleri, dünya pazarının önemli bölümüne satış yapan ve hatta Türkiye'ye de önemli ölçüde sanayi ürünü ihraç eden ulusal sanayilerini hem de onca acıya karşın kurabildikleri fabrikalarını Batı kartellerine kendi elleriyle teslim ettiler ve eksen değiştirdiler.

ARI'ların "debate"ten bozma "munazara" girişimleriyle "Genç Forum" toplantılarına tanık olduk. Mayıs 2002'de, Anadolu'dan getirilen 500 genç, 5 yıldızlı otellerde ağırlandı. Toplantılarda, ABD'den gelen yeni lider Mehmet Ali Bayar ve önceki transfer Kemal Derviş konuştu. Ne ki örgütçülük her zaman risklere gebedir. Önceki IRI-ARI toplantılarında duyulmayan kuşkular, bu toplantıdan dışa vurdu; katılımcı öğrencilerden birinin değerlendirmesi, Hürriyet'te, Yalçın Bayer'in köşesine geçti:

"Bizi geceden beş yıldızlı bir otelde kokteyle getirdiler; ilk defa beş yıldızlı bir otel gördüm. Oradaki manzarayı ve müziği beğenmedim. Amerika'daki Cumhuriyetçiler Partisi'nin IRI adlı bir sivil toplum örgütü varmış. Bu, Türkiye'de de Arı Hareketi'ni yönlendiriyormuş; acaba sık sık eleştirilen Kemal Derviş'i siyasete mi hazırlıyorlar diye düşünmedim değil."[254]

Öğrencinin, sivil ARI'ların tüm yanıltıcı girişimlerine karşın göz boyama (imaj) dünyasının dışına çıkabildiği görülüyor. Oradaki çoğunluk, bu öğrenci gibi düşünmemiş olabilir; ama çoğunun bu değirmenin suyunu merak etmediği de söylenemez.

NED yıllık raporlarında bazı "alt-bağış alıcılar" ya da atölyeciler yerine "*İstanbul'da bir örgüt*" denilip geçiliyordu. 2001 yılına dek NED raporlarında ARI Derneği'nden de söz edilmiyordu. Gençliği örgütleme çalışmaları IRI-ARI tarafından gerçekleştirmiş gibi yazılıyordu. Bu durum, NED'in 2001 Raporu'nda değişti; "ARI Hareketi" ile ortak atölye çalışmasından söz edildi. İstanbul toplantısına katılan adı saklı genç, gerçeğe yaklaşmıştı; ama o "Genç Net" toplantısı için verilen paranın kaynağının NED 2001 Yıllık Raporu'nda yer aldığını bilemezdi:

"Parayı veren: NED / IRI / Alt bağış alıcı: Belirtilmiyor- / 309.934 dolar. ARI Hareketi ve TESEV dâhil, gençlik sivil örgütleriyle işbirliği yaparak, gençliğin kendi çevrelerinde sivil ve siyasal yaşama katılmalarını desteklemek. IRI, birlikte yöresel atölyeler kuracak ve geçmiş yılın başarısını ortaya koymak üzere ikinci bir ulusal gençlik konferansı düzenleyecek ve katılımı sağlayacak. IRI, gençlik haberlerini ileten ve Türkiye'de NGO'ların sürdürdüğü projeleri sergileyecek sanal şebeke yaratan GençNet'e daha çok kaynak aktaracak ve yolsuzluk karşıtı eylemleri destekleyecek."

---

[254] *Hürriyet, 12-05-2002*

Değirmenin suyu bir yana bırakılırsa, Genç ARI Hareketi (Derneği) başkanının şu sözleri daha da açıklayıcıdır:

"Özal'ın 'İcraatın İçinden'inin jenerik müziği hep hayatımda olacaktır... Arı Hareketi'nin ofisine gelip çalışmak, hafta sonu Anadolu'ya gitmek, bunlar beni acayip 'charge' ediyor."

Milliyet'ten Ahmet Tulgar, Genç ARI başkanına "Yabancı şirketler sivil toplum örgütlerinde çalışmayı destekliyorlar galiba" deyince, karşısındakinden açık bir yanıt alıyordu: *"Evet. Mesela bizim bankada bir gönüllüler grubu bulunuyor."*[255]

ARI-IRI işbirliği bu denli yalın bir gerçektir. Onların tamah ettikleri *"yeni değerler"* uzaktan gösterildikleri denli *"etik"* olmayabiliyor. İçli dışlı yolculuğun sonunda derneğin siyasal parti çalışmaları sonuca ulaştı: Kemal Derviş ile yapılan uzun görüşmeler sonunda, Genç ARI'dan Zeynep Damla Gürel, Cem Boyner'in "II. Cumhuriyetçiler" diye de adlandırılan "Yeni Demokrasi Hareketi" kurmaylarından Memduh Hacıoğlu, Tuğrul Erkin ve Kemal Derviş CHP'den milletvekili oldular. Böylece Özal hayranlığı ile II. Cumhuriyetçilik, CHP'ye Kemal Derviş ve ARI'cılarla taşınmış oldu.

Düzeni içten değiştirme projesi böyle başladı. Bir uçta George Soros'un örgütü Open Society Institute, ortada ABD'nin Cumhuriyetçi Partisi ile Demokrat Partisi ve Alman siyasal parti vakıfları, sonunda da T.C.'nin kurucusu, tam bağımsızlığın siyasal örgütü CHP mirasçılarının Moon konuğu yöneticileri...

ARI Derneği Başkanı Kemal Köprülü'nün yabancı katkısını açıklayan sözleri operasyonun başarısına da uygun düşüyor:

"Amerika'daki Musevi lobileriyle çok yakın ilişkiler sağladık. Hemen hemen bütün önde gelen Musevi lobileriyle çok yakın ilişkilerimiz var. Onlar buraya gelince biz ağırlıyoruz, biz gidince onlar bizi ağırlıyor."[256]

"Amerika'daki Musevi lobileri" denilen örgütlerin, İsrail devletini desteklemek için çalıştıklarını yinelersek "yakın ilişki"nin boyutu da ilgi çekici olabilir. Türkiye'ye lider yetiştirebilmek için Amerika'yı kapı komşu edinen ARI Derneği, en önemli işbirliğini ACYPL yaptı. Derneğin yayınından olduğu gibi aktaracağımız bölüm işin boyutunu gösterecektir:

"ARI Hareketi, 1997 yılında imzalanan anlaşma çerçevesinde, ABD'nin genç siyasetçi adaylarını siyasal yaşama hazırlama amacıyla uluslararası çalışmalar yapan ve değişim programları düzenleyen kuruluşu ACYPL ile değişim programı gerçekleştirmektedir.

---

[255] Ahmet Tulgar, "Arı Hareketi'nden Emre Ergun: 'Anadolu'da üniversite ile şehir birbirini dışlıyor' – Gençler de şehrin ortasında öpüşmesinler" *Milliyet*, 12 Mayıs 2002, s.12
[256] Cemal A. Kalyoncu, Saklı Hayatlar / 2, s.250

Bu doğrultuda her yıl 7 kişilik ABD'li ve Türk heyetler 15 günlük karşılıklı ziyaretler gerçekleştirmektedirler. ACYPL ile yapılan anlaşma çerçevesinde Türkiye'den ABD'ye 20–40 yaş arasındaki genç profesyonellerden oluşan 8 kişilik heyet 15 Kasım ile 25 Kasım 2003 tarihleri arasında Washington, DC, Kentucky-Louisville ve New York'u kapsayan değişim programına katılacaktır.

Bu programa ARI Hareketi Uluslararası İlişkiler Genel Sekreter Yardımcısı ve Değişim Programları Sorumlusu Filiz Katman, CNN Türk Haber Merkezi'nden Muhabir Ayşen Atasir, AKP İstanbul İl Yönetim Kurulu Üyesi İsmail Kaan, DYP Afyon İl Başkanı Gültekin Uysal, ARI Hareketi Üye Geliştirme Genel Sekreteri Aytuğ Atahan Aslan, Leiden Üniversitesi yüksel lisans programı öğrencisi Hayim Behar ve heyete escort (rehber) olarak da ARI Hareketi Koordinasyon Kurulu Üyesi Sarp Tiryakioğlu katılacaktır."

Amerikalı Senatörden eylem çağrısı: "I am degisim kusagi"

ARI, işi o kerteye getirdi ki gençlik toplantılarına yalnızca Türkiye'den ünlüleri ya da toplantıya bilimsel görünüm verecek alt düzey Amerikalıları değil; toplantıların ve GençNet'in parasını veren IRI'nin başkanını getirdi. Başkan George Folsom, GençNet-2002 konferansı kapanış konuşması için İstanbul'a geldi.[257] Venezuela asker-sivil darbesinden anımsayacağız. Parayla satın

Türk gençliğine çağrılarda bulunacak olan bu eski senatörü biraz daha tanımakta yarar var: Folsom, Başkan Bush'un en yakınlarındandır. Ünlü lobici şirket Brent Scowcroft'ta ve uluslararası iş yapan bankalarda çalıştı ve Bush döneminde Hazine Bakanlığında müsteşar vekili oldu. CSIS ve CFR üyesi de olan Folsom, zamanında Nazileri ve Ku Klux Klancıları korumasıyla ünlü Heritage Foundation (Miras Vakfı)'ın forumlarında en sık boy gösterenler arasındadır.

Reagan'ı desteklemekle ün yapan ve Amerikan şirketleriyle devlet arasında bir köprü oluşturan AEI örgütüyle ARI'ların ilişkide olduğu İsrail destekçisi WINEP'te ve NDU (National Defense University-Ulusal Savunma Unv.) ile yakın ilişkidedir. Bunca işi olan darbe destekleyicisi George Folsom, İstanbul'da gençliği "değişim" eylemine çağırıyordu:

"Burada binden fazla insan var! Örgütünüz var.
Ortak amacınız var...
Konferans size yol gösteriyor.
Ne kadar heyecanlı değil mi?

---

[257] George Folsom'u, alınan subayların, NED-CIA işbirliğiyle, sivil(!) hareketin, saltanatları sarsılan petrol aracısı işadamlarının, rüşvete boğulmuş yargıçların ve polislerin 2002'de gerçekleştirdikleri parlamento baskını...
Folsom, darbeyi *"Venezuelalılar ülkelerindeki demokrasiyi savunmak için ayağa kalktı"* diye selamlamış, açıklamasını bir faks ile medyaya iletmişti.

Konferanstan sonra evlerinize döneceksiniz; ailenize, arkadaşlarınıza...
Size şu soruyu yönelteceker:
'Neredeydin?'
Onların gözlerine bakıp deyiniz ki:
'Türkiye'deyim ve değişim yaratıyorum...
I am degisim kusagi!

"Degisim kusagi"nin neyi nasıl değiştireceğine ayrıca değinmek gerekmiyor. Bu kitabın her bir sayfası o 'degisim" işini anlatıyor; ancak yabancı siyasal bir kişinin Türkiye'ye gelerek gençliği eyleme çağırmasına ses etmeyen makam sahiplerinin ileriki yıllarda bu tutumlarını "demokrasi" bağlılığı olarak açıklayabilecek zamanları olabileceği çok düşük bir olasılıktır.

ABD'den ARI'lara Görev: Ortadoğu çalışın!

ARI Derneği örgütlülüğünü daha da geliştirdi ve liseli gençliği örgütlemede yol aldılar. Bu arada dış ilişkileri de genişledi. Dernek başkanı Kemal Köprülü, CNN (Türk)'de Taha Akyol ile yaptığı 10. Kuruluş Yılı programında ABD'ye gittiklerini; hem ABD Dışişleri'nde hem de Pentagon'da görüşmeler yaptıklarını; Amerikalıların kendilerine "Büyük Ortadoğu Projesi için çalışın" dediğini; kendilerininse Türkiye'nin AB'den katılım görüşmeleri günü alması konusunda çalıştıklarını; ancak ondan sonra "Ortadoğu (konusunda) çalışabileceklerini" belirttiklerini açıkladı.[258]

Açık sözlülük bununla da kalmadı: 9 Eylül 2004'te, NATO, Kokkalis Vakfı[259], RIIA (Kraliyet Uluslararası İşler Enstitüsü-Londra), Aspen Institute (ABD), Friedrich Naumann Stiftung, Eurasia Group Co., JP Morgan Chase Co. ve Kemal Derviş'in katılımıyla düzenlenen toplantıda Kemal Köprülü İsrail ilişkilerini açığa vurdu:

"Amerika PKK'yi siyasal olarak bitirmeye çalışıyor. Biliyorsunuz 10 gün kadar önce, PKK'de bölünme yaşandı. Amerika PKK'nin bölünerek bitirilmesinden yana... Biz de PKK'yla mücadelemizi yıllarca Batı'ya anlatamadık. Ama sonra anladılar. Nasıl biz PKK konusunu anlatamadıysak onlar (İsrail) da yaşadıklarını anlatamıyorlar."[260]

RIIA temsilcisi John Tesh kendisine yöneltilen *"İsrail devlet terörü uygulamıyor mu?"* sorusunu yanıtlarken "Terör tehdidinin yönetilmesi" konulu konferansa katılanların *'terör'* anlayışını şu sözlerle dışa vuruyordu: *"İsrail teröristlere karşı kendi topraklarını korumayı amaçlıyor."*

---

[258] Eğrisi doğrusu, CNN Türk, 23 Temmuz 2004
[259] Kokkalis Ailesi, ABD'de yaşayan varlıklı Yunanlılar içinde önde gelir. Socrates Kokkalis tarafından kurulan vakfın merkezi Atina'dadır ve yönetiminde ailenin ünlü bireyleri bulunur.
[260] İsrail devlet terörüne destek, *Aydınlık, 12 Eylül 2004*

Bu tür açıklamaları yadırgamamak gerekiyor; çünkü ARI'nın geçmiş ilişkilerine ve dış bağlantılarına uygun açıklamalardır bunlar.

Bu arada RIIA'nın şimdiki direktörü DeAnne Julius'un 1970'li yıllarda CIA Analiz Direktörü olduğunu anımsamak gerekiyor. DeAnne Julius, CIA'dan sonra Londra'ya gelerek Bank of England'da 'Sıkı Para Komitesi' üyesi olunca Avam Kamarası'nda *"Bir CIA ajanının İngiltere'nin para yönetiminde ne işi var?"* ve *"Şili darbesinde göreviniz neydi?"* gibi sorularla karşılaştı. Bir parlamenter ise daha gerçekçi davranarak *"Bir ajan emekli olsa da ajandır!"* demekten kendisini alamadı. DeAnne Julius ise *"Yalnızca çalıştım, ajan değilim"* diyerek pişkince yanıtladı.[261]

ARI Derneği 2004 yazında CHP'ye verdiği dernek kurucusu milletvekili Zeynep Damla Gürel'in, CHP kurultayına doğru Irak'taki ABD kaynaklarından Deniz Baykal'la ilgili suçlayıcı rapor aldığı savları ileri sürüldü. Bazı köşe yazarları bu kaynağın CIA olduğunda ısrarlıydılar. CIA'nın Deniz Baykal'la ilişkisini gösterir, İngilizcesi hiç de Amerikan diline benzemeyen bir mektup bile dağıtıldı.[262]

ARI'lar 2004 sonbaharına da iki olumsuzlukla girdiler: Türkiye için onurlu bir kurtuluşu ve bağımsızlık gururunu simgeleyen 9 Eylül günü İstanbul'da kolonicilerle ve Atinalılarla konferans düzenlediler. Bu olay bazı yurttaşları rahatsız edince dernek, sözlü ve yazılı yakınmalarla karşılaştı.

ABD ve Batı Avrupalı ortakları, Suriye'yi, İran'ı ve Azerbaycan'ı değiştirmek için kanlı-kansız her oyunu oynuyor! ARI yöneticileri de geçen Nisan'da Amerikan devletiyle ve örgütleriyle görüştüler. Cumhuriyet Gazetesinde uzunca yayın olanağı bulan Kemal Köprülü, ABD'nin Suriye'yi değiştireceğini ileri sürdü ve Türkiye'yi ABD müttefikliğinden uzaklaşmamaya çağırdı.

Bu arada Kemal Köprülü'nün TV'de belirttiği ve ABD Dışişlerinin istediği gibi, ARI Derneği gerçekten "Ortadoğu (üzerine) çalışmaya" başladı. Ne ki Ortadoğu yalnız başına çalışılamazdı. ARI'lar da zaten NATO ve Dışişleri Bakanlığı desteğiyle yıllardır Doğu Akdeniz'de güvenlik toplantıları düzenlemekteydiler. Bu arada KKTC, "Annan Planı" ile varlığını yitirir ve Kıbrıs Türk ulusu ABD-AB tarafından Yunanistan'a bağlı azınlık konumuna indirgenirken, ARI'lar gerekeni yaptılar: ACYPL (Amerikan Genç Politik Liderler Konseyi) ile Doğu Akdeniz Üniversitesi'ne girdiler. Rektör Halil Güven, çalışmaları destekledi.[263]

---

[261] *Lobster, 34 (05), 34 (24,39) ve Independent, June 8, 1998.* Belki bir gün Türkiye'de de duyarlı milletvekilleri benzer soruları Başkent'te büro açan NDI, KAS vb. örgütleri yönetenlere sorabilirler. (M.Y.)
[262] Güler Kömürcü, "CHP ve CIA temasları ve de ARI Grubu", Akşam, 13.7.2004.
[263] 2004 yılında 42 ve 2005 Eylül'üne dek de 21 öğretim üyesi üniversiteden ayrılmak zorunda kaldı. Ayrılan bilim insanlarının çoğu Türkiye'den gidenlerdi.

ARI kovanında tehlikeli oyun

Komşu ülkelerden birinde bir 'konferans' yapılsa ve 'ayrılıkçı' denilen örgütlerin önderleri, rejimimizi değiştirmeye yemin etmiş kişiler ile onları destekleyen devletlerin dışişleri görevlileri, o devletlerin siyasal partilerine bağlı örgütlerin elemanları, komşu ülkenin dışişleri memurları katılsa... T.C. devletinin güvenlik kurumlarının başındakiler bu işe ne derlerdi bilinmez; ama genel olarak o komşu devlete karşı hoş olmayan yaklaşımlarda bulunulacağı kesin! Kemal Köprülü, birkaç ay önce ABD yetkililerine, şimdi AB işine bakıyoruz sonra Ortadoğu çalışırız dediği gibi, AB işini bitirmiş olmalılar ki 23-25 Haziran'da İstanbul'da, güvenlik konferansı düzenlemişlerdi. Bu konferansı destekleyenler arasında NATO ve T.C. Dışişleri, ABD Elçiliği ile İsveç Elçiliği de bulunuyordu.

İçin ciddiyetini anlamak için katılımcılara bakmak gerekiyor:

İbrahim Al Maraşi'nin ailesi 1968'de ABD'ye göçmüş. Maraşi orada doğmuş. Maraşi, Irak işgalinden önce Harvard Üniversitesi'nde Irak'a yönelik kurulan propaganda merkezinde çalışmaya başlamış; Irak'ın istihbarata örgütlenmesini ve Saddam'ın kitle kırım silahlarına sahip olduğunu, Irak yönetiminin El Kaide ile görüştüğünü ileri süren çalışmasıyla dikkati çekmişti. Tony Blair ve Colin Powell onun yazdıklarını kanıt olarak kullanmışlardı. Maraşi, Irak yönetiminin Türkiye'ye suikastçılar yolladığını da yazmıştı. İşgalden sonra da Irak'ta kitle kırım silahları bulunduğu iddiasından caymadı. Saddam'ın dünya desteğini yitirmemek için bu silahları kullanmamış olabileceğini yazdı. Oysa bugüne dek kitle kırım silahı bulan olmadı... ABD yönetimi bile bu işin CIA uydurması olduğunu açıkladı. İngiltere önemli bir komisyon görevlisi, bu tür haberlerin Tony Blair ve yönetiminin talimatıyla yayıldığını açıkladıktan kısa süre sonra kriz geçirip ölmüştü.

Balkanlarda karışıklığı yaratanların Irak ve öteki Ortadoğu devletleri olduğunu bile ileri süren İbrahim Al Maraşi, ABD Dışişleri'nde Irak-İran araştırma grubunda, Kongre Araştırma Servisi'nde, NDU'da görev almıştı.

Katılımcılardan Halepli Farid Kadri, ABD'nin Suriye'yi sıkıştırmasında önemli bir aktördür. Washington'da kurulan SRP (Suriye Reform Partisi) Başkanı Kadri'nin ailesi 1964'te Beyrut'a, daha sonra ABD'ye göçmüş. 500 büyük savunma şirketi arasında bulunan EG&G'de çalışan Kadri, sonraları kendi şirketini kurmuş. Suudi vatandaşı olmayı başaran Kadri, Arabistan'daki muhalefeti destekleyince pasaportu geri alınmıştı. Kadri, İsrail ile iyi ilişkiler kuracağını ilan edince; ABD-İsrail ortaklığını ve çıkarını savunan ve Türkiye'den gönderilen pek çok elemanı eğiten WINEP'te; İsrail için eski Amerikalı askerleri toplayan, ABD kadrolarına İsrail'i destekleyecek elemanlar yerleştiren JINSA'da, ABD tutucularının kaleleri sayılan Harvard ve John Hopkins üniversitelerinde, Fransa meclisinde, Belçika senatosunda Suriye'yi karaladı.

Farid Kadri için; "Irak'ta işbirlikçi Ahmet Çelebi ne ise, Farid Kadri de Suriye için odur" denilmektedir. Kadri'nin kendi yurduna ABD ile gireceğine kuşku yok! Çünkü Kadri açıkça "ABD Hükümeti, Ortadoğu'da demokrasiyi yerleştirmek isteyenleri desteklemek üzere fon oluşturmalıdır!" demektedir.

İsrail-ABD ustaları ve Azeri muhaliflere dış destek

Katılımcılar arasında başkaca ünlüler de bulunuyordu: Iraklı Nibras Kasımi, Telaviv'den Anat Lapidot Firilla, Suudi Arabistan muhalifi Muhammed Said Tayib... Ayrıca, Avrupa komisyonu delegesi İngiliz Dışişleri'ne New York, Bonn ve Doğu Berlin'de hizmet etmiş olan AB genişleme teorisyeni Fraser Cameron; Irak'ta kukla yönetimin oluşmasında büyük görevler yapan ABD Dışişleri Bakan Vekili Yardımcısı Scott Carpenter; Avrupa Güvenlik ve Savunma Siyaseti Uzmanı, Akdeniz Forum'u üyesi Alman Andreas Marchetti...

ABD Bakan vekili yardımcısı Scott Carpenter daha önceleri, IRI'de Orta ve Doğu Avrupa Ofis görevlisi olarak çalışmış; Baltıklar, Balkan ülkeleri ve Türkiye programlarını yönetmiştir. Anımsanacağı gibi ARI derneğinin Türkiye'de gençliği örgütleme çalışmalarına en büyük para desteği de NED'den IRI kanalıyla gelmişti.

Afrika, Balkanlar, Ortadoğu, Asya ülkelerinde Amerikan kuruluşları için siyasal-pazar araştırmaları yapan Eurasia Group, 9 Eylül 2004 konferansına katılmıştı. Bir kez daha ARI'ya konuk oldu. Grubun danışmanları arasında, Unocal (Kaliforniya Petrol), JP Morgan, Japon Uluslararası İşbirliği Bankası, Koç Holding ve birçok büyük şirketin yöneticileri ya da ortakları bulunuyor. Eurasia Group şirketini bu kez Simon Kitchen temsil ediyordu. Kitchen, 'İran ve İslam siyaseti' ve "İslam Hukuku" uzmanıdır; dört yılını Mısır Yatırım Bankası'nda geçirmiştir.

En önemi konuklar Azerilerdi: İngiltere ve ABD örümcek ağı kurucusu örgütlerin ve Quantum şirketi danışmanı Soros'un desteğini alan Musavat Partisi Başkanı İsa Gamber ve Halk Partisi Başkanı Ali Kerimli.[264]

Türkiye, yabancı ülkelerde ya da komşularında kendisine karşı toplantılar düzenlense kuşkusuz gerilirdi. Yabancıların ve ARI'ların toplantısına Hikmet Çetin'in katılması can sıkıcı olabilirdi; ama olmadı.[265]

---

[264] Başta ABD Bakû Büyükelçiliği olmak üzere, tüm İngiliz, Amerikan ve Soros destekli örgütler, Azerbaycan'da kendilerine bağlı bir devrim yaratmak için çalışıyorlar. Washington - İstanbul-Bakû hattında yapılan görüşmelere Azerbaycan'da yasadışı kitle gösterileri eşlik ediyor. Denemeler gösteriyor ki, seçimlerden önce ya da sonra işler kızışacak. Azerbaycan'a liberal demokrasi gelecek; açık toplum ve etkisiz devlet yaratılacaktı. Geniş bilgi için Bkz. *M. Yıldırım, Azerbaycan'da Proje Demokratiya.*
[265] ARI yayını programda, DYP Genel Başkanı Mehmet Ağar'ın da açılış konuşması yapacağını, bir "teyit edilecek" notuyla duyuruldu. Mehmet Ağar katılmadı.

"Ne yapalım, kimin nerede konuşacağına karışılmaz" denebilirse de T.C. Dışişleri'nden görevlilerin komşu ülkeleri karıştıran adamlarla aynı toplantıda konuşmacı olarak bulunmaları, ülkelerarası siyasal ilişkiler tarihine yazılacaktır...

Komşu devletlere karşı eylem içinde olanları buluşturan bu konferansı Çalık Holding, Doğuş Şirketler Grubu ve Ares Danışmanlık Şirketi'nin yanı sıra ABD Konsolosluğu, Friedrich Neumann Stiftung maddi ve manevi olarak desteklemekteydi. Oturumlardan birini de Osman Cengiz Çandar yönetti.[266]

Devlet kendi dışişlerinde politika oluşturmak için yatırımlar yapıp, etkinliğini artırmayınca devreye bu sivil(!) mekanizmalar giriyor; yavaş yavaş politikayı belirlemeye başlıyor. Medya desteğini de arkasına alıyor; devletten ayrılmış deneyimli görevliler de medyanın büyüsüne kapılarak bu işlere giriyorlar.

Sonucunda sivillerin arkasında kimler ve hangi şirketler varsa iç politikayı da dış politikayı da yönlendirmeye başlıyor. "Demokrasi" sözcüğünün çekiciliğiyle durumu kurtaran aydınlar, kadınlar, gençler de politikayı yönlendirdiklerini sanarak mutlu olabiliyorlar. 'Örümcek Ağı' işte bu işlere yarıyor.

Bu yalın gerçeği sınamak çok kolay: ABD ve batı Avrupa'dan pazarlanan sözde sivillerin ABD politikalarına karşı çıktığı görülmüyor. Özellikle ABD-İngiltere-İsrail üçgeninin etkisi dışında, bağımsız bir Ortadoğu, Kafkasya, Asya politikasını savundukları hiç görülmüyor.

Yeri gelmişken hemen belirteyim ki bu tür derneklerle, iyi niyetli olarak ilişki içinde olmuş olanlardan çoğunun, senaryonun tümünü ve dış ilişkilerin boyutlarını bilme olanakları olamaz.

Bilginin çok zor girdiği ülkemizde, başta özellikle üniversite kitaplıkları olmak üzere, gençlerin ulaşabileceği bilgi merkezlerinde bu ilişkileri sergileyen yabancı yayınlara rastlanmamaktadır.

Ülkenin bağımsızlık sevdalısı gençliği, iki yapraklık yayınlar ve küçük toplantılar için para bulamazken; sivil(!) derneklerin dünyanın her yanında çalışma olanağını bulmaları, dünyayı yeniden sömürgeleştirme girişiminin etkisini göstermektedir. Bu nedenle birçok ülkede olduğu gibi Türkiye'de de pazarlanan yeni değerlerin anavatanında yaşanan "siyasal etik" olaylarına göz atmakta sonsuz yarar var.

---

[266] Özal döneminde büyüyen Çalık Holding, Türkmenistan'da büyük yatırımlar yaptı. Son olarak Türk Telekom'un özelleştirilmesi ihalesinde ikinci sırada yer aldı.

'Siyasal Etik' Dedikleri
Yeni Değerler

> *"Halk için oluşturulmuş devletin yönetimi, patronların ve onların memurlarının özel çıkarlarına hizmet edenlerin eline geçti. Demokratik kurumların üstünde gözle görülmeyen bir imparatorluk kuruldu." Woodrow Wilson.*[267]

Siyasal yaşama tepeden para karışınca; düşüncelerin çarpışması için gerekli olan demokratik ortamın yerini, parasal desteği arkasına almış bir avuç seçkinin dayatmaları alır. Sivil(!) toplum örgütlerinin sırtından politik yönlendirme ve gerekirse devlet yönetimine el koyma işlemi, demokratik gelişme olarak kabul ettirilmeye başlanır. Böyle bir düzen, *'siyasal etik'* denen Anglo-Sakson gevezeliğiyle şarlatanların egemenliğinin pekiştirilmesine hizmet eder. Geride paranın açamayacağı ya da kapayamayacağı bir gedik kalmaz.

Siyasal partilere ve adaylara yapılan bağışlar, parayı verenle alan arasında özel bir ilişkiyi ve şu ya da bu konuda çıkar ortaklığını temsil eder. Diyelim ki, bir tütün tekeli, kendi çıkarlarına dokunacak bir yasa değişikliğini engellemek istiyor, kimi destekler? Doğallıkla bu işe engel olacağını düşündüğü partiyi, partinin bir adayını. Diyelim ki bir banker, halkın parasını vurup geçmiş, yasalar karşısında zora düşmüş; elbette af yasalarının genişletilmesini destekler.

Özel yatırımcı ya da yatırımcılar, kartel oluşturmalarına engel olan, fiyat ayarını sağlayan KİT'lerden kurtulmak istemektedir. Sonsuz özelleştirmeden yana olan siyasal partileri ve onların bazı milletvekili adaylarını ve daha sonra da bakan adaylarını desteklerler.

Diyelim ki "sivil" örgüt, ülkede bir federasyon yapısı oluşturulmasını; kapıların yabancılara sonuna dek açılmasını istemektedir. Bu amaca hizmet edecek anayasa değişikliklerini gerçekleştireceğine emin olduğu siyasetçileri destekler. İşi sağlama almak için olası muhaliflerle akçalı ilişkiye girmekten de geri kalmaz. Bir zamane şeyhi, bir dinsel örgüt, önce mensuplaştırıp sonra müritleştirme ilkesinden cayarsa, inanç sömürüsüyle oluşturduğu ticaret ağı zayıflar. Şeyhlerin, hocaların saltanatını ve dinsel örgütün kutsal örtüsünü yıpratacak olan yasal düzenlemeleri sulandırmak, giderek ortadan kaldırılmak; siyasal partileri ele geçirmek için etkin kişileri yanlarına çekerler. Özellikle aydınları yayın araçlarının birer parçası yaparak dolaylı parasal bağımlılığa sürüklerler.

---

[267] Charles Lewis, The Buying of The President, s.iv.

Dolaylı ya da doğrudan parasal destek her koşulda belirli bir partiye ya da belirli bir siyasal akıma verilirse, iş güvence altına alınmış olmaz. Bu nedenle siyasal partilerin tümü belirli ölçülerde desteklenir. Bunların ötesinde, her siyasal partide belirli adamlar desteklenir. Siyasal görüşlere oy vermiş olan halk da partisinin ya da vekilinin, kendilerine bildirdiği düşünceye zıt kararların arkasında durduğunu ve hatta şeyhlerin, dedelerin, babaların koruyuculuğuna soyunduğunu görünce şaşırıp kalır.

Para-siyaset ilişkisi bataklığını Türkiye'ye yakıştıranların, Amerika ve Batı Avrupa'da böyle olamayacağını yayanların aldatıcı fırtınasına kapılmadan önce *"demokrasinin beşiği"* denilen ABD ortamını kısaca incelemek gerekiyor:

ABD'nin 2002 seçimlerinde, partilerden birisine ve o partinin adaylarına, telekomcu ve elektronikçiler 48; müteahhitler 6,6; askeri sanayiciler 1,9; enerji yatırımcıları 8,3; bankerler- sigortacılar, emlakçiler 67,5; özel hastaneler, sağlık kuruluşları, ilaç üreticileri 14,6; nakliyeciler 7,4; hukuk büroları ve halkla ilişkiler şirketleri 34,2; tahıl tüccarları ve tarım işletmeleri 5,9; siyasal-dini vakıflar ve diğer örgütler 16,8; çeşitli iş çevreleri 33; geri kalanları 21,9 milyon dolar olmak üzere toplam 267 milyon dolar bağışta bulunmuşlar. Öteki partinin ve adaylarının aldığı para toplamıysa 330 milyon dolar.

Bu siyasal-ticari-dinsel bağışçılığın yanında, yeni hükümetten önemli yerlerdeki elçilikleri alabilmek de ayrı bir çaba gerektiriyor. Elçilik adayları da, para bağışında bulunmaktadırlar. Bağışlar elçi adaylarını başkana yakınlaştırmaktadır: Ne denli para o denli iyi bir makama oturtulma ve iyi bir yere büyükelçi olarak atanama ilkesi gözetilmektedir.

Bağışlar boşa gitmez

Sosyal güvenlik hizmetlerini özelleştirmeyi, yani bankerlerin şirketlerine kaydırmayı, Silikon Vadisi yatırımcılarının yararına internet hizmetlerinin vergi dışı bırakılmasını, petrol şirketlerine hazine arazilerinde yeni petrol kuyusu açma izinleri verilmesini, işçilerin ve tüketicilerin tütün tekellerine, asbest imalatçılarına karşı açtıkları davaları azaltmayı taahhüt eden kişinin devlet başkanlığı aday adaylığı kampanyası için 100 milyon dolar bağışlanmış olması, "siyasal etik" kampanyacılarının, insan haklarını ırkçı azınlık haklarına çeviren yerli sivillerin yedeğinde gezinen en sivil toplumcuların ve sendikacıların gözünü açmasını dilemekten başka çare yok! [268]

ABD hazinesinden doğrudan ya da dolaylı olarak beslenen Türkiye'nin sivil önderleri, Amerika'dan "siyasal etik" öğreticileri getiriyorlar. Bu yetmiyor, ülkemizde ulusal sağlık hizmetlerinin en önemli desteğini oluşturacak ulusal ilaç sanayisinin kuruluşunu onlarca yıldır engelleyen yabancı şirketlerin paralarıyla "etik" adı altında ahlâk dersleri verecek

---

[268] Mother Jones March-April 2001. *www.motherjones.com*

"think tank" dernekleri ve vakıfları kuruyorlar. Devletin bakanları da bu dernekler ve vakıflarca çok yıldızlı otellerin salonlarında yapılan toplantıları onurlandırarak örümcek ağına yasallık kazandırıyorlar; ülke insanlarına da "ahlak eksikliği" etiketini yapıştırıyorlar. Oysa 'etik' ihracatçılarının ülkelerinde yaşayanlar, var olan 'siyasal etik'ten yaka silkiyorlar.

"Center for Public Integrity" adlı örgüt, Amerikan siyasal yaşamının yıllar geçtikçe parayla güdülenir duruma geldiğini kanıtlayabilmek için derin devlet araştırması yaptırtıp bir kitapta topluyor.[269] Merkezin başkanı, bu çalışmayı sunarken, ABD Kongresi'nin neon yeşili dolar işaretleriyle donatılan yanlış yola saptığını belirtiyor ve politik figürlere yapılan bağışlarla yasamanın yönlendirilmesi üstüne ilginç örnekler veriyor:

> *"1-Amerika'da her yıl akciğer kanserinden ve tütüne bağlı öteki hastalıklardan 400.000 kişi ölmektedir.(...) Oysa Kongre, tütün yetiştiriciliğini ülke düzeyinde yayacak finans sağlamak, sigortalamak, ihraç etmek ve ithalata karşı korumak üzere Büyük Tütün (Şirketleri)'ne "öncelikli sanayi" konumu sağlamaktadır... Büyük tütün şirketleri 1986-1987 arasında, Kongre üyelerine ve iki büyük partiye (Cumhuriyetçi ve Demokratik) 30 milyon dolardan fazla para vermişlerdir.[270]*
> *2-Orta ve büyük işletmelerde çalışanların ve yakınlarının sağlık sigortası paylarının işverenlerce ödenen payı %54 iken, 1993'e dek bu oran %20'ye düşürülmüştür. Amerikan halkı Kongre üyelerinin sağlık sigortalarının tümünü ödemektedir. Sağlık sanayicileri, 1987-1996 yılları arasında Kongre üyelerine 72 milyon dolar politik bağışta bulunmuşlardır.*
> *3- Yiyecek sanayisi ürünlerinden aldıkları bakteriler nedeniyle her yıl binlerce Amerikalı ölmekte ve milyonlarcası hastalanmaktadır... Son on yılda yalnızca "E.coli O157:H7" bakterisi nedeniyle zehirlenmeler dramatik bir hızla artmıştır. Devlet görevlileri şimdiki gıda güvenliği durumunu "salgın hastalığa açık" olarak değerlendirmektedirler.*

---

[269] The Buying of The Congress: How Special Interests Have Stolen Your Right to Life, Liberty and Pursuit of Happiness (*Kongreyi Satınalma: Özel çıkarlar, yasama-özgürlük haklarınızı nasıl çaldı ve mutluluğunuzu elinizden nasıl aldı?*)

[270] Tütün ve sigara şirketlerinin ürünlerinin üçte birini kaçak olarak sattığı saptanmıştır. CPI - ICIJ (Center for Public Integrity - International Consortium of Investigative Journalists - Araştırmacı Gazeteciler Uluslararası Birliktelik Merkezi) raporunda British American Tobacco, Philip Morris ve R.J. Reynolds şirketlerinin adları geçiyor. Şirketlerin sigara satış vergilerinden kurtulmak için, Kanada, Kolombiya, Çin, Güneydoğu Asya, Avrupa, Ortadoğu, Afrika ve ABD'de kaçakçılıklarla işbirliği yaptıkları ileri sürülmektedir. Çünkü yüksek fiyat sigara tüketimini azaltmaktadır. CPI Raporu: *publici.org April-June 2001, No. 70, s.5*. Tütün şirketleri ve Belsouth Corp.; Goldman, Sachs and Co., Paine Webber Inc., hem Demokrat Parti'nin hem de Cumhuriyetçi Parti'nin kongrelerini parayla desteklemişlerdir. *Charles Lewis, The Buying of The President, s.33.*

Ne ki, bu dönemde gıda sanayicileri, Capitol Hill'deki yasamacıların kampanya kasalarına 41 milyon dolar akıtmıştır.
4- Her yıl çiftliklerde çalışan 27.000 çocuk yaralanmakta ve 300 çocuk ölmektedir. Yalnızca 1992 yılında 14-17 yaşlarında 64.000 çocuk iş kazaları nedeniyle hastanelere kaldırılmıştır. Görüyoruz ki Kongre üyeleri, çocukları, işletmecilere karşı korumamaktadırlar. Keseleri dolgun Amerikan Tarım Büroları Federasyonu, Zincir Lokantalar Milli Konseyi, Lokantacılar Milli Birliği ve benzerleri Capitol Hill'deki politik kasalara milyonlarca dolar koymuşlar ve çocuk emeğiyle ilgili yasaları yumuşatmak için şirketler milyonlar harcamışlardır.
5- Büyük para büyük parayı kazandırır. ... Birinci sırada General Motors, sonuncu sırada Vencor Anonim Şirketi olmak üzere en büyük 500 şirketin, PAC (Political Action Committee/ Siyasal Eylem Komitesi) aracılığıyla 1987-1996 arasında kongre üyelerine verdikleri paranın tutarı 182 milyon dolardır. İki siyasal partiye (Cumhuriyetçi ve Demokratik) 72 milyon dolar vermişlerdir. Kongrenin yıllar içinde kurumlar vergisinde büyük indirimler yapması şaşırtıcı değildir. Federal vergi gelirleri içinde kurumlar vergisinin oranı 1956'da %28 iken, bugün yalnızca %10'dur." [271]

Charles Lewis'in verdiği örnekler, paranın gücünü ve bu gücü elinde bulunduranın ABD demokrasisinin gerçek sahibi olduğunu gösteriyor. Paraya dayalı gücün istediği kararları, hem de doğrudan doğruya karışarak, aldırmasını sağlayan bir yönetimin, kuramsal olarak halk iradesini temsil ettiği kabul edilen demokrasiyle ilişkisi olabilir mi? Bu örneklerin altyapısını araştırmak gerekiyor. "Sivil" ve açık toplumcuların bir zahmet edip, Amerika'ya burslu doktora öğrencileri yollayarak ya da oralardan buralara getirdikleri "siyasal etik" uzmanlarına(!) sorarak, bu araştırmalara yardımcı olmaları gerekiyor.

İşin içine şirket vakıflarının Washington'da, Georgetown'da kuracakları "sivil" şubeleri girerse, ABD yönetiminde ve yasama organlarında "yozlaşma" çalışmalarıyla dost ve müttefik ülkeye biraz yol göstermeleri de iyi olacaktır. Charles Lewis'e kulak verelim:

"443 kongre üyesinin ve 2020 (senatör ve temsilci) asistanın, 1996

---

[271] Political Action Committee (PAC): Adayları desteklemek ve başkalarının kazanmasını önlemek amacıyla kurulmuştur ve para toplama işlerini yürütür. "PAC"ların büyük çoğunluğu şirketleri, işadamı örgütlerini, sendikaları ve ideolojik yapılanmaları (vakıflar, cemiyetler, cemaatler) temsil eder. PAC kurulur kurulmaz, 10 gün içinde resmi kayıt yaptırır. 1944 yılı başkanlık seçimlerinde Başkan Franklin D. Roosevelt'i ikinci kez seçtirmek üzere, para toplama girişimde bulunan Sanayi Örgütleri Kongresi (Congress of Industrial Organizations - CIO) tarafından başlatılan, parayla demokrasiye doğrudan ve açıktan müdahale işi kotarılırken, derneklerin adaylara para vermelerini engelleyen "Smith Connally Act-1943" yasası, dernek tüzel kişiliğinin değil de üyelerin para vermesiyle delinmiş oldu

yılında ve 1997'nin ilk yarısında gerek Amerika içinde ve gerekse dünyada gerçekleştirdikleri tüm masrafları karşılanmış gezilerde aldıkları paranın tutarı 8,6 milyon dolardır."

Joseph Stiglitz'in, Dünya Bankası'ndaki görevinden ayrıldıktan sonra yaptığı şu açıklama yeni değerler cilasının altına gizlenmiş, vur-kaç dizgesini anlatıyor:

*"Bazı büyük firmalar, siyasal kararlar alınması sürecine burunlarını soktukları zaman, yurttaşların aleyhine bir rol oynuyorlar; benim ülkem -yani Birleşik Devletler dâhil- birçok ülkede durum budur. Seçim kampanyalarına katkıları sayesinde, bazı firmalar, Washington üzerinde ürkütücü bir güç elde ettiler. Başka yerlerde tehlike, iktidar oburu bir avuç işadamının, televizyonu kontrolleri altına almasından ileri geliyor; yani Rusya'da olduğu gibi; malum ya, birkaç tv kanalı sahibi, 1996'da Yeltsin'i yeniden başkan seçtirmeyi başarmışlardı..."*272

Halkın sırtından geçinmeye alışmış olan, "etik" satıcıları ve onların yerli ortakları için bunun adı "demokrasi" olduğundan, söylenecek fazla bir şey yok. Anglo-Sakson demokrasisinin derin "etik" çizgisi, Ankara'daki işleri yozlaşma olarak niteleyip, geçmişi aşağılayanların kulaklarına demirden yapılmış bir Amerikan kartalı biçiminde küpe olmalıdır:

"1991 ile 1996 arasında senatör yardımcılarının % 15'i ve Akev çalışanlarının % 14'ü Washington'da kayıtlı lobici olmuşlardır... Senato'da ve Başkanlık bürolarında çalışan birinci dereceden memurların % 36 ve % 40'ı görevlerinden ayrılıp lobi şirketlerinde çalışmaya başlamışlardır."

Bu "etik" içeren yeni değerlere kirli paralar da değmektedir. Bu kirliliğin yoğunluğu öylesine derindir ve öylesine kanlıdır ki yüzlerce cilt kitap yazılsa yeterli olmaz. Çarpıcı bir örnekle yetinelim. İran İslam Devrimi'nden sonra ABD, İran'a düşmandır. ABD, İran'a karşı savaşında Irak'a destek olmaktadır. ABD aynı zamanda Nikaragua'daki yönetimi yıkmak için eski diktatörün adamlarından devşirilmiş *'Contra'* ordusunu kurmuştur. Bu orduya silah ve malzeme yetiştirmek için para gerekmektedir.

Bu arada İran'ın füzelere gereksinimi vardır. Başkan ve NSC (ABD MGK'si) ile CIA el ele verir. İşin içine mafya, silah tüccarları, bankalar girer. İran İslam Devrimi'ne düşman görünen İsrail'den alınan füzeler, CIA'ya bağlı şirket ve bankaların da yer aldığı bir ağ içinde İran'a verilir. Karşılığında alınan para Nikaragua işlerine harcanır. Bu para da yetmez ve *contra*'lara silah taşıyan uçaklar, dönüşlerinde kokain getirirler.[273]

---

[272] *"Le Nouvel Observateur, 18 Eylül 2001"* de Stiglitz ile yapılan söyleşiden aktaran Attilâ İlhan, "Söyleşi" *Cumhuriyet, 12 Ağustos 2002, s.20.*
[273] İran'a silah satış işinin Batı Avrupa derinliği de ilginçtir. Örneğin, P2 üyesi Stefano Delle Chiaie, uluslararası tutuklama emrine karşın İsviçre'de yaşarken İran-

Bu örtülü operasyonda, banka ile taşıma şirketi ilişkisi içinde yer alan İranlı Ferhad Azima kazandığı paralardan bir bölümünü, Cumhuriyetçi Parti'ye ve Başkan'ın Yemek Komitesi'ne bağışlar. Ne de olsa "etik" içinde "temiz" bir iştir. Bu işlerin alt kademesi yargılanır ve mahkûm olur; ama başkanlara bir şey olmaz. O zamanlar Ronald Reagan ABD başkanıdır ve CIA yöneticisi de George Bush'tur. Kirli işlerden akan kirli paraların yanı sıra, daha dinsel ve daha ilginç parasal ilişkiler de var. Başkan George Bush, Sun Myung Moon'un Japonya şirketlerinin açılışı için geziye çıkar. Joel Bainerman, 'Crimes of A President' adlı kitabında ABD'de pek çok yayında ileri sürülen savı yineler: Bush Moon'dan kimine göre 500.000 dolar, kimine göreyse 2 milyon dolar almıştır.[274/275]

Bir koltuk 4,7 milyon dolar

Parayı verenin lehinde yasal değişikliklerin ve kararların çıkmasını sağlamak; bu işi yaparken de, karar vericilerle, para vericileri buluşturmak; yani bizim dilimizdeki özgün deyimiyle "iş bitiricilik" demek yerine Amerikanca terimler kullanarak *"Lobi Şirketi"* demenin bir nedeni olmalıdır. İşte Charles Lewis de ABD halkı adına bu nedeni arıyor; "Lobicilerin parlamento işlerinde yürüttükleri ticaretin ne denli yoğun ve o denli de getirici olduğunu merak edenler, bu sayıları anımsamalıdırlar" dedikten sonra ekliyor:

"Bağış yapanlarda büyükler de siyasal oyunu içerden oynuyorlar. CPP(Center for Responsive Politics)'ye göre 1996'da senatoda bir koltuk elde etmenin ortalama bedeli 4,7 milyon dolar ve temsilciler meclisinde bir üyelik kazanmanın ortalama bedeliyse 674.000 dolardır. Bu paraları arka bahçedeki mangal partilerinde toplayamazsınız... siyasal kampanyalar kaçınılmaz olarak, derin cepli bağışçılara, şirketlere, sendikalara ve federal devlet dairelerinde görülen işlere bağlıdır."

Bu çok ama çok ayrıcalıklı bir oyundur ve para, yalnızca parlamentoya girişi sağlamakla kalmaz, orada yapılacak işleri de satın alır; çünkü Amerikan usulü demokrasi parasız olmaz.

İsrail arasında silah ticaretini örgütledi. Ticaretin anahtar adamı Albert Kunz'dur. Ötekiler: Kunz'un ortağı İsviçre Dreycott Holding, Banco Ambrosiano ortağı Londra'daki McDonald Finance; Humeyni'nin oğlunun kayınbiraderi (Muhammed) Tabatabai, Türkiye'de de soruşturulan kaçakçı Henry Arsan (Arslanyan.) Amerikan M 48'ler İsrail'den alınıp Kıbrıs'a getirilir. P2 Şefi Licio Gelli'ye bağlı Transporte Aero Rio Platense silahları İran'a taşıdı. Kunz, silah karşılığı düşük fiyatla alınan İran petrolünü İsrail'e sattı ve takas tamamlandı. Tabatabai, Ocak 1984'te, 100 milyon marklık tank almak için Almanya'ya geldi. Dusseldorf'ta eroinle yakalandı. Hür Demokrat Parti Başkanı, Dışişleri Bakanı H. Dietrich Genscher, Tabatabai'yi kurtardı. *Jean-Marie Stoerkel, Mesih Papa'yı Neden Vurdu, s.107, s.189.*

[274] Joel Bainerman, s.279.
[275] Bkz. Blm: Moon.

Partilere, adaylara, komisyon üyelerine para verme işini, demokrasi işleyişine uydurmak için kurulan PAC'larla ilgili bir kısıtlama vardı. Devletle iş yapan şirketlerin ve kurumların, sendikaların PAC kurma hakları yoktu. Ne ki, devletle iş yapmayan şirket de yok gibiydi. Şirketler ve sendikalar bastırınca, yasada değişiklik yapıldı. Böylece 'demokratik' para kanalı da açılmış oldu. Araştırmacı gazeteci Ronald Kessler bir tür para kanalı olan PAC'ların sayıları ve bağışları üstüne şu özet bilgiyi veriyor:

"1974'te 608 PAC vardı; 1994'te bu sayı, 3.954 oldu. 1.660'ını şirketler, 333'ünü işçi kuruluşları, 1.169'unu ticaret odaları ve öteki özel çıkar grupları kurmuştur. 1994'te Temsilciler Meclisi ve Senato seçimlerinde 724 milyon dolar yatırılmıştır. Üçte biri PAC örgütlerinden gelmiştir. 1990-1997 arasında PAC örgütleri, adaylara 427 milyon dolar vermiştir."[276]

Seçim dönemiyle ilgili komite kanallarının yanında daha ilginç aracılar da bulunmaktadır. ABD kongre binasının girişindeki güvenlik masasından bavullar dolusu nakit dolarla geçenlere sorulduğunda alınan yanıt son derece yalındır: "Seçim kampanyası bağışları."

Yasa değişikliklerinin çıkarlara uygun sonuçlanması için bazen para yetmez; Türkiye'ye, Amerika'dan olduğu gibi aktarılan "siyasal etik yasa"sını hazırlayanların dikkatini çekecek yöntemler de var. Bir devletin başka bir devlete savaş açarken halkın desteğini almak üzere başvurabileceği göz boyama eylemine geçmeden önce bir an için Türkiye'ye dönüp, 1988 yılından ilginç bir olayı anımsayalım:[277]

1988'de ANAP kongresinde konuşan Turgut Özal'a kürsünün karşısından bir iki el ateş edilir. Eli silahlı Kartal Demirağ orada yakalanır. Sonrası, 1999'da yayınlanan "Kırmızı Koltuklar" kitabında bir anıya dönüşür.

Yazılanlara göre, Turgut Özal silah patlayınca kürsünün altına eğildiğinde, düşen su bardağı kırılmış ve elini kesmiştir. Özal'ın eli kolu sarılır. O akşam televizyon ekranından halka seslenerek ölümden korkmadığını açıklar. Bunları kitabın yazarı Orhan Tokatlı'ya anlatan, dönemin Ankara Belediye Başkanı ANAP'lı Mehmet Altınsoy, olayın giderek bir kurmacaya dönüştüğünü ayrıntılarıyla eklemekten geri kalmaz.[278]

Cam kesiği ve kurşun yarası üstüne yazılanların gerçeklik payı tartışılabilir; ama ABD'de olanlar kesinlikle gerçektir. Suikast girişiminden iki yıl sonra Turgut Özal cumhurbaşkanıdır. ABD yönetimi ve onu destekleyen tüccarlar da Irak'a savaş açma kararı vermek üzeredir. Ne var ki kamuoyunun savaşı destekleme oranı beklenenin altındadır.

---

[276] Ronald Kessler, Inside Congress, s.101
[277] ibid.s.97
[278] Orhan Tokatlı, Kırmızı Plakalar - Türkiye'nin Özallı Yılları" *Hürriyet, 17 Temmuz 1999; Emin Çölaşan "İşte Türkiye'yi konuşturan yazar" Hürriyet, 18.7. 1999.*

10 Ekim 1990'da ABD senato komisyonu karşısına 15 yaşlarında Neyire adında genç kız tanık olarak çıkarılır. Neyire, Kuveyt'teki bir hastanede gönüllü olarak çalışmaktayken, hastaneye giren Irak askerlerinin yoğun bakım altındaki 15 bebeği yere atarak ölmeye bıraktıklarını gözyaşları içinde anlatır. Neyire'nin ve ailesinin can güvenliği gerekçesiyle kimliği açıklanmaz. ABD Başkanı Bush, medyada konuyu işler. Televizyonlardan acılı Neyire'yi izleyen Amerikan halkı da gözyaşlarını tutamaz; Irak'a karşı savaş açılmasını destekler. ABD, saldırıya geçer. Irak'ın güneyini ve kuzeyini işgal eder. Neyire'nin kimliği de daha sonra ortaya çıkar. Onun hastaneyle bir ilgisi yoktur. Neyire Kuveyt elçisi Saud Nasır Al-Sabbah'ın kızıdır. Yapılanlar bir göz boyama işidir. Kızın tanıklığını ve yayın kampanyasını örgütleyen "halkla ilişkiler" şirketi Hill & Knowlton'dur. Bu şirket, ABD'de oluşturulan Citizens for a Free Kuwait (Özgür Kuveyt için Yurttaşlar) tarafından kiralanmıştır.[279]

Hill & Knowlton, Amerika'nın en pahalı ve en büyük yönlendirme şirketidir. Daha önce de Moon tarikatı ve U.S. Catholic Conference tarafından kiralanmış ve anti-kürtaj kampanyasını düzenlemiştir. Benzeri birçok kampanya ile halkı etkilemeyi başarmıştır. Bu başarısında şirket sahiplerinin arkadaşları arasında CIA elemanlarının payı bulunduğu ileri sürülmektedir.[280]

Hill & Knowlton Inc. ile Türkiye arasında özel bir ilişki kurulmuş ve şirket, T.C. devletiyle ABD'deki yönlendirme işleri için yıllığı 1,2 milyon dolara bir sözleşme yapmıştı.

Aslına bakılırsa, Turgut Özal'ın "Benim memurum işini bilir" açıklaması bir ahlaksal derinliği değil, küresel düzeni açıklamaktaydı. Özal'ın demek istediği, her konuda örnek alınan ABD'de işlemekte olan ve dilimizde "lobicilik (lobying)" denilen aracılık düzeninin bürokrasiyi kıracağı, işleri hızlandıracağıydı. Devlet kurumlarında ve mecliste karar alma düzenini ve ilişkileri elbette memurlar iyi bilmektedir. Öyleyse yapılacak olan; memurların da katıldığı, yasal para akışını da güvence altına alan bir düzen kurulması; emeğin karşılığının yasal düzen içinde "şeffafça" ödenmesidir. Çünkü her işte olduğu gibi, örnek alınası, aracılık, göz boyamacılık düzeni ABD'de böyle kurulmuştur.

"Kongreyi Satın Almak" kitabının önsözünde Kevin Phillips, önemli bir gerçeği saptıyor: Washington'da lobicilik işlerinde çalışan ya da ilişkili olan insan sayısı, II. Dünya Savaşı sonrasında birkaç bin iken; 1990'larda 91.000'e ulaştı; ABD Kongresi'nde çalışanların sayısı, 2.500'den 20.000'e yükseldi.

---

[279] O dönemde, Kongre İnsan Hakları Vakfı, Hill & Knowlton'un binasında parasız bir büroya sahiptir. Vakıf yöneticileri Senatör Tom Lantos ve John Porter idi. Lantos ve Porter'ın Türkiye ilişkileri için Bkz. *M. Yıldırım Savaşmadan Yenilmek.*
[280] Johan Carlisle, "Public Relationship: Hill & Knowlton, Robert Gray, and the CIA" *CAQ, Spring 1993, Number: 44, s.19.*

Daha önce de belirtildiği gibi, Akev ve Kongre memurlarının %60'ı yönlendirme şirketlerinde çalışmaktadır. Kevin Phillips'e göre "Washington dev bir yönlendirme esnaflığı merkezidir ve başkanın satın alınması bu kentte oynanan en bildik oyundur."[281]

ABD'yi taklit etmeyi hüner sayan bir devletin yöneticilerinin ya da yakınlarının ya da memurların ve işadamlarının ABD'yi kopya etmesinden daha doğal bir durum olamayacağı gibi, bu modern düzen içinde bu kişi ve kuruluşların profesyonelce yer almalarının yolsuzluk ile bir ilişkisi de olamazdı. Türkiye'ye böylesine ilginç yeni değerler kazandırılmaktadır. Bu değerleri anlayan en önemli odak da medya olmuştur; ama yeni değerler salt parayla kazanılmıyor. ABD'de karar mekanizmalarını etkilemenin daha derin ve ilginç yolları da var. Birkaç örneğe daha yer vermek gerekiyor.

Her durumda en geçerli rüşvet: Seks

Anımsanacaktır; TBMM'de TRT adına çekim yapan bir kadın görevlinin, topuklarına dek inen bol kesimli eteğiyle ayakkabısı arasında kalan, birkaç santimlik ayak bileği görüntüsünden rahatsızlık duyan bir milletvekili, bayan görevlinin çorap giymeyerek adaba uygun davranmadığını ileri sürüp, onun salondan çıkarılmasını sağlamıştı. Ne yazık ki kadın görevlilerin pantolon giymelerinden ya da ayak bileklerinin görünmesinden ahlaki rahatsızlığa kapılanlar, yabancı devletin görevlendirdiği kişilerden 'siyasal etik' tavsiyeleri almakta sakınca görmemişlerdir.

Ne ki, yabancıların parlamentolarında demokrasi dolaylı yoldan parayla satın alınmakla kalmıyordu. Paraya tamah etmeyen "siyasal etik"(!) sahibi kongre üyeleri de bulunabiliyordu. Charles Lewis, lobicilik işlerinde salt paranın konuştuğunu söylemekle yetiniyor. Oysa paranın yetmediği durumlarda başka tür lobicilik silahları da işe yarıyordu. Hem de parlamentoda hem de "siyasal etiği" hiçe sayarak. Örnek mi? İşte birkaç tane:

Tarım şirketleri adına aracılık yapan Paula Parkinson, Kongre üyelerinden sekizi ile cinsel ilişkiye girdiğini açıklamış. Durum, sarışın bayanın üç Cumhuriyetçi üye ile bir golf partisi için Florida'ya gitmesinin ardından ortaya çıkmış. 3 Kongre üyesi ve Paula aynı kulübeyi paylaşmışlar. Evli üyelerden Tom Evans, Parkinson'la birkaç aydır birlikte olduğunu; Dan Quayle ise, lobici William Hecht ile aynı odada kaldığını açıklamış. Buraya dek olanlar, herkesin "siyasal etiği" kendisini ilgilendirir, diye geçilebilirdi. Ne ki, senatörler daha sonra Paula Parkinson'un karşı çıktığı tarım sigortası yasası aleyhinde oy kullanarak, ona yardımcı olmuşlar. Sarışın Paula Parkinson, erotik erkek dergisine poz vermiş.[282]

---

[281] Charles Lewis, The Buying of The President, s.5
[282] "Roll Call, Washington Post, June 5,1986, C1" den R. Kessler, Inside Congress, s.108

ABD Kongresi'nden "siyasal etik" yardımı alanlara iki ilginç örnek öykü, durumu daha da renklendiriyor: Rita Jenrette, ABD Temsilciler Meclisi üyesi olan kocasıyla Capitol Hill merdivenlerinde cinsel ilişkiye girmiş. Temsilci Charles Wilson, sevgilisi, eski dünya güzeli Annelise Ilschenko'nun askeri uçağa alınmasında ısrar etmiş.

Bu isteği karşılanmayınca da savunma ödeneğinin kesilmesi için yasa önerisi vermiş.[283]

Bu öykülere, borsayla ilgili ipucu bilgilerini, yüksek bahşişleri vb. eklemek olasıdır. Ne ki dünyanın üçüncü ülkelerine ahlak ve demokrasi dersi verenlere aracı olanların bu tür ayrıntılara gereksinmeleri yoktur. Ne de olsa onlar, bu tür gerçekleri yerinde, kaynağından öğrenme olanağına sıkça kavuşmuşlardır.

İşin özü, bu yerli ortakların sivil adlarla önümüze koydukları dolarlı ve eurolu projeler, bir Anglo-Sakson demokrasisi yutturmacasıdır. Üstelik ABD'den ses veren örgüt ve kişiler, hiç de öyle solcu ya da anti-Amerikan falan değildir. Lewis'in örgütü tutucu olarak da bilinir.

ABD'de seçim demokrasisi çöküyor

Son başkanlık seçimlerinde, onca şaşalı göz boyama kampanyalarına, milyonlarca dolarlık harcamalara karşın, oy oranı % 60'ı geçmemiştir. Oy verme işlemlerindeki yolsuzluklar da cabası. Sağduyulu ABD'liler bu gelişmeler karşısında telaşlandılar. Eyalet devletlerinde, Washington'dan (Federal devlet merkezinden) daha bağımsız olmayı isteyen kampanyalar yaygınlaşmaktadır.

Demokrasinin yapımcısı olarak kabullenilen ABD'de durum buysa, ülkemizdeki yabancı sevdalılarına, yüzlerce yılın sömürge suçlularından, pek yakın geçmişin insan hakları ihlalcilerinden "siyasal etik" dersi alanlara, şu sözler yeter:

"Halk için oluşturulmuş devletin yönetimi, patronların ve onların memurlarının özel çıkarlarına hizmet edenlerin eline geçti. Demokratik kurumların üstünde, gözle görülmeyen bir imparatorluk kuruldu."

ABD eski başkanlarından Woodrow Wilson'un bu sözlerini, bir yabancı devlet adamının yurdumuza gelip oramızı buramızı kurcalamasını, büyük kurtarıcı olarak sunulmasını, "tarihsel bir dönüm noktası" olarak niteleyecek denli "yeni değer" sevdalısı ARI'cılar dönüp dönüp okusalar yeridir.

Elbette Anglo-Sakson demokrasisi hayranı yargıçlar da okumalıdırlar! O kadar milyon dolarla ve çıkar ağlarıyla örülmüş demokrasiyi örnek alıp, kendi ülkelerinin meclisini "siyasal etik"e uydurmaya çalışanlar bilirler ki bizim vekillerimiz onların örnek adamlarının yanında zemzemle yıkanmış denli temizdirler.

---

[283] Ronald Kessler, Inside Congress, s.146

IRI ve NDI ile ortak yürütülen "siyasal etik" ve "partilerin yeniden yapılanması" projelerine göre, Türkiye'deki partiler de, kişi ve şirketlerden para yardımı alabilecekler. Tek koşul ise, bu paraların tıpkı ABD'nde olduğu gibi belgeli ve kayıtlı olması.[284]

'Yeni değerler' diyerek bize satmaya çalıştıkları örtülü işgal kurumlaşmasının dibinde, her zaman kirli bir geçmiş bulunduğunu göz ardı etmemek gerekiyor. Yaygın kanıya göre ABD yandaş ülkelerde hep sağcı örgüt ya da partiler üstüne çalışır. Bu son derece yanlıştır. Çünkü zaten kendisine yandaş olanlarla işleri yürütmek için çok sıkı çalışmaya gerek yoktur. Önemli olan, ABD'nin çıkarlarına karşı tehdit oluşturabilecek örgüt ya da siyasal partilerde etkin olmaktır.

Örneğin ülke bağımsızlığını programının ana ilkesi yapmış ve bu ilkeyi tarihsel görevlerinden alan bir parti, herhangi bir örgütten daha tehlikelidir. Bu noktada durarak CIA'nın Güney ve Orta Amerika operasyonlarında önemli görevler üstlenmiş olan Philip Agee'den yeni değerlerin örtülü yanını okuyalım:

"Her türlü operasyonda çalıştım: Komünist Parti üyelerinin kazanılması, İçişleri Bakanlığı ve polisle ilişki kurulması, telefon hatlarına girilmesi, belge sahtekârlığı ve öteki tür propaganda, Sovyet, Küba ve öteki düşman diplomatik misyonlara sızmak..." "Ancak işin bir başka yönü daha vardı. İşim tümüyle bulunduğum ülkelerin yaşamına girmekti. Onları içten ve dıştan biliyor ve uyumadığım her saati toplanan bilgileri birleştirerek ve elde ettiğim sonuçlarla olayları yönlendirerek geçiriyordum."[285]

'Yeni değerler' dediklerinin altında yatan da, raporları elde etmek; olayları yönlendirmek ve ülkelerin içişlerini çıkarlar göre karıştırmaktır. ABD'de, seksten para dağıtımına uzanan işlemlerin de amacı budur.

---

[284] ABD yardım yasası: Seçimlerde, adaya 200 dolardan çok verenlerin adları, adresleri, çalıştıkları şirketler açıkça kaydedilecektir. 1996 seçimlerinde kişilerin % 7'sinin işlerinin belirtilmediği; geri kalanların bilgilerinin de eksik bırakıldığı saptanmıştır.
[285] Philip Agee, On The Run, s.14.

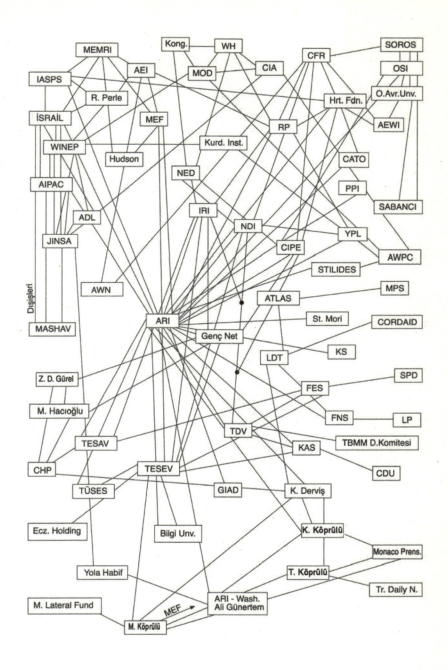

ARI Derneği Sosyal Çevresi (2006)

Quantum'un Soros'u
ve
Sınır Tanımayan Açık Toplumcular

> "Biz bu işe çok idealist başladık. Projeyi hazırladıktan sonra, KAGİDER kendi bütçesinden ve üyelerinden bir bütçe sağlasın, dedik. Bir de Açık Toplum Enstitüsü'nden topladığımıza eşdeğerde bir fon kaynağı ürettik." Ümit Boyner, TÜSİAD Y.K. üyesi.[286]

Mart 2001'de, Soros'un adamları Kemal Derviş'le görüşünce medyadan ses çıkmaması şaşırtıcı değildi; çünkü yeni dünya düzeninin 'hık' deyicilerinin yanı sıra, "faiz haramdır" , "kahrolsun sermaye" , "kahrolsun emperyalizm" diyenler de artık sivilleşmişlerdir. Sivil toplumcuların Soros-severliklerini bir yana bırakıp 1999 yılına dönelim ve dünyada 'mega spekülatör (büyük oyuncu)' olarak ünlenen George Soros'un İstanbul'da geçirdiği iki günü anımsayalım.

20 Haziran 1999'da Sabancıların konuğu olan George Soros, işadamlarıyla toplandıktan sonra Güler Sabancı'nın eşliğinde Halas adlı yata çıkmış; TÜSİAD Başkanı Erkut Yücaoğlu ve eski başkan Halis Komili ile denize açılmıştı. Soros ile yakın görüşenlerden İshak Alaton, eşinin KEDV adlı örgütüne parasal destek aramış ve Soros da, onu Budapeşte'ye çağırmıştı.[287]

Soros, "Sabancı Center (Merkezi)" adlı yerde konuşmuştu. İş dünyasının ünlüleriyle devlet hazinesini yönetmiş eski bürokratlar, banka yöneticileri büyük ilgi göstermişti. Soros, Türkiye'de vakıflarla uzun süredir yaşama geçirilmeye "Açık toplum" yönlendirme projesini anlatmıştı.

Soros ayrıca, Türkiye'nin AB'ye girebilmesi için Balkanlarda yeni bir oluşumun içinde olması gerektiğini de belirtmişti. Bununla da yetinmemiş, ABD'yi dünya polisi olmakla, IMF'yi basiretsizlikle suçlamış ve Türkiye'ye "Sosyal devlet derseniz, ekonominiz yıkılır... Kürt sorununu çözmelisiniz!" diyerek sıkı bir akıl vermişti.

Soros, etkili bir kişi olduğunu bildirircesine NATO Genel Sekreteri ile görüştüğünü söylemiş; faizlerin düşürülmesini önermiş ve *"IMF ile T.C. devleti arasında görüşmelerin sürdüğü"* tiyösünü de ekleyen Soros, hiçbir ülkede bu denli saygınlık kazanmamıştır. Önde gelen hazine yöneticileri, Merkez Bankası bürokratları, ünlü işadamları, profesörler onu

---

[286] "Ümit Boyner: Başarının Sırrını Çözen İsim", *Mecmua Boyner, Say 6, yaz 2005*. Ümit Boyner, Yeni Demokrasi Hareketi kurucusu Hasan Cem Boyner'in eşidir.
[287] KEDV, Groots International örgütüne bağlıdır.

ilgiyle dinlemektedirler. Açıklamalarına bakılırsa Soros, sanki IMF'nin de üstündedir. Hem IMF'yi suçlar görünüyor, hem de IMF'nin kendi önerilerini karara bağladığını ima ediyor.

Ulusal paraları devirmesiyle ünlenen Soros'a bu denli sevgi gösterme özgürlüğü, onu beğenenlerin bileceği iştir; ama Soros, Türkiye'deki para politikasına değinince heyecan da artmış olmalı. Onu dinleyenlerin heyecanlanmaları doğal; çünkü karşılarındaki adamın ve dostlarının, içerden alınan bilgilerle para ve altın borsalarını dalgalandırma hünerleri vardır. Türkiye'nin seçkinleri, Soros ve bağlantılılarının piyasalarda oynadığı oyuna Batı dünyasında *"hit and run capitalism"* yani "vur ve kaç kapitalizmi" denildiğini bilmiyor da olamazlardı. Üstelik Soros'un, Türkiye'de şirketleri aracılığıyla çoktan işbaşı yaptığını; Tuborg, İhlas Holding ve İhlas Finans, Türk Petrol ve daha birçok şirket hisselerine sahip olduğunu, öncelikle onu dinlemekte olanlar bilmiyor olamazlar.

Soros ile eğitim işbirliği Sabancı Üniversitesi'ne nasip olur. Soros, Orta Avrupa Üniversitesi ile Sabancı Üniversitesi arasındaki işbirliği girişiminin mütevelli heyeti başkanlığına getirilir.

Soros-ABD ortak yapımı: Orta Avrupa Üniversitesi

Orta Avrupa Üniversitesi, George Soros'un "açık toplum" misyonuna uygun elemanlar yetiştirmek üzere kuruldu. 1989'da Yugoslavya'nın Adriyatik kıyısındaki tarihsel kent Dubrovnik'te oluşturulan Üniversitelerarası Merkez örgütünün öncülüğünde; George Soros'un, Péter Hanák, Miklós Vásárhelyi, William Newton-Smith, István Teplán, Endre Bojtár ve György Litván ile yaptığı toplantıda kuruluş kararı alındı. 1991'de Prag'da 100 öğrencisiyle işlemeye başlayan üniversitenin 40 ülkeden 829 öğrencisi ve Budapeşte ve Varşova şubeleri bulunmaktadır. Üniversitenin son konseyinde yer alan ünlüler, öğrencisi az fakat etkisi büyük, açık toplum üniversitesine verilen değeri göstermektedir.[288]

Bunların içinden J. Edwin Mroz'u tanıyoruz. Kendisi Doğu-Batı Enstitüsü'nün kurucusu ve başkanıdır. Bu örgüt, anımsanacaktır ki NED'in Moskova örgütlenmesinde önemli rol oynamıştır. Yine anımsanacaktır; Mroz, TESEV ve ARI'ya sık sık konuk olmuştu.

Büyükelçi Matthew Nimetz ise etkileme ajanlarının başında gelir ve CFR yöneticisidir. 1966'da Başkan Lyndon Johnson'un ekibinde işbaşı yapan Nimetz, daha sonraları Dışişleri müsteşarlığı, Clinton'un Makedonya-Yunan özel danışmanlığı, Birleşmiş Milletler Genel Sekreteri Kofi Annan'ın özel danışmanı Cyrus Vance'in yardımcılığı, daha sonra Vance'in yerine Annan'ın Makedonya-Yunanistan özel temsilciliği görevlerinde (1997) bulundu. CDRSEE (Güneydoğu Avrupa Demokrasi ve

---

[288] Büyükelçi Donald M. Bilinken, Georges de Menil, Yehuda Elkana, Albert Fuss, Roger Hazewinkel, Tom Lantos, Kati Marton, John Edwin Mroz, Peter Nadosy, Matthew Nimetz, Liz Robbins, John Edwin Mroz ve John Brademas.

Uzlaşma Merkezi) yöneticiliği yapan Nimetz, CFR'nin 26 Şubat 1997'de zamanın Devlet Bakanı Abdullah Gül'ün katıldığı "Refah Partisi ve Türkiye Dış Siyaseti" yuvarlak masa toplantısını yönetmiştir.[289]

Soros'un üniversitesinin konseyinde yer alan en tanıdık kişi, NED'in Ocak 2001'e dek başkanlığını yapmış olan Yunan kliği şefi, Onassis Vakfı yöneticisi, 2001'de Kemal Derviş'in Türkiye'de göreve getirilişinin hemen ardından TESEV yönetimince İstanbul'a getirilerek Yunanistan'ın ve AB'nin Kıbrıs tezlerini savunma olanağı verilen John Brademas, Yunan Lobisi'nin de has adamlarındandır. Brademas, ABD Kongre (1959-1981) üyesiydi. 1975'te Türkiye'ye ambargo uygulanmasını sağlayan en etkin kişiydi.

ABD kongre üyesi John Brademas. 1993'ten başlayarak 9 yıl boyunca NED'in yönetim kurulu başkanlığını yaptı. New York Üniversitesi Başkanlığı (1981-1992) da yapan John Brademas, Clinton'a yakınlığıyla da biliniyordu ve Başkanlık Sanat ve Humaniterite Komitesi başkanlığını yürütmüştü.[290]

John Brademas aynı zamanda, Texaco Enerji yöneticisi olarak CFR üyesi ve Sovyet muhaliflerinin Selanik'teki Demokrasi ve Barış Merkezi kurucu direktörüdür. Onassis Vakfı'nca parası sağlanan Helen Mirasını Koruma Derneği (New York Üniversitesi) yönetim kurulu üyesi olduğunu Türkiye'ye iletmeyenlerin bir bildiği olmalı. NED'in ve TESEV'in operasyonlarını tam sayfa tanıtan, onların birer psikolojik savaş propagandacısı ustalığıyla anlattıklarını, yarısı yalan sözlerini Türkiye'ye yayma görevini yerine getiren röportajlardan biri daha yayınlanıyordu.

John Brademas 14.4.2001'de Cumhuriyet gazetesine konuk oldu ve Türkiye'ye uygulattığı ambargonun demokrasinin bir gereği olduğunu açıklamasına olanak tanınındı.[291] Cumhuriyet'ten Leyla Tavşanoğlu, sözün başında ambargocu John Brademas'a *"Siz siyasal yaşamınız boyunca*

---

[289] CDRSEE (Center for Democracy and Reconciliation South East Europe) yönetiminde Türkiye'den Osman Kavala bulunmaktadır. CDRSEE destekçileri arasında Coca-Cola Hellenic Bottling Comp. (George David) ile Stacey Polites, Alex Spanos ve US - Greek (ABD-Yunan) İş Konseyi bulunmaktadır.

[290] Milliyet'te Sami Kohen, onunla ilgili bu bilgileri verirken, "eski düşman yeni dost" diyerek Türkiye basın-yayınının ve aydınların duygularını dışa vuruyordu. *Milliyet, 11.4. 2001*

[291] John Sitilides'in merkezi Western Policy Center'da, Pentagon'dan Yrb. Steve Williams Kıbrıs'ın ABD için önemini şöyle açıkladı: "Doğu Akdeniz'deki lojistik ve operasyonel destek hatlarının güvence altına alınması, Türkiye'nin güneyindeki İncirlik Hava Üssüne ve Türkiye'deki öteki noktalara girmeyi gerektirir. Planlamacılar bu amaçla kullanılacak Yunan adası Girit'teki Souda Körfezinin değerini küçük görmemelidirler. Doğu Akdeniz'de en büyük yakıt ve cephane depoları, 6. Filo için doğal bekleme limanları Girit'tedir. Kıbrıs'taki Britanya hava üssü bölgesinde kuvvet bulundurulmalıdır. Irak'a yapılacak saldırı planlarında ABD'nin temel yandaşı Britanya'nın ve Doğu Akdeniz'deki benzerlerinin görüşleri, ABD karar vericileri için önemli faktörlerdir. *Western Policy Center 20.10. 2002*

her zaman demokrasiye bağlılığınızı her fırsatta eylemlerinizle ortaya koymaya çalıştınız" diyerek övüyordu. Bu nitelemeye göre Brademas, ambargoyu hukuka saygılı olduğu için istemiş olmalıydı. Tam sayfa yayınlanan söyleşide Brademas, Kıbrıs'ta soykırıma uzanan katliamlardan söz etmiyordu. Buna gerek de yoktu; çünkü Brademas, Türkiye ekonomik bunalımla köşeye sıkıştırılınca TESEV tarafından çağrılmıştı ve Türkiye'de *"siyasal değişim"* gerekliliğinden söz ediyordu. Brademas, Kıbrıs'tan Türk kuvvetlerinin çekilmesini ve adanın NATO'ya bırakılmasını istiyordu; yani ada ABD'ye bırakılmış olacaktır.

Brademas ve benzerleri, propaganda olanaklarını kaçırmazlar ve ulusalcı kitlenin aklını çelebilmek için can atarlar.[292] Bu tür kişilerle yapılan tek yanlı görüşmelerde ve konferanslarında Türkiye'nin Kıbrıs gibi özel konularını bilen kişiler bulundurulmaması gelenek olmuştur. Brademas da boşluğu değerlendirmiş; *"Türkiye ve Türklerin şuna karar vermesi lazım: Biz demokratik bir ülke mi olacağız yoksa sürekli gerileyen, hep arkadan gelen bir devlet mi?"* diyebilmiştir.

Sabancıların eğitim alanında ortak girişim başlattıkları üniversite işte böylesine değerli kişilerin yönetimindedir.

'Vur-kaç kapitalizmi' ve Soros'un mahkûmiyeti

Anlaşma, konferans ve ikili görüşmelerden sonra Soros'u Sabancıların Atlı Köşk'ünde akşam yemeğine çağırdılar. Soros, yemeğe katılan Cem Boyner, Burhan Karaçam ve Bülent Eczacıbaşı gibi ünlülerle 'Ulus 29' sosyete eğlence merkezinde geceyi geçirdi. Ertesi gün, 21 Haziran sabahında İshak Alaton, Vedat Alaton ve Türkiye'deki temsilci Philip Haas ile yapılan kahvaltının yararı da ayrı bir konudur.[293]

George Soros'un, para piyasalarının kurallarını koymak ve denetlemekle yükümlü Sermaye Piyasası Kurulu'na *"kartondan kaplan"* demesi ve SPK'nin susması akıllarda kalacaktır. 2001 yılı para piyasası yıkımından sonra, tarihinin en büyük çöküşüyle karşılaşan Türkiye'ye, Washington'dan hükümet ortağı olan Kemal Derviş'in açık kalan telefon defterindeki "Soros" satırı da hep anımsanacaktır.

Deneyimli devlet adamı rolünde konuşan George Soros, hiçbir ülkede bu denli saygınlık kazanmamıştır. Türkiye'nin önde gelen yöneticileri, Merkez Bankası bürokratları, işadamları, profesörler, kendisini ilgiyle dinlemektedirler. Soros sanki IMF'nin de üstündedir. Suçlar gibi yaptığı IMF'nin kendi önerilerini karara bağladığını da ima etmekten geri kalmamaktadır. IMF uygulamalarının yanlışlığından, Dünya Bankası'nın

---

[292] Pazar Konuğu - "Eski ABD Temsilciler Meclisi Üyesi John Brademas, Türkiye'deki demokrasiyi değerlendirdi: Siyasi reforma ihtiyacınız var" Leyla Tavşanoğlu, *Cumhuriyet*, 15 Nisan 2001
[293] Soros'un İstanbul'daki şubesi Açık Toplum Bebek Bürosu 2003 yılında Sabancı Üniversitesi ile ortak çalışmalara katıldı.

ekonomik düzene zarar verdiğinden söz etmekle kalmaz, ABD'nin dünya egemenliği girişiminin yanlışlığını da yineler.

Oysa George Soros, ABD dış politikasını yönlendiren, bazı kaynaklara göre de yöneten CFR örgütünün üyesidir. Soros, ABD siyasetine uygun olarak ülke pazarlarının sonuna dek açılmasını savunur. ABD'nin eski güvenlik yöneticileriyle kurulan örgütlerde yönetim kurulu üyesidir. Onun kuru sözden öteye geçmeyen sözde muhalif açıklamalarını "kapitalist Batı egemenliğinin çöküşüne kanıt olarak ileri sürmek" yanıltıcıdır. Bunu daha sonra göreceğiz.

George Soros dolandırıcılıktan mahkûm

Ünlülere, ekonomi ve siyaset dersleri veren George Soros nereden nereye gelmiştir? Dünya onu nasıl bilir ve kimleri temsil eder? Bunları salt halkın değil, devlet yönetimine geçenlerin ve geçmeyi düşünenlerin de bilmesi gerekir.

Soros'un kimleri temsil ettiğini anlayabilmek için, birkaç vur-kaç işine değinmekte yarar var: 1993 Martında, Soros'un sızdırdığı habere göre, Çin büyük miktarda altın alacaktır. Haber sızıntısını altına hücum izler; altın fiyatı % 20 yükselir. Bir sava göre, bu arada George Soros ve dostu Sir James Goldsmith, ellerindeki altınları gizlice satmıştır. Böylece, altına hücum edenler aldanmış; Soros ve ortakları vurmuştur.

Haziran 1993'te London Times Financial yayın yönetmeni Anatole Kaletsky, Soros'tan aldığı mektuptan söz eder. Soros, mektupta "Alman Markıyla yerin dibine!" demekte; ellerindeki Alman devlet tahvillerini satacaklarını ve yerine Fransız tahvilleri alacaklarını bildirmektedir. Haber yayılır; Mark sallanır, Fransa'da tahvil yükselir. İşlem tamam, kazanç da kazançtır.

Soros ve arkadaşlarının 1993 Fransa işlemleri 1980'lere dayanır. Societe Generale Bankası'nın özelleştirilmesi sırasında gerçekleştirdikleri oyunlarla çok iyi kazanırlar. Bankanın özelleştirme ihalesinden önce içerden bilgi aldıkları ileri sürülen Soros ve adamları, kazanmışlar; ama bu arada ihale de iptal edilmiştir.

1987'de Paris Savcısı Marie-Christine Daubigney, George Soros ve ortakları Fransa Maliye Bakanlığı görevlilerinden Jean-Charles Naouri, Bankacı Lübnanlı Samir Traboulsi ve Bankacı Jean-Pierre Peyraud ve Edmond Safra ile Robert Maxwell hakkında soruşturma açtı.

Soros, içerden bilgi sızdırarak 2,2 milyon dolar, Samir Traboulsi 3,5 milyon dolar ve Maliye Bakanlığı görevlisi Charles Naouri de 289,200 dolar kazanmışlardır. İçerden bilgi sızdırarak vurgunculuğun karşılığı 2 yıl hapis ve en az 1,5 milyon dolar para cezasıydı.

Hollanda, İngiltere, İsviçre ve Lüksemburg'tan istenen bilgi, on dört yıl gecikmeyle, Kasım 2002'de geldi. Süre aşımı nedeniyle ancak para cezası istemiyle dava açıldı. Safra ve Maxwell ölmüşlerdi. Mahkeme, 20

Aralık 2002'de Soros'un el altından bilgi sızdırma yoluyla piyasayı dolandırarak suç işlediğine karar verdi ve onu 2,2 milyon euro para cezasına çarptırdı.[294]

Vur-kaç kapitalizminin en önemli kuralı, denetimden kaçmak için, ABD'de vakıf ağı kurmaktır. Zaten Amerika'nın ne kadar kartel ailesi varsa, onların da en az o kadar vakıf içinde vakıfları, "think tank"leri vardır. Bu tür vakıfçıların öncüsü Rockefeller ailesidir.

Kişisel paralar ve mallar, vakıflarda, fonlarda, hisse senetlerinde, yabancı bankalarda, yabancı devlet tahvillerinde gezdirilir. Büyük paralar ülkelere girip çıktıkça, çöküntüler oluşması o denli kolaylaşır; her giriş çıkış sahibine kazandırır...

ABD ve Batı Avrupa ülkeleri de siyasal çıkarlar sağlar... Küreselleşmenin önündeki engellerin kaldırılmasından, yeni liberalleşmeden amaç, işte bu dolaşımın ve yıkımın özgürleşmesidir.

Gorbaçov-Soros ortaklığı ve 'şok terapi'

Devlet adamları ve entelektüel dünya ile ilişki kurmanın en kestirme yolu, 'cemaatler' oluşturmaktır. 1980'lerin sonlarında, Sovyetlere demokrasi ihraç etmekte olan NED'in destekçisi George Soros, Risa Gorbaçov ile 'Cultural Initiative Foundation' örgütünü kurdu. Bu işin maliyeti 100 milyon dolardı.[295]

Çok geçmeden, Mihail Gorbaçov bir oldubittiyle devrildi. Karışıklık arasında Boris Yeltsin, "project democracy" eylemi sonucunda, tankın üstünden devlet başkanlığı koltuğuna atladı. Soros ona yardımcı olmak için Harvard'dan Prof. Jeffrey Sachs'ı devreye soktu ve Rus ekonomisine '*şok terapi*' uygulandı. Soros'tan dinleyelim:

> "*Bir grup ekonomisti Sovyetler Birliği'ne yönelttim. Polonya'da birlikte iş yaptığım J. Sachs çok iştahlıydı. Sachs, İtalya'dan Romano Prodi ve IMF'den David Finch'i önerdi. Ben de IMF'den Stanley Fischer'i, Dünya Bankası'ndan Jacob Frankel'i, Harvard'dan Larry Summers'ı ve İsrail Merkez Bankası'ndan Michael Bruno'yu önerdim.*"[296]

Rusya'da sanayi kredileri, "*Şok terapi 1992*" ile durduruldu. Devlet kendi şirketlerini birdenbire parasız bıraktı. Sonuç: Denetim dışı enflasyon, Rus sanayisi ile birlikte ruble çöktü. Dostlardan Marc David Rich kolları sıvadı; Rusların alüminyumunu yok pahasına satın alıp çok düşük fiyatla Avrupa'ya sattı; Sibirya petrolünün dışsatım ayrıcalığını ele geçirdi.[297]

---

[294] "Insider- trading trial begins for Soros" *The Washington Times, November 8, 2002*
[295] "Soros on Soros" 1995' ten çeviri: Soros Soros'u Anlatıyor, s. 109.
[296] W. Engdahl, "The Secret Financial Network Behind 'Wizard' George Soros, EIR Special Report, s.32-38
[297] *Wall Street Journal, May 13, 1993.*

Yeri gelmişken, sınır tanımayan çok yönlü ticaret ustası Rich'i biraz olsun tanımakta yarar var. İlginç bankalar merkezi Zug (İsviçre) kentinin kralı olarak da ünlenen Marc Rich, 33 milyar dolarla, 27 ülkede iş çevirmektedir.[298] Türkiye, "Marc Rich" adını 2001 başlarında öğrendi. FBI, İsviçre'de şatoda yaşayan Rich'i bir türlü bulamamaktadır. Eski Federal Savcı Rudy Giuliani'nin Rich için düzenlediği, 1982 soruşturma dosyasındaki 51 suçun özeti, yasadışı silah ticareti ve 48 milyon dolarlık vergi kaçakçılığıdır. ABD tarihinin en büyük kaçakçılığıdır bu ve Marc Rich arananlar listesinin en önemli ilk on kişisi arasına girer.[299/300]

George Soros, ABD yönetimini Kosova olayları gerekçesiyle Sırbistan'ı bombalamaya kışkırtırken, Marc Rich de ambargoyu delerek Sırbistan'a petrol satıyordu. İran'daki rehine bunalımı döneminde petrol karşılığında İran'a roket yönlendirme sistemleri satan Marc Rich, Irak ambargosunu da delerek Irak petrolünü pazarlamıştı.

Hem ABD, hem de İspanya ve İsrail vatandaşı olan; Jamaika, İngiltere, Doğu Avrupa ülkelerinde, Sovyetler Birliği'nde ve İsrail'de yaşayan Marc Rich, metal borsasının en önemli oyuncusudur. Romanya'da petrol arıtma işletmesi vardır. Merkez büroları İspanya'da; fabrikaları Avustralya, Sardunya ve Batı Virginia'dadır. Nikel, kurşun, çinko, kalay, krom, magnezyum, bakır ve kömür piyasasına egemendir. Türkiye'den ABD'ye krom dışsatımı Marc Rich'in şirketlerince yapılır. Petrol, gaz, çinko, krom vb. ticareti, İsviçre adresli Glencore şirketi ve bağlılarınca gerçekleştirilir. Glencore'un %71 hissesi Marc Rich'e aittir.[301/302/303]

İsrail devlet yönetimi Rich'in arkasındadır. O zamanların İsrail Başbakanı Ehud Barak, Rich bağışlansın, diye Clinton'a iki kez telefon eder. MOSSAD Başkanı Shabtai Shavit ise başkana bir mektup göndererek, Rich'in geniş ilişkileriyle önemli işler başardığını belirtir. İsrail'deki vakıflar da geri kalmazlar ve ABD Başkanı'na mektup yollarlar. Telaviv'deki "Marc Rich Foundation" ve "The Movement For Quality

---

[298] M. Dobbs, "Rich Made His Fortune by Breaking the Rules" *Washington Post Foreign Service, March 13, 2001,A01.*
[299] "Marc Rich Ally Seeks Meeting on N.Y. Taxes" *The Washington Post, March 4, 2001*
[300] M. D. Rich, 1966 yılında İngiliz ayakkabı fabrikatörü Emil Eisenberg'in kızı Denise Eisenberg ile evlenmişti. *Martin Kattle, "Clinton defiant as FBI opens inquiry" Washington, Guardian, Feb. 16, 2001.*
[301] Marc David Rich, 1934'te Belçika'da doğdu. Ailesi, önce Vichy (Fransa)'ye, daha sonra (1941) ABD'de Kansas City'ye, oradan da, New York'a göçtü. 1974'de Philip Brothers ile İsviçre'de bir şirket kurdu. 1970-!980'lerde çok kazandı. Sivil örgütlere, kültürel kuruluşlara 100 milyon dolara yakın bağışlarda bulundular. *David Ruppe, ABC News.com 010207*
[302] M. Mustafa Çınkı, "Kromun IMF, DTÖ Kıskacında Özelleştirmeye Kadar Uzanan Kanlı Öyküsü," *Müdafaa-i Hukuk, Mayıs 2002, Sayı:45, s.59.*
[303] Marc Rich, Glancore International AG'deki hisselerini 2001 yılında sattı.

Government"* adlı kuruluşu, Michal Herzog yönetmektedir. Michal Herzog, Ehud Barak'ın hükümet sekreteri Yitzhak Herzog'un eşiydi. Yitzhak Herzog ise eski devlet başkanı Chami Herzog'un oğludur. Chami Herzog, Çin ve Kazakistan gezilerini Shaul Eisenberg'in özel uçağıyla yapacak denli yakın ilişkiler içindedir.[304]

Ayrıntılar bunaltıcı olmakla birlikte, Türkiye'ye dek gelip, 'açıklık' ve 'ahlaklı yönetim' önerenlerin niteliğini bilmek bakımından önemli olmalı. Bu nedenle küçük bir ayrıntı daha eklemek gerekiyor.

FBI ve Interpol tarafından aranan Marc Rich'in eşi, ABD'de ünlüdür. Denise Eisenberg Rich, bir yandan Sister Sledge, Bette Midler, Celin Dion gibi şarkıcılara güfte yazarken, öte yandan Akev'den de ayağını kesmemiştir. Manhattan ve Akev (Whitehouse) sosyetesinin seçkinlerinden Denise Eisenberg Rich, Demokratik Parti'ye 500.000 doların üstünde, Hillary Clinton'un Başkanlık Kütüphanesi projesine ise 450.000 dolar katkıda bulunmuştur.[305]

Bu arada Hillary Clinton'ın, senatörlük seçimlerini kazandıktan kısa bir süre sonra teşekkür etmek ve İsrail'e desteğini göstermek üzere Telaviv'e gittiğini anımsamalı.[306] Öte yandan, Marc Rich'in avukatı ve lobicisi Jack Quinn de önceleri Akev danışmanlığını ve daha sonra da Clinton'un yardımcısı olan ve 2001 sonunda AD başkanlığı seçimini kıl payı farkla kaçıran Al Gore'un personel şefliğini yapmıştır.

Bunca yararlı ilişkilerden sonra Marc David Rich ve suç ortağı Pincus Green (Pinky), Clinton başkanlıktan ayrılmadan önce bağışlanan 141 kişi arasına girerler.[307/308/309]

Rich'in adı gibi zengin ilişkilerinden ve "şok terapi" operasyonlarından yararlanan ikinci ünlüye geçebiliriz. İkinci dost Shaul Eisenberg, Özbekistan'da tekstil işine girer. Özbek yönetimi işin içeriğini ayrımsayınca, Eisenberg'e yasak koyar. EIR'de yazan William Enghdal, yasaklama sonucunda MOSSAD'ın Orta Asya planlarının büyük darbe aldığını belirtmektedir.[310]

Eisenberg, oldukça deneyimlidir. Kore'de 1961 hükümet darbesinden sonra diktatör olan Park, 'temiz toplum' için gerekli işleri bitirir bitirmez, iki numaralı darbeci General Kim Jong Pil, K-CIA'yı kurdu. Sıra,

---

* Kaliteli Hükümet Hareketi
[304] Barry Chamish, "Another Crooled May Save The Day", *Rense, 12-07-2000*.
[305] Marc Rich ve Denise Eisenberg, kaçaklık dönemi başlayınca 1993'te boşandılar.
[306] Martin Kattle, Washington, *Guardian, Feb. 16, 2001*.
[307] "Taking Liberties: Money, MOSSAD and March Rich" *CAQ, April-June 2001, 70(49)*
[308] "Bid to Win Pardon for Rich Detailed" *Washington Post, March 24, 2001, A08*
[309] Robert Scheer, "Many a U.S. President Pays the Pardon Piper" *National Column, Los Angeles Times, March 6, 2001*
[310] *EIR, Nov. 1, 1996*. Ayrıca 1992 sonunda Eisenberg'in girişimleriyle ABD-İsrail ortak pamuk üretimi için 400 milyon dolar kredi sağlanır. Barry Chamish, a.g.y

kirli işlere gelmişti.[311] Yeni yönetimin has adamları, Unification Family tarikatının kurucusu Sun Myung Moon ve ABD yönetimiyle rüşvetli ilişkiler kurarak para sızdıracak olan Tonsung Park'tı.[312] Shaul Nehemiah Eisenberg, Japon sermayedarlarıyla da işbirliğine girişen General Pil için arabulucu oldu. Hem şirketler hem General, hem de Eisenberg kazandı.

1979'da Çin ile İsrailli silah üreticileri arasında ilk ilişkiyi de Eisenberg kurdu. İsrail 1990'da, Orta Asya'ya Shaul Eisenberg ile girdi.

Shaul Nehemiah Eisenberg, Polonya'da doğmuş, daha sonra Şanghay'a, oradan da Japonya'ya gitmiştir. Çin Halk Cumhuriyeti ile de iyi ilişkiler kuran Eisenberg, bir Japon ailesiyle geliştirdiği ilişkilerle ticari yaşamda hızla yükselmiş; Kore'de çimento ve kimyasal fabrikalarına, Şili'de madenlere sahip olurken, Orta Amerika'da yoğun ticari ilişkiler geliştirmiştir. 1968'de İsrail'e dönünce, "Eisenberg yasası" da denilen kararlarla Eisenberg'e "vergi bağışıklığı" tanınmıştır. İsrail ekonomik yaşamında dal budak salan Eisenberg, silah ticaretinde yoğunlaşmıştır.[313]

Gücü öylesine yükselmişti ki hem Çin ile hem de Suudi Arabistan ile silah ticareti yapabiliyordu. Onun başarısında MOSSAD'dan transfer edilen elemanların yararı olmuştu kuşkusuz. 13 yılını İran'da geçiren, Irak'ta Kürt isyanını örgütleyen, CIA ile üst düzey ilişkileri yürüten, ABD başkanları ile doğrudan görüşebilen ünlü MOSSAD elemanı David Kimche, 1985'te Shaul Nehemiah Eisenberg'in Telaviv'deki Asia House adlı holding şirketinin temsilcisi oldu. Aynı şirkette 1968-1973 arasında MOSSAD yöneticiliği yapan Zvi Zamir ile İsrail iç güvenlik örgütü Shin Beth'in yöneticisi Amos Manor da çalışmıştı.

Eisenberg ile çalışanların en ünlüsü Abraham Bendor'dur. İsrail için hassas teknolojik bilgi istihbaratı yapan gizli kuruluş LAKAM adına "Department of Electronics-Israel" elemanı maskesiyle çalışan Abraham Bendor, İsrail iç güvenlik örgütü Shin Beth'in yöneticiliğinden emekli olduktan sonra Eisenberg ile çalışmaya başlamıştı.[314/315]

---

[311] R. Boettcher with Gordon L. Freedman, Gifts of Deceit:Sun Myung Moon-Tongsun Park and The Korean Scandal, s.24
[312] Unification Church'ün başlangıçtaki adı "Unified Family (Birleşmiş Aile)"dir.
[313] Çin'den Suudi Arabistan'a füze satılmasına İsrail yardımcı oldu. Israel *Foreign Affairs, Dec. 1987*'den Andrew and Leslie Cockburn, *Dangerous Liaison, s.13, 362.*
[314] LAKAM'ın elemanları arasında "Dirty Rafi" olarak da bilinen kişi Rafael Eitan'dır. LAKAM istasyon şefi Eitan, Pensylvania'daki nükleer maddeler sanayisi NUMEC'e casus olarak sızmıştır. Daha sonra yapılan soruşturmalarda bu tesisten önemli miktarda zenginleştirilmiş uranyumun kaybolduğu saptanmıştır. 1970'lerin ortalarında Ariel Sharon, Başbakanlık güvenlik danışmanı olunca, Eitan onun yardımcılığı görevini üstlendi. Daha sonra LAKAM başkanlığı da yapan Eitan, Lübnan Falanjistlerini desteklemesiyle ünlenmiştir. (*Yedio Aharanot, 13.3.87, Hoalam Ha'zeh, 19.8.87 ve Ha'aretz, 1.3.85*' ten aktaran *Cockburn, s.85.92.202.*) Eitan, 1980-89 arasında görev yaptığı Beyrut'ta T.C. istihbarat kurumu MİT görevlisi Hiram Abas da görev yapmıştır. (Soner Yalçın, Bay Pipo)
[315] Merkezi Telaviv'de bulunan büyük holdingin sahibi olan Eisenberg, Mart 1997'de

Ulusal sistemler kendiliğinden çökmez

Rusya'da işler ve ilişkiler şok terapiyle sınırlı kalmaz. Bir devleti yönlendirmenin en güvenli yolu o devlete kadrolar yetiştirmektir. Soros, Rus medyasını, eğitimini, araştırma merkezlerini ve bilim odaklarını parayla destekler. "Lise ve üniversite *düzeyinde eğitim dönüştürülmesi*" için 250 milyon dolar yatırır; ISF (Uluslararası Bilim Vakfı)'ye 100 milyon dolar verir.[316]

FSK (Federalnaya Sluzhba Kontrrazvedki- Rus Federal Karşı İstihbarat Servisi) Soros'u bir "espiyonaj" örgütü kurmakla suçlamakta; Ford ve Heritage vakıflarından, Harvard, Duke ve Columbia üniversitelerinden yardım gördüğünü ileri sürmektedir. FSK'ye göre Soros, 50.000 bilimciye ödeme yapmakta ve böylece bilimsel ve teknolojik gelişmeleri denetimi altına almaktadır.[317/318]

İş, salt yardım ve yönlendirmeyle sınırlı kalmıyor. 1995'te, ABD Dışişleri operatörü Fred Cuny'nin Çeçenistan olaylarına karıştığı saptanır. Cuny, ABD çıkarlarıyla sıkıca bağlı olan çatışma bölgelerinde çalışmıştır. Cuny'nin ayrıca Soros adına da sözleşmeli olarak çalıştığı ileri sürülmektedir.[319] Rusya'nın yeni tür sermayedarlarından Boris Berezovsky "*Birkaç yıl önce George Soros'un CIA ajanı olduğunu duydum*" diyerek Soros'un ilişkilerine bir başka boyut eklemektedir.[320] Şok terapiye yardımcı olan Stanley Fischer, Türkiye'ye yabancı değildir. Ultra liberaller, Stanley Fischer'den 'arkadaşımız' diye söz ederler; onunla mektuplaşırlar.

Yeni yeni "açık toplum" olan, her şeyini para piyasasına emanet etmiş, planlı ve programlı üretimi unutmuş, serbest piyasa oyuncularının "vur-kaç" hünerlerinden habersiz ülkelerde, bu tür oyuna "ekonomik kriz" deyip geçerler.

Oyuna gelenlerin ulusal paraları, beş para etmez olur; sanayi ve ticaret yıkılır. Tayvan'da, Endonezya'da, Meksika'da, Arjantin'de, Malezya'da aynı oyun oynanır.

Pekin'de öldü. Ed Blanche, "Israel and Turkey Look To Extend Their Influence Into Central Asia" *Jane's Intelligence Review, August 2001*
[316] "Irina Deznhina, 'US Non-profit Foundations in Russia, Impact on Research and Education' *"http://216.239.37.100/search/?q=cache:stjlnD85ZHYC* ve *jhu.edu/~istr /conferences/dublin/workingpapers/denhina'* dan aktaran Heather Cottin, "George Soros, Imperial Wizard" *CAQ, Number 74, Fall 2002, s.3.*
[317]"FSK Suspects Financing of Espionage on Russia's Territory," AP wire, January 18, 1995'ten aktaran Heather Cottin, a.g.y. s.3,7.
[318]David Hoffman, "Proliferation Parties Gives Russia a Fractured Democratic System," Washington Post, Oct. 1,1995'ten aktaran Heather Cottin,a.g.y. s.3, 7.
[319] Allan Turner, "Looking For Trouble" Houston Chronicle, May 28, 1995, p. E1; Kim Masters, "Where is Fred Cuny," Washington Post, June 19, 1995, p. D1'den Heather Cot-tin, a.g.y. s.3, 7.
[320] Los Angeles Times, Nov. 24, 1994, p. A55'den aktaran Cockburn, a.g.y, s.3, 7.

Ne ilginç rastlantıdır ki ülkelerin ulusal piyasaları yıkılırken, yolsuzluk savları yükselir, etnik ve dinsel sürtüşmeler çatışmalara döner ve "project democracy" yollarında, para krallarının yeni dünya düzenine uyumlu yönetimler oluşur.

Medya diliyle, 'smart boys (parlak çocuklar)' olarak nitelenenlerin, derinden derine piyasa değerlendirmeleri yapanların, vur-kaç özgürlüğünü, devlet küçülsün ya da yolsuzluklar önlensin gibi, sade suya tirit, bilgiçce değerlendirmelerle sundukları yayınlarda yer almayan işleyişin adımları yalın ve basittir:

1. Mega-Banker olarak pohpohlanmış Soros ve yandaşları, hisse ve tahvil almaya başlar. Onun bir şeyler bildiğinden emin olan ötekiler de izlerinden gider. Bu arada, dış sermayeli televizyonlar her yarım saatte bir piyasa haberi geçerken, yorumlarını da eksik etmezler.

2. Gelirleri daralmış olan küçük yatırımcılar alışa geçerler. Medya, piyasalar hareketlendi; hükümetin şu, IMF'nin bu anlaşması sonuçlanıyor, haberlerini yayar. Fiyatlar ve alışlar daha da yükselir.

3. Vur-kaç bankerleri, ikincilere satarlar; katlayarak kazanırlar.

4. Vur ve kaç operatörü, topladığı parayı dolara çevirir ve aracı bankasından ülke sınırları dışına çıkarır. Para, yıkılacak yeni bir piyasa, altüst edilecek bir ulusal pazara yönelir.

5. IMF ülkeye gelir, tıpkı Soros'un buyurduğu gibi "Devleti küçültün" der. Ulusal üretim boğulur. Dış borç taksitlerinin tahsili için para piyasasının, güvensizlik ortamında ağır yaralar almış banka düzeninin yeniden toparlanması, yani toplam olarak devlet düzeninin sürdürülebilmesi için yeni borçlanma olanağı aranır ve öncelikle yeşil ışık beklenir.

6. Yeşil ışık, tıpkı Soros'un buyurduğu gibi siyasal isteklere bağlanır. Buna direnecek yönetimler varsa, demokratik ve liberal (!) ortam hazırlanarak yıkılır.

7. Yıkıma uğratılan ülkeye dönülür. Yıkılan ekonomik ortamda, birdenbire değer yitiren şirket hisseleri, hammaddeler, ihraç ürünleri bir iki misli değerlenmiş olan dolar karşılığında satın alınır.[321]

İşlerin güvenlik içinde yürütülmesi için, iki koşulun yerine gelmesi gerekiyor: İlki, geniş bir bilgi ağından ince bilgilerin toplanması; ikincisi, yapılan işlerin şöyle ya da böyle sert tepkilerle sarsılmaması. Her iki gereksinim ise çok geniş bir dostluk çevresi gerektirir.

Geniş çevrenin oluşabilmesi için, akademisyenlerden, hayır derneklerive vakıflara, işadamlarından bankacılara, insan hakları gruplarından siyasal partilere ve doğal olarak sesli-yazılı-görsel yayın ortamına bağlanan bir ağ kurulması zorunludur. Şimdi bu ağın işleyişinin tipik örneklerinden biri olan Malezya operasyonuna kısaca bakmanın sırasıdır.

---

[321] Scott Thompson, "Profile: George Soros 'Inside-Outside' Job For the Oligarchy" *EIR, Aug.24, 2001*

Açılanı vururlar

"Açık toplum" ve IMF'nin serbest piyasa kuralları sürerken, Malezya'da kısa süreli bir işlem sonucu para piyasası çöker. Devlet yönetimi olayı ayrımsar; ama iş işten geçmiş, "sıcak para" diye bilimsel ve ekonomik bir ad verilen vurguncu parası, yeni vuruşlar için Malezya'dan çıkıp başka ulusal pazarlara yönelmiştir. Parası çöken Malezya yönetimi, dış sermayeye en az bir yıl ülkede kalma koşulu getirir, IMF'den ülkeyi terk etmesini ister. Bu konu ABC televizyonunda görüşülür.

ABC-News Nightline programında Ted Koppel soruyor:

"Kolayca anlaşılabilir kavramlar kullanalım. Şimdi siz, Malezya'nın parasını tahrip ederek kazanç elde ettiyseniz, bu durumda (Malezya'dan) alıp götürmüş olmuyor musunuz?"

Soros, sözünü esirgemiyor:

"Tam da öyle değil; çünkü bu benim eylemimin amaçladığı bir sonuç değildir. Ve bir (piyasa) katılımcısı olarak sonuçları hesap etmek benim işim değildir. Bu piyasanın doğasında var."

Piyasaları çeşitli açıklamalarla yönlendirip işi bitireceksiniz ve "Ne yapalım ki bu piyasanın kuralıdır" diyerek işin içinden sıyrılacaksınız. Piyasa oyuncusu için bu son derece olağandır. Bir yandan iyiliksever adamı oynarken, öte yandan kitlelerin düştüğü durumun da bir açıklaması olmalıdır. Soros, bu çelişkili durumu şu sözlerle açıklıyor:

"Para piyasasıyla oynadığınızda sıradan bir işadamının yüzleştiği ahlaksal endişelerin çoğundan kurtulursunuz... Para piyasalarında ahlaksal konularla kendimi meşgul (etmek ve) bağlamak zorunda değildim."[322]

Açıklamalar, kumar masasına oturan kişinin sorumluluk anlayışına denk düşüyor. Ne ki, kumarbaz kendisine ait olanı yitirir ve kazanan da ancak yitirene ve onun ailesine zarar verir. Oysa para piyasalarında oynayan oyuncunun ahlaksal endişeleri olmayabilir; ama büyük kitlelere verdiği zarar, kumarbazın verdiği zarardan çok öte sonuçlar doğurur. Soros'a bakılırsa, ulusal paranın çöküşü de Soros'un kazancı da serbest piyasa düzeninin bir sonucudur. Bir ülkenin ulusal ekonomisi yıkılmış, parası yerle bir olmuş; milyonlarca kişi işsiz kalmış, ulusal devletin borçları bir anda katlanmış, çocuklar yoksulluk yükünün altında ezilmiş, ülkede etnik sürtüşme başlamış; kimin umurunda?

Malezya'daki vur-kaç işini, kendi "açık toplum" ahlakına yakışır biçimde açıklayan Soros, Türkiye'ye gelecek ve bunca ticaret kokan sözünü unutup, *"Malezya'daki ekonomik çöküntüden, Mahathir'in söylediği gibi siz mi sorumlusunuz?"* sorusuna, *"Hayır bu, Malezya yönetiminin suçudur"* diyerek; karşısındakinin nabzına göre şerbet verecektir.[323]

---

[322] Soros on Soros, p.111' den aktaran Heather Cottin, *CAQ, Fall 2002, 74, p.2*
[323] Entelektüel Bakış, Şahin Alpay, *CNN, 3 Mart 2002, Saat: 12.30-13.00*

George Soros 1997'de Tayland ekonomisini çökertmekle suçlandığında bir eylemcinin, *"Biz George Soros'u bir tür Drakula olarak değerlendiriyoruz. O halkın kanını emmektedir"* sözleri ilk bakışta abartılı gibi görünse de Soros'un para piyasalarında oynamakla ahlaksal özgürlük arasındaki ilişki üstüne açıklamalarına bir başka derinlik getiriyor [324]

Aslında, Soros'a şükran duyulmalı. Üçüncü ülkelerde, vur-kaç düzenine "küreselleşme" ya da "serbest piyasa ekonomisi" diyerek bilimsel kılıflar üreten liberallerin, yeni düzencilerin, London School of Economics eğitimli Dünya Bankası memurlarının, vakıf ve "think tank" uzmanlarının saatler süren gevezelikleri yanında, Soros'un sözleri daha anlamlı, daha açık ve yaptığı işe uygundur. Kısaca, gerekiyorsa vurulacaktır.

Soros'un milyon doları ve darbe

Bu arada, IMF'nin sınır dışı edildiği Malezya'da kampanya başlar. Devlet yönetiminin en uç noktalara dek yolsuzluğa battığı ilan edilir. Hemen bir liberal gazete çıkarılır ve "Temiz toplum-Açık toplum" kampanyası başlatılır. Şiddet gösterileri yükselir.

Yönetim, ekonomik düzeni rayına oturtmaya çabalarken, gazeteden kışkırtıcı yayınların durdurulması istenir. Gazete kışkırtmayı sürdürür. Gazete yöneticisi gözaltına alınır.[325] İstenen olmuştur. Bilumum NGO'lar harekete geçerler.

Para kaynağının % 44'ünü, AB'den, geri kalanını Soros Vakfı, Ford Vakfı gibi sınır tanımayan sivil(!) örgütlerden alan RSF (Reproters Sans Frontiéres- Sınır Tanımayan Gazeteciler), Mahathir bin Muhammed'i diktatör olarak ilan eder. NGO'lar, bizdeki adıyla STÖ'ler, Malezya'nın soyulmasına, ekonomik düzenin 'vur ve kaç' işleriyle sarsılmasına ses çıkarmazlar. Bu arada, iyi günlerde Malezya ile işbirliği gösterileri yapmaktan, geri kalmamış olan Türkiye'nin ünlü İslamcılarından bir tekinin bile sesi duyulmaz![326]

En önemli açıklamayı da Malezya yönetimi yapar: İçerdeki muhalefet yayınlarının Soros'tan gelen parayla desteklendiğini açıklar.[327] George Soros ise Başbakan Mahathir Bin Muhammed'i Nazilikle suçlar. Malezya, vurulan bir açık toplum örneğidir. Oysa Peru, hem para ile hem de örtülü "demokrasi" oyunuyla vurulması gereken bir ülkedir.

Türkiye'de ABD ve IMF politikalarına karşı olan yazarlar, 2002 baharında Venezuela'da yaşananlara ilgi göstermişlerdi. Bu ilginin temel

---

[324] Heather Cottin, a.g.y, s.2
[325] *C.S. Monitor, March 13, 2001*
[326] Malezya operasyonunun ekonomik boyutu için bk. *Güven Sak - Fatih Özatay, "Dünyada ve Türkiye'de Kriz" Radikal, 19-23 Mart 2001*
[327] Soros'a bağlı Open Society-Yugoslavia (merkezi önce Priştina, sonra Belgrad ve Karadağ), "bilgi," "sanat ve kültür," "eğitim" ve "gençlik" projeleri için muhalefete 1988'de, 14,8 milyon dolar bağışladı. *CAQ, Spring-Summer 1999, 67 (65)*

nedeni oradaki darbenin Türkiye'de yaşananlara benzeyebileceği düşüncesiydi. Oysa Venezuela darbesini anlayabilmek için iki yıl öncesine dönüp, Peru'ya bakmak gerekiyor.

Devlet Başkanı Alberto Fujimori, ekonomiyi düzelttikçe; uyuşturucu trafiğinin üstüne gittikçe, diktatör ilan edilir. Lüksemburg ve Lugano'dan Hollanda Antilleri'ne uzanan bankalar, bankerler, serbest piyasa oyuncularından örülü ağın içinde cirit atanlar, bazı ulus devletlerin açık topluma dönüşmemelerini ve üstüne üstlük ekonomik yapılarını düzene kavuşturmalarını bağışlamazlar; Peru'ya demokratik(!) dış müdahale yapılmasına karar verirler. Onlara göre demokrasi, her türlü paranın sonsuz özgürlük içinde, yasa, kural tanımadan dolaştırılmasıdır.

Nisan-Aralık 2000 arasında olup bitenleri kısaca gözden geçirmekte yarar var: Nisan 2000'de, Peru'da devlet başkanlığı seçimi birinci turunda Fujimori oyların yüzde ellisinden fazlasını alınca, ABD'nin desteklediği Toledo Alejandro, seçimlere hile karıştırıldığını ileri sürerek seçimlerin ertelenmesini ister. Harcanan onca emeğe, paraya ve ABD-NGO desteğine karşın muhalefet, seçimleri yitireceğini anladıkları her yerde hemen seçimlerin ertelenmesini isteyerek kargaşa yaratmaya çalışırlar; tıpkı Nikaragua'da olduğu gibi. Alejandro'nun çağrısına, ABD ve bağlaşıkları Panama, Costa Rica ve Kanada'dan destek açıklamaları gelir.

Peru'da seçimlerin ikinci turu, 28 Mayıs 2000'de yapılacaktır. Devlet, seçim hilesi olmadığın ileri sürerek gözlemciler gönderilmesini ister. İşte o anda, demokrasi dışsatımcıları devreye girer: Carter Center, NDI, Avrupa Birliği ve öteki NGO'lar seçimlere gözlemci göndermeyeceklerini açıklayarak kitleyi kışkırtmayı denerler. Tüm engellemelere karşın seçimler gününde yapılır ve Fujimori, oyların % 50'den fazlasını alır.

ABD duraklamaz; kendi demokrasisini getirmeye kararlıdır ve yenilgiyi asla kabullenmez. OAS (Güney Amerika Örgütü) toplantıya çağrılır. George Soros'a yakınlığıyla tanınan, Gözlem Heyeti Başkanı Eduardo Stein'in Peru aleyhine açıklamaları işe yaramaz. Meksika, Brezilya ve Uruguay temsilcileri, Peru'nun içişlerine karışmayacaklarını; *"birtakım küresel örgütlerin egemen devletlerin kurumlarının yerini alamayacağını"* açıklarlar.

Madeleine Albright'ın Polonya'da düzenlettiği "Demokrasi Toplumlarına Doğru" ve eşzamanlı olarak Soros'un örgütlediği "Demokrasi Dünya Forumu" konferansları sırasında Toledo'nun seçim işleri yöneticisi Alvaro Vargas Llosa, George Soros ile Toledo'yu buluşturur. George Soros, Peru'da iç karışıklık yaratmak isteyen Harvard'da yetişme Alejandro Toledo'ya bir milyon dolar verir.[328]

Soros'un Toledo'ya demokrasi ve 'açık toplum' yararına, güvenmesinin bir özel nedeni daha vardır: 1980-1985 arasında bakanlık yapmış

---

[328] Bu konferanslara ARI Hareketi (Derneği) Başkanı Kemal Köprülü de katılmıştı.

olan Toledo, Dünya Bankası'nda çalışmış ve daha da önemlisi, Peru Ulusal Bankası'nın başdanışmanlığı görevinde bulunmuştur.

Peru'da yinelenen seçimlerin ardından, Haziran 2000'de, başkent Lima'da Toledo destekçilerinin, "Dört Köşeden Yürüyüş" adı verilen gösterileri başlar. Binalar yakılır, kargaşada insanlar ölür.[329] Ortalık bir türlü durulmaz, kargaşa bitmez. Fujimori aleyhinde yolsuzluk suçlamalarıyla bezenmiş, uyuşturucu trafiğine ortaklık savlarıyla süslenmiş yaygın kampanya başlatılır. Kargaşalık derken Washington'un demokrasi darbesiyle Toledo başkanlık koltuğuna oturur.

ABD'ye de yıllar sonra, Orta ve Güney Amerika'ya sözde güvenlik adına müdahalenin yolu açılmış olur. Müdahalecinin sabrı yoktur. George Walker Bush Jr., Lima'ya gitmeye karar verir. Gezi yaklaşırken, Lima'da ABD elçiliği yakınında bir araç havaya uçar; 9 kişi ölür, 40 kişi yaralanır. George Bush Jr., sertleşir:

"Hayır, iki parça terörist, bizi yapmamız gerekeni yapmaktan ve yarı küredeki (Latin Amerika) *dostluğumuzu geliştirmekten alıkoyamayacaktır... Gideceğime dair bahse girer misiniz?"*

Toledo, iktidara gelir gelmez, ABD para oyuncularının isteğine uyarak Pedro Pablo Koczynski'yi ekonomiden sorumlu bakan yapar. Özelleştirme furyası başlar; en kârlı olan en iyi özelleştirmedir: İki su-elektrik üretim merkezi ve madenler özelleştirilir. Zamlar zamları kovalar. Perulular işin ayırdına varırlar. ABD'li operatörler içerden sivillerle kendilerine yandaşlar örgütlemiştir; ama yetmez. Türkiye'dekinin tersine, sendikalar sivil maskeli iç ihanete kapılmaz ve genel grev başlar; halk ayaklanır. ABD'den danışmanlar, uzmanlar ne tür tehdit ederlerse etsinler, halkın öfkesi yatışmaz. Toledo, olağanüstü durum ilan eder; halk eylemlerini bastırması için orduya emir verir. Komutanlar bu emri dinlemez.

Toledo geri adım atar; özelleştirmeyi durdurur. Başbakan Roberto Danino, Dışişleri Bakanı Diego Garcia Sayan ve ABD para oyuncularının, Dünya Bankası'nın ve IMF'nin adamı Pedro Pablo Koczynski (PPK) zorunlu olarak görevini bırakır.[330]

Batı'nın siyasal düzenine düşkün olmayanların anlayamayacağı, fırıldak adam işleri bunlar. Benzetmek gibi olmasın; ama olaylar bize pek tanıdık geliyor: George Soros, İstanbul'a dek gelip, Sabancı Üniversitesi Rektörü Tosun Terzioğlu ile Avrupa Üniversitesi anlaşmasını imzaladıktan sonra *"Sosyal devlet derseniz, ekonominiz yıkılır... Kürt sorununu çözmelisiniz... Türkiye asker ihraç etmelidir. vs."* demişti. Dünya Bankası'ndan transfer edilmiş Kemal Derviş gibi taklitlerini bir yana bırakıp açık sözlü ve açık toplumcu George'a kulak vermekte sonsuz yarar var.

---

[329] EIR, *Highlights-Peru Election Shock*, Lima, April 23, 2001
[330] Valerie Rush, "Wall Street Takes a Hit in Peru, As Anti-Privatization Spreads" *EIR, August 2, 2002*

Ulus devletler hemen yıkılmalıdır

Soros, yoktan var olmuş bir dahi midir; yoksa CNN'in Türkçe yayınında Şahin Alpay'ın belirttiği gibi, New York'ta garsonluk yaparak mı yükselmiştir? Yanıtları aramak gerekiyor.

Avrupa'nın aristokratları ve hanedanları, erklerini yitirmiş görünmektedirler. Ama onlar, dünya egemenliklerini, açıktan görünmeyen, özel parasal çıkar ilişkileriyle, siyasal bağlantılarla birbirine kenetlenmiş yönetim düzeniyle sürdürürler. İşin odağında Londra bankerlerinin oluşturdukları "Isles Club" bulunur. Soros kulübün en büyük üyesi Rothschild ailesinin elinde piyasacı olmuştur.

Soros sermayesinin kaynağını ilginç bir öyküyle anlatır: 1944'te, Naziler Budapeşte'ye girince, Tivador Soros *"Oğlum"* der, *"işgal yasadışıdır. Şimdi olağan kurallar işlemez."* Baba Soros kurallara uymaz ve sahte kimlikler düzenler ve Tarım Bakanlığındaki görevliye rüşvet vererek George'u işe sokar. Bu yönetici, Nazilerce toplama kamplarına götürülen Yahudilerin mallarına el koymakla görevlidir.

Jonas Kis adına düzenlenmiş bir kimlikle işe başlayan George, onun yardımcısı olur. "Adam olacak çocuk" diye başlayan deyişe uygundur bu öykü; çünkü kendi anlatımına göre Soros, Nazilerle çalıştığı dönemde daha 14 yaşındadır.[331/332]

George Soros, 1947'de London School of Economics'de, Britanya Aristokrat Sosyetesi'nin önde gelenlerinden Sir Karl Popper'dan ve ülkemizdeki ultra liberallerin de hayranlığını kazanmış olan, Friedrich von Hayek'ten açık toplum kuramını öğrenir.

"Milliyetçilik sadece düşmanlığa ve tahribe ve ırkçılığa ve savaşa neden olur" diyen Soros'a göre, milliyetçiliğin yapıcı bir yöne sahip olması bile olanaksızdır. Ulus devlet yıkılmalıdır ve yerini tüm dünyaya egemen olacak bir güce bırakmalıdır.[333] Soros'un çözüm konusunda verdiği tarihsel örnek de yabana atılacak türden değildir:

"19. yüzyılın büyük bölümünde İngiltere'nin çok saygın bir konumu vardı; dünyanın bankacılık, ticaret, gemicilik ve sigorta merkeziydi. Bütün yerküreyi kuşatan koloniler imparatorluğuydu. Herhangi bir sorun çıkan yere gönderebilecek silahlı gemiler filosu besleyebiliyordu... Birleşmiş Milletler'e karşı tepkiler o kadar güçlü ki onu dünyada huzur ve düzeni sağlayacak bir güç haline getirmektense öldürmemiz daha büyük olasılık."[334]

---

[331] Robert Slater, "Soros, The Unauthorized Biography, McGraw-Hill" den çeviri,) s.44.
[332] Scott Thomson, "Profile: George Soros 'Inside-Outside' Job For the Oligarchy" *EIR, Aug. 24, 2001.* Hemen belirtelim ki, Sorosseverler bu öyküyü beğenmezlerse, kendileri bir öykü üretebilirler. (M.Y)
[333] Robert Slater, a.g.k., s.252.
[334] Soros Soros'u anlatıyor, a.g.k. s.124.

Soros'un anlattıklarından çıkan şudur: "Global bir Britanya İmparatorluğu ve bir düzen vardı" ve şimdi dünya çapında bir düzensizlik egemendi; *"sarkaç tam aksi yöne: bırakınız yapsınlar ilkesine doğru sallanıyor."*[335] Soros'a göre *"Milliyetçiliğin yükselişi büyük olasılıkla silahlı çatışmalarla bağlantılı olacak"* ve milliyetçi diktatörlükler, çatışmaları önleyemeyecekler. Üstelik *"Rusya'da olduğu gibi İran ve bir dizi başka ülkede de nükleer silahlar var."* O başka ülkelerin adı yok; ama Soros *"düzenin değiştirilmesi için bir şeyler yapılması"*ndan yanadır.[336]

Britanya imparatorluğunun çağdaş bir türü olarak, yeni dünya imparatorluğu kurulmalı, küresel düzen sağlanmalıdır.[337] Soros'un, küresel açık toplum düzenini kimin yöneteceğini, iki tümce yerine satırlar ve sayfalar dolusu açıklamalara uygun bir yanıtla sonuçlandırıyor:

"Küresel bir açık toplum insanlarla ya da kendi başlarına hareket eden sivil toplum örgütleriyle kurulamaz. Egemen devletlerin işbirliği yapmaları gerekir ve bunun için de politik girişimlere gereksinim vardır... Küresel açık toplumu kurmaya kararlı, benzer düşünceler paylaşan toplumların bir koalisyon kurabilmeleri için böyle bir liderliğe ihtiyacımız vardır."[338]

Ülkelerin para piyasalarını çökerten vurguncuya inanmak gerekmez. İşin asıl sahipleri açık davranıyor:

"Kennedy School of Government Rektörü, Clinton'un eski Savunma Bakanı Joseph S. Nye son kitabına şöyle başlıyor: 'Roma'dan beri, öteki ulusları bu derece geride bırakan başka bir ulus olmamıştır! 80'li yıllarda ABD'nin emperyal yayılmacılığı savıyla ün kazanmış olan Paul Kennedy ise işi daha öteye götürüyor: 'Ne Pax Britannica, ne Napolyon Fransa'sı, ne II. Felipe İspanya'sı, ne Charlamagne, ne de Roma İmparatorluğu günümüzün ABD egemenliğiyle karşılaştırılabilir.' Daha sonra soğukkanlılıkla diyor ki: 'Bu kadar çeşitli alana yayılabilen bir güç hiçbir zaman var olmamıştır!"[339]

Quantum'un doğuşu ve P2 Mason Locası

Türkiye'deki sivil toplumcuların merkezi sistemi az biraz anlaşılabilir; ama Soros'un anlattığı çok, çoktan da öteleri, uç noktayı göstermiyor. Yeni düzeni kuracak olan egemenler dünyayı yönetecek; ötekiler yönetilecek. Ulusal kimlikli ne denli devlet varsa, para imparatorluğunun kölesi olacak; çok etnikli, mozaik içinde mozaik düzenine dönüşecek. Gerisini

---

[335] ''Sarkacın salınımı'' sözlerini, 2005 yılında Soros örgütünü Azerbaycan'a sokmak için ABD'nin desteğini alan Eldar Namazov yineleyecektir.
[336] Soros Soros'u anlatıyor, s.138.
[337] Liberal Dergisi (İtalya 12 Mart 1998)'nde G. Soros ile yapılan görüşmeden aktaran S. Thomson, a.g.y.
[338] George Soros, "The Crisis of Global Capitalism, s.190.
[339] Attilâ İlhan, "ABD'nin 'Roma Saplantısı'na Dikkat" *Cumhuriyet, 7.10.2002, s.20.*

getirmeye gerek yok; akıllılar yönetecek ve düzen kurulacak. Soros'un geçmişi bile geleceği aydınlatabilir:

Soros, 1956'da ABD'ye gider. Singer & Friedlander, F.M. Mayer ve Wertheim firmalarında çalışır. 1961'de Amerikan vatandaşı olur. Arnhold & S. Bleichroeder, Inc'de Jim Rogers ile birlikte "portföy yöneticiliğine" başlar. Bu firmada Rothschild'ın yatırımları bulunmaktadır.

Jim Rogers ve George Soros 1969'da Arnold & Bleichroeder'den ayrıldılar ve Quantum şirketini kurdular. Ayrılırken bazı yatırımcıları da yanlarına almışlardı. Quantum Fund NV; OECD raporlarında *"uyuşturucu parasının yıkanma merkezi"* olarak nitelenen, vergi cenneti Curacao (Hollanda Antilleri)'da kayıtlıydı. Şirketin banka işlerini eski şirketleri Arnold & Bleichroede ve Citibank üstlendi.

Soros'un ilk yatırımcıları hanedanlar oldu. Kraliçe Elizabeth'in ve 90 bireysel yatırımcının paralarının Quantum ile işletildiği ileri sürülmektedir. Soros, şirket yöneticileri arasında görünmüyordu. Yöneticiler, İsviçre, İtalya ve İngiltere vatandaşıydı. Vergi soruşturmalarına karşı bağışıklık böyle sağlandı. Soros'un 'Soros Fund Management' şirketi Quantum'u danışmanlık örtüsü altında yönetmeye başladı.[340]

Soros'a ilk sermayeyi veren George Karlweiss, Baron Edmond de Rothschild'in temsilcisi ve Banque Privee S.p.A (Lugano)'nın sahibi ve Rothschild Bank AG (Zürich)'in yöneticisidir. Quantum-bankerler ağına değinmekte yarar var.[341/342]

Richard Katz: *Rothschild S.p.A* (Milan)'nın başkanı ve *London N.M. Rothschild and Sons* bankasının yönetim kurulu üyesidir. Bankayı Evelyn de Rothschild yönetir.[343/344]

Nils O. Taube: Quantum'da Baron Jacob Rothschild'in St. *James*

---

[340] Liechtenstein: 5.05 milyar; Lüksemburg Han.: 4.66 milyar; İngiltere Windsor: 4.15 milyar; Hollanda Orange-Nassau: 4.05 milyar; Belçika Saxe-Coburg: 2.26 milyar; İspanya Bourbon: 1.81 milyar; Monako Grimaldi: 1.19 milyar; İsveç Bernadotte: 793 milyon; Danimarka Oldenburg: 146 milyon; Norveç Oldenburg: 141 milyon euro. *"Avrupa'nın hanedanları devletlerden daha zengin"* Hürriyet, 5.6.1999.
[341] Scott Thomson – Elisabeth Hellenbroich, "Profile of the megaspeculator George Soros", *EIR Special Report, s.18*
[342] "Quantum Fund N.V, De Ruyterkade 62, Willemstad, Curaçao Netherlands Antilles" şirketinin 30.6.1993 tarihli "Quarterly Report" belgesinde, şirketin yönetim kurulu: Alberto Foglia, Isodoro Albertini, Richard Katz, L. Armedée de Moustier, Beat Notz, Edgar de Picciotto, Claudio Segré, Nils O. Taube. Fotokopi belge, *EIR, Special Report, April 1997.*
[343] Scott Thompson, a.g.y
Jacob Rothschild'ın kuzeni Evelyn de Rothschild aynı zamanda The Economist yönetim kurulu başkanı ve Atlantic Institute'de mütevelli üyesidir. (CAQ, 1987, 12 (3) ; *Anthony Sampson, The Money Lenders, s.270)* Evelyn de Rothschild 1971'de Roberto Calvi ve Jocelyn Hambro ile birlikte La Centrale Holding'in yönetim kurulu üyesi olmuştu. *R. Cornwell, God's Banker, s.43.*
[344] William Engdahl, a.g.y

Place Capital adlı şirketini temsil eder. Jacob Rothschild, Fransız piyasa oyuncusu Sir James Goldsmith'in ortağıdır.

Lord William Rees: *St. James Place Capital*'in yönetim kurulu üyesi ve London Times yazarı.

Alberto Foglia: *Banca del Ceresio (*Lugano)'da yöneticidir. Bu bankaya, 1980 sonrasında, mafya ilişkilerini kapsayan ve "Pizza Connection" adı verilen soruşturmada rastlanır. Foglia, 1993'te bir akşamüzeri Quantum'dan ayrıldı ve ertesi sabah Brezilya Ulusal Bankası başkanlığına getirildi.

Thomas Glaessner: ABD Federal Reserve (Merkez Bankası) Uluslararası Finans Bölümü'nde 5 yıl çalıştı. Dünya Bankası'nda Doğu Asya ve Güney Amerika finansal risk sorumlusu oldu. Glaessner, *Soros Fund Management LLC*'de, *Quantum Emerging Growth ve Quantum Fund*'da yeni pazarlarda döviz stratejileri, portföy yöneticiliği yaptı. Ocak 2000'de Soros'tan ayrıldı. Dünya Bankası'na döndü ve gelişen pazarlarda banka politikasını oluşturmaya başladı.

Beat Notz: *Geneve Banque-Worms*'ün ortağı; borsa şirketi *Albertini and Co.* ile çalışır.

Isodoro Albertini: Aracı şirket, *Albertini and Co.* (Milano)'nun sahibidir ve önde gelen aracılardandır.[345]

Edger de Picciotto: Lübnan asıllı, Portekizli Musevidir. Yine Lübnan asıllı Musevi Edmond Safra'nın ortağıdır.

Edmond Safra: ABD-İsviçre-Türkiye-Kolombiya eroin-kokain para trafiğine yardımcı olduğu için soruşturuldu.[346] Safra, 1987'de Soros'un Societe Generale hisselerinin değerini içerden bilgilenerek ihaleden az önce yükselterek gerçekleştirdiği vurgunla ilişkiliydi. Aynı zamanda, Republic Bank of NY'un yöneticisidir. Bu banka, Rus mafyasının milyonlarca dolarını, Federal Reserve'den Moskova'ya transfer etti.

Picciotto'nun bankası *Union Banque Privee*, daha sonra, *American Express Bank* ile ortak oldu. Picciotto, 1990 sonrasında *American Express Bank S.A Genova'* nın yönetim kuruluna girdi. Henry Kissinger da yönetim kurulundadır.

De Picciotto, aynı zamanda Venedikli Carlo di Benetti'nin ortağıdır. Benetti, Olivetti şirketinin başkanlığından uzaklaştırılmıştı. Picciotto ve

---

[345] R. Cornwell, God's Banker, s.169.
[346] Miami Grand Federal Jury, CBI (Compangnie de Banque et d'Investissement), UNP (Union Pasific Corporation) ve TDB (Trade Development Bank) yöneticileri Jean Jacques Handalı (Fr), Jeckies E. Valero (İsrail) ve Karl Michael Leyni'yi uyuşturucu parası aklamaktan tutukladı. Aklamayı yöneten Albert Shammah İsviçre'den dönmedi. Onun İsviçre'de ikameti için TDB'nin sahibi Safra kefil oldu. Shammah, Türk uyuşturucu parasını aklamaktan 1985 yılında da soruşturuldu. Ona, Başbakan Bettino Craxi, Milan Belediye Başkanı Carlo Tognoli ve Cenevre'nin en büyük emlakçisi Nessim Gaon yardım etti. TDB'nin Yaşar Avni Musullulu ve kaçakçı Magaryan Kardeşler'in parasını akladığı saptandı. *Gündem, 1.2. 1995, Sayı:2*

Benetti, *Societe Financiere de Geneve* adlı 'yatırım holding'in yönetim kurulu üyesidirler.

Benetti, 1980'lerin başlarında, İtalya'daki *Banca Ambrossiano*'yu bilerek batırdığı için kovuşturuldu.

Bankanın başkanı, Picciotto'nun eski ortağı Roberto Calvi idi. *Banca Ambrossiano* ile IOR (Instituto per le Opere di Religione - Din İşleri Enstitüsü), bilinen adıyla *Vatikan Bank*'a ortak oldular ve bankanın 1,3 milyar dolarını, Lihtenştayn ve Panama'daki şirketlere aktardılar. Bu şirketlerin sahibi de Vatikan idi.

Banka batarken, paranın çoğunun, silah ticaretine ve bankanın bağlı olduğu şebekenin kanallarıyla, Papalığın kalbi denilen Solidarnos (Dayanışma- Polonya) sendikasına akıtıldığı biliniyordu.

P2 Mason Locası üyesi olduğu, 1981'de ortaya çıkan Calvi, 7 Haziran 1982'de Roma'daki yönetim kurulu toplantısından sonra ortadan kayboldu. Daha sonra cebinde bir sahte pasaport ve çeşitli kurlarda banknotlarla ve ayaklarına taş bağlandı ve Londra'da Blackfair köprüsünde boynundan asıldı. Polise göre bu, tipik bir P2 Mason locası infazıydı. [347/348][349]/[350]

Soros'un ilk patronu: Rothschild

Soros'un ilk işvereni, Quantum'da yöneticileriyle temsil edilen hanedanların bankeri Rothschild and Sons'u bilmek, işin temeline inmek demektir. Lord Rothschild, Amerikan bağımsızlık savaşının önderi George Washington'a karşı savaşan İngiliz hükümetini finanse etmekle başlar büyümeye. Lord Rothschild, 1917'de İngiltere Dışişleri Bakanı Balfour'a İsrail devleti kurulmasını isteyen bildirgeyi hazırlattırır; İsrail devletinin kurulmasını destekler. İşlerinin en önemlisi, altın ticaretidir. Altının borsa fiyatı, Londra'da altın ticareti yapan beş banka tarafından belirlenir. Bunların başında da ailenin bankası gelir.

Kirli para aktarmaları 19 yıl boyunca BCCI adlı bankadan yönlendirilmiştir. İran'a roket satışının örgütlenmesini yöneten Yrb. Oliver North,

---

[347] IOR' başkanı Paul Casimir Marcinkus, ABD (Chicago 1922) vatandaşıdır. 1950'de kilise hukuku çalışmak için Roma'ya geldi. 1971'de IOR yönetim kurulu başkanı oldu. Ambrosiano'nun sağıldığı 1981'de, Vatikan Belediye Başkanıydı. Para ve ticaret ağını yönetiyordu. *Rupert Cornwell, God's Banker, s.17.*

[348] IOR'un Banco Ambrosiano Andino S.A.'ya yazdığı mektupta, şirketlerin Vatikan'a bağlı olduğu belirtilmektedir. (*Rupert Cornwell, God's Banker, s.254.*) IOR antetli ve 1.9.1981 tarihli referans mektubunda, Roberto Calvi ile Marcinkus'un ortaklığı sürdürme kararında oldukları; şirketlerin IOR'un kefaletinde olduğu belirtmekteydi. *Jean-Marie Stoerkel, Mesih papa'yı Neden Vurdu? s.135-136.*

[349] Rupert Cornwell, a.g.k s.20-21.

[350] P2-Calvi-İtalya ilişkileri Papa suikastı dosyasına dek uzanır. İlişkilerin Vatikan-CIA ve Türkiye yanı için Uğur Mumcu'nun "Papa Mafya Ağca" dosyasına, sonrası için bkz. (E) Hakim Alb. M. Emin Değer, "Uğur Mumcu ve 12 Mart."

BCCI'yi kullanmıştır. BCCI yöneticisi de Suudi istihbaratı eski başkanı Şeyh Kemal Adham'dır.[351]

O zamanlar baba George Bush CIA direktörüdür. Bush'un yardımcısı ve Akev Siyasal Direktörü Edward Rogers (Ed), Ağustos 1991'de görevinden ayrıldıktan hemen sonra "Rogers and Barbour" şirketini kurar ve Arabistan'da Şeyh Adham ile 600.000 dolarlık ABD temsilciliği sözleşmesini imzalar.[352]

BCCI'nin yöneticilerinden Alfred Hartmann, İsviçre'nin üç büyük bankasından biri olan, Union Bank ile BCCI'nin 1976'da kurdukları, Banque de Commerce et de S.A.'nın murahhasıdır.[353/354]

Hartmann, aynı zamanda Zürich Rothschild Bank AG yöneticisi ve Londra'da N. M. Rothschild and Sons'un yönetim kurulu üyesidir. İsviçre'de daha 16 şirketin yönetim kurulu üyesi olan Hartmann, Rus mafyası ile ilişkili olduğu belirtilen Nordex şirketi ile iş yapan, silah tüccarı Helmut Raiser'in iş ortağıdır. Raiser, Quantum yönetim kurulu üyesi Edgar de Picciotto'nun arkadaşıdır.[355]

ABD Temsilciler Meclisi Bankacılık Komitesi Başkanı Henry Gonzales, 8 Haziran 1993'te bu işlerin siyasal boyutunu vurgular ve Bush ve Reagan yönetimi döneminde Adalet Bakanlığı'nın BCCI'yi soruşturma istemlerini sürekli geri çevirdiğini açıklar. Gonzales, bu savsaklamayı, bankanın Irak yönetimiyle ilişkilerine bağlar.[356]

Hartmann, *Banca Nazionale del Lavoro* (BNL)'nun da yönetim kurulu başkanıdır. Bush yönetimi, 1990-91 Irak müdahalesinden az önce, BNL (Georgia) aracılığıyla, Irak'a gizlice milyarlarca dolarlık kredi açmıştır. BNL, ABD'de *"Bağdat'ın Bankeri"* olarak bilinir.[357]

Kissinger Associates, Haziran 1991'e dek, BCCI ile çalışan BNL'nin danışmanlığını yaptı. Kissinger, Haziran 1989'da işadamları heyetiyle Bağdat'a gitti. Saddam Hüseyin'e borç almasını önerdi. Amacı işgal öncesinde bazı ödemelerin sağlanmasıydı. Irak'ın, İran savaşında aldığı borçları bir biçimde ödemesi gerekiyordu.[358] Yalnızca BNL aracılığıyla Irak'a verilen borç 4 milyar dolardı. Bir milyar dolar Irak'a askeri teknoloji satan örtü şirketlerine verilmişti. Ronald Reagan'ın Irak'a 1983'ten beri sağladığı CIA desteği de sona ermekteydi. Ödemenin şekli 1991'de

---

[351] Peter Truel-Larry Gurwin, False Profits- The Inside Story of BCCI, The World's Most Corrupt Financial Empire, s. 134
[352] ibid. s.362-364
[353] ibid. s.19
[354] ibid. s.384
[355] Rachel Ehrenfeld, Evil Money, s.155
[356] Peter Truel, a.g.k, s.383
[357] Hill and Knowlton, Tampa uyuşturucu parası trafiği soruşturulduğunda, BCCI'nin aklanmasını üstlendi. CIA ve Akev ilişkileriyle tanınan firma, Özal döneminde 2 milyon dolar karşılığında Türkiye'nin de lobiciliğini üstlenmişti.
[358] Peter Truel, a.g.k s.143

açıklığa kavuştu ve Kuveyt'i işgale özendirilen Irak'ın tepesine çullanan ABD, tahsilâtın tümünü gerçekleştirdi. [359/360/361]

Soros'un önemli adamlarından Kanadalı emlakçi Paul Reichmann, önceleri Olympia -York noteridir. Macaristan doğumlu bir Musevi olan Reichmann, Soros'un gayrimenkul fonu, Quantum Realty'nin ortağı ve aynı zamanda İngiliz-Kanada yayın grubu "Hollinger" şirketinin yönetim kurulu üyesidir. Henry Kissinger ve İngiltere Dışişleri eski Bakanı Lord Peter Carrington da Hollinger'ın yönetim kurulu üyeleridir. Carrington aynı zamanda Kissinger Associates'in de yönetim kurulu üyesidir.

Hollinger, Kanada'da *London Daily Telegraph* ile İsrail'de yayınlanan *The Jerusalem Post* gazetelerinin sahibidir. Bu gazeteler, İsrail'in bölgesel egemenlik politikalarını destekler. Hollinger'in bir başka ünlü yöneticisi de Richard Perle'dir. Deneyimli istihbaratçı Perle, 2001 yılında, Pentagon'da Savunma Politikası Yönetimi'nde görevlendirildi ve Irak'ın işgalini onaylatmak için sürdürülen propagandayı yönetti.[362]

Soros ile başlayıp Londra'da Rothschild'lere, sonra New York'a ve Washington'a uğrayıp, İsviçre-İtalya sınırında, Lugano'daki İtalyan mafyasının, eroin-kokain paralarını dolaştıran bankalara geldik.

Yeri gelmişken, Quantum yöneticisi Edgar de Picciotto'nun Lugano'daki ilginç ilişkisine de değinelim. Picciotto'nun bankası Union Banque Privee birçok kez para aklama soruşturmasına uğramıştır. "İsviçre Bağlantısı"nı soruşturan Miami savcılığına göre, bankanın yöneticisi Jean Jacques Handali ve arkadaşları Kolombiya-Türkiye hattında kokaineroin örgütlerinin paralarını aklamaktadırlar.

Eski güvenlikçilerden Kissinger, Brzezinski ve Soros, Ukrayna-Amerika Konseyi'nde birlikte çalıştılar. Ukrayna'nın büyük çelik sanayisi el değiştirdi.[363]

---

[359] *Appendicies: Matters For Further Investigation*
[360] Peter Truel, a.g.k s.139.
[361] William Blum, Killing Hope, s. 322.
[362] Henry Jackson'ın asistanı olarak işe başlayan Richard Perle, Stratejik Silahların Sınırlandırılması görüşmelerini baltaladı. Sovyet Yahudilerini destekledi. Perle, UCLA' nın Uluslararası İlişkiler Bölümü'nü (1964) bitirdikten sonra Princeton'da yüksek lisansını tamamladı. London School of Economics'te okudu ama bitirmedi. Westinghouse Electric Co.'da savunma ve uzay merkezi siyasi analizciliğini yaptı. H. Jackson'dan ayrıldıktan sonra (1980) Abington Corp. (arkadaşı John Lehman yönetiyordu)'da, Northrop, TRW Inc. ve London Tamares Ltd. ile Systems Development Corp.'da danışmanlık yaptı. 1982 sonrasında Uluslararası Güvenlik Politikası'ndan sorumlu Savunma Bakan Yardımcısı oldu. (*Ronald Brownstein, Nina Easton, Reagan's Ruling Class, s.503-504.*) 1988-1989'da AEI'de ders verdi. Anti-Sovyet kampanyayı yöneten CPD (Committee on Present Danger) örgütü adına konferanslar verdi. Perle, CFR ve Trilateral Commission üyesidir.
[363] Ukrayna'da, kömürü dışardan almak içerde çıkarmaktan daha ucuz, denilerek ocaklar kapatılır. Şimdi aç kalan Ukraynalılar, ocaklardan çocuklarıyla kaçak kömür çıkarıp, çuvalını 1,5 dolardan satmaya çalışıyorlar. Yüzlerce çocuk, kadın göçük al-

Soros, *"ABD dünya polisliği yapıyor, IMF basiretsizdir"* demişti; ama nereye baksak Soros'u ABD'nin güvenlik şefleriyle yan yana görüyoruz. Karmaşık ilişkilerin yarattığı bulanıklıktan ve bulantıdan biraz ayrılarak, bildik topraklara dönmeliyiz.

Bankerin Temel Kuralı: Hükümetle iyi ilişki

Özellikle 1990'dan sonra ARI-TESEV gibi 'sivil' örgütlerle ilişkilerini geliştiren "açık toplum" örgütlerinin kurucusu George Soros, Türkiye'den eksik olmaz. Türkiye para piyasasında Quantum'un yanı sıra Turkish Growth Fund adlı şirket de iyi iş tutar. Şirket, "Türk" adını almıştır; ama merkezi Lüksemburg'dadır. Şirketin yatırım danışmanı *Alliance Capital Management L.P*, New York'ta, yönetimsel temsilcisi *Brown Brothers Harriman SCA*, Lüksemburg'dadır.

Adı "Türk" merkezi dışarıda şirketin yönetim kurulu başkanı Dave H. Williams, başkan yardımcısı Nicholas H. Baring'dir. Quantum şirketinin yönetimiyle başlayan bağlantılarda adı geçen Nicholas H. Baring, işte burada karşımıza çıkmış bulunuyor.[364]

P2 Mason'larının bankeri Calvi'nin iş ortağı ve Quantum'un yönetim kurulu üyesi Edgar de Picciotto'yu London Barings Bank'ın İsviçre'deki banka yönetimine getiren kişinin Nicholas Baring olduğu ileri sürülmektedir. Baring'ler, yüzlerce yıl İngiliz Kraliyet ailesinin özel bankerliğini yapmışlardır. *London Barings Bank*, 1995'te batmış ve kara para yıkama merkezi olduğu ileri sürülen *Dutch ING Bank* tarafından devir alınmıştır.

Bu denli çok ünlünün yönettiği şirketin piyasaya girişi de heyecan vericidir. Firmaya verilen destek yorumlarından en önemlisi, Wall Street Journal'da yer aldı. James M. Dorsey imzalı yazıda, *"Türkiye'de 'İslamcı' finans şirketlerine ordunun isteği doğrultusunda baskı yapılmasına karşın"* İhlâs Holding'e dokunulmadığı ve *Turkish Growth Fund* ile *Quantum Emerging Growth Partners, New Frontier, Emerging Opportunities* (Bahama) şirketlerinin *İhlâs Finans Kurumu A.Ş*'nin hisselerini aldıkları belirtiliyordu.[365]

Askerlerin baskısından söz edilmesine karşın, bu şirketlerin riske girmelerinin nedeni daha da ilginçti. *New Frontier* sözcüsü Philip Haas, *"İhlâs Finans'ta çok büyük bir gelişme var"* diyerek mantıklı bir yanıt verirken, *Alliance Capital*'in yöneticisi Sanem Bilgin, *"İhlâs Finans'ın hükümet içinde çok iyi münasebetleri var. İslamcı diğer şirketler kadar radikal değil"* diyerek, piyasa operasyonlarında iç ilişkilerin önemini

---

tında ölüyor. HRW ve sınır tanımayan gazetecilerden ses çıkmıyor. Arie Farnam, *"Ukrain: digging for black gold"*, CS Monitor, May 15, 2002

[364] Yönetimde iki T.C. vatandaşı bulunmaktadır: Ahmet Çullu ve Cem Duna. Ahmet Çullu, Komili şirketlerinde yöneticidir. Duna ise, Turgut Özal döneminde Avrupa parlamentosunda Büyükelçilik görevlerinde bulunmuştur

[365] James M. Dorsey, Wall Street Journal'ın İstanbul görevlisiydi.

açığa vuruyordu. *"Hükümet içi münasebetler"* piyasa işlemlerine yansımıyordur kuşkusuz![366/367]

Yeri gelmişken bir kez daha yinelemekte yarar var; *"hükümet içi münasebetler"* her piyasa oyuncusunun gözettiği önemli bir araçtır. Soros ve arkadaşlarının Fransa'da savcılıkça soruşturulan operasyonlarında, Rusya'da, Polonya'da, Peru'da olduğu gibi. Akıllara durgunluk verici boyutta bilimsel kuramlarla süslenen sınır tanımaz liberalizmin, perde arkasında çevirdiği dolaplar şu ya da bu ekonomik cilayla gizlenemeyecek denli ilkel ve devletler tarihi denli eski oyunların yinelenmesinden başka bir şey değildir.

Soros'un ilk ortağı Jim Rogers, *"Bazı şeylerin daha kötü olması için"* beklemek gerekir diyor. Oysa Türkiye'de birazcık ulusallıktan ve bağımsızlıktan söz edilince hemen "Yabancı sermayeye ihtiyacımız var! Dikkatli olalım, küstürmeyelim, kaçar gider vb." sözler ortalığa dökülür. Bu yabancı severlerin büyük bir tutkuyla bağlandıkları yabancı sermaye, Türkiye'de ivedi gereksinim duyulan üretime katılmaz, zor günlerde ortalarda görünmez; ülkelerin dışardan silahlı ve silahsız girişimlerle karıştırılmasına da aldırmaz...

Yabancı yatırımcılar, yani piyasa oyuncuları, Haziran 1998'de yatırım yaparlar; ama aradan iki ay geçmeden satıp savıp yabancı paraya çevirirler ve çeker giderler. Elbette bu onların geri gelemeyeceği anlamını taşımaz. 2001 Ocak sonuna dek, gelip giderler. Bu arada ulusal para çöker. Değer kaybı, % 200-300'e ulaşır. Son gidiş ciddi sonuçlar doğurur. Başbakan Bülent Ecevit, *"Sanki düğmeye basmışlar gibi"* der; ama Tarihte görülmemiş bir uygulamayla Dünya Bankası'nın adamı Kemal Derviş'i tek kişilik siyasal ortak gibi koalisyon hükümetine alır.

ABD Savunma Bakan Yardımcısı, Endonezya operasyonlarının unutulmaz adamı Paul Wolfowitz'in *"yakın arkadaşım, iyi memur"* dediği Kemal Derviş, 24 Ocak 1980'den bu yana uygulanan politika, sanki IMF programının ürünü değilmiş gibi, IMF ile neredeyse ayda bir program yeniler.[368]

---

[366] "The Wall Street Journal" 16 Haziran 1998, Avrupa'dan aktaran: *byegm.gov.tr*
[367] Bu yabancı şirketler, Net Holding ve Net Turizm'in hisselerinin % 18'ini, başta Türk Petrol olmak üzere birçok ulusal sanayinin hisselerini de almışlardır. *Turkish Growth Fund-Annual Report-August 31,1998.*
[368] Wolfowitz: *"Türkiye ekonomisinin karşılaşmakta olduğu olağandışı güçlükleri anlamaktayız ve bir dost demekten gururlandığım Kemal Derviş'i, çok gerekli olan reformları yaşama geçirmek gibi zor görevinde destekliyoruz. Fakat hiçbir adam, ne denli zeki olursa olsun, kendi başına Türk ekonomisinin sorunlarını düzeltemez. Gerekli değişiklikler yapılması için büyük bir siyasal istek gerekir. Ve siyasal istek koalisyon hükümetlerinin, Türkiye'de ya da dünyanın herhangi bir yerinde, olağan bir özelliği değildir. Ne ki, şimdi olağan bir zaman (da) değildir ve eskiden olduğu gibi iş yapma zamanı (da) değildir. Türkiye bugün bir bunalımla karşı karşıyadır. Doğu Asya'da, sıkça söylendiği gibi bunalım için Çin karakteri iki karakterden oluşur; bi-*

Kemal Derviş, Nisan 2001'de Dışişleri Bakanlığı'ndan hiçbir görevlinin bulunmadığı yemekte, ABD Büyükelçisi ile buluşur. Ne ki, büyük talihsizlik, telefon defterini otomobilin arka koltuğunda açık bırakmıştır. TV kameramanı sayfaya odaklar objektifini ve defterdeki "Soros" satırını kaydeder. Açık sayfanın gereği sonra anlaşılır. Kemal Derviş, 11 Nisan 2001'de, Quantum'dan Anthony Richter ve Aryeh Neier ile buluşur.

Richter, 1988 yılında Soros'a katılmıştır. OSI'nin 1988'den bu yana, Orta Avrasya Projesi müdürüdür. Kafkasya, Orta Asya ve Ortadoğu'da vakıf işlerini yürütmektedir. Richter, Eurasia Net' in kurucusu ve Central Eurasia Forum başkanıdır. Richter, Sovyetler Birliği ve Türkiye ile ilgili güvenlik konularını işlemektedir. Patronu Soros gibi o da ABD dış politikasını yöneten seçkinler kulübü CFR'nin üyesidir.

Aryeh Neier ise çok dalda oynar. 12 yıl, Human Rights Watch (HRW) yöneticiliği ve 8 yıl American Civil Liberties Union'ın direktörü olan Neier, 1993'te OSI'nin başkanlığına gelmiştir. Soros'un önemli paralarla desteklediği "drug legalization (Uyuşturucu maddelerin yasallaştırılması)" projesini yönetmektedir.

Bu projeye kısaca değinelim. Soros'a göre yasak nedeniyle uyuşturucu kullanımı artmakta ve suç işlenmektedir. Uyuşturucu ticaretini önlemek için yasağın kaldırılmasını savunur. Yani serbest piyasa kuralları gereği, uyuşturucu serbest olunca fiyatı düşecektir. Fiyatı düşünce de ticareti ölecektir.[369]

Ustaca bir savunma gibi görünüyor. Karaibler'deki, Lüksemburg'daki, İsviçre'deki, Monako'daki özel bankalara girip çıkan olağandışı para akışını önlemenin daha iyi olacağı düşünülebilir; ama bu açık toplumcularca iyi karşılanamaz. Para akışı üstündeki her türlü yasak açık toplum senaryosuna aykırıdır.

Batılı ülkelerin açık pazarı olmuş ülkelere dayatmalarda bulunmak çok kolaydır. İçeriğine bakılmaksızın yinelenen "Para akışı denetim altına alınırsa, o paranın giriş çıkışı sınırlanırsa, yabancı sermaye kaçar!" sloganı şimdilik etkileyicidir.

Onların yabancı sermaye dediği, istediği zaman girip istediği zaman çıkıp gidecek paradır. İçeri taze para girecek, kısa süreli soluk alınacak; borç taksitleri o kısa sürede ödenecek; sonra bunalım olacak, para çıkıp gidecek ve yine yabancı sermaye gelmesi için ekonomik ve siyasal kısıtlamalar biraz daha kaldırılacak; yeni kapılar açılacaktı. Tıpkı George

---

rincisi tehlike için karakter, öteki fırsat için karakter. Derviş'in biraz önce Türkiye'nin karşılaşmakta olduğu bunalım aynı zamanda büyük bir fırsat olabilir dediğini duydum." Deputy Secretary of Defense Paul Wolfowitz to the 20th Annual Conference on U.S–Turkish Relations, The Ritz Carlton Hotel, Washington, DC, Monday, March 26, 2001

[369] "Soros on Soros: Staying Ahead of the Curve," 1995' den çeviri: Para Yönetiminin Sihirbazı Soros Soros'u Anlatıyor, s. 134-135

Soros'un Amerika'daki ilk ortağı Jim Rogers'ın dediği gibi bazı şeylerin daha kötü olması için beklenecekti.[370]

Kemal Derviş'in, George Soros'un iki (bazı gazete yayınlarına göre üç) adamıyla neler konuştuğu açıklanmadı. Ulusal paranın yerle bir olmasının faturası, birkaç bankacıya ve her zaman olduğu gibi köhnediği ileri sürülen devlete kesilecektir. Vur-kaç kapitalistlerinden söz eden olmayacak; para piyasasını sallayan transferler açıklanmayacaktır. Görüşmelerin içeriğinden ulusa bilgi verilmez; ama Türkiye'nin ekonomik ve siyasal egemenliğini tersyüz eden yasalar, dünyanın hiçbir ülkesinde görülmedik bir hızla meclisten birbiri ardına çıkarılır.

Aylık dış borç ödeme günleri yaklaştıkça, yeni borç gerekir. Yeni borç için IMF onayı; onay için T.C.'nin yasalarının değiştirilmesi gerekir. Hızla açık toplumlaşılır. Her şey, Soros'un dediği gibi gelişir. 'Sosyal' devletten vazgeçilir. Soros'un, Haziran 1999'da büyük işadamlarının, hazine bürokratlarının karşısında buyurduğu gibi artık "Kürt sorunu çözülecek"tir.

Düğme operasyonundan ve George Walker Bush Jr.'un T.C. Başbakanı Bülent Ecevit'i Davos toplantısındayken dışarı çağırıp, telefonda "Arkanızdayız!" demesinden bir yıl sonra Bülent Ecevit, sorun çözücülükteki uyumluluğu şu sözlerle açıkladı: *"Kısa süre içinde, 2,5 yılda, IMF, Dünya Bankası ve Avrupa Birliği'nin isteklerini karşılayabilecek nitelikte yaklaşık 250 yasa çıkardık."* Vur-kaç oyunlarının siyasal sonuçları olması doğaldır. Süreç, oyuncuların denetiminde, hem bir vurguna hem de devletin kökten sarsılmasına yol açar.

Açık Toplum örgütünün Hırvat şebekesi

Açık Toplum örgütünün, özellikle Doğu Avrupa ve eski Sovyet ülkelerinde, dönüştürme operasyonunun para kanalı olarak kurulduğu; eğitim yardımı, özgür medya girişimlerinde kullanıldığı bilinmektedir. Yugoslavya'nın parçalanması sürecinde isyancılara akıtılan doların bedelini, Hırvatistan Cumhuriyeti Devlet Başkanı Franjo Tudjman'ın Demokratik Birlik Partisi'nde 7 Aralık 1996'da yaptığı açıklamada arayalım.[371]

Soros'un Hırvatistan toplumuna sızdığını belirten Tudjman, Açık Toplum eylemlerini özetliyordu:

"çalışmalarının içine 290 ayrı kurumu ve yüzlerce insanı almışlardır... parasal desteklerle, liselilerden gazetecilere, üniversite profesörlerine ve akademisyenlere, kültür, ekonomi, bilim, adalet ve edebi-

---

[370] Doğan Erdoğan, "Yatırım için işlerin daha kötüye gitmesini bekliyorum - Wall Street'in efsane borsacısı Jim Rogers'ın acı Türkiye yorumu" .*stargazete.com / index.asp? Haberid =1266*
[371] Soros'un yardımları dışında NED kaynaklarından resmi olarak verilenler: 162.117 $/1990; 82.469 $/1991; 101.779$/1992; 270.734 $/1993; 6888.458 $/1994; 651.662 $ ve 37.287 £/1995-6; 736.324$/1997; 735.480 $/1998; 729.160$/ 1999. *NED Annual Report 1990-1999*. Raporlara geçirilmeyenler bilinmemektedir.

yat çevrelerinin tümündeki her sınıftan ve her yaştan insanı kandırdılar... Açıkça söylüyorlar: Görevleri, mülkiyet ve devlet yapılarını bağışlarla değiştirmek... hatta açıkça belirtiyorlar ki, onlar için gazeteciler ve ötekileri çeşitli Amerikan, BBC ve benzeri (kurumların) burslarıyla yetiştirmek yeterli değildir... fakat bu (yetiştirilen) kişilerin parasal (ve) teknik yönden desteklenmeleri gereklidir."

Tudjman'ın, açık toplumcuların parasal ve teknik destekleriyle varılmak istenen aşamayı belirten sözleri daha da açıklayıcıdır:

"(Amaçları) Hırvatistan'daki mevcut otoritenin yerini alacak, kendilerine yandaş bir çevre yaratarak, yaşamın tüm alanlarında denetimi ele geçirmektir. Enerjilerini ve etkilerini medya ve kültür dünyası üstünde yoğunlaştırıyorlar. Özetle Hırvatistan'ın iç düzenini karıştırmak üzere devlet içinde devlet yaratmaya çalışıyorlar."[372]

Tudjman nasıl şaşırmakta haklıydı. 1989'da Hırvatistan sınırları içinde kalacak olan Dubrovnik'te yapılan Avrupa Üniversitesi kuruluş toplantılarını demokrasi atılımı sanmışlardı. Daha sonra Sırbistan'ın Hırvatistan'a askeri saldırısını hoş gören Batı Avrupa, Hırvatistan'a gecikmeli destek vermiş, bu arada Bosna ateşe ve kana bulanmıştı.

O zamanlar, ülkesinin, bağımsız ve onurlu bir devlet yönetimine kavuşacağını ve yeniden planlı bir dönemle, adım adım ilerleyen demokratikleşmeyle gelişeceğini uman Tudjman, birkaç yılda, iplerin açık toplumcuların eline geçtiğini gördü. Ulusal sanayilerinin yok pahasına yabancıların eline geçmesini dış sermayenin demokratik katkısı olarak görürken, birdenbire ülkenin kültürel, bilimsel ve ekonomik yaşamı yabancının denetimine girdiğini anlayınca şaşırdılar.

Her şey, hoş bir ortamda sessizce gerçekleşmişti. Bu öyle derinden etkili ve hızlı bir süreçti ki en katı Marksistler bile bir anda 'Open Society' sözcüsü oluvermişlerdi.[373]

Oysa 1980'li yıllarda Hırvatistan'da esen rüzgâr bambaşkaydı. Kültürel bağımsızlık, merkezi yönetimin finansal denetiminden ve merkezi planlamadan kurtulmak istemleriyle içten içe gelişmişti. Bu merkezden kopma düşüncesini kendi üretimleri sanan Hırvat aydınları ve politikacıları, önce ulusalcılık ateşiyle canlanmışlardı; ama sonrasında, ulusal neleri varsa hepsinin yabancının eline geçtiğini görmüşlerdi. Böylece, dış pazarlarda Yugoslav sanayi ürünleriyle rekabetten yılan Batı şirketleri de derin bir soluk almışlardı.

Devlet merkezlerine paralel bir devlet yaratmanın birinci koşulu, merkezi zayıflatmak. Merkezi zayıflatmanın iyi yolu, etnik milliyetçiliği

---

[372] "Tudjman attacks Soros's role in Croatia," *EIR Special report, Appendix B*
[373] Yugoslavya'da Soros örgütleri ve kuruluş yılları: Soros Yugoslavia Foundation – 1991, Open Society Institute Croatia – 1991, Open Society Fund-Bosnia and Herzegovina – 1992, Open Society Institute-Macedonia – 1993, Open Society Institute-Slovenia – 1994. *EIR Special Report, April 1997, s.23.*

önce kültürel alanda kışkırtmaktır. Soros'un büyük paralar yatırdığı HRW (İnsan hakları İzleme) gibi örgütlerin raporlarıyla merkezi devlet yıpratılırken, iç muhalefetle doğrudan bağlar oluşturuldu. Sonuç, aynen Tudjman'ın, biraz geç kavradığı gibi, ulus devletin yıkımı, vur-kaç parasının önündeki engellerin kaldırılmasıdır.

Hırvatistan'da II. Dünya Savaşından sonra kurulan dev sanayiler yabancıların eline geçer. Örneğin, Batı Avrupa firmalarını yıldıran elektromekanik sanayinin devi Rade Konçar firması Siemens'in eline geçti. Oysa işletme, II. Dünya Savaşı öncesinde küçük bir Siemens fabrikasıydı. Rade Konçar, savaş öncesi Siemens fabrikasında sendikacıydı. Nazi işgalcilerine karşı direnen örgütün yöneticisi olan Konçar, Nazilerce kurşuna dizilir.

Savaştan sonra, lokomotiften elektrik motoruna, büyük güç ünitelerinden buzdolabına dek üreten fabrikalar zinciri kurulur ve bağımsızlığın simgesi olarak da şirket topluluğuna 'Rade Konçar' adı verilir. Ne var ki kurtuluş savaşıyla kazanılanlar, Tudjman'ın dert yandığı ağın çabasıyla savaş öncesi sahiplerine geri döner. Hem de büyümüş olarak. Gelişmekte olan ülkelerdeki ihalelerde, önemli bir rekabetçiden de kurtulmuş oldular. Macaristan'ın yüz yıllık dev sanayisinin rekabetinden kurtuldukları gibi.

Türkiye'de izlenen yol çok da değişik değildir. Soros'un HRW direktörü Aryeh Neier'in Türkiye turu boşuna gitmemiştir; çünkü Soros'un da buyurduğu üzere, "Kürt sorunu" açık toplum yollarında, yüzlerce milyon dolarla desteklenen örümcek ağının katkılarıyla çözülecektir.

Soros'un para kanalı, insanlık namına çalışma görüntüsü altında, toplumları ayrıştırma projelerine destek olurken, ulus devletleri de açıkça açmaktadır. Ne var ki, Soros'un Kürt sorununu çözmek için elinden geleni ardına koymadığı da bir gerçektir. ABD'de Soros'un desteğiyle yapılan bir belgeselin tanıtımındaki şu satırlar niyeti göstermektedir:

"İyi Kürtler, Kötü Kürtler: Birleşik Devletlerin Silahları ve Kürdistan'da İki Milyon Göçmenin Bilinmeyen Öyküsü... Kaliforniya'da yaşayan bir Kürt-Amerikan ailesinin Türk-Kürt iç savaşı içindeki insanlık öyküsünü anlatmakta ve Birleşik Devletler'den müttefiki Türkiye'ye silah transferini ve askeri yardımı araştıran yapım."

Soros Foundation, belgesel yapımcısı ve yönetmeni, Kevin McKiernan'a 40,000 dolar ödenmişti. Soros'un büyük desteğini alan, hatta başkanı için Soros'un adamı denilen HRW'nin Kürt milliyetçiliği davasına ilgisi, ayrıntılı askeri harekât raporlarını aşar.

Öyle aşar ki, PKK Başkanı Abdullah Öcalan, İtalya'dayken, Graham Fuller ve Henri Barkey, onunla görüşmek için yola çıkarlar. Ne ki HRW, Kasım 1998'de elini çabuk tutar ve Abdullah Öcalan'ın kişisel haklarının korunması için İtalyan yönetimine başvurur. HRW, Türkiye'de işkence yapılma olasılığın yüksek olduğunu belirtir ve Öcalan'ın idama mahkûm olabileceğini ileri sürerek, Türkiye'ye geri verilmemesini ister. HRW, mektupla yetinmez ve Öcalan Türkiye'ye getirilir getirilmez duruma el koyar; Öcalan'ın tecritten çıkarılmasını isterken, savunmasının engellendiğini, her an işkence yapılabileceğini, mahkemenin (DGM) İnsan Hakları Sözleşmesi'ne aykırı olduğunu ileri sürer.[374] Anti-terör yasasının ne denli sert olduğunu bildiren HRW, örnek olarak Recep Tayyip Erdoğan'ın bir şiir nedeniyle mahkûm edildiğini ileri sürer; ama bu şiirin yer aldığı konuşmanın gerisini de belirtmez.[375]

Türkiye'de Kürt sorunu çevresinde destek alan yalnızca Kevin McKierman olamazdı kuşkusuz. Ona Türkiye'den de eşlik ettiler. Gazeteci Emin Çölaşan, HRW'den ödül alanların bir bölümünü köşe yazısında açıklayınca, Şanar Yurdatapan, Emin Çölaşan'a tam liste yollamıştı.[376/377]

HRW'den bağış alanlar arasında, Kürt sorununu dinsel ya da bir başka yaklaşımla ve İran İslam devrimi yandaşlarıyla birlikte çözmek isteyenler olabilirdi. Bunlardan Nurettin Şirin, Sincan'daki ünlü Kudüs gecesini düzenlemişti. HRW, Mazlumder'e sahip çıkmakla kalmadı. Raporlarında, *"okullarda ve devlet kurumlarında başörtüsü yasağının"* ve *"dillerin kullanımıyla ilgili sınırlamaların"* kaldırılmasını da istedi.[378] Soros'tan milyonlarca dolar alan örgüt, seçmeci davranmaktadır. Böylece George Soros'un İstanbul'da "Kürt sorununu çözmelisiniz" derken, ne denli ciddi olduğu ortaya çıkıyor.

---

[374] "Turkey Must Uphold Ocalan's Rigth to Defense: Trial of PKK Leader reveals injustice of state security courts." hrw.org */press/1999/may/tur 0528.htm*
[375] "Ocalan Trial Monitor" Feb.15, 1999, *hrw.org/backgrounder/eca/turkey/ security.htm*
[376] Gelen yanıt ilginçti: *"Yaşar Kemal'in avukatından noter kanalıyla açıklama geldi. Şöyle diyor: 'Yaşar Kemal, ABD'den yalnızca ödül almıştır. Bu ödül, Dashiel Hammet ve Lilian Helman ödülüdür. Ödül miktarı 1000 USD'dir. Bu ödül Yaşar Kemal tarafından o tarihte Türkiye'de güncel olan Düşünceye Özgürlük Girişimi hareketine bağışlanmıştır.' Açıklamasını, benden rica eden bir gazeteci abimizin hatırına kullanıyorum da, neyi yalanladığını anlamadım. Ben yazımda Yaşar Bey'in birden çok ödül aldığını yazmamıştım, rakam vermemiştim."* Emin Çölaşan, "İran Komedisi" Hürriyet 22.1. 2002.
[377] 1991: İsmail Beşikçi, Eşber Yağmurdereli, İlker Demir (İvedi), Yılmaz Odabaşı (İvedi), 1992: İlker Demir, 1994: İsmet İmset (İvedi), 1995: Fikret Başkaya, İsmet İmset, Sefa Kaplan, Ayşenur Zarakolu; 1996: Yasar Kemal, Haluk Gerger, 1997: Ahmet Altan, Mustafa İslamoğlu, Sefa Kaplan, Erol Anar, Ali Erol, Ahmet Sık (İvedi), Atilla Halis, Ragıp Duran, Ertuğrul Kürkçü, Mehmet Oğuz, Nurettin Şirin, Işık Yurtçu, Ayşenur Zarakolu. 1998: Oral Çalışlar, Abdurrahman Dilipak, Ali Bayramoğlu, Koray Düzgören, Nadire Mater, Abdülhalim Dede, Leman, Recep Maraşlı, Yılmaz Odabaşı, Ahmet Zeki Okçuoğlu, 2000: Yılmaz Odabaşı, 2001: Şanar Yurdatapan." *Emin Çölaşan, "Muhtaçlara Amerikan Yardımı" 4.11. 2001; "Muhtaçlara yardım değil, ödülmüş!" Hürriyet, 5.11. 2001.*
[378] Turkey- World Report 2000: E.U. Membership Bring Human Rights Reform in Turkey. New York, Dec.10, 1999, *www.hrw.org/press/1999/dec/turkey 1210.htm*

Soros, Stiftungen, ARI, TESEV, TÜSİAD
ABD elemanlarıyla uyumlu çalışmalar

Soros'un, salt "Kürt sorunu"nun çözümünü istediği sanılmamalı. Nerede bir toplum açılacaksa, Soros'un örgütleri de oradadır. Nerede "project democracy" uygulaması varsa, Batı'nın vakıf örgütleriyle birlikte Soros'un toplum açıcı örgütleri de orada yerini alıyor.

Tipik bir işbirliği örneğinden söz etmekte yarar var: 12-13 Haziran 2001'de Kazakistan'ın başkenti Alma-Ata'da Orta Asya ve Kafkasya'da ifade özgürlüğü konferansını Frederick Ebert Vakfı, Soros Kazakistan Fund ve Kazakistan'ın yerli kurumu Internews-Kazakistan düzenledi. Ermenistan, Azerbaycan, Gürcistan, Kazakistan, Kırgızistan, Tacikistan ve Özbekistan'dan delegeler katıldı.[379]

NED'in Bodrum-1990 toplantısından bu yana bu ülkelerde yeterince dolar harcanmış ve yeterli sayıda "NGO" örgütlenmişti. Elbette, Shaul Eisenberg gibi büyük tüccarların çıkarları yanında, biraz özgürlük, biraz demokrasi ve biraz da ABD askeri üssü için yatırım yapmak gerekiyordu. Afganistan'a asker çıkarmaya üç-dört ay kalmıştı.

Soros'un öteki ülkelere yardımcı olma yöntemleri Türkiye'de de geçerlidir. Tıpkı, sınır tanımaz liberalliğin, dünyanın her yanına ulaşabildiği gibi, Soros tarzı açıklığın sonucunda, Türkiye'de anayasa değişiklikleri Amerikan-Alman vakıflarının katkısıyla ve hızla gerçekleşti.

Yasal değişikleri yetersiz bulanlar ve halk desteği arayanlar da oldu. Temmuz 2001'de, Kor. (e) Atilla Kıyat ve İshak Alaton NTV'de, halkın ek vergilere karşı çıkmasını; yeni bir devlet kurulmasını önerdiler.[380] Biz Mecelle'nin ünlü kuralını anımsayalım; "Sui misal emsal olamaz."* Bu nedenle olumsuz düşünmeyelim. Halk eylem çağrısına uymadı.

Açıklamalarda iyi niyetli çabaların sınırı yoktur. 2001 ekonomik vurgununun ardından birbirini izleyen çabalar, açılmanın çapını da göstermekteydi. ARI ve IRI, iki yıl süren Anadolu çalışmalarının sonunda, 12-13 Mayıs 2001'de gençleri, İstanbul'a topladılar. Kemal Köprülü, yeni bir cephe açtıklarını, liseli gençleri de işin içine kattıklarını açıkladı:

"Bu sistem iflas etti. Ankara'dakilerin sizden korkmalarının bir sebebi de eğer siz meydanlarda yürürseniz hükümet üç günde düşer. İşçi ve memur haklarını satın alıyor. Ama sizin istediğiniz geleceğiniz."

Bu gelişmeleri daha açık sözlülerin çağrıları izledi: TESEV, Sabancı Holding ve TÜSİAD yöneticisi Can Paker, *"Amerika'nın yerine ben olsam, partiler yasası çıkmadan (Türkiye'ye) parayı vermem"* diyerek, ülkesine duyduğu ilgiyi gösterdi. Kemal Derviş'le birlikte Yeni Demokrasi

---

[379] "Journalists of Central Asia and South Caucasus Discuss Freedom of Speech and Media" *Yerevan Press Club Weekly Newsletter, 23.06.2001, 01:09*
[380] Ulusal Kanal, 9 Temmuz 2001, Habermektup.
* Kötü örnek, örnek olarak alınmaz.

Hareketi'ni kuran Cem Boyner, Kıbrıs sorununun hemen çözülmesini isterken, *"Vatan sadece harita değildir"* diyerek, vatan sınırı ile fabrikasının dış duvarını karıştırdı.

TÜSİAD heyeti ABD'ye giderek NED Başkanı, ambargocu John Brademas'a T.C. anayasasında yapılmasını istedikleri değişiklikleri anlatan bir rapor sundu ve MGK'nin kaldırılmasını istedi. [381] Kısa süre sonra John Brademas, TESEV çağrısıyla İstanbul'a geldi ve Kıbrıs tezlerini savunma olanağını elde ederek Türklere demokrasi dersi verdi.

DEGİAD (Denizli Genç İşadamları Derneği)'ın konuğu olan ABD elçilik siyasal memuru Kurt Halberg, işyerlerini dolaştı ve *"Derviş hakkında ne düşünüyorsunuz? Siyasal durumu nasıl görüyorsunuz?"* gibi sorular sordu. Denizlililerden bir bölümü tepki göstererek bu girişimleri kınadılar. Kemal Derviş, Denizli gezisini bir ay ertelediğini açıkladı; ama kısa süre sonra Denizli'ye geldi. Denizliler, Derviş'in Polonya asıllı Kanada vatandaşı olan eşini de "Yılın Anası" seçtiler.

Olaylar hızlandırılıyor

İsveç elçiliğinin ulusal devletin anlamsızlığını belirten kitapçık dağıtması; Alman vakıflarının iç politikayı yönlendirme girişimleri; Orient Enstitüsü'nün mezhep araştırmaları; Fethullah Gülen için Georgetown Üniversitesi'nde, Graham Fuller ve George S. Harris gibi eski CIA görevlilerinin de katıldığı konferans düzenlenmesi; aynı üniversitede Erbakan'a ödül verilmesi... Kürt siyasal tarihi saptırıcısı Martin von Bruniessen'in Yıldız Üniversitesi'nde ders vermesi; egemenliğe aldırmadan iç politikayı yönetme-yönlendirme girişimlerinde bulunan AB elçisi Karen Fogg'a devlet yönetimince sahip çıkılması...[382] Fogg'un, ambargocu John Brademas'ın dediği gibi, Rauf Denktaş'ın devre dışı bırakılmasını istemesi...

8 Haziran 2002'de Washington'da yapılan "Iraqi Kurts" konferansına TESEV yöneticisi eski elçi Sanberk'in katılması...[383] [384]

---

[381] *Hürriyet, 8 Kasım 2001, s.13*
[382] Martin von Bruniessen, yazları Üniversitesi'nde ders veriyor. Kürt milliyetçiliği siyasal tarihini oluşturma girişimine destek veren Bruniessen, tıpkı 'istihbaratçı yazarlar gibi, tarihi zorluyor. Örneğin; toprak yasasının Şeyh Sait isyanını körüklediğini yazıyor. Şeyh Sait isyanının başlama ve bitişi 1925'in ilk yarısındaydı. Oysa yasa 1928'de çıkmıştı.
[383] Daha önce de ABD'nin Kıbrıs arabulucusu Charles Nelson Ledsky'nin, 14 Aralık 1989'da, Kıbrıslı işadamı Asil Nadir'den Denktaş'ın tasfiyesini istediği ileri sürülmüştü. Ledsky görüşme sonrasında Asil Nadir'in Kıbrıs yönetiminin resmi görüşlerini paylaştığını belirtmişti. Kısa süre sonra, İngiltere'de iş yaşamının sürdüren Asil Nadir'in Poly Peck şirketi hakkında soruşturma açılmış ve Asil Nadir, Kıbrıs'a dönmüştür. Yard. Doç. Dr. Serdar Saydam, "Polly Peck Bir İmparatorluğun Çöküşü" *stratejiyonetim.com/polipekssaydam.htm*
[384] American University's Center for Global Peace: "Iraqi Opposition Leaders to

Başbakan Yardımcısı Mesut Yılmaz'ın "Ulusal program hayata geçtikçe, Cumhuriyetin lafzıyla ayakta duran nice saltanat yerle yeksan olacaktır" ve "Avrupa'ya giden yol Diyarbakır'dan geçer" dedikten sekiz ay sonra, AB'ye girmek için "Alevilerden yardım" istediğini açıklayarak, laikliğe son derece uygun (!) davranışlarda bulunması... Yardım ve dostluk adı altında sürdürülen misyonerlik etkinliklerinin yerleşik düzene geçmesi. Yunan tezleri savunucularının, Pontus girişimcilerinin eksik olmayan gezileri ve Bağımsızlık Savaşının merkezi I. Meclis binasının girişine, ABD'de kaçakçılıkla suçlanan tütün karteli "Philip Morris" adının yazılması ve ilânihaye...[385] Bu olayların özetini yinelemenin nedeni açıktır: Olayları, piyasa dalgalanmalarını, siyasal parçalanmayı, etnik ayrımcılığın derinleştirilmesi; geleneksel kurumların yıpratılması ve sonunda; verimli tarım alanlarının, temel sanayinin, yeraltı kaynaklarının yabancıların eline geçmesi...

Ülke güvenliğini, seksen küsur yıl sonra, hiçe sayarak, Kıbrıs adasının egemenliğinin Batı Avrupa ve ABD'ye kaptırılması... Bu gelişmeleri tek bir kişiye bağlayarak apaçık ortada duran, soygun ve işgal ağını görmezden gelmek gerçek bir komplodur... Bilerek ya da bilmeyerek bu komploya hizmet edenler, bilmelidirler ki her işin Soros gibi öndeki bir oyuncuya bağlanması örümcek ağını parayla, dış destekli medya şebekesiyle, örtülü ajanlarla güçlendirip genişletenlere açıktan yardım etmektir.

Meet at American University Conference, June 8," *www.washington.edu*
[385] Denizlililer, Cumhurbaşkanı'na başvurarak meclisin bozulan yerlerinin geri getirilemeyeceğini, ama halkın para toplayabileceğini, Amerikan tütün kartelinin adının meclisten kaldırılmasının namus borcu olduğunu yazdılar. Cumhurbaşkanı dilekçeyi Kültür Bakanlığı'na gönderdi. Bakanlık Genel Müdür Yardımcısı, yazılı yanıtında paramız olmadığından böyle yapıyoruz; adın konması anlaşma gereği, dedi. Alınan para 500.000 dolardır. Meclisin özgün yapısı bozulmuş, tabanı modern parkeyle, koltuklar deriyle kaplanmıştı.(*I. Meclis olayı, geniş bilgi için bkz. M. Yıldırım, Savaşmadan Yenilmek... UDY, 2007*)

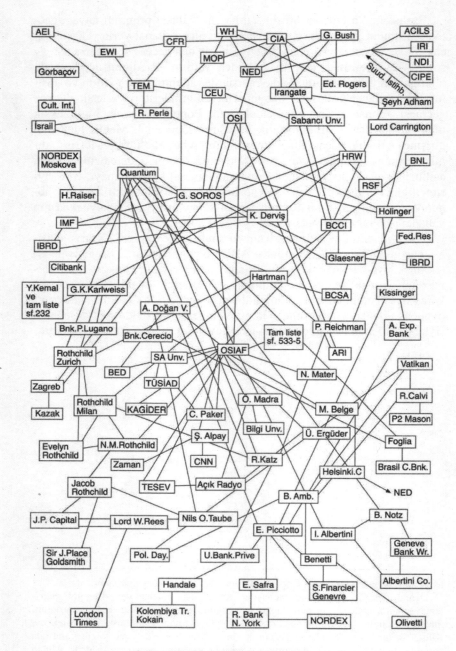

QUANTUM-SOROS Sosyal Çevresi

George Soros Şebekesiyle
'Reform için kriz' – 'Kriz için reform'

> *"Sosyal devlet derseniz, ekonominiz yıkılır. Kürt sorununu çözmelisiniz! Türkiye asker ihraç etmelidir."* George Soros

Halkın suskunluğunu, politikaların kabullenildiğine yormanın aldatıcılığı, kısa süre sonra anlaşılmaya başlanacaktır. 27 Şubat 2002'de, Türkiye'nin bir hayli borçlu olduğu Dünya Bankası'ndan bakanlığa getirilişinin yıldönümünde ODTÜ'nde konuşan Kemal Derviş'e bir genç kız *"Siz hep masal anlatıyorsunuz! Masal!"* deyiverdi. Masalcının büyüğü George Soros da 1-2 Mart 2002'de, yine G. Sabancı'nın konuğu olarak geldi. Bebek'teki OSIAF (Açık Toplum Enstitüsü Yardım Vakfı) elemanlarıyla Kafkasya - Asya - Ortadoğu işlerini kapalı olarak görüştü.[386]

OSIAF'ı Hakan Altınay yönetiyor ve yönetim kurulunda da pek çok ünlü bulunuyor:

Can Paker (Henkel - Sabancı Holding- TESEV- TÜSİAD- Robert Kolej - AB Vakfı), Murat Belge (Birikim Dergisi, Helsinki Yurttaşlar Derneği, Bilgi Üniversitesi, Radikal Gazetesi), Üstün Ergüder (Boğaziçi Unv., Sabancı Unv., TESEV), Ömer Madra (Açık Radyo, Bilgi Ünv.), Oğuz Özerden (Bilgi Ünv.- Kurucu, Mütevelli), Nadire Mater (BİA Net- Bağımsız İletişim Ağı yöneticisi), Şahin Alpay (Milliyet Gazetesi, daha sonra Zaman gazetesi yazarı, CNN programcısı) ve Nebahat Akkoç (Diyarbakır KA-MER Vakfı.)

Ünlüleri toplayan OSIAF, Eylül 2001'de kuruldu ve aynı yıl Soros Vakfı'ndan 1.073.000,- dolar destek aldı. Demokrasi, insanlık, açıklık gibi genel kavramlar ayıklanırsa, OSI Türkiye İrtibat Bürosu'nun satırlarında asıl amacı açıkça görebiliriz:[387]

"Pratikte açık toplum, hukukun üstünlüğüne dayanan, demokratik yollar ile seçilmiş hükümetlerce yönetilen, farklılıkları içinde barındıran kuvvetli bir sivil toplum, azınlıklara ve azınlık görüşlerine saygı anlamına gelir."[388]

İstanbul'da ilk günü ikinciye bağlayan gece verimliydi. Mehmet Barlas, Can Paker'in evinde buluşanları sıralıyordu: "İshak Alaton, Güler Sabancı, Taha Akyol, Eser Karakaş, Ali Koç, Ayşe Buğra Kavala, Akın Öngör, Cem Boyner, Cem Duna, Cüneyt Zapsu, Bülent Eczacıbaşı..."

---

[386] *Star*, 1 Mart 2002
[387] Regional Report Central Eurosia, s. 35. soros.org/annual /2001/ central_eurosia.pdf
[388] osiaf.org.tr

"Soros'la 'Açık Toplum' kavramının içeriğini uzun uzun tartıştık" diye yazan Mehmet Barlas, aynı gece Soros'un "Amerika'da henüz piyasaya çıkmamış olan 'On Globalization' kitabını, imzalayıp" katılanlara dağıttığını da ekliyor.[389] Mehmet Barlas, parasal katkıyı şu satırlarla bildiriyor:

"Paker'in yönetimindeki TESEV, Soros Vakfı'ndan Türkiye'de en fazla katkı alan kuruluş. Bunun yanında Ayşen Özyeğin'in 'Ana-Çocuk Eğitimi' çalışmaları yapan vakfı, Bilgi Üniversitesi'nin 'Medyakronik' internet sitesi de Soros Vakfı'nın desteklediği kuruluşlar arasında.."

Parasal destekte sınır yok. Geceleyin Soros'la birlikte olan Mehmet Barlas'a göre Quantum Fund *"her yıl ortalama yüzde 39 (dolar bazında) getiri sağlamış."*[390]

George Soros, İstanbul-Bebek'te OSI'nin Türkiye elemanlarıyla yaptığı toplantının ardından, CNN'de Şahin Alpay'ın yönettiği bir tür aklanma programına katıldı. Programda, Dünya Bankası ve IMF eleştirmeni, yardımsever, insanlık simgesi olarak gösterilen George Soros, *"Başka ülkelerde parayı ben veriyorum, ama burada önemli 'think tank' örgütleriyle birlikte para koyacağız"* dedikten hemen sonra, TESEV'in önemli işleri başardığını; TESEV ve bazı sivil toplumcularla birlikte eğitime katkıda bulunacağını açıkladı. Soros sözünü tuttu: Bebek şubesi aracılığıyla milyonlarca dolar aktardı.[391] Ne rastlantıdır ki aynı günlerde yayın

---

[389] Cüneyt Zapsu, AKP MKYK üyesi oldu. "Cüneyt Zapsu, Azizler Holding ve BİM şirketlerinin sahibidir. Daha önce DP'nin başkanlığına getirilmişti. Zapsu, Saidi Nursi (Kürdi)'nin yakın dostu Abdürrahim Zapsu'nun torunudur. BİM'in kurucuları: Abdullah Yasin El Kadı, Mehmet Fatih Saraç, Aziz Zapsu, Azizler Holding, Bank of America International Investment Corp., Merill Lynch Global Emerging Market Partners, Mustafa Latif Topbaş, World Wide Hugo Farias Ltd. El Kadı'nın ortaklığı 1999'da sona erdiyse de, yönetim kurulu üyeliği 2000-2001'e de sürdü. Topbaş ise RABITA ilişkili Bereket Vakfı kurucuları arasındadır. Mehmet Fatih Saraç (%60) ile Caravan Dış Ticaret Şirketi'ne ortak olan El Kadı'nın mal varlığına Usame Bin Ladin ilişkisi gerekçesiyle el konulmuştur. (*Ergün Poyraz, Patlak Ampul, s.170-173*)
Yasin el Kadı'nın Bosna'dan Kosova'ya, oradan Hollanda ve ABD'ye uzanan finans ilişkileri bulunmaktaydı. ABD'deki şirketi ile BMI Real Estate Development (Gayrimenkul şirketi) arasında bir anlaşma yapılmıştır. BMI'nin yatırımcıları arasında Abdullah Bin Ladin de bulunmaktadır. Kadı İnternational'ın başkanı Yasin el Kadı, Başkan yardımcısı ise Kuveytli Tarık Suveydan'dır. Suveydan, ABD'de cihad çağrıları yapılan konferansların sürekli konuşmacıları arasında bulunmaktadır. World Assembly of Muslim Youth (WAMY- Northern Virginia) yöneticileri arasında Abdullah Bin Ladin'in de bulunduğu ileri sürülmüştür. WAMY 1972 yılında Riyad'da kurulmuştur. (*U.S Dıstrıct Court For The Eastern Dıstrıct Of Virginia Alexandria Division / David Kane (Senior Special Agent with the Bureau of Immigration and Customs Enforcement "ICE" Sept.11,2003 tarihli ifadesinden*) Topbaşların Rabıtat ul Muslimin ilişkileri için bkz. *Uğur Mumcu, Rabıta, s.181-182.*
[390] Mehmet Barlas, "5 milyar dolarlık muhalifi dinlerken!.." *Yeni Şafak, 1 Mart 2002*
[391] CNN (Türkçe), Entelektüel Bakış, 3.3. 2002, saat 12.30-13.30.

ortamında, İstanbul'da bir Avrupa Üniversitesi kurulmasının gerekliliği anlatılmaktaydı. Tevhid-i Tedrisat (Eğitimin Birleştirilmesi) yasası ve misyoner okullarının kapatılması, açık(!) topluma zaten uymazdı.

George Soros, ikinci 2 günlük İstanbul gezisinde Sabancı Üniversitesi'nde daha önemli bir açıklama yaptı: *"Türkiye asker ihraç etmelidir!"* Askerlerin kimin adına ve nereye 'ihraç' edileceğini belirtmedi.

Soros ve arkasındakilere göre Türkiye, askerinin canını ihraç etmeliydi. Dört kilit soru geliyor akla: (1) Deprem günlerinde, sağdan sola onlarca örgütü yan yana getiren ve devleti kınama bildirisinin altına imza attıran girişimi kim başlattı? (2) Yargıtay Başkanı Sami Selçuk'un ünlü "Anglo-Sakson" demokrasisi konuşmasını ilk kez hangi radyo duyurdu? (3) "Asker ihracı" isteminin ödüllü 'Memed'in Öyküsü'yle bağdaşır yanı nedir? (4) Soros Türkiye'yi neden bu denli çok seviyor?

Soros'un kapalı toplantıları birbirini izlerken, Kemal Derviş de "Annem Alman, babam Arnavut, annemin annesi Alman, annemin babası da Hollandalıdır. Babam iyi bir Osmanlıydı. Ben iyi bir Türkiyeliyim" dedi.[392] Yalnızca ekonomiden sorumlu olduğu sanılan Derviş'in köken açıklaması yapmasının nedeni bir yıl önce söyledikleriyle birlikte düşünüldüğünde daha da ilginçti:

"Türkiye gerek tarihi gerekse coğrafyasıyla küreselleşmeye özel olarak hazır... Arnavutlar, Bosnalılar, Çeçenler, Gürcülerle aynı şekilde Kürtler de Türk halkının bileşenlerinden birini temsil etmektedir. Türk halkı etnik bir mozaiktir ve gücünü çeşitliliğinden almaktadır. Yarının en büyük sınavı Cumhuriyete bağlılığı ve aynı ulusa ait olma duygusunu koruyarak bu çeşitliliği geliştirmektir."

Derviş'in *"Kriz nasıl olsa gelecekti"* demesini, masal içinde masal anlattığını saptayan öğrencinin açık görüşlülüğünü akılda tutmak gerekiyor. Kemal Derviş, dışarıdan gelen her adam gibi ülke dışında daha açık konuşuyor. İngiltere'de, Oxford Üniversitesi'nde *"Kriz sayesinde reform yapıyoruz"* demekten kendini alamadı. Reformların siyasal ve parasal sonuçları Derviş'in açıklamalarında ve şu sözlerinde görülüyor:

"Önümüzdeki on yıl çok daha iyi geçecek. AB üyeliği burada anahtar öneme sahip. Türk insanında Avrupa ailesine mensubiyet isteği büyük."[393]

Ne ki George Soros'un Derviş gibi bağlılık ruhuyla konuşmadığını; doğrudan konuya girdiğini; CNN'in Türkçe yayınında, bunalımın uzun süreceğini ve suçun kötü yönetime ait olduğunu belirten sözlerini de unutmamalıyız.[394] Soros'un Dünya Bankası'na ve IMF'ye karşıymış gibi gösterilmesinin, ünlülerce yere göğe sığdırılamayışının anlamını da...

---

[392] *Habertürk TV, 1 Mart 2002.*
[393] *"Kriz sayesinde reform yapıyoruz" Hürriyet, 8 Mart 2002, s.13.*
[394] CNN, a.g.y.

George Soros, ABD ve Londra bankerlerinin yolunda yürüyen açık sözlü bir adamdır. 2000 yılında, Peru'da, devlete karşı sokak gösterilerini bir milyon dolarla desteklemekten geri kalmayan George, vururken de açık vuruyor ve vurduğu yerden ses getiriyor; ama Türkiye'den ses gelmiyor. Nedenini, 1996 yılında, zamanın ABD Dışişleri Müsteşarı Strobe Talbott pek çok Türk'e de burs veren Carnegie Vakfı'nda yaptığı konuşmasında şöyle açıklıyor:

"Demokrasiler (ülkeler), ticaret ve diplomaside güvenilir ortaklar olmalıdırlar ve Amerikan çıkarlarına uyumlu savunma ve dış politika izlemelidirler!"[395]

Uyumluluk her zamanki gibi, en önemli koşuldur. Parada, pulda, kültürde, dilde, demokraside, etnik mozaikte, mezhepçilikte uyum esastır. Uyumsuzlaşılırsa; önce piyasa oyuncuları ve Londra bankerleri, IMF gelir. Daha sonra Başkan'ın kirli oyuncuları... Her şey yeniden başlar; oyun hep öyle sürer gider, ta ki sınırlar silinene ya da akıl başa devşirilene dek.

Yeni ufuklarla genişleyen şebeke

Aralıklarla İstanbul'a gelen Quantum danışmanı George Soros, İstanbul'u neredeyse kapı komşusu yaptı. Bakanlarla ve hatta başbakanla görüşme olanağı elde etti. 2005 ortasında geldiğinde işi daha da geliştirdi ve "Türban bunalımını çözeceğini" söylemekten geri kalmadı. Neredeyse Türkiye'nin tüm sorunlarını çözmeye aday oldu.

İstanbul'da milyon dolarla başlattığı Açık Toplum Enstitüsü de öteki ülkelerde olduğu gibi eğitim alanında ilişkilerini sıklaştırdı. Başta Sabancı ve Bilgi üniversiteleri olmak üzere ilişki kurmadığı kurum kalmadı gibi... Bunlardan en önemlisiyse sivil(!) kadın örgütleriyle paralı pullu ilişki kurması oldu. Daha da önemlisi Diyarbakır'da Nebahat Akkoç başkanlığında oluşturulan KA-MER Vakfı'na ve Almanya, Finlandiya, İsveç elçiliklerini ve TRT'yi arkasına alan Uçan Süpürge şirketine verilen destekti. "Soros Vakfı Şebekesi 2003 Raporu"na göre medyayı ihmal etmeyen açık toplumcuların, bir ilişkisi daha çarpıcıdır:

"Aydın Doğan Vakfı ile birlikte, Türkiye Uluslararası Basın Enstitüsü'nün başlatmış olduğu, yeni bir gazetecilik eğitim programı desteklenmiştir."

Medyayı güçlendirecek olan Açık Toplum Enstitüsü Derneği'nin gazeteci yetiştirme programının ayrıntısını Hürriyet'ten okuyalım:

---

[395] Strobe Talbott, "Support for democracy and the U.S. national interest", *State Dept. Dispatch, March 18, 1996*'dan aktaranlar, James Ciment - Immanuel Ness, "NED and The Empire's New Clothes" *CAQ, 1999-67.*
TESEV tarafından Ekim 2001'de Talbot'u İstanbul'a getirdi. Talbot, Türkiye'nin Kıbrıs konusunda sorun çıkarmamasını; ABD'nin yanında olmasını salık veren bir konuşma yaptı.

"Basın Enstitüsü Derneği (BED) 'nin 3-5 yıl arası çalışan gazetecilere yönelik düzenlediği 'Gazetecilik Sertifika Programı'nı tamamlayan 47 gazeteciye sertifikaları dün törenle verildi. Törende bir konuşma yapan Uluslararası Basın Enstitüsü (IPI), Hürriyet İcra Kurulu Başkan Yardımcısı ve BED Yönetim Kurulu üyesi Vuslat Doğan Sabancı, medya patronlarının büyük bir değişim geçirdiğini söyledi."

"Değişim" en sihirli sözcük; IRI Başkanı Folsom'dan ARI yöneticilerine dek her kesim, değişimden söz ediyor. Soros'un para desteğiyle gerçekleştirilen gazeteci eğitimi haberini okumayı sürdürelim:

"BED Yönetim Kurulu Başkanı Ferai Tınç da basındaki sorunların en başında güvenilirliğin geldiğini belirterek, 'Hep birlikte bir sinerji (görevdeşlik) yaratmamız lazım' dedi. Tören kapsamında düzenlenen 'Genç gazeteciler tartışıyor: Medyanın bugünü yarını' konulu, NTV'den Banu Güven ve Mirgün Cabas, İHA'dan Ömer Çağlar, Zaman Gazetesi'nden Eyüp Can'ın katıldığı panelde de genç gazetecilerin sorunları ele alındı. Kursiyerlerden Milli Gazete muhabiri Muharrem Coşkun'un, kamu kuruluşlarının medyada ayrımcılık yaptığını anlatarak, 'Genç gazeteciler rahatsız' demesi salonda gülüşmelere neden olurken..."[396]

Boğaziçi Üniversitesi'nde gerçekleştirilen bu eğitim işine pek çok ünlü medya kuruluşu katıldı ve ünlü gazeteciler ders verdi.[397]

Quantum şirketinin ulusların piyasalarını ardına dek açma işinde medyaya verdiği destek azımsanamaz. Büyük bankerlerin sevimli ve masumane görünen bu girişimlere demokrasi adına destek verdiğine inanmak için hiçbir neden yok. Onlar 1940'larda da, kargaşa ve kan dökücülüğün yükseldiği 1970'li yıllarda da diktatörlüklerin yüceltildiği dönemlerde de oldukları yerde duruyorlar ve basın özgürlüğünü kısıtlamak için ellerinden geleni yapıyorlardı.[398]

---

[396] Programda yarışan Cansu Canayak (Vatan) Almanya'da staj, Esma Çakır (Hürriyet) dizüstü bilgisayar, Batur İlhan (NTV) fotoğraf makinesiyle ödüllendirildiler.

[397] Katılanlar: Hürriyet, Vatan, Milliyet, Sabah, Akşam, NTV, Dünya, Zaman, Star, Radikal, Fanatik, Şalom, Kanal D, Ulusal Kanal, Aktüel, Yeni Şafak, İHA, Milli Gazete, Finans Dünyası, TV 8, New York Times, Ortadoğu, Güneş. Soros – Aydın Doğan Vakfı eğitiminde ders verenler: Ahmet Oktay, Ahmet Yücekök, İzzet Sedes, Ali Saydam, Kemal Aslan, Ali Kırca, İrfan Sapmaz, Mithat Bereket, Can Dündar, Oktay Ekşi, Ferai Tınç, Enis Berberoğlu, Yavuz Baydar, Özdemir İnce, Zeynep Göğüş, Serdar Devrim, Doğan Heper, Ayşen Gür, Nuri Çolakoğlu, Ferhat Boratav, Ahu Özyurt, Sami Kohen, Ercüment İşleyen, Hakkı Devrim, Atilla Girgin, Zeki Sözer, Nuriye Akman, Ekrem Dumanlı, Haluk Şahin, Yasemin Giritli İnceoğlu, Armağan Emre, Haluk Kabaalioğlu, Herkül Milas. *Hürriyet, 14.6.2003*

[398] Siyasal gücün ardında para bulunmaktadır. Liberal soygun açıktır: Dünya nüfusunun %45'ini oluşturan en alttaki 2,5 milyar insanın toplam geliri, 350 milyarderin gelirinden azdır. Türkiye'deki ünlüleri de etkileyen Soros ve ortakları, işte bu 350 milyarderin bir bölümünün yasal temsilcisidir.

Amerika'da CFR
Türkiye'de TESEV

> *"Hovhannissian (UCLA Unv.) soykırım dersine başlamadan önce arkadaşlarını tanıttı: Yunanistan'dan Yeranis Hasiotos. Almanya'dan Prof Wolfgang Vieperman Almanya'nın II. Dünya Savaşı'nda Türkler tarafından gerçekleştirilen soykırımdaki payı nedeniyle Ermenilerden özür diledi... Osmanlı İmparatorluğu'nda çalışan Alman subayların aynı soykırım politikalarını daha sonra Yahudi katliamında uyguladıklarını anlattı." Armenian News, April 2001.*

IBRD (Uluslararası Yeniden Yapılanma ve Kalkınma Bankası/ Dünya Bankası)'nin 25 Başkan yardımcısından biri olan ve yaklaşık 30 yıldır Washington'da çalışan T.C. uyruklu Kemal Derviş, Türkiye'ye kurtarıcı olarak getirildi ve ekonomi yönetimi kendisine devredildi. Medya, Kemal Derviş'in ne denli büyük bir adam olduğunu anlatmaya koyuldu. Derviş 23 yıl önce de Ecevit'e yardıma gelmişti.[399]

ABD yönetimi, Büyükelçileri aracılığıyla, Başbakan ve yardımcılarından Derviş'i siyasal olarak desteklemelerini istedi. Para piyasası bunalımı giderek siyasal düzen bunalımı olarak gösterilmeye başlandı. Türkiye köşeye sıkıştırılmıştı. Medya, derhal konumunu alarak, Türkiye Cumhuriyeti rejiminin çöküşünü ilan etti ve ekonomik bunalımı siyasal bunalıma dönüştürdü. Kemal Derviş ABD'ye gitti ve arkasındaki ABD desteğini gösterdi. Ritz Carlton Oteli'ndeki toplantıya, ABD Savunma Bakan Yardımcısı Paul D. Wolfowitz gelmişti.

Başkanların eski güvenlik danışmanı ve Endonezya operasyonlarının ünlü büyükelçisi Wolfowitz, her Amerikalı yöneticinin yaptığı gibi, Türkleri mutlu etmek için konuştu. Atatürk'ü övdükten sonra, sözü Kore'de savaşan Türk askerine, oradan da İncirlik üssünün Irak Devlet Başkanı'nı devirme operasyonundaki önemine getirdi. Kredi için yakılacak olan yeşil ışığın karşılığını böylece gösteren Wolfowitz, "Kemal Derviş, benim arkadaşımdır ve para işlerini çok iyi bilen bir memurdur" dedi ve salondaki Türk uyruklulardan alkış aldı. Kemal Derviş'in kimin seçimi olduğu henüz anlaşılabilmiş değil. Onu Türkiye'yi yönetenler mi seçmişti, yoksa ABD mi?[400/401]

---

[399] Türkiye'nin sanayileşme planlarının önünü kesecek bir IBRD paketini cebinden çıkardığından, Attilâ İlhan'dan başka söz eden olmadı.
[400] Tim Shorrock, "Paul Wolfowitz, Reagan's man in Indonesia, is Back at the Pentagon" Foreign Policy In Focus, Feb. 2001 *www.foreignpolicy_infocus.org*

Türkiye'de devlete ait her şeyin alım-satım işlerinin yasal ve siyasal tabanının, bir ay içinde, 15 Nisan 2002'ye dek hazırlanacağı sözleri verildi. Piyasa bu söze aldırış bile etmedi. Ulusal paranın değeri hızlı düşüşünü sürdürdü. Mallar giderek kelepirleşiyordu.

Avrupa Birliği'ne "Ulusal program" adını verdikleri taahhütname sunuldu. Başbakan Yardımcısı Mesut Yılmaz durumu özetledi:

"Cumhuriyetin lâfzîyle ayakta duran nice saltanat yerle yeksan olacaktır!"

Kimse bu "nice saltanatın" hangi kurumları içerdiğini sormadı. Türkiye'nin insanları can derdine düşmüştü.[402] Kemal Derviş'in bir kokteylde, bir generale "Başörtüsü Yasağı"ndan söz ettiği, CNN ortağı Doğan Medya'nın ünlü kalemi Ertuğrul Özkök tarafından açıklandı.[403]

Türkiye Odalar ve Borsalar Birliği (TOBB) duruma el koydu ve TBMM'ye bir 'muhtıra' vererek, başta partiler yasası olmak üzere birçok yasanın derhal değiştirilmesini istedi. Yıllardır ABD yönetimlerince hazırlanan Din Hürriyeti ve İnsan Hakları raporlarında sözü edilen yasa değişikliği istemleri, köşeye sıkışan Türkiye Cumhuriyeti'nin önüne konuluverdi. Ne de olsa, "kurtuluş" için yeniden siyasal yapılanma gerekiyordu. Bunun böyle olmasını dileyen TESAV yöneticisi Erol Tuncer de isteğini, Avrupa Birliği'nin, ABD'nin ve büyük para çevrelerinin ortak istemine dayandırıyordu.[404]

Söz konusu olan salt partiler değildi. Yunanistan Dışişleri Bakanı Yorgo Papandreu da Türkiye'ye geldi. Medya tarafından büyük barışsever olarak pohpohlanan Yunanistan Dışişleri Bakanı, Türkiye'ye barış çubuğu uzatıyor ve kanıt olarak da Yunanistan'ın savunma harcamalarını kısacağını belirtiyordu. Türkiye de öyle yapmalı ve savunmasını zayıflatmalıydı.

Kendi ülkelerini unutan aydınlar, Papandreu'ya, bazı konuları sormuyorlardı: "Yunanistan, Türkiye'den ayrılıkçı PKK'yi desteklemiş olduğu için, diplomatik olsa bile, bir ufak özür dilemiş miydi? Papandreu, Atina

---

[401] Paul Wolfowitz: Endonezya eski Büyükelçisi, CFR (Dış İlişkiler Konseyi) üyesi, Bilderberg üyesi, NED yönetim kurulu üyesi (Ocak 2001'e kadar)

[402] ANAP Grup Toplantısı'nda konuşma, 20 Mart 2001.*anap.org.tr/anap/ genelbaskanlar/ YILMAZ/grup/2001-03-20grup.htm*

[403] Ertuğrul Özkök, "Askerli yemekteki türban sohbeti" *Hürriyet, 23 Mart 2001*

[404] Batı'dan gelen isteklere direnen çevrelerin mevzilerine yönelen bu talebin, para piyasası çöküntüsüne denk gelmesi ne ilginç. TESAV Başkanı Erol Tuncer, kurtuluşun yeniden yapılanma (Reconstruction) ile mümkün olduğunu "Kurtuluş" başlığını attığı yazısında dile getirdi: "Yaşadığımız bunalımların kökeninde siyasal sorunların var olduğu, o nedenle öncelikle siyasal yapılanmamızın yenilenmesi gerektiği konusunda geniş bir fikir birliği oluşmakta. Bu, yalnızca iç kamuoyuna özgü bir fikir birliği değil. Dış dünyanın da –AB ve ABD'den uluslararası finans çevrelerine kadar uzanan geniş bir çerçevede – aynı görüşü paylaşmakta olduğu görülüyor." *Radikal, 14 Nisan 2001.*

yönetiminin PKK Başkanı'na kol kanat germesinden sonra İstanbul'da yakılarak öldürülen insanlarımızı anımsıyor muydu? Yunanistan, 9 Eylül'ü 'Küçük Asya'nın Türkler tarafından işgali" olarak matemle anmaktan caymış mıydı? Papandreu, Lozan Antlaşması'na ve adalarda yaşayanların direnmelerine karşın, adaları silahlandırmayı ve S-300 füzelerini konuşlandırmayı yanlış buluyor muydu?[405]

Ne ki bir olasılık daha var, Helen Dışişleri Bakanı, RAND tarafından hazırlanan NATO Genişleme Raporu'nu doğru dürüst okumuş olabilir. Bu arada, ABD'yi oluşturan 52 devletten, Kaliforniya, Arkansas ve Maryland devletlerinde, Helen kökenlilerin de desteğiyle, Türklerin Ermenilere soykırım uyguladığı karar altına alınmıştı. Bu girişimler karşısında Türkiye'yi yönetenlerden ses çıkmadı.

Bu kargaşa içinde yaratılan ekonomik bunalımın ardından testler başladı. Türkiye'de kendiliğinden gibi görünen protesto yürüyüşleri şiddete evirilmeye; Konya'dan başlamak üzere işe Allah'ın adı karıştırılmaya; İstanbul'da Cuma namazının ardından eylemlerin ucu "Din Hürriyeti"ne dayandırılarak, güvenlik güçleriyle çatışmaya dönüştürüldü.

Oxley ve "eski düşman yeni dost" Brademas

Bu olaylar sürerken, konuklar da birer birer gelmeye başladı. ABD Temsilciler Meclisi üyesi Michael Oxley, ABD Büyükelçisi Robert Pearson, Kemal Derviş ve Hazine Müsteşarı Faik Öztrak ile Bilkent Üniversitesi'nde akşam yemeğine oturdu. Gizlilik, çekingenlik, yanlış anlaşılma gibi kaygılar taşımadan, medyanın gözü önünde yemek yeme özgürlüğünü tattılar. Türkiye Cumhuriyeti'nin bakanı ve hazine sorumlusu, dışişlerinin katılmadığı bir toplantıda, bir yabancı devletin elçisi ve temsilcisiyle buluşabiliyordu.

Oxley, ABD'deki CFR seçkinler kulübü üyesidir. Asıl ününü 'Irangate' olarak bilinen soruşturmada yapmıştır. Irangate örtülü operasyonunu bir kez daha anımsayalım: ABD, Amerika'da eğittiği adamların peşine diktatör Anastasio Somoza Debayle.artıklarını katarak *Contra* denen terörist örgütü oluşturdu. *Contra*'lar Nikaragua yönetimini yıkmak için saldırdı. Bu operasyonu, NED'in de yer aldığı bir şebeke yalan haberler yayarak ve kargaşa yaratarak (de-stabilisation) destekledi. CIA, *contra*'lara alınan silahların parasını, petrol şeyhlerinden, Brunei Sultanı'ndan, Suudlar'dan aldı. Eksik kalanını da Irak'la savaşmakta olan Humeyni yönetimine İsrail üstünden roket satarak elde etti.

Bu örtülü operasyonun en önemli oyuncusu, Reagan döneminin Dışişleri Bakan Yardımcısı Elliott Abrams idi. Michael Oxley, soruşturma

---

[405] 2004 yılı başlarındaysa durum yeni bir boyut kazandı. Kıbrıs Türk tarafı teslime zorlanırken, Kıbrıs Helen tarafında 14 Eylül (Yunan kuvvetlerinin 1922'de Bandırma'da denize döküldüğü gün) "Helen soykırım" günü olarak anılma kararı anılıyordu.

döneminde Abrams'ı savunmasıyla ünlendi. Türkiye, Elliott Abrams'ı bir başka konuda anımsamalı: Abrams, IRFC (ABD Uluslararası Din Hürriyeti Komitesi) üyesidir. IRFC, ülkeler hakkında din raporu hazırlıyor ve gerekirse o ülkelerin cezalandırılmasını istiyordu. Türkiye hakkında hazırlanan Din Hürriyeti Raporları, Merve Kavakçı'ya, Fazilet Partisi'ne, Necmettin Erbakan'a, Fethullah Gülen'e, Recep Tayyip Erdoğan'a sahip çıkıyor ve Anayasanın 24. ve 312. maddelerinin kaldırılmasını istiyordu. Bu konunun ayrıntılarına "Uluslararası Din Hürriyeti Senaryosu" bölümünde değineceğiz.

Elliott Abrams'ın koruyucusu Michael Oxley ve Büyükelçi Robert Pearson, Bilkent yemeğinde söz konusu raporlardan söz etmiş miydi ya da Kemal Derviş'e sormak gerekirdi. Dışişlerine de sorulabilirdi; ama yabancılarla görüşülürken Dışişleri'nden kimsecikler yoktu.

Kemal Derviş'in ABD Büyükelçisi ile baş başa yemeğinden bir gün sonra, NED'in eski patronu, Helen lobisinin güçlü sesi, John Brademas, İstanbul'a geldi. TESEV'ciler, John Brademas'ı Boğaziçi Üniversitesi'nde Türkiye'ye bir kez daha "demokrasi", "siyasal ahlak" ve "yolsuzlukla mücadele" dersi vermeye çağırmıştı. John Brademas'ı Soros ilişkisinde tanımıştık.

Başkanın adamları açıktan davranıyorlardı. John Brademas aynı zamanda, CFR'de Texaco Energy'yi temsil ediyordu. Sovyet muhaliflerinin Selanik'teki "Demokrasi ve Barış Merkezi"nin kurucu direktörü de olan Brademas'ın Türkiye gezisinden sonra Onassis Vakfı'nın özellikle Ege Bölgesi'nde girişimleri yoğunlaştı.

TÜSİAD'dan Ambargocu Brademas'a rapor

TESEV genel yönetmeni, eski Büyükelçi Özdem Sanberk, John Brademas'a, hazır konu yolsuzluk ve siyasal ahlaktan açılmışken birkaç derin devlet olayını da sorabilirdi. Örneğin "Koregate" ya da "Fraser Soruşturması" olarak bilinen K-CIA - Kongre üyeleri - Sun Myung Moon - Tongsun Park ilişkilerini... Bu ilişkiler çerçevesinde Kore'ye Amerikan pirinci satışı karşılığı sızdırılan doları ya da kendisi de aralarında olmak üzere bazı Kongre üyelerinin Tongsun Park'tan aldıkları payı... Özdem Sanberk, John Brademas'ı, eski adıyla Robert College, yeni devamıyla Boğaziçi Üniversitesi'nin öğrencilerine sunarken bu gerçekleri de açıklayabilirdi.[406]

Özdem Sanberk, Brademas'ın dünyayı karteller adına yöneten ABD üst örgütü Trilateral Komisyon'un üyesi olduğunu da eklese öğrenciler daha duyarlı davranabilirlerdi.[407] Türkiye'ye ahlâk öğretme çabasında olanlar, Brademas başkanlığındaki NED'in, 1980'lerde, Kongre fonlarını

---

[406] R. Boettcher with Gordon L. Freedman, a.g.k. s. 58, 141, 242, 304.
[407] Brademas'ın bu özelliği sonraları TESEV bültenine girdi; ama Trilateral'in ne olduğu pek belli edilmedi.

Fransa'daki "Union Nationale Inter-Universitairé" gibi aşırı sağ kanat örgütlerine aktardığını da ekleyebilirdi.[408]

Brademas, konferansta Türkiye'ye önerdiği siyasal yeniden yapılanmanın ayrıntılarını, bir hafta önce kendisine açık bilgiler vererek MGK'nin kaldırılmasını isteyen raporun sahibi TÜSİAD'ın temsilcilerinden almıştı.[409]

TESEV konuğu Başkan'ın adamlarının Türkiye çıkartmasının ardından ekonomik kurtuluş programı açıklandı. Kemal Derviş, halka yakın adam görüntüsü çizmeye başladı, kısa pantolonuyla yollara düştü ve nedense Demirel'in ünlü Güniz Sokağından geçti; gülücükler dağıttı, taksi sürücüleriyle yakınlık çayları içti.

Ne ki ABD beklenen yeşil ışığı yakmadı. Başkanın Amerika'daki adamları konuya aydınlık getirmeye başladılar. Önce beş Cumhuriyetçi ve altı Demokrat senatör, George Walker Bush Jr.'a bir mektup yazıp, Türkiye'ye yardım etmesini istediler. Amerikan Yahudi Kongresi (AJC) de istekleri yineledi. Mektuplarda, Türkiye'nin ne denli sadık bir yandaş olduğunu; Irak ve Balkan operasyonlarında ABD'yi desteklediğini belirttiler.

Kolay kolay yanmayan yeşil ışık, hep bir ödünün gereği yanmıştır. Başkan'ın Türkiye'deki demokrasi örgütleyicilerinden IRI ve NDI'nin ortağı TESEV'in Yönetim Kurulu Başkanı, Henkel Genel Müdürü, Sabancı Holding ve TÜSİAD yönetim kurulu üyesi Can Paker, yeşil ışığın önkoşulunu açıkladı:

"Ben Amerika'nın yerinde olsam, partiler yasasının çıkarılmasını şart koşarım!"

En sivil ve en global projeci

Sivil harekette hangi taşı kaldırsanız altından TESEV çıkıyor. TESEV projelerinde kimler olduğuna baksanız, içinden eski devlet görevlileri, eski solcular, eski ve yeni sosyal demokratlar, eski ve yeni işadamları, büyük şirketlerin yeni tür 'smart boys' denen, dışarda ve özellikle Amerika'da eğitim görmüş, yaşları 35-45 arasında olmasına karşın hâlâ "genç" olarak adlandırılan "profesyonel" yöneticileri, türlü boydan vakıfçılar, dolarlı akademik projelerin başında yer alan ABD eğitimli

---

[408] H. Sklar, Trilateralism, s.100.
[409] "TÜSİAD Washington görevlileri: Sürekli Temsilci: Abdullah Akyüz, Dış Politika Danışmanı: Soli Özel, Haberleşme Danışmanı Arzu Tuncaata Tarımcılar. Tarımcılar aynı zamanda Türkiye için "lobi" işleri yapan "Fleishman and Hillard" şirketinde çalışmaktaydı. *TÜSİAD-us.org - usdoj .gov/ criminal/fara/fara1 st97/INDEX.HTM*
Yeri gelmişken TÜSİAD'ın, TESEV ile birlikte Amerikan işadamlarının dış ülkelerde etkinlik örgütlerinden ve NED bağlı çekirdek yapılanmalarından CIPE'nin Küresel Ortaklar listesinde yer aldığını belirtelim.

profesörler çıkıyor. Bu kişiler sizi partilere, şirketlere, paralı-parasız üniversitelere, vakıflara, hareketlere bağlıyor. TESEV etkinlik raporlarının hangisini açsanız son on yılda gerçekleştirilen yasa değişikliklerinin ön hazırlıklarını; belediyelerin merkezden bağımsızlaşmasını, din-inanç özgürlüğü çalışmalarını, serbest Pazar ekonomisinin üstün yararlarını, dinsel örgütlenme özgürlüğünün demokratik katkısını anlatan yabancıları ve geçmişte Türkiye karşıtı çalışmalarıyla ünlenmiş ABD kongre üyelerini, Ermeni soykırım tasarılarını ya da her olayda Türkiye'ye karşı kampanya açan Yunan asıllı Amerikalıları göreceksiniz.

Sivil adı altına gizlenmiş operasyonun göbeğinden dış noktasına dek herhangi bir düğümünden yurda yayılmış kişilerin örgütleri birbirine bağlayan projelerine bakıldığında, NED'in, IRI'nin ve NDI'nin temel amaçlar raporlarının ana maddelerine, örgütlenme ve örgütleme modellerine neredeyse tıpatıp uyan bir yapılanmayla karşılaşılır.

Ne ki son altmış yıl, devletin tüm birimlerinde ABD örgütlenmesini kopyalamanın olmazsa olmaz koşul olarak kabul edildiği dönemdir. Resmi durum böyle olunca, Türkiye'ye özgü bir model çıkartılmasını beklemek de çok anlamsız. Dış politikaya, iç yapılanmaya bu denli yön verme yeteneğine sahip olan ve NED-NDI-IRI-CIPE-Soros dörtlüsünden en büyük parayı alabilen TESEV'in kuruluş aşamalrı ilginçtir:

Kökleri, Nejat Eczacıbaşı'nın 1961'de kurduğu "Ekonomik ve Sosyal Etüdler Konferans Heyeti"ne uzanıyor. ABD başkanının 1983'te, "antikomünist birlik" örgütlenmesini, daha yasal ve daha açık görünümlü bir operasyona çevirmesinden bir yıl sonra; tıpkı ABD'de olduğu gibi Türkiye'de de akademi, diplomasi, holding, medya ve sendika dünyaları bir araya geldi. Boğaziçi Üniversitesi Vakfı, Ankara Üniversitesi Siyaset Bilimleri Vakfı, Sosyal Etüdler Konferans Vakfı önderliğinde, 200 kişinin imzasıyla TESEV kuruldu. Bu büyük atılımdan sonra Türkiye'de sivil örgütlenme yayıldıkça yayıldı ve proje başına iş yapma olanakları keşfedildi.

CIPE'nin ortağı TESEV'i yönetenler

NED'in çekirdek örgütü, ABD işadamlarının dünyaya yayılma organı CIPE'nin küresel ortak olarak andığı ortaklarının başında ABD Ticaret odası, ABD Dış ülkeler Ticaret Odası, US-AID örgütlerinin yanı sıra İngiliz lordlarının ve bankerlerinin parasını işleten George Soros'un örgütü "Open Society Institute" yer alıyor. Yüzden çok örgütü, ortağı olarak sayan CIPE'nin listesinde, olağan olarak CIA'nın soğuk savaşın birinci dönem aygıtlarından RFE / RL (Radio Free Europe / Radio Liberty" de bulunuyor. Kuruculardan, Boğaziçi Üniversitesi rektörü Üstün Ergüder, 6 Şubat 1999'da Beyrut'ta, CIPE, EDI (Economic Development Institute of World Bank), LCPS (Lebanese Center for Public Studies) tarafından düzenlenen, *"Think Tanks as Civil Society Catalysts in the MENA*

Region" konferansında, TESEV'in kurulmasının önemli işlevini anlatıyordu. Ergüder, para toplama işlerinden, Alman vakıfları ile TÜSİAD destekli projelerden söz ederken, bir örgütün para toplamasının, araştırma yapmasının, işin ilk adımı olduğunu, asıl hedef kitlenin ise halk ve politikacılar olduğunu açıklıyordu.[410]

Üstün Ergüder'in dedikleri doğru çıktı: TESEV çevresine topladığı STK'lerle, Alman ve Amerikan örgütlerinin desteğinde gücüne güç kattı. Örneğin Türkiye Cumhuriyeti'ne Avrupa'dan biçilen kefene tutunan sivil örgütleri yan yana getiren TESEV yöneticisi eski Büyükelçi Özdem Sanberk hükümeti, AB karşısında yerlere indiriyor hem de tehdit ediyordu:

"*3 lider arasında yapılan bir mutabakat Türkiye'nin mutabakatını yansıtmaz. Sivil toplum örgütlerinin görüşleri alınmamıştır. Hükümet,t Ulusal Program noktasında sivil toplumu dışlayıp çalışmalarını hasıraltı ederse sivil kuruluşları karşısında bulur.*"

İstanbul Savoy Otel'de buluşan 13 örgütün, tehdide vardırdıkları olmazsa olmaz koşulları, onların NED projelerindeki Amerikan demokrasisi ruhuna da uygun düşüyordu:

"*Kısa vadede Türkiye'nin yapması gereken reformların başında toplumsal örgütlenme, parti kapatılmasının önlenmesi, MGK'nın yetkilerinin azaltılması ya da sivil üye sayısının artırılması, bölgeler arası dengesizliğin giderilmesi geliyor. Anadilde yayın hakkı verilmesi konusunda hemfikiriz.*"[411]

Böylesine büyük hedeflere, önemli yabancı ortaklık ilişkileriyle ulaşılabilirdi elbette. Bu denli önemli ve büyük ilişkileri kurabilecek olan bir örgütün yönetiminde halkın, orta tabaka temsilcilerinin bulunması işe yaramazdı kuşkusuz.

Boğaziçi Üniversitesi gibi Amerikan yapımı bir kolejin topraklarına yerleşen TESEV'in yönetiminde seçkinlere yer olabilirdi. IRI, NDI, CFR, CSIS gibi, Amerikan "think tank" örgütlerinin yaptığı gibi, TESEV de Türkiye ölçeğinde seçkinleri yönetiminde buluşturuyor. Ancak arada bir fark var: Amerikalılar kendi aralarındaki temel çizgi ayrılıklarına dikkat ederken, yerli 'sivil' örgütçüler bu durumu ayrımsamıyor. Solcusu da sağcısı da eski anti-komünisti de, eski anti-emperyalisti de 'workshop' işlerinde ve sivil harekette buluşuyor.

---

[410] "Think Tanks as Civil Society Catalysts in the MENA Region: Fulfilling Their Potential," organized by CIPE, the Economic Development Institute of the World Bank (EDI), and the Lebanese Center for Policy Studies (LCPS), Beirut, Feb. 6-8, 1999.
[411] Savoy Oteli toplantısında ortak bildiriyi imzalayanlar: ARI Hareketi, Doğa ile Barış Derneği, Doğal Hayatı Koruma Derneği, Güçlü Türkiye Projesi, İstanbul Avrupa Gençlik Forumu Derneği, Marmara Grubu Stratejik ve Sosyal Araştırmalar Vakfı, Türkiye Çocuklara Yeniden Özgürlük Vakfı, Türkiye Ekonomik ve Sosyal Etütler Vakfı, Türkiye Ekonomik ve Toplumsal Tarih Vakfı, Yeşil Adımlar Çevre Eğitim Derneği. *ARI Bülteni, 18-12.*

TESEV yönetiminde ünlü emekli devlet görevlileri ile akademisyenlerin ve işadamlarının, 'profesyonel' şirket yöneticilerinin bulunması örgütün ne denli 'sivil' olduğunu gösterecektir. Tanınmış yöneticilerden bazılarını toplumsal konumlarıyla birlikte anımsayalım:

Bülent Eczacıbaşı: Eczacıbaşı Holding Sahibi, TESEV Başkanı. (1994),

Feyyaz Berker: Tekfen Holding, sahibi. TESEV kurucu yönetim kurulu üyesi (1994),

Can Paker: Türk Henkel Genel Müdürü; TÜSİAD yönetim kurulu üyesi ve siyasal komisyon başkanı; Sabancı Holding (2000 sonrası) yönetim kurulu üyesi; TESEV yönetim kurulu başkanı (1998 sonrası.)[412]

Özdem Sanberk: Dışişleri Bakanlığı eski Müsteşarı, Özal döneminde Cumhurbaşkanlığı danışmanı; Almanya, İspanya ve İngiltere'de Büyükelçi, AB Büyükelçisi; TESEV yönetmeni (2000).

İlter Turan: Oberlin College (ABD), SBF, Columbia University, İstanbul Üniversitesi, Koç Üniversitesi ve Bilgi Üniversitesi Rektörü (1998-2001); Umut Vakfı murahhası, SEV (Sağlık ve Eğitim Vakfı) yönetim kurulu üyesi.[413]

Necla Zarakol: Ankara Üniversitesi İletişim Fakültesinde öğrenim gören Necla Zarakol, radyo ve televizyon muhabiri olarak çalıştı. Halkla ilişkiler şirketi sahibi. Sivil toplum projelerinde çalışıyor.

İshak Alaton: Alarko Holding yönetim kurulu başkanı, TOSAV danışmanı, TESEV Kurucusu ve yönetim kurulu üyesi.[414]

Yılmaz Argüden: RAND Graduate Institute'te NATO bursu ile doktora yaptı, Koç Holding Arge A.Ş'de çalıştı (1978-1980) ve daha sonra yönetim kurulu başkanı oldu. RAND Corp. Stratejik Analizcisi (1980-1985), Dünya Bankası Kredi Bölümü Yöneticisi; Başbakanlık Ekonomi Başdanışmanı (Mesut Yılmaz-1991), TESEV kurucu yönetim kurulu üyesi (1994 ve sonrası) Rothschild temsilcisi (2007).[415]

Oğuz Babüroğlu: Bilkent Üniversitesi İşletme Bölümü, TESEV kurucusu ve yönetim kurulu üyesi.[416]

Tarhan Erdem: Doğan Medya Genel Koordinatörü, Demokratik Cumhuriyet Programı üyesi, CHP eski milletvekili, 1980 öncesi Sanayi

---

[412] Berlin Teknik Üniversitesi, ABD Columbia Üniversitesi.
[413] Oberlin College-Ohio/USA, Columbia University, İstanbul Üniversitesi Siyaset Bilimi Bölümü "1993'te İstanbul Üniversitesi'ndeki öğretim üyeliğinden ayrıldı."
[414] İsveç'te Motola Larovek Teknik Üniversitesi'ni bitirdi. Üzeyir Garih'le Türkiye'deki en büyük şirket topluluklarından biri olan Alarko Holding'i kurdu. İshak Alaton, Alarko Holding'in Yönetim Kurulu Başkanlığını sürdürmektedir.
[415] Yılmaz Argüden Boğaziçi Üniversitesi Endüstri Mühendisliği bölümünü bitirdi. Rektörlüğün "Liderlik" ödülünü aldı. *Portrait Dr. Y. Argüden, hrdergi.Com/ english. htm, 4.5.2000*
[416] Sussex Üniversitesi'nde İşletme Bölümü, Lancaster Üniversitesi'nde üst lisans, Pensylvania Üniversitesi'nde doktora...

Bakanı, CHP Genel Sekreteri (1999-2000), Erdal İnönü'nün 'Yeni Oluşum' partisi tüzüğü hazırlayıcısı (2000-2001), Radikal köşe yazarı, TESEV kurucusu ve proje yöneticisi.

Üstün Ergüder: Boğaziçi Üniversitesi Siyaset Bilimi ve Uluslararası İlişkiler Dekanı (1991-2000) sonra Üniversite Rektörü, Vehbi Koç Vakfı, 3. Sektör Vakfı, ECF (Avrupa Kültür Vakfı) yönetim kurulu üyesi, TESEV kurucusu.[417]

Nihal İncioğlu: Marmara Üniversitesi, TESEV yönetim kurulu üyesi.[418]

Mehmet Kabasakal: İSO (İstanbul Sanayi Odası) Genel Sekreteri, TESAV kurucusu, eski genel direktörü ve yönetim kurulu üyesi, Sosyal Demokrasi Okulu öğretim üyesi, CHP Parti Meclisi üyesi (2000-2001), CHP Gençlik Projesi Komisyonu Başkanı.[419/420]

Hasan Karaçal: DPT, Toplumsal Tarih Vakfı kurucusu ve başkanı, DSTG (Demokrasi için Sivil Toplum Girişim Platformu) kurucusu.[421]

Deniz Kirazcı: Maliye Bakanlığı, Eczacıbaşı Holding EKOM Genel Müdürü, Sabancı Üniversitesi öğretim üyesi.[422]

Alp Orçun: Gazeteci, Eczacıbaşı Holding Basın Danışmanı.

Arıl Seren: İMKB Başkan Yardımcısı, ODTÜ öğretim üyesi.[423]

Tavit Köletavitoğlu: Enternasyonal Tourism Investments yöneticisi, Türk Turizm Yatırımcıları Derneği Başkan Yardımcısı.

Ziya Müezzinoğlu: Eski Maliye Bakanı, CHP eski Milletvekili, Almanya eski Büyükelçisi, TEMAV (Türkiye Ekonomik ve Mali Araştırma Vakfı) yönetim kurulu başkanı.

Fikret Toksöz: Marmara Belediyeler Birliği Genel Sekreteri, Helsinki Yurttaşlar Derneği ve TESEV kurucu yönetim kurulu üyesi. Sabancı Üniversitesi öğretim üyesi.[424]

Mete Sayıcı: Net Holding Genel Müdür Yardımcısı.[425]

Gündüz Aktan: Emekli büyükelçi, TESEV Genel Direktörü (Temmuz 1998 - Nisan 2000), ASAM yönetmeni, MHP Milletvekili (2007).

---

[417] Manchester ve Syracuse Üniversitelerinde öğrenim gördü.
[418] ODTÜ-Sosyoloji Bölümü, Ankara Üniversitesi Siyaset Bilimi Bölümü (Doktora.)
[419] Boğaziçi Üniversitesi, Ankara Üniversitesi (doktora)
[420] Ercan Karakaş'ın kurduğu SODEV ve Taner Berksoy'un kurduğu TÜSES tarafından Şubat 2000'de kuruldu. Öğreticileri arasında, Bilgi Üniversitesi elemanları bulunuyor: Uğur Alacakaptan, Burhan Şenatalar, Taner Berksoy, Fatmagül Berktay, Deniz Kavukçuoğlu, Yurdakul Fincancı, Aydın Uğur.(*Derya Sazak, Milliyet 26..2.2000*)
[421] ODTÜ, Wisconsin University
[422] İstanbul Üniversitesi, Northeastern University.
[423] ODTÜ Ekonomi-İstatistik, University of Chicago
[424] "Lisans öğr. Ankara Ünv.'inde, lisansüstünü Manchester Ünv.'nde bitiren Toksöz, sivil toplum kuruluşlarında son derece aktif olarak yer almıştır." *tesev.org*
[425] Mete Sayıcı, Ankara Ünv., Swansea Unv... Net Holding sahibi Besim Tibuk aynı zamanda Liberal Parti kurucu başkanıdır.

Kurucuların sivil yaşama çok bağlantılı katkıları, ABD'de olduğu denli geniş olmasa da küçümsenecek darlıkta da değildir. Örümcek ağı kurma işi sabır ister. Böylesine geniş bir toplumsal çevreyi yan yana getirmek de başarıdır.

"*TESEV, kendi uzmanlık alanlarında en yüksek düzeyde başarı elde etmiş bu kişileri bünyesinde bulundurmaktan onur duymaktadır*" diyerek oluşturduğu kadrosuyla örgütü, bir yandan akademik dünyaya, bir yandan da NED örgütlenmesine, Georgetown Üniversitesi'nin Hıristiyan-Müslüman Anlayış Merkezi'ne, Dünya Bankası'na bağlıyor; tıpkı ABD örgütlerinde olduğu gibi, bünyesine devlet deneyimini, akademik dünyayı katıyor. Boğaziçi, Bilkent, ODTÜ, Bilgi, Marmara, İstanbul, Ankara, Koç üniversitelerinden TESEV ağında yer alan Üstün Ergüder, İlhan Tekeli, Hurşit Güneş gibi pek çok ünlüyü bulacaksınız.

TESEV'in danışmanları arasında Sabri Sayarı, Oktay Ural (Florida International Üniversitesi), Baran Tuncer (Dünya Bankası), Erdoğan Alkin (Moon PWPA Türkiye Temsilcisi, TEB yönetim kurulu üyesi), Dani Rodrik (Harvard Unv.), Sabancı Üniversitesi Rektörü Tosun Terzioğlu gibi çok yönlü kişiler bulunuyor.[426]

TESEV yurtdışında da örgütlenmeye önem vermektedir. Londra'da bir ilişki bürosu açmışlar ve başına yerel yönetimlerle ilgili kitap yazan Mahmut Aydoğan'ı getirmişlerdir.[427]

ABD'nin Doğu Anadolu tutkusu ve TESEV

Son on, on beş yıldır, Türkiye'de en etkin yabancı misyon hangisidir, diye sorulacak olsa; Güneydoğu Anadolu'da yaşayan yurttaşlar, "ABD'nin Adana Konsolosluğu" diye yanıtlarlar. Bazı özel tanışıklar ve duyarlı yurttaşlar dışında, Türkiye'nin geri kalanı bu konsolosların adını bile duymamıştır. Konsoloslar, ayağı yanmış tazı misali, ülkenin doğusunda dolaşıp durmaktalar. Bayan Konsolos Elizabeth W. Shelton da belediye başkanlarını çok sevmektedir. Operatörler de belediyeleri çok sevmektedirler. "Yerel yönetimlerin güçlendirilmesi" adı altında federasyon altyapısı oluşturulması, NED'in ana hedefleri içindedir. "Decentralization", yani ülkelerin merkezi yönetimlerinin etki ve yetkilerinin kaldırılması, ulusal orduların kışlalarına tıkılmasından sonraki en önemli aşamadır. Elizabeth Shelton işini iyi yaptı ve Türkiye'nin doğusundan belediye başkanlarını yanına alıp ABD'ye götürdü: Mete Arslan (İsken-

---

[426] Sabri Sayarı: Georgetown Unv. Turkish Studies Institute yönetmeni, Christian Muslim Understanding Center üyesi, RAND raportörü, Amerikan-Azeri Ticaret Odası murahhas Üyesi; Sabancı Ünv. Öğretim üyesi.
[427] Meliha Okur, "*Herkes özür dilesin: 51 yıllık dostumuz İshak Alaton, cumartesi günü neler yaşadı anlatalım: O gün AK Parti G. Bşk. Recep Tayyip Erdoğan görüşmeler yapıyordu. Konuklarından birisi Mahmut Aydoğan'dı... O sırada toplantıda bulunan gazeteci Ayşe Önal birden...*" Milliyet, 31 Ağustos 2001.

derun), Ahmet Bahçıvan (Şanlıurfa), Ahmet Bilgin (Diyarbakır), Aydın Talay (Van), Abdülkadir Tuğtaşı (Mardin), Abdülkadir Turan (Muş), Ali Sezal (Kahramanmaraş), Münir Erkal (Malatya) ve Salih Gök (Batman).

ABD'de kendileri için düzenlenen özel seminere katılan başkanlar, Amerikan kentlerini keşfe çıktılar. Öylesine mutlu olmuşlardır ki *"Konsolosumuza teşekkür ederiz"* demekten kendilerini alamadılar.[428]

Shelton, İstanbul Yeniköy'de Özallara ve Çillerlere komşu olmuş, iş çevreleriyle yakın ilişkiler geliştirmiş ve TABA (Türk-Amerikan İşadamları Derneği)'nın kurulmasını sağlamıştı. Tansu Çiller ile dostluk derecesini eski Belediye Başkanı Bedrettin Dalan, gazeteci Faruk Bildirici'ye anlatmıştı. Bildirici'nin "Maskeli Leydi" kitabında Çiller'in Türkiye üstüne ekonomik raporlar hazırlaması ve Shelton'a yakınlığı eleştirel bir dille yansıtılmıştı. Oysa Türkiye'de başta hükümetler olmak üzere birçok devlet kuruluşu, ekonomik raporları yabancı kuruluşlara kendileri sunmaktadır.[429] ABD resmi raporlarına göre yalnız ekonomik değil, toplumsal ayrıntıları içeren araştırma raporları da sivil kuruluşlarca verilmektedir. Alınan paraların ana kaynağı resmi; raporların verildiği yer resmiyse o paraları alan ve raporları hazırlayanlar kendilerine 'sivil' diyebilmektedirler.

Türkiye'de iyi dostluklar geliştiren Shelton, başarılı günlerinin ardından Kürt asıllı şoförünü de yanına alarak Washington'a döner ve bir süre sonra da deneyimlerini Azerbaycan'da değerlendirmek üzere Bakü'de Büyükelçilik Müsteşarı olarak göreve başlar.[430/431] Shelton'ın Doğu ve Güneydoğu Anadolu çabaları boşuna gitmedi. Merkezden uzaklaştırma işleri gün geçtikçe yoğunlaştı.

Adana'dan doğuya geziler de çoğaldı. Örneğin ikinci konsolos Charles O. Blaha, karanfillerle karşılandı ve konukseverlerin açıklamasına göre *"Dersim'de HADEP İl Örgütü'nü ziyaret"* etti. *"HADEP İl Başkanı Hıdır Aytaç ile bir görüşme yapan Blaha, Kürdistan'daki son durum hakkında bilgi"* aldı. ABD memurunu bilgilendiren Hıdır Aytaç, anadilde eğitim ve seçim barajıyla ilgili isteklerini açıklayıp ekledi: *"OHAL kanunlarının son bulmasını istiyoruz!"* İş bununla da kalmadı. Hıdır Aytaç, Charles O. Blaha'ya *"Baharla birlikte artan asker sevkiyatının durdurulmasını istiyoruz!"* dedi.

İl Başkanı, açıkça ABD'nin TSK'nin Doğu Anadolu'ya asker göndermesine engele olmasını istiyor. İl Başkanı, gücün ABD'de olduğuna inanıyor olabilir; ama *"oldukça duygulandığını söyleyen"* yabancı devlet

---

[428] Yılmaz Polat, Washington Ankara Hattı, s.42; Federal Directory 1999, s.219 ve 734; habew3rturk.com, 26 Haz. 2001; kurdishmedia.com/news.
[429] Faruk Bildirici, Maskeli Leydi: Tekmili Birden Tansu Çiller, s.153.
[430] Yılmaz Polat, Washington-Ankara Hattı, s.27.
[431] "Shelton'ın kendisinden küçük yaştaki Kürt asıllı şoförüyle aşk dedikoduları ayyuka çıkmıştı." Yılmaz Polat, CIA'nın Muteber Adamı, s.29

görevlisi Blaha'ya sorumluluklarını anımsatacak bağımsız ve egemen bir devlet yoksa merkezden koparma çalışmalarına da şaşmamak gerekiyor.[432]

Merkezden koparma istekleri yeni değildir. 1900'lerin başında, Osmanlı Devleti'nde *"adem-i merkeziyet"* projesi, Batı Avrupa ve ABD tarafından desteklenen ve özellikle azınlıkların istemlerine yanıt veren bir siyasal çizgi oluşturmuştu.

Bağımsızlık Savaşı yıllarında da, giderek güçlenen ulusal güçlerin önünü kesmek üzere aynı tezgâh kurulmaya çalışılmıştı: Batı Anadolu'da Hıristiyan vali yönetiminde özerk bir eyalet devleti kurma projesi, saltanat tarafından da sessizce onaylanmış; Çerkes kongrelerinde kabul görmüştü. Ne ki zor oyunu bozmuş, ulusal hareket ulusal merkez çevresinde birleşmiş ve merkezi bir devlet kurulmuştur.

İşte o günden bu yana, azınlık hakları, 'otonomi' istemleri altında sürdürülen ayrıştırma girişimleri, kaba yaklaşımları aşmış ve 1980'lerde yerel yönetimleri özerkleştirme, demokratikleştirme gibi, her tür etnik ayrılıkçılık görüntüsünden uzak, bir eyleme dönüştürülmüştür.

Her yönden düzgün, ayrılıkçı, dağıtıcı girişimlerin olabildiğince etkisiz, ekonomik koşulların son derece iyi olduğu bir ülkede bile bütünleştirici özellikler ve yasal disiplin gözetilerek gerçekleştirilebilecek düzenlemeler, ülkenin içinde bulunduğu hassas koşullara aldırış edilmeden *"demokrasinin genişletilmesi"* istemlerinin çekiciliğiyle geniş bir yandaş kitlesi bulmuştur.

Koşullara aldırış edilmeme tutumunun temelinde, yerel olmayan, tarihsel ve özgün koşullara dayanmayan, ithal bir girişim bulunmaktadır. Kim derse ki bu işleri biz oturup uzun uzun düşündük de öyle kararlaştırdık; o gerçeği saklamaktadır; çünkü bu eylem planı operasyonun yürütüldüğü her ülkede uygulanmaktadır. TESEV'e bolca para yağdıran NED'in operatörleri programlarında açıkça yazmışlar:

"Birçok ülkede, demokratik gelişmeler, otoritenin merkezi rejimlerden alınmasını ve yeni seçilmiş bölgesel ve yerel yönetimlere verilmesini teşvik etmektedir... Bu çabalar, yerel otonomiyi ve belediyelerin kendi işlerini yürütme yeteneklerini desteklemek üzere tasarımlanmıştır."

"Kendi işlerini yürütme" sözünü, *"başlarının çaresine bakmak"* ya da Recep Tayyip Erdoğan'ın dediği gibi *"yerel iktidar"* ya da İçişleri Bakanı Abdülkadir Aksu'nun belirttiği gibi, *"Bir tür eyalet sistemi"* olarak okuyabilirsiniz. ABD'nin Cumhuriyetçi Partisi, Türkiye'de yerel yönetimleri ulusal merkezden özerkleştirme gibi önemli bir iş için Türkiye'ye gelmiş ve TESEV ile işbirliğine girişmiştir. Öteki yerel sivil örgütçüler de IRI'ye başvurmayı bir biçimde akıl etmişlerdir.

---

[432] *Özgür Politika*, 22 Nisan 2000

IRI 1995'te NED'e başvuruyor ve TESEV'le yerel yönetimler çalışmaları için parasal destek alıyor. İlk iş, belediyelerin parasal yapılarının *"derinlemesine incelenmesi"* ve *"merkezi devletle belediyeler arasında mali konularla ilgili gerilimin azaltılması üzerine tavsiyelerin hazırlanması"* oluyor.

Ardından IRI ve MBB (Marmara Belediyeler Birliği) ile ortak çalışma başlar ve 1996'da İstanbul'da eğitim kursu düzenlenir. Eğitime belediye başkanlarının yanı sıra parti temsilcileri de katılır. Bu çalışmayı, TESEV yönetim kurulu üyesi ve MBB Genel Sekreteri Fikret Toksöz yönetir. NED'in resmi verilerine göre işin maliyeti, 79.571 dolardır.

İlk toplantıların ardından ilişkiler zenginleşir ve 1996'da ortak çalışmaya IRI ve TESEV'in yanına Marmara Belediyeler Birliği de katılır. Üstün Ergüder'in Beyrut konferansında belirttiği üzere *"kitleye yönelim"* adımı atılır. Amaç, *"halkın katılımını, sorumluluğunu ve iyi yönetişimi ve yerel düzeyde mali otonomiyi (parasal bağımsızlığı) destekleyecek kurumlaşmayı güçlendirmek"* olarak belirlenir. TESEV, Kuzeybatı ve Güneydoğu Anadolu'nun kent ve belde belediyelerinde bütçe incelemelerine başlar. 26-27 Haziran 1996'da yine İstanbul'da bir sempozyum düzenlenir. Bu işler, NED'den aktarılan 183.960 dolarla gerçekleştirilir

IRI ile TBB (Türk Belediyeler Birliği) arasında bağ kurulur. 1996-1997'de yürütülen yeni işin ilk adımı 'Yerel Yönetim Merkezi'nin kurulması olur. Veriler bir merkezde toplanmalıdır ki tüm Türkiye kolayca öğrenilip yönlendirilebilsin. Merkezin işlevleri şöyle belirlenir:

"1) Yerel otonomiyi geliştirecek yasal düzenlemelerin ülke düzeyinde sürdürülecek lobicilik işlerinin örgütlenmesi(ni) ve eşgüdümü(nü) sağlamak;

2) Yerel yönetimleri etkileyen reform yasalarını ve politikaları destekleyici araştırmalar yapmak;

3) Yerel yönetimlerin seslerini doğrudan ve güçlü bir biçimde duyuracak mevsimlik forum düzenlemek ve bir siyasal komite örgütlemek."

Böylece devlete paralel egemenlik merkezinin bir bölümü oluşturulmaya başlanmış olur. Yeni merkezin işleyişinde elbette siyasal parti ayrılıkları söz konusu olmayacaktır. Tüm belediye reisleri bir yana, merkezi devlet bir yana... İşleri bilimselleştirmek ve hızlandırmak için *"Bilgisayar donanımlı bir veri* (enformasyon) *düzeni"* de kurulur. Bu veri tabanı, yerel sivil örgütlere açık olduğu denli onların 'global' ortaklarına, ABD-AB örgütleri üstünden şirketlere ve devletlere de açık olacaktır. Bu aşamanın NED'e parasal yükü 69.133 dolar olur.

Özerkleştirme yapımcıları düşünsel alt yapıyı da oluşturmaktan geri kalmazlar; onlara göre, o denli hızlı çalışan Türkiye'nin böylesine geri kalması anlaşılır gibi değildir. Elbette günahın tümü merkezi devlet düzeninde, yani ulusal merkezli yapılanmadadır. Öyleyse merkezden kopuş hızlanmalıdır. Bu yaklaşım Doğu Anadolu'dakiler için bölgesel bir özerkleşme iken, Batı Anadolu'dakiler için belediye reislerinin bağımsız egemenliği demektir. Belediye reisleri, Ankara'dan bağımsız olma dereceleriyle övünmeye başlarlar.

Demokrasi Bush'lardan öğrenilmeli

Örgütlenmede kurumlaşma sağlanmış ve Amerika'dan alınma adlandırmayla 'kanaat önderleri' yetişmiştir. Sıra siyasal partileri işin içine katmaya gelmiştir. Yeni atılım NED programlarına şöyle geçer:

"Yerel yönetimlerin aracılığıyla, var olan yerel yönetim yasalarında reform yapılmasını teşvik etmek ve Türkiye'nin siyasal partilerinde örgütsel ve yapısal demokratik reformları teşvik edecek çabalara arka çıkmak..."

Amaca uygun olarak 1997 sonunda IRI-TBB ve TESEV ortaklığında bir yeni adım daha atılarak, yerel yönetim yasa tasarıları hazırlanır ve bölgesel düzeyde toplantılara geçilir.

Amerikalılar ve yerli ortaklarınca gerçekleştirilecek yerel yönetimleri ve partileri demokratikleştirme adımının bedeli 299.616 dolar olur. Topluma yansıtılış sürecini TESEV raporundan okuyalım:

"IRI'nin katkısı ile basılan 'Belediyelerde Mali Yönetim: Yerel Yöneticiler İçin Bütçe Rehberi' başlıklı çalışma çerçevesinde, Türk Belediyecilik Derneği katkıları ile Mayıs 1998'de Beşiktaş Belediyesi'nde; Haziran 1988'de ise Ankara ve Antalya'da ilgili belediye başkanlarına bütçe seminerleri düzenlendi. NDI ve TESEV tarafından düzenlenen 'TBMM'de Şeffaflık' konulu toplantı, Haziran 1998'de Pera Palas'ta gerçekleştirildi. TESEV Genel Direktörü Dr. Mehmet Kabasakal'ın yönettiği toplantıya ABD Eski Oslo Büyükelçisi Tom Loftus katıldı."

Aydını bol bir ülkede demokrasi işlerinden anlamayanlara ancak Amerikan eli yardım edebilirdi; çünkü iş teoriyi bilmekte değil, operasyonun inceliklerini, yerinde ve zamanında atılacak adımları kestirmektedir. Olacakları öngörebilenler de ancak ve ancak dünya deneyimine sahip ustaların akademik dünyasında yetişen aydınlardır. Yoksa bunca siyaset bilimcisi, bunca hukukçusu bulunan bir ülkede, partiler ve belediyeler yasaları hazırlamak için yabancıların ne aklı ne de doları gerekirdi.

Özerkleştirmenin 3. yılında, 1998'de, en önemli adım atıldı. Türkler yollarda Cumhuriyetleri'nin 75. yılını kutlayıp övünürken, yabancı devletin parasıyla *"parti içi demokrasi"* geliştiriliyordu. *"Partiler ve belediyeler yasa tasarısı"* için *"lobicilik"* yani adam kazanma çalışmaları başlatıldı. IRI, TESEV ve TBB yine el ele verdiler ve sürece öteki sivil örgütleri de katmaya başladılar. Onların raporuna göre, basit bir bilgisayar merkezi olarak görünen *"Yerel Yönetim Merkezi, daha çok otonomi için lobiciliğe"* başladı.

Bu büyük girişim için "Gaziantep (10 Aralık 1998), Konya (17 Aralık 1998), Mersin (12 Ocak 1999) ve Bursa'da (28 Ocak 1999) panel toplantıları" düzenlendi.

Siyasal partilerin adam edilmesi projesiyle ilgili toplantı da, 4 Haziran 1999'da İstanbul Conrad Hotel'de yapıldı. Bilimsel ve verimli toplantılarda yerli sivil ünlülerin yanında yabancılar da değerli görüşleriyle Türklere yol gösterdiler.

Yabancılar azımsanacak adamlar değildi: William Hale (İngiltere; siyaset bilimci, University of London, Boğaziçi Üniversitesi), David Taylor (İngiltere; Siyaset Bilimci, University of London, SOAS-School of Oriental and African Studies), Harald Schüler (Almanya; Siyaset Bilimci), Axel Queval (Fransa; Sosyalist Enternasyonal Başkan Danışmanı.)

Dolarlı Bilimsellik

TESEV'in bilimsel çalışmalarında sıkça rastladığımız William Hale, önemli bir adamdır. Çalışma konusu "ordu"dur. "Ordu ve siyaset" kitabı Türkçede yayınlanmıştır. Hale, İngiltere'den gelen araştırmacılara da yardımcı olur. Bunların arasında David Shankland ilginç bir kişidir. Zamanında ODTÜ'ye gelmiş ve etno-muzikoloji (etnik müzik) çalışacağını söyleyerek, bir odaya yerleşmiştir.

Ne ki Shankland'ın derdi başkadır ve soluğu Tokat-Sivas sınırında alır; Alevilik-Sünnilik araştırmalarına girişir. Daha sonra İstanbul'a geçerek, "Radikal İslam" ve "Alevilik" ilişkilerini araştırır. Shankland'a Kent Üniversitesi (İngiltere) ve Yahudi cemaatinin örgütü ADL destek olur. Shankland, Türkiye çalışmalarında kendisine yardımcı olan William Hale'i unutmaz ve ona özel teşekkürlerini sunar.

William Hale, Amerikan "Yahudi Cemaati"nin örgütü WINEP'in yayın organında da Türkiye üstüne makaleler yazmaktadır.[433] Hale'in özgün görüşleri vardır. Türkiye'nin Kürtçe yayınlara karşı tutumunu ilginç sözlerle ve bilime yakışır bir söylemle dile getirir:

"Generaller, Kürtçe yayına ve Kürtçe eğitime karşı çıkıyorlar. Öte yandan, onlar (generaller), Türkiye'nin Avrupa Birliği'ne katılmasını istiyorlar. Pastaya sahip olup, yiyemeyecekler."[434]

Ülkeye yararlı olduğu düşünülen adamların konuşmacı olarak katıldıkları, TESEV siyasal partiler projesinin bedeli de büyük olur: 450.000 dolar.

Bu pahalı çalışma, aynı zamanda TESAV kurucusu da olan Mehmet Kabasakal'ın eşgüdümünde gerçekleştirilir. TESEV Yönetim Kurulu

---

[433] Türkiye'de "Yahudi" adlandırması hoş karşılanmıyor; inancı belirten "Musevi" genellemesi yapılıyor. ABD ve dünyada kullanılan "Jewish" sözcüğünü "Yahudi" olarak çevirerek kullandık..
[434] Ben Holland (Associated Press), Kurd Issue Still Divides Turkey- 13.2.2001, *Kurdish News 05/07/2001*

üyesi, Doğan Medya Genel Koordinatörü, 1999-2000 CHP Genel Sekreteri, 2001'de Erdal İnönü'nün yeni parti oluşumu için tüzük hazırlayıcısı Tarhan Erdem, Boğaziçi Üniversitesi öğretim üyesi Ali Çarkoğlu, Bilkent Üniversitesi öğretim üyesi Ömer Faruk Gençkaya'nın çalışmalarıyla gerçekleştirilir.

TESEV'in politik yaşamımıza katkıları, yerel yönetimlerin özerkleştirilmesiyle sınırlı olamazdı. ABD'nin özenle saptadığı gibi, dinler çağına girilmişti.

"Siyasal İslam" salt Türkiye ve Ortadoğu'ya özgüymüş gibi yansıtılırken; aslında siyasal Hıristiyanlık ya da siyasal Evangelistlik ya da Birleştirme Kilisesi gibi, siyasal Hıristiyan tarikatçılığını da kapsayan ABD'nin "Uluslararası Din Hürriyeti" projesini göz ardı eden sivil örgüt, kafayı Türkiye'deki siyasal-dinsel-ticari-etnikçilik sarmalını dar kapsamda algılamaya ve neye yarayacaksa oraya uygun olarak İslam'ın *"başarılı siyasallaşma sürecinin nedenlerini"* araştırmaya koyulmuştur.

"Siyasal İslam ve Kadın Örgütlenmesi: Refah Partisi Hanım Komisyonları" incelendi. Bu çalışmayı Boğaziçi Üniversitesi'nden Yeşim Arat yönetti. Sonra, siyasal-dinsel-ticari örgütlenmeyi inceleyen yeni bir proje geldi; MUSİAD ve *"İslami Bankacılık"* araştırıldı. Projeyi Boğaziçi Üniversitesi'nden Ayşe Buğra yönetti.

Alman desteğiyle "de-santralizasyon"

Siyasal ve ticari üst örgütlenmelerin araştırılmasını, toplumsal taban araştırması izledi. *"Siyasal İslam Saha Araştırması"* adı verilen projeyi Boğaziçi Üniversitesi'nden Binnaz Toprak ve Ali Çarkoğlu yönetti. Almanların Friedrich Ebert Vakfı katkıda bulundu. Araştırma örneklemeleri sınıfsal kategorilerden seçilmiş; ama değerlendirmeler etnik özelliklere göre yapılmıştı.

TESEV, Alman Sosyal Demokrat Partisi'ne bağlı Friedrich Ebert Vakfı'nın "İslam" başlıklı projeleri destekleme nedenini ve bu desteğin niteliğini raporlarında açıklamıyor. Bir yandan devletin her bir şeyinin saydam olmasını isteyenler, Amerikan-İngiliz-Alman devletlerinin saydamlığını da istemiyor; birazcık olsun sivil ve saydam olamıyorlar. TESEV ve ortaklarının çalışmalarına bir ara özet yapalım:

Yerel yönetimlerin güçlendirilmesi; siyasal partilerin yeniden yapılandırılması; TBMM'de şeffaflık, Ermeni-Türkiye sorunları; Siyasal İslam; Türkiye'nin insâni yapısı; Kopenhag Kriterleri, Demokratik Cumhuriyet Programı, Anadilde Eğitim Hakkı; Kıbrıs'ta Yunan ve Amerikan tezi propagandası; ABD-İsrail-Türkiye dayanışması... Amerikan ve Alman siyasal partilerinin vakıf örgütleriyle bilimsel-siyasal, dolarlı-marklı projeler üretme işleri...

Projelerin yerel düzeyde kalacağını düşünmek elbette rahatlatıcı olabilirdi. NED raporlarındaki hedefler, ABD'nin federe yapılanmasına çok benzemektedir. Bu hedef için Türklerin de olurlarını almak için bilimsel atölyecilik boşuna yapılmamaktadır:

"TESEV anayasa tartışmasını bu iki boyut ekseninde derinleştirmek istiyor. İktidarın, otoritenin de-santralizasyonu ve insan haklarının garanti altına alınması: demokrasi ve halk egemenliği." [435]

İnsan haklarının güvence altına alınması ve demokrasi cilası kaldırılarak okunursa geriye apaçık olarak iktidarın, yani devlet egemenliğinin bölgelere devredilmesi kalmaktadır. Hangi halkın ya da halkların egemenliği, diye de sormalı. Türkiye'de, kavramları buğulandırmak öylesine yaygınlaştı ki kulağa hoş gelecek her deyişin, aslında neleri örttüğünü anlamak için büyükçe bir 'son dönem kavram çözümleme ansiklopedisi' hazırlamak gerekiyor. 'Yerel'den başlayıp 'de-santralize' etmeye, küreselleştirmekten dinsel diyaloga dek...

Olanları çıplak gözle görmek ve duru bir bilinçle ayrımsamak için 2001 yılında gerçekleştirdikleri ekonomik boğaz sıkma dönemini beklemek gerekecekti. Türkiye'nin parasal bunalıma itilmesinin ardından, Avrupa istemlerine uygun -ne yazık ki, 'ulusal' sözcüğünü de kullanarak- uyum programları yapmaya çalışanların merkezsel olan her ilkeyi çarpıtmalarına tanık olduk. Uluslaşmanın en önemli ögesi olan dil birliği konusunda, "resmi dil" kavramını anayasaya soktular. Bunu yaparken kendilerine "Atatürkçü" diyenlerin desteğini aldılar. TESEV'in *"derinleştirme"* projesinin başarısı da böylece ortaya çıktı.

Yakın geçmişin solcularıyla, yakın geçmişin oligarşi kodamanları, emperyalizm uzmanları, bilim adına ve insanlığın parlak geleceği uğruna bir demokrasi cephesi oluşturmuşlarsa, bunda bir çelişki aramak, artık 'komünistlik' değilse bile, hiç kuşku yok ki 'Kemalistlik'tir. "Anti-Komünizm" çağı bitmiş "anti-Kemalizm" süreci başlamıştır. ARI'ların kabaca ilan ettikleri duvar yıkma eylemi, daha deneyimli işadamlarının, azınlık milliyetçilerinin, ABD hayranı eski bürokratların yönetiminde ve denetiminde inceden başarılmaktadır. TESEV Başkanı Can Paker'in durumu özetleyen şu sözleri akıllarda kalacaktır:

"Sivil Toplum düzeyinde 'Demokrasi İçin Sivil Toplum Girişimi'ne destek verilerek Türkiye'de siyasal gündeme müdahale konusunda önemli bir adım atıldı"

Sivil örgütlerin ortaklıklarına dikkat edildiğinde, Türk siyasal gündemine kimlerin müdahale ettiğini görmek o denli zor olmamalı. Yerel yönetimlerde özerkleştirme o denli iyiyse, Güneydoğu Anadolu belediyeleriyle doğrudan ilişkiye geçen yabancıları ve Diyarbakır'da irtibat bürosu açmaya kalkan ABD büyükelçisini eleştirmenin anlamı yoktur! Türklerin sivil kuruluşlarıyla doğrudan ilişki serbest; Güneydoğu Anadolu'dakilerle ilişki yasak... Amerikalı ile Batı'da işbirliği 'müttefiklik'

---

[435] "Türkiye'de Anayasa Tartışmaları ve Başka Deneyimlerden Çıkan Dersler: Tayland'da Yeni Anayasa Nasıl Oluşturuldu?" 21.10.1999, İstanbul Ceylan Oteli.

doğuda ise ihanet gibi çarpık, göz boyayıcı bir yaklaşım. Aslında son 70 yılın devlet anlayışı...

TESEV aracılığıyla yürütülen büyük sivil(!) devrim çalışmalarına AB'nin katkısı da olacaktı elbette. *"Türkiye'de Reform"* başlığını taşıyan projede uygulama ortağı olarak TESEV görünüyor. *"DGIA-D/MEDTQ /31-97 Financing Agreement"* kodlu işin bedeli 664.352 euro. Bu katkılara Soros'un temsil ettiği bankerler grubu Quantum' un paralarını eklersek; Anayasaya *'Ulusal egemenlik'* yerine *"ulusalüstü egemenlik"* yazıldığında doların ve euroların boşa gidip gitmediği anlaşılacaktır.

Araştırma, raporlama, seminerleştirme, sempozyumlaştırma ve kitaplaştırma işlerine TESEV adına, sivil etiketiyle katılan projeci bilim ve yönetim uzmanların, yeniden yapılandırarak Batı'ya eklemlendirme hizmetleri unutulmamalıdır.

Batı'nın yönlendirmesine zemin

Türkiye dışa kapanmalıdır; her ne olursa olsun içinde bulunduğu ortama da uymamalıdır; ama sınırlarını ve kamuoyu oluşturma ortamını yabancılara sonuna dek açmamalıdır. Türkiye yıllardır, batı dünyasında kendi haklılığını kabul ettirebilmek amacıyla uğraşır durur. Bu uğurda haddi ve hesabı olmayan, ülkenin ekonomik koşullarını zorlayan oranda paralar harcar; ABD'deki iş kotarma şirketlerine milyonlarca dolar öder.

Oysa pek iyi bilinir ki Batı dünyası, Türkiye'nin geleceğini yüzyıl önceden kararlaştırmıştır. Batı'nın Türkiye'ye yaklaşımının, Türklerin geleneksel dostluk alışkanlıklarıyla da bir ilişkisi yoktur. Dünyanın batısında, "dost ve müttefik" yaklaşımı anlaşma kapsamının ötesine taşırılmaz. Duruma uygun geçici 'müttefik' olunur; ama 'dost' olunmaz. Çıkarlara uyduğu denli dostluktur söz konusu olan.

TESEV de anayasa tartışmasını, iki eksende derinleştirmek istiyordu: yetkenin merkezden yerele aktarılması ve yerelin egemenliğini pekiştirecek olan 'insan' haklarının güvenceye alınması. Kürt-Türk uzlaşması projelerini, yabancının parasıyla ve gözlemcileriyle yürüten TOSAV, nüfus oranlarına bakılmaksızın kentlerin eşit temsil edildiği üst meclisten söz ediyordu. TESEV ve TOSAV (sonra TOSAM) her ikisi de anadilde eğitim hakkının yasalaştırılmasından söz ediyordu.[436]

Bu duruma "aklın yolu birdir" denilebilirdi; ama Mayıs 2002'de gerçekleştirilen konferanslar, hedefleri Ortadoğu egemenliği boyutuna bağlamakta gecikmedi. Irak'ın etnik ve mezhepsel olarak parçalanıp, konfederasyon adı altında bölünme girişimi çok yönlü olarak yürüyordu.

Harvard'da Irak İstihbarat-Propaganda Merkezi kurulmuştu. Irak'taki mezhepsel bölünmeyi hazırlamak üzere *"Şiilerin demokratik hakları ve*

---

[436] "Anadilde eğitim" , "anadilin öğrenilmesi" ya da "öğretilmesi " olarak anlatılıyor. Oysa kavram açıktır: Kurslarda dil öğrenmek değil, ayrı dillerde eğitimi kurumlaştırmaktır.

din hürriyeti" konusunda CIA eski istasyon şeflerinden Graham Fuller, RAND adına rapor hazırlığına girişti. RAND ayrıca işi sağlama bağlamak için Fuller yönetiminde *"Nurculuk"* araştırmasını da yürütüyordu. Ayrıca USIP'ten dolar alan bazı sivil profesörler de *"Türkiye'nin değişen Kürt politikası"* araştırmaları yapıyorlardı.

"Irak muhalefeti" adı altında örgütlenen ABD güdümlü girişimcilerin, ABD kollayıcılığını (lobiciliği) Shea-Gardner firması yapıyor. CIA'dan eski direktör James Woolsey, bağımsız Irak yönetiminin uluslararası terörü desteklediğini kabul ettirmek için çalışıyordu. CIA'nın propaganda aygıtı Freedom House ise demokrasi eğitimi adı altında güdümlü demokrasi elemanları yetiştiriyordu.

Örgütlü böl ve yönet programı, ayrıca Londra Üniversitesi, Iraqi Cultural Forum, SOAS (School of Oriental and African Studies) ve Almanya ile Hollanda'daki örgütlerle ortak yürütülmektedir. Eylemlerden en önemlisi 9 Şubat 2002'de "Atölye çalışması" olarak gerçekleştirildi. Iraq Institute for Democracy (Irak Demokrasi Enstitüsü), Kuzey Irak'ta, Erbil kentinde, "think-tank" görüntüsü altında Kürtlere yönelik seminerler düzenledi. Seminerlere, İngiltere'den, Amerika'dan uzmanlar gidip geliyordu ve eğitim Erbil, Duhok ve Süleymaniye'de 6 aylık bölümlerle sürdürüldü. Masraflar, ABD hazinesi ile çokuluslu şirketlerce beslenen NED tarafından karşılanıyordu.

Sonuç değerlendirme çalışması 24-25 Mayıs 2002'de yapıldı. Çalışmaya örümcek ağının temsilcileri katıldı:

Freedom House'tan Mark Palmer ve Jennifer Windsor, NED merkezinden Laith Kubba, Irak muhalefetinin örgütlenme merkezi Irak Demokrasi Vakfı Başkanı Hüseyin Sinari, General Necip Ali Salihi (Serbest memurlar-WDC.) Ayrıca, ABD ve İngiltere tarafından örgütlenen Irak Ulusal Kongresi önderlerinden Şeyh Muhammed Ali, Kongrenin Hollanda Bürosu'ndan Fuat Hüseyin, Amerikan Üniversitesi Global Barış Merkezi'nden Carole A. O'leary, ABD ordusundan emekli Alb. Robert Helvey, "Force More Powerfull - Diktatörü Devirmek" filminin yapımcıları ve senaryo yazarları Steve York ve Jack Du Vall, USIP yöneticisi büyükelçi Richard D. Kauzlarich, ABD güdümlü din hürriyeti örgütlerinden International Forum of Islamic Dialogue (İslami Diyalog Uluslararası Forumu) yöneticisi Aziz Talib Al-Hamdani, İngiliz parlamenter Tom Clarke, Kürdistan Bölge Devleti İnsan Hakları Bakanı Mohammed Suleivani, Corporate Bank Başkanı ve Iraq Democracy Institute Washington Temsilcisi Rubar S. Sandi, ABD Süryani Demokratik Hareketi yöneticisi Rommel Eliah, Transparency International-Berlin yöneticisi Arwa Hassan, Al-Hayat Amsterdam temsilcisi İsmail Zayer, Asharq Alawsat Londra temsilcisi Adnan Hussein.

Ortadoğu, İran ve Türkiye operasyonunun en deneyimlilerinden CIA İstanbul eski istasyon şeflerinden Graham Fuller, bu önemli çalışmanın en önemli kişisiydi. Anımsanacaktır ki Fuller'in son yirmi yılı, USIP'in Irak Şiileri, RAND'ın Türkiye Nurcuları, Türkiye'de kimlik çalışmalarında, ABD'de Kürt militanlarının mülteci olarak kabulü için yoğun uğraşlar içinde geçmiştir. Irak'ın kuzeyinde yapılan bu yoğun çalışmalar, ABD, İngiliz, Arabistan, Kuveyt ve AB koalisyonunun Irak'a asker çıkarmasına pek az zaman kala gerçekleştirildi. Adı geçenlerin çoğu Türkiye'de TESEV ve bağlaşıklarının çalışmalarına da katılmışlardı.

TESEV ve Irak işgali

İngilizler ve Batı Avrupalı ortakları, Türk Bağımsızlık Savaşı'ndan seksen yıl ve İkinci Dünya Savaşından yarım yüzyıl sonra, böylece bölgeye yerleşiyor. Bir farkla, o zamanlar Ermeni kartı oynayarak devre dışı kalan ABD başı çekiyor ve işin patronluğunu yürütüyor. Seksen yıl önceki operasyonda, Türk temsilci bulunmuyordu. Üstelik Mustafa Kemal'in subaylarının örgütlediği muhalif güçler, İngiliz-Fransız emperyalizmine karşı, Suriyeli-Iraklı Türkmenler, Araplar ve Kürtlerle birlikte savaşıyorlardı. Oysa şimdi NED'in parasal desteğiyle projeler yürüten TESEV'in yöneticisi, AB eski Büyükelçisi Özdem Sanberk, İlnur Çevik'le birlikte 8 Haziran 2002'de, Washington Amerikan Üniversitesi'nde yapılan Irak Kürtleri konferansına katıldılar.

Sanberk açısından işin gerekçesi ortadaydı: Türkiye'nin sesini duyurmak. Habertürk televizyonunda Şükrü Elekdağ soruyor:

"Siz önemli bir toplantıya katıldınız. Önemli işler yapan bir kuruluşun başında bulunuyorsunuz. Oralarda bu Kuzey Irak konusu nasıl görünüyor?"

TESEV yönetmeni Özdem Sanberk çekincesiz yanıtlıyor:

"Irak, insan haklarına değer vermeyen devletlerin başına geleceklere en iyi örnektir... Irak'ta Şiiler var, Sünni Araplar var, Kürtler var, Türkmenler var."

Nedense bu tür açıklamalarda petrol yok, petrol egemenliği peşinde koşanlar yok. Anlaşılacağı gibi TESEV, Kürt konferanslarında sesini işte böyle duyurmuş oluyor. Bunca dolar ve bunca "atölye" boşa gitmemeliydi. "Project democracy" operasyonunu yıllarca izleyenler bile, işin bu denli yakın zamanda, demokratik gerekçeli bir askeri işgale varacağını öngörmemiştir. Varılan aşamayı TESEV'ci açıkladı. 9 Eylül 2002, İzmir'de kurtuluş ışığının yandığı gün olarak kutlanırken, Habertürk'te yayınlanan ve eski Dışişleri Bakanı Emre Gönensay ve Osman Cengiz Çandar'ın da katıldığı programda, Özdem Sanberk sivillerin işgale katkısını kesin bir dille belirtti:

"Sivil toplum örgütü yöneticisi olarak bir mesaj veriyorum: Türkiye, Irak olayında, stratejik ortağının yanında olmalıdır!"

Şimdi NED'in Irak'taki işleri için raporlarına geçirdiği şu satırların anlamı daha derinleşiyor:

"2003 – NED, NDI, IRI ve CIPE ile birlikte Irak'ta kurulmakta olan

NGO'lara verdiği yardımı genişletmektedir. Uzun süredir Kuzey Irak'ta hibe verilmekte olan kuruluşlar etkinliklerini güneye yaymaya başlamışlardır."[437]

Bu aşamada kitabın önce başına, sonra eklere dönüp, NED'e bağlı sivil(!) demokrasi örgütleriyle TESEV'in birlikte yürüttükleri projelere bakmak ve ardından George Soros'un 2002 İstanbul gezisinde Sabancı-TESEV-ARI eğitim ortaklığıyla ilgili sözlerini baştan okumak gerekiyor.

Batının insan dayanışmasını silip atan erdemsiz düzenine tapınan NGO'lar, küresel egemenlere bilgi taşıyorlar, ülkeleri için bir suçlama ve uluslararası ilişkilerde karalama kanıtı olarak kullanılmak üzere hazırlanan raporlara bilerek ya da bilmeyerek belge ekliyorlar. NDI yöneticisi eski CIA elemanı Charles Nelson Ledsky'nin ilişkiler ağını açıklamaktan çekinmiyordu. Anımsayalım:

"Farklı zamanlarda farklı projelerle ilgili çeşitli kuruluşlarla çalışıyoruz. İstanbul'da TESEV, TÜSES, TÜSİAD, Ankara'da KA-DER, Türk Parlamenterler Birliği, TESAV, Türk Demokrasi Vakfı... Bazı meclis komisyonlarıyla faaliyetlerimiz oldu, özellikle Anayasa Komisyonuyla ciddi temaslarımız oldu. İlki Muğla'da MUMİKOM adıyla başlayan Parlamento İzleme Komiteleri'yle çalıştık" diyerek açıklıyordu

Sivil Koalisyon ABD Başkanı ile buluşuyor

Kuvvet peşindeki ABD, 'Din Hürriyeti' ve 'İnsan Hakları' yasalarında yabancı ülkelerdeki elçiliklerini birinci dereceden bilgi toplamakla görevlendiriyor. Din ve tarikat hürriyetleri ya da insan hakları üstüne hazırlanan bu tür raporların, yayın ortamından elde edilen bilgilerle hazırlanması eksiklik olurdu.

ABD Başkanı, 17 Kasım 1999'da, İstanbul Conrad Oteli'nde Türkiye NGO'ları, sözde sivillerle buluşup onlara yarım saat ayırıyor. Siviller, gerçek yakınma makamını bulmuşçasına Clinton'a anlatmaya başlıyorlar. Yarım saatlik görüşme *"Kürt meselesinden çevre sağlığına kadar uzanırken"* Başkan sivillere, *"Sivil toplumun etkinliği çok önemli, demokrasinin ilerlemesi için size büyük görev düşüyor"* dedi.

Siviller de Başkan'a bilgi verdiler. İnsan Hakları Vakfı Diyarbakır temsilcisi Sezgin Tanrıkulu, Güneydoğu temel hak ve özgürlük ihlallerini anlattı; Mazlumder Başkanı Yılmaz Ensaroğlu da, Türkiye-Amerika İnsan Hakları Dosyasını sundu ve ayrıca Din Hürriyeti sorunlarını iletti. ARI Derneği Başkanı Kemal Köprülü, toplantının değerini yüceltti:

"Bu toplantı sadece katılan altı kişinin değil, Türkiye'deki bütün sivil toplum girişimlerinin desteklenmesi anlamındaydı ve bize büyük bir teşvikti."

---

[437] *NED Annual Report 2003.*

Clinton'a yarım saat içinde özel bilgi veren siviller arasında Ümit Yaşar Gürses (TEMA), Nasuh Mahruki (AKUT), Zülal Kılıç (KA-DER) da bulunmaktaydı. Siviller, daha sonra ABD Dışişleri'nin Din Hürriyeti, Demokrasi, İnsan Hakları bürolarından sorumlu bakan yardımcısı Harold Hongju Koh ile yemek yediler. Yemekte hangi sözlü dosyaların görüşüldüğüne ilişkin bir bilgiye rastlanmadı.[438/439]

Türkiye siyasal yaşamında, ABD'nin siyasetine koşut olarak, siyasal partiler ile kitle örgütleri dışında, ayrı bir odaklaşma oluşturuyor.

"Project Democracy" gereği olarak kurulan vakıf, enstitü ya da düşünce topluluğu adını taşıyan bu örgütler, kitle örgütleri gibi halka açık, yönetimleri geniş katılımlı kurullarda seçilmiş örgütler olsa, demokrasinin gelişmesine katkılarından söz edilebilirdi. Çok dar bir grubun oluşturduğu bir dernek ya da vakıf, binlerce hatta yüz binlerce üyesi bulunan sendikalarla, derneklerle, meslek odalarıyla bir tutuluyor.

'Sivil toplum örgütü' adıyla halkı yanıltmanın, dahası o dar örgütlerin yabancı ilişkilerini örtmenin demokrasiye katkıdan çok zarar vereceği de bir gerçektir. Toplum bu dar gruplarla etkin siyasal eylemlerden uzaklaştırılıyor. Daraltılan örgütlerde halk muhalefetinden söz etmek olanaksız. Olsa olsa, vakıf ya da dernek kurucularının kişisel muhalefetinden söz edilebilir.

Bu durumu örnek alan ve halktan kopan siyasal partiler de ciddi bir muhalefet örgütleme yerine, bu tür sivillerin(!) peşine takıldılar ve hatta çareyi kendilerini 'sivil toplum örgütü' olarak ilân etmekte buldular. Project Democracy ağına, yani WEB'e bağlanmadan siyaset yapmak olanaksızlaşmıştır. Parti yöneticilerinin çoğu iktidara gelebilmek için ABD ile iyi geçinme gereğine inanmaktadır. Bu inanç, onları ağ içinde yer alan sözde sivil örgütlere yanaşmaya yöneltmektedir. Kendi siyasal programlarına tümüyle zıt girişimlerde bulunan işbirlikçi derneklerin yöneticilerini milletvekili ve parti yöneticisi yaparak destek arıyorlar. Bu tür derneklerin arkasındaki ABD gücüne güvenenler, kendi liberal çizgilerine tümüyle zıt anlayıştaki partilere sızarak yönetici olabiliyorlar. İşte bu nedenledir ki siyasal parti yöneticileri, ABD'ye karşı doğrudan muhalefetten kaçınmaktadırlar.

"Sivilleşme" halkın egemenliğinin sağlanmasıysa; dünya barışı da halk egemenliğine dayalı yönetimlere sahip ülkelerin işbirliğiyle oluşabilecekse; küreye egemen olmak isteyen devletlerin sömürü piyasası düzenlerine ve askeri müdahale gücüne destek olmanın hangi ilkeye sığdığı tartışılmalıdır. Yoz düzen kurucusu Turgut Özal'ı en büyük demokrat ilân etmiş olan sözde aydın yazarların, sonraki yıllarda, ABD operatörlerinin parasıyla kurslardan geçme durumuna düşmelerinin sırrı da burada.

---

[438] "Göreviniz Büyük" Yasemin Çongar'ın haberi, *Milliyet 18 Kasım 1999*
[439] Milliyet'te bir gün sonra Clinton'un sözleri bir başka biçimde yansıtılıyordu: Zeynep Oral, "İşleviniz çok önemli" *Milliyet 19 Kasım 2001.*

ARI Derneği, ABD Demokrat Partisine bağlı NDI örgütünün yöneticileriyle İstanbul'da bir toplantı yapıp, *"Türki cumhuriyetlerdeki çalışmaları görüştüğünü"* açıklamaktadır. İçeriği bir yana bırakırsak, T.C. Devletinin Asya'daki Türk Cumhuriyetleri ile ilişkisi, bir dış ilişkidir. Yabancı bir devletin örgütünün bir devlet dış politikasını doğrudan ilgilendiren bir konuda, yabancı bir devletin siyasal partisinin uzantısı bir örgütle yabancı ülkelerde çalışma yapmasının anlamı açıktır.[440]

Asya'da yayılmayı genişletmek için kurulan Avrasya Vakfı'na benzer vakıflarla, ABD'nin enerji kaynakları egemenliğine sözde stratejik araştırmalarla destek sağlanıyorsa; Avrasya politikası denilip, ABD askeri projelerinde söz sahibi RAND Şirketi ile ortak çalışmalar yapılıyorsa; eski solcu aydınlar ve ABD seçkinler kulüpleri üyeleriyle Türk işadamları, aynı vakıflarda grup çalışması yapıyorlarsa; bu ilişkilere, en milliyetçilerle en dinciler de bulaşmış ve kendilerine Atatürk'ün izinden ayrılmayan "sosyal demokratlar" diyenler dahi, Alman vakıflarıyla içlidışlı oluyor ya da ABD partisinin alt örgütüyle, gençliği örgütleyen derneğin kurucularını içine alıyorsa...[441]

Partilerin, Alman vakıflarıyla ortak çalışmalarına CHP çevresinden bir örnek verelim: CHP yöneticilerince kurulan vakıflar, Friedrich Ebert Vakfı ile eğitim programları düzenledi. Gençlere sosyal demokrasi eğitimi verildikten sonra Alman Sosyal Demokrat Partisine bağlı vakfa katkıları nedeniyle bir de plaket sunuldu.[442]

CHP Aralık 2000'de, Alman Sosyal Demokratlarıyla birlikte bir dostluk derneği kurmak istedi, ama Bakanlar Kurulu onayından geçmedi. Partiler arasında T.C. Devletinin kuruluş ilkelerine yakışan ilişkiler kurulması son derece olağan sayılmalı. Ne ki bu ilişkiler bir parti ile değil de ülkenizde etkinlik gösteren bir yabancı vakıfla kuruluyorsa daha titiz olmayı gerektirir.[443]

Yabancı partinin uzantısıyla uluslararası konuda çalışılması da olağandır; ama bu çalışma kendi ulusunuzun yaşamını, siyaseti biçimlendirmeye yönelikse bağımsızlık tartışılır duruma gelir. Yabancı örgütün ülkenizdeki etkinliklerini onaylar konumuna düşmek de kaçınılmazdır. Bu ilişkilerin CHP eski yöneticilerinden Ercan Karakaş'ın kurduğu SODEV'in tanıtımındaki *"Ayrıca uluslararası planda Alman Friedrich Ebert Vakfıyla da önemli çalışmalar yürütülmektedir"* açıklamasıyla yüceltildiği de oluyor. Önemli çalışmaları açıklayanlar da bulunuyor: ASAM ile RAND ilişkisini belirten metin iyi bir örnektir. ABD'nin Irak'ı

---

[440] *Penthouse, Ekim 1979*
[441] Türk-Batı İlişkilerinin Geleceği: Stratejik Bir Plana Doğru, Z. Khalilzad, Ian O. Lesser, F. Stephen Larrabe, ASAM Yayınları, 2001.
[442] *Cumhuriyet, 6.10. 2000*
[443] Friedrich Ebert Stiftung, CHP'lilerin uçak bileti rezervasyonlarını yaptırdı. Heyet, 9-11 Şubat 2001 Berlin Toplantısı"na, THY ve Swiss Air, Zürih aktarmalı gitti.

işgal günlerinde TRT'de uzunca süre stratejik programlar yapan Prof. Dr. Ümit Özdağ yönetimindeki ASAM, RAND yayını bir kitabın çevirisini yayımlarken ilişkiyi açıklıyor:

> *"RAND dünyanın en büyük araştırma kurumu. Amerikan Hava Kuvvetleri tarafından desteklenen RAND'ın toplam çalışan sayısı 1997'de 1000 civarında idi. Yıllık bütçesi 117 Milyon Dolar. Daha önce Türkiye ile ilgili birçok araştırma yapmış olan RAND'ın bu son çalışması yaz 2000'de yayımlandı ve ASAM-RAND işbirliği projesinin bir parçası olarak telif hakkı alınmadan Türkiye'de yayım hakkı ASAM'a verildi."* 444

Daha geniş bir *"işbirliği projesi"*nin varlığından söz edilmesi dikkat çekiyor. Her iki yanın da birer "think tank" olduğu ve bu nedenle ilişkinin de olağan karşılanması gerektiği gibi savlar tutarsızdır. RAND ile ilgili geniş bilgiyi yeniden gözden geçirmekte yarar var. Bu nedenle ASAM açıklamasına eklenecek bir yoruma gerek yoktur.

Raporu kim hazırlar?

NED'in ilk kurucularından ve ikinci dönem başkanlarından ve *"Bugün yaptıklarımızın çoğu 25 yıl önce CIA tarafından örtülü olarak yapılıyordu"* diyen Allen Weinstein'ın başarısını belirtmek için söylediği *"Örümcek ağı kurma konusu bizim uzmanlık alanımıza girer"* sözü, uygulamaları açıklamaktadır:[445]

NED'in uzmanlık alanına giren ağın uzantılarından ABD merkezine ulaştırılan raporların kaynağını bilmek için, Harold Hongju Koh'un 26 Şubat 1999'da ABD Temsilciler Meclisi Uluslararası İlişkiler Komitesi'ne bağlı İnsan Hakları ve Uluslararası Operasyonlar Alt Komitesi'ndeki açıklamasının bir bölümü oldukça aydınlatıcıdır:

> *"Bu raporlar, büyükelçiliklerimizde görevli insan hakları memurlarını, bölge ve fonksiyonel bürolarımızdaki masa görevlilerimizi, öteki Birleşik Devletler Hükümeti ajanslıklarından memurlar dâhil yüzlerce bireyi ve yabancı devlet memurlarını, muhalif figürleri, gazetecileri, hükümet dışı örgütleri, karşı çıkıcıları, dinsel grupları ve işçi liderlerini içinde bulunduran çok geniş yabancı kaynağın (ve) yoğun resmi yönlendirme çabalarının yıllık ürününü temsil eder."*

ABD Dışişleri Bakan Yardımcısının resmi açıklamasına ekleyecek özel bir yorum olamamakla birlikte, onun yabancı ülkeler üstüne rapor hazırlanırken, o ülke insanlarını, örgütlerini, hatta devlet görevlilerini ve sivil örgütlerini kullanmanın, ne denli tehlikeli olduğunu belirten sözleri de örülen ağın nereye çalıştığını gösteriyor:

---

[444] ASAM kurucuları ve yöneticileri için bkz. Ek-19
[445] David Ignatius, "Innocent Abroad", *Washington Post Sept.22, 1991, page C01*

"Bu bilginin toplanması için yapılacak en basit bir hareket, büyük risk alan ve hükümet tacizleri (baskıları) hakkında bize doğru veriler ve belgeler ileten dünyanın her yanındaki insan hakları savunucuları ve büyükelçilik görevlileri için tehlike oluşturmaktadır."

İnsan Hakları raporları nasıl hazırlanıyorsa, Din Hürriyeti raporları da öyle hazırlanıyor. ABD Dışişleri'nce yayınlanan *'Uluslararası Din Hürriyeti: Türkiye 2000 Yılı Raporu'*nun *'Bölüm III. Birleşik Devletlerin Politikası'* bölümünden okuyalım:

"Din hürriyetine saygıyı desteklemek, Birleşik Devletler (US) Misyonu'nun çalışmalarının ayrılmaz bir parçasıdır. İstanbul'daki Genel Konsolos ve Adana'daki ABD Konsolosu dâhil olmak üzere Misyon görevlileri, Diyanet, Ekümenik Rum Ortodoks Patrikliği, Ermeni Ortodoks Patrikliği, büyük kentlerdeki Yahudi çevreleri ve öteki din öbekleri ile yakın ilişkiler kurmaktadır. Büyükelçilik görevlileri de din hürriyetini savunan yerel hükümet dışı örgütlerle (sivil örgütlerle) yakın ilişkilerini korumaktadırlar."

Amaç, Örümcek Ağını genişletmek

Kendinden başka önüne gelene 'şeffaflık' dayatan ABD yönetimi, elbette o 'yakın ilişkilerini' açıklamayacak; her zaman olduğu gibi 'uluslararası çıkarlarını koruma' kuralına sadık kalacaktır. Bu arada ilişkiye giren sivillerden senaryonun tümünü bilerek ilişkiye geçen de, bilmeden "din ve hürriyet" aşkıyla yardımcı olan da bulunuyor. Amaç, 'WEB'in, yani örümcek ağının ince tellerinin kopmasına izin vermeden, ağı olabildiğince genişletmektir:

- Öncelikle yaygın propaganda ve çok yönlü eğitim yöntemiyle halkın zihnine algılama düzeneği yerleştiriliyor.[446]
- Halk ya da o ülke aydınları, başkalarınca üretilen düşünceleri kendi düşüncesi olarak bilmeye ve gereğini yapmaya başladığında, yayılmacı devletler ve onların ayrılmaz parçası olan şirketler amaçlarına ulaşmış oluyorlar.
- Ülkenin düzenini yabancı elemanlar değil; artık halkın kendisi değiştirmeye koşuyor; sınırları delik deşik edilip yurdu ele geçirilirken her karşı çıkışı, 'gericilik' ya da "demokrasi düşmanlığı" nitelemesiyle aşağılıyor.
- Yayılmacı da iç piyasayı ve hatta çevre ülkeler kaynaklarını ele geçirmek için hem yeni bir merkeze, hem de ortaklaşa çalışabileceği örgütlenmeye kavuşuyor.

Ağ kurucularının başarılarını ve yayılmacı hedeflerini TESEV'in yönetmeni Özdem Sanberk'in 8 Mart 2002'de, Harp Akademileri'nde yaptığı değerlendirmeden daha iyi anlatmak olanaksızdır:

---

[446] Manufacturing public perception

"ABD'de NDI, IRI, CIPE; Almanya'da Heinrich Böll, Konrad Adenauer, Friedrich Ebert Stiftung, İngiltere'de Westminster Foundation of Democracy, kamu fonlarından yararlanarak dünyada ve kendi bölgelerinde demokrasi ihraç eden politikalar izlemektedirler. Bu faaliyetler onların dış politikalarında çok önemli bir yer işgal etmektedir."

TESEV yönetmeni emekli büyükelçi Özdem Sanberk, Harp Akademisi'nde ABD'nin demokrasi ihracatçılığına Türkiye'nin de ortak olmasını öğütlüyordu:

"Türkiye'nin de böyle bir yaklaşımı beslememesi için hiçbir sebep yoktur. Demokrasi, bulunduğumuz karmaşık bölgede özellikle bize karşı emeller besleyen baskıcı rejimler için sahip olduğumuz en önemli silahtır. Bize kökten dincilik ihraç etmek isteyen bazı komşu ülkelere verilecek en somut yanıt bizim de onlarda (onların) demokratik kurumlar kurmasını teşvik etmemizdir."

TESEV'den ayrılma girişimi

Askeri cunta ve Özal hükümetlerinin baskıcı döneminden bunalan pek çok kişi, özgürlük ortamının genişlemesiyle somut çalışmalar için derneklere-vakıflara katıldılar; "STK" denilerek örtülen kuruluşların "project democracy" operasyonunun bir parçası olduğunu görünce de ayrılmak istediler. Saim Sanlı da iyi niyetle TESEV kurucusu olmuştu; ancak daha sonra ayrılmak için bir dilekçe gönderdi:

"TESEV'in giderek artan bir biçimde, ulusal birlik ve bütünlüğümüzü ayrıştırıcı, başta Cumhuriyetimiz olmak üzere birçok ortak değerimizi aşındırıcı mahiyetteki rapor ve çalışmaların adeta odağı haline geldiğini –bilerek veya bilmeyerek- ülkemizin ihtiyaç ve çıkarlarıyla giderek ters düştüğünü ve amacından uzaklaştığını üzülerek müşahade ettim. Bu nedenlerle, kuruluşundan bu yana üyesi olduğum TESEV'den istifa ederek ayrılmaya karar vermiş bulunuyorum. İstifamın gereğinin yapılmasını rica ederim."*

Saim Sanlı'nın ayrılma isteği kabul edilmedi. TESEV'den ayrılma dilekçesi gazetelerde manşete çıktı. Devlet Eski Bakanı Ufuk Söylemez, köşe yazısında bu dilekçeye yer verdi. Söylemez, *"deşifre olan kimi niyetler ve ilişkilerin onların 'tarafsız-masum-bilimsel-çağdaş bir sivil toplum örgütü' gibi görülmesine mani olduğunu"* belirtti ve TESEV'in *"ciddi bir özeleştiri"* yapmasını ya da çalışmalarını durdurmasını istedi.

2006'daki bu olaydan altı yıl sonra, TESEV kurucusu CHP Genel Başkanı Kemal Kılıçdaroğlu, örgütten ayrılmama nedeni sorulduğunda, TESEV'de "iyi aydınların da" bulunduğunu belirtmekle yetindi.

---

* Ufuk Söylemez, "TESEV anketleri 'kabak' tadı veriyor", *Gözcü, 23.11.2006*

Moskova'da NED Bürosu
Doğu Avrupa'ya Ölüm Öpücüğü

> *"MGK'nin Fethullah Hoca ile ilgili basına sızdırılan kasetlerde fikir birliği halinde bu olayı kendilerine konu edindiklerini zannetmiyorum. TSK'de emir kumanda içindeki insanların benden farklı düşünceler içinde olduklarını zannetmiyorum. Bağımsız, demokratik, laik, çağdaş bir Türkiye'nin özlemi ve bunun çabası içinde olduklarını düşünüyorum... Ben ve Bülent Bey gibi birçok insan bu konuda bir tehlike görmüyor."*
> *Prof. Dr. Toktamış Ateş.*[447]

Türkiye'de ve elbette egemenlik altına alınacak öteki dünya ülkelerinde "demokrasi" kurma işlerine soyunanların işbirliği yaptıkları sivil örgütlerin kurucularını, yöneticilerini, parasal destek verenleri yakından tanımaları; bundan sonra sürdürecekleri etkinliklerde daha özenli tutum almayı düşünmelerinde yardımcı olacaktır. Bu örgütleri yakından tanımak için gerilere gitmek gerekiyor.

Allen Weinstein'ın, ağ kurma aşamasında oluşturduğu İnsan Hakları bürolarına uğrayanlar, daha sonra Doğu Avrupa ülkelerindeki 1989 yığınsal protesto gösterilerini örgütlediler. Weinstein, bu işi ilginç bir sözle anlatıyor: *"Büromuza uğrayanlar (sonra) bir aile oluşturdular."*

Weinstein'ın 1984'te kurduğu CfD (Demokrasi Merkezi), 1990 öncesinde, Polonyalı parlamenterlere, Çekoslovakya'dan, Macaristan'dan gelen yasama görevlilerine kapılarını açtı. Bu ülkelerin anayasa tasarıları bürolarda hazırlandı. Konferanslar, ağ oluşturmakta, adam örgütlemekte çok yararlı olurlar.

Weinstein'ın Rusya Cumhuriyeti ile birlikte Ağustos 1991'de Moskova'da düzenlediği çevre sorunları konferansı, kişilerin örgütlenmesine ve iletişimin geliştirilmesini sağlıyordu. Weinstein, Doğu Avrupa ülkelerinde düzenlenen konferanslarla sözünü ettiği ağı kuruyordu. Ağ, sonraki yıllarda dünyayı sarmaya başladı. Weinstein, ağı örücüsü NED'i *"Açık operasyonların şeker babası"* olarak adlandırıyor.[448] Ona göre NED, kandırmaya yarayan bir elma şekeridir.

---

[447] Osman İridağ, "Fethullah Hoca konusunda yanılmadım" diyen Prof. Dr. Toktamış Ateş: STKB'nin arkasında karanlık güçler var" *Aksiyon, 26 Haziran – 2 Temmuz 1999, Yıl 5, Sayı:238, s.22-24.*
[448] David Ignatius, a.g.y

Uygulama alanı Doğu Avrupa olunca, ağ kurucuların öteki ustalarını da unutmamak gerekiyor: ABD-Sovyet İlişkileri Amerikan Komitesi (American Committee on U.S.-Soviet Relations) başkanı William Miller, George Soros, NATO'nun doğuya doğru genişleme projesinin önemli tasarımcılarından ve Doğu-Batı Güvenlik İncelemeleri Merkezi (Center for East-West Security Studies)'nin başkanı John Edwin Mroz, Atlantik Konseyi (Atlantik Council) başkanı John Baker, Sovyet-Amerikan İlişkileri Enstitüsü (Institute for Soviet-American Relations)'nden Harriett Crosby ve 1990'lı yıllarda sayıları gittikçe artacak olan 'Başkanın adamları' ile akademisyenlerin dostları...

Aslına bakılırsa, yeni örgütlenmenin, örtülü operasyonlar döneminde kurulan ağdan tek farkı, her şeyin daha akademik ve daha dostça ortamda çekincesizce, göstere göstere geliştirilmiş olmasıdır. ABD'nin soğuk savaş döneminde kurduğu Dünya Anti-Komünist Ligi ana örgütünün çevresinde oluşturulan yasal ve yasadışı örgütlenmelerle işleyen ağ, yenilenmiş, değişen derinliklere uydurulmuştur. Bu "hürriyet ve demokrasi" ağı, eskilerde toplumların en tutucu kesimlerince örülmüşken, özellikle son on yılda genişlemiş; öncelikle geçmişin sol karşıtlarını içine almış ve geçmişin en keskin "anti-Amerikan" önderlerini ağın ilmiklerinde buluşturmayı başarmıştır.

Ağ öyle örülmüştür ki Amerikan çıkarlarına ve serbest pazar ekonomisi politikalarına karşı çıkma olasılığı bulunan her kesimi ağın içine çekebilmiştir. Bu tür muhalefetin belkemiğini oluşturacak sendikalara karşı yeni sendikalar kurulmuş ya da var olan sendikalar, demokrasi ve özgürlük ortamının ancak bu pazar düzeniyle gerçekleştirilebileceğine inandırılarak terbiye edilmişlerdir. Aslında Amerikalı operatörlerin sendikalarla işbirliği deneyi oldukça eskidir.

Fakat gerçek operasyon, işin en zor olduğu Doğu Blok'unda gerçekleştirilmiştir. AFL-CIO, Polonya Dayanışma Sendikası eylemini en zor günlerde yalnız bırakmamıştır. Adrian Karanicky, ABD kongresinin kendileri aracılığıyla yeraltında çalışan Dayanışma (Solidarnos) hareketine milyonlarca dolarlık destek verildiğini, yazmıştır. Dayanışma Sendikası ile gizli ilişkileri, AFL-CIO' nun o zamanki başkanı Lane Kirkland yürütmüştür. "Polish Roundtable Accord" aracılığıyla Dayanışma Sendikası'na yaptığı yardımlardan ötürü Lane Kirkland ile Leh Walesa'ya, 23 Nisan 1999'da 'NED Demokrasi Madalyası' takılmıştır.[449]

Gazeteci David Ignatius'un NED'in para listesini göz önüne alarak yaptığı özet, operasyonun 1990'da Berlin duvarı yıkıldıktan sonra değil, çok daha evvelden başlatıldığını gösteriyor:

"NED Çekoslovakya'da demokratik güçlere yardım etmeye 1984'te, Macaristan'da "Civic Forum"a yardıma (ise) 1986'da başladı. NED,

---

[449] NED Annual Report 1999, s.7

Macaristan, Romanya ve Bulgaristan'da ilk seçimler öncesi kamuoyu yoklamaları ve seçim yardımlarıyla, entelektüel gazetecileri ve öteki demokrasi araçlarını destekledi."

1980'lerde video üretimi yapan ve Doğu Avrupa'ya dağıtımı gerçekleştiren 'Gdansk Video Center (Video Merkezi)'ne verilen destek, olayları belirleyici nitelikteydi. FTUI ve CIPE aracılığıyla kurulan yeni sendikalar ve işadamları örgütleri, serbest ekonominin altyapısını oluştururken NED'den yardım gördüler."[450]

Aslında duvarın yıkımı önceden ve içerden başlatılmış; 'demir perde' eleğe dönüştürülmüştür. Sosyalist sistemin merkezi SSCB'de durum değişik değildir. SSCB'ye sızan NED operatörleri, Halkın Temsilcileri Kongresi'ndeki muhaliflerden liberal 'Bölgelerarası Grup'a, Rus eylemcilerden Ilya Zaslavski'nin başını çektiği bir vakfa, Sovyet tarihçisi Yuri Afanesiev'in başkanlığında yürütülen Sözlü Tarih Projesi'ne, Ukrayna'daki muhalif Rukh hareketine ve daha birçok projeye el verdiler.

Yardımların örtülü olarak yapılması durumunda, paralar alanlar için operasyonun bir "ölüm öpücüğü" oluşturacağını belirten David Ignatius, görünürde açıktan yapılan operasyonun, "hayat öpücüğü" gibi geldiğini söylerken hiç de haksız sayılmaz.

Örnekleri "Komünizmi yıkmışlar, iyi de etmişler" diye karşılayanlar, devletlerarası ilişkilerde içişlerine karışmanın ilkeleşmesinin zararını, daha sonra kendi ülkelerinde geliştirilmekte olan operasyonun sonunda göreceklerdir ki çok kültürlülük projesiyle derinleştirilen ayrılıklar sonucunda, etnik ve dinsel çatışmalar ve sürtüşmeler içinde bunalırken, "iyi de olmuş" demek öyle pek kolay olamayacaktır.

Ne ki, bu ağ, ne Ronald Reagan'ın ne de onun demokratlarının buluşudur. Dünyayı sömürge alanına çevirmek isteyenlerin oyunları, yüzlerce yılın imparatorluklar döneminden süzülüp gelen, süzüldükçe siyasal erdemin son kırıntılarını da süzgecin üstünde bırakan ve böyle yaptıkça yoğalan acımasızlığın ürünüdür. Yirmi üç yıldır açıktan oynanan yeni oyunun, yarım yüzyıllık kökünü anımsama yararlı olabilir.

Elli altmış yıllık ağ yenilendi

1982 yılında, yeni projesini tanıtmak ve ortaklarıyla bu çerçevede işbirliği kurmak amacıyla Fransa, Vatikan, İtalya, İngiltere ve Batı Almanya turuna çıkan Reagan, 8 Haziran 1982'de İngiliz parlamenterlerin karşısında, zaferin yakın olduğunu belirtir. Varşova'nın Moskova ile NATO merkezi Brüksel arasındaki hattın tam orta noktasında yer aldığını belirterek yakın hedefi ilan eder:

"Bizim ulusal Cumhuriyetçi ve Demokratik parti başkan ve liderleri partiler üstü bir kuruluş olan Amerikan Siyaset Vakfı'nda, Birleşik

---

[450] David Ignatius, o zamanlar, The Washington Post editörüdür ve casusluk romanı "Siro" yu yazmıştır.

Devletler'in -bir ulus olarak- şimdilerde güç toplamakta olan demokrasi için global (küresel) kampanyaya nasıl destek olabileceğini belirleyecek bir çalışma başlattılar. Bu çalışmada, iş dünyasının, işçilerin ve toplumumuzdaki belli başlı kurumlarla birlikte her iki partinin kongre liderlerinin de işbirliği sağlanacaktır." [451]

'Global kampanya' olarak adlandırılan yeni operasyonun 'global' yanını, "öteki ulusların liderlerine danışmayı planlıyoruz" sözüyle açıklar. Yeni ve genişletilmiş bir cephe yaratılacaktır. Ronald Reagan'ın *"öteki uluslar"* dedikleri, elbette yandaşlarından oluşmaktadır. Ne de olsa bu işler, tüm dünya ülkelerinin ortak karar organı Birleşmiş Milletler'de görüşülecek değildir.

ABD Başkanı, "Avrupa Konseyi'nde, demokratik ülke parlamenterlerini Strasbourg'da toplamak üzere bir öneride bulunduğunu" ve bu saygın toplantıda, "demokratik siyasal hareketlere yardımcı olmanın yollarını görüşeceğini" belirterek, demokratik bir yöntemle işi becereceklerini söylemiş olsa da ABD işe çoktan başlamıştır.

Dünyayı yeniden sömürgeleştirmeye uzanan yolların taşları, fazlaca demokratik, ama ne yazık ki pek saydam olmayan eylemlerle döşenecektir. NED tasarımının mimarı Allen Weinstein'ın "Web" yani 'örümcek ağı' adını verdiği bu şebeke ince iplikleri Avrupa'ya işte böyle taşımıştı. 'Reagan Demokrasisi'ne uygun olarak, diktayla yönetilen demokrat(!) ülkelerin temsilcilerinin eline yumakların bir bölümü saygın konferanslarda tutuşturuluvermişti.

NED'in şemsiyesi altına yerleşen örgütlerin yöneticilerini ve danışmanlarını bilmek, Amerika'nın ünlülerini, deneyli operatörlerini tanımak için önemli bir fırsat yaratıyor. Bu örgütleri ilişkileri ve operasyonlarıyla birlikte ele almak, bir değil, birkaç ciltlik kitap oluşturur. Çünkü ABD demokrasisinde, sivil ağ birbiriyle ortak kişiler üstünden kesişen dairelere benzer. Her kesişim bölgesinde ortak kişiler, memurlar ve parasal destek sağlayan şirket ve kilise vakıfları bulunur.

Her örgütün yöneticileri, ortak eylem alanları, finans kaynakları, ilişkili şirketleri, dinsel kuruluş bağları, istihbarat örgütlerinin derin ilişkileriyle birbirine dolaşmış; üç boyutluluk içinde algılanamayacak denli karmaşık bir yumak oluşturur. Birden çok örgütte yöneticilik, danışmanlık yapan kişilerle birbirine ve devlet merkezine bağlanan büyük ağ, tek merkezden yönetilebilecek büyük bir aileye dönüşür.

Daha yalın söylemek gerekirse, bir örgüt çözümlenmeye başlandı mı, işin sonu gelmez. Her ilişki, insanı ABD ve dünya bağlantılarının merkezinde yer alan, derin karanlık bir kuyuya götürür. Bu nedenle tepede duran örgütleri olabildiğince dar çerçevede ele almakla yetineceğiz.

---

[451] Polonya Dayanışma hareketine destek konuşmalarını da içeren ve cephe oluşturmaya yönelik olarak 2-11 Haziran 1982 arasında gerçekleştirilen gezi.

Bir başka sorun da örgüt yönetimlerinin sürekli değişmesidir. Devletin tepesinde, Akev'de görev yapan bir görevliyi birdenbire örgütlerin başında görmek olasıdır. Aynı biçimde örgütlerin yönetimindeki bir kişi de birdenbire bakanlık ya da bakan vekilliği görevine gelebilir. Eski senatörler, eski ajanlar, eski belediye başkanları ve valiler de işin içine girince, değişimleri izlemek bir bakıma olanaksızlaşmakta, ya da bilgiler kısa bir sürede güncelliğini yitirebilmektedir.

Bu nedenle son yönetimlerden başlamakla yetineceğiz. Partiler üstü olduğu ileri sürülen bu "enstitü" kılıklı örgütlerin bırakınız Amerikan partilerinden bağımsız olmayı, Amerika'da ne denli siyasal yapılanma ve kurum varsa, hepsine bulaşık oldukları görülecektir.

ABD'nin örgütlerine bakarken, geleneksel sol-sağ çizgisinden iz sürmek yanıltıcı olur; çünkü Amerika'da 'sol' gibi görünen siyasal hareketlerin, sendikaların, zencilere özgürlük, adalet ve insan hakları örgütlerinin, 'sağ' görüşlü gibi duran örgütlerle ve devlet görevlileriyle bir başka kuruluşta yan yana geldikleri görülmektedir. Bu yapılanmaya ABD'nin dış ülkelerdeki operasyonlarının içinden bakılırsa iş daha da karmaşıklaşacaktır: 'Sol' gibi olanlarla 'sağ' gibi olanlar ve daha da tutucu örgütler, örtülü operasyon ustası istihbaratçılar, savaş yanlısı eski askerler, din misyonerleri birbirlerine kenetlenecektir.

Örneğin, Martin Luther King özgürlük hareketinin önderlerinin, Orta ve Güney Amerika ülkelerine yönelik operasyonlarda, Cumhuriyetçi partinin elemanlarıyla ya da Heritage Foundation gibi, zamanında Nazi koruyuculuğuna soyunmuş olan en tutucu örgütlerle omuz omuza durmaları, bırakınız Doğu dünyasını, Avrupalıları bile şaşırtıcı bir görünümdedir.

Batı'nın sendikacıları, sosyal demokratlarıyla işçi ya da emekçi sınıf çıkarları uğruna birlikte davranan, özellikle üçüncü dünya sendikacıları ya da sol örgüt yöneticileri, fena halde yanılmaktadırlar. Emeğin birliği gibi ideallerle, Batı örgütlerine hoş bakmayı meziyet edinen bu örgüt yöneticilerinin yanında yer alan, sağ örgütleri düşününce, iş bambaşka bir renk alıyor. Sağcılar, kendi ülkelerinde solculara, sendikacılara "antikomünizm" uğruna düşmanca davranırken, işbirliği yaptıkları Batılı adamların bir sosyalist partiden köklendiklerini, sosyalist enternasyonale girip çıktıklarını bilseler, hangi cephede yer alacaklarını şaşırırlardı.[452]

Şimdi 'Project Democracy' operasyonunun çekirdek örgütlerinde önemli oranda temsil edilen Amerikan solunun en güçlü kanadının tarihine kısaca değinmek gerekiyor.

---

[452] İşte bu durum, Turgut Özal'ın "Dört eğilimi birleştiren adam" öyküsünü anımsatıyor. Onun birleştiriciliğini "dahiyane" bulanlar nereden bileceklerdi ki Bush'un arkadaşı bu işlerin kotarılış yöntemini çok önceden öğrenmiştir.

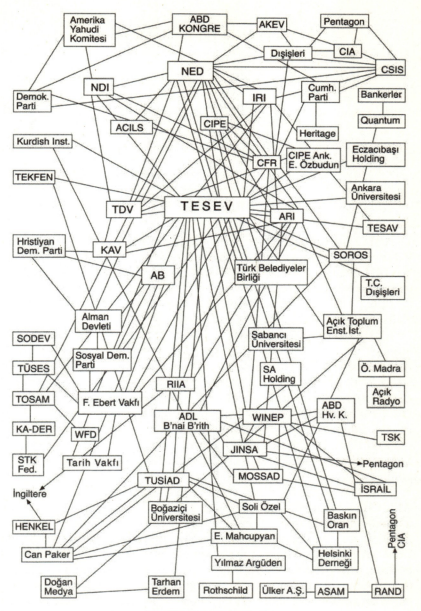

TESEV Sosyal Çevresi

ABD Demokrat Parti Örgütü
NDI

> *"Uluslararası bir krizin ardından Birleşik Devletlerin çıkarlarını korumayı amaçlayan hükümet programlarıyla kıyaslandığında, dış ülkelerde demokratik süreci desteklemek küçük ve akıllı bir yatırımdır... Demokrasinin kurulması için harcanan dolarlar barışı korumak ya da askersel operasyonlar için harcanandan çok daha azdır."* NDI Program - VII. Conclusion

ABD sosyalist hareketinin bir kolunun canlandırılması, LID (League Industrial Democracy) Sanayi Demokrasisi Birliği)'in kurulmasıyla başlar. LID, demokratik hakları genişletmek ve Amerikalıları bilinçlendirmek amacıyla Jack London, Upton Sinclair ve bir grup sosyalist tarafından 1905 yılında kuruldu. Başlangıçta hareketin adı, Intercollegiate Socialist Society (Okullar arası Sosyalist Dernek) oldu.

LID, öğrenci ve işçi hareketini, sosyalizm ve sanayi demokrasisi konusunda bilinçlendirirken, 1921'de kitlelere açıldı. Sosyalist partinin ABD başkanlık adaylarından Norman Thomas (1884-1968), 1922'de Harry Laidler'le birlikte LID'in yönetmenlik görevini paylaştılar. Emekçi haklarıyla, çocukların çalıştırılması, fabrikalardaki olumsuz çalışma koşullarının iyileştirilmesi gibi sorunlarla ilgilenen, konut edinme hakları ile yoksulluğun önlenmesi eylemlerine ve tekelleşme karşıtı savaşıma girişen LID'in saflarında Roger Baldwin, John Dewey, David Dubinsky, Sidney Hillman, Walter Reuther, Reinhold Neibuhr gibi ünlüler yer alıyordu.

1960'lara doğru insan haklarına ağırlık veren örgüt, sonraki yıllarda AFL-CIO ve SD/USA (Social Democrat / USA)'nın etkili yönlendirme uzmanlarının çalışmaları sonucunda hızla neo-liberal çizgiye kaydı ve ABD'nin dış ülke operasyonlarına destek olmaya başladı. LID, APRI'nin Güney Afrika operasyonunu desteklemişti. Partinin ve APRI'nin kurucu başkanı, LID önderlerinden Bayard Rustin, CPD (Şimdiki Tehlikeye (karşı) Komite) yönetim kurulu üyeliği, CIA aygıtı Freedom House'da yürütme kurulu başkanlığı, IRC (Uluslararası Kurtarma Komitesi)'de ikinci başkanlık yaptı. IRC, Vietnam ve El Salvador'da CIA ile birlikte çalışmıştı.

Soldan başlayıp en sağa gidip gelen Bayard Rustin yalnız kalmadı. Troçkist aydınlardan Max Shactman, Stalin'in politikasına karşı çıkarak komünist hareketten kopmuş ve yeni bir grup oluşturmuştu. Bu grup, 1960'larda Eugene V. Debs ve Norman Thomas önderliğindeki Sosyalist Parti ile birleşti. Yeni partinin saflarından sosyal demokratlar filizlendi.

Sosyal demokratlar, işçi hareketi içinde önemli konumlarda bulunmaktaydılar. 1972 yılında Sosyalist Parti ikiye bölündü. Sol kanadın önderi Michael Harrington'du. Sosyal demokratların başını ise Tom Kahn, Rachelle Horowitz ve Carl Gershman çekti.

Sosyal demokrat hareket, SD/USA adını aldı. Sosyal demokratlar, ABD senatosunda Henry Jackson gibi tutucu "demokrasi savunucuları"nı desteklediler. 1980'lere gelinceye dek hükümetlerde ve işçi hareketlerinde önemli konumlar elde eden SD/USA, Cumhuriyetçi Ronald Reagan'ın 1980'de iktidara gelmesiyle gücüne güç kattı. Bakanlık düzeyine yükselemeseler de, işçi sendikalarındaki güçlerine de dayanarak en önemli ikinci devlet konumlarını, ele geçirdiler.

1980'lerde 'Reagan Demokrasisi'nin en önemli adamları SD/USA saflarından çıktı. SD/USA'nın 1974-1980 dönemi başkanı Carl Gershman, sonraki yıllarda NED başkanlığına getirildi. İlk üçlüden Jeane J. Kirkpatrick ise Reagan tarafından Birleşmiş Milletler Büyükelçiliği görevine atandı.

Kirkpatrick, büyükelçilik yapmaktan çok, Birleşmiş Milletler'de başlattığı ikili ilişkileriyle üçüncü dünyayı yönlendirme işine girişti. Özellikle Afrika ve Güney Amerika ülkelerindeki silahlı gruplarla işbirliği yaptı. Hatta dünyanın güneyinde denetimi sağlayacak, NATO benzeri SATO (South Atlantic Treaty Organization) örgütünü kurmak için Orta ve Güney Afrika'dan, Güney Amerika ülkelerinden subaylarla gizli toplantılar yaptı.

Amerikan sosyal demokratları, dış politikanın kilit rollerine soyundular. Sosyal demokrat kimlikleri, onların yabancı ülkelerde sol çevreler ve işçi örgütleriyle ilişki geliştirmelerine yardımcı oldu.

AFL-CIO, işçi konfederasyonuna bağlı LID, APRI,[453] AAFLI (Afrika Asya Hür Sendika Enstitüsü), AIFLD (Amerikan Hür İşçiler Geliştirme Enstitüsü), FTUI, AFT (Amerikan Öğretmenler Federasyonu) gibi örgütler ilişkileri genişletmekte kullanıldı.

ABD'deki sol görünümlü hareketler ve işçi sendikaları, dış ülkelerde ABD dış politikasına uygun olarak birer sızma örgütü olarak işlev görüyorlardı. Ülkelerdeki örgütleri ülkelerin ulusal sanayicilerine ve hükümetlerine karşı mücadeleye yönlendirirken, ABD şirketlerinin ve sonuç olarak ABD'nin dünya egemenliği plan ve programlarına hizmet ettiler. Sosyal demokrat hareketler kim bilir kaç ülkede -bizimki de dâhil- ulusal

---

[453] Martin Luther King özgürlük hareketi yöneticileri Philip Randolph ve yardımcısı Bayard Rustin 1965'te APRI ve APREF (A. Philip Randolph Educational Foundation)'i kurdular. APRI siyahlarla işçi örgütleri arasında ilişkiyi güçlendirmek için kurulmuştu. Daha sonra neo-muhafazakârların politikalarını desteklediler.

çizgilerinden koparak, ABD ve Avrupa'nın yedeğine girmiştir. 'Sivil' yani resmiyet dışı, yani devletten bağımsız, demokrasi ve özgürlük yanlısı, sevimli bir yabancı örgütle, saydam, yolsuzluktan arınmış bir ülke kuracaklarını sananları bekleyen en çetin sıkıntı, özellikle ABD ve Avrupa örgütlerinin maskelerini, indirebilmektir. Türkiye gibi, demokrasisi Amerikalı ve Avrupalılara emanet edilmiş ülkelerin içişlerine doğrudan karışarak kendilerine bağlı örgütler oluşturan bu örtülü sivil ağın yapımcılarını, 'devlet dışı' diye niteleyenlere, sırası gelmişken masum ve küçük bir örnek verelim:

1992 yılında, ABD Demokrat Parti'nin Başkanlık seçim kampanyasına birçok NGO'nun yanı sıra, AFT de katılmıştır. Bu öyle bireysel, kişilere özgü bir katılım değildir. Federasyon başkanı Rachelle Horowitz'in açıklamasına göre, sendikanın örgütlenme görevlileri, politik çalışmadan başka bir şey yapmamaktadırlar.

Türkiye'deki sivil hareket şampiyonları, 'devlet' deyince; öcü görmüş gibi oluyorlar ve 'parti' deyince kanları donuyor. Ne ki yoğun işbirliği yaptıkları sözde sivil yabancı örgütler, soğuk savaş dönemlerinden bu yana doğrudan siyasetin içindedirler ve devlet yönetimlerine -öyle temas düzeyinde değil- resmi olarak bağlıdırlar.[454]

Yerli 'sivil' üstleniciler bu durumu ya biliyorlar ya da bildirmezden geliyorlar. Çünkü dünyanın batısından doğusuna doğru örülen bu ağa yakalanmaya hazır bekleyen ülkelerdeki kuruluşlar, bir siyasal harekete genellikle tek yönlü bağlarla bağlanırlar. Devlete bağlanmak, pek görülen şey değildir. Bu nedenle bu yerli örgütlerin ya da kuruluşların, amaçlarını, siyasal düşünce tarzlarını anlamak zor olmaz.

Oysa ABD'de durum o denli karmaşıktır ki Türkiye'deki bir halk deyişiyle "gıllıgışlı" ilişkilerle örülen bir ağa dönüşür. Örgüyü anlayabilmenin en iyi yöntemi, örgütlerin üst yöneticilerinin örgüt ilişkilerine şöyle bir bakmaktır. Çekirdek örgütün adamlarından bazılarını tanıyalım.

NDI'nin iyi adamları

Bir örgütü ve niyetini tanımak için kısa bir anlatım, yönetici ve kurum bağlarından birkaç örnek yeterli görünebilir. Ne ki, genel bir kanının yararı da tartışmalıdır. Çünkü iyi niyetli kişi ya da kurumların bu tür örgüt, kişi ve hatta şirket adlarına ve onların çok yönlü bağlantılarına şu ya da bu çalışma ve ilişki içinde rastlama olasılığı vardır. Bu nedenle en azından yöneticileri ve onların deneyimlerini, ilişkilerini olabildiğince bilmek yararlı olabilir. NDI'nin üst yönetimi eski bakanlardan, eski ABD Başkan adaylarından, bakan vekillerinden senatörlere, kişilerden şirketlere uzanıyor. Aslında onlar birçok kez karşımıza devlet adamı olarak çıkmıştı. 2000 yılı yönetimini ve danışmanlar listesini, örgütün devletle derin ilişkilerini göstermesi bakımından, olduğu gibi alıyoruz:

---

[454] *Education Week on October 14, 1992*

National Democracy Institute Yönetim Kurulu:
Madeleine Korbel Albright (YK Başkan), Rachel Horowitz (Başkan Yardımcısı), Kenneth F. Melley (Sekreter), Eugene Eidenberg (Sayman), Kenneth D. Wollack (Başkan), Bernard W. Aronson, J. Brian Atwood, Harriet C. Babbitt, Joan Baggett Calambokidis, Paul L. Cejas, Barbara J. Easterling, Geraldine A. Ferraro, Patrick J. Griffin, Joan Anderson Growe, Shirley Robinson Hall, Harold Hongju Koh, Peter Kovler, Elliott F. Kulick, Nat LaCour, Lewis Manilow, Molly Raiser, Nicholas A. Rey, Nancy H. Rubin, Elaine Shocas, Marva A. Smalls, Michael R. Steed, Maurice Tempelsman, Marvin F. Weissberg, Raul Yzaguirre, Paul G. Kirk (Jr.), Walter F. Mondale, Charles T. Manatt.

Yönetim kadrosundaki kişilerin bir bölümü bile, sözde sivilin devlet ve şirket ilişkisini göstermeye yeter; ama bu adlarla daha ilginç ve gizemli yerlerde karşılaşma olasılığı az değildir. Bu nedenle danışma kurulunu tanımak da yararlı olabilir:

William V. Alexander, Michael D. Barnes, John Brademas, Bill Bradley, Cleaver Cleaver (II), Mario M. Cuomo, Patricia M. Derian, Christopher J. Dodd, Michael S. Dukakis, Thomas F. Eagleton, Martin Frost, Richard N. Gardner, Richard A. Gephardt[455], John T. Joyce, Peter G. Kelley, Paul G. Kirk (Jr.), John Lewis, Mike J. Mansfield, Donald F. McHenry, Abner J. Mikva, Azie Taylor Morton, Daniel Patrick Moynihan[456], Charles S. Robb, Stephen Joshua Solarz, Theodore C. Sorensen, Esteban E. Torres, Cyrus R. Vance, Anne Wexler, Andrew J. Young.[457]

NDI'nin tepe yöneticileri, eski bakanlar, eski ABD başkanlık adayları, bakan vekilleri, senatörlerden oluşuyor.

NDI, ayrıca birçok yönetici ve danışmanla şirketlere bağlanıyor. Bu kişilerden, ABD Dışişleri Bakanı Albright ve Din Hürriyeti, Demokrasi gibi bürolardan sorumlu Harold Hongju Koh'u Türkiye 1999-2001 arasında çok yakından tanımıştı.

---

[455] İsrail 2000 yılında Filistin'de yeni bir işgale girişti. İsrail ordusu şiddet uygulayarak Filistinlileri topraklarından sürmek için konutları dozerlerle yıkmaya, dünyanın başka yörelerinden getirdiği Yahudileri Filistinlilerin topraklarına yerleştirmeye başladı. Dünyada bu işgale karşı çıkanlar olduğu gibi ABD'de de karşı gösteriler gerçekleştirildi. ABD'de yönetim üstünde de egemen olan Yahudi örgütleri de 16 Nisan 2002'de İsrail devletini desteklemek üzere Washington'da bir yürüyüş düzenledi. Bu yürüyüş sonunda Richard A. Gephardt, AFL-CIO Başkanı John J. Sweeney ve ABD Savunma Bakan Yardımcısı John Wolfowitz de birer konuşma yaptılar. *Seth Gitell, Rally for Israel, Boston Phoenix, April 16, 2002; bostonphoenix. com / boston / news_features/index.htm*

[456] Daniel Patrick Moynihan, Tufts Üniversitesi yönetim kurulundaydı. Henry Cabot Lodge, General Stansfield Turner gibi örtülü işler operatörleri, MGK üyesi Alexis Johnson ve CIA eski yöneticisi Bobby Inmam da bulunuyordu. *Ami Chen Mills, C.I.A. Off Campus, s.102*

[457] Stephen Joshua Solarz'ın Türkiye'deki eylemleri için Bkz. M. Yıldırım, Savaşmadan Yenilmek, s. 92-97

Türkiye'de NDI ile işbirliği yapanların hepsi olmasa bile, TESEV, ARI, TESAV, TOSAV, TÜSİAD yöneticilerinin, bu ünlü Amerikalıları kişisel olarak tanımaları da olasılık dışı değildir. Ne ki, yerli "sivil" yöneticilerin bilgilendirdiği işadamlarına, gençlere, devlet görevlilerine, bu örgütle ilişkinin ne denli değerli bir şey olduğunu bildirmek de bir görevdir. NDI'nin yönetici ve danışmanları, başka kurum ve örgütlere bağlıdır. Her ad, onlarca örgüt bağını ve eski örtülü operasyon deneyimlerini gösterecektir. Bu kişilerden birkaç önemli operatörü ilişki listesiyle tanırken, geri kalanları tam liste olarak kitap ekine alacağız.

Rachelle Horowitz, SD/USA kurucusuydu. Daha sonra Reagan demokratına dönüştü. Aynı zamanda CPD kurucusu, APRI, AFT, Bayard Rustin Vakfı yönetim kurulu üyesi ve NDI'nin ikinci başkanıdır.[458]

APRI'nin para kaynakları, AFL-CIO, NED ve ABD'nin en büyük sendikası United Steel Workers Union (Birleşik Çelik İşçileri Birliği)'dır. AFL-CIO ise gelirinin %80'ini devletten alır. APRI yöneticilerinin çoğunluğu AFL-CIO ve bağlı sendika başkanlarıyla, SD/USA'nın üst düzeylilerinden oluşur. APRI, özellikle G. Afrika'daki Rahip Desmund Tutu, World Alliance Reform Churches (Allan Boesah Reform Kiliseleri Dünya Dayanışması)'da etkindir. Bu barışsever(!) örgütün yönetiminde ayrıca, CIA ilişkili Freedom House'un yönetmeni Leonard Sussman, Research Institute of America yönetmeni Leo Cherne yer aldı. Güney Afrika İşçi Sendikaları genel sekreteri Jay Naidoo, bu ilişkileri şöyle açıklıyor:

"AFL-CIO'ya bağlı örgütler, Güney Afrika işçi hareketine karşı yanlı davranıyorlar. Bu örgütler adına hareket eden bazı anahtar kişilerin, Birleşik Devletler'in Dışişleri ve istihbarat çevreleriyle kuşkulu ilişkileri var."[459]

APRI yöneticilerinin çoğu, CDM (Reagan Demokratları), CPD (Şimdiki Tehlike Komitesi–1976) gibi operasyon kuruluşlarında yer alıyor; aynı zamanda, NED, IRI, ACILS, NDI gibi çekirdek örgütlerin yönetimlerinde bulunuyorlar.[460]

---

[458] Rachelle Horowitz, Thomas Donohue ile evlidir. Donohue, AFL-CIO eski saymanı ve genel sekreteridir.

[459] *International Labour Report*, Mayıs-Haziran 1989.

[460] FTUI, 1977'de AFL-CIO tarafından Avrupa sendikacılığını denetim altına almak üzere kuruldu. USAID, USIA ve 1984'ten sonra da NED ve bir miktar da özel şirket (%4) kaynaklarını kullanmaya başladı. (*GAO/NSIAD-86-185 The national Endowment for Democacy, p.22*)

FTUI, Türkiye sendikalarıyla da ilişki kurmuştur. FTUI'nin bağlı olduğu AFLI Genel Direktörü Moris Paladino (eski CIA elemanı) 1971'de Genel Sekreter Halil Tunç ile görüştü. Sendikacılar, ABD'de kurs gördüler. AFL-CIO (ACILS'in bir önceki adı) toplantılarına çok sayıda sendika yöneticisi katıldı. Soğuk savaş döneminde Türkiye'de sendikalar arası savaş başlamış oldu. Özellikle 1970'lerde körüklenen çatışma ve şiddet ortamı, işçilerin bölünmesiyle daha da alevlendi. AFL-CIO katılımları için Bk. *2000 İkibin'e Doğru, Yıl:5, S.39, 24 Kasım 1991, s.11-12*.

APRI ilişkilerinden bir ilginç örnek verelim: APRI yönetim kurulu üyesi Max Kampelman, "Reagan Demokratları" denen CDM örgütünün ve militarist güçlenmeyi ve nükleer silahlanmayı savunan, halkı bu konularda yönlendiren CPD'nin yönetim kurulu üyesiydi. ABD Başkanı tarafından USIP (US Barış Enstitüsü) yönetimine atandı. USIP, istihbarat kuruluşlarının sınıflandırılmış (teyit edilmiş) belgelerinin dağıtır ve dış ülkelerde -bu arada Türkiye'de de- para karşılığında araştırmalar yaptırır.

NED ağının mimarı ve eski başkanı Carl Gershman da SD/USA'nın kurucularındandı. APRI yöneticiliği de yapan Gershman, CIA propaganda aygıtı Freedom House'un yönetmeni ve Jeane J. Kirkpatrick'in Başdanışmanı olarak çalıştı. CIA bağlantılı IRC üyesiydi. CfD ve NDI yönetim ve danışma kurulu üyesi oldu.

Bernard William Aronson: NDI kurucu yöneticilerindendir. ACON Investments, Newbridge Andean Partners, Liz Claiborne Inc. ve Royal Caibbean Cruises Ltd. gibi ünlü şirketlerin yönetim kurullarında başkanlık ve üyelik yaptı. 1985-1986 arasında Nikaragua *contra*'ları için ABD yardım yasasını hazırlayan dört kişiden birisiydi. Freedom House ve LCIAS (Leadership Council for Inter-American Summitry) yönetim kurulu üyesiydi. George Bush yönetiminde Latin Amerika İşleri'nden sorumlu Dışişleri Bakan Yardımcısı oldu.

Aronson'u daha yakından tanımak için, Nikaragua'da gerçekleştirilen "project democracy" operasyonuna bir an dönmek gerekiyor: Nikaragua *contra*'larına yardım çok yönlüydü. İşin içinde NED, NDI, IRI, Freedom House vardı; ama operasyonun en önemli yöneticisi de CIA idi.[461]

Yardımların içinde yanlış bilgilendirme ve 'de-stabilizasyon (karıştırma)' eylemleri de vardı. Doğrudan para ve silah yardımının yanı sıra, eğitim de verildi. Eğitim deyince, her yönüyle savaş-suikast ve örgütlenme eğitimini içeren CIA el kitabının (12 *contra* şefine verilmiştir) suikast bölümünden iki paragrafı okuyalım:

"Şaşırtma Gücü: Saldırıya geçecek adamların bıçak, ustura, jilet, zincir, sopa gibi silahları olmalıdır.

Onlar (saldırıya geçecek olanlar), masum ve her şeye inanan örgüt arkadaşlarının hemen arkasında yer almalıdırlar...

Temizleme: Temizlenecek Sandinista görevlisi seçildikten sonra birlikte hareket etmelidir.

Halkın da bu olaya tanık olması, bundan ders alması sağlanmalıdır. Önemli işlerde profesyonel katillerden yararlanmak çok daha uygundur."[462]

Gerektiğinde, *contra*'ların kendi adamlarını öldürmelerini de öneren kitabın varlığı ve Nikaragua'daki CIA etkinliği, Reagan tarafından da

---

[461] *Bob Woodward, Peçe (Veil) CIA ve gizli savaşları, s.237*
[462] Holly Sklar, a.g.k. s.181

doğrulanan el kitabında sorgulanacak kişilerin el, ayak bağlanma yöntemi, bizde 'domuz bağı' olarak bilinene çok benzemektedir.[463/464]

NDI yöneticisi Aronson, eski Başkan Jimmy Carter'ın ekibindeydi (1977-1979) ve onun konuşmalarını da yazıyordu. George Bush ve Clinton yönetiminde Latin Amerika İşleri'nden sorumlu Dışişleri Bakan Yardımcısı (1989-1993) oldu.

1986'da Nikaragua *Contra*'larına ABD Yardım yasasının oylamasından önceki gece, Reagan'ın önergesini de Aronson kaleme almıştı. Nikaragua'da 'Sandinista yönetimini yıkmak için, karıştırma eylemlerinin yanı sıra, ABD tarafından eğitilen *Contra* gerillalarına 100 milyon dolar yardımda bulunulmuştur.[465]

NDI kurucularından ve danışmanlarından Nancy H. Rubin, ABD dışişlerini yönlendiren, yabancı ülke yöneticileriyle doğrudan ilişkiler geliştiren CFR'nin üyesidir. Rubin, OEF International (Uluslararası Eğitim Fonu) yönetim kurulu üyesidir.[466]

OEF, LWV (Kadın Seçmenler Birliği, 1947) tarafından örgütlenmiştir. 1970'e dek ABD sınırları içinde çalışırken, daha sonra uluslar-arası işlere soyunmuştur. OEF'in ortaya koyduğu program "project democracy" hedeflerini özetler niteliktedir. Bu programa göre; (1) merkezi devlet yapıları zayıflatılacak, (2) demokratik kurumlaşma geliştirilecek ve (3) karar mekanizmaları tabana ve köy düzeyine indirilecektir.

Afrika, Asya, Karaimler, Latin Amerika, Ortadoğu'daki 70 ülkede etkin olan ve ABD devletinden US-AID aracılığıyla para alan OEF'nin destekçileri arasında, CIA bağlantılı şirket olarak da tanınan Air Transport Association, Asia Foundation gibi kuruluşlarla birlikte çok sayıda şirket vakfının ve benzeri kurumların yöneticileri bulunmaktadır.

---

[463] John Prados, a.g.k s.406.
[464] Yöntem yaşanmış bir olayda şöyle anlatılıyor: "13 Ocak 1983- Paul Morasca'nın ölüsü giyinik, yüzü döşeğe dayalı, el ve ayak bilekleri boynuna dolanmış bir iple kösteklenmiş. Yorgunluğa yenik düşen kurban kendi kendini boğmuştu. Bu teknik aynı zamanda bir imza, CIA'in kullandığı katillerin imzasıdır. En azından Riconoscuto (FBI)'nun kanısı öyle." *Fabrizio Calvi – Thierry Pfister, Washington'un Gözü, s.41.*
[465] Aronson'la birlikte tasarıya öncülük eden kongre üyeleri: Robert Leihen, Penn Kemble, Bruce Cameron. (*Michael Massing, Mother Jones Oct. 1987*) Aronson'un şirketlerinden Newbridge Andean Partners'ın şirket adresinin bir posta kutusu olmasının yanında OPIC (Overseas Private Investment Corporation: ABD'nin Ajentası) ile Karaibler'de ortak olarak toplu konut yapmaktadır. Aronson, CFR'ye, Küba'ya yönelik ambargonun hafifletilmesini isteyen bir rapor sunarken, bu işin Küba rejimini değiştirecek yönde somut önerilerle yapılmasını istedi. İsteklerin hedefi "project democracy" operasyonu ilkelerini içeriyordu. Karaibler ve Latin Amerika ülkelerinde piyasa ekonomisinin geliştirilmesinin Amerikan şirketlerinin çıkarına olduğunu belirtirken kendi şirketlerinin çıkarlarından örnek vermiyordu. *Commission Internacionale derechos Humanos, Anual 2000- www.cidh.oas.org.*
[466] *OEF International, Seeds of Promise, OEF International annual report 1986"dan aktaran http://www.irc-online.org.*

OEF'nin 1987 mütevelli heyetinin başında, sonradan ABD Dışişleri Bakanlığına gelecek olan Madeleine K. Albright bulunmaktaydı. OEF, NED'den, 1984-1987 arasında, Afrika ve Arjantin işleri için 692.053 dolar almıştır.[467]/[468]

Cyrus Roberts Vance: ABD Deniz Kuvvetleri (1943-45), avukat (1946-1960), Armed Services Committee (Silahlı Hizmetler Komitesi/ üye, 1957-1960), Senato Uzay ve Astronomi Özel Komitesi (üye, 1958), Pentagon Genel Danışma Kurulu (üye, 1961), Savunma Bakan Yardımcısı (1966), Group 54-7 (Hükümetin CIA kontrol birimi üyesi), Washington Operasyon Ajanı, Başkanların dış politika sorunlarında özel temsilciliği görevi ve ilginç dönemlerde, ilginç ülkelerde görevler: Panama (1964), Dominik (1965), Vietnam (1967), Kıbrıs (1967), Kore (1968), Fransa (1968).[469] CFR (ikinci başkan, direktör), Trilateral Commission (ü) ve NDI eski yönetim kurulu ve daha sonra danışma kurulu üyesidir.

Andrew J. Young: M. Luther King'in üst düzey yardımcısı (1976) daha sonra ABD Kongresi üyesi (Georgia 1976) ve Jimmy Carter'ın siyah destekçisi' olarak tanındı. ABD'nin BM Büyükelçisi iken, 3. dünya ülkelerinin liderleriyle yoğun ilişki kurdu; FKÖ ile yetki dışı bağlantıya geçtiğinden görevden ayrılmak zorunda bırakıldı (1979). Ayrılmasında İsrail'e bağlı ABD örgütleri etkin rol oynadı. Atlanta Belediye Başkanı olduktan sonra Andrew Young Associates Consulting şirketi aracılığıyla parasal ilişkilere geçti. BCCI patronu Pakistanlı banker Ağa Hasan Abedi ile yakın ilişki kurdu ve onunla 3. dünya liderleri arasında aracılık yaptı.[470] Bu işler için Arabistan ve Arap Emirlikleri'ne yaptığı gezinin masraflarını BCCI ödedi.

Andrew J. Young'ın danışmanlık şirketi, BCCI'den her yıl 50.000 dolar almaktaydı. Georgia Valisi (1990) olduğunda, BCCI onun 150.000 dolar kredi borcunu sildi. Başkan'ın özel temsilcisi olarak Haiti'ye gitti;

---

[467] Öteki mütevelli heyeti üyeleri: Virginia Allan, Polly Baca, Freida Caplan, Kathryn Christopherson, Kate Cloud, Esther Coopersmith, Phyllis Dobyns, Vicki Downing, Patricia Ellis, Judy Falk, Tom Farer, Margie Fraenkel, Arvonne Fraser, Martha Greenwalt, Patricia Hutar, Jane Jaquette, S. Peter Karlow, Mary Dublin Keyserling, Mildred Robbins Leet, Kate Rand Lloyd, Rosalind Loring, Mildred Marcy, Sal G. Marzullo, Gretchen Maynes, Sheila Avrin McLean, Marcia Dawkins Nauckhoff, Jan Orloff, Nancy Clark Reynolds, Alice Rivlin, Janeth Rosenblum, Barbara Schlei, Eleanor Sebastian, John Sewell, Jeane L. Slobod, Peter Tarnoff, Maxine Waters, Connie Weinman, Bernice Zurbach. *OEF Annual Report 1987'den irc-online. a.g.s.*
[468] *OEF Annual Report 1987'den irc-online. a.g.s.*
[469] Julius Mader, Who's Who in CIA, s.530.
Cyrus Vance'in, Kıbrıs'ta Türklere karşı, Makarios'un göz yumması ile başlayan, EOKA yandaşlarının ve paramiliter Rum gruplarının katliamları sırasında Türkiye'nin Kıbrıs'a müdahalesini önlemek üzere Ankara'ya gelmesi büyük tepki uyandırmıştı. Özellikle öğrenciler, Vance'in CIA elemanı ve Vietnam suçlusu olduğu gerekçesiyle kınama gösterilerini yoğunlaştırmışlardı.
[470] BCCI: CIA'nın kirli işlerde kullandığı para kanalıdır. Bk. Bölüm: Soros.

halkçı lider Rahip Jean-Bettrand Aristide'le görüştü ve ondan seçimlere katılmamasını; Dünya Bankası memuru Mare Bazin'in adaylığını desteklemesini istedi. Aristide buna razı olmayınca, ona kendi arkasındaki büyük devlet gücünden de söz ederek baskı yaptı. NDI danışmanıdır.[471]

Emekli General Theodore C. Sorensen, Kennedy'nin ekibindendir ve CFR üyesidir. Ayrıca NDI eski yöneticisi ve danışma kurulu üyesidir.[472]

Anne L. Wexler: CFR ve NDI büyük danışma kurulu üyesidir. Akev'e yakındır ve ünlü halkla ilişkiler şirketi The Wexler Group'un sahibidir. Wexler "liberal süper lobici" ve "yanlış yönlendirme" ustası olarak da tanınır. Yaptığı imaj işi nedeniyle 'Burger kraliçesi' sanını da almıştır. Siyasal kampanyalar örgütleyen Wexler, 1968 yılında başkanlık adayı Eugene McCarthy'nin seçim kampanyasını yönetmiştir. ABD'deki on etkin aracıdan biri olan Wexler Group, ABD'deki *"halkla ilişkiler şirketlerinin en büyüğü ve en pahalısı olan Hill and Knowlton, Inc.'nin "bağımsız birimidir."* Hill and Knowlton ise, Moon tarikatına ve ABD Dışişlerine, özellikle 1990'da Irak'a saldırı öncesinde, senato komisyonuna sahte tanıklar çıkararak verdiği başarılı hizmetlerle tanınmaktadır.[473/474]

Richard N. Gardner, CIA propaganda aygıtı Freedom House'un mütevelli heyeti üyesidir. İtalya (1977-1981), İspanya (1993-1998)'da büyükelçi, WTO (Dünya Ticaret Örgütü)'da ABD delegesidir. Morgan-Lewise - Bockius Hukuk Şirketi danışmanı ve NDI büyük danışma kurulu üyesidir. Ayrıca NED'i besleyen DCF (Demokratik Yüzyıl Fonu)'ye parasal katkıda bulunmaktadır.

Charles T. Manat: APF yönetmeni ve yönetim kurulu üyesidir. CfD ve IFES (Uluslararası Seçim Sistemleri Vakfı)'in 1989 yönetimindeydi. NED yönetimindedir ve "Manatt, Phelps, Rothenberg, Evans" hukuk şirketinin ortağıdır. Aynı zamanda NDI eski yöneticisi ve büyük danışma kurulu üyesidir. Charles Taylor Manatt, "democracy" operasyonlarında

---

[471] Yoksulların desteklediği Jean-Bertrand Aristide, Haiti'de yapılan ilk demokratik seçimlerle 1991'de başkan oldu. Aynı yıl CIA bağlantılı mafya, polis ve asker çetesince devrildi. 1994-1996'da bir kez daha başkan oldu. Kargaşa döneminden sonra 2001'de yeniden başkan olduysa da, 2004'te askeri darbeyle devrildi. ABD, Haiti'ye bir kez daha asker çıkardı. Kanlı kargaşa sürüyor ve Aristide USA askerlerince gözaltında tutuluyor.

[472] 8 Ocak 1968 İstihbarat ve Dış Politika özel tartışma toplantısında CIA operasyon direktörü Richard M. Bissel ünlü raporunu sunmuştu. Toplantıya aralarında eski OSS yöneticisi ve CIA'in yasa tasarısı hazırlayan ve daha sonra CIA planlama bölümü yöneticisi ve izleyen yıllarda da CIA direktörlüğü yapmış olan operatör Allen W. Dulles da katılmıştı.

[473] *Alvin A. Snyder, Warriors of Disinformation, s. 260*

[474] Jean A. Douthwright, Rochester Institute of Technology: A Subsidiary?" *CAIB, Fall 1991, ss: 4-9.* ve "The WTO Millenium Bug: TNC Control over Global Trade Politics" *Corporate Europe Observer Issue 4, Special WTO Edition, July 1999.*

oldukça deneyimlidir. İçinde yer aldığı Nikaragua operasyonundan kısa bir bölümü anımsatalım. NED, Nikaragua'da bürolar açmıştı. Bu büroları Caleb McCarry ve Diane Weinstein yönetmekteydi. ABD'nin *contra* gerilla örgütünü desteklemesinin ve ülkede karışıklıklar yaratılmasının ardından, seçimleri gözlemleme heyetine NED adına Charles T. Manatt, William Brock ve Frank Fahrenkopf katılmıştı. Bu heyetin eylemleri ilginç olaylarla sürdü:

Heyet, 1989'da Masatepe'deki seçim toplantısını izlerken bir kişi öldürüldü, 20 kişi yaralandı. CfD, zaman geçirmeksizin yayınladığı bildiriyle olayları Sandinista'nın yarattığını; açıkladılar. UNO, CfD'nin desteklediği "Prensa" gazetesinin editörü Violeta Chamorro'nun partisiydi. OAS, olayları açık hava toplantısına saldırıya geçen 200 UNO taraftarının çıkardığını, saldırganların Sandinistlerin merkez binasına ve bitişiğindeki Tarım Bakanlığı'nın bürosuna da saldırdıklarını açıkladı. Ne ki demokrasi operatörlerinin yalan haberleri bununla da kalmamış, UNO'nun başkan yardımcısı adayı Virgilio Godoy ile birlikte, başta Allen Weinstein (NDI temsilen) olmak üzere, CfD heyetinin (NDI, IRI ve World Freedom Foundation) tümü, ölen kişinin UNO üyesi olduğunu açıklamaktaydılar. Oysa ölen gencin annesi oğlunun "sadık bir Sandinist" olduğunu bildiriyordu.[475]

Olayları duyuran ABD medyasının en büyükleri de, CfD heyetiyle aynı görüşteydiler. CfD heyeti, derhal Orta Amerika Başkanlar Toplantısına katılarak, yalan açıklamalarını orada da sürdürmüş ve *"Sandinista vahşeti"*nden söz etmiştir.[476]

Bir ülkenin içişlerine karıştırmada kullanılanları ödüllendirmek de gerekiyordu. Nikaragua'da da öyle oldu. CfD, Violeta Chamorro'ya "Demokrasinin Bekçisi" ödülünü verdi.

Harriet C. Babbitt: Latin Amerika ve Sovyetler Birliği (1993-1997)'nde büyükelçi, US-AID (1997-2001) bölüm yöneticisi, OAS'da büyükelçi, WWIC'de eğitmen (2001), NDI'de yönetim kurulu üyesi ve Latin Amerika Komisyonu görevlisi.[477]

---

[475] Mary Speck, *"One Killed In Nicaragua Election Riot," Washington Post, Dec 11, 1989; Nicaraguan Election Issues No. 8, Central American Historical Institute, Feb 10, 1990.*
[476] *"Violence & the Nicaragua Elections," Carnet, Nicanews, Jan 21, 1990;* Richard Avila, "Incident at Masatepe," Nicaragua Through Our Eyes, Vol. IV, Nos. 5 & 6, tarihsiz; *www.publiceye.org*
[477] US-AID, parasal kaynaklarını devletten alır. Yardım örgütünün iki işlevi vardır: Yabancı ülkelere parasal proje yardımlarında bulunmak; içişlerine karışmak ve her ABD kökenli şirket ve örgüt gibi, CIA ve benzeri operasyon örgütlerine örtü oluşturmak. Yabancı ülkelerde operasyon çekirdeğinde doğrudan CIA'in istasyonu bulunur; çevresindeki birinci halkada AID gibi örgütlerin, CIA denetimindeki şirketlerin (örneğin Air America) şubeleri, büroları; üçüncü halkada CIA'nın gizli ordusunu her proje için ayrı ayrı ve doğrudan destekleyen Amerikan şirketleri ve yerel birimler...

Ken Wollack: CFR ve NDI yönetim kurulu üyesidir. "Project democracy" operasyonunun en önemli deneyinin yaşandığı Nikaragua'da NED örgütlülüğünde karıştırma işlerine, NDI adına katıldı. Operasyonun sonunda NED Başkanı Gershman ona özel olarak teşekkür etti.

Peter G. Kelly: CfD yönetim kurulu üyesi (1989), Updike, Kelly & Spellacy şirketinde ortak ve yönetim kurulu başkanıdır. 'Black, Manafort, Stone and Kelly' aracılık şirketinin ortağı ve yönetim kurulu başkanıdır. NDI danışma kurulu üyesi de olan Kelly, 1984'te APF'nin devamı olarak kurulan CfD'nin özellikle Orta Amerika ülkelerindeki etkinliklerinde yer aldı. Kelly, Şubat 1989'da Kosta Rika'nın San Jose kentinde yapılan "Orta Amerika'da Kalkınma" toplantısında Allen Weinstein ile birlikte CfD'yi temsil etti. Bu toplantıya, Kosta Rika, Fransa, Avrupa Konseyi ve Guatemala, El Salvador temsilcileri de katıldı.[478]

Kelly'nin aracılık şirketi, ABD'nin desteklediği yabancı parti ve örgütlere hizmet vermektedir. Şirket, 1986 yılında yabancılardan 2,1 milyon dolar kazanmıştır. Bunun karşılığında yabancılara da kazandırmıştır. Bunların arasında Kenya, ABD'nin uzun yıllar desteklediği Angola'da Angola hükümetine karşı savaşan Jonas Sawimbi'nin UNITA (Union National for the Total Independence of Angola) örgütü, Somali Hükümeti, Filipinler UNA (Union for National Action) Partisi, Zaire (Kongo)'de Lumumba'yı darbeyle devirip öldürten Mobutu Sese Seko 1989'da, daha fazla Amerikan yardımı alabilmek için şirketle bir milyon dolarlık sözleşme imzaladı.[479 / 480/ 481/ 482]

Kelly'nin şirketi, George Bush'un kampanyasını da yönetti. Şirket ortaklarından Paul J. Manafort, Cumhuriyetçi Parti Ulusal Kongresi'ni yönetti. Manafort, HUD (Housing and Urban Development / Konut ve Kırsal Kalkınma) bölümünün teşviklerinin elde edilmesinde rol oynayan kilit kişiydi. Bu işlerden 348.500 dolar kazandı.[483] Manafort daha önce muhafazakâr College Republicans, Young Republicans gibi parti örgütlerinde deney kazanmış; NCPAC (National Conservative Political Action

---

Sonraki halkalar, çeşitli destek örgütleri, CIA'in yararlanacağı teknik ve insani kaynaklarla tamamlanır.

[478] "The Center for Democracy: A Non-partisan Center Working to Promote the Democratic Process,' Center for Democracy, (tarihsiz)"den aktaran *publiceye. org*

[479] Angola hükümetine karşı silahlı savaşım veren UNITA ve FNLA örgütleri, CIA tarafından desteklendi. Beyaz askerlerin kiralanması için 30 milyon dolar harcandı. *Philip Agee, On The Run, s. 143*

[480] 1989'da şirketle 950.000 dolarlık anlaşma yaptı.

[481] Somali hükümetinin aldığı yardımlar: 1988'de, 6,5 milyon doları askeri olmak üzere, 42,5 milyon dolar; 1989'da askeri yardım olarak 18,1 milyon dolardır.

[482] Jack Anderson and Dale Van Atta, "Mobutu in Search of an Image Boost," *The Washington Post, Sep 25, 1989*

[483] "20 Consultants Made Millions Courting HUD," *The Washington Post, Aug 3, 1989* dan *publiceye.org*

Committee - Ulusal Politik Eylem Komitesi)'nin kurucuları arasında yer almış ve DNC (Democratic National Committee)'nin finans komitesi başkanıyken 90 milyon dolar toplamayı başarmıştır.[484]

Maurice Tempelsman: Ünlü milyarder; elmas madencisi; CFR üyesi ve NDI danışmanıdır.[485] Onu tanımak için çok daha gerilere gitmek gerekiyor: CIA Kinşasa istasyon şefi John Devlin'i işe aldı ve 1960'da Kongo askeri darbesini destekledi. Patrice Lumumba, Belçika kolonisi Kongo'nun ve Afrika'nın kurtuluşu için savaşmış ve bağımsızlığını kazanan Kongo'nun ilk başbakanı olmuştu. ABD ve Batı Avrupa, iç ayrılıkları kışkırtarak Kongo'yu karıştırdılar. Ajan Devlin, Kongo ordusunun komutanı Mobutu'nun gerçekleştirdiği askeri darbeye yardımcı oldu. Başbakanlığı iki ay süren Lumumba ise, Eisonhower'ın başkanlık ettiği ABD Milli Güvenlik Konseyi kararıyla ve CIA Direktörü Allen Welsh Dulles'ın emriyle yakalandı; işkencelerden sonra Belçikalı ve Amerikalı görevlilerin gözetiminde arkadaşıyla birlikte orman içinde kurşuna dizildi. Bedenleri testereyle, baltayla parçalanıp, bidonlarda yakılarak yok edildi.

Paul Grattan Kirk Jr.: Bir zamanların darbe örgütlemekten beyaz kadın ticaretine dek ilişki ağında yer alan, Şili askeri darbesinde CIA'ya yardımcı olmasıyla ünlenen ITT (International Telephone Telegraph) şirketinin, ITT'ye bağlı Hartford Insurance şirketlerinin yönetim kurulu üyesidir. Türkiye karşıtı girişimleriyle tanınan Edward Kennedy'nin özel yardımcısı ve yerel Politik Basın Komitesi (1980) yönetmeniydi. Grattan Kirk Jr. ayrıca, Demokrat Parti Milli Komitesi'nin sayman üyesi (1983-1985, 1985-1989 arasında Başkan), Çek Cumhuriyeti'nde büyükelçi, Kirk Sheppard and Co.'nin yönetim kurulu başkanı, Sullivan and Worcester şirketinin ortağı ve danışman (1977-90); Masachusets New England Law Institute ile Harvard JFK Institute of Politics'de eğitmen, Harvard başkan yardımcısı, JFK Vakfı ve JFK Library Vakfı yönetim kurulu başkanı; Bradley Real Estate Trust şirketi, Rayonier Corp. yönetim kurulu üyesi; Stonehill College St. Sebastian School mütevelli heyeti üyesi (1992), Commission Press Debates'te ortak başkan ve NDI eski yönetim kurulu başkanı ve şimdi NDI danışmanıdır.

Madeleine Korbel Albright, NED 1991-1993 yönetim kurulu üyesi, Center for National Policy başkanı (1991-1993), ABD Dışişleri Bakanı (1995-2001), NDI yönetim kurulu eski üyesi ve danışmanıdır. Çekoslovakya göçmeni Musevi ailenin kızı olan M. K. Albright, Clinton döneminde Dışişleri Bakanı olarak, "Project democracy" kapsamında yürütülen etkinliklere, ABD silahlı müdahalelerine katkısı büyüktü. 1999-2002

---

[484] "Lobbying Group's Investment in Presidential Politics Pays Off," *Washington Post, Aug 12, 1989*
[485] *Mother Jones, 1996-04, s.50; Philip Agee, Dirty Work 2, 1979* ve *John Jacob Nutter, The CIA's Black Ops, s.111-4*

arasında T.C. Dışişleri Bakanı İsmail Cem İpekçi'ye "Smail" diye seslenecek denli yakınlık duydu. Yunanistan Dışişleri Bakanı Yorgo Papandreu ile İsmail Cem İpekçi'yi birkaç kez buluşturarak "uzlaşma" adı altında Helen politikalarını destekleyen bir çizgi oluşmasını sağladı. Bu sürecin sonunda Mesut Yılmaz, Helen bakanından *"AB'de Türkiye'nin avukatı olmasını"* istedi.[486]

Albright bakanlıktan ayrıldıktan sonra dünya kadın örgütlerinin bir şemsiye altında toplayacak olan WWW (Win With The Women - Kadınla Kazan) örgütünü kurarak başına geçti.[487]

NDI ve Uluslararası Şirketler

NDI'nin tam ve açık adı, "National Democracy Institute for International Affairs" yani Uluslararası İşler Milli Demokrasi Enstitüsü'dür. İşin içinde uluslararası ilişkiler olunca, ABD dış politikasını yürüten resmi, yarı-resmi kişilerle bağlantılı özel dernek, fon ve elbette uluslararası şirketler ve şirket vakıfları dünya demokrasisine katkıda bulunmak üzere hazırdırlar.

NDI'nin, NED dışında kurduğu, DCF (Democracy Century Fund) adlı fonunun para kaynakları bu ilişkiyi gösteriyor.[488] Bir fikir verebilir ya da tanıdık gelebilir, diyerek ulusal demokrasilerin parasal destekçilerinin tümünü ekler arasında bulabileceksiniz. Ünlü olan kartellerden ve ünlü kişilerden birkaçını burada sıralayalım:

AT&T,
Amoco,
Chevron Overseas Petroleum Inc.
The Coca-Cola Company
Consolidated Natural Gas
Daimler Chrysler Corporation
Enron Corporation[489]
Ericsson Inc.,
Ernst & Young LLP
Exxon Mobil Corporation
Ford Motor Company
Lockheed Martin Corporation[490]

---

[486] Şıhça Yavuz, Yunanın İstanbul Çıkartması, *M. Hukuk*, Ağustos 2002, s.56.
[487] Win With The Women örgütünün çalışma örneği için Bkz. M. Yıldırım, Azerbaycan'da Proje Demokratiya.
[488] Eski Ankara Büyükelçisi Morton I. Abramowitz, DCF (Democracy Century Fund)'nin yönetim kurulundadır ve NED yönetim kurulunda da NDI'yi temsilen bulunur. CFR üyesi M. I. Abramowitz'in dışişleri görev yerleri: Tayvan (1969-1962), Hong Kong (1963-1965), İngiltere (1971), Tayland (1977-1983), Türkiye (1989)
[489] ABD'de yolsuzluk, hissedarları dolandırmaktan sorgulanan ve iflasına karar verilen en büyük enerji şirketlerinden Enron, Özal'ın icadı olan Yap İşlet Devret modeli çerçevesinde Tekirdağ'da doğal gaz yakıtlı elektrik santralı kurmuştu.

Listedeki şirketlerin ve öteki kuruluşların adlarına NDI'nin yönetiminde ve danışma kurulunda yer alan birçok kişinin çalışma yeri olarak rastlıyoruz. Bu ad çakışmaları ve para ağı şöyle bir dizgeyi gösteriyor: Amerikan devletini temsil eden görevlilerle karteller, sendikalar, şirketler, Soros gibi bankerlerin örgütleri, amaçlarda birleşerek dış ülkelerdeki sivil toplumcuları güdüleyip, o ülkelerin koşullarını göz ardı ederek Amerikan tipi seçkinler demokrasisini kurmaya karar veriyorlar.

ABD'nin derinliklerinden esinlenmiş ve hayranlık duygularıyla kendinden geçmiş kişilerin bile, kolayca anlayacağı bir nedeni var bu kararın: Halkın, paranın gücü karşısında ilkesizliği, eğilip bükülmeyi eleştiren deyişinde olduğu gibi, "parayı verip düdüğü çalmak."

---

[490] Lockheed, çeşitli ülkelerde bol rüşvet dağıtarak askeri uçak satmakla suçlanmış ve soruşturmaların sonunda mahkûmiyetler almıştır. Lockheed'in Türkiye satışlarındaki yolsuzluklar da uzun süre gündemde kalmıştır.

Eski Operatörlerin Örgütü
IRI

> *"Terörle mücadele yasasının 8. maddesinin ve Türk Ceza Kanunun 312. maddesinin feshedilmesi gerektiğini düşünüyoruz." Harold Hongju Koh.*[491]

NED başkanı Carl Gershman tarafından ABD Başkanı'na sunulan 1992 yılı çalışma raporunun giriş bölümünde, *"Ek olarak, Kongre'nin önerileri üzerine, 'Endowment (NED), dört kurumu, Almanya'daki dört parti vakfını (stiftungen), Britanya'daki WFD (Westminster Foundation for Democracy) ile Kanada'daki İnsan Hakları ve Demokratik Gelişme Uluslararası Merkezi'ni yan yana getirip, bir 'demokrasi toplantısı' düzenleyecekti"* diye yazılmış.[492]

"Institute" ya da "stiftung" ya da "foundation" olarak oluşturulan örgütlerin, aslında birer parti örgütü olduğunu bu sözlerle açıklıyor Gershman. Oysa operasyon uygulanan ülkelerde, kendilerine "NGO" ya da Türkiye'deki gibi "sivil toplum örgütü" diyen dernekler, kendi ülkelerindeki siyasal partilerden, millet meclislerinden bağımsız olmalarını en temel özellik olarak özenle vurgulamaktadırlar.

İşbirliği yapmaktan çekinmedikleri yabancı örgütler, kendi ülkelerinin siyasal parti organlarından başka bir şey değildirler. Demokrasi-Açık Pazar- Din ve İfade Hürriyeti, diyerek kurulacak ağın amacı siyasetten başka bir şey olamazdı. Kendilerine "sivil" derken, kendi devletlerinden bağımsız olduklarını ileri süren, dahası o devlete karşı oluşturulmuş sert muhalefetlerini olmazsa olmaz bir ilke edinen örgütler, ABD ve Batı Avrupa örgütleri, dış siyasette, kendi devletlerinin yılmaz savunucusudurlar.

Dışarıya yöneldiklerinde, kendi iç siyasal görüş ayrılıklarını unutup eşgüdümlü bir etkinlik ağı kurmakta, kendi devlet politikalarının önemli destekçisi olmakta, demokrasiyi geliştirmek için para desteği verdikleri araştırma raporlarını kullanarak kendi şirketlerine veritabanı oluşturmaktadırlar. Demokrasi adına kurulduğu ileri sürülen örümcek ağındaki etkinlikler aslında geçmişin deneylerine dayanmaktadır. Bu deney, iç düzeni bozma, çatıştırma, kanlı kargaşaya iterek sindirme, bölme, yönlendirme amacıyla her olanağı kullanma ve iplerin ucunu elde tutma ilkesine yaslanmaktadır. Bu tür çetrefilli etkinlikler becerikli ustalar ister.

---

[491] ABD İnsan Hakları, Demokrasi ve Uluslararası Din Hürriyeti Bürolarından sorumlu Dışişleri Bakan Yardımcısı(Clinton dönemi)
[492] Dört kurum: "iki partimiz *(Demokratik ve Cumhuriyetçi)*, sendikal hareketimiz ve işadamı çevremiz." Carl Gershman, *NED Annual Report 1992*, s. 13

Sovyetlerin yıkılışından sonra, dünya güvenliğini, temel tehdit olarak terörist örgütlere, bu örgütleri destekleyen devletlere indirgeyen ABD ve Batı Avrupa, 'terörist' tanımını kendine göre yapmaktadır. Aslına bakılırsa onların teröristi, kendi çıkarlarına yönelen her tehdittir; kimi zaman enerji kaynaklarına sahip çıkmaya çabalayan bir hükümet, kimi zaman varlığını sürdürmek için savaşan bir ulus, kimi zaman bağımsızlık düşüncesi yayma eğilimindeki bir siyasal hareket, kimi zaman dinsel kuralları kendine yönetim ilkesi edinmiş bir örgüt ya da aynı yollarda yürümekte direten devlet yönetimleridir.

'Radikal' deyip geçtikleri örgütler ve yönetimler, onların çıkarlarına hizmet ediyorsa ulusal ve zararsız hareketlerdir. Onların çıkarlarına bir ölçüde engel oluyorlarsa; 'terörist' örgüt ya da 'terörü destekleyen devlet' olmaları kaçınılmazdır. Üçüncü ülkelerde sivil olmaktan gurur duyanları yönlendirenlerin, geçmişini geleceğe bağlayan çizgilerini ve deneyimlerini görmeden, kendi ulusunu aşağılamayı, kendi ulusal ahlakını küçümsemeyi iş edinenlerin peşine takılmak, toplumu götürse götürse köleliğe götürür. Bunu görebilmek yakın geçmişin henüz silinmemiş izlerine bakmayı gerektiriyor.

Afganistan yok! Taleban Var!

"Afganistan yok! Taleban var!" İstanbul'da 2000 yılının kavurucu Temmuz günlerinden biri yaşanmaktadır. Yanan asfaltta yavaş yavaş ilerleyen otobüsün kırık camında yarı belinden yukarısı dışarda, iki elini göğe doğru uzatmış olan kadın çığlıklar atıyor; parçalanmış İngilizcesi, onun yanık sesiyle dünyanın küresel şenliğine direniyordu:

"Afganistan yok! Taleban var! Bizi geri yollamayın! Bizi öldürürler!"

Otobüs sığınacak güvenli bir ülke arayan Afganlıları taşıyordu. Vatansızlık kolay değildi. Yolgeçen hanına döndürülmüş olan Türkiye, doğudan girenler olunca dikkat kesiliyordu ve Ege denizinde dalgaların kucağına düşen Iraklı Türklere ne yapılıyorsa Afganlılara da o yapılıyordu.

Sonunda bu otobüs de İstanbul dışına, TEM otoyoluna çıkartıldı. İstanbul, kadının acı çığlığını duymuyordu.

Bir rastlantıyla olsa gerek otobüsün otoyoldaki görüntüsü ve pencereden dışarı sarkan Afganlı kadının çığlığı, kısa bir süre de olsa televizyondan yankılandı. Medyatik kirlenmenin koyuluğuna karşın, onurlu görevler yapmaktan kaçınmayan gerçek gazetecilerden, kameramanlardan başkasının canlı olarak göremediği kadın ve acı çığlığı bir iki gün geçmeden unutuldu gitti.

Türkiye'nin yarı-sivil örgütleri bu çığlığı duymazdan geldi. Yirmi yıldır süren savaştan ve Taleban zulmünden kaçarken yakalanarak sınır dışı edilmek üzere götürülen acılı annenin acı çığlığı asfalttın sıcak karasında eriyip gitti. İnsan hakları savunucuları, özgürlük ve dayanışmacılar, din hürriyetçileri, milliyetçiler, mukaddesatçılar, demokrasi projesi sevdalıları, kulaklarını tıkadılar bu çığlığa.

Duyarsızlığın anlamı yalındır: Dini siyasete alet ettiniz mi, hangi sonuca varırsanız, insan haklarını da iktidar hırslarına ve yeni sömürgecilerin ideolojisine araç ederseniz aynı sonla yüz yüze kalırsınız. İşinize geldiğinde "dindar ve insan" işinize gelmediğinde 'sağır' kesilirsiniz.

Bu tutuma bir de dünya egemenliği peşinde koşan devlet yönetimlerine yaltaklanmayı, özgürlüklerin, "milli" düşlerin bir güvencesi olarak görmeyi eklerseniz, sağırlık da yetmez; bakarkör olursunuz.

Afganlı annenin çığlığı, çoluk çocuğuna güvenli bir ortam arayan her annenin yüreğinden yükselebilecek isyanın sesidir. Bu sızının en somut örneklerini, bir zamanlar "mazlum milletler" için ışık ve umut kaynağı olabilmiş Ankara'nın Çankaya'sında yerleşik Birleşmiş Milletler Mülteci Bürosunun önünde, kışın ayazında kaldırımlara battaniye eskilerinin altına sığınmış ana babaların yüzlerinde, üşüdükçe annelerine iyice sokulan çocukların büyük kara gözbebeklerinde, soğuktan çatlamış küçücük ellerinde görebilirsiniz.

Çankaya'dan aşağılara ininc, tanyeri ağarmadan Ankara'nın elçilik kapılarına yığılan, Anadolu'nun dört bir yanından gelmiş, Almanlardan, İngilizlerden "giriş izni" alabilmek için, bin bir endişeyle bekleyen yurttaşlarımızın arasında dolaşan bir başka sessiz çığlığı duyabilirsiniz. Elbette yüreğiniz insan yüreğiyse...

Ne olursa olsun, onların bu ürkek ve sessiz bekleyişlerinden ortaya dökülen hüzünleri, vatansız kalmanın onulmaz acısını yansıtan Afganlı annenin çığlığının yanında çok daha sessizdir.

Çünkü yurttaşlarımızda, başları sıkıştığında dönebilecekleri bir yurtları bulunmasının verdiği bir içgüven var.

Terörist listesine girmek bir anlık iş

Annelerin çığlıklarına *"sivil toplum örgütü"* denilen Amerikan türetmesi NGO'lar aldırış etmiyorlarsa, ABD yöneticilerinin aldırış etmeleri hiç beklenemezdi. ABD Dışişleri Bakanlığı, her yıl bir terörist örgütler listesi açıklar, tıpkı din hürriyeti raporu açıkladığı gibi. Bu raporda terörü destekleyen devletler listesi yer alır. Size göre terörist olan örgüt, ABD'ye göre terörist olmayabilir. Size göre 'isyancı gerilla örgütü' ABD'ye göre 'yurtsever'dir. Size göre 'dikta rejimi' olan, ABD'ye göre 'demokrasinin bekçisi' olabilir.

ABD terör raporunda Afganistan, 'terörü destekleyen devletler' arasında yer almamaktaydı. Bu konuda ABD'nin açıklaması oldukça açıktır: *"Taleban yönetimi tanınmamaktadır."* Aynı ABD yönetimi, Taleban ile görüşmeleri sürdürmekte ve *"iyileşmeler olacağını umut ettiğini"* açıklamaktaydı. Bunun anlamı, Afganistan Taleban'ına bir yaptırım uygulanmayacak demekti. ABD, din hürriyeti raporlarına dayanarak birçok ülkeyi sıkıştırıyor; ama Taleban'a gelince sesi kesiliyordu.

ABD yöneticileri, bu kaypak davranışı açıklarken, bin bir dereden su getiriyorlardı. Bu tutumun nedenini uzunca süredir 'moda' olan sözde akademik "*think tank*" raporlarında aramanın bir anlamı yoktu. Her şey açıktı: ABD, İran İslam devrimcileri, İslamiyetçiliği ana politika yapan Pakistan yöneticileriyle birlikte Afgan mücahitlerini yıllarca destekledi. Taleban (Talebeler) adı verilen genç Afganlıları, Pakistan-Afganistan sınırlarında kurulan ve 'medrese' adı verilen kamplarda, dinsel ve askersel eğitimden geçirip silahlandırdılar.

Bu oyunlara şu ya da bu bölgesel ve küresel (siz sömürge diye okuyabilirsiniz) çıkarlar uğruna, doğrudan ya da dolaylı destek veren öteki devlet yönetimlerinin payları az değildi. Afganistan devlet yönetimine ve daha sonraları onları desteklemek üzere, 1978 sonunda Afganistan'a yerleşen Sovyet ordusuna karşı savaşan mücahitlere yardım kanalını CIA Direktörü William Casey kurdu. Bu lojistik destek kanal, Pakistan, Çin, Suudi Arabistan ve Mısır'dan geçiyordu.

İlk para desteği ABD ve Suudi Arabistan'dan sağlanırken, ilk parti silahlar da Mısır ve Çin'den geldi.[493] Sığınma kampları ve eğitim üsleri için yer veren Pakistan, kendi topraklarının 'müdahale üssü' olarak kullanılmasına izin verdi. Bu çalışmalara dolaylı destek veren Türkiye gibi ABD müttefiklerini de unutmamak gerekiyor.

Eğitim, istihbarat ve propaganda işleri de Amerikan örgütlerine bırakıldı. "Reagan Demokrasisi" ya da 'ABD özgürlüğü" adına savaş olur da işin içine CIA deyimiyle "dirty work" yani 'kirli iş' ve ideolojiler üstü çıkar ilişkileri girmez mi?! Yanıtı, Afganistan operasyonunun geçmişindeki kirli ilişkilerde aranmalıdır.

Suud ve ABD doları ile kalaşnikof ve stinger

Afgan muhalif güçlerine verilen silahların parası, 'fifty-fifty' yani yarı yarıya paylaşımla Suudi Arabistan devleti ve ABD tarafından karşılanırken, ilk parti Sovyet yapımı uçaksavarlar (SA-7) Mısır'dan ve AK-47 tüfekleri Çin'den satın alındı. Daha sonra kaynaklar arasına İsviçre'nin Oerlikon silah firması ile Amerikan şirketleri katıldı. Pakistan devletine açılan 3,2 milyar dolarlık askeri yardımın da kullanılmasıyla, Pakistan-Afganistan sınırında kurulan depolara istif edilen silahlar, daha sonra Afganistan içlerine taşındı.[494]

Silahların Afgan muhalifleri arasında eşit paylaşılmadığı da oldu. Bazı gruplar daha sonra kullanmak üzere silahları İran'a kaçırdı. Silahların

---

[493] John Prados, President's Secret Wars, Elephant Paperbacks Ivan R. Dee, II. Revised edition, Chicago, 1996. s.360
[494] SAM: Surface-to-air missiles (Karadan havaya füzeler). SAM füzelerinin içlerinde yönlendiriciler bulunmaktadır. Bir kez ateşlendiler mi, radar ya da ısıya yönlendiricilerle hedefi vururlar. SAM'lar Sovyet helikopterlerine karşı kullanılmıştır. *Dr. Frank Barnaby, Instruments Of Terror, s.34*

bir bölümü uyuşturucu satıcılarına geçerken, bir bölümü de sınırdaki silah satıcılarının eline ulaştı. Tıpkı Nikaragua operasyonunda olduğu gibi, Afganistan'da da *"Amerikan güvenlik birimlerinin uyuşturucu ticaretiyle bağlantıları sonucu, CIA'nın mücahitlere büyük miktarlarda silah ve para sağladığı dönemde, Afganistan'da afyon üretimi ve ticaretinde de büyük artış"* olmuştu. Aslında, *"nerede silah ticaretinde artış olursa, orada uyuşturucu ticareti, terörizm ve diplomatlar, istihbaratçılar dâhil, devlet görevlileri arasında, karanlık ve uğursuz siyasal karmaşa içinde ilişkiler"* gelişmekteydi.[495]

"Suudiler gibi zengin Arap" yönetimlerinin ve *"Mısır ve Çin gibi Sovyet karşıtı"* devletlerin cömert yardımlarına karşın, mücahit ya da gerilla savaşının sürdürülebilmesi ve milyonlarca Afganlı ailenin gereksinimlerinin karşılanabilmesi için, en kestirme yol afyon üretimi olmuştur. Ne ki, her pis işte olduğu gibi, ipin ucu kaçmıştır. Amerikan NDCP (Ulusal Uyuşturucu Denetim Programı)'ye göre, 1990 ortalarında afyon üretiminde bir milyon Afganlının çalıştığı tahmin edilmekte ve dünya pazarındaki toplam afyon miktarının % 40'ının Afganistan kaynaklı olduğu ve bunun % 96'sının Taleban yönetimindeki bölgede yetiştirildiği belirtilmektedir.[496]

Terörizm uzmanı olarak tanınan Dr. Frank Barnaby'nin bir istihbarat görevlisinden aktardığı gibi *"Ne olup bittiği bilinmemekte ve uyuşturucu trafiği "durdurulamamaktadır."* ABD'li görevliye göre, kirli işleri önlemesi gereken kurum ve kişiler, yardımcı olmamaktadırlar.[497] Olamazlardı; çünkü uluslararası çıkarlarla kartel çıkarları; uyuşturucu parasının yıkanmasından, iletilmesinden büyük komisyonlar alan bankerlerin çıkarlarıyla dünya egemenliği stratejileri birleştiğinde, ne devletlerarası hukuk ne de adil barış ve güvenlik arayışı kalmaktadır. Uyuşturucu, silah kaçakçılığı, kirli para ortamında toplumsal erdeme yer yoktur.

Afganistan iç savaşında, Amerika'dan Avrupa'ya, Mısır'dan Çin'e, Pakistan'dan Afganistan'a uzanan silah kanalları, uyuşturucu ve kaçakçılık parasıyla yağlanıyordu. Başta Pakistan istihbaratını yöneten generaller olmak üzere birçok kişi, kanalları denetim altında tutarak zengin oldu. Ne ki bu ilişkiler içinde en çarpıcısı, mücahitlere doğu bloğu ülkesinin silahlarının iletilmesiydi: Amerikan Geo-Militech şirketi aracılığıyla Polonya'dan alınan "Kalashnikov AK-47" tüfekleri ve SA-7'ler, Afganistan'a yollandı.

Bu ilginç operasyonu ayarlayan kişi de, Washington'da ve Tayvan'da WACL (Dünya Anti-komünist Ligi)'nin Washington uzantısı olan CWF (Dünya Özgürlük Konseyi)'nin kurucusu, ünlü general John Singlaub

---

[495] Frank Barnaby, age, s.149
[496] *"Afghanistan Gold,"* The Middle East-Sept 1997'den aktaran John Jacob Nutter, Ph.D, The CIA's Black Ops; Covert Action, Foreign Policy and Democracy, s.184
[497] Barnaby, a.g.k., s.149.

idi. Geo-Miltech'in başındaki Barbara Studley ile Singlaub, Nikaragua *contra*'larına da aynı yöntemle silah sağlamışlardı.[498/499/500/501]

Brzezinski'nin parmağı: "Allah is the greatest!"

Silah ve uyuşturucu trafiği arasında, Amerikan halkı, belgesel haber filmleriyle 'Afgan hürriyet, adalet ve insan hakları davası' hakkında bilgilendirildi. Bu işin yönetimini, daha sonra NED'i de kuracak olan, CIA eskilerinden, yanlış bilgilendirme ve ayarlama ustası Walter Raymond Jr. üstlendi.[502/503]

Yanlı ve eksik bilgilendirme arasında bazen şaşırtıcı durumlar da ortaya çıktı. İlk parti 'stinger'ler mücahitlerin eline ulaşmadan, ABD televizyonu stinger kullanmakta olan mücahitleri gösteriyor ve onların zaferlerinden söz ediyordu. Aslında "stinger" kullananlar, mücahitleri eğitmek üzere CIA tarafından görevlendirilen eski askerlerdi. Muhalif kuvvetlerin Afganistan'da silahsız halkı sorgusuz sualsiz öldürmeleri, okulları yakmaları, uyuşturucu trafiğini yönetmeleri gibi ayrıntılar, göz boyama yayınlarının derinliklerinde kalmış ve mücahitler, birer 'kurtuluş savaşçısı' ya da 'demokrasi ve hürriyet kahramanı' olarak tanıtılmışlardı.[504]

---

[498] Geomiltech (GMT)'in merkezi Washington'da; şubesi Tel Aviv'dedir. GMT, İsrail, ABD ve CIA desteğiyle "hürriyet savaşçıları" için silah sağladı. Amerikan-İsrail şirketinin görünürdeki yöneticisi Barbara Studley, eski güzellik kraliçesi ve Miami "talk show" hostesidir. Şirketin başına daha sonra, ABD Savunma Bakanlığı uzmanı ve Başkanın Savunma Bürosu yönetmeni General Robert Schweitzer getirildi. Kendisine, "Yıldırım Mızrağı" diyen General John Singlaub ise, OSS ve CIA için örtülü operasyonlarda yer almış eski bir ustadır; Orta Amerika, Vietnam ve Kore'de çalışmıştır. (*Cockburn, s.232-233*) GMT, Ray Cline (CIA direktör vekili), Kor. John Singlaub (WACL Washington kurucusu) ve Barbara Studley aracılığıyla Nikaragua *contra*'ları için 5 milyon dolarlık silah sattı. Sonradan CSIS danışmanı olan Ray Cline, Kongrenin Iran-Contra komitesinde, GMT danışmanlığı için ödenen paranın kendi şirketi Sift Inc. hesabına yatırıldığını açıkladı. Sift Inc.'in ortakları: *contra*'lara kanal görevi yapan National Bank of Northern Virginia'nın YK Başkanı, damadı Stefan Halper idi. Halper, Iran-Contra (Iran-gate) yargılaması sonucunda hapse mahkûm olan Alb. Oliver (Ollie) North için savunma fonu oluşturmuştu. (*Peter Brewton, The mafia CIA and George Bush, s.174* ve *James A.Smith, The İdea Brokers, s.209*)

[499] SA-7: NATO kodu Grail. Sovyet yapımı, omuzdan atışlı, kızılötesi ışınlı, seri atışlı, kolay taşınabilen anti-hava füzesi. 1966'dan beri kullanılır. AK-47, AK-74 ve değişik modelleri var. Tasarımcı Kaleşnikov'un adıyla anılır. *Martin H. Greenberg, The Tom Clancy Companion, s.250.*

[500] Steve Galster, "Joint Senate Congressional Hearings on the Iran-Contra Affair, May 20, 1987" den alıntı. *CAQ-1988-30, s.59*

[501] John Prados, a.g.k. S.432

[502] Sklar, Washington War on Nikaragua, s.244.

[503] Raymond'un adı ABD içindeki komplolarda da geçer. Henry Kissinger'ın isteğiyle ABD'li ünlü muhalif Larouche'a karşı düzenlenen "KGB ajanı" kampanyasında yer almıştır. *Edward Spannaus, Secret Operation vs. Clinton Is Run by Olson-Starr Salon, EIR, March 12, 1998*

[504] "Stinger: ABD yapımı omuzdan atışlı, kızılötesi ışınlı, karadan havaya roket

USIA ve Boston Üniversitesi tarafından örgütlenen bu yaygın yönlendirme işine Afghan Media Project adı verildi. Bu işin başına, Nikaragua-*contra* operasyonunda deneyim kazanmış, Irangate operasyonun şefi Oliver North ile birlikte çalışan Doğu Alman sığınmacı Joachim Matre getirilmişti.

Matre, *contra*'lara yardıma muhalefet eden kongre üyelerinin ticari yaşamlarına saldıran televizyon programları yaptırtacak denli sıkı bir ayarlayıcıydı. Afganistan'la ilgili tüm yayınlar, Matre'nin elinden çıktı. "Afghan Media Project" kapsamında mücahitlere, televizyon, radyo ve gazete yayıncılığı öğretildi. Mücahit muhabirlerin her birine Afganistan'ı fotoğrafa geçirmeleri için mini kameralar verildi.[505]

Afganistan'da 'kutsal savaş' adıyla yürütülen savaşın uzun yıllar süreceğini de hesap eden operatörler, Afgan çocuklarının eğitimi için okul kitapları hazırladılar. Kutsal savaş düşüncesi pekiştirilen kitaplarda silah, mermi, asker resimleri, mayın çizimleri de yer alıyordu. Bu iş için milyonlarca dolar harcandı. Aynı yayınlar daha sonraları Taleban iktidarı döneminde emel eğitim kitabı olarak okullarda kullanıldı.[506]

ABD Kongresi bu işleri tasarlayacak ve eşgüdecek uzmanlar için 500.000 dolar ayırdı. Friends of Afghanistan (Afganistan Dostları) şirketi -şimdilerde bu tür şirketlere "think tank" deyip geçiyorlar- USIA tarafından kiralandı.

Şirkette çalışanlar ünlüydü: Başkan Carter'ın güvenlik danışmanlığını yapan ve Afgan savaşının planlayıcısı olarak bilinen Zbigniew Brzezinski, Amerikan dış siyaseti mimarlarından Lawrence Eagleburger ve 11 Eylül 2001 olayından sonra adını sıkça duyacak olduğumuz Colombia Üniversitesi'nden siyaset bilimi profesörü Zalmay Khalilzad...[507]

Brzezinski usta bir yönlendiriciydi. Afgan mücahitleriyle dağlarda görüşürken sağ işaret parmağını göğe kaldırıyor; "Kazanacaksınız!" diyor ve sesini yükseltiyordu: *"Allah is the greatest!"* Brzezinski'nin *"Allah"* demesiyle kendilerinden geçen mücahitler de onu otomatik tüfeklerini gökyüzüne boşaltarak selamlıyorlardı.

Friends of Afghanistan şirketi yönetim kurulu üyesi Khalilzad, Afganistan kökenliydi. Genç sayılabilecek yaşta (34), ABD Dışişleri'ne danışmanlık yapmaya başlamıştı. Hatta ABD Dışişlerince 1986'da Afganistan için düzenlenen özel eğitim seminerine katılmıştı. ABD Savunma

---

(SAM- Surface to Air Missile.) Hızı 1300 mil/saat, menzili 3 mil, ağırlık 33 lbs. 1981'den beri kullanılmakta; büyük miktarda ihraç edilmekte ve bu arada Afgan savaşçılarınca Sovyet helikopterlerine karşı etkin biçimde kullanılmaktadır. Kızılgözün geliştirilmesi ile hareket halindeki hedefleri vurabilmektedir." Greenberg, Tom Clancy Companion, s.341.

[505] Steve Galster, *"Colombia Journalism Review, May/June, 1987"* den.
[506] Washington Post, 23 March 2002 (A)'dan aktaran .tenc.net.
[507] Joan Mower, U.S. Provides $500.000 So Afghan Rebels Can Tell Their Story, *AP, September 16, 1985, Monday, PM cycle Section: Washington Dateline.*

Bakanı Caspar W. Weinberger, CIA Direktörü William Casey, Zbigniew Brzezinski, Savunma eski bakanı Donald Rumsfeld, James Schlesinger ile CFR yayın organı Foreign Affairs editörü ve CIA'nın Rusya eski uzmanı William Hyland de seminerdeydi.[508/509]

Brzezinski'nin dediği gibi "Washington da hazırlanan Afgan savaşı" sonradan iç savaşa dönüşüp, ABD eliyle yetiştirilmiş Taleban iktidarıyla sonuçlanırken, Khalilzad da Unocal petrol şirketinin danışmanı oldu. Şirket, 1985 yılında Türkmen gazını Afganistan üzerinden Pakistan'a iletecek olan boru hattının yapımı için oluşturulan yedi üyeli şirketler topluluğunun başını çekmişti. Ünü bununla da kalmayan Khalilzad, Irak operasyonunda Pentagon'a stratejik danışmanlık da yapmaktadır.[510/511]

Türkiye daha sonraları, Afgan operasyonunda görev alan kişilerden Morton Abramowitz'i Ankara'da ABD Büyükelçisi olarak tanıyacaktı. Abramowitz ABD'ye dönerek NED yönetimine girdi.[512]

Sonraki yıllarda, "sivil toplum örgütü" olarak adlandırılan IRI'nin yönetim kuruluna giren, Reagan demokrasisinin kuramcısı, Afgan mücahit hareketinin büyük destekçisi Jeane J. Kirkpatrick'in sözleriyle *"sağcı yönetimlerin demokrasiye geçmeleri olanaklıdır,"* ama *"komünist yönetimler"* için demokrasiye geçiş söz konusu bile değildir. Komünistlerin hakkından gelmek için *"silahlı muhalefete yardımcı olmak"* gerekir ve *"son çözümlemede, bu özgürlük düşmanları ancak Birleşik Devletler'in askersel gücüyle yıldırılabilirler."*[513]

Afganistan operasyonu da demokrasi eylemi kapsamında yürütülmüş olacak ki bu kirli savaşa akıtılan para, ABD'nin dönemsel müdahalelerde harcadığı paranın toplamından daha çok olmuştur. Bilinen resmi-sivil paranın yanı sıra, uyuşturucu trafiğine yol verilerek sağlanan kaynağın ucu bucağıysa belli değil.[514]

---

[508] 2001'de yeniden bakan oldu.
[509] *Washington Post, Feb. 5, 1986*'dan aktaran *Jared Israel, emperorsclothes1 e-mail 03 Temmuz 2002*
[510] UNOCAL halkla ilişkiler yöneticisi Barry Lane, 8.7.2002'de Jared Israel'le yaptığı görüşmede, Khalilzad'ın RAND Corporation benzeri Cambridge Energy Research Associates (CERA) için çalıştığını; danışmanlık yaptığını açıkladı. *Unocal Statement: Suspension of Activities related to proposed natural gas pipeline across Afghanistan, El Segundo, Calif., Aug. 21, 1998. unocal. com/uclnews/98news/082198;* article.
[511] Her ABD operasyonunda olduğu gibi, kimliği ve geçmişi dillere düşen Halilzade'nin adı Irak-Afgan işgalinden kısa süre sonra duyulmaz oldu. AD yönetimi onu perdenin önünden çekti. Daha sonra Bağdat'a Büyükelçi olarak atadı.
[512] ' *Müşterek dostumuz Kasım Gülek Bey vasıtasıyla gıyaben tanıyordum.*' diye anlatan Gülen, Abramowitz'e Ortadoğu ve Türkiye konusunda yazdığı kitap için yardım etme sözü vermiş." *Milliyet, 31 Ağustos 1997.*
[513] *The New Republic, May 19, 1986*
[514] Afgan uyuşturucu yolu üstündeki Türkiye'ye ulaştı. Kara yoluyla geçişlerde PKK, deniz yoluyla geçişlerde uyuşturucu mafyası vb.. En büyük narkotik operasyon ola-

Elde kalan; ABD tarafından yetiştirilen militanlarca yönetilen, GSMH'sının % 30'unu uyuşturucu ticaretinden elde eden, dünyanın dört bir yanına militanlar yollamış olan ve sonunda da parçalanarak işgal edilen bir ülke: Afganistan.

Afgan Mücahitleri, Cezayir, Bosna ve Balkanlar'a döndü

İşin aslına bakılırsa, "J. Jeane Kirkpatrick haklı çıkmıştır" denebilir. Afganistan devlet yönetimi, kutsal savaş mücahitlerince yıkıldı, Sovyet ordusu, "project democracy" operasyonu sonucunda oluşan "glasnos" ortamında Afganistan'dan ayrıldı. Kutsal savaşçılar, Afganistan'ı ele geçirdiler. Ne var ki, CIA denetiminde eğitilmiş olan Taleban örgütü, öteki mücahitlerin iktidarını savaşarak devirdi. Gelmiş geçmiş en koyu dinsel hukuklu yönetim kuruldu. Afganistan halkı savaştan kurtuldum derken, kör karanlığın içine düştü.

Devşirme militanların bir bölümü kendi ülkelerine döndü ve oralarda İslam devrimi eylemlerine başladılar. Geri kalanı, Doğu Avrupa operasyonlarında, Bosna, Arnavutluk ve Kosova'da "İslam'ın zaferi" için savaşa tutuştular. Mücahitlerin arkasında yer almış olan Suudi Arabistan ve ABD yönetimleri, kutsal savaşçıların UCK (Ushtria Clirimtare e Koseves - Kosova Kurtuluş Ordusu) örgütü saflarında sürdürdükleri savaşı da desteklediler. İslam savaşçılarının ardında ABD ile içlidışlı olmuş olan bir kişi daha vardı: Usame Bin Ladin!

Sonunda, kutsal savaşçıların saldırıları ABD'ye yöneldi. Suudi istihbaratçılarıyla içlidışlı olup, resmi olarak Arnavutluk'a uçan ve örgütlenmesini oralarda kökleştirenlerin kutsal vuruşları ABD'ye yönelince işlerin biçimi değişti. ABD eski ortağını avlamak için, 11 Eylül 2001 saldırısını gerekçe gösterip, dünya savaşı ilan etti ve avcılığa başladı. Eski ortak, Taleban destekçisi Usame Bin Ladin de yeni bir av oldu. Üstelik bu av partisinde, eski Sovyet devletleri de ABD'nin yanında yerlerini aldılar, dahası ABD uçaklarına üs alanları verdiler.[515]

Daha da ilginci, on beş yıl önce Sovyet silahlarını mücahitlerin eline verip Sovyet ordusunu vurduranlar, bu kez, kendi stinger silahlarıyla,

---

rak anımsanan Lucky S gemisi yükünü Pakistan açıklarındaki Astola adasından almıştı. Yüklemeyi 'Hacı' namlı bir Pakistanlının ekibi yapmıştı. Türk Deniz Kuvvetleri donanması, 7 Ocak 1993'te Girit-Rodos arsında gemiye el koydu. İstanbul Narkotik Şube ekipleri gemiye çıktı. Kısmetim-I gemisi ise, Karaşi ve Birleşik Arap Emirlikleri Ajman limanında yüklenmişti.. *(Ferhat Ünlü, Susurluk Gümrüğü, s.134-6 ve 114)* Hattın AB ucunda ise PKK elemanlarının bulunduğu mahkemelerde saptanmıştır. Bu konular A. Öcalan'ın İmralı davasında derinliğine görüşülmemiştir. *(İmralı'da Neler Oluyor? - APO, PKK ve Saklanan Gerçekler, İddialar İtirefalr Savunma Uyuşturucu, Yayına Hazırlayan: Ünal İnanç - Can Polat.)*

[515] 31 Temmuz 2002 itibariyle, New York saldırısını yapanlarla ilgili somut, maddi bir kanıt açıklanmış değil. Afganistan'a roketli, bombalı müdahaleden sonra Usame Bin Ladin de kayıplara karıştı. Bir ABD generaline göre bunun da bir önemi yok.

patlayıcılarıyla vurulmaktadır. Devletlerarası siyasetin bir çeşidi olan savaşın bile ilkesi vardır; ama o ilkeler yeni dünya düzenine uymuyor. Bu durum bir yönüyle Türk atasözüne uyuyor: "Etme bulma dünyası!" Ne ki, "Eski suç ortaklarından büyük olanı taşeronlarından ve küçük ortaklarından kurtulmak için gerekçeler yaratıyor" denmesi, durumu daha iyi açıklıyor.

Eski diktatörlerinden nasıl kurtuluyorlarsa eski terörist ortaklarından ve karanlık dostlarından da öyle kurtulacaklardır. Kirli işler ustalarına gelince; onlar şimdi demokrasi uzmanı olarak sivil ağın yöneticisi oldular. Ne olursa olsun, sonuçlar gösterdi ki IRI yöneticisi Jeane J. Kirkpatrick'in ve patronlarının umdukları gibi, sağcı yönetimler demokrasiye evrilmedi.

ABD'nin Taleban'ın arkasında durduğunu gören dünya, şaşkındı; ama aynı dünya, daha sonra ABD yönetimince "teröre destek veren devlet" statüsüne oturtulan Afganistan işgal edilirken o şaşkınlığını unutuverecekti. Demokrasi ve özgürlüğün güvencesi ABD'nin Taleban yönetimini desteklemesi yadırganmamalıydı; çünkü ABD için dünün dostu bugünün uluslararası teröristi olabilirdi. Din özgürlüğü, insan hakları ve terör raporlarına dayanarak uygulanan yaptırımlarda görülen ikiyüzlülüğün en temel nedeni, bu işlerin öncelikle ABD'nin ve kartellerin çıkarlarına, "ulusal güvenlik" kararlarına uygun olmasıydı.

Bu arada, ABD'nin ve Unocal şirketinin ünlü danışmanı Zalmay Khalilzad (Halilzade) ABD'nin Afganistan'a yerleşmesiyle birlikte, Afganistan'a yeni düzen vermek üzere ABD'nin resmi temsilcisi olarak Kâbil'e yerleşti. Unocal petrol şirketi de işleri 1998'de bırakmıştı. Khalilzad'ın Unocal danışmanı olarak görülmesinin nedenini açıklayan olmadı. Unocal'ın işleri bıraktığını bilmeyen Türkiye medyası konuyu hemen petrole bağlayıp petrolle bitirdi. Oysa işler, petrol ve dolarlı maaşla açıklanacak denli basit olmuyor; dünya egemenliği yolunda her adım eski adımı izliyordu.[516]

ABD açıklıyor: "Taleban ABD'ye düşman değildir."

ABD'nin tehdit sıralaması, kendi dünya egemenliğine uygun bir esneklik gösterir. ABD yönetimleri, arkalarındaki kartellerin çıkarları ve ülkelerindeki düzenin sürüp gitmesi uğruna, öyle köktenciydi, gericiydi demez ya da etiğe uygunluk derdine düşme; her tür ilişkiye giriverir. Bir örnek oluşturması bakımından, ABD Dışişleri Bakanlığı'nın 2000 yılı terör değerlendirmesine bakmakta yarar var. 1 Mayıs 2000'de ABD Dışişleri Bakanı Madeleine Albright, son terör raporunu açıklıyordu. Terör

---

[516] Günümüzde, güvenlik ve işbirliği alanlarına balıklama dalarken, işi hafife alarak, "Batı laiktir, dinsel gericiliğe karşıdır" ya da "Batı, çağdaşlığı ve yeniliği temsil eder" diyerek işin kolayına kaçmak ve bu işleri, terörizm genellemesi içinde dostlukla, müttefiklikle karıştırmak acı sonuçlara yol açmaktadır.

işlerinden sorumlu Bakan yardımcısı Michael Sheehan, *"Taleban ABD'ye düşman değildir. Taleban bana birçok kez ABD ile iyi ilişkiler istediğini söyledi ve ben onların samimiyetine inanıyorum"* diyerek, ABD seçmeciliğini gösteriyordu.[517] ABD'nin işine geldiğinde terör listesini değiştirmesi o denli şaşırtıcı değildir. Yakın geçmişten verilecek en iyi örnek ABD'nin Irak'a karşı tutumudur: ABD, Irak'ı Şubat 1982'de *"terörist devlet"* listesinden çıkarmıştı. 1989'a dek ABD dış ticaret kurumsal onayıyla Irak'a her tür teknik malzeme, silah, kimyasal ve biyolojik ürünler satmışlardı.[518] Aynı ABD, Irak'ı Kuveyt'e girmeye özendirdi ve ardından saldırgan, terörist devlet olarak ilan etti. Amerika'dan Irak'a biyo-kimyasal madde gönderilmesinin ardından aylar geçmeden, Irak'ın Kuzeyi ile Güneyi'ni işgal edildi. "Terörizmi destekleyen devletler" listesine girmek ya da çıkmak bu denli basit bir işlemdir; ABD'nin çıkarlarına göre listeye bugün girer, yarın çıkarsınız.[519]

ABD yetkilisinin, terör listesinde 'Türkiye Hizbullahı'na yer verilmemesinin nedeni sorulunca verdiği yanıt, ikiyüzlülüğün boyutunu sergiliyordu. ABD yetkilisi, yabancı terör örgütü tanımlamasında birçok kıstasın bulunduğunu, listenin, çözümlemecilerin ve hukukçuların incelemelerine dayanılarak hazırlandığını belirtmekle yetiniyordu. Birçok ülke yönetimini, bin bir dereden su getirerek köşeye sıkıştırmayı beceren ABD yönetimi, kanlı örgütlerin bazılarını işte böyle görmezden gelebiliyordu.[520]

Oyunun tümünü bilenler için bundan daha olağan bir şey olamaz. ABD'nin Türkiye'deki görevli grubu da görevine uygun olarak; imam hatiplerin desteklenmesi; TCK 312. maddesinin değiştirilmesi; PKK'nin siyasal ortama çekilerek, terör listesinden bir an önce çıkartılmasıyla uğraşmaktaydı.[521] Türkiye hakkında yazılan insan hakları ve din hürriyeti raporlarına bakmak yeterlidir. Bir başka devletin, 'stratejik ortak' olarak da olsa, terör ya da din raporu hazırlamasına diyecek fazla bir şey yoktur,

---

[517] Secretary of State Madeleine K. Albright and Michael Sheehan, Counter-Terrorism Coordinator, On-the-Record on the 1999 Annual "Patterns of Global Terrorism" Report, Washington DC, May 1, 2001, As *Released by the Office of the Spokeman US Department of State.*

[518] The Riegle Report: US Chemical and Biological Warfare - Related Dual Use Exports to Iraq and their Possible Impact on the Health Consequences of the Gulf War, A Report of Chairman Donald W. Riegle, Jr. and Ranking Member Alfonse M. D'Amato of the Committee on Banking, Housing and Urban Affairs with Respect to Export Administration, United States Senate,103d Congress, 2d Session, May 25, 1994, *www.gulfweb.org \bigdoc \report\riegle1.html* (Vietnam Veterans Web Site)

[519] John Jacob Nutter, a.g.k. s.68

[520] *Washington, DC, May 1, 2000, Released by the Office of the Spokesman U.S. Department of State*

[521] ABD, bir örgütün o yıldaki eylemlerine bakarak listeyi yeniliyor. Son iki yıldır raporlarda PKK eylemlerinin azaldığı vurgulanıyor; "Bu yıl öğretmen öldürülmedi" gibi tümcelere yer veriliyor. PKK, yakında bu listeden çıkarılacaktır.

sonucuna varanlar da çıkabilir. Ne ki T.C. yöneticilerinin bu raporlarla ilgili olarak yalnızca iyileştirme çalışmaları yapmakla yetiniyorlar. Yayılmacı devletlerin siyasetlerinin insanlığın esenliğini gözettiğinden kuşku duymayan yöneticiler bir gözlerini kapatarak uyumluluk gösteriyorlar. Üstünde durulması gereken asıl sorun budur.

Islamic Turkish Daily'nin elemanı

Yukarıda sözü edilen"terörist" liste açıklamalarından bir hafta önce, ABD Dışişleri Bakanlığı Uluslararası Din Hürriyeti Bürosu'nun 2000 yılı raporunun açıklandığı basın toplantısında, kendisini "Islamic Turkish Daily (İslamcı Türkiye Günlüğü)" muhabiri olarak tanıtan ve adı açıklanmayan bir eleman, yorumuyla birlikte şöyle soruyordu:

"Türkiye'de McCarthy taktikleriyle Müslüman dinsel gruplara, cemaatlere ve bireylere karşı bir cadı avı sürdürülmektedir. Gerçekleri rapor etmenin ötesinde bu konuda herhangi bir girişiminiz var mı? Ve bu durum, Türk-Amerikan görüşmelerinde konu edilecek mi?"

Büro sorumlusu Robert Seiple, bu işleri Türkiye yönetimiyle görüştüklerini ve Türk hükümetinin bir önceki yıl (1999) önemli iyileştirmeler yaptığını belirtiyordu.[522]

Türkiye Cumhuriyeti yönetiminin bu tür ikili görüşmeleri hiç irdelemeden peşine takıldıkları "yönetişim" ilkesine ve Kopenhag kıstaslarına uyarak Türkiye'yi bilgilendirme sorumluluklarını anımsamaları hâlâ beklenmektedir. T.C. yetkilileri susarlarken, Harold Hongju Koh daha açık davranıyor ve Zaman gazetesinin Washington'daki elemanına *"Türkiye laiklikle dini dengelemelidir"* diyordu. Anlaşılacağı üzere Abant toplantıları boşa geçmemişti.[523]

Seiple'a soruyu yönelten Islamic Daily'nin elemanı (yayının ve elemanın kimliği belli değil) Türkiye'ye yaptırım uygulanmasını istiyordu. Soru ve yanıttaki uyumluluğa özen gösterilirse; Afganlı annenin çığlığına kulak tıkayanlardan, sığınmacı sorunlarını uluslararası alanlara taşımaları beklenemez.

Aynı çevrelerden, dünyanın duyarlılığını bölgesel çözümler üstüne yöneltecek, insanlığın esenliğine ve bölgesel barışa özen gösterecek bir tutum almaları da beklenemez. Siyasal aşırı isteklerini şu ya da bu insancıl sloganlarla örterek, ABD'nin sivil toplumculuk ipine sımsıkı yapışmış örgütlerden, Türk hükümetini Afganlı annenin çığlığına olumlu bir yanıt vermeye çağırmaları da beklenemezdi.

---

[522] *Released by U.S Department of State, September 5, 2000.*
[523] Koh'un açıklamasına benzer sayısız açıklamaya kulak tıkayan Türkiye, Colin Powell'ın "Türkiye İslam cumhuriyetidir" deyince çalkalandı. Aynı günde, Kıbrıs'ın kaderini belirleyen İsviçre görüşmeleri sona ermiş ve Türkiye çalkalanıyordu. Bu açıklama üzerine Türkiye Kıbrıs'a dönen Mehmet Ali Talat hükümetinin teslimiyetçi tutumunu, T.C yöneticilerinin Annan planını iyi bulan açıklamalarını unuttu.

Çığlığı duymayanlar, çok değil iki yıl sonra, 11 Eylül 2002 yıkımını gerekçe göstererek Taleban'ı düşman ilan eden ABD'ye bakarak, koroya katılma hünerini gösterdiler. Gerçeği araştırmak yerine, önlerine konulanı evirip çevirip yazanların aklına, 'Afganistan' deyince, 'yeşil kuşak' geliyor. Afganistan iç savaşından önce kutsal savaşçıları örgütleyen, Taleban'ı yetiştirip ellerine silah tutuşturan kirli işler ustaları ve aşırı tutucuların örgütü Heritage Vakfı, CIA'nın yanlış bilgilendirme odağı Freedom House ve NED'e bağlı çalışan -yerine göre sivil, yerine göre "think tank" denilen- çekirdek örgüt IRI asıl kuşatmayı gerçekleştirdiler.

Türkiye'de öncelikle TESEV, TDV ve ARI ile içli dışlı olan ABD Cumhuriyetçi Partisi'nin uzantısı IRI'yi yönetenlerin deneylerine ve örgüt bağlarına baktıkça; Türkiye'deki sivil hareketi ve otobüsün camından göğü yırtarcasına çığlık atan acılı anneyi birlikte anımsamak gerekiyor.

IRI'nin iyi adamları ve Misyoner İncilciler

IRI örgütünün deneyimli ve iyi adamlarının geçmişi, aşırı tutucu, eski Nazilerin kollayıcısı, Cumhuriyetçi Parti'nin en büyük destekçisi Heritage Vakfı, Conservative Caucus, CFW (Hür Dünya Komitesi), CDM (Demokratik Çoğunluk Koalisyonu), CPD (Şimdiki Tehlike Komitesi) gibi tutucu odaklara bağlanıyor.

Ayrıca AEI ve CSIS gibi devlete ve kartellere hizmet eden yarı gizli-güvenli örgütler, 'Radio Free' ya da 'Radio Liberty', 'Freedom House' gibi CIA propaganda aygıtları; Heritage Vakfının şemsiyesi altında yer alan PRODEMCA, Nicaraguan Freedom Fund, ARC (Afghanistan Relief Committee - Afganistan Yardım Komitesi) gibi üçüncü ülkelere karşı -silahlı girişimlere koşut olarak- uygulanan operasyon örgütlerine bağlanıyor.

IRI yönetici ve danışmanlarının ilişkileri ayrıca İsrail destekçisi kuruluşlara ve genellikle MOSSAD ilişkili örgütlere uzanıyor: RJC (Cumhuriyetçi Yahudi Komitesi), B'nai B'rith ADL, WINEP, NJC (Ulusal Yahudi Koalisyonu), JINSA vb. IRI'nin doğrudan bağlantılarında başkaca güçlü odaklar da var: YWAM, tarikat-ticaret örgütü Unification Church (Moon tarikatı) ASC (Amerikan Güvenlik Konseyi), CIA, NSC (Ulusal Güvenlik Komitesi), CFR, resmi ya da yarı resmi güvenlik, istihbarat ve yönlendirme kurumları, Dışişleri, Harp Okulu, enerji kartelleri, bankerler, Reagan'ın demokrasi çekirdeği...

IRI örgütü, örtülü işgale hazırlanan tüm ülkelerde etkinliğini sürdürüyor. NDI örgütüyle aralarında doğrudan ilişki yokmuş; görüş ayrılıkları derindeymiş gibi görünse ya da öyle gösterilse de, sözde sivil örgütler, yerli sivil ağ ile eşzamanlı olarak ya da eylem aşamasına göre sırayla ilişkiye geçiyorlar.

Her iki örgüt de NED aracılığıyla ABD hazinesinden aldıkları paraları örümcek ağına akıtarak projeler hazırlıyorlar.

IRI'nin Türkiye'de en yoğun işbirliği yaptığı örgüt TESEV'dir. Atölye işleri geliştikçe, yeni ilişkiler de oluşturuldu. ANAP'a yakın TDV ile çalıştılar. İzleyen yıllarda IRI'nin raporlarında adı gizlenen bir "*aktif grup*" ile gençliği örgütlediler.

T.C. Anayasasını değiştirme, gençliği örgütleme, yerel yönetim bağımsızlığını yerleştirme, siyasal ahlak programları, siyasal parti kadrolarını eğiterek seçmen örgütleme, etnik uzlaşma ve kültürel canlandırma görüntüsü altında kimlik uyandırma gibi, uzun dönemli projeleri, eleman, para, devlet desteğiyle yürüten IRI, etnik ayrımcılık ihracatında başarılıdır. IRI'yi yöneten kilit kişiler, örgütleri örgütlere, geçmiş operasyonları geleceğe bağlamaktadırlar.*

Edwin J. Feulner: Heritage (YK üyesi),[524] CFW (YK üyesi), Mont Pelerin Society (2. Başkan), CNP (Milli Politika Konseyi mütevelli heyeti üyesi), Reagan'ın İç Politika Danışmanı, IMF ve Dünya Bankası Konferansları ABD delegesi. [525/ 526/ 527]

John McCain: US Navy (Deniz subayı, Vietnam'da savaştı, esir düştü), Temsilciler Meclisi (üye, 1982-86), Senato (1986-1992), Dole ve Kemp'in 1996 Başkanlık Kampanyası Güvenlik Danışmanı, 2008 seçimlerinde başkan adayı.[528]

Tuğ. Michael V. Kostiw: CIA (Vietnam), CA (Amerikan Konseyi YK üyesi), Foreign Services Association (Dışişleri Görevlileri Derneği üye), Shell (YK üyesi), Texaco yönetmeni, İhtiyat Subayları Birliği üyesi ve IRI YK 2. Başkanı.

---

* Listenin tümü (2002) eklerdedir.
[524] Heritage Foundation: 1973 yılında Colorado Bira baronu olarak tanınan Joseph Coors ve Yeni Sağın eylemcilerinden Paul Weyrich tarafından kuruldu. J. Coors, başlangıç olarak 250.000 dolar verdi. Aşırı tutucu ideologlardan Richard Scaife yılın sonunda kurucalara katıldı. Vakıf, Reagan'ın iktidara gelmesiyle gücünü artırdı. Heritage ile devlet hep içli dışlıdır. Reagan döneminde Heritage ile devlet arasında gidip gelen elemanların sayısı yüzlerle ifade edilir. (*John Saloma III, Ominous Politic, The New Conservative Labyrinth, N.Y Hill and Wang, 1984*)
[525] CFW (Committee for The Free World): Soğuk savaş döneminin sertlik yanlısı örgütüdür. Silahların azaltılmasına, sosyalist ülkelerle ilişki kurulmasına karşı çıkan örgüt; işi Amerika ve Sovyet Barolarının görüşme yapmasını engellemeye dek götürmüştür. 1988'de Nikaragua'da ateşkese karşı çıkmış, Contra'ların sonuna dek desteklenmesini istemiştir. 1982'de Polonya Dayanışma hareketine destek vermeye başlayan ve yoğun bir yanlış bilgilendirme eylemi sürdüren CFW' nin üst düzey yöneticileri Reagan Demokratları ekibinde de yer almışlardır.
[526] Feulner, devletle ilişkilerini sürdürmekte ve "özellikle diplomasi ve uluslararası iletişim, dış politika ve uluslararası ekonomik politika" konularında etkindir. Feulner, sık sık bu konularda Senato komisyonlarına açıklamalarda bulunmaktadır. *İri.org, 2001*)
[527] *CAQ, 16-29, 18-63, 48-50-1, 63-7.*
[528] "McCain, 'Time Magazine' tarafından ABD'de en etkili 25 adamdan biri olarak seçildi. *www.iri.org*

Lawrence S. Eagleburger (tuğ.): Dışişleri (Tegucigalpa, Honduras 1957), CIA (İstihbarat Bürosu- Küba Siyasal Analizci, Mexico City, Belgrad 2. sekreter, Op. Agent), NSC (Ulusal Güvenlik Komitesi, 1966-1967), Henry Kissinger'ın Asistanlığı (1968), NATO (Siyasal Şef, 1969), Savunma Bakan Yardımcısı (1971), Başkanın Uluslararası Güvenlik Operasyonundan Sorumlu Asistanı, Dışişleri Bakan Yardımcısı (1975), Büyükelçi (Yugoslavya, 1977-1981; El Salvador,1981-1982), Kissinger Associates (Başkan), Friends of Afghanistan (1986-1989 YK üyesi), Dışişleri Bakan Yardımcısı (1989), Phillips Petroleum Co. (YK üyesi), Universal Corp. (YK üyesi), Jefferson Bankshares (YK üyesi), Institute for Defense Analysis (Savunma Enstitüsü Analizcileri YK üyesi)[529/530/531/532]

Eagleburger'ın büyükelçiliği döneminde Salvador'da Hıristiyan demokrat cunta işbaşındaydı. Muhalefet liderleri sokaklarda öldürülmüş olarak bulunuyor; ABD tarafından yetiştirilmiş olan, "Ölüm Taburlarının Babası" Roberto D'Aubisson, yaygın adıyla, Major Bob'un komutası altında ölüm timleri kol geziyordu. Reagan yönetimi 23 Şubat 1981'de *White Paper* (Beyaz Sayfa) adıyla 8 sayfalık bir rapor hazırlattı. Sahte olduğu sonradan anlaşılan belgelerle Salvador'a, Vietnam'dan, Habeşistan'dan ve Küba'dan, Nikaragua kanalıyla silah taşındığı kanıtlanmaya çalışıldı. Oysa Salvador Halk Cephesi, Amerikan silahları kullanmakta ve bunları Panama ve Kosta Rika'daki karaborsadan satın almaktaydı.

Eagleburger'ın Avrupalıları Salvador'da bir komünist müdahale olacağına inandırmak için, Avrupa'ya götürdüğü rapora esas oluşturan İspanyolca belgelerin düzmece olduğu ortaya çıktı.[533/534]

Eagleburger, yasadışı işler çevirdiği Fransız mahkemelerinde karara bağlanmış olan George Soros'un da yakın arkadaşıdır. Eagleburger'ın bir dönem başkanlığını yaptığı 'Kissinger Associates' firmasının yönetim kurulu üyelerinden, İngiltere eski Dışişleri Bakanı Lord Carrington'un Balkanlarda yaptığı telkinlerin sonunda Sırpların Hırvatistan ve Bosna'ya saldırmaları, ilişkilere ilginç bir boyut katmaktadır.[535]

---

[529] Hırvatistanlı ve Sırp kökenli.
[530] Julius Mader, a.g.k s. 151
[531] Eagleburger, Bush'un gizli komitesi (40'lar Komitesi) olarak adlandırılan *"Restricted Inter-Agency Group (RIG) / Kurumlararası Sınırlı Grup"*ta yer almaktaydı. Bu tür kurumlaşmayı Özal da oluşturmaya çalışmıştı.
[532] Henry Kissinger tarafından uluslararası şirketlere stratejik danışmanlık yapmak üzere 1982'de kuruldu. Stratejik danışmanlıktan amaç, özellikle İsrail'in ABD ile ilişkilerini kolaylaştırmaktır. Eagleburger şirket başkanıyken 1989'da 900.000 dolar almaktaydı. *Jane Hunter, a.g.y s.26.* Hunter, Israeli Foreign Affairs dergisinin editörüdür. *CAQ, 1990-33.*
[533] *John Jacob Nutter, a.g.k s.85*
[534] *Steward Klepper, "The United States In El Salvador," CAQ 1981-12, s.9-10*
[535] Eagleburger, Irak işgalinde ABD yönetimini daha sert hareket etmeye çağıracak

Robert Gerald Livingston: US Army MIS (Military Intelligence Service, 1946-1952), Yugoslavya (1953-1956), Dışişleri (CIA görevlisi, 1956; Operational Agent: Salzburg, Hamburg, Belgrad, Batı Berlin'de siyasal memur), Cumhuriyetçi Parti Kongre Komitesi 2. Başkanı.[536]

Frank J. Fahrenkopf Jr.: NED (Kurucu 2. Bşk, 1983-1993), Cumhuriyetçi Parti Grup Başkanı (Reagan dönemi, 1980-1989), Amerikan Barolar Birliği Kumar Hukuku Komitesi Başkanı. IDU (Uluslararası Demokratlar Birliği) 2. Başkanı, CNPC (Ulusal Siyaset Konvansiyonu Komisyonu) Başkanı, E.L. Wiegand Vakfı yönetim kurulu üyesi.[537/538/539]

Cheryl F. Halpern: RFE/RL Yönetmeni, VOA, Radio T.V. Marti, Worldnet, Radio Free Asia, Radio Free Iran, Radio Free Iraq denetçisi, WINEP (YK üyesi), CPP B'nai B'rith (YK üyesi), Pekin Kadın Hakları Konferansı'nda ABD delegesi (1995), NJC (Ulusal Yahudi Komitesi, YK üyesi).[540/541]

Cheryl F. Halpern'in etkinlikleri, yerel petrol ve gaz şirketlerinin çıkarlarını kapsamaktadır. Demokrat iken, 1986'da partisinin aşırı sola kaydığını ileri sürerek Cumhuriyetçilere katıldı.

Yahudi örgütlenmesinin amaçlarına uygun davranan Halpern, Haziran 1997'de, NJC'yi harekete geçirerek Filistinlilere yardımın önlenmesi için çalıştı. Suriye'ye uygulanan ambargonun sürdürülmesi için yoğun çaba göstererek İsrail'e destek sağladı.[542]

Jeane J. Kirkpatrick: NSC (1981-1985), BM'de temsilci, PFIAB (Başkanlık Dış İstihbarat Danışma Kurulu, 1985-1990), AEI üyesi, CFR yönetmeni (1987-88), NFF (Nicaraguan Freedom Fund) yöneticisi, ARC

---

denli militarist olduğunu göstermekten çekinmemiştir. CNN TV, 17-11-2003.

[536] Almanya, 1927 doğumlu Sırp-Hırvat asıllıdır.

[537] Fahrenkopf, 1989'da seçim gözleme bahanesiyle Nikaragua'ya gönderilen ve seçimde taraf olan "ekip"te yer almıştır.

[538] IDU: Muhafazakâr Partiler Birliği... Üyeleri, ABD, İngiltere, Fransa, Almanya, Kanada, Japonya, Avustralya ve daha 20 ülkeden partiler.

[539] Örgüt CfD (Center for Democracy) tarafından finanse edilir.

[540] RFE/RL: 1949'da Free Europe Committee olarak kuruldu. Kömite üyeleri: Allen Welsh Dulles (CIA kurucusu), Joseph Clark Grew (Büyükelçi, Türkiye, 1927-1932), D. C. Pale (OSS üyesi), Lawrence Gianni (Bank of America), Gen. Dwight Eisenhower, AFL-CIO temsilcileri. Propagandacılar arasında, 1968 Baharının filozofu Herbert Marcuse da bulunuyordu. 1950'de Radio Free Europe yayını başlatıldı. Bütçesi: 10 milyon dolardı. Para kaynağı: American Sulphur Corporation, Buffola Rochester to Pittsburgh Railroad Co., Clark McAdams Clifford (National Bank Yönetmeni), C. Rodnay (Pan-Am), C.D. Jackson (Time and Life), Henry Ford II (General Motors), Chrysler, Rockefeller. *Halid Özkul, Gizli Ordular CIA, s.83-4*

[541] ABD delegesi Laila Al Marayati konuşmasında, Türkiye'de Müslümanların ve öteki din gruplarının baskı altında olduklarını belirtti. Hillary Clinton, heyet başkanıydı.

[542] *1997 New Jersey Jewish News*'den aktaran *Elaine B. Kahn, New Jersey Jewish News – MetroWest, Sept. 15, 1997*

yönetmeni, CSIS görevlisi, CNPC (Ulusal Siyaset Konseyi) üyesi ve IRI yönetim ve danışma kurulu üyesi.[543/544/545]

Jeane J. Kirkpatrick, BM görevindeyken üçüncü ülkelerle yeni ilişkiler kurdu. Dünyanın güneyinde, ABD çıkarlarını korumak üzere, NATO eşdeğerinde SATO (South Atlantic Treaty Org.) kurmak için Güney Afrika ve Güney Amerika diktatörleriyle ilişkiye geçti. 15 Mart 1981'de Güney Afrika'da beş ülkenin askeri istihbaratçılarıyla bir toplantı yaptı. Toplantıya Tuğ. P. W. Van Der Westhuizen ve ASC üyeleri de katıldı.

Kirkpatrick, 'Reagan Demokrasisi'nin en önemli kuramcısıdır. Bu kuram, ABD'den yana diktatörlükler ile ABD'ye karşı olan teröristler üzerine kurgulanmıştır.

Kirkpatrick, 1985'te özgürlük madalyası, 1992'de Savunma Özel Hizmet madalyası, Commonwealth Fund ödülü, Dış Ülkelerde Savaşanlar altın madalyası, Boston Dünya İşleri Birliği Christian A. Herter ödülü, American Council on Foreign Policy ödülü, Yahudi örgütü ADL of B'nai B'rith'ten onur ödülü, Kudüs Savunucuları Ödülü ve 'İsrail 50. Yıl Zion Dostluk Ödülü' almıştır.

Jeane Kirkpatrick'in eşi Evron Maurice Kirkpatrick ABD'nin CIA'den önceki askeri istihbarat ve operasyon örgütü OSS'nin araştırma ve değerlendirme bölümünde (1945), Dışişleri Bakanlığı İstihbarat ve Araştırma Bürosu'nda yönetmen yardımcılığı (1946), İstihbarat Program Danışmanlığı (1947), Dışişleri İstihbarat Bürosu Yönetmen Vekilliği (1954), Politika Araştırma ve Operasyon Yönetmenliği, Washington OpA (Operasyon Ajanı - 1955) görevlerinde bulunmuştu.[546]

IRI yöneticisi ve sonra başdanışmanı olan J. William Middendorf'un ilişkileri çok boyutludur: CC (Muhafazakârlar Birliği) Başkanlık Konseyi üyesi (1990), YWAM (Misyon Sahibi Gençlik) destekçisi, ASC 2. Başkanı, Heritage yönetim kurulu üyesi, CSIS danışma kurulu üyesi, 1980 CIA Devir Komitesi Başkanı, Denizcilik Bakanı (eski), Deniz Harp Okulu Vakfı mütevelli heyeti üyesi, First American Bank of Virginia yönetmeni, ABD Deniz Enstitüsü yönetim kurulu üyesi, Reagan Uluslararası Ekonomi ve Denizcilik Danışma Komitesi üyesi (1980), Bush'un

---

[543] NFF (Nicaragua Freedom Fund): Mayıs 1985'te Sun Myung Moon tarafından satın alınan The Washington Times gazetesi şef editörü Robert Borchgrave tarafından kuruldu. ABD kongresi Nikaragua kontralarına yardımı reddetmişti. Fonun başkanlığına eski Hazine Bakanı milyoner William E. Simon getirildi.
[544] ARC: Londra ISS (International Institute for Strategic Studies) üyesi Robert Naumann ve Mary Ann Dubs tarafından kuruldu. ABD'nin Afganistan'a yönelik CIA kanal örgütlerinden biridir. Bkz. Ekler.
[545] Sağ kanadın gizli politika üretim merkezi.
[546] E. M. Kirkpatrick, II. Dünya savaşının izleyen günlerde, Nazileri ABD'ye taşıma operasyonunda, Dulles'a yardımcı oldu. 1952'de ABD'de yürütülecek psikolojik savaş proje toplantılarına katıldı. *Richard Hatch and Sara Diamond, Operation Peace Institute, Z Magazine, July/Aug 1990.* .

Başkanlık Askeri Danışma Komitesi üyesi (1988), The Leadership Institute (Liderlik Enstitüsü) danışma kurulu üyesi.[547]

ABD'nin en hareketli, en etkili ve çok yönlü kişilerinden olan Middendorf, Reagan başkan olunca CIA'yı devir alma komitesinin başına geçti. Komite CIA'nın iki bölüme ayrılmasını planladı. Birinci bölüm, gizli operasyonlarla ilgilenecek ve Sovyetlere karşı gizli savaş başlatacak; elçiliklerde resmi görevli olarak görünen ajanların 'sivil' kimliklerle çalışmalarına olanak sağlayacaktı. İkinci bölümse istihbarat değerlendirmesiyle ilgilenecekti. Middendorf, bir 'süper-büro' kurulamasını ve bu büronun CIA ile FBI'nin karşı casusluk işlerini birlikte üstlenmesini; yani daha güçlü bir merkezi üst istihbarat kurulmasını önerdi.[548]

Middendorf'un yakın ilişki içinde olduğu YWAM, bir İncilci misyonerlik örgütü olarak 1960'ta, Loren Cunningham tarafından kuruldu. Örgütün uluslararası merkezi Havai'nin Kailua-Kona kentindedir. Hong Kong merkezinden Asya ülkelerine misyonerler yollar. Lozan'da ve 49 ülkede eğitim merkezi kuruldu. Yardım örgütü görüntüsüyle çalışırken ABD yararına dinsel eğitim örgütledi. Eylemlerini, YWAM önderlerinin hazırladığı Christian Magna Carta (İncilci Belge)'ya göre gerçekleştirir.
[549 / 550 / 551]

'Amerikan Demokrasisi' ilkesini anlamak için Guatemala diktatörü ile kurulan ilişkilerin sonucuna bakılmalı: Diktatör E. Rios Mont, OAS Büyükelçisi Middendorf'la 1982'de Amerika'da görüştü. Hıristiyan misyoner örgütleri Orta Amerika'da önemli etkinliklerde bulundular. Diktatörlerin ordularını yerinde eğittiler ve onları Tanrı adına savaştıklarına inandırmaya çalıştılar. Guetamala'da demokratik seçimlerle göreve gelen hükümetin 1954'te CIA destekli bir darbeyle yıkılmasından sonra uygulanan şiddet sonucunda 200.000 kişi öldürüldü. ABD destekli diktatör

---

[547] ASC'yi 1955'te (e) Gen. Robert Wood (Sears, Roebuck & Co. Bşk.) ve Robert R. McCormick (Chicago Tribune) kurdu. Başlangıçta Motorola Corp. ve Marshall Field and Company para verdiler. *(John Saloma III, Ominous Politics, NY: Farrar, Straus and Giroux, 1984)* Bağışçılar: Sears, General Dynamics, General Electric, Lockheed, Boeing, McDonnell - Douglas
[548] *Bob Woodward, Peçe: CIA ve Gizli Savaşları (1981-1987), s.45.*
[549] Michael O'Brien, The Christian Underground (Hıristiyan Yeraltı). Örgütün yayını *World Christianity, Jan. 1996, ss. 19'dan CAQ, 1987-27, s.35.*
[550] "Hearts & Hands to Help!," YWAM brochure, tarihsiz" den *Int.Hemispheric Inf.Source*
[551] YWAM, 100 ülkede yerleşik 7000'e yakın misyoneriyle çalışmaktadır. Ayrıca 30.000'e yakın gönüllü de çalışmalara katılmaktadır. 1985'e dek, 1741 misyoner alan çalışması yapmıştır. Amerika'da 30 merkeze sahip olan YWAM, 64 ülkede yoğun etkinlik göstermektedir. Bir sızma örgütü olarak YWAM'ın en en etkin olduğu bölge Orta ve Güney Amerika olmuştur. YWAM' ın etkin olduğu ülkelerin başlıcaları: American Samoa, Greenland, Namibia, New Caledonia, Papua New Guinea, Saipan, Samoa, İskoçya, Solomon Adaları, Kuzey Afrika, Tonga, Tayvan *(YWAM Information Packet, received Feb 5, 1991)*

Efrain Rios Mont'un iktidarı döneminde CIA tarafından eğitilen 'Ölüm Çeteleri' 7000 yerliyi palalarıyla kesip biçtiler.[552/553]

Bazılarının karanlık ilişkilerine değindiğimiz demokrasi ihracatçısı IRI'nin bir avuç seçkini, operasyonun son dönemindeki dış görünümleriyle karşımıza temiz kişiler olarak çıkmaktalar. Bu son derece olağan karşılanmalı; çünkü açıkta gezinenlerin kirleri kolay kolay görünmez. Ne ki, yıllar geçtikçe eski dönemin deneyimli operatörleriyle yeni dönemin örgütçülerinin buluştuğu yönetimler oluşuyor. CDM, CfD, APRI, AFL-CIO, gibi eski dönemin yarı örtülü örgütlerindeki yöneticilerin yerlerini, yarı-resmi ajanlar, vakıfçılar ve *'kanaat önderi'* denilen propagandacılar alıyor.

Bu durum yanıltıcı olmamalı. İster 'sivil' ister 'Non Governmental' hiçbir siyasal ya da ticari örgütlenme ABD Milli Güvenlik Komitesi kararlarını gözetmeden gerçekleştirilemez. ABD'nin bırakalım askeri güvenliğine, ticari çıkarlarına gelebilecek en küçük zararın karşılığı yine ABD başkanının dediği gibi, yarı örtülü operasyonla verilir. "Demokrasi" ve "özgürlük" losyonuyla temizlenmiş görünen eski kirli ellerin, yarın hangi işi tetikleyeceğini anlamak için son on yılın Doğu Avrupa, Ortadoğu, Afrika çatışmalarına yeniden bakmak gerekir.

Türkiye'de gençliği örgütleyen, partilere kadro yetiştiren, 'yerel yönetimleri güçlendirme' adı altında merkezi devletin dağıtılması çalışmalarını destekleyen; devletin ve toplumun ahlaksızlığa, yolsuzluğa battığını kanıtlama etkinliklerini yöneten IRI, resmi bir örgüttür.

---

[552] Edward S. Herman, The Real Terror Network; Terrorism in Fact and Propaganda, s.116, 206, 219

[553] 1980'de Maya köyünde insanların sıraya dizilip birer birer öldürülmesine, genç kızların ırzlarına geçilmesine ve çocukların başlarının kesilmesine tanık olan Pasqual Hernandez, zamanın askeri diktatörü, şimdinin kongre başkanı Efrain Rios Montt ve adamları hakkında soykırım davası açtı. *Catherine Elton, "Guatemalan massacre survivors seek former president's trial" CS Monitor 14 June 2001.*

CIA
ve
Akademik Dünyada Elemanlaştırma

> *"Parayı veren: NED Bağış Alıcı: Freedom House Alt Bağış Alıcı: Erbil Üniversitesi Proje: Federal belgeler de dâhil, demokrasi sorunları, tercüme ve demokrasiyle ilgili temel işlerle ilgili olarak bir Kuzey Irak'taki Erbil Üniversitesi'ne bağlı olarak halk siyasal enstitüsü kurmak ve Kürtlere yasama ve kişi haklarını koruyacak bir anayasa oluşturma konusunda öneriler yapmak üzere üç anayasacı öğretim üyesinin gezisini desteklemek."* NED Democracy Projects Database.

ABD yönetimleri skandallarıyla ünlüdür. Vietnam savaşındaki operasyonların kirli yüzünün ortaya çıkmasının ve muhaliflerin siyasal bürolarının CIA katkısıyla dinlenmesi olayı ile ilgili *Watergate* skandalının ardından ortalık karışır. ABD Senatosu İstihbarat Komisyonu, CIA'nın operasyonlarını soruşturur. 1976 yılında, 'Dış (İstihbarat) ve Askeri İstihbarat (ve) İstihbarat Etkinliklerinin Hükümet Operasyonları ile Bağlantısını İnceleme Komisyonu Sonuç Raporu' ya da Komisyon Başkanı Frank Church'ün adıyla anılan 'Church Komitesi Raporu'' hazırlanır. Raporun önemli bölümlerinden biri de CIA'nın akademik kurumlardaki etkinliklerini içermektedir. CIA raporun değiştirilmesini ister. Komisyon, ABD'nin ulusal güvenlik çıkarlarını gerekçe göstererek raporu yumuşatır. Somut bilgiler yerine genellemeler içeren raporda, CIA'nın üniversitelerdeki etkinlikleri kapalı olarak geçilmiştir. Komisyon üyeleriyle CIA çevresinin sevimli ilişkilerden sonra açıklıktan kapalılığa geçişin ayrıntıları kitaplara konu olur.[554]

CIA, yüzden fazla Amerikan üniversitesi ve kolejinde, çok sayıda profesör ve yöneticiyle işbirliği yapmıştır. CIA'ya rapor hazırlamaktan, eleman kazandırmaya dek geniş bir alanı kapsar bu etkinlik. Projelerde çalışan ajanlaştırılmamış öğrencilerin bu ilişkilerden haberi yoktur.

Projelerin yanında en önemli etkinlik, CIA'ya eleman kazandırılmasıdır. CIA'nın memur devşirme hakkı yasaldır; ama yabancı öğrencilerin elemanlaştırılması yasa dışıdır. Profesörler, çoğu geri kalmış ülkelerden burslarla getirilen öğrencileri akademik yaşam içinde eğitirler ve CIA'ya yönlendirirler. Dış ülkelerden gelerek üniversitelerde öğretim üyesi olan Afrikalı, Asyalı, Ortadoğulu bilimciler, CIA'ya doğrudan bağlanırlar.

---

[554] K. S. Olmsted, "Challenging the Secret Government", 1996.

Frank Church Raporu'na göre CIA'nın çalışmaları, Harvard'da yoğunlaşmıştır. Bu yoğunlaşmanın somut ayrıntıları, komisyonda rapordan çıkarılmıştır. Yabancı devlet adamlarının, subayların ve yabancı devlette üst yönetimlere gelmeleri olası parlak kişilerin, gazetecilerin Harvard Üniversitesi'nde kurslardan geçirildikleri düşünüldüğünde, raporda ki eksilmenin önemi de anlaşılır. Harvard'lı bir grup öğretim üyesi, bu sansür olayına tepki gösterir ve kendileri bir komite (Harvard Committee) kurarak, CIA-Akademik Dünya ilişkilerini sorgularlar. Komite, tüm engellemelere karşın, bilimsel bir araştırma yapmaya çabalar. Ne ki bilimsel çalışmanın tamamlanması için gereken bilgi CIA'dan alınamaz. Komite, Harvard'da ve öteki üniversitelerdeki CIA-Akademi ilişkilerinde ilginç sonuçlara ulaşır ve yabancı öğrenci ve akademisyenlerin CIA'nın ağına alınmasında üç temel amaç saptar:

(1) ABD'nin çıkarlarına uygun yürütülen projelere, ilgili ülke ya da bölgelerden getirilmiş iyi eğitimli ve yetenekli kişiler aracılığıyla, akademik çalışma adı altında birinci elden bilgi devşirmek ve operasyonlara beyin gücü sağlamak.

(2) Örgütün bazı sinsi operasyonlarına maliyeti düşük, akademik görünüşlü bir örtü yaratmak.

(3) Üçüncü dünya ülkelerinden devşirilmiş yetenekli öğrencilerden bazılarının "yarının liderleri" olacağı varsayarak CIA, yarının önderlerini yolun başında devşirmiş oluyor.

İstihbarat dünyasının uzmanı olarak bilinen, gazeteci Ernest Volkman, 'Penthouse Ekim 1979'da yayımlanan *"Spies on Campus"** başlıklı yazısında şöyle özetliyor:

"CIA, (geleceğin) önderlerini şimdiden örgütleyebilirse, bu kişiler daha sonra karşılıksız olarak "yerinde ajan"** olacaklardır. Elbette bunların hepsi casuslaşmayacaktır; fakat (bunların) yüzde biri bile, süreç içinde, örneğin ekonomi bakanı olsa, öğrencilerin örgütlenmesine ayrılan zaman ve çabaya haydi haydi değer."

Walkman'in yabancı öğrencilerin ileride üstlenmesi olası ekonomi bakanlığı göreviyle verdiği örnek, daha değişik ya da daha yüksek makamlarla ya da stratejik öneme sahip, örneğin güvenlik, savunma ve istihbarat kurum ve kuruluşlarıyla zenginleştirmek, durumun boyutunu görmek için yeterli olacaktır.

Bu arada hemen belirtelim ki ABD, üçüncü dünya ülkelerinin gençlerini kendi ülkesine (ABD'ye), kendi ortamına (Amerika'ya) çekerek, kendine "mürit" (eleman) yetiştiriyor.[555]

---

* "Akademik alandaki casuslar"
** Yerinde ajan: Yabancı ülkede CIA adına çalışan yerli kişi.
[555] Türkiye'den bir örgütlü topluluk da başka ülkelerde okul açıp, oradaki çocuklara, kendi ortamlarında eğitim veriyor ve bunu Türkiye'ye bağlı liderler yetiştirmek olarak sunuyor. Kimsenin CIA gibi çirkin ve erdem dışı davranma zorunluluğu yok;

ABD'de 1950'lerin başında devşirilmeye başlanılan yabancı öğrenciler, kendi ülkelerine döndüklerinde *'agent in place* (yerinde ajan)' olmuşlardır. Bu devşirilme işinin başlangıcı, 1930-1940'lara dek gider. Özellikle ABD dostu ülkelerden, öğrenciler askeri okullara çağrılırlar.

ABD, ileride kendi ülkelerinde seçkin konumlar elde edecek olan bu kişilerden, iç politikanın yönlendirilmesinde ya da devletlerden iç bilgi sızdırılmasında yaralanmayı planlamıştır. Ernest Walkman Türkiye gibi pek çok gencini ABD'ye gönderen ülkelere bir ders veriyor:

"1970'lerde CIA adına öğrenci tanıma ve örgütleme işleriyle görevlendirilmiş 5000 akademisyen, her yıl eğitim için ABD'ye gelen 250.000 öğrenci arasından gelecekte operasyonları yönetecek 200-300 eleman seçiyordu."

CIA projelerinde çalışan öğretim elemanları ve memurların en azından % 60'ı yaptıkları işle ilgili tüm gerçekleri bilmekteydiler.[556/ 557]

Uluslararası politika için bunca kişiyi devşirmeyi göze alanların arkasında elbette önemli şirketler bulunacaktır. Bir küçük örnek alalım: 1978'de ABD eski Hazine Bakanı William E. Simon ve yeni muhafazakârlardan Irving Kristol'un kurucu olarak göründükleri IEA (Eğitim İşleri Kurumu) yabancı gençlerin devşirilmesinde eşgüdümü sağlayacaktır. 100.000 bin dolarlık bağışla işe başlanır. İlk aşamada tutucu vakıflar ağının dörtlüsü olarak bilinen The John M. Olin Foundation, The Scaife Family Trusts, The JM Foundation ve Smith Richardson Foundation destek verirler.[558] Daha sonraları adı Madison Center for Educational Affairs olarak değiştirilen örgüte, Bechtel, Coca-Cola, Dow Chemical, Ford Motor Co., General Electric Co., K-Mart, Mobil ve Nestle para akıtırlar.

Olin Foundation, yalnızca 1989'da, 200 ayrı eğitim kurumu ve 'think tank'e 15 milyon dolar vermiştir. Türkiye projelerini de destekleyen Smith Richardson Foundation 'Siyaset Programı' için 4,8 milyon dolar; Scaife Foundation, başta Heritage Foundation ve Hudson Institute olmak üzere birçok kuruluşa yılda 8 milyon dolar vermektedir. Graham Fuller'in Türkiye'deki Nurculuk araştırmalarını RAND üstünden para ile destekleyen Earhart Foundation, yılda 2 milyon dolar verirken, tek tek profesörlere yılda 100 biner dolar ödemektedir. Bu profesörler çoğu ekonomi, felsefe ve siyaset bölümlerinde görevlidirler.[559]

---

ama ticari ve dinsel ilişki ağını böylesine çarpıtarak halkı yanıltması da bir gerçektir. Başka ülkelerde, Türkiye'nin yöneticileri geldiğinde, T.C. bayrağı sallayan okul çocuklarının kazanıldığını ileri sürmek ise, tartışmasız bir erdemsizliğin ötesinde, safsatadır.

[556] *William R. Corson, Armies of Ignorance (N.Y. The Dial Press, 1977), s.309*'dan Robert Witanek, "Students, Scholars, and Spies: The CIA on Campus, *CAQ 1989 (31), s.27*.
[557] ibid.
[558] Aynı dörtlü, Hudson Institute'ü de beslemektedir.
[559] "Endowing the Right-wing Academic Agenda" Sara Diamond, *CAQ*, # 38, s.46.

CIA, üçüncü ülke öğrencilerini, ABD'nin çıkarlarına ters politikalar izleyen ilgili ülke öğrencileri arasında muhbir olarak kullanmıştır. Örneğin Şah döneminde, Washington Üniversitesi'ndeki doktora öğrencilerinden İranlı öğrenci Ahmed Cabbari'ye, Şah karşıtı öğrenciler arasında casusluk yapması önerilmiştir. CIA ajanı Mark Ellerson, Washington Üniversitesi'nde doktora yapan Cabbari ile görüşür. Konuşmayı gizlice teybe kaydeden Cabbari, insanlığa büyük bir hizmet verdiğini düşünmemiştir; ama en azından uyuyanları uyaracak bir iş yapmıştır. Kayıtlara göre CIA görevlisi Ellerson, amaçlarını şu sözlerle açıklamaktadır:

"Seninle ilgilenmemizin amacı, İran'a dönmeni ve devlette bir görev edinmeni sağlamaktır. Bu nedenle çalışmalarınla ilgili olarak bize bilgi aktarmanı istiyoruz. Buna karşılık, elbette, senin belirleyeceğin bir banka hesabına aylık ödeme yapacağız... Sağlık harcamaları ya da her neyse, her seferinde 750 dolar ödeyeceğiz. Senin en az iki yıllığına İran'a dönmeni istiyoruz... Birleşik devletlerde oturma izni almana yardım etmek istiyoruz..."[560]

Ellerson daha sonra, başka öğrencileri de örgütlemesi karşılığında Cabbari'ye ayrıca ödeme yapılacağını bildirir. Ne var ki Cabbari öneriyi geri çevirir.[561] Aynı yöntemle Afrikalı öğrenciler Afrika'nın milliyetçi oluşumları içinde casus olarak kullanılmışlardır. New Times, CIA'nın 1980'lerin başında ülkelerine dönerek ABD adına casusluk yapmaları için 30 Libyalı öğrenciyi devşirdiğini açıklar.

CIA'nın yabancı öğrencilerle ilişkileri acılı sonuçlar da verir: 1948-1990 arasında CIA'ya bağlanan öğrencilerden kırkı, ilişkilerinin CIA tarafından açıklanacağı korkusuyla kendilerini öldürmüştür.[562] Bu arada, Türkiye'den gidenler, kurs görenler, bu tür çalışmalar içinde olurlar ya da olamazlar diye kestirme kararlar vermenin bir yararı yoktur.

CIA Devşirmeciliği

Eğitimden geçmişlerin görevlendirilecekleri birimlerin, eğitim alanına uygun olması gerekmektir. Psikoloji eğitimi görenler psikolojik savaş ve propaganda işlerinde, kısaca "halkla ilişkiler' ve 'kamuoyu oluşturma'; sosyoloji öğrenimi görenler, ülkelerindeki ırk-köken-dinsel yapılanma ve toplumsal tüketim kapasitelerinin çözümlenmesinde; teknik elemanlar, işletmeciler ilgili ülkenin tarım, sanayi, ham madde kaynakları ve ticaret olanaklarını konu olarak alan 'master' ve 'doktora' çalışmalarında; uluslararası ilişkiler öğrencileri, ülkelerindeki dinsel-siyasal-bölgesel çatışma alanlarında akademik(!) olarak çalıştırılmaktadırlar.

Batı Avrupa'da ya da ABD'de dinsel ya da ırksal ayrıştırmayı çağrıştıracak araştırmalar yapılması beklenemez. İletişim çağı ya da ARI'cı

---

[560] Ami Chen Mills, C.I.A. Off Campus, s.25
[561] Wolkman, a.g.y'dan *CAQ*, a.g.y
[562] Ami Chen Mills, a.g.k s.26.

Kemal Köprülü'nün demiş olduğu gibi "digital çağ" denilerek bilgi derlemenin salt bilimsel merak olduğunu düşünmek, gereğinden çok saflık olur.

CIA, üniversitelere eleman yerleştirir. Bu görevliler bir yandan yeni elemanlar devşirir, bir yandan da CIA ile akademisyenler arasında eşgüdüm sağlar. Bu tür çalışmalar üniversiteler arasında, değer verilenlerin başında gelen Harvard'ın, Türkiye'deki siyasal bilgiler fakültelerinin benzeri "School of Government"ında gerçekleştirilir. Olağan öğrencilerin yanı sıra üçüncü ülkelerden getirilen görevlilere, medyacılara, idarecilere kurslar da verilir.[563] CIA ile işbirliği yapan okulda görev alan ünlülerden üçü, konunun önemini gösterecektir:

Henry Kissinger: Richard Nixon döneminin hemen hemen tüm örtülü işlerinden sorumlu güvenlik danışmanı.[564]

McGeorge Bundy: Harvard'da Dekan, John Kennedy ve Lyndon Johnson'un güvenlik danışmanıydı.

Samuel Huntington: Jimmy Carter döneminde NSC üyesi, ABD Milli Güvenlik Komitesi'nin dünya operasyonlarında yaslandığı *medeniyetler arası çatışma* senaryosunun yazarı.

Harvard ve öteki üniversitelerde kurs gören yabancıların ABD çıkarlarına yaptıkları katkılara bir örnek olması bakımından, David Ransom'un *"Ford'un Ülkesi: Endonezya için Seçkin* (grup) *Oluşturulması"* başlıklı yazısından özetleyelim:[565]

Endonezya asıllı, Hollandalı Sumitro Djojohadikusumo, Ford ve Rockefeller tarafından parasal destek gören MIT'in Cambridge'deki toplantılara katıldı. Bazı öğrencileriyle birlikte, CIA'nın finanse ettiği Harvard Yıllık Yaz Kursu'na gitti. Öğretmenleri, Henry Kissinger idi. Sumitro'nun öğrencilerinden Muhammed Salih, Ford'un profesörlerinden Ana Pauker ile arkadaş oldu. Pauker, kurslardan sonra Jakarta'ya gitti. Endonezya Ulusal Planlama Kurumu Başkanı Ali Budiarjo ile birlikte bir siyasal çalışma grubu oluşturdu.

Romanya doğumlu Pauker, bu tür işlerde deneyimliydi. II. Dünya Savaşı'nın hemen ardından, Budapeşte'de Birleşik Devletlerin Dostları Grubu'nu kurduktan sonra Harvard'a gelmişti. Endonezyalılara göre Pauker, CIA elemanıdır. 1958'e dek CIA ilişkisini kabul etmedi; ama RAND adına Pentagon ve Dışişlerinde karar oluşturucu gruba girdi.

---

[563] Bülent Ecevit ve Fehmi Koru da Harvard kurslarına katılmıştır.
[564] Henry Kissinger'ın Harvard'da FBI için, çalışma arkadaşları hakkında istihbarat yaptığı ileri sürülmektedir. (*Compromised Campus: The Collaboration of Universities With the Intelligence Community 1945-1955*, Sigmund Diamond, Historian, Colombia University, Oxford, 1992)
[565] Editör Steve Weissman'ın *Pacific Studies Center ve North American Congress on Latin America* üyeleriyle hazırladığı *"The Trojan Horse: A Radical Look at Foreign Aid* (*Palo Alto CA: Ramparts Press, 1975 revised edition*, pp. 93-116" dan alan *interhemispheric .com: "CIA on Campus"*

Ford, Cornell Üniversitesi'nde 1954'te oluşturulan Endonezya çalışma grubuna başlangıçta 224.000 dolar verir ve çalışmalar öylesine gelişir ki Endonezya üniversitelerindeki Endonezya siyasal tarihi eğitim programı bile Cornell'de hazırlanır.

Endonezya devletini yönlendirenler artık Cornell desteklidirler. Örneğin, Jakarta sultanının sağ kolu sosyolog Selosomardjan, Ford ve Rockefeller'in katkılarıyla yetişmiştir. Endonezya'nın kalburüstü ailelerinin ve yüksek devlet memurlarının çocukları, ABD güdümlü okullarda eğitilir ve Amerikan liberalizmi benimsetilir. Daha sonra Sukarno'yu destekleyen enstitüler kurulur.

Akademik ilişkiler bilimseldir, deyip geçilmemeli. CIA-Şirketler ilişkisi sonucunda Endonezya'da "anti-komünizm" kışkırtmasıyla birkaç gün içinde 200 bin kişiye kıyılır. Sonraki yıllarda diktatörler diktatörleri izler. Dışişleri Bakanı Kissinger'in, birkaç sözcüklü onayıyla Doğu Timor, Endonezya tarafında işgal edilir. Hemen ardından gerilla hareketi başlar. Ülkede bir daha huzur görülmez.

Yıllar akıp geçer, "project democracy" günleri gelir ve 1950'lerde CIA-Akademi-Ford-Rockefeller ilişkisiyle başlayan süreç, bu kez NGO'larla yürür. Etnik ve dinsel çalkantı yaratıldıktan sonra, Endonezya'da ABD yararına serbest pazar ekonomisine inanan bir yönetim oluşturulur.

Bu arada Doğu Timor adaları, ABD'nin desteğiyle Endonezya'dan ayrılır ve yine başa dönülür. Onlarca yıl süren kanlı çatışmalar ve soygunlar, Endonezya'nın yoksul halkının yanına kâr kalırken, Ford kumpanyası alacağını çoktan almıştır. Sıra elde edilen ekonomik ve siyasal egemenlik alanını güvence altına almaya gelmiştir. Bunun yolu da oraya asker çıkarmaktan geçecektir. Afganistan'da yapıldığı gibi...

CIA ile ilgili soruşturmalardan sonra akademik dünyada örtülü olarak yürütülen bu eylemler durmadı.

Church Komitesi'nin raporunun ardından uygulanan kısıtlamalara ve FOIA (Bilgilenme Özgürlüğü Kararı)'ya inananlar, artık bu tür çalışmanın CIA reformları gereği durdurulduğunu sanabilir.[566] CIA yöneticisi Stanley Turner'ın 1977'de yaptığı açıklama, örtülü, yani gizli çalışan örgütün tutumunun değişmeyeceğinin kanıtıdır:

> *"Bizden, her kuruluşun, her akademinin kurallarına uymamız istenirse, ülkemiz için gerekli işleri yapmamız da olanaksızlaşır. Harvard'ın bizim üstümüzde yasal denetim hakkı yoktur."*[567]

---

[566] David N. Gibbs, "Academics and Spies: The Silence that Roars" *Los Angeles Times, 28 January 2001, Sunday Opinion Section, p. M2.*
[567] Ernest Volkman, "Spies on Campus" *Penthouse, October 1979*.

CIA-USIP ilişkisi ve dolarlı Türkiye projeleri

Özellikle son yirmi yıldır, kapalı operasyonun "demokrasi projesi" adı altında açıktan yürütülür görünen yüzünde yer alan çalışma türünün, sözde bilim adına yapılır görülmesi, yanıltıcı propagandanın en önemli parçasıdır. Örneğin İstanbul'daki bir eski Amerikan kolejinde, USIP'ten ya da Hava Kuvvetleri ile ilişkili RAND Şirketi'nden para alınarak, *"Türkiye'nin Kürt Sorununa Yeni Bakışı"* gibi başlıklar altında yürütülen projeler, yönetmen profesöre göre son derece bilimsel ve küresel olabilir.

Projenin üst ve yan ilişkilerini bilmeyen ve parlak bir gelecek düşüyle, yoğun bir çalışma yürüten öğrencilere göre, bu etkinlik daha da bilimsel olabilir. Ne var ki, Türkiye Cumhuriyeti'nin varlığıyla ilgili bir konunun ABD'den alınan para ile yürütülmesini bu denli bilimsel bulanlardan, nesnel bir çözümleme ve değerlendirme gerektiren, örtülü operasyonlara da bilimsel bir niyetle eğilmeleri istenmelidir.

CIA'ya bilerek ya da bilmeyerek, doğrudan ya da dolaylı bağlanan bilimcilerden, bazı olayları bilimin gerektirdiği nesnellikle incelemeleri beklenemez. Demokratik seçimle gelenlerin, 1953'te İran'da, 1954'te Guatemala'da, 1961'de Zaire'de, 1965'te Endonezya'da, 1973'te Şili'de, 1971 ve 1980'de Türkiye'de, 2000'de Peru'da ve 2002'de Venezuela'da şiddet yoluyla devrilmeleriyle ilişkili yarı-açık operasyonları, nesnel ve yansız bir yaklaşımla incelemeleri ve darbelerin ABD yönetimiyle bağlantısını araştırarak dünya barışına etkilerini değerlendirmeleri gerekir.

ABD'ye bağlı kuruluşlardan para alarak, sözde bilimsel çalışma yapanlardan bilimsel ahlakla davranmalarını beklemek bir düştür. ABD'nin bölgesel çıkarları uğruna yürüttüğü açık ve kapalı operasyonları gözardı ederek, bilimsel bir çalışma yapmanın ya da yapılmakta olan çalışmalara bilimsel demenin bir anlamı olamaz.

"Olabilir" diyecek olanlara, FOIA (Bilgilenme Özgürlüğü Yasası)'dan yararlanarak, CIA'nın Langley'deki arşivlerini özgürce kullanma olanağının da tanınması gerekir. Bu yapılmadıkça, 'akademik' çalışmalar da ancak o denli bilimsel olabilir.

Türkiye'nin *"Kürt Sorunu"*na bakanlar, 1990'larda RAND Corporation ve Freedom House bağlantılı olarak "Türkiye'de Din Hürriyeti" raporlarını hazırlayanları nesnel olarak irdelemezlerse; ABD kongresinin T.C.'nin yasallığını 'Lozan Anlaşmasında Din Hürriyeti' açısından olumsuzlayan 2000 yılı raporuna bakmazlarsa; ABD Dışişlerine bağlı Din Hürriyeti Bürosu'nun raporlarının CIA ile ilişkisini ele almazlarsa yapılan çalışmalar da işte o denli bilimsel olur.

BMM Başkanı Mustafa Kemal, daha 1922'nin başlarında Batı'dan doğuya doğru yayılmak için yüzlerce yıldır çaba gösteren sömürgecilerin en eski yöntemini vurguluyordu:

"Ekonomik amaç, bilim ve insanlık görüntüsü ile yurdumuza gelip, ilerde işgal hazırlamak için etnik toplulukları gerek hükümete, gerek

birbirlerine karşı kışkırtmak. Bu gibiler hem genel savaşın hem ülkemizdeki korkunç cinayetlerin düzenleyicileridir."

ABD'deki akademik dünyada geçmişte yaşananlar Mustafa Kemal'in seksen yıl önceki değerlendirmesinin bir kanıtı gibidir. Günümüzde de CIA ve ilişkili kurumlar sözü edilen akademik etkinliklerini doğrudan ya da dolaylı olarak sürdürüyor olabilirler. Devlet ile akademi dünyası ve siviller arasında köklü, güçlü ve etkin örgüt USIP'i kısaca tanıyalım:.

USIP, devlet tarafından kuruldu. En önemli özelliği, CIA arşivine doğrudan girme hakkının bulunmasıdır. USIP, soğuk savaş yıllarında ideologlarının projelerine para veriyordu. SSCB ve Doğu Avrupa'da "Düşük Yoğunluklu Çatışma" ile ilgili çalışmaları destekleyen örgütün yoğun desteğini alan kuruluşların başında, CIA ve Amerikan diplomasisine eleman kazandıran Fletcher School, Dış Politika Analiz Enstitüsü (Tufts Ünv.), İleri Uluslararası Araştırmalar Okulu (John Hopkins Ünv.) geliyor.

USIP'in temel para kaynağı Amerikan hazinesidir. Son on yıldır 'Demokrasi İnşası'nı, "Project Democracy" operasyonunu destekleyen örgüt, "Düşük Yoğunluklu Çatışma" stratejisinden miras kalan araştırmalara para veriyor. USIP, tıpkı NED gibi, istihbarat ajanslarının eski işlerini açık araştırmalarla ve kişisel ilişkilerle sürdürüyor.

USIP, kuruluş yasasına göre; Birleşik Devletlerin, Dışişleri, Savunma, Silahlanma Denetim Ajansı kaynaklarına ve sınıflandırılmış onaylı istihbarat belgelerine ulaşabilir. CIA yönetiminin, USIP'te yeterli sayıda eleman bulundurma yetkisi bulunmaktadır. USIP bu yönüyle CIA ve siviller arasında önemli bir köprü oluşturmaktadır. Dünyanın dört bir yanıyla ilgili yerinde araştırma yaptırır. Türkiye projelerinin listesini özetleyelim:

"Boğaziçi Unv. Kemal Kirisci. Türk politikasının Kürtlere karşı geleneksel politikasını gözden geçirmek; Türkiye'nin yaklaşımındaki son değişiklikleri değerlendirmek; Kürt gruplarının durumunu değerlendirilmek. 24,500 dolar"

"George Mason Unv. Dennis J. D. Sandole. Çatışma Analiz ve Çözüm Enstitüsü ile Erivan Devlet Üniversitesi (Ermenistan), Bakü Devlet Üniversitesi, Tiflis Devlet Üniversitesi ve Bilkent Üniversitesi arasında ilişki geliştirmek; lisans programları geliştirme. 70,000 dolar"

"George Washington Unv. Sabri Sayarı. Türkiye'nin Kürt özerklik ve bağımsızlık savaşımına karşı değişen tutumunu incelemek; Türkiye'nin Türkiye Kürtlerine, bölgedeki Kürt milli hareketlerine ve ABD dış politikasına karşı yeni politikasının görünümü incelemek. 27,500 dolar"

"Hebrew Unv. Kudüs, Raymond Cohen. Mısır, İran, İsrail ve Türkiye'de ulusal görüşme stillerine ilişkin çalışmanın desteklenmesi... 43,404 dolar."

"Institute For Multi-Track Diplomacy, Louise Diamond. Kıbrıslı Rum ve Türklerin uzlaşma yeteneklerini geliştirmek için eğitmek; her iki toplumdan 20 öğrenciye danışmanlık yapmak. Eğitim malzemeleri sağlanacaktır. 60,000 dolar."

"WINEP; Laurie Mylroi. Irak Kürdistanı'nda gelişmelerin Irak'ın geleceğine ve Türkiye'nin istikrarına etkilerini incelemek; Kürt-Arap-Türkiye ilişkilerini ele almak... 25,000 dolar."

"Hayfa Unv. Israel. Amatzia Baram. Irak'ta 1968'den günümüze iç kavga ve bölgesel çatışmanın incelenmesi. İç kavgayı ve Sünni Arap rejimleri, Irak Şiileri ve Kürtler arasındaki gerilimi, İran, Körfez devletleri, Ürdün, Suriye, Türkiye ve Mısır arasındaki sorunları, Arap-İsrail çatışmasında Irak'ın payını ve Irak ile süper güçler ilişkilerini... 20,000 dolar."

"University of Maryland. Katherine A. Wilkens. Türkiye hükümeti ile Kürt nüfus arasındaki askersel ve siyasal savaşımın incelenmesi; ABD'nin rolü ve ABD'nin politik seçenekleri incelenecek, öneriler hazırlanması. 10,000 dolar."

"Iraq Foundation; Graham Fuller ve Rend Francke. Irak, Bahreyn, Suudi Arabistan, Kuveyt ve Birleşik Arap Emirlikleri'nde Şii toplulukların siyasal rollerini değerlendirmek; Şiilerin mutsuzluğunun nedenleri, doğası ve dışavurumunu değerlendirmek; Şiilerin yönetime katılımının etkilerini değerlendirmek. 50,000 dolar."

"Lehigh Unv. Kudüs. Henri J. Barkey. Türkiye'yi giderek Ortadoğu'ya çekecek iç etkenleri ortaya çıkarmak; Türkiye'nin su kaynaklarının Ortadoğu ilişkilerinde yapıcı potansiyeli...40,000 dolar."

"Mediation Way, Inc. Gonca Sönmez Poole. Türkiye'de Kürt konusunu, demokrasinin iyileştirilmesi aşamalarını ve kendi kaderini tayin hakkı sorunları değerlendirmek. 20,000 dolar."[568]

Görüldüğü gibi USIP, adına uygun bir biçimde, Kürt sorununu kendilerine uygun biçimde çözmeye çalışıyor. Graham Fuller gibi eski CIA ustalarıyla, Henri J. Barkey gibi İstanbul'dan göçme yeni memurlarıyla Ortadoğu'ya düzen verecek girişimlerin altyapısını oluşturacak raporlar hazırlatıyorlar. Değerlendirme ustaları, mezheplerin örgütlülüklerini koruyarak demokrasiye(!) katkılarını geliştirecek kuramlar üretiyorlar. Arap ülkelerinde, Türkiye'de çatışmaları inceliyor; ama ne yazık ki, İsrail devletinin sorunlara kattığı iç ve dış değerler üstüne çalışmıyorlar. Bunu olağan karşılamalıyız; çünkü Türkiye'dekiler de içinde olmak üzere, yüzlerce NED projesinde böyle bir yaklaşım görülmüyor. Ayrıca, USIP araştırmalarının ABD siyasetine uyumsuz olması düşünülemez.

USIP, 1984'te ABD kongresince kuruldu ve 1985'te 'ABD Savunma Yetki Yasası' ile kurumsallaştırıldı. Yönetimi, ABD başkanınca atanan

---

[568] Funded Projects: Human Rights and Humanitarian Issues, *usip.org/grants.html*

örgütün barışçılığı da bilimciliği de dolarla sınırlıdır. Bütçesi doğrudan doğruya ABD kongresince bağlanmaktadır. Yıllık bütçesi 1988-1991 arasında 10 milyon, 1992-1993' de 15 milyon dolardı. USIP, aldığı dolarları işletir; faiziyle de bilimsel raporları destekler, adam yetiştirir. USIP çalışmaları, ABD dış politikasının oluşturulmasına ve medyada yayılmasına yöneliktir. Türkiye kökenlilerin de para karşılığı hazırladıkları raporların konuları bu politikayı açıklamaya yeterlidir. Ne ki bu projeleri yürütenlerin, CIA arşivlerinden yararlanma hakları olup olmadığı ya da ne ölçüde yaralandıkları ayrı bir araştırma gerektirir.

Georgetown Üniversitesi Turkish Institute'te değerli hizmetler veren USIP-RAND projecisi Sabri Sayarı olması önemliydi. Arap Ayrımcılığına Karşı Araştırma Enstitüsü'nün yönetmeni ve "İslam'da kadın" uzmanı Barbara Stowasser'in 'Bediüzzaman Hazretleri İstanbul Konferansları'na katılması da o denli önemliydi.

RAND'ın akademik ilişkileri

Harvard'dan USIP'e uzanan bilim dünyası akademisyenlerin barışa katkılarından birkaç örneğe daha değinmekte yarar var:

CIA ustalarının şirketi RAND'a sunulan raporlardan en ilginci kuşkusuz, RAND'a 1985-1993 arasında danışmanlık yapan Sabri Sayarı'nın hazırladığı ileri sürülen rapordur. 1990'da açıklanan rapor, Türkiye'de dinsel toplulukları ve mezhep çatışmalarını ABD'nin stratejik çıkarları açısından ele almakta; özellikle irtica – din hürriyeti - mezhep çatışması - Kürt milliyetçiliği sarmalında gelişen olayları öngörmekteydi.[569]

Raporun ayrıntılarına "Din Hürriyeti" bölümünde genişçe yer verildi. Şimdilik şu kadarını belirtelim ki raporun önemi, "Alevi" yurttaşlara yönelik şiddet olaylarını; PKK ile İslamcı Kürt örgütleri arasında kurulacak ortak cephenin Türkiye-İran çatışması yaratacağını; ABD'nin İslamcı hareketleri yönlendirecek hangi politikaları oluşturacağını ve dinci gericiliğin birinci tehdit olarak görüleceğini önceden bildirmesindedir.

RAND'ın Türkiye'ye katkısı değerli raporlarla sınırlı değildir. Yabancı ülkelere ve dünyaya akademik katkılarda da bulunur. RAND'da akademik gelişmeler sağlayanlar, Türkiye'ye dönünce demokrasi projesine ve bilim dünyasına önemli değerler katıyorlar. RAND'ın RGS (RAND Graduate School) adında bir okulu bulunmaktadır.

Türkiyeli bilim adamlarının önemini de azımsamamak gerekiyor. Özellikle Boğaziçi Üniversitesi öğreticilerinin demokrasi projelerine, din hürriyetine katkılarının yakın gelecekte çok daha iyi anlaşılacağına ve hak ettikleri değeri bulacağına kuşku yok. Bunlardan bir örneğe değinelim.

---

[569] Norma Holmes (USIA Staff Writer), "Key States Seen Changing in Post Crisis Gulf.". 03/02/91, Text: NEA515 *//sun00781.dn .net/iran/ 1991/index.html*

USIP'in 'Kürt Sorunu' araştırmacılarından Kemal Kirişçi en üretken bilim adamı olmaya adaydı. Bir yandan, ABD seçkin şirketlerinin ve devlet elemanlarının güdümündeki CFR'nin benzeri TESEV'e "Türkiye'de yolsuzluk" gibi raporlar hazırlarken, Boğaziçi'nden bir grup öğrencisiyle birlikte, USIP'ten sağladığı parayla Kürt sorununu inceliyor. Bu arada Avrupa Birliği'nin Türkiye elçisi Karen Fogg'a gönderilmiş olan bir "el-mek" dikkat çekiy*or*. Bu iletinin İngilizce aslını *"haber3.com"* dan olduğu gibi aldık:

"karen,

I hope you got my message on the Cyprus conference. I am still working on Greek Cypriot participation and hope that even if just before the actual conference takes place I may be able to pull it off. Amazingly, there are some Turkish participants who are saying we will only participate if you can get the Greek Cypriots to come!!!

Attached is a good example of Kemal Kirişçi optimism on minorities in Turkey especially in the light of recent "State Garden" (DB) talk on arrests of Kurdish petitioners!!! Still you might like it, of course if you have time to read it. I concur with your recent statements that appeared in the papers. Seems like you are in good company with the 'happy unyielder' (MY's name translated into Turkish literally!!!).

best, kemal"

Elçiye adıyla seslenilmesi, samimiyete değil, Amerikan tarzı ilişkiye bağlanabileceğinden üstünde durmaya değmeyebilir. Asıl olan, mektupta Kıbrıs barışına katkının bilimselliğidir. Yukarıdaki *"kemal"* imzasının sahibi, elçiye Kıbrıs konusunda aracılık yapıyor. Türkçeleştirelim:

"Karen,

Umarım Kıbrıs konferansıyla ilgili mesajımı almışsındır. Ben hâlâ Kıbrıslı Rumların katılımı üstüne çalışmaktayım ve konferansın başlama anından hemen önce olsa bile bu işi çözümleyeceğim... bazı Türk katılımcılar, sen Kıbrıslı Rumları getirirsen (biz de) katılırız diyorlar!!! Eklenti, özellikle 'devlet bahçe' (B) nin, Kürt göstericilerin tutuklanması üstüne yaptığı açıklamanın ışığında, Kemal Kirişi'nin, Türkiye'deki azınlıklarla ilgili iyimserliğine iyi bir örnektir. Okumaya zaman bulabilirsen, hâlâ bundan hoşlanabilirsin. Gazetelerde çıkan son açıklamalarınla aynı görüşteyim. "mesut boyun eğmez" (Türkçe'den sözlük çevirisi olarak MY'nin adı!!!) en iyiler, kemal"[570]

---

[570] Mektup sahibi, yabancı elçiye, kendi ülkesinin devlet siyasetini ilgilendiren hassas bir konuda aracılık ediyor, kendi ülkesinde yaşayan "azınlıklar" üstüne görüş bildiriyor. Ama daha da ilginci, mektup alıcısının, "mutlu (ya da mesut) yılmaz (Türkçeden sözlük çevirisi olarak MY'nin adı) ile iyi ilişkileri üstüne, "!!!" imgeleriyle biten bir açıklama yapmasıdır. Bilimselliğin mektup boyutlarını değerlendirmek elbette başka bir iş. Bu arada Türkiye siyasetine damgasını vuran ya da vurmaya hazırlanan bazı

Larry Diamond ve Özel Konferans

Akademik ilişkilerin boyutlarına en iyi örnek NED'in 'Journal of Democracy' dergisi yöneticisi Larry Diamond'un Bilkent konferansıdır. NED, ülkelerin aydınlarıyla ve sözde sivil örgütleriyle kurduğu kurumsal ilişkileri, açık iletişim organı olan Journal of Democracy dergisi aracılığıyla sağlar. Bu yayın sıradan bir yayın değildir; yayın yönetmenleri ABD yayılmasında önemli işleve ve deneyime sahip uzmanlar arasından seçilmektedir.

Bunların arasında en önemli kişilerden biri de bir zamanlar antikomünist teori merkezi olan Hoover İnstitute (Stanford Üniversitesi)'de çalışan Prof. Larry Diamond'dur. Standford Üniversitesi CIA araştırmalarına katkısıyla da ünlüdür.

Prof. Larry Diamond, özellikle Doğu Asya'da ve Orta Afrika'da Amerikan demokrasisinin yayılması için geniş ve derin çalışmalar yapmıştır. Diamond ayrıca Ortadoğu'da İslam ve Demokrasi, Kore'de Demokrasi Düzlenmesi, Çin'de Demokrasi, Doğu Asya'da Demokrasi, Afrika'da Demokrasi, Komünizmden Sonra Demokrasi, İsrail Demokrasisi gibi çalışmaları yönetmiştir. Ayrıca Tayvan (1997-98) ve Kano (Nijerya 1982-83) üniversitelerinde demokrasi dersleri vermiştir.

ABD Dışişleri ve Bağdat Yönetim Konseyi'nin başta gelen danışmanlarından olan Larry Diamond, NATO'nun genişletilmesi ve Türkiye'nin atlama merkezi yapılması toplantısından bir hafta önce Türkiye'ye geldi. NED tarafından kurulan "project demokrasi" operasyonu içinde yer alan Türkiyeli sivil örgütler ağını (WEB / Örümcek Ağı) ve akademik dünya ilişkilerini Demokrasi-NATO-ABD ilişkileri çerçevesinde ve yerinde denetleme, bilgilendirme ve belki de nabız tutarak işverenlerine yani Bush Jr.'a rapor hazırlama olanağı elde etmiş oldu.

21 Haziran 2004'te Ankara'ya gelen Larry Diamond'un basına duyurulmayan dar katılımlı Bilkent toplantısı, geniş kapsamlı hedefleri açıklar niteliktedir. Bilkent Üniversitesi Siyaset Bilimi Bölümü Başkanı Prof. Metin Heper'in konuğu olarak gelen Diamond, yaklaşık 40 profesör, doçent ve asistana ABD ve NED'in demokrasi çalışmalarını anlattı. Diamond'un görüşlerinin özeti, operasyonun derinliklerini sergiler nitelikteydi:

-Proje, "NATO Demokratik Genişletme Projesi"dir.
-Türkiye, Tayland, Rusya demokratik değildir.
-NED demokrasiyi kurumlaştırmak için çalışmaktadır. Bu işleri

---

ünlülerin ABD akademik dünyasıyla ilişkilerini bilmekte yararlı olabilir:
Onca övünülesi ve okumalara gidilesi ABD'de eğitim gören ya da yıllarını geçirenler Türkiye'de, kayda değmeyecek, kişisel beceri ve yetenek farklılıklarından kaynaklanan çok küçük ayrıntıların dışında, ülkeyi öğrendikleri gibi yönetmişler ve her geçen yıl daha da kötüye götürüp, 1918 öncesini aratır duruma getirmişlerdir. Bu durum hem ekonomik, hem de egemenlik yönünden öylesine kötüdür.

Reagan başlatmış, Bush ve Clinton sürdürmüştür.
-Bush Jr. da iyi çalışmakta ve yaptıkları doğrudur; ama imajı iyi değildir.
-Arap dünyasında demokrasi yoktur. Demokrasi önünde üç engel vardır: Kültürel altyapı ve rejimler, Petrol varlığı ve rantiye oluşumu, Arap-İsrail çatışması.

Diamond, Arap - İsrail çatışmasına "project democracy"ye uygun bir yorum katıyor ve otoriter Arap yönetimlerinin İsrail'in varlığını bir "tehdit" olarak propaganda ettiklerini ve böylece iktidarlarını sürdürdüklerini açıkladı. Diamond bununla da kalmadı ve T.C.'nin kuruluşuna özgün yorumlar ekledi:
- Türkiye Cumhuriyeti'nin kuruluşunda iyi adımlar atıldı; ama liberal olmayan uygulamaları vardı. Ona göre Laiklik kurulacak diye dindarlara yoğun baskı uygulandı.

Larry Diamond, güncel tehdit değerlendirmesini Doğu-Batı çatışması eksenine oturtarak, ülkelerin içişlerine karışma yöntemlerini de özetliyordu:
- Otoriter rejimler ABD ve Batı için tehdit oluşturmaktadır.
- ABD ve NED, devletlerin hükümetlerin ve rejimlerin içinde yer alan demokratik unsurları desteklemektedir.
- ABD aynı zamanda o ülkelerdeki karşıt oluşumları da desteklemektedir.
- ABD, Avrupa ve NED, kadın örgütlerinden etnik örgütlenmelere uzanan geniş yelpazede *Sivil Toplum kurumlarını ve örgütlerini, aydınları desteklemektedir."*
- Bazı devlet yönetimleri yapmakta olduğumuz parasal ve başka desteklerimizi denetim altında tutmaya çalışıyor. Yönetimlerin bu tutumları, demokrasi kurma girişimlerimize engel oluyor. Mısır devleti bu tür engeller çıkaranlara bir örnektir. Buna karşın Türkiye'deki çalışmalarımız ise çok iyi gidiyor.

NED uzmanı Diamond, demokrasi kurma girişimlerini önleyen devletlere örnek olarak Suriye'yi verirken İsrail'i de Batı ölçülerinde en demokratik devlet olarak tanımlıyordu. Suriye'nin kötülüğü ise hem baskıcılığından hem de İsrail ile uzlaşmamasından geliyordu. İsrail'in bölgede askeri işgal yıllarından söz etmeyen Diamond Suriye'yi Lübnan'da askeri güç bulundurmakla suçlamaktan da geri kalmıyordu. Ona göre, Filistin'de çözüm iki ayrı devletin kurulmasıyla olanaklıdır; ama Yaser Arafat gibi bağımsızlıkçı bir adam demokrasi ve barışın önünde büyük engeldir.

Diamond'a göre Tunus devleti antidemokratiktir. Tunus, Kuzey Afrika'da iktisaden bağımsızlığını korur durumda olduğundan, çoğulcu bir siyasal düzene sahip olsa da anti-demokratik oluyordu. Buna karşın Libya, Cezayir ve öteki Kuzey Afrika ülkelerinde durumun iyiye gittiğini belirtirken, gizli bir ırkçılığı da şu sözlerle dışa vurdu: *"Afrikalı olmalarına karşın Moritanya çok iyi işleyen bir demokrasi kurmuştur."*

Gürcistan, Azerbaycan ve Orta Asya operasyonlarına değinmeyen Diamond, her nedense Venezuela örneğini verdi. Ona göre Chavez, demokratik bir seçimle iktidara gelmişti ama şimdi karşısında daha demokratik bir muhalefet vardı. Bu tür dar katılımlı toplantılarda, elbette Venezuela'da NED'in dolarları ve elemanlarıyla kurulan demokratik muhalefetin insan canına kıyan yasadışı kalkışma girişimlerini; birkaç yüz bin dolara satın alınan subayların işadamları örgütüyle, NED gözetiminde güçlenen sivil(!) örgütlerle ve sendikalarla kotardıkları silahlı darbe girişiminin, demokrasi ile ilişkisini soran da olamadı. Nikaragua'daki örtülü ve kanlı demokrasi operasyonlarını sormaları zaten beklenemezdi.

Türk gazetecilerin ilgisizliğinin nedeni belki bu denli ciddi ve gerçekleri aydınlatıcı çıkışlar yerine, sokak gösterileriyle ilgilenmelerinden de olabilir. Ama konuksever profesörlerden, hiç olmazsa birkaç önde gelen bilim adamını da toplantıya çağırarak, Türkiye'nin kuruluş dönemi hakkında Diamond'u bilgilendirmeleri beklenebilirdi.

Açıklamalarıyla ABD - AB yayılma ortaklığının askeri, sivil, kanlı, kansız, 'demokrasi' operasyonunu aydınlatan NED yöneticisi Larry Diamond'un kısıtlı katılımlı Ankara toplantısı ne yazık ki Türk basınının ilgisini çekmedi. Oysa kukla Bağdat yönetiminin baş danışmanı Diamond, ABD'nin demokrasiyi pekiştirmek ve ABD güvenliğini sağlamak için askeri güç kullanacağını da belirtmişti.

Diamond'un Arap rejimlerinde demokrasi önündeki engellerin biraz da dinlerinden kaynaklandığını belirtmesi üzerine onu konuk olarak Ankara'ya çağırdığı bildirilen Prof. Metin Heper, Kur'an'dan ayetlerle, surelerle İslamiyet'in aslında liberalizme ne denli yatkın olduğunu açıklaması toplantıya demokratik bir renk katabildi. "NATO'nun Demokratik Genişleme Projesi" adını alan ve ülkemizde de uzun yıllardır tabanı oluşturulan, hatta akademik dünyamızı, devlet kurumlarımızı ağın içine çekmeyi başaran NED'in en önde gelen adamlarından Larry Diamond'un İstanbul'da kuracağı bilimsel ilişkiler önümüzü daha da aydınlatabilirdi; ama hiçbir gazeteci bu geziye ilgi duymadı.

Amerika'da eğitilenlerin Türkiye'ye etkisi araştırılmalı

ABD akademik yaşamında yer alan Türk öğrenci sayısı şimdilerde yaklaşık 15.000 oldu. Geçmiş elli yılda kaç öğrenci gidip geldi ve sonraları ülkenin kaderini etkileyen hangi görevlerde bulundukları incelmeye değer. ABD'de geçici kurslardan geçenlerin, özellikle CIA'nın yoğun etkinlik gösterdiği Harvard'da, Berkeley'de, Georgetown'da eğitim görenlerin devlet kurumlarında ve siyasette geldikleri konumlar da bilinmelidir. Son on, on beş yılda, ABD üniversitelerinde Türkiye'nin 'Kurdish

Conflict (sorunu), Türkiye'de din hürriyeti, İslam ve demokrasi, din ve kadın, kadınların örtünme özgürlüğü vb. tezleri hazırlayanlar, Türkiye-Ortadoğu, Türkiye-Balkanlar konularında doktora yapanlar, şimdilerde hangi yerli ya da Amerikan üniversitelerinde ne öğretmektedirler? Hangi profesörler NED'de ve liberal vakıflarda eğitimdedirler?

Soruların yanıtlarını bulmadan, başımıza gelen işleri anlamamız olanaksızdır. Bu işler, kimi zaman "ekonomik kriz" denilerek örtülen parasal batış, kimi zaman bir bilim adamına, bir gazeteciye, bir öğrenciye, bir güvenlik görevlisine; sonuç olarak, egemenlik ve toprak bütünlüğüne karşı gerçekleştirilen suikast ile önümüze konulan faturadır.

Faturaların alt dosyası açılmazsa; "Duyarsızlaşan gençlik" ya da "Dinsel giyim-kuşam bunalımı" ya da "Din ve ibadet hürriyeti" ya da "etnik ayrılıkçılık" gibi başlıklar altına saklanan yakınmaların kaynağındaki gerçekleri ortaya çıkarmak da olanaksızdır.

En kestirme yol, işin kolayına kaçmadan, "bilimsel çalışma" ve "demokrasi projesi" denilen etkinlikler de esaslı bir bilimsel çalışmaya konu edilebilir. Türkiye'nin bağımsızlığını, egemenliğini gerekçe göstererek siyasal yaşamı yönlendirmeye çalışanların önünde duran en önemli görev, en azından bu çalışmaları yapacak sosyoloji bölümlerine destek olmaktır.

Elbette bu yeterli değildir; çünkü başka ülkelerin topraklarında ve doğal kaynaklarında gözü olmayan bir ülke, gerçek gücünü bilimsel gerçeklerden alır. Bilimsel çalışmaların, baskı ve örtülü kullanımdan uzakta özgürce yapılabileceği kurumlar oluşturulması, kurulu olanların yenilenmesi zorunludur. Bilimsel ve teknolojik ilerlemenin dümenini elinde bulundurmak, bir güvenlik ve varoluş gereği olduğu denli insanlık görevidir de. Yoksa yabancı devletlerin sözde bilim-araştırma yuvalarının kurduğu ağın içinde, yabancının emellerine uygun işleyen sivil örgütlerin yönlendirilmesinde, dış ve iç politikalar oluşturulması kaçınılmaz oluyor.

Yönlendirme ve yabancıya hizmet konusunda Türkiye ile ilgili açık örneklere kısaca değinmekte yarar var. Özellikle son kırk yılda Türkiye'nin kaderine egemen olan ABD eğitimli siyasetçileri anımsamanın ve onların yönetim dönemlerinde oluşan iç ortamı değerlendirmenin önemli bir bilimsel tez konusu olabileceğini belirtmeliyiz.

Siyasetçi listesine, stratejik kurumlarda hizmet verenler eklenirse listenin sonu gelmeyebilir. Özellikle Türkiye eğitim dünyasına yerleşenler üstüne de bilimsel çalışmalar yapılması, ertelenemez bir görev olmalıdır.

Uluslarının dar olanaklarına karşın, uzaklarda öğrenimlerini bitirdikten sonra yurduna dönmeyenlerin, insanlığa hizmet ettikleri bir gerçektir; ama kendilerine bu olanağı sağlayan yurtlarına olan borçlarını ödememiş oldukları da gerçeğin öteki yüzüdür. Eğitim, bilim kurumlarının yetersizliğini öne sürerek dışarıya gidenler unutmamalı ki o kurumlar bir zamanlar dünyada saygın bir yere sahiptiler. Saygınlığın temelinde de oralardan yetişenlerin, tartışmasız bir özveriyle, engelleri aşarak harcadıkları emek bulunmaktadır.

Tüm projeler; dünyanın askersel işgali, açık toplum düzenlemeleri ve mozaikleştirme, sayıları sınırlı kartellere, onların sahibi olan ailelere ve eski zamanlardan kalma hanedanlara hizmet eder.

Şirketler ve onların sahipleri, devletleri doğrudan yönetmezler. Parlamento üyelerini seçim kampanyalarında aracı-lobici şirketlerle desteklerler. Ne ki, kapital sahipleri, devlet yönetiminin alacağı temel kararları ve devlet başkanları, dışişleri bakanlarını, savunma bakanlarını, istihbarat örgütlerini yönetmek için devlet yönetimleriyle, devlet kurumlarıyla özel bir mekanizma içinde buluşurlar. Bu özel mekanizma CFR'dir. CFR'yi tanımadan Türkiye'de TESEV'i tam olarak anlamak olanaksızdır.

CFR
Perde Arkasındaki Devlet

> *"Washington'da gerçek bir skandal yasadışı olarak gerçekleştirilenler değil; yasal olarak yapılanlardır."* The New Republic [571]

I. Dünya savaşı sonrasında dünya, özellikle Osmanlı İmparatorluğu toprakları, yeniden paylaşıldı. Paylaşım, Paris Konferansıyla başladı. Paris'teki toplantılara Osmanlı'nın Kürt ve Ermeni paşaları da katılarak Türkiye'den paylarını almaya çalıştılar. Osmanlı heyeti konferans açılır açılmaz bütün savaşların suçlusu olarak azarlandıysa da toplantıdan ayrılmadı. ABD de konferanstaydı. Savaşı yengiyle bitirmiş olmasına karşın Britanya, yerini yeni imparatora bırakıyordu. Yeni imparatorluğun patronları, ABD kartelleriydi. Karteller ABD yayılma siyasetini belirlemek için 1921'de Dış İlişkiler Konseyi (CFR)'ni kurdular.

Yaygın kanının tersine, CFR bir Amerikan icadı değildir. 'Güney Afrika Elmas Kralı' olarak ünlenen Cecile Rhodes, Britanya İmparatorluğunun dünyadaki egemenliğini sürdürebilmesi için, 1910'larda Round Table (Yuvarlak Masa) toplantıları düzenlemeye başlamıştı. Bu toplantıların sonunda Kraliyet Uluslararası İşler Enstitüsü RIIA kuruldu.

Güney Afrika'daki Boer savaşçılarından, Britanya'nın Güney Afrika Yüksek Komiseri Sir Alfred Milner'in sekreteri Lionel Curtis işin mimarıdır. 1919'da kuruluşu tamamlanan RIIA, daha sonra ABD'de CFR'nin kuruluşuna yardımcı oldu. ABD ve İngiltere'nin üst tabakalarının dünyada egemenliklerini sürdürme çalışmaları bir eşgüdüme kavuşmuş oldu. Biraz özenli düşünenler, hemen ayrımsayacaklardır ki dünya paylaşım savaşı dönemlerinde ve küçüklü büyüklü bölgesel çatışmalarda, ABD ile İngiltere arasında herhangi bir sürtüşmeye rastlanmaz.

William Clinton'un akademik yol göstericilerinden, Georgetown Üniversitesi tarih profesörü Carol Quigley'e göre, yuvarlak masa gruplarının yaratıcısı Cecile Rhodes, İngiliz İmparatorluğu'nun yaşatılması için arka planda göze batmayan, özel topluluklar oluşturulması için bir servet bırakmıştı. Caroll Guigley, 'Rhodes Bursu'nun akademik dünya bağlarının pekiştirmek amacıyla oluşturulduğunu belirtiyor. Clinton da Rhodes bursu alanlar arasındadır. Türkiye'ye sık sık gelerek "demokrasi" ve "ahlak" dersi veren Elliott Levitas ve NED yönetmeni Richard Lugar da Rhodes bursluları listesindedir.[572]

---

[571] Pat Choate, Agents of Influence.
[572] *Jim Mars, Ruble y Secrecy*, s.83-84 ve Charles Lewis, *The Buying of The President*, s.163.

RIIA, nasıl İngiltere üst tabakasının eseriyse, CFR de Amerikan seçkinlerinden oluşmaktadır. Bu özel görünümlü kulüpte Amerikan denetimli dünya şirketlerinin temsilcileri, ABD başkanları, büyükelçiler, dışişleri bakanları, borsa şirketlerinin yöneticileri, bankerler, çok uluslu şirketlerin ve bağlı vakıfların temsilcileri, 'think tank' yöneticileri, lobici avukatlar, NATO'nun ve ABD'nin önde gelen deneyimli askerleri, medya patronları ve üst düzey yöneticileri, üniversite yöneticileri, seçilmiş profesörler, seçilmiş kongre üyeleri ve seçilmiş senatörler, seçilmiş yüksek yargı üyeleri ve zenginler kulüplerinin temsilcileri yer almaktadır.

Kaliforniya Üniversitesi'nden sosyolog Prof. G. William Domhoff, siyasal gücün ardındaki kurumlaşmayı anlattığı *Who Rules America?* adlı kitabında, politika planlama şebekesinin ana örgütü olarak CFR'yi gösteriyor. Domhoff, CFR yöneticileri ve destekçileriyle ilgili olarak şu önemli bilgileri veriyor:

"En büyük 500 şirketin % 37'sinin bir çalışanı ya da yöneticisi CFR üyesidir. Şirket büyüklüğüne göre CFR'de üye sayısı artmaktadır. En büyük 100 şirketin %70'inin, en büyük 25 şirketin %92' sinin yöneticisi CFR üyesidir. En büyük 25 bankanın 21'inin yöneticisi ve en büyük 25 sigorta şirketinin 16 yöneticisi de üyedir."[573]

CFR'de, bir ya da birden çok üst düzey yöneticisiyle temsil edilen bankalar, petrol, metal, medya, savaş uçağı, bilgi teknolojisi şirketlerinden en önemlileri: American Insurance Group (3 kişi ile), Alcoa, Ameritech, Boeing, Bristol-Myers Squibb, Chevron, Chubb Insurance, Citigroup (2 kişi), Delta, Disney, Eastman Kodak, Federal Express, Goldman Sachs, IBM, Lockheed, Lucent (2 kişi), Qualcomm, Sara Lee, Time Warner, Times Mirror, TRW, Xerox (2 kişi).[574]

CFR, ABD çıkarlarına uygun dünya düzeni kurulması ve bu düzenin siyasal-ekonomik yönetiminin elde bulundurulması için gereken kararları almaktadır. II. Dünya Savaşına girme kararlarının alt yapısı ve savaş sonrasının dünya düzeni planları CFR çalışma gruplarınca hazırlanmıştır. II. Dünya Savaşı süresince, ABD'nin dünya egemenliği amacını kamuoyundan gizlemek için, soyut ve genel açıklamaların içeriği, propaganda yöntemi bile CFR komitelerince önerilmiştir. II. Dünya Savaşı sonrasının planlanmasında, eski yöntemle toprak egemenliğine dayalı sömürgecilik (kolonyal) yönteminin geçersizliğine karar veren komiteler, ABD Dünya İmparatorluğunu pekiştirmesinin ve devletleri yönlendirmesinin aracı olacak barışçıl kurumlaşmanın zorunluluğunu belirttiler. Bu çalışmaların sonunda Birleşmiş Milletler'in yasal ve örgütsel tasarımlarını hazırlandı.

ABD'nin doğal kaynaklar üstünde egemenliğinin sağlama alınmasının ve hammadde kaynağı ülkelere ABD'den mal satışının güvenceye

---

[573] G. William Domhoff, Who Rules America – Power & Polticis, s.87.
[574] Jeanette Glyn, Who Knows Who, 1998 ve "List of officers and directors for the Council on Foreign Relations, 1999'dan aktaran Domhoff, a.g.k, s.86.

kavuşturulmasının tek yolu, ulus-devlet direncinin kırılmasıdır. CFR, bu amaçlara uygun olarak, "Tek dünya - Tek devlet" ve merkezden parasal yönetim düzeninin oluşturulması önerilerinde bulunmuş; 1942'de dünyanın yeniden ele geçirilmesi planına uygun bir adla, 'Yeniden Yapılanma ve Kalkınma için Uluslararası Banka (Dünya Bankası)'nın kuruluş çalışmalarını gerçekleştirmiştir. Bu arada, para piyasalarını, ülke ekonomilerini denetim altına almak için Uluslararası Para Fonu (IMF)'nun yasal ve teknik çalışmaları da CFR tarafından yapılmıştır.

Böylece ABD dış politikasında temel ilke olarak her yasanın ve her kararın gerekçesi yapılan 'ulusal güvenlik' ve 'ulusal çıkar' terimlerinin kapsamı, CFR tarafından belirlenir olmuştur. ABD'de federal devletin anti-demokratik yapısını eleştirenlere, sık sık "Kimin ulusal güvenliği?" ya da "Kimin ulusal çıkarları?" sorularını yineleten bir kapsamdır bu!

Sorulardaki haklılık payı azımsanmayacak denli büyüktür. CFR'nin politik egemenliği demek, büyük şirketlerin, büyük bankerlerin ve onların çevresinde kenetlenmiş ulusun çok küçük bir bölümünü oluşturan seçkin devlet memurlarının ve akademik dünyanın egemenliği demektir. 'Lobicilik' ya da 'halkla ilişkiler' adı altında sürdürülen göz boyama, yanlış ve eksik propaganda, seçkinler egemenliğini gizlemeye yöneliktir.

CFR, Amerikan devletiyle içli dışlı çalışır

CFR, salt öneren bir örgüt değildir. Örgütün çalışmaları devlet yönetimiyle birlikte yürütülmektedir. Örneğin, CFR'nin 1939'dan 1945'e dek, yaklaşık 100 görevlisi, 'Savaş ve Barış Değerlendirmeleri' adı altında II. Dünya Savaşı sonrasını planlama çalışmalarını sürdürürken, ABD hükümeti yetkilileri de bu etkinliklere katılmıştır.[575]

En büyük 100 banker, hukukçu, yönetici ekonomici, askeri uzman, akademisyenler ile beş yılda 362 toplantı yapılmıştır. 1942'de ABD Dışişleri ile haftada iki kez toplantı yapılarak planlar hazırlandı.[576] Planlaman komitesine ABD Başkanı Roosevelt'in büyükelçilerinden Norman H. Davis başkanlık etti.

CFR'nin yayın organı 'Foreign Affairs'in yönetmeni Hamilton Fish Armstrong komitenin ikinci başkanlı oldu. Walter H. Mallory komite sekreteri ve Alvin H. Hansen, Jacob Viner, Whitney H. Shepardson, CIA kurucusu ve direktörü Allen Welsh Dulles, Hanson W. Baldwin ve Isaiah Bowman da komite üyesi oldular. Rockefeller Vakfı, çalışmaları, başlangıçta 300.000 dolar ödeyerek destekledi..

II. Dünya Savaşı öncesinde 'Grand Area' yani 'Büyük Alan' olarak adlandırılan Güney Amerika, Avrupa, İngiltere sömürgeleri ile Güneydoğu Asya ülkelerinin ve tüm dünyanın kaderi, Amerikan şirketleri ile

---

[575] Laurence H. Shoup & William Minter, "Shaping A new World Order. Blueprint For World Hegemony," Trilateralism, Editor: Holly Sklar, s.137
[576] G. W. Domhoff, Who Rules America, s. 87.

uluslararası bankerlerin kararlarına bağlandı. Domhoff'a göre Güneydoğu Asya, İngiltere ve Japonya'nın hammadde kaynağı ve pazarıdır. Amerikan ulusal güvenliği, 'Büyük Alan' içinde kalan bölgelerde askersel egemenliğin oluşturulması olarak belirlendi. Her türlü bedel göze alınarak Vietnam'ın savunulması da bu kararın gereğiydi.[577]

CFR, dış politikada açık-diplomatik olayları yönlendiren; örtülü operasyonların ana hatlarını çizen dışa kapalı bir kulüp niteliğine sahiptir. CIA yönetmenlerin hazırladığı raporlar kapalı toplantılarda değerlendirilmektedir. CFR ile ABD federal devlet yönetimi iç içe geçmiştir. Federal devlet kadrolarının seçiminde, dışişleri görevlilerinin atanmalarında CFR'nin etkisi büyüktür. En etkili devlet konumlarına CFR üyeleri getirilmiş ya da en etkili görevlerde bulunanlar sonradan CFR'ye üye olmuşlardır.

CFR, basına kapalı yapılan ve konuşma metinleri açıklanmayan, sınırlı sayıda özel konukların katılımıyla gerçekleştirilen toplantılarını, New York City'de '58 East 68. Street' adresindeki 'The Harold Pratt House' adlı binada bulunan merkezinde gerçekleştirmektedir. Kapalı ve özel toplantılardan birinde açıklanan CIA direktörü Richard M. Bissel'in raporu, ajanlaştırılmış kadrolarla ülkelerin yönetimlerini ele geçirme yöntemine açıklık getirmiştir.

CFR, 1980'li yıllarda 'project democracy' operasyonuna uygun olarak, yabancı ülkelerdeki politikacılarla ve 'sivil' kuruluş temsilcileriyle doğrudan ilişkiler geliştirmiştir. Ülkelerin siyasal parti yöneticileri ve hatta hükümet üyeleri, CFR komisyon toplantılarında 'testimony (ifade)'lerde bulunur olmuşlardır. CFR, bir bakıma, Birleşmiş Milletler'in yerini alan ve gerçek gücü temsil eden bir kurum konumunu almıştır. ABD egemenliğini - daha sonraları 'küreselleşme' denecektir- kabullenenler ya da gücün önünde eğilenler CFR ile ilişkiler kurmaya özenmişlerdir.

Abdullah Cumhur Gül ve CFR

CFR, ABD'ye gelen yabancı devlet başkanlarının, başbakanların, ordu yöneticilerinin uğrak yeri oldu. Bu uğrayışlar, birçok başka ilişkide yapıldığı gibi, konferans adı altında düzenlenen toplantılarla yasallaştırıldı. ABD dışındaki üçlü egemenlik (Trilateral Komisyon) ülkelerinin (ABD-Batı Avrupa-Japonya) borusu arada bir ötse de uluslar arasında hukuksal anlaşmaya yaslandığından BM yönetimi, ABD'ye karşıt tutumlar alabilmekteydi. Bu nedenle BM yerine, hiçbir hukuksal tabanı bulunmayan CFR derneği ve yan örgütleri öne çıkarılmaya başlandı. Yaklaşık on yıl süren bu boyun eğdirme girişimi öylesine biçimlendi ki BM'in adı duyulmaz oldu. Anlaşmazlıkların çözümü Akev'de, CFR'de

---

[577] Domhoff, a.g.k, s.88.

ve NED bürolarında aranır oldu. BM, Washington çevresinde alınan kararları yalnızca kâğıda geçiren bir örgüt konumuna düşürüldü. Böylece ABD'nin dünya egemenliği de dolaylı olarak kabul edildi; çünkü dolaylı da olsa kabul etmeyenlerin alınlarına 'terörist' ya da 'teröre destek veren' ya da 'din hürriyeti düşmanı' ya da 'İnsan hakları ihlalcisi' damgası vurulmaktadır.

AKP Kurucusu, Başbakan ve da sonra Dışişleri Bakanı olan Abdullah Cumhur Gül, o zamanlar Refah Partisi yöneticisiydi. RP-DYP koalisyon hükümetinin devlet bakanı olarak, 26 Şubat 1997'de CFR'de 'Yuvarlak Masa Toplantısı'na katıldı. Bu tür toplantılar kamuoyuna, hatta CFR'nin tüm üyelerine açık değildir; az sayıda katılımcıyla yapılır.

Abdullah Cumhur Gül, dünya politikalarıyla ilgili bir toplantıya katılmamıştı. Konusu özeldi: *Refah Partisi ve Türk Dış Siyaseti*. Toplantıyı, güçlü etki ajanlarından, Soros'un Orta Avrupa Üniversitesi yöneticilerinden Büyükelçi Matthew Nimetz yönetti.[578 / 579]

6 Nisan 2001'de gerçekleştirilen "*21. Yüzyılda Birleşik Devletler Türk İlişkileri- New York*" toplantısında CFR'yi temsilen Barış ve Çatışma Değerlendirme Bölümü üyesi ve Rockefeller Vakfı görevlilerinden (1996-97) Hintli Bayan Radha Kumkar da yer aldı.[580]

Önemli toplantılarda, neyin nasıl konuşulduğunu, hangi seçkinlerle görüşüldüğünü bilmek oldukça güç. O zamanlar devlet görevinde bulunup da CFR toplantısına katılanlardan birinin, TV programında, CFR toplantısında "türban sorunu"nu anlatabilmek için "Kanada'dan türbanlı bir bayan" getirdiklerini açıklaması, bu işlerin ne denli ince olduğunu da göstermektedir.[581]

Türkiye için önemli bir ders

ABD'nin Afganistan'a silahlı müdahalesi başlarken, CFR'de yapılan toplantı sonucunda alınan kararların özeti bile etkinliğin boyutunu göstermektedir. Anımsanacaktır; ABD uzun yıllardır aleyhinde 'Din Hürriyeti ve İnsan Hakları Raporları' düzenleyerek iç muhalefet örgütlemekte

---

[578] *www.cfr.org/public/resource.cgi?meet!829 , 06.08.2001*
[579] Counterspy 1981, Sayı.4, s.52
[580] Toplantıda TBMM'den Mehmet Ali İrtemçelik (ANAP, eski Devlet Bakanı), Abdullah Gül (RP, TBMM Dışişleri K. üyesi), Kamuran İnan (ANAP, TBMM Dışişleri K Başkanı), Tahir Köse (DSP, SHP-DYP Hükümeti eski Sanayi Bakanı), Oktay Vural (MHP, TBMM Dışişleri K. üyesi), Ayfer Yılmaz (DYP, SHP-DYP Hükümeti Devlet Bakanı, eski Hazine Müsteşar Yardımcısı) konuşmacı olarak bulunmuşlardır. a.g.w "?meet 2603"
[581] Abdullah Gül'ün eşi Hayrünnisa Gül, fotoğraf taşımayan bir kimlikle üniversite kaydının yapılmaması üzerine, AİHM'ye başvurmuştur. Kasım 2002'de Başbakan olan Abdullah Gül, eşinin dava ettiği T.C devletini savunması gereken bir makama gelmiştir. Davanın T.C lehinde sonuçlanması beklenirken davacı davasını geri çekmiştir.

olduğu Özbekistan'la birdenbire uzlaşmaya vardı. Bu ülkeyi Afganistan muhalif güçlerine lojistik destek üssü olarak kullandı. ABD, Afganistan'ı bombalamaya başlarken, aynı günlerde CFR, yakın geleceği çizmekteydi. Orta Asya'ya yönelik CFR yuvarlak masa toplantısında alınan kararlara göre, ABD'nin Asya siyaseti biçimlendirildi:

a)ABD Özbekistan'a uzun dönemli yardım yapmamalıdır. Hatta uyuşturucu madde mücadelesi gibi konularda bile yardımda dikkatli olunmalıdır. Yardımlar, Özbekistan rejimini ve yolsuzlukları destekler.

b) Baskıcı rejimlere yardım artırılırsa, Asya'da düzensizlik de artar.

c) Orta Asya ülkeleriyle güvenlik ilişkileri kurulmuştur. Bu ilişkiler, ekonomik gelişmeler ve enerji alanlarıyla sınırlı olmalıdır.

CFR özetle demek istiyor ki salt Özbekistan desteklenmeyecek, daha geniş ilişkiler kurulacak. CFR, ABD'nin Orta Asya ülkeleri arasındaki güvenlik (askersel) ilişkilerine doğrudan girmesini istememektedir. İlişkilerin ters tepeceği endişesi taşıdığı görülen CFR, üçüncü devletlerin kullanılmasını önermekte ve *"Özellikle Türkiye, Hindistan, Avrupa Örgütleriyle ve hatta Rusya ve İran ile Orta Asya'da güvenlik ve ekonomik ilişki kurulmasında"* yarar görmektedir.

Amerikalıların buğulanmış dolaylı anlatımından ayıklanarak söylenirse: ABD, Asya ilişkilerine kendisi girerse olumsuzluklarla karşılaşabilir, bu nedenle maşa olarak öncelikle Türkiye'yi kullanmalıdır.[582]

CFR'nin yuvarlak masa toplantılarında geliştirilen bir öneri, NED ve bağlı örgütlerin operasyonlarının ABD dış politikasıyla ve askeri işlerle ilişkisini de göstermektedir:

"Birleşik Devletler, Özbekistan'daki insan haklarının geliştirilmesini iteklemeyi sürdürmeli ve (buraya dikkat) sivil toplumdaki uyumakta olan muhalefet güçlerini desteklemeyi sürdürmelidir... ABD politikası (son operasyonda) küçük rolleri bulunan Tacikistan ve Kırgızistan'ın içinde bulduğu bölgede odaklanmalı." [583]

CFR-NED-WINEP-NATO

CFR' nin' nin tüm üst düzey yöneticileri ya NED ya da NED'e bağlı örgütlerin yönetiminde yer almaktadırlar. Bu yöneticiler 'project democracy' operasyonu öncesinde ya dünyayı yönlendiren örgütlerde, istihbarat kurumlarında ya da dinsel vakıflarda görev almışlardır.[584]

---

[582] Türkiye'de 'project democracy' eyleminin ilk aşaması Bodrum toplantıları ve Asya'da ABD'yle bütünleşmeyi savunanların eğitim zincirleri anımsanmalıdır.

[583] "Meeting Summary- George Kennan Roundtable on Russia and Eruasia, November 16, 2001; Stephen Sestanovich, Project Director, Speaker: Joseph Presel" www.cfr. Org / public /resource.cgi?pub!4202

[584] 1994 yılına dek yöneticiler bkz. *Robert Gaylon Ross. Who's Who of the Elite*

CFR aslında, Rockefeller ailesi başta olmak üzere sayıları beş yüzü geçmeyen kartellerin ve finans şirketi sahiplerini ya da onların üst düzey yöneticileriyle şirket vakfı temsilcilerini, kapalı ve gizli oda (think tank) üyelerini, CIA'ya çalışanları, eleman yetiştiren akademisyenleri, muhafazakâr (demokrat ve cumhuriyetçi) siyasetçileri, devletin dışişleri ile dış ülkelerde görev yapanları, Soros ve adamları gibi para piyasası oyuncularını, İsrail destekçilerini buluşturmaktadır.

CFR arkasındaki en büyük şirketler bulunduğundan tepeye yakın en güçlü konsey konumundadır. Daha alttaki ağ ya uygulayıcıdır, ya da yönlendirici. Bir örnek vermek gerekirse; yayılma oyununun parçalarından WINEP, CFR-ABD Ordusu-Dışişleri ile yabancı ülkeler arasında bir köprüdür.

ABD-İsrail ittifakının Ortadoğu, Afrika ve Orta Asya operasyonlarını desteklemek ve devlet yönetimlerini, siyasal önderleri, gençliği belirli bir yörüngeye çekmek için uğraş veren WINEP, Türk subaylarını, polislerini, öğretim görevlilerini, bakanları, başbakanları konuk etmekte; Türkiye'deki örümcek ağında ne denli örgüt varsa o denli geniş ilişkiler oluşturmayı başarmaktadır.

WINEP'in Türkiye bölümü yöneticisi olarak çalışan Soner Çağaptay'ın, Irak gezisinden sonra WINEP yayınında yer alan yazısı, CFR damgalı dış ilişkilere iyi bir örnek oluşturuyor:

1-Ortadoğu ve Asya'ya yönelik olarak Türkiye'ye NATO merkezi kurulmalıdır. Bu merkez Irak ve Afganistan operasyonlarına lojistik destek sağlamalıdır.

2-Irak güvenliği için ABD-Türkiye işbirliği, stratejik bağlarını güçlendirecek ve geçen yılın (tezkere sonrası) sorunları çözülecektir.

3-İşbirliği ile Türkiye'nin Kürt devletinin kurulmasıyla ilgili endişelerini giderecek ve Türkiye ve Irak Kürtleri ilişkileri düzelecektir.

3-Türkiye'deki NATO merkezi, Büyük Ortadoğu'nun cephe toprakları olan Orta Asya ve Kafkasya'nın NATO yörüngesine çekilmesine yardım edecektir.

4-Bu 12 ülkenin Türkiye ile tarihsel, ırksal (etnik) ve dinsel yakınlıkları vardır. İçlerinden 10'u ise Müslüman çoğunluğa ya da büyük Müslüman topluluklara sahiptir. Türkiye, NATO merkezi olursa bu ülkeleri NATO'ya bağlayabilir ve onları Batı Dünyasına yakınlaştırabilir.

5-Gerisi Ankara'ya kalmıştır. Bu işlerin kotarılması için NATO İstanbul toplantısı (Haziran 2004) bir fırsattır.[585]

---

[585] Soner Çağaptay (Coordinator, WINEP Turkish Research Program), NATO's Transformative Powers: Opportunities for the Greater Middle East" The Washington Institute for Near East Policy, National Review Online, April 2, 2004

Soner Çağaptay, Bilkent Üniversitesi'nden ABD'ye doğru yola çıkarken bu tür örgütlerle bağlantıya geçeceğini düşünmüş müydü bilmiyoruz. Yollar nereden gelirse gelsin sonuçta tepelerde buluşuyor ve CFR gibi üst örgütlerde dünyanın kaderiyle oynanıyor.

Sivil(!) atölyelerde hazırlanan masum raporları, IRI'ye, NDI'ye, CIPE'ye, ACILS'e, Rockefeller Vakfı'na ya da 'NGO'lara verdiğini sananlar yanılmaktadırlar. CFR'ye ulaşan bir rapor, kartellere, kilise örgütlerine, istihbaratçılara verilmiş olmaktadır. Bunda sakınca görmeyenlere denilebilecek bir şey yok. Ne ki en sivil ve en şeffaf olmakla övünüp halkın gözüne girmeye çalışan atölyecilerin, CFR'den de şeffaf olmasını ve toplantı tutanaklarını açıklamasını isteme hakları ya da görevleri olmalıdır.

Şeffaflığın yararına değinmek gerekiyor: 2004 yılı başlarında belediye seçimi kampanyası sırasında Prof. Necmettin Erbakan, Ocak 1997'de Abdullah Cumhur Gül'ün Washington'a giderek özel bir toplantıya katıldığını ve o toplantıda alınan kararlar sonucunda *28 Şubat 1997* kararlarıyla hükümetinin düşürülme sürecinin başlatıldığını çağrıştırdı. Oysa Abdullah Gül, Genelkurmay İkinci Başkanı, Milli Savunma Bakanı, MGK Genel Sekreteri ile birlikte Amerikan-Türk Konseyi toplantısı için 18 Şubat 1997'de gitmişti. Dönemin Başbakanı inandırıcı değildir; çünkü 26 Şubat 1997'de, CFR'de Refah Partisi konulu yuvarlak masa toplantısına katılan Abdullah Gül, Erbakan hükümetinde Devlet Bakanı'dır. Bir bakanın yabancı ülkeye giderek CFR toplantısına katılması ve orada kendi partisini anlatması herhalde Başbakan'ın bilgisi dışında olamazdı.

ABD'nin Lozan Antlaşması Raporu
ve
Ölümüne Suskunluk

> *"Her daim hizmete hazır ol... Verilen işleri yap... Sonunda hizmetlerinden vazgeçemeyecek duruma geleceklerdir. İşte o zaman politikanı dikte edersin. İlke olarak 'Sana hizmet ederek seni ölüme sürükleyeceğim' yaklaşımı."* ABD Senatosu, K-CIA / Unification Church - Sun Myung Moon soruşturması.

ABD Kongresi bir rapor hazırlatıyor. Ermeni soykırım yasa tasarısına takılmış durumdaki Türkler bu rapora ilgi göstermiyorlar. Hatta her 'soykırım yasası' kampanyasında karşı çıkan Amerikan-Türk dernekleri ve ABD'deki dışişleri görevlileri de bu rapor karşısında ölümüne suskun kalıyorlar. Türkiye'de ABD dolarlarıyla demokrasicilik oynayan küçük sivil örümcekler dışındaki dernekler bile susuyor. "Atatürk ilke ve inkılâpları" demekten kendilerini alamayanlar, ABD yönetimi "Birinci tehdit uluslararası terördür" deyince "Birinci tehdit irticadır" diyerek kampanya başlatanlar da susuyor. Oysa rapor, "soykırım yasa tasarısı" ile yıkılacağına inandıkları o devletin yasal varlığını inkâr ediyordu.[586]

Bu durumda "Duymamıştık" gerekçesi boşa çıkıyor. Şimdi raporun yayınlandığı 2000 yılına dönelim ve önce ABD raporunun nasıl reklâm edildiğini anımsayalım: ABD Kongresi'nin Avrupa Güvenlik ve İşbirliği Topluluğu Komisyonu (Helsinki Komisyonu olarak da biliniyor), "Din Hürriyeti: Seçilmiş AGİT Ülkelerinde Hukuksal Temel" adını taşıyan 212 sayfalık rapor hazırladı.

Raporu, duyuran tek gazete 'Zaman' oldu. Washington'daki gazete görevlisi Ali Halit Aslan, "Dini Rapor" deyip geçiyor ve sonunda Türkiye'ye gözdağı vermekten kendini alamıyor; kâğıt üstündeki yasaların, hatta anayasanın ve anlaşmaların uygulanmadığını, *"28 Şubat süreci"*, *"başörtüsü meselesi"* ve *azınlıklar sorunları"* gibi "can sıkıcı konular bulunduğunu" belirtiyor; Amerikan raporuna güvendiğini belli ediyordu.

---

[586] Washington'daki devlet yönetiminin dış kapısında mandal adamlarının ağızlarından çıkan en küçük fısıltıyı kaçırmayanlar şimdi "Bunu duymamıştık" diyebilirler. Washington Büyükelçiliği herhalde onlara bu raporu yollamıştır; ama görmeyen duymayan Türkiye yayın ortamına inat aynı rapor Zaman gazetesinde övülmüştü. Raporun yayınlanmasından kısa süre sonra Gazete Mudafaa-i Hukuk'ta da raporu değerlendiren uzunca bir yazı yayınlamıştık.

Aynı görevli, rapor yazıcıları adına meydan okumaktan geri kalmıyordu:

"Varsa bir itirazınız, meydanı boş bırakacağınıza, bilim yoluyla gelen suallere, aynı şekilde karşılık verirsiniz."

Aynı görevli, kime *"siz"* diyorsa onları aşağılamaktan geri kalmıyor; *"Tabii verilecek cevabınız ve cevap verebilecek uzmanınız varsa..."* diye yazıyordu. Böylece "siz" diye seslendiği T.C.'nin, ne denli uzmansız ve ne denli aşağılarda bulunduğunu belirtmiş oluyordu.

Görevli, "Türk dostu" olarak tanındığını belirttiği Senatör Robert C. Byrd ile ilgili yorumunu da *"Dini raporun perde arkası"* haberinin yanına eklemişti. Bu haberde, Amerikalı Senatör Byrd'in Türkiye'ye yapacağı geziyle ilgili bir kokteyl düzenlendiğini bildiriyor; yabancılaşmanın özgün bir örneğini de vererek *"Türkiye'de bir Amerikalı senatörün ölüsü bile iş görür!"* diyordu.[587]

Raporun Türkiye'de sunuluş yöntemi de, ABD'den bir senatörün ölüsünün bile iş görebileceği, yani Türkiye'de ölülerden daha canlı ve daha değerli kişi bulunmadığını, T.C. uyruklu bir kişinin yazması, daha sonra değineceğimiz raporun içeriğiyle de amacıyla da uyumluydu. Rapora geçmeden ölüsü bile iş görecek senatörü biraz tanıyalım:

Robert C. Byrd eski Ku Klux Klan (KKK)'cı olarak yazılıp çizilmiş bir kişidir. Onun değil ölüsünün iş görmesi, dirisinin bile Türkiye'de kabul görmesi söz konusu olamazdı.[588]

Yaşı 83 olan bu Demokrat Parti senatörü, yıllar sonra bile Klan etkisini üzerinden atamamış ve "Aramızda beyaz zenciler var" diyebilmiştir.[589] Senatör Robert Byrd, uzun yıllar Demokrat Parti grubunu yönetirken kongre çalışanlarınca bir "tiran" olarak nitelenmiştir.

Byrd, West Virginia devletinde uygunsuz yöntemlerle yatırımlar yaptırtan 'Domuz Kralı' olarak da ünlenmiştir. Byrd öylesine demokrattır ki Jimmy Carter döneminde İran'a dek gidip, İran diktatörü Şah Rıza Pehlevi'ye destek vermek için elinden geleni yapmıştır.[590/591/592]

---

[587] Ali Halit Aslan, "Bir taşla iki 'Byrd' " Zaman, 24 Temmuz, 2000.
[588] Phil Magness, What Goes Around Comes Around: Democrats and Reparations, *hous-tonreview.com /summer2002/democrats.html*
[589] Michelle Malkin, "Democratic Sen. Robert Byrd, Ex-Klansman," Capitalism Magazine, 8.3. 2001.
[590] Ronald Kessler, Inside Congress, s.21,28,65,91,147. King of Pork: Domuz Kralı.
[591] Amir Taheri, Nest of Spies: America's Journey to Disaster in Iran. s.100.
[592] Byrd'in durumu, bir gerçeği unutturmamalı: Türkiye'de bazen Amerikalıların ölüsü bile iş görüyor ve TBMM'ne girip milletin vekillerine 'siyasal ahlak' konferansları veriyorlar, hatta anayasa değişiklikleri için TBMM komisyonu ile birlikte çalıştıklarını açıklıyorlar. Lozan Anlaşması'nın yıldönümünde, hem de ABD Kongre raporunun hemen ardından, "Lozan anlaşması yeniden değerlendirilsin" diye yazmalarına bakılırsa, söz konusu Amerikan raporu hedefi tutturmuş oluyor.

ABD raporu, T.C.'nin temelini yok sayıyor

Mayıs 2000 tarihini taşıyan raporun içindekileri, Amerikalıların bilimsel ve tarafsız görünsün diye sıkça başvurdukları okul ödevi dilinden sıyırarak maddeleştirirsek belki o zaman, son yirmi yılda başımıza gelenleri algılayabiliriz. Bu rapor, Türkiye Cumhuriyeti Devleti'nin egemenliğinin bağıtlandığı Lozan Antlaşmasına iki yönden yaklaşıyor: (1) Türkiye azınlık hakları, insan hakları ve din hürriyeti konusunda anlaşmaya uymamıştır. (2) Türkiye, 'Müslüman etnik azınlık' haklarını tanımamıştır.

Rapor, Türkiye'nin kuruluş aşamasını dolaylı yoldan sorguluyor ve dahası gelecekteki sorgulamalara da kapı açıyor. Bağımsızlık Savaşı ile ilgili kısa yorum, aslında Lozan Antlaşması'nı uzun yıllar onamamış olan Amerika'nın 2000 yılı yaklaşımını özetlemekle kalmıyor, Alman vakıflarının danışmanlarınca ve ABD-İngiliz örgütlerinin parasal desteğini alan yerli sivil(!) örgütlerce ileri sürüldüğü gibi zorlama ya da yapay ulus denilmesinin kaynağı da ortaya çıkıyordu:

"Yabancıların hırsları Türk milli direnişini körükledi. Mustafa Kemal (daha sonra Atatürk) milliyetçileri Sultan'ın kuvvetlerine karşı iç savaşı kazandılar ve Rumları Anadolu'dan sürdüler."

Günümüzde ABD'den gelen her şeyi iyiye yormak bazı aydın(!) kişilerce ilke edinildiğinden, onların gözünü biraz olsun açmak için ABD dilini çevirmeliyiz. ABD raporu öz olarak diyor ki: Bağımsızlık savaşı yoktur; 1918-1923 arasında sürdürülen o savaşım, bir 'iç savaştır.' 'İç savaş' tanımlaması aşağı yukarı şu demek oluyor: Bağımsızlık Savaşı, işgalcilere ve yayılmacılara karşı gerçekleşmemiştir. İngilizlerin öncü gücü Yunan orduları Trakya'ya ve Batı Anadolu'ya; asker çıkarmamış; Fransızlar Hatay, Adana, Gelibolu yarımadasına ve Antep'e girmemişler; İtalyanlar Antalya, Muğla, Söke ve Kuşadası'nı ele geçirmemişler; İngilizler, İstanbul, Kocaeli, Bandırma ve Çanakkale'ye çıkmamışlar; ABD'nin desteklediği Ermeniler Kuzeydoğu Anadolu'yu işgal etmemişler.

Olan yalnızca Mustafa Kemal'in önderliğinde, Osmanlı devletine karşı gerçekleştirilmiş bir iç isyandır. ABD siyasal terimiyle buna "insurgency" deniyor. Bu tür değerlendirme öyle pek yeni değildir. İstanbul'a yerleşen işgal komutanları ile Osmanlı yönetiminin ortak cephesinin ulusal savaşçılara karşı halkı kışkırtırken sığındıkları yarı siyasal, yarı dinsel gerekçedir bu 'isyan' tanımlaması. İngiliz Muhipleri Örgütü'nün *"Kuvayı Milliye denen eşkıya"* demesi de bu 'iç savaş' tanımlamasına dayanıyordu.

Kurtuluş savaşı bir iç kalkışmadan başka bir şey olmayınca, Türkiye'de savaşın iki tarafı bulunmuş oluyor. Bir yanda isyancı 'Mustafa Kemal Milliyetçileri' ve karşı yanda da yasal Osmanlı devleti ve o devletin yönetimine yardım eden uygar(!) Avrupalı ve Amerikalı güçler...

Bu değerlendirme, Alman vakıfçılarının ve federatif Türkiyecilerin açıklamalarıyla örtüşüyor. Güncel yayınlarda, Ulusal Savaş, ihtilaldir; ama İngiliz - Yunan desteğiyle ulusal yönetime karşı savaşa tutuşan Kuvayı İnzibatiyeciler, Anzavur Ahmet'ler, işgalcilerden açıkça görev alanlar, 'hain' olarak değil, 'karşı ihtilalci' olarak nitelenmektedirler.[593] Terimler sonradan uydurulmuş değildir. ABD'nin ulusal çıkarlarına karşı çıkan her hareket, resmi tanımlamayla 'insurgent' yani 'isyancı' ya da 'ihtilalci' oluyor. Buna karşılık olarak, ABD'nin çıkarları doğrultusunda davrananların, iç savaşı bastırmak için verdikleri savaşımın adı da yine resmi tanımlamayla 'counter-insurgency' yani 'karşı ihtilal' olmaktadır. Modern deyimlerle, iç savaş çıkartanlar "gerilla" ya da "terörist" oluyor, yasal(!) devletin yanında yer alıp, işgalcilerle işbirliği yapanlar da 'kontrgerilla' savaşçısı olmuş oluyorlar.

ABD Raporu: Türk Bağımsızlık Savaşı Devlete İsyandır

Kongre raporunda Türk Ulusal Bağımsızlık savaşı üstüne yapılan bu değerlendirme, günümüzde pek çoğuna rastlanan bir dahi derin tarih profesörünün düşünceleriyle sınırlı kalsa, üstünde durmaya değmezdi. Ne ki, yabancı bir devletin resmi bir kurumunca hazırlanan rapor, işin ucunu Lozan Antlaşması'na bağlayarak T.C. devletinin kuruluşunun yasal dayanağının bulunmadığını ileri sürmesiyle konu önem kazanıyor. Bu görüşler çeşitli uluslararası konferanslarda, *"Lozan Antlaşmasında Müslüman azınlık tanınmamıştır"* denilerek dile getiriliyorsa ve Avrupa Parlamentosu'nda "Kemalizm reddedilmeli" paragrafları içinde Lozan Antlaşması, örtülü olarak tartışılmaya başlandıysa ve aile egemenliğini, saltanatı korumak için yurdunu teslim etmekten bir an bile çekinmemiş olan ve ulusuna karşı işgalcilerle işbirliği yapmaktan kaçınmayan son padişah Vahdettin, T.C. eski Başbakanı Ecevit tarafından bile vatan hainliğinden aklanıyorsa, önem daha da büyüyor.[594]

Rapordaki satırlar bu önemi yaşamsal kılmaya yeterli olacaktır. Amerikan komisyonu, Bağımsızlık Savaşı'nın sonucunu da Türk ulusunun savaşım kararlılığının bir sonucu olarak görmüyordu:

"Çeşitli uluslararası ve iç nedenlerle, büyük güçler Yunanlılara yardım edememişler, aralarında birlik oluşturamamışlar ya da Sevr koşullarını yeniden dirilen Türklere kabul ettirememişlerdir."

Alman vakfının elemanı, ya da RAND uzmanı eski CIA'cilerin ve Kürt-Türk uzlaşmacılarının belirttikleri gibi, Türk ulusu ortalarda yoktur.

---

[593] ." Sefer E. Berzeg, "Ançok Ahmet Anzavur... Gönen ve Manyas yöresindeki Kafkas göçmen köylerinden topladığı gönüllülerle Marmara yöresinde Kuvayı Milliye'ye karşı ilk karşı ihtilal hareketini başlattı. Çerkes Göçmenleri, s.15. Berzeg, LDT Derneği kurucusudur.

[594] Moudros (Yunanca aslı) teslim anlaşmasının ayrıntıları için Bkz. M. Yıldırım, 58 Gün.

İşgalciler de yoktur. İşgalciler *'uluslararası güçler'* ya da güncel nitelemeyle *'koalisyon güçleri'*dirler. Türk ulusunun değil, bu "uluslararası güçlerin" hatasıyla, 'Mustafa Kemal Milliyetçileri' yani bir azınlık, bir hizip, yasal devlet yönetimine karşı isyan edip iç savaşa soyunmuş ve yönetimi ele geçirmiş oluyor. Kısaca "Zafer bunun neresinde? Ulusal birlik neresinde bu savaşın?" demeye getiriliyor.

Kongre raporunun adı yanıltıcıdır: "Din Hürriyeti'nin Yasal Dayanakları." Aslında raporun niyeti, azınlıkların yurtlarını yitirdiklerini gündeme getirmektir. Azınlıkların önceden birer devletleri ve o devletlerin egemen olduğu vatanları varmış gibi yazılıyor.

Bu aşamada birkaç sorunun yanıtını bulmak gerekiyor. Örneğin: Rapor bunları neden yazıyor? Rapor, "Lozan yeniden değerlendirilmelidir" diyenleri ya da "Lozan mübadelesi büyük zarar vermiştir" ya da "Lozan mübadelesiyle eğitimli Rumlar gitti, onların yerine cahil köylüler geldi" diye romanlar yazanları neden mutlu ediyor? Soruların yanıtları, raporun 'ilmi' saptamalarındadır. Özetleyelim:

1) Lozan'da Müslüman olmayan azınlık haklarından söz edilmiş ama bu azınlıkların adları belirtilmemiştir.
2) Lozan'da Türk tarafı müttefiklerin Ermenilerin, Nasturilerin ve Süryani Hıristiyanların "vatanlarını" belirleme isteklerini de kabul etmemişlerdir.
3) Türkiye daha sonra Rum Ortodoksları, Ermenileri ve Yahudileri tanımıştır.
4) Lozan'da Müslüman etnik azınlıkların hakları anlaşmaya geçirilmemiştir.

Bu değerlendirmeyi anlamak için uzman olmaya gerek yok. Yalnızca özel görevli olmamak yeterlidir. Raporu, Türkçesiyle tersten okuyalım: Türkiye'de çok sayıda azınlık bulunuyor, azınlıkların yurt sorunları var; üç azınlığı kabul etmeyi bilen Türkiye ötekileri de kabul etsin; Müslüman etnik, yani Gürcü, Çerkez, Arap, Kürt, Laz, Pomak, Balkan ve Asya kökenliler de "azınlık" olarak kabul görsün vb.

Ülkelerin ve devletlerin varlıkları, egemenlikleri ne mantık ve çıkar hesaplarıyla sağlanabilir ne de güvence altına alınır. Bu nedenledir ki; kurtuluş savaşları yapılıyor, mandacılarla bağımsızlıkçılar, aşiretçilerle ulusçular birbirinden ayrılıyorlar. Rapor, yoruma gerek kalmayacak denli açık. ABD Kongre Komisyonu demek istiyor ki Türkiye'nin etnik ve dinsel içyapısı Lozan Antlaşması'nın yeniden görüşülmesini gerektiriyor. Rapor bu açık isteği, Lozan Konferansı'nda konuşan bir müttefik kuvvetler sözcüsünün sözleriyle pekiştiriyor:

"Türkiye, doğum yeri, milliyet, dil, ırk ya da din farkı gözetmeksizin tüm nüfusun canını ve özgürlüğünü tamamiyle koruma yükümlülüğünü üstlenmiş olup, bu maddeyle her dinin ve inancın gereklerinin serbestçe uygulanacağına dair güvence vermiştir."

Bu sözleri, egemenlik haklarından, tarihsel olaylardan, incelikle gizlenmiş olan emellerden kopararak anlamaya çalışanlar, 'insan hakları' adına ayağa kalkacak ve işgalcilerin sözcüsünü alkışlayacaklardır.

Oysa mantık basittir. Onlara göre, Lozan'da bir uluslararası antlaşma yapılmıştır ve Türkiye bu antlaşmaya uymak zorundadır. Antlaşmanın eksiklikleri daha sonra altına imza konulan uluslararası antlaşmalara da uydurulmalıdır.

Uydurulma işi için uzun süre beklenmedi. 'Kopenhag Uyum Paketleri' denilerek, ABD raporunun gereği hızla yerine getirilmiş oldu. 2001 Baharında ve Ağustos 2002'de TBMM'de ilk yasal değişiklikler yapıldı. 2003'te hız daha da artırıldı. Irak'a saldırı kargaşası içinde meclisten üst üste yasalar geçirildi. Bu gelişmeler ayrı bir kitap konusudur. Şimdi yeniden rapora dönelim. T.C. devletinin kuruluş yasallığı tartışmalı bir duruma sokulurken, din hürriyeti örtüsü altında antlaşmanın geçersizliği savunulmaktadır. Türkiye'nin yasalarının değiştirilmesi ve tekkelerin, küçük tekkelerin, manastırların yeniden açılması isteniyor. İzleyelim.

-Türkiye Cumhuriyeti Anayasası'nın 24. maddesi din hürriyetini kısıtlıyormuş. Türk devleti, Ortodoks patrikliği gibi kurumların Türkçe dışı eğitim vermelerini, yabancı dindaşlarıyla ya da diğer din kurumlarıyla ilişki kurmalarını devletin bölünmez bütünlüğüne karşı bir tehdit olarak görüyormuş.

-Türkiye'de çeşitli Müslüman mezheplerine bağlı insanların parasal ya da politik güç elde etmeleri engelleniyormuş.

-Türkiye'de dinsel toplulukların başında bulunanların ya da müritlerinin unvanlarının kullanımı yasaklanmış, tekkeleri ve türbeleri kapatılmış. Oysa milli kahramanların türbeleri açık tutuluyormuş ve devlet bu yerlerin bakımını üstleniyormuş.

-Dinsel giysilere yalnızca ibadet yerlerinde izin veriliyormuş.

-Kanunlar ayni zamanda memurların işyerlerinde, öğrencilerin okullarda giyim kurallarını belirliyor ve bu kanunlar nedeniyle 'başörtüsü' yasaklanıyormuş.

-Türkiye, Hıristiyan kurumların mülk edinmelerini engelliyormuş.

-Türkiye, Halki (Heybeliada) Manastırını kapatmış. Bu manastır açılırsa, Müslümanlar dâhil, diğer cemaatlerin de özel din okulları açmalarına olanak sağlanacakmış.

-Lozan'da, zaten Osmanlının Müslüman olmayanlara tanıdığı dinsel haklar tanınmış oluyor da Osmanlı'nın tanıdığı diğer haklar tanınmıyormuş.

-Yehova Şahitleri'nin bir din olduğu kabul edilmiyormuş; ama Yargıtay'ın kararıyla bu durum düzeltilmiş.

Yukarıdaki olumsuz tümceleri olumlulaştırırsak, Türkiye'nin Lozan Antlaşması yasallığından kurtulması bir yana cumhuriyet devletinin kuruluş yasalarının ortadan kaldırılmasının istendiği görülecektir:

-Tarikat ve ticaret bağlarına, şeyhlerin örgütsel destek için şirketleşmesine engel olunmamalıdır.

-Şeyhler, papazlar, hahamlar, hocalar vb. sözde dinsel kılıklarıyla ortalıkta dolaşarak toplum içinde kutsal giysilerine uygun bir ayrıcalık elde edebilmelidirler.

-Okullarda ve işyerlerinde etnik kimliğe uygun giyim özgürlüğü olmalıdır. Kimliğe uygun giyim, etnik ayrılıkları öne çıkarma, etnik kimliğin öteki parçası dinsel inanç... Turbanın desteklenmesinin altına neyin gizlendiği açıktır.

-Hıristiyanların, Musevilerin, her Müslüman mezhebin, tarikatların ve böylece tüm etnik azınlıkların kendi bildiklerine okullar açarak, uluslaşma sürecini durdurmaları serbest olmalı.

-Toplumsal düzen, yurttaşlık yasaları Osmanlı dönemindeki gibi olmalı; Tanzimat yasalarıyla Avrupalılara ve Amerikalılara tanınan eğitim, örgütlenme, misyoner merkezi oluşturma serbestliği yeniden tanınmalıdır.

-Çeşitli dinlerin özgürce örgütlenebilmesi için hukuk elverişlidir. Yargıtay'ın Yehova Şahitleri ile ilgili kararı kullanılabilir.

Rapor işte bunları istiyor. Olayları, 'Din Hürriyeti Senaryosu' ile birlikte bir kez daha gözden geçirirsek, ABD raporuna uygun bir eylem planının yürütüldüğü kolaylıkla anlaşılacaktır. Bunun böyle olduğunu anlamak için ABD'nin ve onların destekçisi Avrupa'nın "project democracy" aygıtı ile Türkiye'de uluslaşama sürecinin en önemli ve vazgeçilmez ilkesi olan laik devlet düzeninin ve sonuç olarak T.C.'nin yıkılmak istendiği de görülecektir.

Kongre Raporu: Anlaşmazlıkların kaynağı laikliktir

Raporun satırları arasında yukarıda sayılan olumsuzlukların kaynağını bulmak zor değil. Raporda *"Bugünkü anlaşmazlıkların ana kaynağı, Osmanlı'nın yıkılması ve Türkiye Cumhuriyeti'nin doğuş ortamıdır"* deniliyor ve kargaşanın nasıl yaratıldığı şu sözlerle açıklanıyor:

"M. Kemal Atatürk, çağdaş ve laik Türkiye Cumhuriyeti'ni Osmanlı İmparatorluğu'nun yerine geçirmek istedi."

Amerikan raporu, güncel operasyonu tarihsel nedenlere bağlıyor:

"Laikliğin kurumsallaştırılması Kemalistler ve çoğunlukla İslamcılar olarak adlandırılan muhafazakâr Sünni Müslümanlar arasında, günümüzde de sürmekte olan, bir gerilim yaratmıştır."

Toplumsal dayanışmayı ve birliği sarsmaya dönük, tarihsel gerçekleri ve olayların nedenlerini gözardı eden rapora göre, devletin kuruluş aşamasında, 'Sünni Müslümanlar' ile 'laik devlet kurucuları' arasında bir çatışma yaşanmış oluyor. T.C. devlet düzenini destekleyen halkın çoğunluğunun 'Sünni' mezhebinden olduğunu saptadığından, yeni bir tanımlama yapıyor: *"Muhafazakâr Sünni Müslümanlar."*

Böylece çatışmanın merkezine Osmanlı-T.C. zıtlığını koymakla yetinmiyor; daha alt bölünmeler tasarlıyor; Batı dünyasınca sahip çıkılması gereken bir toplumsal öbek daha yaratıyor.

Gerçekte halkın onaylamadığı sürtüşmeyi gündeme taşımanın kimin işine yaradığı bellidir. Buradan çıkarak, ABD'nin amacını değerlendirebiliriz. Tarihsel bağlantıdan sonra günümüze atlayan rapor, *"28 Şubat 1997 Ültimatomu"*na geçiyor ve RP'nin iktidardan uzaklaştırıldığını belirtiyor; "Hijab" ve "Başörtüsü" sorunu olarak nitelendirdiği "türban" olaylarını vurguluyor.

Rapor, kadın öğretmenlerin işten atılmış olduğunu belirtiyor ve Merve Kavakçı'nın durumunu ayrıntılarıyla anlatıyor. Din hürriyetinin kısıtlanması kapsamında, *"28 Şubat Ültimatomu"* ile *"imam hatip özel okullarının kısıtlandığını"* saptıyor.[595]

ABD raporunda, uluslararası anlaşmaların kanun hükmünde olduğu ve üzerinde yasal bir denetim yapılamayacağı belirtiliyor. Bunun anlamını kavramak için, Varşova-1998 konferansında ABD delegesi Laila Al Marayati'nin söylediklerini, Lozan antlaşmasının ele alışındaki yaklaşımı, raporun yayınındaki zamanlamayı ve "Müslüman etnik azınlık" nitelemelerini yeniden gözden geçirmek yeterli olacaktır.[596]

O günlerde, RP Milletvekili Oya Mughisuddin'in Avrupa'da yapılan bir konferansta *"Müslüman azınlık hakları tanınmıyor"* diye yakınmasını ve TOSAV danışmanlarından Baskın Oran'ın AB ve İstanbul Barosu'nca düzenlenen *"Türkiye'de Azınlık Hukuku"* konferansında Lozan Antlaşmasında yalnız Hıristiyanlara değil öteki azınlıklara da haklar tanındığını ileri sürdüğünü de eklersek raporun öncesi ve sonrası kolaylıkla anlaşılabilir.

---

[595] Merve Kavakçı'nın meclise doğru yürüyüşü olmasaydı, Türkiye'deki din hürriyeti konuları Amerikan devletinin resmi raporlarına bu yoğunlukta geçmeyecekti. Merve Kavakçı Mayıs 1999'da *"Onları demokrasi testinden geçirdim. Sınıfta kaldılar"* derken bu katkısının bilincinde miydi? Sonraları Avrupa'da, Londra'da İngiliz parlamentosunda ve Georgetown Üniversitesi'nde aynı çizgide konuşmayı sürdürmesine; Hamas'ı destekleyen Amerikan Müslümanlarının kurdukları örgütlerin ABD yönetimiyle görüşmeler yaparak Türkiye'nin cezalandırılmasını istemelerine bakılırsa, Merve Kavakçı'nın katkısının, daha doğrusu onun 'Din Hürriyeti' senaryosu ve 'Lozan Raporu'ndaki değeri herhalde anlaşılmış olacaktır.

[596] Zaman'ın görevlisi, raporun hazırlanışıyla ilgili bilgi veriyor: *"Raporun Türkiye kısmını hazırlama görevi Kongre Kütüphanesi'nin Türk asıllı uzmanı Belma Bayar'a veriliyor. Belma Hanım, temelde sadece kanuni ve hukuki belgelere bağlı kalarak konuyu irdelemek istiyor... Helsinki Komisyonu ise özellikle Türkiye Cumhuriyeti'nde dini azınlıkların en mühim tarihi kavşağı olan Lozan Anlaşması'nın sadece kâğıt üzerinde bir belge olarak değil, günümüze kadar yansıyan uygulamaları ile incelenmesinin arzu ediyor... Belma Hanım... Taleplerini karşılamayınca, raporun Müslüman ve gayrimüslimlerin din özgürlüğü ile ilgili önemli ve güncel sorunlarını içeren son kısmı... Ortadoğu Uzmanı Carol Migdalowitz'e yazdırılıyor."* Ali Halit Aslan, "Dini raporun perde arkası" *Zaman*, 24.7. 2000.

Daha önce de belirtildiği gibi 'project democracy' her kesimi birleştirir. Ortak paydanın adı, çok kültürlülük için zenginleştirilmiş Amerikan tasarımlı demokrasidir. Din devleti yolunda yürüyenlerle, etnik azınlık milliyetçiliği yaparak yabancı egemenlerle ilişkilerden yararlanmak isteyen sözde aydınlar, azınlık milliyetçileri, para piyasası oyuncularının önünü açmak için "liberal enternasyonal"e katılanlar, aynı cephede birleştiler.

Birleşenler, ABD'nin cumhuriyet devletinin kuruluşundan bu yana dayattığı Lozan Antlaşması'nın geçersizliği kurgusunun AB'ce kabul ettirilen ve Türkiye'yi yönetenlerce canı gönülden kabul edilen değişimlerle başarıya ulaştı. T.C. Başbakanlığı bünyesinde oluşturulan İnsan Hakları Komisyonu, Lozan Antlaşması'nda Müslüman azınlıklara haklar tanındığına, her türlü dilde eğitimin serbest bırakılarak dayatmacı 'Kemalist' rejimden vazgeçilmesinin gereğine hükmetti.

İşin temeli, komisyon raporundan önce, TOSAV'ın Türk-Kürt sorunu çalışmalarıyla biçimlendirdiği anayasa taslağıyla, AB kuyruğuna takılan TÜSİAD'ın raporlarıyla, İbrahim Kaboğlu'nun düzenlediği ve Yunanlıların büyük bir iştahla katıldığı Anayasa reformu panelleriyle atıldı. Çatısı da TESEV desteğiyle hazırlanan, Baskın Oran imzasını taşıyan *"Türkiye'de azınlıklar: kavramlar, Lozan, iç mevzuat, içtihat, uygulama"* raporuyla kapatıldı.[597]

Bu birleşme, Başbakanlık Komisyonda yer alan kuruluş ve kişilerin NED kanalıyla ABD hazinesinden ve AB fonlarından aktarılan paralarla ve düşünsel(!) katkılarla kurulan örümcek ağına bağlanmalarındaki sonul amacı göstermektedir.

Recep Tayip Erdoğan ile bazı bakanların geçmişteki açıklamaları ve ABD ilişkileri de göz önüne alındığında, söz konusu birleşmenin ne denli kapsayıcı olduğu da anlaşılacaktır.[598]

Komisyon üyesi 73 kişiden, dernek ve vakıflardan birkaçının adını sıralamak bu yargıyı güçlendirecektir:
İbrahim Kaboğlu (Başkan)
Baskın Oran (TESEV)
İhsan Dağı (LDT)
Yılmaz Ensaroğlu (Mazlumder)
Kamil B. Raif (TDV)
Zafer Yavan (TÜSİAD)
Türkan Saylan (ÇYDD)
Ayşe Berktay Hacımirzaoğlu (Kadının İnsan Hakları Vakfı)
Levent Korkut (LDT)

---

[597] Baskın Oran, Türkiye'de azınlıklar: kavramlar, Lozan, iç mevzuat, içtihat, uygulama, TESEV Yayınları, Haziran 2004.
[598] Başbakanlık İnsan Hakları Danışma Kurulu "Azınlık Hakları ve Kültürel Haklar Çalışma Grubu" Raporu, Ekim 2004.

Şenal Sarıhan (Cumhuriyetçi Kadınlar Derneği)
Ali Doğan (Hacı Bektaş Veli A. K. Vakfı)
Mustafa Şimşek (Birlik Vakfı)
Handan Soğuk (İKV)
Bülent Tamer (Helsinki Yurttaşlar Derneği). [599/600/601]

Bağımsızlık ve egemenliği korumakta duyarlı davrananları 'Sevr' sendromu yaşamakla aşağılayanların görüşleri bu raporda *"Tarihsel ve siyasal neden: Sevr Sendromu"* başlığıyla devletin resmi belgesine geçmiştir. Örümcek ağına tutulanlarca kullanılan "Yeni Zemin", "Yeni Sözleşme", "Uzlaşma Anayasası" gibi örtülü adlandırmalar bir yana bırakılmış; istekler, *"Türkiye Cumhuriyeti anayasası ve ilgili yasalar; özgürlükçü, çoğulcu ve demokratik bir içerikle ve toplumsal örgütlü kesimlerin katılımıyla yeni baştan yazılmalıdır"* maddesiyle açığa vurulmuştur.

2004 yılı 'azınlık hakları' konusunda sürdürülen operasyonun başarılarına tanık oldu. Prof. Baskın Oran, TESEV'in katkılarıyla bir azınlık raporunu kitap yaptı. Ayrıca, 'Azınlıklar Vakfı' da kuruldu. Doğu Anadolu'dan çok sayıda belediye başkanının da aralarında bulunduğu yüzü aşkın kişi Herald Tribune'de bir ilanla Kürdistan'a özerklik istediler. İmza sahipleri arasında ERNK'nin İslamcı kanadının başkanı Abdürrahim Düre de yerini aldı.

ABD'de hazırlanan Lozan raporuna ses çıkarmayanların bu gelişmeler karşısında seslerini yükseltmeleri yadırgatıcıydı, ama bu sesler bile çok kısa sürede sönüp gitti. Arkalarında kurumsal destek olsaydı uzun soluklu bir toparlanış olabilir miydi, sorusunun temeli olamazdı. Çünkü destek vermesi gereken kurumlar, Erbil'de açılan Kürdistan Parlamentosu'nun ABD ve Batı Avrupa tarafından açılışta temsil edilerek desteklenmesi karşısında susmuşlardı.

Açıktan kurulan sivil ağın düğümleri ile askeri işgalin ilmikleri sonunda birleşmişler ve Ortadoğu'da barış ve istikrarın yok olmasında bir araç rolünü oynayan Kürdistan Güney Devleti anayasasının şu giriş maddesi bile Lozan'ın çoktan yok sayıldığının kanıtı olmuştu:

"1920 yılında imzalanan Sevr Anlaşması'nın 62-64 nolu maddeleri Kürtlere self-determinasyon hakkını tanımasına rağmen, uluslararası çıkarlar ve siyasal dengeler Kürtlerin bu hakkı elde edip uygulamaya geçirmelerini engellemiştir. Sevr Anlaşması'na konulan maddelerin

---

[599] Gazeteci Emin Çölaşan, Kaboğlu'nun devlet araçlarını kullanmasına karşın ulaşım gideri gösteren belgeler sunduğunu ve ayrıca ödemelerden yararlandığını somut belgelerden söz ederek yazdı. Hürriyet, 27 Ekim 2004.
[600] İhsan Dağı (Kilis -1964): Liberal Düşünce Topluluğu Derneği YK üyesi, Liberte Yrd. Editör, Soros OSI desteğindeki Int. Center for Economic Policy Studies (Budapeşte) Int. Policy Fellow (2001–2002), Carnegie Council Fellow, ODTÜ Profesör.
[601] Lozan Antlaşması nasıl bağımsız Türkiye'nin temel belgesiyse, T.C Başbakanlığı bünyesinde oluşturulan söz konusu komisyonun raporu da geleceği belirleyecektir.

tersine, Güney Kürdistan 1925 yılında, kendi halkının iradesi dikkate alınmadan, dört yıl önce, yani 1921 yılında kurulmuş olan Irak devletine müsadere edilmiştir... 25 Aralık 1992 tarihinde, İngiliz ve Irak hükümetleri Kürtlerin kendi yönetimlerini kurma hakkını tanıyan bir açıklama yayınlamışlar ve Kürt temsilcilerinden, hükümet biçimini, coğrafi sınırları ve Irak ile siyasal, ekonomik ilişkilerin biçimini belirlemeleri istenmiştir".

Yıllardır; 'Sevr' bir sendrom mudur, değil midir, diye tartışılırken; işi "din ve ifade" özgürlüğü bağlamında hafife alan kişi ve kurumlar, bu maddeyle bile uyanmamışlar; göstermelik bir iki demeçten sonra susmuşlar; 'stratejik müttefikleri'nin planlarını destekleme hesaplarını gözden geçirmeyi bile çok görmüşlerdir.

Bu yorumları 'şoven' ya da aşırı 'ulusalcı' olarak değerlendirecek olan sözde barışseverler, Lozan Antlaşması'nın Ortadoğu'da ve tüm dünyada ezilen ulusların başkaldırısının, barışın ve dayanışmanın bir belgesi olduğunu gelecekte siyasal yorum kitaplarında okuyunca acı duyacaklardır. Ne ki, acı duymanın, tarihsel sorumluluğu ve insanlığa karşı işlenen suçları ortadan kaldırmadığı da bir gerçektir.

Demokrasiye CIA Katkısına Örnek Venezuela'da Darbe

> *"Başvurunuzu inceledik ve Agency, kayıtların varlığını ne doğrulamaktadır ne de yadsımaktadır. Başvurunuz reddedilmiştir."* Robert T. Herman, CIA Information and Privacy Coordinator.

12 Eylül darbesinin lideri, darbe sonrasının devlet başkanı Orgeneral Kenan Evren, "Türkiye'yi tuzağa düşürdüler. 'Türkiye'yi biraz daha sıkıntıya sokalım da Kürt, Kıbrıs, Ege meselelerini halletmek için bize muhtaç olsunlar' diyenlerin oyununa getirildik" demiş.[602] Doğrudur denilip geçilebilirdi; ama tuzaklar öyle bir-iki yılda kurulmuyor. Oyuna getirilmeler de öyle bir gecede gerçekleşmiyor. Bu tür açıklamalarda bulunanların insanlığa yapabilecekleri en büyük iyilik, eski kirli oyunların iç yüzünü sergilemektir.

Venezuela'da olanlarla, 12 Eylül 1980 öncesinde olanlar arasında olsa olsa yıl ve biraz da doz farkı var. Hatta savcıların öldürülmeleri bile birbirine benzemektedir. Dünyada savcıların öldürülmesine pek sık rastlanır; çünkü savcılar araştırdıkça kirli işlerin görünmeyen yüzündeki ilişkileri aydınlatırlar. Venezuela Devlet Savcısı Danilo Anderson, 19 Kasım 2004 gecesi, arabasına yerleştirilen bombanın uzaktan kumandayla patlatılması sonucu öldürüldü. Savcı birkaç hafta önce de bir mağaza yakınında saldırıya uğramış ama kurtulmuştu.. Savcı Danilo Anderson, 2002'de açık ve demokratik bir seçimle devlet başkanlığına gelen Hugo Chavez yönetimi karşıtı işadamları örgütü, ABD destekli sivil(!) toplum örgütleri ve bazı subaylar tarafından ortaklaşa düzenlenen darbenin arkasındaki ilişkileri soruşturuyordu.[603] Yaklaşık 400 kişi hakkında dosya hazırlamıştı. Savcı, mahkemeye başvuracağı sırada öldürüldü. Bu cinayetin 'project democracy' operasyonunun önemli bir aşamasında gerçekleşmesi, Venezuela'da olana bitene biraz daha yakından göz atmayı gerektiriyor.

Yönetimine karşı darbe düzenlenen Hugo Chavez Frias'ın öyküsü, Peru Devlet başkanı Prof. Dr. Fujimori'nin öyküsüne göre daha ilginç; çünkü ABD'nin Orta ve Güney Amerika'daki eski yıllarını anımsatıyor ve geleneksel Güney Amerika operasyonundan çizgiler taşıyor. Venezuela olayları, Ortadoğu ve Afrika'da olanlara da pek benzemiyor.

---

[602] *Gözcü, 8 Nisan 2001.*
[603] *BBC News, 20.11.2004*

Venezuela, petrol üreten ülkeler örgütü OPEC'in başını çekmekteydi. Başkent Caracas, uzun yıllar OPEC'in merkezi oldu. Merkez şimdilerde Viyana'dadır ve genel sekreterliğinde bir Venezuelalı bulunmaktadır. Venezuela, petrol zengini bir ülke olmasına karşın, gelir dağılımının en kötü olduğu ülkelerden biridir. Petrol zenginleri bir uçta, halkın çoğunluğu öteki uçta yaşamaktadır.

1958'den beri iki siyasal parti ülke yönetimini ellerinde bulundurmaktadır. Yolsuzluk, soğuk savaş döneminde hemen her ülkede olduğu gibi, bu yönetimlerin de en büyük özelliği olmuştur. Venezuela'da ikinci büyük odak olan Katolik kilisesi toplumsal yaşam üstünde ağır bir etkiye sahiptir. Venezuela, ABD'nin Orta Amerika karargâhı gibiydi. Amerikan askeri misyonu, Caracas'taki Venezuela Genelkurmay binasının giriş katında çalışmaktaydı.

1990'da, Moskova'da, KGB'nin tezgâhı mı, yoksa "project democracy" darbesi mi olduğu anlaşılmayan iktidar değişikliğinden on iki yıl sonra, ilk sivil-asker darbe girişimine Venezuela'da tanık olundu. Paraşüt Birlikleri Komutanı H. Chavez Frias 1992'de halkın ekonomik duruma tepkisinden de yararlanarak başarısız bir darbe girişiminde bulundu ve hapse atıldı. 1994'te bağışlanarak hapisten çıkan Chavez, Beşinci Cumhuriyet Hareketi Partisi'ni kurarak siyasal savaşıma demokratik ortamda başladı. Beşinci Cumhuriyet Hareketi, 6 Aralık 1998'de oyların % 80'ini, meclisteki sandalyelerin % 95'ini alınca, H. Chavez Frias Devlet Başkanı oldu. 2000 yılında yapılan seçimlerde de oyların büyük çoğunluğunu alan Chavez ve partisi iç ve dış politikada önemli değişikliklere girişti.

Değişiklikler, "49 Yasa" olarak bilinmektedir: Devletin adı, Latin Amerika bağımsızlık savaşının önderi, Venezuelalı Simon Bolivar'ın adını alarak, "Bolivarian Venezuela Cumhuriyeti" oldu. Öteki değişiklikler de eski düzencileri rahatsız edecek boyuttaydı:

-Petrol gelirinden devlete ayrılan payı artırıldı; sosyal devlet uygulamalarına geçildi.

-Planlı kalkınma programları geliştirildi.

-Yolsuzluğa karşı savaş açıldı ve 190 yargıç görevden alındı.

-Komşu ülke Kolombiya'da uzun yıllardır süren iç savaşın durdurulması için arabuluculuk yapılmaya başlandı.

-Dış borçlar programa uygun olarak ödenmeye başlandı. IMF'nin danışmanlığı sürdü.

-Küba ile iyi ilişkiler kuruldu ve Küba'ya petrol satışına başlandı.

-Bölgesel serbest ticaret bloğu oluşturmak için girişimlere başlandı ve Güney Amerika petrolünün işletilmesinde ortaklık kurulması için çalışıldı. Petrol üreten ülkelerden Libya ve Irak ile ilişkiye geçildi.

Bağımsızlığa asla izin yok

Birkaç yüz yıldır rahat yüzü gösterilmeyen Amerika kıtasında böyle bir girişime izin verilemezdi. Son yıllarda Venezuela'da yaşanan olayların tarihsel dizini 'project democracy' ile örümcek ağının kanlı darbelere de gebe olduğunu göstermesi bakımından ders verici niteliktedir. Şimdi olayları sıralayalım:

NED, 2001 yılında, Venezuela'da oluşturulan ACCJ (Asociacion Civil Consorcio Justica – Adalet Sivil Konsorsiyum Derneği) ile demokrasi projelerini geliştirmeye başladı. NED'e bağlı çekirdek dört örgüt, IRI, NDI, AFL-CIO, CIPE muhaliflerle işbirliğine giriştiler. ACCJ'ye çalışmaları için, 84.000 dolar verildi. ACCJ, işadamları örgütü Fedecamaras'ı, Venezuela İşçi Konfederasyonu CTV'yi, COPEI (Hıristiyan Demokrat Parti) ve PJ (Primero Justicia) partisini toplantılarda buluşturmaya başladı.

ABD ve NED'in görevlileri sık sık Venezuela'ya geliyorlardı. IRI muhalif partilerde eğitim çalışmalarına başladı. Ayrıntılar iyi planlanmıştı. Örneğin IRI adına görevlendirilen Mike Collins (GOP* Basın Sekreteri), muhaliflere fotomontaj tekniği öğretiyor ve Chavez'e muhalif olan Caracas Belediye Başkanı Alfredo Pena'ya halka sempatik görünmesi için imaj tasarımı yapıyordu.

11 Eylül saldırısından sonra ekonomik durum sarsıldı. Petrol fiyatları düştü. Arjantin krizinin etkileri olumsuzluğun üstüne eklendi. 2001 enflasyonu % 12'ye yükseldi. Para dışarı kaçmaya başladı. Merkez Bankası dolar yedeklerini piyasaya sürdü. 2001 sonu ile 2002 başlarına dek 9,5 milyar dolar kaçtı. Ocak ile Şubatın ilk haftası sonuna dek bankalardan 1,1 trilyon Bolivar (Venezuela ulusal para birimi) çekilerek dolara çevrilmişti. Merkez Bankası'nın yedekleri Şubat 2002'de 9,7 milyar dolara düştü. Bankanın günlük döviz satışı ortalama 200 milyon dolara ulaştı.

Kasım 2001: Venezuela, ABD'nin Venezuelalı Araplar arasında istihbarat çalışması yapma isteğini geri çevirdi. Venezuela Hava Kuvvetleri'nden Alb. Pedro Soto ve ulusal muhafız subayı Yzb. Pedro Flores ile Carlos Molina Tarnago, darbe hazırlığına başladılar.

Aralık 2002: ABD'nin Caracas Büyükelçiliği, iş çevrelerini, sendika önderlerini ve 'sivil liderleri' bir toplantıda buluşturdu. Toplantıya işadamları örgütünün başkanı Pedro Carmona da katıldı. Toplantıya katılanlardan biri, amaçlarını şöyle açıkladı: "ABD için önemli olan bu işin temiz tarafından halledilmesiydi, örneğin bir istifa mektubu ya da benzeri bir şey." ABD'li görevliler toplantıdakilere, G. W. Bush Jr.'ın darbeyi destekleyeceği izlenimini veriyorlardı.

Ocak 2002: IRI, bir grup Venezuela milletvekilini Washington'da konuk etti. BU sırada Venezuela Savunma Bakanı, ABD Büyükelçiliğine

---

* GOP: Grand Old Party. ABD Cumhuriyetçi Parti bu adla da anılır.)

başvurarak, soğuk savaş döneminden kalma uygulama nedeniyle Venezuela Genelkurmay binasında çalışan ABD askeri görev ekibinin başka bir binaya taşınmasını istedi.

11 Ocak 2002: Hugo Frias Chavez, bankacılara "Moratoryum yok, döviz denetimi yapılacak ve bankalar ulusallaştırılacak" dedi.

23 Ocak 2002: Caracas'ta muhalefet birliğinin örgütlediği gösteriye 250.000 kişi katıldı. Chavez'in istifası istendi.

30 Ocak 2002: Medyaya ulaştırılan bir video görüntüsünde Venezuelalı üç subay FARC liderleriyle sınırda görüşüyordu. Kolombiya yönetimi Venezuela'yı kınadı. FARC ile Kolombiya yönetimi arasındaki barış görüşmeleri kesildi. FARC bir uçağı kaçırarak yolcuları rehin almıştı. Venezuela yönetimi, bu görüşmelerin devletin bilgisi dışında olduğunu bildirerek, özür diledi.

6 Şubat 2002: ABD Dışişleri Bakanı Colin Powell, Senato komisyonunda, Chavez rejiminin demokratikliğiyle ilgili kuşkuları olduğunu açıkladı.

7 Şubat 2002: CIA direktörü George Tenet, halkın Chavez'e karşı olduğunu söyledi.

8 Şubat 2002 ve sonrası: Venezuela hükümeti, döviz kurunun dar bantta tutulmayacağını, dalgalanmaya bırakılacağını, bütçe açığının Venezuela Merkez Bankası (FIEM)'ndan ve banka transferlerine uygulanacak % 0,75'lik vergiyle, KDV bağışıklığının kaldırılmasından elde edilecek gelirle karşılanacağını açıkladı. FIEM ortalama günlük 60 milyon dolar satarak piyasaya müdahale edecekti. Bu, değerin % 25 düşürülmesi demekti. IMF, yeni ekonomik politikayı uygun gördüğünü açıkladı. Halk karşı gösterilere başladı. Chavez, uygulamaların neo-liberal uygulama olmadığını, özelleştirme yapılmayacağını açıklayarak halkı yatıştırmaya çalıştı.

Şubat-Mart 2002: Albay Pedro Soto ve Yzb. Pedro Flores, muhaliflerin toplantısına katılarak, Chavez'in özgürlük düşmanı oluğunu söylediler. Onları Chavez'in eski ulusal güvenlik danışmanı Amiral Carlos Molina izledi. Hava Kuvvetleri'ne bağlı Venezuela Hava Trafiği Direktörü Tuğ. Roman Gomez, Chavez'in istifasını isteyerek emekliye ayrıldı.

Alb. Soto ve Yzb. Flores, evlerinde gözetim altına alındılarsa da bir gün sonra serbest bırakıldılar. Chavez'e karşı açıklamalar birbirini izledi. General Rafael D. Bustillos ile Deniz Kuvvetleri Komutan Yardımcısı Amiral Hector Ramirez de muhalefeti desteklediklerini açıkladılar. [604]

Devlet petrol şirketi Pdvsa'nın yönetim kurulu başkanı General Guaicaipuro Lameda kendi isteğiyle emekli oldu. Pdvsa'nın başına Luzardo Parro getirilince, CTV'ye bağlı işçiler protestoya başladı. O arada 'demokrasi' ve Güney Amerika uzmanları New York'ta toplandılar ve

---

[604] Kim Alphandary, Narco News Bulletin, Feb. 20, 2002. *narconews. com/index.html*

"Hugo Chavez istifa etmeli ve bir geçici hükümet kurulmalı" dediler. Toplantıda yer alan, Chavez döneminden önce Planlama Bakanlığı yapmış olan Harvard Üniversitesi Profesörü Ricardo Hausmann, "Güncel bunalımın aşılmasının olanaklı tek çözümü, Chavez'in yönetimden ayrılmasıdır" dedi.[605]

Chavez'in İçişleri ve Adalet Bakanı Luis Miquilena görevinden ayrıldı ve adamlarını da yönetimden çekti. Miquilena'nın yerine Rodriguez Chacin atandı. Miqueilena'nın yüksek yargıda görevlendirdiği yargıçlar, bu gelişme üzerine Chavez'i eleştirmeye başladılar. Venezuelalı subaylar, ABD'ye başvurarak darbenin desteklenmesini istediler.

ABD Dışişleri, Chavez'i demokratik yoldan çıkmaması için uyarmaya başladı. Dışişleri sözcüsü Richard Boucher de muhalefetin demokratik kurallara uyması gerektiğini açıkladı. Aynı günlerde muhalefet, Chavez'i referanduma gitmeye çağırdı. Chavez, görev süresinin yarısında olduğunu, ancak seçime 2004'te gidileceğini açıkladı.

Muhalefet yüksek yargıya başvurarak Chavez'in akıl dengesinin başkanlık görevini sürdürmesine engel olduğunu, görevden alınması gerektiğini belirtti. Amiral Carlos Molina, ABD Askeri Ataşesi ile görüştü.

Nisan 2002: NED-IRI-NDI-CIPE-AFL-CIO tarafından desteklenen yerli 'sivil konsorsiyum' örgütü ACCJ, 10 Nisanda "temel siyasal hakların korunması'' konferansı düzenleneceğini açıkladı. Konferansın başkanlığını, işadamları örgütü başkanı Pedro Carmona yapacaktı.[606]

10 Nisan 2002: OPEC Genel Sekreteri Ali Rodriguez, Chavez'i Viyana'dan telefonla aradı ve dikkatli olmasını, ABD'nin Libya ve Irak'ın yeni petrol ambargosu planladığını ileri sürerek bir darbe girişiminde bulunacağını bildirdi.

11 Nisan 2002: Konsorsiyum konferansı iptal etmişti. İki parti, sendika konfederasyonu, sivil toplum örgütleri, başkanlık sarayına dayandılar. Chavez, ordunun Caracas'taki 3. birliğine talimat vererek 30 tankla sarayı korumasını istedi. Genelkurmay Başkanı Lucas Rincon, bu emri durdurdu ve yalnızca yedi tank yolladı. Hükümeti destekleyen halk, örgütlü muhalefetle karşı karşıya geldi. IRI tarafından imaj tasarımı yapılan Belediye Başkanı Alfredo Pena'nın iki adamı tabancalarını çekip ateşe başladılar. Karşılıklı çatışma çıktı. Her iki taraftan 18 kişi öldü. ABD yönetimi bunu, "Chavez'in adamları halka ateş açarak öldürdü" haberiyle yansıttı. Pedro Carmano ve sivil konsorsiyumun örgütlediği öteki 'sivil' muhalifler, Gustavo Cinseros'un televizyon binasında toplandı.

O sırada Venezuela açıklarındaki bir gemi, kıyıya iyice yaklaşmıştı. Chavez ve yanındakiler radardan durumu izliyorlardı. Bir helikopterin gemiden havalandığını, bir süre dolaştıktan sonra yeniden gemiye döndüğünü ve aynı zamanda Venezuela'nın kuzeyinden kimliği bilinmeyen

---

[605] K. Alphandary, a.g.y
[606] Fedecamaras, Türkiye'deki TÜSİAD'ın benzeri bir işadamları örgütüdür.

bir uçağın da sınırı geçtiğini gördüler. Amiral Hector Ramirez, bir grup subayla televizyona çıktı ve Başkan Chavez'in diktatör olduğunu ve derhal istifa etmesi gerektiğini bildirdi.

12 Nisan 2002: Genelkurmay binasının önünden hareket eden tanklar başkanlık binasını kuşattı. ABD subayları, tankları izlemekle yetindi. Başkan Chavez ve Beşinci Cumhuriyet Partisi Meclis Grubu Başkanı Juan Barreto, başkanlık sarayında gözaltına alındı.

İşadamları örgütü başkanı Pedro Carmona devlet başkanlığı koltuğuna oturdu ve bir danışma kurulu oluşturdu. Danışmanlar listesinde muhalefet partilerinin yetkilileri, CTV Başkanı Carlos Ortega ve NED ile ilişkili birçok kişi bulunuyordu. George Bush yönetimi darbeyi destekliyordu.[607] Dışişleri Bakanlığı Batı Yarım Küre'den Sorumlu Bakan Yardımcısı Otto Reich, elçilerle yaptığı görüşmede "Hükümeti desteklemeliyiz" dedi.

İstanbul'da ARI gençlik konferansında Türk gençliğini 'değişim' yaratmaya çağıran IRI Başkanı George Folsom, o günlerde, darbecileri desteklediklerini, "Dün gece, sivil toplumun her kesimince yönetilen Venezuela halkı ülkelerindeki demokrasiyi korumak üzere ayağa kalkmıştır" diyerek açıkladı. Sivil konsorsiyum örgütü ACCJ de, NED'e bir 'e-mail' göndererek "Bu bir askeri darbe değildir" diyordu.

Chavez'in istifa ettiği yalanı medyada yayınlanmaya başlandı. Yeni Başkan Carmona, kabinesinin kararlarını açıkladı. Özetle: Parlamento, yeni seçimlerin yapılacağı Aralık 2002'ye dek kapatılmıştır. Başkanlık seçimi en geç bir yıl içinde yapılacaktır. Chavez tarafından değiştirilen 1999 Anayasası, yeniden yürürlüğe konulacak ve iki meclisli düzene dönülecektir. Chavez döneminde getirilen ve ekonomiyi denetim altında tutan 49 yasa iptal edilmiştir. Devlet petrol şirketi Psva'nın eski başkanı General Guaicaipuro Lameda, yeniden görevine getirilmiştir. Yüksek Yargı Kurumu'ndaki yargıçların görevlerine son verilmiştir.

Sözcü Ari Fleischer'in açıklamasıyla, ABD darbeyi onayladı. Bush Jr.'a göre, bütün suç Chavez'deydi. Barışçı gösterileri bastırmak için halkın üstüne ateş açtırmış, olayların medyada yayınlanmasına engel olmuştu. ABD'ye göre, *"Venezuela halkı hükümeti değiştirmişti."* [608]

ABD yönetimi ve başta NY Times ile The Washington Post, Wall Street Journal olmak üzere, ABD federal devletinin merkez yayın organları, kalkışmanın bir 'darbe' olduğunu örtmek için Chavez karşıtı yayına başladılar. ABD, darbeyi demokratikleştirirken, Güney Amerika ülkeleri darbeyi kınamaya başladılar. Venezuela halkı da başkanlık sarayını kuşattı.

---

[607] Peter Hakim, The World; Democracy And US Credibility, *NY Times, April 21, 2002.*
[608] Scott Wilson, "Venezuela Military Says Chavez is Ousted" *The Washington Post, April 13, 2002, p.A1.*

13 Nisan 2002: Halk geceyi başkanlık sarayının çevresinde geçirmişti. Giderek daha büyük kitleler darbeyi kınamaya başladı. Chavez'in kızı, bir televizyona çıkarak, babasının istifa etmediğini, görevini bırakmadığını açıkladı. Oyun birden bozulmaya başlamıştı. İstifa yalanıyla kitlelerden gizlenen sivil-asker darbesinin yüzü ortaya çıkıyordu. Halk, Chavez lehinde gösterilere başladı. Bunun üzerine ABD elçisi Charles Shapiro, Carmona ile görüştü ve parlamentonun kapatılmamasını istedi. Halk parlamento binası önünde yığılmıştı. Venezuela ordusunda darbecilerin etkisi zayıflıyordu. Sonunda ordu birlikleri parlamentoyu sardı. İşadamları örgütü başkanı Pedro Carmona başkanlığı bıraktığını açıkladı.[609]

Subay başına 100.000 dolar

Sivil-Asker darbesinin asker kanadından Amiral Carlos Molina ve Yzb. Pedro Soto ABD'ye kaçtılar. Soto ve Molina'nın Miami'deki bir bankadan yüzer bin dolar çektikleri daha sonra ortaya çıkacaktı. Darbeciler, Bush yönetiminin adamlarıyla buluştular. Pedro Soto da Haziran'da Miami'de göçmen bürosuna başvurarak siyasal sığınma hakkı isteyecekti.[610]

Darbenin tersine dönmesi üzerine, dünyaya demokrasi ihraç eden NED'in tavrı hemen değişti. NED Başkanı Carl Gershman, darbeden üç gün sonra, darbecileri destekleyen IRI Başkanı George Folsom'u azarlıyordu. NED'in Venezuela'daki ortağı ACCJ'nin başkanı Carlos Ponce ise, işlerin ters gittiğini anlar anlamaz, NED'e yeni bir el-mek* göndererek "darbe yasa dışıdır" diye yazıyordu. Oysa Ponce, çok önceleri, darbe öneren eski askerlerin örgütü FIM (Frente Instiucional Militar)'in de muhalif saflarına alınmasında ısrar etmişti.

Dünyadan esen yel ve Venezuela ordusuyla halkın Chavez'i desteklemesi üzerine, asker-sivil darbesinin darbe olmadığını, Venezuela halkının hükümeti değiştirdiğini ileri süren ABD yönetimi de, demokrasiye bağlılığını göstermeye başladı: Colin Powell, 18 Nisan'da, OAS (Organization of American States)'da yaptığı konuşmada, darbelerin geçmişte kaldığını, demokrasinin korunması gerektiğini açıklıyor ve *"Hiçbir yönetim, halkının özgürlüğünü kısıtlayamaz"* demekten de geri kalmıyordu.[611/612]

---

[609] Mahmoud Gudarzi, "We Know What a Coup Looks Like" *CAQ, Number 73, Summer 2002,s.32.*
[610] "Bush Officials Met With the Venezuelan's Who Ousted Leader (Bush'un görevlileri lideri deviren Venezuelalılarla görüştü)" *NY Times, April 16, 2002.*
* el-mek: e-mail; @: kanatlı 'a' (*Dilbilimci Hüseyin.Kılıç'tan alınmıştır.*)
[611] Christopher Marquis, "Bush Says Goals for Chavez Must Be Democracy and Unity" *NY Times, April 19, 2002*
[612] Remarks of the Secretary of State, Colin L. Powell to the Special Session of the General Assembly of the Organization of American States, *April 18, 2002, 7:15 p.m.*

En ilginç açıklamaysa, NED'den geldi. NED Güney Amerika sorumlusu Chris Sabatini, yaptıklarını ve adamlarını şöyle savunuyordu:
"Şunu önemle anımsamalıdır ki bunlar, ülkelerindeki zor siyasal koşullarda kendi başlarına hareket eden bağımsız gruplardır. NED'in bu gruplarla yürüttüğü projeler ise (yalnızca) teknik yardım ve eğitimi kapsayan özel programlardır... Şunu anımsamak önemlidir ki bu gruplar (Carmona) kabinesine ve danışma konseyine alındıklarında, televizyonlardan duydukları gibi Chavez'in kendi isteğiyle istifa ettiğine inanmaktaydılar."

Sivil-asker darbesine NED Ağı'nın katkıları

Bu olaylarda şaşırtıcı olan ya da alışılagelmişin dışında gerçekleşen sağ-sol-işadamı-işçi sendikası bağlaşıklığıdır. Bunların arasına askerleri koymaya gerek yok; çünkü askerler, belli ki biraz dolar karşılığı, biraz da dikta hevesiyle darbenin vurucu gücü olarak kullanılmışlardır. Elbette ABD'nin emrindeki Venezuelalı subayların darbe sonrası işlevi, ABD açık-piyasacılarıyla içerde egemenlikleri sarsılmış işbirlikçi patronların siyasal iktidarının güvenliğini sağlamak olacaktı.

NED'in güdümünde kurulan örümcek ağının sivil ilmiklerindeki darbecilerin dolarlı ilişkilerine bakmak yeterli olabilir Türkiye'nin bir ders çıkarması için örtülü işleri bir yana bırakıp, NED ve bağlı örgütlerinin resmi paralı işlerini, her satırda Türkiye'yi anımsayarak, NED resmi raporlarından özetleyelim:

1993: Amerikalı işadamlarının örgütü CIPE, Venezuelalı işadamlarının örgütleri için çalışıyor ve "Good News Information Agency" adı altında kurulan örgüte, tv, radyo, basın desteği ve kampanya eğitimi için 205.000 dolarlık proje başlatılıyor.

1994: Agrupacion Pro-Calidad de Vida (APCV) adlı sivil örgüte 45.000 dolar veriliyor ve yolsuzlukla savaşım için atölyeler kuruluyor, memurlar örgütleniyor; basın, radyo ve televizyon kampanyası başlatılıyor. Association Civil Nuevo Amenecer örgütüne 40.000 dolar verilerek, belediye görevlileri ve yerel 'sivil' önderler eğitiliyor. CIPE tarafından, işadamları örgütü Consecomercıo ağ oluşturulmak için 67.238 dolar alıyor. Centro al Servicio de la Accion Popular (CSAP)'a örgütlenme çalışmaları ve örgüt yöneticisi yetiştirmesi için 50.000 dolar veriliyor. IRI, NED'den aldığı 111.975 dolarla Fundacion Pensamiento y Accion (FPA) adlı vakıf aracılığıyla atölyeler oluşturup, akademisyen ve siyasilere ekonomik reform eğitimi vermeye başlıyor.

1995: CIPE, gazetecileri eğitmek için 26.895 dolarlık toplantılar örgütlüyor. CSAP'a 40.000 dolar daha verilerek 'yerel yönetim' çalışmaları ilerletiliyor. Yeni kurulan ve kurulmakta olan sivil ağın eşgüdümü için

---

U.S. Department Of State Office of the Spokesman, For Immediate Release 2002/347

Association Civil para el Desarrolo Social (Nuevo Amenecer)'e 40.000 dolar, yolsuzluk kampanyası için APCV'ye 55.100 dolar veriliyor. IRI, 105.967 dolar vererek FPA ile demokrasi eğitimini sürdürüyor. Devreye NDI giriyor ve 1995 seçimlerine yönelik olarak oluşturulan Escuelo de Vecinos (EV- Komşular Okulu) örgütüyle çalışmaya başlıyor. EV'e ayrıca 32.000 dolar kampanya parası veriliyor.

1996: Consecomercıo'ya, yerel yönetim için Nuevo Amenecer'e 40.000 dolar, ACV'ye 61.556 dolar veriliyor. IRI, FPA ile gençlik örgütlenmesine başlamak üzere 199.888 dolar harcıyor. NDI, 1998 seçimleri için EV'ye 92.764 dolar veriyor.

1997: ACILS, sendikalar için devreye giriyor ve 72.250 dolarlık projeyle Venezuela İşçi Konfederasyonu ile birlikte özelleştirme, ekonomik yeniden örgütlenme seminerlerine başlıyor. CIPE, Venezuela radyo ve televizyonlarından 30 elemanı ekonomik reformlar konusunda eğitiyor (17.545 dolar). Yerel yönetim ve adliye düzenlenmesi için Nuevo Amenecer (Yeni Şafak)'e, 47.000 dolar veriliyor. Ayrıca Constitution Activa (Etkin Anayasa) ile Venezuela'nın 4 bölgesinde yerel adalet önderleri eğitimi için 50.649 dolarlık çalışma yapılıyor.

1998: 'Örümcek Ağı' genişliyor. ACILS, Venezuela Ulusal İşçi Merkezi'nin sendika önderlerini eğitmeye başlıyor (54.289 dolar). CIPE, CEDICE (Center for Dissemination of Economic Information) ve Consecomercıo ile Venezuela parlamentosunun yasama işlerine yönelik propagandaya başlıyor (67.655 dolar). CSAP'a 57.990 dolar verilerek yerel yönetimi güçlendirme işleri 'de-santralizasyon' yani merkezi yönetimin zayıflatılması projesine dönüştürülüyor. Asociation Civil Primero Justicia (ACPJ/ Önce Adalet Sivil Örgütü), 'Herkese Adalet' kampanyası için 58.800 dolar alıyor. Nuevo Amenecer (Yeni Şafak)'a Zulia eyaletinde kampanya için 55.000 dolar veriliyor. IRI, en büyük payı alarak, Venezuela gençliğini örgütlemeyi FPA ile sürdürüyor (150.799 dolar). NDI seçim kampanyalarına yönelik olarak kurulan Queremos Elegir adlı 'sivil' örgüte 118.901 dolar aktarıyor. APCV üç yıllık çalışmanın ardından 'Ahlak ve İyi Yurttaşlık Ulusal Enstitüsü' örgütünü kurmak için 45.000 dolar alıyor. Venezuela sivil örgütlerini eşgüdüm altına alabilmek için 47.900 dolar verilerek Sinergia adlı merkez kuruluyor. Bütün muhalefete karşın Chavez, oyların %96'sını alıyor.

1999: Bütçe büyüyor. ACILS, CTV (Venezuela İşçileri Konfederasyonu) ile bölgesel seçim komiteleri örgütlenmesi, radyo ve yayın eğitimi için 246.926 dolar veriyor... CIPE, yerel ve ulusal forumlar için 87.626 dolar; CSAP, siyaset forumları için 70.000 dolar... Neuvo Amenecer, Zulia eyaletinde adalet kampanyası için 65.000 dolar; IRI, FPJ ile 20 üniversitede gençlik eğitimi için 194.521 dolar; IRI, siyasal partilerde eğitim ve örgütlenme için 292.297 dolar; APCV, ahlak kampanyası için 40.000 dolar... Sivil eşgüdümcü Sinergia da 55.000 dolar alıyor.

2000: CIPE ve CEDICE yasa tasarılarını etkilemeye çalışıyor (56.000 dolar). Fundacion Momento de la Gente (FMG), Temmuz 2000'de yapılacak seçimlere yönelik kuşku uyandıracak bir biçimde 'şeffaflık' kampanyası başlatıyor (41.747 dolar). IRI; gençlik örgütü Fundacion Participacion Juvenil (FPJ- Gençlik Katılım Vakfı)613 için 50.000 dolar veriyor. Sıra, yerel özerklik aşamasına gelmiştir. Bunun için oluşturulan PRODEL (el Programa para el Desarrollo Legislativo)'ye 50.000 dolar veriliyor.

Bunca çabadan ve bunca masraftan sonra bile seçimleri Chavez kazanınca 'sivil ağ' ile örtülü Amerikan ağı, askerlerle buluşuyor ve darbe yapıldı. Yapıldı da ne oldu? Halk, Chavez'e destek çıktı ve darbecileri indirdi. Ne ki, NED ve işbirlikçi siviller işin ardını bırakmamaya kararlıydılar. Darbeyi yenilemek için hemen 'erken seçim çağrılarına' başladılar.

Peru-Venezuela-Türkiye

Buraya dek olanlarla Peru'da olanlar arasında fazlaca fark yok! Hatta Azerbaycan'da olanlar da aynıdır; çünkü ABD'nin eski operatörleri kıtalara demokrasi içinde liberallik getirirken yöntemleri değişmiyor. Bir Pentagon görevlisinin, The Washington Post'a "Venezuela'da darbe olurken ABD ataşesinin Venezuela askeri üssünde ne işi var?" diye çıkışarak açığa vurduğu gibi, ABD yönetimi ve şirketleri, asker-sivil çeteleriyle demokrasiye katkıda bulunmaya kararlıdırlar. [614]

Ne ki, benzerlikler, görüldüğü üzere, hükümet yöneticilerinin aklının yetmediği iddialarından, hükümet partisindeki istifalara ve ekonomik oyunlara dek, bize pek tanıdık geliyor. Hatta NED, IRI, CIPE, NDI, Westminster, Orient Institute, Konrad Adenauer Stftung, Friedrich Ebert Stiftung vs. ile işbirliği yapan 'sivil insiyatif'in önderlerince, azınlıktan işadamlarınca yapılan gösteri çağrıları, seçkin işadamı örgütlerinin yabancıya sunulan raporlarla siyasal yaşamı değiştirme girişimleri vb.

Önemli ayrılıklar da yok değil. ABD'nin resmi kasalarından para alan NED bağlı örgütlerinden Türkiye'deki 'sivil' atölyecilerin projelerine aktarılan para, Venezuela'ya verilenle kıyaslanacak gibi değil. Venezuela'dakilere yüz binlerle belirtilen dolar, ötekilere milyonlarla dolar-mark-euro... Ne ki, önemli olan ülke yararıdır. "Ülke yararlanacaksa, bundan gocunulması neden?" diye soranlar belki haklıdır. İyisi mi, biz iyiye yoranların yorumlarını izleyelim.

Chavez, yönetimi darbecilerden aldıktan sonra da, karışıklıklar sürüyor; çünkü toplumda ayrılık derinleştirilmiştir. Araya kan ve askeri darbe de girmiştir. Üstelik çıkarlarını yitirenler, demokrasi adına diyerek, her

---

[613] ARI'cıların "katıl ve geleceğini yarat" kampanyasıyla ad benzerliği bir rastlantıdır, diye düşünmekten başka çare yok.
[614] The Washington Post'tan D. Corn, a.g.y.

türlü zorlamayı sürdüreceklerdir. 11 Temmuz 2002'de Chavez'e karşı yürüyüşe 600.000 kişinin katıldığı ileri sürülmekteydi. Çok geçmeden, 10 Ekim 2002'de bir yürüyüş daha düzenlendi. Bu yürüyüşe 1,5 milyon kişinin katıldığı ileri sürülüyordu.[615]

Sonraki gelişmeler 'project democracy'nin ne denli planlı bir atılım yaptığını gösterir nitelikteydi. 21 Ekim 2002'de, işadamları örgütü ve sendika genel grev çağrısı yaptı ve iş yerlerinin % 85'i kepenk indirdi. Bu eylemin hemen ardından, 14 general ve amiral, anayasanın çiğnendiğini, sivil direnme hakkının doğduğunu ileri sürerek halkı, Chavez yönetimine karşı ayaklanmaya çağırdı. 'Örümcek Ağı' hemen canlandı; seçimlerin yenilenmesi için halkoyuna başvurulmasını istediler ve imza kampanyası başlattılar. Kargaşa arttıkça silah ticareti de yoğunlaşıyordu. Bir askeri darbe ya da suikast beklentisi içten içe yayılıyordu. Bu koşullarda ekonomik düzenliliği ve toplumsal birliği geliştirmek olanaklı da görünmüyordu.[616]

ABD'nde FOIA (Bilgi Edinme Özgürlüğü) yasasına dayanan Jeremy Bigwood, "Agency Release Panel - Office of Information Services - CIA" bölümüne başvurarak darbeci örgütlerden Sumate ile ilgili kayıtların açıklanmasını istedi.[617] Kurumun yürütme sekreteri Robert T. Herman imzalı yanıtı, şeffaflığa son derece uygundu:

"Başvurunuzu inceledik ve Agency, kayıtların varlığını ne doğrulamaktadır ne de yadsımaktadır. Başvurunuz reddedilmiştir."[618]

Bu tür yanıtı savunacak olanlara hemen anımsatmakta yarar var. Bigwood bulanık suda balık avlamak niyetiyle başvurmamış ve dilekçesine CIPE'nin Venezuela kargaşasını yaratan sivil(!) örgütlere verdiği paraların listesini de eklemişti.

Bush, Venezuela darbecileriyle el ele

Askeri darbeyle ve suikastle ilişkileri ortaya çıkınca ABD'nin katılımcı demokratlarının yüzleri kızarmadı bile... Sumate* başkanı genç Bayan Maria Corina Machado, 31.5.2005'te soluğu George W. Bush Jr.'un yanında aldı. Bush, Macahado'yu yanına oturttu; ellerini avucuna aldı ve Venezuela muhalefetini açıktan desteklediklerini göstermek için kameralara gülümsedi.

Bush ve Machado, el ele tutuşup gülümserken Caracas'ta, savcı Danilo Anderson'u öldüren şebekenin bir dizi suikast için örgütlendiği, işin bütçesinin 20 milyon doları bulduğu açıklanıyordu.

---

[615] Dennis Small, "Venezuela: It's The Economy, 'Chico' " *EIR, Nov.1, 2002.*
[616] "New Rebellion Builds in Venezuela" *EIR, Nov. 1, 2002.*
[617] Sumate (İspanyolca) : Katıl! Türkiye'de ARI'nın gençlik toplantılarının çağrısı da "Katıl ve geleceğini yarat!"
[618] CIA'nın Mr. Jeremy Bigwood'a yazdığı 24 Dec. 2003 tarihli mektup.
* Sumate: Birleş (İspanyolca.)

'Project democracy' operatörleri ve onların Türkiye'de de pek çok bulunan işbirlikçileri devletten 'şeffaflık' isteyerek sırların ortaya dökülmesini isterlerken, ABD'nin karanlığının açılmasını istemiyorlar. Ancak Venezuela devleti kendi kararıyla geçmişin üstündeki örtüyü kaldırdı. ABD ortağı eski yönetimin pislikleri ortalığa döküldü. Yargıçlar, polisler, petrol şirketi yöneticileri, halkı katleden gizli elemanlar birer birer kovuşturulmaya başlandı. Sivil(!) örgütlerin bu girişimleri destekledikleri görülmüyor. Bu son derece olağan bir durum; çünkü sivil(!) darbecilerin kanlı kansız olaylarla ilişkileri de ortaya çıkıyor.

Bu arada Machado kendi ülkesine karşı yabancı devlet yönetimiyle işbirliği yaparak düşmanlık yaptığı, 2002 darbesine karıştığı için mahkemeye verildi. Katılımcı demokrasiden yana olan Amerika'dan gelen iki avukat onun savunmasını üstlendi.

Gelişmeler ne yazık ki Savcı Danilo Anderson'un bombayla öldürülmesiyle duracağa benzemiyor; çünkü ABD, kendine uygun demokrasi için her türlü girişimde bulunmayı ilke edinmiştir. Silahlı-silahsız darbelerle, demokratik kargaşa yaratılarak, darbe koalisyonları oluşturarak ya da doğrudan işgallere girişip yakıp yıkarak... Çıkarları öyle gerektiriyorsa suikastlara başvurarak.

Nikaragua'da 'Project Democracy' Kanlı-Kansız Bir Operasyon Örneği

> *"Sun Myung Moon Hazretlerinin Birleştirme Kilisesi, CAUSA ve Nikaragua Özgürlük Fonu gibi bağlı kuruluşlar aracılığıyla Contra'lara yardım etmişti. Adolfo Calero, Steadman Fagoth, Pedro Chamorro ve öteki Contra liderleri, Birleştirme Kilisesi'nin bazı strateji ve yardım toplama örgütlenmesinin faturalarını ödediğini ve Birleşik Devletler'den siyasal destek alınmasına yardımcı olduğunu açıkladılar."*[619]

Beş gruplu koalisyondan oluşan Sandinistler, diktatör Somoza'yı devirmişlerdi. Miami'de toplanmaya başlayan diktatörün eski muhafızları ve para için onlara katılan eski suçlular, bir karşı hareket için yeterli desteği bulmuşlardı. Ronald Reagan tarafından CIA'nın başına getirilen William Casey, Nikaragua'ya karşı örtülü operasyon yapılması planını kendisi gibi düşünen Reagan ile birlikte NSC'de kabul ettirdi. Küba göçmenlerinin merkezi Miami'de ilk örgütlenmeler zaten başlamıştı. Muhafazakâr işçi lideri José Francisco Cardenal önderliğinde UDN (Union Democratica Nicaraguense) Florida kıyılarındaki Kübalıların kamplarında askeri eğitime başlamıştı. Somoza'nın 308 muhafızından oluşan ve Somoza'nın kardeşi Luis Pallais Debayle tarafından finanse edilen "15th of September Legion" Honduras - Nikaragua sınırına yerleşti.

ABD ve Honduras arasında yapılan anlaşmadan sonra UDN ve Legion örgütleri birleşti. Askeri eğitim Arjantin'de başladı. Organizasyon, Arjantin İstihbarat Şefi Yardımcısı Alb. Mario Davico eşgüdümünde Miami'de gerçekleştirildi. *Contra*'ların maaşları dolarla ödeniyordu. Arjantin cuntasının adamlarından Alb. José Ollas (Julio Villegas) Arjantin'deki lojistik hizmetleri, Alb. Osvaldo Rivera ise, Honduras ve Kosta Rika'daki kampları yönetiyordu. Ağustos 1981'de FDN (Fuerza Democrática Nicaragüense) kuruldu. ABD, Nikaragua yönetimini El Salvador Halk Cephesi'ne silah göndermekle suçladı. Kredileri ve yardımları kesti. ABD, *contra*'lara başlangıçta 19 milyon dolar verdi. Silahları 1982 Mart'ında ulaştı. Sabotajlar başladı. Atlantik kıyısı yerlileri ayaklandı.

---

[619] *"Frank Greve, Philadelphia Inquire, Dec. 20, 1987"* den aktaran Holly Sklar, War on Nikaragua, s.241. CAUSA: Moon'un gençlik örgütü.

Nikaragua yönetimi, karışıklıkları önlemek için polisiye önlemler aldı. Eskiden Somoza saflarında yer almış olan yerli reisi, Honduras'a geçerek *contra*'lara katıldı. Hükümet, Honduras sınırındaki köyleri boşaltınca, karşı isyan büyüdü. Sandinist yönetimi de içerden çatladı. Alfonso Robelo ve '*Commander Zero*' olarak ünlenen Edén Pastora Gomez, Kosta Rika'ya geçti ve Nisan 1982'de ARDE (Alianza Revolucionaria Democratica) örgütünü kurdu. Orta Amerika ülkeleri uzlaşma yolu aramaya başlayınca ABD, uluslararası kredileri durdurdu ve bu ülkeleri susturdu. Nikaragua balıkçılarının kooperatifine verilecek olan kredinin kongre tarafından geri çevrilmesi için, teknelere mazot verecek kıyı depolarının bulunmadığı ileri sürüldü. Depolar gerçekten yoktu; çünkü ABD oraları kısa süre önce bombalamıştı.

Nikaragua yönetimi iç düzeni sağlamak amacıyla önlemler almaya başlayınca, ABD, bir yandan ajanlarla iç karışıklık çıkartırken, öte yandan Amerika ve dünya ölçeğinde yaygın bir karalama kampanyası başlattı. Bu arada ABD, Falkland savaşında İngiltere'yi destekleyince Arjantin *Contra*'ları desteklemekten caydı. Boşluğu Japonya ve İsrail doldurdu. İsrail Honduras'a silah satmaktaydı. ABD parasal desteği, 1983'te 21 milyon, 1984'te 24 milyon ve kongre işe el koyana dek toplam 80 milyon dolara ulaştı. ABD'nin Honduras elçiliğinde 149 memur, 176 askeri eleman, Honduras ordusuna yardımcı oluyor ve 50 Hava Kuvvetleri uzmanı Nikaragua'yı radarlarla tarıyorlardı. Alb. Enrique Bermudéz kumandasındaki *contra*'lar, halkı yıldırmak için kahve toplayan köylülere, kadınlara, öğretmenlere ve yollardaki otolara saldırmaya başladı. Saldırılar giderek yoğunlaştı; ama *contra*'lar Nikaragua'da herhangi bir yerleşim yerini ele geçirerek hükümet ilan etme olanağı bulamadılar.

Nikaragua yasal hükümetine karşı birliği yeniden sağlamak üzere Miami'de CIA gözetiminde yapılan toplantılarda Edgar Chamorro sözcü olarak atandı. *Contra* liderlerinin çoğu, saldırıları Miami'den yönetiyorlardı. Edgar Chamorro, Honduras'taki büroda medya araçlarını kullanıyor; yardım toplama işlerini örgütlüyor; 'demokrasi savaşçıları' olarak tanıtılan *contra*'ların Somoza muhafızlarıyla ilgisinin bulunmadığı yalanını yayıyordu. Oysa gazeteci Christopher Dickey, 1983'te kampları gezerken görüştüğü beş FDN komutanından dördünün Somoza muhafızı olduğunu saptamıştı. Somoza'nın en sert adamlarından Ricardo Lau, FDN istihbarat şefiydi. *Contra* kuvvetlerinin toplam sayısı 1983'te 2000 idi; ama 7.000 olarak; 1984'te 6.000 iken, 15.000 olarak yansıtıldı.[620]

1981-1984 arasında 910 devlet görevlisi ve halktan 8.000 kişi *contra* militanlarınca öldürüldü. CIA'nın eğitim özel kitabı Ekim 1984'te ortaya çıktı.[621]

---

[620] Prados, s. 405
[621] "Psychological Operations in Guerilla Warfare" adlı *Contra El Kitabı*, CIA'nın görevlendirdiği Vietnam savaşçılarından "Green Beret / Yeşil Bereli" John Kirkpatrick

ABD Kongresi'nde sesler yükselmeye başlayınca ABD Dışişleri, *contra*'ları kınamak zorunda kaldı. Kongre İstihbarat Komitesi, CIA başkanı tarafından bilgilendirildi.[622] *Contra*'ların, *"çocuklar da aralarında olmak üzere silahsız halka işkence yaptıkları, cinsel saldırıda bulundukları ve öldürdükleri"* ve daha da ileri giderek *"çocuk ve kadınları öbekler halinde yaktıkları, uzuvlarını kopardıkları, gözlerini oydukları ve başlarını kestikleri"* ortaya çıkmıştı.[623]

ABD'nin Managua elçiliğinde görevli CIA istasyon şefi ile adamlarının, Nikaragua Dışişleri Bakanı'nı ve Roman Katolik Kilisesi Rahibi Miguel D'escoto'yu zehirleyerek öldürme hazırlığında oldukları, kanıtlarla ve CIA elemanlarının suikastçılarla çekilmiş fotoğraflarıyla açıklandı. İki ay sonra D'escoto ve iki görevliyi daha öldürmek için yeni bir hazırlık başlatıldığı ve bu işin arkasında CIA ajanı Mike Toch'un bulunduğu ortaya çıkarıldı.[624]

Ocak 1983'te, *Group Contadora* olarak adlandırılan Meksika, Panama, Kolombia ve Venezuela dörtlüsü toplandı. Dörtlü, Orta Amerika'da düzenin sağlanması için; iç savaşların ve yabancı müdahalesinin durdurulmasını, seçimlerin yapılmasını, insan haklarının korunmasını içeren 21 maddelik bir anlaşma yaptı. Bunun üzerine harekete geçen ABD, zor durumda bırakmak için Nikaragua yönetiminden bu anlaşmayı onaylaması için baskı yapmaya başladı. Nikaragua yönetimi, ABD'yi şaşırttı; Sandinista önderi Daniel Ortega, Los Angeles'a gelerek anlaşmayı imzalayacağını açıkladı.

ABD şaşkınlık içindeydi; çünkü anlaşma uygulanırsa, Honduras ve Guatemala'daki askeri ekiplerini geri çekmek zorunda kalacaktı. ABD yönetimi hemen sözlerini geri aldı ve söz konusu anlaşmanın bir sonuç belgesi olmadığını ileri sürdü. Contadora sözcüsü, ABD temsilcisinin de baştan kabul ettiği gibi, anlaşma belgesinin bir sonuç belgesi olduğunu bildirdi. Bunun üzerine ABD anlaşmayı onaylamayacağını açıkladı..

---

tarafından hazırlanmıştı. Tegucigalpa'da, Kirkpatrick ve FDN sözcüsü Edgar Chamorro birkaç hafta birlikte çalışmışlardı. Profesyonel katillerin kiralanmasından, gerekirse Contra'ların kendi militanlarına karşı suikast düzenleyerek 'şehit' oldu görüntüsü yaratılmasına, köylüler arasında korku salınması amacıyla devlet görevlilerinin öldürülmesine varan yöntemler anlatılmaktaydı. 2000 tane basılan kitapta, kiralık katil yetiştirilmesi ve Contra militanlarının öldürülmesi bölümlerini gören Chamorro, kitapları kilitli bir odaya koydu ve bu bölümleri jiletle birer birer kestirdi. (*Prados, a.g.k. s.406*)

John Kirkpatrick, CIA'nın Uluslararası Eylemler Bölümü'nde sözleşmeli uzman olarak çalıştı. Vietnamera Phoenix programında yer aldı. "Psychological Operations in Guerilla Warefare" el kitabını hazırladı. (*Holly Sklar, a.g.k. s.177*)

[622] The Guardian (London), 15.11.1984 ve New York Times, 27.12.1984.
[623] Blum, a.g.k. s.293
[624] "*The Guardian London, 25 January 1985*"den Blum, s.295, dn. 38

ABD ulusal güvenlik danışmanı John Poindexter, Panama Devlet Başkanı General Manuel Antonio Noriega'ya bu anlaşmaya katılmasından hoşlanmadıklarını; hemen devlet başkanlığını bırakmasını istedi. Noriega direndi. ABD, Panama'ya yaptığı 40 milyon dolarlık yardımı durdurdu.[625]

Bu arada *contra*'ların örgütü ARDE, ilk CIA yardım paketiyle iletişim araçları ve 500 tane AK-47 silahı aldı. Eden Pastora ve Alfonso Robelo komutasındaki ARDE'nin militan sayısı 2.000'e, isyancı Miskitos yerlilerinin sayısı da 3.000'e ulaşmıştı. Nikaragua'ya saldırıyı CIA merkezinden yöneten Duane Ramsdal Clarridge, *contra*'ların ihtiyaçları için iki C-47 uçağının yeterli olacağını bildirdiyse de para yetersizliğinden bu istek yerine getirilemedi.[626]

CIA direktörü William Casey'in planları tutmamış ve *contra*'lar 1983 sonuna dek Nikaragua'da herhangi bir kent ya da bölgede egemenlik kuramamışlardı. NSPG (Ulusal Güvenlik Planlama Grubu) Nikaragua'nın dış dünya ile ilişkisinin kesilmesine karar verdi.[627]

ABD gemileri Nikaragua'nın liman çıkışlarını mayınlandı. *Contra*'lara uçaklar verildi. Keşif uçakları ve jetlerle başta Managua olmak üzere tüm kentlere saldırdılar. Uçaklardan bazıları düştü. Uçuş ekibinin CIA elemanlarından oluştuğu ortaya çıktı.[628] Ekiptekilerden biri Kafkas kökenliydi.

---

[625] Manuel Antonio Noriega, 1986'da uyuşturucu trafiği ilişkisi var, denilerek "Bir Numaralı Halk Düşmanı" ilan edildi. Honduras devlet başkanı, 1985'te, *contra*'lara yardım getiren gemilerin limana yanaşmasını engelleyince, ABD, Honduras'a yardım paketini durdurdu ve Başkan Roberto Suazo Cordova'yı kötülemeye başladı. Contadora içinde en etkin devlet olan Meksika'yı da uyaran ABD, anlaşmaya desteği sürdürürse, muhalefetteki Milli Hareket Partisi'ni iktidara getireceğini bildirdi. Ağustos 1987'de anlaşma Kosta Rika Devlet Başkanı Oscar Arias'ın öncülüğünde Meksika ve Panama dışındaki ülkelerce (Salvador, Honduras, Guatemala, Nikaragua ve Kosta Rıka) imzalandı. *Blum, a.g.k. s. 298*

[626] Duane Clarridge, 1968-1973 arasında Türkiye'de CIA istasyon şefiydi. CIA Kontra-gerilla Birimi başkanlığından emekli oldu. Clarridge, MİT'in ünlü elemanlarından, 12 Mart öncesi, 12 Mart darbe sonrası operasyonların, Ziverbey Köşkü işkence seanslarının yöneticisi, 12 Eylül sonrasında Türkiye'de hem Kontra-Terör operasyonlarını başlatan ve siyasal yöneticileri yönlendirici raporlar hazırlayan Hiram Abas için şunları yazıyordu: *"Hiram eşsiz biriydi. Kendi döneminde Türkiye'nin en iyi istihbarat memuruydu. Bu görüşü, onu tanıma ayrıcalığına sahip olan bütün yabancı istihbaratçılar paylaşırdı. Onunla iyi arkadaş olmuştuk."* D. Clarridge'in *"Bütün Mevsimlerin Casusu"* kitabından aktaran Soner Yalçın - Doğan Yurdakul, *Bay Pipo*, s.145-146.

[627] Grupta, William Casey, Casper "Cap" Weinberger, George Shultz vardı. Abluka yerine mayınlama düşüncesi NSC yöneticisi Robert McFarelane'e aitti. *(Prados, a.g.k. s. 410)*

[628] 1 Eylül 1984'te helikopter düştü. Helikopterde, "Civilian Military Assistance" firmasından Dana H. Parker Jr. Ve James Powel III, Contra'lara ilaç ve giyecek götürmekteydiler.

ABD savaş gemileri limanlardaki ve deniz kıyısındaki sekiz petrol deposunu bombalandı, Botlarla kıyıya çıkan ABD elemanları, geriye kalan depoları ateşe verdi. Corinto liman kentinde 25.000 aile kentten göç etmek zorunda kaldı. Nikaragua yakıtsız kalmıştı. Hücumbotların saldırıları helikopterler eşliğinde sürdü. Ticari gemiler vuruldu.

CIA kurmayları bu işleri FDN, yani *contra*'lar düzenliyormuş gibi gösterdiler. Nikaragua'nın ihracatı durmuş, balıkçılar ölmüş ya da ağır yaralanmış ve ekonomi iflas etmişti. Bunlar olurken CIA, ABD Kongresine, Nikaragua'nın devrim ihracı yaptığını bildiriyordu.

Kongre üyesi Edward P. Boland başkanlığındaki *House Select Committee* (Akev seçilmiş komisyonu), fonların Reagan yönetimince Nikaragua hükümetinin devrilmesi için kullanılmasını açıkça yasaklayacak karar tasarıları hazırlamaya başladı. Tasarılar, 1983 yılı bütçesiyle birlikte yasalaştı.[629]

Temsilciler Meclisi, Nikaragua'ya yönelik askersel saldırı bütçesini daha önce üç kez geri çevirmişti; ama senato onaylamıştı. Bu durum Nikaragua saldırısının ABD kurumlarında bile ne denli tartışmalı olduğunu göstermektedir. BM Güvenlik Konseyi'nin ABD'yi kınayan kararı, yalnızca ABD delegesi tarafından veto ediliyordu.

CIA direktörü William Casey, Senato İstihbarat Komitesi'nce sorguya çekildi. Casey, mayınlama işinin örtülü bir iş olduğunu kabul edince, Komite Başkanı Barry Goldwater, CIA'yı açıkça suçladı. Bunun üzerine Komite Başkan Yardımcısı Daniel P. Moynihan (Demokrat, NY temsilcisi; NDI yöneticisi), durumu protesto ederek komiteden ayrıldı.[630]

Nikaragua'da serbest seçimler yapıldı. Orta Amerika ülkelerindekinin tersine, seçimlerde cinayet işlenmemiş ve oyların sayımıyla ilgili bir yakınma da gelmemişti. Ne var ki, muhalefet koalisyonunu temsil eden Jose Cruz başkanlığındaki DCA (Democratic Coordinating Alliance-Demokratik Eşgüdüm İttifakı), *Contra* liderleriyle görüşmeler yapılıncaya dek seçimleri boykot edeceğini açıklamıştı. DCA başvuru gününün ertelenmesini isteyince, yönetim de bu isteğe uydu ve seçim tarihini on gün ileriye aldı.

DCA başvurmakta yine gecikerek, seçimlerin Kasım'dan Ocak ayına alınmasını istedi. DCA'nın istekleri bitmiyordu. Yönetim, DCA'ya isteklerinin kabul edileceğini, ancak onlardan da *contra*'lara baskı yapmasını ve ateşkesi kabul ettirmesini istedi. Bu kez DCA, *contra*'lar üstünde bunu yaptıracak etkilerinin bulunmadığını belirtti. Bunun üzerine seçimler ertelenmedi ve Kasım 1984'te yapılmasına karar verildi. Seçimlere birkaç gün kala bazı sağ partiler, ABD diplomatlarının kendilerinden seçimleri boykot etmelerini istediklerini açıkladılar. Liberal Parti seçimlerden

---

[629] Public Law 97-377, Section 793, *Prados, a.g.k. 413*
[630] Moynihan, NDI ykü. Bk. Bölüm: NDI

çekildi.⁶³¹ Seçimleri Sandinistler kazandı. Uluslararası Adalet Divanı, ABD'nin limanların mayınlanmasıyla ilgili davada Nikaragua yönetimini haklı buldu ve ABD'nin Nikaragua'ya müdahale hakkı bulunmadığına karar verdi. 3'e karşı 11 oyla alınan karara yalnızca Amerikan, İngiliz ve Japon yargıçlar muhalefet etti. Bu arada *Contra El Kitabı* kongre üyelerinin eline geçti. *Contra*'lara yapılacak 14 milyon dolarlık yardım, 'Boland Amendment' uyarınca onaylanmadı.

Contra'ların Honduras'taki kaynakları da tükenmeye yüz tutmuştu. Miskitos yerlileri savaşı bırakmış; *Contra*'lardan bağımsız olarak harekete geçen Eden Pastora giderek etkisizleşmişti. Bu aşamada, Honduras'taki FDN temsilcisi Adolfo Calero ile CIA-NSC görevlileri bir toplantıda buluştular. CIA şefi Duane Clarridge'in yanında yeni bir eleman vardı: NSC'ye Robert Carl McFarlane tarafından alınmış olan Yrb. Oliver North (Ollie). North, Calero'ya gereken kaynağı sağlayacağına söz verirken, ondan banka hesap numarasını istedi. Oliver North, sözünü tuttu ve kısa sürede Calero'nun hesabına bir milyon dolar yatırılmasını sağladı.⁶³²

Nikaragua operasyonunda ABD kongresinden de gizli yeni bir döneme girilmişti. Kirli ilişkiler kurulmuş, kokain kaçakçılarından, Brunei Sultanı'ndan, Arap emirlerinden, Suud prenslerinden, Afgan sığınmacılara ayrılan kaynaklardan para alınmış ve *contra*'lar için silahlar satın alınmıştı. Bu işlerin arasında en ilginci ve daha sonra çok baş ağrıtacak olanı, İsrail füzelerinin Humeyni yönetimine satılmasıydı. Füzeler, İsrail'den İran'a, CIA örtülü düzeniyle satıldı. Füzeler karşılığında alınan parayla *contra* giderleri karşılandı.

Operasyonlarda kullanılan kayıt dışı ya da kara para, BCCI ve Indian Springs Bank (Kansas City) aracılığıyla dolaştırılmıştı. Bu bankalar, *Indian Springs and Global International Air* şirketine ölçüsüz oranda krediler vermişti.

Havacılık şirketinin hissedarı İranlı Ferhad Azima, aynı zamanda EATSCO (Egyptian American Transport and Services Corp.) şirketine taşımacılık hizmeti vermekteydi. EATSCO'nun kurucularıysa, Thomas G. Clines, Theodore Shackley ve Richard Secord'dan oluşan eski CIA ekibiydi.

Para ilişkileri, bankaların hortumlanmasına dek uzanmıştı. Örneğin, Ray Corona, 1978'de marihuana kaçakçısı Jose Antonio Fernandez'den aldığı 1,1 milyon dolarla *Sunshine State Bank* (Miami)'ı satın aldı.⁶³³

---

⁶³¹ *"New York Times 21 October 1984"* ten Blum, a.g.k. s.300
⁶³² Robert Carl McFarlane ("Bud"), 1983-1985 arasında Ronald Reagan'a çalıştı ve Iran-Contra (Irangate) operasyonunda önemli bir paya sahipti.
⁶³³ Thomas G. Clines: CIA Ajanı. Kuba, Vietnam, Laos, Rhode Island, Şili, Nikaragua Irangate operasyonlarına (darbeler, suikastlar vb.) katıldı. CIA'dan emekli oldu

Tony, daha sonraları ABD'ye 1,5 milyon dolar tutarında marihuana sokmaktan suçlu bulunmuştur. Mahkeme, Tony'nin ortağı Eulalio Francisko Castro'nun temiz olduğuna karar verdi. Temyiz kararının nedeni çok açıktı; çünkü Eulalio Francisko Castro, artık Florida'da, Naples yakınlarındaki bir çitlikte *contra*'ları eğitiyordu.[634]

Bu arada, yeni saldırılarla birlikte Nikaragua ekonomik olarak darboğaza girdi ve yönetim ile halkın arası açılmaya başladı. Nikaragua devlet yönetimini içerden zayıflatmak üzere, 'project democracy' operasyonunda yeni aşama başlatıldı. Operasyonun önemli bir aracını oluşturan ayarlı medyanın göz boyama yayınlarıyla iç düzen bozuldu.

Bu süreçte, Filistinli eski teröristlerden silah-uyuşturucu ağında ustalaşmış diplomatlara ve Uzakdoğu-Afrika-Ortadoğu operasyonlarında deney kazanmış özel görevlilere dek genişleyen bir ekip, silahlı terör saldırıları düzenleyen ekiplerle eşgüdüm içinde çalışmaya başladı.

Nikaragua'da NED tarafından beslenip desteklenen Violeta Chamorro seçimleri kazandı; kendisine Mihail Gorbaçov'la birlikte demokrasi ödülü verildi.

Kısa sürede piyasa ekonomisine geçilerek ABD'ye uyumlu bir Nikaragua yaratıldı.

Bu başarının süresi on yılı geçmedi. 2001 yılında Sandinistler, Managua Belediye Başkanlığını kazandılar. Sandinistler, bir kez daha halkın güvenini kazanmakta gecikmediler. NED örümcek ağına karşı savaştılar ve halkı birleştirdiler. NED ve ortaklarının oyunlarına karşın Daniel Ortega, 2007'de devlet başkanlığına seçildi. ABD hemen baskıya başladı. Sonucu kirli oyuncular ile ulusalcıların çatışması belirleyecektir.

---

ve Rafael Quintero ve Theodoro Shackley ile "International Research and Trade Limited"'i kurdu. Hüseyin Salem'le birlikte Mısır'a silah sattı.
[634] *Houston Post, Feb. 11th-18th, 1990*'dan aktaran Joel Bainerman, The Crimes of A President, s. 279-281

"Project Democracy" İçinde

"ULUSLARARASI DİN HÜRRİYETİ" SENARYOSU

"Allah'tan başkalarını dost edinenlerin durumu, kendine bir ev edinen örümceğin durumu gibidir. Evlerin en dayanıksızı ise şüphesiz örümcek evidir. Keşke bilselerdi." Ankebut Suresi, 41. Ayet

Unification Church-PWPA, Ortadoğu-K. Afrika-Türkiye Planlama Toplantısı (İstanbul, 1982) Oturanlar (soldan): Nilüfer Gülek, Kasım Gülek, Chung H. Kwak ve eşi.

Unification Church-PWPA 21. Yüzyılda Eğitim Toplantısı (İstanbul 1986) Prof. Sabahattin Zaim (solda) ve Evangelos Moutsopoulos

Washington Dünya Dinleri Merkezi

> *"İlginç olan şey, bazı Batılı aydınların biz Müslümanların zamanda geriye gitmemiz, köklerimize inmemiz ve gelenekleri elden bırakmamamız gerektiğini düşünmeleri ve bizim genç insanlarımızın da bu ithal 'kaynağa dönüş' fikrinden oldukça etkilenmeleridir. Niçin Batı kendi kaynaklarına, bu kaynaklar her neyseler, dönmüyor?"* Amir Taheri [635]

Olaylardan sonuç çıkarmak gerekirse: İlk anda dünyada yerleştirilmek istenen yeni düzenin, demokratik bir düzen olacağı sonucuna varılabilir. Bu düzen içinde dünyanın tüm ülkelerinde devletler merkezi otoritelerini yitireceklerdir. Olabildiğince etnik ayrıma uğramış küçük eyaletlere ayrılmış ülkelerde tarihsel partiler eriyecek, vakıflardan, düşünce topluluklarından, ticaret odalarından, insan hakları denetim örgütlerinden oluşan bir siyasal yapı oluşacaktır. Bu oluşumlar, doğrudan doğruya ABD'nin siyasal partilerine bağlı enstitülere, konseylere, ABD şirket vakıflarına bağlanacaktır. Ülkelerdeki eğitim kurumları da vakıflaşacak ve ABD akademik dünyasıyla organik bağlar kuracaktır.

Merkezi otoritesini yitirmiş, salt denetleyici kurullara dönüşmüş devlet örgütlerinin yanı sıra, ordular da ulusallığını yitirmiş devletlerin savunma gücü olmaktan çıkacak ve ortak güvenlik güçlerine katılacaklardır. Herhangi bir bölgesel başkaldırıya (bu bağımsızlık uğruna bir başkaldırı da olabilir) karşı anında silahlı müdahalede bulunularak, öncelikle uzaydan denetlenen, yeryüzünde ve uzayda konuşlandırılmış kıtalararası füzelerle noktasal olarak vurulmasından sonra ulusal kimliğini yitirmiş paralı askerlerden oluşan ortak güvenlik güçlerince yapılacaktır. Bu eylem yönlendirilmiş kitlelerce de içerden desteklenecektir. Projeye engel olabilecek en önemli kurumlardan biri de dinsel kurumlardır. Dünya

---

[635] Müslümanların eski kurallara uygun yaşamaları önerisi, radikal İslamcılar tarafından değil, Batı tarafından önerilmeye başlanmıştır. İran yönetiminin öldürme tehditlerine karşın savaşımını sürdüren ve fakat bu yolda Batı tutkunluğuna soyunmamış olan, İranlı Araştırmacı-Gazeteci Amir Taheri (Kayhan gazetesinin eski Genel Yayın Yönetmeni), 1990 yılında İstanbul konferansında bu konuyu sorgulamıştı. *Amir Taheri, Kadın Hakları ve İran Deneyimi*. Ayrıca, Amir Taheri'nin "Holly Terror" adlı kitabı Türkçeye çevrilmiş ve iki bölümü dışında *Kutsal Terörün İçyüzü Hizbullah* adıyla yayınlanmıştır.

egemenliğinin kurulmasında engel oluşturacak dinsel çatışmaların önlenmesi için dinlerarası diyalogun geliştirilmesiyle birlikte kurumsal yapının da oluşturulması gerekir. En yaygın ve güçlü dinsel kurumlardan başlayarak, tüm dinlere bir yeni merkezi eşgüdüm gereklidir. Eşgüdümün merkezi elbette Washington'da bulunacaktır.

Öncelikle Amerikalılardan oluşturulan bu kurumsal yapı, IRFC (International Religious Freedom Committee) yani 'Uluslararası Din Hürriyeti Komitesi'dir. Bu komitede belli başlı dinlerin ve mezheplerin temsilcileri bulunmaktadır. Büyük dinlerin altında bulunan mezhep, tarikat oluşumlarının da bir araya gelebileceği, demokratik görünümlü bir ortamda kararlar alabilecekleri kurum ise Dindarlar Parlamentosudur.

Uluslararası komite her yıl ülkeler aleyhinde hazırlanan 'din hürriyeti' raporlarını görüşmeye başlamıştır. Komite, din hürriyetini engelleyen ülkelere yaptırım uygulanmasını önerebilmektedir.

Parlamento ise değişik ülkelerde toplanmaktadır. Parlamentonun güçlendirilmesi için Dinlerarası Diyalog Uluslararası Kongresi, 2000 yılında Washington'da BM çatısı altında gerçekleştirilmiştir.

Son derece düşsel görülen bu gelişmeleri biraz daha yakından incelersek, gerçeğe yaklaşabiliriz. Uluslararası din hürriyeti senaryosunun geçmişi, soğuk savaş yıllarında komünizme karşı oluşturulan ortak savaşım alanında birbirine ilişkilendirilen dinsel örgütlere bağlı kurumsal yapılanmalara dayanmaktadır. 1980'lerin sonuna doğru bu yapılanma, sosyalist sistemin çökmesiyle birlikte, daha yeni ve daha gelişmiş bir evreye yükseltilmiştir.

Bundan sonraki bölümlerde yakın geçmişin olayları içinde gezinirken, kimi kez Amerika'dan, kimi kez de Ankara'dan bakarak bu senaryoyu çözmeye çalışacağız. Konuları ele aldıkça ve olayları izledikçe, Türkiye'deki gelişmelerin bir rastlantı, sıradan bir 'irtica' hareketi olmadığı görülecektir.

İçinde yaşadığımız bu olayları anımsadığımızda, bizimki gibi ülkelerde birbirine benzer olayların sonuçlarını düşünerek, değerlendirme yapılınca, gelişmelerin sistem ya da rejim bozukluğuna dayandığı savının gerçeği yansıtmadığı da anlaşılacaktır.

Ayrıca olaylarda, şu ya da bu yönden, ABD'nin ve Batı Avrupa'nın etkisi de sırıtacaktır. Hele son yirmi yılın olaylarında 'project democracy' örümcek ağının derinliklerinde, ilginç uygulamalarla karşılaşılacaktır.

Din Hürriyeti Senaryosunun Yasalaşması

"Birleşik Devletler, evrensel insan haklarına bağlı bir dünya lideri olarak ve değişik dinsel nüfusa sahip bir ülke olduğundan bütün dinlerin haklarından sorumludur."ABD Din Hürriyeti Yasası gerekçesi.

Amerikalı işadamı-misyoner Al Dobra, dinsel misyonerlik işini Orta Asya'da yıllarca sürdürmüştü. Yabancı ülkelerde uyguladığı misyonerlik yöntemini şu sözlerle özetliyordu:

"Amacım bir Müslüman'ı dininden döndürmek değil. (..) Hedefim (olan attığım tohum) önce çürüyecek, sonra çatlayacak ve (fidan) büyüyecek; (o kişiler) giderek dinlerini sorgulamaya başlayacaklar."[636]

Bu sözler, Batı'nın ve özellikle ABD'nin yüzlerce yıllık saldırısının bir özeti gibi. ABD'nin elli yıl süren demokrasi ve hürriyet patronluğu, her nedense kendine karşı politikaları demokrasi kapsamı dışında bırakıyordu. Çok partili politik sisteme sahip ülkelerde bile seçimle gelmiş yönetimlerin güç kullanılarak ve kan dökülerek devrilmeye engel olmak bir yana, yıkım işini el altından destekliyordu. Bunu kimi ülkelerde demokrasi ve hürriyet davasına dayanarak ya da dinci örgütlere arka çıkarak yapıyorlardı.[637]

1990'dan sonra, ülkeleri komünizm tehdidi ile korkutarak, onlar üstünde siyasal egemenlik kurmak olanaksızlaştı. 1980'lerin başlarında 'demokrasi projesi' adıyla başlatılan örgütlenme ve açık müdahale programı, sosyalist bloğun yıkılması üzerine yeni bir araçla donatıldı: 'Din Hürriyeti.'

---

[636] *Mother Jones*, May/June 2002, s.46

[637] 4 Temmuz 1948 tarihli ve 5353 sayılı yasaya göre: AID yardımının amacı: "Birleşik Amerika'daki hür müesseseleri yaşatmanın ancak bütün dünyaya şamil bir hürriyet davası içinde mümkün olabileceği inancı ile az gelişmiş memleketler halklarına, kendi kaynaklarını geliştirmek, hayat standartlarını iyileştirmek ve sorumluluklarını anlamış idareler kurmalarını sağlamak üzere sağlam plan ve programlara dayanan ekonomik kalkınma için kendi kaynaklarını harekete geçirme çabalarına, sosyal ekonomik alanlarda, ABD'nin öteki görevli teşkilatı arasında yardımda bulunmaktır." *T.C Devlet Teşkilatı Rehberi, Türkiye Ve Ortadoğu Amme İdaresi Enstitüsü Yayını.1978, s. 872*
ABD'nin çıkarlarına hizmet ettiğini çekinmeden açıklayan sözlerin yer aldığı yasa TBMM'de kabul edilmiş ve uygulanmıştır. Görülüyor ki, ABD gerçekte bu denli açık oynuyor.

Kasım 1996'da, ABD'nin devlet sekreteri Warren Christopher, "Din ve inanç hürriyetini yaygınlaştırmanın Birleşik Devletler'in çıkarlarının artırılmasını sağlayacağı" gerekçesiyle ACRFA (Advisory Committee on Religious Freedom Abroad - Dış Ülkelerde Din Hürriyeti Danışma Komitesi)'yı oluşturdu. Daha sonra devlet sekreterliği görevine getirilen Madeleine Albrigth, Şubat 1997'de komiteyi açıkladı ve Dünyanın temel dinlerinin geleneklerini temsil eden önderlerden ve hocalardan oluşan komitenin görevini, "*dış ülkelerde din hürriyetinin geliştirilmesi, korunması ve tanıtılması* (öğretilmesi); *bu konularda Dışişleri Bakanlığına önerilerde bulunması*" olarak belirtti. ABD Başkanı, Danışma Komitesi'ne her dini, mezhebi gözeterek cemaat temsilcileri atandı.[638]

Başkan, İstanbul'dan dini liderle görüşüyor

Adı 'uluslararası' kendisi bir Amerikan iç yasası olması gereken 'Uluslararası Din Hürriyeti' yasası çalışmaları sürdürülürken, din ve inanç koruyuculuğuna soyunan ABD Başkanı William Clinton, Hıristiyan, Musevi, Müslüman, Bahaî, Budist, Hindu temsilcilerle görüştü. ABD'deki cemaat temsilcileriyle yetinmeyen federal devlet başkanı, Papa ile görüştükten sonra, Fener Rum Ortodoks Kilisesi Patriği Arhondoni Dimitri Bartholomeos ile görüşerek, kurumsallaşmanın derin temellerini attı.[639] Bartholomeos, sonraki yıllarda ABD'nin Din Hürriyeti yasasından yararlanacağını biliyordu.[640]

---

[638] Don Argue (Protestanlar Ulusal Birliği), Joan Brown Campbell (Hıristiyan Kiliseleri Ulusal Konseyi), Diana L. Eck (Harvard Üniversitesi), Wilma M. Ellis (Amerika Bahaileri Müşavirler Kıtasal Yönetim Kurulu), Haham Irving Greenberg (Öğretim ve Liderlik için Ulusal Musevi Merkezi), James B. Henry (Birinci Baptist Kilisesi), Frederick Calhoun James (Afrikalı Metodistler Kilisesi Piskoposu), Antonios Kireopoulos (Amerika Rum Ortodoks Bölgesi), Leonid Kishovsky (Amerika Ortodoks Kilisesi), Samuel Billy Kyles (Monumental Baptist Kilisesi), Deborah E. Lipstadt (Emory Üniversitesi), David Little (USIP), Theodore McCarrick (Newark Başpiskoposu), Russell Marion Nelson (Son Gün Havarileri İsa (Mormon) Kilisesi), Ricardo Ramirez (N. Meksico Las Cruse Kilisesi Piskoposu), Barnett Richard Rubin (CFR), Nina Shea (Freedom House Puebla Project), Elliot Sperling (Indiana Ünv.), Laila Al Marayati (MWL-Müslüman Kadınlar Ligi), Wallace Dean Mohammed (W. Deloney Elijah- Müslüman Amerikalılar Topluluğu Başkanı.) state.gov /www/global/ human-rights
[639] Fener Rum Ortodoks Kilisesi/İstanbul Patriği raporda dünya patriği olarak "Ecumenical Patriarch Bartholomeow" açıklamasıyla yer aldı. *Final Report of the Advisory Committee on Religious Freedom Abroad to the Secretary of State and to the President of the United States, Released by the Bureau for Democracy, Human Rights, and Labor, U.S. Department of State, May 17, 1999.*
[640] 6 Mart 2001'de George Walker Bush Jr. ile görüşmek için ABD'ye giden Fener Rum Patriği'ni, Fethullah Gülen'in onursal başkanı olduğu TGV'nin Başkan Yrd. Cemal Uşşaklı da uğurlamıştı. Patrik, Bush'tan Heybeli (onlar "Halki" diyor) manastırının açılması için Türkiye ile ilgilenmesini de istemişti. "*Bartholomeos, Ruhban Okulu İçin Bush'tan Yardım İstedi - Patrik'e Fethullah karşılaması*" Aydınlık,17

Çalışmalarını bir yıl sürdüren danışma komitesi, 23 Ocak 1998'de, "Din ve inanç hürriyetinin yayılmasının ABD dış politikasında birincil önceliğe sahip olmasını" bildirdi ve Dışişleri Bakanlığı bünyesinde bir 'Uluslararası Din Hürriyeti Bürosu' kurulmasını sağlayacak yasa taslağını hazırladı.[641]

Komite uluslararası din yönetiminin gerekçelerini, örgütlenme biçimini, kullanılacak araçları belirliyordu. Bir dizi gerekçeden ikisi, din hürriyetinin güvenceye alınması görevini ABD'nin yüklenmesinin gereğini şöyle özetliyordu:

"Din hürriyetinin yaygınlaştırılması ve (bu hürriyetin) baskı altına alınmasına karşı çıkma görevi temel Amerikan değerini içerir ve Birleşik Devletler'in uygun, önemli ve gerekli bir dış politika hedefidir... Birleşik Devletler, evrensel insan haklarına bağlı bir dünya lideri olarak ve değişik dinsel nüfusa sahip bir ülke olduğundan bütün dinlerin haklarından sorumludur."

ABD'yi tüm dünyanın din işlerinde yetkili kılan komite, bu işlerin temelini de belirledi:

"Din hürriyetini geliştirmenin uygun araçları bir yandan kanıt toplamayı ve rapor düzenlemeyi, öte yandan da etkin politik önlemlerin (alınmasını) kapsar."

"Politik önlem", teşvikleri ve caydırıcı yaptırımları içermeliydi. Amerika ile düzenli siyasal-ticari ilişkilerde öncelikler elde edilmesi, yardım ve destek görülmesi gibi teşvikler, 1940'ların sonundan bu yana zaten uygulanmaktaydı. 'Yaptırım' ise ABD'nin politik egemenlik kurma girişimlerinde uyguladığı bilinen türdendi:

"Kapalı ya da açık olarak kınama, (ticari ve siyasal) önceliklerden yoksun bırakma ve caydırıcı ya da zorlayıcı önlemler..."

Komite her ne denli sert önlemlerden yana görünmüyorsa da açıktan silahlı müdahaleler için ABD yönetimine bir olanak daha sağlamaktan geri kalmıyordu. Bu olanak, her yöne çekilebilecek öznel gerekçelerle müdahaleyi de güvence altına alıyordu:

"Ambargo ve benzeri önlemler önerilemez; ancak sürüp giden derin adaletsizliklere karşı ve yalnızca masum sivillerin temel ihtiyaçlarının karşılanması koşuluyla ambargo uygulanabilir."

Yabancı ülkelerde adalete karar verme yetkisinin, bir devletin bir resmi bürosunun kararlarına dayandırılmasının olanaksız olması gerekirken, özellikle son on yılın uygulamalarına, BM kararına gerek duyulmadan yapılanlara göre, olsa olsa bir çete hukukundan söz edilebilir.

Mart 2002, Sayı:765. Patrik, girişimlerinde başarılı oldu. ABD Büyükelçisi, Türkiye Cumhuriyeti hükümetine başvurdu ve Heybeliada'daki manastırın açılmasını doğrudan istedi. *(Turkey - International Religious Freedom Report, s.6)*
[641] Final Report of the Advisory Comm. *state.gov/www/global/human-rights/990517-report*

ABD, dış ülkelerdeki birimlerini, bulundukları ülkelerle ilgili 'İnsan Hakları Raporları'nın yanı sıra, 'Din Hürriyeti Raporu' hazırlamakla da görevlendirdi. 1998'de Amerikan Kongresi'nden Dışişleri Bakanlığı'na bağlı, IRF (Uluslararası Din Hürriyeti) Bürosunun ve IRFAC (Uluslararası Din Hürriyeti Danışma Komitesi)'nin kurulması kararı çıktı.

Yeni kurumlaşmanın gerekçesinde ABD'nin kuruluşunun temelinde dinsel kurumların bulunduğu ve Birleşik Devletler'in dünyada din hürriyetini gözetleyerek yaptırımlarda bulunma hakkı olduğu belirtildi. Büronun başına Vietnam'da görev yapmış Dz. Pilot Yzb. Robert Seiple büyükelçi olarak atandı. Seiple, askerlikten sonra Protestan kiliseler birliğinin yardım örgütü olan WR (World Relief)'in uzun yıllar başkanlığını yapmıştı. Bu yardım kuruluşunun dünyanın çeşitli ülkelerinde 47 şubesi bulunuyor. Örgüt asıl ününü, Güney Amerika'da CIA işbirliğiyle kazanmıştı.[642]

Mezhepler Komitesi ve Operasyon Ustası Abrams

Danışma komitesinin başkanlığında Musevileri temsilen RACRJ (Musevilik Reformu Dinsel Eylem Merkezi)' Başkanı Haham David Saperstein getirildi. Başkan yardımcılığını, George Washington Üniversitesi Hukuk Merkezi Dekanı Michael K. Young üstlendi. Üyeliklere de etkin operasyoncular getirildi:

Elliott Abrams: Etik ve Kamu Politika Merkezi Başkanı.[643]

John R. Bolton: Bulgaristan'da bazı partileri destekleyerek demokrasiye önemli katkılarda bulunmuş olan AEI'nin Başkan Yardımcısı.

Firuz Kazemzade: Birleşik Devletler Bahaî Ulusal Ruhani Cemaati Dış İlişkiler Sekreteri.

Theodore McCarrick: Newark Piskoposu.

Nina Shea: CIA propaganda aygıtı Freedom House'un Din Hürriyeti Merkezi Yönetmeni.

Charles Z. Smith: Washington Yüksek Mahkemesi yargıcı

Laila Al Marayati: MWL eski başkanı.[644 / 645]

Komitede Abrams'ın bulunması, ABD'nin din operasyonunu ne denli ciddiye aldığını gösteriyordu. Elliott Abrams, Nikaragua-Iran-*contra* operasyonunda ve birkaç yıl süren Venezuela'da 2002 baharında, seçilmiş devlet başkanına karşı askerlerin de karıştığı darbe operasyonunda yönetici konumundaydı. Daha önceleri Türkiye (1984), Panama (1985), Nikaragua (1986), Honduras (1986) uygulamalarında da görev aldı. İran-

---

[642] White House announcement On R. Seiple Nomination, 01-07-99, *usis.it/usembvat/ Files/ H T/99010707.htm*
[643]
[644] "President Clinton names three to the US Commission on International Religious Freedom" Muslim Women's League, May 1999, *mwlusa.org /news-clinton599.shtml.*
[645] *CAQ, 1990, Number:33, s.26* ve *Number: 35, s.31.*

contra operasyonunu yöneten üçlüden biriydi. Dönemin Dışişleri Bakan Yardımcısı olan Abrams, *"gladyatör"* adıyla ünlendi. Onun işi, özellikle Orta Amerika'da, ABD'ye bağımlı diktatörleri desteklemekti.[646]

Yine o dönemde, ABD tarafından eğitilen ölüm taburları (Death Squads), El Salvador'da sivil halkı, silahsız köylü kitlelerini işkenceden geçirmiş; kadınlara saldırmış ve toplu kıyımlar gerçekleştirmişlerdi. BM Araştırma Komisyonu, yalnızca El Salvador iç savaşında 22.000 olay arasında, ABD tarafından desteklenen diktatörün adamlarının yarattığı olayların oranını % 85 olarak saptamıştır.

ABD yanlısı katliamcıların silah masrafları, büyük oranda kokain ticaretiyle karşılanmıştır. Abrams, ABD soruşturma komisyonu ve CIA müfettişlerinin raporlarıyla ortaya çıkan ve doğrudan Ronald Reagan'ın onayıyla sürdürülen kirli işlerle ilgili soruşturmada, yalan ifade verdiğinden hapse girmek üzereyken, Başkan George Bush'un bağışlama kararını imzalamasıyla kurtarılmıştı.[647]

Cumhuriyetçilerin en önemli adamlarından biri olan Elliott Abrams, Demokrat Clinton tarafından Din Hürriyeti Komitesi'ne atandı. 2001 yılında George Walker Bush Jr. Başkan olunca, NSC'de Demokrasi, İnsan Hakları ve Uluslararası Operasyonlar bölümünün başına getirildi. Abrams'ın ilk işi, özgün deneyimlerinden yararlanarak Venezuela'da askeri darbe örgütlemek oldu.[648]

Elliott Abrams, Bush Jr. başkan olunca NSC'de görev almakta gecikmedi. Irak'ın işgalini ve İsrail'in Filistin'i yıkma girişimlerini destekledi. AJC (Amerikan Yahudi Komitesi)'nin yayın organı Commentary'nin baş editörlerinden ve CPD kurucularından Norman Podhoretz'in ve Heritage Foundation mütevellisi Midge Decter'in damadıdır Abrams. Paul Wolfowitz, Richard Perle, Douglas Feith ve David Wurmser ile birlikte, İsrail Likud Partisi'nin başta gelen destekçileri ve savaş teorisyenleri arasındaydı. Özgür Lübnan için US Komitesi üyesi de olan Abrams, İsrail'in 2006'da Gazze ve Lübnan'a kanlı saldırısının da mimarıydı.[649]

Din Hürriyeti Komitesi Başkanı Haham David Saperstein ise, İsrail destekçilerinin en önemli örgütü ADL B'nai B'rith ve AIPAC yöneticilerindendir. Reagan demokratlarını barındıran AEI'nin Başkan Yardımcısı olan John R. Bolton ise 1990'da Bulgaristan operasyonunda görev almış, daha sonra savaş yanlısı yeni muhafazakârların çalışmalarına katılmıştır.[650]

Komitenin en ilginç üyesi Laila Al Marayati, ABD'yi Pekin ve Varşova Dünya Kadınları toplantılarında temsil eden delegelerden biriydi.

---

[646] *CAQ, 1983, Number:18, s.4; 27- 1987, s.66 ve 1994, Number:48, s.61.*
[647] David Corn, "Elliott Abrams: It's back!" *The Nation, July 2, 2001.*
[648] David Corn, "Our gang in Venezuela" *The Nation, August 5, 2002*
[649] Patrick J. Buchanan, "whose War?" American Conservative, March 24, 2003
[650] *CAQ, 33-1990, s.26; 35-1990, s.31.*

Al Marayati, toplantılarda Türkiye'yi dindarlara baskı uygulamakla, barbarlıkla suçlamıştı. Avrupa Güvenlik ve İşbirliği İnsani Boyutlar Konferansı'nda Recep Tayyip Erdoğan'ı savunan Laila Al-Marayati, Türk Silahlı Kuvvetleri'nin Müslüman subayları ordudan attığını ileri sürmüştü.

Merve Kavakçı olayında da Türkiye'yi kaba bir dille suçlamaktan geri kalmayan Laila Al Marayati, kadınları Türkiye'yi kınamaya çağırmıştı. Al Marayati, SUM (Merve için Birleşmiş Kızkardeşler) örgütünü kurmuş, Akev önünde gösteriler düzenlemiş, direniş çağrısında bulunmuş ve Batı dünyasını Türkiye'ye karşı kışkırtmaya çalışmıştı.[651]

Laila Al-Marayati'nin eşi Salam Al Marayati, Müslüman Halk İlişkileri Konseyi ve Güney Kaliforniya İslam Merkezi yöneticisidir. Hizbullah'ı destekleyen çıkışlarıyla ünlüdür. 1998 yılında ABD başkanınca Karşı Terör Komitesi'ne üye olarak atanmasının hemen ardından başlayan tepkiler üzerine komiteden çıkartılmasıyla adından çokça söz ettirmişti.[652]

William Clinton tarafından 'Büyükelçi' sanı verilen Robert Seiple yönetimindeki Din Hürriyeti Bürosu, hemen çalışmaya başladı. ABD dışişleri sekreter yardımcılarından Harold Hongju Koh'un Temmuz 1999'da Türkiye'ye gelişinde belirttiği gibi 'din hürriyeti' sorunlarını yerinde denetlemekle görevlendirilen Robert Seiple, Kasım 1999'da Ankara'ya geldi ve Başbakan Yardımcısı Devlet Bahçeli tarafından kabul edildi.

1999 Ülkeler Din Hürriyeti Raporları, 9 Eylül 1999'da ABD senatosuna sunuldu. Raporlarda, ABD'nin kendisi dışında tüm ülkelerde yapmış olduğu gibi, ülkelerin nesnel koşulları hiçe sayılarak ülkelerin iç işlerine şu ya da bu yöntemle karışmanın sözde gerekçeleri de yaratılmaya başlanıyordu. Kendi ülkelerinin iç düzenine karşı olan gruplar da ABD gibi bir kurtarıcı bulmaktan mutluydular. Ülkelerini Amerikan misyonerlerine ihbar etme fırsatını kaçırmadılar. Dünya egemeni olarak gördükleri Amerikan devlet aygıtı tarafından desteklenmekten de hoşnut kaldılar.

Amerika'da yerleşik İslam dernekleri de fırsatı kaçırmadılar. Hamas sempatizanı olarak bilinen ve direktörlüğünü eski IAP (Filistin için İslamcı Dernek) elemanlarından Nihad Awad'ın üstlendiği CAIR (Amerika İslam İlişkileri Konseyi)'in başını çektiği Amerikan Müslüman örgütlerinin temsilcileri, Madeleine Albrigth'la görüşerek Türkiye'de dindarlar üstünde baskı kurulduğunu anlattılar. Merve Kavakçı olayını örnek gösterdiler ve ABD'nin Türkiye'ye ekonomik yaptırımlar uygulamasını istediler.

---

[651] Laila Al-Marayati, "Mockery of Democracy in Turkey" *The Religious News Service için 24 Mayıs, 1999'da yazılan yazıdan* Muslim Women's League; mwlusa.org /news_ turkey 599.html
[652] "Salam Al Marayati & the National Commission on Terrorism" mpac.org /main_ frame. html.

Girişimlerin ilk sonuçları, 1999-Din Hürriyeti Türkiye Raporu'nda görüldü. ABD Merve Kavakçı'ya sahip çıkıyordu. Ayrıca Malatya'daki gösterilere yer veriliyor, göstericilerin sayısının on bini bulduğu özenle belirtiliyor; dindarların gerçekten baskı altında tutulduğu kanıtlanmaya çabalanıyordu. Olayların çatışmaya dönüştüğü de vurgulanarak devlet baskısının derecesi gösteriliyordu.

Raporda, Recep Tayyip Erdoğan'ın, *"şiir okuduğu için"* hapse atılan *"İstanbul'un ünlü belediye başkanı"* olarak tanıtılması, birkaç yıl önce IRI'nin raporlarında Recep Tayyip Erdoğan'ın en *"popüler"* kişi olarak nitelenmesiyle örtüşmesi ve resmi bir belgede, iç siyasete açıkça taraf olunduğunu göstermesi bakımından ilginçti.[653]

Din Hürriyeti bürosunun etkisinin raporda en ilginç yansımalarından biri de Fethullah Gülen'den "ılımlı İslami lider" olarak söz edilmesi ve bu "lidere karşı" bir kötüleme kampanyası başlatıldığının belirtilmesiydi.

Türkiye'de Hıristiyanlık propagandasının polisçe engellendiği, kiliselere baskı yapıldığı gibi konular ise, hazırlanmakta olan kargaşa zemininin ipuçlarını vermekteydi.

Parti başkanları senaryoyu gizliyorlar mı?

ABD'ye göre; bazı ülkelerde, özellikle Türkiye'de, dinsel egemenlik peşinde koşmak; o ülkenin egemeni olan devleti yıkma eylemlerinde bulunarak egemen devletin sınırlarını, bölgesel din devleti ya da Osmanlı tipi yeni devlet örtüsü altında yıkmaya kalkışmak, 'Din Hürriyeti' ve 'İnsan Hakları' kapsamında değerlendirilmektedir. ABD bunu yapmakla yükümlüdür; çünkü çıkarları bunu gerektirmektedir. Oysa ABD'yi ne İslamın niteliği ne de Müslümanların bireysel özgürlükleri ilgilendirmektedir. Bu nedenle Din Hürriyeti Raporu'nun etkisi olmayacağı gibi bir düşe kapılmak yersizdir. Üç tipik örnek, işin ciddiyetini göstermesi bakımından ilginç olacaktır:

Haziran 2000'de toplanan Birleşik Devletler Uluslararası Din Hürriyeti Komitesi, Rusya, Çin ve Sudan'ı değerlendirmeye almış ve bu ülkelere yaptırım uygulanmasını istemişti. ABD yönetimi Çin'e yaptırım uygulanmasını reddetmiş ve Amerikan Kongresi de bu isteğe uyarak Çin'e normal ticaret statüsü tanınmasını onaylamıştı.

ABD yönetimi, raporda belirtilen gerekçelerle Çin'e yaptırım uygulanması kararına karşı çıktı. Yönetim, Sudan'a ambargo uygulanmasını onayladı. Bu sonuçlardan mutlu olmayan Amerika'da yerleşik Müslüman Örgütleri, bir bildiri yayınladılar ve Sudan'daki durumun din hürriyeti sorunu olmadığını, sorunların ayrılıkçı güçlerin ABD yönetimince

---

[653] Recep Tayyip Erdoğan, Kasım 2002'de, dünyanın en büyük devletinin resmi raporlarında kendisine böylesine önem verilmiş olmasını görmediğinden olsa gerek, Leyla Zana'yı soran Avrupalı yöneticilere "Ben bir şiir yüzünden hapis yattığımda benimle ilgilenen olmamıştı" diye açıklamalarda bulundu.

desteklenmesinden ve iç savaşın sürdürülmesinden kaynaklandığını, bu yüzden Sudan'a ambargo uygulanmaması gerektiğini ileri sürdüler. Aynı örgütler ABD yönetimiyle ters düşmemek için, komisyon raporuna karşın, Çin'e yaptırım uygulanmamasından söz etmezken, Türkiye hakkında düzenlenmiş olan 'Din Hürriyeti 1999 Türkiye' raporunun değerlendirilmeye alınmasını ve yaptırım uygulanmasını istediler.

Bu örgütlerin arasında AMC (Amerika Müslüman Konseyi), MPAC (Müslüman Halk İşleri Konseyi) ve CAIR de bulunuyordu. AMC, Fazilet Partisi Genel Başkanı Recai Kutan'ın, 1999 sonbahar gezisinin ardından, 2001 baharında yaptığı Amerika gezisinde de ev sahipliği görevini üstlenerek, onun konferanslarını düzenlemişti.[654] CAIR ise Türkiye'ye karşıtı kampanyanın başını çekmiş ve özellikle Merve Kavakçı olayında diğer örgütlerle birlikte, ABD Dışişleri Bakanı Madeleine Albright ile görüşmüş; ABD'nin Türkiye üstündeki gücünü kullanmasını ve baskı uygulamasını istemişti.

Amerika'daki örgütler, Din Hürriyeti Komisyonu'nun Sudan ile ilgili baskı kararlarına karşı çıktı; ama onların Türkiye'deki İslamcı dostları sessiz kaldılar. "Amerikan tipi laiklik" isteyen bu çevrelerin suskunluğunun vefa duygularıyla bir ilgisi olabilir. Yakın geçmişte olup bitenler bu yaklaşımların altındaki gerçekleri aydınlatabilir.

---

[654] "FP, kendini ABD'ye anlatacak" *Hürriyet, 25 Ekim 1999.*

Şikago ve Georgetown'da İslami Demokrasi Ödülü

> *"Bütün dünyada yapılacak işler buradan idare edilebilir ve hatta denilebilir ki, şöyle veya böyle Amerika ile dostça geçinmeden, destek almak değil, dostça geçinmeden, Amerikalılar istemezlerse kimseye dünyanın değişik yerinde hiçbir iş yaptıramazlar... Bu realite kabul edilmeli. Amerika göz ardı edilerek şurada, burada bir iş yapılmaya kalkış(ıl)mamalı."*
> Fethullah Gülen.[655]

Şikago, 5 Eylül 1998, Çarşamba günü ISNA (Kuzey Amerika İslami Cemaati)'nın kongresinin yapıldığı binanın 4 numaralı salonunda toplananlar, önemli bir olaya tanık oldular. Bu olay, aynı kongrede Beşir Atalay'ın "Civil Society: An Islamic Perspective" başlığı altında Allah'ın rehberliğinde 'sivil' toplumun nasıl kurulacağını anlatmasından ve Yusuf Ziya Kavakçı'nın "Living with Dignity in Muslim Families" başlıklı tebliği sunarak evlilik ve boşanma konusuna aydınlık getirmesinden daha önemliydi.[656]

Türkiye Cumhuriyeti Milli Güvenlik Kurulu'nun kararlarının ardından başbakanlıktan istifa etmiş olan Necmettin Erbakan'a bir ödül verilecektir. Türkiye'de kimi çevrelerce yöneltilen, demokrasi karşıtı, şeriatçı gibi, suçlamalarla karşılaşan Erbakan'a verilen 'Human Dignity Award (İnsanlık Onuru Ödülü)'nün gerekçesi açıktı:

"Necmettin Erbakan, şimdi yasaklanmış olan Refah Partisi'ne bir seçim zaferi kazandırmış, laik askeri cunta tarafından görevinden uzaklaştırılmadan önce Türkiye'ye İslami demokrasiyi tattırmıştır. ISNA ödülü Necmettin Erbakan'a, İslam'a ve Türkiye'ye yapmış olduğu hizmetler nedeniyle verilmektedir."

---

[655] Nevval Sevindi,"Fethullah Hoca ile New York sohbeti-4" *Yeni Yüzyıl, 23 Temmuz 1997.*

[656] Beşir Atalay, 3 Kasım 2002 seçimlerinde AKP'den milletvekili olduktan sonra Abdullah Gül başbakanlığında kurulan hükümette Devlet Bakanı oldu. Beşir Atalay, Kırıkkale Üniversitesi rektörüyken köktendinci kadrolaşma gerekçesiyle 15 Aralık 1997'de Denetleme Kurulu raporuna dayanılarak YÖK tarafından görevden alınmıştı. Bu görevi sırasında, tez kitabı kapağına İmam Humeyni'nin resmini koyan doçenti sağ kolu yaptığı ileri sürülmüştü. Beşir Atalay, İslam devriminin ardından İran'a vizesiz giden öğretim görevlilerindendir. Atalay, Necmettin Erbakan'ın dünürünün sahip olduğu YİMPAŞ zincir marketler şirketinin danışmanlığını yaptıktan sonra ANAR araştırma şirketini kurmuştur. *Erdal Bilallar, Devlet Bakanı Prof. Dr. Atalay, Star, 12 Kasım 2002.* Atalay 2007'de içişleri bakanlığına getirildi.

Türkiye'de politika yapmasının engellendiği belirtilen Erbakan'a ödül verilmeden önce bir kutlama mesajı da okundu. Bu kutlama mesajı 'İslam Orduları Başkumandanı' Muammer Kaddafi'den değil, ABD Başkan Yardımcısı Al Gore'dan geliyordu.

Ödül töreninin ardından 'Gelecek Bin Yılda Müslümanlar' konferansına geçildi. Bu konferansı Eski Alman Büyükelçilerinden ve NATO eski İstihbarat Direktörü Wilfred Murad Hoffmann verdi. Hoffmann, İstanbul'da oturuyor, günlerin çoğunu ABD'de İslamiyet konferansları vererek geçiriyor. Onun Türkiye değerlendirmesi, Türkiye Cumhuriyeti'ni yaşanacak yer olarak seçmiş olmasıyla çelişiyordu:

"İslami gruplar, Türkiye'de olduğu gibi, asker destekli hükümetler için bir tehdittir... İslami gruplar, demokratik süreci ve İslam hukukunu getirerek var olan durumu değiştirecekler... Bazılarınca köktenci denilen, bu hareketlerin ülkelerde var olan tek karşıt siyasal hareket olduğu söylenebilir."[657]

Adını sıkça anacağımız ve daha yakından tanıyacağımız Georgetown Üniversitesi'ndeki CMCU (Hıristiyan Müslüman Anlayış Merkezi) de, Türkiye rejimine karşıt ne denli örgüt ve kişi varsa, onları toplantılarda buluşturuyor. 30 Ağustos 2001'de ISNA ile birlikte Necmettin Erbakan'ı bir kez daha konuk etti: Erbakan, ISNA'dan ödül almaktan onur duyduğunu belirtirken, Merve Kavakçı da *"Erbakan, Türkiye'de bizim Başkomutanımızdır!"* diyerek, örgütlenmeye hangi yönetsel düzenden baktığını gösterdi. Oysa Libya Devlet Başkanı Muammer Kaddafi, Erbakan'ı "Başkomutan yardımcısı" olarak ilan etmişti.

Ne 1998 Eylülünde verilen ödül, ne Hoffmann ve ne de ISNA Şura Üyesi Yusuf Ziya Kavakçı, Türkiye'deki laiklik yanlısı, demokrat, sağcı, solcu, milliyetçi, Atatürkçü çevrelerin ilgisini çekmemişti. O sıralar Türkiye, CHP Genel Başkanı Deniz Baykal'ın erken seçim isteğini tartışıyor, camilerde kılınan toplu namazların ardından caddelere, sokaklara, meydanlara taşan 'türban eylemleri' ile ilgileniyor ve fakat yeni çağda ABD'nin dış politikasının yollarını aydınlatacak olan 'Uluslararası Din Hürriyeti' yasasının Amerikan kongresinde onaylanmasıyla hiç ilgilenmiyordu. Oysa seçim gibi önemli siyasal gelişmeler de başörtüsü eylemleri de dünyanın lideri olduğu belirtilen devlette olup bitenlerden bağımsız olamazdı.

'Tahran' deyip Washington'dan göstermek

Her şeyi İran'ın kotardığını ileri sürerek, Washington'a gözleri yummakla, kulakları tıkamakla, yanıltma aracı olarak kullanılan 'yeşil kuşak' teorileriyle işin içinden kolayca sıyrılmak varken, Türkiye'yi bilgilendirmeye ve gerçek düşünce özgürlüğünün önünün açılmasını sağlayacak

---

[657] Laura Kay Rozen, Islam Draws New Fire From Turkey's Army, *CS Monitor April 8, 1998.*

olaylardan söz etmeye gerek görülmüyordu. ABD, küresel egemenliğe engel olacak güçleri etkisiz kılma amacının gölgesinde, kendisini din ve inanç hürriyetinin bekçisi ilan ederken, bu kendinden menkul yetkiye sözde tarihsel kaynak yaratma çabasıyla, kendisini 'dünya lideri' olarak selamlamaktan çekinmiyordu. Yasa gerekçesindeki *"Birleşik Devletler, evrensel insan haklarına bağlı bir dünya lideri ve değişik dinsel nüfusa sahip bir ülke olduğundan, dinlerin tamamıyla ilgili haklardan (da) sorumludur"* satırlarını anımsanmalı.

Türkiye'ye Osmanlı İmparatorluğu hukuk düzenine dönülmesi gerekliliği belletile dursun; siyasal-dinsel kutup, Akev'e kaydırılıyordu. ABD, sivil-askeri operasyonlar için uluslararası kurumların kararına başvurmak bir yana, kendi müttefiklerinin onayını bile almaya gerek duymuyordu. Bir gün kendi kapısının da çalınacağını düşünmeyen, adı büyük devletler de suskun seyirciler arasındaydı. Bu suskunluktan güç alan 'dünya lideri' de sınır tanımaz oluyordu. Din Hürriyeti Komitesi'nin kararlarının yaşama geçirilmesi de sınır tanımazlığın eseriydi. Roma tiranlarının tutumunu benimseyen ABD'nin izleme ve vurma niyetini belirten kararını yineleyelim:

"Din hürriyetini geliştirmenin uygun araçları, bir yandan delil toplamayı, rapor düzenlemeyi, öte yandan da etkin politik önlemleri kapsar."

'Dünya Lideri'ni benimseyenlerin sayısı her ülkede giderek arttığından, "delil toplanması" ve bu delillere dayalı raporlar yazılması oldukça kolay olacaktı. Rejim karşıtları ve NGO'lar, yani kimi ülkelere göre devlet dışı, kimi ülkelere göre de 'ordu dışı' kuruluşlar olarak adlandırılan cemaatler, örgütler ve kaderlerini 'project democracy'ye bağlayan sağcı, solcu, milliyetçi, muhafazakâr, liberal politikacılar, gerekli malzemeyi sunmak üzere çaba gösterdiler.

Sivillerin Alman Bakanla şeffaf görüşmeleri

ABD'nin sivillerden beklentileri, kısa sürede gerçekleşti. Örneğin Eylül 1998 Uluslararası Din Hürriyeti Yasası'nın onaylanmasının üstünden birkaç ay geçmeden, Türkiye'de cemaatler, politikacılar, NGO'cuların yanı sıra devletin yargı kurumlarının temsilcileri bile bu raporlara veri sağlayacak bilgiler açıkladılar, olumsuzlukları abartarak yorumladılar.

Son yirmi yıldır dünyanın dört bir yanında başarıyla uygulanan 'Demokrasi Projesi'ne de uyan bu yöntem için ne gizli istihbarat örgütlerinin karanlık ilişkileri ne de yüksek bütçeler gerekiyordu. Bağlı görevliler ve medya elemanları yeterliydi. Gerekli bilgiler entelektüel bir ortamda; hürriyet, demokrasi ve *'din hürriyeti'* tutkusuyla yapılan 'resmi' ya da 'sivil' toplantılarla, sözde bilimsel konferanslarla, 'ilmi' çalışmalarla, vakıfların atölye çalışmalarında kurulan kişiden kişiye dostluklarla elde edilebilirdi.

Basında da yer alan örnek bir toplantı bu durumu ve küresel bilgilendirmenin altında yatan anlayışı az da olsa aydınlatabilir.

Almanya Adalet Bakanı Herta Daubler Gmelin, 24 Haziran 2001' de Türkiye'ye geldi. Bir bakan bir başka ülkenin bakanıyla görüşmeden önce kendi elçilik görevlilerinden, varsa o ülkede yaşamakta olan kendi yurttaşlarından, dostlardan bilgi alır. Buna diyecek yok; Gmelin, elbette bunları yapmıştır. Ama onun bir avantajı daha vardı. Adalet Bakanı Hikmet Sami Türk ile görüşmeden önce Türkiye'nin sivil(!) temsilcileriyle buluştu.

Almanya'nın İstanbul Konsolosluğu'nun Tarabya'daki konuk evine özel çağrıyla gelen on sivil(!) temsilciyle, saat 11.00'de başlayıp dört saat süren toplantıya, zamanının İstanbul Barosu Başkanı Yücel Sayman, Türkiye'nin AİHM'deki eski avukatı ve Siyasal Bilgiler Öğretim Üyesi ve *"Türkiye'nin avukatlığını yapmaktan utandığım zamanlar oldu"* diyen Bakır Çağlar katıldı. Ve ötekiler:

Eren Keskin: İHD İstanbul Başkanı.

Ahmet Asena: DİSK Genel Koordinatörü.

Aydın Cıngı: Yazar.

Rona Aybay: Bilgi Üniversitesi.

Deniz Kavukçuoğlu: SODEV kurucusu, Bilgi Üniversitesi öğretim üyesi, Cumhuriyet yazarı.

Zülâl Kılıç: KA-DER Başkanı.

Nilüfer Mete: TÜSES Genel Sekreteri, CHP Beşiktaş İlçe Örgütü üyesi.

Orhan Silier: Türkiye Toplumsal Tarih Vakfı Genel Sekreteri.

Türkiye'de 'adalet' ve 'insan hakları' konularında bilgi alan Gmelin, T.C. Adalet Bakanı'nın karşısına donanımlı olarak çıktı. Sivillerin Almanya Adalet bakanı ile görüşmeleri, basına kapalıydı. Neyse ki Eren Keskin, Aydınlık dergisine görüşme gerekçelerini açıkladı:

"Alman Adalet Bakanı bir gün sonra devlet yetkilileriyle görüşecekmiş... Türkiye'nin sorunları, insan hakları ihlalleri, sınıfın (sınıfsal) hak ihlalleri ile ilgili görüşlerimizi sordular. Biz de anlattık...

Alman Bakan özel olarak bu soruyu sormadı; ama tartışma bununla başladı. FP kapatıldıktan sonra meclisteki değişiklikler güncel olduğu için tartışıldı...

Ben de esas olarak Türkiye'de sistemin bir sorun olduğunu; Türkiye'de siyasal partilerin siyasetin gerçek belirleyeni olmadığını; siyasetin gerçek belirleyeninin Genelkurmay olduğunu söyledim. Bunun üzerine, Türkiye'deki sistem yapısı üzerine derin bir tartışma başladı."[658]

---

[658] *Aydınlık, 8 Temmuz 2001*

Petrol Ziftine Bulanmış
Din Hürriyeti

> *"(Uluslararası Din Hürriyeti) Danışma Komitesi, Dışişleri Bakanlığı'na, din hürriyeti konularını, hem 'Birleşik Devletler Uluslararası İlişkiler Stratejik Planına ve hem de Birleşik Devletler Dışişleri Stratejik Planı'na dâhil etmesini şiddetle önerir." Final Report of the Advisory Committee.[659]*

Eylül 1999 başlarında, aralarında Koreli, Kolombiyalı ve Amerikalıların da bulunduğu bir grup yabancı, Bakû'deki adalet makamlarınca gözaltına alındı. Mahkeme, Protestanlık örgütlenmesiyle adam devşirdikleri gerekçesiyle bu yabancıların sınır dışı edilmelerine karar verdi.[660]

Dünyanın sırtında bağımsız ve egemen bir devlet tutumu olamayacağından, Azerbaycan güvenlik kurumları ve mahkemeleri, Amerika ve Batı Avrupa misyoner örgütlerince, din hürriyeti ilkelerine aykırı davranmakla suçlandılar. ABD'nin Bakû elçisi, soluğu Haydar Aliyev'in karşısında aldı.[661] Azerbaycan güvenlik kurumları ve adliyesinin takındıkları tavır, KGB artıklarınca kışkırtılmış bir girişim olarak nitelendi. Batılı örgütlere göre bu kışkırtıcıların amaçları elbette Azerbaycan'ın Avrupa ile bütünleşmesini engellemekti.[662]

Olayların ilk kanıtları bile ortada yokken, siyasal çıkarlara uygun yapılan açıklamalar hep 'engellenmek' üstüne kuruldu. Örneğin Türkiye'de de Avrupa Güvenlik ve İşbirliği Toplantısı'nın hemen öncesinde, tam da Avrupa Birliği'ne katılınmak üzereyken(!) Ahmet Taner Kışlalı'yı öldürmüşlerdi. Siyasetin liberal ve dinci cambazları böyle açıklamışlardı durumu.

Azerbaycan Devlet Başkanı, ABD elçisiyle görüşmesinin ardından yabancı medyacıların huzurlarına çıktı ve "Bu tür olaylar bir daha olmayacak; söz veriyorum" dedi. Bu söz etkisini hemen gösterdi ve 'din hürriyeti' bir kez daha kazandı; mahkeme kararı kaldırıldı. Afrika ülkelerinden Sudan'da durum çok daha farklı gelişti. Sudan, İslam hukuku esaslarıyla yönetiliyordu.

---

[659] Final Report of the Advisory, a.g.r.
[660] ChristianNet/Compass Direct – 09-09-1999.
[661] John Boit, "Azerbaijani court overturns", *CS Monitor, Now. 26, 1999.*
[662] Barbara G. Baker – Compass Director, German Lutheran Church Services Halted In Baku, *News Release,* 7 October 1999, www.ripnet.org/halted.htm

ABD'nin hazırladığı 'Uluslararası Din Hürriyeti Sudan Raporu'nda Hıristiyanlara baskı uygulamakla suçlanıyordu. Türkiye'de 'şeriat' yönetimi kurmak amacıyla örgütlenenlere baskı uygulandığı, bu tutumun din ve inanç hürriyetine aykırı olduğu savunulurken; Sudan'da şeriatçıların etkisindeki bir yönetimin varlığından yakınılıyordu.[663]

Sudan'da 18 yıldır iç savaş sürmekteydi ve bu savaşın şeriat yönetimiyle falan ilişkisi yoktu. İslami hareket önderi Şeyh Hasan Turabi'nin yönetim üstündeki etkisi, son on yılda, Sudan'ın ekonomik çöküntüsüyle ve kitlesel açlıkla birlikte artmıştı. Çöküntünün en önemli nedeni de ayrılıkçı isyancılara karşı sürdürülen savaşın devlet gelirlerinin yarısını eritmesiydi.[664]

Ayrılıkçılar çevre ülkelerin de desteğiyle sürdürüyorlardı savaşlarını. Ne ki, bu ülkelerin ayrılıkçılara destek verecek parasal güçleri de yoktu. ABD'nin Etiyopya'ya yaptığı yardımların Sudan ayrılıkçılarına aktarıldığı ileri sürülüyordu. Sudan yönetimine karşı savaşan gruplara verilmek üzere, CIA desteğiyle Etiyopya'ya, Eritre'ye ve Uganda'ya askeri malzeme gönderiliyordu.

Yardımın çoğu gerilla savaşına yarayacak silahlardan oluşuyordu. CIA Direktörü John M. Deutch, Nisan 1996'da, üç gününü Adis Ababa'da geçirdi. Eritre'de Sudan yönetimine karşı savaşacak 3000 gerilla eğitilmekteydi.[665]

15 yıldır süren iç savaşta 1,5 milyon insan öldürülmüştü. Ayrılıkçılara karşı sürdürülen savaş için günde bir milyon dolar harcanırken, Sudan'da petrol yatakları iç savaş nedeniyle işletilemiyordu. Açlık nedeniyle kitlesel ölümler sürüp gidiyordu.

Bu duruma bir son vermek isteyen Sudan yönetimi, ayrılıkçı gruplardan altısıyla uzlaşmaya vardı. Ne var ki, en büyük ayrılıkçı grup olan Hıristiyan SPLA (Sudan Halkının Özgürlük Ordusu)'nın başkanı John Garang anlaşmaya yanaşmıyordu. Sudan yönetimi savaşı durdurabilmek için güneyde özerkliği bile görüşebileceğini bildirdiğinde, John Garang ülkenin tümünü istediğini açıklıyordu. Uzlaşmaz tutumunu sürdürmekte direnen Garang'ın ABD Dışişleri Bakanı Madeleine Albrigth'la Uganda'da gizlice görüştüğü de biliniyordu.[666]

---

[663] Executive Summary, The US Commission on International Religious Freedom, 17.5. 2000.
[664] "Sudan President Says Civil War Costs Half Of State Budget, *February 3, 1999, AP* 'den *vitrade.com/banking_war_costs_half_gos_budget.htm.*
[665] *The Washington Post, 11.10.1996, a-34.*
[666] John Garang (1945-2005), Ailesi Hristiyandı. ABD'de Grinnel College'da tarım eğitimi gördü. Güney Sudan'da Anya Anya özgürlü hareketine katıldı. Güney Sudan'a özerklik tanındı. Garang, ABD'ye döndü ve Fort Benning'de askeri eğitim aldı. Güney Sudan'da petrol bulundu. İç savaş başladı. Garang, SPLA komutanı oldu. 22 yıl süren savaş döneminde kuvvetleri 50.000'e ulaştı. Batı Avrupa ve ABD'nin des-

ABD-Sudan ilişkilerinde 1990 yılına dek derin bir sorun da yaşanmamıştı. Ne zaman ki, Arap ülkelerinin bir bölümüyle koalisyon oluşturan ABD, Irak'a müdahaleye karar verdi; işte o zaman ilişkiler bozuldu. Sudan koalisyona girmeyi ve Irak'ın bombalanmasını reddetmişti. İşte o andan sonra Sudan kendisini terörü destekleyen ülkeler listesinde buldu.

1998'de Etiyopya'yı ziyaret eden Mısır devlet başkanına suikast hazırlığının ortaya çıkarılmasıyla, ABD'nin 'terörist devlet' listesine geçmenin ağır sonuçları ortaya çıktı: Suikastçıların, Afganistan'dan geldikleri, Usame Bin Ladin'in militanı oldukları ve Etiyopya'ya Sudan'dan geçtikleri ileri sürüldü. Sudan bu savları kabul etmedi; hatta ABD başkanına bir mektup yollayarak bir inceleme heyetinin Sudan'da araştırma yapabileceğini bildirdi. ABD yönetimi yanıtlamadı. Sudan devlet başkanı, doğrudan FBI'ya mektup yazarak inceleme istedi. FBI da sağırdı...

Sudan'a komşu ülkelerde ABD elçiliklerine bombalı saldırılar yapılınca da Usame Bin Ladin'i desteklemekle suçlanan Sudan'ın bu olaylarla ilişkisinin bulunmadığını belirttiği açıklamalarına aldıran olmadı. ABD jetleri Sudan'da iki fabrikayı *tomahawk* füzeleriyle vurdu.[667] ABD, fabrikalardan birinde kimyasal silahla ilgili üretim yapıldığını ileri sürmekteydi. Aslında Sudan yönetimi, bu saldırıdan hemen önce de bir ABD heyetinin araştırma yapmasını istemişti. Ancak heyetler tomahawk füzelerinin fabrikaları vurmasından çok sonra geldi ve fabrikalardan birinin gerçekten tıbbi ilaç ürettiğini belirledi.

İkinci fabrikada ise çocuklar için şeker üretilmekteydi. İşin ilginç yanı da burada ortaya çıktı. Şeker fabrikasının sahibi Mustafa S. İsmail, ABD vatandaşıydı ve 10 yıldır California'da oturmaktaydı. Fabrikanın sahibi, ABD yönetimine karşı tazminat davası açtı. ABD ise füze saldırısıyla ilgili bir özrü bile çok gördü.[668]

İşler bununla da kalmadı. Sudan'da Hıristiyanlara zulmedildiğini belirten savlar, 'Din Hürriyeti' raporlarına geçirildi. Pek doğaldır ki, ayrılıkçıların acımasız saldırıları görmezden gelinmişti. Bu gelişmelerle birlikte şiddet de giderek artıyordu.

Sudan'ın ekonomik açmazlardan kurtulması petrol yataklarının işletilmesine bağlıdır. Sudan'da GNPC (Grand Nil Petroleum Co.-Büyük Nil Pet. Şti.) kurulmuştu. Bu şirkete, CNPC (China National Pet. Co.), Kanada'dan Talisman Energy, Malezya'dan Petronas ve Sudan'ın Sudapet şirketleri ortak oldular.

---

teğini almıştı. 2005'te Sudan Devlet Başkanı Ömer Beşir ile barış anlaşması imzaladı. Garang, Başkan Yardımcısı oldu. Kısa süre sonra helikopteri düştü ve öldü.
[667] *"Tomahawk: U.S. AGM/BGM-109 Cruise Füzesi. General Dynamics yapımı. Hızı, 500+ mil / saat, menzili 300+ mil (nükleer başlıkla daha fazla); Nükleer ya da HE başlıklı; gelişmiş, arazi takip radarlı ve bilgisayarlı" Tom Companion, s.350.*
[668] Tina Susman, "Owner of factory destroyed by U.S. misilse" *The Charlotte Observer.*

İşin içinde petrol olur da ABD bu işin dışında kalırsa birçok olumsuzlukla karşılaşılır. İnsan hakları ve din hürriyeti raporları devreye girer. Sudan olayında da öyle oldu ve yeni "Bin yıl"ın başında ABD başkanı William Clinton, Amerikan şirketlerinin GNPC ile işbirliği yapamayacaklarını bildirdi. Kanada hükümetinden Talisman'ın ortaklıktan çekilmesi için gereğini yapmasını istedi.[669]

Önce Pazar Sonra "Din Hürriyeti"

ABD yönetimi baskılarını sürdürürken, ABD Dışişleri Bakanlığı Uluslararası Din Hürriyeti Komisyonu da ivedilikle toplandı. Komisyon, aralarında Türkiye'nin de bulunduğu ülkelerin Din Hürriyeti raporlarını şimdilik bir yana bırakarak Sudan, Rusya ve Çin'in durumunu ele aldı. Rusya'ya, Çin'e ve özellikle de Sudan'a yaptırım uygulanmasını isteyen raporunu sundu.

Aynı zamanda Reformist Musevi Cemaati Başkanı da olan Komisyon Başkanı Haham David Saperstein, basın toplantısında, Çin'de din hürriyetinin hiçbir ülkede görülmedik biçimde çiğnendiğini, dindarlara işkence yapıldığını belirterek önerdikleri yaptırımları açıkladı:

1- Çin, ABD ile din hürriyeti kapsamında yüksek düzeyli bir diyalog başlatmalıdır.

2- Çin, Uluslararası Politik Haklar Antlaşmasına uymalıdır.

3- Çin bu komisyona (Uluslararası Din Hürriyeti Komisyonu) ve diğer insan hakları kuruluşlarına, hapislerde ve evlerinde gözetim altında tutulanlar da dâhil, din liderleriyle kayıtsız olarak ilişki kurma izni vermelidir.

4- Çin, dinsel etkinlikleri ve inançları nedeniyle son olarak Çin yetkilileriyle birlikte görülmüş olan kayıp kişilerle ilgili istemleri yanıtlamalıdır.

5- Dinsel tutukluların tümü serbest bırakılmalıdır.

Bu koşullar, çoğu kişi tarafından son derece insancıl olarak algılanabilirdi; ancak, Sudan petrol yataklarının üstünde dolanan din hürriyeti raporu, söz konusu ülke Çin olunca, ABD'de değişik tepkilere yol açtı. İlk tepki Amerikan şirketlerinden geldi; çünkü Kongre, Çin'e Normal Ticaret Koşulları uygulanması kararını görüşecekti. Şirketler, Din Hürriyeti Komisyonu'nun ticaretin olağanlaştırılması kararına kayıtlar konulması isteğinin yerine getirilmesi durumunda, Çin gibi dev bir pazarın Amerikan şirketlerine kapanacağını ileri sürdüler.

Bu gelişmeler üzerine, konuyu hemen ele alan ABD Dışişleri Bakanlığı İnsan Hakları ve Din Hürriyeti'nden sorumlu Harold Hongju Koh ve Uluslararası Din Hürriyeti Büyükelçisi Robert Seiple, 1 Mayıs 2000'de

---

[669] Jane Lampman, "Battle against oppression abroad turns to Wall Street" *CS Monitor, 6.3.2000.*

ABD'nin parasal çıkarlarıyla Din Hürriyeti'nin sınırları arasındaki ilişkiye açıklık getirdiler:

"(Komisyon) raporu, özellikle Çin'e tanınacak olan kalıcı normal ticaret konumu (PNTR) ile ilgili kongre kararının, insan hakları koşuluna bağlanması gibi Birleşik Devletler'in politik seçenekleriyle ilgili olarak kabul edilemez bir dizi önerilerde bulunmaktadır."

Çin pazarının altmış milyar dolara ulaşan çekiciliği, insan hakları ve din hürriyetinin önüne geçmişti. ABD yönetimlerinin, insanlık erdemini yansıtan güzel sözlerle süsledikleri dış politikalarının, ülkelere ve çıkarlara göre değiştiğini zaten bildiklerini ileri sürenlere ve ABD'yi ilkesizlikle suçlayacak olanlara da bir ön yanıt bulan ABD yönetimi, Çin'deki din liderlerini unutmamış olduğunu Koh ve Seiple'ın ağzından incelikle açıkladı:

"İçtenlikle inanıyoruz ki; (ticari) kısıtlamalar, Çin'de din hürriyetinin geliştirilmesine ve derinden ilgilendiğimiz din yandaşlarının durumlarının iyileştirilmesine katkıda bulunmayacaktır."[670]

Sudan'dan esirgenen barışçıl yaklaşım, Çin'in büyük pazarı söz konusu olunca anımsanmıştı. ABD'nin onayladığı ya da sevdiği şirketler, Sudan'da petrol işletme haklarını ele geçirseydi, durum değişecekti. Kanada hükümet sözcüsü ise, Talisman şirketinin çıkarları söz konusu olunca konuyu değişik bir söylemle açıklamaktan kaçınmıyordu:

"Kanada'nın (petrol) işbirliği politikası, barışa ve Sudan'daki insani sıkıntıların hafifletilmesine yönelik en iyi yoldur... Kanada, işbirliğinin ve diyalogun Sudan'da barışın sağlanması ve geliştirilmesi için en uygun araç olduğuna inanmayı sürdürmektedir."

Kanada hükümet sözcüsünün bu açıklaması, şirket çıkarları söz konusu olunca konuya yaklaşımlarını incelikle aydınlatıyordu.

'Din Hürriyeti' tebliğcisinin büyük gücü

Din Hürriyeti Komisyonu'nun görevi yalnızca durumu saptamak değil, aynı zamanda önerilerde bulunmaktı. ABD'de tüm özel ya da resmi kurumların, vakıfların, cemaatlerin, 'Think Tank' dedikleri eski istihbarat ve devlet görevlileri güdümündeki derneklerin, araştırma şirketlerinin işi rapor hazırlamaktır. Gerisi, Amerikan Milli Güvenlik Kurulu'nun işidir. Dinin, demokrasinin, ticaretin sınırı orada çizilir. Nitekim öyle de oldu: ABD Kongresi, Din Hürriyeti Komisyonu'nun cezalandırma önerilerine aldırmadı ve Çin'e normal ticaret koşulu tanınmasını onayladı.

---

[670] On-the-Record Briefing, As Released by the Office of the Spokeman, U.S. Department of State, September 5, 2000. *state.gov/policy_remarks /2000/000905_koh_2000_irf.html*

İşin özü: Din hürriyeti petrolün ziftine ve ziftlenenine göre değişiyor. Türkiye'de yazıp çizenler, bloklar arası soğuk savaş (dökülen onca kana, çekilen acılara karşın neden soğuk oluyorsa) döneminde üretildiği ileri sürülen 'yeşil kuşatma' senaryosunun geçerliliğini ileri sürerek, Türkiye ve bölge için iddialı çözümler üretme kolaycılığıyla kitleleri yanıltırlarken, ABD, 'İnsan Hakları' ve 'Din Hürriyeti' adı altında düzenlediği teftiş raporlarıyla ülkelerin içişlerini karıştırıyor. Bunların da ötesinde, ortak coğrafi sınırlarını eleğe çevirmek üzere, geçmişin dinsel azınlıklarını ülkelere geri taşıyor; en küçük ırksal topluluğu bile ihmal etmeyerek dinsel inançları kışkırtıyor; toplumların barış ve dayanışma duygularını zayıflatıyor; onların birbirleri içinde erimelerine, kaynaşarak bölünmez bütünlük oluşturmalarına engel oluyor. Bütün operasyonlarını örtmek için yeni bir düşman ideoloji tanımlıyor: Toprak bütünlüğünü korumak; bağımsız, egemen devlet olarak varlığını sürdürmek ABD'ye özgüdür ve yalnızca Amerikalılar bir ulustur. Başka yerlerdeyse hep dinsel gruplar ve etnik topluluklar vardır.

Dünyada din savaşları biteli yüzyıllar oldu. Ne ki, 1980'lerin sonundan başlayarak, önce 'Dinlerarası diyalog' sonra da, "Dinlerarası barış olmadan gerçek barış sağlanamaz" görüşü de bir ilke gibi dayatıldı.

Bir zamanlar 'yeşil kuşak' söylencesi vardı. Bu söylenceye göre ABD, Sovyetler'i güneyden İslamiyet'le kuşatıyordu. Günümüzde sosyalist bir Moskova olmadığına göre, şimdi 'yeşil din kuşağı'yla çevrilen neresidir?

Söz konusu olan; barış ve istikrar içinde birbirleriyle işbirliği yaparak insanlığın geleceğini güvenceye alıp Batı dünyası için enerji üreten birer şirket ve açık pazar olmaktan öteye geçme olasılığı bulunan ülkelerin, en küçük toplumsal birimlerine dek parçalanması, dağıtılması ve bölgesel işbirliklerinin önünün tıkanmasıdır.

Bu amaçlarla Ortadoğu, Asya ve Afrika ülkelerine bin yıl öncesinin dinsel çatışma ortamı anımsatılmaktadır. Ardından da 'dinsel diyalog' çağrıları yapılmakta, birer tarihsel kalıntıya dönüş olan ve kullanılmayan bin yıl öncesinin tapınakları canlandırılmakta; bağımsız ve egemen devletlerin yönetimleri ve kurumları yerine sözde dini liderler ile diyalog kurulmakta; devletlerin merkezi yapıları, sivil girişimi destekleme adı altında 'yerel yönetimleri özerkleştirme, güçlendirme' vb. projelerle zayıflatılmaktadır.

Amerika Birleşik Devletleri dışındaki tüm ülkelerde merkezi yönetimin bulunmaması, toplumların öbeklere ayrılarak yönetimlerinin Amerikan Müslümanlığının yeni uydurduğu *Islamic Leader*'lara ya da şeyhlere, ihvana devredilmesidir amaç. Bu hedeflere ulaşmak için çağın, 'Dinler Çağı' olduğu ilan edilmektedir.

Böylece toplumları çağdaş yaşamdan ve gelişmeden kopararak kaynaklarına rahatça el konulacaktır. İç güvenlik duygularının yerine, ABD güvenlik güçlerinin bekçiliğine güvenme duygusunu yerleştirmek üzere; sivil-resmi çelişkisi kuramlarıyla, ordu ve ordu dışındaki örgütlenmeler ikilemi yaratarak egemen devletlerin askersel güçlerini zayıflatma yöntemi izlenmektedir.

"*Kızıl Allahsızlarla mücadele*" etmenin ve "*bir parmak işaretinden gerektiğinde bir sürü anlamlar çıkarıp o kızıl vatansızların üzerine*"[671] gitmenin; görece bağımsızlaşmak isteğiyle yönetime geçen, yalnızca 'sol' eğilimli olanları değil, 'ılımlı sağ' ve 'liberal' eğilimli siyasal akımları da durdurmanın, serbest seçimlerle işbaşına geçmiş olan yönetimleri bazen kan dökerek devirmenin geride kaldığını düşündürmek istiyorlar. 1980'lerin ortalarından bu yana 'Din Hürriyeti' ve 'İnsan Hakları'nı ABD'nin ve Batının istediği gibi uygulamayan yönetimlerin ve rejimlerin yıkılması amacıyla; her türlü ulusçuluğun karalanması, gerekirse 'ırkçı-faşist' denilerek şiddetle bastırılması için yeni yöntemler geliştiriliyor ve askeri işgaller bu örtü altında gerçekleştiriliyor.

'ABD'nin "*Yeni bir dinler çağına giriliyor*" türünden özlü sözlerinin altındaki derin petrol kuyularını görmek zorunludur. Türkiye'nin parçalanmasının ilk koşuluysa, Lozan Antlaşması'ndaki 'azınlık' kapsamına Müslümanları da katarak etnik mozaikleşmeyi 'kültürel zenginlik' söylemiyle örterek, genişletmektir.

Senaryoya göre Türkiye'de de başarıya ulaşılacak ve Lozan Antlaşması'nı aşağılayan hilafetçilerle örümcek ağının yerli oyuncuları aynı cephede buluşacaklar.

---

[671] Nuh Gönültaş, "Dinimiz ile ırkımız arasına kimse girmesin" *Zaman, 11 Temmuz 1999*

Lozan'dan 78 Yıl Sonra
Müslüman Azınlık Hakları

> *"Türkiye'nin AB'ye üye olursa Anadolu'da önceden var olmuş Hıristiyan toplumların yaşadığı bölgelerde yeniden Hıristiyanların yasamasına izin vermelidir. Eğer AB üyeliği bunu müsait kılarsa ve Hıristiyanlar yaşadıkları bölgelere tekrar yerleşirlerse, o zaman patrikhane de o bölgelerde bulunan kiliselerin yeniden ayine açılmalarını düşünebilir"*
> *Bartholomeos, 7 Mayıs 2000.*

Kürsüye çıkan bayan delege, konuşmasına uluslararası antlaşmaların ihlal edildiğini ileri sürerek başladı:

"Türkiye'de azınlık dinsel toplulukları önemli güçlüklerle karşılaşmakta, şiddet ve barbarlık eylemlerinin hedefi olmaktadırlar. Toplumun çoğunluk Müslümanları bile bazı dinsel etkinliklerini ya da ibadetlerini yerine getirmekte kısıtlamalarla karşılaşmaktadırlar."

Amerika'yı temsil eden bayan delege yalnızca Müslüman azınlıklara değil, aynı zamanda Hıristiyan azınlıklara da sahip çıkarken asıl hedefin, T.C. Devletinin kuruluş sözleşmesi olan Lozan Antlaşması olduğunu saklamıyordu:

"1923 Lozan Anlaşmasına göre, azınlık dinleri, ibadet hizmetlerini genişletmek üzere yeni mülkler edinememektedirler. Hatta Ekümenik Patrikliğin Halkı (Heybeli) Manastırı ve Ermeni Apostolik Ortodoks Kilisesi'nin Kutsal Haç Manastırı gibi bazı tanınmış topluluklara ait mülkler bile kapalıdır ve kullandırılmamaktadır."[672]

Konuşmacı, bu sözleriyle Lozan Antlaşması'nın değiştirilmesine değindikten sonra asıl amacını *"Başka durumlarda, dinsel topluluklara ait mülklere devlet tarafından hiçbir bedel ödenmeden el konulmuştu"* diye açıklıyordu.

Batı Avrupa ve Yunanistan ile işbirliği yapan Hıristiyan cemaatlerinin ve iç yönetime doğrudan karışmaktan çekinmeyerek, işgal gerekçesi arayan devletlerin isteklerini andıran bu sözler, 1910'ların ya da 1930'ların bildirilerinden alınmadı. 27 Ekim 1998'de Varşova Uluslara-

---

[672] "Statement of Dr. Laila Al Marayati, US Delegation to the OSCE Implementation Meeting on Human Dimension Issues, October 27, 1998" *U.S. Statements on The Human Dimensions, Compiled by the Staff of the Commission on Security and Cooperation in Europe, house.gov/csce /speechesfor Warsaw 1998.html*

rası İnsani Boyut Konferansı'nda konuşmasını heyecanla sürdüren kadın delege, Uluslar arası Din Hürriyeti yasasının hakkını veriyordu:

> *"İnançlarını kamuoyuyla paylaşmak isteyen 'Eylemci Müslümanlar' ve Protestanlar huzuru bozdukları gerekçesiyle hapse atılmışlardır. Eskişehir caddelerinde İncil dağıttıkları gerekçesiyle sekiz Amerikalı tutuklanmışlardır."*

Konuşmacı, Türkiye'de Hıristiyanlara baskı yapıldığını, kilise mallarına el konulduğunu belirterek, konferans katılımcılarının desteğini aldıktan sonra, daha da ileri gidiyor ve şu vurguyla, devletleri T.C.' nin içişlerine karışmaya kışkırtmaktan da geri kalmıyordu:

> *"Türkiye'de meclis zorunlu laik ilköğretim süresini uzatarak, devlet tarafından kurulmuş olan İslami eğitim düzenini yok etmek üzere önlemler içeren (bir) yasa çıkarmıştır."*

Konuşmacı, 28 Şubat 1997 ve 8 yıllık eğitim kararlarından amacın, dine saldırmak olduğunu açıkladıktan sonra, tarikat örgütlenmesini durdurmaya çalışan suçluları da ilan ediyordu:

> *"Türkiye'de bazı Müslümanlar, ordu ve hükümet tarafından 'aşırılar' olarak adlandırılmakta ve çok yaygın bir ayrımcılık güdülmektedir."*

Bu sözlerin, konferansa katılan Türkiye delegeleri bir yana, devlet yöneticilerince suskunlukla karşılanması büyük bir siyasal gafın ötesinde, ulusal yaşamımıza saldırı sayılmaması, üzerinde önemle durulacak bir konudur. Çünkü bu sözler bir iç karışıklığa ortam hazırlayacak niteliktedir. Türkiye Cumhuriyeti'nin Lozan'da kazanılmış haklarını, yeniden tartışmaya açan 'Din Hürriyeti' senaryosunun açık bir örneğini sunan konuşmacı, Türkiye'deki yandaşlarını ve kimlere destek çıkıldığını açıkça belirtiyordu:

> *"(Türkiye'de) Siyasal katılım önemli ölçüde reddedilmektedir: Refah Partisi'nin bu yılın (1998) başında kapatılması ve son bir kanıt olarak İstanbul Belediye Başkanı Erdoğan'ın yasaklanması (bunlara) bir örnektir. Müminler bazı işlere kabul edilmemekte, ordudan atılmakta, rütbeleri indirilmekte ve siyasal olarak azınlığa dönüştürülmektedirler."*

ABD, Pekin'de Türkiye'ye saldırıyor

Varşova konferansından üç yıl önce, 13 Eylül 1995'te Pekin'de düzenlenmiş olan Birleşmiş Milletler Kadınlar Dünya Konferansı'nda da konuşan aynı delege, bu yaklaşımın ipuçlarını vermişti. Konuşmasında Türkiye'den gelmiş olan kadınlarla özel toplantılara katılmış olduğunu da açıklamıştı. Varşova konferansında konuşan bu kadın, Hillary Rodham Clinton başkanlığındaki ABD delegasyonunda yer alarak yıldızını parlatmayı başarmıştı.[673]

---

[673] "Challenges and Opportunities Facing American Muslim Women" Introduction

Türkiye Cumhuriyeti ordusunu hedef gösteren delege, gücünü yalnızca 'First Lady' Hillary Clinton'a yakınlığından alıyor olamazdı. Laila Al Marayati'nin asıl gücü onun örgütünden geliyordu; çünkü o, 'Birleşik Devletler Dış Ülkelerde Din Hürriyeti Danışma Komitesi' üyeliğine atanan birkaç Müslüman temsilciden biriydi.

Türkiye'de, siyasal çıkışlarını 'laiklik' üstüne kuran liderlerin ya da güvenlik kurumu yöneticilerinin, Laila Al Marayati'ye dikkat etmemiş olmaları, onun ününü elbette azaltacak değildi. Amerika'da 'Müslüman Kadınlar Ligi'nin kurucu başkanı olan Laila Al Marayati ve eşi Salam Al Marayati, federal yönetimin gözdelerindendi. Los Angeles'ta yerleşik Müslüman Halk İşleri Konseyi'nin ve Güney Kaliforniya İslam Merkezi'nin yöneticisi olan Salam Al Marayati, Clinton tarafından 'Terör Milli Komisyonu'na atanmışsa da eşi Laila gibi şansı yaver gitmemişti. Amerikanın İsrail destekçisi örgütleri, Salam Al Marayati'nin Hizbullah'ı desteklediğini ileri sürerek, onun konuşmalarından oluşan bir demeti dosyalayıp William Jefferson Clinton'a yollanmışlar, medya ağlarıyla da kampanyaya başlamışlardı. Clinton da 'düşünce' ve 'ifade özgürlüğü' falan demeden, Salam Al Marayati'nin üyeliğini iptal etmişti. El elden üstündür kuralının Anglo-Sakson demokrasisinin temel ilkesi olduğunun ayırdında olan İslam cemaatleri de kınama bildirileriyle yetinmişler ve birkaç hafta sonra olayı unutup gitmişlerdi.

Al Marayati'nin düş kırıklığı- Türkiye'de vurdumduymazlık

ABD'deki 'hürriyet' şaşkınlığı derinden yaşanıyordu. Laila Al Marayati, Temmuz 1999'da, Birleşik Devletler Din Hürriyeti Bürosu'nca hazırlanan Din Hürriyeti Ülkeler Raporlarını değerlendirip tavsiye kararları oluşturmak üzere kurulan komisyonun üyeliğine de atanmıştı. Laila Al Marayati komisyonun değerlendirme toplantılarında ne dediyse dinletememiş ve Sudan'a kısıtlama uygulanmasına karar verilmişti. Ayrıca, Türkiye aleyhinde yazılan 'Din Hürriyeti 1999 Türkiye' raporuna karşın Türkiye'ye karşı bir yaptırım kararı da alınmamıştı. Oysa Laila Al Marayati 1995'ten 1999'a dek Türkiye'de dinsel baskı uygulandığını kanıtlamak üzere çırpınıp durmuştu. 1999'da öteki Amerikan Müslüman örgütleriyle birlikte, iddialarının bir kanıtı olan Merve Kavakçı olayından sonra bir kampanya başlatmış; Türkiye yönetimini barbarlıkla suçlamış ve Türkiye rejimini "demokrasi komedisi" olarak ilan etmişti.

Müslümanların tüm çabalarına karşın komisyonun seçkin din liderleri ve ABD'nin eski bakanları ülkeler arasında ayrım yapıyordu. Laila'nın düş kırıklığının ölçüsü yoktu. Ne 'First Lady' Hillary Clinton'un 'cemaatler' için düzenlediği kahvaltı toplantıları ve ne de Dışişleri Bakanlığı'nda verilen sözler bir işe yarıyordu.

---

and Moderator: Dr. Laila Al-Marayati, *mwlusa.org /activities_beiji,ng_state1.html*.

Kimin kimi kullandığı çok karışmıştı. Bunu en iyi bilebilecek kişiler Laila Al Marayati ve Merve Kavakçı olmalıydı. Onlarca yıl öncesi bir yana, yakın geçmişte yaşanan olaylar gösteriyordu ki ABD'nin hiçbir senaryosu, kısa süreli değildir ve her şeyin bir sırası, bir ön aşaması ve olgunluk düzeyi vardır.

Gelişmelere karşın Laila Al Marayati bu işi hala anlamamış görünüyordu. Merve Kavakçı ise devlet büyüklerinin kendisini savcıya karşı koruyup kollayıcı tavırlarından yararlanmalı ve sonuçtan bir ders çıkarmalıydı, ama bu dersleri anlayamamış olmalı ki, Amerikan konferanslarında Türkiye'yi eleştirmeyi daha da hırslanarak sürdürüyor ve susmuyordu!

ABD din hürriyetine sahip çıkmış; Erbakan onur ödülü almış; Laila Al Marayati ABD'nin yarı-resmi komisyonuna girmenin güveniyle Türkiye'nin rejimini ve Lozan Antlaşması'nı bile yerden yere vurmuştu. İlginçtir ki Türkiye'den resmi, sivil, Atatürkçü, Kemalist, milliyetçi, laiklik yandaşı, Cumhuriyet kurucusu, görev bilincine sahip, bağımsızlıkçı vb. herhangi bir ses çıkmamıştı.

Üstelik rejim karşıtlarını yakından izleyen T.C. kurumları ve medya, Merve Kavakçı'nın, Türkiye seçimlerinden iki yıl önce, Amerika'da Hamas destekçisi olduğu ileri sürülen IAP (Filistin İslam Cemaati)'nin 1997 konferansında yapmış olduğu konuşmayı gündeme bile getirmemişlerdi.[674] Aynı yılın sonunda; CHP Genel Başkanı Deniz Baykal, ABD'de 'Unification Church (Birleştirme Kilisesi)'ne bağlı bir kuruluşun 'Kutsal Ana-Baba' günlerine denk getirilen bir toplantıya katılmış ve iki ay sonra Zaman gazetesine ilginç bir açıklama yapmıştı:

"Demokrasi içinde her düşünceye yer vardır. Bu anlayışlar kendilerini ifade ederler, ortaya koyarlar... Türkiye'de herkes paylaşalım paylaşmayalım, uygun görelim görmeyelim kendi takdiri çerçevesinde anlayışını ve düşüncesini ortaya koyabilmelidir. Bu şekilde hukuk devleti söz konusudur. Demokrasi söz konusudur. Kimsenin, bu arada Fethullah Gülen'in çekinmesini gerektiren bir durum olduğu kanaatinde değilim."

Fethullah Gülen'in Papa II. Jean Paul'u, T.C. Roma Büyükelçisi eşliğinde ziyareti üstüne yapılan bu açıklama, ABD'de geliştirilen 'Interreligious Dialog (Dinlerarası Diyalog)' ve 'project democracy' nin özgün anlatımıdır.

Bu açıklamayı anlamaktan uzak olduğu ve Din Hürriyeti projesini kavrayamadığı anlaşılan CHP Milletvekili Durmuş Fikri Sağlar'ın meclise Fethullah Gülen'in Roma'da Papa'yı ziyaretine T.C. yetkililerinin resmi düzeyde yardımcı olmalarıyla ilgili soru önergesi vermesi karşısında Deniz Baykal, *"Sağlar'ın söz ve eylemleri bir milletvekili olarak kendisini bağlar, partiyi bağlamaz"* demişti. Bu tutum, parti üyeleri ve

---

[674] Seva Ulman, "Turkey cracks down on radical Islam" UPI, 10.19.1999.

yöneticilerince hiç yadırganmamıştı.[675] CHP Genel Başkanı'ndan tam kırk gün sonra Başbakan Bülent Ecevit, Baykal'ın eline geçen bayrağı kapmakta gecikmemiş; grup toplantısında *"Atatürk'ün aydınlık yolunda"* yürüdüğünü belirtip vekillerden alkış aldıktan sonra, Fethullah Gülen ile görüşmesi üzerine yapılan eleştirilere karşı *"İrtica bunun neresinde?"* diye bağırmıştı.[676]

Türkiye'de ve dünyada ortaya çıkan ve kimilerine güzel görünen bu gelişmelerden sonra Merve Kavakçı, milletvekili olarak meclise girmesinin engelleneceğini ve hatta onun ABD vatandaşı olarak Birleşik Devletler'e bağlılık yemini etmiş olmasına kızılacağını düşünemezdi.

Seçim alanlarında otobüsün üstünden kendisini dinleyen halka doğru eğilip, sağ elini sağdan sola savurarak *"Dininizin kefili benim, ben!"* diye bağıran Tansu Çiller'in başörtülü afişlerini ve DYP'nin başörtüsü dağıtmasını gördükten sonra, meclise doğru yürüyen Merve Kavakçı, başta Bülent Ecevit olmak üzere birçok siyasinin gösterdiği tepkiye şaşmakta elbet haklı olacaktı.

Ayrıca, Amerika ile içli-dışlı olan siyasal liderlerin USA Uluslararası Din Hürriyeti Yasasının çıkarıldığını bilmemeleri olanaksızdır. Üstelik Dışişleri'nin Türkiye'yi çok ama çok yakından ilgilendiren böylesine önemli gelişmeler konusunda devlet yöneticilerini bilgilendirmedikleri gibi bir kanıya kapılmak en büyük yanılgı olur. Devlet ve siyasal parti yönetimleri, ABD'nin girişimlerine karşı çıkmamışlarsa, Merve Kavakçı da onların gelişmeleri uygun gördüklerini düşünmekte haklı olacak ve tersine davranışlar karşısında şaşıracaktır.

---

[675] "Baykal: Gülen çekinmesin" Zaman, 19.2.1998, s.10.
[676] "Ecevit: İrtica bunun neresinde?" Zaman, 30.3.1998, s.11.

Amerika'da Cihat
Türkiye'de Harekât

> *"Buna karşılık olarak Atatürk köyü sarmış ve o Türk ulemadan kırkını öldürmüş. Bunu duyduğumda utanç duydum." İmam Humeyni.*[677]

Şikago banliyölerinden Oaklawn'daki Kur'an kursu yöneticisi Filistinli Muhammed Salih, 6 Temmuz 1998 tarihinde FBI'nin beklenmedik baskınıyla karşılaştı ve gözaltına alındı. FBI, Muhammed Salih'i gözaltına almakla yetinmeyip o Kur'an kursunun kasasındaki nakit 1,4 Milyon doların yanı sıra, kursun mal varlığına da el koydu.[678]

Muhammed Salih, eşi Azita Salih ve beş çocuğuyla birlikte beş yıldır ABD'de yaşamakta ve QLI (Quranic Literacy Inc.) adlı kursun yöneticisi olarak dinine hizmet etmekteydi. FBI 'Din Hürriyeti' ilkelerine aldırmadı ve soruşturmayı derinleştirdi. Bir para-ticaret zinciriyle karşılaştığını ileri sürdü: Woodridge Fountain'de yapılarak 300-500 bin dolara alınıp satılan villalar, borsa işlemleri, İslami yayın ticareti, gelir ortaklıkları vs.[679,680]

FBI, elde geçen paranın HAMAS ve öteki cihat örgütlerine aktarıldığını raporlarına geçerken, Kur'an Kursu'nun çevresinde oluşturulan ticaret ağının içinde 'İslami Fon'ların bulunduğunu saptadı. Çapraşık ticarete para kaynağı sağlayan kuruluşların arasında NAIT (Kuzey Amerika İslami Fonu) bulunuyordu.[681]

NAIT, ISNA ile ilişkiliydi. Bu konulara birazcık ilgi duyanlar göreceklerdi ki cemaatlerin, cemiyetlerin, şirketlerin, yayın kuruluşlarının çoğunun birbirleriyle doğrudan yasal ilişkileri yoktur; ama bazı kişiler birden çok kuruluşun yönetiminde görevlidir. Bu yöntem Türkiye'de nasıl uygulanıyorsa, Amerika'da da aynen uygulanmaktadır. Kuruluşların birisinin başı yasal kurumlarla derde girdiğinde, ilintili kuruluş, söz konusu kişilerin yasal olarak istediği kuruluşta yönetici olma hakkı olduğunu belirtecektir. Yayınevinin, cemaatin soruşturulan kuruluşa ilgili bir sorumluluğu da olmayacaktır.

---

[677] www.soundvision.com/forums/Forum6/HTML/000059.html
[678] *Washington Report On Middle East Affairs, July/August 1998, s.18*
[679] Terror - Funding Probe Touches Suburban Group, *Dateline: Chicago, Sept.08, 1998.*
[680] *Washington Post, October 31, 1998, s.A01.*
[681] "The FBI is investigating an Oak Lawn Organization Suspected of Investing In Real Estate to Launder Money For HAMAS" *Tribune, Sept. 8, 1998, Section: News.*

NAIT adlı şirketle ilintili ISNA'nın Islamic Horizons (İslami Ufuklar) adını taşıyan bir yayın organı var.[682] Yayının yönetim kurulu başkanı Keşmir kökenli Seyid Muhammed Seyid, oldukça yetenekli bir adamdır. ISNA Genel Sekreteri Seyid, aynı zamanda AMC, CAIR, NAIT örgütlerinin yönetim kurulu üyesi ve Kur'an Kursu QLI'nin kurucusudur.

QLI'nin yöneticisi Muhammed Salih'in HAMAS askeri kanadında görevli olduğu ve sivillere yönelik terör eylemleri nedeniyle İsrail'de hapis yattığı ileri sürülüyordu. Amerika'daki, MSA (Müslüman Öğrenciler Birliği), IAP gibi, HAMAS yandaşı örgütler, bu bilgilerin yanlış olduğunu ve Salih'in ifadelerinin işkence altında alındığını belirtmekteydiler. Güvenlik kaynaklarına göre Muhammed Salih'i ABD'ye HAMAS politik büro şeflerinden Abu Marzuk yerleştirmiş. Oaklawn'daki Kur'an Kursu'na bağlı, yeşil dolarlı emlak alım satımı, HAMAS, İslami Fon zinciriyle ilgili soruşturma sürüyordu; ama her tipik soruşturmada olduğu gibi bir süre sonra ABD medyasında bu konuya rastlanmaz oldu.

Bu ilişkiler içinde yer alan AMC'yi de anımsanacaktır. AMC, Türkiye'ye yaptırım uygulanmasını isteyen örgütlerden biriydi ve Recai Kutan'ın ABD gezisinde konuşma toplantılarını ayarlamıştı. AMC, ABD kongresince de iyi tanınan bir örgüttür. Her yıl Ramazan ayında Kongre binasında gerçekleştirilen ziyafet, AMC tarafından düzenlenir. Ayrıca Hillary Rodham Clinton, Amerika'da yerleşik Müslüman Örgüt temsilcilerini kahvaltıda toplar. AMC de bu kahvaltılarda yerini alır.

Akev ile iyi ilişki demek, ABD tarafından iyi yönlendirilmek demektir. Merkezi bir yönlendirmenin sağlanması, ABD'ye karşıt olanların sıra dışı gruplara dönüşmesine de yardımcı olacaktır. Merkezileşmek ve ABD'deki Müslüman toplulukların başkalarının eline geçmesini önlemek isteyen, çoğunluğunu Arapların, Keşmirlilerin, Filistinlilerin oluşturduğu topluluk ve Amerikan Müslümanlığının ilk örgütü bir araya gelerek yeni bir üst örgütlenmeye gittiler. ISNA, ICNA (Kuzey Amerika İslam Cemaati), Jamaat of Imam Jamil Al-Amin ve The Ministry of Imama Wallace Dean Mohammed örgütleri, 19 Aralık 1998'de, ISCNA (Kuzey Amerika İslami Şura Konseyi)'yı kurdular.[683]

ABD'yi 'vatan' olarak seçtikten sonra 'demokrasi' ve 'hürriyet' inançları gelişen Ortadoğu, Güney Asya ve Afrika kökenli Müslümanların kendi anlayışlarına göre yaptıkları her para yardımının 'terörizmi desteklemek' olarak değerlendirilmesine şaşırmaktadırlar. İsrail'in şiddet politikalarına, dinsel bağnazlığı öne çıkan uygulamalarına destek veren kurum ve kuruluşlara gösterilen kolaylıklar karşısındaysa iyice şaşkına

---

[682] Islamic Horizon dergisinin Merve Kavakçı'yı desteklemek üzere para yardımı kampanyası başlattığını Emin Çölaşan Hürriyet'te yazmıştı. Aynı günlerde FP Milletvekilleri de bir kampanya başlatmışlardı. Merve kavakçı, Hidiv Kasrı'nda düğün yapıp evlendikten sonra bu kampanyaların sonucuyla ilgili bir bilgiye rastlanmadı.
[683] *moonsighting.com/shuraRMZ.html, 20.11.1998.*

dönmektedirler. Bu durumu sıradan bildirilerle dile getiren Müslüman üst örgütleri, sert eleştirilerini bir süre sonra yine Türkiye'ye ve bağımsız davranma eğilimi gösteren kendi ülkelerine yöneltmektedirler.

Müslümanların seçkin örgütü ISNA'nın üst kurulu (Şura) bulunmaktadır. ISNA 28 Ağustos-1 Eylül 1997 kongresinde şura üyeliğine, Türkiye medyasının ve hükümetinin, ancak 1999 seçimlerinden sonra ilgi göstereceği Yusuf Ziya Kavakçı da seçilmişti.[684/ 685]

Şeyh Yusuf Ziya Kavakçı: "Davaya sadık kaldım!"

QLI ve NAIT adlı kuruluşların oluşturduğu para kanallarının hangi ince planlarla kurulduğu araştırıladursun, biz sekiz yıl öncesine dönelim ve Yusuf Ziya Kavakçı'nın Richardson'da kaleme aldığı satırlara bakarak Dünya İslam Hareketi'nin Amerika'yı merkez seçmesinin gerekçelerini anlamaya çalışalım:

"Amerika Birleşik Devletleri demek istiyorum. Niçin Amerika mı? Süper devlet olduğu için. Kararlarıyla ve hareketleriyle bütün dünyaya tesir ettiği için. Tarihin akışına tesir edebildiği için. Damgasını her yere vurabildiği için. Amerika demek şaheser yollar demek. Muazzam araştırma demek, teknik demek, haberleşme demek, feza araştırmaları demek ve üstünlüğü demek, silah uçak demek."

"Amerika'da Bir Türk Âlimi Prof. Dr. Yusuf Ziya Kavakçı" Ortadoğu'da ve Libya'da şirket danışmanlıklarının ardından, 1988 yılında yerleştiği Amerika'da işin sırrını çözmekle kalmamış yeni dünya düzeninin ilk ışıklarını da 11 yıl önce yakalamış:

"Kapitalist Toplum: Amerika demek her şey paraya göre demek, her şeyi ona göre ayarla demek. İnsanlar para gözlüğü ile bakar, para ile değerlendirir ve para için gider, para için yürür, para için durur. Para para para."

Keşmirli, Pakistanlı, Filistinli, Mısırlı, Tanzanyalı, Sudanlı İslam liderlerinin Amerika'ya yerleşmelerinin, oralarda önce 'Islamic Center'

---

[684] 1997 kongresine MUSİAD yöneticisi Serdar Can; İnsani Yardım Örgütü yöneticisi Şemsettin Türkan da katılmışlardı.

[685] Yusuf Ziya Kavakçı, Texas Devleti'nde, Dallas Central Mosque ve Islamic Association of North Texas (IANT)'ın direktörlüğünü yürütmektedir. *Islamic Horizons, July / August 1999*. Y.Z. Kavakçı, 1949-54 arasında Hasırcılar Kur'an Kursu'nu bitirdi, 1955'te vaiz oldu, 1957'de müftülük sınavını geçti, 1960'ta Vefa Ortaokulu'nu bitirdi. Bir yıl sonra İmam Hatip Okulu'nu bitirdi. 1965'te İstanbul Hukuk'u bitirdi. 1967'de İ.Ü. İslam Enstitüsü'nden doktora aldı, 1969'da Yrd. Doçent, 1973'te Doçent oldu, 1981'de Erzurum Atatürk Üniversitesi'nin İlahiyat Fakültesi'nde profesör oldu. 1983-85, Özdemir İnş. İle Suudi idaresi arasında uzlaştırıcı danışman, Libya Al Fetih Üniversitesi'nde Öğr. Üyesi, Libya'da Ece İnşaat şirketinde Hukuk danışmanı, 1985-88'de İslam Kalkınma Bankası danışmanı, 1988'de Islamic Association of North Texas (Richardson-Dallas) Kuran Kursu kurucusu ve yöneticisi oldu. *"Resume of Yusuf Ziya Kavakci"* iant.mynet.net/imam.htm

denilen örgüt merkezleri, daha sonra da vakıflar, şirketler, fonlar kurmalarının ve Hıristiyanlığın en büyük devletinde cihat eylemelerinin nedeni, Yusuf Ziya Kavakçı'nın açıklamış olduğu gibi, ABD'nin bir süper devlet olarak kabul edilmesinin yanında *"para para para"* da olabilir.

Yusuf Ziya Kavakçı'nın gerçek bir dava insanı olduğu yazdıklarından anlaşılıyor. İnternette yayınladığı *"Amerika'da Bir Türk Âlimi - Gördüğüm Amerika ve Duygularım"* kitabının iç kapağında, Türkiye'de bıraktığı yakınlarına, hocalarına, ortağına *"Davaya sadık kaldım - Ruhları şad olsun"* diyerek dava adamı olduğunu açıkça belirtmekteydi.

Ruhları şad edilen, Süleymancıların lider kadrosundan Serik Müftüsü Mehmet Topaloğlu, Eminönü Müftüsü ve Süleyman Tunahan'ın ilk müritlerinden Baki Haki Yener ve İstanbul'da imam hatip okulu öğretmeni Ahmet Topaloğlu'nun, 12 Eylül darbesinden sonra 1981 yılında Kenan Evren'in imzaladığı kararnameyle RABITA (Rabıtat ul Muslimin)'dan maaş bağlanan ve yurtdışına gönderilen kişiler olması, yurtdışı işlerinin ne denli derin sonuçlara yol açtığını göstermektedir.[686/687]

T.C. Devletini yönetenler ve olayları dar bir laiklik sloganı ufkundan görenler, oyunun arkasını göstermemekte direnirlerken Yusuf Ziya Kavakçı, Teksas İmamlığı'ndan bir üst basamağa atlayarak IANT'taki görevini "Şeyh Yusuf Ziya Kavakçı" olarak sürdürmeye başladı.[688]

ISNA gibi güçlü bir örgütün Merve Kavakçı'yı desteklemesi, ona yardım için para toplama kampanyası açması, salt Şeyh Yusuf Ziya Kavakçı'nın saygınlığıyla açıklanamaz kuşkusuz. Tıpkı öteki Amerikan yanaşması örgütlerin yaptığı gibi, ISNA da bir elini ABD yönetimine vermekle birlikte, ideolojik kavgayı da unutmamaktadır. Hele Türkiye onlar için mutlaka; ama mutlaka yıkılması gereken bir rejime sahiptir. Bu yaklaşımı,. ISNA'nın propaganda yayınları yeterince açıklamaktadır:

"İmam Homeyni Türkiye'den bir olay aktardı: 'Ben Türkiye'de sürgündeyken, Türk köylerinden birine -adını anımsayamıyorum- gittim ve o köyün insanları bana anlattılar ki, Atatürk İslamiyet dışı harekete başladığında, Türk ulema köyde toplanmış ve onun uygulamalarına karşı çıkmak üzere çalışmaya başlamışlar. Buna karşılık olarak Atatürk köyü sarmış ve o Türk ulemadan kırkını öldürmüş. Bunu duyduğumda utanç duydum. Kendi kendime düşündüm: bunlar Sünni ulemaydı, fakat dinimiz İslam tehlikeye düştüğünde hayatlarını feda ettiler."[689]

ISNA sayfaları yalnızca Humeyni'ye açık olamazdı. Bu sayfalarda *"Gururlu Sister'a şeref"* başlığıyla ve *"Teşekkürler sana 'Sister Merve'*

---

[686] Prof. Dr. Y. Ziya Kavakçı, "Amerika'da Bir Türk Âlimi - Gördüğüm Amerika ve Duygularım," Şubat 12, 1991. *www.iant.mynet.net/imam/gordug*
[687] Uğur Mumcu, Rabıta, s.106, 114, 274.
[688] *İant.com/sisters.php,* 19.06.2004 tarihli kayıt.
[689] *soundvision.com/forums/Forum6/HTML/000059.html*

yaktığın mum için" diyerek süren, Türkiye'yi yönetenlerin ne *"zalimliğini"* ne *"yağmacılığını"* ne *"leş yiyiciliğini"* bırakan uzun bir şiir yayınlanmıştı. Şiirin altındaki *"Bekir L. Yıldırım, Washington, DC"* satırındaki adı, Türkiye çok kısa süre sonra bir nikâh nedeniyle duyacak ve Bekir Lütfü Yıldırım, Merve Kavakçı'nın ikinci eşi olacaktı.[690/691]

Türkiye, Yusuf Ziya Kavakçı'nın şura üyesi olarak görev yaptığı ISNA'yı Merve Kavakçı ile tanır gibi olmuştu. Türkiye'deki Amerikancılar bile örgüt hakkında ileri geri konuşmaya başlamıştı. Ne ki aynı İstanbul medyası, 2001 yılında yapılan başkanlık törenlerinde ve 11 Eylül ikiz kule saldırısı sonrasında yapılan gösterilerde, George W. Bush Jr.'un yanında duran ISNA Başkanı Muzammil Sıddıki'yi görünce yazdıklarını hemen unuttular; ekranlarda Sıddıki'yi öven yayına geçtiler.

Her yerde 'aktif mücadele'

ISNA'nın finans kurumlarının danışmanlığında çok ilişkili bir kişi daha var ki o Bush'u da Müslümanı da aynı ağın içinde birbirine bağlayıveriyordu. Dahası bu kişi, ABD Cumhuriyetçi Parti'nin seçim kampanyasını başlatma toplantısında kürsüye gelip, Amerikalıların deyişiyle *"Müslüman duası"* ediyordu.

Ürdün kökenli Talath Othman (Talat Osman), Harken Energy'de yönetim kurulu üyeliği yaptı. George W. Bush Jr. da, Irak'a silahlı müdahaleden bir yıl öncesinden başlayarak, 1993 yılına dek, Harken Energy'de hem ortak hem de yönetim kurulu üyesiydi.[692] Merkez adresi vergi cennetlerinden Cayman Adaları'nda gösterilen Harken Bahrain Energy Co. körfezde petrol aramak üzere kurulmuştu.[693]

Bu karmaşık ilişkiler anlayışla karşılansa bile, ABD yönetiminin Ortadoğu'da İslam Devrimi peşinde koşan örgütlere, cephelere, cihatçılara

---

[690] Bekir Lütfü Yıldırım, "Kudos to the proud sister" *soundvision.com /news / hijab / poem. shtml 01.11.1999.*
[691] Deniz Som, Vaziyet: "Döktür Damat" *Cumhuriyet, 4 Kasım 1999.*
[692] G.W. Bush Jr. 2001'de Başkan oldu.. 2002'de skandal ortaya döküldü: Harken şirketi yanlış bilgilendirmeyle toplumu kandırarak haksız kazanç elde etmişti. *Harken Energy Corporation Internal Documents, Center for Public Integrity e-mail, 19-07-2002)* Aynı günlerde Türkiye'de de Özal, BOT (Yap İşlet Devret) yöntemiyle santral kurmuş olan ENRON yolsuzlukları soruşturuluyordu. ENRON, Bush'un vakfına önemli ölçüde para yardımında bulunmuştu. (*Rights on the Money: The George W. Bush Profile - Webposted July 15, 2002, public-i.org / dtaweb / report.asp?ReportID= 431&L1=10&L2= 10&L3=0&L4 =0& L5=0)*
George W. Bush Jr, babasının seçim kampanyası çalışmaları içinde yer alırken, arada bir uğradığı Harken şirketlerinden 80.000 (daha sonra 120.000) dolar ücret, 500.000 dolarlık hisse aldı. Baba Bush seçilince hisseler de artırıldı. (*John Dunbar, "A Brief History of Bush" e-mail public-i ve public-i.org 23.10.2002*) Skandal günlerinde G.W.Bush Irak'a tehditlerini yükseltiyordu.
[693] Tımothy J. Burger, "Bush co. went offshore:Harken Energy set up Caymans subsidiary in '89" *www.nydailynews.com/news /story/7239p-6742c.html*

kucağını ve topraklarını açması nasıl karşılanmalı? Bir yanda Hizbullah, HAMAS, IAP, ISNA, QLI, NAIT, AMC, CAIR ile Woodridge Fountain villaları, öte yanda da ABD'nin Hürriyet Demokrasi İnsan Hakları koruyuculuğunun yanına Din Hürriyeti babalığını eklemesi!..

Bu gelişmeler karşısında şaşkınlığa uğrayanlar, Milli Görüş tarafından Almanya'da düzenlenen konferansların ünlü konuşmacısı, aslen Mısırlı, Katar'da yerleşik Şeyh Yusuf El Karadavi'nin sözlerine kulak verselerdi, olayları anlamakta bu denli zorluk çekmezlerdi:

"Bir kişi aktif olarak silahlı mücadeleye katılamıyorsa, erkek ya da kadın, o (kişi) mücahitlere parasal destek sağlamalıdır ki; mücahitler, Müslümanlar adına savaşabilsinler."[694]

Anlama zorluğu çekenler o denli haksız sayılmazlar. Türkiye'de 'İslam âlimi' olarak gezinenler, onları yıllarca cihat konusunda yeterli bilgiyle donatmamışlardır. Cihadı silahlı savaş olarak gören çoğunluğun yanında, ufku geniş âlimler de yepyeni tanımlarıyla yanlış bilgilendirmeye yol açmış olmadılar mı? ABD ile 'entegrasyonu' yani bütünleşmeyi' savunan ve ABD İnsan Hakları raporlarında, baskı altında tutulduğu yazılan, ABD raporlarında 'İslami Lider' olarak tanıtılan Fethullah Gülen ABD'ye 'hicret'ten önce şu açıklamayı yapmıştı:

"Bilakis, cennete gitmek üzere İslam'a dâhil olan toplulukların karşısına, engel ve mânia olarak çıkan küfür yığınının başına darbeyi vurma, önünü alma, darbeyi vurup onu sarsınca, hemen onu teşrih (ameliyat) masasına yatırma; kalbine ve kafasına iman enjekte etme; sopayı sadece onun içine imanı sokabilmek için tepesine vurup bayıltma... Budur İslamın şuuru."[695]

---

[694] Palestine Times, Sept. 1999.
[695] Fethullah Gülen, Hitap Çiçekleri, s.95

Din - Türban - İmam Hatip
ABD'den Sorulur

> *"Dinsel özgürlük taahhüdümüz Amerikan ideallerinin ifade edilmesinin de üstündedir ve dünyadaki gücümüzün temel kaynağıdır."* Madeleine Albright

ABD Ankara Büyükelçiliğinin İmam hatip okulları, Kur'an kursları ve türban nedeniyle çeşitli uygulamalarla karşılaşan kişilerle ilgili bilgi derlediği Cumhuriyet gazetesinde haber olabilmişti.

Bu durum oldukça sevindiriciydi; çünkü ABD'nin Türkiye hakkında, 'Din Hürriyeti' başlığı altında denetim raporları hazırlamasına ilişkin bilgi, her nedense, uzun yıllar boyunca Türkiye medyasının ilgisini çekmemişti. Din hürriyetinin de koruyucu babası olduğuna kendisi karar verip, dünyaya ilan etmiş bulunan ABD'nin, belirli ülkeler hakkında 'Din Hürriyeti' raporu hazırlanmasına esas olacak istihbaratı toplamak üzere, dış ülkelerdeki birimlerini yasayla görevlendirmesinin üstünden de iki yıl geçmişti.

Amerikan devleti, yıllardır hazırlamakta olduğu kendisine özgü, resmi insan hakları raporlarında din konularına şöyle bir değinip geçiyordu. Ancak 'Uluslararası Din Hürriyeti'nin koruyuculuğunu yasalaştırdığı 1998 yılından sonra kapalı raporların yerini 'Din Hürriyeti' raporları aldı. ABD Dışişleri Bakanlığına bağlı Uluslararası Din Hürriyeti Bürosu kuruldu ve başına Protestan kiliselerinin önemli kişisi, World Vision (WV) adlı büyük yardım kuruluşunun başkanlığını uzun yıllardır sürdürmekte olan Robert Seiple getirildi.[696]

Kore asıllı Harold Hongju Koh da Demokrasi, İnsan Hakları, Din Hürriyeti bürosundan sorumlu Dışişleri Bakan Yardımcılığı görevine atandı.

---

[696] World Vision, 48 ülkede büro kurdu. Güney Amerika ülkelerinde Protestanlık yumuşaklığıyla örgütlenerek kiliselerin ABD ile bağlantısını kurdu. Robert Seiple ise, Vietnam'da pilot olarak görev yaptı ve yüzbaşılıktan emekli oldu. Hartfort Seminary adlı ilahiyat fakültesinde yöneticilik yapan ve yabancı ülkelere yönelik işlerde deneyim sahibi olan Seiple, Başkan Clinton tarafından Büyükelçi unvanıyla büronun başına getirildi. Fethullah Gülen ile yakınlaşan Hartfort Seminary yöneticileri "Dinlerarası diyalog" perdesi altında Türkiye'yi gezdiler. Papaz Ralph Ahlberg ve 34 mütevelli heyet üyesini Türkiye'ye Fatih Üniversitesi yöneticisi Dr. Ali Bayram çağırmıştı. Konuklar, Konya, Urfa, Mardin ve Kahramanmaraş'ı gezdiler. "Hartfort Rektörü Heidi Hadsell, Fethullah Gülen'in diyalog çabalarının Batı dünyası için önemli bir örnek olduğunu" söyledi. *Aksiyon, 30.5. 2005, s.66-7*

Harold Hongju Koh'un Türkiye teftişi

İşi sıkı tutan ve özellikle dost ve müttefik Türkiye'ye büyük önem veren Harold Hongju Koh, Marmara depreminin hemen öncesinde Güneydoğu Anadolu'ya gitti. 'Kürt milliyetçisi' olarak nitelediği partiyle görüştü. Bazı kişilerle evlerde, basına kapalı görüştü. Koh'un Leyla Zana ile hapishanede görüşme isteği medyada yankılandı, tepki gördü; ancak Hongju Koh'un din hürriyeti ve başörtüsü üzerine söyledikleri yayınlanmadı.[697]

Bu arada, ABD, Merve Kavakçı'ya sahip çıkar gibi de yapmıyordu. Bir yandan Dışişleri Bakanı Madeleine Albrigth, İslam cemaatleriyle Merve Kavakçı hakkında toplantılar yapacak ve öte yandan Harold Hongju Koh, Ankara'ya dek gelmişken Merve Kavakçı ile görüşme kibarlığını göstermeyecekti. Türkiye Cumhuriyeti Devleti yöneticileri de Koh'un din hürriyetiyle ilgili konuşmalarını duymamış olacaklar ve egemenlik alanına girmiş bir yabancı devlet görevlisinin tutumunun bir yanına dikkat çekerlerken öte yanını görmezden geleceklerdi.

Koh'un gezisinin ardından deprem felaketi geldi. Din şıhları, tarikat ağabeyleri ve din tabanlı politik örgütler, depremin nedenini ordunun tutumuna bağladılar. Büyük müttefik ABD'nin tutumundan habersiz olmaları mümkün görünmeyen, bir ayakları Almanya'da ve İngiltere'de öteki ayakları Amerika'da bulunan unvan sahipleri, din hürriyeti girişimlerine güvenmişlerdi. Bir gecede devleti eleştiren bildirinin altına sağcısı-solcusu, laiklik savunucusu- din siyasetçisi; asla yan yana gelmeleri düşünülemeyen 200'den fazla örgütün imza atmaları da onları güvendirmişti.

Türkiye Cumhuriyeti'nin tarihinde görülmemiş bir uygulamayla 30 Ağustos Büyük Zafer kutlamaları iptal edildi; ama Yunanistan, 9 Eylül'ü her zamanki gibi, 'Anadolu'nun işgal günü' olarak anmaktan geri kalmadı. Daha da ilginci, Türkiye için bağımsızlık adımlarının en önemlisinin atıldığı gün, yani 9 Eylül günü başka olaylar da yaşandı. Türkiye'nin adı dünya tarihine bir başka türlü yazdırıldı. "Uluslararası Din Hürriyeti 1999 Türkiye Raporu" ABD Dışişleri Bakanlığı tarafından aynı günlerde açıklandı. Ne medya ne de Türkiye Cumhuriyeti yetkilileri rapor konusunda halkı bilgilendirdi. İki ay sonra Başkan Clinton'un kızının Kur'an okuduğu iddialarıyla bile ilgilenecek olan Türkiye, ülke karşıtı rapora aldırmadı ve Helensever gösterilere başladı.

Çok değil, depremden altı ay önce, Türkiye'yi açık seçik sözlerle düşman olarak ilan ederek Abdullah Öcalan'a destek kampanyası başlatmış olan müzikçi Mikis Theodorakis, Zülfü Livaneli ile DİSK ve

---

[697] "Bölgede demokrasi önemli, ABD Dışişleri Bakan Yardımcısı Koh, Washington'un bölgesel çıkarlarının, Türkiye'deki insan hakları sorununu gözden kaçmasına yol açmayacağını söyledi" *Milliyet, 3 Ağustos 1999.*

Türk-İş tarafından barış konseri için İstanbul'a çağrıldı; ama Türkiye'yi derinden etkileyecek ABD raporuyla ilgili tek sözcük yoktu.[698]

Deprem gerekçesiyle orduya ağır eleştiriler yöneltenler, deprem bölgesinde ordu hakkında anketler düzenleyen yabancılara da aldırış etmiyordu. Buna karşılık Zülfü Livaneli ve diğerleri, yabancılarla birlikte *"70 yıldır kanayan yara kapatılsın"* kampanyası başlatıyorlardı. Onların bildirisiyle yetmiş yıl geriye gidince 1930 yılına dönülmüş olunuyordu.

Hıristiyan tarikatlarına kol kanat...

Din Hürriyeti Raporu yakın geleceğin bir habercisi gibiydi. *"Ermeni Ortodoks Hıristiyanları, Museviler, Rum Ortodokslar, Süryani Ortodoksları, Keldaniler ve Nasturilerin"* Türkiye'deki varlıklarını saptayan rapor, *"Doğu Ortodoks kiliselerinin çalışmalarının devlet tarafından denetim altında tutulduğunu"* ve *"İstanbul Ekümenik Patrikliği'nin Heybeliada'daki manastırın açılması isteğini"* vurguluyor; devletin birçok özel dini kurumları ulusallaştırdığına değinip Hıristiyanlaştırma girişimlerinin cezalandırılmasından yakınıyordu.

Bu arada 1996 ve 1998 uluslararası toplantılarında Amerikan delegesi Laila Al Marayati'nin sözlerini anımsamak yerinde olur.

Hıristiyanların durumuna kısaca değinen raporun ana temasını 'İslam işleri' oluşturuyordu. Rapora göre; 1998 yılında İslamcılara karşı kampanya genişletilmiş ve bu kampanya *"muhafazakâr ana muhalefet partisi"* gibi yepyeni bir nitelemeyle *"dinine bağlı Müslüman işadamları"*nı da içine almış.

Rapor, Türkiye'de din hürriyetinin taraflarını ve kahramanlarını da açıklarken *"İslamcı politik liderlerin"* hapse atıldıklarını ve siyasal çalışmalarının yasaklandığını; *"İstanbul'un ünlü Belediye Başkanı Recep Tayyip Erdoğan'ın hapse girdiğini"* vurguluyordu. Böylece Türkiye'nin de geleceği belirlenmiş oluyordu.

ABD raporları ayrıştırmaya hizmet edecek, yeni kimlikler oluşturacak her girişimi desteklemekten geri kalmıyordu. ABD vefalı bir dosttu; sahiplendiği kişileri yarı yolda bırakacağa benzemiyordu. Türkiye medyası, bu vefalı dostun teftiş raporlarından söz etmese de, ABD kendisi dışındaki devletlerin egemenlik haklarının sınırlandırılması gerektiğinden emin görünüyor; Türkiye'de ayrımsız her inanca, "kimlikler'in tanınması" istemiyle etnik ayrılıkları öne çıkarılanlara arka çıkıyordu.

Büyük devletin raporu, elbette işi salt (Kemalist) devletin baskıcılığını belirtip, laiklik-İslamcılık ikileminde ele alamazdı. Daha alt ayrılıklara inip Amerika'nın herkese sahip çıkacağının müjdesini vermeliydi. Amerikalı görevliler, sık sık Alevi vakıf ve derneklerine konuk olmaktadır.

---

[698] "Theodorakis and the Kurdish Drama- (1) Theodorakis's official statement" members. aol.com /gwagner400/mikihome/pkk-e.htm

ABD Dışişleri Bakanlığı'nın resmi devlet raporuyla, Alevilere de sahip çıkılmaktadır.[699]

Alevilerin diyanet işlerince bir dinsel topluluk olarak görülmediğini ileri süren rapor, çok önemli bir konunun da üstüne basıyor ve Sünni din adamlarına maaş bağlanırken Alevi din liderlerine maaş verilmediğini belirtiyordu. Türkiye'de yakın dönemde başlatılan 'Alevilik bir dindir' kampanyasını ve Avrupa Birliği örgütlerinin, Orient Institute ve ISIM (Int. Inst. for the Study of Islam in the Modern World) gibi akademik kuruluşların, vakıfların Almanya'da Alevi üssü kurmalarını anımsamak gerekiyor.

Çok daha geniş bir araştırmayı gerektiren bu konuyla ilgili olarak, şimdilik kısa anımsatmalar yapmakla yetineceğiz: Türkiye Cumhuriyeti devletinin kuruluş ilkelerinden laikliğin savunulmasıyla, toplumsal birliğin bu esasa dayandırılması asıl amaç edinilirken, 1990 yılında Alevilik kimliğinin tanınmasına ilişkin hızlı bir süreç başlıyordu.

Hamburg'da 1989 yılında bir bildirinin hazırlanmasıyla başlayan süreç, Mayıs 1990'da Türkiye'de yayınlanan 'Alevilik Bildirgesi' ile yeni bir aşamaya yükselmişti. Her ne denli baskıdan ve ayrımcılıktan söz edilirse edilsin, bunun önüne geçilmesinin tek yolunun cemaatleşmek değil, laiklik ilkesinde birleşmek olduğu gerçeği kısa sürede unutuldu ve 'kimlik oluşturma' akıntısı güçlendi. [700/ 701]

Bunlardan daha önemlisi, Alevi korumacılığına soyunan ABD'nin, Alevilik olayını çok iyi bilmesidir. 1980 öncesinde, Türkiye kanlı bir iç çatışmaya sürüklenmişti. Çatışma, birçok ülkede olduğu gibi 'komünizmi engelleme' örtüsüyle kurgulanıyordu; ama bu kurguya mezhepsel kimlik oluşturacak kan dökmeler de ekleniyordu. Maraş'tan başlayıp, Sivas, Yozgat, Amasya, Çorum illerinde süren dinsel kışkırtmalar sonucunda 'sol-sağ' çatışması, 'Alevi-Sünni çatışması' altında; ama daha çok 'Komünizme karşı mücadele' kampanyası görüntüsünde toplu kıyıma dönüştürülmüştü.

Bu toplu kıyım girişimlerini durdurmak isteyen zamanın başbakanı Süleyman Demirel'in olaya el koyma emri verdiği; fakat daha sonra 12 Eylül 1980'de darbeyle yönetimi ele geçirecek olan, ordu yönetiminin olayların tırmanmasını önleyecek askersel girişimleri savsakladıkları,

---

[699] ABD raporlarında Alevilik ile ilgili bölümlerin karşılaştırmalı yorumları ve ABD görevlilerinin ilişkileri için bkz: Aykan Erdemir, Incorporating Alevis: The Transformation Of Governance and Faith Based Collective Action in Turkey, s.207 - 214
[700] Lütfü Kaleli, Alevilik kimliği ve Alevi örgütlenmesi, s.174.
[701] Hamburg'tan Rıza Zelyut'un görevlendirilmesiyle hazırlanan bildiri, İHD İstanbul Şubesi Başkanı Emil Galip Sandalcı, Aziz Nesin, Yaşar Kemal, İlhan Selçuk, Berker Yaman, Kıvanç Ertop, Rıza Zelyut, Attila Özkırımlı, İlhami Soysal, Tarık Akan, Çetin Yetkin, Zülfü Livaneli, Ataol Behramoğlu, Seyfettin Turhan, Süleyman Yağız, Muharrem Naci Orhan, Nejat Birdoğan ve Cemal Özbey'in imzalarını taşımaktaydı. *Cumhuriyet, 15 Mayıs 1990* ve Rıza Zelyut, *Özkaynaklarına göre Alevilik, s.295-301.*

emirleri yerine getirmedikleri yönünde görüşler ileri sürüldü. Çatışma ve toplu kıyım olaylarında bir yabancı kişinin varlığı CIA'nın "kirli işler" diye adlandırılan operasyonlarını anımsatmaktadır. Bu kişi, olaylar toplu saldırı aşamasına varmadan kısa süre önce söz konusu illerde dolaşıp durmuştu. CIA görevlisi, komünizmle mücadele edeceği öngörülmüş örgütlere uğruyor; sağ kanat partilerin yönetimleriyle, CHP'li belediye reisleriyle görüşüyordu. Bazı sağduyulu devlet yöneticileri durumu içişlerine bildirip yabancıyı izlemeye çalışıyor ve onun amacını açığa çıkarmaya çabalıyorlardı. Ne ki bu işleri ciddiye alarak çatışmaları önlemek, güvenliği sağlamak isteyen ve yabancıyı izleten vali görevinden alınıyordu. CIA görevlisi, ABD Büyükelçiliği'nde 2. Kâtip Alexande Peck idi.[702 / 703/ 704/705]

Şiddete yönlendirerek karşı cephenin oluşmasına yol açma; mezhep çatışması yaratarak etnik kimlik oluşturma, pekiştirme bilinen bir yöntemdir. Bu uzun soluklu çalışmalar, sonunda amacına ulaşmış ve AB, Türkiye'de Alevi azınlığa da özel haklar verilmesini açıkça istemiştir.

1990'lı yıllarda Almanya'da oluşturulan "Alevi Rönesansı"nın ve medeniyetler arası çatışma kuramının temeli olan 'çok kültürlülük' senaryosu içinde yeni ve kullanılabilir kimlikler oluşturma yöntemi, daha geniş bir araştırmanın konusudur. Bu senaryoda 'Din Hürriyeti' korumacılığının ne denli elverişli bir araç olduğunu acı olaylarla öğreneceğiz. Şimdi yeniden 'Din Hürriyeti Raporu'na dönebiliriz.

Tarikatın hakkı tarikata

Siyasal önderlerce Türkiye'den saklanan ve din hürriyetinin kısıtlandığından, baskılardan söz eden ABD Dışişleri raporunun bir de hedef kurumu bulunmalıydı. Tarikatların 1920'lerde yasaklandığından; ancak yakın zamana dek hoşgörüyle karşılandıklarından söz eden rapor, sorumluyu incelikle belirtti: Rapora göre "Yarı sivil yarı askeri Milli Güvenlik

---

[702] Soner Yalçın - Doğan Yurdakul, Bay Pipo, s. 320-1

[703] Alexander Peck ile görüşen Amasya Belediye Başkanı (CHP'li) görüşmeyi soran gazetecilere "Devlet sırrıdır, söyleyemem" der. Peck, Kıbrıs'ta CIA görevlisiydi.

[704] Dönemin ABD büyükelçisi Ronald Ian Spiers, 1950-55 arasında Dışişleri Bakanlığı analizcisi, 1955-57 Dışişleri Uluslararası Örgüt İşleri Başkanı, 1957-61 Dışişleri Bakanı özel yardımcılık bürosunda silahsızlanma işlerinden sorumlu memur, 1961-62 Siyasi İşler bölümünde silahlanma denetimi ve silahsızlanmadan sorumlu yönetmen, 1962-66 NATO Avrupa İlişkileri yardımcı direktör, 1966-69 arasında Londra'da siyasi işler danışmanı, 1969-1973 Dışişleri'nde Siyasi-Askeri İşler yönetmeni, 1973-74 Bahamalar'da Büyükelçi, 1974-75 Londra Misyonu Yardımcı Şef, 1977-1980 Ankara'da Büyükelçi, 1980-81 Dışişleri İstihbarat ve Araştırma yönetmeni, 1981-1983 Pakistan'da Büyükelçi, 1983 Dışişleri Müsteşarı. Spiers, her deneyimli devlet adamı gibi, CFR üyesidir. *reagan.utexas.ed/ resource/speeches / 981/ 3181a. htm; politicalgraveyard. com / chrono/born-1925.html*

[705] Aynı kişinin Ankara'da MHP gençlik birimlerine ders verdiği söylencesi de 12 Eylül duruşmalarına yansımıştı.

Konseyi"nin 1997 kararlarıyla -28 Şubat demiyor- tarikatların kesinlikle yasaklanmıştı. Dostlarına bağlı kalan ABD, hükümetin hakkını da teslim ediyor ve *"Milli Güvenlik Konseyi gibi resmi kuruluşların açıklamalarına karşın, önde gelen siyaset ve toplum liderlerinin tarikatlara bağlı kaldıklarını"* açıklıyordu.

Rapor, imam hatip okullarının 1950'den beri var olduğunu belirterek, bu tür din eğitiminin ne denli tarihsel olduğunu anlattıktan sonra, bu okullara öğrenci alımının durdurulduğunu belgelemiş oluyor ve 8 yıllık (nitelemeye dikkat) *"laik eğitimin zorunlu"* kılındığını belirtiyordu. Rapor, bir bakıma sahip çıkmakta olduğu Türkiye Cumhuriyeti yurttaşlarını da *"Laik eğitime karşı bir seçenek olan İmam hatip okulları, muhafazakâr ve İslamcı Türkler* (ilk kez kullanılan bir tanımlama) *arasında yüksek kabul görmekteydi"* diyerek ayrıştırıyordu.[706]

Türkiye Cumhuriyeti yöneticilerinin elli yıldır açıktan söyleyemedikleri gerçeği, Amerikalı belirtiyor ve imam hatiplerin T.C. rejiminin eğitim düzenine karşı açılmış olduğunu resmi belgelere geçiriyordu.[707] Tarihin derin olmayan sayfalarında, Batılıların Türkiye'de yaşayan gayri Müslimlere sahip çıkma örtüsü altında dirlik ve düzeni bozma girişimleri bilinirdi; ama Şeyh Sait ve 31 Mart İsyanı dışında, Müslümanlara ve İslam dinine sahip çıktıkları görülmemişti.

Gerçi Amerika ve Batı Avrupa ülkeleri, 1946'dan sonra Türkiye'deki tarikatlara sahip çıkmışlardı; ama bu sahip çıkışta belirleyici olan, bu insanları ülkede solun ya da ulusalcıların iktidarı ele geçirmelerine karşı kullanma isteğiydi. Son yirmi yıldır, 'demokrasi' adı altında federalizm savunan liberallere, solculara, sağcılara sahip çıkılmakla kalınmıyor; devleti bağımsız ve egemen yapan temel kurumlara, din korumacılığı altında, hem de kutsallık adına saldırılıyor ve ülkedeki birliği en küçük zerresine dek dağıtmak için halk kitlelerinin beyinleri ince ince denetim altına alınıyordu. ABD resmi devlet belgelerinde açık bir politikayla tarikatlara sahip çıkılması, operasyonun kökünün gizli olduğu gerçeğini değiştirmez.

ABD Merve Kavakçı'ya sahip çıkıyor

ABD, Merve Kavakçı'nın TBMM'ye yürümesi ve sonrasında gelişen olaylarla ilgili olarak resmi ağızdan herhangi bir şey açıklamamıştı. Söylenmesi gerekenler ABD'deki devlet yönetimiyle içli dışlı olmuş İslam örgütleri kanalıyla söyleniyordu. Merve Kavakçı'nın girişimiyle Din ve İnanç Hürriyeti sorgulanarak Türkiye kargaşaya itildikten sonra, ABD'nin resmi raporu açıklanacaktı.

---

[706] 2000 Annual Report on International Religious Freedom: Turkey, Sep. 5, 2000.
[707] U.S. Department of State Annual Report on International Religious Freedom for 1999: Turkey, Released by the Bureau for Democracy, Human Rights, and Labor Washington, DC, September 9, 1999.

Türkiye hakkında hazırlanmış olan 9 Eylül 1999 tarihli raporda, Malatya camilerinde örgütlü olarak toplanıp sokaklara dökülen türban eylemcilerinin mahkemelere çıkarılıp haklarında 'ağır cezalar' istenmesine de yer veriliyordu.

Din Hürriyeti Raporundaki en ilginç bölüm ise Merve Kavakçı'ya açıktan sahip çıkılmasıydı. Merve Kavakçı'nın "yabancı devlet uyruğuna geçmiş" olması gerekçesiyle vatandaşlıktan çıkarıldığını belirten rapor, ne yazık ki söz konusu yabancı ülkenin ABD olduğundan ve Merve Kavakçı'nın Türkiye Cumhuriyeti yasalarını çiğnediğinden de söz etmiyordu. Rapordaki bu yaklaşıma Refah Partisi'ne de sahip çıkıldığı da eklenince operasyonun incelikleri de bir parça anlaşılabilir. Din Hürriyeti raporunun etkilerini algılayabilmek için raporun öncesine ve sonrasına bakmak gerekiyor. Türkiye'nin temel yasalarını değiştirme girişimlerinin öyle günlük ve yerel bir politikanın ürünü olmadığının bilincine ancak böyle varılabilir.

Komplolar üstüne kuram geliştirmeye bile gerek yok. 1999 yılına dönüp bu işlerin öyle sanıldığı gibi gizli, karanlık, kara sakallı adamların toplantılarında gelişmediğini anımsamak gerekir. Her şey, 'Bilimsel araştırma projesi' altına gizlendiğinden, işin aslına bakılmalı. Din Hürriyeti senaryosuna içerden destek olmasa dışarıdan ne denli rapor yazılırsa yazılsın –ki yüz yıldır yazılıyor– bir sonuç alınması olanaksızdır. Merve Kavakçı'nın 1999'da TBMM'ye seçilmesinin ardından gelişen olaylarla, Merve Kavakçı'nın deyişinde olduğu gibi ABD, Türkiye'yi "test etmiştir."[708]

Bu sınamanın sonuçları olmuştur. Örneğin, siyasal İslam hareketlerinin hep bilindiği gibi, Ortadoğu ülkelerinden tezgâhlanmadığı; 'sıkmabaş' örtünme eylemlerinin, dinsel bir simgeden çok, Batı tarafından öğretilmiş olan çok kültürlülük içinde, inanç ve ifade özgürlüğü eylemleri olarak desteklendiği; Ortadoğu ve Orta Asya'da egemenlik senaryosunun, dindarların kalbine seslenen çıkışın 'project democracy' operasyonu içine yerleştirilmiş mezhep-tarikat-cemaat özgürlüğü projesiyle iç içe geçtiği ve yalnızca ABD'den değil, aynı zamanda Almanya, Fransa ve özellikle İngiltere'den de yönetildiği görülebilir.

İstanbul'da gelenekselleştirilen 'Bediüzzaman' ya da 'Medeniyetler Arası Diyalog' konferanslarının katılımcıları arasında İngilizler, her zaman yerlerini alırlar. Londra'da MCC (Müslüman Topluluğu Merkezi) bir şemsiye oluşturur. İngiltere'deki örgütlü çalışmaların içinde çoğunlukla Pakistanlı ve Keşmirliler bulunur. İngiltere'de Müslüman toplulukların yerleşim yerleri, genellikle ayrıdır. Bu nedenle bağımsız Müslüman örgütlerin bulunması da olağan görülebilir.

---

[708] Zafar Bangash, "Campaign against the ban on Hijab (Islamic dress) in Turkey. Sister Merve Kavakci: Musliman MP" *Crescent International, May 16-31, 1999.* in-minds. com / hijab-ban / kavakci.html

İngilizlerin 2. Sınıf Lordu Türkiye'de

İngilizlerin Müslümanlara merakı çok eskilere dayanır. Özellikle Güney Asya'yı birkaç yüzyıl sömürgeleştirmiş olan İngiltere, Kıbrıs'ta Nakşibendî tarikatını bile yönlendirmekten geri durmamıştır. İngiliz prenslerinin Müslümanlığı kabul ettiği, bizzat Kıbrıslı İngilizsever şeyhler tarafından yayılmıştır. Müslümanların, yayılmacıların merhametsizliğini iyi bilmesi gerekirken, İngilizleri arkalarına almaya meraklı, sözde Müslüman önderler, Hindistan'ın bağımsızlık savaşımında İngiltere'nin saflarında yer almaktan geri durmamışlardı. Onlar İngilizleri desteklerken, Hindistan'da dinsel iç savaş genişlemiş ve sonunda Hindistan ikiye bölünmüştür. Bölünmenin ardından kurulan Pakistan, hiçbir zaman bağımsızlığını koruyamamış ve İngiltere ve ABD'nin ileri egemenlik savaşlarına araç olmuştur.

Türkiye'deyse, 31 Mart 1909 Kalkışmasının önderi Derviş Vahdeti, o zamanların yaygın adlandırmasıyla 'Redingotlu Molla', İngiliz elçiliğini ikinci konut edinmişti. 1918'de başlayan işgal yıllarında da İngiliz Rahip Robert Frew'un baş elemanı Ali Kemal'den sonra gelen ikinci eleman da Kıbrıs kökenli Molla Said olmuştu.

İngilizlerin Müslüman kurtarıcılığını, şimdinin İngiltere Başbakanı Tony Blair açıklamıştır. Blair, Afganistan'a ABD silahlı saldırısından sonra, güvenlik için yerleştirilen İngiliz askeri gücünün göreve başlaması nedeniyle gittiği Kâbil'de yaptığı tören konuşmasında *"Buralardan gitmekle hata yaptık. Bir daha gitmeyeceğiz!"* diyebilmiştir.

İngilizlerin Müslüman merakının iyi örneği Ağustos 2000'de bir kez daha görüldü. Türkiye'nin sözde Milli Görüşçü Müslümanları, kendi ülkelerindeki rejimi değiştirmek için bir yandan ABD'nin, öte yandan Almanya'nın desteğini arkalarına alırken, geçmişin şanlı işbirliğine dönmüşler ve gözlerini Londra'ya çevirmişlerdir. Lordlar kamarasının oy hakkı bulunmayan üyelerinden Lord Ahmed Nazir Türkiye'ye getirilmiş ve onun Türkiye'de 'din hürriyeti' konusunda ileri geri konuşmasını sağlanmıştır. Türkiye Cumhuriyeti'nin yasal siyasal kurumlarından Fazilet Partisi'nin ileri gelenleri, Lord Ahmed Nazir'e konukseverlik göstermekte ve sahip çıkmakta haklıydılar; çünkü onların söyleyemediğini, hem de İngiliz olarak, Lord Ahmad söylüyordu. Lord Ahmad'a kimse dokunamazdı; çünkü o bir Avrupalıydı ve Türkiye Cumhuriyeti'nin görevlileri de, Avrupa'yı darıltmak istemezlerdi. Lord Ahmad'a düşen de değneğin ucunu göstermekti:

"Türkiye, AB'ye girecekse bir seçim yapıp bunlardan vazgeçmek zorunda. Türk olsaydım, beni bu sözlerimden dolayı asarlardı. Onun için iyi ki Türk değilim."

Pakistan'da para aklama operasyonlarında da bir Ahmed Nazir vardı. O Ahmed Nazir, bu Lord Ahmad olabilir miydi? İngiltere'ye gidince mi 'Lord' olmuştu? Burası belli değil; ama İngiltere'de büyük bakkallar (süpermarket) zinciri sahibi ve büyük bakkallar federasyonu başkanı Lord Ahmad, Sağlık-İş Başkanı Mustafa Başoğlu ve eski Milli Eğitim Bakanı, YDP eski kurucu Genel Başkanı Hasan Celal Güzel ile yemek yedikten sonra, "Türkiye'de gözaltına alınan kadınlara tecavüz edildiği" genellemesini açıklamadan edememişti.[709] Lord Ahmed Nazir, Refahyol Hükümeti'nin Adalet Bakanı Şevket Kazan ile yemek yedikten sonra, daha bir keyifle tehditlere başvurmuştu:

"Türkiye'de bir gelişme olmazsa, umursamazlık devam ederse, hem Lordlar Kamarası'na hem de Avam Kamarası'na rapor verip buna karşı bir kampanya başlatacağım. Türkiye'de insan hakları ihlallerini uluslararası kuruluşlara bildireceğim. Gittiğim her ülkede de bu kampanyamı sürdüreceğim."

Papaza göre "(Mustafa) Kemal bir başka kasaptır!"

2. Sınıf Lord Ahmed Nazir, Altınoluk'ta Prof. Necmettin Erbakan'a uğramış ve kendisi için düzenlenen yemekten sonra, sürmekte olan davayla ilgi olarak, videokasetlerin montaj olduğunu açıklayarak, uzmanlık alanının derinliğini de göstermekle kalmamış ve Türk Ceza yasasındaki 312. maddenin kaldırılması gerektiğini söylemişti.[710 / 711]

'Hoşgörü' ya da 'tolerans' bağımlısı olan T.C. hükümeti Lord'a kibarca kapıyı göstermemişti. Lordlar Kamarası'nda oy hakkı bulunmayan Lord Ahmed Nazir sözünde durmuş ve Türkiye'yi tehdit işini Londra'ya dek taşıyarak Merve Kavakçı'yı İngiliz parlamentosuna götürmüş ve onun Türkiye'yi karalayan bir konuşma yapmasını sağlamıştır.

İngilizlerle açıktan ya da dolaylı işbirliği yapanlara çok rastlanmıştır; ama "vatanım" dediği Türkiye'yi İngiliz Parlamentosu'nda şikâyet eden ilk kişi Amerika'da yetiştirilmiş Merve Kavakçı olmuştur.[712]

MI (Majestelerinin Intelecensiyası)'yı fazla zahmete sokmadan elde edilen bu olanaklar, İngiltere yönetimini mutlu etmiş olmalıdır. Üstelik Türkiye yönetiminin ve devlet kurumlarının bu tür gelişmeler karşısında alabileceği ya da alamayacağı tutum da test edilmiş oldu. Tıpkı basit bir milletvekilliği olayı sonrasında Merve Kavakçı'nın *"Onları test ettim, geçemediler"* dediği gibi. Hükümetin ve kimi siyasal partilerin, laiklik ve Merve Kavakçı'nın ABD ilişkisi konusunda isyankâr görünmelerinin bir

---

[709] Turan Yılmaz-Deniz Güneş, "Bir sen eksiktin Lord Ahmet," *Hürriyet, 22.8.2000*.
[710] "İngiliz Lord, Hoca'yla görüştü ve o da kaset montaj dedi." *Hürriyet, 21.8.2000*.
[711] *"Türkiye'de anayasa mutlaka değişmeli… Londra'da faaliyet gösteren Justice International isimli bir örgüt tarafından (Türkiye'ye) davet edildim." Hürriyet, 28.8.2000*, s.5.
[712] "Gerçekleri anlattım: Yaşadıklarını İngiliz Lordlar kamarasında anlattığını söyleyen Merve Kavakçı... Lord Ahmet izlenimlerini anlattı" *Akit, 8 Kasım 2000*. Muhsi Yazıcıoğlu'nun Lordlar Kamarası'nda *"Türkiye ve İslam"* üstüne konuşmasını da Lord Ahmed sağladı. *haber7.com, 1.5.2008*

ikiyüzlülük olduğunu anlamak için şu sorunun yanıtını aramak gerekiyor: Merve Kavakçı gibi yabancı devlete bağlılık yemini etmiş biri yerine, yine 'sıkmabaşlı' ama Amerika ile ilişkisi bulunmayan bir başka kadın, milletvekili seçilseydi ne yapacaklardı ya da 'sıkmabaş' değil, ama yine ABD'de İslami cemaat kurmuş başı açık bir başka ABD vatandaşı meclise girseydi ne diyeceklerdi?

'Test' olaylarından sonra Türkiye sıkmabaşın simge olup olmadığını tartışıp dururken, Saadet Partisi milletvekili Oya Akgönenç Mughisuddin, Cenevre'ye uçmuş ve BM İnsan Hakları Alt Komisyonu'nda yaptığı konuşmada, Türkiye'de Kürtlerin, Çerkezlerin, Arapların ifade özgürlüklerinin bulunmadığından, 312. maddenin ne denli kötü bir madde olduğundan söz etmişti. Oya Mughisuddin bununla da kalmamış, gazetelere göre, komisyondan Türkiye'yi "ikaz" ederek kendilerine yardımcı olmasını istemişti. Oya Mughisuddin'in bu tutumu, Milliyet gazetesince "ihanet" olarak ilan edildi.[713]

Oya Mughisuddin'in ihanetle suçlanması haksızlıktı. O, yalnızca "Müslüman azınlık hakları"ndan söz etmişti.[714] ABD delegelerince uluslararası toplantılarda ve son olarak Amerikan Kongresi AGİT komisyonunun Lozan raporunda belirtilmiş olan görüşleri yinelemiş ve haklı olarak *"Ben ülkeme ihanet etmem!"* demişti. ABD Kongre raporlarında yapıldığı gibi, Hıristiyan azınlık haklarının kısıtlandığından söz etmemişti.

Onu suçlayanlar, Oya Mughisuddin'in Amerikan vatandaşı olduğundan habersiz olamazlar kuşkusuz. Öte yandan vekillerini yalnız bırakmaya niyetli olmayan Refah Partisi eski milletvekili, FP Genel Başkanı Recai Kutan, Oya Mughisuddin'in konuşmasının partilerince Türkiye'de hazırlandığını açıkladı. Ertesi gün sözünü değiştirerek Oya Mughisuddin'in söz konusu toplantıya akademisyen olarak katıldığını söyledi. Bir gecede sözlerinden dönmüşler ve *"Oya Hanım'ın konuşmalarının"* partiyle ilişkisi olmadığını açıklamışlardı.

Türkiye ilginç bir ülkeydi. ABD, on yıldır uluslararası toplantılarda 'Müslüman etnik azınlıklar'dan söz ediyor, Kongre raporlarında Türkiye'de Müslüman azınlık haklarının bulunmadığı yazılıyor ve Lozan Antlaşması'nın değiştirilmesi isteniyordu; ama Türkiye yöneticilerinin ve partilerinin sesi çıkmıyordu.[715] Bu nedenle Türkiye'yi hedef alanlar, daha da rahat hareket ediyorlar. Türkiye'yi BM'de, İngiliz parlamentosunda, Amerikan üniversitelerinde karalayan Merve Kavakçı, ABD'de kolayca

---

[713] *"İhanet" Milliyet (manşet), 16 Ağustos 2000.*; "Ayrımcılık en büyük ihanet" *Milliyet, 17.8.2000, s.15.* Ancak 5 yıl sonra aynı medya, Başbakanlık komisyonundan azınlık hakları bildirisi çıkınca alkışlamaktan geri kalmamıştır.
[714] *"Azınlık demedim"* diyordu; ama etnisite adlarını sıralayarak aynı anlamı açıklıkla dile getirmiş oluyordu.
[715] Turkey Country Reports on Human Rights Practices-2000, Released by the Bureau of Democracy, Human Rights, and Labour, February 20001, s.24

iş buldu ve George Washington Üniversitesi'nin 'Elliot School of International Affairs' bölümünde ve 'Institute for European, Russian, Eurasian Studies' merkezinde öğretim üyesi oldu. Bilgisayar mühendisliği bölümü olmayan Teksas Üniversitesi'nden 'Bilgisayar Mühendisi' olarak mezun olduğunu TBMM bilgi formuna geçiren Kavakçı'nın siyaset bölümlerinde ders vermesi yadırganmamalı.

Merve Kavakçı, 12 Nisan 2005'te, ABD Senatosu'nun Helsinki Komitesi'ne Ermeni Kilisesi temsilcisi Vertanes Kalaycıyan, Uluslararası Hıristiyanlık İlişkileri Başkanı Jeff King, Ermenistan Türkiye Komisyonu üyesi Van Krikorian ve American Jewish Committee'den Barry Jacobs ile birlikte ifade verdi. Başından geçenleri özetledikten ve laikliğin baskı mekanizması olduğunu anlattıktan sonra; ABD Kongre üyelerini, Türkiye'de kadınlara karşı uygulanan ayrımcılığı önlemek üzere *"Türk yönetimine baskı"* yapmaya çağırdı.

Vertanes Kalaycıyan, Merve Kavakçı'nın Türkiye'ye saldırmasından güç almıştı ve *"Belirtmeliyim ki: Şimdi bir kahraman olarak düşlenen Kemal* (Atatürk) *de bir başka* (insan) *kasabıdır"* demekten kendini alamadı.[716]

Anlaşılıyordu ki Türkiye egemenliğini teslim ettikçe ve sessiz kaldıkça, her önüne gelen her türlü hakaret etmeyi özgürlük sayacak ve "stratejik müttefik" olarak ilan edilen ABD'nin kurumları da onlara destek vermek için gerekeni yapacaktır. Ne ki "Bu işler uzakta oluyor" diye geçiştirilebilirse de Merve Kavakçı'nın yurttaşlıktan çıkarılmasıyla rahatlayan Türkiye, işi 'türban' boyutunun dışına çıkarmaya niyetli değildi. O günlerin en tipik örneği de buna bir kanıttır.

ABD'ye yine ses yok, ama...

Oya Mughisuddin Akgönenç, Amerikan Kongresi'nin raporunda yazılanları az biraz yineleyince Türk medyası ve bazı partilerin sözcüleri, tepki gösteriyorlardı. En milliyetçi partinin önemli kişileri ayağa kalkıyorlardı. Bunlardan zamanın başbakanını ayrı tutmak gerek. Başbakan Ecevit'in ne rapor konusunda ne de Oya Mughisuddin'in konuşmalarıyla ilgili bir yorumu olmadı. Başbakan, Hoca Efendi'ye göstermiş olduğu ilginin binde birini, ABD raporlarına göstermiyordu.

Gülen'in yargılanmasına "Bir insan olarak" üzülen başbakanın kişisel tutumuydu bu.[717]

CHP'yi de ayrı tutmak gerekiyordu. Onlar da ne konuşmaları duyuyorlar ve ne de raporları görüyorlardı. Oya Mughisuddin'in sözlerinin aslını ABD raporlarından izleyip Lozan Antlaşması'nın azınlıklar konusundaki maddelerinin gözden geçirilmesini isteyen sağcı, solcu, ilerici,

---

[716] US Helsinki Committee Briefing, April 12. 2005, *CSCE Un-Official Hearing Transcript*
[717] *Zaman, 9 Şubat 1998.*

liberal, milliyetçi, mukaddesatçı yazarlar da kendilerine özgü bir tutum almışlardı.

Oya Mughisuddin, birçok ünlü siyasetçi gibi, ABD Dışişleri Bakanlığı Eğitim ve Kültür Bölümü'nce desteklenen 'Fulbright Programı' bursuyla okumuş ve Amerika'da 17 yıl yaşamıştı. 1976'da Pakistanlı eşi Mohammed Mughisuddin ile birlikte Washington yakınlarında Maryland MCC (Maryland Müslüman Topluluğu Merkezi)'nin kurucu yönetim kurulunda sayman üyelik görevini üstlenmişti. Öncülüğünü Pakistan asıllı Dr. Muhammed A. Rauf 'un yaptığı merkezin kurucuları arasında, yaşamını Amerika'da sürdüren Dr. Ali Tangören de yer almıştı.[718]

Anaokulundan başlayarak çocuklara İslamiyet ve Arapça öğrenimi veren merkez, aynı zamanda programlanmış konferanslara da ev sahipliği yapıyordu. Konferansçılar arasında Türkiye'deki rejimi elden geldiğince kötüleyen Almanya'nın emekli elçilerinden Wilfred Murad Hoffmann, Merve Kavakçı'yı desteklermiş gibi yapıp, ABD Dışişleri Bakanlığı'nda toplantılar düzenleyen, Türkiye'ye ambargo uygulanmasını isteyen, Türkiye'ye karşı düzenlenen protesto kampanyalarını örgütleyen CAIR'in yönetmeni Nihad Awad ve birçok ABD politikalarının dolaylı destekçisi bu merkezde ders veriyorlar.[719]

Oya Mughisuddin, 1987'de Türkiye'ye dönmüş ve Çukurova Üniversitesi'nde -bir Türk vatandaşı olarak değil, Amerikan vatandaşı olarak- yabancı statüsünde çalışmak istemiş; İçişleri'ne yabancılar için gerekli olan çalışma iznini almak üzere başvurmuş ve izin belgelerinde uyruğunu 'USA' olarak yazdırmıştı.

Oya Mughisuddin, Tansu Çiller'e yakın olmuş ve milletvekili olamayınca; FP saflarına katılmıştı. Fazilet Partili bir milletvekili, Merve Kavakçı olayından sonra bu durumu *"Ama iki Amerikalı da fazla oldu"* diye değerlendirmişti. ABD makamları, bugüne dek Oya Mughisuddin'in ABD vatandaşı olduğunu belirtmediler. İçişleri Bakanlığı'nın YÖK Başkanlığı'na yolladığı yazıda *"Adı-Soyadı: Oya (Akgönenç) Mughisuddin, İzmir-1939. Uyruğu: Amerikan; Çalıştığı Yer: Çukurova Üniversitesi"* yazmasa, Oya Mughisuddin'in de Merve Kavakçı gibi, ABD vatandaşı olduğuna ilişkin resmi bir belge bulunmayacaktı.[720]

Oya Akgönenç Mughisuddin'in T.C. uyrukluğu sürerken, Türkiye'de neden "Amerikan uyruklu" olarak çalıştığı da sorulmadı. Haberlere göre nedeni, yabancı uyrukluların daha yüksek maaş alındığıydı.[721]

---

[718] Sajjad Durrani, MCC: The Formation Period – Twenty Years Ago – September 1976- December 1977, Reprinted from MCC Update, September 1997, *.erols.com/mccmd / mcc 1977.htm*
[719] MCC Adult Lecture Series, 1998-99, *www.erols.com/mccmd/lecture1.htm.*
[720] Kamuran Zeren, "Oya da Amerikalı" *Hürriyet, Çarşamba, 19 Mayıs 1999, s.26*
[721] Kamuran Zeren, "Amerikalı Oya' ya 3 kat fazla maaş" *Hürriyet, 20 Mayıs 1999, s.32*

Görüldüğü gibi Türkiye Cumhuriyeti vatandaşıyken, Türkiye Cumhuriyeti sınırları içinde Amerikan vatandaşı olarak çalışmak işe yarıyormuş. İşte burada da Merve Kavakçı'ya yapılan haksızlık ortaya çıkıyor.[722]

Mughisuddin de tıpkı ABD delegesinin altı yıl önce yaptığı ve tıpkı ABD'nin resmi raporlarında yazıldığı gibi, Türkiye'de "Müslüman azınlıklar"dan söz ediyor ve hükümetler bunları duymazdan geliyordu. Tıpkı, İstanbul'da ilginç ilişkiler kuran *Muslim Friend*'in yaptıklarını ve onunla işbirliğinden kaçınmayan liberallerin Amerika ilişkilerini duymadıkları gibi.

---

[722] Fazilet Partisi milletvekillerinin abartılı akademik sanları şaşırtıcıdır. Fazilet Partililer, *"Merve Hanım iyi eğitim görmüş bir Bilgisayar Mühendisidir"* derlerken bir başka türlü kıvanç duymuşlardı. Üstelik Merve Kavakçı, mühendisliğini, mezun olduğu okulu da belirterek meclis başvuru formuna yazdırmıştı. Bu büyük bir talihsizlikti; çünkü Merve Kavakçı'nın eğitim gördüğü Amerika'daki University of North Texas at Dallas'ın bilgisayar mühendisliği bölümü yoktu.

The Muslim Friend In İstanbul*

> *"Öcalan'ın tutuklanması ve yargılanması Kürt sorununu nasıl küresel bir gündeme taşıdıysa, Merve'nin buzdağının ucunu gösteren öyküsü de 'Türkiye'de Din Hürriyeti' sorununu Müslüman Cemaatin uluslararası gündemine taşımıştır."* Avis Asiye Allman

Merve Kavakçı'nın Türkiye Büyük Millet Meclisi'ne yürümesinin hemen ardından, dünyanın dört bir yanında, eşzamanlı olarak Türkiye Cumhuriyeti'ni kınama gösterileri de başlamıştı. Ortadoğu ülkelerinde yapılan gösteriler saman alevi gibiydi. Bir süreklilik görülmedi. Filistin'de ve Lübnan'da dar bir grup tarafından yapılan gösteriyi, Tahran'daki gösteri izledi. Tahran'da sayıları yüzü geçmeyen kara çarşaflı kadınlar, ellerindeki kartonlara yazılmış kınama yazılarıyla desteklerini belirttiler. Türkiye, yüzünü Tahran'a dönmüş ve büyük kitlesel destekleri gözlüyordu. Ancak beklenen olmadı. Tahran'daki televizyonların yayınlarındaki 'Merve Kavakçı' haberleri de kısaydı ve Mayıs 1999'un birinci haftasında sona ermişti. Ayrıca, İran yönetimi de bu işle ilgisi olmadığını açıklamıştı.

ABD'de ise olaylar saman alevi gibi sönüp gitmemişti. HAMAS'a yakın görülen örgütlerin yanında yer alan Ortadoğu, Pakistan ve Keşmir göçmenlerinin güdümündeki örgütler, Merve Kavakçı'nın meclise girerek Türkiye'yi test etmesinin hemen ertesi günü işe başladılar.[723]

Türkiye'yi protesto kampanyaları; yığınsal mektup yollama, internette protesto ve Türkiye'yi karalama yayınları; SUM (Merve için Birleşen Kızkardeşler) gibi dernek örgütlenmelerini, ABD Dışişleri Bakanı Madeleine Korbel Albright'la görüşmeler, Uluslararası Din Hürriyeti bürosunda ABD yetkilileri ile yapılan toplantılarda Türkiye'ye ekonomik baskı uygulanması istekleri izledi.

Bu dinsel 'cemaatler'in 250 milyonluk Amerika'da bu denli hızlı ve eşzamanlı davranabilmeleri onların örgütlülüğünün bir göstergesidir, denilip geçilebilirdi. Ama bir ön hazırlık olmadan bu denli geniş ve etkin eylemlilik mümkün olabilir miydi? Bu son derece uzak bir olasılıktır.

---

* İstanbul'daki Müslüman Arkadaş
[723] "Stand Up For Hijab – Our Duty to Merve Kavakci" (Hijab için Ayağa Kalk- Merve Kavakçı'ya karşı ödevimiz), *soundvision.com / news/hijab/hjb.merve.shtml*

ABD'de başlayıp Londra'ya ve Batı Avrupa'ya uzanan eylemliliğin sonuçları, resmi 'İnsan Hakları' ve 'Din Hürriyeti' raporlarında T.C. rejiminin ve sonra Lozan Antlaşması'nın değiştirilmesi istemiyle kendisini gösterdi. Akademik çalışmalarla taban oluşturulmasaydı, önderler yetiştirilemezdi kuşkusuz. Bu girişken önderler, arkalarındaki kitleyi eyleme sürükleyemezler, 'Din Hürriyeti' ve 'İnsan Hakları' raporlarına geçirilecek olaylardaki etkileri sınırlı ve sığ kalırdı. Ayrıca İran'da eğitilip Türkiye'de "türban" eylemi düzenleyen İslam devrimcileriyle ilişkileri de sorgulanırdı.

Eylem zinciri olmasaydı, Malatya'da cuma namazı çıkışı izinsiz gösteriler yapılmasaydı ya da Merve Kavakçı, Vakko paketlerinin Mervetur minibüsüyle taşındığı geceyi izleyen günün akşamına doğru, meclise yürüyünce, Tarsus İmam Hatip Lisesi'nde öğrenciler boykota gitmeselerdi vb. Lozan Antlaşması'nın azınlıklarla ilgili maddeleri, "Müslüman azınlık" tanımlamasıyla tartışmaya açılamazdı. Merve Kavakçı meclise yürümeseydi, eylemler, din hürriyeti ve insan hakları kapsamında uluslararası eylemliliğe dönüşemezdi.

ABD'de 'bilim' örtüsüne bürünmüş girişimlerin odağında, devlet üniversitelerinden Georgetown Üniversitesi bulunuyor. 'İslam ve Demokrasi' uzmanı, ünlü John Lee Esposito'nun CMCU (Müslüman Hıristiyan Anlayışı Merkezi) kuruluşu, Georgetown Üniversitesi'ndedir. 1990'da Türkiye'deki İslamcı hareketin çözümlemesini yapan ve ABD'nin Türkiye'deki İslamcı ve etnik ayrılıkçılara ve laikliğe karşı izleyeceği orta yolu gösteren raporun hazırlayıcısı Sabri Sayarı'nın Türk Araştırmaları adlı enstitüsü de bu üniversitede bulunuyor.

Georgetown Üniversitesi, ABD'nin önemli kuruluşlarının doğduğu önemli bir merkezdir. Devletle yoğun ilişki içinde olan üniversitenin CIA ile bağlantıları raporlara geçmiştir. Üniversite, 1960'larda International Police Academy (Uluslararası Polis Akademisi)'nin kuruluşuna katılmıştır. Bir CIA eğitim merkezi olan akademide Güney Amerikalı CIA ajanları ve CIA ile işbirliği yapacak güvenlik görevlileri eğitilmiştir.[724]

Önemli analiz raporlarıyla Amerikan devletine ve şirketlerine hizmet veren, dış ülkelerin yönetimleriyle, bürokratlarıyla ve Amerikan çıkarlarına hizmet edecek akademisyenleriyle bağlar oluşturan CSIS adlı örgüt de Georgetown Üniversitesi'nde kurulmuştur. Daha sonraları resmi makamlardan bağımsız bir kurum görüntüsü alması için şirkete dönüştürülen CSIS, Ortadoğu bölgesinde petro-politik araştırmalarıyla da ünlüdür.

CSIS'te dünyanın her bölgesi için ayrı bir bölüm bulunuyor. Ortadoğu bölümünün içinde Türkiye vardır. İstihbarat örgütlerinde ve dış ülkelerde dünya deneyimi kazanmış olan eski devlet elemanları bölümleri

---

[724] Ami Chen Mills, a.g.k, s.35.

yönetir. CSIS'ın petrol şirketleri, askeri sanayi kartelleri, akademi dünyası ve devletle ilişkilerinin sağlamlığı düşünülürse, bu kurumla ilişkisi olan bir kuruluşun ya da bir bireyin önüne açılacak enginlikten de kuşku duyulamaz.

Georgetown Üniversitesi'nin dinsel topluluklarla ilişkilerinin görünen yüzündeyse, CMCU'nun sözde akademik konferansları, genellikle dinsel görünümlü örgütlerle birlikte düzenleniyor. Bu örgütler, HAMAS ya da Hizbullah'a yakın olanlar da olabiliyor. Örneğin CMCU yönetimi, Aralık 1999'da, merkezi Kum kentinde bulunan Humeyni Enstitüsü yönetimi ile aynı merkezde, çoğunda olduğu gibi, basına kapalı bir toplantı yapmıştır.

Böyle olması da gerekiyor kuşkusuz. ABD'nin dünya ve ülkeler politikasına taban oluşturacak verilerin elde edilmesi ve insani ilişkilerin korunması, salt ABD'nin resmi görevlilerine bırakılamazdı. Resmi kurum ilişkilerinde devletlerarası hukuk kurallarının, ambargo yasalarının gözetilmesi gerekirdi. Oysa akademik örtü, bu türlü sınırlamaları, demokrasi ve düşünce özgürlüğünün derin ve geniş denizlerinde eritebilirdi. ABD'de Üniversiteler kapılarını dost, düşman herkese açıktır. ABD'nin iç düzenine yönelik bir tehdit çalışması düzenlenemez. Amerikan milli güvenlik yasaları buna izin vermez. Buna karşılık olarak, göçmen çocukları ve Amerikan vakıflarından burs alan, yani ortalama yirmi bin dolara ulaşan okul ücretlerini ödememe olanağını elde etmiş olan, uzak ülke gençleri, özgür akademi ortamında kendilerini beğendirmeye çabalarlar. Onlar, Amerikan özgürlükçüsü profesörlerden daha özgürlükçü olacaklar ve arkalarında bıraktıkları ülkelerini etnik-toplumsal-siyasal çözümlemelerle didik didik edecekler. Hazırladıkları raporları birer bilimsel tez olarak ABD arşivlerine emanet ederler. Georgetown Üniversitesi'nde gerçekleştirilen akademik örtülü etkinliklerin "overt operation"a yani 'açık operasyon'a katkısı büyüktür. Konferanslar, işin 'overt' yani 'açık' yanıdır. Konferansçı örgütler ve diğer katılımcılarla kurulan ilişkilerse, işin 'covert' yani 'örtülü' yanıdır.

Açık toplantılardaki konuşmalar ve etkin katılımcıların zenginliği, 'açık' ile 'örtülü' ve 'akademik' ile 'operasyon' arasındaki ilişkiye ışık tutar. Türkiye ile Georgetown Üniversitesi arasında kurulan akademik-politik köprüde gidip gelenlere ve olaylarla örtülü amaçlar ilişkisine tipik örneklerinden biri de Merve Kavakçı ve 'sıkmabaş' eylemleri üzerine Georgetown Müslüman Hıristiyan Anlayışı Merkezi'nde düzenlenmiş olan ilginç konferanslardır.

Avis Asiye'nin özel görevi

CMCU'nun Nisan 2000'de Merve Yıldırım (Kavakçı)'ı konuşturmasından dokuz ay önce, Pakistan kökenli Amerikan sivillerce kurulmuş olan MFI (Minare Özgürlük Enstitüsü) adlı örgüt, konferans düzenledi. Minare, dünyada 'Liberal Enternasyonal' kurmak üzere, İngilizlerce örgütlenmiş olan Atlas Research Foundation'ın rehberliğinde oluşturuldu. MFI'nin görevi, Müslümanları serbest pazara inandırmak, Müslümanları Amerikan dostu yapmaktır.

O akşamki Minaret konuşmacısı Avis Asiye Allman, CMCU'da araştırma görevlisi olarak çalışıyordu. Konferans konusuysa "Türkiye'de Din Hürriyeti" idi.

Avis Asiye konuşmasının başında, "Leyla Zana'nın meclise alnında Kürt geleneksel renklerini taşıyan bir bantla" girdiğini; bu simgelere meclisin şiddetle tepki gösterdiğini; Leyla Zana'nın 1995 İnsan Hakları Ödülü aldığını belirterek başladı ve sözü Merve Kavakçı'ya, Başsavcı Vural Savaş'a ve Türk Ordusuna getirdi.[725]

Avis Asiye'nin konuşması, Merve Kavakçı'nın daha önce belirttiği gibi Türkiye'ye uygulanan 'test' işlemini yansıtıyor, Avis Asiye'nin ABD resmi ve yarı resmi raporlarıyla tutarlı gidiyordu. Özetle, Türkiye'de tam laiklik yoktur, devlet dini denetler ve sınırlandırır, erkek memurlar sakal bırakamaz, dedi ve kadın memurların başörtüsü kullanamadığı gibi bir çarpıtmaya başvurdu. Daha da ileri giderek açıktan karalamaya geçti:

"Hatta evlilik dinsel bağların dışında tutulu... Son olarak, İslamcılara saldırı, askerlerce yönlendirilen Türkiye Milli Güvenlik Konseyi tarafından alınan 28 Şubat 1997 Kararlarıyla başladı ve bunu 1998'de Refah Partisinin kapatılması izlemiştir."

Bu sözler bize yabancı değildi. Türkiye'nin içinde söylenenlerle Amerika'da söylenenler birbirini tutuyordu. İnsan Hakları Derneği Başkanı işadamı Akın Birdal ile MÜSİAD'ın eski başkanı Erol Yarar'ın hapse atıldıklarını belirten Avis Asiye, Recep Tayyip Erdoğan'ın *"Ulusal halk şiiri söylediğinden hapsedildiğini"* belirterek yanlış bilgilendirdi ve sözü, *"Hıristiyan-Müslüman diyaloğu çalışmalarıyla uluslararası saygıya sahip, ılımlı dini lider"* olarak nitelediği Fethullah Gülen'e getirdi. Ona saldırıldığını ileri sürdü. Merve Kavakçı oyununun arka planını açığa vururcasına konuyu Milli Güvenlik Kurulu'na getirdi:

"Bugün Türkiye'de Merve konusunda tepkiler çok karmaşıktır. (Bu gelişmeler) Türkiye Cumhuriyeti ve halk arasında aşırı bir kutuplaşmayla sonuçlanmıştır. Bu aşırı kutuplaşmayı anlamak için tek ırklı Türk kimliği ilkelerine (ve) laikliğe dayalı, tek boyutlu çağdaş bir toplum kurma girişimi olan 'Kemalizm'in yasallığını anlamalıyız... Amerikalılar olarak, başörtülü genç Türk kadınlarının, vahşi PKK teröristleriyle aynı kapsamda görülerek Türk Milli Güvenliğine bir tehdit oluşturacağını anlamamız zordur."

---

[725] Avis Asiye Allman, Religious Freedom in Turkey, Second Annual Minaret of Freedom Institute Diner, Gaitherburg, Maryland on June 26, 1999. *minaret.org /allman.htm*

Avis Asiye Allman, öğrencilerle ve türban eylemcileriyle bu zorluğun aşılacağını belirterek, Türkiye'de kurduğu diyaloglardan örnekler verdi. Sabri Sayarı'nın yönetmekte olduğu, Turkish Studies'de çalışan Amerikan burslu bir kişinin, başörtüsüyle ilgili kişisel öyküleri topladığından söz etti.

Avis Asiye, İstanbul Üniversitesi Ekonomi Fakültesi 1982 mezunu, Temple ve Cornell üniversitelerinde üç yıl çalışmalar yaparak 1992 de İstanbul'a dönen, 1998'de başörtüsü nedeniyle işten uzaklaştırıldığını belirten bir kadın doçentin sözlerine de yer verdi.

Avis Asiye, Merve'nin öz yaşamını "acıklı" olarak niteledikten sonra asıl konuya girdi ve Türkiye'ye Merve Kavakçı aracılığıyla uygulanan 'test' işinin altını ve üstünü bir kez daha açıkladı:

"Öcalan'ın tutuklanması ve yargılanması Kürt sorununu nasıl küresel bir gündeme taşıdıysa, Merve'nin buzdağının ucunu gösteren öyküsü de 'Türkiye'de Din Hürriyeti' sorununu Müslüman toplumunun uluslararası gündemine taşımıştır."

Avis Asiye Allman, Merve Kavakçı olayının dibindeki etnik kışkırtmayı, ABD Dışişleri açıklamalarıyla desteklemekten geri kalmadı:

"ABD Demokrasi, İnsan Hakları ve Çalışma'dan sorumlu Bakan yardımcısı H. H. Koh, AGIT'te 18 Mart (1999)'da yaptığı konuşmada Türkiye'de İnsan Hakları ve demokrasi sorunlarını böyle dile getirmişti: işkence, ifade özgürlüğünün sınırlanması, NGO'ların saldırıya uğraması, politik katılımın sınırları ve Kürt sorunu ve Güneydoğudaki durum."

Amerika'dan görevli olarak Türkiye'ye yollanan Avis Asiye, Minare Özgürlük Enstitüsü'nde belli ki, Türkiye'ye karşı başlatılacak büyük kampanyanın çığırtkanlığını yapmaktadır.

Avis Asiye, bu çağrıyı *"Washington, New York ve Türkiye'de bir yıl süren ekip çalışmasının"* sonucu olarak yaptığını da açıkça belirtti.

Söz konusu ekibin, Avis Asiye ile onun bir arkadaşıyla kızından oluştuğunu söyledikten sonra arkasındaki örgütlü desteği de şu sözlerle açıkladı:

"Başörtüsü yasağından etkilenmiş olan genç Türk kadınlarının tümü adına, biz üçümüz İmad ad-Din Ahmet'e, Ali Abu Zakuk'a ve Minare Özgürlük Enstitüsü'ne verdikleri destek ile gösterdikleri cesaret ve gelecekteki eylemleri için özel teşekkürlerimi sunarım."

Ali Abu Zakuk, Türkiye ile Amerika arasında kurulan din-siyaset köprüsündeki her olayda kendisini gösteriyor; bir tür perde arkası yönetici gibi davranıyordu. Zakuk, dindarlar üstündeki baskının, Türklerin, Yahudiler ve İsrail devletiyle kurdukları yakınlıkla bir ilişkisi olup olmadığını soran Patricia Nur Abdullah'ı yanıtlamaya hazırlanan Avis Asiye'yi durdurdu ve *"Bu soruya, İsrail-Türkiye ilişkisini, İmam Hatip okullarının kapatılması* (sorununu) *da ekleyebilirsin"* dedi.

Avis Asiye'nin sözünü ettiği Din Ahmad'ı anımsamak için, Liberal Enternasyonal'e, yani 'Liberal atılım' bölümüne dönmek gerekiyor; çünkü Din Ahmad, LDT Derneği'nin kurucusu Atilla Yayla ile Atlas Vakfı'nın toplantılarına katılmakla kalmamış; Liberte A.Ş'nin çıkardığı 'Liberte' dergisinin yayın topluluğu içinde yer almıştı.

'Müslüman ruh' ve Saidi Nursi[726]

Sr. Avis Asiye Alman, Merve Kavakçı olayına ve kutuplaşmanın yükseltilmesine tanısını çekinmeden ortaya döktü:

"Doğal olarak Türk ordusu, bizim Pentagon ile bağ kurmak üzere, İsrail ile bağlantı oluşturmak için ellerinden geleni yapıyor. İşte tam şimdi, imam hatip okullarını kapattılar. Sufi kökenli mistik hareketin her çeşidi büyük baskı altındadır. İslami görüş büyük baskı altındadır hem de nüfusun yüzde 95'inin Müslüman olmasına karşın."

Avis Asiye bu sözleriyle hedefi, ulusal orduda kutuplaşma yaratma dürtüsünü ağzından kaçırdı:

"Daha ötesinde Türk ordusunun yüksek (kademe) görevlileri kendi halklarına saygı göstermiyor ve Milli Güvenlik Konseyi belirleyici güç olduğundan bu (saygı gösterilmesi) çok zordur."

Avis Asiye'ye önceden anlaşmalı sorularıyla yardım ettiği belli olan Patricia Nur Abdullah, İslamiyet'in yok olacağını, salt Ramazanı kutlamak gibi roller üstleneceğini ileri sürüp görüş istedi. Bunun üzerine Avis Asiye Türkiye bağlantılarını açıkladı:

"Türkiye'nin Müslüman ruhu Cumhuriyetten önce 'test' edilmiştir... 25 yılını hapiste ve sürgünde geçirmiş olan Saidi Nursi gibi çok önemli ulema var. Türkiye'nin Müslüman ruhu çok kuvvetlidir."

Yarı-açık operasyonun propaganda atağının yeni aşamasını da açıklamaktan kaçınmayan Avis Asiye, Kasım 1999'da İstanbul'da yapılan AGİT'te Türkiye'deki din özgürlüğünün ele alınması için Amerika Müslüman Cemaati temsilcilerini, Minaret Freedom Institute'ü, AMC (Amerikan Müslüman Konseyi)'ni ve Uluslararası Din Hürriyeti Komisyonu'nu Türkiye'ye karşı kampanya açmaya çağırdı.

1999'da, Merve Kavakçı'nın TBMM'ye doğru yürüdüğü günlerde, "*AMC (Amerika Müslüman Cemaati) Avis Asiye'den Merve'nin durumunu incelemesini isteyince*" Avis Asiye bir arkadaşıyla "*Thomas Jefferson'un anıtını ziyaretle*" işe başlamış. "*Jefferson'un ve Martin Luther King'in ruhunu hissetmiş ve*" anlamışlar ki "*Merve, Dr. Martin Luther King Jr.' un yolunda yürümektedir. Ve Merve, rüyalarını gerçekleştirmek üzere, Türkiye Cumhuriyeti'ndedir.*"

---

[726] Saidi Kürdi, Nors köyündendi. Saidi Kürdi ve Norslu Said anlamında Saidi Nursi adıyla anılırken daha sonraları Nur kitapçıklarını yayımlamaya başlarken "Nursi" adını kullandı. Ayrıntılar için kitap: M. Yıldırım, Meczup Yaratmak.

Avis Asiye, *"Merve bir Amerikan vatandaşıdır. Merve'nin hedefleri, Amerikan düşünden ve Amerikan deneyiminin derinliklerinden kaynaklanmıştır"* dedi ve bu kaynağın somut temelini de Merve Kavakçı'nın *"yüksek öğrenimini Amerika'da bilgisayar mühendisliği* (bölümünde) *eğitim"* görmüş olmasının oluşturduğunu belirtti. Avis Asiye'ye göre Merve Kavakçı'ya kötülük edenlerin kimliği açıktı:

"Müslüman arkadaşlarım Devlet Konseyi (MGK) üyelerinin ateist (dinsiz) ve sol kökenli olduklarını belirtiyorlar."

Çinici, kilimci Avis Asiye Allman, belli ki İstanbul'da çok etkindir. ABD'nin 'Din Hürriyeti' raporlarında da yapıldığı gibi, Milli Güvenlik Kurulu'na 'Konsey' diyen Avis Asiye, İstanbul'da oturuyor ve MGK üyelerine "dinsiz" ve "solcu" diyordu.

Avis Asiye Allman, konuşmasının en çarpıcı bölümünde Merve'den ve din hürriyetinden söz ederken birdenbire ekonomik boyuta girdi ve MGK'yi, uluslararası *"tahkim yasasına muhalefet"* etmekle suçlayarak Türkiye'yi ihbar etti.

Amerika'da örgütlü olan bu cemaatler, Türkiye'ye yapılan saldırıların kutsal cephesinde yer alırlarken, salt din işleriyle uğraşmıyorlar. Türkiye'de ordu ile halkı ayrı kutuplara itme operasyonunu açık eden Avis Asiye Allman, on yedi yıldır, ABD Dışişleri Bakanlığı'nca desteklenen 'Fulbright Programı'ndan aldığı parayla yılın birkaç ayını İstanbul'da geçiriyor, 'Hıristiyan-Yahudi Mirası' üstüne araştırmalar yapıyordu.[727]

Avis Asiye Allman'ın işi, *"Osmanlı esintili çiniler ve kilim"* olarak biliniyor. Çini ve kilim işlerini New York Üniversitesi Kevorkiyan Merkezi'ne bağlı olarak sürdürüyor. Araştırmalarını Türkiye Cumhuriyeti Kültür Bakanlığı'nın denetimindeki Topkapı Sarayı'nda gerçekleştiriyor. Geriye kalan zamanını da İstanbul'da *"Müslüman arkadaşlarla"* ya da *"ekip"* dediği kişilerle geçiriyor; Amerika'daki 'Minare Özgürlük Enstitüsü' örgütüne raporlar göndermekten de geri kalmıyor.

Sr. Avis Asiye Allman, Georgetown'da Haziran 1999'da, gerçekleştirdiği açık kışkırtmanın ardından yine çini-kilim(!) işleri için geldiği İstanbul'dan örgütüne Merve Kavakçı olayıyla ilgili olarak yolladığı son durum raporunda aynen şöyle diyordu:

"Bunlar (Konsey üyeleri olmalı) konulara içişleri perspektifinden bakıyorlar. Örneğin Türk Parlamentosunun son günlerde onayladığı Uluslararası Tahkim kararına karşı çıkıyorlar... Merve'nin durumuyla ilgili baskılarımızı artırmalıyız... Bu hafta sonu yapılacak olan birkaç toplantıyı esas alacak olan ayrıntıları bildirmeyi umuyorum."

---

[727] Sadia Razaq," Minaret of Freedom Diner Examines *Hijab* and Religious Freedom in Turkey" *Washington Report-Muslim American Activism, September 1999, p:121-125.*

Recep Tayyip Erdoğan'a Armağan

Avis Asiye Allman, sonraki yıllarda da ABD Dışişleri'nce desteklenen 'Fulbright Program'ı çerçevesinde Türkiye'ye karşı etkinliklerini sürdürdü. Türkiye ile ilgili olarak, "Türkiye ağlıyor", "Bir el uzatın" gibi adlar taşıyan yağlıboya tablolar yapıp, Fulbright sitesinde sergiledi. Tablolardan birini Recep Tayyip Erdoğan'a hediye etti.[728]

Abdullah Gül'ün ABD'de yaptığı konuşmayı dinlemesinden bu yana, R.Tayyip Erdoğan hareketine yakınlık gösteren Avis Asiye Allman'ın, Necmettin Erbakan'a "O bizim Başkomutanımız" diyen Merve Kavakçı'yı nasıl karşıladığını yakın tarihte görebiliriz. Sonradan Müslüman olan Avis Asiye kuşkusuz özyurdunun çizdiği yolda yürümeyi sürdürecektir.[729]

Bu kararlılığın nedenini Minarecilerin ideolojilerinde görebiliriz: Pakistanlıların Georgetown'da kurdukları Minare örgütünün amaç açıklamasında, Amerikan yayılma ideolojisinin İslamiyet'e bağlandığı anlaşılıyor:

"Müslümanların Kuran ve sünnetlerden kaynaklanan sorumluluklarını yerine getirmek üzere, MFI'nin görevi İslam yasası (şeriat) ile belirlenmiş ekonomi-politik kuralları ortaya çıkarmak ve yayınlamak... serbest ticaret ve adaletin gerçekleşmesini sağlamak... insan aklı üstündeki her türlü tiranlığa karşı kutsal savaşı (cihadı) sınır tanımadan sürdürmektir. Bu amaçlara ancak bağımsız hocaların araştırmalarının (ictihad), ilgili Müslüman ülkelerdeki politika konularına ve, veya, Amerikan Müslümanlara kabul ettirilmesiyle.. serbest pazara ilişkin çalışmaların, Müslüman ülkelere çevrilmesi... dış ülkelerden liberal Müslümanların Amerika'daki (serbest) Pazar yönelimli Müslüman hocalarla ilişkiye geçmelerinin sağlanması..."

Hıristiyan-Müslüman işbirliğinin amacının serbest pazar işleri olduğu açığa çıkıyor: Hıristiyan Müslüman Anlayışı Merkezi ile Minare Özgürlük Örgütü'nün Kevorkiyan Merkezi'nde ve Topkapı Müzesi'ndeki çiniler, kilimler arasında, Avis Asiye ve onun 'Müslüman Dostları, Merve Kavakçı ve sonunda da Saidi Nursi... Tümü pazarı açmaya bağlanıyor.

ABD'de ne iyi elemanlar yetiştirildiği anlaşılmış olmalı. Tek tanrısı 'çıkar' ve 'para' olan bir ülkeden daha iyisi de beklenemezdi. Anlaşılamayan nokta, ABD'den medet uman sözde din önderlerinin durumudur.

---

[728] *Zaman, 3 Aralık 2001;*
[729] Avis Asiye Allman (Independent Scholar, NYC), "*Liberal Democracy and the Democratic Muslim Identity in Turkey: Case Study - Abdullah Gul/Tayyip Erdogan and Necmettin Erbakan - Changing Political Dynamics between Political Sons and Father*" Abstracts from 2nd Annual CSID (Center for the Study of Islam & Democracy) "Islam, Democracy, and the Secularist State in the Postmodern Era," *islam-democracy.org/ conference_ two_abstracts_together. shtml# disclimer)*

Türkiye Cumhuriyeti'ne açıktan saldırı ve Amerika'dan İstanbul'a uzanan araştırma 'team'leri arasında yalnızca Avis Asiye Allman bulunmuyor. Örgüt başkanı İmad Ad-Din Ahmed de İstanbul'a gidip geliyor. "Atlas Network (Şebekesi)"le ilişkili Türkiye liberallerinin forumlarına katılıyor.

Avis Asiye'nin Türkiye çalışmalarını desteklemiş olan Ali Abu Zakuk ise ICNA (Kuzey Amerika İslam Topluluğu)'nın başkanıdır. Zakuk, Türkiye'den ABD'ye gidenler için konferanslar örgütlüyor.

FP Başkanı Recai Kutan'ın Amerika konferansını ICNA örgütlemişti. ICNA, Merve Kavakçı'nın girişimini desteklerken, Türkiye'ye bakışını da pek açık göstermişti:

"Türk hükümetinin insan hakları kayıtları Avrupa'nın en kötüsüdür. Türk yönetim cuntasının dinsel ve etnik kimlik özgürlüğüne hiçbir saygısı yoktur."[730]

Avis Asiye'nin konuşma özgürlüğüne diyecek yok; ama T.C. kendi rejimin yıkmak için gelen bu tür yabancılara nasıl olup da resmi araştırma yapmadan izin vermektedir. Yoksa bu izin alma gücü onların liberalliğinden ya da 'Stratejik Ortak' denilen ABD vatandaşı olmalarından kaynaklanıyor olmasın!

---

[730] "From ICNA Memorandum to Turkish Government Through Turkish Consulate in New York," May 10, 1999.

Arapların Kalbine Seslenirken Türkiye'de Seri Cinayetler

> *"Siyasal İslamcı hareketler Birleşik Devletler'in dış politik hedeflerine ya da çıkarlarına ters düştüğü anda bizim için bir önem arzeder.."* ABD Dışişleri Bakanlığı Yakındoğu Bürosu'nun açıklaması, 8 Mayıs 1996

Hizbullah, Lübnan'da kutsal savaşı sürdürmek ve İslam'ın siyasal egemenliğini kurmak üzere İran'ın Kum kentinde yerleşik Ayetullahlar tarafından 1982'de kurulmuştu. İlk dönemlerde, İran'dan gönderilen Devrim Muhafızları ile birlikte eylemler gerçekleştirildi. PKK kamplarının da yer aldığı Bekaa'da eğitim kampları kuruldu. Humeyni ideolojisine bağlı olan örgütün hedefi, Kudüs'ü kurtarmak ve Birleşik İslam Devleti kurmaktı. Lübnan'da kanlı iç savaş gelişti; Hizbullah, Suriye'nin silahlı gücü olarak Güney Lübnan'a yerleşti; silah depolarını doldurdu ve kent gerillacılığından cihat ordusuna dönüştü.

ABD'nin terör örgütleri listesinde iyi bir yere sahip olan örgüt bir anda Amerika'nın ve Türkiye'nin haber kaynağı CNN tarafından Lübnan'ın bağımsızlığını gerçekleştiren siyasal bir hareket düzeyine yükseltildi.

Şubat 1997'de Sincan'da gerçekleştirilen Kudüs Gecesi'nde Hizbullah'ı onurlandıranlar hapse mahkûm olmuşlardı. Şimdi Hizbullah örgütü yasal idiyse, neden o geceyi düzenleyenler mahkûm oldu; ABD'nin terörist olarak ilan ettiği Hizbullah nasıl oldu da terör örgütü sınıfından siyasal parti sınıfına yükseldi, diye sorgulanmalı.

Özellikle ikinci sorunun yanıtı, Türkiye'yi yakından ilgilendiriyor. Türkiye'de, devletin temel ilkelerini yıkmaya çalışan örgütler olarak kabul edilmiş bulunan dinci örgütlerin siyasallaşmasına, yani birer siyasal parti konumuna geçmesine itiraz edilecek mi? Hizbullah gibi silahlı güçleri bulunan ve birçok saldırı gerçekleştirmiş bir örgüt bile yasal bir siyasal parti olarak kabul edilirse, Türkiye'de sayısız eylem yapmış benzeri örgütlerin suçları, adi suçlar sınıfına indirgenebilir. Söz konusu örgütleri desteklemek ve kışkırtmakla suçlanarak kovuşturulmakta olan -silahlı eylemle doğrudan ilişiği kanıtlanmamış- partiler, dernekler, kişiler hakkında takipsizlik kararı verilebilir.

Yakın geçmişteki olaylar dizinide gözden geçirmek gerekiyor. Lübnan'da yerleşik Hizbullah örgütü İslam devrimi önderlerince kuruldu; para, silah dâhil her tür desteği İran'dan ve Suriye'den aldı. İran İslam devrimcileri tarafından eğitildiği, desteklendiği ileri sürülen Türkiye'deki benzeri örgütlere karşı operasyonun başladığı 17 Ocak 2000 günü televizyonlara çıkartılan uzmanlar(!) açıklamalarının her bir paragrafı sonunda; *"Türkiye Hizbullahı'nın Lübnan Hizbullah'ı ile bir ilişkisi yoktur"* demekten kendilerini alamıyorlardı.

Hizbullah'ın tabanındaki işadamları

Amerika'nın Türkiye'deki sesinin uzattığı ipin ucunu tez kavrayan İslamcı hareketlerin görüşlerini yansıtan yayınlar ile Fazilet Partisi de Türkiye'de Hizbullah adlı bir hareket olmadığını ileri sürmeye başladılar. Oysa İran'ın Kum kentinde canlanan Humeyni ideolojisini benimseyen örgütlerin adlarının ille de "Hizbullah" olması gerekmiyordu. Bu hareketin adı, Filistin'de Hamas, Ürdün'de İslami Cephe, Mısır'da Cemaat'ül Müslümin, Cezayir'de Silahlı İslami Grup (GIA) vb. olabilirdi.

Türkiye insanlarının bilgisiz bırakıldığını ayrımsayan örgütler ve yayıncılar; böylesine basit bir aldatmacaya girişirlerken, 'Hizbullah' adının Türkiye güvenlik güçlerince konduğunu da ileri sürmekte bir sakınca görmüyorlardı. Devlet görevlileri susarlarken, dört yıl önce DEP yöneticilerinden Hatip Dicle, AKIN (American Kurdish Information Network-Amerikan Kürt Bilgi Şebekesi)'de yayınlanan mektubunda; *"Hizbullah partisinin tabanını oluşturan işadamlarıyla sıcak ilişkiler"* başlattıklarını yazıyordu.

Örgütlerin patronu aynı, destekçisi aynı, ideolojik kaynağı aynı; ama birbirleriyle asla ilişkileri yok! Yakın yıllarda İran'dan hareket eden kaçak silah yüklü kamyonlar, Türkiye'de yakalanmamışlar mıydı? Dahası Amerika'nın Türkiye'deki sesi medyada boy gösteren bu sözde uzmanların, Hizbullah'ın İran'a bağlı olduğunu açık olarak söylememelerinin ardındaki gerçek ne olabilirdi?

Ortadoğu'da, dinle bezenmiş anti-komünizmin daha sonra İran İslam devrimiyle birlikte, sömürgeciliğe karşı çıkıştan saptırılan ve yüzlerce yıl geçmişten köklendirilen yeni doktrinle 'Panislamizm'in Batı tarafından kullanılmaya elverişli bir türü oluşturulunca, İslam adına şiddet yolunu seçen her tür örgütün, başta İran olmak üzere, İslam ülkeleri yönetimlerinden destek aldığı bir gerçektir. Bu gerçek her zaman göze batar. Perdenin önünde gösterilen gerçeğin bir yarısıdır ve oluşumlardan yakınanların ilişkileri de perdenin önündedir.

"Yeşil kuşak" ve "ABD bizi sonsuza dek destekler" ya da "ABD İran'a düşmandır! ABD laikliğin kalesidir!" gibi saplantılardan ya da bilgisizce, düşüncesizce, bilgiççe müminliklerden uzak durulmadıkça, çelişkilerden de kurtulmanın ve sorulara yanıt bulmanın olanağı yoktur.

Özellikle Türkiye medyası, Ortadoğu işgalini gizlemiştir. Oysa uzaklardaki perde hiç de inmiş değildir. Oyun açık bir sahnede oynanmaktadır.

Örneğimize dönersek; Merve Kavakçı Türkiye'yi 'test' etmeye başlayınca, medya Tahran'a önceden kurgulandığı gibi bakmıştır. Daha sonra nasıl olduysa uzaktaki sahneden bilgi gelmiş ve şaşırıp kalmıştır. Çünkü Merve Kavakçı, test işlerine Ortadoğu'dan değil ABD'den başlamıştı. İçerdeki siyasal yönetim de bu işi ABD yönetiminin bilgisi dışında diye düşünmüş ve açık ateşe girişmişti ki, 'Din Hürriyeti' raporuyla kendine gelmiş ve durması gereken sınırda duruvermişti.

Milwaukee ve Köln'de İslâmcı konferans

Durulması gereken sınır nasıl belirleniyor? Bu sorunun yanıtının ucu açıktır. Kısa bir uzak sahne bilgilenmesi belki yararlı olacaktır. Türkiye'deki Hizbullah örgütünün yöneticileri baskınlarla ele geçirilip, örgütün mezar evleri ortaya çıkınca, ağır işkenceyle öldürülenlerin arasında, adı öne çıkan İzzeddin Yıldırım'ın kişiliği "ılımlı barışsever" olarak daha da öne çıkarılmıştı. Bu ılımlılığın derecesini görmek için Dava dergisinde, Cumhuriyet ve Mustafa Kemal'e yapılan hakaretleri bir yana bırakıp Mehmet Ekici imzasıyla yayınlanan yazıdan yapılan şu alıntıya bile bakmak bu ılımlılığı değerlendirmeye yeterli olacaktır:

"Çocuklara ne zaman kâfir düzenlere kin kusma öğretilirse, yegâne amacın 'Allah'ın ahkâmını tamamen icra ve tatbik' olduğu nakşedilirse, ne zaman annelerin şefkat hissi Allah'ın şefkatini aşmazsa, çocuklara peygamber ahlakı telkin edilirse... işte o zaman İslâmın ayak seslerini duyar gibi oluruz." [731]

İzzeddin Yıldırım, Ağrı'nın Patnos ilçesinde 1946'da doğmuş ve ilkokulu orada bitirmiş. Askerlikte Nurcularla tanışmış. Eskişehir'de "tebliğ ve irşad" yani propaganda yapmak ve bilgilendirmek için görevlendirilmiş. 1970'lerin başında Nurcular arasında ayrılık başlayınca Fethullah Gülen, Mehmet Kurdoğlu, Sıddık Dursun ve Mustafa Polat gibi, o da cemaatin merkez kanadından ayrılmış.

İzzeddin Yıldırım, Sıddık Dursun, Mehmet Kurdoğlu 1980'lerde birlikte çalıştılar. Askeri okul öğrencileriyle ilişkili olan Mehmet Kurdoğlu gruptan ayrıldı. Sıddık Dursun ve İzzeddin Yıldırım, 1984'te Medresetüz Zehra Yayınevi'ni, Tenvir Neşriyat'ı, Med-Zehra Ltd. Şti."ni kurdular. Saidi Nursi'nin kitaplarının Nur örgütünce sansür edildiği, özellikle Kürtlerle ilgili bölümlerin değiştirildiği düşüncesindeydiler. Kitapları (Risale-i Nur) yeniden yayınlamaya başladılar. Nurculuğun ana kanadı da onların bu girişimini kınadı.[732] Med-Zehra Ltd. Şirketi, 1989'da Dava dergisini çıkarmaya başladı. Dergide, Saidi Nursi'nin Kürt kökenliliği öne çıkarılıyor ve Kürt milliyetçi hareketinde İslâmcı bir hat tutturuluyordu. Bir süre sonra Türkiye Cumhuriyeti'ne açıktan muhalefete geçildi. Şeyh Said ile ilgili yayınlar başladı. Ana konuları giderek, 'Kürt sorunu' daha doğrusuyla Kürt milliyetçiliği oldu.[733]

---

[731] Dava, İla-yı Kelimetullahtır, Aralık-Ocak 1992.
[732] *Aktüel, 20 Ocak 2000.*
[733] Dava dergisinin ilk sayısında sahip Enver Beçene, yazı işleri müdürü Müştehir

Davacılar da soluğu ABD'de aldılar. 1990'da Milwaukee'de gerçekleştirilen ICP (Islamic Committee of Palestine - Filistin İslam Komitesi) konferansına katıldılar. ICP, 1983'te HAMAS'ın önderlerinden Tarık Abdullah ve Dr. Sami El Arian'ın başkanlığında kurulmuştur.

Dava dergisinde yayınlanan habere göre, konferansa katılan Muhammed Sıddıki, *"Bediüzzaman Saidi Nursi ve İslami Hareketteki Dinamizmi"* tebliğini sundu. Dava'nın konferansla ilgili açıklaması, işin ABD'de başlayan derinliğini göstermektedir:

"Hamas ile manevi alakası var. Hamas bir ihvan-ül Muslimin grubudur. Bu müstakildir ve tüm Müslümanlara açıktır. Bu ikinci toplantı oluyor. Her sene konferans yenilenecektir. İnşallah ileride Hamas ile beraber konferans yapmayı düşünüyoruz. Yan çalışmalar olarak da kitaplar, dergiler, broşürler yayınlıyoruz."

Muhammed Sıddıki, ICP toplantısından sonra, *"Türkiyeli Müslüman talebeler tarafından kurulan UNITY- Birlik adlı cemiyetin yıllık toplantısına"* katıldı ve *"İttihad-ı İslam üzerine 1,5 saat süren bir konuşma"* yaptı.[734]

Dava dergisi, Cemalettin Kaplan ile söyleşinin yanı sıra, yararlı bir yayınla derin İslamcılığın ABD ile Batı Avrupa arasındaki boyutunu gösterir:

"Almanya'nın Köln şehrinde dünyadaki bütün İslami ülkelerden gelen, ilim, siyaset ve din adamları Kürt sorunu üzerine üç günlük bir tartışma alanı sergilediler. Değişik devletlerden gelen ve değişik ırklara mensup ilim ve siyaset adamları Kürt sorunu üzerinde oynanan bütün oyunların bozulmasını ve bu stratejik duruma son verilebilmesi için gerçek kurtuluşun ve reçetenin ancak İslami bir çerçeve içerisinde halli mümkündür görüşünde ittifak ettiler. Üç gün süren toplantı sonunda ortak bir bildiri neşrederek deklarasyon oluşturdular. Not: Afganistan Hizb-i İslami Bonn temsilcisi Abdusselam'la yaptığımız mülakatı gelecek sayıda neşredeceğiz."[735]

Vakıf kurmakla ilgili kısıtlamaların Turgut Özal tarafından kaldırılmasıyla, İzzeddin Yıldırım ve Sıddık Dursun, Med Zehra Eğitim ve Kültür Vakfı'nı kurdular.

Dava dergisi, Kürt milliyetçiliği kavgasını derinleştirdi. O dönemde, Güneydoğu Anadolu'da, sonradan Hizbullah olarak anılacak olan örgütlenme oluşuyordu. Sıddık Dursun ve İzzeddin Yıldırım 1994'te ortalığı

Karakaya, dizgi, pikaj, montaj ise Med-Zehra olarak belirtilmektedir. (*Dava / yıl 1 / nisan-mayıs '89.*) Onuncu yıldaysa kadro şöyle oluşur: Sahibi: Tenvir Neşriyat Ltd. Şti., Yazı İşleri Müdürü: Mehmed Kaynun, Hukuk Müşaviri:Av. Hüseyin Işık, Yurtdışı temsilcileri: Muhammed Hadi (Almanya), Ömer Gür (Danimarka), Arif Şevket (Hollanda), Abdülkadir Şehbaz (Fransa),

[734] Dava, 1990, Sayı:7
[735] ibid.

bozdular. İzzeddin Yıldırım 30 yıl yaşadığı Eskişehir'den İstanbul'a gelerek vakfın başına geçti; Yeni Zemin dergisini çıkarmaya başladı. Derginin sahibi ve yazı İşleri Müdürü Osman Tunç; Genel Yayın Yönetmeni Mehmet Metiner; Yayın Danışmanı Ali Bulaç; Koordinatörü Yasin Yıldırım'dır. Teknik Müdür ise daha sonraları AKP Hükümetinde Başbakan Başdanışmanı ve AKP için *"Muhafazakâr Demokrat"* tezini yazacak olan Yalçın Akdoğan'dır.[736] [737] [738] [739]

Vakfın İzmir'den Van'a dek şubeleri kurulur. Nerede Güneydoğu Anadolu'dan yoğun göçmen yerleşimi olmuşsa, orada bir şube kurdular. Yeni Zemin yayını çevresinde 'Nübihar Yayınları' oluştu. Daha sonra 'ABC' ile Kürtçe basılan Nübihar dergisi yayınlanmaya başlandı. Yaşar Kemal'in ABD'de bulunan Cumhurbaşkanı Turgut Özal'a Kürt sorununun federatif çözümü ile ilgili mektubu Mete Akyol ve Semra Özal eliyle iletmesinden sonra, Turgut Özal'ın *"federasyon tartışılmalıdır"* demesiyle birlikte Nübihar, yeni bir işe girişti.[740] 16 Mayıs 1993'te İstanbul'da, PKK'nin İslamcı kanadının temsilcilerinin de katıldığı *"Kürt Sorunu"* konferansını düzenlediler.[741]

Benzeri toplantılar, Avrupa'da da yapılmıştı. 1991 yılında Dava dergisinin de katıldığı *"Kürt Sorununa İslami Çözüm"* konferansından sonra, yine Köln'de, 27 Mayıs 1995'te, PİK (Partiya İslamiya Kurdistan) tarafından *"Kürdistan'da İslami Diriliş"* konulu bir toplantı daha düzenlendi. Duyuruda yer alan konuşmacılar arasında "Erzurum milletvekili (Abdül) Melik Fırat, Milli Gazete yazarı Abdurrahman Dilipak, İstanbul Büyükşehir Belediye Başkanı Recep Tayyip Erdoğan'ın danışmanı Ali Bulaç, RP'nin eski Güneydoğu Bölge Müfettişi Altan Tan, Yeni Zemin

---

[736] Yayın Kurulu: Ümit Aktaş, Gıyasettin Bingölballı, Kenan Çamurcu, Abdurrahman Dilipak, Davut Dursun, İhsan Işık, Altan Tan, Abdülvahid Vural, Osman Resulan

[737] Aktüel, a.g.y

[738] Altan Tan, 3 Kasım 2002 seçimlerinde HADEP' ten milletvekili adayı oldu.

[739] Derginin adresi, Fatih, Kıztaşı Caddesi, Kuriş Apartmanı, No: 51/2. Yeni Zemin, Ocak 1993.

[740] Yaşar Kemal 30 Nisan 1992'de ABD'deki Cumhurbaşkanı Turgut Özal'a bir Kürt raporu yazıyor. Aynı mektupta Uğur Mumcu'nun, bu sorunun çözümünde engellerden biri olduğunun belirtildiği ileri sürülüyor. Emin Çölaşan, Hürriyet 10 Haziran 1993'te konuyu mektuptan alıntılarla açıklıyordu. 17 Şubat 2001'de ise Cevizkabuğu programına Mete Akyol ile Semra Özal katılıyor; Yaşar Kemal mektup yazdığını; ama federasyondan söz etmediğini bildiriyor. Semra Özal ise mektupta "federasyon" önerisi bulunduğunu açıklıyor.

[741] Bu mektubun varlığı uzun süre tartışılmıştır. Yaşar Kemal, mektup yazdığını kabul etmiş; ama federasyondan söz etmediğini ileri sürmüştür. Mete Akyol ise mektubu bir ön notla ilettiğini açıklamış; Semra Özal ise "Cevizkabuğu" programında mektupta "federasyon"dan söz edildiğini belirtmiştir. Av. Ceyhan Mumcu bu konuyu birçok basın açıklamasında yinelemiş ve Yaşar Kemal'in açıklama yapmasını istemiştir. Konu ile ilgili haber için *Gündem,15 Nisan 1996, Sayı: 32.* Ek 14.

Dergisi Genel Yayın Yönetmeni Osman Tunç, Sakarya Üniversitesi İlahiyat Fakültesi'nden ayrılan Prof. Süreyya Sırma, Nübihar dergisinden Sabah Kara, Medreset-üz Zehra Vakfı'ndan İzzeddin Yıldırım, Kuzey Irak İslami Parti lideri Şeyh Osman, Prof. (M. Salih) Gabori, Dr. Muzaffer (Hoşiyar), Fatih Kirikar, Fuat Fırat, Diyaddin Fırat ve Fehmi Huveydi'nin adları" bulunuyordu. Ne ki çağrıda adı geçenlerden bazıları toplantıya katılmadılar. [742/743]

Sonraki yıllarda Türkiye'nin idari yapısının değiştirilmesi için yeni bir sözleşme (Anayasa yerine böyle denmeye başlanıyor) yapılmasını savunan Sözleşme Dergisi yayınlanmaya başlandı. Bu dergide artık Soli Özel gibi II. Cumhuriyet kuramcıları da yazıyordu. [744/745]

Zehra Vakfı, Saidi Nursi'nin 1900'lerin başında Van'da Kürtçe ile eğitim yapacak olan Medresetü'z-Zehra girişimini yeniden canlandırdı ve Zehra Üniversitesi'ni kurmak için somut adımlar attı. [746]

Sonuç olarak, 2000 yılının Ocak ayında ABD'nin bir yıl önce İslamcı terörist avına başlamasının ardından, Hizbullah çökertildi.

Bu arada Hizbullah ya da Hüseyin Velioğlu örgütü, İzzeddin Yıldırım'ı ve Dava dergisinin ilk günlerinden beri onun yanından ayrılmayan Mehmed Seyid Avcı'yı kaçırarak öldürdü. [747]

Hizbullah operasyonu sürdürüldü. Diyarbakır Emniyet Müdürü Gaffar Okkan, operasyonu derinleştirdi ve yurtdışı ilişkilerini vurguladı:

"Bunlar casus. Hizbullah bir dünya oyunu. Dünyanın oyununu Diyarbakır'dan bozuyoruz... Uğur Mumcu'nun ve Ahmet Taner Kışlalı'nın katilleri bunlar. Onların katillerine ulaşmak istiyorum. Tek hedefim bu!" [748]

Üç gün sonra, 24 Ocak 2001'de, Gaffar Okkan, Uğur Mumcu'nun ölüm yıldönümünde, Diyarbakır kentinin ortasında pusuya düşürülerek öldürüldü. Katillerin bir bölümü iki yıl süren çalışmayla yakalandı. Yine

---

[742] Haberi yayınlayan *Gündem Bülteni*'ne göre "Melik Fırat, Süreyya Sırma ve Altan Tan'ın "mazeret" bildirerek toplantıya katılmadıkları" öğrenilmişti. *Gündem*, 15 Tem. 1995, Sayı: 13.

[743] M. Salih Gabori, Kuzey Irak'ta 1980'de, PİK (Partiya İslamiya Kurdistani)'yi kurdu. Dr. Muzaffer Hoşiyar, partinin sözcüsü oldu. Parti kongrelerini Almanya'da gerçekleştirmişti.

[744] Sözleşme dergisinin yayın yönetmeni Ali Bulaç, Yazı İşleri Müdürü Mehmet Metiner ve Hüseyin İlik, Yayın Kurulu'nda Altan Tan ve Osman Tunç (Yeni Zemin sahibi) bulunuyordu. Derginin bina adresi Yeni Zemin adresiyle aynıdır.

[745] *Sözleşme, Şubat 1998, Sayı:4.*

[746] Yüzyıllık geçmişe dayanan bu girişim, 3 Ağustos 2002'de çıkarılan yasayla yaşama geçecektir. 3 Kasım 2002 seçim kampanyasını Van'dan başlatan Başbakan Bülent Ecevit, *"Artık Kürt vatandaşlarımız Kürtçe eğitim yapabilecekler"* dedi.

[747] Hücre evlerinin bodrumları, bahçeleri kazıldı. Çok sayıda militanın da ölüsü çıkarıldı. Aralarında Gonca Kuriş de vardır.

[748] Kadir Ercan, Ramazan Yavuz (DHA), "Sevgi adamıydı" *Hürriyet, 21 Ocak 2001*

bu arada, Uğur Mumcu, Ahmet Taner Kışlalı, Bahriye Üçok ve Muammer Aksoy'u öldürdükleri ileri sürülenler de yakalanmıştı. Duruşmalar sonunda sanıklar mahkûm oldular. Birçoğu aftan yararlanarak hapisten çıktı. Bazıları öldürüldü. Böylece bu işlerin arkasındaki bağlantılar da açığa çıkmadan dosyalar kapandı.

Zehra Vakfı da unutulup gitti; çünkü artık 'Din Hürriyeti' vardı ve Türkiye yeni testlere hazırlanıyordu. Daha da önemlisi ABD, Ortadoğu'da temizlik işlerini ilerletti. Afganistan'a girilecek, Irak'a, Hazar'a uzanılacak; ama daha önce Filistin halkı ezilecek ve Irak işgal edilecekti.

Boru hatlarıyla döşenen 'Dinlerarası Diyalog'

Türkiye'de, petrol boru hatları yaygarası bir tek çizgi izliyor: ABD, Azerbaycan ve Türkiye'nin tercihi olan Bakû-Ceyhan boru hattı projesinin önceliğini desteklemektedir, çünkü Türkiye ABD'nin dostudur, müttefikidir. Oysa ABD hiçbir bölgede, hiçbir koşulda egemenliğini tekil ilişkilere dayandırmaz. Bölgenin patronu olmak da bunu gerektirir.

"Birleşik Devletler'in hem üretim, hem de dağıtım anlamında en yüksek kapasiteyi gerçekleştirmeyi amaçlayan, İran ve Irak'a fazlaca bağlanmaktan kaçınmayı öngören ve fakat onları (İran ve Irak'ı) önemli bir enerji üreticisi durumuna getirme ihtiyacını da göz önüne alan çok geniş bir bölgesel enerji politikasına ihtiyacı bulunmaktadır."

ABD, Ortadoğu, Afrika ve Asya'da boru hatları projelerinin tümüne yandaştır ve bölgeye egemen olacaksa petrol kaynaklarının da tümüne egemen olmalı, hiçbir kaynağı başkalarının egemenliğine bırakmamalıdır. Öyleyse Körfez petrolün tankerle dağıtım bağımlılıklarına önemli ölçüde son verilmelidir. Bunun anlamı ABD şirketlerinin ağırlıkta olacağı petrol işletme ortaklıklarının çok sayıda boru hattıyla petrolü güvenli iletim noktalarına ulaştırmaları ve bu limanlardan dünyaya dağıtmalarıdır.

ABD'nin son derece açık ve yalın görünen bu projesinin uygulanması, bölgede kalıcı bir barış olmasa bile, bir düzen kurulmasına bağlıdır. Önce İsrail ve Arap dünyası arasındaki savaşa son verilmeli ve sınırlar yeniden çizilmelidir. Ulaşılması zor olan bu amaca çok yaklaşıldığı görülmektedir. Filistin-İsrail anlaşmasında önemli ölçüde sonuca yaklaşılmış ve hemen ardından 1999 yazında İsrail-Suriye görüşmeleri başlamıştı. Ortadoğu'da anlaşmaların gerçekleştirilmesi için iki engel vardı: İsrail ile Arap ülkeleri ilişkilerinin temelindeki din çatışması (1) ve İsrail'i dinsel ideolojiye dayanarak silip süpürmeyi amaç edinmiş silahlı örgütlerin milliyetçi tavırları (2).

Örgütlerin ideolojik dayanağı olan dinsel çatışma öğesinin ortadan kaldırılması için, 'Dinlerarası Diyalog' projesine başlandı. Salt diyalogla kalıcı barış sağlanamayacağı varsayılarak dinsel barışa yine dinsel bir ideolojik temel bulunmalıydı ve bu temel, kaynağını kutsal kitaplardan almalıydı. [749]

Öyle de oldu; Musevilik, Hıristiyanlık ve İslam'ın ortak paydası olarak, bu dinlerin ortak Peygamberinin Hz. İbrahim olduğu ilan edildi. 'İbrahimi Dinler' senaryosu Türkiye'deki tarikat şeflerinin çağrısıyla Amerika'dan, Almanya'dan İstanbul'a, 'Medeniyetler Arası Diyalog' toplantılarına koşuşturan ilahiyat profesörleri, Vatikan Cizvit kardinallerince ve Ortodoks Patrikleri'nin çabalarıyla kotarıldı. T.C. Devleti yetkililerinin bu konudaki katkıları da unutulmamalı.

TGV (Türkiye Gazeteciler Vakfı) tarafından örgütlenen 'Üç Din Buluşması'nın zirve eylemi 2000'de Urfa'da gerçekleştirildi. Devlet Bakanı Sadi Somuncuoğlu da toplantıya katılarak konuştu. Bu tür politikayı ya devletin onayladığı gösterilmiş oldu. TGV'nin onursal başkanı Fethullah Gülen, ABD'den gönderdiği iletiyle toplantıyı destekledi. Bu arada İsrail'e ve onu destekleyen 'Siyonist Batı Güçleri'ne ve özellikle ABD'ye karşı yıllarca silahla savaşmış örgütlerin barış alanına çekilmesi için iki yanlı taktik izlendi: Önce Ortadoğu ülkelerinde silahlı güç olarak örgütlü olan Lübnan'da Hizbullah, Filistin'de HAMAS gibi örgütlerle Uluslararası İslam Devrim Hareketi'nin eylemcilerini destekleyen örgütler arasında bir ayırım yapılmalıydı. Hizbullah ve HAMAS'ın ABD'de yerleşik destekçi kuruluşlarıyla iyi ilişkiler kuruldu; ABD üniversitelerinde Hıristiyan-Müslüman fakültelerinde, enstitülerde ve ABD Dışişleri'nde yapılan ortak toplantılarla 'Müslümanları Amerikanlaştırma' projesi uygulandı. Aynı zamanda ABD'nin, bu örgütleri Ortadoğu ülkeleri yönetimlerine karşı birer tehdit sopası olarak kullanma olanağı da işin kârlı yanı oldu.

İslam devrimcileri devlet yönetimlerin temel sorunuydu. ABD bir yandan bu örgütleri 'terörist' olarak ilan ediyor, öte yandan da bu çevrelerin Amerika'da örgütlenip, politik ve özellikle parasal güç elde etmelerine ses çıkarmıyordu. Nedenini yakın tarihte, bir parça kurguyla aramak aydınlatıcı olabilir.

İsrail ve ABD'nin kucağında büyüyen HAMAS

HAMAS (Harakat'ul Mukamavat'ul al Islamiye) örgütünün geçmişi ve sonrasını görelim. 1982'de İsrail işgali altındaki Gazze'de, İsrail devletinin yasal izniyle bir vakıf olarak kuruldu. İsrail HAMAS'ın para toplayıp Filistinlileri örgütlemesine ve güçlenmesine göz yumdu. HAMAS, ABD'de vakıflar, finans şirketleri kurdu. HAMAS askeri kanat sorumlularının dahi ABD'de yasal şirketleri, dernekleri vardır. IAP bunlardan biridir. IAP'nin toplantısında Merve Kavakçı da konuşmuş; Türkiye'yi oralardan karalamaktan çekinmemiştir.

---

[749] Filistin yönetiminin görevden ayrılmasını isteyen ABD'nin isteği yerine gelmeyince, yeşil ışık yandı; İsrail ordusu tanklarıyla dozerleriyle Filistin'i, zeytinlikleri, konutları ezmeye başladı.

HAMAS uzantısı CAIR, UASR ve ISNA gibi örgütler, ABD başkanı ve ABD Dışişleri ile içli dışlıdırlar; Yaser Arafat'ın bağımsız, egemen Filistin Devleti davasını desteklemezler.

Yıllar sonra ABD'den Türkiye'ye 'test' uygulamaya gelen Merve Kavakçı Türkiye'yi karıştırınca, bu örgütler, Türkiye'ye ambargo uygulanmasını isteyecek denli ayarlı olduklarını göstermişlerdi.

Suudlar ve Emirlikler, İsraillilere ucuz işçilik yapmaktan başkaca geliri olmayan Filistinlilerin yasal yönetimine parasal yardımı kesmişler ve HAMAS'a para yağdırmışlardır. ABD ise İsrail'e yılda 5-6 milyar dolar karşılıksız yardımda bulunmaktadır.

İsrail'e bağlı ırkçı-dinci örgütler, ABD'de karşılıksız askersel yardım listelerini hazırlarlar. ABD-Türkiye-İsrail üçgeni oluşturma programına uygun olarak, sözde 'sivil' toplumcuları da desteklemekten geri kalmayan İsrail destekçisi örgütlere, dinci siyasetçilerle başbakanlar konuk olmuşlardır. Ecevit'e Tevrat'ın cihat borusu (şofar) verildi.

ABD bakanlarının yarıdan fazlası İsrail yandaşıdır. Yani, Musevi Katolik-Protestan Yahudilerdir. Savunma Bakanlığı başta olmak üzere Başkanlık üst yönetimlerindeki çoğunluğu ellerinde tutmaktadırlar. Kemal Derviş'in yakın dostu, Endonezya'yı karıştırmakla ünlü, Savunma Bakan Yardımcısı Paul Wolfowitz de onlardan biridir.

Washington'da Filistinliler ve onlara destek olan Amerikalılar, Ariel Şaron'un emriyle gerçekleştirilen Filistinli katliamını kınama gösterisi yaptılar. Bu eylemi bastırmak üzere Capitol Hill önünde yirmi bini aşkın İsrail yandaşı toplandı. Wolfowitz de yaptığı konuşmada "Sizin yanınızdayız" diyerek Yahudileri destekledi.

Bu koşullarda, Filistin Devlet yönetimi, İsrail'le ne zaman anlaşmaya başlasa, dünyanın barıştan yana desteğini alıp, elini güçlendirse, HAMAS intihar saldırısında bulunmuştur. Her saldırıdan sonra İsrail helikopterleri ve uçakları, Filistin Devleti'nin resmi polis karakollarını vurmuştur.

Arafat, ne zaman devlet disiplini sağlamaya başlasa ve HAMAS yöneticilerini gözaltına alsa, İsrail, Arafat'ın devlet kurumlarını vurdu. Arafat yönetiminin otoritesini yıkmak için, Washington ve Batı Avrupa ellerinden geleni yaptılar. Bir yanda tanklarıyla, uzay filmlerinden çıkmış robot askerler, öte yanda ölümlerin içinde doğup büyüyen Filistinli çocuklar!

Uygulanan, 'şiddeti yükseltme' sonra da aynı 'şiddeti gerekçe göstererek' karşındakini elverişli bir anda ezip geçme yöntemidir. Zaten intihar saldırılarında ölümü seçen çocuklar da 20 yıl önce Ariel Şaron komutasındaki İsrail ordusunun gerçekleştirdiği Şatila katliamında bebek yaştaydılar. Kuşkusuz, Filistin iyice ezilecek, FKÖ yönetiminin saygınlığı yıkılacak ve bağımsız görünüşlü, ayarlı bir Filistin devleti kurulacaktır. Ayarlı devletin başında, petrol şirketlerinden deneyimli, dinlerarası diyalog inançlı, serbest pazarcı demokrasiye bağlı bir yönetim bulunacaktır.

Bu arada, Irak'ta iki aşiretin egemenliği altındaki Kürt Partileri 3-6 Nisan'da Amerikalı görevlinin gözetiminde ortaklaşa bir karşı-terör bürosu kurdular. Süleymaniye'de Amerikan kökenli İsrail yandaşlarının da ders verdiği İngilizce eğitim yapan üniversite zaten çalışmaktadır. Şimdi yeniden günümüzden iki yıl geriye dönüp, kaldığımız yerden Amerika'dan bakmayı sürdürelim.

Amatör C4 Hırsızları

'Terörist' listelerinin yeniden düzenlenmesinin ardından sıra, merkezi olarak denetlemeyen ve Kum kentinden yönetilen perakende silahlı örgütlerin ve Afgan merkezli olmakla birlikte nerede cihad varsa orada var olan Usame Bin Ladin'e bağlı Cihat Konseyi'nin etkisizleştirilmesine gelmişti.

ABD sözcüsü, "İslamcı terör örgütleri"ni devre dışı bırakmak üzere, ABD eşgüdümünde geniş bir operasyon başlatıldığını, Müslüman devletlerle işbirliği yapıldığını, ancak kendi içlerinde muhalefetle karşılaşmamaları için bu Müslüman devletlerin adlarını bildiremeyeceğini resmi olarak açıklıyordu.

Ürdün'de Usame Bin Ladin'e bağlı olduğu ileri sürülen altmış kişilik hücre üyesi tutuklanarak operasyona başlandı. Ladin'e bağlı El Kaide örgütünün 1998'de Doğu Afrika elçiliğinin bombalanmasından sorumlu olduğu açıklandı. Bin Ladin'in İslamcı örgütlerden bir "Jihad" komitesi oluşturduğu ileri sürülüyordu: Yemen'den JO (Jihad Organization-Cihat Örgütü), Pakistan'dan Al-Hadis, Lübnan Partizan Ligi, Libya İslami Grubu, Ürdün Beyt al Imam, Cezayir Silahlı İslami Grubu (GIA)...

Bu listede Türkiye'den herhangi bir örgütün yer almaması dikkat çekiyor. Bir başka ilginçlik de açıklamalarda Hizbullah, Ürdün İslami Cephesi, Hamas gibi örgütlere değinilmemesiydi. Türkiye listede yoktu, ama 6 Aralık 1999'da, İstanbul'da Bin Ladin'e bağlı oldukları belirtilen Libya kökenli altı kişi tutuklandı.[750]

Sekiz gün sonra, Kanada-ABD sınırında Ahmet Ressam adında bir Cezayirli, arabasında 50 kg RDX (patlayıcı madde) ile yakalandı.[751] Ahmed Ressam, Cezayir GIA örgütü üyesiydi ve Afganistan'da uzun yıllar savaşmıştı.

Ahmed Ressam gibi mücahitler, yıllar önce Pakistan'da eğitilmişlerdi. Onların eğitimlerine yardım eden ve silahlanmalarına destek olan da ABD idi. Mücahitler artık, Usame Bin Ladin'e çalışıyorlar; Doğu Avru-

---

[750] *"Turkish Police Detain Libyans" AP Online, December 06, 1999,; "Ladin'in adamı (Mehrez) Amdouni yakalandı... 14 Eylül'de Bakırköy Adliyesi'ne sevk edilen Amdouni, Bakırköy Cumhuriyet Başsavcılığı'nca tutuklanarak Metris Cezaevi'ne konuldu." Cumhuriyet, 17 Eylül 1999;* ve *"Ladin'in adamı (Amdouni) sınır dışı" Cumhuriyet, 16 Aralık 1999.*
[751] *NY Times, December 31, 1999.*

pa'da, Kafkasya'da ve Afrika'da savaşıyorlardı. ABD'nin karşılaştığı durum için tek açıklama "Terör eken terör biçer" olabilirdi:

Ahmed Ressam'ın ardından sınırda bir kadın ve erkekle birlikte yakalandı. Kanadalı Lucia Garafola'nın Ahmed Ressam'a bağlı Abdül Gani'yle yaptığı telefon görüşmeleri saptanmıştı. Sınır polisi, Cezayirli Bobida ve Lucia'nın Kanada-ABD sınırını sık sık geçtiklerini sonradan anladı.

Operasyon hızla ilerledi. Abdül Gani, Newyork'ta tutuklanırken, Abdik Hakim Tizega da Seattle'da bomba malzemeleriyle birlikte yakalandı ve ifadesinde "Ahmed Ressam'la buluşmak için beklemekte olduğunu" açıkladı. ABD güvenlik güçleri, Amerikalı Müslümanların üstüne yürüdü. Ortadoğu kökenli öğrenciler yollarda durdurulup sorgulandılar, arabaları sıkıca arandı. Bu öğrenciler yapılanları Müslüman olmalarına yordular. Müslüman mahallelerin üstünde geceler boyu helikopterler döndü durdu. Tıpkı Hollywood filmlerindeki gibi.

Bu arada ilginç bir tutuklama bilgisi de Kaliforniya'dan geldi. San Fransisco'ya 150 mil uzaklıkta Fresno kentinin dışındaki askeri alandaki betonarme patlayıcı deposunun soyulduğu bildiriliyordu. Çalınanlar arasında 200 kiloya yakın C4 plastik patlayıcı da vardı. Fresno şerifi sonraki günlerde soyguncuların delikanlı yaşlarda amatör hırsızlar olduğunu belirtti. Amerika'da sarı alarm ilan edildi; Seattle Belediyesi, 'Millenium' şenliklerini iptal etti.

Bu gelişmeler arasında, Türkiye'de Ahmet Taner Kışlalı bombayla öldürüldü. ABD'nin Türkiye'deki ekibi ve Türkiye'de yerleşik demokratların, solcuların ve İslamcıların da katkılarıyla hazırlanan "Türkiye İnsan Hakları 1999 Raporu" açıklandı. Raporda, Ahmet Taner Kışlalı'nın elinden alınan yaşam hakkından hiç söz edilmezken, bu öldürmenin sonucunda askerlerin Müslümanlara baskıyı arttırdıkları belirtilerek T.C. ordusu hedef gösterildi.

Ocak 2000'de, Türkiye'de Hizbullah operasyonu başladı. İsrail Başbakanı ile Suriye Devlet Başkanı Hafız Esat, Washington'da buluştular. İsrail ile Lübnan yönetimi, 2 Şubat 2000'de masaya oturdu ve İsrail'in Temmuz 2000'e dek Güney Lübnan'ı boşaltması kararlaştırıldı.

Görüşmeler sürerken, Lübnan Hizbullahı'na, silahlı mücadeleyi bırakarak barışa katkıda bulunması dilekleri iletiliyordu. Suriye'nin İsrail ile anlaşma yapması durumunda zaten bu örgüte yakın destek ortadan kalkacaktı. Anlaşılan Hizbullah'ın yaşaması istenir olmuştu. ABD, aynı günlerde Madeleine Albrigth'ın ağzından İran ile ilişkilerin normalleştirileceğini açıkladı. İsrail de sözünde durdu ve Güney Lübnan'da oluşturduğu güvenlik tampon bölgesini Mayıs 2000 sonunda boşalttı.

Amerika'nın Türkiye'deki sesi 'CNN Türk' aynı gün Hizbullah'ın aslında Ulusal Kurtuluş Savaşı yürüten bir örgüt olduğunu anlatmaya başladı. CNN'i Türkiye medyası izledi ve Hizbullah'ın ılımlı İslam örneği olduğunu yaymaya, kurucularından Ayetullah konumundaki Muhammed Hüseyin Fadlallah ile söyleşiler yayınlamaya başladılar. Onlara göre Hizbullah savaşı kazanmış ve Lübnan'ı kurtarmıştı.

Hangi Lübnan'ı kurtarmışlardı? Din savaşlarıyla yıkılmış Lübnan'ı! Hizbullah'ın intihar saldırılarında öldürülmüş, rehin alınmış, işkence görmüş, ülkesinden ayrılmak zorunda bırakılmış milyonlarca Lübnanlının vatansız kalmasının bedeli olarak, toprağıyla insanıyla bölünmüş Lübnan... ABD baskısıyla yapılan anlaşmalarla İsrail tarafından boşaltılmış olan Güney Lübnan'ı öylece kurtarmış oldu Hizbullah. İş bununla da kalmamış, Hizbullah lideri Hasan Nasrallah'ın elini sıkan BM Genel Sekreteri Kofi Annan, Hizbullah'ın BM tarafından tanındığını da göstermiş oldu.[752]

Gelişmeler bununla kalamazdı. ABD, 2002'de on bir yıl önce kuzeyini ve güneyini işgal ettiği Irak'ın ortasına da ordusuyla girdi. Yıllarca süren araştırmalarının, Kürt konferanslarının, Harvard masasında hazırlanan yalan propagandanın sonucunu aldı: Irak bölünmekle kalmadı, mezhepler çatışmasına sürüklendi. Bu arada ABD, Suriye'yi teröre destek oluyor diye sıkıştırmaya başladı ve kuzeyinde Kürt ayaklanması deneylerine girişti. Lübnan'da eski başbakan öldürüldü. ABD ve Batılı koalisyon ortakları Birleşmiş Milletleri de kullanarak Suriye'yi tehdit edince, Suriye Lübnan'daki güvenlik güçlerini çekmek zorunda kaldı. ABD ve İsrail sonunda kazanmış oldu.

ABD bir yandan barıştırıyor, anlaştırıyor; öte yandan da İslamcı örgüt, Amerika'nın Türkiye'deki sesi CNN tarafından kurtarıcı ilan ediliyor. Her şey, Ayetullah Humeyni'nin söylediği gibi 'Büyük Şeytan' işine uygun gelişiyor.

Din savaşı ile kurtuluş savaşı birbiriyle karıştırılınca; bağımsızlığı ve ulusal bütünlüğü korumak olanaksızlaşır. Bu tür savaşlar, kurtarıldığı sanılan ülkede kardeşkanı akmasına yol açıyor. Hangi idealle yola çıkılırsa çıkılsın, varılan sonuç kaçınılmaz oluyor. 'Büyük Şeytan' olarak nitelenen devletlerin boyunduruğu altında ve enerji kartellerinin güdümünde, ikinci sınıf kölelerin yaşam kavgası verdiği, kan ve kinle beslenmiş bir toprak parçasından ibaret sömürgedir elde kalan.

ABD'nin senaryolarını örtmeye çalışan, yazarları çizerleriyle Türkiye'deki din savaşçılarını aklamaya yönelik yanlış bilgilendirme yayını yapanlara karşı devlet susuyordu. Büyükelçi Mark Parris'in Güneydoğu'da yerel odalarla, ortak ilişki büroları açması karşısında sustuğu gibi! Tıpkı o günlerde, Harold Hongju Koh'un Güneydoğu Anadolu gezisinden sonra Osman Öcalan'ın *"ABD Dışişleri Bakan Yardımcısı Koh'un açıklamaları bağlayıcıdır"* demesi karşısında sustuğu gibi![753]

---

[752] "BM Hizbullah'ı tanıdı" *Hürriyet, 22 Haziran 2000.*
[753] "PKK: Artık zarar gelmez" *Hürriyet, 3 Eylül 1999.*

Osman Öcalan haklı çıktı. Irak'ın işgalinden sonra Kürdistan Güney Devleti kuruldu. Kuruluş anayasasının girişinde varlığını, Türkiye'de otonomlaştırıcı azınlık hukuku peşinde koşanların yıllarca 'sendrom' dedikleri 'Sevres' anlaşmasına dayandırıyordu.

Öcalan bir kez daha haklı çıkacaktı; çünkü T.C. Güvenlik güçleri Irak bağımsız bir devlet iken, sınırı geçip PKK kamplarını dağıtmak üzere harekât düzenleyebilirken, 2005 yılında ABD'den izin almak zorunda kaldı. ABD, bu isteklere Kürdistan Güney Devleti yöneticilerin ağzından "Hayır" demeye başladı.

Bu satırlar yazılırken, Türkiye yeniden kirli operasyonun hedefi oluyor; suikastlar, plastik bombalar, PKK saldırıları, özellikle Güneydoğu Anadolu'da kentlere yayılan kitle gösterileri sürüyordu. Bu noktada bölgede görev yapmış bir eski Özel Kuvvetler Komutanının televiyon programında *"Biz, Barzani'yle aynı karavanaya kaşık salladık"* deyişini anımsamakta yarar var.

Eyaletli Devlet Senaryosu
Azınlık Örgütlenmeleri

> *"Bakan Albrigth Müslüman ve Arap Amerikan temsilcileri bakanlıkta kabul ederek son Ortadoğu gezisi hakkında bilgilendirdi. Türkiye ve Keşmir'deki insan ve din hakları ihlalleri, Amerikan Müslümanlarının (ABD) dış politikasının oluşturulması ve Müslümanlara hükümette yer verilmesi görüşüldü. Amerikan Müslim Konseyi direktörü Ali Abu Zakuk, Albrigth'tan Arap ve Müslüman dünyasındaki insan hakları konusunda daha kuvvetli durmalarını istedi ve Merve Kavakçı'nın durumundan söz etti."* CAIR Bulletin, 16 Eylül 1999

9 Eylül 1999 tarihli Türkiye Din Hürriyeti raporunu izleyen dört ayda baş döndürücü değişimler ve olaylar yaşandı. Her gün bir olayla çalkalanan Türkiye'de, parti çekişmelerinin ve yanıltıcı bilgi kaynaklarının yarattığı bulanık bilgi bombardımanı altında, büyük oyunun büyük parçalarını görmek olanaksızdı. Şimdi Eylül 1999'a dönüp, olan biteni, gereksiz bilgilerden arındırarak bir kez daha gözden geçirelim:

- Türkiye Cumhuriyeti Devleti Yargıtay Başkanı bir konuşma yaparak Türkiye'nin rejimini eleştirdi ve Anglo-Sakson demokrasisinin üstünlüklerini açıkladı. Yargıtay başkanının Fethullah Gülen'in onursal başkanlığını yaptığı TGV'nin Abant toplantılarına katılmış olduğu ileri sürüldü. Başkan'ın konuşması tüm siyasal liderlerin ve medyanın onayını aldı. Örneğin CHP Genel Başkanı'nın *"Altına imzamı atarım"* dediği basında yer aldı.

- Başbakan Ecevit, ABD'ye gitti. Amerikan deneyimli milletvekillerini de yanına aldı. Ahmet Özal, Tayyibe Gülek iyi seçimdi.

- Prof. Ahmet Taner Kışlalı bombalı suikast sonucu öldürüldü.

- Kışlalı cinayetinden iki hafta sonra Zaman gazetesine bir tam sayfa konuşan Harold Hongju Koh, ceza yasasının 312. maddesinin kaldırılmasını istedi. Koh, ayrıca Türkiye'nin din hürriyetine değer vermesi gerektiğini vurguladı. Ahmet Taner Kışlalı olayı sonrasında olduğu gibi dindarlara baskı yapılmamasını istedi. Zaman'ın elemanı Ali Halit Aslan, Fethullah Gülen'e yapılanlardan yakınınca, devlete bir de öğüt verdi:

"Bence bu tür bir hareketin başını ezmeye ya da faaliyetlerini engellemeye başlamadan önce, devlete iddialarını ispat etme yükümlülüğü düşer."[754]

---

[754] Ali Halit Aslan, "İrtica tehdidi abartıldı" *Zaman, 3 Kasım 1999.*

- Koh'un bu açıklamaları yapmış olduğu günlerde FP Genel Başkanı Recai Kutan, Washington'a giderek Dışişleri Bakanlığı İnsan Hakları ve Din Hürriyeti Bürosunu ziyaret etti ve AMC (American Muslim Community)'nin düzenlediği yemekli toplantıda konuştu. Medya, Kutan'ın bu gezisinde kabul görmediğini yazarak ABD'nin din işlerinde rolü yokmuş gibi göstermeye çabaladı. Oysa Kutan, bakanlık katında kabul görmüş, Müslüman cemaatlerinin en büyük örgütünün konuğu olmuştu.

- ABD'nin Din Hürriyeti Türkiye 1999 raporu yayımlandı. ABD Büyükelçisi Merve Kavakçı'ya sahip çıktıktan sonra; Cumhurbaşkanı, Başbakan ve Adalet Bakanı Hikmet Sami Türk, Merve Kavakçı'ya arka çıktılar; yönettikleri devletin Cumhuriyet Savcısını açıktan açığa, sıcağı sıcağına suçladılar. Tüm çağrılara karşın ifade vermeye gelmeyen Merve Kavakçı'nın evinde ifade almak üzere harekete geçen savcı hakkında soruşturma açtılar.[755/ 756]

- ABD Başkanı Clinton, TBMM kürsüsünde Atatürk'ü övdükten sonra, milletvekillerinin yasalarda gerekli değişiklikleri yapacaklarına olan inancını belirtti. Bir yabancı devlet başkanını bu isteğine karşı Türkiye'nin bağımsızlığını sağlayarak Cumhuriyet devletinin kuruluşunu gerçekleştirmiş olan meclis ayağa kalktı ve başkanı alkışladı.

- Türkiye medyası, Hillary Clinton'un çarşı pazar işleriyle ve küçük Bayan Clinton'un Kur'an bile okumuş olduğu gibi haberlerle ilgilenirken; Başkan Clinton, İnsan Hakları Vakfı, Mazlumder ve Ka-Der, TEM, ARI dernekleri temsilcileriyle ayaküzeri görüştü. Görüşmeciler daha sonra Harold Hongju Koh ile yemeğe oturdular.

- Uluslararası Din Hürriyeti Bürosu şefi Robert Seiple Türkiye'ye geldi; Devlet Bakanı Devlet Bahçeli'yle ve Recai Kutan' la görüştü. Din Hürriyeti ile ilgili sorular sordu.[757]

- Din hürriyeti raporunun eksikliklerini, Ocak 2000'de yayımlanan İnsan Hakları Raporu tamamladı. Raporda 'gazeteci' olarak nitelenen Prof. Dr. Ahmet Taner Kışlalı'nın "*öldürülmesinden sonra dindarlara baskı yapıldığı*" vurgulandı. Din Hürriyeti raporunda adından söz edilmemiş olan Fethullah Gülen de "*Sufi originli*" ılımlı tarikatın "*Islamic Leader*"i olarak rapora geçti. Gülen'in baskı altında tutulduğu ileri sürüldü. Ona karşı kampanyalar sürdürüldüğünden söz edildi.[758/759]

---

[755] Adalet Bakanı Hikmet Sami Türk, Nisan 1997'de Erbakan'ın 55 kişilik ekibiyle birlikte Hacca gitmişti. H.S. Türk, 23.8.1998'de Türkiye-İran sınırındaki panayıra gittiğinde, İran tarafındaki tüccarların çay içme çağrısına katılacaktı. Eşi Fatoş Türk'ün önü Pastarlar (İran askerleri) tarafından kesildi. Bakan, İran sınır karakoluna eşini almadan gitti ve çayını içti. "*Fatoş Türk, başörtülü olmadığı gerekçesiyle sınırın İran tarafına alınmazken, Pastarlar tarafından itilip kakıldı*" Milliyet, 24.8.1998.
[756] "Ecevit, Nuh Mete Yüksel'in tutumunu kınadı," 19.10. 1999. sucdosyasi.gen.tr /gunluk /haber7.htm
[757] "ABD'den Başörtüsü Sorusu, *Yeni Şafak* 15.12.1999.
[758] 1999 Country Reports on Human Rights Practices, February 25, 2000; Turkey -

- Önceki raporlarda insan hakları ihlalcisi olarak anılan PKK'nin artık öğretmen öldürmediğinden söz edilerek, bu örgütün teröristler listesinden çıkarılacağının da ipucu verildi. Buna karşılık çok katlı Mavi Çarşı'da insan yakılmış olduğundan söz edilmedi.

- İnsan Hakları 1999 raporunda Malatya'daki örgütlü türban eylemlerine katılanlarla polis arasında çatışmalar çıktığı bildirilmekle, Türkiye'de baskı altında tutulan dindarların öyle azınlık falan olmadığı ve kitlelerin din uğruna polis baskısıyla karşılaştıkları vurgulanmış oluyordu.

İlginç raporlar ve ilginç toplantılar

Alt alta dizilmeyince, bir anlam oluşturmayan bu olayların öncesi daha da aydınlatıcı olabilirdi. Bunu görmek içinse yakın geçmişten kısa bir özet gerekiyor:

- 1990'da başlatılan "Din Hürriyeti" senaryosu, ABD'de yerleşik HAMAS'a destek toplantıları,

- Almanya'da ve İstanbul'da gerçekleştirilen Kürt Sorunu ya da Kürt Sorununa İslami Çözümler konferansları, Georgetown Üniversitesi Hıristiyan Müslüman Anlayışı Merkezi'nde düzenlenen kapalı toplantılar,

- IAP, ISNA, UASR, Minaret Institute gibi örgütlerin Amerika toplantıları, türban eylemcilerine sahip çıkmaları ve Erbakan'ın Washington'da demokrasi kahramanı olarak ilan edilmesi,

- Merve Kavakçı'nın son anda seçilebilecek aday sırasına yerleştirilmesi ve milletvekili seçilip TBMM'ye yürüyüşü; Amerikan devlet yetkililerinin bu yürüyüşü destekleyen cemaatlerle toplantılar yapmaları,

- Başörtüsü eylem zincirleri, bilim adına hazırlanan "İslam ve Demokrasi" raporları, dinler arası diyalog konferansları, Atatürk ve din konularının yoğun olarak tartışılmaya başlanması,

- Din ve inanç turizmi diye başlayıp antik kiliselerde, kalıntılarda düzenlenen Ortodoks ayinleri, Güneydoğu Anadolu'da "İbrahimi Dinler" buluşması adı altında Urfa'da kurulması önerilen üç din üniversitesine zemin hazırlanması ve benzeri etkinlikler...

Bu olaylar dizini ve Amerika'yı komşu kapısı yapan bilim adamlarının etkinlikleri, Türkiye üniversitelerinde sözde bilim adına yapılan etnik ve dinsel araştırmalar, Amerika'ya eğitim için giden öğrencilerin kendi ülkeleri hakkında araştırmalar yapıp bunları bilimsel tezler olarak oralardaki kuruluşlara sunmaları gibi ilginçlikler bu bütünün içine yerleştirilmeden yorum yapmak, büyük yanılgılara yol açabilir. Olayların salt din hürriyeti etkinlikleri kapsamında ele alınması da yanıltıcı olabilir.

Country Reports on Human Right Practices-2000, February 2001, Released by the Bureau of Democracy, Human Rights, and Labor, US Department of State.
[759] Kaset baskılarını eleştirenler arasında Toktamış Ateş de bulunuyordu. *Aksiyon*, 26 Haziran – 2 Temmuz 1999, Yıl 5, Sayı:238, s.22-24.

Şerif Mardin ve Marine Club toplantısı

Bilindiği gibi, yıllardır "resmi tarih" nitelemeleriyle Türkiye'de her şeyin gizlendiği, her şeyin yalan olduğu kanısı uyandırıldı. Bu kampanyayı yürütenler, Türkiye'den şeffaflık talep eden Amerika ve diğerlerinin çok değil Türkiye'nin binde biri kadar şeffaf olmadığını bilmelerine karşın psikolojik saldırıyı sürdürmeleri "zehirli sonuçlar" doğurdu. Ancak bazı ilginç kapalı toplantılara katılan 'ilim' ve bilim adamları vatanlarına karşı çok ama çok küçük de olsa bir sorumluluk duyarak bildiklerini açıklarlarsa belki bir ışık görülebilir.

Örneğin Merve Kavakçı'nın meclise yürümesinden on beş gün önce Washington yakınlarındaki Marine Club (Deniz Kulübü)'da, basına kapalı bir toplantı yapıldı. [760]

Amerikan Diplomatları Araştırma ve İstihbarat Bölümü sorumlusu Henry J. Barkey tarafından düzenlenen toplantıya, WINEP (Washington Yakındoğu Politika Enstitüsü) Türkiye Masası Şefi Alan Makowsky, NED'in yöneticilerinden ABD Ankara eski Büyükelçisi Morton Abramowitz ve T.C. uyruklu bir grup katılıyordu. Cemal Kutay'ın yapılmayan görüşmeler ve olmayan belgeler üstüne yazdıklarını esas alan ve "Bediüzzaman Saidi Nursi" adıyla yayınlanan bilimsel bir yapıt yaratan, Bilderberg üyesi sosyolog Prof. Şerif Mardin toplantının en ağırlıklı konuğuydu.

Boğaziçi Üniversitesi'nden, TESEV ve USIP projecisi Kemal Kirişçi, Sabancı Üniversitesi'nden dekan Ahmet Evin, Boğaziçi ve Amerika arasında gidip gelenlerden RAND'ın eski danışmanı Sabri Sayarı, Nurcular üstüne derin araştırmalar yapmış ve on dört yıldır Amerika'yı yurt edinmiş olan, Utah Üniversitesi'nden Hakan Yavuz konuklar arasındaydılar.[761/762/763]

---

[760] "Esen Ünür, '9 Nisan 1999, Washington'da Ordu Deniz Kulübü'nde Türkiye üstüne yapılan gizli toplantıyı ABD Devlet Sekreterliği, Türkiye'de görevlendirilecek olan Amerikalı diplomatları Araştırma ve İstihbarat Bölümü'nden H. Barkey, düzenliyor... WWC (Woodrow Wilson Center) tarafından finanse edilen çalışmalarını 6 aydır Amerika'da sürdürmekte olan Cengiz Çandar katılıyor. Bu toplantıda T.C. Büyükelçiliği'nden hiç kimse bulunmuyor." *Star*, 16 Nisan 1999. (Gazeteci Esen Ünür, 2005 yılında ve erken yaşta dünyadan ayrıldı. Ölüm günlerinde bir iki küçük haber dışında Türkiye Medyasının onu anımsamaması dikkat çekiciydi. M.Y.)
[761] Cemal Kutay, Çağımızda bir *Asr-ı Saadet Müslümanı Bediüzzaman Saidi Nursi - Kur'an Ahlakına Dayalı Yaşama Düzeni*; Şerif Mardin, *Bediüzzaman Saidi Nursi Olayı Modern Türkiye'de Din ve Toplumsal Değişim*. Geniş bilgi için Bkz. Meczup Yaratmak.
[762] "Kandırdın bizi dede... Saidi Nursi'yle görüşmemiş, 'görüşmüş gibi' yapmış. Bunu Aktüel'e 46 yıl sonra itiraf etti" *Aktüel*, 9.12.1999.
[763] İlim ve Kültür Vakfı, 16.5.1991'de Hilton Oteli'nde bir panel düzenler. Oturum başkanlığını Faik Bilgi'nin yaptığı Bediüzzaman Saidi Nursi Hazretleri'ni konu edinen bu panele Şerif Mardin bir bildiri ile katılır. Aynı panelde Mim Kemal Öke, Bediüzzaman'ın görüşlerinin evrensel olduğunu belirtir. Son konuşmacı Doç. Dr.

Henri Barkey ve Alan Makowsky'nin Türkiye'nin Kürt politikası üstüne eser vermiş olmaları, Abdullah Öcalan'la görüşmek üzere İtalya'ya doğru yola çıkmış bulunmaları; Türkiye'nin Washington elçiliğinden kimsenin toplantıya katılmamış olması ve Woodrow Wilson Center'da çalışmakta olan Osman Cengiz Çandar'ın da bu toplantıda bulunduğu göz önüne alınırsa, katılımcı T.C. uyruklulardan, bu toplantı ve varsa başka toplantılar hakkında da ülkelerini bilgilendirmelerini beklemek boş bir düş olarak kalmamalıydı.

Yeri gelmişken adı gün geçtikçe daha sık duyulan Henri Barkey'i biraz daha yakından tanıyalım: Henri Barkey, İstanbul doğumlu Musevi T.C. vatandaşıdır. Askerliğini Türkiye'de yaptı. DPT'de Hikmet Çetin'le çalıştı. İngiltere'de City College'da okudu. ABD'de Pennsylvania Lehigh Üniversitesi'ne geçti. Bir Amerikalı ile evlenip yeşil kart sahibi oldu. Kısa süre sonra boşandı. Türkiye'de insan hakları, Kürt sorunu konularında çalışmaya başlayınca Pennsylvania, Washington, Türkiye gezilerine başladı.

Henri J. Barkey, ABD Kongre Bürosu Türkiye araştırmacısı Dul Bayan Elen Laipson ile arkadaşlık kurdu. Laipson, BM'de ABD Temsilcisi olan Madeleine Albright'ın asistanlığını yaptıktan sonra CIA'ya geçti; NSAB (Ulusal Güvenlik Eğitim Kurulu)'de görev aldı ve NSC (Ulusal Güvenlik Komitesi)'de Başkan Vekili oldu.

Henry J. Barkey, 1993'te Laipson ile evlendi; ABD Savunma Bakanlığı'na Türkiye raporları hazırlamaya ve İslam-Kürt araştırmalarına başladı. RAND'dan Graham Fuller ile "Kürt Sorunu" kitabını yazdı.[764]

Henry J. Barkey, Graham Fuller ile Kürdistan panellerine katıldı. 17-18 Nisan 2000'de, Washington American University'nin 6. katındaki

---

Ahmet Akgündüz ise "Bediüzzaman'ın asrın müceddidi (yenilikçisi) olduğunu ve ilminin harika olduğunu, Osmanlıdan günümüz İslami hayatın dinamizmini temsil ettiğini ve Abdülhamit'ten Celal Bayar ve Adnan Menderes'e kadar bütün devlet ricalini ikaz ve irşad için mektuplar yazdığını ırkçılığın karşısında olduğunu" vurgular. Bu toplantıya İngiltere'den Colin Turner ve Mary Weld katılır. Ahmet Akgündüz ise sonraki yıllarda Islamitische Universiteit Rotterdam rektörü oldu. Prof. Dr. Suat Yıldırım üniversite için şöyle yazıyordu: *"Akgündüz'ü yurdunda tedirgin edip üniversiteden ayrılmaya zorlayan, Hollanda'da takdir edilip Rotterdam Islam Üniversitesi Rektörlüğü'ne getirilmesinden rahatsız olan, hatta o üniversitede kendisini ziyarete giden eski öğrencilerini bile cezalandırmaya çalışan bazı yetkililerin olduğunu da işitiyoruz. Tıpkı, Türkiye içinde olduğu gibi dünyanın beş kıtasındaki elli kadar ülkede de Türk eğitimine ve Türk kültürüne bu asırda en dikkate değer hizmetlerin fikir babalığını yapan, yüzlerce örnek kolej ve birçok üniversitenin açılmasında teşvikleriyle etkili olan Fethullah Gülen Hocaefendi'yi cezalandırmak için iftiralar atanların olduğunu gördüğümüz gibi. Bari onları ve emsallerini Türklük adına itham edenler, Türklüğe onların yüzde biri kadar hizmet etmiş olsalardı!" Zaman 5.2.2001*

[764] *H.J. Barkey and Graham E. Fuller, Turkey's Kurdish Question, Rowman and Littlefield*

Butler Board salonunda bir toplantı yapıldı. Konu başlığı "Kürtler kimliğini arıyor" idi. Toplantıyı Kürdistan Bölge Devleti düzenliyordu. ABD-AB'nin kanatları altında Kuzey Irak'ta kurulan Kürdistan Bölge Devletinin Başbakanı Nechirvan Barzani, bakanlardan Dr. Şefik Kazaz ve Middle East Institute Başkanı Roscoe S. Suddarth açılış konuşmalarını yaptılar.

Bu toplantıda Henri J. Barkey'in yanı sıra ilginç kişiler de bulunuyordu: CIA propaganda aygıtı Radio Free Europe'u temsilen Paul Goble, Utah'tan Nurculuk uzmanı Hakan Yavuz, Paris Kürt Enstitüsü Başkanı Kendal Nezan, ABD Dışişleri'nden Francis J. Ricciardone, CFR'den Richard W. Murphy, Kürdistan danışmanı Stafford Clarry, Soros'un HRW örgütünden Elahe Hicks ve Sabancı Üniversitesi'nden Şerif Mardin.[765]

27 Nisan 2000'de yapılan bir başka panele, Hakan Yavuz, Berlin Free Üniversitesi'nden Gülistan Gürbey, ASAM'dan Ümit Özdağ da katıldı.

Barkey, yoğun çalışmasının sonucunu kısa sürede aldı ve Akev Milli Güvenlik Dairesi İstihbarat ve Araştırma Bürosu'nda siyasal planlama elemanı olarak çalışmaya başladı ve kısa sürede Türkiye'ye atanacak diplomatlarla ilgili büronun başına geçti. George Bush Jr. Başkan olunca CIA'da çalışmaya başladı.[766]

Kürt Konferansı: Antep'e uzanan Halep Eyaleti

Necmettin Erbakan'ın Doğu Anadolu kentlerinden birindeki açık alan toplantısında yaptığı konuşma nedeniyle mahkûm olması üzerine sivil-siyasal ortaklık fırsatı kaçırmadı: 312. maddenin kaldırılması için partiler arasında, medya menzillerinde bir büyük uzlaşma (onlara göre 'concensus') oluşuverdi.

Bir ucu Teksas'ta, öteki ucu Batı Avrupa'da bulunan ve göbeği de Türkiye'ye bağlanan uzlaşma, zıtları bir araya getirivermişti. Uzlaşmaya yandaş olan liderler Erbakan'ın söz konusu toplantılarından önce İstanbul'da gerçekleştirilen bir başka toplantıyı anımsamıyor olabilirler. "Takriri sükun" istemeyiz diye haykıran Mesut Yılmaz'dan bu tür bir duyarlılık beklenip beklenmeyeceği ayrı bir konu.[767]

---

[765] Öteki katılımcılar: Ali Babakhan, Hanna Yousif Freij (Kent Unv.), Edmund Ghareeb (American Unv.), Feride Koohi Kamalı (New School Unv.), Charles G. MacDonald (Florida Unv.), Andrew Parasiliti (Harvard), Nader Entessar (Spring Hill College), Michael M. Gunter (Tennessee Technological Unv.), David L. Mack (Middle East Institute).

[766] Yılmaz Polat, Washington Ankara Hattı, s.42; Federal Directory 1999, s.219 ve 734; habew3rturk.com, 26 Haz. 2001; kurdishmedia.com/news.
Zaman gazetesinin Washington görevlisi Ali Halit Aslan, "Çok iyi Türkçe konuşan Henri Barkey" diyerek, İstanbullu olup da çok iyi Türkçe konuşmanın büyük bir meziyet olduğunu açıklıyordu.

[767] Mesut Yılmaz'ın ANAP Grup toplantısındaki konuşması.

Mayıs 1993'te İstanbul'da düzenlenen toplantıda, PKK'ye bağlı ERNK (Kürdistan Ulusal Kurtuluş Cephesi) ile ilişkili KİP (Kürdistan İslam Partisi)'in başkanı Abdurrahman Dürre sözünü esirgemiyordu: [768]
"Bu Lozan muahedesiyle (antlaşmasıyla) İngilizlerin, Fransızların, Kemalistlerin ve Acemlerin ittifakıyla bu Kürdistan denen coğrafya bölünmüştür, işgal edilmiştir... Ben iki aydan beri Avrupa'dayım, bir aydan beri de Güney Kürdistan'daydım, dolaştım, gördüm. Kürtler tamamen birleşmiştir, hiçbir ihtilaf yoktur." [769/770]

Abdurrahman Dürre, *"hiçbir ihtilaf"* kalmayınca neyin nasıl olacağını da ilan ediyordu:
"Barzanisiyle, Talabanisiyle, Aposuyla, Hizbullahıyla, sağcısıyla, solcusuyla Kürtler birleşmiştir."

Konferansta Fazilet Partisi'nin danışmanı Mehmet Metiner, KİP[771] Başkanı Dürre'nin militan söylemine derin tarihle açıklık getirdi:

"Bir Türk, bir Arap, bir Çerkez kendisi için hangi hakları istiyorsa; sosyal, siyasal, kültürel, ulusal hangi hakları istiyorsa, bir Kürt için de istemek zorundadır... Ne mevcut ulusal devletin çözüm olacağına inanıyoruz, ne bir başka ulusal devletin çözüm olacağına inanıyoruz... Türkiye yeniden İslamla barıştığı zaman, 70'li yıllardan sonra giderek İslamdan uzaklaşma eğilimine giren Kürt yurtseverleri ve aydınları da gene İslamla barışmak sürecine girdikleri zaman bu sorunun çözümü çok daha kolay olacaktır."[772]

Mehmet Metiner, İstanbul Büyükşehir Belediye Başkanı Recep Tayyip Erdoğan'ın siyasal danışmanı ve Yeni Zemin Dergisi'nin yayın yönetmeniydi. Gerek bu görevlerinde ve gerekse RP yöneticiliğinde üstlendiği eylemciliğini Saidi Nursi'nin adını kullanarak açıklarken kolay yolu gösteriyordu:

"Ben, Kürt kimliğinin kabulü için mücadele eden aktivist (eylemci) Said'i seviyorum. Said, İslami düşüncede önemli adımdır, ama son değildir."[773]

---

[768] *Kürt Sorunu Nasıl Çözülür*, Nübihar Yayınları, İstanbul, Nisan 1996, s.83-85.
[769] A. Dürre, eski Alaçam müftüsüdür. *Gündem*, 15 Temmuz 1995, Sayı:13.
[770] Öteki ulusları adlarıyla anıyor; ama "Türk" demekten özenle kaçınıyor; çünkü "Türk ulusu" ulus olarak kabullenilmiyor, tıpkı "Türkiye" demekten kaçınarak "Bu coğrafya" denilmesi gibi.
[771] KİP (PİK: Partiya İslamiya Kurdistan) 1995'te kuruldu. PKK'nın dinsel örgütlenme için kurduğu öteki örgütler: Kurdistan İmamlar Birliği, Kurdistan Yurtsever İmamlar Birliği, ERNK İmamlar Birliği, Kurdistan Yurtsever Din Âlimleri Birliği. *Gündem*, 1.7.1995, Sayı:12.
[772] *Kürt Sorunu Nasıl Çözülür*, s.40-41
[773] Hakan Yavuz. *"Yayına Dayalı İslami Söylem ve Modernlik: Nur Hareketi"* Bediüzzaman Saidi Nursi Sempozyumu 1995.

Bir zamanlar RP'nin eski Güneydoğu Müfettişi, Yeni Zemin ve Sözleşme dergileri yayın kurulu üyesi olan Altan Tan, yeni devlet yapılanmasını da açıklıyordu:

"*Eyalet sistemini düşünüyorum. Eyalet sistemini etnik veya dini temele dayandırmıyorum, mahalli, coğrafi olarak eyalet diyorum... Halep eyaletinin hududunu Antep'e kadar mı çıkarırsınız, Antakya'ya mı götürürsünüz; bunu coğrafi bir problem olarak görüyorum... Bu ülkede devletle milletin kavgası var, milletin bir olması lâzım. Kürdüyle, Müslümanıyla, Alevisiyle, sağcısıyla, solcusuyla, kimin devletle bir problemi varsa bir olması, bir demokratik cephe kurması lazım. Önce ceberrutluğu, tağallüp (zorbalık) ve tecebbürü (zorlamayı), eski tabir (söyleyiş) ile – biraz şeddeli ve meddeli konuşalım ki yüreğimiz rahat etsin – tasfiye ettikten sonra herkes kendi yoluna gitsin.*"[774]

Yıllardan sonra, bu açıklamaları duymazlıktan gelmiş olan Türkiye medyasının ve siyasal liderlerin Amerikan usulü uzlaşıya bu denli kolay varmaları, Turgut Özal'ın o günlerde "*Federasyon tartışılmalıdır*" demesiyle ilintili olabilir. Özal'ın "*tartışılmalıdır*" sözü Kürt ayrılıkçılarıyla görüşülmesi anlamını da içermektedir. Bu tür uzlaşmalar olağanlaşmaktadır. Din Hürriyeti senaryosunun T.C. yurttaşlarından çok yüzlülükle saklanmış olması gibi. Bu arada Harold Hongju Koh, Clinton ve AB devletlerinin buyrukları yerine getirilmeli; 312 kaldırılmalı ve yerine ABD'nin 371. maddesi geçirilmeli; uluslararası tahkim yasası uyarınca yargılamalar, gerekirse Amerika'da yapılmalıdır. İleriki yıllarda savunma hazırlayacaklara şimdiden yardımcı olması bakımından ABD'nin 371. maddesini anımsatalım:

"*Birleşik Devletler'e karşı tecavüz ya da haklarını kaldırmaya teşebbüs etmek üzere fesat düzenlemek: Bir ya da daha çok kişi, B. Devletler'e karşı tecavüze yönelik fesat oluşturur ya da herhangi bir biçimde, herhangi bir amaçla herhangi bir ajanlık (yapmak) ve bir ya da daha çok benzer kişiyle fesadı gerçekleştirmek üzere hareket ederse, her biri 5 yıla kadar...*"

Bu tür maddelerin uygulanmasıyla ilgili olarak, Türkiye Cumhuriyeti'nin tam bir Anglo-Sakson demokrasisine kavuşması için elinden geleni yapmış olan Yargıtay Başkanı Sami Selçuk gibi hukukçular da yardımcı olmalılar.[775] Sami Selçuk, Mayıs 2000'de gittiği ABD'de, Temsilciler Meclisi İnsan hakları Komitesi'nde konuştu; ABD Dışişleri Bakan Yardımcısı Harold Hongju Koh'a uğradı. Koh ile yaptığı görüşmelerde 312. madde ve türban yasaları üstüne gerekli açıklamaları yapmış ve Türkiye'nin duyarlı konumunu açıklamış olabilir.[776] / [777]

---

[774] a.g.k. s.74, 76.
[775] *Zaman*, 13 Mayıs 2000.
[776] "*Sami Selçuk ABD'den döndü: Harvard Üniversitesi'nin davetlisi olarak gittiği. ABD'nin insan hakları sorumlusu Harold Koh'la görüştüğünü ifade ederek 'AB sü-*

Moon'un 'Birleştirici Kilisesi'

> *"İnsanlar tarikatlara şu durumlarda yakalanırlar: (1) mürit olmuş bir başka arkadaş ya da akraba ile ilişki kurarak, (2) yabancı birinin (genellikle karşı cinsten) arkadaşlık kurmasıyla, (3) Tarikat tarafından düzenlen, konferansa, bir derse, sempozyuma ya da film gösterimine çağrılarak, (4) Tarikat tarafından 'en çok satan' denilerek önerilen bir kitabı alarak, (5) Zararsız görünen bir ayine (İncil çalışmasına) çağrılarak, (6) Bir kişiye duyulan merakla, (7) Tarikatın sahip olduğu bir işe alınarak."* Steven Hassan (Moon'un eski yardımcılarından.)

Uluslararası örgütlenmeyi gerçekleştiren önder, dünya egemenliği ardında koşan devletlerin örtülü operasyon ilkelerini çağrıştıran önemli bir açıklama yapmıştı:

> *"Zamanı geldiğinde, dünyayı yönetmek için otomatik (olarak işleyen) bir teokratik düzene sahip olmalıyız. Siyaseti dinden ayıramayız. Hülyamda, bir... siyasal parti var; bu parti... da içine almalıdır. Bir kolumuzla dini dünyayı, öteki kolumuzla da siyasal dünyayı kucaklayabiliriz."* [778]

Bunları söyleyen kişinin önderliğindeki cemaat, yüzlerce şirkete, vakıflara, okullara, üniversiteye, yayınevlerine, gazetelere, din ve bilim örgütlerine, hoşgörü kuruluşlarına vb. sahip. Cemaat gençliğe büyük önem veriyor; onları örgütlüyor; onların beyinlerindeki tüm inançları, yanlış(!) düşünceleri silerek yeni doğruları yerleştiriyor ve yalnızca cemaat içinde, cemaat lideri çevresinde kapalı devre yaşamayı öğretiyor. Politikacılar, yazarlar, sanatçılar, bilim adamları cemaatin çevresinde toplanıyorlar. Dünyanın birçok ülkesinde kuruluşları bulunan cemaatin, kaynağı merak edilen parasının büyüklüğü hesap edilemiyor.

Cemaat merkezi ABD'dedir; liderine 'Hazret' ya da 'Üstat' denilir. Reverand (Hz.) Sun Myung Moon'un cemaatinin adı, 'Dünya Hıristiyanlığını Birleştirmek İçin Kutsal Ruh Cemiyeti' kısaca UC (Birleştirme Kilisesi)'dir. Moon'un Kore istihbarat servisi K-CIA ile ortak yolunda, Japon mafyası, ABD politikacıları ve başkanları ve Güney Amerikalılar,

---

recinin hızlandırılması açısından bu tür etkinlikleri ve faaliyetleri sürdüreceğim. AB'yi hukuk içinde bir kuruluş olarak görüyorum' dedi." Cumhuriyet,15.5.2000.
[777] Liberal Düşünce Topluluğu, 2004 yılında Sami Selçuk'a "Özgürlük onur ödülü" verdi. *Sami Selçuk, "Türk yargısı özgürlüklerin önünü açmalı" Zaman, 20.6.2006*
[778] Moon's Master Speeches

Yahudiler, Katolikler, Protestanlar, Müslümanlar bulunuyor.[779] Moon'a göre dünyadaki kötülüklerin kökeninde 'Adem' baba ile 'Havva' ananın işledikleri günah bulunmaktadır. Bu yasak ilişkiden doğan çocuğun kanı da işte bu yüzden kirlenmiştir. O nedenle insanlığın kurtuluşu ancak ve ancak kanının temizlenmesiyle gerçekleşebilir. Temizleyici kan ise dönemin 'gerçek ana-babası' yani Moon ve Moon'un karısının damarlarında akmaktadır. Artık asıl olan, Adem ile Havva değil, kendilerini "true-parents" yani, "İsa Baba ve Meryem Ana" yerine, "gerçek ana-baba" olarak ilan eden Moon ve eşidir.

Yeni ve temiz ana-babaların yetiştirilmesi, kurtuluşun en temel koşuludur. Temiz 'ana-babalar' ise ancak kutsal nikâh törenleriyle birleşebilirler. "True-parents Days (günleri)"nde Sun Myung Moon binlerce yeni çifti kutsuyor; evli olanları yeniden nikâhlayarak toplu düğün düzenliyor. Nikâhları kutsanan çiftler, Moon'un kanını temsilen birer kadeh şarap içerek *"Adem ve Havva'nın şeytanla işbirliği yaparak kirlettiği insan kanı temizlenmiş"* oluyor.

Moon'un gençlik örgütünün eski yöneticisinin kurduğu örgütten gelen mektuptaki bilgi tarikat eylemlerinin, yalnızca kilise çevresini geliştirmek üzere, siyasal-bilimsel toplantılar düzenlenmesinin ötesinde olduğunu gösteriyor:

"Dünkü New York Post (16 Aralık 1999) Moon'un 13 Şubat kitlesel düğün törenlerine (giriş) ücretinin 100 dolar olduğunu yazıyordu; ama haberde bir eksiklik vardı. Gerçekten evlenen çiftlerin binlerle ifade edilen dolarlar ödeme zorunluluğundan söz edilmiyordu."

Moon'un Mesihliğinin nedeniyse daha da basittir. Moon'a göre Hz. İsa, politik becerisi bulunmadığından, Hıristiyanlığı ve insanlığı kurtaramamıştır. Bu nedenle Moon kendini Mesih ilan ediyor. Sorgusuz bağlanılacak şeyh-dede-şef örgütünde olduğu gibi, UC örgütünün adam devşirme yöntemi de beyin yıkamadır.

İnsanlığı kurtaracak bir 'Mesih' olarak ortaya çıkan Moon'a kimse 'sahte peygamber' diyememektedir. Bu örgütü, Türkiye merkezli cemaatlerle karıştırmakta haklılık payı çok. Kurumlaşma modeli ancak bu denli benzeşebilirdi. Benzerliğe karşın Türkiye merkezlisi UC'den daha küçüktür.

İki örgütün de gelişmesi her ne denli, ABD'nin 1950'lerde başlattığı komünizmle mücadele örgütlenmesine dayanıyorsa da Moon, ABD'ye uzaktan yaslanacağına, kendisini ABD'ye atmış ve kırk yıldan bu yana işin ana müteahhitliğine soyunmuş bulunuyor. Türkiye'dekiyse, yılların ardından Amerika'ya taşınmış. Amerikan federal devlet yönetimiyle içli dışlı olmayı başaran Moon, her geçen yılın ardından kutsallığının en üst

---

[779] Moon'un 1000'i aşkın kuruluşlarından en ilginci olan Global Image Association bir zamanlar Türkiye'nin aracılık (lobi) işlerini üstlenmiştir.

noktasına ulaşmıştır. Her yıl 10-15 Şubat arasında "Gerçek Ana-Baba" doğum günleri, peygamberlerin doğum günlerinde olduğu gibi gösterilerle ve ayinlerle kutlanıyor.

Son kutlamalar sırasında, Moon'un otellerinde intiharlar da sıklaşıyor. 2000'de kendi oğlu da aynı otelde intihar etmişti.[780]

Moon'un, Amerika'da merkezleşmeyi seçmesinin nedenini anlamak, o denli zor değil. Moon cin gibi akıllıdır; dünyanın değişik ülkelerine Hıristiyanlık Kilisesi olarak gitmenin olanaksızlığını görmüş ve her dinden, her milliyetten insanla ilişki kurmak üzere bilim adamları, barış kadınları, dinler arası federasyon, dünya üniversiteleri federasyonları gibi sayısız örgüt kurulmuş.

İşte bunlardan PWPA (Profesörler Dünya Barış Akademisi), dünyanın dört bucağında toplantılar düzenlemiş. PWPA'nın el atmadığı konu yok: "Sovyetler yıkıldıktan sonra ne olacak?", "Afrika'nın geleceği", "Latin Amerika'nın borç sorunları", "Ortadoğu'da ticaret ve barış süreci", "İslamın sorunları", "Ermenistan'ın kalkınma yolları" ve akla gelebilecek ne denli konu ya da bölgesel sorun varsa, hemen hemen tümü için konferans ve sempozyum... 1973-2000 arasında 400'ü aşkın toplantı düzenlenmişti.

Birleştirme Kilisesi Türkiye'ye sızıyor

Her toplantıda kurulan bireysel ilişkiler ve o bireylerin ikincil bağlantıları düşünülürse ne geniş kapsamlı bir birleştirici ağ oluşturulduğu anlaşılabilir. Moon ve benzerlerinin ABD yaşamalarının bir gerekçesi olmalıydı. Moon'a göre ABD dünyayı kurtaracaktı. Moon 1998'de gerekçeyi bambaşka bir dille açıklıyordu:

"Ancak CIA Moon Hazretlerine der ki evine (Kore'ye) dönme, gerçek aile değerlerinize ve dünyanın esenliği için Amerika'nın varlığı anlayışınıza gereksinimimiz var. O sıralar dünya 'Yankee go home' diyordu. Birisi Amerika'nın geleceğini UC'yi kullanarak biçimlendirmek ister; çünkü biz umut doluyuz ve insanlara umut veririz."

PWPA'nın Türkiye'deki ilk başkanı olan Kasım Gülek (Adana 1910 - Washington 1996), İttihat ve Terakki üyesi Mustafa Rifat Bey'in ve Tayyibe Gülek'in oğludur. GS Lisesi'nde, Robert Kolej'de, Paris Ecole Science Politiques'de (1924-28), Columbia University'de (Phd 1928) eğitim gördü. ABD'de öğrenciyken Chase Manhattan Bank'da çalıştı. Harvard Üniversitesi'nde işletmede 'master' yaptı. Rockefeller bursuyla Berlin ve Cambridge üniversitelerinde çalıştı. Cambridge rektörünün önerisiyle CHP'ye girdi; Bilecik milletvekili oldu.

---

[780] Moon, bakireliğe önem verir. 15 yaşındaki Samsoon Hong'u Amerika'ya getirir ve oğluyla evlendirir. Ailede 14 yıl yaşayan Hong, sonunda uzaklaşmayı başarır ve "korkunç" dediği Moonlu yılları bir kitapta anlatır. Moon'un oğluysa 2000'de kendisini babasının otelinin penceresinden aşağı atar.

Kasım Gülek, Bayındırlık Bakanlığı, Ulaştırma Bakanlığı, CHP Genel Sekreterliği görevlerinde de bulundu. 1958 yılında Kuzey Atlantik Ansamblesi Başkanı Hollandalı Alb. Johannes J. Fens (1957-1959), Menderes hükümetinden Türk heyetinin bildirilmesini ister. CHP'den Nüvit Yetkin seçilir. CHP Genel Sekreteri Kasım Gülek, Alb. J. J. Fens'e mektup yazar ve Nüvit Yetkin yerine kendisinin çağrılmasını ister. Konu Zafer gazetesinde manşet olur. Kasım Gülek, İnönü'ye böyle bir mektup olmadığını söyler. Gazete mektubun kopyasını bir gün sonra yayınlayınca, İsmet İnönü, Kasım Gülek'ten görevi bırakmasını ister.

İnönü'nün 1950'den 1957'ye dek görevde tuttuğu Kasım Gülek ile çalışmasının nedeni, Gülek'in yeteneklerinin yanı sıra, onun yabancılarla kurduğu sıkı dostluklarından yarar umması olabilir. Ne de olsa İsmet İnönü, 1948'de onun Amerikan ilişkilerinden yararlanmayı düşünmüştü.

Kasım Gülek, Kore Birleşmiş Milletler Komisyonu Başkanlığı (1950-1953), Kuzey Atlantik Ansamblesi Başkanlığı (1968-1969), NATO Parlamenterler Konferansı Başkan Yardımcılığı ve Kontenjan Senatörlüğü yaptı. Yaşamında en ilginç teklif General Douglas McArthur'dan geldi. McArthur, Gülek'ten ABD'de kalarak senatör olmasını istemişti.

Güleklerin ABD'de en yakın dostu, Senatör Jacob Koppel Javits (1904-86) idi. Javits, 1973'te askeri operasyonlara Kongre onayı zorunluluğu getiren yasa tasarısını desteklerken, aynı sınırlamanın CIA'nın gizli savaşlarına da getirilmesine karşı çıkmıştı.[781/782/783]

Moon Temsilcisi Gülek'in Astronot Ahbabı

1984 yılında bir akşamüstü kalıntı arayıcısı Ron Wyatt ve eski ay astronotlarından James Benson Irwin, Kasım Gülek'in Ankara'daki evine gelir ve orada Orhan Başer ile Mine Ünler de vardır. Geceyi Kasım Gülek'in evinde geçiren Amerikalılar, Orhan Başer'in sağladığı izinle Doğubeyazıt'a giderler ve Ağrı dağında Nuhun gemisini ararlar.[784] Kasım

---

[781] *Bütün Dünya*, 2001/02
[782] *John Prados, a.g.k. s.332.*
[783] Javits, ABD senatosunda İsrail yanlısı grubun başını çekmekteydi. Javits, İsrail'e yardımın artırılmasını sağlamasıyla ünlüydü. Uluslararası şirketler baskı yapınca, Javits de Suudi Arabistan'ı koruma konumuna düşebiliyordu.1976-77'de, başta SoCal ve Exxon olmak üzere, ARAMCO ortaklarının Suudi petrol kuyularında üretimi düşürdü. CIA sahte raporlarla üretimi günde bir milyon varil daha yüksek gösterdi. Aslında Suudi yönetiminin emrettiği miktarın altında üretim yapıldığı ve petrol fiyatlarının bu nedenle % 10 yükseldiği saptandı. Yolsuzlukları soruşturan Dış Ticaret Alt Komitesi, Suudi ve dolayısıyla ABD Dışişleri ile şirketlerin baskıları üzerine, petrol şirketlerinden güçlükle alınan bilgilere dayanılarak hazırlanan raporun açıklanmamasına karar verdi. Javits, bu karar için çok çaba göstermişti. Sonradan NED yöneticisi olan Senatör Richard Lugar onunla birlikte davranmıştı. *Steve Emerson, The American House of Saud, s. 127-147*
[784] *Noah's Ark Newsletter, part 3, Aug.1984, arkdiscovery.com /finding_the_ark.htm*

Gülek de arkeolojik eser meraklısıdır. Irwin'in gerçek *moon* ile tanışıklığı ve Gülek'in Mesih "Moon" ile ilişkisi kara mizah rastlantısı gibidir..

1980'li yıllarda Sun Myung Moon'un Türkiye ilişkilerini yürüten Kasım Gülek, Unification Church'ü güçlendirmek için büyük çaba gösterdi. Örgütü, ABD Büyükelçisi Şükrü Elekdağ'a benimsetmeye çalıştı. Bu arada, Fethullah Gülen'le dostluğu ilerletti ve onu ABD Büyükelçisi Morton Abramowitz ile tanıştırdı. Kasım Gülek, yaşlılık yıllarında yeniden CHP ile ilişki kurdu.

Kasım Gülek'in baldızı Aylin Radomisli, uzun yıllar ABD'de yaşadı; Amerikan ordusuna katıldı; Asya'da elçilik görevine atanacağı söylenirken, 19 Ocak 1995'te, evinin bahçesinde ölü bulundu. Ölüm olayı, kayıtlara sıradan bir 'araba kazası' olarak geçti. Aylin Radomisli'nin ilginç konukları oluyordu. Yakın arkadaşı Aylin Gönensay bunlardan biriyle tanışır:

"Cumartesi sabahı, Madison Avenue'nün köşesinde dikilip Aylin'in yolladığı arabayı bekledim. Bir kaptıkaçtı durdu önümde. 'Aylin Hanımefendisiniz değil mi?' dedi, arabayı kullanan adam. Türkçe konuşuyordu. Şaşaladım; bindim arabaya. 'Siz Aylin Hanım'ın şoförü müsünüz?' diye sordum... 'Hayır, ben Nilüfer Hanım'ın ekibindenim; Zaman gazetesi için makineler almaya geldikti, ben dönemedim, kaldım. Burada ne iş olursa yapıyorum. Bazen Aylin Hanım'a servise gidiyorum. Nilüfer Hanım geldikçe de onun işlerine koşuyorum" dedi... Cümle kapısı kocaman hole açılıyordu, duvarda 'Sevgili Aylin'e' diye imzalanmış George Bush'un kocaman bir resmi."[785]

ABD'lilerle 1920'li yıllardan beri dost olan Kasım Gülek, UC elemanlarının da katıldığı ilk toplantıyı, 1982'de İstanbul'da gerçekleştirdi. Toplantılara UC Ortadoğu Temsilcisi Thomas Cromwell başta olmak üzere Moon örgütlerinden ve yerlilerden birçok yönetici katıldı. Toplantı konuları ilginçti; "21 Yüzyıl Eğitimi" ve "Türk Yunan İlişkileri."[786]

Benzeri Moon toplantılarına katılanlar da ilgi çekiciydi: Sabahattin Zaim, Emre Gönensay, Ekrem Akurgal, İlahiyat fakültelerinin dekanları, sanatçılar, belediye başkanı Gülay Atığ, Semra Özal, Deniz Baykal, Hayri Erdoğan Alkin, Handan Kepir Sinangil vb.

PWPA toplantılarında sık görülen ilahiyatçıların başında Salih Tuğ gibi dekanlar geliyordu. İlim Yayma Cemiyeti üyelerinden ve Aydınlar Ocağı eski başkanlarından Salih Tuğ, 1997'de, Kanal 7 TV'de Fehmi Koru ile programa çıktı ve UC'yi övgüyle anlattı.

---

[785] Ayşe Kulin, Adı: Aylin, s.322-3. Aylin'in Calverton Cemetery'deki kabir taşı: *Aylin Radomisli – LTC US ARMY – Persian Gulf, Jul 22, 1938- Jan 15 1995*"
[786] The Middle East Times, editörlüğünü de yapan Thomas Cromwell, Kıpti Hıristiyanlarla ilişki kurarak ayrımcılığı desteklemekle suçlanmış ve Kahire hava alanında gözaltına alındıktan sonra sınır dışı edilmiştir.

Bu toplantılara katılan Yaşar Nuri Öztürk, Moon'un ilahiyatçılar için 45 gün süren Amerika gezisi düzenlediğini belirtiyor.[787] 1996'da, toplantılarla ilgili olarak *"Zaten onlarla 4-5 yıldır münasebetim yok"* dedikten sonra, *"Kore'ye sizi üç aylığına davet etmişler"* denilince, ilginç bilgiler veriyordu:

"Hayır, üç gün dahi kalmadım. Beni Fehmi Koru ile karıştırıyorlar. Güney Kore'ye de gittim; ama Amerika'nın uzantısı olan çalışma dolayısıyla. Çünkü çalışma dinler arası konferans ismiyle yapılıyordu ve programın bir(i) Güney Kore'deydi... Grup halinde çağrıldık. İspanya, Amerika ve bir de Fransa. Mısırlılar vardı, İran'dan 4 molla ve hatta Hindistanlılar vardı. En son 1989 yılıydı. Ondan sonra bir daha vaktim olmadı zaten... Paris'teki toplantıda sanıyorum ki onları rahatsız edecek çok şey söyledim. Ondan sonra da bir daha çağrılmadım zaten..."[788]

Açıklamadan da görüldüğü gibi, ilk ilişkiler hep gizemli girişimler sonucunda gerçekleşiyor; ama bu kendiliğinden de olmuyor. Ailesi tarafından 12 yaşında müritleştirilen, Moon'un yakınında uzun yıllar kalan, daha sonra Moon'un isteğiyle eşinden ayrılan, sonraları kölelikten kurtulmanın bir yolunu bulan Craig Maxim'e İstanbul'dan yollanan ileti, işlerin nasıl yürüdüğüne iyi bir örnek oluşturuyor:

"Ben misyoner olarak dokuz yıl Türkiye'de kaldım. Daha önce de üç yıl Bangladeş'te kalmıştım.. The Womens Federation for World Peace (WFWP), birkaç yıl önce (1994 olmalı) İstanbul'da bir konferans düzenledi. Mrs. Moon konuşacaktı. Üyeler (Moon'un Türkiye üyeleri) kesinlikle Türkiye'nin en etkin kadınlarının katılımını sağladılar. Sonra the Mother (Anne; Moon'un eşi) konuştu. Konuşma hep Moon Hazretleri'nin mesihliği üstüneydi...
Bir fırsat kaçırılmış oldu!!! Ve ben Türkiye'de kaldığım sürece bu durumun yinelendiğini hep gördüm.
Kilisede bulunduğum süre içinde Müslümanlarla çalıştım ve Türkiye'den birçok önemli kişiyi toparladım; fakat bu kişiler liderlik tarafından ayrımcı bir muameleye tutuldular.
Bir kişiyi sufilik öğretimi vermesi için Barrytown'daki seminere yollamayı başardım. Bu kişi, gerçek toleransı (hoşgörüyü) kitlelere öğreten ve radikalliğe karşı İslamın iletisini öne çıkaran; şimdi ülkede (Türkiye'de) en etkin kişidir. Ne ki oradaki (Barrytown'da) fakülte tarafından küçük görüldü. Genç Oon Kim bana daha sonra şunu söyledi: Neden seminerde eğitim verecek bir Müslümana gereksinim duyuyoruz? Bir keresinde Father (Baba/Moon) Barrytown'a geldi. Karlı bir gündü. Benim dostum (İstanbul'dan giden olmalı) onunla hiç kar-

---

[787] Numan Saruhan, "Amerika Merkezli Moon Tarikatı Türkiye'de ne yapmak istiyor?" *Nokta, 25 - 31 Ağustos 1996, Yıl:14, Sayı:35, s.20-23*
[788] Numan Saruhan, a.g.y, s.23

şılaşmamıştı ve tanıştırılmak üzere aşağıya inmişti. Babanın eskortları arabadan inen babaya yol gösterirken benim dostumu açık havada unuttular. Bu ikiyüzlülüğe karşı söylenecek bir söz bulamadım. Şimdi artık, Tanrının bana söyleyecek bir şeyi varsa doğrudan yüzüme söyleyebilir. Artık (yaşamımda) ne Koreli ne de İncilci Yahudi 'Mesihlere'yer var."

UC, Hıristiyan ya da Müslüman ayırmıyor; önüne geleni birleştiriyor. Hocaefendi'yi, Belediye Başkanını, Cumhurbaşkanı'nın eşini, devlet bakanlarını ve nice ünlüyü buluşturuyor. Moon'un Türkiyeli tarikatlarla ilişkileri ayrı bir kitap konusudur. Şimdilik, UC'nin yayınlarına göre toplantılara katılımı kısa bir listede toparlayalım:

1982- Roma: Kasım Gülek

1982- İstanbul Hazırlık toplantısı: Bu toplantıyı Moon'un sağ kolu Chung Hwan Kwak yönetiyor ve Kasım-Nilüfer Gülek Türkiye düzenlemesini yapıyorlar.

1984- Roma: Hayri Erdoğan Alkin (Konferans Başkanı olarak), Prof. Sabahattin Zaim.

1986- İstanbul Hilton "*21. Yüzyılda Eğitim*" : Kasım Gülek, Sabahattin Zaim. PWPA'nın ABD başkanı Nicholas Kittrie ve Atina'dan Evanghelos Moutsopoulos da katılıyor.

1986- İstanbul Hilton: "Türk-Yunan İlişkileri" Sabahattin Zaim, Ekrem Akurgal, Emre Gönensay[789], Kasım Gülek.

1987- Chicago: Kasım Gülek

1988- Londra: Prof. Handan Kepir Sinangil (Boğaziçi Ünv.)

1991- İstanbul President Oteli.

1994- İstanbul the Marmara Oteli

1996- İstanbul (1-14 Haziran).

Öteki katılımcılar: Deniz Baykal, Işılay Saygın, Mehmet Aydın (9 Eylül Ünv. İlahiyat Fak. Dekanı, Abant toplantıları yöneticisi, 18 Kasım 2002 AKP Abdullah Gül Hükümeti Devlet Bakanı), Sabri Orman, Ali Şafak, E. Ruhi Fığlalı, Gülay Atığ (Aslıtürk), Semra Özal, Nilüfer Narlı, Nevzat Yalçıntaş, Lütfü Doğan, Osman Zümrüt, Şerafettin Gölcük, Salih Tuğ, Fehmi Koru, Barış Manço, Ayseli Gürsoy.

ABD'den İstanbul toplantılarına katılanlar arasında Moon'un has adamları Richard Rubinstein, Nicholas Kittrie'nin yanı sıra Yunanistan'dan, Ürdün'den, Mısır'dan, Kore'den gelenler vardı. Gülek'in ölümü üzerine, PWPA'nın Türkiye başkanlığını Hayri Erdoğan Alkin üstlendi. Alkin, Boğaziçi Üniversitesinde profesörlüğünün yanı sıra Türk Ekonomi Bankası (TEB) yönetim kurulu üyeliği yapmaktaydı ve aynı zamanda TESEV danışmanıydı.

---

[789] Başbakan Danışmanı, Dışişleri Bakanı ve Nilüfer Gülek'in kardeşi Aylin Radomisli'nin Amerika'dan yakın dostu... Ayşe Kulin, a.g.k.

Kasım Gülek'in ölümünden sonra kızı devlette önemli görevler üstlendi. Tayyibe Gülek, teyzesi Aylin Radomisli ile ABD'de yaşadı. Harvard'ı bitirdi. Türkiye ekonomisini yönetenlerin yuvası London School of Economics'te yüksek lisans yaptı. Türkiye'ye döndü. Tansu Çiller onu Başbakanlık danışmanı yaptı. Türkiye'nin Bakû–Ceyhan Boru Hattı Komitesi'nin sekreterliğini yürütürken, Ecevitlerin kontenjanından Adana milletvekili (1999) olarak TBMM'ye girdi. Ecevit onu ABD gezilerinde yanına aldı. Tayyibe Gülek, Temmuz 2002'de Kıbrıs'tan sorumlu devlet bakanı oldu.

Moon'un Başdestekçisi Bush

Sun Myung Moon, son derece akıllı bir adamdı. Örgütünün yabancı ülkelerdeki şubelerinin başına bir yerli getiriyor; ama yanına da güvenilir adamını katıyordu. Türkiye sekreteri Yoshihiro Yamazaki'nin İstanbul'daki işi aynı zamanda Moon'a ait Sekai Nippon gazetesinin temsilciliğiydi. Mavi basın kartlı Yamazaki, İstanbul'da oturuyordu.[790]

Sekai Nippon'un merkezi Japonya'dadır. Gazetenin açılışını ABD başkanı George Bush yapmış ve dostu Moon'a vefa borcunu ödemiştir. Amerika'da yazılan çizilene göre Bush, destek karşılığında 500.000 dolar almış. Bazılarına göre bu tutar, 2 milyon doları buluyor.

George Bush'un oğlu George Walker Bush Jr. da Moon'a yakın durdu. Moon da karşılık olarak onu ABD başkanlığı seçimlerinde destekledi. Başkanlık yemininden bir gün önce (19 Ocak 2001) Moon, George Bush Jr. için bir dua yemeği düzenledi. Yemeğe, Hıristiyan sağcılardan, Ulusal Evangelist Örgütü Başkanı Don Argue, Southern Baptist Convention Ethics & Liberty Commision (Güney Baptist Kurulu Etik ve Özgürlük Komisyonu) Başkanı Richard Land, o zaman daha Başsavcılık görevine atanmamış olan John Ashcroft ve din örgütleri ya da kurumlarıyla bağlantılı 1.700 kişi ile çok sayıda siyasetçi katıldı.

George Bush Jr., yardım kuruluşlarının şemsiyesi olan devlete bağlı AmeriCorps VISTA (Amerika Hizmetinde Gönüllüler)'nın başına, Moon'a bağlı AFC (Amerikan Aile Koalisyonu)'nin başkanı David Caprara'yı getirdi. Bush Jr., Akev'e yerleşir yerleşmez, bir "*Din esaslı girişim*" komisyonu kurdu. UC temsilcisi de bu komisyonda yerini aldı.

Moon, 21 Mayıs 2002'de sahibi olduğu Washington Times için Hilton'da bir açılış düzenledi. Aralarında kongre üyelerinin, devlet görevlilerinin, dinsel liderlerin, işadamlarının bulunduğu 3.000 kişi katıldı. Başkan George Bush Jr. da babası gibi Moon'u desteklediğini; Washington Times'ın "*seçkin bir bilgi ve fikir kaynağı*" olduğunu belirterek reklam kokan bir iletiyle gösterdi.[791]

---

[790] Türkiye sekreterliğine daha sonra Setsuo Sakurai getirildi.
[791] Bill Berkowitz, "The GOP's man on the Moon", *Workingforchnage.com / printitem. cfm? itemid=14455, 02.05.03.* Moon'un dostları arasında NATO eski sekreteri

Deniz Baykal'dan Seul'de bildiri

Türkiye'de PWPA'nın etkinliklerinden sonra, Moon'un kadınlara kanca atma ve kadın örgütleriyle bağlar kurarak örgütlülüğünü geliştirmek için kurduğu WFWP (Dünya Barışı Kadınlar Federasyonu) İstanbul ilişkilerini sürdürdü. 16-18 Mayıs 1997'de The Marmara otelinde düzenlenen toplantıya Semra Özal da katıldı. Açış konuşmasını Moon'un eşi Hak Ja Han Moon yaptı ve UC hareketinin ideolojisini, Gerçek Baba Moon'un Mesihliğini anlattı.

Her toplantı yeni bir ilişki doğuruyordu. Örneğin Bakanlardan Işılay Saygın da daha sonra Seul 1998 toplantısına katıldı.

Seul toplantıları çok şatafatlı oluyordu. Bine yakın insan dünyanın dört bir yanından Seul'e getiriliyordu. Açılış konuşmasını Sun Myung Moon yapıyor. 26-28 Ağustos 1992 Seul toplantılarına Türkiye'den de ilahiyatçılar katıldı. Katılımcılardan "Taha Kıvanç" takma adlı gazeteci, Zaman gazetesinde anılarını yayınladı.[792]

Deniz Baykal da Aralık 1997'de ABD'deki "Gerçek Ana-Baba" günlerinde PWPA toplantısına katılınca, Kuvayı Medya dergisinde bu konu Moon'un istihbaratçı bağlarıyla birlikte gündeme getirildi. CHP'nin parti meclisinde derin tartışmalar yaşandı. Baykal, medyanın bu tutumuna bir anlam verememişti. Partisindeki yakınmalarsa iki hafta da sönüp gitti.

Oysa Baykal, bir yıl önce 20-22 Ağustos 1996'da Seul'de gerçekleştirilen toplantıya da katılmış ve *"Honarable (Şerefli) Deniz Baykal, Türkiye'de Cumhuriyet Halk Partisi Başkanı"* olarak tanıtılmıştı. Baykal, Seul'de "Türk Bakışıyla Jeopolitik Konular" başlıklı bir bildiri sunmuştu. Medya, Deniz Baykal'ın 1996 toplantısına katılmasını görmezden geldi.

Baykal, 1997 katılımından sonra, kişisel ilişkilerinin kimseyi ilgilendirmeyeceğini ve ABD'deki toplantının bir Dünya Barış Konferansı olduğunu yineledi; *"Toplantıya katılanların altıda biri tarikat üyesiydi. Eski ABD Başkanlarından Gerald Ford, George Bush, Mihail Gorbaçov, Michelle Rochard gibi isimler de katıldı. Fransız, İngiliz basını bunları soruyor mu?"*.diye sordu.[793]

Bu arada, Amerika'daki toplantıya katılışıyla ilgili olarak bu denli açık bir davranış sergileyen Baykal, daha önce Seul'e gittiğini; ama Moon'u tanımadığını açıklamıştı. Oysa 1996 Seul toplantısını, her zaman olduğu gibi, Sun Myung Moon açmıştı. Baykal da öteki Türkler gibi oradaydı.

General Alexandre Meigs Haig Jr. da vardı.
[792] Taha Kıvanç, "Kore'de ne işim var?", "Dini Nikâh hem de toplu halde", "Kore'den başka izlenimler", "Seul Camii'nde Cuma namazı" , "Diyalog girişimi Müslümanlardan gelmeli" *Zaman, 27-31 Ağustos 1992.*
[793] Saffet Korkmaz, Baykal'a Moon tepkisi, *Hürriyet, 7 Aralık 1997.* Ayrıca bkz. Savaş Süzal, "Milyonları evlendirdi" *Sabah Dış Haber, 1.12. 1997.*

Birleştirme Hareketi'nin Türkiye Kampları ve Futbol

Moon'un en kapsamlı Türkiye atağı "Unification Movement" gezisidir. 35 ülkeden toplanan 150 kişi, New York - Kudüs – İstanbul - Roma - Yeni Delhi – Katmandu – Bangkok – Pekin – Tokyo - New York yolculuğu boyunca, her kentte bir hafta kalarak işlerini gördüler. Sözde dinler arası ilişkinin amacı, Moon'un hedefine uygun olarak adam örgütlemektir. Moon'un örgütçüsü Dr. Joseph Bettis, geleneksel yayılma yöntemlerine açıklık getiriyordu:

"Heyetimiz içinde yer alanlar, bütün dünyada tek din olmasını amaçlıyorlar. Bu bizim ikinci turumuz. Bunu devam ettirmek istiyoruz... Ancak tura katılanlar her yıl değişecek... Bu yıl sekiz Türk'ün de bizimle gelmesine çok memnun olduk."[794]

Moon turcuları, örgüte bilimsel bir saygınlık görüntüsü vermek için üniversitelerden adam seçiyorlar. Katılımcıların yalnızca Moon'un kilisesine bağlı olanlardan seçilmesi, ayrı dinleri ve üniversiteleri temsil ettikleri izlenimini verdikleri izlenimi bırakıyordu. Örneğin, turcular arasında Moon tarafından kutsal nikâhla evlendirilmiş; en az on yıllık kilise üyelerinin örgüt bağlarından söz edilmiyordu.

Avrupa'dan yola çıkan genç Moon müritleri de Türkiye'den eksilmiyordu. Mezhep ve din ayrımı yapmayan UC adına Türkiye misyonerliğinde Yamazaki'nin yanı sıra, Katsumi Date, Mitch Lawrie, Marilee Zuercher ve Susan Fefferman görev almışlardı.

Moon'a bağlı Yeni Ekümenik Araştırma Derneği'nin çalışmalarına Türk gençleri de katılıyordu. Dünya Dinleri Gençlik Semineri'ne Türkiye'den Ahmet Davutoğlu katılmıştı.[795] Boğaziçi Üniversitesi "master" öğrencisi Davutoğlu, çalışmaların amacını ilginç sözlerle açıklıyordu:

"Amerika'da kendi sahasında söz sahibi değişik dinlere mensup bir grup profesörün önderliğini yaptığı bu gezide, amaç bilfiil yaşayarak daha açık bir ifade ile 'gezici bir üniversite' şeklinde, dinler arasında diyalog ve fikir alışverişi temin etmektir. İlki geçen sene yapılan bu geziye Türk temsilciler bu sene katıldı. Gerek ABD'de gerekse Kudüs'te gerçekten çok değerli gözlemler yapma imkânı bulduk."[796]

Unification Church, birleştirme işinin gençlerle başlayacağının bilincinde. Bu nedenle gençleri örgütlemeye büyük önem veriyorlar. Bu işi uluslararası boyutta oluşturmak için RYS (Religious Youth Service- Dindar Gençlik Hizmeti) örgütünü kuruyorlar. Bu örgüt, dünyanın doğusuna ve güneyine kanca atıyor. İşin başına John Gehring adlı bir İsrailli getiriliyor. Çeşitli ülkelerden gençleri toplayıp bir ülkede çalışma kampları kuruyor; okul tamiratı, çevre düzenlenmesi yapıyorlar.

---

[794] "Dünyada yeni bir akım: Tek Din" *Yankı*, 8-14 Ağustos 1983, Sayı: 645, s.28-29.
[795] Şerif Mardin'in doktora öğrencisi Davutoğlu, 1990-1995 arasında Malezya'da çalıştı; 2002'de AKP Hükümetinin Dış İlişkiler Başdanışmanı, 2009'da dışardan Dışişleri Bakanı oldu.
[796] "İslamiyeti Tanıtamıyoruz" *Yankı, a.g.y, s.30.*

RYS, Türkiye'den de eksik olmadı: 14 Temmuz - 6 Ağustos 1994 arasında Çanakkale'de ve Ankara'da yaz kampı kurdular. Ankara Gölbaşı'nda bir kliniğin yemekhanesi ve odaları tamir edilerek boyandı. RYS raporu bu işlerin yapım gerekçesi olarak "Türkiye'nin yoksulluğu"nu gösteriyordu.

Bir çalışma kampı da Sincan'da kurulmuştu. RYS üyesi gençler, Ortadoğu Teknik Üniversitesi'nin yurtlarında kalmışlar. Bu işlerin organizasyonuna, Gölbaşı, Sincan belediye başkanları ile Ankara Büyükşehir Belediye Başkanı Melih Gökçek, Gazi Üniversitesi'nden profesörler destek vermişti. Çanakkale'deki kamp işini de Ganalı Kerim Tsene ile Belediye adına Rıza Özcan örgütlemişler ve sonra çalışmaları bir rapor haline getirmişlerdi.[797]

RYS örgütünün Türkiye danışmanlığını Kasım ve Nilüfer Gülek ile Moon'un Türkiye sekreteri Yamazaki üstlendi. Ankara kamplarını Bengaldeş Büyükelçisi ve belediye başkanları ziyaret etti. Moon'a bağlı Dinlerarası Federasyon elemanları yararlı oldu. Bunların en ünlülerinden İsrail Dinlerarası Eğitimin Tanıtım Cemiyeti Genel Sekreteri Jonathan Tsevi, Bengalli Dr. Kazi Nur-ul İslam ve Azizun İslam, Kasım Gülek'e yardımcı oldu.[798]

Örgüt elemanları ile Kasım Gülek, İstanbul Merit Otel'de iki gün birlikte olmuşlardı. Kasım Gülek, son yemekte geçmiş ilişkilerini özetledi:

"On yıl önce Moon Hazretleri, Dünya Dinleri Gençlik Semineri gibi inançlar arası gençlik eylemi başlatmıştı. Onun görüşü bir birleştirme, barışın gerçekleştirilmesine yönelik yaşam alanlarının tümüne ulaşabilecek bir hareket başlatmaktı. RYS gibi projeler tüm dinlerin iyiliğini tanıtmakta ve başka benzeri hareketlerin önünü açmaktadır. Ülkemde hizmetler sunduğu için RYS'ye teşekkürler."

Sun Myung Moon ya da UC ilintili şirketlerin satış merkezlerinin sayısı 500'ün üstündedir. Moon, toplumsal yaşamın her alanında yer almaktadır. Moon, 1988'de spor alanına girer: WCSF (World Culture and Sports Festival-Dünya Kültür ve Sporlar Festivali) örgütlendi. Kilisenin okulu Sunmoon Üniversitesi spor etkinliklerinin akademik merkezi oldu. İlki 1992'de düzenlenen festivalin 9'uncusu Temmuz 2003'te yapıldı. WCSF Yönetim Kurulu Başkanı Chung Hwan Kwak açılışta konuştu. Kwak, sporculara 2003 yılı *Kutsal Nikâh* töreniyle toplam 400 milyona yakın çiftin kutsanmış olacağını vurguladı. Moon'un en önemli adamı olan Kwak, festivalin giderek dünya spor etkinliğine dönüşeceğini, olimpiyat oyunlarında ve Dünya kupalarında iç sorunlar yaşandığını, çok fazla ticari ilişkilere girildiğini anlattı.[799] Oysa Moon'cuların festivalinde

---

[797] Rıza Özcan and Rev. John W. Gehring, "The RYS Experience: A Turkish Delight", *Articles From the September 1994 Unification News.*
[798] Kazi Nur-ul İslam: Moon'un IIFWP yönetmeni ve IARF Bengaldeş Başkanıdır.
[799] Dr. Chung Hwan Kwak, "2003 World Culture and Sports Festival Welcoming Ad-

yalnızca barışı amaçlamaktaydı. Türkiye'de olayı, "İyi niyetli bir spor etkinliği" diyerek yansıtanları yalanlayan bir propaganda konuşmasıydı.

Kitlelerin yoğun ilgisini çeken futbol, kilisenin de ilgisini çekmektedir. Her girişimin adında yer aldığı gibi Seul'de de "barış" sözcüğü öndedir. 10 Temmuz 2003 futbol turnuvasına Fransa'dan Olympique Lyonnais, Güney Afrika'dan Kaizer Chiefs, Almanya'dan TSV 1860 München, ABD'den Los Angeles Galaxy, Hollanda'dan PSV Eindhoven, Uruguay'dan Club Nacional de Football ve Güney Kore'den de Seongnam Ilhwa takımları katıldı. Türkiye'den de 'Beşiktaş Jimnastik Kulübü Futbol Takımı' turnuvada yerini aldı.

Turnuvada birinciye 2 milyon dolar ve ikinciye 500.000 dolar ödül verildi. Bu olay, Türkiye'deki bazı gazetelerde kısaca "*Moon tarikatının düzenlediği turnuva*" başlığıyla, Moon örgütlenmesiyle ilgili kısa bilgiler verildi. Din-kilise-futbol ilişkisi üzerine akla gelebilecek sorulara yanıt da Zaman gazetesince verildi: Fatih Üniversitesi'nden Ali Murat Yel, kutsallık ve futbol ilişkinin kuramsal temellerini ortaya koydu:

"Futbol da birçok özelliğinden dolayı yeni bir dini hareket olarak görülebilir. 'Para–Religious-Din' olarak da adlandırılan bu hareketlerde, dini herhangi bir unsur olmamasına rağmen pek çok hususta dine benzer özelliklere rastlanılmaktadır."[800]

A. Murat Yel, aslında Moon'un adından esinlenilerek üretilen festival simgesindeki 'moon' yani 'ay' sözcüğüne derin anlamlar kattı:

"Sunmoon (güneşay) Barış Futbol Vakfı'nın düzenlediği; iki yılda bir yapılması öngörülen Barış Kupası'nın amblemi de futbol ve dinin ortak özelliklerine işaret etmektedir: Güneş, Ay ve insanın bir araya gelmesiyle oluşturulan amblemde futbolun evrenselliğine vurgu yapılmaktadır. Amblemdeki kırmızı renkteki güneş insanın hırs ve iştiyakı (özlemi), sarı renkteki ay da futbolun evrensel bir festival olması ve iki elini açmış yeşil renkli insan figürü de barışı, daha doğrusu, futbol vasıtasıyla dünyadaki tüm insanları bir araya getirerek barışçı bir dünya yaratma isteğini temsil etmektedir."

A. Murat Yel, UC'nin örgütlü yapısını görmezden gelirken tarikatın barışçı olduğunu ileri sürüyordu:

"Vakfın kurucusu Myung Moon'un da inandığı ve umduğu gibi, Barış Kupası sayesinde insanlık, din, ırk ve ideolojinin ötesinde birbirleriyle barışçı bir şekilde kucaklaşıp dünyaya barışı getirebileceklerine inanmak da, en azından safdillik olarak algılanıp her biri kendisi için bir din olma özelliğinde olan futbol taraftarının geçmiş asırlarda

---

dress; The Path to the Realization of a New World Culture of Peace" , FFWPU - The Family Federation for World Peace and Unification, *ffwpui.org/view.asp?boardid?=23& docid =535*
[800] Ali Murat Yel, "Futbol ve Din" *Zaman*, 9.7.2003

tarih kitaplarına geçmiş 'din savaşları'na benzer mücadelelere girmesi, akla ve mantığa daha uygun gelmektedir."

Bir ayaktopu oyunu için bunca felsefe yapıldığı görülmemiştir, ama Moon'un örgütlediği etkinlikler, sağ-sol dinlemiyor; SHP'lileri, RP'lileri ve liberal profesörleri bir araya getiriyor.

Bunca iş için saçılan paranın kaynağında; günde yirmi saatin üstünde UC'ye hizmet eden müritlerin payı büyük olmakla birlikte; Vietnam savaşında K-CIA ve Amerikan CIA ile birlikte kotarılan işlerin; Amerika'dan Kore'ye pirinç satışlarında elde edilen komisyonların; Japonya'nın çok özel işadamlarıyla kurulan ilişkilerin payı olmalı.

RP destekçisi Louis Farrakhan ve Moon el ele

Moon'un sanayi ve ticaret ağı ile önemli bir parasal katkı elde ediliyor olması gerekir. Harcamalar olabildiğince ölçüsüzdür. Washington Times gazetesinin yıllık zararı 50 milyon dolardır, ama Moon, gazetesini bırakmıyor.

Önce okul, gençlik, eğitim, kadın, bilim, medya, vakıf örgütlenmeleri ve sonra politikacılarla, devlet adamlarıyla kurulan iyi ilişkiler, işin temelidir. ABD'de dinler arası olarak mı, yoksa örgütler arası olarak mı değerlendirilebilecek bir ilişkinin Türkiye'ye bulaşan ucuna bakmak gerekiyor.

Moon, Ekim 2000'de ABD'de bir ilke daha imza attı ve Amerikan zenci Müslüman örgütlerinden Nation of Islam örgütü ile birlikte "Milyon Aile" yürüyüşünü gerçekleştirdi. Alan toplantısında, konuşan Nation of Islam lideri Louis Farrakhan, sözü 'medeniyetler arası çatışma'ya getirip şunları söylüyordu:

"Kosova' da etnik temizliğin nedeni nedir? Bir insanın bir başkasını mahvetmeye ya da yıkmaya çalışmasının nedeni nedir? Türk'ün Ermenileri mahvetmelerine neden olan nedir?"

Anımsanacaktır, o günlerde Ermeni soykırımı yasa tasarısı, ABD kongresinde görüşülmek üzeredir. Nation of Islam ile UC'ye bağlı Dünya Barışı için Dinlerarası Diyalog örgütü yan yana gelebiliyorlar ve Türkler aleyhine açıklama yapabiliyorlardı. Farrakhan'ın Türkiye'de RP'ye destek gezilerini unutmamalı.

Dünyada, kendisini yeni projelere ve yeni durumlara Sun Myung Moon'dan daha iyi uydurabilen bir kişi olamaz. "Project Democracy" operasyonunu, parasıyla, örgütsel gücüyle, başından beri destekleyen Sun Myung Moon, NGO hareketine koşut bir dizi yeni örgüt oluşturdu. En önemlisi, din ve demokrasi projelerini birleştiren IIFWP (Dinlerarası ve Uluslararası Dünya Barışı Federasyonu)'dir ve Moon'un öteki örgütleri FFWPU, WWWP, YFWP, PWPA ile birlikte çalışır. IIFWP, 25-27 Mayıs 2001'de İstanbul'da, bir toplantı düzenledi. Toplantının konusu

"Ulusa Hizmet, Dünya'ya Hizmet: Aileleri, Cemaatleri ve Ulusları Yenileyerek Barışı Yerleştirmek" olarak açıklandı.

Konu, her zaman olduğu gibi 'bilimsel' görünmesinin yanı sıra, Müslümanlara daha da çekici gelecek bir içerik taşıyordu. Toplantılara Özbekistan, Moğolistan, Bengaldeş gibi Müslümanların çoğunlukta olduğu ülkelerden katılım artıyordu. İşin ilginç yanı, örgütün belgesine göre, bu toplantıları parayla destekleyenler arasında İslam Konferansı Örgütü'nün, Arap Devletleri Birliği'nin ve BM kurumlarının bulunmasıydı.

Moon'un sağ kolu Neil Albert Salonen bir konuşmayla toplantıyı açtı.[801] Salonen, Moon'un üç yıl önce satın aldığı Bridgeport Üniversitesi'nin rektörüydü. Ama daha da önemlisi, Salonen, UC'nin ABD Başkanlığı'nın yanı sıra, yine kiliseye bağlı "Freedom Leadership Foundation (Özgürlük Önderliği Vakfı) kurucu başkanıydı. Moon ile siyasetçiler arasında sıkı ilişkiler kurulmasını o sağlamıştı.

Örneğin, Başkan Nixon'un başı Watergate skandalıyla belaya girince, Salonen'in önerisiyle Moon hemen işbaşı yapmış ve Richard Nixon'u destekleyen gösteriler örgütlemişti. Salonen, daha sonra "UC-KoreaCIA" soruşturmasında Moon'u kurtarmak için çok çalıştı.[802]

UC, değerli kişilerce örgütlenen toplantılardan birini daha 13-15 Temmuz 2001'de İstanbul'da gerçekleştirdi. IIFWP- WANGO'nun toplantısının başlığı *"Uluslararası Liderlik Semineri: Barışa Yeni Bakış"* ve amacı da *"IIFWP'nin değişik dünya şubelerinin başkanlıklarını etkin olarak yürüten kişilere önderlik eğitimi vermek"* idi.

Toplantıya, Filistin, İsrail, Suriye, Lübnan, İran ve Türkiye'den temsilciler katıldı. Açılış konuşmasını, Türkiye çalışmalarını yirmi yıldır yöneten Chung Hwan Kwak yaptı. Nurcular tarafından düzenlenen konferansların sürekli konuklarından ve Moon'un en önemli adamlarından IIFWP Genel Sekreteri Thomas Walsh, WPI (Dünya Barış Enstitüsü) müdürü Moon'a bağlı ve en yakın ailenin reisi Frank Kaufman, WANGO müdürü Taj Hamad, Fas'taki Fulbright Al Akavan Üniversitesi'nden Prof. Kenneth Grey ve yine Fas'taki Muhammed V Üniversitesi'nden Jeoung Myoung Kim bildiriler sundular.[803]

1990'lı yıllarda Moon'un PWPA örgütünün Türkiye etkinlikleri iyi bir örnek oluşturuyor ve 'Medeniyetler Arası Diyalog' ve 'Bediüzzaman Saidi Nursi' konferanslarına Amerika'dan gelenler çoğalıyordu. Konferanslara İstanbul Büyükşehir Belediyesi'nin desteği yoğundu.

Kocatepe camisinde mevlitli anmayla ve politik destekle başlayan Bediüzzaman Saidi Nursi toplantılarının uluslararası din hürriyeti kapsamında ABD'den, Moon'dan ve İngiltere'den destek görmesi, ilginç

---

[801] *IIFWP Newsletter, Summer 2001, Vol. 2, No:4.*
[802] Robert Boetcher – Gordon L. Freedman, "Gifts of Deceit" s.151, 309-312.
[803] Prof. Eliezer Glaubach, "New Vision for Peace" *IIFWP Newsletter, Summer 2001, Vol. 2, No. 4, s.7,14.*

boyutlar oluşturuyordu. Yabancıların, özellikle Moon'cuların övgüleri Aksiyon dergisinde, Zaman gazetesinde yer aldı.[804]

Unification Church'ün etkinlikleri, ayrı bir kitap konusu olacaktır. Etkinlikler, salt kadın, bilim adamı, dünya barışı vb. örtü konferanslarıyla ya da öğretim üyeleriyle ilişki düzeyinde kalmayacaktı elbette...

755 yıllık camiyi yıktılar ve Moon'cular geldi

Dinsel ideolojiyi, ticari çıkarlar için kullansa da bir örgüt, sonunda dinsel temelli kalıcı odaklar yaratmak zorundadır. Yoksa kısa sürede, herhangi bir ticari ya da siyasal değişimle silinip gider. Buna karşılık müritler, her koşulda birer çekirdek olarak kalırlar.

Bu satırlar yazılırken yaşananlar, UC'nin nerelere uzanabileceğini gösteriyordu: Özellikle 2000-2002 yılları arasında dünya mirası, din-inanç turizmi denilerek, doğrudan hükümet tarafından uygulanan programla, cemaatsiz kiliseler kuruldu; antik kiliseler yenilendi. Aynı dönem içinde sayısız tarihsel cami ise ya yıkıma terk edildi ya da bilerek ve istenerek yıkıldı.

Yıkımın altından çıkanları görmek için bir olaya başvuralım. Türklerin 1211 yılında kurdukları Denizli kentinde yaşandı. Türklerin ilk yerleşimde yaptıkları ve sayısız depremden sonra onararak açık tuttukları 755 yıllık Ulu Cami ve tarihsel Selçuklu minaresi, iki gecede belediye ekiplerince yıkıldı. Yıkımda cami yaptırma derneğinin de payı vardı.

Yıkımın ardından yedi gün geçti. AB parasıyla ve devlet eliyle yenilenen 11 kiliseden biri olan ve yüzlerce yıldır kullanılmayan Pamukkale Kilisesi'nin yıkıntılarında ayin düzenlendi. Ayini düzenleyen birinci grup Amerikan Presbiterian kilisesi mensuplarıydı. Bu grubun başında Amerikalı Papaz Bruce McDowell ve Papaz İlhan Keskinöz vardı. İkinci 25 kişilik grup ise UC bağlılarından oluşuyordu. Ayinciler devlet yöneticilerinden vali yardımcısı Musa Uçar'ı ziyaret etmişler ve ondan hediyeler almışlardır.[805]

"Bizans dönemi kalıntılarıyla Amerikalı papazın ya da Korelilerin ne tür bir dinsel ilişkisi olabilir? Onlar, inançlarına uygun ayin yapacak bir yer bulamamışlar mıdır?" gibi ilginç soruları yanıtlayacak bir görevli yoktu. Görevliler, misyonerlerin halkın zor günlerinden yararlandığının

---

[804] Saidi Nursi konferansları yıllar geçtikçe değerlenir: İlim ve Kültür Vakfı'nca 7. konferansta (2004) yabancı destek doruğa ulaşır. Vatikan Temsilcisi George Marovich, bir besmele çektikten sonra *"Cevşen"* duasını okur. Virginia International Unv. Yöneticisi, Nevada Ünv.'nden Yunus Çengel *"Nur ışığında terörle mücadele ve kitle imha silahlarından arınma"* bildirisini sunar. Konferans sonunda övgü kampanyası başlar. LDT kurucusu Cüneyt Ülsever, Saidi Nursi'nin anti-terör savaşımına geniş bir boyut katar; *"Türkiye'nin görevi: Saidi Nursi'yi anlamak/anlatmak"* başlığını atar. *Hürriyet, 2.10. 2004.*

[805] "Pamukkale' de sabah ayini" *Gündem (Denizli), 24 Haziran 2002.*

da farkında olmayabiliyorlar. Koreli misyonerler de deprem yıkımından yararlanarak sözde yardım diye yerleştikten sonra, dışı ev, içi kilise, inanç merkezleri kurmayı başardılar. Yalova yakınlarında, deniz kıyısında ev içi kilise kuran misyonerler, deprem bölgesini geziyorlar ve uzaklardaki Orhangazi'ye dek gidiyorlar, bir köye uğrayıp, tatil yaptıracağız diyerek çocukları kampa alıyorlar. Hafta sonları çocuklarla Zeytinburnu kilisesine turistik gezi...

Bir yanda misyonerlik, bir yanda Ginseng ile başlayan ticaret siyasal ilişkiler derinleştiriyor.[806] Her siyasal-dinsel örgütün yaptığı gibi çalışan Moon'un Birleştirme Kilisesi, 2002 yılında medyaya taşındı. Ne ki bu taşınma çok boyutlu bir incelemeyle halkın bilgilendirilmesinden çok, örgütün hafife alınmasına, yol açıyor.

Bu tür yayınlarda, Moon'un Kore-CIA, Anti-Komünist Birlik, Akev, Müslüman örgüt ilişkilerinden ve örgütün özellikle bir örnek-yapı (model) olarak taklit edilmesinden söz edilmiyor. Moon'un K-CIA'dan para aldığından ya da Amerika'da bazı kişilerden Radio Free Asia için topladığı parayı kendi hesabına geçirdiği de yazılmıyor. Örgütlerin içyüzünü bilmeyenler, onun bazen dinsel, bazen barışsever, bazen bilimsel maskesine aldanıp toplantılarına katılıyorlar ve örgütü yasallaştırıyorlar. Bilmeyerek de olsa, dolaylı da olsa, halkı, özellikle gençliği, bu tür örgütlere yönlendiriyorlar.

Dikkat edilirse, Moon'un Türkiye'de hızlı örgütlenmesi, demokratik siyasal sürecin bastırıldığı 12 Eylül darbesini izleyen ilk on yılda gelişmiştir. Yabancı devletlerin karışık hesapları yararına kitlelere kıyıldığı dönemde misyonerlerin, mafya-siyaset ve din tüccarlarının önü açılmıştı. Gelip geçti diyemeyiz; çünkü açılan kapıdan girenler hızla yerleşiyorlar.

Ülkedeki dinsel örgütlenmeyi güçlendirerek dışardan gelenin önünü kesmek de bu girişimleri engelleyemeyecektir; çünkü dışardan gelen içerdekini elinden tutarak güçlendiriyor; ilişkiyi yabancı devlete, özellikle ABD'ye, taşıyor. 1998 öncesinde ve Eylül 1999'dan sonra bir ekiple çalışmış olan Moon görevlisi Raymond J. Mas'in iletisinden okuyalım:

"Bir yıl sonra ekibimizle birlikte yeniden Türkiye'ye geldik... Türkiye misyonerler için kolay bir yer değildi ve bizden önce gelenlerin inanç ve ruhunu almıştı. Bu zavallı insanları izlerken, ancak dayanılmaz bir sızı, üzüntü ve acı duyulabilir. Belki de bu deprem, bu ulusun geçmiş günahların üstesinden gelebilmesi için kaçınılmaz bir bedeldir."[807]

---

[806] Bilgisiz ve yoksul bırakılan köylülerimiz durumu öğrenince utanç duyuyorlar. Bağımsızlık savaşının önemli olaylarının yaşandığı köyün adını saklı tutuyorum. İznik-Orhangazi arasındaki 12 köyün kıraç, verimsiz toprakları, köylülerin yoksullaştırılmasından da yararlanan İstanbul'dan gelenlerce satın alınıyor. İnanç turizmi denilerek kilise yıkıntıları ayağa kaldırılıyor. Köyler: Hacıosman, Kırkharman, Sarısu, Papazköy, Kutluca, Kırıntı, Elmalı, Sığırbasan, Üzendere...
[807] R. J. Mas, Message From Turkey, *Sep. 3, 1999, The Words of the Mas Family.*

Yerli Moon'cular Ortadoğu'nun işgalini destekliyor

Moon tarikatı görevlisi Raymond J. Mas'ın *"Türkiye misyonerler için kolay bir yer değildi"* demesi son derece yanıltıcıdır; çünkü Türkiye'de 28 Şubat kararlarını alanlar bile, Moon toplantılarına aldırmadılar.

Moon'cular da Ankara'da konferanslar düzenlemekten çekinmediler. 13 yıl önce İstanbul'da dinci turu başlatan Dinlerarası Federasyon, 2003'te, bir kez daha toplantı düzenledi. Toplantıya devlete bağlı üniversitelerden dekanlar ve öğretim üyeleri katıldı.

Tokyo Camisi İmamı Nimetullah Halil İbrahim'in dualarla açtığı toplantıyı, 19 Mayıs Üniversitesi İlahiyat Fakültesi Dekanı Osman Zümrüt yönetti.

Basına kapalı toplantıya katılanlardan bazıları ilginç bir mozaik oluşturuyordu:

Prof. Dr. Ekrem Sarıkçıoğlu (Süleyman Demirel Ünv. İlahiyat F. Dekanı)
Zihni Papakçı (Marmara Unv.)
Tuğ. (e) Rıza Bekin (Doğu Türkistan Vakfı Başkanı)
Fermani Altun (Ehli Beyt Vakfı kurucularından)[808]
Seyhan Ekşi

Moon örgütleri "barış" sloganını kullansalar da, söz konusu ABD olunca savaşın ön plana çıktığı görülür. Vietnam'da, Nikaragua'da, Afganistan'da olduğu gibi... İstanbul toplantısında da durum değişmemişti. Osman Zümrüt, Irak'ın işgalini ve Türk askerinin Irak'a gönderilmesini, İsrail-ABD müttefikliğini destekledi:

"Gerçekten 11 Eylül'den sonra Afganistan ve Irak'ta başlayan savaş, ayrıca Kuzey Kore'nin nükleer silah geliştirmesi ile ilgili gerilim ve aynı zamanda Ortadoğu'daki Filistin sorunu asıl sorun değildir.
Asıl sorun, insanların ve devletlerin düşünce ve inançlarıyla barışı zihninde ve kalbinde istemesi gerekir."

Prof. Osman Zümrüt, ABD'nin inançlılığına ve insanların esenliğine katkısına iman etmiş görünüyordu. Tüm insanlığın gözleri önünde yaşanan kanlı işgale kılıf uydurma çabasına bile girişmeden desteğini apaçık veriyordu. Kanlı bir işgale destek ancak bu kadar verilebilirdi.

Destek, yalnızca toplantıya katılanları inandırmakla da sınırlı değildi. Prof. Osman Zümrüt, ABD'yi Türk ordusunu yedeğine almaya da çağırıyordu:

"Amacı barış olan Türk askerlerimizin orada bulunması Irak halkının, ABD askerlerinin ve insanlığın güvende olmasına büyük katkıdır. Umarız ki, ABD bu konuda dünyayı ve herkesi memnun edecek."

---

[808] Tanınmış Alevi dernekçilerindendir. Vakıf, Çorum'da bir Ehli Beyt camisi kurmuştur. Şiiliğe daha yakın bir Alevilik yorumu benimsedikleri ileri sürülmektedir.

Moon-kilise-ticaret-siyaset sarmalında kurulan ağın ilmikleri ayrı bir kitap konusudur; çünkü toplantıyı övgüyle karşılayan Türklerin, Moon Hıristiyanlığıyla Amerikan Müslümanlığını birleştirme hırsları ölçü tanımıyor. Kılıf uydurma yeteneklerine de diyecek yok; aynen şöyle diyorlardı:

"Günümüzde herkes hayatının bir bölümünde kişisel istek, beklenti ve toplumsal zorunluluk ya da baskı sebebiyle çok farklı dinin veya inancın içinde istese de istemese de bir şekilde kendini bulur.
İşte bugün insanlık ve ulusunun özgürlüğü için bir tugay asker göndererek şehitler verdiğimiz Kore yarımadasından çıkan bir insan olan Rev. Sun Moon'un inançları ile bağlantılı olarak kurduğu bir sivil hareketin temsilcilerini İstanbul'da konuk ediyoruz." [809]

---

[809] "Amerika, Mooncuları cepheye sürdü" *Yeni Çağ*, 29.8.2003.

True Star *
ABD'deki Gerçek Yıldız

> *"Şimdi resmen izin verilen din tedrisatı için hususi dershaneler açılmış, izin verilmesine binaen Nur Şakirdleri mümkün olduğu kadar her yerde küçücük 'Dershane-i Nuriye' açmak lazımdır... Ümmetin beklediği, ahir zamanda gelecek zatın üç vazifesinden üçüncü vazifesi, Hilafeti İslamiyeyi İttihad-ı İslama bina ederek, İsevi ruhanileriyle ittifak edip Din-i İslama hizmet etmektir."* Bediüzzaman Saidi Nursi.[810]

Moon Hazretleri ile Türkiye'nin Hazretleri arasında, örgütlenme modellerindeki büyüklük yanında en önemli benzerlikse birinin Mesihliğe, diğerinin ise İslam temsilciliğine soyunmalarıdır. Türkiye çıkışlı cemaat, Müslümanların bulunabileceği ülkelere giriyor ve sanki dünyada dinler arasında savaş varmış gibi, dinler arası diyalog arayışı en yakıcı sorunmuş gibi, İslam temsilciliği görünüşü altında Hıristiyanların liderleriyle ilişkiye geçme girişimlerinin yoğunlaştırıldığına tanık olunuyor. İdeolojik temel de hazır: "Hz. İbrahim, her üç dinin babasıdır."

1950'de Amerika'yı ilk keşfeden Saidi (Kürdi) Nursi olmuştu. Saidi Nursi, Amerika'ya yaslanabilmek için dinsizliğe ve komünizme karşı hareket adı altında ortak savaş önermişti. Kore'ye *"beş binler Nur talebeleriyle"* savaşmaya gidebileceğini belirten mektuplar yazdırmıştı.[811]

Zamanın Cumhurbaşkanı Celal Bayar'dan bir yanıt alamayınca da, müritlerinden birinin eline Nur broşürleri tutuşturarak Kore'ye göndermişti. 1951'de Papa'ya da broşürlerini gönderen Saidi Nursi, 1953'te Celal Bayar ve Adnan Menderes'e bir mektupla başvurarak, Komünizme karşı Hıristiyan ve Müslüman dünyasının birlikte hareket etmesinin yararlarını anlatmaya çalışmıştı.

Aradan yıllar geçtikten sonra, onun rüyası gerçekleşti. Talebeleri, Amerika'ya girmeyi başardılar. Katolik âleminin başı Papa ile dostluğu

---

* 'True star' tapınması, doğaya tapınmanın bir türü olarak, astronomi ve astrolojinin en üst düzeye ulaştığı Mezopotamya'daki eski toplumlarda görülmektedir. Astronomide Helenleştirmeden sonra 'astral' dinler ve efsaneler, dünya dinlerini etkilemiştir.
[810] Risalet Nur Külliyatından Sikke-i Tasdik-i Gaybi, s.7,9.
[811] Necmeddin Şahiner, Saidi Nursi, s.78 ve Bediüzzaman Saidi Nursi, Risaleler- Tarihçe-i Hayat, s.712.

ilerlettiler. Bir mektupla *"Üç büyük dinden liderlerin işbirliğiyle ilki Washington DC'de olmak üzere muhtelif dünya başkentlerinde konferanslar serisinin gerçekleştirilmesini"* ve Urfa'da *"üç büyük dine mensup gençlerin okuyacağı"* bir ilahiyat okulu kurulmasını önerdiler.

Mektuplaşmanın ardından Papa ile doğrudan görüştüler. Üç büyük dini birleştiren konferanslardan ilkinin Kudüs'te gerçekleştirilmesini önermemelerinin nedeni anlaşılır gibi değilse de son toplantının Washington D.C'de yapılmasının önerilmesi olağanüstü bir buluş olmalı. Doğrusu da budur. Son konferans, "Din Hürriyeti"'nin kalesinde yapılmalıydı. Senaryonun Türkiye ayağı Urfa'da Türkiye Cumhuriyeti Devleti'nin de temsil edilmesiyle 2000 yılında gerçekleştirildi.[812]

İçe dönük örgütlenme yürüten Saidi Nursi ardıllarının Hıristiyanlığa ve Museviliğe karşı İslamı savunurken ittifaka yönelişlerindeki keskin değişime, Zaman gazetesinin sekiz yıl arayla yayınladığı iki yorumunda tanık oluyoruz:1992 yılında. Amerika ile içli dışlı olunmamıştır. İsrail'e bağlı kuruluşlarla dayanışma içine girilmemiştir. Zaman gazetesi, en köklü örgüt olan ADL B'nai B'rith ile ilgili yorumda bulunuyordu:

"İngiliz Farmasonluğunun Yahudi kolu olan B'nai B'rith'in etkisi altındaki ADL (Anti-Defamation League) 1913 yılında kurulmuştur. ADL, adeta, Amerikan mafyasının halkla ilişkiler bürosu gibidir. Kurdukları 'Denizaşırı Yatırımcılar Servisi' adlı şirketle milletlerarası **silah ve uyuşturucu kaçakçılığı, kirli para aklama gibi işleri yürütmektedir.** *İşgal altındaki Filistin topraklarında ve Kudüs'ün Hıristiyan ve Müslüman bölgesinde geniş arazilerin kanunsuz alım satımının ortaya çıkardığı emlak skandalı da yine işin içinde ADL'nin varlığını ortaya koyuyor... MOSSAD ile hususi ilişkilerini sürdürmüş, İsrail mafyasıyla da yakın bağlantılar kurmuştur... ADL-Sharon grubu, ihtilaflı bölgelerde satın aldıkları evlerde militan Yahudileri yetiştirdiler."*[813]

Gazete bu savlarına ilişkin bir kanıt sunmuyordu. Belli ki amacı doğrudan saldırmaktı. Ne ki aradan geçen yıllarda Talebelerin Amerika ilişkileri, Moon bağlantıları, "gerçek yıldız" inançları, üç din projeleri, uluslararası din hürriyeti bağlamında uluslararası eğitim çalışmaları yaygınlaştı. Yorumları da değişti:

"Türkiye'de bulunan Yahudi Liderler Heyeti, Başbakan Yılmaz, Orgeneral Çevik Bir, TBMM Başkanı (Hikmet) Çetin ve Dışişleri Bakanı Cem'den sonra Fethullah Gülen ile görüştü... 55 Yahudi örgütünü temsilen Türkiye'de bulunan 59 kişilik Amerikan Yahudi Örgütleri Başkanları Konferansı Heyeti, Fethullah Gülen'in Türkiye'deki ve

---

[812] Bu ayine Devlet Bakanı Sadi Somuncuoğlu da katıldı. Fethullah Gülen'in Amerika'dan yolladığı ileti okundu ve alkışlarla karşılandı.
[813] *Zaman*, 20.12.1992. Ayrıca Bkz. Talat Turhan, Küreselleşmenin Şifresi, s.86. Koyultmalar tarafımca yapıldı. (M.Y.)

yurtdışındaki çabalarını önümüzdeki yüzyılın barış asrı olması açısından önemsediklerini ve söz konusu projeye büyük ilgi duyduklarını' belirttiler. Görüşmede; Gülen'in ABD'nin en etkili Yahudi lobisi olan ADL'nin teklifiyle hazırladığı hoşgörü ve diyalogla ilgili kitap da gündeme geldi.''[814]

Aradan geçen 8 yıl, ADL'yi karanlık ve kirli işler örgütü olmaktan çıkarmış ve bir yandaş, dahası desteğini esirgemeyen bir dost kurum yapmıştır. Zaman'ın haberi dostluğu sözden maddeye yükseltiyordu:

"Gülen, 'İngilizce olarak hazırlanan kitap üzerindeki çalışmalarının tamamlanmak üzere olduğunu, bittiğinde insanların hizmetine sunacağını' söyledi. **Kitap, ADL tarafından basılarak dünyanın dört bir yanına dağıtılacak...*"***

Bu ve benzeri keskin dönüşümlerin gerekçeleri taraflarca açıklanmış değil; ancak yoğun çabalarla ve akıllı ilişkilerle dünyayı yönlendiren Amerikan kurumlarının desteği bir gerçektir.

CSIS'ten önemli dostlar

Şakirtlerin (ya da talebelerin), Saidi Nursi'nin açtığı yolda başarıya ulaştıkları kesin. Saidi Nursi'ye kalem müdürleriyle yanıt veren Vatikan Papası, yıllar sonra talebelere kapılarını açtı. Talebeler artık ABD'de İslamlığın çeşitli mezheplerine bağlı temsilcilerle, Katolik Üniversitesi profesörleriyle ilişki kurmayı başarmış görünüyorlar.

Amerikalı ilahiyatçıların arasında, Sidney Griffith, Tanzanya kökenli Amerikan Müslümanı Şii önderlerinden Abdulaziz Sachedina ve İbrahim Abu Rabi en ünlüleri. Bu kişiler, ABD'de Kurulu *Truestar* (Gerçek yıldız) şirketinin merkezinde yayınlanan *The Fountain* dergisinin yönetim kurulunda yer alıyorlar. *The Fountain*, 'Sızıntı' dergisinin İngilizce çeşitlemesidir.[815]

Abdülaziz Sachedina ve İbrahim Abu Rabi, CSIS'in Ortadoğu Bölümü'nde görev yapıyorlar. CSIS, 1962'de Georgetown Üniversitesi'nde kuruldu. Amerikan devletine ve özellikle petrol ve silah şirketlerine hizmet ediyor. Dış ülke yöneticileriyle, bürokratlarıyla, ABD çıkarlarına dolaylı ya da dolaysız hizmet edecek akademisyenlerle bağlar kuran CSIS, bir devlet kurumu olarak işe başladı, daha sonra yeni dünya düzenine uyum sağlamak üzere şirkete dönüştürüldü.

CSIS, Ortadoğu petro-politik araştırmalarıyla da ünlüdür. Ortadoğu bölümünde Türkiye için ayrı bir bölüm bulunur. Özel bölümleri emekli istihbaratçılar, diplomatlar, dünya deneyimi kazanmış devlet memurları yönetir. Üçüncü ülke adamları da onlara rapor hazırlar.

---

[814] *Zaman, 10.3.1998.* Ayrıca Bkz. Talat Turhan, a.g.k. s.87.
Koyultmalar tarafımca yapıldı. (M.Y.)
[815] Bu dergi Almanya'nın Frankfurt kentinde "Die Fontaene" adıyla yayınlanmaktadır. Zürih'te "Sera Dergisi", Viyana'da "Çağlayan Dergisi" yayınlanmaktadır.

CSIS raporları incelenmeden, Amerikan dış politikası ve bölge senaryoları kavranamaz. Raporlar, Amerikan Ulusal Güvenlik Komitesi'ne yardımcı olur. Amerikan petrol-silah şirketlerine raporlarla verilen hizmetin değeri de büyüktür. CSIS yabancı devletlerin görevlilerini gerektiğinde konuk ederek onların ilgili konularda konferans vermelerini sağlar. Bunların arasında Türkiye başbakanları da bulunmaktadır. CSIS, Kafkasya petrol boru hatları ile ilgili toplantılarını Türkiye Cumhuriyeti Başbakanlığı'nda gerçekleştirmiştir. Sonraları Başbakanlık danışmanlığına getirilen, DSP milletvekili ve Bülent Ecevit'in ABD gezilerinde en büyük yardımcısı Tayyibe Gülek komitenin sekreteri olmuştu. Tayyibe Gülek, 2002'de Kıbrıs'tan sorumlu Devlet Bakanı yapıldı.

Amerika'da cemaat üniversitesi

'Think tank' ya da düşünce topluluğu, sivil toplum örgütü, vakıf, enstitü ya da 'bağımsız şirket' olarak tanıtılan CSIS ile ilişki demek, sağlam yere basmak demektir. Dahası yalnızca Amerika'da ve kendi ülkenizde değil, ABD'nin at koşturmak için her türlü çabayı gösterdiği Ortadoğu, Kafkasya, Asya ve Afrika ülkelerinde de işlerin kolaylaşması demektir.

Bu ilişkiler kişilerle kurulur. Dünyanın dört bir yanında 'vatana ve millete' hizmet uğruna, Moon'dan ABD'nin Türkiye'de görev yapmış elemanlarına, Afrikalı ilahiyatçılardan Türkiye'nin devlet adamlarına uzanan ağın içinde sabırla katlanılan eziyetlerin de bir karşılığı olmalıdır.

"Truestar" Türkçesiyle "gerçek yıldız"ın Amerika'da kurmuş olduğu uluslararası üniversitede yetişecek olan 'süvariler' de bu hizmetlere katkı sağlayacaklardır.

Danışmanlık şirketi olarak tanıtılan Truestar Inc.'nin sahibi olduğu Virginia International University gelecek için umut veriyor. Üniversitenin mütevelli heyetinde yer alan ABD ünlüleri bu umudu güçlendiriyor:

George Johnson: George Mason University başkanlarından.
Richard Ernst: Northern Virginia Community College (FVCC) kurucu başkanı.
Albay John Mason: Fairfax Belediye Başkanı.
Christopher Davis: Manchester University.
Earl Williams: BDM International finans grubu başkanı.
Yunus Çengel: VIU'da çalışıyor.
İsa Saraç: VIU Başkanı.
Jack Hamilton Lambert: Claude Moore Foundation başkanı,
James W. Wyke Jr.: VCC yönetim kurulu başkanı.[816]

Fethullah Gülen çevresinin, çok sayıda ülkenin yanı sıra ABD'de de "lobi" oluşturmak gerekçesiyle okullar açması, gazetede ilginç bir yorumla yer alıyordu:

---

[816] John Edward Wyke, 1950-1975'te İngiltere'de, 1957-1958'de Kıbrıs'ta, 1963-1965'te Libya'da, 1969-1971'de Pakistan'da görev yapmıştır.

"Gülen'in şimdiki planı, ABD'de Türklere de Amerikalılara da eğitim verecek bir üniversite açmak. Virginia eyaletine bağlı küçük bir yerleşim birimi olan Staunton'da boşaltılmış bir hastane binasını devralan "Fethullahçı" grup, burada binden fazla öğrenci kapasiteli bir üniversitenin kurulması çalışmalarına başladı. Gülen, 'Londra'da kolej açmış, matematik doktoru bir arkadaşlarının' Staunton Belediyesi ile anlaşması halinde, üniversitenin dünyanın her yanından gelecek öğrencilere "evet" diyeceğini söylüyor."[817]

Virginia eyaletine bağlı küçük yerleşim yerinde açılan üniversite ve ABD'deki etkinliklerle ilgili bir haber, daha önce yakından tanımış olduğumuz, "Amerikan çıkarlarını koruma" üst tanıtımıyla çalışan MEF (Ortadoğu Forumu)'in yayın organı MEQ'te yayınladı. Bu ilginç haber-yorumu okuyalım:[818]

"Fethullah Gülen'in ardılları, tüm dünyada, Tanzanya'dan Çin'e çoğunluğu eski Sovyetler Birliği Türki cumhuriyetlerinde yer alan 200'den fazla okul kurdular. Bu okullar İslam'dan çok Türk milliyetçiliğini esas alan bir felsefeyi yaymaktadır. 'Balkanlar'dan Çin'e, Türkiye'yi model alan seçkinlerin oluşumunu görmek istiyor...' Bu kuruluşlar Müslüman olmayan öğrencileri kabul ediyorlar ve yüksek nitelikleri ve belki de İngilizceyi temel eğitim dili olarak kullanmaları nedeniyle, seçkinlerin çocuklarını çekmektedir."[819]

İngiliz dilinde eğitim yapmayı esas alan bu kurumların "Türk milliyetçiliğini" nasıl esas aldığı ya da nasıl olup da Tanzanya ya da Çin yönetimlerinin seçkin aile çocuklarının "Türk milliyetçiliğini esas alan" bir eğitimden geçirilmesine izin verdikleri, bu tür satırları yazanların sorunudur diyelim ve Indiana Üniversitesi'nden Bülent Aras'ın satırlarına dönelim.

"Bunlar (Fethullah Gülen izleyicileri) Birleşik Devletler'de özellikle kuzeybatıda yaz kampları işletmektedirler ve 1998 sonbaharında Virginia International University açmayı amaçlamaktadırlar."

ABD'deki etkinliğin iki sonucundan söz edilebilir: (1) Türkiye'de okulları, ışık evlerini, nur evlerini kapatabilirsiniz; ama ABD'dekilere karışamazsınız. (2) Türkiye Cumhuriyeti'ne karşıdır, diyerek davalar açabilir, bazı okulları bitirenlere kısıtlamalar getirebilirsiniz; ama Amerika'da yetişeceklere dokunamazsınız.

Eğitimi kayıtsız koşulsuz özelleştirmenin ve 'vakıf' adı altında şu ya da bu amaçla örgütlenen cemaatlere, açık toplumculara teslim etmenin sonucunda atılacak her kısıtlayıcı adım, insan hakları, demokrasi ve din hürriyeti yönünden yabancı ülkelerce eleştirilecektir. Böyle olması da

---

[817] *Milliyet*, 2 Eylül 1997
[818] MEF ve MEQ için Bkz. Bölüm: Lozan raporu.
[819] Bülent Aras, "Turkish Islam's Moderate Face" *The Middle East Quarterly*, September 1998, Volume V; Number: 3. www.meforum/article/404.

doğal; çünkü ABD'nin hazırladığı 'Din Hürriyeti' ve 'İnsan hakları' raporlarında açık hükümler ABD'nin desteğini göstermektedir. Özetle, siz 'irtica' ya da 'gericilik' derken, onlar 'din hürriyeti' demektedirler.

Graham Edmund Fuller'in "Nurculuk" araştırmasına başlamış olması yeterince açıklayıcıdır. Muhafazakâr ve liberal şebekenin en önemli kuruluşlarından Earhart Foundation, RAND Corporation'a, Fuller'in *"Türkiye'nin Nur İslamcı Hareketi"* adını taşıyan kitabının hazırlanması için 30.000 dolar ayırdı.[820/821]

Fuller'in Nurculuk raporu hazırlamasının anlamını kavramak için, onun on yıl önce 'kimlik' araştırmaya başladığını, NED'in desteklediği Ankara-Urfa konferanslarında 'kimlik' anlattığını ve varılan kimlikli etnisite sonuçlarını anımsamak uyarıcı olabilir.

Sırası gelmişken, belirtilmeli ki bazı cemaatlere "irtica" diyerek kısıtlamalar getirmek, ama özellikle dış ve iç, ortak girişimlerle kurulan ultra-liberal cemaatlere, merkezleri dışarda "kulüp" adının altına saklanmış cemaatlere, sonsuz özgürlük tanımak, ayrımcılığın ötesinde bir anlam taşımaktadır. Bu durumda, Cumhuriyet'in temel niteliklerini korumaktan, birlik ve bütünlüğü sürdürmekten söz ederken biraz düşünmek gerekir; ama her şeyden önce, Fuller gibi eski ajanların nasıl olup da, bilim adamı olarak çağrıldığını, hangi ağdan destek aldığını araştırmak en önemli işlerden biridir. Yoksa 'dinci' ya da 'türbancı' eylem sarmalında boğulmak kader olacaktır.

Hoşgörülü 'sivil idareciler' ve Büyükelçiler

Dünyanın dört bir yanındaki okullar zinciri ve ABD'deki gelişmelerin ışığında, F. Gülen Hoca Efendi'nin, DGM soruşturmasıyla ilgili olarak belirttikleri üzere *"Korkarım ki; memleket zarar görecektir."* Türkiye'de eylemsel hizmetlerini yerine getirdikten sonra Amerika'da İslamiyet'e ve devlete hizmet verme çabasında olanlar 'misyon'larını, Papa'ya yazdıkları mektupta tanımlıyorlardı:

"Dünyada iki tip insan vardır. Bazıları kendilerini topluma adapte etmeye çalışır. Diğer bazıları ise topluma uymaktansa toplumu kendi değerlerine adapte etmek ister. Toplum bütün ilerlemeleri bu ikinci tip insanlara borçludur."[822]

Başbakan Bülent Ecevit de, *"Bir başbakan olarak mahkeme konusunda yorum yapamam; ama bir insan olarak Sayın Fethullah Gülen'in mahkemede aklanmasını dilerim"* diyerek, *"adapte"* işlerinin sağlamlığını açıklamışlardır. Hem ABD insan hakları raporlarına mağdur "Islami

---

[820] *mediatransparency.org/all_in_one_results.php?Message=Turkey*
[821] Earhart Fdn, 9 Eylül Üniversitesi'nden Prof. Coşkun Can Aktan'ın George Mason Üniversitesi'nde konuk öğretim üyeliği (Ekim 1994 - Ağustos 1995) masraflarına 11.750 dolarlık katkı koymuştur.
[822] *Zaman, 9 Şubat 1998.*

Önder" olarak geçirilmiş bir T.C. yurttaşı hakkında Amerikan Dışişleri Bakanı Madeleine Korbel Albright'ın Yardımcısı, Din Hürriyeti Bürosu'nun patronu Kore kökenli Harold Hongju Koh'un sözleri de unutulmamalıdır.

Zaman gazetesinin Washington görevlisi, Kasım 1999 başında, Türkiye'ye gelmeye hazırlanan Harold Hongju Koh ile görüşmesinde *"sivil idarecilerin çoğu Gülen' in yaptıklarını takdirle yâd ederken"* diyerek, Fethullah Gülen'in okullarını öven T.C. Başbakanının, Cumhurbaşkanı'nın ve büyükelçilerin övgülerini anımsatmış oluyor ve *"diğer bazı çevreler bu hareketi büyük bir tehdit olarak göstermeye çalışıyor"* dedikten sonra yönlendirerek *"Bu konuda Türk makamları nezdinde herhangi bir girişiminiz oldu m*u?" diye soruyordu. Ona göre *"Sivil idareciler"* Fethullah Gülen'den yana; *"diğerleri"* yani sivil olmayanlar, Fethullah Gülen'e karşıydı. Gazete görevlisi, yabancı devlet yetkilisinin Türkiye Cumhuriyeti hükümetinden Fethullah Gülen ile ilgili olarak hesap sorup sormadığını öğrenme derdine düşüyordu.

Yabancı devletin bakan yardımcısının yanıtı ABD ile stratejik ortaklığın eşitsiz yanını göstermekteydi:

"Herhangi bir yerde dinler arası diyalogu desteklediğini iddia eden bir sivil hareket, eğer toplumu tehdit etmekle suçlanıyorsa, fikirlerle, inancın ifadesi ile topluma gerçek bir tehdit oluşturma arasındaki bağlantı nerede gösterilebilir?"

Harold Hongju Koh, dinler arası diyalog senaryosunu böylece açığa vurduktan sonra sömürge valisi tavrıyla, işi tehdide götürmüştü:

"Bazı ülkeler biz falan grubun başını eziyoruz; çünkü onlar bir tarikat ya da mezhep diyor. Benim kanaatimce etiket koymak yetmez. Fikirlerin, inançların neşvünema bulmasına (yetişip büyümesine) müsaade edilmeli. Eğer bu görüşlerin ve inançların ifası devletin altını oyma, ya da devleti alaşağı etme noktasına gelirse ancak o zaman bu bir cezai kovuşturma konusu olabilir. Ve bence devlete, söz konusu hareketin başını ezmeye ya da faaliyetlerini engellemeye başlamadan önce iddiasını ispat etme yükümlülüğü düşer."[823]

Uluslararası Din Hürriyeti senaryosunun derinliğini bu sözlerden daha iyi açıklayacak bir başka söz bulunamazdı. Ne ki bulunmayan başka bir şey daha vardı: Yabancı devletlerden bazılarının yöneticileri hapşırsalar, sert demeçler veren yöneticiler, iş ABD ve Batı Avrupa'ya gelince üstü örtülü de olsa, göstermelik de olsa yanıtlamaktan kaçınıyorlar. Harold Hongju Koh ne derse desin; işin özü, toplulukların dinsel inançlarını kullanarak oynanan oyun değişmiyor: Sun Myung Moon hareketi Mesih'e; Nurculuk hareketi de Mehdi'ye doğru ilerliyor. Her ikisinin yolu da *"Amerika ile entegrasyon"* yani bütünleşme projesine çıkıyor.

---

[823] *Zaman, 3 Kasım 1999.* Neşvünema: Gelişme.

Gelişmeleri, soruşturma raporlarını, Türkiye ile sınırlı görmenin ne denli yetersiz olduğunu, Meclis'deki Amerikalı Müslüman hareketi göstermişti. Olayların uluslararası bağlantılarına bakmadan, yalnızca "irtica-tarikat-laiklik" bağlamında ele alınması son derece yanıltıcı oluyor. Washington'u kıble belleyip gövdenin önünü Batıya, gözleri de Tahran'a döndürmek ve bağırıp çağırmak insanları bir süre için rahatlatabilir; ama gerçeklerle yüzleşmekten kurtaramaz.

Bir yandan irtica tanımları yapıp, birkaç silahlı örgütü çökertmekle övünç duyup, video gösterileriyle irtica tehdidi düşüncesini pekiştireceksiniz; öte yandan ABD'nin, haklı ya da haksız, ama kesinlikle kendi çıkarlarına uygun olarak belirlediği tehdit sıralamasını izleyeceksiniz. Aynı ABD'nin devlet üniversitesi Georgetown'da yaptıklarına gözlerinizi yumacaksınız.

Türkiye'de kovuşturduğunuz kişilere, ABD'nin misyonları ve sivil(!) örgütlerin yardımıyla hazırlanıp İnsan Hakları ve Din Hürriyeti bürolarında son biçimi verilen raporlarla sahip çıkılırken, arada bir "Cumhuriyeti koruyup kollama" gerekçesiyle açık ya da örtülü muhtıra verenler, suskun kalıyorlarsa, "CIA okulu" olarak da ünlenen Georgetown Üniversitesi'ndeki Fethullah Gülen-Merve Kavakçı etkinlikleri karşısında da sessiz kalmak kaçınılmaz olur.

"The man and his movement"

26-27 Nisan 2001'de Georgetown Üniversitesi'nde CMCU'nun son konferansının başlığı: *"Fethullah Gülen: The man and his movement"* yani "Adam ve onun hareketi"ydi. Bu konferansta Fethullah Gülen'in son elli yılda gelişen İslâmi hareketler içinde kurumlaşan tek hareket olduğuna dikkat çekildiğine ve eski CIA şefi Graham Fuller'in RAND şirketi adına Türkiye Nurculuğunu araştırmaya başlamış olduğuna bakılırsa, Fethullah Gülen'in kaçınılmaz olarak kabul ettiği *"ABD ile entegrasyon"* liberal olarak tamamlanmak üzeredir.

CMCU konferansına katılanların kimlikleri ve deneyleri, Georgetown Üniversitesi'nin yanı sıra, ABD yönetiminin ve Yahudi örgütlerinin, Alman vakıflarının, din ve ifade hürriyetine verdikleri değerin açık bir göstergesiydi ve katılanların özellikleri işin ne denli ciddiye alındığının kanıtı gibiydi:[824]

Alan Makowsky: ABD Dışişleri istihbarat Bürosu eski şefi, Körfez savaşında ordu danışmanı, İsrail destekçisi WINEP görevlisi.
George S. Harris: ABD eski dışişleri görevlisi, eski Ankara Büyükelçisi, istihbarat uzmanı, Asya, Ortadoğu, Güneydoğu Asya uzmanı.
Roscoe S. Suddarth: Mali 1961, Lübnan 1963-65, Yemen 1967, Ürdün 1974-1990 istihbarat görevlisi, Middle East Institute Başkanı.

---

[824] *Zaman, 29 Nisan 2001, s.2*

Graham Edmund Fuller: Yemen, Cidde, Uzakdoğu CIA eski görevlisi ve RAND şirketi yöneticisi. Türkiye'deki Nurcu hareketini ve "Irak, Bahreyn, Suudi Arabistan, Kuveyt ve Birleşik Arap Emirlikleri'ndeki çeşitli 'Şii Müslüman cemaatlerin gelecekteki politik rolleri'ni Rend Francke ile birlikte araştırıyor.[825]

Fethullah Gülen konferansına başka katılımlar da vardı. Türkiye onları yakın gelecekte daha iyi tanıyacaktır:

Bekim Akal: Wolkswagen Stiftung, Almanya.

Osman Bakkar: Georgetown CMCU Malezya Seksiyonu İslâm Kürsüsü başkanı.

Thomas Mitchel: Vatikan Cizvit Seksiyonu sorumlusu, İstanbul Bediüzzaman, 'medeniyetler arası diyalog' konferansları katılımcısı.

Mücahit Bilici: Sosyolog, Boğaziçi Üniversitesi.

Yasin Aktay: ODTÜ öğretim üyesi.

Fahri Çakı: Sosyolog; İstanbul Üniversitesi'nden sonra Temple Üniversitesi'nde Nurcu Hareketin Sosyo-Ekonomik gelişmesi tezi var.

Ahmet Kuru: Bilkent Üniversitesi, Fatih Üniversitesi. Utah Üniversitesi doktora öğrencisi.

Zeki Sarıtoprak: Washington'daki Rumi Forum Başkanı, Marmara Üniversitesi İlahiyat Fakültesi, El-Ezher, Harran Üniversitesi, Washington Katolik Üniversitesi, John Carol Üniversitesi.

Hakan Yavuz: Utah Üniversitesi.

Elizabeth Özdalga: ODTÜ, CHP araştırmacısı, İsveç Enstitüsü Müdürü, İslâm Konferansı örgütleyicisi, "*Adsız Kahraman: Fethullah Gülen Cemaatinin Kadınları Arasında Bireysellik ve İçselleşmiş Yansıma*" başlıklı bildirinin sahibi.

Bayram Balcı: Fransa Milli İltica Bürosu, Paris Arap Dünyası görevlisi, Fransa Dışişleri Orta Asya Araştırmaları Enstitüsü'nde kadrolu eleman.

Berna Turam: McGill Universitesi-Kanada

ABD'nin Din Hürriyeti-Türkiye raporunda "Islami Önder" ve "Ilımlı İslami Önder" olarak kayıtlara geçirilen Fethullah Gülen'in hakları resmen savunulduktan sonra, ilginin boyutu genişletilmekte ve Amerikan devletinin ünlü üniversitesinde akademik bir düzeye yükseltilmekte olduğu görülüyordu. Toplantıyı, CMCU ve "The Rumi Forum" düzenledi. Sözde bilimsel toplantıların sonuçlarının resmi raporlara etkisi elbette olumlu olacaktı. ABD raporlarında "*Ilımlı İslami Lider*" sıfatı kazanan Fethullah Gülen, 2002 Din Hürriyeti raporunda " *İslam Filozofu ve Önderi*" olarak nitelenmeye başlanmıştır.[826]

---

[825] 'Şii araştırması"nın amacı, "*Şiilerin özgürlüğü, siyasete ve yönetime katılımlarının geliştirilmesinin yollarını bulmak*" olarak belirtiliyor. Bu araştırmaların sonunda Irak parçalanıyor.

[826] *Turkey- International Religious Freedom Report 2002, parag. 27.* Aynı raporun

ABD'de son toplantıysa 19-20 Nisan 2004'te Washington'daki John Hopkins Üniversitesi'nde *"Abant in Washington –İslam, Laiklik ve Demokrasi: Türk Deneyimi"* adı altında yapıldı. *"Hoş geldiniz"* konuşmalarını Francis Fukuyama ve *"Abant Platformu"* başlığıyla Mete Tunçay yaptı. Açılış konuşmalarını ise, diyanetten sorumlu Devlet Bakanı Mehmet Aydın ile ABD Dışişleri Müsteşarı Ankara eski Büyükelçisi Marc Grossman yaptı. Türkiye Gazeteciler ve Yazarlar Vakfı'nca çağrısı yapılan ve ATFA (Amerikan Türk Dostlar Derneği-Fairfax) tarafından örgütlenen bu ilginç toplantının tartışmacılarını kısaca tanımak içerik üstüne bir düşünce oluşturulabilir:

Türk İslamı: John Voll (Georgetown Unv. Esposito'nun ortağı, CMCU görevlisi), Carter Findley (Ohio Devlet Unv.), Hakan Yavuz (Utah Unv.)

Türk Laikliği: Mete Tunçay (Bilgi Unv.), John Lee Esposito (CMCU), Elisabeth S. Hurd (Northwestern Unv.), Heath Lowry (Princeton Unv.)

Türk Demokrasisi: Dale Eickelman (Darmouth College), Henri Barkey (Lehigh Unv. ABD Dışişleri İstihbarat Bürosu eski memuru, eski CIA elemanlarından Leipson'un eşi), Cengiz Çandar (Tercüman Gazetesi, Woodrow Wilson eski kursiyeri), Jenny White (Boston Unv.)

Türkiye'nin İslam, Laiklik ve Demokrasi Deneyimi ve Ortadoğu, Kafkaslar ve Orta Asya İlişkisi Yuvarlak Masa Toplantısı:

Kemal Derviş (CHP Genel Bşk. Yrd.), Elizabeth Özdalga (CHP ve TESEV danışmanı, İsveç Araştırma Enst.), Cüneyt Ülsever (LDT), Sabri Sayarı (Eski RAND danışmanı, Georgetown Unv., Boğaziçi ve Sabancı Ünv.), Cemal Uşşaklı ve Hüseyin Gülerce (TGV-Zaman gazetesi), Kenan Gürsoy (Galatasaray Unv.), Fehmi Koru (Yeni Şafak), Kemal Karpat (Wisconsin Unv.), Ruşen Çakır (TESEV), Mithat Melen (İstanbul Unv.), Şahin Alpay (Bahçeşehir Unv.), Zeki Sarıtoprak (John Caroll Unv.), Adnan Aslan (İSAM-İslami Araştırmalar Merkezi), Ömer Taşpınar (Brookings Inst. Türkiye Programı Direktörü)[827], Zeyno Baran (Nixon

---

44. paragrafında, "Din Hürriyeti Tacizleri" başlığı altında; deprem olayını kullanarak bölücülük yaptığı savıyla (Basında *"Cüppeli Ahmet"* olayı olarak yer aldı) soruşturulanlara, *"Ahmadi Muslims"* cemaati olarak sahip çıkılmıştır.

[827] Ömer Taşpınar, Türkiye Programı Direktörü olarak, ABD'nin Irak'ta zor durumda olduğunu, askerlerinin telef olmasının Amerikalıları üzdüğünü belirtiyor ve şu öneride bulunuyor: "Zira Irak'ta temel sorun güvenlik. Washington bu durumun farkında ancak güvenliği sağlayacak yeterli derecede askeri yok. Yeni asker yollama fikrine ise kamuoyu hiç sıcak bakmıyor... Bu nedenle ABD'nin başarı planı Iraklı asker eğitimi üzerine kuruldu. Zaten Irak'ta yeni siyasi düzenin meşruiyet kazanması, ancak Amerikan askerleri kademeli olarak çekilip Irak ordusunun devreye girmesi ile mümkün olacak... Bu süreçte Türkiye topraklarında mevcut NATO programı kapsamında... 10 bin Iraklı askeri eğitmek gibi bir teklif sayesinde ciddi kazanımlar sağlayabilir...' (*Radikal, 11.7.2005*); LDT Derneği kurucularından Cüneyt Ülsever "İl-

Center, daha sonra Hudson Inst.)[828], Seda Çiftçi (CSIS), David Calleo, Steven A. Cook, Svante Cornell, James Miller, Charles Fairbanks, Carter Findley, Hussain Haqqani (Carnegie Endowment); Barry Jacobs, Anatol Lieven (AJC)[829], Zack Messitte (Saint Mary's College), Eric Hooglund (Filistin Araştırmaları) ve John Hulsman (Heritage Vakfı.)

Toplantıya ABD Savunma Bakanlığı Müsteşarı Paul Wolfowitz de katılarak açılış konuşması yapacağı, eski Büyükelçi ve NED yönetim kurulu eski üyesi Morton Abramowitz, WINEP'ten ABD Temsilciler Meclisi Personel Direktörü Alan Makowsky, temsilcilerden Robert Wexler, John Hopkins Arap İşleri uzmanı Fuad Ajami'nin ve Frederick Star'ın da katılacağı duyurulmuştu. Ne ki toplantıya on gün kala bu kişilerin katılmayacağı duyuruldu.[830]

Türkiye'de DGM'nin aradığı kişi, ABD'deki devlet üniversitesinde adına düzenlenen bilimsel toplantılarla onurlandırılıyor, ABD Dışişleri'nin katıldığı toplantılar düzenleniyor.

Uzun yıllar devlet yöneticilerince 'stratejik ortak' olarak tanıtılan ABD'nin tutumuna kısa bir soruyla değinilebilir: ABD, ulusal güvenlik gerekçesiyle bir kişiyi arıyorsa ve o kişi için, örneğin Ankara Üniversitesi'nde onurlandırıcı bir konferans düzenlense ABD Dışişleri ne yapar? Bunu bilmek için uzağa gitmeye gerek yok. Geriye dönüp, Peru'yu ve Venezuela'yı okumak yetecektir.

ABD ve Saidi Nursi, Lozan Antlaşması karşıtlığında buluşuyorlar

Amerikalara dek gidip kendi yurdunu konferanslara konu etmenin altında ideolojik bir geçmiş olabilir mi? Bu soruyu yanıtlamak oldukça güç. Türkiye Cumhuriyeti'nin yasallığını tartışanların dayandıkları bakış, tarihsel bir değerlendirmeden ışık ya da "nur" alıyor olabilir.

Işık Süvarileri, Lozan Konferansı'na, Şeyhülislam Mustafa Sabri Efendi'nin demesiyle "Şafi Mezhepli Saidi Kürdi"nin risalelerinden bakmayı öğrendiler. Süvari'nin durumunu anlamak için Emirdağ'da kâğıda dökülen bildirinin 31. sayfasına bakmak yeterlidir:

---

ginç bir öneri: 10 bin Irak askerini eğitelim" başlıklı yazısında Ömer Taşpınar'ın önerisi için "Dilerim, Türkiye bu öneriyi tartışır!" diyordu. *Hürriyet, 14 Temmuz 2005.* Aynı konu, 2009 başında hükümet tarafından gündeme getirildi.

[828] Nixon Center Orta Asya projeleri sorumlusu Zeyno Baran, kısa süre sonra Türkiye'ye geldi ve televizyon söyleşilerinde "Abant in Washington" un yararlarını anlattı. Baran, 2007'de ABD Dışişleri görevlisi Matthew Bryza ile evlendi.

[829] Barry Jacobs, AJC ile Türkiye Musevi Cemaati işbirliği anlaşması kapsamında sık sık Türkiye'ye gelir. 13 Nisan 2005'te ABD senatosu Helsinki Accords alt komitesinde Merve Kavakçı, Ortodoks Ermeni Kilisesi'nden Vertanes Kalaycıyan ile birlikte Türkiye'de Din Hürriyeti hakkında görüş bildirdi.

[830] *Habergazete.com, 11 Mart 2004*

"Konferansın birinci defasında Türk başmurahhası (Başdelegesi İsmet Paşa) büyüğüne, yani Mustafa Kemal'e bildirmek zorunda olduğu için memlekete dönüyor... Bir arada ve daima baş başa, Mustafa Kemal ile İsmet, beraber içtimaları ve karar: Din öldürülecektir... İşte asıl bundan sonra ki, Türkler bir daha eski satvet (gücü) ve şevketlerine (büyüklüğüne) kavuşamayacaklardır. Zira biz onları maneviyat ve ruh cephelerinden öldürmüş bulunuyoruz. Yani Mustafa Kemal ve İsmet'in verdikleri karar, Türk milletini İslamiyet ve din cihetinde (yönünden) öldürmek kararıdır."

Süvarilerin eğitiminde bununla da yetinildiğini sanmıyoruz. Risaleye göre Türk delegeleri İngilizlere ayrıca şöyle demişler:

"Siz Türkiye'nin mülki tamamiyetini (egemenliğini, toprak bütünlüğünü) kabul ediniz. Onlara ben, İslamiyeti ve İslam temsilciliklerini ayaklar altında çiğnetmeyi taahhüt ediyorum."

O zamanlar 'dinler arası diyalog' ve "İbrahimi Dinler Projeleri" henüz yeşermediğinden olsa gerek, Bediüzzaman Saidi Kürdi, Yahudi parmağını da eksik etmemiş:

"Hayım Naum, Türk murahhaslar heyetine sokulmanın yolunu bulmuş, yani Mustafa Kemal ve İsmet'i kendine dost bulmuş.[831]"

Saidi Nursi'ye göre; Hayım Naum'un önerisiyle dini öldürme sözü verilmiş ve Lozan Antlaşması imzalanmış.[832] Işık Süvarileri, Lozan'a işte buradan bakınca; Caroll Migdalowitz'in Türkiye'nin varoluş belgesi olan Lozan Antlaşması'nın yeniden değerlendirilmesi gerektiğini belirten raporuna tapınılması da kaçınılmaz oluyor.

Sanılıyor ki, Lozan Antlaşması tersine çevrilirse mezhepleri, tarikatları kurtulacak. Yabancı devletlerin koltuğu altında, ekonomik çıkarlar elde edilebilir; ama dinsel inançların güçlendiği, Hıristiyan kurumlarıyla birleşilerek barışın oluşturulduğu tarihte görülmemiştir. Çünkü dünyada düzensizliğin temelinde dinler arası çatışma değil, emperyalizmin doymak bilmeyen ekonomik hırsı yatmaktadır.

Din kurumları yayılmacılığa hizmet ettiği ölçüde çatışmanın içinde yer almaktadırlar. Talebeleri ya da Işık Süvarilerini yönetenler de bunu bilmektedirler; ama hükümranlığı sürdürme uğruna acı gerçekleri örtmek için bin bir türlü kılıf uydurulmaktadır.

---

[831] Ayrıntılı bilgi için Bkz. *Meczup Yaratmak – Yüz Yıllık Yanıltma Ustalığı*.
[832] Şakirdlerin son yıllarda Yahudilerle sıkı fıkı ilişkiler içine girmeleri, "rehber" olarak kabul ettikleri Saidi Nursi'nin Yahudiliğe yaklaşımıyla çelişiyor.

Merve ve Hillary
Dini - Ruhani Liderler Toplantısında

"İnsanların kalbine giden en emin yol inançlarından geçer." Papaz Houston Smith [833]

Merve Kavakçı'ya bir kez daha borçlu kalmıştık. O olmasaydı Amerika'da 27-31 Ağustos 2000 tarihlerinde gerçekleştirilen Dini ve Ruhani Liderler Toplantısı'ndan Türkiye'nin bilgisi olmayacaktı. Türkiye medyası bu toplantı başladıktan sonra yaptığı yayınlarda Birleşmiş Milletleri suçluyor: Toplantıya Merve Kavakçı çağrılıp da, Türkiye Cumhuriyeti Diyanet İşleri Başkanlığı'nın çağrılmamış olmasını eleştiriyordu. Aynı çevreler Merve Kavakçı'nın da Amerika delegesi olarak toplantıya katılmasını kınıyorlardı.

Bu konuda, devlet yönetiminden iki yanıt yansıdı. Dışişleri Bakanlığı *"Bu bir NGO toplantısıdır, devlet çağrılmaz"* dedi. Diyanet İşleri Başkanlığı Dış İlişkiler yetkilisi de Amerika'daki görevlilerini aradıklarını ve "Bu toplantının Birleşmiş Milletler tarafından düzenlenmediğini öğrendiklerini" açıkladı.

Merve Kavakçı kendisini sıkıştıran Türk televizyon muhabirine yanıltıcı bir beyan vererek toplantıya Amerikan delegesi olarak değil, Türkiye'yi temsilen katıldığını bildirmişti.[834] Merve Kavakçı, medyatikliği iyice öğrendiğini de göstermiş; kameraları görür görmez, kendisini kollayan Bülent Ecevit hükümetine açıkça *"Zorba hükümet"* dedi.

---

[833] ABD Uluslararası Din ve Diplomasi Merkezi Programı.
[834] Toplantıyı Düzenleyenlerce resmi bağlantılı kuruluş olarak adlandırılan "Beliefnet"te yayınlanan listeye göre "USA Islam" delege listesi: Şeyh Halid Abdullah (Arab League Washington Temsilcisi), İmam Talip Abdürreşid, Şeyh Abdullah Latif Ali (Islamic Leadership Council üyesi), Feride Ali (President Muslim Education Council), Şerife El Katip (North America Council for Muslim Women, President), Seydi Nahid Anga (Sufism International Association), Emine Assalmi (Eski Southern Baptist üyesi, sonradan MSA, Müslüman Öğrenciler Birliği Pensilvanya Üniversitesi Başkanı), Şeyh Abdulaye Dieye, Şeyh Nureddin Durke (Virginia Dar Al-İslam Vakfı Başkanı), Abdul Mecid Al-Kohei, İrfan Ahmed Han (Parliament of the World's Religions, Illinois), Merve Kavakçı (Bilinmiyor), Abdul Malik Mujahid (ICNA, Kuzey Amerika İslami Cemaati Başkanı, Soundvision Başkanı), Şamir Mobbir, Şeyh Seyyid Hüseyin Nasır (Tahran Üniversitesi, George Washington Üniversitesi İslami Araştırmalar Prof., Sally Oak Müslüman Hıristiyan Anlayışı Başkanı), Şeyh Ahmed Abdürraşid, Vahyeddin Şerif, Estes Teal, Şeyh Tallal Turfe.
Toplantının genel sekreteri Hint kökenli Amerikalı Bawa Jain, Interfaith Center of New York, Religion and Diplomacy kuruluşlarında etkin bir yöneticidir.

"Millenium (Binyıl) Dini ve Ruhani Liderler Toplantısı" üstüne yapılan açıklamalar ve yayınlar gösteriyordu ki Türkiye bir yıldır hazırlıkları süren toplantıdan haberdar değildir. Yine bu yayınlara göre Merve Kavakçı Yıldırım, düzenleyicilerin yayınladıkları delege listelerine karşın, açıkça yalan söylemektedir. Bir ilginçlik de, Merve Kavakçı'nın ABD vatandaşı olduğunu gizleme çabasını sürdüren medyacıların ve Türk Dışişleri Bakanlığı'nın toplantının düzenleyicilerini açıklamaktan kaçınmalarıydı.

Merve Kavakçı'nın ABD vatandaşı olduğu ABD'nin Ankara Büyükelçisi Mark Parris tarafından aylar önce açıklanmışken, bir toplantıya katılım listesinde Merve adının karşısına yazılmış olan "USA Delegate" sıfatını dile dolamanın nedeni anlaşılır gibi değil. Merve Kavakçı'nın bir Amerikalı olarak bu toplantıya katılma özgürlüğü ve Amerika'nın bir uyruğunu delege olarak toplantılara çağırma ve gönderme yetkisi vardır.

Türkiye'nin çağrılmamasından yakınan medya, yanıltıcı ve olumsuz tavrını ne denli sürdürüyorsa, Dışişleri Bakanlığı da o denli yanıltıcı açıklamalarda bulunuyordu. Dışişleri, Türkiye Cumhuriyeti'nde "Dini" ya da "Ruhani Liderlik" gibi makamlar yoktur, diyeceği yerde *Dini ve Ruhani Liderler* toplantısına çağrı alınmamasını, *"Bu bir NGO toplantısıdır"* diye geçiştirme hakkına sahip değildi.

Diyanet İşleri Dairesi'ni, bir 'Dini' ya da 'Ruhani' merkez ve Daire Başkanını, yetkileri ve görevleri yasa ile belirlenmiş bir devlet memuru olarak değil de bir 'Dini Lider' olarak kabul ettirmeye çalışan ve Türkiye Cumhuriyeti devletine şurada burada dinsel misyonlar yükleme girişimlerinde bulunan hükümetin AB ve ABD'ye uyumluluk saplantısının bir yansımasıydı bu tutum.

Bu konuda sızlanması gerekenler, Dışişleri Bakanlığı görevlileri değil, kendilerini "Dini Lider, Şeyh, Dede, Baba vb." olarak görenlerdi. Kendilerini ılımlı ya da ılımsız dinsel lider olarak ilan edenlerin, Amerikan örgütlerine başvurup, toplantıya katılan liderlerden ve NGO'lardan ne gibi bir eksiklikleri olduğunu sorma hakları olmasına karşın, suskunluklarını korumuşlardı.

"Dünya Dinleri Parlamentosu üyesi Merve Kavakçı (Yıldırım-Abu Shanab), dini-ruhani lider mi ki liderler toplantısına ABD delegesi oluyor?" diye de sorulabilirdi. Ne ki ABD'de Federal yönetimin, milli güvenliğine yararlı bulduğu sürece, istediğini Büyükelçi, istediğini misyoner, istediğini de 'lider' ve hatta başbakan yapma yetkisini elinde bulundurduğu unutulmamalıydı.

Cape Town'da Bildiri, Georgetown'da Konferans

Dini ve Ruhani Liderler Binyıl Dünya Barışı Toplantısı'na katılan Merve Kavakçı (Yıldırım)'ın Amerika'ya yeniden göçünden sonra 'Dini' ya da 'Ruhani Lider' sıfatını alıp almadığı sorgulanabilirdi. Merve Kavakçı, TBMM'ye yürüdükten sonra ününü giderek artırdı.

2000 yılında, Waldorf-Astoria Hotel'de yapılan toplantıyı düzenleyenlerce, "Stratejik Ortaklar" olarak adlandırılan kuruluşlardan CPWR (Dünya Dinleri Parlamentosu Konseyi)'nin 1999 Güney Afrika toplantısına katılarak bildiri sunanlar arasında Merve Kavakçı da vardı.

Merve Kavakçı, Capetown toplantısının 3 Aralık 1999 Cuma günü yapılan birleşiminde "Müslüman Toplumda Kadınların Yetkilendirilmesi" ve bir gün sonra da "İslamiyet'te Kadının Toplumsal ve Politik Rolü" bildirisini sunmuştu. Kısa süre sonra yapılan 2000-Dünya Dinleri Parlamentosu'nun toplantısında Merve Kavakçı'nın yanı sıra, Kuzey Amerika İslam Cemaati (ISNA)'nin Başkanı Muzammil Sıddıki de bildiri sunmuştu. Anımsanacağı gibi; Merve Kavakçı'nın babası Yusuf Ziya Kavakçı ISNA'nın şura üyesiydi. Yine anımsanacaktır ki Merve Kavakçı, Nisan 2000'de de Georgetown Üniversitesi'nde Hamas destekçisi Arap örgütü UASR ve CMCU'nun birlikte düzenlediği toplantıdaydı.[835]

Merve Kavakçı, çalışmalarını Amerika'da sürdüreceğini belirttiğinde kimse aldırış etmemişti. 'Binyıl' toplantısının hemen ardından Şikago Rosemont Convention Center'da başlayan ISNA 37. Yıllık Kongre'sinde, 3 Eylül 2000 Pazar günü, *"Müslüman Dünyasının Sorunları"* panelinde konuştu. Panelin ana konusu: *'Müslümanlara uygulanan baskı ve şiddet'* idi. Merve Kavakçı'nın orada bulunma nedeniyse her zaman olduğu gibi Türkiye'yi kötülemekti. Türkiye yönetimi ya da medyası, Merve Kavakçı'nın bu konuşmasını haber yaparak Türk ulusunu bilgilendirmedi.

ISNA konferansında bir de *'İslami Fuar'* kuruldu. Fuarın genel yönetmeni de Talat Othman (Talat Mustafa Osman) idi. Ürdün kökenli Talat Othman, Körfez petrol şeyhlerinin danışmanı, ISNA'ya bağlı NAIT para piyasası şirketinin danışmanı, ABD Başkanı George Bush Jr.'un petrol şirketi Harken Energy'nin yöneticisiydi.

Eski dostlar omuz omuza

27-31 Ağustos 2000 tarihlerinde gerçekleştirilen Waldorf-Astoria Oteli toplantısında, Merve Kavakçı'nın yanında ISNA'nın dostlarından, Soundvision'ın Başkanı, Abdülmalik Mujahid yer almıştır.[836]

Merve Kavakçı'nın ABD delegesi arkadaşları arasında çok sayıda şeyhin yanı sıra ünlü Şerife El Katip de bulunmaktaydı. El Katip, 1995 Pekin toplantısında ABD delegelerinin başkanıydı. Anımsanacağı üzere, ABD Müslüman Kadınlar Ligi Başkanlığını sürdüren ve daha sonra

---

[835] UASR yuvarlak masa toplantılarına katılanlar arasında Graham Fuller ve Hacettepe Üniversitesi Liberal Düşünce Topluluğu kurucusu Prof. Atilla Yayla da bulunmaktadır.

[836] Abdül Malik Mujahid ,aynı zamanda Kosova Geçici İşbirliği Koordinatörü ve Şikago Müslüman Cemaati Cuma İmamı, ICNA (Kuzey Amerika İslam Cemaati) yöneticisidir. Pakistan kökenlidir.

ABD Uluslararası Din Hürriyeti Komisyonu üyeliğine getirilen Laila Al Marayati Pekin'de, Türkiye'yi Müslümanlara baskı yapan bir ülke suçlamış ve bir yıl sonraki Varşova toplantısında da Lozan Antlaşmasının değiştirilmesi önermişti.

Kuzey Amerika Müslüman Kadınlar Konseyi yönetmeni Şerife El Katip'in ünü, Hillary Rodham Clinton'a yakınlığından geliyordu. Hillary Rodham Clinton daha sonra ABD senatörü olacaktı. 21 Ocak 1999'da Akev'de düzenlenen Ramazanı Kutlama Toplantısında yapmış olduğu açılış konuşmasında Şerife El Katip'in "*çok değerli bir arkadaşları*" olduğunu açıkladı.[837] Aynı kutlamaya Uluslararası Din Hürriyeti Büyükelçisi, Robert Seiple da katılmıştı.[838]

Abdullah Gül'ün eski danışmanı, Refah Partisi'nin IAP ve ISNA toplantılarındaki sözcüsü Merve Kavakçı'nın yıldızı giderek parlamaktaydı. Katıldığı toplantılara, çoğalan ilişkilerine bakılırsa, gelecekte ABD'ye çok önemli hizmetler sunacağı kesindi. Ne ki Merve Kavakçı'nın bir açmazı vardı: ABD yönetimleri, yabancı ülkelerde yanlış bilgilendirme-yönlendirme operasyonlarına bayılır; ama ABD'de yanlış bildirimler sıkıntı yaratır. USA delegesi olmaktan utanırcasına, "*Bir yanlışlık olmuş, ben aslında Türkiye adına katıldım*" gibi açıklamalar yaparak ABD'ye bağlılığını içeren vatandaşlık yeminine aykırı davranmıştır. ABD'den destek almanın yolu, yüksek ilişkilerden ve her ne olursa olsun, vatandaşlık yeminine bağlılıktan geçer. Her konuda olduğu gibi, ABD'nin 'İnsan Hakları' ve Din Hürriyeti' örgütlenmesini belirleyen yasalarda da ABD'nin ulusal çıkarlarına uyumluluk, olmazsa olmaz bir koşuldur.[839]

Deniz Piyadesi: "Laik yönetimler etkisizleştirilmeli"

'Binyıl' gösterileri kapsamında düzenlenen ve yeni yıl kutlamalarını çoktan aşıp ABD'nin dünya egemenliği doğrultusunda örgütlenmeler gerçekleştirmesine yardımcı olan 'Dini ve Ruhani Liderler Binyıl Toplantısı'nın amacını anlamak için 'barış' ve 'inanç' gibi cilaları kaldırmak,

---

[837] "Eid Al-Fitr Celebration Remarks by First Lady Hillary Rodham Clinton" The White House January 21, 1999; Akev basın açıklaması.
[838] Robert Seiple Türkiye'ye gelmiş ve başta Başbakan Yardımcısı Devlet Bahçeli olmak üzere birçok yetkiliyle ve FP Genel Başkanı Recai Kutan'la da görüştü. Gazete Müdafaai Hukuk, s.10-11
[839] Merve Kavakçı'nın "Bilgisayar Mühendisi" olarak bitirdiğini söylediği üniversitenin "Üniversitenizde 'Bilgisayar Mühendisliği' lisans derecesi alma olanağı var mıdır?" sorusuna University of Texas Dallas'tan David W. Rude (Enrollment Services)'un yanıtı, "*No, However, UTD does offer Telecommunications Engineering / Hayır, ama, UTD Telekom Mühendisliği (derecesi) verir.*" olmuştur. Oysa TBMM'ye verilen ve kayıtlara geçen bilgi şudur: "*TBMM 21. DÖNEM Milletvekilleri/ Merve kavakçı/ Ankara-1968, Yusuf Ziya -Gülseren Gülhan - University of Texas at Dallas Eric-Johnson School of Engineering and Computer Science – İngilizce - Bilgisayar Mühendisi - Bekâr, 2 Çocuk.*"

bir süs ve evrensellik olsun diye örgütleyiciler listesine konulan kuruluşları bir yana bırakıp asıl senaryoculara bakmak gerekiyor: Toplantının yapımcıları Dünya Dinleri Parlamentosu, New York Interfaith Center (İnançlar arası Merkez) ve ICRD (Uluslararası Din ve Diplomasi Merkezi)'dir.

Bu üçlü örgütün en önemlisi, adından da anlaşılacağı gibi, ülkelerin hem iç düzenlerine hem de insan ilişkilerine din yoluyla karışmak üzere kurulmuş olan şemsiye örgüt ICRD'dir. Dinsel inançları, devletlerarası ilişkilerde kullanma düşüncesinin babası sayılan Douglas M. Johnston, CSIS'in ikinci başkanıyken, ABD'nin dünyayı yönetme girişiminin en önemli ayağı olarak geliştirilen "Uluslararası Din Hürriyeti" projesine yeni açılımlar getirmiştir.

US Naval Academy (Amerikan Deniz Akademisi) ve Harvard mezunu Douglas M. Johnston, bu tür işlerin başına getirilen her uzman gibi, asker kökenli, deneyimli bir kişidir Genç yaşta ABD Nükleer Denizaltı Komutanlığı, ABD Başkanı'nın İvedi Hazırlık Ofisi Planlamacılığı, Savunma Bakanlığı Planlamacılığı, Deniz Kuvvetleri Bakan Yardımcılığı gibi görevlerin yanı sıra Harvard Üniversitesi'nde 'Ulusal ve Uluslararası Güvenlik Yürütme Programı'nı da kurmuştur.

Douglas M. Johnston, ICRD'yi 1 Temmuz 1999'da çalıştırmaya başlıyor. Örgüt, ABD'nin resmi dış politikasının temel dayanağı olan dünya değerlendirmesine uygun bir strateji belirliyor. Bu değerlendirmeye göre; çoğunlukla dinsel temele dayalı bir nefret döneminde yaşanmaktadır ve dinsel ayrılıklar çatışmalara zemin hazırlamakta ya da ulusal ve etnik ihtirasları harekete geçirmektedir. Görüldüğü gibi dünya, bir dinler çatışmasının ateşiyle tutuşmuş gibi gösterilmektedir.

Oysa hiçbir çatışma yokken, Yugoslavya'da ayrılığı kışkırtmak için en etkin araç olarak dinsel çatışma körüklendi. Bu çatıştırma senaryosunun gerçekçiliğini kanıtlamak isteyen her ABD açıklamasında, Bosna ve Kosova örnek gösterilmekte ve başka ülkelere karşı bir şantaj olarak kullanılmaktadır.

Sudan petrollerinin peşinde olan ABD, Sudan'ın güneyindeki Hıristiyan ayrılıkçıları desteklerken de, sorunun petrolden değil, dinsel ayrılıklardan kaynaklandığını ileri sürmekteydi. Brzezinski'nin Afgan dağlarında kara gözlüğünün ardına gizlediği gözlerini gökyüzüne çevirip, kutsal savaşçılara *"Size yardım edeceğiz ve siz kazanacaksınız"* dedikten sonra talebanın yaptığı gibi, işaret parmağını göğe kaldırarak kelimesi kelimesine *"Allah is the greatest!"* dediği günlerdeki gibi.

Douglas M. Johnston ve sivil örtülü devlet örgütlerinin ABD politikalarına uygun değerlendirmeleri dünyayı ilgilendirmektedir. ICRD, karışma gerekçesini, *"Laik hükümetler vatandaşlarının haklı istemlerini karşılayamamaktadırlar"* diye açıklamaktadır. Bu durumda ABD dışındaki ülkelerde laik hükümetlerin beceremediğini kim yapacak? Her derdin devası olan ABD, laik yönetimlere uluslararası politik anlaşmaları resmi yollardan imzalatıp, her türlü ekonomik kıskaçla onları çaresiz bırakacak; da ICRD benzeri sözde sivil toplum örgütleriyle egemen devletlerle vatandaşları arasına girecek ve devletleri kendi ülkelerinde kuklaya çevirecektir.[840]

Bunu anlamak için derin araştırmalara gerek yok: ICRD'nin "misyon" programında, barışın kurulması için politika ve din arasındaki ilişkilerin pekiştirileceği, çatışmalar başlamadan "dinler arası timlerin duruma egemen" olacağı ve halklarla ulus-devlet arasında iyi ilişkiler kurulacağı belirtiliyor.[841]

Erbakan gerçeği söylemişti: Kanlı ya da kansız!

"Ulus devlet" denilmesi yanıltmasın. Bir ülkede devletle halk arasında da herhangi bir dinin çok sayıdaki mezhebinin, onların altında yine çok sayıda tarikatın başlarından oluşan 'Din Konseyler'i bulunacak ve daha sonra Bölgesel Din Kurulları'yla devletle halk arasına girilecek. Üstelik bu şebeke dışardan yönlendirilecek ve yönetilecek.

Cilayı kazıyınca, ortada devlet ya da devletler kalmıyor. "Tek dünya ve tek devlet" dedikleri, Akev patronlarının egemenliğinde, din ulemasının ve sözde akademisyenlerin yönlendirmesinde, uluslararası şirketlerin, kartellerinin kucağında, medya cambazlarının ağında sivil taşeronların oluşturduğu bir barış(!) ortamıdır geriye kalan.

Bir kez daha belirtmekte yarar var: Graham Fuller gibi CIA elemanlarınca yayılan, yanlış yönlendirme senaryolarında, ABD'nin "yeşil kuşak" uyguladığı gibi yanlış-bilgilendirme stratejileri bulunuyor.

ABD, tek kutuplu (ideolojili) dünyanın tek egemen devleti olmak için bağımsız ve egemen devletleri çatırdatarak, onların içişlerine dini ya da ruhani ve ekonomik jandarmalarıyla var gücüyle ilerliyor. Ulusal güvenlik uzmanı Douglas M. Johnston'un kurduğu ICRD bu yöntemi, Papaz Houston Smith'in sözleriyle açıklıyor: *"İnsanların kalbine giden en emin yol onların (dini) inançlarından geçer."*

Egemenlik uğruna, para uğruna, insanların inançlarını kullanmak, bizdeki yaygın deyişle, "Dini siyasete alet etmek!" Doğu'nun ve Güney'in 'uleması' bu tür örgütlerin toplantılarına, kendilerine bir değer verildiği zannıyla koşuşturuyorlar. Ulusların temsilcilerinin yasal toplantıları 20. yüzyılda dünyanın geleceğine yön vermişti. Son on beş-yirmi yıldır şeyhlerle şıhlar, hahamlarla Buda rahipleri, yeniden din egemenliği kurulacak umuduyla bu tür toplantılara heyecanla katılıyorlar.

---

[840] The Center for Religion and Diplomacy Program Attachment A.
[841] Dini ve Ruhani Liderler Toplantısı'nı düzenleyen ana örgütlerden biri de Interfaith Center of New York. Bu örgütün yönetiminde bir de T.C. uyruklu Üner Kırdar'a rastlanıyor. Üner Kırdar, uzun yıllar BM'de çalışmış bir Türk Dışişleri Bakanlığı eski görevlisidir.

Bu durumda Cumhuriyeti savunma görevini üstlendiğini ileri sürenlerin uyanması gerekiyor.[842] Onları uyandırması gereken en önemli açıklama Prof. Dr. Necmettin Erbakan'dan gelmişti:

"27 Mart (1994 Yerel Seçimleri) sonucundan sonra, adil düzene geçene kadar Türkiye'de huzur ve istikrar olmaz. Halk buna karar verdi. RP iktidara gelecek, geçiş dönemi sert mi olacak yumuşak mı olacak, kanlı mı?..

Türkiye'nin şu anda bir şeye karar vermesi lâzım: Geçiş dönemi yumuşak mı olacak sert mi olacak; tatlı mı olacak, kanlı mı olacak? 60 milyon buna karar verecek."

Bu sözler tepkiyle karşılanmıştı. Oysa Necmettin Erbakan, bir gerçeği dile getiriyordu; çünkü "project democracy" operasyonu, hem kanlı, hem de kansız yürümektedir.

---

[842] Cumhuriyetçi yayınlarda, birer CIA kuruluşu olan açık operasyoncu şirketlerin ve enstitülerin raporlarını yayınlayan ve onların Türkiye'deki sözcüleriyle röportajlar yaparak etki alanlarını genişletmelerine bilerek ya da bilmeyerek yardımcı olanlardan, bu kuruluşları birer "Düşünce Topluluğu" olarak tanıtmakla yetinmemeleri, kuruluşların geçmişlerini ya da hiç olmazsa "RAND Şirketi" gibi gerçek adlarını bildirmeleri beklenirdi.

Asıl Rapor 1990'da Yazılmıştı

"ABD Dışişleri Bakan Yardımcısı Koh'un açıklamaları bağlayıcıdır." Osman Öcalan

9 Eylül 1999'da yayınlanan "Din Hürriyeti 1999 Türkiye Raporu" ve Ocak 2000'de açıklanan "İnsan Hakları 1999 Türkiye Raporu"nda işlenen temalar, bu kez ABD Kongre komisyonunun raporuyla, Türkiye'nin varlık kaynağı Lozan Antlaşması kapsamında ve Türkiye Cumhuriyeti Devleti'nin yasaları çerçevesinde ele alınıyor. 1995' ten bu yana uluslararası toplantılarda Amerikan delegasyonunca dillendirilen istekler belli ki artık hukuksal temellere oturtuluyor.

Ortodoks Rumların Başpapazı'nın ekümenik haklarından, Heybeli manastırının açılması konusunda Amerikan Büyükelçisinin atağa kalkmasına; Evangelist (İncilci) Hıristiyanlaştırma çalışmalarının serbest bırakılmasına; Müslüman etnik azınlıklara ayrıcalıklar tanıyacak olan yasalar hazırlanmasına; adını vermeden Alevilik haklarının verilmesine bağlanan bir dizgenin ABD Kongre Komisyonunca açıkça ortaya sürülmesine karşı T.C. Devletinin yöneticilerinden hiçbir ses çıkmamasının nedeni bilinmiyordu. Önceki din hürriyeti raporlarını da görmezden gelmişler ve gerçeği halktan gizlemişlerdi.

Türkiye'yi yönetenler ve Cumhuriyet kurumları bu konularda ölümüne suskun kalmışlardı ve kalmayı da sürdürüyorlar; ama bu raporları hazırlatanlar ve hazırlayanlarla Cumhuriyet yönetim makamlarında oturanlar sıkça görüşüyorlardı.

Bu işlerden sorumlu Amerikalı Din Hürriyeti ve İnsan Hakları Bürosu yetkilisi Türkiye'ye gelip bakanlarla, parti başkanlarıyla görüşüyor; Türkiye'dekiler de arayı soğutmadan Washington'a uzanıyorlardı. Hatta dönemin Yargıtay Başkanı Sami Selçuk bile oralara dek gidiyor, bu raporların sahibi olan bürolardan sorumlu Bakan Yardımcısı ile görüşüyor ve herhalde Anglo-Sakson demokrasisi yolunda ilerlendiğini bildiriyordu.

Lozan Antlaşmasının 76. yıldönümünden on gün önce açıklanmış olan raporun, o günlerde gelişen olaylarla bir ilintisi yoktur denemez. Türkiye'de birdenbire başlayan *"Lozan yeniden değerlendirilmelidir"* çağrılarıyla ve Abdullah Öcalan'ın *"Mustafa Kemal'in 1924 öncesi politikalarını kabul etmeliyiz"* türünden açıklamalarıyla Cumhuriyet Devleti'nin varlık nedenleri üstüne kuşkular inceden yerleştiriliyordu.

Bu gelişmelerin Amerika'nın Türkiye'deki sesi CNN'in günlerce süren etnik mozaik, İslam ve demokrasi, Osmanlıya bakmak, tarihle barışmak, Çerkeslerin büyük etnik göçü vb. programlarıyla bir ilgisi yoktur denilemez. Denilemezse ABD'nin rapor atakları, da beklenmedik gelişme olarak görülemez. Son toplumsal olayların tarihsel bağları da düşünüldüğünde, Türkiye öyle kolayca masalara oturup Lozan'ı tartışamazdı. Her ne kadar cumhuriyeti kuran partinin yöneticileri bile üç, beş cümleyle anma gününü geçiştirip bu tür raporları görmese bile, Türkiye Cumhuriyeti'nde toprağa yakın duranlar henüz bitmediğinden, ince ince dokunan komplolarla hedefe kolayca varamazlardı.

Ne var ki Lozan Anlaşmasını yeniden masaya yatırmaktan söz etmenin ve bu işleri 'Din Hürriyeti' ne yaslamanın bir sonucu da olmalıydı. Bu tür girişimler, büyük işlemleri hızlandırmanın bir aracı da oluveriyordu. Bu işlemleri algılamak üzere yine on yıl geriye gitmekte yarar var; çünkü raporlar raporlara bağlanmazsa, olayları da anlamak olanaksızlaşıyor.

Türkiye'de "*Sevr sendromu* (hastalığı)" ya da "*Bölünme paranoyası* (korkusu)" denilerek örtülmeye çabalanan, ulusal uyarılara neden olan gelişmelerin altındaki girişimleri görme uyanıklığını "komplo teorisi uydurma" diyerek sürdürülen karalama kampanyasının altında akıl yanılsaması mı yoksa başka senaryolar mı var?

'Sevr sendromu'nun yanı sıra, sivil örgüt TÜSES'in yayınında belirtildiği gibi, "*Türkiye'nin, İran, Irak, Suriye gibi komşularıyla ilişkilerinde, gerek Kürt sorununda muhtemel bir Kürt Devleti paranoyası içinde bulunduğu*" Washington'dan Londra'ya, Paris'ten Berlin'e yayılan bir gerçektir. İşin aslını görmek için on yıl geriye gitmek gerekiyor.[843]

On yıl önceki rapor olaylara ışık tutuyor

RAND Corporation 1990'da, Türkiye'deki İslami hareket ile devletin, partilerin, örgütlerin bu hareketle ilişkileri konusunda bir rapor hazırlatmıştı. Türkiye dinsel ortamını, tarihsel gelişme değerlendirmesiyle ele alan bu rapor öncelikle dinsel hareketlerin, toplulukların kimliğini, Kürt hareketinin ideolojisini ortaya koyuyor ve sonra da yol gösteriyordu. Raporda özetle şöyle saptanıyordu:

1. Militan Kürt gruplar Marksizm'den İslam'a yönelirlerse Kürtleri devlete karşı harekete geçirirler ve İslamcı hareket Türkiye'de daha etkin olabilir.
2. Türkiye ve İran, Kürt sorununda işbirliği yapıyorlar ve Türkiye ile İran'ın arası açılırsa İran Türkiye Kürtlerini desteklemeye başlar; ancak Kürtlerin aşiret rekabetleri birliği önlüyor.
3. Alevi-Sünni çatışmasının Türkiye'nin iç düzenini nasıl bozduğunun örneğini görmek için 70'lerdeki çatışmalara bakmak gerekir.

---

[843] Gürsel, Seyfettin; Düzgören, Koray; Oran, Baskın; Üstel, Füsun; Keskin, Cumhur; Alpay, Şahin, Türkiye'nin Kürt Sorunu, TÜSES yayını, İstanbul 1996, s.19

4. Türkiye'deki İslamcı uyanış ABD çıkarlarına bir tehdit oluşturmaz. İslamcı terör başlarsa, Amerikan tesislerine saldırmazlar; ancak İslamcı hareketin halka yönelik propagandası, ABD'nin Doğu Akdeniz'deki çıkarlarına zarar verir.
5. Türkiye, ABD'nin bölgesel amaçlarının İslam ülkeleriyle arasını açacağına inanırsa ABD'yi desteklemez, Körfez savaşında üslerin kullanımının sınırlandırılması buna örnektir.
6. ABD, Türkiye'de laik rejimi desteklerse İslamcıları karşısına alır. Bu nedenle hassas bir politika izlemelidir.
7. ABD, Türkiye'yi Batı'nın ayrılmaz bir parçası olduğuna inandırmalıdır. Bu nedenle Türkiye'nin AT (Avrupa Topluluğu)'ye girmesi desteklenmelidir; yoksa Amerika'nın Doğu Akdeniz çıkarları tehlikeye girer.
8. Ermeni iddiaları konusunda Türkiye kızdırılmamalıdır.
9. Türkiye'de demokratik rejimin sık sık kesilmesi düzeni bozuyor ve laik güçlerle İslamcı güçler arasındaki uzlaşma engelleniyor.
10. ABD, Türkiye'deki İslami hareketi daha yakından tanımalı, onların ideolojileri hakkında daha çok bilgilenmeli ve diplomatlarını eğitmeli.
10. ABD'nin İslamcı akımın ılımlı üyeleriyle resmi olmayan ve temkinli ilişkiler kurması yararlı olur.
11. ABD, siyasal ve diplomatik girişimlerinin yanı sıra eğitime önem vererek Türk demokrasisinin güçlendirilmesine yardım etmelidir.[844]

Olaylar raporu doğruluyor

1990'da hazırlanan bu raporun gereklerinin getirilip getirilmediğini anlamak isteyenler, son on yıldaki olayları, partilerin siyasal ve ideolojik yaklaşımlarındaki keskin değişimleri, şöyle bir anımsarlarsa karar vermekte zorlanmayacaklardır:

PKK' nin Kürt İslam politikasına yönelişi, Abdullah Öcalan'ın Sünni Kürtlerle Alevi Kürtleri birleştirmek üzere YDK (Yekitiya Dindarên Kürdistan- Dindarlar Birliği)'ni kurması...[845]

---

[844] Sabri Sayarı, bu rapordan önce RAND adına : "Generational Changes in Terrorist Movements: The Turkish Case" belgesini hazırlamıştır. 1985'te "Document No: P-7124" ve 16 sayfa olarak hazırlanan belgede Türkiye'de solcu üniversite öğrenci hareketleri köktenci olarak nitelenirken Kürt hareketleriyle de bağ kurmaktadır.
[845] "Dine Devrimci Yaklaşım" mı Kürt – İslam Sentezi mi?" s.59.
PKK din maskesini son yıllara dek kullandı. Gaffar Okkan öldürüldüğünde, Diyarbakır'da, "İslami Kürdistan" kurulacağını bildirerek "cihat" çağrısı yapıldı. "Kürdistan İslami Hareketi" adıyla 128 sayfalık bir kitapçık dağıtıldı. Kitapçıkta şöyle deniyordu: *"Dünyada nerede Türk kalıntısı varsa, orada huzursuzluk ve kargaşa devam ediyor. Bosna-Hersek, Kafkaslar, Yunanistan, Bulgaristan, Kıbrıs, Afganistan, İran,*

İstanbul ve Köln'de *"Kürt Sorununa İslamcı Çözüm"* konferansları, 'İslamcı' hareket önderlerinin Amerikan karşıtlığından dönerek Amerika'yı ikinci ev edinmeleri...

Türkiye'ye demokrasi getirme sevdalısı sağcı, solcu, muhafazakâr, liberal, sosyal demokrat vakıfların "atölye" çalışmalarının dışardan desteklenmesi ve bu atölyelerin çok sayıda Amerikalı uzmanı konuk etmeleri...[846]

Türk-Yunan dostluğu gösterilerinin neredeyse Kurtuluş savaşı nedeniyle Yunanlılardan özür dileme programlarına dönüşmesi...

'Atatürk ve Din' konferansları, Türkçe ibadet kampanyaları, Atatürk'e söven ve yıllarca önce yayınlanmış yabancı gri propaganda kitaplarını Türkçe'ye çevirmekte yarışan etnik grupların, anayasayı değiştirmek bir yana, etnikler ve dinsel öbekler arası 'yeni sözleşme' yapılmasını istemeleri...

Etnik grup dergilerinin nüfus anketleri düzenlemesi, yurdun dört bir yanında Nurcu Kürt hareketine ait vakıf şubeleri açılması...

İslam-Demokrasi yayıcısı Amerikalı Cizvit, İncilci (müjdeci) profesörlerin medeniyetler arası toplantılara çağrılmaları vb.[847]

İran İslam devrimi yolunda yürüyenlerin açıktan örgütlenmeleri, suikastlara başvurmaları ve yıllarca bulunamamaları...

Hoca Efendilerin manastır açılmasına destek vermeleri, türban uluslararası dayanışma eylemleri ve zincirleme türban gösterileri...

Merve Kavakçı'nın meclise "Türk demokrasisini test etmek" üzere yürümesi; türban eylemlerinin sağ-sol eylem birliğine dönüşmesi...

ABD hazinesinden desteklenen sözde enstitülerin, Alman siyasal partilerine bağlı vakıfların Türkiye vakıflarıyla anayasa değişikliği için ortak çalışmaları...

Sivil örgütlerin yerel yönetim 'atölye' çalışmaları ve Abdullah Öcalan'ın teslim edilişi...

Irak ve özellikle Kürdistan buna örnektir... Dinsiz Kemalizm'e karşı cihat ilan edilmiştir." Hürriyet, 2.2.2001
[846] Dava, Yıl:1, Sayı:7, 1990
[847] *"Hayatımıza giren yeni kavramlar: 'Kimlik' , 'Azınlık' , 'Öteki...' Son yıllarda ise, sadece Kürtler bakımından değil, diğer azınlıklar ve halklar ve kültürel topluluklar bakımından da resmi tarihin dayattığı "aynılığı" değil, eşitlik ve özgürlük ihtiyacının ortaya çıkardığı "farklılığı öne çıkaran bir kimlik istemleri ortaya çıkmaya başladı... Kürtlerin kimlik talepleri bir yana, bu gün Kafkas kökenliler (Lazlar, Gürcüler, Çerkesler, Çeçenler vs.) ve Müslüman olmayan azınlıklar (Ermeniler, Yahudiler, Rumlar vs.) hem kendi kimliklerini /statülerini, hem de egemen olan "çoğunluk" ile ilişkilerini yeniden düzenlemenin, verili sistemle eskisinden farklı bir toplumsal-siyasal sözleşme yapmanın hazırlıklarını yapıyorlar."* Editör (Editorial Board: Özcan Sapan, Hüseyin Demirel)'den, Kafkasya Yazıları 1997 Yaz İki,Yıl: Bir, Sayı:İki, s.13.

Petrol boru hatlarıyla döşenen Müslüman, Musevi, Ortodoks, Katolik dinler arası ya da medeniyetler arası diyalog toplantıları...

İstanbul'da ve yurdun değişik yörelerinde çoğunun toplumbilimcilikle ilgisi olmayan İngiliz ve Almanların yürüttüğü "Alevi" araştırmalarının yoğunlaşması...

İstanbul Gaziosmanpaşa'da bir gece kahvehanenin kurşun yağmuruna tutulmasının ardından, olayların genişlemesi; semte gönderilen polislere ateş açılması; polislerin ateşe ateşle karşılık vermesi; bir duvar dibinde siper alan eli tabancalı polis görüntüsünün televizyonlarda üst üste bindirilerek sürekli gösterilmesi...

Çatışmanın devlet-Alevi çatışmasına dönüştürülmesi; güvenlik görevlilerinin yargılanması, sürtüşmenin canlı tutulması ve fakat kahveyi tarayarak olayları başlatanların asla bulunamaması, çatışmaya taraf olanların da bu tür bir araştırmaya girmemiş olmaları...

Sivas'ta, Pir Sultan Abdal toplantısı, toplantıya yönelik tepki örgütlenmesi ve otelde kalmakta olan yazarlara, sanatçılara, folklorcu gençlere saldırılması; güvenlik güçlerinin topluluğu dağıtmamaları; hükümet yöneticilerinin kayıtsız kalmaları; askeri birliklerin olayın üstüne sürülmemesi; otelin yakılması, insanların ölmesi...

Yakma eylemiyle ilgili kişilerin yargılanması ve yargılananların RP yöneticilerince savunulması...

Önceki kışkırtma ve toplu kıyım olaylarında (örneğin 1980 Kahramanmaraş kıyımı) asıl kışkırtıcıların, tepki örgütleyicilerinin bulunamaması...

Sivas kıyımının yıldönümlerinde protesto yürüyüşleri ve yürüyüşlerde *"Mollalar İran'a"* diye bağırılması... Yıllar geçtikçe yürüyüşlerde sloganın *"Katil Susurluk devletidir"*e dönüşmesi...

Çatışmanın "irticacı-ilerici" ve "Alevi-Sünni" çatışmasından "Devlet-Alevi" çatışmasına doğru evirilmesi...

Olaylar öncesindeki örgütlenme ağının çözümlenmemiş olması...

ABD'nin raporlarında, Türkiye'de 12 milyon "Alevi" bulunduğunu, bunların "Şii mezhebine" mensup olduğunu belirtip, işi "Türkiye'de önemli, sayıda Şii azınlık" bulunduğuna getirilmesi...

Almanya'da okullarda okutulmak üzere Alevi Din dersi kitapları hazırlanması... [848]

Bu olayların tümü, birer rastlantıdır demek olanaksız. Senaryoyu ve kurguyu iyi hazırlayan oyunu yönetmektedir.

---

[848] "2000 Annual Report on International Religious Freedom: Turkey; SectionaI. Government Policies on Freedom of Religion..." *Released by the Bureau of Democracy, Human Rights, and Labour U.S. Department of State, Sep. 5, 2000.*

RAND, MEF ve MEQ buluşma yeri mi?

Kuşkusuz kimsenin rapor hazırlama hakkına karışılamaz; ancak raporun muhataplarının, rapor hazırlayanları tanıma ve bilme hakkı da saklıdır. Türkiye'deki İslami hareketi ve ABD'nin izlemesi gereken yolu, yordamı anlatan 1990 raporunu hazırlayanlarla işe başlanması yerinde olur.

1990 raporunu hazırlayan RAND adlı şirket, 1948'de ABD Hava kuvvetleri tarafından kurulmuş. 600 personelle çalışan şirketin araştırma, inceleme, raporlama ve yayın etkinliklerinin üçte ikisi, Amerikan ulusal güvenlik konularıyla ilgilidir.

Güvenlik konuları üç bölümde yürütülüyor: Hava Kuvvetleri Projesi, Orduya hizmet sunan Arroya Center, Savunma Bakanlığı'na, Genelkurmay'a ve savunma ajanslarına çalışan Ulusal Savunma Araştırma Enstitüsü... RAND'ın geri kalan işleri arasında sağlık, eğitim, hukuk, nüfus incelemeleri ve uluslararası ekonomik konular bulunuyor.

Türkiye bu şirketi son yıllarda tanır oldu. Amerikan politikalarına yön veren İslam ve Kürt tezlerini Henry J. Barkey ile birlikte hazırlayan, Türkiye ve Ortadoğu'ya yönelik propaganda ve yönlendirme kitaplarını imzalayan eski CIA şeflerinden Graham Edmund Fuller, Türkiye'de oldukça beğeni toplamıştı. Sosyal demokratlar, demokratik solcular, stratejik araştırma vakıfları, dinler arası diyalogcular, eski servisindeki kısaltılmış adıyla, Gary'i 1995 yılından bu yana konferanslara çağırıyorlar.

Onun 'İslam-Demokrasi Vizyonu'ndan, Atatürk'ün ve Türk milliyetçiliği devrinin sona erdiğini yayan gri propagandasından ve bu nedenle İslam ve Osmanlı'ya dönme gerekliliğini belirten tezlerinden yararlanmakta yarışıyorlardı. Böyle ünlü bir kişiyle tanışmak insana büyük çevreleri tanıtıyor da olabilir. Nasıl olsa, bir kişinin görüşleri devletleri bağlamaz; üstelik bu kişi emekli olmuşsa yaptıkları devletini hiç bağlamayacaktır.

Gary ve CIA istasyon şefi Paul Henze gibi RAND danışmanları arasında yer alan Sabri Sayarı, Boğaziçi Üniversitesi'ndendir. İslam, Ortadoğu, Türkiye politikası uzmanlığından yararlanılmak üzere, ABD-Azerbaycan Ticaret Odası Mütevelli Heyetine alınmıştır.[849] Merkezi Washington'da bulunan bu kuruluşun amacı, ABD şirketlerinin Azerbaycan pazarına girebilmeleri için şirketlerle Azerbaycan hükümeti arasında ilişkiler kurmak ve Azerbaycan ticaretini Amerikan pazarına bağlamak olarak belirtiliyor.

Kuruluşun yönetim kurulunda Amerikan şirketleri temsil ediliyor. Mütevelli heyetinde ise Azerbaycan Devlet Petrol Şirketi Başkan Yardımcısı ve Amerikan petrol şirketlerinin başkanları, başkan yardımcıları yer alıyor. Kuruluşun onur kurulu danışmanları ise çok daha ünlü: ABD

---

[849] Announcing: The US-Azerbaijan Chamber of Commerce Spring 1996 (4.1)

Başkanı Carter'ın döneminde ulusal güvenlik danışmanı Zbigniew Brzezinski ve George Bush döneminde Akev kurmaylığı yapan John Sununu...

Sabri Sayarı, Ortadoğu uzmanı Daniel Pipes'ın yönettiği MEQ (Middle East Quarterly) dergisinin yayın kurulunda yer alıyor. Bu yayın, MEF (Middle East Forum) adlı kuruluşa bağlıdır. 1990'da kurulan MEF'in yayınında amaç, şu ilginç tümceyle belirtilmektedir:

"Middle East Forum, bir 'think tank' olarak Ortadoğu'daki Amerikan çıkarlarını belirlemek ve savunmak için çalışır. Forum 1990'da kurulmuş ve 1994'te bağımsız bir örgüt olmuştur... Forum, Birleşik Devletler'in bölgede (Ortadoğu) yaşamsal çıkarları olduğuna dayanmaktadır. Özellikle İsrail, Türkiye ve öteki demokrasilerle güçlü bağlar kurulmasının gerekliliğine inanır."

MEF, bölgede insan hakları için çalıştığını ve "dinsel köktenci güçleri zayıflatmaya çabaladığını" belirterek, ülkelere müdahalenin ana örtüsünü öne sürdükten sonra, asıl amacı "(Forum) *düzenli ve ucuz petrol sağlanmasının (yollarını) araştırır*" diyerek açık etmektedir. Düzenli ve ucuzu bulmak için barış içinde ya da silahlı işgalle kaynaklara da egemen olmak gerekir. MEF işin bu yanına değinmiyor.

MEF'in geniş bir yönetim kurulu bulunmaktadır. New York yönetim heyetinde Murat Köprülü de yer almaktadır. Murat Köprülü, ARI Derneği Başkanı Kemal Köprülü'nün kardeşidir. Murat Köprülü'nün 2,5 milyar dolar cirolu MFI (Multilateral Funding International) adlı yatırım şirketinin Doğu Avrupa ve Doğu Akdeniz'de 'broker' (simsar) olarak çalıştığı biliniyor.[850]

MEF'e ait MEQ dergisinin yayın kurulunda başkaca ünlülerin bulunuyor olması, Sabri Sayarı'nın ne denli saygın bir konuma sahip olduğunu gösteriyor. Yayın kurulundaki en ünlü ve en bildik kişi, CIA eski istasyon şefi, operatör Paul Bernard Henze'dir.[851/852]

---

[850] Nicolas Bornozis, "This Turkey might yet fly" *Global Custodian, Fall 1997: The economy of Turkey*

[851] MEQ yayın kurulu: RAND elemanlarından ve ABD Dış İlişkiler Konseyi (CFR) üyelerinden Fuad Ajami, Anthony Cordesman, David Fromkin, Robert B. Satloff, M. Zalmay Khalilzad ve Amerikan İstihbaratının seçkinlerinden James Phillips, Vietnam, Nepal, Haiti ve Pakistan (1986-1987)'da görev yapmış olan M. Michael Curtis.

[852] Türkiye, Henze'yi Abdi İpekçi suikast ve Papa suikastından sonra yanlış bilgilendirme amaçlı kampanyası ile tanıyordu. Henze, Papa suikastının ardında, Bulgaristan istihbaratının ve KGB'nin bulunduğunu kanıtlamak için uğraştı. Bu çabaları, Uğur Mumcu tarafından boşa çıkarıldı. Sonraki yıllarda *Bulgaristan Bağlantısının Yükselişi ve Çöküşü* adlı kitaba konu oldu. Bu sonuç, Henze'nin değerini düşürmüyor. Yanlış bilgilendirmenin ömrü kısa oluyor. *Influence agent* (etki ajan)'ların kaderinde talihsizlikler de bulunuyor. Yalan propagandanın gerçek yüzü, yeterince gösterilmeyince, etkisi de kalıcı oluyor. Operasyonu yürütenler yalan propagandanın sonuçlarını önceden belirlemiş olabiliyorlar.

MEQ danışmanları arasında, İslam dünyasında sıkça görülen John L. Esposito da bulunuyor. CMCU konferanslarıyla, Humeyni Enstitüsü ile "İslam ve Laiklik" üstüne gerçekleştirdiği kapalı toplantılarla anılıyor. TGV'nin düzenlediği *"Medeniyetlerarası Diyalog"* ve TÜSES konferanslarına katılmıştı. Merve Kavakçı'yı CMCU'da konuşturmasa Türkiye onu tanımayacaktı.

İyi rapor *"The prospects of Islamic Fundamentalism in Turkey"* idi ve RAND için Sabri Sayarı tarafından hazırlanmıştı.[853]

* * *

---

[853] Yılmaz Polat, Türkiye'de İslamcı Akımlar, Beyan Yayınları, İstanbul 1990.

Şimdilik bitirirken...*

> *"Ve intikamcı onun peşine takıldıysa onun kaçıp kurtulmasına olanak tanımaz; çünkü o komşusuna ihanet etmiş ve ondan nefret etmişti." Joshua, XX.5* [854]

Operatörler, halkın zihnini denetim altında tutabilmek için "imaj" tasarımı oyununu oynamayı sürdürmüşlerdir.[855] Yapılan işin anlamına denk düşen "göz boyama" kavramını kullanmaktan kaçınanlar, halkın tek haber alma aracı olan basın ve görüntülü yayını denetim altına almayı başarmışlardır. Özellikle basın dünyasında görüş yayıcı ve görüş oluşturucu işlevi bulunan seçkin köşe yazarları, gazetelere müteahhit ve banker çevresinin egemen olmasıyla yükseltilen ücretlerle gazeteciliği ideal edinmiş genç gazetecilerden kopartılmış, özgün gazetecilik kimliğinden yavaş yavaş uzaklaşmışlardır.

Bu sürece, dış ülkelere uzun süreli geziler, içerde yabancı vakıfların parasal katkılarıyla gerçekleştirilen yatılı-yemekli seminerler, iyi otellerin iyi salonlarında gösterişli konferanslar eşlik etmektedir. Örneğin Alman Hıristiyan Demokrat Partisi'nin uzantısı Konrad Adenauer Vakfı, yerli gazetecilerle birlikte Anadolu'ya açılıyor ve kurslar düzenliyor. Bir avuç gerçek gazeteci, bu gidişe direnmeye çalışıyor.

Gazeteler ve televizyonlar, büyük şirketlerin yerlisine geçme aşamasını aşıp, dışardan hissedarlarla kurulan ortaklıklar sonucunda bir tür içerden yönlendirici kuruma dönüşüyor ve ABD'de yaratılmış olan "manufacturing public perception" işini yani halkın zihnine bir ön algılama süzgeci yerleştirme çalışmasına yardımcı oluyorlar.

Demokrasi ihracı ve örümcek ağı örmenin dünyadaki uygulamalarıyla kıyaslandığında, Türkiye'deki operasyonun bu denli kısa sürede amacına ulaşması ve başarı düzeyi şaşırtıcıdır.

---

* Bu bölüm, ezberi şaşırtan, onurunu ve gururunu her koşulda koruyan gerçek gazetecilere adanmıştır.

[854] "Tevrat'ta Goel olarak tanımlanan 'intikamcılık' geleneği son yıllarda MOSSAD ve ilgili bulunduğu diğer grupların yeniden dört elle sarıldığı bir kavram haline gelmiştir. 'İntikamcı' adıyla bilinen kişi Yahudi geleneklerine göre, kendi adamlarından biri öldürüldüğünde onun intikamının alınması gerektiğini savunan kişiydi. Sığınak olarak kullanılan yerlerde bu tür korunma işlevini yüklenen kişiler vardı." Richard Deacon, İsrail Gizli Servisi, s.241.

[855] Zihin Denetimi yalnızca "psikolojik operasyon" olarak belirtilmektedir. İnsanların beyinlerine cihaz yerleştirilerek uzaktan zihin denetimi deneyleri için bk. *Robin Ramsay, Komplo ve Teori – Bizi Kim Aldatıyor?*

Türkiye'de kısa sürede darbeler yaşandı. Ekonomik bunalım, borç şantajı derken, "siyasal istikrar" diye diye tahsilât yapanlar, bir anda partilerinden istifa ederek, hükümeti sarstılar. Ve iki yıldır bir türlü geçirilemeyen yasalarla, Lozan Antlaşmasının, azınlıkların eğitim hakkını tanımlayan 41. maddesi, ABD kongresinin raporuna koşutluk içinde değiştirildi. 1936 yasasıyla sınırlanan azınlık vakıf örgütlenmesinin önünü açacak ve yeni toprak talepleri yaratacak olan vakıflar yasası değişikliği gerçekleştirildi.

Aslında bunların olmaması şaşırtıcı olabilirdi; çünkü bunca dolarla ve bunca siyasal-akademik-dinsel ilişkiyle desteklenen atölyeler boşuna çalışmamış, sivillerin yanı sıra Devletin adalet ve eğitim bakanlıklarına, onca AB eurosu boşuna verilmemişti.

Temmuz 2002'de birdenbire erken seçim kararı alındıktan sonra Kemal Derviş, hem bakanlığını yürütüp hem de hükümetin ana partisine muhalif yeni bir partinin kurulması çalışmalarına başlamıştı.

Kemal Derviş, birdenbire ABD'ye gitti. Oradaki on günlük çalışmanın ardından, ARI Derneği'nin önderi Kemal Köprülü ile 4,5 saat görüştü. Ankara'ya gelip CHP başta olmak üzere partilerin genel başkanları ile buluştu. Daha sonra İstanbul'a dönen Kemal Derviş, TESEV kurucusu, Bilderberg üyesi Bülent Eczacıbaşı ile uzun uzun görüştü. Eczacıbaşı, TÜSİAD dünyasının duygularına tercüman olmak için mi bilinmez, "Kemal Derviş'in arkasındayız" dedikten sonra, Ankara'ya dönen Kemal Derviş ilginç bir yemekte arkadaşlarıyla buluştu:

"Bir masada Kemal Derviş, Fikret Ünlü, Oya Ünlü, Kemal Köprülü (ARI), Haluk Önen (ARI), Zeynep Damla Gürel (Genç ARI). Öteki masada: İsmail Cem İpekçi, Adil Özkol, Osman Müftüoğlu, Mehmet Ali Bayar, Pars Kutay, Ömer Külahlı. Bayar ve Cem ittifak kararını açıkladıkları günü akşamında... Kemal Köprülü gençlik nezdinde, AB lobisi konusunda çalışmalarına hız verecekmiş; ancak ARI hareketinden Haluk Önen, Bülent Taşar, Nail Yücesan ve (Zeynep) Damla Gürel, Kemal Derviş'in yanında siyasete atılacakmış."[856]

Haber her şeyi özetliyordu. Paul Wolfowitz'le Washington'dan tanıştıklarını söyleyenler, Henri J. Barkey ile toplananlar partilere dağılıyorlardı. Mehmet Ali Bayar, DYP'den aday oldu. Kemal Derviş ise CHP'ye yönelip, ilk sıradan milletvekili adayı olurken, yanında Genç ARI'dan Zeynep Damla Gürel'i de götürüyordu. Böylece Özal'ın ardılı, ABD ile içi içe çalışan ARI, CHP'nin ardılı olma savındaki partiye milletvekilleriyle giriyordu.[857] Oya Ünlü ise Kemal Derviş ile Dünya Bankası'nda birlikte çalışmış; daha sonra da Derviş'in bakanlığı döneminde asistanlığını

---

[856] Funda Özkan, *'Mest' buluşması kaderin cilvesi*, Radikal 10 Ağustos 2002.
[857] DYP baraja kıl payı takılınca Bayar seçilemedi. Derviş ve Zeynep Damla Gürel ise önce milletvekili oldular. Daha sonrada CHP Parti Meclisine üye olarak girdiler. Derviş aynı zamanda Genel Başkan Yardımcısı olarak seçildi.

yapmıştı. O da, CHP Genel Başkanı Deniz Baykal'ın yardımcısı oldu. Baykal, Oya Ünlü'yü "Avusturya'da çok verimli çalıştık. Kendisini çok başarılı buldum. Onun sayesinde bir sürü randevu ve program gerçekleştirdik" diyerek övüyordu. Deniz Baykal, ayrıca, 4 Kasım 2002 seçimleri sonrasında hükümeti kurduklarında ekonominin başına Derviş'i getireceğini söyleyerek, demokrasi projesinin başarısını ilan ediyordu.[858]

Bu işlerde gazetecilerin payı pek de az değildir. Tam da bu aşamada CIA başkanının gazetecileri –Amerika dışındakiler de dâhil- kullanıp kullanmadıkları yönündeki soruya "doğallıkla" diyerek verdiği yanıt yeterince anlamlı olmalıdır.

Bu kitabın önemli bir parçasını oluşturması gereken medyanın ele geçirilişi ve yabancı ülkelerde gezilerden sonra yazarlardaki, örneğin "Como gölünden önce ve Como gölünden sonra" değişimleri sergileyecek gelişmeler, basın ve yayınla ilgili bilim kurumlarının lisansüstü ve doktora çalışmalarına konu edilecek derinliktedir.

"Project democracy içinde medya ve medyacılar" gibi, başlı başına bir derinliği olan bu konuyu kitabın devamına bırakırken, her öldürülüş yıldönümünde ağıtlar yakanları bir yana bırakarak, bağımsız, bağlantısız gazeteci, yarıda kesilmiş son sözün sahibi Uğur Mumcu'nun bir araştırmasına değinerek şimdilik bitiriyorum.

Kendisini öldüren plastiğin izini sürecek

Her yılın 24 Ocak'ında, Uğur Mumcu için toplantılar, gösteriler düzenlenir, ahlı vahlı yazılardan geçilmez. Onun yakın arkadaşı olduğunu söyleyen gazeteciler, "Mumcu'nun bıraktığı dosyaların son sayfasını bir açalım ve yeni sayfalar ekleyelim; aydınlatılmamışları birazcık da biz ortaya çıkaralım" demiyorlar. Hem dosyaların sararıp solmasına göz yumuluyor hem de Uğur Mumcu'nun yıllar önce yazdıklarından alıntı yapılıp "Bak! O, bunu da yazmış" denilerek, işler kısa yoldan bitiriliyor.

Hatta Mumcu'nun dosyalarında adından söz edilenler de anma gününde yürüyenlerin başını çekiyorlar. Uğur Mumcu'nun dosyaları o denli boş olmalı(!) ki o dosyalara yeni sayfalar eklemeyi düşünmüyorlar. Dahası, Uğur Mumcu için 'ahlar vahlar' çeken politikacıların, yurt elden gidiyor diyenlerin çoğunun onun yazdıklarını okumadıkları da gerçektir.

Politikacıları bir yana bırakırsak, okumaz-yazmaz keskinlerin tasasının, ezberledikleri yalan gerçeklerden kurulu sığınaklarının bir anda başlarına yıkılacağı korkusudur. Korkular, ağıtlarla ve keskin sloganlarla atlatılır atlatılmaz, yeni dünya düzenine uygun olarak sürdürülür yaşam.

Uğur Mumcu'nun öldürüldüğü günlerde, tepkinin odağına İran yönetimi ve onunla ilişkili, yurtiçinde İslamcı olarak adlandırılan, kesimin

---

[858] "Tek başına CHP iktidarı 20 milyar dolara eşit" ve "Oya Ünlü ile iyi anlaştık" Hürriyet, 25 Eylül 2002, s.8, 20.

oturtulduğunu anımsayacağız. Ankara'da cenaze arkasından yürüyenlerin ve Anadolu'nun birçok yerinde gösterilere katılanların ortak sloganı da "Laik Türkiye! Mollalar İran'a!" idi.[859]

Uğur Mumcu, kuşkusuz Türkiye'nin laik devlet düzeninin korunması üzerine düşünceler geliştirmiş; yazmış ve konuşmalar yapmıştı. Onun okurlara ulaşan araştırmalarında, dünyaya, bölgeye ve Türkiye'ye egemen olmak isteyen güçlerin oyunlarını ortaya çıkarmaya çabaladığı da görülmektedir. Kirli oyunların aynasında devlet yönetimlerinin operasyon örgütleriyle ilişkileri, bu örgütlerin doğrudan ya da dolaylı yönettiği ve yönlendirdiği daha alt örgütler, silah kaçakçıları, parasal kaynağı yaratan uyuşturucu ve altın kaçakçıları yer almaktadır.

Kuşkusuz başka ülkelerde de bu tür araştırmalarla dünyayı uyandırmaya çabalayan araştırmacılar bulunmaktadır. Ne var ki Uğur Mumcu dünyanın en belalı, en kapsamlı dolapların çevrildiği bir bölgesinde ve o bölgenin en kilit konumdaki ülkesinde yaşıyordu. En kapsamlı, en uzun süreçli, en pahalı komploların uygulandığı bir bölgedeki merkez konuma sahip bir ülkede, kirli işler ağının bir ilmiğini çekiştirmek, inatçı bir araştırmacıyı büyük komploların, büyük senaryoların odağına yaklaştırır.

Bu araştırmacı, gerçeği ortaya çıkarmakta kararlıysa ve aydınlatma işini bireysel gönenci ya da ününe ün katmak için değil de, gerçeğin ortaya çıkarılması, varsa adaletin yerine getirilmesi için yapıyorsa, komploculara vereceği zarar da o ölçüde büyük olacaktır.

Uğur Mumcu'yu anlamak; onun izini sürdüğü konuyu gerçeğe ulaşıncaya dek bırakmadığını okuyucuya anlatmak için, kararlı araştırmacılığının birkaç örneğine, onun dosyalarındaki sararan yapraklarına ve onun bıraktığı yerden sonra ekleyeceğimiz birkaç ilmiğe bakmak yeterli olacaktır.

Papa suikastının ardından bir bilgilendirme kampanyası başlamıştı. Bu kampanyanın iddiası, suikastın KGB adına hareket eden Bulgar gizli servislerinin denetiminde gerçekleştirildiğiydi. Bilgilendirme kampanyası kısa sürede sonuç vermiş ve birkaç Bulgar memur İtalya'da Ağca ile birlikte yargılanmıştı. Ne ki, söz konusu bilgilendirme kampanyasının tutarlılığı batı dünyasında tartışılır olmuştu. Bu tartışmalar daha çok senaryo iddialaşması gibiydi.

Kampanyanın yöneticisi, ABD Ulusal Güvenlik Kurulu görevlilerindendi. Yalan kampanyasında Papa'yı vuran Ağca'nın geçmiş ilişkilerinden söz edilmiyor ve Türkiye bağlantıları saklanıyordu. Uğur Mumcu, yazılarıyla, yanlış bilgilendirme çabalarını boşa çıkardı. Papa'ya suikast davasının dosyalarını inceledi. Yönlendirme bilgilerini yayan Paul B.

---

[859] Aradan 7 yıl geçtikten sonra suçluların bir bölümü yakalandı. İran'da eğitilmişlerdi. Ankara'nın orta yerinde dernekler, lokaller açmışlardı. Dergiler, gazeteler çıkarmışlardı. yayınlarında hedef gösterilenler öldürülmüşlerdi; ama onlara dokunulmamıştı.

Henze'nin, 1974-1977 arasında Türkiye'de CIA İstasyon Şefi olduğunu, 12 Eylül darbesini savunduğunu; tetikçinin ilişkileri üstüne eksik ve yanlış bilgiler yaydığını kanıtladı.

Karıştırma Ustası Paul Bernard Henze

Burada hemen belirtmeliyiz ki yönlendirme ajanlarının görüşlerini aktaran yayınlarda onların operasyon örgütlerindeki görevlerini görmezden gelindiğine sıkça rastlanır. Henze için de bu böyle olmuştur. Paul Henze'nin TV programlarında; Wall Street Journal, Christian Science Monitor ve Readers Digest gibi yayınlarda, devlet görevi yaptığından söz edilmekle birlikte CIA'daki işi anılmıyordu. Yeri gelmişken Henze'yi biraz daha anımsayalım:

Henze, 1952-1958 arasında CIA'nın RFE yayınlarını yönetirken, Hitler'in yanlış bilgilendirme uzmanı Goebbels'in tekniğini uygulayarak, deneyim kazanmıştır. Bu tür yönlendirme yayınlarını ise büyük usta Allen Welsh Dulles örgütlüyordu.

Henze, 1974-1977 arasında Türkiye İstasyon Şefliğinin ardından ABD Milli Güvenlik Kurulu kadrosuna (1977-1980) geçmiş ve Akev'de, Türkiye dâhil birçok ülkeden sorumlu CIA irtibatçısı olarak çalışmıştır. Henze, American Turkish Foundation'da yaklaşık 10 yıl mütevelli heyeti üyesi olarak bulunmuş ve 1990'dan sonra RAND'da da danışmanlık görevini üstlenmiştir. Henze'nin 12 Eylül yönetimini destekleyen yayınları dikkat çekmiştir.[860]

Mumcu, böyle bir usta ajanın yanlış bilgilendirme operasyonunu görmezden gelmemiş; dosyaları incelemiş; İtalya ve Mallorca'ya giderek araştırmalarıyla bilgisini zenginleştirmiş ve Türkiye'deki kanlı kargaşayı besleyen silah tüccarlarını, uyuşturucu kaçakçılarıyla İtalyan 'Gladio'su ve mafyası arasındaki ilişkiyi yazmıştı. Bu konudaki yayınıyla Washington kaynaklı yanlış bilgilendirmenin önü alınmıştır.

Yanlış bilgilendirme çalışmalarının suikastla olan bağı çözülememiştir; ama Uğur Mumcu'nun yazmış olduğu "Papa, Mafya, Ağca" kitabı, Amerikalı araştırmacıların da gözünü açmıştır. Yanlış bilgilendirmenin bir maşası olan gazeteci Claire Sterling'in, CIA adına yazılar yazdığı ortaya çıkarılmış; suikasta ilişkin yanlış bilgilendirmeyi konu edinen ve 1986'da *"The Rise and Fall Of The Bulgarian Connection"* adlı kitap, olaylara Uğur Mumcu'nun penceresinden bakılarak yazılmıştır.[861]

Uğur Mumcu, 19 Haziran 1982'de, suikast silahı ile ilgili olarak, dava dosyasından aldığı bilgileri yazıyordu: Tabanca, Belçika'da Fabrique Nationale Herstal firmasında üretilmiş; 1979'da Schroeder firmasına

---

[860] Graham E. Fuller and Ian O. Lesser with Paul B. Henze and J.F.Brown, Turkey's New Geopolitics From the Balkans to Western China, s.187
[861] Edward S. Herman, The Rise and Fall of Bulgarian Connection.

devredilmiş, 1980'de İsviçre'nin Neuchatel kentindeki Grisel Petit Pierre firmasına gelmiş; Avusturya'da yerleşik, Nazi yanlısı aileden gelme, silah tüccarı Horst Grillmayer adına Otto Tintner tarafından Nisan 1981'de satın alınmıştı.

Grillmayer, gizli duruşmada devlet hesabına çalıştığını bildirdikten sonra ortadan kaybolmuştur.[862]

Uğur Mumcu'nun dünyadan zamansız koparılışının ardından, ne yazık ki, Horst Grillmayer'in izinin sürülmesi yarım kalmıştı. O yarım kalanı tamamlayalım: Horst Grillmayer'e, son yıllarda uluslararası tabanca atış şampiyonalarında, örneğin 18-31 Ağustos 2000 Avustralya Olimpiyatlarında Avusturya atıcılık ulusal takımında rastlanmaktadır.

Köpekbalığı Dulles

Uğur Mumcu'ya dönelim. Onun Papa olayını deşmesinin üzerinden on yıl geçiyor. Suikast magazin haberlerine ve M. Ali Ağca ile ilgili ruhanilik öykülerine konu edilip unutturulurken, Uğur Mumcu, gazetedeki köşesinde konuya bir kez daha dönüyordu. ABD'nin Ortadoğu ülkelerinin iç düzenlerini bozmasına değiniyor. İran'da, seçimle iktidara gelen Başbakan Musaddık, kendi ülkesinin petrolden biraz daha fazla pay almasını istemişti.

Başbakan Musaddık'ın bir komployla devrilerek öldürülmesinde, zamanın ABD Dışişleri Bakanı John Foster Dulles ile onun kardeşi CIA Direktörü Allen Welsh Dulles'in katkıları vardı. Uğur Mumcu bu olayları uzun uzun anlatıyordu.

Uğur Mumcu, bununla da kalmıyor, Dulles kardeşlerin yönettiği Sulivan-Cromwell şirketinin, aynı zamanda Anglo-Iran Oil şirketinin danışmanı olduğunu, bu petrol şirketine sermaye sağlayanın da, J. Henry Schroder Bankerlik firması olduğunu yazıyordu.

Bununla da yetinmiyor. CIA yöneticisi Allen Welsh Dulles'in aynı zamanda Schroeder'in New York şubesinde yönetim kurulu başkanlığı yaptığını ekliyordu. Böylece suikast silahının izi boyunca görülen Schroeder Bankacılık'ın, ABD bağlantılarına ışık tutuyordu.[863]

Suikast silahının ve suikasta bulaşık kişilerin ilişkileri, mafya, İtalyan

---

[862] Grillmayer, Kanada polis grubunda nişancıydı. ABD savunma bakanlığı için çalıştı, Avusturya ordusuna katıldı. 1974 BM Kuvvetlerinde onbaşı olarak yer almış ve Golan'da mayın arama çalışmalarına katılmıştı. 1976'da Avusturya'ya dönmüş silah tüccarı lisansı almış ve Lübnan'a, Türkiye'ye ve Afrika'ya silah satmaya başlamıştı. "Grillmayer bir yasallık görüntüsü içinde her çeşit kaçakçılık işini, Demirperde ülkelerinde bile, sürdürmüştü. O, Avusturya, Almanya, ABD ve İsrailli gizli servisleriyle yakın ilişkiler kurma yeteneğine sahipti... Otto Tintner, Grillmayer lisansıyla İsviçre'den yirmi bir tane silah satın almıştı. Bu silahlardan 4 tanesini Nisan 1981 başında Mehmet Ali Ağca ve Oral Çelik'e sattı. *Jean-Marie Stoerkel, Mesih Papa'yı Neden Vurdu? s.95-96.*

[863] Petrol ve Siyaset, *Cumhuriyet, 15 Aralık 1992.*

Gladio'su – CIA - Banker Calvi - Vatikan ilişkileri, P2 Mason Locası ve Amerikalı Kardinal Mercinkus'un Vatikan Bankası (IOR)'nda oynadığı rolleri, tek tek yazıya döküyordu."[864]

Mumcu, karanlık suların altındaki ilişkilere el atmıştı. Biz de, bu kişilerden Dulles kardeşlere ve ABD şirketlerinin geçmişlerine kısaca değinirsek işin ciddiyeti de anlaşılacaktır:

Sullivan-Cromwell finans danışmanlığı şirketi büroları, John Foster Dulles ve 1953'te CIA'nın başına getirilen Allen Welsh Dulles (1894-1969) tarafından kullanılmıştır. Kendi eşi tarafından bile *'köpekbalığı'* olarak adlandırılan Allen Welsh Dulles, II. Dünya Savaşı döneminde OSS (ABD Ordusu İstihbarat)'nin Bern şubesini yönetmiş; Gestapo İstihbarat şefi General Reinhard Gehlen'i ve ekibini -elbette evraklarıyla birlikte- ABD istihbaratına kazandırılması operasyonunda yer almış; daha sonra CIA'nın kuruluş yasasının taslağını hazırlamıştır.[865]

CIA'nın operasyondan sorumlu direktör yardımcısı olarak göreve başlayan Allen Welsh Dulles, 1953'te CIA direktörlüğe getirilmiştir. Dulles'in Nazi ilişkileri oldukça eskidir.[866] Savaştan altı yıl önce, Eylül 1933'te Adolf Hitler ile bir toplantıya da katıldı. Dulles (yani CIA) ile banker John Henry Schroder adlarına 1954'te gerçekleştirilen Guatemala operasyonunda da rastlıyoruz. Guatemala'da seçimle gelen yönetim, Sovyet tehdidi bahane edilerek düzenlenen komplo sonunda devrilmişti. Oysa Sovyetlerin bu ülkede elçiliği bile bulunmuyordu. Welsh Dulles dönemi, CIA'nın, Kamboçya, Küba ve birçok ülkede kirli işler çevirdiği dönemdir. Dulles, 1920'de Türkiye'deki ve Körfez'deki petrol bölgesi için askeri ve ekonomik istihbarat da yapmıştır.

Uğur Mumcu'nun dosyasına ek

CIA ile ilişkili Alman Baronu Kurt von Schroeder tarafından kurulan bankerlik şirketi, daha sonra Londra'ya John Henry Schroder Ltd. ve New York'a John Henry Schroeder Corporation adıyla yerleşti. Schroder New York Schroeder NY)'un danışmanı Sullivan Cromwell şirketidir.

---

[864] Türk ve Kürt, *Cumhuriyet, 10 Aralık 1992.*
[865] Reinhard Gehlen (1902-1979), ABD saflarına katıldıktan sonra CIA'nın ilk kuruluş yıllarında yeni elemanlar eğitti. CIA'da örtülü operasyon ve counter-terror eğitim programları onun yönetiminde geliştirildi. Gehlen çok sayıda Nazi suçlusunun ABD'ye geçişini sağladı. Gehlen'in elemanları arasında Kızıl Ordu'dan SS kıtalarına katılan Ruzi Nazar da vardı. Ruzi Nazar, 1980 öncesi olaylar sırasında ABD Ankara Büyükelçiliği'nde görevdeydi; ABD'de yaşamaktadır. Gehlen eğitiminden geçenler, CIA, MAH (MİT) ile doğrudan çalışmaya ve para ödemeye başladıktan sonra yönetici konumuna geldiler. Onların yetiştirdiği elemanlar da sonraki operasyonları ve işkence seanslarını yönettiler. Gehlen'in öğrencilerinden Paul B. Henze, Ruzi Nazar, Graham Fuller ve Fuat Doğu (sonra MİT Müsteşarı) Türkiye'de birlikte çalıştılar. Soner Yalçın - Doğan Yurdakul, Bay Pipo, s.134.
[866] Anthony Sutton, "Wall Street and The Rise of Hitler" s.85.

Allen Welsh Dulles, Sullivan-Cromwell şirketinde danışman oldu ve 1926-1933 arasında Prusya'ya 30 milyon dolar hazine yardımı ayarladı.

Schroder NY, 1944'te Hamburg'taki şubesi aracılığıyla ITT firmasının parasını Heinrich Himmler'in SS örgütüne akıtmıştır. ABD ordusu Almanya'ya girmeden önce, Schroder'in Başkan Yardımcısı Yzb. Norbert A. Bogdan sivillerini giyinip aceleyle Almanya'ya gitti ve Nazi ilişkilerine ait belgeleri açığa çıkmadan aldı.

Uğur Mumcu'nun adını sıkça andığı, Vatikan bankeri olarak da bilinen ve Londra'da boynundan asılı olarak bulunan Roberto Calvi hakkındaki bilgilere biraz katkıda bulunalım:

Calvi adı bizi Londra bankerlerine, eroin-kokain parası aklayan İsviçre bankalarının ilişkilerine, P–2 Mason Locası'na götürür.[867/868] Aynı ad bizi, artık bize yabancı gelmeyen, sivil toplumcuların çok beğendikleri için İstanbul'a getirip konuşma yaptırdıkları, vur-kaç bankeri Soros'a, Soros'un şirketlerine, belli başlı Yahudi bankerlerin paravan şirketi Quantum'a, Soros vakıflarına ve sonunda Londra bankeri Rothschild ailesine götürür.

Soros, dünyayı işgal operasyonunu besleyen Yahudi bankerleri, dolayısıyla İsrail'i temsil eder. Onun izlerine, Yugoslavya'da, Malezya'da, Ukrayna'da, Varşova'da, Moskova'da, Azerbaycan'da, Asya'daki Türk devletlerinin tümünde rastlanır.

Orduya sızma operasyonuna tek kişilik engel

Petrol çıkarları çevresinde örülen pis ağın ilmiklerini çekiştiren Uğur Mumcu, 1984'te yayımlanan kitabıyla yetinebilir ve bu konuları bir daha karıştırmayabilirdi. On yıl sonra, hem de Ortadoğu'da, Kürt Federe Devleti senaryolarının da uygulamaya konulduğu; devletlerin ulusal çıkarlarını koruma politikalarının ve bağımsızlık isteklerinin tehdit olarak değerlendirildiği; devlet yetkesinin zayıflatılma operasyonun başlatıldığı bir dönemde geçmişe dönerek iz sürmek, ancak Uğur Mumcu'ya has bir tutum olabilirdi. Ne para, ne pul, ne de şan ve şöhret onun umurunda olamazdı. Uğur Mumcu, 1992 yılında, günümüzde 'Avrasya Projeleri' olarak adlandırılan, Orta Asya ve Kafkasya'da egemenlik tezgâhlarını da kurcalamaktan geri kalmamıştı. Henze'nin eşgüdümünde yapılan Türk

---

[867] *EIR, November 1, 1996*

[868] P2 (Propaganda Due) Mason Locası 1877'de kuruldu. 'Kara mason Locası' olarak da anılır. İtalya'daki birçok cinayeti (Başbakan Aldo Moro'nun öldürülmesi gibi) ve toplu kıyımı, mafya ile birlikte kaçaklığı yöneten P2, NATO ile işbirliği yaptı. 1965-81 arasında parlamentoda, orduda, adalet kurumlarında ve basında bir şebeke (Gladio / Kılıç) kuran locanın başında General Licio Gelli vardı. Daha sonraları başbakan olan Silvio Berlusconi de loca üyesiydi. P2 yalnızca İtalya'da değil, Uruguay, Brezilya, Arjantin'de de etkindi. Papa-Ağca olayı bağlamında Türkiye'deki gizli yapılanmayla da ilişkisi olduğu ileri sürüldü.

cumhuriyetleri gezilerinin, Kafkasya'yı karıştırma senaryolarının, Turgut Özal tarafından Türk-Kürt federasyonu tartışması başlatılmasının dibini incelemeyi iş edinmiştir.[869] Uğur Mumcu'nun edindiği her iş, bir büyük komployu açığa çıkarmaktadır; ancak bu komploların en büyüğünü 1992 sonunda ve 1993 başında, öldürülmesinden kısa süre önce açığa çıkarmaya başlamış olduğu anlaşılıyor.

Türkiye üzerine geliştirilen, çok etnisiteli, mozaik içinde mozaik bir ülke oluşturmaya yönelik operasyonun en önemli girişimine engel olmaya çabalamıştır. Mozaiğin en önemli parçası Ortadoğu ve Türkiye'nin güneydoğusunda kurulacak olan güdülebilir bir Kürt devletidir. Diğer parçalar ise Kafkas etnik kökenlilerce oluşturulmaya başlanacaktır.

Son yıllarda ayyuka çıkarılan, dahası politik amaç olarak hedefe alınan, kimlik tartışmalarının; terörün tırmandırılmasının; din, mezhep, tarikat tartışmalarının yoğunlaştırılmasının, gelecekte sorun yaratacak büyük oyunun başlangıcı; Amerika'da CIA denetimindeki USIP'in alt şirketi olan RAND tarafından hazırlattırılan ve 1990'da yayımlanan rapora bağlanmaktadır.

Uğur Mumcu'nun yazdıklarından, bu rapordan bilgisi olmadığı anlaşılıyor. Bilgisi olsaydı, PKK hareketinin arkasını araştırırken konuyu daha geniş bir kapsamda ele alabilirdi. Bu onun karşılaştığı sonu değiştirmezdi belki, ama hiç olmazsa araştırmasını belli bir aşamaya da yükseltebilirdi; çünkü işin bir irtica ya da Kürt-İslam ayaklanmasını aştığını; Türkiye üzerine oynanan örtülü işgal oyununun sonuçlarının Ortadoğu ve Asya'ya bağlandığını bilerek bakabilirdi o dosyalara.

RAND raporunda önerilen adımları bir kez daha gözden geçirirsek, 1992 yılında olan biteni anlayabiliriz. Bu rapordan söz etmese de Uğur Mumcu'nun gelişmeleri, hiç olmazsa dinsel oyun temelinde durdurmak için giriştiği son araştırmayı kavrayabiliriz: 1990 yılında yayımlanan RAND raporu, Türkiye'deki İslami hareketin, partilerin, örgütlerin devletle ilişkileri konusunda önemli saptamalar içermektedir. Türkiye dinsel ortamını tarihsel gelişim değerlendirmesiyle ele alan bu raporda, öncelikle dinsel hareketlerin ve toplulukların kimliği ile Kürt hareketinin ideolojisi ortaya konulmaktadır. Amerikan türü raporlardaki dolaylı anlatım bir yana bırakarak ülkemizle ilgili saptamaların ve yol göstericiliğin dört ana noktasını bir kez daha özetleyelim:

- Militan Kürt gruplar Marksizm'den İslam'a yönelirlerse, Kürtleri devlete karşı harekete geçirirler ve İslamcı hareket Türkiye'de daha etkin olabilir.

- Türkiye ve İran, Kürt sorununda işbirliği yapıyorlar. Türkiye ile İran'ın arası açılırsa; İran, Türkiye Kürtlerini desteklemeye başlar. Ancak Kürtlerin aşiret rekabetleri (çatışmaları), birliği önlüyor.

---

[869] Uğur Mumcu, "Henze'nin İşi," *Cumhuriyet, 17 Mayıs 1992.*

- Alevi-Sünni çatışmasının Türkiye'nin iç düzenini nasıl bozduğunun örneğini görmek için 1970'lerdeki çatışmalara bakmak gerekir. [870]/[871]
- ABD, Türkiye'de laik rejimi desteklerse, İslamcıları karşısına alır. Bu nedenle ABD, hassas bir politika izlemeli.

Uğur Mumcu'nun son araştırmaları, raporda belirtilen Kürt devleti projesine uygun olarak, Kürt milliyetçiliği ve İslami hareketin cephe birliğine evirilmesine engel olmak için çabaladığını göstermektedir. İlginç olan Uğur Mumcu'nun RAND raporunu bilmeden, yurtseverlik duyarlılığı ve sezgisiyle bu işlere yönelmesidir. Suikasttan kısa bir süre sonra, dönemin cumhurbaşkanı Turgut Özal, *"federasyon tartışılmalıdır"* demişti. Mayıs 1993'te İstanbul'da, Kürt hareketini temsil edenler, Kürt Nurcuları, dinci parti danışmanları, bir konferansta buluşmuşlardır. Bu toplantıda, PKK'ye bağlı ERNK (Kürdistan Ulusal Kurtuluş Cephesi)'nin alt örgütü KİP (Kürdistan İslam Partisi)'nin başkanı ve Kürt İslam hareketi temsilcileri bir araya gelmiştir. Aynı toplantıda Kürt milliyetçilik hareketinin birleştiği ilan edilmiş; eyalet sisteminin yararları anlatılmıştı.

Uğur Mumcu'nun öldürülmesinden sonraki gelişmelerden de anlaşılacağı gibi, Türkiye Cumhuriyeti'nin Lozan Antlaşmasıyla tanınan egemenlik haklarının ve kuruluş ilkelerinin değiştirilmesine yönelik girişimlerin önündeki en büyük engel olarak ordunun görüldüğünün kabulüyle, kışkırtmalar ve yıpratmalar yoğunlaştırılmıştı. Ordunun içine dinsel örgüt elemanlarını örtülü olarak sızdırma girişimleri de açığa çıkarılmıştı. Ordu, ABD'nin resmi belgelerinde bile hedef olarak gösterilmekteydi:

ABD Dışişlerinin *"Din Hürriyeti, 1999 Türkiye Raporu"*nda, *"Yarı sivil, yarı askeri MGK'nin (28 Şubat) 1997 kararlarıyla"* tarikatların kesinlikle yasaklandığı; ancak önde gelen siyaset ve toplum liderlerinin tarikatlara bağlı kaldıkları belirtiliyordu. 1997 kararlarıyla *"laik eğitimin zorunlu"* hale getirildiği, oysa *"laik eğitime karşı bir seçenek olan imam hatip okullarının muhafazakâr ve İslamcı Türkler arasında yüksek kabul görmekte"* olduğu açıkça ileri sürülüyordu.

Türkiye'nin düzenine yönelik yanlış bilgilendirmeye dayalı, Amerikan belgesinde, 1997 kararlarından kasıt, 28 Şubat 1997 MGK kararlarıdır. Ordunun özgürlüklere engel olduğu, dolaylı bir dille kayda geçiren resmi ABD belgesinde, *"MGK kararları yanında Silahlı Kuvvetler, İslami radikal etkinliklerini soruşturduğu bireyleri düzenli olarak içinden atıyor"* denmektedir. Rapora göre, bir yanda halkın büyük çoğunluğu,

---

[870] ABD'nin Din Hürriyeti Türkiye Raporu 1999'da Alevilere de sahip çıkmış ve Amerika'da bir vakıf kurulmuştur.
[871] 1980 öncesinde Kahramanmaraş ve Çorum'da çıkartılan çatışmalar ve katliamlardan önce bu kentlerimizde bir Amerikalı siyasi memurun dolaşıp görüşmeler yaptığı anımsanırsa, önerinin ciddiyeti daha iyi anlaşılır. Elbette, sonrasındaki GOP ve Sivas olayları da...

öte yandaysa ordunun yandaşları vardır. ABD Dışişlerince hazırlatılan rapora göre bu yandaşlar, *"devletin tehdit altında olduğunu ileri süren bürokratlar, adli görevliler"*dir. [872]

Ne yazık ki, bu tür raporlara karşı ne hükümetlerden, ne de öteki kurumlardan ve kendilerine "Atatürkçü" adını yakıştıran örgütlerden bir tepki gelmiştir.

Mumcu'nun öldürüldüğü günün hemen öncesinde

Yabancı devletlerin stratejik hedeflerine ortak olarak, yanılgıya düşülse de içindeki bağımsızlık ve egemenlik ruhu bir türlü sökülüp atılamayan ordunun içine eleman sızdırılmasıyla zayıflatılamayacağı ortaya çıkınca en kestirme yol seçilmiştir. Bu yol denenmiş, güvenilir bir yoldur. Zaten yıllardır sürdürülen ince bir oyunla, devletin kurumları, Cumhuriyet devletinin ilkelerine yabancılaştırılan İmam Hatip mezunlarına açılmış ve meyveleri toplanmaya başlanmıştı. 1992 yılında İmam Hatip mezunlarının Harp Okullarına girmelerini sağlamak üzere, mecliste bir toplu uzlaşma sağlanmış ve yasa değişikliği tasarısı, komisyonlardaydı. Türkiye, "sivil demokrasi" düşlerine dalmışken, Uğur Mumcu, yakından izlediği bu uzlaşmanın boyutlarını şu sözlerle belirtiyordu:

"1983 yılında Milli Eğitim Temel Yasasını değiştirdiler, bugün Harp Okulu Yasasını... İmam hatiplilerin harp okullarına girmelerini isteyen' Atatürk'ün partisi CHP'nin Genel Sekreteri (Ertuğrul Günay) başta olmak üzere, bu uğurda çaba gösterenler doğrusu büyük başarı elde ettiler." [873]

Yasanın meclisten geçmesine engel olacak bir siyasal parti de bulunmamaktaydı. Kamuoyu da her konuyu kendine sunulan saf demokrasi inancıyla, hemencecik benimseme alışkanlığındaydı. Yasa değişikliğiyle operasyoncular, büyük bir adım atacaklardı.

Sonraki gelişmelerden de anlaşılacağı gibi, büyük masraflara ve büyük çatıştırma, sürtüştürme, demokrasi, insan hakları, din hürriyeti propagandası örgütleme etkinliklerine gerek kalmadan, amaçlarına ulaşacaklardı. O karmaşık günlerde, bu gelişmenin önünde tek engel vardı: Uğur Mumcu. Öldürülmesinden iki gün önce yayımlanan yazısının konusunu da bu yasa değişikliği tasarısının meclis komisyonundan geçirilmesi oluşturmuştur. Yazısından da anlaşılabileceği gibi, Uğur Mumcu, demokrasi ve insan hakları kılıfına sokulmuş operasyonun yansımalarını izlemekteydi. Yasa değişikliği girişiminin salt laikliğe saldırı olmadığını, oynanan büyük oyunun, İslamcı hareketleri aşan yanını görmüş olmalı.

---

[872] M,Yıldırım, Amerikan İddianamesi, *Müdafaai Hukuk, 30 Nisan 2000* ve *1999 Country Reports on Human Rights Practices Released By The Bureau of Democracy-Human Rights-Labour, U.S. Department of State, Feb.25, 2000*

[873] Uğur Mumcu, "İmam-Subay" *Cumhuriyet, 22 Ocak 1993* ve *Bütün Yazıları 40, 2. Baskı, um:ag Vakfı Yayınları, Ankara, Eylül 2003, s. 51-53.*

Onun öldürülmesinden sonra oluşan kitlesel tepki üzerine yasa rafa kaldırılmıştır. Orduya sızma işi de yeniden tarikatların örtülü girişimlerine ve halkın orduya karşı kışkırtılması eylemlerine bırakılmıştır.

Bir tabancanın izini sürerek, büyük oyunu sergilemeye çabalamış olan Uğur Mumcu'yu öldüren plastik patlayıcının izinin sürülmemesi, onun haklılığını göstermektedir; çünkü komplocuların ideolojisi yoktur. Onların hedefi, egemenliklerini pekiştirmek, kurdukları para soğurma düzeneğini işletmektir. Bir tabancanın kabzasını tutan eli yönlendirenlerin birbirleriyle çatışır görünmesi, olaylardan bilgi sahibi olmayan önyargılıları nasıl yanıltıyorsa; plastiğin arkasındakiler de bölgesel egemenlik kurgularından, büyük komploları örgütleyen odaklardan bağımsız, 'sıra dışı' terör örgütleri olarak görmek, o denli yanıltıcı olur.

Daha da önemlisi, böyle bir tutum, gerçek suçluları ve büyük komploları gizlemeye yaradığından, vereceği zarar başka aydınların canlarının alınmasının da ötesinde, bölgesel felaketlere de yol açabilir.

Böyle bir komployu çözecek güç ise çok büyük olmalıdır. Olayı soruşturan savcının da belirttiği üzere, bu suikastın arkasındaki suçluları, ancak kararlı bir devlet bulabilir. Böyle bir suçun tüm öğelerini ortaya çıkarmak, salt hukuk devleti olunduğunu göstermenin yanında, devletin kendi varlığını ve egemenliğini sürdürmesinin de gereğidir. Bu görev bilinciyle hareket edecek bir devlet yönetimi de, hem çekincesiz, hem de suç ağına şu ya da bu taraftan bulaşmış olan kişilerin etkisinden uzak olabilmelidir.

Bu konuda bir başka umut ise, komplonun düzenleyicilerinden birinin, insanlık adına pişmanlık duyarak itiraflarda bulunmasıdır. O olmazsa, dünyayı denetleyen ve yönlendiren batı devletlerinin, kendileri dışındaki ülkelere dayattıkları gibi, 'şeffaf devlet' olmaya karar verip, gizledikleri bilgileri ve belgeleri açıklamalarıdır. Yoksa egemen büyük devletlerin komplolarına bilerek ya da bilmeyerek yardımcı olanların iyi niyetli çabaları, her zaman yanlış yönlendirilmeye açık ve hedeften saptırıcı olacaktır.

Belirtmek gerekir ki, suçluyu bulmayı namus borcu sayan bilim adamı-siyasetçilerin sözlerini tutmaları, onların duyarlı ve insan sevgisine sahip olmalarını gerektirirdi. Bu duyarlılıktan yoksun olununca ne bağımsızlık olur, ne de Uğur Mumcu gibi, onurlu yurtseverler yaşayabilirlerdi. Öyle de oldu; Mumcu'yu öldüren İran al-Kudüs Kuvvetleri'nin yerli ameliyatçıları yerli yabancı birçok kişinin canına kıydılar. Yarı-açık çalışan bu ameliyatçılar, 1999'da Prof. Dr. Ahmet Taner Kışlalı'ya, 24 Ocak 2000'de Diyarbakır Emniyet Müdürü Gaffar Okkan'a kıydılar. Suçluların pek çoğu yaratılan yasal boşluklardan yararlanarak serbest bırakıldılar. Son 24 yılın Türkiye hükümetleri İran'a ve Almanya'ya sığınan örgüt üyelerinin teslimini istemek için hiçbir çaba göstermediler.

Sonsöz Yerine

Tarihsel Muhtıra

1919 Haziranında Anadolu'nun doğusunda bir Ermeni devleti kurulmasını sağlayamayan ABD, Gümrü Anlaşmasıyla Türkiye'nin doğu sınırlarının da güvence altına alınması ve Sakarya boyunca Yunan saldırısının da püskürtülmesi üzerine, İstiklal Savaşı'nın Ankara'daki Ulusal Yönetim lehinde sonuçlanacağını hesap etmiş olmalı ki İngilizlerin silahlı istilâ planlarına karşılık kaleyi içerden fethetmek için sinsice isteklerde bulunmaya başlamıştı.

ABD, elbette bu manda işinin peşini bırakmayacaktı. Savaş ortamında yurdumuzun düştüğü zayıflıktan yararlanmak için Anadolu'da Öksüzler Yurdu ve örnek çiftlikler kurarak yerleşmek istemiş ve bu isteği, Ankara'ya iletmişti. Meclis Başkanı Mustafa Kemal, hemen İçişleri Bakanlığı'na bir muhtıra yollayarak uyarıda bulunmuştu. Bu muhtırayı okuyalım:

"Ankara, 3 Ocak 1922
İçişleri Bakanlığı'na
29.12.1921 Gün ve 10319/2423 Sayılı yazınız yanıtıdır
Anadolu'da öksüzler yurdu ve örnek çiftlikler vb hayır kurumları açma ve kurma konusunda Amerika Yakındoğu görevlileri adına yapılan başvuruya karşı vereceğimiz yanıtın konusu ve ilkeleri, ilişik muhtırada genişçe açıklanmıştır, efendim.
Muhtıra
Ankara Büyük Millet Meclisi Hükümeti, ülkenin bayındırlaşmasına, öksüzlerin rahatlamasına, genel sağlık ve ekonomimizin düzeltilmesine yönelik girişim ve çalışmaları teşekkürle kabul eder.
Ancak, bu konuda gerek uzak, gerek pek yakın geçmişte, bize oldukça ağıra patlayan deneyimlere dayanarak bir takım kaygılarımızı açıklama gereği vardır.
Şimdiye değin ülkemizde ekonomik amaçlarla, politik ve bilimsel çalışmalar (yapan) kurumlar ve yabancılar özellikle aşağıdaki amaçları izlemişlerdir:
1.Ülkemizdeki çalışmalarından korkunç bir kazanç sağlamak. Bizim için en zararlı olanı bunlardır.
2. Bir bölgede elde edecekleri ekonomik yetkiye (ayrıcalığa) dayanarak o bölgenin sahibi olmaya çalışmak.
Bu gibilerin ülkemizde bir daha çalışmalarına kesinlikle izin verilmemesi kararlaştırılmıştır. Böyle yapmakla yalnız kendimize değil,

bütün insanlığa olabildiğince büyük hizmet ettiğimize inanıyoruz. Dolayısıyla Genel Savaşı (Birinci Dünya Savaşını) çıkaranlar, bu gibi amaçları izleyen paralı gruplar ve onlara alet olan politikacılardır.
3. Ekonomik amaçla, bilim ve insanlık (yararı) görüntüsü ile yurdumuza gelip, ilerde istila (işgal) hazırlamak için, etnik toplulukları gerek hükümete, gerek birbirlerine karşı kışkırtmak.
Bu gibiler hem genel savaşın hem ülkemizdeki korkunç cinayetlerin düzenleyicileridir.
4. Yurdumuzda, yalnız bilim ve insanlık amaçları ile çalışmakla birlikte, ruhlarında bulunan Hıristiyanlık duygusu nedeniyle, hemen Hıristiyan azınlıklarla ilişki kurmak ve ister kasıtlı, ister kasıtsız olarak, aralarında azınlıkların da yaşamakta olduğu Müslüman topluluklardan ayrılma isteğini propaganda etmek.
Bu gibilerin gerek Müslümanlara, gerek iyiliğine çalıştıkları (nı ileri sürdükleri) Hıristiyan azınlıklara, aralarında yaşamakta oldukları İslâm çoğunluğuna (karşı) baskı yapılmasını aşılamakla, ne denli insanlık dışı bir biçimde çalıştıkları ve bu yüzden meydana gelen cinayetlerden sorumlu oldukları ortadadır.
Hükümetlerimiz bu gibilerin de özgürce çalışmalarına izin verdiğinde Müslüman ve Müslüman olmayan bütün uyruklarına karşı pek ağır bir sorumluluk yükü altına girmiş bulunacaktır.
Buna izin vermek, çocukları yaşayacakları çevreye düşman ya da hiç olmazsa yabancı olarak yetiştirmek ve (çocukları) yaşayacakları çevre ile çatışmak zorunda bırakmaktır. Bu ise, gerek o çocukların, gerek içerisinde yaşayacakları halkın yıkımını hazırlamaktır.
Bunu yasaklamak hükümetin görevidir.
Bundan dolayıdır ki, Amerikalılarca örnek çiftlik vb. kurumlar kurup, buralarda kendi uyruğumuzdan olan binlerce çocuğun Türk hükümetine ve ulusuna karşı sevgisiz ve uyumsuz duygularla yetişmelerine izin veremeyiz." [874 / 875]

Mustafa Kemal muhtırasını, diplomatik bir dille sürdürür ve Amerikalıların kurmak istedikleri örnek çiftliklerin yönetiminin ve çalışan çocukların eğitiminin Türk hükümetinin atayacağı görevlilere ait olacağını, bu gibi yerlerdeki öksüzler arasında soy, mezhep ayrımı yapılamayacağı

---

[874] Mustafa Kemal'in el yazısı ile Muhtıra, belge No: 1125, ADP: Cilt 1, sa.384; Mustafa Onar, Atatürk'ün Kurtuluş Savaşı Yazışmaları II, T.C. Kültür Bakanlığı Atatürk Dizisi, Ankara, 1995 (*Günümüz diline çeviride anlam karışıklığı görülen bazı tümceler, asıl anlamları kesinlikle değiştirilmeden, tarafımızca düzeltilmiştir.* "Muhtıra" *sözcüğü yazının 'özgün el yazması' notunu taşıyan belgesinin transkripsiyonunda da bulunmaktadır. M.Y.*)
[875] Bu muhtıra İstanbul'da "Azınlık Hukuku (Hakları) konferansı düzenlenmesine karşı yazılan makalede yer almıştır. *M. Yıldırım, Bir ihtar ve Bir lanet, M. Hukuk Temmuz 2001.*

koşullarını da sıralayarak, diplomatik bir tavırla reddeder. Duyarlılıkla ve devlet adamı sorumluluğuyla, ayrımcılığa ve karıştırıcılığa gösterdiği bu tepkisinde söz ettiği acı deneyler arasında, Osmanlı yönetiminin vurdumduymazlıkla izin verdiği Anadolu illerindeki Amerikan konsolosluklarının Hıristiyan azınlıkları, özellikle Ermenileri eğiten misyoner okullarını kurmaları vardır.

Ayrıca azınlıklara birer ABD pasaportu vererek onları Amerikanlaştırmaları ve misyoner okullarını, manastırları silah deposu haline getirmeleri ve bu desteğin sonucu olarak ortaya çıkan terör eylemleri, arkadan vurmalar gibi, somut olaylar bulunmaktadır.

Osmanlı'nın son döneminde yabancıların işlettiği okul sayısı 98'dir. Bu işi yalnızca savaş öncesi durumun bir özelliği olarak göstermek de yanıltmanın bir parçasıdır.

Mustafa Kemal'in Amerikan okullarının etkisini değerlendirmemesi düşünülemezdi. Amerikalıların Talas Koleji'nde 1880 yılı ders programında, Ermenice ve Rumca Gramer, Osmanlıca İncil, Hıristiyanlara göre tarih derslerinin yanı sıra Amerikalıların 3 ayrı yerdeki matbaada, Ermenice, Rumca, Bulgarca, İtalyanca, Ladion (İspanyol Yahudi dili) dillerinde, 725 kitap yayınladıkları bilinmektedir.[876]

Mustafa Kemal, kültürel işgalin sonuçlarını iyi değerlendirmektedir. Sözde öksüzler yurdu kurma gibi insancıl girişimin altındaki azınlık örgütleme planının yattığını elbette biliyordu.[877] 1922 yılı başında, ülke işgal altındayken ve en zor koşullarda yaşanırken yazılmış olan bu muhtıradaki değerlendirmeye "komplo teorisi" diyebilecek bir kişi olabilir mi?

Buna *'komplo uydurması'* diyenler, Reagan'ın 1982'de koyduğu adla "demokrasi projesi" nin Yugoslavya'da, Çekoslovakya'da, Balkanlarda, Asya'da, Afrika'da, Orta ve Güney Amerika'da, Irak'ta, Venezuela'da yol açtığı sonuçları unutsa da görmezden gelse de Türkiye'de etnik, dinsel kışkırtmaları, Lozan'ın yeniden gözden geçirilmesi taleplerini yok sayması mümkün olmayacaktır.

Lanet

Mustafa Kemal'in, 27 Aralık 1919'da yabancılarla yatıp kalkanlara verdiği yanıt, TBMM'nin içine dek yabancıları sokup, ahlak dersi alanları, kendi güvenlik güçleri ya da memurlarıyla ilgili "yolsuzluk" araştırmalarını yabancı parasıyla ve yabancı elemanlarla yapmaktan çekinmeyenlerin unutulmayacağını işaret etmektedir:

---

[876] Turgay Tüfekçioğlu, Türkiye ve Şeytan Üçgeni, s.125-127
[877] Yardım örtüsüyle Hıristiyan misyonerlik etki alanı yaratılması girişimleri o zamandan engellenmişti; ama günümüz Türkiye'sinde "sivil" toplum örgütü adı altında, çocukları barındıran kamplar açıldığı görülmektedir. *Turgay Tüfekçioğlu, a.g.k. s.52-54.*

"Tekrar ediyorum, aleyhimizde ileri sürülen değerlendirmeler yanlıştır. Bu gerçek, (hem) tarih, (hem de) mantık açısından sabittir. Bu hususu, yalnız Batı'ya değil, hatta vatandaşlarımıza da, ehemmiyetli bir surette ihtar etmek gereğini duyuyorum.

Çünkü ender de olsa, üzülerek işitiyoruz ki, milletin tarihini okumamış veya milli duygudan yoksun kalmış olan bazı kişiler, yabancıların aleyhimizde ileri sürdükleri suçlamaları reddetmemenin yanında vatanını ve milletini kusurlu göstermekten çekinmiyorlar. Bugün bile, sultani mektebinin salonlarını aleyhimizde konferans verdirmek için yabancılara açanlar var.

Bu gibilere lanet"[878]

Lozan Antlaşması'nın en can alıcı maddelerini, salt ABD ve Batı Avrupa yönetimleri, dışarda ve içerde konumlanmış Bizans özlemcileri istedi diye, değiştirenler, 1919-1922 arasında savaş alanlarını, işgal altındaki yöreleri gezerek ulusal direnişin ruhunu ve ulusal yönetimin görüşlerini dünyaya ileten ve TBMM kararıyla Türk ulusal davasına katkıları nedeniyle kendisine teşekkür edilmiş olan Gazeteci Berthe Georges-Gaulis'in değerlendirmesini anımsamalıdırlar:

"Onun gerçek formülü: rakip güçler arasında dengeyi korumak, hiçbiri tarafından yutulmamak."[879]

Bundan daha anlamlı bir yorum olamaz. Aradan 81 yıl geçtikten sonra bile, yutulmaya karşı direnenler de olacaktır, laneti hak edenler de...

Örümcek ağı, Mustafa Kemal'in bağımsız ülkesinin kurumlarını, demokratik örgütlerini, siyasal partilerini, bilim yuvalarını sarmış durumda. Aynı ağ, ülkenin komşuları başta olmak üzere tüm Asya'yı, Afrika'yı ve Güney Amerika'yı liberal bir görünüm altında sararak yeniden sömürgeleştirmektedir.

İnsanlık bir kez daha karanlık ve acımasız bir çağa giriyor.

Bu karanlık çağ kuşkusuz aşılacaktır; çünkü halkın erdemli deyişi bir gerçektir: *"Eşkıya dünyaya hükümdar olamaz!"*

İnsanlık yarım kalan sözü, geçmişten geleceğe, karanlıktan aydınlığa uzanan çağlarda tamamlayacaktır. Yeter ki, Mustafa Kemal'in şu yalın ilkesi akıllardan uzak tutulmasın:

"Adalet ve merhamet dilenmek gibi bir prensip yoktur. Türk milleti, Türkiye'nin müstakbel çocukları bunu bir an hatırdan çıkarmamalıdırlar."

Bu sözün anlamını, makamlara oturanlardan daha çok, bağımsız, özgür ve insanca yaşamak için *"Hak, kuvvetin üstündedir"* ilkesinin erdemliliğin temeli olduğuna inanan gençler değerlendireceklerdir. Zerre kadar kuşku yok!

Ankara: 24 Temmuz 2005

---

[878] Atatürk'ün Söylev ve Demeçleri II, s.9-10
[879] Berthe Georges-Gaulis, Kurtuluş Savaşı Sırasında Türk Milliyetçiliği, s.151.

Ek 1 [880]
Türkiye'de Yabancı Parasından Yararlanan Siviller ve Görevleri:

1988

Parayı veren: NED / American Friend of Turkey Foundation (Türkiye'nin Amerikalı Dostları Vakfı) / Bağış Alıcı: **FORUM** Corp. Ankara / 50.000 $

2.Parayı veren: NED / Bağış Alıcı: **Yeni Forum Dergisi** / 11.766 $

1990

Parayı Veren: NED / Bağışı Alıcı: American Friend of Turkey Foundation / Alt Bağış Alıcı: **FORUM Corp.** / 50.000 $ / Program: Türkiye'de demokrasi anlayışını güçlendirmek ve İslam dünyasının öteki bölümlerine Türk demokrasi deneyimini aktarmak.

1991

1. Parayı veren: NED / CIPE/ Bağış Alıcı: **Türk Demokrasi Vakfı (TDV)** / 80.000 $ / TDV'nın, Türkiye'de özelleştirme için 18 aylık programını desteklenecek.

2. Parayı Veren: NED / Bağış Alıcı: **TDV** / 26.100 $ / TDV, 2 kitap ve 4 sayılık bülten yayınlayacak.

3. Parayı Veren: NED / American Turkish Foundation / Alt Bağış Alıcı: **FORUM Corp.** / 50.000 $ / Türkiye'de demokrasi anlayışını güçlendirmek ve İslam dünyasının öteki bölümlerine Türk demokrasi deneyimini aktarmak üzere Jurnal (gazete) basımı ve dağıtımı. Yeni Forum, özellikle öğrenciler için, bir dizi seminer ve ders düzenleyecek ve kitap yayınlayacaktır.

1992

1. Parayı Veren: NED / Bağış Alan: American Turkish Foundation / Alt Bağış Alıcı: **FORUM Corp.** / 50.000 $ / Türkiye'de demokrasi anlayışını güçlendirmek ve İslam dünyasının öteki bölümlerine Türk demokrasi deneyimini aktarmak üzere Jurnal (gazete) basımı ve dağıtımı. Yeni Forum, özellikle öğrenciler için, bir dizi seminer ve ders düzenleyecek ve kitap yayınlayacaktır.

2. Parayı veren: NED / Bağış Alıcı: **FORUM Corp.** Ankara / 57.000 $ / Azerbaycan'ın başkenti Bakû'de bir konferans düzenlenecek. Türk Cumhuriyetlerinden demokratik gruplar bir araya getirilecek. Katılımcılar, bölgede

---

[880] Bu bölümde yer alan bilgiler, kitaptaki öteki bölümlerde olduğu gibi, National Endowment for Democracy (USA) örgütünün yıllık raporlarından aynen aktarılmaktadır. Raporların tarih ve yıl bilgileri de dâhil tümü kaynakça bölümde listelenmiştir. USIP ve Açık Toplum ödemeleri kitabın asıl metininde korunmuştur. AB'den alınanların tümü için bkz: Yılmaz Dikbaş, Avrupa Birliği-Tabuta Çakılan Son Çivi; Alman vakıflarıyla parasal ilişkiler için bkz: Ergün Poyraz, AKpapanın Temel İçgüdüsü.

(Orta Asya) demokratikleşmeyi ve serbest pazar ekonomisinin nasıl kurulacağını tartışacaklar.

1993

Parayı Veren: NED / IRI / Bağış Alıcı: .../ Konu: Siyasal Partiler – Propaganda / 48.817 $ / İki kademeli bir programla siyasal partiler arasında, sivil konuları kapsayan bir uyuşum gerçekleştirilecektir. Partilere bağlı kurumların bir Parti Enstitüsü kurmalarına yardım edilecek. Bu enstitü, sivil haklar konusunda çalışacak. Türkiye seçmenlerine yönelik olarak sivil haklara saygı sağlanacaktır.

1994

Parayı Veren: NED / IRI / Bağış Alıcı: **Stratejik Araştırmalar Vakfı (SAV)** / Konu: Medya ve yayın / 71.583 $ / SAV'ın Türkiye'de demokratik reformları destekleyen çeşitli etkinlikler gerçekleştirmesi sağlanacaktır. Politik durgunluğun alt edilmesine yönelik araştırma gerçekleştirilecektir. Yerel hükümetlerde*şeffaflık ve taban örgütlenmesi üstüne Belediye Başkanlarına eğitim semineri ve "Medya ve Demokrasi" konulu uluslararası bir konferans düzenlenecek.

1995

1. Parayı Veren: NED / IRI / Bağış Alıcı: **SAV** / 170.173 $ / IRI, Türkiye'de sivil eğitim programları için NED'in desteğini almıştır. SAV doğrudan finanse edilecektir. IRI aynı vakfı 1994'te de fonlamıştır. SAV, Türkiye'nin partiler üstü "think-tank"lerin öncüsü olacaktır. IRI, SAV ve onun İstanbul'da yerleşik ortağıyla birlikte bir dizi kamuoyu yoklaması gerçekleştirecektir. Bu yoklamalar, ekonomik ve siyasal reformlar, dinsel yaklaşımlar ve birçok başka konuda değerlendirmeleri kapsayacaktır. Yoklama her üç ayda bir yapılacak ve yoklama örgütlenmesine teknik yardımda bulunulacaktır. Sonuçlar, medyaya, Non Governmental Organizations"a ve siyasal partilere bildirilecektir.

2. Parayı Veren: NED / Bağış Alan: **SAV** / 20.000 $ / NED'in desteğini alan SAV, Türk toplumunun değişik kesimlerini yan yana getirecektir. "Türkiye'nin en patlayıcı sorunu için demokratik çözümün yaygınlaştırılmasının ilk adımı olarak, "demokrasi ve kimlik" konusunun tartışılacağı 2 günlük bir konferans yapılacaktır.

3. Parayı Veren: NED / Bağış Alan: **Müslüman Hukuku Altında Yaşayan Kadınlar** (WLUML) / Alt bağış alıcı: Kadın İnsan Hakları için Kadınlar / 40.000 $ / İstanbul'a doğudan ve güneydoğudan göç eden kadınların eğitimi.

---

*Local Government' tan çevrilmiştir. Türkiye'de konuların nereye varacağını bilemeyenler başlangıçta, 'yerel yönetim' derken halka belediye anlamında kullandıklarını yaymışlar, daha sonra kamu yönetimi yasa değişiklikleriyle amacın merkezi yönetim yapısını zayıflatmak olduğu ortaya çıkmış ve hatta 'eyalet sistemleri' nden söz edilmeye başlanmıştır.

Kadınlara yasalar ve hakları öğretilecek. Kadınlara ayrıca, haklarını elde etme stratejileri ve haklarını koruma ve birlikler kurma teknikleri öğretilecek.

4. Parayı veren: NED / IRI / Bağış Alıcı: **TESEV** / 79.571 $ / IRI ve TESEV yerel hükümetlerin etkinliğini ve saygınlığını artırmak için birlikte çalışacaklar. Merkezi hükümet ile yerel yönetimler arasındaki parasal gerginliğin (çekişmenin) azaltılması için önerilerde bulunulacak ve bütçe süreçleri derinden incelenecek. TESEV çalışmaları, IRI ve Marmara Bölgesi Belediyeler Birliği'nin destekleyeceği iki günlük bir seminerle sunulacaktır. Seminer Şubat 1996'da yapılacaktır. Yaklaşık 30 belediye reisi, meclis üyesi ve siyasal partilerin yerel önderleri çağrılacaktır.

1996

1. Para veren: NED / IRI / Bağış Alıcı: **TESEV** / 183.960 $ / IRI - TESEV - Marmara Belediyeler Birliği (MBB) birlikte çalışacaklar. Bütçe yapımı öğretilecek. Halkın katılımının sağlanması, işçi yönetim eğitimi verilecek. TESEV, IRI'den Kuzeydoğu ve Kuzeybatı Anadolu kent ve belde belediyelerinin bütçe yapımını incelemek üzere bağış alacak. IRI, MBBL, TESEV, 26-27 Haziran 1996'da İstanbul'da ulusal sempozyum düzenleyecek.

2. Parayı Veren: NED / IRI / Bağış Alıcı: **Türk Belediyeler Birliği** /Konu: Politika ve Millet Meclisi / 69.133 $ / IRI, Türk Belediyeler Birliği adına NED'in desteğini almıştı. TBB, yeniden programlanan fonlarla, Yerel Yönetim merkezi kuracaktır. Bu merkez amacı gerçekleştirecektir: (1) Yeni yasalar için lobicilik yaparak, parasal yetkiler dâhil, yerel özerkliği güçlendirmek; (2) Yerel yönetimlerle ilgili reform yasalarının değişmesi için politik araştırma yapmak; (3) Merkezde, yerel hükümetleri etkileyen reform yasaları ve politikalarla ilgili politik komite örgütlenmesini gerçekleştirmek; (4) Belediyelerle ilgili merkezdeki bir bilgisayarda veri tabanı kurmak.

3. Parayı veren: NED / IRI / Bağış Alıcı: **Anadolu Stratejik Araştırmalar Vakfı** (ANSAV) / Konu: Kadınlar, siyasal partiler / 189.604 $ / IRI, taban örgütlenmesini güçlendirerek, Türk siyasal partilerinin demokratik temsilin iyi kanalları olabilmelerini sağlamak üzere ve kadınların partilere katılımını artırmalarını sağlayacak yardımlarda bulunacaktır. IRI, ana partiler için bir dizi eğitim atölyesi kuracaktır. Bu atölye çalışmaları, yerel parti örgütlenmesinin geliştirilmesi, kadınlara önderlik eğitimini kapsayacaktır. IRI, siyasal partileri uyumlaştıracak çalışmalarını sürdürmesi için ANSAV'a 20.000 dolar bağışlayacak. ANSAV'ın amacı, Türkiye'de siyasal yapı değişikliğini ve partiler arası eşgüdümü özendirmektir. IRI her üç atölyeyi de doğrudan, parasal olarak destekleyecektir.

1997

1. Parayı veren: NED / Bağış Alıcı: **Women Living Under Muslim Law** (WLUML) / Alt bağış alıcı: Kadınların İnsan Hakları için Kadınlar (KİHP) / 26.600 $ / NED, Türkiye'de kadınların eğitimini ve örgütlenme etkinliklerini

destekleyecektir. Kadınlara var olan yasal hakları öğretilecek, kendilerini savunma ve birlik kurma konusunda eğitileceklerdir. [881]

2. Parayı veren: NED / Avrupa Ortak Zemin Merkezi / Bağış Alıcı: Toplumsal Sorunları Araştırma Vakfı (**TOSAV**) / Konu: Medya, yayın, eğitim / 50.000 $ / Kürt ve Türk toplumları arasında ılımlılaşmanın yerleştirilmesi sağlanacak. "Çok kültürlülük, hoşgörü ve siyasal çoğulculuk esasına dayalı barışçı ve sivil (bir) toplumun geliştirilmesine yönelik adımı" kapsamaktadır. Bu ilkelerin yayılması için, sivil eğitim, toplumsal sorumluluk eğitiminde yoğunlaşılarak medya ve iletişim araçları kullanılacaktır.

3. Parayı veren: NED /NDI / Bağış Alıcı: Belirtilmemiş / Konu: **TBMM**/ 105.564 $ / NDI, 5 aylık bir program başlatacaktır. Bu program, ahlak yasalarının çıkarılması için çalışan Türk milletvekillerini, kilit konumdaki siyasal liderleri ve "etkin sivil eylemcileri" özendirecektir. İstanbul ve Ankara'da atölye çalışmaları ve seminerler düzenlenecektir. Türkiye'nin rejimle ilgili sorunlarına yönelik yaklaşımlar ve çok partili işbirliğinin yaratılması görüşülecektir. Etkinlikler, Türk 'non governmental' gruplarla ortak olarak yürütülecektir.

4. Parayı veren: NED / IRI / Bağış Alıcı: **Türk Belediyeler Birliği** (TBB) ve **TESEV**/ Konu: Eğitim, Hukuk Kuralları / 299.616 $ / Türk yerel idareleriyle ilgili reformların yapımı cesaretlendirilecek ve Türkiye siyasal partilerinin örgütsel ve yapılarıyla ilgili demokratik reformlar özendirilecek. IRI, Türk Belediyeler Birliği'nin ulusal düzeyde daha etkin olmasını sağlayacak (belediye) reformlarını özendirecektir. Çeşitli bölgesel toplantılarda yasa tasarıları tartışılacak; özellikle belediye başkanlarının doğrudan katılımı sağlanacaktır.

5. Parayı veren: NED / NDI / Bağış Alıcı: Belirtilmemiş / Konu: **TBMM** / 98.165 $ / NDI, Türk meclisinde profesyonel yaklaşımın yaratılmasını teşvik edici çabalara yardımcı olacaktır.

6. Parayı veren: NED / CIPE / Bağış Alıcı: **Liberal Düşünce Topluluğu** (LDT) / Konu: İş ve Ekonomi, Medya ve Yayın, Politika / 61.710 $ / Serbest piyasa ekonomisinin İslam diniyle bağdaştığı anlatılacak. İstanbul'da siyasetçiler, lider işadamları, sivil örgüt liderleri, devlet memurları ve medya elemanlarından oluşan topluluğa uzmanlarca eğitim verilecektir. LDT, daha geniş topluluklara ulaşmak üzere, 6 büyük kentte paneller düzenleyecek ve yaygın olarak dağıtılmak üzere bir kitap hazırlayacaktır. LDT, tartışmaları salt entelektüel düzeyde tutmayacak, fakat serbest pazar kaynaklı, sağlıklı bir ekonomi için gerekli siyasal eylemleri de araştıracaktır.

7. Parayı veren: NED / Helsinki Vatandaş Ansamblesi (**Helsinki Yurttaşlar Derneği**-Türkiye (HYD) / 30.000 $ / HYD, kurumsal kapasitesini yapısını güçlendirecektir. HYD, daha etkin bir sivil toplumun yaratılmasına yardımcı olacak sivil girişimler için daha yönlendirici ve birleştirici bir konum almak

---

[881] KİHP: WLUML bağlı olarak 1993'te kuruldu. Kurucusu Pınar İlkkaracan, daha sonra çeşitli kadın örgütleriyle birlikte "New Ways" karşılığı olarak Yeni Çözümler Vakfı'nı kurdu.

amacıyla, teknik uzmanlığını geliştirecek, eylemlerini halka yayacak, yeni üyeler örgütleyecek ve öteki örgütleri eğitecektir.

8. Finansal Anlaşma No: DG IA-D / MEDTQ / 31-97 / Operasyonel Ortak: **TESEV** / Proje: Türkiye'de devlet reformu / Toplam tutarı: 721.790 euro / AB katkısı: 600.000 euro.

9. Finansal Anlaşma No: DG IA-D/MEDTQ/18-97 / Operasyonel Ortak: **Helsinki Yurttaşlar Derneği** / Proje: Yasama kararlarının verimliliği / Toplam tutarı: 81.330 euro / AB katkısı: 60.000 euro

10. Finansal Anlaşma No: DG IA-D/MEDTQ/09-97 / Operasyonel Ortak: **Türk Demokrasi Vakfı** / Proje: Demokratik ilkelerin ve hakların güçlendirilmesi için sivil eğitim / Toplam tutarı: 300.000 euro / AB katkısı: 250.000 euro

11. Finansal Anlaşma No: DG IA-D/MEDTQ/07-97 / Operasyonel Ortak: **Türk Kalkınma Vakfı** / Proje: Van ve Diyarbakırlı kadınların iş olanakları için eğitim programı / Toplam tutarı: 494.000 euro / AB katkısı: 150.000 euro.

12. Finansal Anlaşma No: DG IA-D/MEDTQ/22-97/ Operasyonel Ortak: "The women in politics Association" / Proje: IWDC (**uluslararası Kadınlar Demokrasi Merkezi) Bölge Bürosu** / Toplam tutarı: 101.500 euro / AB katkısı: 100.000 euro.

13. Finansal Anlaşma No: DG IA-D/MEDTQ/14-97/ Operasyonel Ortak: **Antalya Barosu** ve Friedrich Naumann Stiftung / Proje: Demokratikleşme Programı / Top-lam tutarı: 120.000 euro / AB katkısı: 100.000 euro

14. Finansal Anlaşma No: DG IA-D/MEDTQ/17-97/ Operasyonel Ortak: **Ankara Enstitüsü Vakfı** / Proje: Kadınların İnsan ve Vatandaşlık Hakları Okulu / Toplam tutarı: 290.200 euro / AB katkısı: 170.000 euro.

16. Finansal Anlaşma No: DG IA-D/MEDTQ/28-97/ Operasyonel Ortak: **L'Institute Français d'Etudes Anatolienne** / Proje: Türk toplumunun kültürel entegrasyonu / Toplam tutarı: 313.900 euro / AB katkısı: 300.000 euro.

17. Finansal Anlaşma No: DG IA-D/MEDTQ/20-97/ Operasyonel Ortak: **Felsefe Derneği** / Proje: Öksüzlerin insan hakları eğitimi / Toplam tutarı: 77.620 euro / AB katkısı: 70.000 euro.

18. Finansal Anlaşma No: DG IA-D/MEDTQ/32-97/ Operasyonel Ortak: **Sabancı Üniversitesi** / Proje: Euro-Türk Diyaloğu / Toplam tutarı: 664.352 euro / AB katkısı: 500.000 euro.

19. Finansal Anlaşma No: DG IA-D/MEDTQ/29-97/ Operasyonel Ortak: **AB. Temsilciliği** / Proje: Ankara'da NGO toplantısı/ Toplam tutarı: 4.640 euro / AB katkısı: 4.640 euro.

20. Finansal Anlaşma No: DG IA-D/MEDTQ/04-97/ Operasyonel Ortak: **Tüketicileri Koruma Derneği** / Proje: Tüketicilerin korunması için derneğe destek / Toplam tutarı: 410.000 euro / AB katkısı: 410.000 euro.

21. Finansal Anlaşma No: DG IA-D/MEDTQ/09-97/ Operasyonel Ortak: **Umut Vakfı** / Proje: NGO'ların etkin işlemesi için yönetici eğitimi / Toplam tutarı: 250.000 euro / AB katkısı: 200.000 euro

22.Finansal Anlaşma No: DG IA-D/MEDTQ/12-97/ Operasyonel Ortak: **TESK/ TESAR/ Kadın Araştırmaları Derneği** ve Friedrich Naumann Stfitung / Proje: Kadınların Türkiye'nin kalkınmasına katılımı / Toplam tutarı: 138.500 euro / AB katkısı: 100.000 euro.[882]

1998

1.Parayı veren: NED / NDI / Bağış Alıcı: Belirtilmemiş / Konu: **TBMM** / 196.545 $ / Meclis reformu için 1997'de başlatılan eylemler genişletilerek, sürdürülecek. TBMM'de daha çok saydamlık ve saygınlık oluşturulması sağlanarak, halkın Türk demokrasisine güveni yükseltilecek ve sivil ortam da partiler üstü girişimle pekiştirilecek. İki seminer, iki atölye çalışması ve her biri uluslararası deneyime sahip yeteri kadar danışmanlık gerçekleştirilecek.

2.Parayı veren: NED / Avrupa Ortak Zemin Merkezi / Bağış Alıcı: **TOSAV** / Konu: Medya - yayın, eğitim / 42.000 $ / TOSAV, 20 radyo programı yapacak ve yayınları bir kitapta toplayacak. TOSAV, "çok kültürlülük" hoşgörü, politik çoğulculuk ve Türkiye'de toplumsal siyasal yapının yeniden belirlenmesi ilkelerinin propagandası için medyayı kullanacaktır.

3.Parayı veren: NED / WLUML (**İslam Hukuku Altında Yaşayan Kadınlar**) / Bağış Alıcı: Kadınların İnsan Hakları için Kadınlar (KIHP) / Konu: Kadınlar, insan hakları / 38.000 $ / WLUML, NED'den yeniden destek sağlamıştır. Türkiye'deki hükümet dışı örgütlerin temsilcilerine, hukuk eğitimi verilerek kadın gruplarına lider yetiştirilmesinde yardımcı olunacaktır. Eğitim; insan ve kadın hakları, anayasal hakları, kadının aile içindeki hakları, kadının yurttaşlık haklarını içerecektir. Ayrıca grupların katılım yöntemleri, liderlik becerileri ve haberleşme teknikleri de öğretilecektir. Eğitimin tamamlanmasından sonra, temsilciler, el kitaplarını kullanarak kendi yörelerinde yasal eğitim grupları oluşturacaklardır.

4. Parayı veren: NED / IRI / Bağış Alıcı: **TESEV** ve **TBB** / Konu: Millet Meclisi, Siyasal Partiler / 450.000 $ / IRI, bir dizi atölye çalışması yaparak, siyasal partiler ve demokratik reformlarla ilgili teknik konularını tartacaktır. IRI, TESEV ve TBB'nin yasama çalışmalarına katılımını destekleyecek çalışmalarını sürdürecektir. TESEV, toplantılar düzenleyecek, TBB, lobicilik etkinliklerinin eşgüdümünü sağlamayı sürdürecektir.

5. Parayı veren: NED / Bağış Alıcı: **Helsinki Yurttaşlar Derneği** / Konu: Örgütlenme) Eğitim / 31.000$ / Cemiyet, örgütsel yapısını güçlendirecektir. Yeni üyeler kazanacak, çalışmalarını halka yayacak, öteki NGO'ları örgütlenme konusunda eğitecektir.

6. Parayı veren: NED aracılığıyla WESTMINSTER (İngiltere) / Bağış Alıcı: **TOSAV** / Konu: Medya ve Yayın, Eğitim / 6.250 £ / Sivil gelişmeyi, de-

---

[882] AB kasalarından alınan parayla yapılan işler, ayrı bir kitap çalışması gerektirecek boyuta ulaştığından buraya başlangıçtaki ödemeler alınmıştır. TESAR, Bilgi Ünv.'ne bağlıdır.

mokratik değerleri ve süreçleri konu alan radyo programlar yayınlanacaktır.

7. Finansal Anlaşma No: DG IA-D/MEDTQ/01-98 / Operasyonel Ortak: **TOBB** / Proje: Avrupa-Türkiye İş Merkezleri yapımı / Toplam tutarı: 18.635.000 euro / AB katkısı: 17.300.000 euro.

8. Finansal Anlaşma No: DG IA-D/MEDTQ / 02-98 / Operasyonel Ortak: **Fatih Belediyesi** / Proje: Balat ve Fener mahallerinin iyileştirilmesi / Toplam tutarı: 17.293.000 euro / AB katkısı: 7.000.000 euro.

9. Finansal Anlaşma No: DG IA-D/MEDTQ / 05-98 / Operasyonel Ortak: **Boğaziçi Üniversitesi** / Proje: Teknoloji Temelli Eğitim ve Yetenekli İnsan Kaynakları Geliştirme Merkezi/ Toplam tutarı: 2.182.000 euro / AB katkısı: 1.800.000 euro.

10. Finansal Anlaşma No: DG IA-D/MEDTQ / 06-98/ Operasyonel Ortak: **Marmara Üniversitesi AB Enstitüsü** / Proje: Türkiye'de insan haklarını iyileştirme seminerleri / Toplam tutarı: 300.000 euro / AB katkısı: 250.000 euro.

11. Finansal Anlaşma No: DG IA-D/MEDTQ / 07-98/ Operasyonel Ortak: **Sınır Tanımayan Gazeteciler** (RSF-Reporter Sans Frontiers)/ Proje: Türkiye'de basın özgürlüğü hakkında bilgi alışverişi ve veri toplanması merkezi / Toplam tutarı: 43.140 euro / AB katkısı: 35.000 euro.

12. Finansal Anlaşma No: DG IA-D/MEDTQ / 08-98/ Operasyonel Ortak: **KEDV** / Proje: Türkiye'de çevre geliştirmek üzere kadınların desteklenmesi / Toplam tutarı: 358.400 euro / AB katkısı: 200.000 euro.

1999

1. Parayı veren: NED / CIPE / Bağış Alıcı: **Liberal Düşünce Topluluğu** (LDT Derneği) / Konu: İş ve ekonomi, politika / 49.779 $ / LDT, yeni ekonomi reform yasalarının "cost-benefit" (yarar-maliyet) çözümlemesini yapacak ve milletvekillerini ve pazar ekonomisine yönelik reformun savunucularını buluşturmak üzere akşam yemekleri ve toplantılar düzenleyecektir.

2. Parayı veren: NED /Avrupa Ortak Zemin Merkezi / Bağış Alıcı: **TOSAV** / Konu: Eğitim, medya ve yayın / 42.000 $ / Demokrasi üstüne 24 radyo programı yapacak. Türkiye'de toplumsal-siyasal yaşamın yeniden tanımlanması çalışmalarını sürdürecek.

3. Parayı veren: NED / Bağış Alıcı: **Helsinki Yurttaşlar Derneği** / 31.000 $ / Derneğin kurumsal yapısı güçlendirilecek, yeni üyeler örgütlenecek vs.

4. Parayı veren: NED / IRI / Bağış Alıcı: **Belirtilmemiş** / 278.669 $ / Konu: Eğitim, siyasal partiler ve gençlik / Türkiye'de yaygın bir araştırma sonucunda sivil toplum ve siyasal parti gençlik örgütlenmesi sağlanacak. Ankara, İstanbul ve İzmir'de gençlik toplantıları yapılacak. Gençler, politik haklarının bilincine varacaklar ve siyasete katılacaklar.

5. Parayı veren: NED / NDI / Bağış Alıcı: **Belirtilmemiş** / Konu: Meclis / 211.766 $ / Ahlaklı bir rejim çalışmaları sürdürülecek. NDI, ahlak ilkelerinin belirlenmesini gerçekleştirecek.

6. Parayı veren: NED / WLUML / Bağış Alıcı: **Belirtilmemiş** / Konu: İnsan Hakları, Kadınlar / 38.000 $ /Türkiye'deki toplum merkezlerinde çalışan işçilere, ruhbilimcilere ve öğretmenlere önder olacak kişileri yetiştirmek. İnsan ve kadın hakları, kadınların ailedeki hakları, anayasal haklar, grup olanakları vs.

7. Finansal Anlaşma No: DG IA-D/MEDTQ/02-99 / Operasyonel Ortak: **Adalet Bakanlığı** (T.C.) / Proje: Telif haklarının etkin olarak güçlendirilmesi / Toplam tutarı: 2.303.350 euro / AB katkısı: 1.700.000 euro.

8. Finansal Anlaşma No: DG IA-D/MEDTQ/04-99 / Operasyonel Ortak: **Milli Eğitim Bakanlığı** (T.C.) / Proje: Temel eğitimin desteklenmesi / Toplam tutarı: 100.000.000 euro / AB katkısı: 100.000.000 euro.

11.Finansal Anlaşma No: DG IA-D/MEDTQ/05-99/ Operasyonel Ortak: **Dış işleri Bakanlığı** (T.C.) / Proje: İdari işbirliği / Toplam tutarı: 12.000.000 euro / AB katkısı: 12.000.000 euro.

12.Finansal Anlaşma No: DG IA-D/MEDTQ/06-99/ Operasyonel Ortak: NGO'lar ve **T. Belediyeler Birliği**, **Ticaret Odası** / Proje: Sivil toplum geliştirme programları / Toplam tutarı: 11.000.000 euro / AB katkısı: 8.000.000 euro.

2000

1.Parayı veren: NED / CIPE / Bağış Alıcı: **TESEV** / 63.000 $ / Türkiye'de yolsuzluk araştırılacak. TESEV yolsuzluğa karşı bir koalisyon örgütleyecek.

2.Parayı veren: NED / Avrupa Ortak Zemin Merkezi / Bağış Alıcı: Toplumsal Sorunları Araştırma Merkezi (**TOSAM**) / 42.000 $ / TOSAV'ın sürdürdüğü Kürt-Türk uzlaşması temelinde, Türkiye'nin siyasal yaşamını yeniden belirlemesi programını sürdürecektir.

3.Parayı veren: NED / **Avrupa Ortak Zemin Merkezi** / Bağış Alıcı: **TOSAM** / 25.000 $/ Çok etnikli, çok dinli, gençlik gruplarına ve yerel toplum liderlerine ve seçilmişlere yönelik lider yetiştirme programı yürütülecek. Bu iş için bir el kitabı hazırlanacak.

4.Parayı veren: NED / Bağış Alıcı: **Helsinki Yurttaşlar Derneği** / 45.000 $ / İstanbul, Mersin ve Van'da NGO'lar ve eylemciler şebekesi oluşturulacak. Bu şebeke, ifade özgürlüğünü engelleyen yasal engellerin kaldırılması, özgürce toplanma ve örgütlenme haklarını savunacaktır.

5. Parayı veren: NED / Bağış Alıcı: IRI / Alt bağış alıcı: **Belirtilmemiş** / 235.747 dolar / "Gençler(in), Türk sivil ve siyasal yaşamına katılmaları desteklenecek ve bütünleşme teknikleri ile ilgili olarak yetiştirilecekler. IRI'ye, Türk gençliğinin NGO'larını birleştirmek üzere WEB sitesi kurulmasında, Türk ünlüleri de yardımcı olacaklar. IRI, aynı zamanda yolsuzluğun toplumsal bedelini ortaya çıkarmak üzere bir yolsuzluk konferansı düzenleyecek"

6. Parayı veren: NED / Bağış Alıcı: NDI / Alt bağış alıcı: **Belirtilmemiş** / 236.175 $ / Devlet memurları için idari ilkeler yasası çıkarılmasına çalışan Türk girişimciler desteklenecek. Önce milletvekilleriyle, medyacılarla ve

saygın akademisyenlerle ahlak yasasını, dokunulmazlığı ve anayasa reformunu tartışmak üzere dar toplantılar yapılacak ve daha sonra 2 günlük seminer düzenlenecek. NDI, Türkiye'deki NGO'larla ortak program uygulamayı sürdürecek.

2001

1.Parayı veren: NED / CIPE /Bağış Alıcı: **TOSAM** / 47.482 dolar / Toplumsal Sorunları Araştırma Merkezi'nin Güneydoğu Anadolu iş önderlerini, önderlik, sivil sorumluluk ve toplu sorun çözme konularında eğitmesini desteklemek.

2. Parayı veren: NED / Bağış Alıcı: **Helsinki Yurttaşlar Derneği** / 35.000 dolar / Barışçı toplantı ve örgütlenme özgürlüğü hakları konusunda savunma, lobici ve kampanyacı sivil eylemcilerin çekirdek grubunu eğitmek; bir basın toplantısı düzenlemek ve 40 siyasetçi, devlet görevlisi ve gazeteci için kabul düzenlemek ve 6 kentte 50 NGO'nun ihtiyaçlarını belirlemek.

3. Parayı veren: NED / IRI / Bağış Alıcı: **Belirtilmemiş** / 309.934 dolar /**ARI Hareketi** (Derneği) ve **TESEV** dahil, gençlik sivil örgütleriyle işbirliği yaparak, gençliğin kendi çevrelerinde sivil ve siyasal yaşama katılmalarını desteklemek. IRI, birlikte yöresel atölyeler kuracak ve geçmiş yılın başarısını ortaya koymak üzere ikinci bir ulusal gençlik konferansı düzenleyecek ve katılımı sağlayacak. IRI, gençlik haberlerini ileten ve Türkiye'deki NGO'ların sürdürdüğü projeleri sergileyecek sanal şebeke yaratan GençNet'e daha çok kaynak aktaracak ve yolsuzluk karşıtı eylemleri destekleyecek.

4.Parayı veren: NED / NDI / Bağış Alıcı: **Belirtilmemiş** / 284.218 dolar / Türk siyasal partilerinin, milletvekillerinin ve sivil grupların içerde ahlak ve devlet reformu çalışmalarını, üç grubu yan yana getirerek sağlamak.

5.Parayı veren: Soros-OSI / Bağış alan: **OSIAF-Türkiye**/ 1.073.000 dolar

6. Parayı veren: A.B / Parayı Alan: LDT **Liberal Düşünce Topluluğu** / 456.770 euro / Proje: "Türkiye'de ifade özgürlüğü ile ilgili yasal ve sosyal durumu saptamak (..) öneriler ve politikalar üretmeye yönelik aktiviteler (etkinlikler) gerçekleştirecektir. (..) uluslararası sempozyum, iki ulusal konferans, on altı bölgesel panel, ifade özgürlüğüyle ilgili kitap yayınları, Türk hukuk sistemini diğer hukuk sistemleriyle ve AİHM'nin ifade özgürlüğüyle ilgili kararları ile karşılaştıran 4 ciltlik başvuru kaynağı hazırlanması, insan hakları ve ifade özgürlüğü konusuna ilgiyi artırmak ve yaygınlaştırmak için yapılacak ulusal bir ödüllü yazı yarışması, bütün Türk hukuk sisteminin ifade özgürlüğü açısından gözden geçirilmesi ve reformlarla ilgili bilimsel bir rehber ortaya çıkarılması ve kapsamlı bir kamuoyu araştırmasının yapılması / Proje süresi: 2,5 yıl./ Toplam tutarı: 509.172 euro.[883]

---

[883] Ankara Emniyet Müdürlüğü'nün Liberal Düşünce Topluluğu Derneği Başkanlığına "adı geçen kuruluş tarafından gönderilen 456.770 Euro nakdi yardımın 2908 sayılı Dernekler Kanunu'nun 60. maddesine göre alınmasına izin verildiği"nin İçişleri Bakanlığının 12.01.2001 tarihli yazılarının tebliği.

7. Parayı veren: Catholic Organisation for Relief and Development (CORDAID) / Bağış Alıcı: **Liberal Düşünce Topluluğu** (LDT Derneği)/ 10.000 dolar / Nakdi yardım.[884]

2002

1. Parayı veren: NED / Bağış Alıcı: **Helsinki Yurttaşlar Derneği** / 35.000 dolar / Beş adet el kitabı yayınlamak ve 20 kişiyi savunmanlık, lobicilik ve kampanyacılık konularında eğitmek üzere İstanbul'da bir haftalık atölye çalışması yapmak. Bu 20 kişi daha sonra 10 ayrı kentte 100 NGO'nun elemanlarını eğitecektir. Cemiyet aynı zamanda Ankara'da bir günlük lobi uygulaması yapacak, basın toplantısı gerçekleştirecek ve 40 siyasetçi, bürokrat ve gazeteciye bir kabul düzenleyecektir. Haftalık haber bültenlerinden 1000 adet çoğaltılacak ve postalanacaktır.

2. Parayı veren: NED / Bağış Alıcı: IRI / Alt Bağış alıcı: **Belirtilmemiş**/ 299.999 dolar / Gençlerin siyasette etkin olmaları için bölgesel atölye çalışmaları ve ulusal düzeyde konferans düzenlemek. Enstitü (IRI) **TESEV** ile yolsuzluğun önlenmesi konusunda ortak çalışmalarını sürdürürken, **KA-DER** ile ortaklığını yenileyecektir.

3. Parayı veren: NED / NDI / 286.318 dolar/ Bağış Alıcı: **Belirtilmemiş** / Yönetim reformlarını destekleyecek ve **TBMM** şeffaflığı için çalışan sivil örgütlere yardım edilecek.

4. Parayı veren: Catholic Organisation for Relief and Development (CORDAID) / Bağış Alıcı: **Liberal Düşünce Topluluğu Derneği** / 160.840 Hollanda Guldeni / "Demokrasi Okulu isimli projede kullanılmak amacıyla...[885]

2003

1. Parayı veren: NED / ACILS / Bağış Alıcı: **Belirtilmemiş** / 64.064 dolar / Türk sendikacılar desteklenecek. ACILS eğitim düzenleyecek ve Tekstil işçilerinin çalışma koşullarının iyileştirilmesi için çalışacak.

2. Parayı veren: NED / Bağış Alıcı: **KA-DER** / 25.000 dolar / 100 önder kadının eğitimi ve seçimlerde onların adaylıklarını desteklemek.

3. Parayı veren: NED / CIPE / Bağış Alıcı: **Belirtilmemiş** / 82.233 dolar / Özel sektördeki yöneticilere ulaşılabilecek bir platform oluşturulacak, üniversitelerde çalışılacak.

4. Parayı veren: NED / Bağış Alıcı: **TOSAM** / 30.000 dolar / Beş ayrı bölgeden gelen **İl Meclisi** üyelerine liderlik eğitimi verilecek. Vakıf 600 sivil toplum liderini eğitecek.

---

[884] Ankara Valiliği Emniyet Müdürlüğü'nün 1.11.2001 tarihli; *"Nakdi yardımın alınmasına 2908 sayılı Dernekler Kanunu'nun 60'ıncı maddesi gereğince izin verildiğine dair yönetim kurulu üyesi Özlem Çağlar'a tebliğ"* yazısı.

[885] "Liberal Düşünce Topluluğu Derneği Başkanlığının 28.01.2002 tarih ve bila sayılı yazısına cevaben T.C. Ankara Emniyet Müdürlüğü'nün 03.04.2002 tarihli" tebligatı.

5. Parayı veren: NED / Bağış Alıcı: **Anadolu Folklor ve Kültür Vakfı** / 33.000 dolar/ Türkiye'de anlatım özgürlüğü önündeki engellerin kaldırılması için 1000 adet kitapçık basılacak, 12 ayrı toplantı düzenlenecek. Vakıf aynı zamanda anlatım özgürlüğünü vurgulayan 500 adet CD-video hazırlayıp dağıtacak.

6. Parayı veren: NED / Bağış Alıcı: **Helsinki Yurttaşlar Derneği** / 35.000 dolar / Anayasa reformu için milletvekillerine lobi yapmak. Bölgesel eğitim atölyeleri çalışmaları sürdürülecek, NGO eğitim malzemeleri dağıtılacak.

7. Parayı veren: NED / IRI / Bağış Alıcı: **Belirtilmemiş** / 100.000 dolar/ IRI'nin gençlik arasındaki etkinlikleri için bir şemsiye oluşturan **GençNet** ile ortak çalışma sürdürülecek; 4. ulusal gençlik konferansı düzenlenecek.

8. Parayı veren: NED /IRI / Bağış Alıcı: **Belirtilmemiş** / 230.000 dolar/ **GençNet** ağının genişletilmesine destek olunacak. Kadınların siyasal eğitim okulunun kurulması için KA-DER desteklenecek.

9. Parayı veren: NED / NDI / 300.000 dolar/ **TBMM** komisyonlarının etik çalışmaları doğrudan desteklenecek, siyasal parti reformlarına katkı konulacak, üç ayrı sivil kuruluşa destek olunacak.

2004

1. Parayı veren: NED / Bağış Alıcı: **Anadolu Halk Kültür Vakfı**/ 56.000 dolar / Temel hak ve özgürlükler önündeki yasal engellerin kaldırılması için Anayasa ve yasa değişikliklerini desteklemek. AHKV yasal değişiklerle ilgili olarak bir dizi bölgesel atölye çalışması yapacak ve iki kitap yayınlayacak.

2. Parayı veren: NED / Bağış Alıcı: **KA-DER** / 30.000 dolar / İç örgütsel yapısını güçlendirecek. İstanbul'da eğiticileri eğitecek, 15 yerel eğitim şube bürosunda çalışma yaparak örgütsel yetisini geliştirecek.

3. Parayı veren: NED / CIPE / Bağış Alıcı: **TESEV**/ 100.485 dolar / Yeni özelleştirilen elektrik sektöründe yönetimsel reformları destekleyecek; rapor hazırlayacak; elektrik reformu konusunda devlet görevlileri ve köşe yazarlarını yan yana getirecek.

4. Parayı veren: NED / CIPE / Bağış Alıcı: **Belirtilmemiş** / 90.129 dolar / **Ekonomistler Platformu** desteklenecek. Platform, Yerel Yönetim ve Anadolu'nun Rekabet Avantajları Toplantısında özel girişimci öbeklerini ve genç önderleri bağlayacak; ekonomi, siyaset ve toplum üstüne yönlendirilmemiş haber sağlamak üzere İstanbul'da yerleşik bir haber ajansı kuracak.

5. Parayı veren: NED / Bağış Alıcı: **TOSAM** / 30.000 dolar / Genç liderler çekirdeğini, demokratik değerler, dinsel ve etnik hoşgörü savunucuları olarak eğitecek. Güneydoğu Anadolu gençliğini demokratik değerler ve çok-kültürlülük ve etnik azınlıklara eşit davranılması temelinde bir ulus oluşturulmasını esas alarak bilinçlendirmek. Etkinlik, Ankara'da genç önderleri ve eğitimcileri eğitme atölyelerini kapsayacaktır.

6. Parayı veren: NED / Bağış Alıcı: **Toplum Gönüllüleri Vakfı** / 23.000 dolar / Türk gençliği arasında sivil ve demokratik değerler, kültürel haklar ve

hoşgörü bilincini yükseltmek. 100 kopya oyun üretecek ve 360 genç gönüllü yetiştirecek.

7. Parayı veren: NED / Bağış Alıcı: **Helsinki Yurttaşlar Derneği** / 35.000 dolar / 20 NGO temsilcisini eğitmek üzere Orta Anadolu'da bölgesel çalışma atölyesi örgütleyecek. Dört aylık bülteninden 1000 adet basıp dağıtacak.

8. Parayı veren: NED / IRI / Bağış Alıcı: **Belirtilmemiş** / 330.000 dolar / Türk gençliğini siyaset konusunda eğitecek. Ankara bir model parlamento oluşturacak; **GençNet** web sitesinin yönetimi sağlayacak ve kent temsilcilerinin katılacağı bir toplantı oluşturacak. Okullarda gençlik kampanyası düzenleyecek ve öğretmenlerin tanıtılması için yerel ortaklarına yardım edecek ve katılımcı siyaset konusunda 16 haftalık bir eğitim dizisiyle ders programı tasarlayacak.

9. Parayı veren: NED / NDI / Bağış Alıcı: **Belirtilmemiş** / 40.000 dolar / Yerel görevlilerin demokratik önderlik becerilerinin yapılandırılması; yurttaşların ve sivil önderlerin siyasete katılıma özendirilmesi... NDI, İstanbul'da yerleşik **Anakültür** adlı kuruluşla, birisi yerel memurları hedefleyen ve öteki toplumun değişik öbekleri üstünde yoğunlaşan iki eğitim programı yürütecektir.

10. Parayı veren: NED / NDI / Bağış Alıcı: **Belirtilmemiş** / 300.000 dolar / Türk parlamentosunda reformları ve etik standartlarını geliştirmek. Bütün milletvekili komitelerine parlamento çalışmalarında yardım edilecek. **TUMIKOM** (Türkiye Milletvekillerini İzleme Komitesi) ulusal önderliği ve bölge şubeleriyle birlikte örgütsel yetiyi artırmak için yerinde eğitim ve danışma sağlanacak ve iki günlük bir seminer düzenlenecek.

11. Parayı veren: NED / Bağış Alıcı: **TUMIKOM** / 30.000 dolar / **TBMM** çalışmaları üstüne yıllık rapor hazırlayarak seçilmiş görevliler ve milletvekilleri arasında etik ve yasal çalışmayı desteklemek. Daha çok sayıda yurttaşın katılımını sağlamak, meclis üyeleriyle değişim ve örgütsel yetiyi geliştirmek üzere 5 şube kurulmasını sağlamak için bir Örümcek Ağı (WEB) sitesi oluşturulacak.

12. Parayı veren: NED / Bağış Alıcı: **TESEV** / 40.000 dolar / Yönetimde ve kurumlarda şeffaflığı geliştirmek için Bilgilenme Hakkı yasasının uygulanması... TESEV çalışma öbekleri oluşturacak; NGO'lar ve gazeteciler için yasa üstüne eğitim toplantıları düzenleyecek, alan araştırmaları yapacak ve sonuçları yayınlayacak.

2005

1. Parayı veren: NED / ACILS / Bağış Alan: **Belirtilmemiş**/ 77.413 $/ Türk sendikalarının kapasitelerinin artırılması. **Tekstil Sendikası** uzmanlarıyla yerel, bölgesel, ulusal düzeyde çalışma... 180 sendika üyesinin araştırma ve kapsam konularında eğitilmeleri.

2. Parayı veren: NED / Bağış Alan: **Liberal Düşünce Topluluğu Derneği** / 35.000 $/ Demokratik ve liberal şebekenin desteklenmesi. 'Kanaat önderleri'ne atölye çalışması. Türk gençliğinin bağlanması için demokrasi ve liberal düşünce üstüne seminer.

3. Parayı veren: NED / Bağış Alan: **İnsan Hakları Bilinçlendirme ve Eğitimi Derneği**/ 42.000/ İstanbul'un 5 belediyesinde işçileri insan hakları konusunda eğitmek, konferanslar, eğitim seminerleri düzenlemek, bir web sitesi kurmak, TV programı hazırlamak.

4. Parayı veren: NED / CIPE / Bağış Alan: **Türkiye Yönetişim Derneği**/ 101.499 $/ 20 ayrı atölyede kuruluş yöneticilerinin, yönetim kurulu üyelerinin eğitimi.

5. Parayı veren: NED / Bağış Alan: **Çevre Gönüllüleri Vakfı** / 44.000 $/ Türk gençliğini sivil ve demokratik değerler, kültürel haklar ve uzlaşma konusunda bilinçlendirmek. 3.000 genç için demokrasi, insan hakları ve anlaşmazlıkların çözümü üstüne bir 'Board' oyunu geliştirmek.

6. Parayı veren: NED / Bağış alan: **Anadolu Folklor ve Kültür Vakfı** / 52.000 $/ Anayasa ve yasal değişiklikleri özendirmek; temel haklar ve özgürlükler önündeki yasal engeller hakkında toplumu bilinçlendirmek. 6 yerde 'bölgesel' toplantı yapmak, yasal reformları yönlendirmek için 1000 kitap ve 500 CD yayınlamak.

7. Parayı veren: NED / Bağış Alan: **İfade Özgürlüğü Derneği** / 40.000 $/ 20 katılımcı seçilerek eğitilecek. Her bir katılımcı bir gün süreyle eğitim görecek. Bir kitapçık, bir CD-ROM ve bilgi edinme özgürlüğünü anlatan bir belgesel video hazırlanacak.

8. Parayı veren: NED / Bağış Alan: **Helsinki Yurttaşlar Derneği** / 43.000 $/ 14 NGO temsilcisi 4 gün süreyle dernekler yasası hakkında eğitilecek. 1000 tane yasal haklar kitapçığı basılması ve bir örgütlenme özgürlüğü 'stratejik haritası' hazırlanması, bir 'e-bülten' yayını...

9. Parayı veren: NED / Bağış Alan: **İnsan Hakları Gündemi Derneği** / 42.000 $/ Yeni Türk Ceza Kanunu için insan hakları eylemcileri, yargıçlar, avukatlar ve akademisyenlerle birlikte 4 bölgesel toplantı düzenlenmesi. 2000 tane kitap, 500 CD yayını...

10. Parayı veren: NED / IRI / Bağış Alan: **Belirtilmemiş**/ 350.000 $/ Türk gençliğini Türkiye'nin siyasal rejimi hakkında eğitmek... Model parlamento programı ve Ankara'da 8 haftalık kurs... IRI, Türkiye'nin birleşik bağış yasası ve hükümet dışı örgütlerin bağış alma özgürlüğü üstüne bir kitapçık yayınlayacak.

11. Parayı veren: NED / IRI / Bağış Alan: **Belirtilmemiş** / 180.000 $/ İstanbul'da gençlik için bir kampanya okulu kurmak; 2004 ve 2005 mezunlarıyla bir yuvarlak masa toplantısı, eski mezunlar ve eşgüdümcüleriyle 2 atölye çalışması... **Yerli ortakla** birlikte 40 genç için eğitim serisi gerçekleştirmek.

12. Parayı veren: NED / NDI / Bağış Alan: **Belirtilmemiş** / 349.999 $ / **TUMİKOM – ARI Derneği** – **TBMM Demokrasi Komitesi** ile reform çalışmaları. Uçan Süpürge (Ltd. Şti) ile bir dizi eğitim semineri...

13. Parayı veren: NED / Bağış Alan: **GAYA** / 40.000 $/ Güneydoğu Anadolu kadınlarının toplumsal rollerinin geliştirilmesi... Bir TV programı hazırlanması, seminerler düzenlenmesi, bir kitap ve bir CD-ROM yayını...

14. Parayı veren: NED / Bağış Alan: **GÜNSİAD** / 40.000 $/ Bir sivil liderler çekirdek grubu eğitilecek. NGO şebekeleştirme çabaları eşgüdümü sürdürülecek... İnsan hakları ve yasal reformlarla ilgili bir kitap ve broşür yayınlanacak ve halka dağıtılacak.

16. Parayı veren: NED / Bağış Alan: **TÜMİKOM** / 50.000 $/ Meclis üstüne bir rapor hazırlanacak, web-sitesi güncellenecek. Web-sitesi'nin İngilizcesi yapılacak. Ankara ve İstanbul'da 2 günlük toplantı yapılacak; 5 yeni bölgede şubeler açılacak.

17. Parayı veren: NED / Bağış Alan: **AGL (Anadolunun Genç Liderleri Derneği)** / 45.000/ Ülke düzeyinde genç eylemciler şebekesi oluşturmak. İstanbul'da (Bahçeşehir Üniversitesi), 18-25 yaş grubuna bir aylık eğitim, 1000 tane kitap yayını ve web-sitesi programı...

2006

1. Parayı veren: NED / Bağış Alan: **Anadolu Halk Kultur Vakfi** / 59.000 $/ Yeni İfade özgürlüğünü desteklemek. vakıf, 20 ayrı ilde 20 çalışma grubu oluşturacak. Her bir grup, yasa önerileri hazırlayacak. vakıf, önerileri aldıktan sonra bir ortak bildiri yayınlayacak.

2. Parayı veren: NED / Bağış Alan: **İnsan Hakları Bilinçlendirme ve Eğitimi Derneği**/ 50.000 $/ Belediye çalışanlarını bilinçlendirmek. İstanbul'daki 5 ayrı belediyede çalışılacak. Yoğunlaştırılmış 9 aylık eğitim, konferans, video yapımı, ürünlerin belediyelere, insan hakları örgütlerine ve halka ulaştırılması.

3. Parayı veren: NED / Bağış Alan: Güneydoğu Anadolu Sanayici ve İşadamları Derneği- **GÜNSİAD** / 44.000 $/ Güneydoğu Anadolu'daki kurumlarında insan hakları bilincini geliştirmek, Adıyaman, Şanlıurfa, Gaziantep, Şırnak ve Kilis'te iki kez ikişer günlük seminer.

4. Parayı veren: NED / Bağış Alan: CIPE / Alt Bağış alıcı: **Yönetişim Derneği** / 150.691 $/ Özel sektör yöneticilerinin yönetişim konusunda eğitimi, atölye çalışmaları, "Yönetişim ödülü" verilmesi.

5. Parayı veren: NED / Bağış Alan: CIPE / Alt Bağış alıcı: **Anadolu Genç Liderler Derneği** - AGL/ 81.629 $/ CIPE AGL ile birlikte 2 aylık iş yönetimi programı düzenleyecek. Kuzeybatı Anadolu'da Yaşları 25-45 arasında değişen 40 işkadını eğitilecek.

6. Parayı veren: NED / Bağış Alan: CIPE / Alt Bağış alıcı: **Ekonomistler Platformu** / 87.749 $/ Bölgesel işadamı örgütleri ve yerel siyaset platformlarını geliştirmek. İş yönetimi ve öteki konularda atölye çalışmaları, 2 seminer. CIPE, Ekonomistler Platformu ile 4 bölgesel komite oluşturacak ve toplantılar düzenleyecek.

7. Parayı veren: NED / Bağış Alan: **İfade Özgürlüğü Derneği**/ 46.000 $/ Bilgiye ulaşma hakları konusunda halkın bilinçlendirmek. Atölye ç.alışmaları, eğitim toplantıları, kitapçıklar, CD yayını ve dağıtılması,.

8. Parayı veren: NED / Bağış Alan: **Helsinki Yurttaşlar Derneği**/ 32.000 $/ Dünya Demokrasi Hareketi 4. Toplantısı için atölye çalışmaları. Geçmiş an-

laşmazlıklara yönelik yeni taktik çalışmalar. Dernek, ayrıca NED proje yönetmenine toplantı hazırlıklarında yardımcı olacaktır.

9. Parayı veren: NED / Bağış Alan: **İnsan Hakları Gündemi Derneği** /50.000 $/ Avukatları, Türk hukuk düzeninde Avrupa insan hakları ilkeleri konusunda eğitmek. Avrupa konvansiyonu konusunda 50 avukat için iki kez dört günlük atölye çalışması. katılımcılar arasında iletişim olanaklarını geliştirmek ve 8 izleme yuvarlak masa tartışması.

10. Parayı veren: NED / Bağış Alan: IRI / Alt Bağış alıcı: **ARI ve TESEV**/ 400.000 $/ Gençliğin siyasete katılımını geliştirmek, adayların kampanya yeteneklerini artırmak,. IRI, TESEV ve ARI ile birlikte, iki katılımcı demokrasi okulu oluşturacak, gençliği görüşleri araştırılacak, milletvekili adaylarının 2007 seçimleri için seçim kampanyası eğitimi gerçekleştirilecek.

11. Parayı veren: NED / Bağış Alan: IRI / Alt Bağış alıcı: **Belirtilmemiş**/ 73.904 $/ IRI'nin ortağı sivil örgütlerin ve parti gençlik kollarının gençliği ve ilk kez oy kullanacak olanları hareket geçirme yeteneklerini geliştirmek ve genç seçmenlerim seçmen kütüklerini kayıtlarını çoğaltmak. IRI, 2007 seçimlerinde, çeşitli sivil gençlik ve siyasal örgütlerini, kayıtların ve "Haydi oy vermeye" çağrılarının tek bayrak altında yürütmelerini sağlayacak.

12. Parayı veren: NED / Bağış Alan: NDI / Alt Bağış alıcı: **TUMİKOM, Uçan Süpürge ve ARI** / 200.001 $/ Örgütlerin taban çalışmaları güçlendirilecek. NDI, bu örgütlerin öteki örgütlerle ilişkilerinin geliştirilmesine yardımcı olacak. NDI, yerel katılımın çoğaltılması gerekli düzenlemeleri öğretecek.

13. Parayı veren: NED / Bağış Alan: NDI / Alt Bağış alıcı: **Belirtilmemiş** / 350.000 $/ NDI, Meclisteki seçim yasası, partiler yasası ve partilerin finansmanı reformlarını teşvik edecek. Yerel demokrasinin geliştirilmesi için siyasal partileri güçlendirecek. NDI, meclis reformları konusunda **TBMM Demokrasi Komitesi**'ne yardımını sürdürecek ve teknik uzman sağlayacak. 21. Yüzyıl ve siyasal partiler Yasama Çalışma Grubuna yardımcı olmayı sürdürecek.

14. Parayı veren: NED / Bağış Alan: **GAYA**/ 40.000 $/ Güneydoğu Anadolu'da kadınlarla ilgili çalışmalar. Malatya ve Elazığ'dan seçilecek 100 kadına kadın hakları konusunda iki ayrı 6 aylık kurs düzenlenecek.

15. Parayı veren: NED / Bağış Alan: **TUMİKOM** / 115.000 $/ Mecliste saydam çalışma desteklenecek. TUMİKOM, milletvekillerinin eylemleriyle ilgili Üçüncü Ulusal Raporu'nu yayınlayacak ve AKP ve meclisteki öteki partilerle ilgili Vaatler Raporu hazırlayacak. TUMİKOM, 33 ayrı şubesindeki çalışmaları yönetecek ve yönlendirecek.

16. Parayı veren: NED / Bağış Alan: **TESEV**/ 50.000 $/ Bilgiye ulaşma hakkı ve yönetim saydamlığı ile ilgili bilinçlendirme çalışmaları... 10 ayrı kentte alan çalışmaları yapılacak. ve basına açıklanacak.

17. Parayı veren: NED / Bağış Alan: **Uçan Süpürge**/ 50.000 $/ Kadın hakları konusunda çalışılacak. Kadın haklarıyla ilgili 25 kamu çalışanı eğitilecek. Her katılımcıya yerel kadın hakları örgütleri, onların görevleri ve eylemlerini içeren birer kılavuz kitap verilecek.

18. Parayı veren: NED / Bağış Alan: **KADAV** –Kadınlarla Dayanışma Vakfı/ 31.000 $/ Kadın hakları konusunda bilinçlendirme, şiddetle karşılaşan kadınlara yasal yardım... 10 seminer düzenlenecek, broşürler dağıtılacak. Posterler, bildiriler basılacak.

Ek 2
"Project Democracy" Operasyonu Uygulanan Ülkeler

Afganistan, *Arnavutluk*, Cezayir, *Angola*, Arjantin, *Ermenistan*, Azerbaycan, *Bangladeş*, Beyaz Rusya, *Benin, Butan*, Bolivya, *Bosna Hersek*, Botswana, *Brezilya*, Bulgaristan, *Burkina Faso*, Burma, *Burundi*, Kamboçya, *Kamerun*, Kanada, *Cape Verde*, Orta Afrika Cumhuriyeti, *Şili*, Çin, *Hong Kong*, Çin Tibet'i, *Kolombiya*, Kongo Brazzaville, *Kongo* (eski Zaire), Kosta Rika, *Fildişi Sahilleri*, Hırvatistan, *Kuba*, Kıbrıs, *Çekoslovakya*, Çek Cumhuriyeti, *Slovakya*, Cibuti, *Dominik*, Doğu Almanya, *Ekvador*, Mısır, *Salvador*, Gine, *Eritre*, Estonya, *Etiyopya*, Fiji, *Sovyetler Birliği* (dağılmadan önce), Yugoslavya (dağılmadan önce), *Gabon*, Gambiya, *Güney Afrika*, Güney Kore, *Gürcistan*, Gana, *Grenada*, Guatemala, *Guyana*, Haiti, *Honduras*, Hindistan, *Endonezya*, Doğu Timor, *İran*, Irak, *Ürdün*, Kazakistan, *Kenya*, Kuveyt, *Kırgızistan*, Laos, *Litvanya*, Lübnan, *Liberya*, Lithuaniamacao, *Macaristan*, Makedonya, *Macao*, Malawi, *Malezya*, Mali, *Mauritius*, Meksika, *Moldova*, Moğolistan, *Karadağ*, Fas, *Batı Sahra*, Mozambik, *Namibya*, Nepal, *Nikaragua*, Nijer, *Nijerya*, Kuzey İrlanda, *Kuzey Kore*, Umman, *Pakistan*, Panama, *Paraguay*, Peru, *Filipinler*, Polonya, *Rawanda*, Romanya, *Rusya*, Rwanda, *Senegal*, Sırbistan, *Seyşel Adaları*, Sierra Leone, *Slovenya*, Somali, *Sri Lanka*, St Lucia, *Sudan*, Tayvan, *Tacikistan*, Tanzanya, *Çad*, Tayland, *Tibet*, Togo, *Tunus*, Türkiye, *Türkmenistan*, Uganda, *Ukrayna*, Uruguay, *Özbekistan*, Venezuela, *Vietnam*, Batı Şeria ve *Gazze*, Yemen, *Kosova*, Zaire, *Zambiya*, Zimbabve

Ek 3
İngiliz Partilerinin Örgütü Westminster Vakfı'nın Çalıştığı Ülkeler

"İngilizce Konuşulan Afrika ülkeleri, *Ermenistan*, Azerbaycan, *Bosna*, Bulgaristan, Orta ve Doğu Avrupa, Çin, *Hırvatistan*, Çek Cumhuriyeti, *Mısır*, Eski Sovyetler Birliği, *Gana*, Macaristan, *İsrail*, Kazakistan, *Kenya*, Liberya, *Litvanya*, Malavi, *Moldovya*, Moğolistan, *Nijerya*, Filistin, çeşitli *Afrika ülkeleri*, Romanya, *Rusya*, Sierra Leone, *Slovakya*, Güney Afrika, *Sudan*, Tacikistan, *Tanzanya*, Uganda, *Ukrayna*, Venezuela, *Zimbabve*, Gürcistan, *Türkiye*, Azerbaycan.

Ek 4
CSIS - Center for Strategic and International Studies

Georgetown Üniversitesi'nde kurulmuş bir devlet kuruluşuyken daha sonra şirketleştirilmiştir. Şirkette ülkelerin masaları bulunur. Masalarda genellikle eski CIA ve Dışişleri uzmanları şeftir. CSIS, devlete ve kartellere, ülke ve bölge raporları hazırlar, ülkelerin yöneticilerini "konferans" adı altında Amerika'da şirketlerle buluşturur. CSIS 'de iki ilginç ad daha var: Abdülaziz Sachedina (Tanzanya kökenli) ve İbrahim Abu Rabi. Bu iki kişi aynı zamanda Fountain dergisinin yayın kurulundalar. Fountain, Sızıntı dergisinin İngilizce çeşitlemesi. Derginin sahibi Fairfax'taki True-star adlı şirkettir. Fountain Türkiye'de basılıyor.

CSIS'te **Çevik Bir**, **Bülent Ecevit**, **Mesut Yılmaz**, **Recep Tayyip Erdoğan** Türkiye ile ilgili konferans vermişlerdi.

Türkiye'den CSIS'e gidenlerin en ünlüsü **Turgut Özal**'dır. Özal, 1983'te siyasal parti kurma çalışmalarına başlamadan önce Washington'da CSIS'e konuk oldu. Özal'ın toplantısında CIA ünlülerinden ve Türkiye'de büyükelçilik yapmışlardan **Robert Comer**, **George McGhee**, **Parker Hart**, **William B. Macomber**, CIA eski direktörü **William Colby** ile NSC (Ulusal Güvenlik Komitesi)'den **Geoffrey Kemp**, **Dennis Blair**, **James Rentschler**, Dışişleri'nden **Larry Benedict**, **Ed Dillory**, ABD Savunma Bakanlığı'ndan Yrb. **Ren Hamilton** ve **Dewight Beach** bulunuyordu.[886] Siyasal zekâsı kuşku götürmeyen Özal, parti kurup Türkiye siyasal yaşamına egemen olmadan doğru yerden başlamıştı. CSIS Türkiye masasında, Kıbrıs kökenli **Bülend Ali Rıza** ve **Zeyno Baran** da görev yapıyorlardı.

CSIS'de İlginç Kişiler:
Bülend Ali Rıza (1952-): Kıbrıs doğumlu, İngiltere'de yaşamış, Rauf Denktaş'ın eşinin akrabası. Eşi **Shaha Gargani**, Tunus asıllı, Suudi Arabistan'da büyümüş, İngiltere'ye yerleşmiş. KKTC, 1984 yılında Washington'da resmi olarak açıklanmayan bir temsilcilik açtı. Rum lobisinin resmi bir büro açılmasına engel olacağı düşünülmüştü. B. Ali Rıza, Denktaş tarafından İngiltere'den getirilip büronun başına geçirildi. Cumhuriyet'in Washington muhabiri **Ufuk Güldemir**, haber yaparak, deşifre etti. Bülend Ali Rıza, Pentagon'un Türkiye uzmanı **Harold Rhode** ile yakın ilişkiler kurdu. B. Ali Rıza ve eşi, Yaser Arafat'ı İsrail ajanı olmakla suçladı. **FKÖ** ile KKTC'nin arası açıldı. Bülent Ali Rıza, ABD Dışişleri Bakanlığı Kıbrıs Koordinatörü eski **CIA**'cı **Nelson Charles Ledsky** ile ilişki kurdu.
Rauf Denktaş, B. Ali Rıza'nın Kıbrıs'a dönmesini istedi. B. Ali Rıza, Denktaş'ın aleyhinde konuşmaya başladı. "Denktaş, New York'taki görüşmelerde **Nelson Charles Ledsky** ve **Yorgos Vasiliu** ile görüşürken, Bülent Ali Rıza, *"Denktaş hamamda şarkı söylüyor"* diye yazılar yazdı. B. Ali Rıza Kıbrıs'ta

---

[886] Yılmaz Polat, Washington Entrikaları, s.47-48.

önerilen yeni göreve gitmedi. Devreye, ABD'nin eski Türkiye Büyükelçisi, Carnegie Vakfı'nın başkanı, NED yönetim kurulu üyesi, Century Foundation (Yüzyıl Vakfı) yöneticisi **Morton Abramowitz** girdi ve Bülend Ali Rıza, Carnegie'de işe başladı.

Bülend Ali Rıza, Türkiye uzmanı olarak çalışıyordu. Türkler de onunla Amerika uzmanı olarak ilişki kurmaya başladılar. B. Ali Rıza, Azerbaycan ve Asya Türk Cumhuriyetleri petrol-gaz yataklarıyla ilgili çalışmalar yapmaya başladı. Carnegie Vakfı aracılığıyla, Türkiye'de çevre edinen B. Ali Rıza, CSIS kadrosuna geçti ve stajyerleri ile birlikte Türkiye üzerine incelemelere başladı. Bülend Ali Rıza, Türk yetkililerle CSIS arasında bir köprü oldu; sık sık Türkiye'ye gelip, petrol konularında CNN, NTV gibi yabancı televizyonlarda programa çıkıyor.[887]

Bülend Ali Rıza ile **Shaha Gargani** boşandılar. Bu arada Savunma Bakan Yardımcısı **Paul Wolfowitz** de eşinden ayrılmıştı. Arap dünyasına demokrasi ihracını savunan ve Dünya Bankası'nda çalışan **Shaha Gargani** ile Wolfowitz arasında romantik bir ilişki doğdu.[888] Wolfowitz, Dünya Bankası Başkanı oldu. Shaha'yı etkin göreve getirdiği için zor duruma düştü ve görevinden ayrıldı.

Zeyno Baran: Dünya Bankası'nda **Kemal Derviş** ile birlikte çalıştıktan sonra CSIS'e transfer olmuştu. Sabah grubundan **Zafer Mutlu**'nun üvey kızı olan Zeyno Baran, Bülend Ali Rıza'nın da yakın dostudur. Zeyno Baran 2003'te özellikle Asya'ya yönelik çalışmalar yapan Nixon Center'a bölüm yöneticisi olarak geçti.

CSIS 2003'te TOBB ile ortaklık anlaşması imzaladı. TOBB yöneticileri Eylül 2003'te CSIS'e giderek Irak konusunda rapor sundu.

Zeyno Baran, Nixon Center'dan ayrılarak Hudson Institute'e geçti ve Türkiye Bölümü Yönetmeni oldu. Türk ordusundan üst rütbelilerle ilişki kurdu. Türkiye'de darbe olacağını ileri süren yazısıyla ortalığı karıştırdı. Hudson'da kapalı bir toplantıda Türk Genelkurmayı'ndan generallerle Kuzey Irak Kürtlerini bir araya getirdi. Ortalık bir daha karıştı.

Ek 5
"Project Democracy" Ağını Besleyen Örgütler, Şirketler, Vakıflar

3M Corporation (Çek Cumhuriyeti, Macaristan, Polonya, Rusya), Konrad Adenauer Stiftung, American Express Foundation, American Himalayan Foundation, Amnesty International, The Arca Foundation, The Asia Foundation, Aspen Institute Nonprofit Sector Research Fund, AT&T Foundation, Benton Foundation, Bertelsmann Foundation, The Lynde and Harry Bradley Foundation, Inc., The Bristol-Myers Squibb Foundation, Inc, Carnegie Corporation of New York, Careth Foundation, The Carthage Foundation, Center

---

[887] *Yılmaz Polat, Washington Entrikaları, .*
[888] Wolfowitz'in kız kardeşi Laura bir İsrailli ile evlidir ve İsrail'de yaşamaktadır. Geniş bilgi: *Yılmaz Polat, Washington'da Akrobasi, s.3-6*

for International Private Enterprise (CIPE), Charity Know How (Charities Aid Foundation), Chase Manhattan Foundation, Chevron Corporate Contributions and Programs, Citibank / Citicorp Corporate Contributions Program, Commonwealth Foundation, Conservation Foundation, Council of Europe: Cooperative Programmes with Central and Eastern Europe NGO Section, Nathan Cummings Foundation, Patrick and Anna M. Cudahy Fund, The William H. Donner Foundation, Inc., Earhart Foundation, Friedrich Ebert Stiftung, Environmental Partnership for Central Europe, Eurasia Foundation, European Human Rights Foundation (EHRF), Exxon Corporate Giving Program, The Ford Foundation, Foundation for Middle East Peace, Foundation for Middle East Peace, The Freedom Forum International, Inc., General Service Foundation, The German Marshall Fund of the United States, The Global Fund for Women, The Greenville Foundation, The Harry Frank Guggenheim Foundation, The William and Flora Hewlett Foundation, Jarl Hjalmarson Foundation, Human Rights Watch, Initiative for Social Action and Renewal in Eurasia (ISARE), Inter-American Foundation, International Center for Human Rights and Democratic Development (ICHRDD), International Republican Institute (IRI), International Youth Foundation (IYF), Henry M. Jackson Foundation, The Japan Foundation, Center for Global Partnership (CGP), Jean Jaures Foundation, W. Alton Jones Foundation, W. K. Kellogg Foundation, Joseph P. Kennedy, Jr. Foundation, Robert F. Kennedy Human Rights Foundation, John S. and James L. Knight Foundation, Levi Strauss and Company Corporate Giving Program, The Henry Luce Foundation, Inc., Luso-American Development Foundation (Fundacao Luso-Americana), John D. and Catherine T. MacArthur Foundation, The McKnight Foundation, Andrew W. Mellon Foundation, The John Merck Fund, Joyce Mertz-Gilmore Foundation, Mitsubishi Ginlo Kokusai Zaidan (Mitsubishi Bank Foundation), Charles Stewart Mott Foundation, Alfred Mozer Foundation, National Democratic Institute for International Affairs (NDI), New Land Foundation, New York Times Company Foundation, John M. Olin Foundation, Inc., Open Society Institute (önceleri Open Society Fund, Inc.), The David and Lucile Packard Foundation, Peace Development Fund, PepsiCo Foundation, Inc., The Pew Charitable Trusts, Public Welfare Foundation, The Bernard and Audre Rapaport Foundation, Reebok Foundation, Christopher Reynolds Foundation, Inc., Rockefeller Brothers Fund, Rockefeller Foundation, Joseph Rowntree Charitable Trust, Sasakawa Peace Fdn., Sarah Scaife Fdn., Hanns-Seidel-Stiftung (HSS), Shaler Adams Fdn., Smith Richardson Foundation, The Starr Fdn., The Swedish NGO Foundation for Human Rights, Texaco Fdn., The Tinker Foundation, Inc., Toshiba International Fdn., United States - Japan Fdn., US Institute of Peace (USIP), Westinghouse Foundation, Westminster Foundation for Democracy, Wheat Ridge Ministries, Winston Fdn. for World Peace, World Bank Small Grants Program, Xerox Foundation.

Ek 6
IRI Yöneticileri, Deneyimleri ve Bağlantıları

Richard S. Williamson: Dışişleri Bakan Yardımcısı (1988-1989), Dışişleri Afganistan Koordinatörü, Birleşmiş Milletler (Büyükelçi, Viyana 1983-1985), Başkanın Devletlerarası İşler Asistanı, Başkanın "New Federalism" Programı Asistanı, Başkanın Puerto Riko ve Çevresi Görev Ekibi Başkanı, "Winston & Strawn" şirketi ortağı (1977-1981) ve IRI yönetim kurulu üyesi.

Lewis M. Eisenberg: Goldman, Sachs & Co. (direktör, yönetici, ortak)[889], CfRG (Committee for Responsible Government, Kurucu Başkan-1992), RLC (Republican Leadership Council Bşk. 1995), New Jersey Alliance for Action yöneticisi, Granite Capital International Group Kurucu Başkan, Granum Communications, Inc (ykü), New Jersey CPCC (Commission on Privatization and Competitive Contracting (Özelleştirme Rekabetçi Müteahhitlik Komisyonu- Bşk.), Commissioners of the Port Authority of New York and New Jersey" 1996 Başkanı, Cumhuriyetçi Parti Finans Komitesi Başkanı ve IRI yönetim kurulu üyesi.

David A. Norcross: CfD Yönetim ve Danışma Kurulu Üyesi, 'Myers, Matteo, Rabil, Norcross Landgraf' şirketi yönetim kurulu üyesi ve ortağı; IRI yönetim kurulu üyesi.

Brent Scowcroft (emekli Tuğ.): Dışişleri Bakanı Kissinger'in vekili, Ulusal Güvenlik Danışmanı (Gerald Ford, 1975-1977), Başkan'ın Silahlanma Kontrolu Danışma Kurulu Üyesi, CFR yönetmeni (1987-1988), IRI yönetim kurulu üyesi.

Alison B. Fortier: Başkan Ronald Reagan'ın Özel Danışmanı ve NSC (Milli Güvenlik Konseyi) Personel Yönetmeni (1987-1989), Rockwell International Corporation Yasama Programı Yöneticisi (1989-1996), Lockheed Martin Coorparation (Uzay ve Füzeler Bölümü Washington Operasyon direktörü (1996), US Arms Control and Disarmement Agency Kongre İlişkileri Yönetmeni (1985-1987); Kongre Dışişleri Komitesi'nin Araştırmalar Özel Alt Komitesi, Avrupa ve Orta Doğu Alt Komitesi görevlisi, Deniz Akademisi Yönetimi'nde danışman, D. Moynihan-Devlet Gizliliğinin Korunması Komisyonu Üyesi, NED ve IRI'de YK üyesi.

Edwin J. Feulner: Heritage Fdn. YK üyesi ve Başkanı, CFW (Hür Dünya Komitesi) YK üyesi[890], Mont Pelerin Society İkinci Başkanı), CNPC (Ulusal

---

[889] Tütün şirketleri ve Belsouth Corp.; Goldman, Sachs and Co., Paine Webber Inc., hem Demokrat Parti'nin hem de Cumhuriyetçi Parti'nin kongrelerini parayla desteklemişlerdir. Geniş Bilgi için Bkz. *Bölüm: Yeni Değerler* ve *Charles Lewis, The Buying of The President, s.33.*

[890] CFW (Committee for Free World): Soğuk savaş döneminin sertlik yanlısı örgütlerindendir. Silahların azaltılmasına, sosyalist ülkelerle ilişki kurulmasına şiddetle karşı çıkan örgüt, işi Amerika ve Sovyet Barolarının görüşme yapmasını engellemeye dek götürmüştür. Örgüt, 1988'de Nikaragua'da ateşkese karşı çıkmış, Contra'ların sonuna dek desteklenmesini istemiştir. CFW, 1982 yılında Polonya Dayanışma hareketine destek vermeye başlamıştır. Yanlış bilgilendirme işini sürdüren CFW'nin üst düzey

Politika Konseyi) YK üyesi, IEDSS (Avrupa Savunma ve Stratejik Çalışmalar Enstitüsü-Londra) eski Yön. Kur. Başkanı, Philadelphia Society eski Başkanı, George Mason Unv. YK üyesi, Regis Unv. Mütevelli Üyesi, Acton Institute Mütevelli Üyesi, Ekonomik Büyüme ve Vergi Reformu Ulusal Komisyonu (Kemp Commission) Başkanı (1995-1996), ABD Açık Diplomasi Danışma Komisyonu (Reagan / Bush ekibi, Bşk. 1982-1991), Regan'ın İç Politika Danışmanı, Akev Elemanları Başkan'ın Komisyonu Üyesi (1981-1983), Dışişleri Bakanlığı UNESCO Gözlem Paneli Üyesi (1985-1989), Frank Carlucci Dış Yardım Üyesi (1983) [891], Cumhuriyetçi Parti İnceleme Komitesi Üyesi, Savunma Bakanlığı (Melvin Laird 'in) Güvenlik Danışmanı, Philip M. Crane'in Asistanlığı, Hoover İnstitution Üyesi, CSIS Üyesi, IMF/Dünya Bankası ABD Delegesi[892] ve IRI, YK üyesi.[893]

John McCain: US Navy (Deniz subayı, Vietnam'da savaştı, esir düştü), Temsilciler Meclisi (üye,1982-86), Senato (üye 1986-1992), Senato Ticaret Bilim ve Ulaştırma Komisyonu (Bşk.), Silahlı Hizmetler ve Yerli İşleri Komitesi (üye), CWF (dkü), IMC (International Medical Corps) Danışmanı, Bob Dole ve Jack Kemp'in 1996 Başkanlık Kampanyası Ulusal Güvenlik Danışmanı ve IRI, YK üyesi.[894]

Michael V. Kostiw: CIA (Topçu Tuğ., Vietnam), Council of Americas YK üyesi, Foreign Services Association Üyesi, Shell Oil Company YK üyesi, Texaco Inc. Uluslararası ilişkiler Direktörü, İhtiyat Subayları Birliği Üyesi ve IRI 2. Başkanı.

J. William Middendorf: CC (Muhafazakârlar Birliği) Başkanlık Konseyi Üyesi (1990), YWAM (Misyon Sahibi Gençlik) destekçisi, ASC (American Security Council) 2. Başkanı[895], Heritage Vakfı YK üyesi, Global Strategy Council Kurucusu[896], DFF (Savunma Forumu Vakfı) Başkanı, CSIS Danış-

---

yöneticileri Reagan Demokratları ekibinde de yer almışlardır.
[891] Frank Carlucci, 9 Ocak 1980'de, Afganistan operasyonunun ilk dönem planları üstüne CIA Operasyon Direktörü John N. McMahon ile birlikte, Kongre'bilgilendirdi. *John Prados, a.g.k., s.356.*
[892] Feulner, devletle ilişkilerini sürdürmekte ve "özellikle diplomasi ve uluslararası iletişim, dış politika ve uluslararası ekonomik politika" konularında etkindir. Feulner, sık sık bu konularda Senato komisyonlarına açıklamalarda bulunmaktadır. *İri.org, 2001.*
[893] *CAQ, 16-29, 18-63, 48-50-1, 63-7.*
[894] McCain, Time Magazine tarafından Amerika'da en etkili 25 adamdan biri olarak niteleniyor. *www.iri.org*
[895] ASC: 1955'te emekli General Robert Wood (Sears, Roebuck & Co. Başkanı) ve Chicago Tribune'den Robert R. McCormick tarafından kuruldu. Kuruluş aşamasında parayı "Motorola Corp" ve "Marshall Field and Company" verdi.*(John Saloma III, Ominous Politics NY: Farrar, Straus and Giroux, 1984)* Daha sonraki finansman, kişilerin bağışlarının yanında Sears, General Dynamics, General Electric, Lockheed, Motorola, Lockheed, Boeing ve McDonnell - Douglas gibi askeri sanayi şirketlerince sağlandı.
[896] US GSC, 1981'de kuruldu. Silah şirketlerinin, eski istihbaratçı ve generallerin yönetiminde bir örgüttür. CIA eski yönetmeni Ray Cline, GSC'nin de yönetmenliğini

manı, 1980 CIA Devir Komitesi Başkanı, Denizcilik Bakanı (eski), German-American Business Ass. (Alman-Amerikan İş Birliği) Danışmanı, Naval War College Fdn. (Deniz Harp Okulu Vakfı) Mütevelli Onursal Üyesi, First Federal Savings of India şirketi yönetmeni, First American Bank of Virginia Yönetmeni, US Baltic Fdn. (Baltık Vakfı) YK üyesi, Hoover Institute for War, Revolution and Peace (Savaş, Devrim ve Barış Enst.) Mütevelli Üyesi, National Liberty Corporation (Ulusal Özgürlük Birliği) yönetmeni, American Chamber of Commerce (Amerikan Ticaret Odası - Hollanda, Belçika, Rusya) Onursal Başkanı, Mexican-American Free Trade Ass. Policy Committee (Meksika-Amerika Serbest Ticaret Birliği Politik Komitesi) Başkanı, US Naval Institute (Deniz Enst.) YK üyesi, Cumhuriyetçi Parti Ulusal Komitesi Saymanı (1964-1969), Reagan Uluslararası Ekonomi ve Denizcilik Danışma Komitesi Üyesi (1980), Bush'un Başkanlık Askeri Danışma Komitesi Üyesi (1988), The Leadership Institute (Liderlik Enst.) Danışmanı ve IRI YK üyesi.

Ek 7
NDI'ye Parasal Destek Veren Şirketler, Kişiler

Ameritech, Archer Daniels Midland Company, Arter & Hadden, Atlantic Richfield Company, AT&T, Amoco, Chevron Overseas Petroleum Inc., Citigroup, The Coca-Cola Company, Collis/Warner Foundation, Consolidated Natural Gas, Daimler Chrysler Corporation, Dow Chemical Company, Elan Corporation, Enron Corporation[897], Ericsson Inc., Ernst & Young LLP, Exxon Mobil Corporation, Foley, Hoag & Elliot LLP, Ford Motor Company, Greenberg/Quinlan Research, Greenberg Traurig, Greer, Margolis, Mitchell & Burns, Hoechst Marrion Roussell, Liz Claiborne, Inc., Lockheed Martin Corporation[898], Meridian Worldwide America, Mutual of America Life Insurance Company, Network Resources America Inc., Nickelodeon/ Nick at Nite Occidental Petroleum Corporation, Paul-Weiss-Rifkind-Wharton & Garrison, Raytheon Company, Retrofit, F.S., Tenneco, Inc., Texaco Inc.[899],

---

yaptı. GSC uzun dönemli stratejik konularla ilgilenmektedir. Kurucuları: Clare Boothe Luce, General Maxwell Taylor, General Albert Wedemeyer, Dr. Ray Cline, Jeane Kirkpatrick, Morris Leibman, Henry Luce III, J. William Middendorf II, Admiral Thomas H. Moorer USN (e), General Richard Stilwell (e), Dr Michael A. Daniles (Bşk.), Dalton A. West (Bşk. yrd.). Yöneticiler: Dr. Yonah Alexander, Dr. Roger Fontaine, Robert L. Katula, Janet Morris (*Armen Victorian, Non-lethality: John B. Alexander, the Pentagon's Penguin, Lobster 1993-25.*
[897] ABD'de yolsuzluktan, hissedarları dolandırmaktan sorgulanan ve iflasına karar verilen en büyük enerji şirketlerinden Enron, Özal'ın icadı Yap İşlet Devret modeli çerçevesinde Tekirdağ'da doğalgaz yakıtlı elektrik santralı kurmuştur.
[898] Lockheed, çeşitli ülkelerde bol rüşvet dağıtarak askeri uçak satmakla suçlanmış ve soruşturmaların sonunda mahkûm olmuştur. Lockheed'in Türkiye satışlarındaki yolsuzluklar da uzun süre gündemde kalmıştır.
[899] Büyük petrol şirketlerinden Texaco'nun CFR temsilcisi Brademas, NED'in Baş-

Union Labor Life Insurance Company, United Technologies Corporation, Viacom, Inc., The West Group, American Ireland Fund, Collis/Warner Foundation, Fannie Mae Foundation, Friederich Ebert Stiftung (Almanya)[900], Charles Steward Mott Foundation, Open Society Institute[901], Westminster Foundation for Democracy[902], AFL-CIO, American Federation of State, County & Municipal Employees, American Federation of Teachers, American Postal Workers Union, Communications Workers of America, International Masonry Institute, International Union of Bricklayers and Allied Craftworkers, National Education Association, Retail, Wholesale and Department Store Union, SEIU, Sheet Metal Workers International Association, United Association of Journeymen and Apprentices of the Plumbing & Pipe Fitting Industry[903]

William V. Alexander, Bernard Aronson, Chester Atkins, Elizabeth F. ve Smith Bagley, Michael D. Barnes, Richard C. Blum, Sarian Bouma, Jon Bouma, Mira Brichto, Michael K. Casey, Mario A. Castillo, James A. Daley ve Kathleen Y. Daley, Edward J. Donley, Jim ve Jean B. Dunn, Richard K. Eaton, Eugene Eidenberg, Geraldine Ferraro, Leslie Francis, Richard Gardner, Patrick J. Griffin, Jane Harman, Sidney Harman, Peter Hart, Carl F. Hughes, Maxine Isaacs, Jim Johnson, Omar M. Kader, Paul G. Kirk Jr., Peter Kovler, Elliott F. Kulick, Matthew Maher, Lewis Manilow, Thomas O. Melia, Amy S. Conroy, Thomas W. Moore, Caroline B. Newcombe, Jerry O'Brien, Vance K. Opperman, Molly Raiser, Barbara Rodhe, Nancy H. Rubin, L. Ronald Scheman, Lynn G. Cutler, Beth K. Smith, Alan D. Solomon, Robert S. Strauss, Maurice Tempelsman, Mark Touhey, Arturo Valenzuela, Marvin F. Weissberg, Grant M. Wilson.

Ek 8
NDI Yönetici ve Danışmanları [904]

John T. Joyce: SD/USA, YK üyesi, CDM Task Force Üyesi, FTUI, YK üyesi, LID, YK üyesi, AAFLI, YK üyesi, AALC Mütevelli, AIFLD, YK üyesi, ICCARD, YK üyesi, PACMC Üyesi, PRODEMCA Üyesi, AFL-CIO MAC (Bşk.), APRI, YK üyesi, USO World Board of Governers, Friends of the Democratic Center in Central America (Puebla Institute) YK üyesi ve NDI Danışmanı. [905]

Christopher J. Dodd: CIAS (Amerikalılar Arası Güvenlik Konseyi), CFR ve NDI Danışmanı.

---

kanlığını yapmaktaydı.
[900] Alman Sosyal Demokrat Partisi'nin uzantısı olan örgütün ABD operatörünü desteklemesi Örümcek Ağı'nın ilginç bir ilmiğidir.
[901] George Soros'un örgütü.
[902] İngiltere'deki örgüt. Kafkasya'da etkin. Türkiye'de TOSAV'ı destekledi.
[903] ndi.org/dcf/supporters/
[904] 2001 yılına göre
[905] "John Joyce" olarak da geçer

Barbara J. Easterling: AFL-CIO Sayman Üyesi (1995), CWA (Communication Workers of America) Sayman Üyesi ve NDI Danışmanı.

Charles Robb: CDM, YK üyesi, CfD, YK üyesi, Puebla Institute ve NDI Danışmanı.

Mario M. Cuomo: CCF (Kültürel Özgürlük Kongresi) Üyesi, NDI Danışmanı.

Elliott F. Kulick: CfD (Demokrasi Merkezi) Üyesi, Pegasus International Inc. Yön. Kur. Başkanı ve NDI, YK üyesi.

Walter F. Mondale: CFR Üyesi, Trilateral Commission Üyesi,[906] Bilderberg Üyesi, [907] Intelligence Committee (İstihbarat Komitesi) Başkanı, ABD Başkan Yardımcısı (1976-J.Carter dönemi), Endonezya (1978, Dışişleri), Filipinler (1978), Japonya (1993-1995), Dışişleri 'Key Officer' ve NDI eski Başkanı ve Danışmanı.

Geraldine A. Ferraro: CFR üyesi ve NDI, YK üyesi.[908]

Molly Raiser: CDM, YK üyesi, Demokrat Parti Women's Campaign Fund (Seçim Kampanyası Fonu) Yöneticisi (1992), Akev Protokol Şefi (Clinton - 29 Mayıs 1993; 1997 istifa), ve NDI, YK üyesi.

Peter Kovler: DCF (Demokratik Yüzyıl Fonu) YK üyesi, Kovler Family Scholarship Fund (1987) kurucusu ve NDI, YK üyesi.

Joan Baggett Calambokidis: IMI (Uluslararası Mason Enstitüsü) Başkanı ve NDI, YK üyesi.

Les Campbell: New Democratic Party lideri, NDI'nin Bosna ve Hırvatistan Yönetmeni, NDI Ortadoğu Programları Bölge Yönetmeni, NDI'nin Rusya parlamenteri eğiticisidir.

Ek 9
Western Goals

WG (UK) 1985'te İngiltere'de kurulmuş ve Dünya Anti-Komünist Lig'i ağında yerini almıştır. Örgütün Amerika ayağı WG (US), aşırı sağcı Georgia Kongre Üyesi Larry McDonald tarafından 1979'da kuruldu. General John Singlaub tarafından desteklenen WG'nin Başkanı Carl Spitz Channell ve yöneticisi Linda Guell idi. Larry McDonald, 1983'te Sovyetler tarafından düşürülen uçakta öldü. Dul karısı Kathryn Jackson McDonald, Larry McDonald Vakfı'nı kurdu. WG (UK) ise, Amerikan köktenci sağının şubesiydi; 1985'te Bayan McDonald tarafından kuruldu. Yönetmenliğine Paul Masson getirildi. Parlamenterlerden Martin Smyth, Patrick Wall, Nicholas

---

[906] Holly Sklar (editor), Trilateralism, The Trilateral Commision and Elite Planning for World Management, s.2

[907] Aralarında Türkiye'den tanınmış kişiliklerin de bulunduğu Bilderberg listesi için bk. Robert Gaylon Ross, Sir, Who's Who of the Elite Members of the Bilderbergs, Council on Foreign Relations, Trilateral Commission, Skull & Bones Society Committee of 300. Güncel listeler için bkz elektronik ağ siteleri.

[908] Ferraro, daha önce de ABD Başkan Yardımcılığına aday olmuştu.

Winterton, Neil Hamilton, Bill Walker ve eski parlamenter Stefan Terlezki danışma kurulunu oluşturdu.

Patrick Wall, aynı zamanda British WACL (Dünya anti-Komünist Ligi)'nin başkanıydı. Terlezki ise, Milletler Anti-Bolşevik Blok (ABN)'unun İngiliz Bölümünde anahtar kişiydi. WG, McDonald ve General Singlaub (IRI yöneticilerinden ve Irangate operatörlerinden) kanalıyla, Muhafazakâr Eylem Grubu ve WACL bağlantılı kuruluşlarla sıkı ilişki içindedir.

WG ile WACL arasındaki ilişkiler, ABN'nin International Youth Committee (IYC) ve Young Monday Club'a ulaşmaktadır. IYC'nin başkanlığına Paul Masson atanmıştır. ABN konferansına Masson, David Neil-Smith, Andrew Vincent Robert "A.V.R" Smith ve Adrian Lee katılmıştır.

Western Goals, ilk özel istihbarat kuruluşu olarak da anılır. Bu vakıf örtülü kuruluş, Amerika'da ve diğer ülkelerde ABD çıkarlarına aykırı gördükleri partiler ve örgütler hakkında veri tabanı oluşturdu; muhafazakâr liderler arasında eylem eşgüdümünü sağladı. Yalnızca ABD'de 70 radyo istasyonu işletti, yanlış bilgilendirme belgeselleri yayınladı.

Western Goals aslında, Singlaub'un oluşturduğu büyük şebekenin bir parçasıdır. General John Singlaub, Taiwan'dan sağladığı parayla Dünya Anti-Komünist Ligi (WACL)'nin ABD şubesi olarak US CWF (US Dünya Özgürlük Konseyi) örgütünü 1981'de kurdu ve *contra*'lara para akıtmaya başladı.[909] Singlaub ve yandaşları, "Western Goals, Council for the Defense of Freedom, American Security Council, Council for Inter-American Security ve Conservative Caucus gibi bir dizi yeni grup oluşturdular.

WACL'nin uluslararası konferanslarına Amerikan kongre üyeleri, senatörler, kardinaller, dış ülke parlamento üyeleri, banka başkanları, bilim adamları, Nazi işbirlikçileri, Japon savaş suçluları, Latin (Amerika) Ölüm Taburlarının liderleri, Moon'un Birleştirme Kilisesi (UC)'ne bağlı örgütler, İtalyan terör kaçkınları katılıyordu.

General Singlaub: II. Dünya Savaşı sırasında OSS (ABD Ordu İstihbaratı-CIA'dan önceki askeri istihbarat örgütü)'de görevliydi. Kore savaşı sırasında CIA İstasyon Şef Yardımcısı oldu, 1966-1968 arasında MACV-SOG (Military Assistance Command Vietnam - Studies and Observation Group) komutanı olarak iki yıl görev yaptı. Vietnam'daki en kirli operasyon olan "Operation Phoenix" komutanlarındandı. 1978'de Güney Kore Birleşmiş Milletler Komutanı iken, Jimmy Carter'ın kuvvet indirimi kararını açıktan kınayınca zorunlu olarak emekliye ayrıldı. (*John Prados, a.g.y*)

1984'te, Orta Amerika'da karşı gerilla hareketine geçilmesini konu edinen Pentagon panelini yönetti. (CAQ, 9,10) Reagan başkan olunca, General Singlaub da NSC (Ulusal Güvenlik Komitesi) görevlilerinden özel *contra* eylemleri için destek aldı. Singlaub, Yarbay Oliver North'un Irangate operasyonu sırasında Akev'le aralarındaki irtibatçı olduğunu açıkladı.

---

[909] *John Prados, Presidents' Secret Wars, s.428*)

Ek 10
NFF (Nicaraguan Freedom Fund)

NFF, Mayıs 1985'te Sun Myung Moon tarafından satın alınan The Washington Times gazetesi şef editörü Borchgrave tarafından kuruldu. ABD kongresi Nikaragua kontralarına yardımı reddetmişti. Fon'un başkanlığına eski Hazine Bakanı milyoner William E. Simon getirildi. Yöneticiler arasında CfFW (Committee for a Free World) başkanı ünlü muhafazakârlardan Midge Decter ile AEI üyesi Michael Novak da yer alıyordu. Açılan kampanyaya ilk bağış Moon'un sağ kolu, K-CIA elemanı (e) Alb. Bo Hi Pak'tan 100.000 dolar olarak geldi. (CAQ-34, 1985, s.35) CAUSA (Confederation of the Associations for the Unification of the Societies of the Americas) Başkanı Bo Hi Pak, US President Air Force General özel harekât savaşçısı E. David Woellner yönetimindeydi.[910](CAIB 22, CAQ,34 - CAUSA Int. Costa Rica, Thailand, Pakistan, Kenya)

Ek 11
ARC (Afganistan Relief Committee)

ARC, ABD'nin Afganistan'a yönelik CIA kanal örgütlerinden biridir. CIA operasyonuyla desteklenen bir darbe sonucu kukla yönetim oluşturmak için Ziya Han Nasseri'yi destekledi. 1980'de Michael Ledeen (Afganistan, 1966-1973; Fas, 1973-1976; Arabistan, 1981-1983 büyükelçisi, Iran-*Contra* operasyonunun önde gelenlerinden, CSIS Ortadoğu Programı direktörü) ile çalıştı. ARC, Londra ISS (International Institute for Strategic Studies) üyesi Robert Neumann ve Mary Ann Dubs tarafından kuruldu. Ziya'nın babası Nasrullah Han, Kral Zahir Şah döneminde istihbarat şefiydi. [911]
ARC, başlangıçta New York'ta - daha sonraları örgütün başkanlığına getirilen avukat John Train'in bürosuna yerleşmişti. ARC, kuruluşundan kısa bir süre sonra Pakistan-Afganistan sınırındaki Afgan sığınmacı kamplarında çalışmaya başladı. Reagan'ın iktidara gelmesiyle birlikte birbiri ardına yeni örgütler kuruldu: CFA (Committee for a Free Afghanistan), AFA (American Friends of Afghanistan) ve AIC (Afghanistan Information Center). Bu örgütler, NED tarafından beslenmiştir. ARC, NED'den 1984'te 60,000 dolar, 1985-1989 arasından her yıl 45.000 dolar, medya kampanyasından 45.000 dolar aldı. (*Afghanistan Relief Committee, financial statements 1985 and 1986 ve NED National Endowment for Democracy, annual report, 1984-9*) Açıktan verilen bu paralarla medyatik kampanyalar düzenlendi ve Afganistan'da yönlendirici yayınlar çıkarıldı.

---

[910] Afghanistan Relief Committee, financial statements 1985 and 1986 ve NED National Endowment for Democracy, annual report, 1984-9.
[911] O dönemde Ziya ül-Hak da demokratik seçimlerle iktidara gelmiş olan Zülfikar Ali Butto'yu devirmiş ve ABD'ye bağlı bir politika izlemeye başlamıştı. Aynı dönemde Türkiye'de iktidara el koyan Kenan Evren'le ilişkiye geçti. Kenan Evren "Kardeşim Ziya" diye seslenecek denli yakınlık kurmuştu.

ARC, en önemli desteği WUFA (Hür Afganistan Yazarlar Birliği) aldı. ARC'nin başkanı: Theodore Eliot (Hoover Institute'de araştırmacı, CIA'ye eleman yetiştiren "Tufts University Fletcher School of Law and Diplomacy" dekanı; AFA ikinci başkanı.) ARC İkinci Başkanı Rosanne Klass, CIA'ya bağlı Freedom House'daki Afghanistan Information Center (Afganistan İstihbarat Merkezi) yönetmeni, ACAS (Afghanistan Council of the Asia Society) kurucu üyesi ve Freedom House yönetim kurulu üyesiydi.[912] ABD, Afganistan mücahitlerine 2 milyar doların üstünde para vermiştir.[913]

Ek 12
ASC (American Security Council)

ASC'yi 1955'te emekli General Robert Wood (Sears, Roebuck & Co. Başkanı) ve Chicago Tribune'den Robert R. McCormick kurdu. Kuruluş aşamasında parayı Motorola ve Marshall Field and Company verdi. (*John Saloma III, Ominous Politics, NY, Farrar, Straus and Giroux, 1984*) Daha sonraki parasal katkı, kişilerin bağışlarının yanında Sears, General Dynamics, General Electric, Lockheed, Boeing ve McDonnell – Douglas gibi askeri sanayi şirketlerince sağlandı. İlk kuruluş aşamasında ABD'de "komünist" olarak nitelenen kişilerin ve şirketlerin dosyalarını içeren büyük bir arşiv oluşturuldu. 35.500 şirket ve altı milyonu aşkın kişi fişlendi. Veri tabanı, Amerikan Olmayanların Eylemleri Komitesi, FBI, Göçmen Bürosu ve Hazine Bakanlığı ile ortaklaşa kullanıldı. Bu yapılanma 1956'da ASC adını aldıktan kısa süre sonra ASC Vakfı kuruldu. Örgütlerde, emekli generaller, diplomatlar, istihbarat görevlileri, temsilciler meclisi üyeleri, senatörler, FBI yöneticileri yer aldı. Örgüt, komünistlerin ABD'ye sızdığı savını temel alarak, silahsızlanma ve yumuşama politikalarını destekleyenlere karşı savaş açtı. Örgütün deneyimlileri, CPD, WACL, CFW gibi örgütlerin de kurucuları ve yöneticileri arasında yer aldı. Reagan da ASC üyeleri arasındaydı.

Ek 13
Heritage Foundation

1973 yılında Colorado Bira Baronu olarak tanınan Joseph Coors ve Yeni Sağ hareketten Paul Weyrich tarafından kuruldu. J. Coors, kuruluş aşamasında 250.000 dolar bağışladı. Muhafazakâr ideologlardan Richard Scaife birinci yılın sonunda kuruculara katıldı. Reagan'ın iktidara gelmesiyle vakıf gücünü ve etkisini artırdı. Heritage ile hükümet hep içli dışlı oldular. Reagan Demokrasisi döneminde Heritage ile devlet arasında gidip gelen çalışanların sayısı yüzlerle ifade edilir.[914]
Reagan'ın gölge hükümeti olarak da adlandırılan Heritage, operasyon yapılan ülkelerde örgütlenen karşı hareketlerin örtü örgütlerine ev sahipliği yaptı.

---

[912] Sayid Kybar, The Afgan Contra Lobby, *CAQ, 30, 1988, s.66-67.*
[913] Steve Galster - Washington, The Afgan Pipeline, *CAQ, 1988-30, s.55)*
[914] John Saloma III, Ominous Politic, The new Conservative Labyrinth.

Bu örgütlerde Heritage'in yöneticileri de görev aldı. Muhafazakâr şebekenin hemen hemen tümü ile bağ kuran vakfın yönetiminde CC (Conservative Caucus) Başkanı ve aynı zamanda Sun Myung Moon'un örgütüne bağlı ISC Başkanı Charles Lichtenstein vardı. Heritage, Afgan mücahitlerinin destek örgütü CFA (Özgür Afgan Komitesi)'ni kurdu. Etiyopya, Laos, Mozambik, Nikaragua operasyonlarında etkin olan vakıf, ABD'nin silahlı gücünün artırılmasını savundu. Reagan yönetimindeki etkileriyle Senato Güvenlik ve Terörizm Alt komitesi (1981) kuruldu. Komitenin kuruluş gerekçesi Heritage tarafından hazırlandı.

Gerekçenin ana dayanağını, Jimmy Carter döneminde yumuşama politikasıyla, ABD'nin tehlikeye düştüğü ve bu nedenle güvenliğin yeniden güçlendirilmesi, içerde anti-Amerikan etkinliklerin ve komünistlerin izlenmesi (bir tür Joseph McCarthy dönemi yenilenmesi) savı oluşturuyordu. Raporun hazırlanmasına CIA Yönetmeni William Casey tarafından kurulan ve yarı açık istihbarat örgütü olan NSIC (Ulusal Strateji Bilgi Merkezi) yardımcı oldu.

NSIC'nin kurucuları arasında ASC üyesi; Reagan'ın CIA komitesi Başkanı, Deniz K. eski Sekreteri Middendorf ve İç Güvenliği Yeniden Kurma Ulusal Komitesi temsilcileri bulunmaktaydı.[915] Iran-*contra* operasyonunun aktif yöneticisi Dışişleri Bakan Yardımcısı Elliott Abrams da devlet görevini bıraktıktan sonra Heritage'e katıldı.

ABD Başkanı Ronald Reagan, dava arkadaşlarını unutmayan, vefalı, kadirbilir bir liderdi. Feulner'a 18 Ocak 1989'da, "muhafazakâr hareketin lideri" olduğu ve "*ideallere bağlı ve gerçekleştirdikleriyle devletimizin politikasını biçimlendiren bir örgüt oluşturduğu*" için Başkanlık Vatandaşlık Madalyası verdi.

Ek 14
AEI

AEI, ABD'de Cumhuriyetçi Parti'nin muhafazakâr politikalarının destekçisi olarak kuruldu. Yurtdışı operasyonlarında, örneğin Nikaragua *contra* operasyonunda, etkin olan AEI'de, CIA eski yönetmeni George Herbert Bush, eski Savunma Bakanlığı Müsteşarı Fred Ikle, Jeane Kirkpatrick çalıştılar. AEI'nin bütçesi 10 milyon dolardı. Para kaynakları arasında General Electric Foundation, Amoco Foundation, Ford Motor Co. Foundation, American Express Foundation, AT&T Foundation, Eastman Kodak Charitable Trust, Henry Luce Foundation, M. Olin Foundation, Texaco, Smith-Richardson Foundation, The Procter & Gamble Fund, J. Howard Pew Freedom Trust, Shell Co. Foundation, Bank America Foundation, Gates Foundation, Metropolitan Life Foundation, PPG Industries bulunmaktadır.

---

[915] "New Treath to Civil Liberties" *CAQ, 1981-12, s.32*

Ek 15
The Institute of Turkish Studies

Yönetim Kurulu: Baki İlkin (Washington Büyükelçi, Onursal Başkan), Donald Quateert (Yön. Kur. Bşk.; Binghamton Unv.), Kathleen R.F. Burrill (Columbia Unv.), Richard Barkley (Eski Ankara Büyükelçi, 1991-1994, Key Officer: Batı Berlin; 1972-1974, Büyükelçi, Güney Afrika, 1985-1988; Almanya 1988-1990)[916], Ahmet Ertegün (Atlantic Records), Halil İnalcık (Unv. of Chicago), Bernard Lewis (Princeton Unv.), Heath Lowry (Princeton Unv.), Seymour J. Rubin (US-AID Danışmanı, CFR üyesi), Paul Wolfowitz (Endonezya'da Büyükelçi; Savunma Bakan Yrd. 2001, Dünya Bankası Yönetmeni NED, YK üyesi);

Öğretim Üyeleri: Esin Atıl (Smithsonian Inst.), Fatma Müge Göçek (Michigan Unv.)[917], Gülru Necipoğlu Kafadar (Harvard Unv.), Kemal Sılay (Indiana Unv.), Sarah G. Moment Atış (Wisconsin Unv.) Walter Denny (Chicago Unv.), Carter V. Findley (Ohio State Unv.), James Kelly (Utah Unv.), Avigdor Levy (Brandeis Unv.), Justin McCarthy (Louisvillle Unv.), Joseph Szyliowicz (Denver Unv.), Madeline Zilfi (Maryland Unv.)

Onur Üyeleri: Roderic Davison (George Washington Unv.), Tibor Halasi-Kun (Colombia Unv.), Howard Reed (Connecticut Unv.), Stanford J. Shaw (California Unv.; Bilkent Unv.)

Ek 16
TESEV'in Danışma ve Bilim Kurulu (2002)

Boğaziçi Üniversitesi: Üstün Ergüder (Rektör, 1991-2001), Refik Erzan, Yılmaz Esmer, Avadis Hacınlıyan, Ayfer Hortaçsu, Ayşe Öncü (Sosyoloji),[918] Şevket Pamuk [919], Dani Rodrik (Columbia; Harvard Unv.; CFR üyesi)[920], Meral Korzay, Erdoğan Alkin (İstanbul Unv., Boğaziçi Ünv.. TEB, YK üyesi, Sun Myung Moon- PWPA Chapter President, Turkey), Murat Sertel

Bilkent Üniversitesi: Oğuz Babüroğlu, Metin Heper, Ali Karaosmanoğlu.

---

[916] Richard Barkley, 1972-1974 arasında görevli bulunduğu Batı Berlin'deyken Doğu Berlin operasyonunu başlattığını açıklıyor. Uğur Akıncı, *"Barkley: We never ever advocated direct dialogue with APO or PKK" Turkish Daily News, 25 August 1995.*

[917] Fatma Müge Göçek, Ermeni Soykırımı iddialarını kanıtlamak için çalıştı; İstanbul'da konferanslar düzenletti.

[918] Medyada kadın, Medyada İstanbul. Medyanın Toplumsal Kimliğin Oluşumunda Etkisi, Kadına Karşı Şiddet çalışıyor.

[919] Ekonomi ve Ekonomi Tarihi, Sosyolog, Tarım ve Tarımsal Dönüşüm; Tarıma Devlet müdahalesi çalışıyor.

[920] Garanti Bankası yöneticilerinden Akın Öngör, Bodrum Yalıkavak'ta "Leadership" adıyla bir okul açtı. Okulun danışmanlığını ve Harvard ile eşgüdümü Dani Rodrik sağladı. Bu okul Boğaziçi Üniversitesi tarafından desteklendi. *Capital.com.tr 29.3 2004*

ODTÜ: Merih Celasun, İlhan Tekeli (Tarih Vakfı kurucusu), Tosun Terzioğlu (TÜBİTAK Başkanı, Sabancı Ünv. Rektörü.)

Marmara Üniversitesi: Esra Çayhan, Hurşit Güneş,[921] Burak Gürbüz, Akile Gürsoy, Günay Özdoğan, Kemali Saybaşılı, İnci Tezcan.

İstanbul Üniversitesi: Ünal Bozkurt, Nusret Ekin, Bedii Feyzioğlu, Ergun Özsunay, Gül Günver Turan, Ali İhsan Karacan, Sait Güran, Bülent Berkarda (İstanbul Ünv. eski rektörü, Tarih Vakfı kurucusu).

Ankara Üniversitesi: M. Yavuz Sabuncu, Ercan Uygur.

Koç Üniversitesi: İlter Turan, Atilla Aşkar, Çiğdem Kâğıtçıbaşı, Bülent Gültekin (Boğaziçi Ünv. Öğr. üyesi, Özal döneminde Toplu Konut ve Kamu Ortaklığı İdaresi Başkanı, TCMB Başkanı, 1994-1995)

Gebze Teknik Enstitüsü: Sudi Apak

Ek 17
NED'den Özbekistan Birlik ve ERK Partilerine Destek[922]

Grantor:	National Endowment for Democracy (NED)
Grantee(s):	Uzbekistan Human Rights Society (UHRS)
SubGrantee(s):	
Country(ies):	Uzbekistan
Region(s):	Newly Independent States
Subject(s):	Rule of Law
Period:	1999
Amount:	$12,540
Publication(s):	
Program Summary:	To revive the registration issue for **Birlik** and **ERK**, two popular opposition movements, by bringing their cases to the Uzbekistan Supreme Court and mobilizing international support for these movements.

---

[921] Deniz Gökçe, Asaf Savaş Akat ile NTV'nin Ekonomi programlarına katıldı. IMF 2. Başkanı Stanley Fischer ile yakın arkadaşlığını açıklayan Hurşit Güneş (CHP eski bakanlarından Turan Güneş'in oğlu), 2000 Kurultayı'nda CHP Genel Başkanlığı'na aday oldu.

[922] Erk Partisi Başkanı: Muhammed Salih, bir sure İstanbul'da yaşadı. Daha sonra ayrıldı. Prag'da RFE/RL'de programa katıldı. Washington'a gitti ve Senato komisyonlarında ifade verdi. Bakû'de Müsavat Partisi Başkanı İsa Gamber ile Asya Türk devletlerine yönelik demokrasi merkezi kurdu. Bkz. *M. Yıldırım, Azerbaycan'da Proje Demokratiya – Adım Adım Teslimiyet.*

Ek 18
Unification Church, Unified Family ve Moon Çevresi:
Şirketler - Örgütler
Unification Church' ten ayrılanların hazırladığı, örgütler-şirketler listesinin "Investigative Research Specialists" tarafından yenilenmiş yayınından kısaltılarak alınmıştır. Adları koyultulmuş örgütler Türkiye'de etkin olanlardır:

3L Association Stand for Lave, Life and Lineage (CARP'a bağlıdır. 1995)
Aetna Springs Golf Course (New Educational Development Systems, İnc.)
CARP (Collegiate Association for the Research of Principles)
HARP (High School Assn. for the Research of Principles)
Home Church (Seyyar örgüt; evlerde örgütlenir.)
Hope Academy (Oakland, CA)
HAS-UWC, Inc. (NYC)
Int. Black Student Alliance (CARP'a bağlı) / Int. Family Association
Int. Pioneer Academy / Int. Re-education Foundation / Jin A Child Care Center
New Eden Academy (Bridgeport Başkanı: Dr.Hugh Spurgin)
Ocean Church (NYC) / Ocean Church Seminar
True Parents Children School of the Arts (New Jersey)
UNICAP (Cemaat Eylem Programı)
Unification Thought Institute (NY) / Wonwha Do Association (NYC)
Youth for an Ethical Society (YES – NYC)

Dinsel Örgütler:
Ad Hoc Committee for Religious Freedom
American Conference on Religious Movements (UC tarafından parasal destek verilir. Kuruluş yeri: The Catholic University of America)
American Clergy Leadership Conference
Assembly of Worlds Religions (International Religious Fdn. Inc.'e bağlı)
Council for the World's Religions (International Religious Fdn., Inc.'e bağlı.)
Ecumenical Foundation for Community Development
Global Congress of the World's Religions / Inter Religious and International Federation for World Peace
Int. Coalition Against Racial and Religious Intolerance / Int. Coalition for Religious Freedom (Falls Church) / Int. Christian Students Association (1981)
Int. Christian Unity (NYC) / Int. One World Crusade (I.O.W.C.) / Int. Christian Korean Evangelical Association (NE, WDC) / National Council for the Church and Social Action (NCCSA)
New ERA (New Ecumenical Research Association; Int. Religious Fdn. Inc)
Queens Christian Development Corporation
Song Hwa Theological Seminary (Kore) / Sun Myung Moon Christian Crusade.
Sun Myung Moon Institute / Supra-denominational Christian Association (1966)

The Committee to Defend the First Amendment
The Holy Spirit Assn for the Unification of World Christianity (Kore'deki ilk örgüt)
The Unification Church (Ana örgüt) / The Unified Family (Kore'deki 2. örgüt)
Unification Church of America (NYC)
Unification Church of Harlem (NYC)
Unification Theological Seminary (Barrytown, NY)
United Church Federation
United Faith, Inc. (Portland)
World Peace Institute
World Youth for God
Youth Seminar on World Religions
Siyasal Örgütler:
God Bless America Committee
American Council for Free Asia (Vietnam'da ABD'yi desteklemek için kuruldu.)
American Council for World Freedom
American Family Coalition / American Parents Association
American Freedom Coalition / American Freedom Fdn. Inc.
Asian Ecumenical Interfaith Council / Assn. Pro Unidad Latinoamericano
Citizen's Federation for the Unification of the Fatherland (1987'de kuruldu.)
Coalition for a Free World / Committee for Responsible Dialogue
Free Asia Foundation / Freedom Leadership Foundation
Global Economic Action Institute / God and Freedom Rally
International Federation for the Victory Over Communism
International Commission for the Peaceful Reunification of Korea (1991)
International Security Council / Interreligious Federation for World Peace (International Religious Fdn., Inc.'e bağlı)
Korean Causa of N.Y. / Korean American Political Assn (KAPA)
Middle East Association (Washington)
Women's Federation for World Peace (Başkanı: Hak Ja Han Moon)
World Anti-Communist League (WACL) / World Freedom Movement
World Freedom Institute / World Institute for Development and Peace, Inc.
Medya Örgütlenmesi:
Atlantic Videa, Inc. (1984) / Belleville Pres / CARP Monthly / Causa Report
Currents / Epoch Maker Magazine / Free Press International, Inc.
Freestate Publishing, Inc. / Global Affairs / Global Insight / Harlem Weekly
Heartwing (Vancouver) / Heaven &Earth newsletter
Insight Magazine / International Exchange Press / Manhattan Magazine
Manhattan Television Center / Middle East Times (Kıbrıs)
New Era Books (NYC) / New Future Films (NYC) / New Hope News (üyelere)
News World Communications
Naticias Del Mundos (NYC)
One Way Productions (L.A., CA, INCHON)

Paragon House Publishers (ICF'ye ait Paragon Book Reprint Co.'ye aittir.)
Principle life
Queens Magazine
Renaissance for Resources
Rising Tide (Freedo Leadership Foundation'e aittir.)
Rose of Sharon Press, Inc. (NYC)
Sae Gae Times (NY; Chicago)
Segye Times (Kore gazetesi Cosmo Woman'u da yayınlar.)
Sekai Nippon (NYC)
Spring of Life (IFABM) - Sunrise (Bülten)
The New York Tribune (Artık yayınlanmıyor)
The Pacific Student Times (San Francisco, CA)
The Washington Times (NW, WDC)
The Weekly Religion
Tong II Seigel (Aylık, üyelere)
Ultimas Noticias
Unification News (NYC) / Unification Thought Quarterly / Unified World (New World Forum'a ait.)
United Press International (News World Communication, Inc. tarafından Mayıs 2000'de satın alındı.)
Universal Voice (International Re-education Fdn.)
Visual Arts Society (NYC)
Washington Golf Monthly / Washington Television Center (NW WDC)
Washington Times Foundation / Washington Times Education Foundation
Way of the World
World & I Magazine (PWPA'nın yayını)
World Media Association (WDC)
World Media Conference (WDC'ye bağlı.)
World University Times (CARP bülteni)
Kültürel ve Toplumsal Örgütlenme:
Advisory Council to the Unification Movement (ACUMI)
African Institute for the Study of Humanistic Values
American Blessed Family Assoc. (yalnızca üyelere açık)
American Community Union (NY)
American Space Culture Foundation (W.D.C.)
Artists Association for World Peace
Artists Association International (Başkan Yrd.: Kevin Pickard)
Family Federation for World Peace and Unification (FFWPU) / Family Federation for World Peace and Unification (Virginia)
Freedom Foundation of NJ, Inc.
Global Education Reseach and Development Fund, Inc. (Barrytown)
Good Neighbors, Inc.
Hahnemann Medical Center (World Medical Health Fdn. Şubesi)
İnt. Chinese Assn./ İnt.. Conference of World Peace
İnternational Cultural Foundation (ICF)
Int. Education Foundation / Int. Folk Balet / Int. Highway Construction

Int. Religious Federation for World Peace / Int. Sisterhood Project
Korean Culture & Freedom Foundation (KCFF-W.D.C.)
Little Angels Korean Folk Balet
National Parents' Day Council
New Age Players (Tiyatro şirketi-NY) / New Age Orchestra (San Francisco)
New Hope Singers International / New Society Social Services / New World Festival
Professors World Peace Academy (PWPA)
Religious Youth Service (RYS; Int. Religious Fdn., Int. Research Institute on World Affairs
Unification Educational Foundation / United to Serve America Universal Ballet Academy World Ocean Foundation / World Peace Institute of Technology / World Relief Friendship Foundation
Müzik Örgütlenme Aygıtı:
Blue Tuna Band / Go World Brass Band / Prime Force Band Providence, Reeducation Band (Berkeley) / Sunburst-Voices of Freedom

Ek 19
Avrasya-Bir Vakfı ve ASAM
"ABD önderliğindeki tek kutuplu yeni yapılanma, beraberinde yeni umutlar, belirsizlikler ve yeni tehditler getirmiştir. Fırsatlar ve tehlikelerle yüklü bu farklı koşullarda Türkiye'nin jeopolitik konumunu değerlendirmek, Türk toplumunun maddi ve manevi yönleriyle ekonomik, sosyal ve kültürel değerlerini araştırmak amacıyla, 1993 yılında İstanbul'da Avrupa Asya Birliği Türk Ekonomik-Sosyal ve Kültürel Araştırmalar Vakfı (Avrasya-Bir Vakfı) kurulmuştur."
Vakıf Kurucuları: Şaban Gülbahar (Başkan), Enis Öksüz, Yasin Cengiz Gökçek, Ahmet İnan, Murat Ülker, Orhan Özokur, Tekin Küçükali, Lokman Albayrak, Ahmet Yörük, Osman Yılmaz, Latif R. Alpkan, A. Ahad Andican, Şaban Yavuz, Ahmet Emin Yavuzkol, Şaban Çakır, Sedat Kalsın, Rasim Cinisli, Ramazan Bakkal, Hayrettin Nuhoğlu, Mustafa Yenigün, Ahmet Turan Akaya, Şerafettin Yılmaz.
1994'te yayına başlayan Avrasya Dosyası dergisine 1996'da parasal destek sağlayan Vakıf, dergiyi 1998'de devraldı. 2000 yılında Stratejik Analiz dergisini çıkarmaya başladı.
1999'da kısa adı ASAM olan Avrasya Stratejik Araştırmalar Vakfı'nı kurdular. Prof. Ümit Özdağ, Büyükelçi (e) Gündüz Aktan, ASAM yönetmenliği yaptılar.
ASAM Yönetimi: Genel Başkan Şaban Gülbahar, Yön. Kur. Başkanı: Org. (e) Halit Edip Başer, Başkan: O. Faruk Loğoğlu (Washington eski Büyükelçisi) ASAM Yönetim Kurulu (2007): Prof. Dursun Yıldırım, Doç. Erol Göka, Büyükelçi (e) İnal Batu, Ertuğrul Güven, Mehmet Dülger (AKP Milletvekili), Mehmet Şüküroğlu, Büyükelçi (e) Nüzhet Kandemir. ASAM Akademik Kurulu'nun Yönetimi: O. Faruk Loğoğlu, Sanlı Topçuoğlu, Tümg. Rıza Küçükoğlu.

Ek 20
Open Society (Açık Toplum)
Türkiye Şubesi'nce 2003-2008 Yıllarında Desteklenenler [923]

!f İstanbul Bağımsız Filmler Festivali
Anadolu Folklor ve Kültür Vakfı
Anadolu Kültür A.Ş:
Anadolu'da Sanat Merkezleri
AB – Türkiye Çalışma Grubu
Açık Site
Afet için Sivil Koordinasyon Derneği
Alternatif Eğitim Sempozyumu
Anadolu Halk Kültür Vakfı
Anadolu Kültür A.Ş:
Diyarbakır, Batman ve Kars Merkezleri ve DEPO Projesi
Anadolu Kültür Odakları Projesi
Ankara Sinema Derneği
Anne Çocuk Eğitim Vakfı
Bağımsız Türkiye Komisyonu
Bahçeşehir Üniversitesi:
İmtiyazlı Ortaklık Araştırması (Seyfettin Gürsel)
Kamu Harcamaları Araştırması (Seyfettin Gürsel, Asaf Savaş Akat, Ahmet İnsel)
Batman Kadın Filmleri Festivali
Batman Kadın Merkezi
Beyoğlu Gazetesi
Bilgi Üniversitesi:
Adalet Gözet Projesi
STK Koleksiyonu Yayınları
Eğitimli Bireylerin Türk Siyasetine Bakışı araştırması (Füsun Üstel)
Avrupalı Türkler Araştırması (Ayhan Kaya)
Uzaktan Eğitim uygulaması
Türkiye Çingeneleri Belgesel Gösterisi
Yargı İzleme Projesi
Boğaziçi Üniversitesi:
AB-Türkiye İlişkilerinde Göç (Refik Erzan)
GETEM Körler için İnternet Kütüphanesi Projesi
Karbondioksit Araştırması (Gürkan Kumbaroğlu, Yıldız Arıkan)
Bölgesel Farklılıkların Azaltılması için Sosyal Politikalar Geliştirilmesi
Orta Sınıf Araştırması (Hakan Yılmaz)

---

[923] http://www.osiaf.org.tr/content_reader.php?sayfa_no=003#2008 (2007, 2006, 2005,2004,2003) Şeffalığa uyarak ödemeler belirtilmemiş. Oysa başka ülkelerde rakamlar verilmekteydi.

Vergi Ödeme Araştırması (Ünal Zenginobuz)
Mikro Kredi Araştırması (Fikret Adaman)
Sosyal Politika Forumu
Türkiye'de Muhafazakârlığın Değişkenleri (Hakan Yılmaz)
Vergiler Araştırması (Ünal Zenginobuz, Fikret Adaman)
Taşra Baskısı Araştırması (Binnaz Toprak)
Center for European Policy Studies:
Çağdaş Türkiye'nin Avrupa Dönüşümü Projesi
Center for European Reform:
AB Adaylık Süreci Stratejisi - AB Türkiye Programı 2006 - 2007
Çağdaş Gösteri Sanatları Girişimi Derneği:
Roman Gençler için Sanat Eğitimi Projesi
Dev Maden-Sen
Diyarbakır Barosu:
Herkes için Adalet
Düşünce Özgürlüğü Derneği:
5. İstanbul Buluşması
Eğitim Reform Girişimi
Eurohorizons:
100 Konuda AB'nin Günlük Hayata Etkileri
European Stability Initiative (ESI) :
Türkiye üyeliği ve AB Ülkelerinde Tartışmalar - Türkiye'de Kadın Araştırması
Gezici Afet Eğitimi Merkezi
Gümüşlük Akademisi:
Orta Doğu Kültürel Boru Hattı
Helsinki Yurttaşlar Derneği:
Mülteci Destek ve Savunuculuk
Türkiye'de Çingene Hakları Projesi
Instituto Affari Internazionali:
Avrupa'daki Türkiye tartışmaları
İnsan Hakları Gündemi Derneği
İstanbul Güncel Sanat Müzesi:
Sınır'da Sanat Sergisi
Uluslararası 9. İstanbul Bienali
Ka-Der
KAGİDER (Kadın Girişimciler Derneği) - Kadın Fonu
Kadın Yurttaş Ağı
KA-MER (Kadın Merkezi):
Doğu ve Güneydoğu Anadolu'da 23 ilde Kadın Çalışmaları
Koç Üniversitesi:
Güvenlik Çalışmalarında Yeni Açılımlar Toplantısı
Kültür Bilincini Geliştirme Vakfı:
Kültür Karıncaları Projesi

Kültürlerarası İletişim Derneği:
Anadolu Buluşması Projesi-Anadolu'da Sanat Buluşması
Liberal Düşünce Topluluğu Derneği:
2007 Özgürlük Günü Yazı Yarışması
Pozitif Yaşam Derneği
Ruh Sağlığında İnsan Hakları Girişimi
Sabancı Üniversitesi:
İPM - Bizim Cinselliğimiz Projesi
AB İzleme Projesi
Muhafazakârlık Araştırması (Ersin Kalaycıoğlu - Ali Çarkoğlu)
Toplumsal Duyarlılık Modelinin Yaygınlaştırılması Çalışmaları
İPM Türkiye'de Seçim Araştırması (Ersin Kalaycıoğlu - Ali Çarkoğlu)
Sosyal ve Kültürel Yaşamı Geliştirme Derneği:
Romanlar için Sosyal Politikalar
Şizofreni Dostları Derneği
Tarih Vakfı:
Ders Kitaplarında İnsan Hakları Taraması ve STK Rehberi
Tarih ve Toplum Bilimleri Enstitüsü Derneği
TEMA Vakfı:
2005 Sempozyum
TESEV:
 Demokratikleşme, Dış Politika ve İyi Yönetişim (2005-2008)
Toplum Gönüllüleri Vakfı
Gençlik Çalışmaları
Turist Rehberleri Vakfı
Türk Amerikan Derneği
Ebru Projesi: Türkiye'de Kültürel Çeşitlilik
Türk Kültür Vakfı:
AFS Öğrenci Değişim Programı
Türkiye İsrafı Önleme Vakfı:
Grameen Mikro kredi Projesi
Türkiye Üçüncü Sektör Vakfı:
Türkiye Sivil Toplum Ulusal Forumu
Türkiye'nin Yıldız Şehirleri Programı
TÜSES
Uçan Süpürge Ltd. Şti.: "Köprüler Kuruyoruz"
Ulaşılabilir Yaşam Derneği:
Uluslararası Çingene Sempozyumu
Ulusal Kütüphanecilik Konferansı
Uluslararası Basın Derneği: Gazeteci Eğitimi
Üniversitelerarası Münazara (Debate) Turnuvası

Ek 21
Liberal Düşünce Topluluğu Derneği'ne Yabancı Örgütlerden Para Alma İzinleri

T.C.
ANKARA VALİLİĞİ
Emniyet Müdürlüğü

Gelen: 2001/01

SAYI : B.05.1.EGM.4.06.00.12.02.
D.(3) 06.45.099-01/1074
KONU: Tebligat

19/.01./2001

EK: 7

LİBERAL DÜŞÜNCE TOPLULUĞU DERNEĞİ BAŞKANLIĞINA

04.08.2000 tarihli yazınız ile, Belçika'nın Brüksel şehrinde bulunan " Avrupa Komisyonu İnsan Hakları Vakfı' tarafından birlikte gerçekleştirmek istediğiniz "Yasal ve sosyal çerçevede Türkiye'de ifade özgürlüğü sınırlar, Tavsiyeler,Teşvikler" başlığı altında, bir Uluslararası, iki ulusal sempozyum, onaltı şehirde panel bilimsel bir yazı yarışması, Türk hukuk sistemi ile ilgili bilimsel ve teknik bir araştırma, bir kamuoyu araştırması, ifade özgürlüğü ile ilgili klasik metinlerin ve Avrupa İnsan Hakları Mahkemesinin bazı kararlarının Türkçe'ye çevrilerek yayınlanması gibi bilimsel faaliyetleri içeren proje için 456.770 (Dörtyüzellialtıbinyediyüzyetmiş) EURO tutarında nakdi yardım gönderildiğinden, 2908 sayılı Dernekler Kanunu'nun 60. maddesi gereğince izin verilmesi istenmiştir.

Derneğinizin yukarıda belirtilen faaliyetleri gerçekleştirmek üzere, adı geçen kuruluş tarafından gönderilen 456.770 EURO nakdi yardımın 2908 sayılı Dernekler Kanunu'nun 60. maddesine göre alınmasına izin verildiği, İçişleri Bakanlığının 12.01.2001 tarih ve B.05.1.EGM.0.12.03.08/06.45.099/10-2/2001-015876 sayılı yazıları ile bildirilerek tarafınıza tebliğ edilmiştir.

TEBLİĞ EDEN
Salim GÖNÜLTAŞ
Polis Memuru

TEBLİĞ TARİHİ
19/01/2001

TEBELLÜĞ EDEN
Özlem ÇAĞLAR
Dernek Yön.Krl Üyesi

T.C.
ANKARA VALİLİĞİ
Emniyet Müdürlüğü

SAYI : B 05.1.EGM.4.06.00.12.04. .03/04/2002
       D.(3) 06.45.099-02/5811
KONU: Tebligat

LİBERAL DÜŞÜNCE TOPLULUĞU DERNEĞİ BAŞKANLIĞINA

İLGİ : 28.01.2002 tarih ve bila sayılı yazınız.

İlgi yazınız ile Demokrasi Okulu isimli projede kullanılmak amacıyla, merkezi Hollanda 'da bulunan CORDAID (Catholic Organisation for Relief and Development) adlı kuruluş tarafından gönderilen 160.840 (Yüzatmışbinsekizyüzkırk) Hollanda Guldeni nakdi yardım alma talebiniz İçişleri Bakanlığınca incelenmiş,

Derneğinizin belirtilen faaliyeti gerçekleştirmek üzere, adı geçen kuruluş tarafından gönderilen 160.840 (Yüzatmışbinsekizyüzkırk) Hollanda Guldeni tutarındaki nakdi yardımın alınmasına İçişleri Bakanlığının 28.03.2002 tarih ve B.05.1.EGM.0.12.08-06/06.45.099-072081 sayılı yazıları ile, 2908 Sayılı Dernekler Kanunu'nun 60.maddesine göre izin verildiğine dair tebliğ ve tebellüğ belgesi tanzim edilerek bir nüshası tarafınıza verilmiştir.

TEBLİĞ EDEN   TEBLİĞ TARİHİ   TEBELLÜĞ EDEN

Mustafa DEMİRKAN   .03/04/2002   Özlem ÇAĞLAR
Polis Memuru   Dernek Yön.Krl Üyesi

Kaynakça

--, 2. Cumhuriyet Tartışmaları, Başak Yayınları, Ankara, Ağustos 1993.

--, Amerikan Gizli Belgelerinde Türkiye'de İslamcı Akımlar, Tercüme: Yılmaz Polat, Takdim: Fehmi Koru, Beyan Yayınları, İstanbul, Ağustos 1990.

--, Atatürk'ün Söylev ve Demeçleri II, 5. Basım, Türk İnkılâp Enstitüsü, Ankara, 1997

--, "Dine Devrimci Yaklaşım" mı Kürt – İslam Sentezi mi?" Varyos Yayınları, İstanbul 1992.

--, Ekonomik Kalkınma, 1958 Bütçe Müzakerelerinde C.H.P. Milletvekillerinin Yaptıkları tenkit ve tekliflerden özetler, CHP Genel Sekreterliği Araştırma ve Dokümantasyon Bürosu, Yayın No:3, Ankara, 1958.

--, Federal Staff Directory, CQ Press-Congressional Quarterly, Washington, Fall, 1999.

--, Kürt Sorunu Nasıl Çözülür, Nübihar Yayınları, İstanbul, Nisan 1996.

--, Non-Governmental Organizations Guide (Main Establishments), The Economic and Social History Foundation of Turkey, İstanbul, May 1996.

--, Soros Soros'u Anlatıyor, Türkçesi: Gülden Şen, Sabah Kitapçılık, İstanbul, 1998.

---, Türk Ceza Kanunu Kadınlara Neler Getiriyor?, Ankara TCK Kadın Platformu, Haziran 2005, Danimarka, İsviçre, Kanada, Norveç Büyükelçilikleri'nin katkılarıyla.

--, Türkiye'de Anayasa Reformu Prensipler ve Sonuçlar, Konrad Adenauer Vakfı Yayını, Ankara 2001.

--, Zeugma Yalnız Değil! – Türkiye'de Barajlar ve Kültürel Miras, Türkiye Ekonomik ve Toplumsal Tarih Vakfı - Rockefeller Vakfı'nın Katkılarıyla Yayınlanmıştır, İstanbul, 2000.

Agee, Philip, Louis Wolf, Dirty Work - The CIA in Western Europe, Zed Press, London, 1981.

Agee, Philip, On The Run, Bloomsburry Publishing Ltd., London, 1987.

Allen, B. Thomas, Polmar, Norman, Spy Book - The Encyclopedia of Espionage, Random House, New York, 1997.

Allen, Gary, The Rockefeller File, '76 Press, Seal Beach, California, Feb. 1976.

Anadol, Ayşen, Avrupa Birliği Devlet ve STK'lar, Türkiye Ekonomik ve Toplumsal Tarih Vakfı – Henrich Böll Vakfı'nın Katkılarıyla Yayınlanmıştır, İstanbul, Aralık 2001.

Arı, Tayyar Dr., Amerika'da Siyasal Yapı Lobiler ve Dış Politika, ALFA Yayın, İstanbul, 2. Basım, Nisan 1997.

Atatürk, Kemal, Nutuk, Cilt: III Vesikalar, Türk Devrim Tarihi Enstitüsü, MEB, İst. 1968.

Bacınoğlu, Tamer, The Making of Turkish Bogeyman – A Unique Case of Misrepresentation in German Journalism, Graphis Yayınları, Pub. No:6, İstanbul, 1998.

Bainerman, Joel, The Crimes of a President, SPI Books, A Division of Shapolsky Publishers, Inc., New York, NY, 1992.

Baram, Amatzia, Rubin, Barry (Edited By), Iraq's Road to War, St. Martin's Press, New York, 1993.

Barnaby, Dr. Frank, Instruments of Terror, Vision Paperbacks, Garden London, 1996.

Berzeg, Sefer E., Türkiye Kurtuluş Savaşı'nda Çerkes Göçmenleri II, Nart Yayıncılık, İstanbul, Ekim 1990.

Bildirici, Faruk, Maskeli Leydi - Tekmili Birden Tansu Çiller, 4. Baskı, Ümit Yayıncılık Ltd. Şti., Ankara, Ağustos 1998.

Blum, William, Killing Hope – U.S. Military and CIA Interventions Since World War II, Common Courage Press, Monroe, Second Printing, 1995.

Boettcher, Robert with Freedman, Gordon L., Gifts of Deceit – Sun Myung Moon Tongsun Park and The Korean Scandal, Holt, Rinehart and Winston, New York, 1980.

Borosage, Robert L.; Marks, John (Edited by), The CIA File, Grossman Publishers- The Viking Press, New York, 1976.

Brewton, Peter, The Mafia, CIA and George Bush – The Untold Story of America's Greatest Financial Debacle, S.P.I. Books/ shapolsky Publishers, New York, 1992.

Brownstein, Ronald; Easton, Nina, Reagan's Ruling Class –Portraits of the President's Top 100 Officials, Presidential Accountability Group, Washington, D.C., 1982.

Calvi, Fabrizio; Pfister, Thierry, Washington'un Gözü, Çeviren: Temel Keşoğlu, Ankara, Ekim 1997.

Cılızoğlu, Tanju, Anılarla Kamil Kırıkoğlu, Büke Yay., İstanbul, Ocak 2000.

Choate, Pat, Agents of Influence, Alfred A. Knopf, New York, 1990.

Cornwell, Rupert, God's Banker, W. Clement Stone, P M A Communications, 1984

Cockburn, Andrew-Leslie, Dangerous Liaison, Bodlley Head, London, 1991

Çapoğlu, Gökhan, Türkiye İstikrar İçinde Nasıl Kalkınır, Adam Yayıncılık Ankara, 1992.

Çapoğlu, Gökhan, Türkiye'de Siyasal Tıkanıklığı Aşmak İçin, Stratejik Araştırmalar Vakfı, 1. Baskı, Eylül 1994.

Çölaşan, Emin, Turgut Nereden Koşuyor?, Tekin Yayınevi, 11.Basım, İstanbul, 1989.

Deacon, Richard, İsrail Gizli Servisi, Çeviren: Yaşar Onay, Anahtar Kitaplar Yayınevi, İstanbul, 1993.

Değer, M. Emin, Bir Cumhuriyet Düşmanının Portresi ya da Fethullah Gülen Hocaefendi'nin Derin Misyonu, Cumhuriyet Kitap, İstanbul, 2000.

Değer, M. Emin, Oltadaki Balık Türkiye, Toplumsal Dönüşüm Yayınları, 6. Basım, İstanbul, Haziran 1998.

Değer, M. Emin, Uğur Mumcu ve 12 Mart,, um:ag yayınları, Ankara 2002

Dikbaş, Yılmaz, Avrupa Birliği Tabuta Çakılan Son Çivi, Asya Şafak,, İst. 2006.

Domhoff, G. William, Who Rules America – Power & Politics, Fourth Edition, McGraw Hill Higher Education, 2002.

Ehrenfeld, Rachel, Evil Money, Harper Business A Division of Harper Collins Publishers, New York, 1992.

Emerson, Steven, The American House of Saud – The Secret Petrodollar Connection, Franklin Watts, 1995.

Erdemir, Aykan, Incorporating Alevis: The Transformation of Governance and Faith Based Collective Action in Turkey, PhD Thesis, Anthropology and Middle Eastern Studies, Harvard Unv., Cambridge, Massachusetts, 2004.

Esposito, John L., Islam in Asia - Religion, Politics, and Society, Oxford University Press, 1987.

Esposito, John L., Voll, John O., İslamiyet ve Demokrasi, Türkçesi: Ahmet Fethi, Sarmal Yayınevi, 1998.

Findley, Paul, ABD'de İsrail Lobisi, Türkçesi: Mustafa Özcan - Dr. N. Ahmet Asrar, Pınar Yayınları, İstanbul, Ekim 1994.

Fuller, Graham E., Demokrasi Tuzağı, Türkçesi: Meral Gaspıralı, Altın Kitaplar Yayınevi, 1. Basım, İstanbul, Nisan 1996.

Fuller, Graham E. and Lesser, Ian O. With Henze, Paul B. And Brown J.F., Turkey's New Geopolitics From the Balkans to Western China, A RAND Study, Westview Press, Colorado, 1993.

Gaulis, Berthe Georges, Kurtuluş Savaşı Sırasında Türk Milliyetçiliği, "Le Nationalisme Turc, Paris Libraire Plon, 1921" den çeviren Cenap Yazansoy, Rado Yayınları, İstanbul, 1981.

Greenbergi Martin H. (Editor), The Tom Clancy Companion, Berkley Books, NY, 1992.

Gülen, Fethullah, Hitap Çiçekleri, Yeni Asya Yayınları, İstanbul, 1974.

Gürsel, Seyfettin, Düzgören, Koray, Oran, Baskın, Üstel, Füsun, Keskin, Cumhur, Alpay, Şahin, Türkiye'nin Kürt Sorunu, TÜSES Türkiye Sosyal Ekonomik Siyasal Araştırmalar Vakfı, İstanbul 1996.

Güven, Hasan, Öncesi ve Sonrasıyla Susurluk'taki Düğüm Gladyo, Beyan Yayınevi, İstanbul, 1997.

Hablemitoğlu, Necip, Alman Vakıfları ve Bergama, 2. Basım, Otopsi Yayınevi, 2001.

Hassan, Steven, Releasing The Bonds, Freedom of Mind, Somerville, 2000.

Henze, Paul B., Turkey And Atatürk's Legacy, Türkistan ve Azerbaycan Araştırma Merkezi Yayını, Mehmet Tütüncü, SOTA, Haarlem, Netherlands, 2001

Henze, Paul B., Türkiye ve Atatürk'ün Mirası, Kömen Yayınları, I. Baskı, Konya, Haarlem, Ocak 2003.

Herman, Edward S., Brodhead, Frank, The Rise and Fall of The Bulgarian Connection, Sheridan Square Publications, New York, 1986.

Herman, Edward S., The Real Terror Network, South End Press, Boston, 1982.

İlhan, Attilâ, Aydınlar Savaşı, Bilgi Yayınevi, 3. Basım, Ankara 1996.

İlhan, Attilâ, Batı'nın Deli Gömleği, Bilgi Yayınevi, 2. Basım, Ankara, Haziran 1995.

İnanç, Ünal-Polat, Can, İmralı' da Neler Oluyor? APO, PKK ve Saklanan Gerçekler, İddialar İtiraflar Savunma Uyuşturucu, Güvenlik ve Yargı Muhabirleri Derneği, Ankara, 1999.

İnönü, İsmet, Lozan Antlaşması II, Cumhuriyet eki, Yenigün Haber Ajansı Basın ve Yayıncılık AŞ, İstanbul, Ağustos 1998,

Kaleli, Lütfü, Alevilik Kimliği ve Alevi Örgütlenmesi, Can Yayınları, İstanbul, Temmuz 2000.

Kessler Ronald, Inside The CIA, Pocket Boks - Simon & Schuster, New York, 1994.

Kalyoncu, Cemal A., Saklı Hayatlar, Zaman Kitap (Feza Gazetecilik AŞ), Haziran 2002.

Kaplan, Sefa, Kemal Derviş - Bir "Kurtarıcı" Öyküsü, Metis Yayınları, İstanbul, Haziran 2001.

Kessler Ronald, Inside The Congress, Pocket Boks - Simon & Schuster New York, 1998.

Kwitny, Jonathan, The Crimes of Patriots – A True Tale of Dope, Dirty Money, and the CIA, W. W. Norton & Company, New York, 1987.

Kutay, Cemal, Bediüzzaman Saidi Nursi, Yeni Asya Yayınevi, Cağaloğlu, İstanbul, 1980.

Lewis, Charles; Benes, Alejandro; O'Brien and the Center for Public Integrity, The Buying of The President, Avon Books-The Hearst Corp., NY. 1996.

Mader, Julius, Who's Who in CIA, , 1066 Berlin W 66, Mauerstrasse 69, Berlin 1968.

Magdoff, Harry, Emperyalizm Çağı – ABD'nin Dış Politikasının Ekonomik Temelleri, Çeviren: Doğan Şafak, Odak Yayınları, 1974.

Marchetti, Victor, Marks, John D., The CIA and The Cult Of Intelligence, Alfred A. Knopf, Fourth Printing, 1974.

Mardin, Şerif, Türkiye'de Din ve Siyaset, İletişim Yayınları, İstanbul.

Mardin, Şerif, Bediüzzaman Said Nuri Olayı - Modern Türkiye'de Din ve Toplumsal Değişim, "Religion and Social Change in Modern Turkey, The Case of Bediüzzaman Saidi Nursi, State University of New York Press, 1989." Çeviren: Metin Çulhaoğlu, 5. Baskı, İletişim Yayınları, --.

Marrs, Jim, Rule by Secrecy - The Hidden History That Connects The Trilateral Commission, The Freemasons, And The Great Pyramids, Harper Collins Publishers, 1989.

McGehee, Ralph W., Deadly Deceits - My 25 years in the CIA, Ocean Press, Melbourne, 1999.

Mills, Ami Chen, C.I.A. Off Campus, Second Edition, South End Pres, Boston, 1991.

Mughisuddin, Mohammed, Praeger Publishers, New York, 1977

Mumcu, Uğur, "Papa-Mafya-Ağca" Tekin Yayınevi, 8. Basım, 1993.

Mumcu, Uğur, Rabıta, Tekin Yayınevi, 19. Basım, İstanbul, 1996.

Mumcu, Uğur, Bütün Yazıları 40, 2. Baskı, um:ag Vakfı Y., Ankara, Eylül 2003

Nursi, Said, Risalet Nur Külliyatından Sikke-i Tasdik-i Gaybi, Sözler Yayınevi, İstanbul, 1991.

Nutter, John Jacob, Ph. D., The CIA's Black Ops – Covert Action, Foreign Policy, and Democracy, Prometheus Books, New York, 1999.

Olmsted, Kathryn S., Challenging The Secret Government – The Post - Wargate Investigations of the CIA and FBI, The University of North Carolina Press, 1996.

Onar, Mustafa, Atatürk'ün Kurtuluş Savaşı Yazışmaları II, T.C. Kültür Bakanlığı Atatürk Dizisi, Ankara, 1995.

Pallis, Alexander Anastasius, Yunanlıların Anadolu Macerası (1915–1920), "Greece's Anatolian Venture –and After (1915-1922)"den çeviren Orhan Azizoğlu, Yapı Kredi Yayınları, İstanbul, 1995.

Palast, Greg, The Best Democracy Money Can Buy, Pluto Press, London, 2002.

Polat, Yılmaz, Alo Washington, Alfa Yayınları, İstanbul, 2002.

Polat, Yılmaz, CIA'nın Muteber Adamı, UDY, Ankara, 2008

Polat, Yılmaz, Washington'da Akrobasi, UDY, Ankara, Ekim 2005

Polat, Yılmaz, Washington-Ankara Hattı, Ümit Yayıncılık, Ankara Ağustos 2000

Polat, Yılmaz, Washington Entrikaları, Milliyet Yayınları, İstanbul 1999.

Poyraz, Ergün, Patlak Ampul, Ankara, 15.10.2002.

Poyraz, Ergün, AKPapa'nın Temel İçgüdüsü, T. Dönüşüm Yay. İst. 2004.

Prados, John, Presidents' Secret Wars - CIA and Pentagon Covert Operations From World War II Through The Persian Gulf, Elephant Paperbacks, 1995.

Ramsay, Robin, Komplo ve Teori – Bizi kim aldatıyor, Çev: Özge Mumcu, Ulus Dağı Yayınları, 2008.

Ross, Robert Gaylon, Sr., Who's Who of the Elite, Spicewood, Texas, 1995.

Sampson, Anthony, The Money Lenders – The People and Politics of the World Banking Crisis, Penguin Books, 1983.

Sever, Metin - Dizdar, Can, 2. Cumhuriyet Tartışmaları, Başak Yayınları, Ankara, Ağustos 1993

Simpson, Christopher, Blowback – The First Full Account of America's Recruitment of Nazis, and Its Disastrous Effect on Our Domestic and Foreign Policy, Weidenfeld & Nicolson, New York, 1988.

Sklar, Holly, Washington's War on Nikaragua, South End Press, Boston, 1995.

Sklar, Holly (Edited by), Trilateralism – The Trilateral Commision and Elite Planning for World Management, South End Press, Boston, 1980.

Slatter, Robert, Soros – Dünyanın En Büyük Yatırımcısının Hayatı, Çağı ve Ticari Sırları, (TÜGİAD Katkılarıyla) Rota Yayın Yapım Tanıtım Ticaret Ltd. Şti., 1.Basım, İstanbul, 2000.

Smith, James A., The Idea Brokers – Think Tanks and The Rise of The New Policy Elite, The Free Press, New York, 1993.

Soros, George, Küresel Kapitalizm Krizde, Türkçesi: Gülden Şen, Sabah Kitapçılık, İstanbul, 1999.

Stoerkel, Jean-Marie, Mesih Papa'yı Neden Vurdu?, "Le Loups De Saint-Pierre (Saint Pierre'nin Kurtları), 1996" Çeviren: Gülçin Balamir, Sabah Kitapları, İstanbul, 1997.

Sutton, Antony C., Wall Street and The Rise of Hitler, '76 Press, Seal Beach, Calif. 1976.

Şahiner, Necmeddin, Saidi Nursi, Yeni Asya, İstanbul, 1996.

Taheri, Amir, Hizbullah - Kutsal Terörün İçyüzü, Çeviren: Hikmet Bila, Sel Yayıncılık, İstanbul, 1990.

Taheri, Amir, Kadın Hakları ve İran Deneyimi, Çağdaş Yaşamı Destekleme Derneği, İstanbul, 1990.

Taheri, Amir, Nest of Spies: America's Journey to Disaster in Iran, Pantheon Books, New York, 1988.

Tokatlı, Orhan, Kırmızı Plakalar - Türkiye'nin Özallı Yılları, Doğan Kitapçılık, İstanbul, 1998.

Truell, Peter, Gurwin, Larry, False Profits - The Inside Story of BCCI, The World's Most Corrupt Financial Empire, Hughton Mifflin Company, New York, 1992.

Turhan, Talat, Bomba Davası, İleri Yayınları, İstanbul, 2007.

Turhan, Talat, Küreselleşmenin Şifresi, İleri Yayınları, İstanbul, 2007.

Tüfekçioğlu, Turgay, Türkiye ve Şeytan Üçgeni, Hat Matbaası, Bursa, 2001.

Ünlü, Ferhat, Susurluk Gümrüğü, Birey Yayıncılık, İstanbul, 2000.

Volkman, Ernest, Casuslar – Kara Sanatın Ustaları, Türkçesi: Fatoş Dilber, Gençlik Yayınları, İstanbul, 1996.

Yalçın, Soner - Yurdakul, Doğan, Bay Pipo, Doğan Kitapçılık, Ocak 2000.

Yıldırım, Mustafa, Azerbaycan'da Proje Demokratiya, Ulus Dağı Yayınları, Ankara, 2006.

Yıldırım, Mustafa, Meczup Yaratmak, 3. Basım, Ulus Dağı Yayınları, Ankara, 2007.

Yıldırım, Mustafa, Savaşmadan Yenilmek, Ulus Dağı Yayınları, Ankara, 2007

Wise, David – Thomas Ross, Görünmeyen Hükümet CİA, Çeviren: Ali Rüzgâr, Sol Yayınları, Ankara, 1966.

Woodward, Bob, Peçe - CIA ve Gizli Savaşları 1981-1987, Çeviren: Gönül Suveren, Kelebe Yayınları, İstanbul, Tarihsiz.

Zelyut, Rıza, Özkaynaklara Göre Alevilik, Anadolu Kültürü Yayınları, İstanbul 1990.

Dergiler

Aydınlık, Haftalık Haber -Yorum Dergisi, İstanbul. Birçok sayı.

Bütün Dünya, Başkent Üniversitesi Kültür Yayını, Aküm AŞ, Ankara.

CAIB, Covert Action Information Bulletin, Covert Action Publications, Inc., Washington, DC, USA.

CAQ, Covert Action Quarterly, Covert Action Publications, Washington, July 1978- Summer 2002, 72 sayı.

Çveneburi, Kültürel Dergi, 3 ayda bir yayınlanır, Total Müşavirlik ve Mümessillik Limited Şti, Harbiye-İstanbul, 1997.

DAVA, İki Ayda Bir yayınlanır, Med-Zehra Ltd. Şti., Cağaloğlu-İstanbul.

2000-İkibin'e Doğru, Haftalık Haber Yorum Dergisi, İstanbul, 1987-1991.

Gündem, Strateji Grubu Haber Bülteni, Ankara, 1995-1997.

Kafkasya Yazıları, Yıllık 4 sayı yayınlanır, Çivi Yazıları, İstanbul, 1997

Lobster, Edited and published by Robin Ramsay, UK., "1983- Summer 2002" toplam 43 sayı.

Mother Jones, Monthly, U.S.A.

Müdafaa-i Hukuk, Atatürkçü Aylık Dergi, Mudafaa-i Hukuk Vakfı, Ankara.

Nübihar, Mehnameya Çandi Huneri Edebi (Aylık Kültür Sanat Edebiyat Dergisi), Fatih-İstanbul.

Sözleşme, Aylık Düşünce ve Siyaset Dergisi, Sina Dış Tic. Basın Yayın ve Paz. Ltd. Şti.

Yankı Haftalık Haber Dergisi, 8-14 Ağustos 1983, Sayı: 645, Ankara.

Yeni Zemin, Aylık Kültür ve Politika Dergisi, Osman Tunç, Fatih - İstanbul.

Tevhid, Aylık Dergi, 1991-1993

Ulusal Strateji- National Strategy, CNR Uluslararası Fuarcılık, İstanbul.

Raporlar:

--, EIR Special Report - The True Story of Soros the Golem, A profile of megaspeculator George Soros, Washington DC, April 1997.

U.S. Department of State Annual Report on International Religious Freedom for 1999: Turkey, Released by the Bureau for Democracy, Human Rights, and Labor Washington, DC, September 9, 1999.

Religious Liberty: The Legal Framework In Selected OSCE Countries Turkey, A Report Prepared by the Law, Library of Congress, at the Request of the Commision on Security and Cooperation in Europe, Law Library of Congress, March 1999, Partially updated February 2000.

Special Policy Forum Report, Turkey: Domestic Change and Regional Politics, Alan Makowsky, Ian O. Lesser, Policywatch, Number 261, July 21, 1997.

The U.S. Commision on International Religious Freedom Report 1999, Executive Summary.

Country Report on Human Rights Practices–2000, Released by the Bureau of Democracy, Human Rights, and Labor, February 2001.

2000 Annual Report on International Religious Freedom: Turkey, Released by the Bureau of Democracy, Human Rights, and Labor, U.S. Department of State, September 5, 2000.

Turkey- International Religious Freedom Report 2002, Released by the Bureau of Democracy, Human Rights, and Labor.

GAO United States General Accounting Office Report to the Speaker of the House of Representatives and the Chairman, Committee on Foreign Relations, U.S. Senate, Promoting Democracy- National Endowment for Democracy Efforts to Improve Grant Management Summary 1992, Major Contributors: National Security and International Affairs Division, Washington D.C., European Office.

Konrad Adenauer Vakfının Türkiye'deki Faaliyetleri, Konrad Vakfı, Yıl 2000.

National Endowment For Democracy 1992 Annual Report October 1, 1991 –September 30, 1992), House Document 103-51, 103d Congress, 1st Session, U.S. Government Printing Office, Washington: 1993.

National Endowment for Democracy 1993 Annual Report October 1, 1992 – September 30, 1993. Yayıncı belirtilmemiş.

National Endowment for Democracy 1994 Annual Report October 1, 1993 – September 30, 1994, Yayıncı belirtilmemiş.

National Endowment for Democracy 1995 Annual Report October 1, 1994 – September 30, 1995. Yayıncı belirtilmemiş.

National Endowment for Democracy 1996 Annual Report October 1, 1995 – September 30, 1996. Yayıncı belirtilmemiş.

National Endowment for Democracy 1997 Annual Report October 1, 1996 – September 30, 1997. Yayıncı belirtilmemiş.

National Endowment for Democracy 1998 Annual Report October 1, 1997 – September 30, 1998. Yayıncı belirtilmemiş.

National Endowment for Democracy 1999 Annual Report October 1, 1998 – September 30, 1999. Yayıncı belirtilmemiş.

National Endowment for Democracy 2000 Annual Report October 1, 1999 – September 30, 2000. Yayıncı belirtilmemiş.

National Endowment for Democracy 2000 Annual Report October 1, 2000– September 30, 2001. Yayıncı belirtilmemiş.

National Endowment for Democracy 2001 Annual Report October 1, 2001 – September 30, 2002.

National Endowment for Democracy 2002 Annual Report October 1, 2002 – September 30, 2003

National Endowment for Democracy 2003 Annual Report October 1, 2003 – September 30, 2004

National Endowment for Democracy 2004 Annual Report October 1, 2004 – September 30, 2005

National Endowment for Democracy 2005 Annual Report October 1, 2001 – September 30, 2005

National Endowment for Democracy 2005 Annual Report October 1, 2001 – September 30, 2006

Turkish Growth Fund-Annual Report- August 31,1998.

1999 Annual "Patterns of Global Terrorism" Report, Released By The U.S. Department of State, May 1, 2000.

Dizin

3M Corporation, 516
9 Eylül Ünv., 444, 461
21. Yüzyıl Eğitim ve Kültür Vakfı, 169
40'lar Komitesi, 302
118 E Lions Yönetim Çevresi, 169

A

AAFLI, 275, 521
AB Enstitüsü, 505
AB -Türkiye Çalışma Grubu, 533
Abas, Hiram, 212, 357
ABB Co., 164
ABC (News- Night Line), 210, 215
Abdullah, Patricia Nur, 412, 413
Abdullah, Şeyh Halid, 468
Abdullah, Tarık, 420
Abdürraşid, Şeyh Ahmed, 468
Abdürreşid, Imam Talip, 468
Abedi, Ağa Hasan, 281
Abington Corp. 225
Abramowitz, Morton Isaac, 159, 165, 166, 173, 174, 286, 295, 433, 442, 466, 516
Abrams, Elliott, 244, 245, 368, 369, 526
Abu Marzuk, 390
Abu Zakuk, Ali, 412, 416, 430
Abu-Rabi, İbrahim, 458, 515
Acar, Ahmet, 167
ACAS (Afghanistan Council of the Asia Society), 3, 525
ACCJ (Asociation Civil Consorcio Justica), 3, 344, 346-348
ACHR (Action Center for Human Rights),3, 72
ACILS, 3, 23, 42, 278, 330, 350, 508, 510
ACON, 279
ACPJ (Asociation Civil Primero Justicia), 3, 350
ACRFA (Advisory Committee on Religious Freedom Abroad), 3, 366
Acton Institute, 519
Acuner, Ekrem, 12
ACYPL, 141, 165, 170, 185, 186, 188
Açık Radyo, 237
Açık Site, 533
Açık Toplum Enst., Şubesi, Bürosu, 3, 26, 59, 60, 145, 166, 204, 207, 229, 237, 240, 499, 533
Adalet Bakanlığı (T.C.), 224, 506
Adalet Partisi, Bkz. AP
Adaman, Fikret, 534
Adana, 174, 251, 252, 266, 333, 440, 445
Adham, Şeyh Kemal, 224
Adıyaman, 6, 512
ADL, B'Nai B'rith, 3, 139, 140, 143, 174, 256, 300, 304, 369, 457, 458
Adler, Alexandre, 174
AEI (American Enterprise Inst.), 3, 25, 97, 149, 150, 151, 164, 186, 225, 300, 303, 368, 369, 524, 526
AFA (American Friends of Afghanistan), 3, 524, 525
Afanesiev, Yuri, 270
AFC (American Family Coalition), 3, 445
Afghan Media Project, 294
Afghanistan Information Center, Bkz. AIC

Afet için Sivil Koordinasyon Derneği, 533
AFL-CIO, 3, 23, 269, 274, 275, 277, 278, 303, 344, 346, 521, 522
Afrikalı Metodistler Kilisesi, 366
AFT (American Fed. of Teachers), 3, 275, 276, 278
Agee, Philip, 17, 18, 49, 50, 144, 202, 284, 285, 538
AGİT, 30,90, 116, 117, 119, 173, 331, 404, 412, 413
AGL (Anadolunun Genç Liderleri Derneği), 3, 512
Ağa Han, 83
Ağar, Mehmet, 190
Ağca, Mehmet Ali, 111, 223, 486-488, 490, 542
Ahlberg, Ralph, 395
Ahmad, Imad-Ad-Dean, 89, 97
AI (Amnesty Int.), 3, 72, 516
AIC (Afghanistan Inf. Center), 3, 524, 525
AID (US-AID), 10, 20, 21, 23, 31, 40, 247, 280, 283, 365, 527
AIFLD (American Inst. for Free Labour Development), 3, 275, 521
AIPAC, 3, 138-140, 143, 172, 369
AİHM, 3, 94, 327, 376, 507
Air America, 283
Air Transport Ass, 280
A. J. Congress (Amer. Jewish Congress), 139
Ajami, Fuad, 466, 481
AJC (American Jewish Committee), 3, 139, 246, 369, 466
Ajman Limanı, 296
AK-47 (Kaleşnikof), 291-293, 357
Akal, Bekim, 464
Akalın, Güneri, 88, 89
Akan, Tarık, 398
Akarcalı, Bülent, 62, 124, 130, 134, 138
Akat, Asaf Savaş, 83, 89, 528, 533
Akat, Nilüfer Göle, Bkz. Göle, Nilüfer
Akaya, Ahmet Turan, 532
Akçam, Zekeriya, 60
Akdoğan, Yalçın, 421
Akgerman, Nur, 168
Akgönenç, Oya Mughisuddin, 338, 404-407
Akgündüz, Ahmet, 434
AKIN (American Kurdish Inf. Network), 3, 418
Akın, Mahmut Reha, 137
Akıncı Gençlik, 180
Akıncı, Uğur, 527
Akit (Gazete), 138, 403
Akkoç, Nebahat, 237, 240
Akman, Nuriye, 241
Akman, Sait, 89
Aksoy, Lemi, 182
Aksoy, Muammer, 423
Aksu, Abdülkadir, 49, 77, 253
Akşam Gazetesi, 136, 181, 182, 188, 241
Aktan, Coşkun Can, 461
Aktan, Gündüz, 167, 250, 532
Aktaş, Ümit, 421
Aktaş, Ziya, 162
Aktay, Yasin, 464
Aktüel (Dergi), 241, 433

Akurgal, Ekrem, 442, 444
AKUT, 116, 263
Akyol, Mete, 421
Akyol, Taha, 187, 237
Akyüz, Abdullah, 246
Al Fetih Ünv. (Libya), 391
Al Hamdani, Aziz Talib, 260
Alacakaptan, Uğur, 250
Alagöz, Mustafa, 137
Alarko Holding, 149, 249,
Alaton, İshak, 71, 149, 174, 204, 207, 233, 237, 249, 251
Alaton, Vedat, 207
Albayrak, Lokman, 532
Albertini and Co., 221, 222
Albertini, Isodoro, 221, 222
Albright, Madeleine Korbel, 116, 170, 217, 277, 281, 285, 286, 297, 298, 372, 395, 408, 434, 462
Alcoa, 324
Alexander, John B:, 520
Alexander, Lamar, 112
Alexander, William V., 277, 521
Alfred Mozer Fdn, 41, 517
Al-Hadis (Örgüt Pakistan), 426
Al-Hayat (Gazete), 260
Ali, Feride, 468
Ali, Şeyh Abdullah Latif, 468
Ali, Şeyh Muhammed, 260
Aliyev, Haydar, 169, 377
Alkin, Hayri Erdoğan, 169, 251, 442, 444, 527
Alkin, Kerem, 169
Al-Kohei, Abdul Mecid, 468
Allan Boesah Reform Kiliseleri, 278
Allan, Virginia, 281
Alliance Capital Management LP, 226
Allman, Avis Asiye, 97, 408, 411, 412, 414-416
Alp, Ahmet Vefik, 138
Alpay, Şahin, 215, 219, 237, 238, 465, 476, 540
Alphandary, Kim, 345, 346
Alpkan, Latif R., 532
Alptekin, Erkin, 66
Al-Sabbah, Saud Nasır, 199
ALT (Ass. Liberal Thinking), Bkz. LDT
Altan, Ahmet, *Altan Kardeşler*, 103, 157, 180, 232
Altan, Çetin, 71
Altan, Mehmet, 71, 103, 180
Altaylı, Fatih, 77
Alternatif Eğitim Sempozyumu, 533
Altınay, Hakan, 337
Altınsoy, Mehmet, 198
Altun, Fermani, 454
Amasya, 162, 398, 399
AMC (American Muslim Council), 3, 372, 390, 394, 413, 431
Amdouni, Mehrez, 426
Amenecer (Ass. Civil Nuevo), 349, 350
American Chamber of Commerce, 520
American Civil Liberties Union, 228
American Council on Foreign Policy, 304
American Express Bank, 222
 Foundation,516, 526
American Friends of Afghanistan, Bkz. AFA
American Friends of Turkey Fdn, 68, 499

American Himalayan Fdn, 516
American Insurance Group, 324
American Ireland Fund, 521
American Postal Workers Union, 521
American Securities, L.P, 174
American Sulphur Corp., 303
American Turkish Fdn, 68, 487, 499
American Water Works, 163
Amerika Bahaileri, 366
Amerika Ortodoks Kilisesi, 366
Amerika Rum Ortodoks Bölgesi, 366
Ameritech, 324, 520
Ametek Inc, 174
Amnesty Int., Bkz. AI
Amoco, 286, 520, *Foundation, 526*
Amway, 164
Anadolu Folklor ve Kültür V., 509, 511, 533
Anadolu Halk Kültür V., 509, 512, 533
Anadolu Kültür A.Ş. 533
Anakültür (Koop.), 510
ANAP (Anavatan Partisi), 47, 61, 70, 71, 113, 123, 124, 134, 137, 138, 151, 162, 166, 182, 198, 243, 301, 327, 435
Anar, Erol, 232
Anderson, Danilo, 2, 342, 352, 353
Anderson, Jack, 284
Andican, A. Ahad, 532
Andrew W. Mellon Fdn, 517
Andrew Young Associates Consulting, 281
Anga, Seydi Nahid, 468
Anglo-Iran Oil, 488
Ankara Emniyet Müdürlüğü, 95, 507, 508
Ankara Sinema Derneği, 533
Annan, Kofi, 170, 205, 428
 Planı, 188, 299
Anne Çocuk Eğitim V., 533
ANSAV, 3, 45, 106-110, 112, 162, 501
Antakya, 437
Antalya, 29, 61, 164, 167, 174, 255, 333
Antalya Barosu, 503
Anzavur, Ançok Ahmet, 334
AP (Adalet Partisi), 13, 117
Apak, Sudi, 528
APCV (Agrupacion Pro-Calidad de Vida), 3, 349, 350
APF (American Political Fdn), 3, 23, 31, 282, 284
APREF (A. Philip Randolph Educational Fdn), 3, 275
APRI (A. Philip Randolph Inst.), 3, 274, 275, 278, 279, 306, 521
Ar, Müjde, 71
Arab League, 468
Arabacı, Ali, 162
Arafat, Yaser, 319, 425, 515
Aral, Hayrullah Zafer, 137
Aramco, 441
Aras, Bülent, 460
Araslı, Oya, 162
Arat, Yeşim, 257
ARC (Afganistan Relief Committeee), 3, 111, 300, 303, 304, 524, 525
Arca Fdn, 516
Archer Daniels Midland Co., 520
ARDE (Alianza Rev. Democratica), 3, 355, 357

Ares Danışmanlık, 191
Arge A.Ş, 249
Argüden, Yılmaz, 249
Argue, Don, 366, 445
ARI Derneği, 3, 26, 51, 52, 57-59, 61, 98, 116, 118, 123-153, 154-190, 201, 203, 205, 217, 226, 233, 241, 248, 258, 262, 264, 278, 300, 310, 347, 351, 352, 431, 481, 484, 507, 511, 513
   Washington, 171, 172
Arı, Tayyar, 139, 140, 538
Arık, Yavuz, 172
Arıkan, Yıldız, 533
Arıyörük, Ayca, 147
Arian, Sami El, 420
Arias, Oscar, 357
Aristide, Jean-Bertrand, 282
Arjantin, 213, 281, 344, 354, 355, 490, 514
Armed Services Committee, 281
Armenian News, 242
Armstrong, Hamilton Fish, 325
Arnavutluk, 117, 296, 514
Arnhold & S. Bleichroeder, Inc, 221
Aronson, Bernard W., 277, 279, 280, 521
Arsan, Henry, 197
Arsan, Yıldıray, 89
Arsava, Füsun, 124
Arsel, Semahat, 138
Arseven, Nejat, 124
Arslan, Mete, 251
Arslan, Zühtü, 89
Arslanyan, Bkz. Arsan, Henry
Artvin, 170
ASAM, 3, 86, 133, 157, 167, 250, 264, 265, 435, 532
ASC (American Security Council), 3, 300, 304, 305, 519, 523, 525, 526
Asena, Ahmet, 376
Asharq Alawsat (Gazete), 260
Asia Fdn, 280, 516
Asia House Holding, 212
Aslan, Adnan, 465
Aslan, Ahmet, 89
Aslan, Ali Halit, 331, 332, 338, 430, 435
Aslan, Aytuğ Atahan, 186
Aslan, Kemal, 241
Aslan, Yasin, 66
ASRF, Bkz. ANSAV
Aspen Inst., 187
   Nonprofit Sector Research Fund, 516
ASRF, 109, *Ayrıca Bkz.* ANSAV
Assalmi, Emine, 468
Astola Adası, 296
Aşkar, Atilla, 528
AT&T, 286, 520, *Foundation,* 516, 526
Atalay, Beşir, 373
Atasir, Ayşen, 186
Atatürk, Bkz. Mustafa Kemal (Atatürk)
Atbakan, Ekrem, 90, 118, 119
Ateş, Toktamış, 268, 432
ATFA (American Turkish Friends Ass.), 3, 465
Atığ, Gülay, 442, 444
Atış, Sarah G. Moment, 527
Atina, 153-155, 157, 187, 188, 243, 444
Atkins, Chester, 521

Atlantic Institute, 221
Atlantic Records, 527
Atlantic Richfield Co., 520
Atlantik Konseyi, 269
Atlas Fdn (USA), *Vakfı, network,* 87, 88, 91, 92, 95-97, 411, 413, 416
Atta, Dale Van, 284
Atwood, J. Brian, 277
Avam Kamarası, 188, 403
Avcı, Mehmed(t) Seyid (Sait), 422
Avrasya Dosyası (Dergi), 532
Avrupa Gençlik Forumu D., 248
Avrupa Ortak Zemin Merkezi (Common Ground), 35, 71, 72, 502, 504-506
Avrupa Ünv., 218, 230, 239
Awad, Nihad, 370, 406
AWPC (A. Western Policy Cent.), 3, 153-157
Ayata, Ayşe, 162, 167
Aybay, Rona, 376
Aydın Doğan Vakfı, 240, 241
Aydın, Mehmet, 89, 444, 465
Aydınlar Ocağı, 64, 442
Aydınlı, Ersel, 147
Aydınlık (Dergisi), 103, 158, 376, 544
Aydıntaşbaş, Aslı 182
Aydoğan, Kürşat, 89
Aydoğan, Mahmut, 251
Aytaç, Hıdır, 252
Azerbaycan, 2, 64, 65, 67, 69, 70, 159, 188, 190, 220, 233, 252, 286, 320, 351, 377, 423, 480, 490, 499, 514, 516, 528, 540, 544
Azima, Ferhad, 197, 359
Azizler Holding, 238

B

Babakhan, Ali, 435
Babaoğlu, Orhan, 147
Babbitt, Harriet C, 277, 283
Babüroğlu, Oğuz, 249, 527
Baca, Polly, 281
Bacınoğlu, Tamer, 131-133, 539
Bagley, Elizabeth F., 521
Bagley, Smith, 521
Bağımsız Türkiye Komisyonu, 533
Bağış, Ali İhsan, 174
Bahai Ulusal Ruhani Cemaati, 368
Bahçeli, Devlet, 147, 370, 431, 471
Bahçeşehir Ünv., 3, 465, 512, 533
Bahçıvan, Ahmet, 252
Bainerman, Joel, 18, 197, 360, 539
Baker, Barbara G., 377
Baker, John, 269
Bakkal, Ramazan, 532
Bakkar, Osman, 464
Baku, 161, 377
Balbay, Mustafa, 133
Balcı, Bayram, 464
Baldwin, Hanson W., 325
Baldwin, Roger, 274
Balfour, Arthur James, 223
Balıkesir, 90, 161
Ballans, Jean-Luis, 46
B'nai B'rith, Bkz. ADL
Banca Ambrossiano Andino S.A, 223
Banca del Ceresio, 222
Bangash, Zafar, 401

Bank America Fdn 526
Bank of America Int. Invesment Corp., 238
Bank of England, 188
Banking and Finance Assistance Cent., 163
Banque de Commerce et de S.A, 224
Banque Privee S.p.A, 221, 222, 225
Banque-Worms, 222
Barak, Ehud, 210, 211
Baram, Amatzia, 315, 539
Baran, Zeyno (Bryza), 26, 465, 466, 515, 516
Barchard, David, 173, 174
Bard, Karoly, 124
Baring, Nicholas H., 226
Barings Bank, *Barings*, 226
Barkey, Henry J., 72, 147, 231, 315, 433-435, 465, 480, 484
Barkley, Richard, 527
Barnaby, Frank, 291, 292, 539
Barnes, Michael D, 277, 521
Barreto, Juan, 347
Barry, Norman P, 89
Barry, Thomas, 160
Bartholomeos, Arhondoni Dimitri, 366, 384
Barzani, Mesud, 429, 436
Barzani, Nechirvan, 435
Başer, Halit Edip, 532
Başer, Orhan, 441
Başkaya, Fikret, 232
Başkent Ünv., 124, 544
Başoğlu, Mustafa, 403
Bath, James, 2
Batman, 252, 533
Batman Kadın Merkezi, 533
Batu, İnal, 532
Batur, Muhsin, 12
Bayar, Belma, 338
Bayar, Celal, 138, 434, 456,
Bayar, Mehmet Ali, 144, 169, 184, 484
Bayard Rustin Fdn (Vakfı), 278
Baydar, Yavuz, 241
Bayer, Yalçın, 184
Baykal, Deniz, 99, 188, 374, 387, 388, 442, 444, 446, 485
Bayram, Ali, 395
Bayramoğlu, Ali, 71, 232
Bazin, Mare, 282
BBC, 93, 230, 342
BCCI, 3, 223, 224, 281, 359, 543
BDM International, 459
Beach, Dewight, 515
Bean, Harold, 97
Bechtel Co., 309
Becker, Gary S., 89, 97
Beçene, Enver, 419
BED (Basın Enst. D.), 241
Bedlington, Stanley S., 97
Behar, Hayim, 186
Behramoğlu, Ataol, 398
Bekdik, Murat, 137
Bekin, Rıza, 454
Belge, Murat, 40, 58, 237
Belgrad, 216, 302, 303
Belsouth Corp., 194, 518
Bendor, Abraham, 212
Benedict, Oskar Larry, 163, 515

Benetti, Carlo di, 222, 223
Benton Fdn, 516
Berberoğlu, Enis, 241
Bereket, Mithat, 241
Bereket Vakfı, 238
Berezovsky, Boris, 213
Bergman, Ingmar, 157
Berkarda, Bülent, 528
Berker, Feyyaz, 249
Berksoy, Taner, 250
Berktay, Ayşe, Bkz. Hacımirzaoğlu, Ayşe
Berktay, Fatmagül, 250
Berlin, 19, 129, 136, 158, 182, 183, 190, 260, 264, 269, 303, 476, 527
Berlin Free Unv., 435
Berlin Teknik Unv. 249
Berlin Unv., 440
Berlusconi, Silvio, 490
Bermudéz, Enrique, 355
Bernadotte (Hanedanlığı), 221
Bernard and Audre Rapaport Fdn, 517
Bertelsmann Fdn, 516
Berzeg, Kazım, 88-90
Berzeg, Sefer E., 334, 539
BESA (Begin Sedat Str. Ar. Mrk.), 147, 151, 157
Beşikçi, İsmail, 232
Beşir, Ömer, 379
Betil, İbrahim, 174
Bettis, Joseph, 447
Beyaz Nokta V., 169
Beyoğlu Gazetesi, 533
Beysel, Veysel Celal, 137
Beyt al Imam (Ürdün), 426
Bıçak, Vahit, 89
Biga, 90
Bigwood, Jeremy, 352
Bilallar, Erdal, 373
Bilden, Eric Van Der, 163
Bilderberg, 243, 433, 484, 522
Bildirici, Faruk, 252, 539
Bilge, Turhan, 165
Bilgi Ünv., 7, 59, 83, 86, 161, 162, 167, 170, 237, 238, 240, 249-251, 376, 465, 504, 533
Bilgi, Faik, 433
Bilgili, Serdar, 168
Bilgin, Ahmet, 252
Bilgin, Sanem, 226
Bilici, Mücahit, 464
Bilinken, Donald M., 205
Bilkent Ünv., 96, 124, 133, 147, 162, 167, 244, 245, 249, 251, 257, 314, 318, 330, 464, 527
BİM A.Ş., 238
Bin Ladin, Bkz. Usame Bin Ladin
Binghamton Unv. 527
Bingölballı, Gıyasettin, 421
Bir, Çevik, 169, 457, 515
Birdal, Akın, 411
Birdoğan, Nejat, 398
Birinci Baptist Kilisesi, 366
Birler, İsmail Hakkı, 46
Birlik Partisi (Özbekistan), 528
Birsen, Osman, 138
Bissel, Richard M., 326
Bizim Ülke Derneği, 172
Blackhawk, Bkz United Technologies

Blaha, Charles O., 252, 253
Blair, Dennis, 515
Blair, Tony, 189, 402
Blanche, Ed, 213
Blinken, Antony, 172
Blum, Richard C., 521
Blum, William, 225, 356, 357, 359, 539
BMI Real Estate Development, 238
BMW AG, 164
BND, 2, 3
BNL (Banca Nationale del Lavoro), 3, 224
Bodansky, Yossef, 169
Boeing Co., 305, 324, 519, 525
   Israil, 139
Boettcher, Robert, 212, 245, 539
Bogdan, Norbert A., 490
Boğ, Işık, 137
Boğaziçi Ünv., 29, 59, 80, 83, 86, 166, 167, 237, 241, 245, 247-251, 256, 257, 316, 317, 433, 444, 447, 464, 465, 480, 505, 527, 528, 533
Boit, John, 377
Bojtár, Endre, 205
Boland, Edward P., 358
   Amendment, 359
Bolivar, Simon, 343
Bolton, John R., 150, 368, 369
Boratav, Ferhat, 241
Bornozis, Nicolas, 481
Borusan Otomotiv, 164
Bostancıoğlu, Metin, 166
Boston Unv., 31, 97, 294, 465
Boucher, Ricardo, 346
Bouillon, Hardy, 89
Bouma, Jon, 521
Bouma, Sarian, 521
Bourbon (Hanedanlığı), 221
Bowman, Isaiah, 325
Boyner, Cem, 80, 103, 137, 138, 180, 185, 204, 207, 234, 237
Boyner, Ümit, 204
Bozbeyli,Ferruh, 46
Bozer, Ali, 83
Bozkurt, Ünal, 528
Brademas, John, 80, 181, 205-207, 234, 244-246, 277, 520
Bradley, Bill, 277
Bradley, Harry, 516
   Foundation, 516
   Real Estate, 285
Brewton, Peter, 293, 539
Brichto, Mira, 521
Bridgeport Unv., 451, 529
Bristol-Myers Squibb, 324
   Foundation, 516
British American Tobacco, 194
Brock, William, 31, 283
Brookings Inst., 465
Brown Brothers Harriman SCA, 226
Brown, James F., 68, 100, 487
Brownson, Ann L., 101
Brownstein, Ronald, 225, 539
Brunei, 244, 359
Brunei Sultanı, 244, 359
Bruniessen, Martin von, 234
Bruno, Michael, 209

Brzezinski, Zbigniew, 65, 144, 225, 293-295, 472, 481
Bucak, Şule, 138
Buchanan, James M., 89, 97
Buchanan, Patrick J., 369
Budapeşte, 124, 163, 165, 166, 204, 205, 219, 311, 340
Budapeşte Unv., 124
Buffola Rochester-Pittsburgh Railroad Co., 303
Bulaç, Ali, 421, 422
Bullock, Roy, 140
Bulut, Melih, 158
Bundy, McGeorge, 311
Burger, Timothy J., 393
Burma, 22, 514
Burrill, Kathleen R. F., 527
Bursa, 61, 90, 115, 137, 153, 162, 164, 170, 174, 256
Bursa Barosu, 170
Bush, George Herbert, 2, 30, 164, 167, 186, 197, 199, 224, 255, 272, 279, 280, 284, 293, 302, 304, 319, 369, 393, 442, 445, 446 481, 519, 520, 526, 539
Bush Jr., George Walker, *Bushlar,* 2, 55, 102, 167, 186, 218, 229, 246, 255, 318, 319, 347, 348, 352, 366, 369, 393, 435, 445, 470
Bustillos, Rafael D, 345
Butler, Smadley, 44, 435
Butto, Zülfikar Ali, 524
Byrd, Robert C, 332

C
Cabas, Mirgün, 241
Cabbari, Ahmed, 310
CAIR, 3, 39, 370, 372, 390, 394, 406, 425, 430
Calambokidis, Joan Baggett, 277, 522
Calero, Adolfo, 354, 359
California Unv., 527
Call, Roll, 200
Calleo, David, 466
Calvi, Fabrizi0, 280, 539
Calvi, Roberto, 221, 223, 226, 489, 490,
Cambridge Energy Research, Bkz. CERA
Cambridge Unv., 311, 440, 540
Cameron, Bruce, 280
Cameron, Fraser, 190
Campbell, J. Brown, 366
Campbell, Les, 522
Campbell, W. Glenn, 97
Campus Watch, 97
Can, Eyüp, 241
Can, Serdar, 391
Canayak, Cansu, 241
Canevi, Yavuz, 138
Caplan, Freida, 281
Caprara, David, 445
Caravan Dış Ticaret, 238
Cardenal, José Francisco, 354
Careth Fdn, 516
Carlisle, Johan, 199
Carlucci, Frank C., 519
Carmona, Pedro, 344, 346-349
Carnegie Corp., 516
   Endowment, 16, 17, 39, 62, 65, 240, 340, 466, 516
Carpenter, Scott, 190

Carrington, Lord Peter, 149, 225, 302
Carter Center, 217
Carter, Jimmy, 14, 280, 281, 294, 311, 332, 481, 522, 523, 526
Carthage Fdn, 164, 516
Casey, Michael K., 521
Casey, William, 87, 92, 291, 295, 354, 357, 358, 526
Castillo, Mario A.,521
Castro, Eulaslio Francisko, 360
Catholic Conference (US), 199
Catholic Organization for Relief, Bkz Cordaid
Catholic Unv., 529
CATO Inst. (Enst.), 95, 96, 141, 142, 174
CAUSA, 4, 354, 524, 530
CBI, 4, 222
CCF (Congress Cultural Freedom), 4, 16, 522
CDATS (Cent. for Democracy Third Sector), 4, 25
CDM, 4, 32, 278, 279, 300, 306, 521, 522
CDRSEE, 4, 205, 206
CDU, *Hıristiyan Demokrat Parti.*, 41, 74, 123, 125, 131, 171, 344, 483
CEDICE (Cent. for Dissemination of Econ. Inf.), 4, 350, 351
Cejas, Paul L., 277
Celasun, Merih, 528
Cem, İsmail, Bkz. İpekçi, İsmail Cem
Center for East-West Security, 163, 269
Center for European Policy St., 534
Center for European Reform, 534
Center for Public Integrity, 4, 194, 393, 541
Central Eurasia Forum, 228
Central European Unv., 165
   Ayrıca Bkz. Orta Avrupa Ünv.
Century Fdn, 165, 516
CERA (Cambridge Energy Research Ass.), 4, 295
Cerrahoğlu Şirketi, 147
CFA (Committee for a Free Afghanistan), *Özgür Afgan Komitesi,* 4, 524, 526
CfD (Cent. for Democracy), 4, 31, 268, 279, 282-284, 303, 306, 518, 522
CFW (Committee for The Free World), 4, 300, 301, 518, 525
CGP (Cent. for Global Partnership), 517
Chacin, Rodriguez, 346
Chamish, Barry, 211
Chamorro, Edgar, 355, 356
Chamorro, Pedro, 354
Chamorro, Violeta, 16, 283, 360
Channell, Carl Spitz, 522
Chanoff, Mathew, 66
Charities Aid Fdn, 517
Charles Stewart Mott Fdn, 517
Chase Manhattan Bank, 440
   Foundation, 517
Chatham House Fdn, 73
Chavez, Hugo Frias, 2, 320, 342-352,
Cherne, Leo, 278
Chevron Corp. 324
   Contributions and Programs, 517
   Overseas Petroleun Inc., 286, 520
Chiaie, Stefano Delle, 196
Chicago Unv., Bkz Unv. of Chicago.

Chikwanha, Annie, 25
China National Petroleum Co., 379
CHP, 9, 12, 47, 61, 66, 83, 99, 104, 113, 131, 138, 157, 160, 162, 178, 185, 188, 249, 250, 257, 264, 374, 376, 387-399, 405, 430, 440-442, 446, 464, 465, 484, 485, 493, 528, 538
CHRF Reporter Titled, 72
Christian A. Herter *ödülü,*304
Christian Magna Carta, 305
Christopher Reynolds Fdn, 517
Christopherson, Kathryn, 281
Chrysler (Daimler), 286, 303, 520
Chubb Insurance, 324
Church, Frank, 17, 307, 308
   Church Komitesi, 307
   Church Raporu, 308
CIA, 2, 4, 7, 14, 16-24, 28, 30, 31, 33, 39, 43, 49, 50, 56, 60, 63-65, 68, 72, 86-88, 92, 97, 99-101, 111, 117, 144-146, 152, 154-156, 159, 164, 166, 167, 173, 181, 183, 186, 188, 189, 196, 197, 199, 202, 212, 213, 223, 224, 234, 244, 247, 252, 260, 262, 265, 274, 277-285, 291-293, 295, 296, 300-316, 318, 320, 325, 326, 329, 334, 342, 345, 352, 354-359, 368, 369, 378, 399, 409, 434, 435, 440, 441, 450, 463-465, 473, 474, 480, 481, 485, 487-489, 491, 515, 519, 520, 523-526, 538, 539, 541, 542, 544
CIAS (Council for Inter-Amer. Security), 4, 521
Cıngı, Aydın, 376
CIO (Congres of Industrial Org.), 195
CIPE, 4, 23, 25, 28, 32, 42, 45, 56, 58, 73, 80-82, 86, 93, 94, 132, 161, 246-248, 261, 267, 270, 344, 346, 349, 350-352, 499, 502, 505-509, 511, 512, 517
Ciment, James, 23, 240
Cinisli, Rasim, 532
Cinseros, Gustavo, 346
Citibank, 182, 221, 517
Citigroup, 324, 520
   Citicorp. Contributions Prg., 517
Citizens for a Free Kuwait, 199
Civelek, İsmet Gürbüz, 100, 102, 103
Civic Renewal, 112
Clarke, Tom, 260
Clarridge, Duane (Dewey) Ramsdal, 357, 359
Clarry, Stafford, 435
Claude Moore Fdn, 459
Cleaver (II), Cleaver, 277
Clifford, Clark McAdams, 303
Clines, Thomas G., 359
Clinton, Hillary Rodham, 54, 55, 211, 303, 385, 386, 390, 431, 471
Clinton, William J., *Dönemi, Yönetimi,* 30, 31, 54, 55, 68, 116-121, 124, 139, 142, 154, 167, 205, 206, 210, 211, 220, 262, 263, 280, 285, 288, 319, 323, 368-370, 380, 386, 395, 396, 431, 437, 522
Cloud, Kate, 281
Club Monakus, 57, 63, 64, 66
CMCU, 4, 39, 87, 97, 146, 409-411, 463-465, 470, 482
CNN, *Türk,* 49, 102, 186, 187, 215, 237-239, 243, 303, 417, 427, 428, 475, 516

552

CNPC (Commission on National Political Conventions), 4, 303, 304, 518
CNPC (China National Petroleum Co.), 379
Coca Cola, 206, 286, 309, 520
Cockburn, Andrew-Leslie, 212, 213, 293, 539
Cohen, Ariel, 174
Cohen, Raymond, 314
Colby, William, 28, 99, 515
College Republicans, 284
Collins, Mike, 344
Collis-Warner Fdn, 520, 521
Columbia Unv., 16, 72, 182, 213, 249, 440, 527
Comer, Robert, 515
Commission Press Debates, 285
Commonwealth *Fund / Fdn*, 304, 517
Compagnie de Banque et d'Investissement, Bkz. CBI
Connecticut Unv., 527
Conroy, Amy S., 521
Consecomercio, 349, 350
Conservation Fdn, 517
Conservative Caucus, 4, 300, 523, 526
Consolidated Natural Gas Co., 286, 520
Consortium News, 18
Contra (Nikaragua), 16, 18, 32, 97, 142, 196, 244, 279, 280, 283, 293, 294, 301, 354-360, 368, 523-526
Coopersmith, Esther, 281
Coors, Joseph, 301, 525
COPEI (Hristiyan Dem. Parti -Venezuela), 344
Cordaid, 95, 508
Cordan, Bener, 166
Cordesman, Anthony, 481
Corn, David, 351, 369
Cornell, Svante, 466
Cornell Unv., 312, 412
Cornwell, Rupert, 221-223, 539
Corona, Ray, 359
Corporate Bank, 260
Coşkun, Muharrem, 241
Cottin, Heather, 23, 213, 215, 216
Council for a Sound Economy, 142
CPD (Committee on Present Danger), 4, 164, 225, 274, 278, 279, 300, 369, 525
CPWR (Council for a Parliament of the World's Religions), 3, 468, 470, 529
Crane, Philip M., 519
Craxi, Bettino, 222
Crescent International, 401
Cromwell, Thomas, 442
Crosby, Harriett, 269
Cruz, Arturo, 32
Cruz, Jose, 358
CSAP (Cent. al Servicio de la Accion Popular), 4, 349, 350
CSID (Center for the Study of Islam & Democracy), 4, 87, 415
CSIS, 4, 26, 31, 39, 61, 72, 169, 172, 174, 186, 248, 293, 300, 304, 409, 410, 458, 459, 466, 472, 515, 516, 519, 524
CSSD (Center for St. in Security and Diplomacy), 4, 72
CTV (Confederación de Trabajadores de Venezuela), 4, 344, 345, 347, 350
Cultural Initiative Fdn (CIF), 209
Cumalı, Nihat, 171
Cumhuriyetçi Parti (ABD), 22, 23, 40, 45, 46, 58, 95, 97, 136, 141, 142, 170, 171, 174, 185, 194, 197, 244, 253, 270, 272, 284, 300, 303, 393, 518-520, 526
Cunningham, Loren, 305
Cuny, Fred, 213
Cuomo, Mario M., 277, 522
Cura, Kamil, 165
Curacao, 221
Curtis, Lionel, 323
Curtis, M. Michael, 481
Curzon-Price, Victoria, 89
Cutler, Lynn G., 521
CWA (Communication Workers of America), 522

Ç

Çağaptay, Soner, 147, 329, 330
Çağdaş Gösteri Sanatları Girişimi D., 534
Çağlar, Bakır, 376
Çağlar, Cavit, 182
Çağlar, Ömer, 241
Çağlar, Özlem, 89, 95, 508
Çağlayan Dergisi, 458
Çaha, Ömer, 89
Çakı, Fahri, 464
Çakır, Esma, 241
Çakır, Ruşen, 465
Çakır, Şaban, 532
Çakmakoğlu, Sabahattin, 147
Çalık Holding, 191
Çalışlar, Oral, 168, 232
Çamurcu, Kenan, 421
Çandar, O. Cengiz, 148, 191, 261, 433, 434, 465
Çapanoğulları, 90
Çapoğlu, Gökhan, 45, 57, 100, 102, 106, 108, 110, 112, 162, 539
Çarkoğlu, Ali, 46, 114, 174, 257, 535
Çaşın, Mesut Hakkı, 165
Çayhan, Esra, 528
ÇEKÜL (Çevre ve Kültür Değerlerini Koruma ve Tanıtma V.), 171, 172
Çelebi, Ahmet, 151, 190
Çelebi, Işın, 134, 151
Çelik, Faruk, 61
Çelik, Oral, 488
Çelikel, Aysel, 122
Çeliker, Zeki, 160
Çelikhan, Selda,172
Çengel, Yunus, 452, 459
Çetin, Hikmet, 151, 190, 434, 457
Çetin, Ömer, 71
Çetin, Remzi, 165
Çevik, İlnur, 182, 261
Çevre Gönüllüleri V., 59, 511
Çınkı, M. Mustafa, 210
Çiçek, Cemil, 162
Çiftçi, Seda, 466
Çilalioğlu, Eyüp, 71
Çilalioğlu, Feride, 71
Çiller, Tansu, 47, 102, 104, 252, 388, 406, 539
Çolakoğlu, Nuri, 241
Çongar, Yasemin, 116, 118, 263
Çorapçı, Bülent, 106

Çorlu, 169
Çorum, 60, 61, 398, 454, 492
Çölaşan, Emin, 93, 94, 198, 232, 340, 390, 421, 539
Çubukçu, Nimet, 61
Çukurova Cemiyeti, 180
Çukurova Grubu, 182
Çukurova Ünv., 406
Çullu, Ahmet, 226
ÇYDD, 136, 171, 339

D

D'Aubisson, Roberto (Major Bob), 302
Dağı, İhsan, 339, 340
Dağlı, Elif, 71
Daimler Chrysler Corp., Bkz. Chrysler
Dalan, Bedrettin, 138, 252
Daley, James A., 521
Daley, Kathleen Y., 521
Dallas Central Mosque, 391
D'Amato, Alfonse, 298
Daniel, Maurice, 142
Danino, Roberto, 218
Darçın, Beşir, 50
Darmouth College, 465
Date, Katsumi, 447
Daubigney, Marie-Christine, 208
Dava (Dergi), 419, 420-422, 478, 544
Davico, Mario, 354
David and Lucile Packard Fdn, 517
David, George, 206
Davis, Christopher, 459
Davis, Norman H., 325
Davison, Roderic, 527
Davutoğlu, Ahmet, 447
Dayanışma Derneği, 172,
Dayanışma Sendikası (Solidarnos), *Hareketi,* 24, 223, 269, 271, 301, 518
DCA (Democratic Coordinating Alliance Nikaragua), 4, 358
DCF (Democratic Cent. Fund), 4, 282, 286, 522
Deacon, Richard, 483, 539
Death Squads, 369
Debayle, Luis Pallais, 354
Debayle, Somoza, Bkz. Somoza
Debs, Eugene V., 275
Decter, Midge, 369, 524
Dedeoğlu, Beril, 174
DEGİAD (Denizli Genç İşadamları D.), 234
Değer, M. Emin, 11, 14, 120, 223, 539, 540
Delta (Co.), 324
Demir, İlker, 232
Demirağ, Kartal, 198
Demiray, Mehmet, 133
Demirel, Hüseyin, 478
Demirel, Süleyman, 103, 117, 119, 138, 166, 173, 180, 246, 398, 454
Demiröz, Nurşen, 182
Democratic Century Fund, BKz. DCF
Democratic National Committee, Bkz. DNC
Demokrasi Komitesi (TBMM), 59-61, 511, 513
Demokratik Birlik Partisi (Hırvatistan), 229
Demokratik Yüzyıl Fonu, Bkz. DCF
Demos (Şirketi), 172
Denizli, 234, 235, 452
Denver Unv., 527

DEP (Demokrasi Partisi), 418
DEPAR (Değişen Türkiye Partisi), 162
Derian, Patricia M., 277
Derviş, Kemal, 26, 58, 80, 83, 102, 103, 137, 143, 144, 160, 172, 178, 180-182, 184, 185, 187, 204, 206, 207, 218, 227, 228, 229, 233, 234, 237, 239, 242-246, 402, 425, 465, 484, 485, 516, 541
D'escoto, Miguel, 356
Deutch, John M., 378
Dev Maden-Sen, 60, 534
Devlin, John (CIA Afrika), 285
Devrim, Hakkı, 241
Devrim, Serdar, 241
Devrimci Gençlik, 180
Dewey, John, 274
Deyton Barış Antlaşması, 171
Deznhina, Irina, 213
Dışişleri Bakanlığı (T.C.), 9, 10, 164, 170, 188, 228, 249, 468, 469
Diamond, Larry, 318-320,
Diamond, Louise, 315
Diamond, Sara, 304, 309
Diamond, Sigmund, 311
Dickey, Christopher, 355
Dickson Raporu, 13
Dickson, Ronald D., 13
Dicle, Hatip, 418
DİD (Demokratik İlkeler D.), 4, 158
Dieye, Şeyh Abdulaye, 468
Dikbaş, Yılmaz, 499, 540
Diken, Şeyhmus, 71
Dilipak, Abdurrahman, 138, 232, 421
Dillory, Ed, 515
Dinçmen, Üstün, 166
Dion, Celin, 211
Dirty Rafi, Bkz. Eitan, Rafael
DİSK, 157, 376, 396
Disney Co., 324
Diuk, Nadia M., 66
Diyarbakır Barosu, 534
Diyarbakır, 6, 59, 77, 177, 235, 237, 240, 252, 258, 262, 422, 477, 503, 533, 534
Dizdar, Can, 113, 543
DNC, 4, 285
Dobbins, James, 171
Dobra, Al, 365
Dobyns, Phyllis, 281
Dodd, Christopher J., 277, 521
Doğa ile Barış Derneği, 169, 171, 248
Doğal Hayatı Koruma Derneği, 248
Doğan Medya, 162, 243, 249, 257
Doğan, Ali, 340
Doğan, Celal, 113
Doğan, Hıfzı, 160
Doğan, Lütfü, 444
Doğan, Nevzat, 61
Doğan, Yonca Poyraz, 176, 179
Doğru, Necati, 173
Doğu Akdeniz Ünv., 188
Doğu-Batı Enst. (East West Inst.), 131, 163, 169, 173, 205,
Doğu, Fuat, 489
Doğuş Şirketler Grubu,191
Dole, Bob, 301, 519

554

Domhoff, G. William, 324-326, 540
Donley, Edward, J., 521
Donohue, Thomas, 278
Dorsey, James M., 226
Douthwright, Jean A, 282
Dow Chemical Co., 309, 520
Downing, Vicki, 281
Dönmez, Mehmet, 141
DPT (Devlet Planlama Teşkilatı), 173, 250, 434
Dreycott Holding, 197
DSİ (Devlet Su İşleri), 163
DSP, 102, 104, 106, 162, 165, 166, 174, 327, 459
DSTG (Demokrasi için Sivil Toplum Girişimi Platformu), 4, 250
DTP (Demokratik Türkiye Partisi), 46
Du Vall, Jack 260
Dubinsky, David, 274
Dubs, Mary Ann, 304, 524
Duhok, 260
Dukakis, Michael, 277
Dulles, Allen Welsh, 282, 285, 303, 304, 325, 487-490
Dulles, John Foster, 488, 489,
Dumanlı, Ekrem, 241
Duna, Cem, 138, 163, 226, 237
Dunbar, John, 393
Dunn, Jean B., 521
Duran, Ragıp, 232
Durke, Şeyh Nureddin, 468
Durrani, Sajjad, 406
Dursun, Davut, 421
Dursun, Mehmet, 137
Dursun, Sıddık, 419, 420
Dülger, Mehmet, 532
Dündar, Can, 241
Dünya Anti-Komünist Ligi, Bkz. WACL
Dünya Bankası (World Bank / IBRD), 26, 29, 102, 103, 160, 162, 164, 165, 182, 196, 207, 209, 216, 218, 222, 227, 229, 237-239, 242, 247-249, 251, 282, 301, 325, 472, 484, 516, 517, 519, 527, 543
Dünya Demokrasi Hareketi, Bkz. WMD
Dünya Dinleri Parlamentosu, 469, 470, 472
Dünya Dinleri Gençlik Semineri, 447, 448
Dünya Gazetesi, 241
Dürre, Abdurrahman, 77, 436
Düşünce Özgürlüğü Derneği, 534
Düzgören, Koray, 71, 232, 476, 540

E

E. L. Wiegand Fdn (Vakfı), 303
Eagleburger, Lawrence S., 294, 302
Eagleton, Thomas F., 277
Earhart Fdn, 309, 461, 517
Easterling, Barbara J., 277, 522
Eastman Kodak, 324, 526
Easton, Nina, 225, 539
East-West Inst., Bkz. Doğu-Batı Enst.
Eaton, Richard K., 521
EATSCO (Egypt. Amer. Transport Serv.), 4, 359
Ece İnşaat, 391
Ecevit, Bülent, 38, 102, 106, 117, 119, 120, 122, 123, 147, 168, 180, 227, 229, 242, 311, 334, 388, 405, 422, 425, 430, 431, 445, 459, 461, 468, 515

ECF , *Avrupa Kültür V.*, 4, 250
Eck, Diana L., 366
Ecole Science Politiques, 440
Ecoles des Hautes, 83
Eczacıbaşı, Bülent, 207, 237, 249, 484
Eczacıbaşı Holding, 249, 250
Eczacıbaşı, Nejat, 247
Eczacıbaşı, Pınar,158
Eden Pastora, Bkz Gomez, Eden Pastora
Education Excellence Network, 112
EG&G, 189
Eğitim Reformu Girişimi, 534
Ehli Beyt Vakfı, 454
Ehrenfeld, Rachel, 224, 540
EHRF (European Human Rights Fdn), 4, 517
Eickelman, Dale, 465
Eidenberg, Eugene, 277, 521
Eisenberg, Denise, 210, 211
Eisenberg, Emil, 210
Eisenberg, Lewis M., 518
Eisenberg, Shaul Nehemiah, 211, 212, 233
Eisenhower, Dwight D., 303
Eitan, Rafael (Dirty Rafi), 212
Ekin, Nusret, 538
Ekinci, Oktay, 54, 55
Ekinci, Tarık Ziya, 71
Ekonomistler Platformu, 509, 512
Ekşi, Oktay, 241
Ekşi, Seyhan, 454
El Ezher, 464
El Kadı, Abdullah Yasin, 238
El Kaide, 189, 426
El Katip, Şerife, 468, 470, 471
Elan Corporation, 520
Elekdağ, Şükrü, 9, 10, 261, 442
Eli Lilly Co. 110
Eliah, Rommel, 260
Eliot, Theodore, 525
Elizabeth (Kraliçe), 221
Elkana, Yehuda, 205
Ellerson, Mark, 310
Ellis, Patricia, 281
Ellis, Wilma M., 366
Emeish, Samir, 167
Emiroğlu, Metin, 45
Emory Unv., 366
Emre, Armağan, 241
Engdahl, William, 209, 221
ENIF SpA, 164
Enron Corp. 286, 520
Ensaroğlu, Yılmaz, 116, 262, 339
Enternasyonal Tourism Invest. Inc., 250
Entessar, Nader, 435
Environmental Partnership Cent. Europe, 517
EOKA (Kıbrıs Rum), 281
Epstein, Richard, 89, 97
Erarslan, Vefa, 100
Erbakan, Necmettin, 104, 112, 119, 129, 141, 146, 234, 245, 330, 373, 374, 387, 403, 415, 431, 432, 435, 473, 474
Erbil, 260, 307, 340
Erbil Ünv., 307
Ercan, Kadir, 422
Erdal, Birkan, 162, 166
Erdal, Fuat, 89

Erdem, Orhan, 61
Erdem, Tarhan, 45, 114, 172, 249, 257
Erdemir, Aykan, 398, 540
Erdemir Tesisleri, 170
Erder, Nejat, 162
Erdim, Zeynep, 161
Erdoğan, Doğan, 229
Erdoğan, İrfan, 89
Erdoğan, Mustafa, 66, 84, 85, 88
Erdoğan, Recep Tayyip, 47, 77, 113, 119, 139, 151, 169, 232, 245, 251, 253, 339, 370, 371, 385, 397, 411, 415, 421, 515
Ereğli, 163, 164, 173
Ergil, Doğu, 24, 40, 71, 73, 78, 79
Ergun, Emre, 137, 185
Ergüder, Üstün, 134, 237, 247, 248, 250, 251, 254, 527
Ericsson Inc., 286, 520
Erivan Devlet Ünv., 314
Erk Partisi (Özbekistan), 528
Erkal, Münir, 252
Erkin, Aytunç, 158
Erkin, Tuğrul, 185
ERNK (PKK), 77, 86, 340, 436, 492
    İmamlar Birliği, 436
Ernst, Richard, 459
Ernst & Young LLP, 286, 520
Erol, Ali, 232
Erol, Cengiz, 100, 102, 103
Erozan, Sahir, 171
Ertegün, Ahmet, 527
Ertop, Kıvanç, 398
Erzan, Refik, 527, 533
Erzurum, 169, 421
Erzurum Atatürk Ünv., 391
Esen, Filiz, 25
ESI, Bkz. Europian Stability Initiative
Esin, Atıl, 527
Esin, Numan, 12
Esmer, Yılmaz, 167, 527
Esposito, John Lee, 146, 409, 465, 482, 540
ETIE (East Turkistan Union in Europe), 4, 66
Eurasia Fdn, 517
Eurasia Group Co., 187, 190
Eurasia Net, 228
European Stability Initiative (ESI), 534
EV (Escuelo de Vecinos), 350
Evans, Dan, 140
Evans, Tom, 200
    Hukuk Şirketi, 282
Evin, Ahmet, 147, 433
Evinch, Günay, 172
Evren, Kenan, 342, 392, 524
EWI, Bkz. Doğu-Batı Enst.
Exxon, 139, 286, 441, 517, 520
    Ayrıca Bkz. Mobil

F

F. M. Mayer & Co., 221
Fabrique Nationale Herstal, 487
Fadlallah, (Şeyh) M. Hüseyin, 428
Fahrenkopf, Frank J., 31, 283, 303
Fairbanks, Charles, 466
Falk, Judy, 281
Falkland, 355
Fanatik Gazetesi, 241

Fannie Mae Fdn, 521
FARC (Kolombiya Silahlı D. Cephesi), 4, 345
Farer, Tom, 281
Farnam, Arie, 226
Farrakhan, Louis, 450
Fascell, Dante, 16
Fatih Belediyesi, 505
Fatih Ünv. 395, 449, 464
Fazilet Partisi (F.P), 74, 128, 156, 165, 170, 245, 372, 376, 390, 402, 404, 406, 407, 416, 418, 431, 436, 471
FBI (Fed. Bureu Investigation), 2, 43, 140, 210, 211, 280, 305, 311, 379, 389, 525, 542
FDN (Fuerza Democrática Nicaragüense), 4, 354, 355, 356, 358, 359
Fedecamaras (Venezuela), 344, 346
Federal Express, 324
Federal Reserve (ABD), 222
Fefferman, Susan, 447
Feith, Douglas, 150, 369
Felsefe Derneği, 503
Fener Rum Ortodoks (Patrikliği) Kilisesi, 266, 366
Fens, Johannes J., 441
Fernandez, Jose Antonio, 359
Ferraro, Geraldine A., 277, 521, 522
FES (Friedrich Ebert Stiftung / Vakfı), 41, 108, 112, 131, 135, 163, 166, 233, 257, 264, 267, 351, 517, 521
Feulner, Edwin J., 92, 301, 518, 519, 526
Feyzioğlu, Bedii, 528
FFWPU (Thje Family Fed. -Moon), 449, 450, 531
FIDESZ (Macar), 165
FIEM (Venezuela), 4, 345,
Fığlalı, E. Ruhi, 444
FIM (Frente Instiucional Militar), 348
Fırat, Diyaddin, 422
Fırat, Fuat, 422
Fırat, Melik (Abdülmelik), 421, 422
Filistin (Palestine), 5, 26, 55, 87, 101, 143, 152, 277, 303, 319, 360, 369, 370, 387, 389-391, 394, 408, 418, 420, 423-425, 451, 454, 457, 466, 514
Finans Dünyası (Gazete), 241
Fincancı, Yurdakul, 250
Finch, David, 209
Findley, Carter V., 465, 466, 527, 540
Finley, Julie, 164
Finn, Chester, 112
Firilla, Anat Lapidot, 190
First American Bank, 304, 520
Firth, Noel, 97
Fischer, Axel, 171
Fischer, Stanley, 209, 213, 528............
Fisher, Sir Antony, 92
    Ödülleri, 92
FKÖ (Filistin Kurtuluş Örgütü), 281, 425, 515
Fleischer, Ari, 347
Fleishman and Hillard Co., 246
Fletcher School, 314, 525
Flew, Anthony, 89, 97
Flores, Pedro, 344, 345
Florida Int. Unv., 251, 435
FMG (Fund. Momento de la Gente), 4, 351

FMS (Foreign Military Sales), 4, 10
FNLA (Angola), 4, 284
FNS (Friedrich Naumann Stiftung / Vakfı), 137, 141, 147, 149, 157, 169, 187, 503, 504
Fogg, Karen, 93, 234, 317
Foglia, Alberto, 221, 222
Foley, Hoag & Elliot LLP, 520
Folsom, George, 186, 241, 347, 348
Fontaene (Dergi), 458
Ford II, Henry, 303
Ford, Gerald, 16, 17, 97, 446, 518
Ford Motor Co., 286, 309, 311, 312, 520
   Foundation (Vakfı),16, 17, 163, 213, 216, 311, 312, 517, 526
Foreign Services Ass., 301, 519
Fort Benning, 378
Fortier, Alison B., 518
Forum Dergisi (Y. Forum / Forum Corp), 56, 64, 68, 499
Foundation for Middle East Peace, 517
Fountain (Dergi), 458, 515
Fox, John D., 178
FP, Bkz. Fazilet Partisi,
FPA (Fund. Pens. y Accion), 4, 349, 350
FPJ (Fundacion Par Juvenil - Venezuela), 5, 350, 351
Fraenkel, Margie, 281
Francis, Leslie, 521
Francke, Rend, 315, 464
Frankel, Jacob, 209
Fraser, Arvonne, 281
Fraser Soruşturması, 245
Frederick Hitz Raporu, 18
Free Europe Committee, 303
Freedman, Gordon L., 212, 245, 451, 539
Freedom Channel, 32
Freedom Forum Int., Inc., 517
Freedom House, 39, 87, 139, 170, 260, 274, 278, 279, 282, 300, 307, 313, 366, 368, 525
Freij, Yousif Hanna, 435
Frew, Rahip Robert, 402
Freymond, Jean F., 72
Friedman, Milton, 91
Friedrich Ebert Stiftung, Bkz. FES
Friedrich Naumann Stiftung (V.), Bkz. FNS
Fromkin, David, 481
Frost, Martin, 277
FSK (Rus Fed. Karşı İstih. Servisi), 5, 213
FTUI (Free Trade Union Inst.), 5, 23, 31-33, 270, 275, 278, 521
Fujimori, Alberto, 217, 218, 342
Fukuyama, Francis, 465
Fulbright Al Akavan Unv., 451
Fulbright Fdn., Komisyonu, Prog., 62, 73, 406, 414, 415
Fuller, Graham Edmund, 64, 66, 68, 72, 74, 76, 87, 88, 100, 102, 103, 146, 147, 159, 231, 234, 260, 261, 309, 315, 434, 461, 463, 464, 470, 473, 480, 487, 489, 540
Fuss, Albert, 205

G
Gabori, M. Salih, 422
Galatasaray Ünv., 465
Galster, Steve, 293, 294, 525
Gamber (Kamber), İsa, 190, 528

Gani, Abdül, 427
GAO (General Accounting Office), 5, 23, 33, 42, 60, 109, 111, 278, 545
Gaon, Nessim, 222
GAP İdaresi, 158, 170, 172, 173
Garafola, Lucia, 427
Garang, John, 378, 379
Garanti Bankası, 527
Gardner, John, 16
Gardner, Richard (N.), 277, 282, 521
Gargani, Shaha, 515, 516
Garih, Üzeyir, 249
Gates Fdn. 526
Gaulis, Berthe George, 498, 540
Gavras, Costa, 157
GAYA, 511, 513
Gazi Ünv., 92, 448
Gaziantep, 113, 115, 166, 169, 174, 176, 256, 512
Gdansk Video Center, 270
Gedmin, Jeffrey, 174
Gehlen, Gen. Reinhard, 489
Gehring, John W., 447, 448
Geis, John, 174
Geleş, Ali, 165
Gelli, Licio, 197, 490
Genç ARI, 166, 171, 175, 179, 185, 484
Genç Müteşebbisler D. (GMD), 5, 172
Gençkaya, Ö. Faruk, 46, 106, 115, 160, 162, 257
GençNet, 58, 59, 184, 186, 507, 509, 510
General Dynamics, 305, 379, 519, 525
General Electric Co.(GEC), 305, 309, 525
Foundation, 526
General Service Fdn. 517
Geneve Banque-Worms, 222
Genscher, Hans Dietrich, 197
Geomiltech (GMT), 293
George Kennan Roundtable, 328
George Mason Ünv., 314, 459, 461, 519
George Washington Unv., 97, 223, 314, 368, 405, 468, 527
Georgetown Unv., 25, 31, 39, 86, 97, 101, 102, 146, 166, 174, 195, 234, 251, 316, 320, 323, 338, 373, 374, 409, 410, 414, 415, 432, 458, 463-465, 469, 470, 515
Gephardt, Richard A., 277
Ger, Metin, 106
Gerard, Tom, 140
German Marshall Fund., 40
   of the United States, 164, 517
Gershman, Carl, 15, 275, 279, 284, 288, 348
Ghareeb, Edmund, 435
GIA (Cezayir Silahlı İslami Grubu), 418, 428, 426
Gianni, Lawrence, 303
Gibbs, David, 312
Gilman, Fred, 21
Gingrich, Newton L. (Newt), 92, 142
Ginseng (Co.), 453
Girgin, Atilla, 241
Giuliani, Rudy, 210
Gervasi, Sean, 15, 31
Glaessner, Thomas, 222
Glancore Int. AG, 210

Glaubach, Eliezer, 451
Global Air (CIA), 18
Global Fund for Women, 517
Global Image Ass., 439
Global Strategy Council, Bkz. GSC
Globe Independent Press Syndicat, 32
Glyn, Jeannette, 324
Gmelin, Herta Daubler, 376
GNPC (Grand Nil Petr. Co.), 379, 380
Goble, Paul, 435
Godoy, Virgilio, 283
Goldman, Sachs and Co., 194, 324, 518
Goldsmith, Sir James, 208, 222
Goldwater, Barry, 358
Gomez, Eden Pastora, 355, 357, 359
Gonzales, Henry, 224
Gorbaçov, Mihail, 30, 31, 63, 209, 360, 446
Gorbaçov, Risa, 209
Gordimer, Nadine, 157
Gore (Jr.), Al (Albert Arnold), 104, 142, 167, 211, 374
Göçek, Fatma Müge, 527
Göğüş, Zeynep, 162, 241
Gök, Mehmet N., 134
Gök, Salih, 252
Göka, Erol, 532
Gökçe, Deniz, 528
Gökçek, Melih, 448
Gökçek, Yasin Cengiz, 532
Gökmen, Rengim, 71
Gölcük, Şerafettin, 444
Göle, Celal, 71, 72, 83
Göle (Akat), Nilüfer, 83,
Göle, Turgut, 83
Gönensay, Aylin, 442
Gönensay, Emre, 162, 174, 261, 442, 444
Gören, Zafer, 124, 128
Göymen, Korel, 167
Göz, Çetin, 170
Gözen, Ramazan, 89
Granite Capital Int. Group, 518
Granum Communications, Inc., 518
Grass, Günter, 157
Gray, Robert, 199
Green, Jordan, 139
Green, Pincus (Pinky), 211
Greenberg, Irving, 366
Greenberg, Martin H., 294, 540
Greenberg / Quinlan Research, 520
Greenberg Traurig, 520
Greenville Fdn, 517
Greenwalt, Martha, 281
Greve, Frank, 354
Grew, Joseph Clark, 303
Grey, Kenneth, 451
Griffin, Patrick J., 277, 521
Griffith, Sidney, 458
Grillmayer, Horst, 488
Grimaldi (Hanedanlığı-Monako), 221
Grinnel College, 378
Grisel Petit Pierre Co., 488
Groots Int., 204
Grossman, Mark, 465
Growe, J. Anderson, 277
GSC (Global Str. Council), 519, 520

Gudarzi, Mahmoud, 348
Guell, Linda, 522
Gulizade, Vafa, 169
Gunter, Michael M, 435
Gurwin, Larry, 224, 543
Güçlü Türkiye Projesi, 158, 172, 248
Gül, Abdullah Cumhur, 124, 170, 206, 326, 327, 330, 373, 415, 444, 471
Gül, Hayrünnisa, 327
Gülbahar, Şaban, 532
Güldemir, Ufuk, 515
Gülek, Kasım, 295, 362, 440-442, 444, 445, 448
Gülek, Nilüfer, 362, 444, 448
Gülek, Tayyibe, 430, 445, 459
Gülek, Tayyibe (K. Gülek'in Annesi), 440
Gülen, Fethullah, 3, 85, 123, 146, 234, 245, 295, 366, 371, 373, 387, 388, 394, 395, 405, 411, 419, 424, 430, 431, 434, 442, 457, 458-464, 539, 540
Gülerce, Hüseyin, 465
Gültekin, Bülent, 528
Günay, Ertuğrul, 493
Güner, Hande, 173
Günertem, Ali, 153, 171, 172
Güneş (Gazete), 241
Güneş, Deniz, 403
Güneş, Hurşit, 251, 528
Güneş, Turan, 528
Güngör, Zehra, 46, 147
GÜNSİAD (Güneydoğu Anadolu Sanayici ve İşadamları Derneği), 512
Günver, Gül, Bkz Turan, Gül Günver
Günyol, Vedat, 157
Gür, Ayşen, 241
Gür, Ömer, 420
Güran, Sait, 528
Gürbey, Gülistan, 435
Gürbüz, Burak, 528
Gürel, Şükrü Sina, 147
Gürel, Zeynep Damla, 61, 137, 158, 178, 179, 185, 188, 484
Gürkan, Uluç, 166
Gürler, Faruk, 11, 12
Gürlesel, Can Fuat, 137, 158, 169, 170
Gürsel, Seyfettin, 476, 533, 540
Gürses, Ümit Yaşar, 116, 173, 263
Gürsoy, Akile, 528
Gürsoy, Ayseli, 444
Gürsoy, Kenan, 465
Güvel, Enver Alper, 89
Güven, Banu, 241
Güven, Ertuğrul, 532
Güven, Halil, 188
Güven, Hasan, 540
Güzel, Hasan Celal, 403
GYİAD (Genç Yönetici ve İşadamları D.), 5, 168, 170

H

Haas, Philip, 207, 226
Habeşistan, 65, 302
Habif, Yola, 172
Hablemitoğlu, Necip, 94, 123, 125, 129, 135, 540
Habsburg Hanedanı, 91
Hacaloğlu, Algan, 160

Hacettepe Ünv., 87, 88, 161, 470
Hacı Bektaş Veli A. K. V., 340
Hacımirzaoğlu, Ayşe Berktay, 339
Hacınlıyan, Avadis, 527
Hacıoğlu, Memduh, 185
Hadi, Muhammed, 420
Hadsell, Heidi, 395
Hafız Esat, 427
Haig, Barbara, 25
Haig Jr., Alexandre Meigs, 25, 446
Hailbronner, Kay, 124
Hakim, Peter, 347
Hakkıoğlu, Uğur İbrahim, 161, 162
Halasi-Kun, Tibor, 527
Halberg, Kurt, 234
Hale, William, 256
Halep, 77, 189, 435, 437
Halis, Atilla, 232
Hall, Shirley Robinson, 277
Halper, Stefan, 293,
Halpern, Cheryl F., 303
Hamad, Taj, 451
Hamas, 5, 87, 152, 338, 370, 387, 389, 390, 394, 408, 410, 418, 420, 424, 425, 426, 432, 470
Hambro, Jocelyn, 221
Hamburg, 158, 303, 398, 490
Hamilton, Neil, 523
Hamilton, Ren, 515
Hammet, Dashiel, 232
Hamowy, Ronald, 89
Han, İrfan Ahmed, 468
Hanák, Péter, 205
Handalı, Jean Jacques, 222, 225
Hanlı, Hakan, 174
Hanns Seidel Stiftung, Bkz. HSS.
Hansen, Alvin H., 325
Haqqani, Hussain, 466
Harken Energy, 2, 393, 470
Harman, Jane, 521
Harman, Sidney, 521
Harran Ünv., 464
Harrington, Michael, 275
Harris, George S., 101, 234, 463
Harris, Ralph, 92
Harry Frank Guggenheim Fdn, 517
Hart, Parker, 515
Hart, Peter, 521
Hartfort Insurance, 285
Hartfort Seminary, 395
Hartmann, Alfred, 224
Hartwell, R. Max, 89, 97
Harvard Committee, 308
Harvard Unv., 16, 24, 72, 96, 170, 189, 209, 213, 217, 251, 259, 285, 308, 311, 312, 316, 320, 346, 366, 428, 435, 437, 440, 445, 472, 527, 540
Hassan, Arwa, 260
Hassan, Steven, 438, 540
Haşimi, S. Haşim, 71
Hatch, Richard, 304
Hausmann, Ricardo, 346
Havel, Vaclav, 15, 16, 47
Hayek, Friedrich von, 88, 91, 219
Hayıt, Baymirza, 66

Hazar Politikaları Vakfı, 169
Hazewinkel, Roger, 205
Hebrew Unv., 314
Hecht, William, 200
Heinen, Ursula, 171
Heinrich Böll Stiftung / Vakfı), 41, 53, 131, 135, 267, 538
Helen Leadership Inst., 157
Helen Mirasını Koruma D., 206
Hell Fire Clubs, 91
Hellenbroich, Elisabeth, 221
Hellenic Chamber of Commerce, 157
Hellenic Leadership Inst., 157
Helman, Lilian, 232
Helms, Richard, 16
Helsinki Vatandaşlar Komitesi (Helsinki Accords on H. Rights), 32
Helsinki Yurttaşlar D., *Helsinkiciler*, 35, 40, 57, 58, 59, 90, 163, 169, 237, 250, 340, 502-512, 534
Helvey, Robert, 260
Henkel (Türk Henkel), 237, 246, 249
Henry Luce Fdn, 517, 526
Henry M. Jackson Fdn, 517
Henry, James B., 366
Henze, Paul Bernard, 64-68, 76, 88, 100, 111, 159, 480, 481, 487, 489-491, 540, 541
Heper, Doğan, 241
Heper, Metin, 318, 320, 527
Heritage Fdn (Vakfı), 25, 39, 92, 101, 141, 174, 186, 213, 272, 300, 301, 304, 309, 369, 466, 518, 519, 525, 526
Herman, Edward S., 487, 541
Herman Kahn Center, 110
Herman, Robert T., 342, 352
Herzog, Chami, 211
Herzog, Michal, 211
Herzog, Yitzhak, 211
Hıristiyan Demokrat Parti, Bkz. CDU
Hıristiyan Kiliseleri Ulusal Konseyi, 366
Hıristiyan Müslüman Anlayış Mrk. Bkz. CMCU
Hırvatistan, 229-231, 302, 514, 522
Hickok, Michael, 169
Hicks, Elahe, 435
Hill & Knowlton, Inc., 199, 224, 282
Hill, Fiona, 169
Hillman, Sidney, 274
Himmler, Heinrich, 490
Hitler, Adolf, 82, 91, 487, 489, 543
Hitz, Gen. Frederick, 18
Hizbullah, 77, 86, 298, 363, 370, 386, 394, 410, 417-420, 422, 424, 426-428, 436, 543
Hochman, Bruce, 140
Hoffman, David, 213
Hoffman, Wilfred Murad, 87, 146, 374, 406
Holland, Ben, 256
Hollanda, 41, 64, 67, 91, 95, 208, 221, 238, 239, 260, 311, 420, 434, 441, 449, 508, 520
Hollanda Antilleri, 91, 217, 221
Hollinger (Holding Co.), 149, 825
Holmes, Norma, 316
Hong Kong, 87, 169, 286, 305, 514
Hong, Samsoon, 440
Hooglund, Eric, 466
Hoover Inst., 97, 318-520, 525

Hoover, Herbert, 97
Horowitz, Rachelle, 275-278
Hortaçsu, Ayfer, 527
Hoşiyar, Muzaffer, 422
Hovhannissian, David, 73, 242
Howard Energy, 164
HRW (Human Rights Watch), 226, 228, 231, 232, 435, 517
HSS (Hanns Seidel Stiftung), 5, 41, 517
Hudnut, William Huber, 110
Hudson Institute, 110-112, 150, 309, 466, 516
Hughes, Carl F., 521
Hulnick, Arthur, 97
Hulsman, John, 466
Human Rights Watch, Bkz. HRW
Humeyni, Ayetullah, yönetimi, ideolojisi, oğlu, 197, 244, 359, 373, 389, 392, 410, 417, 418, 428
   Enstitüsü, 482
Hummen, Wilhelm, 149
Huntington, Samuel P., 24, 311
Hurd, Elisabeth S, 465
Hussein, Adnan, 260
Hutar, Patricia, 281
Huveydi, Fehmi, 422
Hür Demokrat Parti, 197
Hürriyet (Gazetesi), 184, 240, 241, 395
Hüseyin, Fuat, 260

I

IANT (Islamic Ass. of North Texas), 5, 391, 392
IAP (Islamic Ass. for Palestine), 5, 87, 370, 387, 390, 394, 424, 432, 471
IASPS (Inst. for Advance Str. Political St.), 5, 142, 150
IBM, 324
IBRD, Bkz. Dünya Bankası
ICEPS (Int. Cent. Eco. Policy St.), 5, 92, 340
ICHRDD (Int. Cent. Human R. Dem. Development), 5, 517
ICIJ (Int. Consor. of Invest. Journalists), 5, 194
ICNA (Islamic Community of N. America), 5, 390, 416, 468, 470
ICP (Islamic Committee of Palestine), 5, 420
ICRD (Int. Cent. Religion and Democracy), 5, 472, 473
ICRP (Int. Conflict Resolution Prg.), 5, 72
IEA (Inst. for Economic Affairs), 5, 92, 309
IFDS (Int. Forum Democratic St.), 5, 24
IFES (Int. Fdn for Electoral Systems), 5, 282
IFLRY (Int. Fdn of Liberal Radical Youth), 5, 88
IFP (Int. Freedom Project), 91
Ignatius, David, 28, 30, 163, 265, 268-270
IIFWP, 5, 448, 450, 451
Ikle, Fred, 526
Ilschenko, Annelise, 201
IMF, 80, 138, 160, 182, 204, 205, 207, 209, 210, 214-216, 218, 226, 227, 229, 238-240, 301, 325, 343, 345, 519, 528
IMI ((Int. Masonry Inst.), 522
INAF, 5, 154, 156
Indian Springs Bank, 359
Indiana Unv., 366, 460, 527
ING Bank (Dutch), 226
Insight Turkey, 173
Inst. Ass. of Jewish Lawyers and Jurists, 139

Institute for Jewish Policy Plan R., 139
Instituto Affari Internazionali, 534
Intelligence Committee, 311, 522
Inter Genç Holding (Konya), 137
Inter-American Development Bank, 40
Inter-American Fdn, 517
Intercollegiate Socialist Society, 274
Interfaith Center of New York, 468, 472, 473
International Ass. Jewish Lawyers, 139
International Cent. Eco. Policy St., Bkz. ICEPS
International Union of Bricklayers, 521
International Water Association, 164
Internews- Kazakistan, 233
IOR (Inst. Opere di Religione), 5, 223, 489
IPRI (Int. Peace Research Inst.), 5, 72
Irak Ulusal Kongresi, 260
Iraq Inst. for Democracy, 260
Iraqi Cultural Forum, 260
IRC (Int. Rescue Committee), 274, 279
IREX (Int. Research Exch. Board), 164, 169
IRFC (Int. Religious Freedom Cmtt.), 5, 39, 245, 364
IRI, 5, 23, 28, 32, 33, 40, 42, 45-47, 56-59, 76, 85, 88, 89, 95, 99, 102-109, 112-115, 121, 128, 134, 136, 137, 141, 143, 145-147, 149, 157, 159, 164-168, 171, 174-176, 178-181, 184-186, 190, 202, 233, 241, 246-248, 253-255, 261, 267, 278, 279, 288, 295, 297, 300, 301, 304, 306, 330, 344, 346-351, 371, 500-502, 504-511, 513, 517-520, 523
Irwin, James Benson, 441, 442
Isaacs, Maxine, 521
ISARE (Initiative for Social and Renewal in Eaurasia), 5, 517
ISC (Inst. for the St. of Conflict), 5, 65, 92, 526
ISCNA (Islamic Shura Council N. A.), 5, 390
ISF (Int. Science Fdn), 5, 213
ISIM (Int. Inst. for the St. of Islam), 5, 398
Islamic Ass. for Palestine, Bkz. IAP
Islamic Horizons, 390, 391
Islamic Leadership Council, 468
Isles Club (Londra), 219
ISNA (Islamic Society N. A.), 5, 39, 104, 112, 373, 374, 389-394, 425, 432, 470, 471
Israel Democracy Inst., 166
ISS ("Int." Inst. for Strategic Studies), 304, 524
Işık Süvarileri, 466, 467
Işık, Hilmi, 138
Işık, Hüseyin, 420
Işık, İhsan, 421,
Işıkçılar Tarikatı, 138
ITT Corp., 5, 285, 490
IWDC (Int. Women Democracy Cent.), 503
IYF (Int. Youth Fdn), 6, 517

İ

İbaş, Selahattin, 147
İbrahim, Nimetullah Halil, 454
İçduygu, Ahmet, 167
İfade Özgürlüğü D., 511, 512
İHA (Ajans), 241
İHD (İnsan Hakları D.), 5, 40, 376, 411
İhlas Finans, *Holding*, 205
İKKDVKK (İst. Kafkas K. D. Vakıfları Koord. Kur.), 118
İlhan, Attilâ, 196, 220, 242, 541

İlhan, Batur, 241
İlik, Hüseyin, 422
İlim ve Kültür Vakfı, 433, 452
İlim Yayma Cemiyeti, 442
İlkin, Baki, 527
İlkkaracan, Pınar, 502
İMİK (İst. Milletvekili İzleme Komitesi), 160
İMKB (İst. Menkul K. Borsası), 138, 170, 250
İmset, İsmet, 232
İnal, Nuray Nazlı, 147
İnalcık, Halil, 527
İnan, Ahmet, 532
İnan, Kamuran, 166, 327
İnanç, Ünal, 296, 541
İnce, Özdemir, 241
İnceoğlu, Yasemin Giritli, 241
İncioğlu, Nihal, 46, 250
İnönü, Erdal, 102, 172, 250, 257
İnönü, İsmet,75, 76, 441, 541
İnsan Hakları Bilinçlendirme Eğitim D., 511, 512
İnsan Hakları Derneği, Bkz. İHD
İnsan Hakları Gündemi D., 511, 513, 534
İnsan Hakları V. (İHV), 116, 199, 262, 339, 431
İnsan Kaynakları Geliştirme Merkezi, 505
İnterbank, 182
İpekçi, Abdi, 111, 481
İpekçi, İsmail Cem, 71, 147, 163, 166, 172, 286, 484
İridağ, Osman, 268
İrlanda (Kuzey), 72, 514
İrtemçelik, Mehmet Ali, 327
İSAM (İslami Araştırmalar Merkezi), 5, 465
İskenderun, 167
İslam Kalkınma Bankası, 391
İslam Konferansı, 451
İslami Cephe (Islamic Front-Ürdün), 418, 426
İsmail, Mustafa S., 379
İSO (İst. Sanayi Odası), 138, 170, 250
İsparta, 174
İsrail, 26, 51, 55, 65, 72, 91, 100, 101, 117, 125, 136, 138-144, 147-152, 157-159, 166, 167, 169, 172, 174, 181, 182, 185-187, 189-191, 196, 197, 209-212, 222, 223, 225, 244, 257, 277, 281, 293, 300, 302-304, 314, 315, 318, 319, 329, 355, 359, 369, 386, 390, 412, 413, 423-428, 441, 447, 448, 451, 454, 457, 463, 481, 483, 488, 490, 514, 515, 516, 539, 540
İstanbul Barosu, 338, 376
İstanbul Güncel Sanat Müzesi, 534
İstanbul Ünv., 249, 250, 412, 464, 528
İş Bankası, 66
İşleyen, Ercüment, 241
İTO (İstanbul Ticaret Odası), 5, 170
İyimaya, Ahmet, 162
İzmir, 61, 90, 169, 174, 175, 261, 406, 421, 505
İzmit, 164

J

J. Henry Schroder Bank, 488
J. Howard Pew Freedom Trust, 526
Jackson, C. Douglas, 303
Jackson, Henry, 225, 275
Jackson, Kathryn, 522
Jacksonville Unv., 97
Jacobs, Barry, 405, 466
Jain, Bawa, 468
Jamaat of Imam Jamil Al-Amin, 390
James, Frederick Calhoun, 366
Japan Fdn, 517
Japon Uluslararası İşbirliği Bankası, 190
Japonya, 197, 212, 303, 326, 355, 445, 450, 522
Jaquette, Jane, 281
Jarl Hjalmarson Fdn, 517
Jaruzelsky, Varoslav, 170
Javits, Jacob Koppel, 441
Jean Jaures (Fondation J.J.), 41, 517
Jefferson, Thomas, 413
Jefferson Bankshares, 302
Jenrette, Rita, 201
Jerusalem Post, 149, 225
Jewish Lawyers, Bkz. Int. Ass. of Jewish
Jewish National Fund, 139
Jewish Study Center, 139
Jewish War Veterans, 139
JF Kennedy (JFK) Fdn, *Vakfı*, 6, 285
JINSA (Jewish Inst. National Sec. Affairs), 5, 139, 143, 144, 167, 172, 174, 189, 300
JM (John Maclean) Olin Fdn, 309, 517, 526
JO (Jihad Organization), 5, 426
John Adams Memorial, 73
John Birch Society, 142
John Caroll Unv., 465
John D. and Catherine T. MacArthur Fdn, Bkz. MacArthur Fdn
John Henry Schroder Corp. (N. York), 489
John Henry Schroder Ltd. (Londra), *Bankerlik*, 488, 489
John Hopkins Unv., 189, 314, 465, 466
John Merck Fund, 517
John S. and James L. Knight Fdn, 517
Johnson, Alexis, 277
Johnson, George, 459
Johnson, Jim, 521
Johnson, Lyndon, 117, 205, 311
Johnston, Douglas M., 472
Joseph P. Kennedy, Jr. Fdn, 517
Joseph Rowntree Charitable Trust, 517
Journal of Democracy, 24, 25, 124, 134, 318
Joyce, John T, 277, 521
Joyce Mertz-Gilmore Fdn, 517
JP Morgan, 174, 190
Julius, DeAnne, 188

K

Kaan, İsmail, 186
Kaba, Mehmet Zeki, 137
Kabaalioğlu, Haluk, 241
Kabasakal, Mehmet, 46, 114, 250, 255, 256
Kabibay, Orhan, 12
Kabil (Afganistan), 87
Kaboğlu, İbrahim, 339, 340
KADAV (Kadınlarla Dayanışma V.), 5, 514
Kaddafi, Muammer, 374
KA-DER, 6, 50, 59, 60, 116, 170, 172, 262, 263, 376, 431, 508, 509, 534
Kader, Omar M., 521
Kadı Int. Inc., 238
Kadıbeşegil, Salim, 168
Kadınla Kazan, 286
Kadri, Farid, 189, 190
Kafadar, Gülru Necipoğlu, 527

Kafkas, Agah, 61
Kafkasya Yazıları (Dergi), 478, 544
KAGİDER, 6, 204, 534
Kâğıtçıbaşı, Çiğdem, 528
Kahn, Elaine B., 303
Kahn, Herman, 110, 111
Kahn, Tom, 275
Kahramanmaraş, 252, 395, 479, 492
Kalaycıoğlu, Ersin, 46, 174, 535
Kalaycıyan, Vertanes, 405, 466
Kaleli, Lütfü, 398, 541
Kaletsky, Anatole, 208
Kalsın, Sedat, 532
Kalyoncu, Cemal A., 83, 148, 185, 541
Kamalı, Feride Koohi, 435
KA-MER (Kadın Merkezi), 6, 237, 240, 534
Kampelman, Max, 279
Kanal 59, 171
Kanal D, 77, 241
Kanal T, 171
Kandemir, Nüzhet, 532
Kane, David, 238
Kaplan, Cemalettin, 420
Kaplan, Sefa, 83, 232, 541
Kara, Sabah, 422
Karacan, Ali İhsan, 528
Karaçal, Hasan, 250
Karaçam, Burhan, 138, 181, 207
Karadavi, Yusuf El, 394
Karagülle, Cüneyt, 71
Karakaş, Ercan, 45, 250, 264
Karakaş, Eser, 89, 237
Karakaya, Müştehir, 420
Karaman, Lütfullah, 89
Karamanlis, Kostas, 155
Karamehmet, Mehmet Emin, 151
Karanicky, Adrian, 269
Karaosmanoğlu, Ali, 89, 527
Karaosmanoğlu, Atilla, 161
Karlow, S. Peter, 281
Karlweiss, George, 221
Karpat, Kemal, 465
Kars, 61, 90, 533
KAS (Konrad Adenauer Stiftung (V.) - KAV), 6, 41, 123-127, 129-131, 134, 135, 171-173, 176, 177, 188, 267, 351, 483, 516, 538, 545
Kasımi, Nibras, 190
Katman, Filiz, 186
Katmandu, 447
Kattle, Martin, 210, 211
Katz, Richard, 221
Katzenbach, Nicholas, 16
Komisyonu, 20
Kaufman, Frank, 451
Kauzlarich, Richard D., 260
KAV, Bkz. KAS
Kavak, Mehmet Cavit, 134
Kavakçı, Gülseren Gülhan, 471
Kavakçı, Merve (Abu-Shanab, Yıldırım), 87, 97, 104, 119, 122, 141, 146, 245, 338, 370-372, 374, 386-90, 392, 393, 396, 400, 401, 403-419, 424, 425, 430-433, 463, 466, 468-471, 478, 482
Kavakçı, (Şeyh) Yusuf Ziya, 104, 373, 374, 391-393, 470, 471

Kavala, Ayşe Buğra, 237
Kavala, Osman, 71, 206
Kavi, Hüsamettin, 71, 138
Kavukçuoğlu, Deniz, 250, 376
Kaya, Ayhan, 533
Kaya, Yaşar, 76, 77
Kayacan, Kemal, 12
Kayalar, Lütfullah, 138
Kaynar, Şerif, 137
Kaynun, Mehmed, 420
Kazan, Şevket, 403
Kazancıgil, Ali, 132
Kazaz, Şefik, 435
Kazemzade, Firuz, 368
K-CIA (Korean CIA), 6, 211, 245, 331, 438, 450, 453, 524
KEDV (Kadın Emeğini Değer. V.), 6, 204, 505
Kelly, James, 527
Kelly, Peter G., 284
Kemal, Yaşar, 76, 157, 232, 398, 421
Kemble, Penn, 280
Kemp Commission, 519
Kemp, Fred, 169, 183
Kemp, Geoffrewy, 515
Kemp, Jack, 301, 519
Kennan, George, 328
Kennedy School of Government, 220
Kennedy, Edward (Ted), 142, 385
Kennedy, John F., 282, 311
Kennedy, Paul, 220
Kepenek, Yakup, 167
Kepir, Handan, Bkz. Sinangil, Handan
Kerimli, Ali,190
Kern House Enterprises, 65
Kesici, İlhan, 138, 151
Keskin, Cumhur, 476, 540
Keskin, Eren, 376
Keskinöz, İlhan (Papaz), 452
Kessler, Ronald, 198, 200, 201, 332, 541
Kevorkiyan Merkezi, 414, 415
Keyserling, Mary Dublin, 261
KGB, 26, 30, 31, 293, 343, 377, 481, 486
Khalilzad, Zalmay, 264, 294, 295, 297, 481
Kıbrıs, 50, 60, 62, 80, 154-157, 159, 165, 188, 197, 206, 207, 234, 235, 240, 244, 257, 281, 299, 315, 317, 342, 399, 402, 445, 459, 477, 514, 515, 530
Kıdeyş, Nilgün, 137
Kılıç, Hüseyin, 348
Kılıç, İlhan, 138, 169
Kılıç, Zülal, 116, 263, 376
Kılıçbay, Mehmet Ali, 71
Kılıçdaroğlu, Kemal, 267
Kıraç, Can, 138
Kıratlı, Özgür, 173
Kırca, Ali, 241
Kırdar, Üner, 473
Kırımlı, Elif, 158
Kışlalı, Ahmet Taner, 119, 120, 377, 422, 423, 427, 430, 431, 494
Kıyat, Atilla, 233
KİHP, 6, 8, 500, 501, 502, 504, 506
 Ayrıca Bkz. WLUML
Kilpatrick, Stockton Co., 160
Kim, Jeoung Myoung, 451

Kim, Oon, 443
Kimche, David, 212
King, Jeff, 405
King, Martin Luther, 272, 275, 281, 413
KİP (Kürt İslam Partisi), 6, 7, 436, 492
Kirazcı, Deniz M., 250
Kireopoulos, Antonios, 366
Kirikar, Fatih, 422
Kirişçi, Kemal (*Kirisci*), 174, 314, 317, 433
Kirk Jr., Paul G., 277, 285, 521
Kirk Sheppard and Co, 285
Kirkland, Lane, 31, 269
Kirkpatrick, Evron Maurice, 304
Kirkpatrick, Jeane J., 143, 150, 275, 279, 295-297, 303, 304, 520, 526
Kirkpatrick, John, 355, 356
Kishovsky, Leonid, 366
Kissinger Associates, 149, 224, 225, 302
Kissinger, Henry, 49, 149, 222, 224, 225, 293, 302, 311, 312, 518
Kitchen, Simon, 190
Kittrie, Nicholas, 444
Klaeden, Eckart von, 171
Klerk, Frederik Willem de, 171
Kline, Michael, 97
K-Mart, 309
Kober, Stanley, 174
Kocaoğlu, Emre, 162
Kocaoğlu, Timur, 66
Koch, Charles G., 142
 Ailesi, Koh'lar, 141, 142
 soruşturması, 142
Koczynski, Pedro Pablo, 218
Koç, Ali, 138, 168, 237
Koç Holding, 138, 190, 249
 Arge A.Ş., 249
 Koç'lar, 144
Koç, Mustafa, 138
Koç, Rahmi, 138
Koç Ünv., 249, 251, 528, 534
Koerber Stiftung (Vakfı), 168
Koh, Harold Hongju, 117-119, 263, 265, 277, 288, 299, 370, 380, 381, 395, 396, 412, 428, 430, 431, 437, 462, 475
Kohen, Sami, 206, 241
Kokkalis, Socrates, 187
Kokkalis Ailesi, 187
 Vakfı, 187
Komili, Halis, 204
 şirketleri, 226
Konçar, Rade, 231
Konrad Adenauer Stiftung, Bkz. KAS
Konstans Unv., 124
Konya Genç İşadamları Derneği, 137
Konya Postası, 137
Konya Ticaret Odası, 165
Konya, 61, 64, 67, 115, 137, 164, 165, 174, 244, 256, 395, 541
Koohi, Feride, Bkz. Kamalı, Feride
Koppel, Ted, 215
Kopuzlu, Haluk Kürşad, 89
Korean American Political Ass., 530
Korean CIA, Bkz. K-CIA
Korean Culture & Freedom Fdn, 532
Korean Evangelical Ass., 529
Korean Scandal, 212, 539
Korean Causa of N.Y., 530
Korkut, Levent, 88, 89, 339
Koru, Fehmi, 104, 311, 442-444, 465, 538
Korzay, Meral, 527
Kostiw, Michael V., 301, 519
Kovler, Peter, 277, 521, 522
 Family Scholarship Fund, 522
Kozlu, Cem, 134
Köletavitoğlu, Tavit, 250
Köln, 66, 158, 419-421, 478
Kömürcü, Güler, 188
Köni, Hasan, 152
Köprülü, Kemal, 57, 116, 118, 120, 124, 125, 136-138, 148, 151, 153, 158, 161, 165, 168, 170, 172-175, 179, 180, 182-185, 187-189, 217, 233, 262, 311, 481, 484
Köprülü, Murat, 164, 182, 481
Köprülü, Nina Joukowsky, 164, 182, 481
Köprülü, Tuna, 182
Köse, Tahir, 327
Kramer, Heinz, 163
Kramer, Martin, 167
Krikorian, Van, 405
Kristol, Irving, 309
Ku Klux Klan, 186, 332
Kubba, Laith, 260
Kudüs (Jerusalem), 37, 314, 315, 417, 447, 457
 Gecesi, 232, 417, *Kuvvetleri*, 494
 Savunucuları Ödülü, 304
Kulick, Elliott F, 277, 521, 522
Kulin, Ayşe, 442, 444
Kumbaroğlu, Gürkan, 533
Kumcuoğlu, Ertuğrul, 168, 174
Kumcuoğlu, Ümit, 174
Kumkar, Radha, 327
Kunz, Albert, 197
Kurdoğlu, Mehmet, 419
Kuriş, Gonca, 422
 Apartmanı, 421
Kurtbay, Cüneyt, 137
Kurtuluş, Erciş, 161, 162
Kurtzweg, Laurie, 97
Kuru, Ahmet, 464
Kuşadası, 176, 333
Kut, Şule, 174
Kutan, Recai, 372, 390, 404, 416, 431, 471
Kutay, Cemal, 138, 433, 541
Kutay, Pars, 484
Kutsal Haç Manastır, 384
Kuvayı İnzibatiye, 90, 334
Kuvayı Medya, 446
Kuvayı Milliye, 333, 334
Kuveyt, 199, 225, 238, 261, 298, 315, 464, 514
Kuzey Yunanistan Endüstri Fed., 138
Küçük Asya Çerkez Cemiyeti, 90
Küçükali, Tekin, 532
Küçükoğlu, Rıza, 532
Külahlı, Ömer, 484
Kültür Bilincini Geliştirme V., 534
Kültürlerarası İletişim D., 535
Kürdistan İmamlar Birliği, 436
Kürdistan Yurtsever Din Alimleri Birliği, 436
Kürdistan Yurtsever İmamlar Birliği, 436
Kürkçüoğlu, Ömer, 166

Kürt Parlamentosu, 72, 76
Kütahya, 174
Kwak, Chung Hwan, 362, 444, 448, 451
Kybar, Sayid, 525
Kyles, Samuel Billy, 366

L
La Centrale Holding, 221
LaCour, Nat, 277
Laçinel, Ayşen, 137
Ladin, Abdullah Bin, 238
Ladin, Usame Bin, Bkz. Usame Bin Ladin
Laidler, Harry, 274
Laipson, Elen, 434
Laird, Melvin, 519
LAKAM, 212
Lambert, Jack Hamilton, 459
Lameda, Guaicaipuro, 345, 347
Lampman, Jane, 380
Lancaster Unv., 249
Land, Richard, 445
Lang, Jack, 157
Langley, 313
Lantos, Tom, 199, 205
Laos, 21, 359, 514, 526
Larry McDonald Fdn (Vakfı), 522
Las Cruse Kilisesi, 366
Lauder, Ronald S., 164
Lawrie, Mitch, 447
LCIAS (Leadership Council for Inter-American Summitry), 6, 279
LCPS (Lebanese Cent. Public St.), 6, 247, 248
LDT (Liberal Düşünce Topluluğu D. /ALT), 80, 81, 82, 84, 87, 92, 93, 95, 97, 98, 334, 339, 413, 452, 465, 502, 505, 507, 508, 510, 535-537
Le Nouvel Observateur, 196
Leadership Council, Bkz. LCIAS
Leadership Inst., 157, 305, 520
Ledeen, Michael, 150, 524
Ledsky, Charles N., 50, 60, 121, 159, 166, 173, 174, 234, 262, 515
Lee, Adrian, 523
Lee, Sara, 324
Leet, Mildred Robbins, 281
Lefkoşa, 155
Lehigh Unv., 315, 434, 465
Lehman, John, 225
Leiden Unv., 186
Leihen, Robert, 280
Leman (Dergi), 232
Lesser, Ian O., 68, 100, 264, 487, 540, 545
Levi Strauss and Company Giving Prg., 517
Levitas, Elliot, 160, 323
Levy, Avigdor, 527
Lewiensky, Monica, 142
Lewis, Bernard, 527
Lewis, Charles, 110, 192, 194, 195, 197, 200, 201, 323, 518, 541
Lewis, John, 277
Lewis, Marilyn Ware, 163
Leyni, Karl Michael, 222
LID (League for Industrial Democracy), 6, 274, 275, 521
Libaridian, Gerard J., 169, 174
Liberal Demokrat Parti, 138, 141, 149

Liberal Düşünce (Liberte) Dergisi, 66, 84, 87, 89, 96, 413
Liberal Düşünce Topluluğu, Bkz. LDT
Liberal Parti (L.P), 88, 250, 358
Liberte A.Ş, 89, 96, 413
Liberya, 514
Libya İslami Grubu, 426
Lichtenstein, Charles, 526
Lieven, Anatol, 466
Liggio, Leonard, 89
Likud Partisi, 369
Lilly, Eli, 110
 Endowment, 111
 Eli Lilly Co., 110
Lima, 218
Lingen-Holthausen, 132
Lions (kulüp), 171
Lipstadt, Deborah E., 366
Little Angels Korean Folk Balet, 532
Little, David, 366
Litván, György, 205
Livaneli (oğlu), Zülfü, 153, 157, 396-398
Livingston, Robert Gerald, 303
Liz Claiborne Inc., 279, 520
Llosa, Alvaro Vargas, 217
Lloyd, Kate Rand, 281
Lockheed Martin Corp, 26, 139, 164, 286, 287, 305, 324, 518-520, 525
Loftus, Tom, 255
Loğoğlu, Faruk, 532
Lombardi, Mark, 2
London Barings Bank, 226
London, Jack, 274
London N. M. Rothschild and Sons (Bank), 221, 224
London School of Economics (LSE), 91, 182, 216, 219, 225, 445
London Tamares Ltd., 225
London Times Financial, 208, 222
Londra, 6, 19, 65, 92, 124, 167, 169, 187, 188, 197, 219, 223-225, 240, 251, 260, 304, 338, 399, 401-403, 409, 444, 460, 476, 489, 490, 519, 524
Lord, Winston, 69
Loring, Rosalind, 281
Louisville Unv., 527
Lowry, Heath W., 65, 465, 527
Luce III, Henry, 520
Lucent Co., 324
Lucky S gemisi, 296
Ludwig-Windthorst-Haus, 132
Lugano, 217, 221, 222, 225
Lugar, Richard Green, 110, 323, 441
Lumumba, Patrice, 284, 285
Lutheran Church Services (Alm.), 377
Lübnan Partizan Ligi, 426
Lüksemburg, 208, 217, 221, 226, 228
LYMEC (Liberal Youth Movement of the Euro. Community), 6, 89
Lyn, Robert, 29
Lynde and Harry Bradley Fdn, Inc., 516

M
Macaristan, 91, 149, 165, 166, 168, 169, 225, 231, 268-270, 514, 516
MacArthur Fdn, 163, 517

MacDonald, Charles G., 435
Mack, David L., 435
Macomber, William B., 515
Mader, Julius, 101, 281, 302, 541
Madison Cent. Educational Affairs, Bkz MCEA
Madra, Ömer, 237
Magaryan Kardeşler, 222
Magdoff, Harry, 11, 541
Magness, Phil, 332
Mahathir Bin Muhammed, 215, 216
Mahcupyan, Etyen, 71
Maher, Matthew, 521
Mahnan, Catherina, 163
Mahruki, Nasuh, 116, 263
Makarios, 155, 281
Makowsky, Alan, 142, 147, 148, 173, 174, 433, 434, 463, 466, 545
Malatya, 119, 174, 252, 371, 401, 409, 432, 513
Malavi, 514
Malkin, Michelle, 332
Mallory, Walter H., 325
Manafort, Paul J., 284
Manatt, Charles T., 22, 23, 31, 277, 282, 283
Manchester Unv., 250, 459
Manço, Barış, 444
Mandeville, Ernard De, 91
Manilow, Lewis, 277, 521
Manor, Amos, 212
Mansel, Philip, 174
Mansfield, Mike J., 277
Maraşi, İbrahim Al, 189
Maraşlı, Recep, 232
Marayati, Leyla Al, 303, 338, 366, 368-370, 384, 386, 387, 397, 471
Marayati, Salam Al, 370, 386
Marc Rich Fdn, 210
Marchetti, Andreas, 190
Marchetti, Victor, 541
Marcinkus, Paul Casimir, 223
Marcuse, Herbert, 303
Marcy, Mildred, 281
Mardin, 176, 252, 395
Mardin, Şerif, 133, 147, 433, 435, 447, 541
Maresca, John J., 72
Marine Club, 433
Marine Corps, 44
Marks, John, 72, 539
Marks, John D., 541
Marmara Belediyeler Birliği (MBB), 6, 103, 250, 254, 501
Marmara Grubu Str. ve Sosyal Arş. Vakfı, 248,
Marmara Ünv., 167, 250, 464, 505, 528
Marovich, George, 452
Marquis, Christopher, 348
Marshall Field and Co., 305, 519, 525
Marshall, Rachelle, 140
Marton, Kati, 205
Maryland MCC (Muslim Community Center, 6, 406
Maryland Unv. 315, 527
Marzuk, Abu, 390
Marzullo, Sal G., 281
Mas, Raymond J., 453, 454
MASHAV (İsrail Dışişleri İşbirliği Merkezi), 141
Masmoudi, Radwan, 87

Mason, John, 459
Massing, Michael, 280
Masson, Paul, 522, 523
Masters, Kim, 213
Mater, Nadire, 232, 237
Matre, Joachim, 294
Matthews, David, 97
Maxim, Craig, 443
Maxwell, Robert, 208
Maynes, Gretchen, 281
Mazlumder, 84, 85, 116, 232, 262, 339, 431
MBB, Bkz. Marmara Belediyeler Birliği
McArthur, Gen. Douglas, 441
MCC (Muslim Comm. Center London), 6, 401
McCabe, Joan M., 42
McCain, John, 301, 519
McCarrick, Theodore, 366, 368
McCarry, Caleb, 283
McCarthy, Eugene, 282
McCarthy, Joseph, 299, 526
McCarthy, Justin, 527
McCormick, Robert R, 305, 519, 525
McDonald Finance, 197
McDonald, Kathryn Jackson, 522
McDonald, Larry, 522, 523
McDonnell-Douglas Co. 305, 519, 525
McDowell, Bruce, 452
McFarlane, Robert Carl, 359
McGehee, Ralph, 19, 21, 33, 542
McGhee, George, 515
McGill Unv., 464
McHenry, Donald F., 277
McInnis, James, 97
Mckeeby, David, 174
McKiernan, Kevin, 231
McKnight Fdn, 517
McLean, Sheila Avrin, 281
McMahon, John N., 519
McSwain, Kristen, 178, 179
Med Zehra (Eğitim Kültür V.), 420
Med Zehra Ltd. Şti., 419, 544
Media Monitors Network, 87
Medreset-üz Zehra V., 422
Medreset-üz Zehra Yayınevi, 419
MEF (Middle East Forum), 6, 151, 460, 480, 481
Melen, Mithat, 173, 465
Melia, Thomas O., 521
Melley, Kenneth F., 277
MEMRI (Middle East Media R. Inst.), 6, 151
Menderes, Adnan, 64, 434, 441, 456
Menil, Georges de, 205
MEQ (Middle East Quarterly), 6, 460, 480-482
Merill Lynch Global, 238
Merisko, Robert, 97
Mersin, 58, 115, 137, 169, 256, 506
Messitte, Zach, 466
Mete, Nilüfer, 376
Metiner, Mehmet, 421, 422, 436
Metropolitan Life Fdn, 526
MFI (Minaret Freedom Inst.), 6, 410, 411, 415
MFI, Bkz.Multilateral Funding Int.
MGK (Milli Güvenlik Kurulu), 84, 159, 181, 234, 246, 248, 268, 414, 492
MHP, 113, 138, 162, 165, 166, 250, 327, 399
MI6, 2

MIS (military Intelligence Service), 303
Mısır Yatırım Bankası, 190
Miami, 293, 348, 354, 355, 359
   Grand Federal Jury, 222
   University, 97
MIT (Massachuset Inst. of Technology), 16, 311
Middendorf, J. William, 304, 305, 519, 520, 526
Middle East Inst., 73, 435, 463
Middle East Media Survey, 144
Midillili, Ali, 168
Midler, Bette, 211
Migdalowitz, Caroll, 119, 338, 467
MİKOM (Milletvekili İzleme Komitesi), 162
Mikva, Abner J., 277
Milas, Herkül, 241
Miller, Arthur, 157
Miller, James, 466
Miller, William, 269
Milli Eğitim Bakanlığı (T.C.), 102, 166, 403, 493, 506
Milli Gazete, 241, 421
Milliyet (Gazete), 168, 237, 241, 404
Mills, Ami Chen, 24, 97, 144, 277, 310, 409, 542
Milner, Alfred, 323
Milwaukee, 419, 420
Minaret Freedom, Bkz. MFI
Minter, William, 325
Miquilena, Luis, 346
MİSK (Milliyetçi İşçi Sendikalar Konf.), 157
Miskitos (Nikaragua Yerlileri), 357, 359
Misnistry of Imama W. D. Mohammed, 390
MİT (MAH), 212, 357, 489
Mitchell & Burns Co., 520
Mitchel, Thomas, 464
Mitsubishi, 517
   Bank Fdn, 517
Mobbir, Şamir, 468
Mobil, 139, 193, 286, 309, 520, 522
   Ayrıca Bkz. Exxon
Moğolistan, 25, 451, 514
Mohammed, Wallace Dean (Wallace Deloney Elijah), 366, 390
Moldovya, 514
Monako, 228
   Fahri Konsolosluğu, 182
   Grimaldi, 221
   Prensliği, 182
Mondale, Walter F., 277, 522
Monday Club, 97, 523
Mont Pelerin Society, Bkz. MPS
Montt, Efrain Rios, 306
Montville, Joseph, 72
Monumental Baptist Kilisesi, 366
Moon, Hak Ja Han, 446, 530
Moon, Sung Myung, 51, 66, 169, 185, 197, 212, 213, 245, 304, 331, 354, 362, 438-440, 442-451, 453, 454-457, 459, 462, 523, 524, 527
   Mrs Moon, Moon'un eşi, 443, 446
   'cular, 448, 452, 454, 455
   çevresi-şirketleri, 529-530
   's Masters, 438
   has adamları, 444
   Hıristiyanlığı, 455
   'un oğlu, 440
   'un sağ kolu, 444, 451, 524

   örgütü, 442, 449, 454, 526
   tarikatı, 3, 5, 7, 8, 39, 66, 97, 199, 251, 282, 300, 354, 449, 454
Moore, Thomas H., 520
Moore, Thomas W., 521
Mori Ltd. (İngiltere), 99,136
Moritanya, 73, 320
Mormon Kilisesi, 366
   Ayrıca Bkz. Son Gün Havarileri
Morton, Azie Taylor, 277
Moshe Dayan Cent. (Merkezi), 166, 167
Moss, Robert, 65
MOSSAD, 2, 140, 210-212, 300, 457, 483
Mother Jones Monthly, 193, 280, 285, 365, 544
Motola Larovek Teknik Unv., 249
Motorola Corp., 305, 519, 525
Moudros, 334
Moutsopoulos, Evanghelos, 362, 444
Mower, Joan, 294
Moynihan, Daniel Patrick, 277, 358, 518
MPAC (Muslim Public Aff. Council), 6, 372
MPS (Mont Pelerin Society), 91, 92, 95, 97, 301, 518
Mroz, Barbara, 163
Mroz, John Edwin, 163, 169, 173, 205, 269
MSA (Muslim Students Ass.), 6, 390, 468
MSB (Milli Savunma Bak.), 11, 14
Mughisuddin, Mohammed, 406, 542
Mughisuddin, Oya, Bkz. Akgönenç, Oya
Muğla, 6, 50, 60, 174, 262, 333
Muhammed V Unv., 451
Mujahid, Abdül Malik, 468, 470
Multilateral Funding Int. (MFI), 164, 182, 481
Mumcu, Ahmet, 124
Mumcu, Ceyhan, 421
Mumcu, Özge, 542
Mumcu, Uğur, 13, 68, 70, 76, 88, 94, 122, 223, 238, 392, 421-423, 481, 485-494, 540, 542
MUMİKOM, 6, 50, 60, 162, 262
Munis, Yahya, 71
Muradoğlu, Gülnur, 106
Murphy, Richard W., 73, 435
Muslim Education Council, 468
Mustafa Kemal (Atatürk), 10, 13, 60, 64-66, 74, 100, 105, 121, 123, 124, 127, 128, 132, 138, 162, 181, 242, 258, 261, 264, 313, 314, 331, 333, 335, 337, 374, 387-389, 392, 403, 405, 419, 431, 432, 467, 475, 478, 480, 493, 495-498, 538, 540-542, 544
Mustafa Rifat Bey, 440
Mustafa Sabri, Şeyhülislam, 466
Musullulu, Yaşar Avni, 222
Mutlu, Zafer, 516
Mutual of America Life Insurance, 520
Müezzinoğlu, Ziya, 250
Müftüoğlu, Osman, 484
Münazara Kulüpleri, 166
MÜSİAD, 411
MWL (Muslim Women's League), 6, 366, 368, 370
Mylorie, Laurie, 151

N
Nadir, Asil, 234
Nadosy, Peter, 205
Naidoo, Jay, 278

NAIT (N. A. Islamic Trust), 6, 389-391, 394, 470
Namazov, Eldar, 220
Naouri, Jean-Charles, 208
Narbone, Luigi, 94
Narlı, Nedim, 166
Narlı, Nilüfer, 174, 444
Nasır, Şeyh Seyyid Hüseyin, 468
Nasrallah, Hasan, 428
Nasrullah Han, 524
Nasseri, Ziya Han, 524
Nathan Cummings Fdn, 517
Nation of Islam, 450
National Commission on Philanthropy, 112
National Committee on U.S.-Greece, 154
National Council of Jewish Women and Hadassah, 6, 139
National Defense Unv., Bkz. NDU
National Liberty Corp., 520
National Security Quarterly, 144
National War College, 167, 181
NATO, 1, 26, 33, 80, 139, 142, 144, 153, 156, 157, 163, 165, 174, 182, 187-189, 204, 207, 244, 249, 269, 270, 275, 293, 302, 304, 318, 320, 324, 328, 329, 399, 441, 445, 465, 490
Nauckhoff, Marcia Dawkins, 281
Naum, Hayım, 467
Nazar, Ruzi, 489
Nazir, Lord Ahmed, 402, 403
NCJW, Bkz. National Council of Jewish Women
NCPAC (National Conservative Political Action Committee), 6, 284
NDCP (National Drug Control Prg.), 6, 292
NDI, 6, 15, 23, 28, 32, 33, 41, 42, 45, 50, 51, 56-61, 66, 76, 106 -109, 121, 129, 146, 159-161, 165, 166, 172, 173, 188, 202, 217, 246-248, 255, 261, 262, 264, 271, 274, 276-287, 300, 330, 344, 346, 350, 351, 358, 502, 504-511, 513, 517, 520-522
NDRI (Network of Democracy R. Inst.), 6, 25
NDU (National Defense Unv.), 6, 186, 189
Necipoğlu, Gülru, Bkz. Kafadar, Gülru
Neyire, al-Sabbah, 199
NED, 6, 15, 16, 20, 21-28, 30-33, 40-42, 45, 47, 50, 52, 56-58, 60, 62-66, 68-71, 74, 76, 79 -85, 90, 94, 95, 99, 100, 103, 105-112, 115, 121, 123, 124, 130, 134, 149, 159, 160, 165, 166, 173, 175, 178, 179, 181, 184, 186, 190, 205, 206, 209, 229, 233, 234, 240, 243-248, 251, 253-255, 257, 260-262, 265, 268-271, 275, 278, 279, 281-286, 288, 293, 295, 300, 303, 307, 314, 315, 318-321, 323, 327, 328, 339, 344, 346-349, 351, 360, 433, 461, 466, 499-502, 504-514, 516, 518, 520, 524, 527, 528, 545, 546
Forum, 24
Neibuhr, Reinhold, 274
Neier, Aryeh, 228, 231
Neil-Smith, David, 523
Nelson, Russell Marion, 366
Nesin, Aziz, 398
Ness, Immanuel, 23, 240
Net Holding, 227, 250
Net Turizm, 227
Netenyahu, Benjamin, 150
Network Resources America Inc., 520

Neumann, Robert, 524
Nevada Unv., 452
New Atlantic Initiative, 139, 164
New Frontier, 226
New Jersey CPCC (Commission on Privatization and Competitive Contracting), 518
New Land Fdn, 517
New York Times, 21, 241
Company Fdn, 517
Newbridge Andean Partners, 279, 280
Newcombe, Caroline B., 521
Newtizm, 92
Newton-Smith, William, 205
Nezan, Kendal, 72, 435
NFF (Nicaraguan Freedom Fund), 6, 303, 304, 524
Nijerya, 24, 318, 514
Nikaragua, 4, 16, 18, 21, 32, 47, 63, 97, 196, 217, 244, 279, 280, 283, 284, 292-294, 301-304, 320, 354-360, 368, 454, 518, 524, 526
Nimetz, Matthew, 205, 206, 327
Nite Occidental Petroleum Corp., 520
Nixon Center, 26, 465, 466, 516
Nixon, Richard, 311, 451
Nogaylaroğlu, Bertan, 147
Norcross, David A., 518
Norcross Landgraf, 518
Nordex, 224
North A. Congress on Latin America, 311
North A. Council for Muslim Women, 468
North, Oliver (Ollie), 223, 293, 294, 359, 523
Northeastern Unv., 250
Northern Virginia Community College, 459
Northrop Grumman Radar, 139, 225
Northwestern Unv., 465
Norton, Stephen (Stefanos) R., 155, 156
Notz, Beat, 221, 222
Novak, Michael, 524
NSAB (National Security Edu. Board), 6, 434
NSC (National Security Committee), 6, 43, 196, 300, 302, 303, 311, 354, 357, 359, 369, 434, 515, 518, 523
NSI (National Security Intelligence), 6, 32
NSIC (National Str. Inf. Center), 6, 526
NSPG (National Security Plan. Group), 6, 357
NTV, 233, 241, 516, 528
Nuevo Amenecer, 349, 350
Nuhoğlu, Hayrettin, 532
Nur-ul İslam, Dr. Kazi, 448
Nutter, John Jacob, 285, 292, 298, 302, 542
Nübihar (Dergi), 421, 422, 436, 538, 544
Nye, Joseph S., 220

O

OAFNA (Oscar Arias Fdn), 6, 31
Oaklawn, 389, 390
OAS (Org. of American States), 6, 217, 283, 305, 348
O'Brien, Jerry, 521
O'Brien, Michael, 305
Odabaşı, Yılmaz, 232
Odom, William, 111
ODTÜ, 83, 102, 136, 162, 167, 237, 250, 251, 256, 340, 464, 528
OECD, 6, 221
OEF (Overseas Edu. Fund) Int., 6, 280, 281

Oerlikon, 291
Oğur, Yıldıray, 2
Oğuz, Fuat, 89
Oğuz, Mehmet, 232
Ohio, 249
Ohio State (Devlet) Unv., 465, 527
OHRI (Org. of Human Rights in Iraq), 6, 72
OIA (Org. Istanbullian Armenians), 6, 73
Okçuoğlu, Ahmet Zeki, 232
Okkan, Gaffar, 422, 477, 494
Oktay, Ahmet, 241
Okur, Meliha, 251
Okuyan, Yaşar, 138
Okyar, Osman, 66, 88, 89
Oldenburg (Hanedanlığı-Danimarka), 221
Oldenburg (Hanedanlığı-Norveç), 221
O'leary, Carole A., 360
Olin Foundation, Bkz. JM Olin Fdn
Oliver, Daniel, 164
Olivetti, 222
Olmsted, Kathryn S., 307, 542
Onar, Mustafa, 496, 542
Onassis Vakfı, 206, 245
OPEC, 19, 343, 346
Open Society Institue, Bkz. OSI
OPIC (Overseas Private Invest. Corp.), 7, 280
Opperman, Vance K., 521
Oral, Zeynep, 118, 121, 263
Oran, Baskın, 71, 338-340, 476, 540
Orange-Nassau (Hanedanı), 221
Orban, Viktor, 168
Orçun, Alp, 250
Orhan, Muharrem Naci, 398
Orient Inst., 234, 351, 398
Orloff, Jan, 281
Orman, Sabri, 444
Orta Asya Araştırmaları Enst., 464
Orta Avrupa Ünv., 205, 327
  Ayrıca Bkz. Central Europe Unv.
Ortadoğu (Gazete), 241
Ortak Zemin Merkezi, Bkz. Avrupa Ortak Zemin
Ortaylı, İlber, 166, 174
Ortega, Carlos, 347
Ortega, Daniel, 356, 360
Oruç, Yeşim, 173
Oscar Arias Fdn, Bkz. OAFNA
OSCE, 6, 90, 119, 178, 384, 545
OSI (Open Society Inst.), 3, 6, 165, 166, 180, 228, 238, 340, 507
  İstanbul Şubesi, OSIAF, 3, 237, 507
  Türkiye İrtibat Bürosu, 237
Oslo, 71, 72, 255
Oslo Barış Araştırmaları Enst., 71, 72
OSS (Office Str. Services), 6, 16, 282, 293, 303, 304, 489, 523
Othman (Osman), Talat Mustafa, 393, 470
Oxford Unv, 96, 239, 311, 540
Oxley, Michael, 244, 245

Ö

Öcalan, Abdullah, 86, 147, 153, 154, 157, 231, 232, 296, 396, 408, 412, 434, 475, 477, 478
Öcalan, Osman, 428, 429, 475
Öke, Mim Kemal, 433
Öksüz, Enis, 532
Öktem, Niyazi, 71

Önal, Ayşe, 71, 251
Önal, Sezen Cumhur, 138
Öncü, Ayşe, 527
Önen, Haluk Hami, 137, 161, 170, 484
Öngör, Akın, 237, 527
Ören, Enver, 138
Ören, Mücahit, 138
Öymen, Onur, 174
Özal, Ahmet, 138, 430
Özal, Semra, 421, 442, 444, 446
Özal, Turgut, 64, 70, 76, 77, 83, 86, 97, 117, 123, 128, 134, 137, 138, 142, 143, 147, 148, 179, 182, 183, 185, 191, 198, 199, 224, 226, 249, 252, 263, 272, 286, 302, 393, 420, 421, 437, 484, 491, 492, 515, 520, 528, 543
Özatay, Fatih, 216
Özbekistan, 65, 67, 211, 233, 328, 451, 514, 528; Ayrıca Bkz. Uzbekistan
Özbey, Cemal, 398
Özbudun, Ergun, 25, 124, 132, 134, 161
Özcan, Mustafa, 540
Özcan, Rıza, 448
Özdağ, Ümit, 265, 435, 532
Özdalga, Elizabeth, 464, 465
Özdemir, Ali Talip, 138
Özdemir İnşaat A.Ş, 391
Özdoğan, Günay, 528
Özel, Soli, 161, 174, 246, 422
Özerden, Oğuz, 237
Özfakih, Fakih, 12
Özgen, Eralp, 161
Özgü, Tahir, 174
Özgür, Hüseyin, 89
Özkan, Funda, 484
Özkan, Hüsamettin, 159, 172
Özkara, Ahmet, 137
Özkırımlı, Attila, 398
Özkol, Adil, 484
Özkol, Sedat, 51
Özkök, Ertuğrul, 243
Özkul, Halid, 303
Özokur, Orhan, 532
Özsarı, Haluk, 161
Özsoylu, Ahmet Fazıl, 89
Özsunay, Ergun, 528
Öztrak, Faik, 244
Öztürk, Yaşar Nuri, 443
Özyeğin, Ayşen, 238
Özyurt, Ahu, 241

P

P2, Mason Locası, 196, 197, 220, 223, 226, 489, 490
PAC (Political Action Committee), 7, 195, 198
Pacific Student Times, 531
Pacific Studies Center, 311
Paine Webber Inc, 194, 518
Pak, Bo Hi, 524
Paker, Can, 169, 174, 181, 233, 237, 238, 246, 249, 258
Pakistan, 97, 281, 291, 292, 295, 296, 391, 399, 401, 402, 406, 408, 410, 415, 426, 459, 470, 481, 514, 524
Paladino, Moris, 278
Palast, Greg, 142, 542
Pale, D.C., 303

Pallis, Alexander Anastasius, 90, 542
Palme, Olaf, 41
Palmer, Mark, 260
Pamir, Necdet, 167
Pamuk, Orhan, 157
Pamuk, Şevket, 527
Pamukkale Kilisesi, 452
Pan-Am, 303
Panama, 217, 223, 281, 302, 356, 357, 368, 514
Papa II. Jean Paul, 111, 223, 366, 387, 456, 457, 481, 486, 488, 490, 542
Papakçı, Zihni, 454
Papandreu, Yorgo, 155, 243, 244, 286
Parasiliti, Andrew, 435
Paris, 19, 83, 131, 208, 323, 443, 464, 476
   Arap Dünyası, 464
   Ecole Science Politiques, 440
   Konferansı, 100, 323
   Savcısı, 208
   Üniversitesi, 72
   Kürt Enstitüsü, 72, 435
Park, Tongsun, 51, 212, 245, 539
Parkinson, Paula, 200
Parliament of the World's Religions, 4, 468, 529
Parris, Mark, 147, 169, 174, 428, 469
Parro, Luzardo, 345
Parry, Robert, 18
Patrick - Anna M. Cudahy Fund, 517
Pauker, Ana, 311
Peace Development Fund, 517
Pearson, Robert (Bob), 244, 245
Peck, Alexander, 399
Pegasus Int. Inc., 522
Pehlevi, Şah Rıza, 144, 310, 332
Pekin, 76, 213, 303, 369, 385, 447, 470, 471
   Kadın Hakları Konferansı, 303
Pena, Alfredo, 344, 346
Pensylvania, 212
   Üniversitesi, 249
Pentagon (ABD Savunma Bakanlığı), 149, 154, 156, 187, 206, 225, 242, 281, 295, 311, 351, 413, 515, 520, 523, 542
PepsiCo Fdn, Inc., 517
Peres Barış Merkezi, 166
Perinçek, Doğu, 71
Perle, Richard, 143, 149-151, 164, 225, 369
Peru, 19, 171, 216-218, 227, 240, 313, 342, 351, 466, 514
Petras, James, 27
Petronas (Malezya Petrol), 379
Petrone, Angelo, 89
Pew Charitable Trusts, 163, 517
Pew, J. Howard, 526
Peyraud, Jean-Pierre, 208
PFIAB (President's Foreign Intelligence Advisory Board), 7, 303
Pfister, Thierry, 280, 539
Pfizer Inc, 164
Philadelphia Society, 519
Philip Brothers, 210
Philip Morris, 194, 235
Phillips, David, 72, 73
Phillips, James, 481
Phillips, Kevin, 199, 200

Phillips Petroleum, 302
Picciotto, Edger de, 221-226
PİK (Partiya İslamiya Kurdistan), 7, 421, 422, 436
Pike, Otis (Senator), 17
Pil, General Kim Jong, 211
Pinter, Harold, 157
Pipes, Daniel, 174, 481
Pizza Connection, 222
PKK (Partiya Kerkeran Kurdistan), 77, 78, 86, 101, 153, 154, 187, 231, 232, 243-295, 296, 298, 316, 411, 417, 421, 428, 429, 432, 436, 477, 491, 492, 527, 541
Podhoretz, Norman, 369
Poindexter, John, 357
Polat, Can, 296, 541
Polat, Mustafa, 419
Polat, Yılmaz, 26, 104, 252, 435, 482, 515, 516, 538, 542,
Polish Roundtable Accord, 269
Polites, Stacey, 206
Ponce, Carlos, 348
Pontus, 90, 154, 235
Poole, Gonca Sönmez, 315
Popper, Sir Karl, 219
Porter, John, 199
Posbıyık, Halil, 173
Powell, Colin L., 189, 299, 345, 348
Poyraz, Ergün, 98, 130, 140, 238, 499, 542
Pozitif Yaşam Derneği, 535
PPG Industries, 526
PPI (Progressive Policy Inst.), 7, 141
Praagh, Peter Van, 161
Prag, 15, 163, 205, 528
Presel, Joseph, 328
Princeton Unv., 24, 225, 465, 527
Priştina, 216
Procter & Gamble Fund, 526
PRODEL (Programa para el Desarrollo Legislativo), 7, 351
Prodi, Romano, 209
Profilo Holding, 164
Protestanlar Ulusal Birliği, 366
PSYO (Phsyco War Operation), 7, 70
Public Welfare Fdn, 517
Puerto Riko, 518
PvdA (Hollanda İşçi Partisi), 41
PWPA (Moon), 7, 39, 169, 251, 362, 440, 442, 444, 446, 450, 451, 527, 531, 532

Q

QIZ (Qualified Industrial Zones), 167
QLI (Quranic Literacy Inc.), 389-391, 394
Qualcomm Co., 324
Quantum Fund NV, 1, 59, 91, 190, 204, 220-226, 228, 238, 240, 241, 259, 490
   Realty, 149, 225
   Emerging Growth, 222, 226,
Quateert, Donald, 527
Quayle, Dan, 33, 200
Queval, Axel, 256
Quigley, Carol, 323
Quinn, Jack, 211
Quintero, Rafael, 360

R

R.J. Reynolds Co., 194
RABITA, 51, 238, 392
Racio, Ralph, 89
RACRJ (Religious Action Cent. Reform Judaism), 7, 368
Rade Konçar, 231
Radikal Gazetesi, 160, 237, 241, 250
Radio Free Asia (CIA), 303, 453
Radio Free Europe (RFE), 7, 174, 247, 303, 435, 487, 528
Radio Free Iran, 303
Radio Free Iraq, 303
Radio Liberty (RL), 7, 64, 66, 247, 300, 303, 528
Radio TV Marti, 303
Radomisli, Aylin, 442, 444, 445
Radyo Ekin, 71
Radyo İmaj, 71
Raif, Kamil B., 339
Rainer III, Prens, 182
Raiser, Helmut, 224
Raiser, Molly, 277, 521, 522
Ramirez, Hector, 345, 347
Ramirez, Ricardo, 366
Rampart Magazine, 16
Ramsay, Robin, 483, 542, 544
Rand Corporation, 7, 38, 64, 65, 74, 86, 87, 100, 104, 110, 111, 146, 147, 166, 244, 249, 251, 260, 261, 264, 265, 295, 309, 311, 313, 316, 334, 433, 434, 461, 463-465, 474, 476, 477, 480-482, 487, 491, 492, 540
  Graduate School, 86, 316
Randolph, Philip, 275
Ransom, David, 311
Rauf, Muhammed A., 406
Raymond Jr., Walter, 293
Rayonier Corp., 353
Raytheon Co., 139, 520
Razaq, Sadia, 414
Reagan, Ronald, 18, 26, 27, 49, 73, 92, 97, 111, 143, 150, 164, 186, 197, 224, 225, 242, 244, 270, 271, 275, 278-280, 291, 295, 300-305, 319, 354, 358, 359, 369, 497, 518, 520, 523-526, 539
  demokrasisi, 26, 164, 271, 275, 291, 304, 525
  Demokratları, 278, 279, 301, 519
Reebok Fdn, 517
Reed, Howard, 527
Rees, Lord William, 222
Refah Partisi, Bkz. RP
Reform Judaism, 7, 139
Regis Unv., 519
Reich, Otto, 347
Reichmann, Paul, 149, 225
Reichstag, 130
Religion and Diplomacy Int. Cent., 5, 468, 473
Religious Action Cent. Bkz. Reform Judaism
Republic Bank N.Y, 222
Research Inst. of America, 278
Ressam, Ahmet(d), 426, 427
Resulan, Osman, 421
Reuters, 93
Reuther, Walter, 274
Rey, Nicholas A., 277

Reynolds, Nancy Clark, 281
RFE, Bkz. Radio Free Europe
RGS, Bkz. RAND Graduate School
Rhode, Harold, 515
Rhode Island, 359
Rhodes, Cecile, 160, 323
  Scholars (Bursiyer), 323
RIIA (Royal Inst. of Int. Affairs), 7, 72, 187, 188, 323, 324
Rıza, Bülend Ali, 515, 516
Ricciardone, Francis J., 435
Rich, Denise Eisenberg, 211
Rich, Marc David, 209-211
Richardson, 391
Richter, Anthony, 165, 228
Riegle, Donald W., 298
Riegle Report, 298
Rincon, Lucas, 346
Rivlin, Alice, 281
RJC (Republican Jewish Coalition), 7, 300
RL, Bkz. Radio Liberty
Robb, Charles S., 277, 522
Robbins, Liz, 205
Robelo, Alfonso, 355, 357
Robert F. Kennedy Human Rights Fdn, 517
Robert Kolej, 237, 440
Robertson, Lord George, 174
Rochester Inst. of Technology, 97, 282
Rockefeller, Nelson, 120
Rockefeller Brothers, 53, 109, 124, 163, 209, 218, 303, 311, 312, 329, 330, 440, 517, 538,
  Foundation., 17, 53, 325, 327, 330, 517, 538
Rodhe, Barbara, 521
Rodnay, C., 303
Rodriguez, Ali, 346
Rodrik, Dani, 174, 251, 527
Roeder, Edward, 140
Rogers and Barbour Co., 224
Rogers, Edward, 224
Rogers, Jim, 221, 227, 229
Romanya,169, 210, 270, 311, 514
Rondelli, Alexander, 169, 174
Roosevelt, Franklin D., 195, 325
Roper, Lord John, 72
Rosen, Steve J., 172
Rosenblum, Janeth, 281
Rosenthal, A. M., 21
Ross, Robert Gaylon, 328, 522, 542
Ross, Thomas, 544
Rotary (Klüp), 171
Rotfeld, Adam Daniel, 72
Roth, Claudia, 130
Rothschild Ailesi, 124, 219, 221, 223, 225, 490
Rothschild and Sons, 221, 223, 224, 249,
Rothschild Bank AG, 221
Rothschild, Baron Jacob, 221, 222
Rothschild, Edmond de, 221
Rothschild, Evelyn de, 221
Rothschild S.p.A (Milan), 221
Rowley, Charles K., 89
Royal Caibbean Cruises Ltd., 279
Rozen, Laura Kay, 374
RP (Refah Partisi), 50, 77, 113, 119, 206, 257, 327, 330, 338, 373, 385, 401, 404, 411, 436, 450, 471, 474, 479

RSF (Reporter Sans Frontier), 7, 216, 505
Rubin, Barnett Richard, 72, 366
Rubin, Barry, 151, 152, 539
Rubin, Michael, 151
Rubin, Nancy H., 277, 280, 521
Rubin, Seymour J., 527
Rubinstein, Richard, 444
Ruh Sağlığında İnsan Hakları Girişimi, 535
Rukh *hareketi*, 270
Rumi Forum, 464
Rumpf, Christian, 127-129
Rumsfeld, Donald, 295
Rush, Valerie, 218
Rustin, Bayard, 274, 275, 278
Rusya (Russia), 24, 25, 26, 30, 32, 33, 56, 65, 66, 151, 152, 159, 173, 196, 209, 213, 220, 227, 268, 295, 318, 328, 371, 380, 405, 514, 516, 520, 522
RWE AG, 164
RYS (Religious Youth Serv.), 7, 39, 447, 448, 532

S

Saatçi, Ali, 106
Sabah (Gazete), 241, 516
Sabancı, Güler, 204, 237
Sabancı Holding, 169, 233, 237, 246, 249
   Üniversitesi, 59, 147, 205, 207, 218, 239, 250, 251, 433, 435, 465, 503, 528, 535
   Center, 204
Sabancı, Vuslat Doğan, 241
Sabatini, Chris, 349
Sabbah, Hasib J., 73
Sabuncu, M. Yavuz, 528
Sabuncu, Murat, 137
Sachedina, Abdulaziz, 458, 515
Sachs, Jeffrey D., 170, 209
Saddam Hüseyin, 150, 151, 189, 224
Safra, Edmond, 208, 222
Sağlar, Durmuş Fikri, 387
Sahar, Haluk, 147
Said Molla, 402
Said-i Nursi (Kürdi), 238, 413, 415, 419, 420, 422, 433, 436, 451, 452, 456-458, 466, 467, 541, 542, 543,
Saint Mary's College, 466
Sak, Güven, 216
Sakarya, 90, 174, 495
Sakarya Ünv., 422
Salem, Hüseyin, 360
Salih, Azita, 389
Salih, Muhammed (Endonezyalı), 311
Salih, Muhammed (Erk Partisi), 528
Salih, Muhammed (Filistinli), 389, 390
Salihi, Necip Ali, 260
Salin, Pascal, 89
Saloma III, John, 301, 305, 519, 525
Salonen, Neil Albert, 451
Saltzman, David, 172
Salvador, 274, 284, 302, 357, 369, 514
   Halk Cephesi, 302, 354
Sampson, Anthony, 221, 543
Samsun, 153, 164, 174
San Fransisco, 140, 427
Sanberk, Özdem, 40, 161, 174, 234, 245, 248, 249, 261, 266, 267

Sandalcı, Emil Galip, 398
Sandi, Rubar S., 260
Sandinista, 279, 280, 283, 354-356, 359, 360
Sandole, Dennis J. D., 314
Sanlı, Saim, 267
Sapan, Özcan, 478
Saperstein, David, 139, 368, 369, 380
Sapmaz, İrfan, 241
Saraç, İsa, 459
Saraç, M. Fatih, 238
Saraçoğlu, Rüştü, 138
Sarah Scaife Fdn, Bkz. Scaife Family
Saramago, Jose, 157
Sarıaslan, Halil, 71
Sarıhan, Şenal, 340
Sarıkaya, Muharrem, 102
Sarıkçıoğlu, Ekrem, 454
Sarıtoprak, Zeki, 464, 465
Saruhan, Numan, 443
Sasakawa Peace Fdn, 517
Satloff, Robert B., 481
SATO (South Atlantic Treaty Org.), 7, 275, 304
SAV (Str. Araş. V.), 7, 57, 99, 100, 102-105, 112, 162, 500, 539
Sav, Atilla, 45, 161, 162
SAVAMA, 2
Savaş, Vural Fuat, 89
Savaş, Vural, 411
Savours, Dale Campbell, 160
Sawimbi, Jonas, 284
Saxe-Coburg (Hanedanlığı), 221
Sayan, Diego Garcia, 218
Sayarı, Sabri, 86, 101, 104, 146, 147, 166, 251, 314, 316, 409, 412, 433, 465, 477, 480-482
Saybaşılı, Kemali, 528
Saydam, Ali, 241
Saydam, Serdar, 234
Saydamlık Hareketi, Bkz. Toplumsal Saydamlık H. Derneği
Saygın, Işılay, 444, 446
Sayıcı, Mete, 250
Saylan, Türkan, 136, 181, 339
Sayman, Yücel, 376
Sazak, Derya, 250
SBF (Siyasal Bilgiler F.), 124, 249
Scaife Family Trusts, 309
   Scaife Foundation, 309, 517
Scaife, Richard, 301, 525
Scheer, Robert, 211
Scheman, L. Ronald, 521
Schlei, Barbara, 281
Schlesinger, James, 295
Schmidt, Lars Peter, 123
Schmidt, Rudolf, 123
Schönbohm, Wulf, 123, 125-128, 131
Schroeder Co., 487, 488
   Schroeder New York, 489
Schroeder, Kurt von, 489
Schüler, Harald, 256
Schweitzer, Robert, 293
Scowcroft, Gen. Brent, 186, 518
SD/USA (Social Democrat / ABD), 7, 274, 275, 278, 279, 521
Sears, Roebuck & Co., 305, 519, 525
Sebastian, Eleanor, 281

Secord, Richard, 359
Security Affairs, 144
Sedes, İzzet, 241
Segré, Claudio, 221
SEIU (Service Employees Int. Union), 7, 521
Seiple, Robert, 299, 368, 370, 380, 381, 395, 431, 471
Sekai Nippon, 445, 531
Seko, Mobutu Sese, 284
Selanik, 136, 138, 206, 245
Selçuk, İlhan, 398
Selçuk, Sami, 124, 239, 437, 438, 475
Selçuk Ünv., 165
Selosomardjan, 312
Sera Dergisi, 458
Seren, Arıl, 250
Serik, 392
Sertel, Murat, 527
Servantie, Alain, 172
Sestanovich, Stephen, 328
Seul, 24, 446, 449
SEV (Sağlık ve Eğitim Vakfı), 7, 249
Sever, Metin, 113, 543
Sevindi, Nevval, 168, 373
Sevr (Sevres), 75, 76, 89, 90, 94, 334, 340, 341, 429, 476
Sewell, John, 281
Seydi, Nahid Anga, 468
Seyid, Seyid Muhammed, 390
Sezal, Ali, 252
Sezer, Ahmet Necdet, 123, 124, 171
Sezer, Duygu, 147
Shackley, Theodoro, 359, 360
Shactman, Max, 274
Shaler Adams Fdn, 517
Shalom, Jak, 72
Shankland, David, 256
Shapiro, Charles, 348
Sharon, Ariel, 212; *Ayrıca Bkz.* Bkz. Şaron, Ariel
Shavit, Shabtai (Mossad), 210
Shaw, Stanford J., 527
Shea, Nina, 366, 368
Shea-Gardner Co., 144, 260
Sheehan, Michael, 298
Shell (Oil Co.), 301, 519
  Foundation, 526
Shelton, Elizabeth W., 251, 252
Shepardson, Whitney H., 325
Shin Beth, 212
Shocas, Elaine, 277
Shorrock, Tim, 242
Shoup, Laurence H., 325
Shultz, George, 139, 357
Sıddıki, İkbal, 87
Sıddıki, Muhammed, 420, 470
Sıddıki, Muzammil, 393
Sık, Ahmet, 232
Sılay, Kemal, 527
Sınır Tanımayan Gazeteciler, Bkz. RSF
Sırma, Süreyya, 422
Sızıntı (Dergi), 458, 515
Siemens, 231
Sierra Leone, 514
Sift Inc., 293
Silier, Orhan, 62, 376

Silikon Vadisi, 193
Simon, William E., 304, 309, 524
Simonet, Patrick, 163
Sinangil, Handan Kepir, 442, 444
Sinari, Hüseyin, 260
Sinclair, Upton, 274
Singer & Friedlander, 221
Singlaub, Gen. John K., 292, 293, 522, 523
Sister Sledge, 211
Sitilides Group, 153
Sitilides, John, 152-158, 206
Sivil Toplum Kuruluşları Birliği, Bkz. STKB
Sklar, Holly, 72, 246, 279, 293, 325, 354, 356, 522, 543,
Slater, Robert, 219
Slobod, Jeanne L., 281
Slovakya, 15, 169, 514
Smalls, Marva T., 277
Smith, Andrew V. Robert "A.V.R", 523
Smith, Beth K., 521
Smith, Charles Z., 368
Smith, Dan, 72
Smith, Houston, 468, 473
Smith, James A., 38, 92, 111, 150, 163, 293, 543
Smith Richardson Fdn, 65, 309, 517, 526
Smithsonian Inst., 527
Smyth, Martin, 522
Snyder, Alvin A., 282
SOAS (School of Oriental and African St.), 7, 256, 260
Societe Generale, 208, 222
SODEV, 7, 250, 264, 376
Soğuk, Handan, 340
Solarz, Stephen Joshua, 277
Solidarnos (Dayanışma Sendikası), 24, 223, 269
Solomon Adaları, 305
Solomon, Alan D., 521
Som, Deniz, 393
Somali, 65, 284, 514
Somoza, Anastasio (Debayle), 244, 354, 355
Somuncuoğlu, Sadi, 424, 457
Son Gün Havarileri İsa Kilisesi (Mormon), 366
Sorensen, Theodore C., 277, 282
Soros, George, 1, 7, 19, 23, 26, 33, 51, 56, 59, 91, 149, 160, 165, 166, 170, 171, 180, 185, 190, 204-210, 213-223, 225-233, 235-241, 245, 247, 259, 262, 269, 281, 287, 302, 327, 329, 340, 435, 490, 507, 521, 538, 543, 545
  Foundation, 7, 201, 216, 237, 238, 240
  Fund Management LLC, 221, 222
Soros Kazakistan Fund, 233
Soros, Tivador, 219
Sosyal ve Kültürel Yaşamı Geliştirme D., 535
Soto, Alb. Pedro, 344, 345, 348
Southern Baptist Convention, 445, 468
Soysal, İlhami, 398
Söke, 333
Sönmez, Gonca, Bkz. Poole, Gonca
Söylemez, Ufuk, 267
Sözer, Zeki, 241
Sözleşme (Dergi), 422, 437, 544
Spanos, Alex, 206

SPD (Sozialdemokratische Partei
    Deutschlands), 112, 131, 257, 264, 521
Speck, Mary, 283
Sperling, Elliot, 366
Spiers, Ronald Ian, 399
SPK (Sermaye Piyasası Kurulu), 7, 207
SPLA (Sudanese People's Liberation Army), 7,
    378
Sprayregen, Joel, 174
SRP (Suriye Reform Partisi), 7, 189
St. James Place Capital, 222
St. Sebastian School, 285
Stalin, Joseph, 82, 274
Star (Gazete), 241
Star, Frederick, 466
Starr Fdn, 517
Steed, Michael R., 277
Stefan Batory Fdn, 170
Stein, Eduardo, 217
Steinbach, Udo, 131-133
Steinberg, Michele, 144
Steinmann, David, 173, 174
Sterling, Claire, 487
Stiglitz, Joseph, 196
STKB (Sivil Toplum K. Birliği), 172, 268
Stockholm, 19, 157
Stoerkel, Jean-Marie, 197, 223, 488, 543
Stone and Kelly Co., 284
Stone, Norman, 89, 96
Stonehill College*St. Sebastian School,* 285
Stowasser, Barbara, 316
Strategic Research Fdn Bkz. SAV
Strateji Mori Ltd., 47, 99, 104, 108, 136, 164,
    166, 167, 175
Strauss, Robert S., 521
Studley, Barbara, 293
Sudapet, 379
Suddarth, Roscoe S., 435, 463
Sufism International Ass., 468
Suleivani, Mohammed, 260
Sullivan - Cromwell Co., 488-490
Sullivan and Worcester, 285
SUM (Sisters United for Merve), 7, 370, 408
Sumate (Katıl), 352
Sumitro Djojohadikusumo, 311
Summers, Larry, 209
Sunay, Reyhan, 89
Sunshine State Bank (Miami), 359
Sununu, John, 481
Suriye, 7, 73, 150, 151, 166, 188-190, 261, 303,
    315, 319, 417, 423, 427, 428, 451, 476
Sussex Unv., 249
Sussman, Leonard, 278
Sutton, Anthony, 489, 543
Suveydan, Tarık (Tareq Suwaidan), 238
Süleymaniye, 260, 426
Süryani Demokratik Hareketi, 260
Süryani Hıristiyanları, 335
Süryani Ortodoksları, 397
Süzal, Savaş, 446
Swedish NGO Fdn for Human Rights, 517
Syracuse Unv., 250
Systems Development Corp., 225
Szyliowicz, Joseph, 527

Ş

Şafak, Ali, 444
Şafak, Doğan, 541
Şafak, Mehmet, 137
Şafak, Mehmet Dursun, 137
Şah Rıza, Bkz. Pehlevi
Şahin, Haluk, 241
Şahin, Mehmet Ali, 162
Şahin, Murat, 51, 158, 173
Şahiner, Necmeddin, 456, 543
Şahinöz, Ahmet, 161
Şalom (Gazete), 241
Şamil Vakfı, 90
Şark-ı Karib Çerkesleri T.H. Cemiyeti, 90
Şaron (Sharon), Ariel, 212
    ADL Sharon Grubu, 457
Şatila, 425
Şehbaz, Abdülkadir, 420
Şenatalar, Burhan, 71, 161, 250
Şerif, Vahyeddin, 468
Şevket, Arif, 420
Şeyh Osman, 422
Şeyh Said, 419
Şırnak, 512
Şıvgın, Halil, 151
Şikago, 373, 389, 470
Şikago Unv., 97
Şili (Chili), 49, 188, 212, 285, 313, 369, 514
Şimşek, Mustafa, 340
Şirin, Nurettin, 232
Şişmanyazıcı, Nil, 172
Şizofreni Dostları D., 535
Şüküroğlu, Mehmet, 532

T

TABA (Turkish Amer. Business Ass.), 7, 252
Tabatabai, Muhammed, 197
Tacikistan, 233, 328, 514
Taheri, Amir, 332, 363, 543
Tahran, 374, 408, 418, 463
    Universitesi, 468
Tahta, Nurten, 134
TAI (Turkish Aerospace Industry), 170,
Taiwan, 523; *Ayrıca Bkz. Tayvan*
Talat, Mehmet Ali, 299
Talay, Aydın, 252
Talbott, Strobe, 240
Taleban, 289-292, 294-298, 300
Talisman Energy, 379-381
Talu, Umur, 168
Tamares Ltd., 225
Tamer, Bülent, 340
Tamer, Vecdi, 168
Tan, Altan, 421, 422, 437
Tan, Osman, 100
Tangören, Ali, 406
Tanham, George, 65
Tanla, Bülent, 104, 106
Tanör, Bülent, 71
Tanrıkulu, Sezgin, 116, 262
Tantan, Sadettin, 147
Tanzanya, 391, 458, 460, 514, 515
TAP (Türkiye Aile Planlama) V., 7, 172
Tarhan, Günseli, 137
Tarımcılar, Arzu Tuncaata, 246

Tarih Vakfı, 51, 55, 59, 62, 169, 170, 248, 250, 376, 528, 535, 538
Tarkan, Ömer, 103, 159
Tarnago, Carlos Molina, 344
Tarnoff, Peter, 281
Tarsus İmam Hatip, 409
Taşar, Bülent, 484
Taşkan, İbrahim, 137
Taube, Nils O., 221
Tavşanoğlu, Leyla, 206, 207
Tayib, Muhammed Said, 190
Taylor, David, 256
Taylor, Gen. Maxwell, 520
Tayvan, 213, 286, 292, 305, 318, 514
  Ayrıca Bkz. Taiwan
Tayyare Kültür Merkezi, 170
TBB (Türk Belediyeler Birliği), 7, 57, 58, 115, 254, 255, 501, 502, 504
TBMM, 45, 46, 50, 57-61, 75, 77, 102, 107, 115, 117, 120, 121, 124, 127, 130, 160, 161, 170, 172, 200, 243, 255, 257, 327, 332, 336, 365, 400, 401, 405, 413, 431, 432, 445, 457, 469, 471, 497, 498, 502, 504, 508-511, 513
TDV, 7, 57, 60-62, 69, 103, 124, 128-132, 134, 138, 161, 171, 177, 300, 301, 339, 499, 499
Teal, Estes, 468
TEB (Türk Ekonomi Bankası), 251, 444, 527
TEGV (Türkiye Eğt. Gönüllüleri Vakfı), 7, 170
Tekeli, İlhan, 251, 528
Tekfen Holding, 249
Tekirdağ, 171, 286, 520
Telatar, Müge, 137
Telaviv, 190, 210-212
Telaviv Unv., 166
TEMA, 7, 116, 170-173, 263, 535
TEMAV, 7, 250
Tempelsman, Maurice, 277, 285, 521
Temple Fdn, 92
Temple Unv., 412, 464
Tenet, George J., 63, 181, 345
Tenneco, Inc., 520
Tenvir Neşriyat, 419, 420
Teplán, István, 205
Tercüman Gazetesi, 465
Terlezki, Stefan, 523
Terzioğlu, Tosun, 218, 251, 528
TESAR (Top. Eko. Siyaset Araş. Mrkz.), 7, 504
TESAV, 7, 45, 46, 50, 60, 159, 160, 161, 243, 250, 256, 262, 278
TESEV, 7, 25, 26, 29, 40, 45, 46, 50, 57-60, 71, 73, 80, 83, 86, 103, 114, 115, 134, 147, 158, 160-162, 167, 169, 171, 184, 205-207, 226, 233, 234, 237, 238, 240, 242, 245-251, 253-259, 261, 262, 266-278, 300, 301, 317, 322, 339, 340, 433, 444, 465, 484, 501-504, 506-510, 513, 527, 535
Tesh, John, 187
TESK (T. Esnaf ve Sanaatkarlar Konf.), 7, 504
Texaco, 206, 245, 301, 519, 520, 526
  Foundation, 517
Texas, 391, 407
Texas Unv. (Austin), 97
Tezcan, İnci, 528
TGV (Türkiye Gazeteciler ve Yazarlar V.), 7, 85, 366, 424, 430, 465, 482

Thames Water, 164
Thatcher, Margaret, 92, 142
  Thatcherist, 97
Theodorakis, Mikis, 153, 154, 157, 396, 397
Thomas, Norman, 274, 275
Thomas, Ross, 544
Thompson, Scott, 214, 221
Thurn und Taxis, Max von, 91
Tınç, Ferai, 241
Tibuk, Besim, 138, 250
Tiflis Devlet Ünv., 314
Time Mirror, 324
Time Warner, 324
Tinker Foundation, Inc., 517
Tintner, Otto, 488
Tiryakioğlu, Sarp, 186
Titiz, Mustafa Tınaz, 71
Tizega, Abdik Hakim, 427
TOBB, 7, 243, 505, 516
Toch, Mike, 356
TOG (Toplum Gönüllüleri V.), 7, 509, 535
Tognoli, Carlo, 222
Tokatlı, Orhan, 198, 543
Toksöz, Fikret, 250, 254
Toksöz, Hakan, 162
Toledo, Alejandro, 171, 217, 218
Tomruk, Lale, 106
Topaloğlu, Ahmet, 392
Topaloğlu, Mehmet, 392
Topbaş, Mustafa Latif, 238
Topçuoğlu, Sanlı, 532
Toplum Gönüllüleri V., Bkz. TOG
Toplumsal Saydamlık Hareketi D., 161, 162
Toplumsal Tarih V., Bkz. Tarih Vakfı
Toprak, Binnaz, 167, 257, 534
Toprak, Metin, 89
Torres, Esteban E., 277
TOSAM, 7, 40, 58, 73, 259, 506-509
TOSAV, 7, 26, 58, 70-76, 78, 83, 249, 259, 278, 338, 339, 502, 504-506, 521
Toshiba International Fdn, 517
Touhey, Mark, 521
Traboulsi, Samir, 208
Trabzon, 57, 61, 100, 102, 103, 169, 170
Trade Development Bank (TDB), 7, 222
Train, John, 524
Transparency Int., 260
Traurig, Greenberg, 520
Trilateral Commision, 72, 225, 245, 246, 281, 325, 326, 522, 542, 543
Truel, Peter, 224, 225, 543
Truestar, Inc., 458, 459,
Truman, Harry S., 120
  National Security Directive, 15
Trumpbour, John, 96
TRW Inc., 225, 324
Tsene, Kerim, 448
Tsevi, Jonathan, 448
Tuborg, 205
Tudjman, Franjo, 229-231
Tufts Unv., 277, 314
  Fletcher School, 525
Tuğ, Salih, 442, 444
Tuğrul, İbrahim, 172, 173
Tuğtaşı, Abdülkadir, 252

Turhan, Talat, 14, 457, 458, 543
Tulgar, Ahmet, 185
Tuncaata, Arzu, Bkz. Tarımcılar, Arzu
Tuncer, Aydın, 172
Tuncer, Baran, 161, 251
Tuncer, Erol, 46, 160, 161, 243
Tunç, Halil, 278
Tunç, Osman, 421, 422, 544
Tunçay, Mete, 465
Tunçkanat, Haydar, 13
Turabi, Şeyh Hasan, 378
Turam, Berna, 464
Turan, Abdülkadir, 252
Turan, Gül Günver, 528
Turan, İlter, 161, 162, 167, 174, 249, 528
Turfe, Şeyh Tallal, 468
Turhan, Seyfettin, 398
Turist Rehberleri Vakfı, 535
Turkish Daily News, 182, 299, 527
Turkish Growth Fund, 226, 227, 546
Turkish Studies (Inst. of Turkish Studies), 65, 146, 166, 251, 412, 527
Turkish-American Ass., 164
Turner, Allan, 213
Turner, Colin, 434
Turner, Stanfield, 277
Turner, Stanley, 312
TUSAŞ (Türk Havacılık ve Uzay Sanayi), 170
Tutu, Desmund, 278
Tutum, Cahit, 161
TÜDAV (Türk Deniz Araştırmaları V.), 7, 171
Tüfekçioğlu, Turgay, 497, 543
TÜGİAD (T. Genç İşadamları D.), 171, 543
Tüketicileri Koruma Derneği, 503
Türk Amerikan Derneği, 535
Türk Amerikan İş Konseyi, 165
Türk Amerikan İşadamları D. Bkz. TABA
Türk Demokrasi Vakfı, Bkz.TDV.
Türk Ekonomi Bankası, Bkz. TEB
Türk Kalkınma Vakfı, 503
Türk Kültür Vakfı, 535
Türk Parlamenterler Birliği, 50, 60, 160, 262
Türk Petrol, 205, 227
Türk Turizm Yatırımcıları D., 250
Türk, Hikmet Sami, 124, 376, 431
Türkan, Erdal, 134
Türkan, Şemsettin, 391
TÜRKİŞ, 157
Türkiye Çocuklara Yeniden Özgürlük V, 169, 248
Türkiye Ekonomik ve Sosyal Etütler V., Bkz. TESEV
Türkiye Ekonomik ve Sosyal Tarih V., Bkz. Tarih Vakfı.
Türkiye İsrafı Önleme V., 535
Türkiye Üçüncü Sektör V.,: 535
Türkiye Yönetişim D., 511, 512
Türkiye'nin Yıldız Şehirleri Prg., 535
TÜSES, 8, 50, 59, 60, 71, 161, 250, 262, 376, 476, 482, 535, 540
TÜSİAD, 8, 50, 60, 80, 94, 98, 146, 160, 161, 169, 181, 204, 233, 234, 237, 245, 246, 248, 249, 262, 278, 339, 346, 484
TV 8, 241

U

UASR (United Ass. for St. and Research), 8, 87, 425, 432, 470
Uçan Süpürge Ltd., 59, 60, 240, 511, 513, 535
Uçar, Musa, 452
UDN (Union Democratica Nicaraguense), 8, 354
Uganda, 378, 514
Uğur, Aydın, 46, 250
Ukrayna (Ukrain), 166, 225, 226, 270, 490, 514
Ukrayna-Amerika Konseyi, 225
Ulaşılabilir Yaşam Derneği, 535
Ulman, Seva, 387
Ulus 29 (Kulüp), 207
Ulusal Kanal, 233, 241
Ulusal Kütüphanecilik Konferansı, 535
Uluslararası Basın Derneği, 535
Uluslararası Basın Enst., 240, 241
Umut Vakfı, 249, 503
Unan, Fahri, 132
Unification Church (UC), 8, 39, 212, 300, 331, 362, 387, 438, 442, 444-448, 451, 452, 529, 530
Unification Movement, 447, 531
Union Banque Privee, 221, 222, 225
Union Labor Life Insurance Co., 521
Union Pasific Corp. (UNP), 222
United States - Japan Fdn, 517
United Steel Workers Union, 278
United Technologies Blackhawk, 139
University of Chicago, 250
University of Texas (at Dallas), 471
Unocal (United Oil Callifornia), 190, 295, 297
UNPO (Unrepresented Nations and Peoples Org.), 8, 66
Unz, Ron, 112
Updike, Kelly & Spellacy, 284
Ural, Oktay, 251
Ury, William L., 72
US Army MIS, 303
US Naval Academy, 472
US-AID, Bkz. AID
Usame Bin Ladin, 238, 296, 379, 426
US-Azerbaijan Chamber of Commerce, 480
USIA (US Information Agency), 8, 21, 23, 30, 32, 33, 164, 278, 294, 316
USIP (US Institute of Peace), 8, 25, 31, 39, 62, 65, 260, 261, 279, 313, 314-317, 366, 433, 491, 499, 517
Uslu, Emrullah, 147
Uşşaklı, Cemal, 366, 465
Utah Unv. 433, 435, 464, 465, 527
Uyar, Doğan, 101
Uygur, Ercan, 528
Uysal, Gültekin, 186
Uz, Fatma, 172
Uzbekistan Human Rights Society, 528
Uzbekistan Supreme Court, 528

Ü

Üçok, Bahriye, 423
Üçüncü Sektör V., Bkz. Türkiye Üçüncü Sektör
Ülgen, Sinan, 46
Ülker, Murat, 532
Ülkücü Gençlik, 180
Ülsever, Cüneyt, 452, 465
Üniversitelerarası Münazara Turnuvası, 535

Ünler, Mine, 441
Ünlü, Ferhat, 296, 484
Ünlü, Fikret, 102, 484
Ünlü, Oya Kızıl, 102, 484, 485
Ünür, Esen, 433
Ürdün Beyt al İmam, 426
Üstel, Füsun, 476, 533, 540
Üzülmez, Hüseyin, 165

V

Vahdeti, Molla Derviş, 402
Vahdettin, (Sultan Mehmet), 90, 334
Valenzuela, Arturo, 521
Valero, Jeckiel E., 222
Van, 58, 61, 176, 177, 252, 421, 422, 503, 506
Vance, Cyrus Roberts, 205, 277, 281
Vance, K. Opperman, 521
Vásárhelyi, Miklós, 205
Vasiliu, Yorgos, 515
Vatikan, 223, 270, 424, 452, 458, 489, 490
　Bankası (Bank), 223, 489
　Cizvit Seksiyonu, 464
Vehbi Koç Vakfı, 250
Velioğlu, Hüseyin, 422
Venezuela, 4, 5, 8, 20, 110, 186, 216, 217, 313, 320, 342-353, 356, 368, 369, 466, 497, 514,
Vergin, Nur, 167
Viacom, Inc., 521
Vieperman, Wolfgang, 242
Vietnam, 21, 65, 111, 274, 281, 293, 298, 301, 302, 307, 326, 355, 356, 359, 368, 395, 450, 454, 481, 514, 519, 523, 530
Viewpoints (Dergi), 144
Viner, Jacob, 325
Virginia, 210, 238, 281, 293, 304, 332, 460, 531
Virginia Community College, 459
Virginia Dar Al-İslam, 468
Virginia Int. Unv. (VIU), 8, 452, 459, 460
VOA (Voice Of America), 176, 178, 179, 303
Volkan, Vamık, 72
Volkman, Ernest, 308, 312, 543
Voll, John, 465, 540
Vural, Abdülvahid, 421
Vural, Oktay, 151, 166, 327

W

W. Alton Jones Fdn, 517
WACL (World Anti-Communist League),
　Dünya Anti Komünist Ligi, 8, 292, 293, 523, 525, 530
Walesa, Leh, 269
Walker, Bill, 523
Wall, Patrick, 522, 523
Wall Street Journal, 169, 183, 226, 347, 487
Wallace Dean Mohammed (W. Deloney Elijah), 366, 390
　Ayrıca Bkz.Ministry of Imama Wallace
Wallach, Ira D., 163
Walraff, Günter, 157
Walsh, Thomas, 451
WAMY (World Assembly of Muslim Youth), 8, 238
WANGO (World Ass. of NGO's), 451
Ware, John, 163
Washington Katolik Unv., 464
Washington Kurdish Institute, 72

Washington Quarterly, 31, 32
Washington Times, 66, 304, 445, 450, 524, 531
　Foundation, 531
Washington Unv. 97, 314, 527
Water Aid, 164
Water and Sanitation Cluster, 164
Water Partnership Council, 164
Water Works Co., 163
Watergate, 50, 307, 451
Waters, Maxine, 281
Weinberger, Casper W., 295, 357
Weinman, Connie, 281
Weinstein, Allen, 30-33, 181, 265, 268, 271, 283, 284
Weinstein, Diane, 33, 283
Weissberg, Marvin F., 277, 521
Weissman, Steve, 311
Weld, Mary, 434
Wertheim & Co., 221
West Group, 521
West Point Harp Akademisi, 144
Western Goals, 97, 522, 523
Westhuizen, P.W. Van Der, 304
Westinghouse Co., 225
　Foundation, 517
W. K. Kellogg Fdn, 517
Westminster Fdn, Bkz. WFD
Wexler, Anne L., 277, 282
Wexler Group, 282
Wexler, Robert, 466
Weyrich, Paul, 301, 525
WFD / Westminster Fdn, 8, 40, 56, 69, 70, 267, 288, 351, 504, 514, 517, 521
WFWP (Women for World Peace), 8, 443, 446
Wheat Ridge Ministries, 517
Whitaker, Brian, 151
White, Jenny, 465
White Paper, 302
Wholstetter, Albert, 65
Wholstetter, Roberta, 65
Wiesel, Elie, 157
Wihbey, Paul Michael, 142, 174
Wilkens, Katherine A., 315
William and Flora Hewlett Fdn, 517
William H. Donner Fdn, 517
William Rosenwald Family Org., 174
Williams, Dave H., 226
Williams, Earl, 459
Williams, Steve, 206
Williamson, Richard S., 518
Wilson, Charles, 201
Wilson, Grant M., 521
Wilson, Harold, 92
Wilson, Scott, 347
Wilson, Woodrow, 60, 192, 201
Windsor (Hanedanlığı), 221
Windsor, Jennifer, 260
WINEP (Washington Inst. for Near East Policy), 8, 72, 139, 142, 143, 147, 148, 151, 173, 186, 189, 256, 300, 303, 315, 328, 329, 433, 463, 466
Winston & Strawn (Co.), 518
Winston Fdn, 517
Winterton, Nicholas, 523
Wisconsin Unv., 250, 465, 527

WLUML, 8, 500, 501, 502, 504, 506
  Ayrıca Bkz. KİHP
WMD (World Movement for Democracy), 8, 25, 40
Woellner, E. David, 524
Wolf, John S, 169
Wolf, Louis, 538
Wolfowitz, Paul, 26, 61, 143, 144, 227, 228, 242, 243, 277, 369, 425, 466, 484, 516, 527
  kızkardeşi Laura, 516
Volkswagen Stiftung (V.), 464
Wollack, Kenneth "Ken" D., 277, 284
Wood, Gen. Robert, 305, 519, 525
Woodridge Fountain, 389, 394
Woodrow Wilson Int. Center, Bkz: WWIC
Woodward, Bob, 279, 305, 544
Woolsey, James, 144, 260
World Alliance R. Churches (Allan Boesah), 278
World Bank, Bkz. Dünya Bankası
World Freedom Fdn, 283
World Freedom Inst., 530
World Freedom Movement, 530
World Panel on Water, 164
World Vision (WV), 395
World Wide Hugo Farias Ltd. 238
WPI (World Peace Institute), 8, 451
WR (World Relief), 368
WTC (World Trade Cent.), 8, 151
WTO (World Trade Org.), 8, 82, 282
WUFA (Writers Union Free Afghan), 8, 525
Wurmser, David, 150, 151, 369
Wurmser, Meyrav, 150, 151
WWIC / Woodrow Wilson (Int.) Cent., 8, 24, 39, 64, 65, 433, 434, 465
Wyatt, Ron, 441
Wyke, John Edward, 459
Wyke Jr., James W., 459

X
Xerox Corp., 324
  Foundation, 517

Y
Yağız, Süleyman, 398
Yağmurdereli, Eşber, 232
Yahnici, Ş. Bülent, 162, 166
Yalçın, Aydın, 57, 64, 66, 68, 88
Yalçın, Soner, 212, 357, 399, 489, 544
Yalçınbayır, Ertuğrul, 124, 170
Yalçınoğlu, Kazım, 100
Yalçıntaş, Nevzat, 444
Yaman, Berker, 398
Yamazaki, Yoshihiro, 445, 447, 448
Yarar, Erol, 411
Yasin El Kadı, Bkz. El Kadı, Abdullah Yasin
Yaşar, Selim, 100, 103
Yavan, Zafer, 339
Yavuz, Hakan, 87, 147, 433, 435, 436, 464, 465
Yavuz, M. Behlül, 171
Yavuz, Mehmet Ali, 165
Yavuz, Ramazan, 422
Yavuz, Şaban, 532
Yavuz, Şıhça, 286
Yavuzkol, Ahmet Emin, 532
Yayla, Atilla, 66, 82, 87-88, 92, 94-96, 413, 470
Yazıcıoğlu, Muhsin, 403

YDH (Yeni Demokrasi Hareketi), 103, 106, 137, 182
YDK (Yekitiya Dindarên Kürdistan), 8, 477
Yeğenoğlu, Düden, 147
Yel, Ali Murat, 449
Yeltsin, Boris, 29-31, 33, 117, 196, 209
Yener, Baki Haki, 392
Yeni Çözümler Vakfı, 502
Yeni Ekümenik Araş. D. (New ERA), 447
Yeni Gündem, 69
Yeni Şafak (Gazete), 241, 465
Yeni Zemin, 340, 421, 422, 436, 437, 544
Yenigün, Mustafa, 532
Yerasimos, Stephanos, 174
Yeşil Adımlar Derneği, 169, 248
Yetkin, Çetin, 398
Yetkin, Nüvit, 441
Yıldırım, Ayşe, 133
Yıldırım, Bekir Lütfü, 393
Yıldırım, Dursun, 532
Yıldırım, İzzeddin, 419-422
Yıldırım, Suat, 434
Yıldırım, Yasin, 421
Yılmaz, Ayfer, 327
Yılmaz, Bahri, 106
Yılmaz, Hakan, 533, 534
Yılmaz, Mesut, 70, 129, 235, 243, 249, 286, 435, 515
Yılmaz, Osman, 532
Yılmaz, Şerafettin, 532
Yılmaz, Turan, 403
Yırcalı, Ayşe, 25
Yiğit, Selami, 61
Yiğitgüden, Yurdakul, 169
YİMPAŞ, 373
York, Steve, 260
Young, Andrew J., 277, 281
  Andrew Young Associates, 281
Young, Michael K, 368
Young Monday Club, 523
Young Republicans, 284
Yozgat, 90, 398
YÖK, 71, 124, 161, 373, 406
Yönetim Danışmanları Derneği, 169
Yönetim Geliştirme Derneği, 170
YÖRET Vakfı, 169
Yörük, Ahmet, 532
Yörük, Alp Halil, 137
Yugoslavya, 117, 154, 171, 205, 229, 230, 302, 303, 472, 490, 497, 514
Yunanistan, 11, 26, 133, 138, 153-57, 166, 188, 205, 206, 242-244, 286, 384, 396, 444, 477
Yunus, Muhammed, 72
Yurdagül, Bekir, 106
Yurdakul, Doğan, 357, 399, 489, 544
Yurdatapan, Şanar, 232
Yurdusev, Nuri, 89
Yurtçu, Işık, 232
Yurttaş, Ergin, 158
Yusuf, Ahmed, 87
Yücaoğlu, Erkut, 204
Yücekök, Ahmet, 241
Yücesan, Nail, 484
Yüksel, Nuh Mete, 120, 431
Yürüyen, Melih, 89

YWAM (Youth With A Mission), 8, 300, 304, 305, 519
Yzaguirre, Raul, 277

Z
Zahir Şah (Kral), 524
Zaim, Sabahattin, 362, 442, 444
Zakuk, Ali Abu, Bkz. Abu Zakuk, Ali
Zaman Gazetesi, 237, 241, 299, 331, 387, 430, 435, 442, 446, 449, 452, 457, 462, 465
Zamir, Zvi, 212
Zana, Leyla, 371, 396, 411
Zapsu, Abdürrahim, 238
Zapsu, Aziz, 238
Zapsu, Cüneyt, 151, 237, 238
Zarakol, Necla, 249
Zarakolu, Ayşenur, 232
Zarubin, George, 169
Zaslavski, Ilya, 270
Zayer, İsmail, 260
Zeid, Raad Bin, 167
Zelyut, Rıza, 398, 544
Zengin, Bahri, 162
Zenginobuz, Ünal, 534
Zeren, Kamuran, 406
Zeugma, 53, 538
Zilfi, Madeline, 527
Zimbabve, 514
Ziya Han, Bkz. Nasseri
Zucconi, Mario, 72
Zuercher, Marilee, 447
Zug, 210
Zulia, 350
Zurbach, Bernice, 281
Zümrüt, Osman, 444, 454
Zürich Rothschild Bank AG, 221, 224

Not:
Unification Church - Sung Myung Moon ilişkili örgüt ve şirket adlarından yalnızca ana metinde geçenler dizine alınmıştır. Moon bağlantılı tüm kuruluşların sınıflandırılmış tam listesi için bakınız. "Ek. 29", sayfa 529-532.
TESEV Kurucuları, yöneticileri ve yüksek danışmanlarının adlar dizini için bakınız s. 579-580

TESEV Kurucular – Yöneticiler Dizini
Vakıf Senedine Göre Mütevelliler (2002 öncesi)

Ali Mahmut Abra
Eli Acıman
Bülent Akarcalı
Asaf Savaş Akat
Nuh Zekeriya Akçalı
Coşkun Akdeniz
Mehmet Nazmi Akduman
Öner Akgerman
Cezmi Atilla Aksoy
Rıza Ayber Akşit
Gündüz Aktan
Rint Akyüz
Işıl Alatlı
İshak Alaton
Selim Alguadiş
Hayri Erdoğan Alkin
Mehmet Sedat Aloğlu
Şahin Alpay
Mustafa Alper
Atilla Tamer Alptekin
Tevfik Altınok
Serhan Altınordu
Ünsal Anıl
Sudi Apak
Hasan Arat
Elmas Melih Araz
M.Bülent Ardanıç
Recep Yılmaz Argüden
Ersin Arıoğlu
Nilgün Arısan
Şükrü Aslanyürek
Atilla Aşkar
Zeynep Atikkan
Ahmet Ateş Aykut
A.Semiha Baban
Oğuz Nuri Babüroğlu
Pekin Baran
Mehmet Levent Başaran
Erdal Batmaz
Faruk Bayır
Yılmaz Benadrete
Hasan Bengü
Mehmet Cem Benli
Melih Berk
Bülent Berkarda
Feyyaz Berker
Emre Berkin
Mahmut Esat Berksan
İbrahim Betil
Mehmet Betil
Alaittin Beyli
Hasan Şükrü Binay
Mehmet Ali Birand
M. Levent Birdinç
Seyda Zeynap Birsel-(Akdurak)
Hasan Cem Boyner
Ünal Bozkurt
Mehmet Cemal Boztepe
İcen Börtücene
Mehmet Buçukoğlu
Yavuz Canevi
Merih Celasun

Hasan Kaya Cemal
Ali Nabi Cerit
Mustafa Fadlullah Cerrahoğlu
Altay Coşkunoğlu
Hasan Çağlayan
Veysel Çakır
Mehmet Gün Çalıka
B.Esra Çayhan
İsmet Rıza Çebi
Ertuğrul Çepni
İlhan Çetinkaya
Erol Çevikçe
Ö. Cavit Çıtak
Ali Nuri Çolakoğlu
Ayşe İffet (Akmen) Çolakoğlu
Nuri Mehmet Çolakoğlu
Bülent Çorapçı
Ahmet Çuhadaroğlu
Selahattin Demirci
Ahmet Demirel
Varol Ziya Dereli
Ümmehan Koldaş Dericioğlu
Kemal Derviş
İsmet Abdülrezzak Dinçer
Ömer Dinçkök
Necati Doğru
Ayşegül Dora
Sulhi Dönmezer
Kerim Erhan Dumanlı
Ahmet Necdet Durakbaşa
Haşim Durusel
Rahmi Faruk Eczacıbaşı
Ferit Bülent Eczacıbaşı
Ahmet Şeci Edin
Akil Yavuz Ege
Hasan Şerif Egeli
Nusret Ekin
Faruk Ekinci
Uğur Ekşioğlu
Nurettin Ekşioğlu
Cemal Eldelek
Ömer Alper Eliçin
İsmail Emen
Süleyman Gazi Erçel
Yücel Erdem
Tarhan Erdem
Sabahnur Erdemli
Selçuk Erden
Yusuf Önder Eren
Şeref Eren
Ali Mesut Erez
Ömer Erginsoy
Ülkü Ergun
Üstün Ergüder
Hüseyin Ergün
Tuğrul Erkin
Hüseyin Özhan Eroğuz
Atila Erten
Refik Erzan
Numan Sabit Esin
Ahmet Kamil Esirtgen
Hasan Eskil

Rasim Yılmaz Esmer
Ahmet Evin
Metin Fadıllıoğlu
Mehmet Bedii Feyzioğlu
İ. Şevki Figen
Üzeyir Garih
Füsun Gençsü
Fatma Nur Ger
Nihat Gökyiğit
Mehmet Rauf Gönenç
Atilla Gönenli
Muvaffak İ. Gözaydın
F.Şadi Gücüm
Mustafa Güçlü
Hasan Güleşçi
Nihat Bülent Gültekin
Mehmet Duru Güneri
Hurşit Güneş
Mustafa Sait Güran
Mustafa Burak Gürbüz
Selami Gürgüç
Akile Gürsoy
Mehmet Çetin Hacaloğlu
Avadis Simon Hacınlıyan
Cem Hakko
İbrahim Servet Harunoğlu
Hatice Binnur Hataylı
Metin Heper
Esma Ayfer Hortaçsu
Rüçhan Işık
Hüseyin Cahit İdil
Nihal İncioğlu
M. Galip Jabban
Mehmet Kabasakal
Canan Kadıoğlu
Ersin Kalaycıoğlu
Nedim Kalpaklıoğlu
Cefi Jozef Kamhi
Jak V. Kamhi
Halit Kara
Ali İhsan Karacan
Hasan Karacal
Mehmet Burhan Karaçam
Memduh Karakullukçu
Osman Erdal Karamercan
Tahsin Karan
Ali Lütfi Karaosmanoğlu
Attila Karaosmanoğlu
Sacit Katlandur
Hüsamettin Kavi
Necmettin Kavuşturan
Arslan Kaya
Ömer Kaymakçalan
Mehmet Şerif Kaynar
Gülten Kazgan
İlker Keremoğlu
Ahmet Güngör Keşçi
Hakkı Pınar Kılıç
Kemal Kılıçdaroğlu
Can Kıraç
Mehmet Deniz Kirazcı

Asım Kocabıyık
A.Niyazi Koç
Ömer Koç
Fatma Meral Korzay
Cem Kozlu
Ahmet Cemil Köksal
Tavit Köletavitoğlu
Ertuğrul Kumcuoğlu
M. Bilsay Kuruç
Metin Necmettin Mansur
Hakkı Matraş
Haşim Melih Mekik
Ömer Mustafaoğlu
İbrahim Müderrisoğlu
Ziya Müezzinoğlu
Mehmet Burhanettin Oğuz
Mehmet Okan Oğuz
Ataman Onar
M.Alp Orçun
Talat Orhon
Simantov Ortaeskinazi
Şükrü Öksüz
Erdem Öktemus
İzzettin Önder
M.Atilla Öner
Akın Öngör
Ergün Özakat
İsmet Özcan
Birol Özcan
Necmettin Özdemir
H.Günay Özdoğan
Soli Özel
Şeref Özgencil
Ertuğrul İhsan Özol
Ergun Özsunay
Mehmet İsmail Özsürücü
Bülent Özükan
Hatice Canan Pak
N. Can Paker
Mehmet Tanju Polatkan
İzzet Reha Poroy
Mustafa Yavuz Sabuncu
Timoçin Sanalan
Saim Sanlı *
Üstün Sanver
Süleyman Haluk Sanver
Kemali Saybaşılı
Ali Uğur Saydam
Yaşar Mete Sayıcı
Rasim Selçuk
M.Rıdvan Selçuk
Arıl Seren
A. Kamran Sertel
Sezai Erdiler Silahdaroğlu
Orhan Yılmaz Silier
Hüseyin Semih Sohtorik
Cengiz Solakoğlu
İsmail Sönmez
Sabir Günaltay Şibay
Mehmet Şuhubi
Aykut Ümit Taftalı
Umur Talu
Erkan Tapan
Mehmet Sinan Tara
Şarık Tara

İlhan Tekeli
Talat Serdar Tektaş
Mehmet Uğur Terzioğlu
İnci Tezcan
Ahmet Rebii Tınmaz
Hadiye Rengin
(Ekşioğlu) Tınmaz
Mehmet Fahim Tobur
H. Feyyaz Tokar
Fikret Nesip Toksöz
Mahmut Tolon
Nejat Altan Tufan
Mustafa Baran Tuncer
Gül Günver Turan
Adil İlter Turan
Kaya Turgut
Eser Tümen
İlter Türkmen
Aydın Uğur
Tayfun Uğur
Tunç Uluğ
Mustafa Aydın Ulusan
Yılmaz Ulusoy
Hasan Uğur Ulusoy
Nermin Abadan Unat
Oktay Ural
Erol User
Emel Uygur
Ercan Uygur
Tayfun Uzunova
Fikret Nesip Üçcan
Zeki Bülent Yağlı
Mustafa Nadir Yalçınalp
Ali Yalman
Mehmet Yılmaz Yaltır
Tezcan Yaramancı
H.Kemal Yardımcı
Selman Yaşar
Yaşar Yaşer
Mustafa Gündüz Yemeniciler
Lütfi Yenel
Erman Yerdelen
Halil Yurdakul Yiğitgüden
Zekeriya Yıldırım
Faruk Yöneyman
Erkut Yücaoğlu
Uğur Yüce
Erol Yücel
Ahmet Nafi Yürekli
Necla Zarakol
Yavuz Zeytinoğlu

Kurumlar:
İTÜ Vakfı Temsilci
Hak-İş Temsilci
Bümed Temsilci
Yased Temsilci
TISK Temsilci
Kalite Derneği Temsilci

(*) Saim Sanlı, TESEV'den ayrılmak için 2006'da dilekçe verdi. Bkz. S. 267

TESEV Kuruluş Yönetim K.
İshak Alaton
Dr. Yılmaz Argüden
Doç. Dr. Oğuz Nuri Babüroğlu
Feyyaz Berker
Bülent Eczacıbaşı
Tarhan Erdem
Prof. Dr. Üstün Ergüder
Dr. Mehmet Kabasakal
Hasan Karacal
Deniz M. Kirazcı
Tavit Köletavitoğlu
Ziya Müezzinoğlu
Dr. Can Paker
Mete Sayıcı
Fikret Toksöz

TESEV Kuruluş Denetçileri
Özhan Eroğlu
Prof. Dr. Erdoğan Alkin
Ali Mahmut Abra
Yedek:
Prof. Dr. Reha Poroy
Çetin Hacaloğlu
Prof. Dr. Atilla Gönenl

TESEV 2003 Yönetimi
Vural Akışık
İshak Alaton
Selim Alguadiş
Yılmaz Argüden
Hasan Karacal
Osman Kavala
Oğuz Özerden
N. Can Paker
Y. Mete Sayıcı
Mustafa Alper
Ömer Kaymakçalan
Ayfer Hortaçsu

TESEV Yüksek Danışmanları
Vural Akışık
Erdal Aksoy
İshak Alaton
Ünal Aysal
Oğuz Özerden
Hüsnü M. Özyeğin
N. Can Paker
Feyyaz Berker
Ali Sabancı
Nuri Çolakoğlu
Ethem Sancak
Kemal Derviş
Ali Uğur Saydam
Bülent Eczacıbaşı
Faruk Erol Süren
Tarhan Erdem
Murat Vargı
Üstün Ergüder
Cüneyd Zapsu
Osman Kavala

(**) :www.tesev.org.tr/UD_OBJS/PDF/Genel/Vakif%20Senedi.

Yankılardan, Eleştirilerden Bazıları

"Tokat Gibi Bir Kitap… Aslında o, bizim (sizin de) yabancınız sayılmaz; kitabın ana 'thema' sını oluşturan, ABD'nin ünlü 'Project Democracy / Demokrasi Projesi', *'hazırlığın"*, mahiyeti ve uygulamasıyla, bize ulaştırmıştı; aramızda tartışmıştık; çalışmasını yeni veri ve bulgularla zenginleştirip, geliştirerek yayımlamış, böylece, yalnız Türkiye'nin değil, Rusya, Çekoslovakya, Yugoslavya dahil, ABD'nin de-mokratlaştırdığı - daha doğrusu *'parçaladığı'* - ülkelerin yaşadığı *'serencam'* gözler önüne seriliyor: kuralları, uygulama biçimi, ödenen paralar, kullanılan kurum ve kuruluşlar…" **Attila İlhan,** Cumhuriyet, 30.7.2004

"**Sivil Örümceğin Ağında**: Roman deseniz roman değil, ama romanmış gibi baş döndürücü bir ritimle ağır ağır sizi çağdaş yaşamın derinliklerine sürüklüyor. Adında korku var, gerilim var, serüven var, mistisizm var… Ama okudukça, küresel edebiyatın ideolojik belirleyicisi olan bir sistemin, çağdaş emperyalizmin dünyada -ve tabii ülkemizde- oynadığı büyük oyunla karşı karşıya gelince; oyunun aktörlerinin içimizden birileri, oyunun sahnesinin ve dekorunun Dünya ve Türkiye, yönetmeninin ABD emperyalizmi olduğunu, oyunun senaryosunun da yönetmence yazılmış olduğunu görünce yaşamımızın gerçeğiyle baş başa kalıyor ve insan olmaktan utanıyoruz. **Uluslararası Din Hürriyeti** senaryosu da başlı başına bir serüven." **Öner Yağcı,** Toplumsal Barış, 1.8.2004

"Elimden bırakamıyorum. Her Türk bu kitabı okumalıdır." **Rauf Denktaş,** Flash TV, 12.2.2005

"**Bu Soros yaman bir kişi!..** Mustafa Yıldırım'ın dillere destan *"Sivil Örümceğin Ağında"* adlı kitabının 60 sayfası Soros'un marifetlerine ayrılmış; oku oku bitmiyor, telefon rehberine benziyor, içindeki isimleri saya saya tüketemiyorsun… George Soros Türkiye'de bazı meşhur STK'leri (sivil toplum kuruluşları) besliyor, üstelik bu işin gizlisi saklısı da yok…" **İlhan Selçuk,** Cumhuriyet, 21.6.2005

"**Sivil örümceğin ağına düşerseniz; iki artı iki, beş de eder on da!** Çünkü bu örümcek ağları, bilinen bütün doğru değerleri 'küresel emperyalizm' formülü ile çarpıtır, istediği sonuçları çıkarır ve kabule zorlar. (..) 'Yarı gizli ilişkilerin açığa çıkması, bağımsızlığına ve onuruna düşkün ilgili ülke halkının ABD aleyhine dönmesine yol açabilir… Mustafa Yıldırım'ın **Sivil Örümceğin Ağında** adlı kitabından alınmıştır. Bu değerli eseri mutlaka okuyun, kelime kelime, satır satır okuyun. Evet, tüyleriniz diken diken olacak, şaşıracaksınız, suratınıza tokat yemiş gibi olacaksınız ama sonuç olarak, derin uykudan uyanacaksınız… Kalemin hep güçlü olsun Mustafa Yıldırım." **Mustafa Kırali,,** Yeni Çağ, 9.8.2005

"Mustafa Yıldırım tarafından uzun bir araştırma, belge toplama döneminden sonra kaleme alınan kitabın, yalnızca 121, 122 ve 569'uncu sayfalarına şöyle bir bakmak bile **"Sevr sendromu"** söylemini yaratanların amaçları doğrultusunda ne denli yol aldığını görmemizi sağlamaya yeter." **Meriç Velidedeoğlu,** Cumhuriyet, 25.03.2005

"**Akü'nuza güvenmiyorsanız…** 'Sivil Örümceğin Ağında' adlı dikkat çekici bir çalışma…Amerika ve Avrupa Birliği'nin 'model İslam ülkesi' muamelesi yaptığı Türkiye'ye yönelik "zihinsel(!) yatırımları"nı didikleyen bir çalışma… Liberal İslamcıların yolunu açmak için siyasilere ve geleceğin siyasilerine yapılan yatırımlar… Bir yandan İslamlaşırken bir yandan Atatürkçü çekirdek modelin içine yerleştirildiği devlet şanzımanını dağıtmamaya çalışan gelenekçiler…'üniversiteye, siyasetçilere, medyaya, bürokratlara' yatırdığı paralarla pekiştirmeye çalışan Batı'nın birinci hedefi olan 'Batıcı askerler…' Son olarak da, Kemal Derviş'in niye öyle aykırı aykırı konuştuğunu,' çarşıyı karıştırdıktan sonra Amerika'ya kaçmasını anlamayanlara zihin açıcı bir kitap… Baştan uyarayım… '**Aykü'nuza güvenmiyorsanız elinize almayın… Altında ezilme ihtimaliniz var…**" **Selahattin Duman,** Vatankitap, 11.8.2004

"**Sivil Örümceğin Ağında**: ABD Trabzon'a neden üs istiyor? Neden Yunanistan'ın Trabzon'a konsolosluk açılmasını istemektedir? Trabzon'daki metruk Katolik kilisesi hangi "gizli elin" talimatıyla bugün dörtdörtlük faaliyette olan bir kilise haline getirilmiştir! …bazı sivil toplum örgütleri hangi dış yardımlarla toplantı üstüne toplantı düzenlemektedirler! Ve "hangi localar" Trabzonlu gençlere İngiltere ve ABD kapısını açmak için mahalli gazetelere ilanlar vermektedir?" **Muharrem Bayraktar,** Yeni Mesaj, 4.6.2004

"Bu alçakça teşkilat ve faaliyetler hakkındaki son ve geniş araştırma, Sn. Mustafa Yıldırım'ın Sivil Örümceğin Ağında isimli kitabı, mutlaka okunmalı." **Kemal Yavuz,** Akşam, 8.8.2004

"AB"ye uyum" diye Sevr'deki azınlıklar maddeleri aşama aşama kabul ettirilirken, Avrupa Parlamentosu Başkanı Borrell tarafından ülkemizin güneydoğuna "Kürdistan" denirken… Fransız Parlamenter Jacques Toubon 'Türkiye AB'ne girmek istiyorsa; Sevr"i kabul etmelidir' derken, susarak ihanete ortak olanları tarih affetmez ey aydın geçinenler… Yerli işbirlikçiliğin **karmaşık ilişkileri** dudak uçuklatan çalışmalarını bunların kimler olduğunu öğrenmek, fikir sahibi olmak istiyorsanız… "**Sivil Örümceğin Ağında**" kitabını mutlaka okumalısınız." **Mustafa Öz,** Bolu Gündem, 1.4.2005

"Mustafa Yıldırım, yaklaşık 650 sayfa kitap yazıp (hikaye değil) içini önemli belgelerle dolduran, yer, zaman, mekan ve dolar ödentilerinin miktarlarını dahi veren… Yeni moda deyimle 'komplo teorileri' üreten birine benzemiyor! 'Ben aydınım' demek istiyorsanız bu kitabı muhakkak okumalısınız! Ukrayna'da, Gürcistan'da, Azerbaycan'da ve diğer bazı ülkelerdeki ayaklanmaların perde arkasını öğrenmek istiyorsanız bu kitabı muhakkak okumalısınız. Ülkemizde bir avuç da olsa gerçek anlamda 'vatansever' araştırmacı-yazarımız var. Mustafa Yıldırım da o adsız kahramanlarımızdan biri." **Kenan Çebi,** Ordu-Gerçek, 18. 4. 2005 "sivil toplum kuruluşlarına yapılan yardımlarla Dernek, Vakıf ve Sendikaların nasıl AB ve ABD ile işbirliğine doğru çekilir oldukları Mustafa Yıldırım'ın hazırladığı 'Sivil Örümceğin Ağında' kitabında geniş bir biçimde anlatılmaktadır." *Yetkin Aröz*, *Y. Müdafaa-i Hukuk, 24.12.2004*

"ABD ve Soros'un parasal destek sağladığı ülkemizdeki sivil toplum kuruluşlarının maskelerini iş işten geçmeden düşürmek, bence en önemli görev olarak aydınlarımıza düşüyor... Bu isi bugüne kadar en iyi şekilde 'Sivil Örümceğin Ağında' adli kitabi ile Mustafa Yıldırım yaptı. Söz konusu kitabın beşinci baskısını yaptığını öğrenince çocuk gibi sevindim." *Vural Savaş*, *Aydınlık, 8.5.2005*

"Ülkenin bağımsızlığından yana olan, ordu başta olmak üzere bütün kurumlar etkisiz kılınmaya başlamış!.. kurulan vakıflar, dernekler, desteklenmiş!.. Yani, taşlar bağlanmış köpekler salıverilmiş! Sivil örümceği ağına düşen ülkelerin bazıları çökmüş; ABD güdümüne girmiş. Bazıları da teslim olmamak için direniyor... Amaçlarına ulaşmak için parayı, dini inançları, etnik ayrılıkları, kültür farklılıklarını kullanmaktan geri durmuyorlar. Ama sömürücü egemenlerin ve işbirlikçilerin devranları sürüp gitmez"
Mustafa Durna, ADD Antalya Bşk.

"Sivil Örümcek Ağı ya da AB-D- CIA'nın örtülü eylemlerine ek olarak, Uluslararası Kalkınma Ajansı (**AID**) ve Birleşik Devletler İstihbarat Ajansı (USIA) da 'demokrasi yayma' operasyonlarında yer almaktadır. Avrupa'da yerleşik ve çoğu Birleşik Devletler tarafından parayla beslenen hükümet dışı örgütler (NGO) doğrudan ya da dolaylı olarak bu operasyonlarda yer alıyorlar. Bu tür örgütler ve alyanslar aşağı yukarı açıktaysalar da **CIA** hükümetleri destekleme ve yıkma gibi birincil rolünü elinde bulundurmaktadır... Ama bunlara rağmen örümcek ağı her gün büyüyor, kadife eldiven, turuncu devrim, beyaz devrim, Anadolu ihtilali gibi yeni eklentilerle büyüyüp gidiyor. Örümcek ağı Ortadoğu'ya ve Asya'ya yayılıyor, Soros'lu moroslu ve ılımlı, yeşilli... Fakat Mustafa Yıldırım da işin peşini bırakmıyor, uluslararası güç oyunlarında ve siyaset sahnesinde aktör haline gelen yurtdışı ve Türkiye'deki çeşitli kuruluşları isim isim açıklıyor. " *Kenan Mendekli, Show tv net, 7.10.2005*

"ABD başkanının onayından geçmiş raporu Yazar **Mustafa Yıldırım**, '**Sivil Örümcek Ağında**' isimli kitabında bize sunarak, Türkiye'de demokrasi anlayışını geliştirmek, öteki İslam dünyası ülkelerine Türkiye'deki deneyimi yayın yoluyla iletmek için, Forum dergisinin dağıtımını yapmak; bir dizi kurs ve seminer düzenlemek, bir kitap yayınlamanın bedeli olarak Forum dergisine paranın verildiğini belgeler."
Engin Arıcan, İlk Haber, 11.12.2004

"**Ulus Dağına Düşen Ateş** adlı çok önemli romanın yazarı Mustafa Yıldırım'ın Şifre Çözücü: Project Democracy - Sivil Örümceğin Ağında isimli eserini okuyana kadar, ABD'nin ülkemizde yürüttüğü operasyonlar hakkında bilgilerim yeterli değildi. Türkiye'nin bugünkü durumunu değerlendirirken, dış güçlerin rolünü hesaba katardım ancak bunu somut örneklerle belgelemek kolay olmuyordu." *Mustafa Öztürk, Ülkemiz.*

"**Rahmi Koç**, henüz Alem FM'in canlı yayın aracında. Başbakan Yardımcısı **Abdüllatif Şener**, ATO Başkanı **Sinan Aygün**, Milliyet'ten **Fikret Bila**, Sabah'tan Okan Müderrisoğlu ve ben sohbet ediyoruz. Esprili bir atmosfer oluştu... Şener başka kitabın değerlendirmesini yapmaya: 'Amerikan orijinli NED... adlı bir kuruluşun dünyanın çeşitli ülkelerinde uzantısı olan dernek, vakıf, sendika gibi sivil toplum örgütleriyle olan ilişkileri ve politikaları yönlendirmesi anlatılıyor. Darbeler planlanıyor ve gerçekleştiriliyor, politikalar empoze ediliyor. Bütün bunlar yapılırken sivil toplum kuruluşları kullanılıyor. Bunlara para ve eleman desteği sağlanıyor... **Son derece akıcı bir üslupla yazılmış, adeta macera kitabı gibi. Hızlı okunuyor**. Turuncu Devrim, Gürcistan'daki devrim, Azerbaycan'daki girişimler, Irak'taki gelişmeler, Ortadoğu'nun şekillenmesi ve Türkiye üzerine oynandığı öne sürülen oyunlar kaleme alınmış." *İsmail Küçükkaya, Akşam, 23.9.2005*

"Kendilerini STÖ (Sivil Toplum Örgütü) olarak tanımlayan bazı dernek ve vakıflar ve de sendikalar "dış kaynaklardan" proje yardımı almaya başladı. **Bazı dernekler işi gücü bıraktı, parayı verenler için düdük çalmaya başladı.** Uluslararası kuruluşlar, yurtdışında oluşturulmuş fonlar, Batı'daki, Doğu'daki ülkelerin resmi veya yarı resmi kuruluşları, "proje karşılığı" bizim STÖ'lere 'döviz' gönderiyor. Bizim STÖ'lerimiz onların uygun gördüğü (sözde araştırmaları) kâğıda dökerek, onların istediği/beklediği rakamları/bilgileri sergiliyor. Sonra da "ısmarlama" konuların yurtiçinde savunucusu haline geliyor. Açık anlatımıyla, bağışlarla "paralı fikir savaşçıları/kamuoyu yönlendiricileri" yetiştirilerek, cepheye sürülüyor... Mustafa Yıldırım'ın Örümcek Ağı kitabında STÖ çok iyi anlatılıyor. Geniş bilgi veriliyor." *Güngör Uras, Milliyet, 18.3.2006*

"**Güngör Uras**'ın mertçe açtığı, benim de sonuna kadar desteklediğim bu tartışma Türkiye açısından hayati önemdedir... Bir ülke düşünün, üniversiteleri, akademik krediyi, Ermeni-Kürt sorunlarını tartışmakta buluyor, bir tane bile üniversitesi, Ermenistan'ın, komşusu bir ülkenin yüzde 20'sini işgal etmiş yayılmacı bir devlet olduğunu tartışmaya açamıyor. Bu ülkede ve dünyada Türklerin hiç mi bir sorunu yok...Buradan açıkça söylüyorum: Bir millet için en büyük felaket aydınlarının ihanetidir!.." *Ardan Zentürk, Star,20.3.2006*

"Türkiye ılımlı ya da ılımsız bir İslam devletine doğru sürükleniyor. Beslediği radikallerden bir hayır görmeyen Amerika ve Türkiye'deki iktidar "ılımlı"sından yana görünüyor. Akla Necmettin Erbakan 'ın sözü geliyor: Kanlı mı olacak, kansız mı? Bu koşullarda mutlaka okunması ve okutulması gereken bir kitap var. "**Sivil Örümceğin Ağı**" kitabı ile birçok maskeyi indiren Mustafa Yıldırım 'ın yeni kitabı: Meczup Yaratmak..." *Deniz Som, 24.8.2006*

" 'Sayın **Sirmen**, 12 ve 13 Ekim tarihlerinde Mustafa Yıldırım **TESEV**'i anlatıyor 1 ve 2 başlıklı yazılarda gündeme getirilmesi istenen konudan bağımsız olarak ARI Hareketi'ne yapılan referanslardan dolayı duyduğumuz üzüntüyü belirtmek isteriz:... Tüm yatırımını gençler üzerine yapan Arı Hareketi küreselleşen dünyada çalışmalarını Türkiye ile sınırlı tutmayarak, uluslararası ilişkilere önem vermektedir... ARI Hareketi'nin bugün Brüksel'de birer ofisi mevcuttur. Öte yandan Washington DC'de de temaslar yürütmektedir... Bu çerçevede Mustafa Yıldırım'ın kaleminden çıkan ABD bütçesinden gelen milyonlar gerçeği ifade etmemektedir. ARI Hareketi ABD kökenli sivil toplum kuruluşlarıyla olduğu kadar AB veya diğer uluslararası kuruluşlarla da ortak projeler yürütmektedir. Bu işbirliklerinin hepsi TC yasalarına uygun olarak proje bazlı mütevazı fonlardır... *Arı Hareketi Direktörü Rana Birden'*
Yukarıdaki mektubu, noktasına dokunmadan, virgül eklemeden, baştan sona olduğu gibi yayımladım. Ama doğrusunu isterseniz, yazılmasına neden gerek duyulduğunu anlamadım... **Mektupta Mustafa Yıldırım'ın ileri sürdüklerini yalanlayan veya düzelten herhangi bir hususa rastlamadım...** Project Democracy'nin amacının ve işleyiş biçiminin ne olduğunun kamuoyunca iyi bilinmesi, hem bu şeffaflık ilkesinin hem de demokrasinin gereğidir. Mustafa Yıldırım'ın 'Sivil Örümceğin Ağında Project Democracy' yi yazarken de amacının bu olduğunu sanıyorum. Ben de, bu eseri salık verir ve TESEV konusunda, suçlama değil, şeffaflığın gereğini yerine getiren açıklamalar içeren satırlara yer verirken aynı amacı gütmekte idim." *Ali Sirmen, Cumhuriyet, 30.10.2006*

"Kitabın adı Sivil Örümceğin Ağında, 16.'ncı basımı yapılmış. Ben bu kitabı ilk kez yayınlandığında almış, bir solukta okumuştum. İçindeki inanılmaz ayrıntılar, ülkemizin nasıl örümcek ağı benzeri bir organizasyonun pençesine düşürülmek istendiğini bütün açıklığı ile ortaya konuyor. Sayın Mustafa Yıldırım'ı teşekkür ve tebrik için telefonla aradım. Bu iddialı ve etkili eserin mütevazı yazarı, '*Keşke*' dedi, "*bu kitabı 2002 seçimlerinden önce yayınlatmayı başarabilseydim.*' Gerçekten de bir bölümün nasıl bir manüplasyon ve operasyonun öznesi ve, veya maşası olduklarının farkında bile olmayan birçok sivil toplum örgütü ve yöneticilerinin bu büyük tezgâhtan kurtulmak için, özeleştiri yaparak bu ağın dışına çıkma çabalarında bu kitabın katkısı büyük oldu. **2002 seçimlerinden önce yayınlatılabilseydi**, birçok sorumluluk sahibi Cumhuriyet değerlerine gönülden bağlı insanın bakış açısı ve ortaya koydukları tavırları çok daha farklı olabilirdi." *Ufuk Söylemez, Tercüman, 1.7.2007*

"Sivil örümceğin ağında... Biliyorsunuz bir süre önce, Dernekler Yasasında bir değişiklik yapılarak, yurt dışındaki Sivil Toplum örgütlerinden, para almanın yasal hale getirilmesine çalışıldı. "O zaman her yabancı ülke kendi Sivil Toplum Örgütünü yaratmaya başlar, Bu da toplumsal aklın oluşmasını sağlayan Demokratik Kitle Örgütlerini işlevsiz hale getirir" demiştik? Yasal değişiklik yapmadan nasıl satıldığımızın sırlarını bu kitapta bulacaksınız. Bu kitabı okumayanların, ülkede "aydın" sıfatıyla da siyasetçi sıfatıyla da dolaşmaya hakkı olmadığı inancındayım." *Gürkut Acar, Alanya Haber, 19.10.2005*

"Rahmetli **Attila İlhan**'ın '**Tokat Gibi Bir Kitap**' dediği, Mustafa Yıldırım'ın kaleme aldığı '**Project Democracy - Sivil Örümceğin Ağında**' isimli kitabının 7. baskı yaptığını... Yıldırım'ın bu kitabında, bazı sivil toplum örgütlerinin ne denli 'naylon' olduğunu belgelerle '**sille-tokat**' ortaya koyduğunu..." *Şakir Süter, Akşam, 25 Ekim 2005*

"Çoktan beri düzeltmek istediğim bir başka iftirayı da bu vesileyle size iletmek istiyorum. 'Mustafa Yıldırım'ın yazdığı Sivil Örümceğin Ağında adlı bir kitapta Türkiye'nin Amerikan gizli örgütleri tarafından bir ağ içine alındığı anlatılıyor. Bu kitabın bir bölümünde benim Mikis Theodorakis'le barış konserleri vermem eleştiriliyor ve komplonun bir parçası olarak gösteriliyor. Bütün dünyanın bildiği gibi Mikis Theodorakis Amerikan aleyhtarlığıyla tanınan bir kişidir. Değişik sanatçılarla verdiğimiz konserleri ve müzikal işbirliklerini böyle siyaset komplolarıyla açıklamaya çalışmak son derece yanlış. Ayrıca Türkiye'de ve dünyada otuzu aşkın sanatçıyla ortak müzikal çalışmalar yaptım her çalıştığım kişinin geçmişinde ve geleceğinde söylediği ve söyleyeceği her söze, attığı ve atacağı her siyasi adıma kefil olamam. Hepimiz kendimizden sorumluyuz. Beni bu zorlama senaryoların içine sokma çabalarını hayretle karşılıyorum." *Zülfü Livaneli, Vatan, 28.6.2006.*

"İşte bu kitapta; özellikle Soros'un işlendiği sayfalar insanı dehşete düşürüyor. ABD ve SOROS'un, dolayısıyla emperyalizmin Sivil Toplum Kuruluşlarının bazılarından parasal destek sağlamasının 'ne anlama geldiğinin', iç yüzü anlatılıyor. Aynı oyunların; Yugoslavya (şimdi böyle bir ülke yok) Rusya, Çekoslovakya (Böyle bir ülke de yok) da oynandığını, bu ülkelerin parçalanırken STK'nın nasıl etkin görev aldıklarını görüyorsunuz... Eğer sizlerde merak ediyorsanız **Sivil Örümceğin Ağında** kitabını, mutlaka ama mutlaka kalmayın, çevrenize önerin. Amacınız bu ülkenin bölünmesi değilse elbette." *Atilla Karaduman, Gaziantep Güncel, 15.8.2007*

"Ne zaman çok iyi bir araştırma okusam hep düşünürüm, '**Keşke** Uğur Mumcu *da bunu okusaydı*' diye. İşte **Sivil Örümcek** kitabı da bunların en önde gelenlerinden. Bu kitabı okumadan çağımızın ve küreselleşmenin önemli kurumlarından biri olan sivil toplum kuruluşlarının (STK) gerçek yüzünü anlaman mümkün değil. Mustafa Yıldırım da **Uğur Mumcu** gibi üstün yetenekli bir araştırmacı olduğu kadar, çok da iyi bir yazar. "*Ulus Dağı'na Düşen Ateş*" Mustafa Yıldırım'ın mutlaka okunması gereken belgesel romanı... Çok çekici bir roman üslubuyla anlatılan gerçek öyküler, "*Bağımsızlık ve özgürlük bayrağını elden düşürmeyecek olanlara ve karanlığı kakacak olanlara"* ithaf edilmiş. Şimdi anladım mı Sevgili, neden "*Keşke Uğur bunu okusaydı*" dediğimi? Sen mutlaka oku. Ben bu bayramda Mustafa Yıldırım'ın henüz okumadığım "*58 Gün*" ünü bitireceğim." *Ali Sirmen, Cumhuriyet, 8.1. 2006*

"Büyük devletlerin besleme aydın yaratma ve kullanma işi böyle bir örtünün altında saklanmıştır. Eski **CIA** Başkanı Colby: '*Geçmişte CIA'nın ifa ettiği görevi artık vakıflar eliyle yürütüyoruz*' demektedir. Bu vakıfların dürüst olanları vardır. **Ancak çoğunluğu masum taşra kızları gibi, önce yardım** almakta, sonra giderek ağa düşmektedir. Mustafa Yıldırım'ın 'Sivil Örümceğin Ağında' adlı kitabında bu konu çok açık anlatılmaktadır. Mutlaka okumalısınız." *Melih Aşık, Milliyet, 10.9. 2005*

"KGB'den Kremlin'e: SSCB'nin çöküşü tasdik edilmiş oldu. Yeltsin asıl şovu, SSCB yanlılarının ordu içindeki güçleri tarafından parlamentoya yönelik baskında, tankların önüne geçerek ve üstüne çıkarak yapar. Ağustos 1991 tarihindeki bu gelişme Yeltsin'in "Demokrasi kahramanı" olarak yansıtılmasının önünü açmıştır artık... Ancak Yeltsin'in yükselişinin arkasındaki güç konusunda Mustafa Yıldırım'ın Sivil Örümceğin Ağında kitabı çok önemli ipuçları veriyor." *Ceyhun Bozkurt, Yeni Çağ, 9.9.2007*

"Fethullah Gülen'in gerek evleri, gerek okulları ve süvarileriyle yaydığı "ışık" kaynağı, ne Güneş'tir, ne de Ay. Samanyolu önderinin kendi yöreden de bir yıldız olup, diğerleriyle karışmasın diye 'gerçek yıldız' tanımıyla ABD'de şirketleşmiştir: Truestar Inc. Zaten hazretin fikirleri, Truestar Inc. tarafından ABD'de yayınlanan dergisi The Fountain kaynağından fışkırmakta, Frankfurt'ta Die Fontaene başlığıyla akmakta, Viyana'da 'Çağlayan'laşmakta, nedense Türkiye'de 'Sızıntı'ya dönüşmektedir. Truestar Inc. hakkında temel bilgileri, Mustafa Yıldırım'ın müthiş araştırması Sivil Örümceğin Ağında kitabında bulabilirsiniz." *Mine Gül Kırıkkanat, Vatan, 1.6.2007*

"Mustafa Yıldırım, Türkiye'de tanıdığım en iyi, gerçekçi araştırmacılardan biri. Onun Sivil Örümceğin Ağında isimli kitabı, bugüne kadar okuduklarımın en muhteşemi idi." *Emin Çölaşan, Sözcü, 2.1. 2011*

"Endişeli bir Modern" ama Soros Fonlarından endişelenmiyor! AKP yanlısı bir gazete, CHP İstanbul 3'ncü Bölge adayı Sn. Prof. Dr. Binnaz Toprak'la bir röportaj yapmış. Dileyenler, "endişeli modern" olarak lanse edilen Sn. Toprak'ın 9.5.2011 tarihli bu açıklamalarının tamamını okuyabilirler. Ben Soros'la ilgili soruya verdiği cevaba takıldım. B. Toprak; "TESEV ve Açık Toplum Enstitüsü gibi vakıf ve kuruluşların Soros tarafından finanse edilmesinden hiç de rahatsız olmadığını" ifade ediyor; "bu vakıfların Soros tarafından destekleniyor olmasının vakıf faaliyetlerinin şüphe ile karşılanmasını gerektirmediğini" söylüyor. B. Toprak, So-ros'un doğrudan ABD Hazinesi ve istihbarat kuruluşu olan CIA - NED fonlarından desteklendiğini acaba bilmiyor olabilir mi? Yabancı **bir devletin parası ile nasıl "sivil "toplum faaliyeti yapılacağı hakkında bizi bilgilendirebilir mi?..** TESEV, Açık Toplum Enstitüsü gibi kuruluşların alenen Atatürk Cumhuriyetinin kurucu değerlerine, ulus – devlet, üniter yapısının aleyhine yaygın, sistematik propaganda ve faaliyette bulunduğunu hiç duymamış olabilir mi?.. Bir bilim insanı olarak, bu konuda yazılmış – kendi adının da geçtiği - ve rekor sayıda (24) baskı yapan Sn. Mustafa Yıldırım'ın "Sivil Örümceğin Ağında" ve "Ortağın Çocukları" isimli çok önemli 2 kitabını da okumamış olabilir mi?" *Ufuk Söylemez, Sözcü, 13.5.2011*

"*Mustafa Yıldırım'ın istihbarat raporlarıyla sivil toplumu fişlediği Sivil Örümceğin Ağında kitabı...*" *Yıldıray Oğur, Taraf, 23.3.2009*

"Project Democracy'nin şemasını çıkarmadan, hiçbir olaya doğru teşhis koyamazsınız. Teşhis doğru olmayınca, yanlış tedavilerle vakit geçirirsiniz... İnsanlığın nasıl köleleştirildiğini yazan aydınlar arasında, **Mustafa Yıldırım'ın özel bir yeri var artık! Ezber dağıtan insanlar, bazen eski köye yeni adet getirmekle suçlanır. Çünkü kurulu düzenin adamı değildir** onlar! En çok insan haysiyetine değer verdikleri için, ezberlediklerini tekrarlamaktan başka hiçbir özelliği olmayan insanların, bilinçsiz eleştirilerine de tahammül ederler. Umutla, sabırla, gerçekleri aramaya, açıklamaya ve insanlığı *uyandırmaya çalışırlar* Bilgi düzeyi ve feraset itibariyle yetersiz olanlar, böyle durumlarda, işin kolayına kaçar; **'Bu adam bu kadar bilgiyi nereden alıyor?'** derler. Bilmezler ki, o aydınlar, herkes uyurken sabahlara kadar çalışmıştır... Biliyorsunuz örümcek ağı, Kur'an'da belirtildiği gibi, dünyanın en zayıf örgütlenme şemasıdır. Bütün insanlık, bu şemanın ne kadar zayıf olduğunu öğrendiği anda, herkes bir ucundan çeker ve örümcek ağı o anda dağılır gider." *Arslan Bulut, Yeni Çağ, 10 Mayıs 2004*

"Mustafa Yıldırım kitaplarında, emperyalizmin siyasi yıkıcılığının yanında ekonomik yıkıcılığının yanında çok daha büyük olduğunu kanıtlıyor. *Sivil Örümceğin Ağında, Ortağın Çocukları, Savaşmadan Yenilmek* gibi, *'The General"* kitabı da Dünyanın içinde bulunduğu ilişkiler ağının çeşitliliğine yeni ipuçları ekliyor. Mustafa Yıldırım'ın kitaplarından sonra Türkiye'deki 'Sivil Örümcekler' rahat hareket edemiyorlar; ama Türkiye'nin sevdalıları da ilişkilerine çeki düzen veriyor; daha doğru ve aydınlık bir yol buluyor." *Ahmet Yıldız, "The General" arka kapaktan.*

"Çok bilindik bazı gerçekleri çok abartılı yorumlayarak, farklı kaynaklardan alıntıları çok tartışılır şekilde yorumlayarak hatta yer yer manipüle ederek anlatma çabası; Atila İLHAN gibi gerçek ve yerli bir entelektüelin kitap hakkındaki övgülerini anlamak zor; ulus devlet ve bağımsızlık kavramlarına verilen sübjektif tanımlama üzerinden militarizm övgüsü; **okunması çok şey kazandırmayacağı gibi okunmaması da çok şey kaybettirmez** denilebilir kitaplardan..." *'rümuzla' yazan yorumcu, www.kitapyurdu.com/kitap/sivil-orumcegin-aginda/73047.html, 19.5.2014*

"Sivil sözcüğünü kahvedeki insanın bildiği anlamda kullanacak olursak, 'Sivil' aydınlarımız bir dönem Frankenştayn kitapları yazdılar: Ahtapotun Kolları, Örümceğin Ağları, Kıskaçtaki Türkiye, Kuşatılan Türkiye vb... Bu kitaplar, Türkiye'nin yaşadığı korkutucu süreci bütün verileriyle ortaya koyuyordu. **Yazanların ortak özelliği, örgütsüz aydın olmalarıydı. Örgütsüz oldukları için umutsuzlardı. Kafaları yalnız, ahtapotun kollarına nasıl çırpındığımızı anlatmaya çalışıyordu. Ahtapotun kollarından kurtulmak için pratikleri yoktu.** O nedenle program, strateji ve siyasetleri de yoktu. Yalnızca Türkiye'nin örümcek ağları içinde çırpınışını ortaya koyuyorlardı. Aslında çırpınan kendileriydi. **Dolayısıyla milleti aydınlatmaktan çok, milleti korkutup sindirmeye hizmet ettiler. Bunun dışına çıkan bir tek İşçi Partisi oldu.**" *Doğu Perinçek, Aydınlık, 11 Mayıs 2013*

Gerçeklerden kaçarak karanlıktan kurtulamazsınız!

Konularında Türkiye'de ve Dünyada birer ilk olan **Ortağın Çocukları** *ve* **Sivil Örümceğin Ağında** *kitaplarından sonra, 100 yıllık "din" maskeli saldırının belgesi* **Zifiri Karanlıkta** *kitabı da konusunda bir ilktir.*

Mustafa Yıldırım, on binlerce sayfalık dava dosyalarını, yine on binlerce sayfalık yayınları, raporları inceledi:

Yenileşmeye, kadın haklarına, halk egemenliğine karşı düzenlenen güdümlü isyanlarla "din" maskeli diktatörlüğün kuruluşu... Necef'te 13 yıl kalan Humeyni'nin 1976'da Türkiye'ye gönderdiği imamlarla başlattığı örgütlenmeye bağlı suikast komutanlarının yerli ameliyatçıları...

"Din kurtarıcısı" maskesiyle egemenliklerini sürdürmek için, devletlerin her ileri adımına karşı ayaklanan Kürt-Arap şeyhleri, Suudi krallarının müritleri... Terör eğitiminden geçirilen, istihbaratla desteklenerek doğrudan yönetilen silahlı ekiplerin İmam'ın fetvalarına uygun suikastları, casusluk etkinlikleri...

"Demokrasi" ve "din özgürlüğü" maskesiyle devletlerin ele geçirilişi; liberallerin, solcuların Humeynicilerle ortak toplantıları...

Kum'da, Tahran'da temsilci bulunduran Kürt Hizbullahilerin yüzlerce seri cinayeti, gerilla savaşı hazırlığı... Türkiye'de "İslamcı" maskeli darbenin önünü açan yerli aydınlar...

Batıdan-Doğudan beslenen Hizbullahilerin, azınlık milliyetçilerinin saldırılarıyla yurdu kaplayan **zifiri karanlıkta** Türk egemenliğinin bitirilişi, dönemsel bir bunalımın değil, 100 yıllık siyasal ikiyüzlülüğün ve halkın vurdumduymazlığının sonucudur...

"Osmanlının, padişahıyla, ünlü paşalarıyla İngilizlere teslim olduğu günlerde, Mustafa Kemal'in Filistin'de, Halep'te eşkıyaya nasıl bir ders verdiğini öğrenmek... 1919'daki gibi, başta bütün ezilenleri kurtarmak üzere savaşıma hazırlanılma gereğini yerine getirmek istiyorsanız, **58 Gün** ile **Ulus Dağına Düşen Ateş**'i okumalısınız." *Bertan Onaran*

"Yazar, **Mustafa Kemal**'in bir silah arkadaşı gibi onunla birlikte Filistin'den başlayıp Anayurdumuza doğru sürüp gelen 58 günlük bir ölüm kalım savaşına katılmış." *Murat Özmen*

"Başta Harp Okulları olmak üzere tüm askeri okullarda Yıldırım'ın **58 Gün** ve **Ulus Dağına Düşen Ateş** kitapları okutulmalıdır." *Yavuz Selim Demirağ*,

"**Yeni Hançerci:** Mustafa Yıldırım, **58 Gün** belgesel romanında 1918 Der'a İstasyonu katliamını, yaralı Türk askerlerin, savunmasız kadınların, çocukların şehit edilişini anlatıyordu... Ortadoğu yine kanla şekillendirilmek isteniyor... Emperyalizmin bu kez bölgedeki vurucu gücü, maşası, arkadan hançercisi kim olacak?" *Işık Kansu*

"Ayrıntılı, inandırıcı, destansı anlatım; günümüzden geleceğe bir belge."
Oktay Akbal